"101计划"核心教材

中药学领域

生物化学与分子生物学

主　审　王广基　王继峰　陈红专
主　编　唐炳华　康　宁
副主编　陈美娟　龚张斌　黄映红　姜　颖　钱民先
编　者（按姓氏汉语拼音排序）

陈美娟（南京中医药大学）　　　龚张斌（上海中医药大学）
郭冬青（北京中医药大学）　　　韩　琦（北京中医药大学）
韩玉萍（成都中医药大学）　　　黄光瑞（北京中医药大学）
黄映红（成都中医药大学）　　　姜　玲（黑龙江中医药大学）
姜　颖（黑龙江中医药大学）　　康　宁（天津中医药大学）
康湘萍（上海中医药大学）　　　彭雁飞（天津中医药大学）
钱民先（中国药科大学）　　　　宋潇达（中国药科大学）
唐炳华（北京中医药大学）　　　王少峡（天津中医药大学）
许言午（上海中医药大学）　　　续洁琨（北京中医药大学）
杨晓敏（北京中医药大学）　　　杨友均（成都中医药大学）
张　强（天津中医药大学）　　　赵文锋（中国药科大学）
赵　杨（南京中医药大学）

编写秘书　杨晓敏　韩　琦　张　强

中国教育出版传媒集团

高等教育出版社·北京

内容提要

本教材为教育部基础学科中药学本科教育教学改革试点工作（"101计划"）核心教材之一。全书共20章。1～13章揭示生命物质的化学本质，阐释生命过程的化学原理，挖掘传统医药的文化精髓。包括作为生命物质的糖、脂质、蛋白质、核酸、酶、维生素和微量元素等，为生命过程提供动力保障的生物氧化，为组织更新提供物质保障的糖、脂质、氨基酸、核苷酸代谢，在整体水平上维持机体稳态的血液代谢、肝胆代谢等。14～20章解析基本理论，介绍核心技术，关注医药应用，包括遗传信息的化学本质、传递规律及其调控，信号转导的网络化和环路化；生物大分子的分离提取和鉴定，杂交技术，聚合酶链反应技术，重组DNA技术，转基因动物技术和基因编辑技术，组学与组学技术；基因诊断和基因治疗，基因工程技术制药等。教材配有丰富的数字资源，内容包括拓展阅读、自测题、教学课件、索引等，有利于学生自主学习。

本教材可供中药学基础学科拔尖学生培养基地班、创新实验班及其他中药学相关专业学生使用，也可作为研究生相关课程教材和临床中药师与中医药研究人员的参考用书。

图书在版编目（CIP）数据

生物化学与分子生物学 / 唐炳华，康宁主编 . --北京：高等教育出版社，2025.9. -- ISBN 978-7-04-064586-6

I . Q5；Q7

中国国家版本馆CIP数据核字第2025J63Q84号

Shengwu Huaxue yu Fenzi Shengwuxue

策划编辑 王艳	责任编辑 王艳	封面设计 李小璐	责任印制 赵义民

出版发行	高等教育出版社	网 址	http://www.hep.edu.cn
社 址	北京市西城区德外大街4号		http://www.hep.com.cn
邮政编码	100120	网上订购	http://www.hepmall.com.cn
印 刷	北京盛通印刷股份有限公司		http://www.hepmall.com
开 本	850mm×1168mm 1/16		http://www.hepmall.cn
印 张	32.75		
字 数	860千字	版 次	2025年9月第1版
购书热线	010-58581118	印 次	2025年9月第1次印刷
咨询电话	400-810-0598	定 价	95.00元

本书如有缺页、倒页、脱页等质量问题，请到所购图书销售部门联系调换
版权所有 侵权必究
物 料 号 64586-00

中药学"101计划"主审专家委员会

（按姓氏汉语拼音排序）

蔡宝昌（南京中医药大学）
陈红专（上海中医药大学）
陈士林（成都中医药大学）
程翼宇（浙江大学）
段金廒（南京中医药大学）
谷晓红（北京中医药大学）
果德安（中国科学院上海药物研究所）
匡海学（黑龙江中医药大学）
李　萍（中国药科大学）
李永吉（黑龙江中医药大学）
刘红宁（江西中医药大学）
彭　成（成都中医药大学）
屠鹏飞（北京大学）
万德光（成都中医药大学）
王广基（中国药科大学）
王继峰（北京中医药大学）
肖　伟（南京中医药大学）
徐宏喜（上海中医药大学）
颜正华（北京中医药大学）
张伯礼（天津中医药大学）

数字课程（基础版）

生物化学与分子生物学

主编　唐炳华　康宁

abooks.hep.com.cn/64586

使用方法：

1. 电脑或移动设备访问课程网站。
2. 注册并登录后，进入"个人中心"。
3. 刮开图书封底防伪码涂层，通过扫描二维码或手动输入 20 位密码，完成防伪码绑定。
4. 绑定成功后，即可开始本数字课程的学习。

如有使用问题，请点击页面下方的"疑问"按钮。

"生物化学与分子生物学"数字课程编委会

主　　编　唐炳华　康　宁
副 主 编　陈美娟　龚张斌　黄映红　姜　颖　钱民先
编　　者（按姓氏汉语拼音排序）
　　　　　陈美娟（南京中医药大学）
　　　　　龚张斌（上海中医药大学）
　　　　　郭冬青（北京中医药大学）
　　　　　韩　琦（北京中医药大学）
　　　　　韩玉萍（成都中医药大学）
　　　　　黄光瑞（北京中医药大学）
　　　　　黄映红（成都中医药大学）
　　　　　姜　玲（黑龙江中医药大学）
　　　　　姜　颖（黑龙江中医药大学）
　　　　　康　宁（天津中医药大学）
　　　　　康湘萍（上海中医药大学）
　　　　　彭雁飞（天津中医药大学）
　　　　　钱民先（中国药科大学）
　　　　　宋潇达（中国药科大学）
　　　　　唐炳华（北京中医药大学）
　　　　　王少峡（天津中医药大学）
　　　　　许言午（上海中医药大学）
　　　　　续洁琨（北京中医药大学）
　　　　　杨晓敏（北京中医药大学）
　　　　　杨友均（成都中医药大学）
　　　　　张　强（天津中医药大学）
　　　　　赵文锋（中国药科大学）
　　　　　赵　杨（南京中医药大学）
编写秘书　杨晓敏　韩琦　张强

总 序

党的二十大报告指出，"全面提高人才自主培养质量，着力造就拔尖创新人才，聚天下英才而用之"。党的二十届三中全会强调，"加强基础学科、新兴学科、交叉学科建设和拔尖人才培养""分类推进高校改革，建立科技发展、国家战略需求牵引的学科调整机制和人才培养模式"。教育部为落实党中央指示，开拓了培养能够引领重大原始创新、突破关键核心技术的拔尖人才有益探索，启动了"四个一流"建设的"101 计划"。以小切口解决大问题，在深处（课程）、实处（教材）、难处（实践）、痛处（教师）下功夫，为培养拔尖人才创造了一种新的教育范式。

习近平总书记多次对中医药工作做出重要指示，要"充分发挥中医药的独特优势，推进中医药现代化""加快推进中医药现代化、产业化""积极推进中医药科研和创新，注重用现代科学解读中医药学原理"，对中医药现代化与拔尖创新人才培养提出了具体要求。

中药学"101 计划"作为教育部基础学科教育教学改革研究项目之一，对中药学拔尖人才的培养目标、培养模式、课程体系、实践项目、教材建设、师资队伍建设进行了前瞻性、设计性改革。

本套中药学"101 计划"核心教材共 13 本。其中既有对中药学传统专业课程进行前沿性、研究性深化与延伸的教材，也有将生命与基础医学相关课程整合形成的教材（如《生命科学基础》），还有为了满足对人工智能、大数据与智能制造等新技术发展的需求，前瞻性编写的教材（如《中药工程学》《中药信息学》）。该系列教材建设强调教材质量，建立了主编、主审双负责制，强化顶层设计，建立学科督导组，动态跟踪评估教学效果和课堂授课质量，建立了多元评价体系。

这 13 门核心课程的建设及其相应教材的编写，进一步固化了中药学"101 计划"改革成果，加强了课程建设与科学进步、产业革新的紧密结合，推动了知识图谱与能力图谱建设，促进了院校间高水平教师的教研活动与交流，更是为开设中药学专业的院校开展拔尖人才培养改革提供了借鉴与参考。

本套中药学"101 计划"核心教材由天津中医药大学、北京中医药大学、上海中医药大学、南京中医药大学、成都中医药大学、黑龙江中医药大学、中国药科大学牵头，相关院校的专家参与编写。教材编写等的组织工作中，一直得到了教育部等单位有关领导的指导和支持。在此一并致谢！

张伯礼
2024 年 8 月

前 言

生物化学与分子生物学运用化学和物理学的理论和方法在分子水平研究生命，是生命科学领域的基础学科和前沿学科，也是中医学、中药学和中西医结合学科的核心课程。作为中医药学与现代医学互通互融的桥梁，生物化学与分子生物学课程旨在为中医药学的传承和创新奠定坚实的基础，是中药学拔尖创新人才培养的基石课程。

本教材作为教育部基础学科中药学本科教育教学改革试点工作（"101 计划"）核心教材之一，坚持"三基""五性""三特定"的编写原则，在长期追踪国内外研究进展和热点的基础上，立足当下，展望未来，力求使教材更具先进性，并适度引领教学改革。在编写过程中，本教材形成以下特色。

明确目标，优化结构：本教材服务于中药学拔尖创新人才培养，既要助力课程体系优化，又要推动教材结构改革。本教材既重视整体有机统一，又强调局部独立完整，旨在让学生学习每个章节时都有豁然的收获与启发，学过全书则有顿开的感悟和升华。

精选内容，凝练文字：知识海洋中生命科学尤为浩瀚，大千世界尽人生，学术天地皆生化；成果成就中精挑细选精益求精，捡漏唯有挂一漏万，撷英方可纲举目张。中华语言文字寓意丰富，各种文献著作风格多样。我们努力用规范的术语和明了的文字科学表达本教材中的理论、方法和应用，旨在让读者感悟科学的纯粹，沐浴知识的高洁。

创新图表，相得益彰：好的图表在生命科学教材中可以化繁杂为简洁，化枯燥为生动。本教材充分发挥图表优势，精心设计和绘制，力求将更多的知识点进行生动展示。既强调科学又重视美观。

本教材编委会成员来自全国 7 所高等医药院校，涵盖科研实践成果丰硕的一线教师、科研人员、临床医师及药师，具有丰富的教学和教材编写经验。本教材的编写全程得到中药学主审专家王广基院士、王继峰教授和陈红专教授的专业指导和审订，以及高等教育出版社和相关院校的大力支持，在此一并致谢。

限于编者水平，本教材仍有不足之处，敬请广大师生提供宝贵意见和建议，共同推动中药学"101 计划"拔尖创新人才培养。

唐炳华　康　宁
2025 年 3 月

目 录

绪论 ··· 1
 一、生物化学与分子生物学的发展简史 ············ 1
 二、生物化学与分子生物学的主要内容 ············ 3
 三、生物化学与分子生物学在中药学中的应用 ······ 4

第一章　糖化学 ································ 6
第一节　糖的组成 ······························· 6
 一、醛糖 ···································· 6
 二、酮糖 ···································· 8
 三、其他单糖 ································ 8
第二节　糖的结构 ······························ 10
 一、单糖 ··································· 10
 二、寡糖 ··································· 10
 三、多糖 ··································· 11
 四、糖复合物 ······························· 15
第三节　糖的功能 ······························ 18
第四节　糖的性质 ······························ 18
第五节　糖类药物 ······························ 21

第二章　脂质化学 ······························ 23
第一节　脂质的组成 ···························· 23
 一、脂肪酸 ································· 23
 二、甘油 ··································· 27
 三、长链碱与鞘氨醇 ························· 27
 四、固醇与胆固醇 ··························· 28
 五、脂肪醇 ································· 28
第二节　脂质的结构 ···························· 29
 一、脂肪 ··································· 29
 二、磷脂 ··································· 29
 三、糖脂 ··································· 32
 四、类固醇 ································· 34
第三节　脂质的功能 ···························· 36
 一、储能供能 ······························· 36
 二、结构成分 ······························· 36
 三、合成原料 ······························· 37
 四、调节作用 ······························· 37
 五、其他作用 ······························· 38
第四节　脂质的性质 ···························· 38
第五节　脂类药物 ······························ 40

第三章　蛋白质化学 ···························· 42
第一节　蛋白质的组成 ·························· 42
 一、蛋白质的元素组成 ······················· 42
 二、蛋白质的结构单位 ······················· 42
 三、蛋白质的辅基 ··························· 47
第二节　蛋白质的结构 ·························· 47
 一、肽键和肽 ······························· 48
 二、蛋白质的一级结构 ······················· 50
 三、蛋白质的二级结构 ······················· 50
 四、蛋白质的三级结构 ······················· 52
 五、蛋白质的四级结构 ······················· 55
 六、维持蛋白质结构的作用力 ················· 56
第三节　蛋白质的功能 ·························· 57
 一、功能蛋白的功能 ························· 57
 二、结构蛋白的功能 ························· 58
 三、蛋白质结构与功能的关系 ················· 59
第四节　蛋白质的性质 ·························· 63
 一、蛋白质的一般性质 ······················· 63
 二、蛋白质的大分子特性 ····················· 64

目录

第五节　蛋白质、多肽和氨基酸类药物 … 65
　一、酶类药物 … 65
　二、激素类药物 … 66
　三、细胞因子类药物 … 66
　四、抗体类药物 … 66
　五、多肽疫苗 … 66
　六、中药类蛋白质药物 … 67

第四章　核酸化学 … 68
第一节　核酸的组成 … 68
　一、核苷酸的组成 … 68
　二、核苷酸的结构 … 70
　三、核苷酸的功能 … 72
第二节　核酸的结构 … 73
　一、核酸的一级结构 … 73
　二、DNA 的二级结构 … 74
　三、DNA 的超螺旋结构 … 76
　四、染色体的组成和结构 … 77
　五、RNA 的结构 … 80
第三节　核酸的功能 … 84
　一、遗传物质 … 84
　二、RNA 合成与调控 … 87
　三、蛋白质合成与调控 … 87
　四、催化反应 … 87
第四节　核酸的性质 … 88
　一、核酸的稳定性 … 88
　二、核酸的紫外吸收特征 … 88
　三、核酸变性 … 88
　四、核酸复性和杂交 … 90
第五节　核酸类药物 … 90

第五章　酶 … 92
第一节　酶的分子结构 … 92
　一、酶的活性中心 … 92
　二、酶的辅助因子 … 93
　三、单纯酶和结合酶 … 95
　四、具有不同结构特征的几类酶 … 95
　五、同工酶 … 96
　六、模拟酶和抗体酶 … 97
　七、心肌梗死酶学诊断 … 97
第二节　酶促反应的特点和机制 … 98
　一、酶促反应特点 … 98
　二、酶促反应机制 … 99
第三节　酶动力学 … 101
　一、酶浓度对酶促反应速度的影响 … 101
　二、底物浓度对酶促反应速度的影响 … 102
　三、温度对酶促反应速度的影响 … 104
　四、pH 对酶促反应速度的影响 … 105
　五、抑制剂对酶促反应速度的影响 … 106
　六、激活剂对酶促反应速度的影响 … 111
　七、酶活力与酶活力测定 … 111
第四节　酶的调节 … 112
　一、代谢途径的关键酶 … 112
　二、关键酶结构的调节 … 113
　三、关键酶水平的调节 … 117
　四、非酶蛋白质的调节 … 119
第五节　酶的命名和分类 … 120
第六节　酶与医药的关系 … 121
　一、酶与疾病发生 … 121
　二、酶与疾病诊断 … 121
　三、酶与疾病治疗 … 122
　四、酶与药物研制 … 123

第六章　维生素和微量元素 … 125
第一节　维生素概述 … 125
　一、维生素特点 … 125
　二、维生素种类 … 125
　三、维生素功能 … 126
　四、维生素缺乏症 … 127
　五、维生素毒性 … 128
第二节　水溶性维生素 … 129
　一、维生素 C … 129
　二、维生素 B_1 … 132
　三、维生素 B_2 … 134
　四、维生素 B_3 … 137
　五、维生素 B_5 … 141
　六、维生素 B_6 … 143

七、维生素 B_7 …………… 146
八、维生素 B_9 …………… 148
九、维生素 B_{12} ………… 153
第三节 脂溶性维生素 …………… 156
一、维生素 A ……………… 157
二、维生素 D ……………… 161
三、维生素 E ……………… 165
四、维生素 K ……………… 168
第四节 微量元素 ………………… 171
一、铁 ……………………… 171
二、碘 ……………………… 174
三、铜 ……………………… 175
四、锌 ……………………… 177
五、硒 ……………………… 179
六、钼 ……………………… 181
七、钴 ……………………… 182
八、锰 ……………………… 182
九、铬 ……………………… 184
十、氟 ……………………… 184
第五节 维生素、微量元素与药物 …… 185

第七章 生物氧化 …………… 187
第一节 概述 ……………………… 187
第二节 线粒体生物氧化体系 …… 188
一、呼吸链 ………………… 188
二、ATP 合成 ……………… 194
三、ATP 利用 ……………… 199
第三节 细胞质 NADH 与 NADH
穿梭 ……………………… 199
一、苹果酸-天冬氨酸穿梭 …… 200
二、3-磷酸甘油穿梭 ………… 200
第四节 非线粒体氧化体系和抗氧化
体系 ……………………… 201
一、细胞色素 P450 ………… 201
二、氢过氧化物酶 ………… 201

第八章 糖代谢 ………………… 203
第一节 概述 ……………………… 203
一、糖消化 ………………… 203

二、单糖吸收 ……………… 204
三、细胞摄取 ……………… 205
四、糖代谢一览 …………… 205
第二节 葡萄糖代谢 ……………… 206
一、无氧酵解途径 ………… 206
二、有氧氧化途径 ………… 211
三、磷酸戊糖途径 ………… 215
四、糖醛酸途径 …………… 217
五、多元醇途径 …………… 218
六、糖异生 ………………… 219
第三节 三羧酸循环 ……………… 223
一、三羧酸循环的过程 …… 223
二、三羧酸循环的生理意义 … 225
三、三羧酸循环的特点 …… 225
四、三羧酸循环的调节 …… 226
五、三羧酸循环异常 ……… 226
第四节 糖原代谢 ………………… 226
一、糖原代谢的过程 ……… 227
二、糖原代谢的生理意义 … 228
三、糖原代谢的调节 ……… 229
四、糖原累积病 …………… 231
第五节 其他单糖代谢 …………… 232
第六节 血糖 ……………………… 234
一、血糖的来源和去路 …… 234
二、血糖的调节 …………… 234
三、血糖的测定 …………… 235
四、糖耐量试验 …………… 235
五、糖代谢紊乱与治疗药物 … 236
第七节 肝脏与糖代谢 …………… 237

第九章 脂质代谢 ……………… 239
第一节 脂质消化吸收 …………… 239
一、脂质消化 ……………… 239
二、脂质消化产物吸收 …… 240
第二节 甘油三酯合成代谢 ……… 242
一、甘油三酯合成 ………… 242
二、脂肪酸合成 …………… 244
第三节 甘油三酯分解代谢 ……… 249
一、脂肪动员 ……………… 249

二、甘油代谢 ………………………… 251
三、脂肪酸氧化 ……………………… 251
四、酮体代谢 ………………………… 257
五、激素对甘油三酯代谢的调节 …… 260
第四节　磷脂代谢 …………………… 261
一、甘油磷脂代谢 …………………… 261
二、鞘磷脂代谢 ……………………… 264
第五节　胆固醇代谢 ………………… 265
一、胆固醇合成 ……………………… 265
二、胆固醇酯化 ……………………… 267
三、胆固醇转化和排泄 ……………… 267
四、胆固醇代谢调节 ………………… 267
第六节　血脂和血浆脂蛋白 ………… 269
一、血脂组成 ………………………… 269
二、血浆脂蛋白分类和命名 ………… 269
三、血浆脂蛋白结构 ………………… 270
四、血浆脂蛋白组成 ………………… 270
五、血浆脂蛋白功能和代谢 ………… 272
六、脂质代谢紊乱 …………………… 277
七、治疗药物 ………………………… 278
第七节　肝脏与脂质代谢 …………… 279

第十章　氨基酸代谢 ……………… 281
第一节　概述 ………………………… 281
一、氮平衡 …………………………… 281
二、蛋白质生理需要量和营养价值 … 282
三、蛋白质消化 ……………………… 283
四、氨基酸吸收 ……………………… 284
五、腐败 ……………………………… 285
六、组织蛋白降解 …………………… 285
七、氨基酸代谢一览 ………………… 285
第二节　氨基酸分解 ………………… 286
一、氨基酸脱氨 ……………………… 286
二、氨代谢 …………………………… 289
三、α-酮酸代谢 …………………… 293
第三节　氨基酸衍生物合成 ………… 293
一、氨基酸脱羧 ……………………… 293
二、一碳代谢 ………………………… 295
三、含硫氨基酸代谢 ………………… 297

四、芳香族氨基酸代谢 ……………… 300
五、甘氨酸代谢 ……………………… 303
六、精氨酸代谢 ……………………… 304
第四节　非必需氨基酸合成 ………… 304
第五节　肝脏与蛋白质代谢 ………… 305

第十一章　核苷酸代谢 …………… 307
第一节　核苷酸合成代谢 …………… 307
一、嘌呤核苷酸从头合成途径 ……… 307
二、嘧啶核苷酸从头合成途径 ……… 311
三、核苷酸补救合成途径 …………… 312
四、三磷酸核苷合成 ………………… 314
五、脱氧核苷酸合成 ………………… 314
六、核苷酸合成调节 ………………… 315
第二节　核苷酸分解代谢 …………… 318
一、嘌呤碱基分解 …………………… 318
二、嘧啶碱基分解 …………………… 320
三、5-磷酸脱氧核糖分解 …………… 320
第三节　核酸类药物 ………………… 321

第十二章　血液生化 ……………… 324
第一节　血浆化学成分 ……………… 324
第二节　血浆蛋白 …………………… 325
一、血浆蛋白分类 …………………… 326
二、血浆蛋白来源 …………………… 326
三、血浆蛋白功能 …………………… 327
四、血浆蛋白水平 …………………… 327
第三节　红细胞代谢 ………………… 328
一、红细胞代谢特点 ………………… 328
二、血红素合成 ……………………… 329
第四节　白细胞代谢 ………………… 331
一、嗜天青颗粒 ……………………… 331
二、中性颗粒 ………………………… 332
三、嗜酸性颗粒 ……………………… 333
四、嗜碱性颗粒 ……………………… 333

第十三章　生物转化 ……………… 335
第一节　生物转化总论 ……………… 335
一、生物转化机制 …………………… 335

二、生物转化特点 ································ 339
三、生物转化影响因素 ···························· 339
第二节 胆汁酸代谢 ································ 341
　　一、胆汁酸的种类 ································ 341
　　二、胆汁酸的功能 ································ 341
　　三、胆汁酸代谢与肠肝循环 ···················· 342
第三节 胆色素代谢 ································ 345
　　一、未结合胆红素生成 ·························· 345
　　二、未结合胆红素运输 ·························· 346
　　三、肝细胞胆红素代谢 ·························· 346
　　四、胆红素肝外过程 ···························· 348
　　五、胆红素代谢异常 ···························· 348
第四节 药物代谢 ································ 350
　　一、药物代谢意义 ································ 350
　　二、药物代谢部位 ································ 350
　　三、药物代谢机制 ································ 350
　　四、药物代谢影响因素 ·························· 351

第十四章　DNA 生物合成 ············ 352
第一节 DNA 复制基本特征 ···················· 352
　　一、半保留复制 ································ 352
　　二、双向复制 ································ 353
　　三、半不连续复制 ································ 354
第二节 大肠杆菌 DNA 复制 ···················· 354
　　一、大肠杆菌 DNA 合成体系 ···················· 354
　　二、大肠杆菌 DNA 复制过程 ···················· 358
第三节 真核生物染色体 DNA 复制 ··· 361
　　一、染色体 DNA 复制特点 ···················· 361
　　二、真核生物 DNA 合成体系 ···················· 361
　　三、端粒合成 ································ 362
第四节 DNA 损伤与修复 ···················· 363
　　一、DNA 损伤 ································ 364
　　二、DNA 修复 ································ 366
第五节 DNA 逆转录合成 ···················· 371
第六节 DNA 合成抑制剂类药物 ············ 372
　　一、DNA 损伤类 ································ 372
　　二、酶抑制剂类 ································ 373

第十五章　RNA 生物合成 ············ 374
第一节 转录基本特征 ···························· 374
　　一、选择性转录 ································ 374
　　二、不对称转录 ································ 374
　　三、连续转录 ································ 375
　　四、转录后修饰 ································ 375
第二节 大肠杆菌 RNA 合成 ···················· 375
　　一、大肠杆菌 RNA 合成体系 ···················· 376
　　二、大肠杆菌 RNA 合成过程 ···················· 377
第三节 真核生物 RNA 合成 ···················· 380
　　一、真核生物 RNA 合成体系 ···················· 380
　　二、真核生物 RNA 合成过程 ···················· 382
第四节 RNA 合成抑制剂类药物 ············ 389
　　一、模板干扰剂 ································ 389
　　二、碱基类似物和核苷类似物 ·················· 389
　　三、RNA 聚合酶抑制剂 ·························· 389

第十六章　蛋白质生物合成 ············ 391
第一节 蛋白质合成体系 ·························· 391
　　一、mRNA ································ 391
　　二、tRNA ································ 394
　　三、rRNA 与核糖体 ································ 395
第二节 氨基酸活化 ································ 396
　　一、氨酰 tRNA 合成酶 ···························· 396
　　二、蛋氨酰 tRNA ································ 397
　　三、氨酰 tRNA 的表示方法 ···················· 397
第三节 大肠杆菌蛋白质合成 ·················· 397
　　一、翻译起始 ································ 397
　　二、翻译延伸 ································ 398
　　三、翻译终止 ································ 400
　　四、多核糖体循环 ································ 401
第四节 蛋白质翻译后修饰 ···················· 401
　　一、肽链部分切除 ································ 402
　　二、氨基酸残基修饰 ···························· 402
　　三、蛋白质辅基化 ································ 403
　　四、蛋白质折叠和亚基聚合 ···················· 403
第五节 真核生物蛋白质靶向运输 ············ 406
　　一、信号肽 ································ 406

目录

　　二、内质网核糖体合成蛋白质的靶向
　　　　运输 ································ 407
　　三、线粒体蛋白的靶向运输 ············ 409
　　四、细胞核蛋白的靶向运输 ············ 410
　第六节　蛋白质合成抑制剂类药物 ······ 411

第十七章　基因表达调控　414
　第一节　基因表达调控概述 ·············· 414
　　一、基因表达方式 ························ 415
　　二、基因表达特点 ························ 416
　　三、基因表达调控特点 ··················· 417
　第二节　真核生物染色质调控 ············ 418
　　一、染色质重塑 ··························· 418
　　二、表观遗传 ······························ 418
　　三、基因重排 ······························ 419
　　四、基因扩增 ······························ 420
　　五、染色质丢失 ··························· 420
　第三节　转录和转录后调控 ··············· 420
　　一、原核生物转录调控 ··················· 420
　　二、真核生物转录调控 ··················· 426
　　三、真核生物转录后调控 ················ 432
　第四节　翻译和翻译后调控 ··············· 433
　　一、原核生物翻译调控 ··················· 433
　　二、真核生物翻译调控 ··················· 434
　　三、真核生物翻译后调控 ················ 437

第十八章　信号转导　438
　第一节　概述 ································· 438
　　一、细胞通讯概述 ························ 438
　　二、信号转导概述 ························ 439
　第二节　细胞内信号转导分子 ············ 442
　　一、第二信使 ······························ 442
　　二、酶 ······································· 443
　　三、分子开关 ······························ 444
　　四、转接蛋白 ······························ 445
　　五、支架蛋白 ······························ 445
　第三节　细胞表面受体介导的信号
　　　　转导 ································ 445
　　一、离子通道受体介导的信号通路 ··· 445

　　二、G蛋白偶联受体介导的信号
　　　　通路 ································ 446
　　三、单次跨膜受体介导的信号通路 ··· 450
　第四节　细胞内受体介导的信号转导 ··· 452
　第五节　癌基因和抑癌基因 ··············· 453
　　一、癌基因 ································ 454
　　二、抑癌基因 ······························ 455
　　三、原癌基因/抑癌基因产物功能 ··· 455
　　四、原癌基因和抑癌基因突变 ········· 456

第十九章　生物化学与分子生物学常用
　　　　技术　460
　第一节　蛋白质的提取与鉴定 ············ 460
　　一、蛋白质沉淀 ··························· 460
　　二、离心技术 ······························ 461
　　三、层析技术 ······························ 461
　　四、电泳技术 ······························ 463
　第二节　核酸的提取与鉴定 ··············· 463
　　一、核酸提取 ······························ 463
　　二、核酸鉴定 ······························ 464
　第三节　印迹杂交技术 ····················· 465
　　一、印迹杂交的基本原理 ················ 465
　　二、常用印迹杂交技术 ··················· 466
　　三、生物芯片技术 ························ 466
　　四、印迹杂交技术与基因诊断 ········· 467
　第四节　聚合酶链反应技术 ··············· 468
　　一、PCR基本原理 ························ 468
　　二、PCR反应体系 ························ 469
　　三、常用PCR技术 ························ 470
　第五节　DNA测序技术 ····················· 471
　　一、Sanger测序法 ························ 472
　　二、DNA测序技术发展 ·················· 473
　第六节　重组DNA技术　474
　　一、目的基因制备 ························ 474
　　二、载体选择 ······························ 475
　　三、体外重组 ······························ 476
　　四、基因转移 ······························ 477
　　五、克隆筛选和目的基因鉴定 ········· 477
　　六、目的基因表达 ························ 479

七、其他应用 …… 479
第七节 转基因技术和基因组编辑技术 …… 480
　一、转基因动物技术 …… 480
　二、基因靶向技术 …… 481
　三、CRISPR/Cas 基因编辑技术 …… 482

第二十章　组学 …… 484
第一节　人类基因组计划 …… 484
　一、人类基因组计划简介 …… 484
　二、人类基因组图谱 …… 484
　三、后人类基因组计划 …… 486
第二节　基因组学 …… 487
　一、基因组学基本内容 …… 487
　二、基因组学与医学 …… 487
　三、药物基因组学 …… 488
第三节　转录组学 …… 490
　一、转录组学技术 …… 490
　二、转录组学研究内容 …… 493
　三、转录组与基因组比较 …… 494
第四节　蛋白质组学 …… 494
　一、蛋白质组学研究内容 …… 494
　二、蛋白质组学特点 …… 495
　三、蛋白质组学技术 …… 495
　四、单细胞蛋白质组学和空间蛋白质组学 …… 497
　五、蛋白质组学应用 …… 497
第五节　代谢组学 …… 498
　一、代谢组学概述 …… 499
　二、代谢组学与其他组学的关系 …… 500
　三、代谢组学在中医药研究中的应用 …… 501

参考文献 …… 503

绪　论

生物化学与分子生物学在分子水平上和整体水平上研究生命现象、生命本质、生命过程及其规律，研究对象是生命物质特别是核酸和蛋白质等生物大分子，研究内容包括生命物质的组成、结构、性质和功能，支持生命过程的代谢网络、信号网络、基因调控网络、生物大分子相互作用网络。生物化学与分子生物学与健康、医药、营养、农业、工业、海洋、航天等领域紧密关联，是生命科学、医药学及中医药学等领域的科学基础。生物化学与分子生物学的方法和技术是推动中医药现代化强有力的工具。在中药学专业课程体系中，生物化学与分子生物学与其他课程有着广泛的联系，起着贯穿融合的指导作用。

一、生物化学与分子生物学的发展简史

生物化学是一门既古老又年轻的学科，其发展历程是一部人类认识生命化学本质的发展史。一般认为，生物化学这一学科的研究起源于生理解剖学和生理学的研究发展。18世纪，科学家们陆续发现生物体内的许多化学过程与无机化学反应存在诸多差异，于是开始研究生物体的化学组成和代谢过程，在19世纪末20世纪初提出并确立了生物化学为一门独立的学科。1953年，美国科学家J. Watson与英国科学家F. Crick共同提出的DNA双螺旋结构模型是分子生物学发展史上的一个重大里程碑。此后，生物化学与分子生物学研究不断获得重大突破，一批学者先后因此获得诺贝尔奖，体现了该学科在生命科学研究领域中的重要地位和影响力。按照其历史轨迹，生物化学与分子生物学的发展大致可分为三个阶段。

（一）生物化学萌芽期

18世纪后期到19世纪，化学和生物学已经形成比较完整的体系，生物化学初现雏形。在这期间，许多科学工作者将化学应用于生理学研究，用化学理论阐述植物、动物和人体的生理现象，先后发现了生物体中的一些重要化学物质，为生物化学体系的形成打下基础。19世纪中叶至20世纪初，更多的科学工作者对生命现象开展了广泛深入的研究，对生命的化学本质的认识有了许多重大进展，是生物化学发展的初级阶段。例如：德国化学家E. Fischer（1902年诺贝尔化学奖获得者）揭示了糖的结构和构型，合成了糖、咖啡因、尿酸、部分氨基酸等许多天然化合物，提出了用于阐述酶专一性的锁钥学说。其研究工作使得人类对与生命活动密切相关的有机化合物有了初步认识，为生物化学学科的建立奠定了坚实的基础。

（二）生物化学发展期

20世纪初，生物化学进入了蓬勃发展阶段。生物化学家借助当时先进的色谱技术与同位素示踪技术等开展生物体内功能物质的组成、结构和合成等研究，取得了重大进展。脂肪酸β氧化、糖酵解、三羧酸循环和尿素循环等都是这一时期的标志性成果。1904年，F. Knoop应用苯基标记脂肪酸研究其氧化分解，提出β氧化学说。1932年，H. Krebs和K. Henseleit提出蛋白质氮通过尿素循环合成尿素。1937年H. Krebs提出三羧酸循环。1948—1951年，E. Kennedy和A. Lehninger报道三羧酸循环、氧化磷酸化和脂肪酸氧化均在线粒体中进行。至此，可以明确葡萄糖、脂肪酸和氨基酸为重要供能物质，三羧酸循环为葡萄糖、脂肪酸和氨基酸氧化供能的核心代谢途径。

（三）分子生物学时期

20世纪中叶以来，生物化学发展的显著特征是分子生物学的崛起。这一时期，两类重要的生物大分子蛋白质与核酸成为研究焦点。1953年，J. Watson和F. Crick利用X射线衍射技术的研究成果提出DNA的双螺旋结构模型。这一结构模型的提出阐明了遗传的分子基础，使生物化学的研究从过去的整体、组织器官及细胞等宏观水平进入亚细胞和分子微观水平，拉近了生物化学、细胞生物学和遗传学的关系，引发生物化学与生物学一场变革，是生物化学发展进入分子生物学时期的重要标志。1956年，A. Kornberg报道DNA聚合酶，揭示了DNA复制机制。1958年，F. Crick提出了著名的中心法则，以说明DNA遗传信息的自我复制及指导蛋白质合成所遵循的基本法则。这些成果让我们对核酸与蛋白质的关系以及它们在生命过程中的作用有了更深入的理解和认识。

1972年，P. Berg等发明重组DNA技术，不仅极大地推动对基因表达调控机制的研究，而且使得主动改造生物体成为可能。1975—1977年，F. Sanger和W. Gilbert等发明第一代DNA测序技术，人类由此开始探索遗传的本质。1982年，T. Cech发现核酶，打破一切酶都是蛋白质的传统观念。1985年，K. Mullis发明聚合酶链反应技术，人类由此可以在体外高效扩增DNA。1990年，基因治疗临床试验获得成功。基因诊断和基因治疗已在临床上得到应用。

进入20世纪后半叶，随着分子生物学、遗传学和生物信息学的快速发展，生物化学与分子生物学的研究领域进一步扩大，确立了现代生物化学与分子生物学的基本框架。1990年开始实施的人类基因组计划是生命科学领域有史以来最庞大的全球性研究计划，由美国、英国、法国、德国、日本和中国等数千位生物科学家通力合作，旨在揭示人类基因组特征，包括绘制基因图谱、物理图谱、转录图谱、序列图谱。2001年2月公布人类基因组草图，2003年4月基本完成序列图谱。人类基因组计划无疑是人类生命科学史上的一个重大里程碑，标志着人类生命科学研究进入了"组学"阶段。时至今日，随着高通量测序技术、大数据分析技术、基因编辑技术等的发展与完善，科学家们针对体内一系列复杂生命事件展开蛋白质组学、转录组学、代谢组学、糖组学、单细胞组学和空间组学等研究，必将极大促进生命科学的发展，更为维护人类健康带来根本性变革。

早在20世纪中后期，科学家们在细菌中首次发现CRISPR-Cas9系统，这是一种天然的基因编辑系统，用于抵御病毒感染。直到2012年，法国生物化学家E. Charpentier与美国生物学家J. Doudna发表具有里程碑意义的论文，提出CRISPR-Cas9系统在基因编辑中的应用，标志着新一代基因编辑技术——CRISPR-Cas9 技术的诞生。CRISPR-Cas9 技术不仅深刻改变了人类对基因编辑的理解，也为生命科学和医学领域带来了前所未有的机遇。由于 CRISPR-Cas9 技术实现了对基因组的高效、精确编辑，为疾病治疗、作物改良等领域带来了革命性变化。未来，随着科学的不断发展和技术的不断完善，相信 CRISPR-Cas9 技术将为人类健康和福祉作出更大贡献。

自古以来，我国劳动人民生产、生活和医疗等实践经验中蕴涵了生物化学知识和技术的应用。例如：公元前 22 世纪人们用谷物酿酒；公元前 6 世纪，人们在制酱造饴中用曲滤液（酶）催化谷物淀粉发酵。进入 20 世纪之后，我国科技工作者在蛋白质化学、免疫化学和营养学等方面开展许多重要研究，为生物化学发展作出卓著贡献。生物化学家吴宪被誉为"中国的生物化学和营养学之父"，他于 1919 年创立的血液系统分析法，包括血滤液的制备方法和血糖的测定方法沿用至今；他于 1929 年首次提出蛋白质变性学说，认为天然蛋白质分子不是一条长的直链而是一个紧密的结构。1965 年，以王应睐和邹承鲁等为代表的我国科技工作者率先人工合成具有生物活性的蛋白质——牛胰岛素。1979 年，洪国藩建立测定 DNA 序列的直读法。1981 年，王德宝、郑可沁和裘慕绥等人工合成酵母丙氨酸 tRNA，使我国在 RNA 合成方面的研究跃居世界先进行列，对揭示核酸在生物体内的作用和加深对生命现象机制的认识有重大理论意义。

二、生物化学与分子生物学的主要内容

生物化学与分子生物学是从分子水平阐明生命的基本特征，即生命现象的化学本质和化学变化规律，已经成为医学、药学和生物学等专业的核心课程。生物化学与分子生物学研究内容广泛，涉及生命科学的所有领域，可以分为三个方面。

（一）生物体的化学组成及生物大分子的相互作用

研究生命物质，特别是生物大分子的结构和功能以及生物大分子之间的相互作用是当代生物化学与分子生物学研究的重点。组成生物分子的生命元素包括碳（人体百分含量 18.0~18.5，以下同）、氢（9.5~10.0）、氧（65.0）、氮（3.0~3.3）和其他常量元素、微量元素。生物分子可分为大分子和小分子代谢物。生物大分子又称生物高分子，是指由基本结构单位按一定顺序以特定的化学键聚合而成，具有特定功能的大分子生命物质，如蛋白质、核酸、聚糖等。小分子代谢物是指一些参与生物体新陈代谢、维持生物体正常功能和生长发育的内源性小分子生命物质，包括大分子的结构单位（单体）、脂质、辅助因子、非蛋白质信号分子、代谢中间产物。对生命物质的结构、性质与功能的研究是静态生物化学的核心内容。生物大分子结构与功能密切相关，结构是功能的基础，功能是结构的体现。生物大分子的功能是通过分子的相互作用实现的。因此，分子结构及其相互作用是实现生物大分子功能的分子基础，是生物化学与分子生物学研究领域的重要组成部分。

（二）生物体的代谢网络与信号网络

新陈代谢简称代谢，是动态生物化学的核心内容，是生物体从环境摄取营养物质并用以合成自身物质，同时分解原有自身物质并将最终分解产物排出体外的不断更新的过程，主要包括物质的消化、吸收、合成、分解、转化、分配、排泄及能量的转化与利用等，是生物体内发生的各种酶促反应的统称。可以合成或分解某种生命物质的一组连续的酶促反应称为该物质的合成途径或分解途径，合称代谢途径，全部代谢途径以某些中间产物为交织点形成代谢网络。代谢网络是生

命过程的化学基础，既要支持生命过程，又要维持机体稳态，这一切离不开代谢调节。代谢调节是指生物体通过改变酶活性或含量等使代谢在一定范围、沿一定方向、按一定速度进行的过程。代谢调节受信号分子影响，各种信号通路以某些信号转导分子为交织点形成信号网络。信号网络在整体水平上维护代谢网络，且由中枢神经系统控制和协调。代谢网络的某些酶和信号网络的某些信号转导分子的结构或水平异常是导致代谢紊乱、稳态失控的重要分子基础，并成为药物治疗和药物研发的重要靶点。

（三）遗传信息的传递与调控网络

解析 DNA 和 RNA 的结构与功能是生物化学与分子生物学的交汇点。20 世纪中叶，生命科学确立了"中心法则"这一里程碑式的理论框架，为探索遗传信息从 DNA 到 RNA，再到蛋白质的传递路径打下坚实的理论基础。自我复制作为生命不息的源泉，确保染色体上基因的稳定储存与传递。基因不仅是生命延续的基石，其遗传、变异与表达过程更是生物多样性的源泉，造就了纷繁复杂的生物圈。从生长、分化到遗传、变异，乃至衰老与死亡，这些生命现象背后隐藏着一套精细调控的分子机制，它们通过生物大分子间（如蛋白质 – 蛋白质、蛋白质 – 核酸、核酸 – 核酸）复杂的相互作用来实现。在真核生物中，基因表达调控尤为复杂而精细，它涵盖了从染色质状态的动态调整（如异染色质化与染色质活化）、DNA 构象与化学修饰的微妙变化，到 DNA 调节元件的精准作用，再到 RNA 的精细加工与翻译过程的严格监控等多个层面。这一系列调控步骤相互交织，既错综复杂又高度协调，共同确保基因表达的精准性与时效性。深入探究基因表达调控的奥秘，不仅有助于我们更全面地理解生物大分子的功能，还能为揭示疾病发生发展的分子机制提供关键线索，为疾病的精准诊断、个性化治疗及有效预防开辟新途径，为医学科学的发展注入强大动力。

三、生物化学与分子生物学在中药学中的应用

生物化学诞生至今，已经成为生命科学的重要基础学科，与众多学科都有交叉融合，地位十分重要。医学生物化学是生物化学的一个主干，生物化学的理论和技术已经广泛融入医药领域。无论是基础医学还是临床医学的研究，归根到底是从分子层面来探索健康与疾病，都需要应用生物化学与分子生物学的理论体系和技术方法来解决问题，从而涉及医学生化的方方面面，逐步形成一批包括医学免疫学、分子遗传学、分子病理学、分子肿瘤学、生化药理学和流行病学等交叉学科或分支学科。从这个意义上讲，生物化学与分子生物学为医学各学科在分子水平上研究生理或病理状态时人体的结构与功能，研究疾病的发生与发展、诊断与治疗，以及药物研发等，提供了理论和技术支持，对于医学各个学科的发展具有极大的推动作用。

疾病的发生和发展都与生物化学过程异常有关。有些疾病是基因突变或缺失导致蛋白质结构异常或功能缺陷而引起的；而有些疾病则是生理失调或代谢失控导致代谢产物积累或缺乏而引起的。对一些常见疾病和严重危害人类健康疾病的生化问题进行研究，有助于疾病的预防、诊断和治疗。生物化学与分子生物学的理论体系与技术体系可应用于疾病发生分子机制的揭示、疾病预防诊疗预后的评价，例如血清肌酸激酶同工酶的电泳图谱用于冠心病诊断、转氨酶用于肝病诊断、淀粉酶用于胰腺炎诊断等，均为生物化学临床应用的体现。针对心脑血管疾病、恶性肿瘤、代谢性疾病、免疫性疾病、神经系统疾病等重大疾病进行的分子水平的研究，已在疾病的发生发展机制、诊疗和预防策略等方面取得突破性进展。在临床药物治疗方面，磺胺类抗菌药的发现与

应用开辟了利用抗代谢物作为化疗药物的新领域；青霉素的发现开创了抗生素药物的新时代；各种疫苗的普遍应用使很多严重危害人类健康的传染病得到控制或根除。在药物研发方面，蛋白质结构生物学全面展示药物靶点的空间结构，为小分子药物设计提供精准结构信息，大大提高药物研发的成功率。

因此，生物化学与分子生物学的诞生和发展源于生活、生产和医学实践，生物化学与分子生物学的进步则很好地服务于人类生活与健康。随着生物化学与分子生物学的发展，人类不但对许多疾病的本质有了更深入的认识，而且可以建立新的诊疗技术，特别是分子诊断和基因治疗等技术，必将推动人类健康水平的不断提高。

生物化学与分子生物学助力中医药现代化。中医药学是具有悠久历史传统和独特理论技术的医药学体系。我国古代人们懂得用车前子、杏仁等中草药治疗脚气病，用豆豉作为健胃剂，用猪肝治疗夜盲症（公元7世纪孙思邈）。中医药是中华优秀传统文化的重要载体，在促进文明互鉴、维护人类健康等方面发挥着重要作用。然而，现代医学快速发展的同时，传统中医药学面临着诸多困境。例如：中医药学受制于药用动植物提取物的作用机制模糊、有效成分不明确、濒危药材生产效率低等问题，难以搭上医药现代化快车。中医药正处在传统医学和现代医学的交汇点，与生物化学与分子生物学理论和技术的深度融合是中医药学发展的主流方向。生物化学与分子生物学在中医药领域中的创新应用集中体现在从分子水平阐释中医药治疗的内在机制，解决中医药实际应用过程中面对的诸多不利因素和存在的各种问题，最终科学诠释中医药理论，助力中医药的可持续发展。

基于生物化学与分子生物学的理论和技术探讨中医药调控生命过程的科学本质，从而架起中医药学与现代医学之间的桥梁。生物化学与分子生物学的理论和技术在中医药研究中的创新性融合与应用，可以有效界定传统药物的有效成分，诠释中药成分对生物大分子结构功能以及代谢的影响，揭示中药调控疾病进程的基本规律，从而促进中医药发展，拓展中医药的开放空间。实现传统中药药理与生物化学技术的深度融合，将先进的生物化学技术融入传统中医药研究中，确保中医药治疗成效得到实质性的科学评价，有利于创新药物的研发，切实推动中医药的现代化和高质量发展。

我国中药材资源丰富，本草纲目中就收录有1 892种。但中药材鉴定鉴别的保守性严重制约着中医药领域发展的可持续性。传统的鉴定鉴别有一定主观性，难以保证科学化、标准化和规范化。借助生物化学与分子生物学技术，可建立相关标准。分析中药材基因组DNA，建立其指纹库，可提高中药材鉴定和鉴别的准确性和科学性。在科学分析的基础上创建中药材DNA的条形码标记，可实现中药材质量控制的科学化和标准化。通过分析中药材基因组的多态性，可以确定中药材的种类、产地和纯度，鉴别中药材的品质，指导培育优质中药材。通过构建基因库可以保护珍贵中药材，利用基因工程可以培育濒危中药材，促进中药材的可持续发展。随着生物化学与分子生物学的方法和技术在中医药领域的应用范围不断拓展，以及社会经济的高质量发展和人民对医疗健康服务需求的不断提高，现代中医药正经历着前所未有的变革与发展机遇，必将造福人类健康。

（钱民先）

第一章

糖化学

糖（saccharide）是多羟基醛和多羟基酮及其衍生物和聚合物。糖都含有碳、氢、氧三种元素，且许多糖的化学式为 $C_m(H_2O)_n$，其中氢和氧的原子数之比为 2∶1，与水一致，所以糖俗称碳水化合物（carbohydrate）。有些糖还含有氮、磷、硫等元素。

第一节 糖的组成

糖的组成成分是指各种生物分子结构中的单糖基或水解产物中的单糖（表 1-1）。生物体内已鉴定的单糖有 200 多种，可根据所含碳原子数（$C_3 \sim C_9$）分为丙糖（triose）、丁糖（tetrose）、戊糖（pentose）和己糖（hexose）等，也可根据所含的官能团分为醛糖、酮糖及其衍生物。

表 1-1 单糖分类

分类	主要单糖
醛糖	甘油醛、赤藓糖、苏糖、核糖、葡萄糖、半乳糖、甘露糖
酮糖	二羟丙酮、核酮糖、木酮糖、果糖、景天庚酮糖
醛糖或酮糖衍生物	脱氧核糖、岩藻糖、葡萄糖酸、葡萄糖醛酸、艾杜糖醛酸、神经氨酸、氨基葡萄糖、氨基半乳糖

一、醛糖

醛糖（aldose）是多羟基醛及其分子内半缩醛。生物体内常见典型醛糖有丙醛糖（甘油醛，$C_3H_6O_3$）、丁醛糖（赤藓糖等，$C_4H_8O_4$）、戊醛糖（核糖、木糖等，$C_5H_{10}O_5$）、己醛糖（葡萄糖、甘露糖、D- 半乳糖和 L- 半乳糖等，$C_6H_{12}O_6$）等，其开链结构（open-chain form）的标准 Fischer 投影式（Fischer projection）和对应的一种锯齿［形投影］式（zig-zag projection）见图 1-1。

在这些醛糖的标准 Fischer 投影式中，距官能团最远的手性碳（甘油醛只有一个手性碳）的羟基均位于右侧。这些醛糖定义为 D- 构型单糖。生物体内醛糖（和酮糖）几乎都是 D- 构型单糖（少数如岩藻糖、L- 半乳糖为 L- 构型单糖），故常简称单糖。

半乳糖（galactose，Gal）与葡萄糖（glucose，Glc）相比只有 C-4 构型不同，两者互为差向

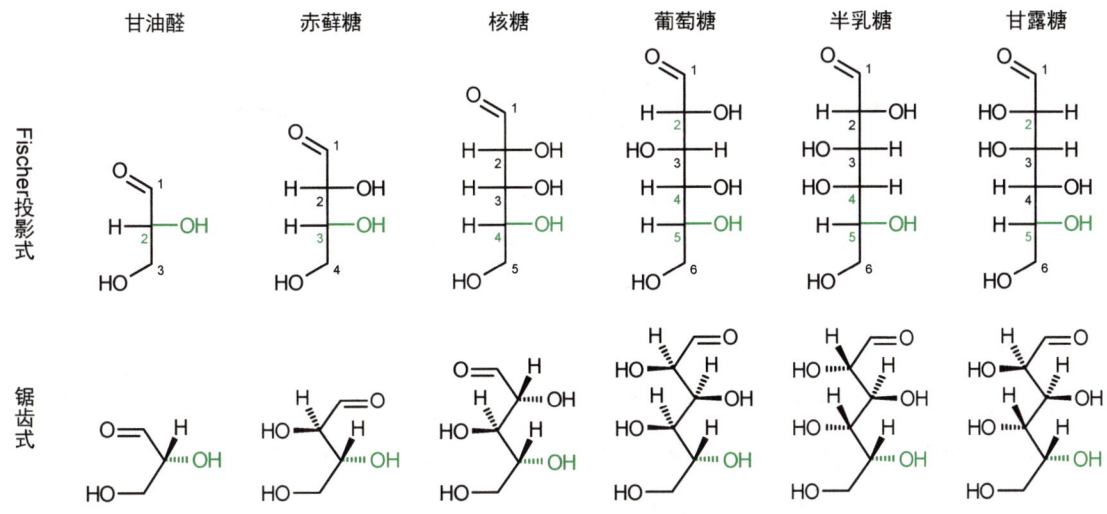

图 1-1 部分醛糖的 Fischer 投影式和锯齿式

异构体（epimer）；甘露糖（mannose，Man）与葡萄糖相比只有 C-2 构型不同，两者也互为差向异构体（图 1-1）。

五碳及以上醛糖可以发生分子内亲核加成反应，形成环状结构（cyclic form）的半缩醛（hemiacetal），其 C-1 羟基（官能团羟基）称为半缩醛羟基。环状结构多为五元杂环（称为呋喃环，相应的糖称为呋喃糖，furanose）或六元杂环（称为吡喃环，相应的糖称为吡喃糖，pyranose）。成环使官能团醛基转化为手性碳（称为异头碳，anomeric carbon），形成的两种立体异构体称为异头物（anomer，又称端基异构体），分别定义为 α- 单糖（在标准 Haworth 式中半缩醛羟基向下，与向上的羟甲基呈反式布局）和 β- 单糖（在标准 Haworth 式中半缩醛羟基向上，与向上的羟甲基呈顺式布局）。

拓展阅读 1-1：关于专业术语

核糖（ribose，Rib）和葡萄糖的两种标准 Haworth 式（又称 Haworth 透视式，Haworth representation）和对应的一种称为楔形式（wedge projection）的投影式见图 1-2。

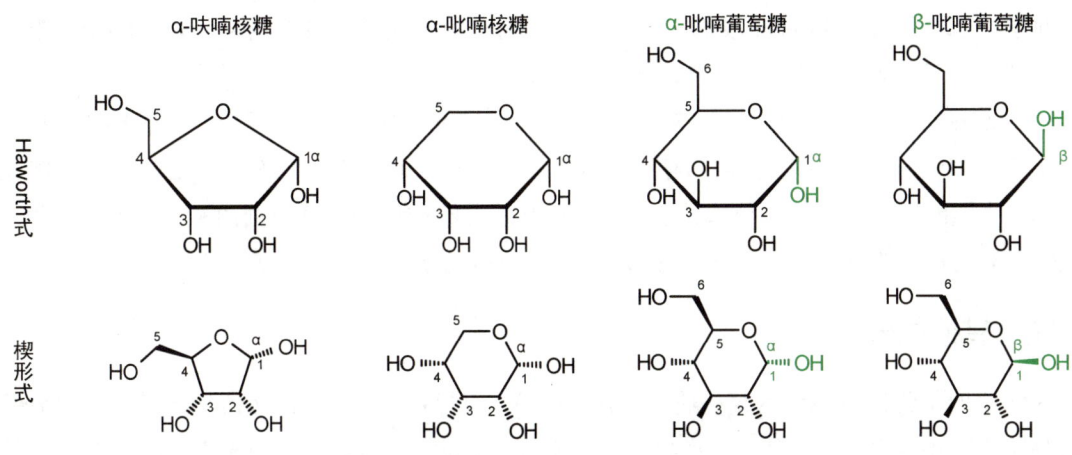

图 1-2 部分醛糖的 Haworth 式和楔形式

Haworth 式突出构型，忽略呋喃环和吡喃环的构象。呋喃环的一种典型构象称为信封式构象，吡喃环的两种典型构象称为椅式构象和船式构象，船式构象不如椅式构象稳定。核糖和葡萄糖的三种典型构象见图 1-3。

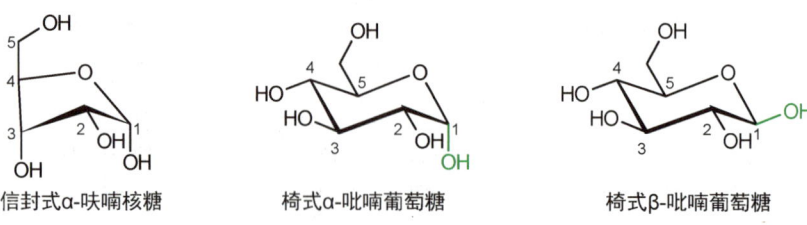

图 1-3 呋喃环和吡喃环典型构象

二、酮糖

酮糖（ketose）是多羟基酮（且羰基位于 C-2 位）及其分子内半缩酮。生物体内常见的酮糖有丙酮糖（二羟丙酮）、戊酮糖（核酮糖和木酮糖）、己酮糖（果糖）、庚酮糖（景天庚酮糖）等，其开链结构的标准 Fischer 投影式和对应的一种锯齿式见图 1-4。

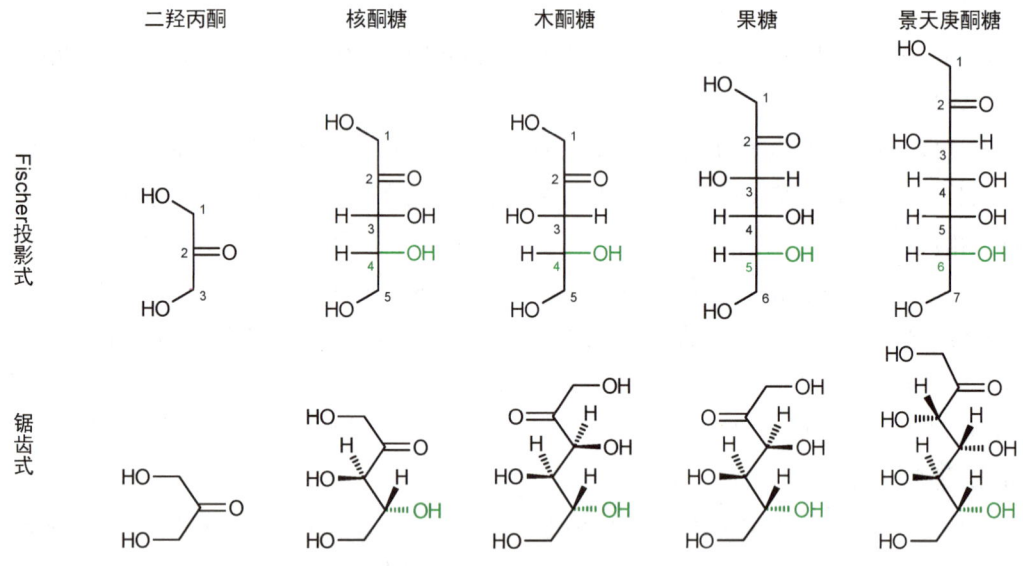

图 1-4 部分酮糖的 Fischer 投影式和锯齿式

在这些酮糖的标准 Fischer 投影式中，二羟丙酮不含手性碳，没有构型；其余酮糖远端手性碳的羟基均位于右侧，定义为 D- 构型单糖。

果糖（fructose，Fru）可以发生 5→2、6→2 两种分子内亲核加成反应，形成环状结构的果糖，属于半缩酮（hemiketal），半缩酮属于半缩醛，其 C-2 转化为异头碳，C-2 羟基（官能团羟基）属于半缩酮羟基，半缩酮羟基属于半缩醛羟基。环状结构的果糖包括两种吡喃型异头物和两种呋喃型异头物。四种异头物的标准 Haworth 式和对应的楔形式见图 1-5。

三、其他单糖

其他单糖是醛糖或酮糖的衍生物（derivative），包括：①醛糖和酮糖的末端氧化产物糖酸。②羰基还原产物糖醇。③羟基取代产物脱氧单糖、氨基糖。④羟基、氨基酰基化或烷基化产物等（图 1-6，图中采用简化锯齿式，省略与碳结合的氢，全书同）。

1. **核糖衍生单糖**　常见有 2- 脱氧核糖，β- 核糖胺。
2. **核酮糖衍生单糖**　常见有核糖醇。
3. **木酮糖衍生单糖**　常见有木糖醇。

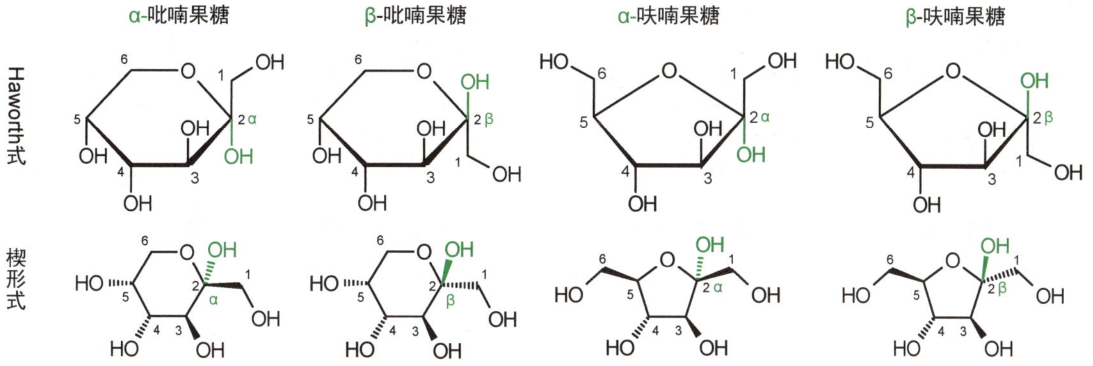

第一节 糖的组成

图 1-5 果糖的 Haworth 式和楔形式

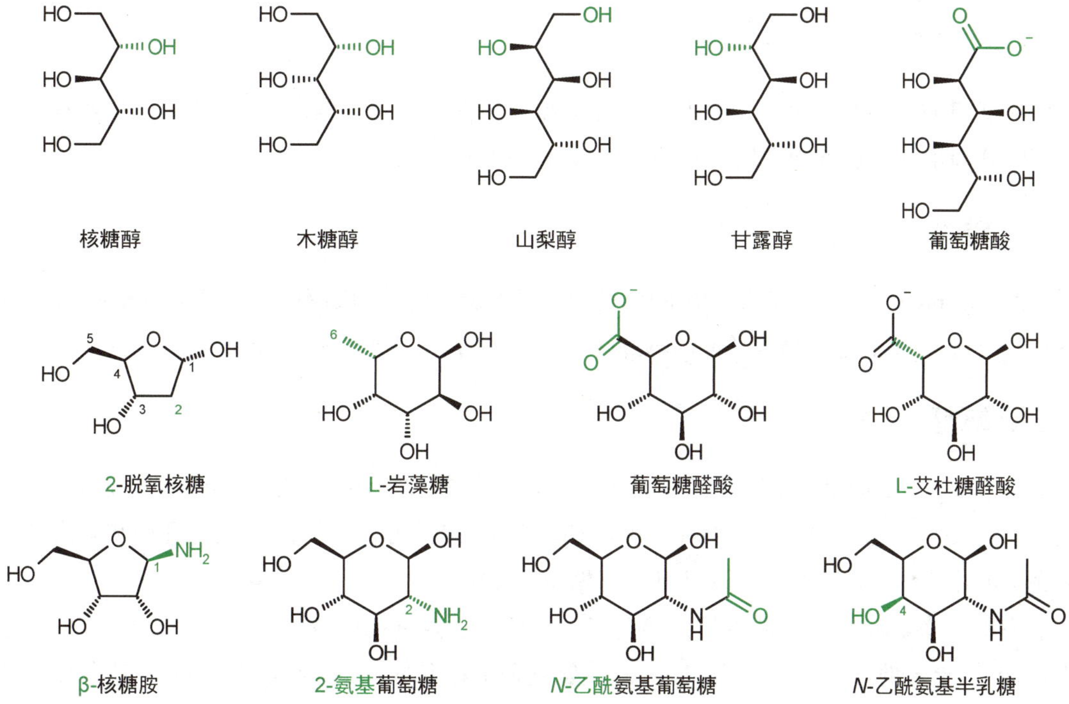

图 1-6 部分衍生单糖

4. 葡萄糖衍生单糖 常见有山梨醇、葡萄糖酸、葡萄糖醛酸（GlcA）、L-艾杜糖醛酸（L-IdoA）。

5. 甘露糖衍生单糖 常见有 L-岩藻糖（fucose，Fuc，又称 L-6-脱氧半乳糖）。

6. 果糖衍生单糖 常见有山梨醇、甘露醇、氨基葡萄糖（GlcN）、氨基半乳糖（GalN）、N-乙酰氨基葡萄糖（N-acetylglucosamine，GlcNAc）、N-乙酰氨基半乳糖（N-acetylgalactosamine，GalNAc）、N-乙酰氨基甘露糖（ManNAc）、N-乙酰神经氨酸（N-acetylneuraminic acid，Neu5Ac）、神经氨酸（neuraminic acid，Neu）（图 1-7）。

唾液酸见于各种动物，特别是哺乳动物体内，大部分用于合成分泌型糖蛋白、细胞膜糖蛋白和神经节苷脂，且位于其糖链的末端。哺乳动物常见的两种唾液酸是 N-乙酰神经氨酸（Neu5Ac、NeuAc）和 N-羟乙酰神经氨酸（Neu5Gc、NeuGc）。成人体内可以合成 N-乙酰神经氨酸，不能合成 N-羟乙酰神经氨酸（胎儿和肿瘤可以），但可以从食物获取 N-羟乙酰神经氨酸，并用于合成细胞膜糖脂和糖蛋白。含 N-羟乙酰神经氨酸的细胞膜糖脂和糖蛋白与志贺菌分泌的志贺毒素亲和力极强，因而会介导其感染，引起消化道疾病和溶血性尿毒综合征。

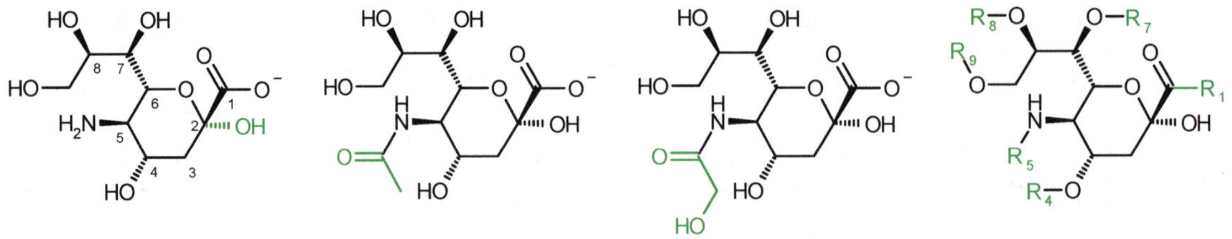

神经氨酸　　*N*-乙酰神经氨酸　　*N*-羟乙酰神经氨酸　　唾液酸类结构通式

图 1-7　神经氨酸和唾液酸

第二节　糖的结构

糖根据组成分为游离糖（不含非糖成分）和糖复合物（含非糖成分）。游离糖和糖复合物中的糖可以分为单糖、寡糖和多糖。寡糖和多糖合称聚糖（glycan）。

一、单糖

单糖（monosaccharide）是指游离的单糖分子。聚糖中的单糖结构称为糖单位（monosaccharide residue），如淀粉中的葡萄糖基（glucosyl group）、乳糖中的半乳糖基（galactosyl group）。

二、寡糖

寡糖（oligosaccharide）属于聚糖，含有 2 ~ 10 个糖单位，多为糖复合物的组成成分。游离寡糖很少，主要是几种二糖（又称双糖，disaccharide），包括可在人体内合成的乳糖和来自食物或其不完全消化产物的麦芽糖、异麦芽糖、蔗糖、海藻糖。

下列单糖为聚糖的主要糖单位：葡萄糖、果糖、甘露糖、L- 岩藻糖、木糖、唾液酸（通常位于末端）、半乳糖和氨基糖（例如 *N*- 乙酰氨基葡萄糖和 *N*- 乙酰氨基半乳糖）。这些糖单位通过糖苷键（见第四节）连接形成直链和支链结构。聚糖中有且只有一个末端糖单位的半缩醛羟基呈游离状态或与非糖基团形成糖苷键，该末端称为还原端（reducing end），其余末端糖单位的半缩醛羟基均与链内糖单位形成糖苷键，该末端称为非还原端（non-reducing end）。

1. 麦芽糖、异麦芽糖和海藻糖　麦芽糖（maltose）、异麦芽糖（maltose）、海藻糖（trehalose）由两个葡萄糖分别以（α1→4）、（α1→6）、（α1↔1α）糖苷键连接而成，分别记作 Glc（α1→4）Glc、Glc（α1→6）Glc、Glc（α1↔1α）Glc。麦芽糖和异麦芽糖是淀粉和糖原在消化道内消化过程中的中间产物，麦芽糖还存在于麦芽中，海藻糖存在于许多天然食材及酵母发酵食材中。

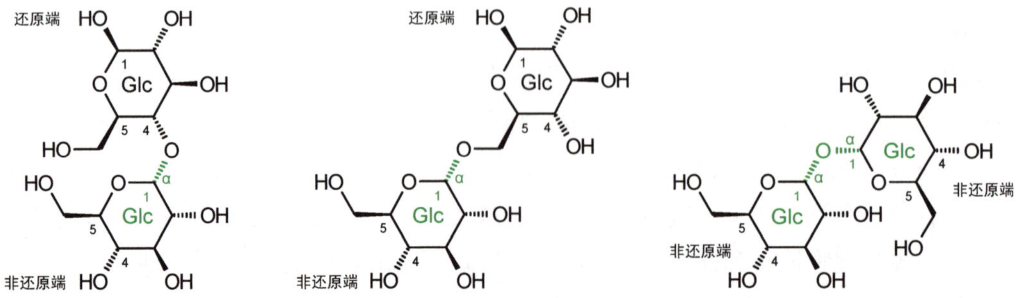

麦芽糖　　异麦芽糖　　海藻糖

2. 乳糖 乳糖（lactose）由半乳糖和葡萄糖以（β1→4）糖苷键连接而成，记作 Gal（β1→4）Glc，是奶类主要成分。

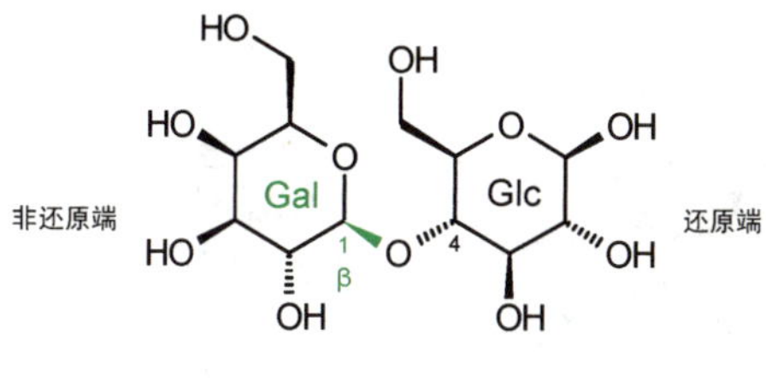

3. 蔗糖 蔗糖（sucrose）由葡萄糖和果糖以（α1↔2β）糖苷键连接而成，记作 Glc（α1↔2β）Fru 或 Fru（β2↔1α）Glc，是植物糖的储存形式和运输形式，在甘蔗和甜菜中含量尤为丰富，为食用白糖、砂糖、红糖的主要成分。

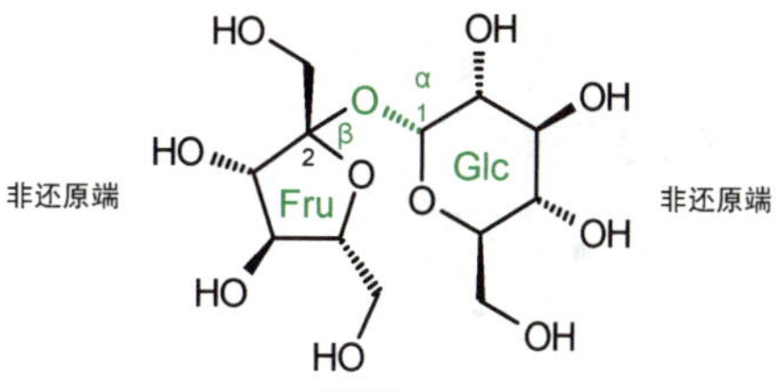

拓展阅读 1-2：ABO 血型抗原

三、多糖

生物体内多糖（polysaccharide）含有 10 个以上糖单位，以糖复合物形式存在，其分子组成中含有非糖成分。多糖可以根据来源分为植物多糖、动物多糖、微生物多糖，或根据其所含糖单位的种类分为同多糖和杂多糖。

（一）同多糖

同多糖又称均一多糖（homopolysaccharide），是指只含有一种糖单位的多糖。常见的同多糖有淀粉、糖原、纤维素、葡聚糖、菊粉和果胶等，它们是糖的储存形式或生物体的结构成分。

1. 淀粉 淀粉（starch）是食材中的主要糖类，是植物糖的储存形式，主要存在于种子（大米、小麦、玉米等）和根茎（马铃薯、红薯、芋头等）中。淀粉包括直链淀粉和支链淀粉，①直链淀粉又称糖淀粉（amylose），占总淀粉的 10%～20%，其每个分子由 50～5 000 个葡萄糖基以（α1→4）糖苷键连接而成，只有两个末端，分别为非还原端和还原端。②支链淀粉又称胶淀粉（amylopectin），占总淀粉的 80%～90%，其每个分子由多达百万个葡萄糖基以（α1→4）糖苷键连接而成，不过每隔 24～30 个葡萄糖基会有一个称为外支的分支，外支"还原端"的葡萄糖基以（α1→6）糖苷键与上一级糖链连接（图 1-8）。

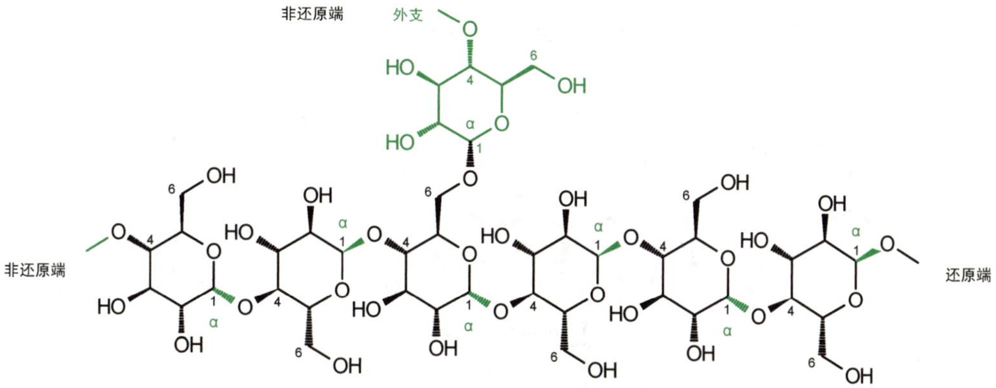

图 1-8 支链淀粉（直链淀粉不含外支）

直链淀粉的构象并不是完全伸展的，而是卷曲成空心螺旋（hollow helix），每个螺旋约含 6 个葡萄糖基（图 1-9）。

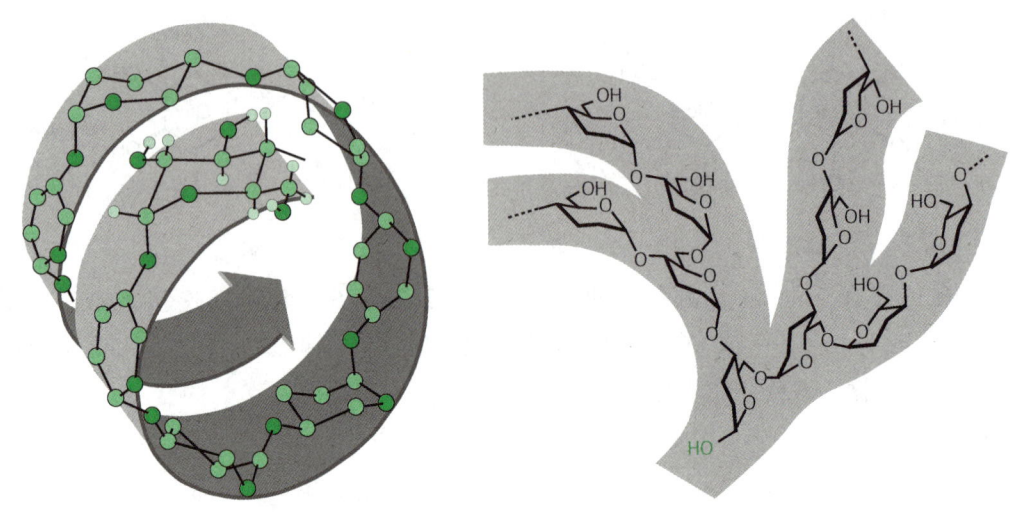

图 1-9　直链淀粉（左）和支链淀粉（右）构象示意图

2. 糖原　糖原（glycogen）又称动物淀粉，是动物糖的储存形式，存在于大多数组织细胞中，但在肝脏（肝糖原）、骨骼肌和心肌（肌糖原）的细胞质中含量最多，肾、子宫、神经胶质细胞、红细胞、白细胞也有一定量。糖原分子又称 β 粒子，直径 20～30 nm，由多达 6×10^4 个葡萄糖基构成，有 2×10^3 多个非还原端。数个至数十个 β 粒子与糖原代谢酶系形成糖原颗粒（glycogen granule），又称 α 粒子（α granule），直径 0.04～0.3 μm。

糖原的葡萄糖基与支链淀粉一样通过（α1→4）糖苷键和（α1→6）糖苷键连接，因而也有分支，且分支短而多，每个分支上可以再形成两个分支，分支点间隔 8～15 个葡萄糖基（图 1-10）。

图 1-10　糖原结构示意图

3. 纤维素　纤维素（cellulose）是植物细胞壁的主要结构成分，占树叶干重的 10%～20%、木材干重的 50%～70%、棉花干重的 92%～98%、脱脂棉和滤纸的几乎 100%。纤维素分子由多达 1.5×10^4 个葡萄糖基以（β1→4）糖苷键连接而成，没有分支（图 1-11）。

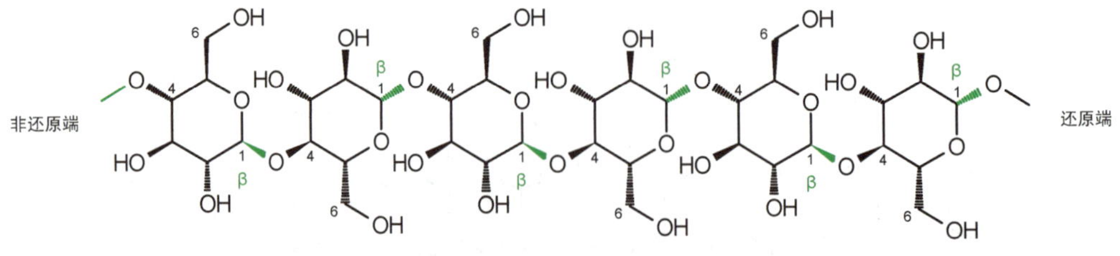

图 1-11　纤维素

4. 右旋糖酐　右旋糖酐（dextran）属于葡聚糖（glucan），是细菌的代谢物，由葡萄糖基以（α1→6）糖苷键连接而成，此外还有分支，分支连接点主要是（α1→3）糖苷键，少量为

（α1→2）糖苷键和（α1→4）糖苷键连接。各种右旋糖酐分子大小不一，用途不同：①分子量 $2×10^4$～$4×10^4$ 的右旋糖酐主要用于降低血液黏稠度，改善微循环，防止血栓形成。②分子量 $7.5×10^4$ 的右旋糖酐可用作血浆代用品，增加血容量。③分子量大于 $9×10^4$ 的右旋糖酐会引起细胞凝集，没有医用价值（图1-12）。

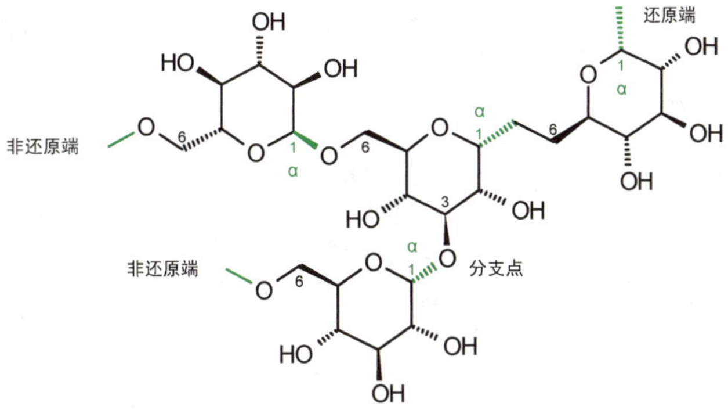

图1-12 右旋糖酐

5. 菊粉 菊粉（inulin）又称菊糖，是一种聚果糖（fructose），由果糖基以（β2→1）糖苷键连接而成。见于大丽花、洋蓟、蒲公英的块茎和根，不能被消化吸收。菊粉易溶于水，常用于测定肾小球滤过率。

6. 果胶 果胶（pectin）由半乳糖醛酸基（部分甲基化）以（α1→4）糖苷键连接而成，含部分L-鼠李糖（6-脱氧-L-甘露糖），富含于植物细胞壁。

7. 几丁质 几丁质（chitin）又称壳多糖，由 $1×10^3$～$3×10^3$ 个 N-乙酰氨基葡萄糖基以（β1→4）糖苷键连结而成，存在于环节动物角质层、节肢动物外骨骼及一些植物和真菌中。真菌几丁质为细胞壁的微纤维成分。几丁质应用广泛，可用于生产或制作布料、染料、杀虫剂、鱼饲料、保湿剂、接触镜、人工皮肤、缝合线、透析膜和人工血管等。

（二）杂多糖

杂多糖又称异多糖、不均一多糖（heteropolysaccharide），是含有两种及两种以上糖单位的多糖，主要是细胞外基质成分，可以维持细胞、组织、器官形态并提供保护。杂多糖以蛋白多糖中的糖胺聚糖最为重要。

糖胺聚糖（glycosaminoglycan，GAG）又称黏多糖（mucopolysaccharide），包括透明质酸、硫酸软骨素、硫酸皮肤素、硫酸角质素、肝素和硫酸乙酰肝素等，均与核心蛋白（core protein）等构成蛋白多糖（proteoglycan）。不同糖胺聚糖的差异体现在：①糖单位的种类及其硫酸化状态和位点。②糖苷键类型。③糖链长度及与核心蛋白连接方式。④核心蛋白性质。⑤糖胺聚糖的组织分布和细胞内分布及功能。

糖胺聚糖均由一种 N-乙酰氨基己糖基（N-乙酰氨基葡萄糖基或 N-乙酰氨基半乳糖基）和一种糖醛酸基（葡萄糖醛酸基或半乳糖醛酸基，硫酸角质素例外）交替连接合成，且许多糖单位含有至少一个硫酸基（O-连接或 N-连接。透明质酸不含硫酸基），因而呈酸性（图1-13，图中R代表氢或硫酸基）。

1. 透明质酸 透明质酸（hyaluronic acid，HA）又称玻璃酸、玻尿酸，由葡萄糖醛酸基（GlcA）以（β1→3）糖苷键和 N-乙酰氨基葡萄糖基（GlcNAc）以（β1→4）糖苷键交替连

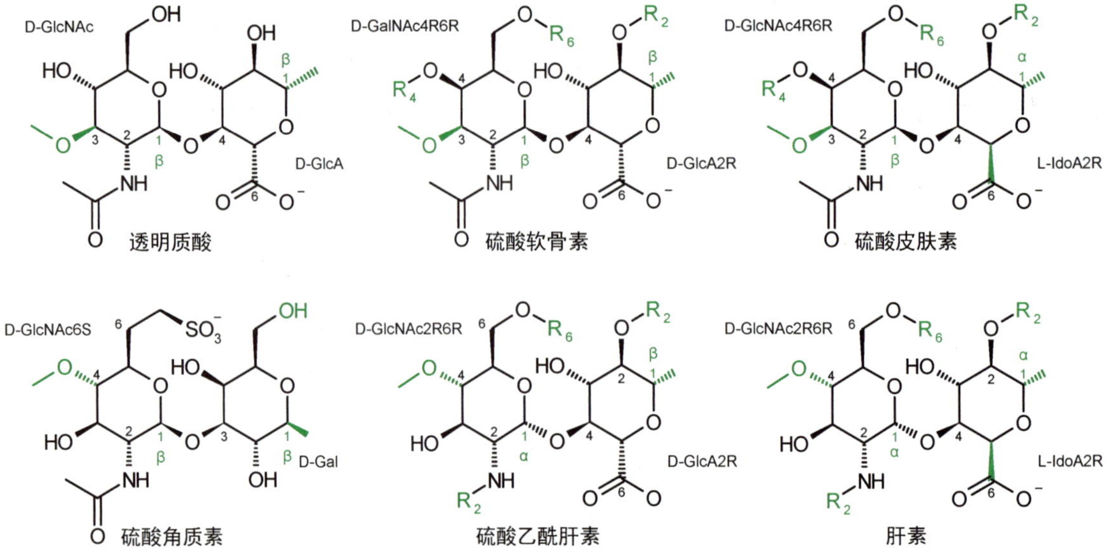

图 1-13 常见糖胺聚糖结构重复单位（二糖单位）

接而成。

透明质酸存在于几乎所有动物的细胞外基质中，分布于皮肤、脐带、骨、软骨、关节滑液、眼球玻璃体液、胚胎等。透明质酸溶液黏稠透明，是脊椎动物关节液和眼球玻璃体液的主要成分，赋予其润滑性；是软骨、肌腱细胞外基质的主要成分，提高其抗张强度和弹性。透明质酸可以被透明质酸酶（hyaluronidase）水解，导致黏度降低。例如精子通过释放透明质酸酶水解卵子表面的透明质酸，进行受精。某些蛇毒和细菌中也含有透明质酸酶。

2. 硫酸软骨素　硫酸软骨素（chondroitin sulfate，CS）为软骨素的硫酸酯，属于 O- 聚糖。硫酸软骨素蛋白多糖是软骨（位于软骨内成骨钙化点）、肌腱、韧带、心脏瓣膜、主动脉壁细胞外基质的重要组分，提高其抗张强度。

3. 硫酸皮肤素　硫酸皮肤素（dermatan sulfate，DS）为皮肤素的硫酸酯，属于 O- 聚糖。硫酸皮肤素蛋白多糖主要分布于皮肤（是皮肤的主要糖胺聚糖）、血管和心脏瓣膜，赋予其柔韧性。

4. 硫酸角质素　硫酸角质素（keratan sulfate，KS）包括硫酸角质素Ⅰ（KSⅠ）和硫酸角质素Ⅱ（KSⅡ），两者由同一组酶催化合成，只是与核心蛋白连接方式不同。硫酸角质素蛋白多糖广泛分布于角膜、软骨、骨骼及角、发、蹄、甲、爪等死细胞形成的角质化结构中。

5. 肝素和硫酸乙酰肝素　肝素（heparin）和硫酸乙酰肝素（heparan sulfate）同源，属于 O- 聚糖。肝素类蛋白多糖主要由肥大细胞和嗜碱性粒细胞合成并释放到血中。肝素具有抗凝活性，是动物体天然抗凝物质，其抗凝机制是激活抗凝血酶Ⅲ，后者抑制凝血酶和凝血因子Ⅹa。此外肝素还能促进内皮细胞释放组织因子途径抑制物。临床上血检和输血时常用肝素作为抗凝剂。

拓展阅读 1-3：黏多糖贮积症

6. 琼脂　石花菜等海藻类富含一类半乳糖类多糖，称为琼脂（agar），又称琼胶，包括琼脂糖和琼脂胶。

（1）琼脂糖：琼脂糖（agarose）是由 D- 半乳糖（D-Gal）与 3,6- 脱水 -L- 半乳糖（3,6-An-L-Gal）以（β1→4）糖苷键连结而成的二糖单位以（α1→3）糖苷键连结而成的长链结构。琼脂糖强烈亲水，可以溶解于沸水，且溶液冷却到 45℃ 以下会形成琼脂糖凝胶。琼脂糖制剂含极少量硫酸基和丙酮酸基，基本不会吸附生物大分子或致其变性，是理想的惰性载体，故琼脂糖凝胶常用作区带电泳、免疫电泳、免疫扩散、凝胶过滤和亲核层析的支持物。

（2）琼脂胶：琼脂胶（agaropectin）是琼脂糖的硫酸酯，属于酸性多糖。某些藻类的琼脂胶含丙酮酸、L-阿拉伯糖、葡萄糖醛酸。

琼脂糖　　　　　　　　　　琼脂胶

四、糖复合物

糖复合物（complex carbohydrate）又称结合糖、糖缀合物（glycoconjugate），包括由糖基与蛋白质或肽形成的糖蛋白、蛋白多糖、黏蛋白、肽聚糖以及由糖基与脂质形成的脂多糖、糖脂（参见第二章）等。糖复合物的糖基与非糖部分几乎均以糖苷键结合（图1-14）。糖复合物广泛分布于各种生物体内。

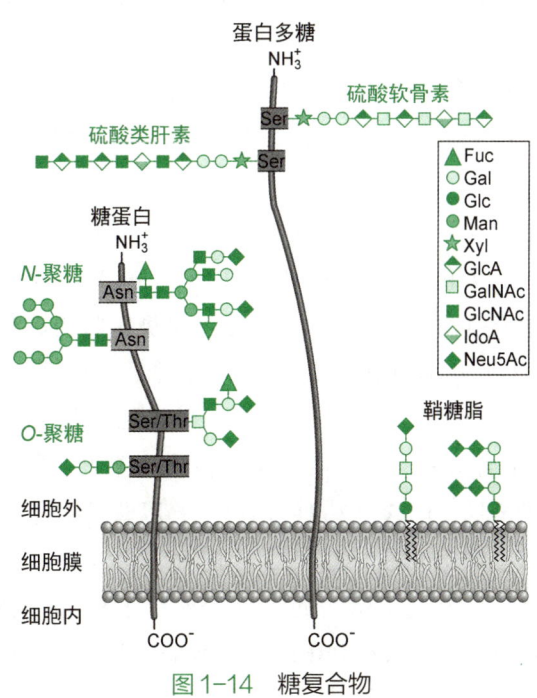

图1-14　糖复合物

1. 糖蛋白　广义糖蛋白包括蛋白多糖和黏蛋白。狭义糖蛋白（glycoprotein）是蛋白前体糖基化修饰的产物。不同糖蛋白的糖基化程度不同，故含糖量不同，低至不到5%，高至20%；不同蛋白质的糖基化机制可能存在差异，可形成单糖基、寡糖基甚至多糖链修饰，以寡糖基修饰为主；糖基化原料不同，故单糖基种类、聚糖基的组成（2~15糖单位，多数<10）和结构（无二糖单位，多有分支）不同。糖基与蛋白质部分的连接方式不同，可分为N-聚糖（N-glycan）和O-聚糖（O-glycan）。N-聚糖通过GlcNAc以β-糖苷键与Asn-Xaa-Ser/Thr（Xaa为可变残基，参见第三章）序列中Asn的酰胺氮连接，形成N-糖蛋白；O-聚糖通过GalNAc以α-糖苷键与Ser/Thr的羟基氧连接，形成O-糖蛋白（图1-15）。

拓展阅读 1-4：糖基化与糖化

图 1-15　糖蛋白中聚糖的 N- 糖苷键和 O- 糖苷键

2. 黏蛋白　黏蛋白（mucin）是黏液中的 O- 糖蛋白，含糖量可达 80%，其 O- 聚糖通过 GalNAc 以 α- 糖苷键与 Ser/Thr 的羟基氧连接。

3. 蛋白多糖　哺乳动物有 40 多种蛋白多糖（又称蛋白聚糖，proteoglycan），多由肝素、硫酸乙酰肝素、硫酸软骨素、硫酸皮肤素或硫酸角质素通过一个 N- 寡糖基或 O- 寡糖基介导，与核心蛋白共价结合形成。各种蛋白多糖通过一分子连接蛋白与透明质酸结合形成聚集蛋白聚糖。

聚集蛋白聚糖（aggrecan）含糖量 80%～95%，是细胞表面和细胞外基质的重要成分之一，由于糖胺聚糖上羧基或硫酸基均带有负电荷，彼此相斥，所以聚集蛋白聚糖在溶液中呈瓶刷状（图 1-16）。

4. 肽聚糖　肽聚糖（peptidoglycan）又称胞壁质（murein），由聚糖和短肽交联形成。聚糖部分由 N- 乙酰胞壁酸（MurNAc）和 N- 乙酰氨基葡萄糖（GlcNAc）以（β1→4）糖苷键交替连接而成。同向平行排布的聚糖链由短肽交联。不同细菌肽聚糖短肽的长度和组成不同，葡萄球菌短肽前体由两个五肽构成：①五肽 1 为 H_2N-L- 丙 -D- 异谷胺 -L- 赖 -D- 丙 -D- 丙 -COOH，通过 L- 丙氨酸的氨基与聚糖 N- 乙酰胞壁酸的羧基以酰胺键结合。②五肽 2 为五聚甘氨酸，是在五肽 1 中赖氨酸的 ε- 氨基上合成的，反应由甘氨酸转移酶催化。在肽聚糖单体聚合时，五肽 2 末端氨基取代另一个单体的五肽 1 的羧基端 D- 丙氨酸，以肽键结合，反应由一种称为青霉素结合蛋白 A1（PBP1a）的转肽酶催化（图 1-17、图 1-18）。

溶菌酶可以水解肽聚糖 N- 乙酰胞壁酸的（β1→4）糖苷键，从而降解肽聚糖，破坏细胞壁，杀死细菌。青霉素不可逆抑制转肽酶 PBP1a，从而抑制肽聚糖合成，发挥抑菌作用。

肽聚糖是革兰氏阳性菌细胞壁的主要成分，革兰氏阴性菌的细胞壁也含有较薄的肽聚糖层。

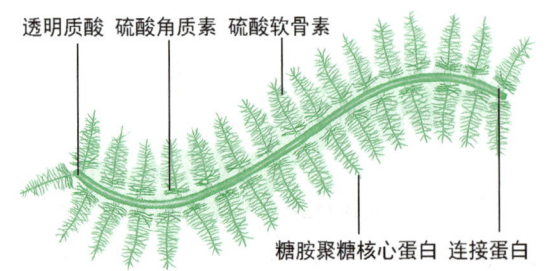

图 1-16　细胞外基质聚集蛋白聚糖结构示意图

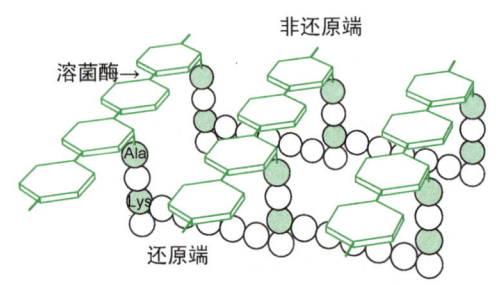

图 1-17　葡萄球菌肽聚糖结构示意图

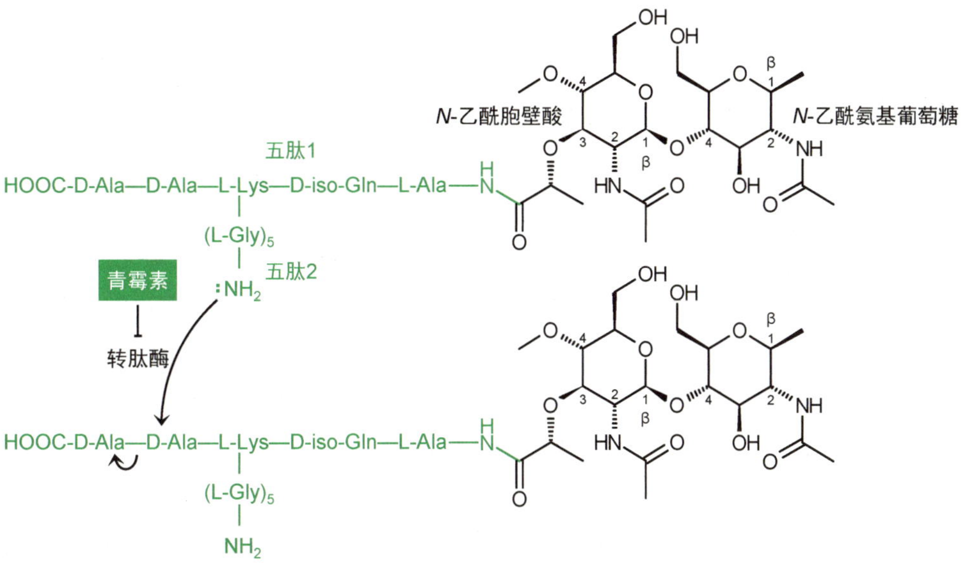

图 1-18　葡萄球菌肽聚糖单体聚合机制

肽聚糖可以与白细胞表面 Toll 样 2 受体（Toll-like receptor 2，TLR2）结合，诱导免疫反应。肽聚糖降解碎片可以与免疫细胞模式识别受体 NOD1、NOD2 等结合，诱导免疫反应。

5. 脂多糖　脂多糖（lipopolysaccharide，LPS）是革兰氏阴性菌细胞壁外膜的主要成分，其分子结构可以分为三部分。①脂质 A：是内部脂质，其组成和结构具有保守性，是毒素成分。②核心多糖：是分子结构中间部分，由己糖、庚糖、辛糖等组成，其组成和结构具有保守性。③特异多糖：是外部寡糖链，其组成和结构因细菌而异，是抗原物质，又称 O 抗原（不同于 ABO 血型 O 抗原）。某些脂多糖可以引起发热、休克等，但因为它们不是分泌成分，仅在细胞裂解或被吞噬时才呈现毒性，因而这类脂多糖又称内毒素（endotoxin）（图 1-19）。

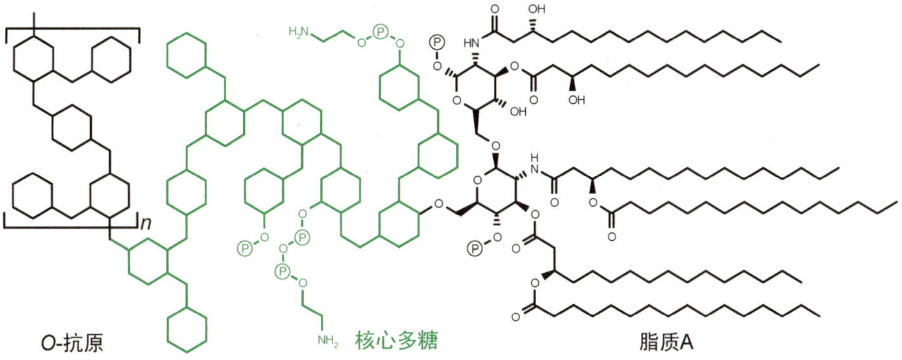

图 1-19　脂多糖结构示意图

脂多糖可以与细胞表面一种称为脂多糖受体（TLR4/CD14/MD-2 复合物）的模式识别受体结合，激活相关信号通路，诱导免疫反应。

第三节 糖的功能

糖在各种生物体内分布广泛，功能多样。

1. 供能物质 糖是生命活动的主要供能物质。绝大多数非光合生物通过糖的分解代谢获得能量。人体每日代谢消耗的葡萄糖约有90%用于氧化供能，提供所需能量的45%~65%。人体内用于供能的糖是糖原和葡萄糖：糖原是糖的储存形式，葡萄糖是糖的运输形式和利用形式。葡萄糖是脑和其他神经组织、睾丸、肾髓质、胚胎组织的主要供能物质，是红细胞的唯一供能物质。

三大产能营养素的供能效率可用能量系数评价。能量系数（energy coefficient）是指每克产能营养素在体内氧化时所释放的能量值。糖、脂肪、蛋白质的能量系数分别为 17 kJ（4 kcal）、37 kJ（9 kcal）和 17 kJ（4 kcal）。

2. 结构成分 纤维素是植物细胞壁的结构成分；几丁质是环节动物角质层、节肢动物外骨骼成分和真菌细胞壁的微纤维成分；肽聚糖是细菌的细胞壁成分；蛋白多糖是动物结缔组织、骨、软骨细胞表面和细胞外基质的结构成分；糖蛋白和糖脂是各组织的细胞膜成分，在细胞表面形成一个几纳米厚度的聚糖层，称为糖被、糖萼。

3. 合成原料 葡萄糖是无机碳转化为有机碳的产物，是异养生物的最终碳源和最终能源。葡萄糖可以转化为其他单糖。各种单糖是糖复合物的合成原料，单糖还通过糖代谢为脂肪酸、氨基酸、核苷酸、辅助因子合成提供原料。

4. 代谢调节 一些糖蛋白、糖脂作为激素、细胞因子、生长因子等信号分子或信号分子受体参与细胞通讯和信号转导，例如人绒毛膜促性腺激素、[促]红细胞生成素。

5. 其他作用 ①细胞膜糖基参与细胞识别、细胞黏附、细胞迁移、血液凝固、机体防御、免疫反应、伤口愈合及病原体感染。②蛋白多糖溶液黏度较大，广泛存在于结缔组织、骨、软骨细胞表面和细胞外基质中，既是结构成分，又是减震剂、润滑剂。③介导靶向运输，使目的蛋白从合成部位运到功能部位，例如6-磷酸甘露糖是溶酶体酶的运输标志。④稳定蛋白质构象，使其抗蛋白酶水解，延长寿命。⑤增加蛋白质的水溶性。

第四节 糖的性质

糖的性质由其官能团、取代基和空间结构决定，并成为其合成、分解和转化的化学基础。

1. 变旋现象 α-（或β-）葡萄糖溶解于水时会自发开环，并有一部分转化为β-（或α-）葡萄糖，最终形成平衡体系。这一现象称为互变异构（tautomerism）。在该平衡体系中，α-葡萄糖约占36%，β-葡萄糖约占64%，开链结构葡萄糖仅占0.024%。因为两种葡萄糖的比旋光度不同，所以葡萄糖平衡体系形成前后溶液的旋光度会发生变化。这一现象称为葡萄糖溶液的变旋[光]现象（mutarotation）。新配制的α-葡萄糖溶液的比旋光度是+112°，平衡体系的比旋光度

是 +52.7°。其他含游离半缩醛羟基的单糖和寡糖溶解于水也可发生变旋现象（表 1-2）。

表 1-2 游离型单糖溶液平衡体系组成（%）

单糖	α- 吡喃单糖	β- 吡喃单糖	α- 呋喃单糖	β- 呋喃单糖
葡萄糖	36	64	0	0
半乳糖	31	69		
甘露糖	67	32	0.8	0.2
核糖	20	56	6	18
木糖	27	63		
果糖	2	66	7	25

在单糖溶液中，虽然开链单糖所占的比例极小，但很重要。开链单糖是互变异构的中间产物，也是某些反应的直接反应物。

游离型核糖和果糖多为吡喃单糖，结合型核糖基和果糖基均为呋喃糖基。

2. 碘试验　直链淀粉可溶于热水，溶液在常温下与卢氏碘液（Lugol's iodine）反应呈深蓝色，机制可能是 I_3^-、I_5^- 或 I_7^- 嵌入直链淀粉螺旋内部，形成螯合物。支链淀粉不溶于水，在热水中吸水糊化，遇碘呈橙黄色。

淀粉可被酸或淀粉酶催化水解，水解过程中生成一系列长短不同的寡聚葡萄糖，统称糊精（dextrin）。根据遇碘呈色的不同，它们分别称为蓝糊精、红糊精和无色糊精。

糖原溶于热水，溶液在常温下遇碘呈紫红色或红褐色。

3. 成苷反应　单糖和寡糖还原端糖单位的半缩醛羟基可以被其他化合物所含羟基、氨基、亚氨基或巯基的氧、氮或硫取代，生成产物统称糖苷（glycoside）。例如：葡萄糖半缩醛羟基被乙醇通过氧取代，生成 β- 乙基葡萄糖苷。

糖苷分子可视为由两部分构成。一部分称为糖基（glycone），包括只含有一个糖单位的单糖基和含有少量糖单位的寡糖基；另一部分是苷元（又称糖苷配基，aglycone），如 β- 乙基葡萄糖苷分子的乙氧基。连接糖基和苷元的化学键称为糖苷键（glycosidic bond）。糖苷键根据异头碳构型分为 α- 糖苷键和 β- 糖苷键，根据苷元连接原子分为 O- 糖苷键（如麦芽糖和淀粉中的糖苷键）、N- 糖苷键（如核苷酸和核酸中的糖苷键）和 S- 糖苷键（如异丙基 -β- 硫代半乳糖苷中的糖苷键）。糖苷键对碱稳定而易被酸催化水解。糖苷在各种生物体内广泛存在。某些糖苷具有药用价值，例如链霉素和强心苷类。

拓展阅读 1-5：糖基与糖单位

4. 酯化反应　糖分子中的羟基均可发生酯化反应（属于酰化反应），生成产物为酯。典型的酯化反应是磷酸化反应，生成磷酸酯，如 3- 磷酸甘油醛、6- 磷酸葡萄糖、1,6- 二磷酸果糖，它们都是糖代谢途径重要的中间产物。

第一章 糖化学

3-磷酸甘油醛　　　　6-磷酸葡萄糖　　　　β-1,6-二磷酸果糖

5. 氧化反应 在一定条件下，单糖可以被氧化。氧化条件不同则氧化产物不同。

（1）与碱性弱氧化剂反应：醛糖的醛基能被 Benedict 试剂、Fehling 试剂、Tollens 试剂等碱性弱氧化剂氧化，从而生成醛糖酸（aldonic acid）等氧化产物。例如：葡萄糖与 Benedict 试剂反应，生成砖红色氧化亚铜沉淀。Benedict 试剂和 Fehling 试剂均为碱性铜试剂。

酮糖在碱性条件下可以通过醛酮异构转化为醛糖，寡糖还原端的糖单位如含半缩醛羟基也可开环形成醛基，它们均可被碱性铜试剂氧化。能被碱性铜氧化的糖统称还原糖（reducing sugar）。单糖中醛糖和酮糖均为还原糖。麦芽糖、异麦芽糖、乳糖还原端有半缩醛羟基，为还原糖，又称还原性二糖；蔗糖、海藻糖无还原端，无半缩醛羟基，不是还原糖，又称非还原性二糖。多糖还原端半缩醛羟基已与蛋白质等形成糖苷键，不是还原糖。

（2）与酸性弱氧化剂反应：醛糖与酸性弱氧化剂反应生成糖酸（aldonic acid）。例如：葡萄糖与溴水（pH 5）或 Schiff 试剂（碱性品红 0.5%- 亚硫酸氢钠 1%- 盐酸 0.1 mol/L）反应生成葡萄糖酸。酮糖无此性质，因此该反应可用于鉴别醛糖和酮糖。

葡萄糖酸在临床上用作阳离子药物（如奎宁、Ca^{2+}、Zn^{2+}）的平衡离子（counterion）。

（3）体内氧化：在生物体内，各种单糖可以部分氧化甚至完全氧化。例如：3-磷酸甘油醛可以氧化成 3-磷酸甘油酸；肝细胞内 UDP-葡萄糖可以氧化成 UDP-葡萄糖醛酸（参见第八章），参与生物转化（参见第十三章）；6-磷酸葡萄糖可以氧化成 6-磷酸葡萄糖酸；葡萄糖可以完全氧化，生成 CO_2 和 H_2O，为生命活动提供能量。

6. 还原反应 醛糖和酮糖都可以被还原成相应的糖醇（alditol）。糖醇的消化道吸收率低，利用率约为糖的一半，可用作糖尿病患者的食品添加剂。

在生物体内，核酮糖可被还原成核糖醇，木酮糖可被还原成木糖醇，葡萄糖可被还原成山梨醇，果糖可被还原成山梨醇和甘露醇。山梨醇在糖尿病患者的视网膜细胞和晶状体内积累会引起视网膜病变（retinopathy）和糖尿病白内障（diabetic cataract）。

7. 异构反应 一种单糖或其磷酸酯可以异构成另一种单糖或其磷酸酯。

（1）醛酮异构：在碱性条件下醛糖与相应酮糖可以相互转化。在细胞内，醛酮异构反应是由异构酶催化进行的，例如 6-磷酸葡萄糖异构成 6-磷酸果糖，6-磷酸果糖异构成 6-磷酸甘露糖（参见第八章）。

β-6-磷酸葡萄糖　　　6-磷酸葡萄糖　　　6-磷酸果糖　　　β-6-磷酸果糖

（2）差向异构：①在碱性条件下葡萄糖与甘露糖可以相互转化。②在细胞内，个别游离单糖可以进行差向异构，如 N-乙酰氨基葡萄糖与 N-乙酰氨基甘露糖、5-磷酸核酮糖与 5-磷酸木

酮糖。大多以糖单位形式进行差向异构，如 UDP- 葡萄糖与 UDP- 半乳糖、UDP- 乙酰氨基葡萄糖与 UDP- 乙酰氨基半乳糖、糖胺聚糖分子中的 D- 葡萄糖醛酸与 L- 艾杜糖醛酸。差向异构反应均由差向异构酶催化，多数差向异构反应的反应物和产物互为差向异构体。

β-6-磷酸甘露糖 ⇌ β-6-磷酸葡萄糖 ⇌ β-6-磷酸半乳糖

第五节　糖类药物

糖类药物（carbohydrate-based drug）即药用糖，包括游离糖和糖复合物，可以分为三类。

1. 天然糖类药物　包括单糖类药物、多糖类药物和药用强心苷。

（1）单糖类药物：葡萄糖醛酸内酯临床简称葡醛内酯（XA05B，国家基本医疗保险、工伤保险和生育保险药品目录药品分类代码，全书同），N- 甲基葡萄糖胺是水飞蓟宾葡甲胺（XA05B）成分，均用于治疗肝炎、肝硬化和化学及药物性肝损伤。复方氨酚葡锌片中的葡萄糖酸锌可以增强吞噬细胞的吞噬能力。葡萄糖酸钙用于补钙（XA12）。葡萄糖酸亚铁、山梨醇铁用于治疗缺铁性贫血（XB03A）。葡萄糖酸锑钠用于抗利什曼病和锥虫病（XP01C）。甘露醇用于利尿（XB05BC）。人参皂苷用于肿瘤辅助治疗（ZC02）。链霉素、阿米卡星、庆大霉素均属于氨基糖苷类抗生素（药品目录称为氨基糖苷类抗菌药）。

拓展阅读1-6：贫血

（2）多糖类药物：肝素、低分子肝素等用于抗血栓形成（XB01AB），保护血管（XC05）。透明质酸钠临床称为玻璃酸钠，用于治疗肌肉-骨骼系统疾病（XM09A），制备滴眼剂（XS01K）。植物多糖类药物（黄芪多糖、人参多糖、茯苓多糖）和真菌多糖类药物（香菇多糖、裂褶菌多糖、灵芝多糖）具有免疫调节和抗肿瘤活性。黄芪多糖等用于肿瘤辅助治疗（ZC02）。

（3）药用强心苷：药用强心苷（cardiac glycoside，XC01A）用于治疗心脏疾病，包括地高辛、毒毛花苷 K、去乙酰毛花苷等。强心苷糖基既有单糖基又有寡糖基，既有 β- 糖苷又有 α- 糖苷，强心苷苷元统称心甾内酯（cardenolide）（表 1-3）。

表 1-3　部分强心苷

cardiac glycoside，强心苷	糖基	cardenolide，心甾内酯	心甾内酯分子式
digitoxin，β- 洋地黄毒苷、毛地黄毒苷	三糖基	digitoxigenin	$C_{23}H_{34}O_4$
digoxin，β- 地高辛	三糖基	digoxigenin	$C_{23}H_{34}O_5$
deslanoside，β- 去乙酰毛花苷	四糖基	digoxigenin	$C_{23}H_{34}O_5$
ouabain，α- 哇巴因、乌本苷	单糖基	ouabagenin	$C_{23}H_{34}O_8$
strophanthin k，β- 毛旋花子苷 K、毒毛花苷 K	二糖基	k-strophanthidin	$C_{23}H_{32}O_6$

2. 糖复合物类药物 据统计，目前已获准用于临床和正在开发的蛋白药物有80%以上是糖蛋白，如重组人红细胞生成素（药品名称促红素，XB03B，用于治疗肾性贫血、非骨髓恶性肿瘤化疗引起的贫血）、集落刺激因子（XL03AA，免疫兴奋剂）、干扰素（XL03AB，免疫兴奋剂）、TNK 组织型纤溶酶原激活剂（XB01AD，抗血栓形成药）等。

3. 糖基化修饰药物 对天然氨基糖苷类分子进行结构修饰可以获得大量衍生物，其中不少已作为新型氨基糖苷类抗菌药应用于临床，如氨基糖苷类抗菌药奈替米星（XJ01GB）是西索米星的修饰物。人为控制蛋白药物的糖基化有望改善天然糖蛋白药物的药效。

由于糖结构的高度复杂性和多样性，与蛋白质和核酸研究相比，糖类结构和功能的研究在许多方面尚未建立起成熟统一的概念和技术。糖类药物的开发也远远滞后于蛋白药物和核酸药物。随着糖组学、糖生物学的发展，以及糖的分离纯化、结构解析、定性定量分析技术和方法的发展，许多药理活性更好的糖类进入了糖科学和药学工作者的视野。糖科学和糖类药物已成为生命科学研究以及药物研发的重点。2000 年至 2021 年期间，已有 50 余种以糖基为主要组分的糖复合物被批准作为治疗用药或诊断试剂，按适应证分为抗病毒药物（antiviral drugs）、抗菌 - 抗寄生虫药物（antibacterial & antiparasitic drugs）、抗癌药物（anticancer drugs）、抗糖尿病药物（antidiabetic drugs）、心血管药物（cardiovascular drugs）、神经系统药物（nervous system drugs）和其他药物。

思考题

1. 指出下列寡糖和多糖的糖基和糖苷键类型，哪些是还原糖？
   异麦芽糖、乳糖、蔗糖、海藻糖、淀粉、纤维素、糖原、几丁质
2. 分析食品加工和保存中常用蔗糖而不用葡萄糖的原因。
3. 以分支聚合物形式（如糖原和支链淀粉）而不是以直链淀粉形式储存葡萄糖在生物学上有何优势？
4. 为什么葡萄糖的椅式构象比船式构象更稳定？
5. 试阐述蛋白多糖和糖蛋白之间的差异。

（郭冬青）

数字资源详见　新形态教材网

拓展阅读　　自测题　　教学课件

第二章

脂质化学

脂质（lipid）又称脂类，是一类没有结构共性的生物分子，主要特征是元素组成以碳和氢为主，因而均为非极性或弱极性分子，易溶于有机溶剂而难溶于水。

第一节 脂质的组成

脂质的组成成分是指可水解脂质的水解产物，包括难溶于水的脂肪酸、长链碱、脂肪醇、固醇，易溶于水的甘油、磷酸、硫酸、胆碱、乙醇胺、丝氨酸、肌醇、单糖等。

一、脂肪酸

脂肪酸（fatty acid，FA）是由羧基与烃基构成的有机酸，在生物体内多以甘油酯、鞘脂、胆固醇酯等结合形式存在，少量以游离脂肪酸（free fatty acid，FFA）形式存在。

（一）脂肪酸分类

生物体内脂肪酸种类繁多，结构各异（图 2-1，表 2-1）。

脂肪酸碳链长度以碳链碳原子数计，一般在 $C_4 \sim C_{26}$ 之间（尤以 C_{16} 和 C_{18} 为最多）。脂肪酸根据碳链长度分为短链脂肪酸（SCFAs，$<C_6$）、中链脂肪酸（MCFAs，$C_6 \sim C_{12}$）、长链脂肪酸（LCFAs，$C_{14} \sim C_{20}$）和极长链脂肪酸（VLCFAs，$\geq C_{22}$）。

拓展阅读 2-1：短链脂肪酸

脂肪酸根据其是否含有碳-碳双键分为饱和脂肪酸（saturated fatty acid）和不饱和脂肪酸（unsaturated fatty acid）。不饱和脂肪酸既可以根据所含碳-碳双键的数目分为单不饱和脂肪酸（MUFA）和多不饱和脂肪酸（PUFA），又可以根据远端碳-碳双键的位置分为 ω-7 类（n-7 类）、ω-9 类（n-9 类）、ω-6 类（n-6 类）、ω-3 类（n-3）脂肪酸（见图 2-1 脂肪酸结构下侧数字），其母体化合物分别为棕榈油酸、油酸、亚油酸、α 亚麻酸。

脂肪酸根据人体能否自身合成分为非必需脂肪酸和必需脂肪酸，其中必需脂肪酸是指亚油酸（豆油、玉米油、葵花籽油、红花籽油富含）和 α 亚麻酸（豆油、菜籽油、亚麻籽油、核桃油富含），均属于多不饱和脂肪酸。此外，花生四烯酸虽然是用亚油酸合成的，但会因亚油酸缺乏而

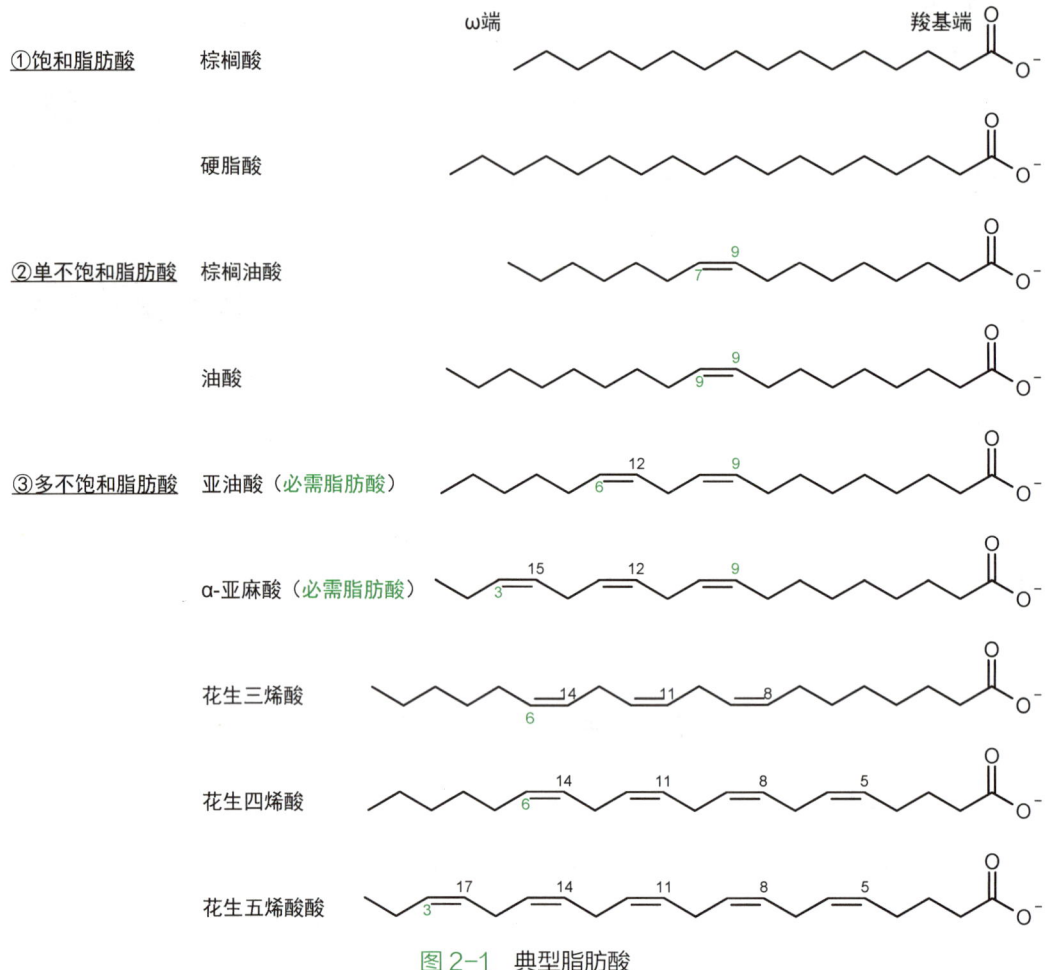

图 2-1 典型脂肪酸

缺乏，故有时被称为**相对必需脂肪酸**。花生五烯酸多见于动物，尤其是海洋动物磷脂，可占鱼油总脂肪酸的 10%。

人体内亚油酸主要储存于膜脂中甘油磷脂的 C-2 位，少量储存于脂滴的脂肪分子中。

表 2-1 生物体内常见脂肪酸

俗称	系统名称	结构 /H$_3$C-(R)-COOH	熔点（℃）
① 饱和脂肪酸			
月桂酸	十二烷酸	-[CH$_2$]$_{10}$-	44
豆蔻酸	十四烷酸	-[CH$_2$]$_{12}$-	54
棕榈酸	十六烷酸	-[CH$_2$]$_{14}$-	63
硬脂酸	十八烷酸	-[CH$_2$]$_{16}$-	70
花生酸	二十烷酸	-[CH$_2$]$_{18}$-	75
山嵛酸	二十二烷酸	-[CH$_2$]$_{20}$-	80
掬焦油酸	二十四烷酸	-[CH$_2$]$_{22}$-	84
② 不饱和脂肪酸			
棕榈油酸	顺 -Δ^9- 十六碳烯酸	-[CH$_2$]$_5$CH = CH[CH$_2$]$_7$-	-0.5
油酸	顺 -Δ^9- 十八碳烯酸	-[CH$_2$]$_7$CH = CH[CH$_2$]$_7$-	13

续表

俗称	系统名称	结构/H₃C-(R)-COOH	熔点（℃）
亚油酸	顺，顺 $-\Delta^{9,12}$ - 十八碳二烯酸	$-[CH_2]_3(CH_2CH=CH)_2[CH_2]_7-$	-5
α 亚麻酸	顺，顺，顺 $-\Delta^{9,12,15}$ - 十八碳三烯酸	$-(CH_2CH=CH)_3[CH_2]_7-$	-11
γ 亚麻酸	顺，顺，顺 $-\Delta^{6,9,12}$ - 十八碳三烯酸	$-[CH_2]_3(CH_2CH=CH)_3[CH_2]_4-$	-12
花生三烯酸	顺，顺，顺 $-\Delta^{8,11,14}$ - 二十碳三烯酸	$-[CH_2]_3(CH_2CH=CH)_3[CH_2]_6-$	—
花生四烯酸	顺，顺，顺，顺 $-\Delta^{5,8,11,14}$ - 二十碳四烯酸	$-[CH_2]_3(CH_2CH=CH)_4[CH_2]_3-$	-49
花生五烯酸	顺，顺，顺，顺，顺 $-\Delta^{5,8,11,14,17}$ - 二十碳五烯酸	$-(CH_2CH=CH)_5[CH_2]_3-$	-54
二十二碳五烯酸	顺，顺，顺，顺，顺 $-\Delta^{7,10,13,16,19}$ - 二十二碳五烯酸	$-(CH_2CH=CH)_5[CH_2]_5-$	—
二十二碳六烯酸	顺，顺，顺，顺，顺 $-\Delta^{4,7,10,13,16,19}$ - 二十二碳六烯酸	$-(CH_2CH=CH)_6[CH_2]_2-$	-44

（二）脂肪酸结构

生物体内大多数脂肪酸是含偶数碳原子的直链一元羧酸，两个末端分别称为羧基端和甲基端，甲基端又称 ω 端或 n 端。少数脂肪酸含有 α- 或 ω- 羟基，个别脂肪酸含甲基支链。天然不饱和脂肪酸中的碳 - 碳双键多为顺式构型（属于 Z 构型），故称为顺式脂肪酸。多不饱和脂肪酸中相邻碳 - 碳双键被一个或多个亚甲基隔开，故不存在共轭双键结构（图 2-1）。

反式脂肪酸口感好，见于牛奶、牛肉、油炸食品、人造奶油。反式脂肪酸可使低密度脂蛋白升高、使高密度脂蛋白降低，从而增加冠心病的危险性（参见第九章）。

（三）类花生酸

类花生酸（eicosanoid）是一类二十碳的多不饱和脂肪酸，主要包括 ω-6 类的花生三烯酸和花生四烯酸、ω-3 类的花生五烯酸（图 2-1），还有以它们为前体转化生成的前列腺素、血栓素、白三烯和脂氧素等。其中，前列腺素和血栓素又称前列腺素类激素（prostanoid）。此外，还有由花生五烯酸（又称二十碳五烯酸，eicosapentaenoic acid，EPA）转化生成的异前列腺素（isoprostane）、14,15- 白三烯（eoxin）、消退素（resolvin）$E_1 \sim E_4$ 和由二十二碳六烯酸（docosahexaenoic acid，DHA）转化生成的消退素 $D_1 \sim D_4$、保护素（protectin）、巨噬素（maresin）等。

1. 前列腺素 由花生三烯酸、花生四烯酸、花生五烯酸通过环氧合酶途径合成的前列腺素（prostaglandin，PG）分别称为前列腺素 1、2、3（PG_1、PG_2、PG_3），在缩写符号中用阿拉伯数字表示（血栓素该数字含义同此）。人体内主要为前列腺素 2（PG_2），即通常所说的前列腺素，以下均简称前列腺素。

前列腺素有 10 种，分别用 $PGA_2 \sim PGJ_2$ 表示。其中 PGF_2 表示为 $PGF_{2\alpha}$，α 代表其 9- 羟基指向。PGI_2 又称前列环素。人体内花生四烯酸先依次转化为 PGG_2 和 PGH_2，再分别转化为其他前列腺素（图 2-2）。

PG_2 有以下特征：① C-8 和 C-12 形成共价键，从而形成五元碳环结构。② C-13 和 C-14 之间有反式双键。③ C-15 有羟基。

PGG_2 无活性。PGD_2、PGE_2、$PGF_{2\alpha}$ 和 PGI_2 为前列腺素的主要活性形式。PGH_2 有活性但不

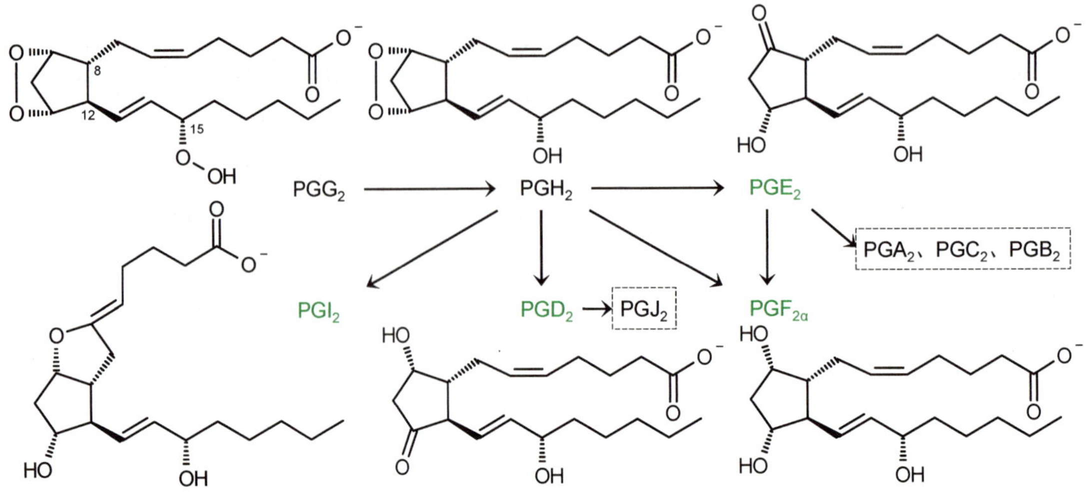

图 2-2 部分前列腺素

稳定，很快转化为其他活性形式。PGD_2 灭活为 PGJ_2，PGE_2 的灭活为 PGA_2、PGC_2、PGB_2。

前列腺素广泛分布于人和其他哺乳动物的组织和体液中，但含量极低，仅精囊含量稍高。红细胞不含前列腺素。

2. 血栓素 血栓素（thromboxane，TX）又称血栓烷，为 PGH_2 的转化产物，包括 PGH_2 的活化产物血栓素 A_2（TXA_2）及其灭活产物血栓素 B_2（TXB_2）。

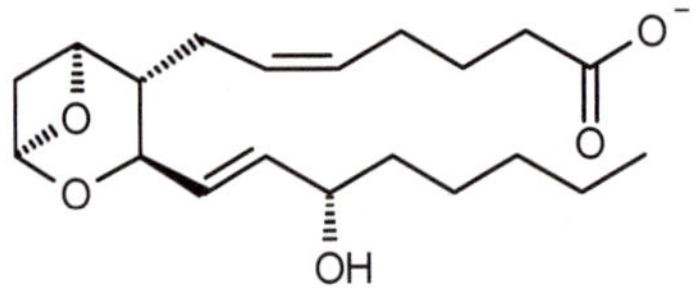

血栓素A_2

3. 白三烯 白三烯（leukotriene，LT）因含共轭三烯结构而得名，由花生四烯酸通过脂氧合酶途径合成，包括：①首先合成 LTA_4。② LTA_4 水化生成 LTB_4。③ LTA_4 与谷胱甘肽加成生成 LTC_4，LTC_4 水解脱谷氨酸生成 LTD_4，LTD_4 脱甘氨酸生成 LTE_4，LTE_4 谷氨酰化生成 LTF_4。缩写符号中的 4 表示含有 4 个碳–碳双键（脂氧素该数字含义同此）。

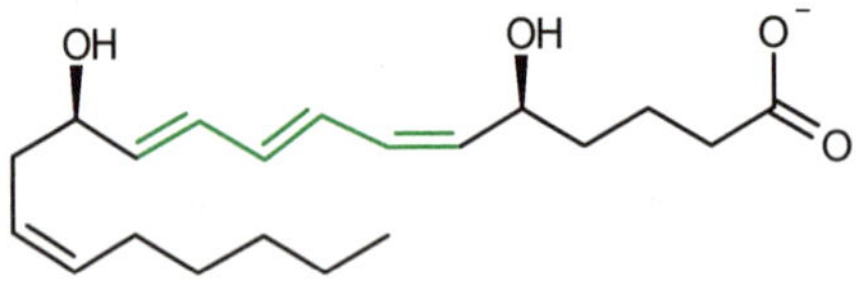

白三烯B_4

4. 脂氧素 脂氧素（lipoxin，LX）由 LTA_4 转化生成，包括脂氧素 A_4（LXA_4）和脂氧素 B_4（LXB_4）。

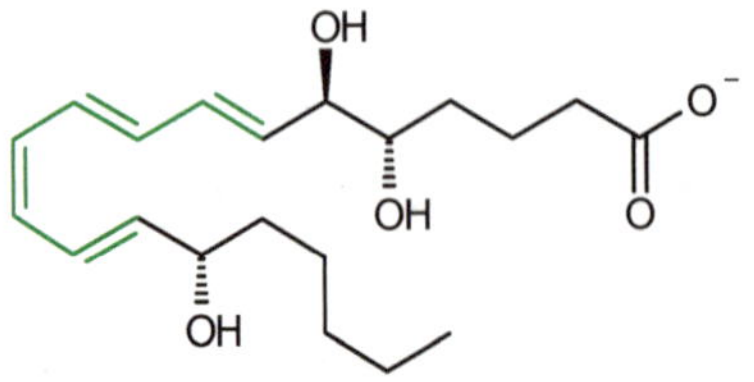

脂氧素A_4

在各种化学因素、物理因素或病原体的作用下，细胞膜磷脂酶 A_2 被激活，催化甘油磷脂水解释放花生四烯酸。花生四烯酸通过环氧合酶途径和脂氧合酶途径转化为前列腺素、血栓素、白三烯、脂氧素等，促进炎症反应。非甾体抗炎药阿司匹林和布洛芬的解热镇痛机制是抑制<u>环氧合酶</u>（cyclooxygenase，COX，包括组成酶COX1和诱导酶COX2），从而抑制前列腺素合成，抑制炎症反应。

拓展阅读 2-2： 1982年诺贝尔生理学或医学奖

二、甘油

<u>甘油</u>又称<u>丙三醇</u>，具有<u>前手性</u>（prochirality），其C-2为<u>前手性中心</u>（prochiral center）。IUPAC建议其碳原子采用 *sn-* 编号（立体专一编号），具有L-构型（名称中可省略）。所构成的甘油脂占膜脂的50%~60%。

甘油锯齿式　　　　　　　　　　　　　　　　甘油Fischer投影式

三、长链碱与鞘氨醇

<u>长链碱</u>（long-chain base，LCB）又称脂肪碱，是脂肪烃的碱性基团取代物（>C_{10}）。

<u>鞘氨醇类</u>（sphingoid）又称鞘氨醇碱（sphingoid base），是二氢鞘氨醇及其同系物、立体异构体和它们的衍生物（如鞘氨醇）的统称，属于长链碱。已有100多种广义鞘氨醇类被鉴定。

鞘氨醇类由丝氨酸-棕榈酰辅酶A转移酶复合体（serine palmitoyltransferase，SPT）催化脂酰辅酶A（≥C_{12}）与丝氨酸合成（参见第九章）。不同鞘氨醇类分子存在结构差异，包括碳链长度（C_{14}~C_{20}）、饱和度（含0~2个反式和顺式碳-碳双键）、羟化程度（含1~3个羟基）、分支化程度和极性头部的构型（D/L-赤型、D/L-苏型，生物体内均为D-赤型）。哺乳动物的鞘氨醇类主要是十八碳鞘氨醇（简称<u>鞘氨醇</u>，sphingosine，缩写符号d18:1。d、18、1依次表示所含羟基数、碳原子数、碳-碳双键数）及其前体<u>二氢鞘氨醇</u>（sphinganine，d18:0）。

D-鞘氨醇 d18:1

D-脱氧鞘氨醇 m18:1

D-脱羟甲基鞘氨醇 m17:1

D-神经酰胺

遗传性感觉和自主神经病1A型（HSAN1A）和1C型（HSAN1C）患者分别发生丝氨酸-棕榈酰辅酶A转移酶同工酶SPT1和SPT2突变，以丙氨酸（SPT1和SPT2）或甘氨酸（SPT2）取代丝氨酸作为合成原料，合成产物为<u>脱氧鞘氨醇类</u>（deoxysphingosines）和<u>脱羟甲基鞘氨醇类</u>

（deoxymethylsphingosines）。它们均无 1- 羟基，导致鞘脂合成缺陷，且不能降解，在细胞内积累，产生神经毒效应。

鞘氨醇合成鞘脂时先与脂肪酸合成神经酰胺（ceramide，Cer，又称 N- 脂酰鞘氨醇）。神经酰胺是鞘脂（鞘糖脂和鞘磷脂）的母体化合物。哺乳动物神经酰胺所含的脂肪酸碳链长 $C_{14} \sim C_{32}$（C_{16}、C_{18}、C_{22}、C_{24} 占多数），绝大多数为饱和或单不饱和脂肪酸（有的含 α- 或 ω- 羟基），例如皮肤神经酰胺富含三十二烷酸。相比之下，甘油糖脂常含多不饱和脂肪酸（PUFA）。

四、固醇与胆固醇

甾烷（sterane，$C_{17}H_{28}$）又称环戊烷多氢菲、类固醇核（steroidnucleus），是类固醇的母体化合物（parent compound）（图 2-3）。

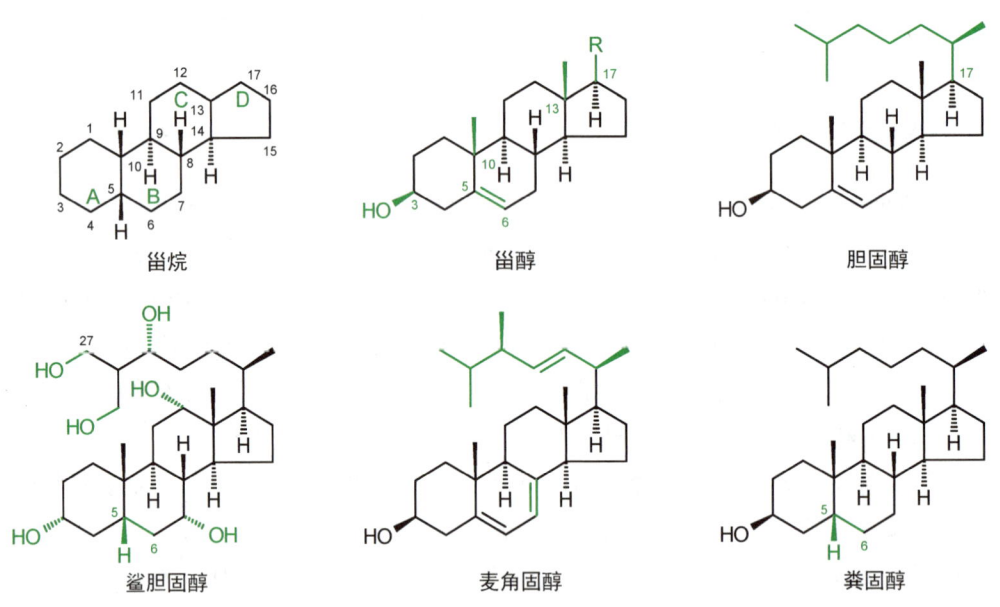

图 2-3 固醇及其结构特征

固醇（又称甾醇，sterol）是在甾烷的 C-3 上有一个 β- 羟基、C-10 和 C-13 上各有一个甲基、C-17 上有一个烃基（$C_{8 \sim 10}$）、C-5 和 C-6 之间有一个双键的类固醇。固醇包括：①动物固醇：又称动物甾醇，如胆固醇（$C_{27}H_{46}O$）、鲨胆固醇（$C_{27}H_{48}O_6$）。②植物固醇：又称植物甾醇，如谷固醇（$C_{29}H_{50}O$）、豆固醇（$C_{29}H_{48}O$）。③真菌固醇：又称真菌甾醇，如麦角固醇（$C_{28}H_{44}O$），也见于植物。细菌不能从头合成固醇，但可以转化外源固醇，如肠道微生物转化胆固醇为粪固醇（又称粪甾醇、二氢胆固醇，coprostanol，$C_{27}H_{48}O$，5β）和胆固烷醇（又称胆甾烷醇，cholestanol，$C_{27}H_{48}O$，5α）。少数细菌细胞膜含外源固醇（图 2-3）。

胆固醇（胆甾醇，cholesterol，Chol）又称游离胆固醇（free cholesterol，FC），是 C-17 有一个 C_8 烃基的固醇，是动物固醇、动物类固醇的母体化合物（图 2-3）。

拓展阅读 2-3：植物固醇

五、脂肪醇

脂肪醇（fatty alcohol）又称长链醇（long-chain alcohol，$C_{16} \sim C_{30}$），是脂肪酸的还原产物，是蜡、缩醛磷脂、甘油糖脂等含脂肪醇脂质的结构单位。

第二节 脂质的结构

生物体内脂质主要有脂肪、蜡、磷脂、糖脂、固醇类和类固醇、类胡萝卜素、脂溶性维生素、脂类激素、脂溶性色素、萜类、聚异戊二烯醇和其他类异戊二烯、蛋白脂质等。其中,脂肪和蜡属于单脂(simple lipid,水解产物中有且只有脂肪酸和醇),磷脂和糖脂属于复合脂(complex lipid,水解产物中除脂肪酸和醇外还有磷酸、硫酸、氨基酸或糖等其他成分)。

一、脂肪

脂肪(fat)又称甘油三酯(triglyceride)、三酰甘油(triacylglycerol)、中性脂肪(neutral fat)、真脂(true fat),是 1 分子甘油与 3 分子脂肪酸的缩合物。脂肪进一步分为简单甘油酯(只含 1 种脂肪酸)和混合甘油酯(mixed triglyceride,含 2 种或 3 种脂肪酸)。天然脂肪多为混合甘油酯。

甘油三酯

脂肪属于甘油酯。甘油酯(glyceride)又称酰基甘油(acylglycerol,脂酰甘油,也有称中性脂肪),包括甘油一酯(单酰甘油)、甘油二酯(二酰甘油)、甘油三酯(三酰甘油)。生物体内的甘油酯 95% 以上为甘油三酯,甘油二酯和甘油一酯为甘油三酯合成和分解过程中的中间产物。甘油二酯还参与信号转导。甘油酯和蜡合称中性脂质(neutral lipid),生物蜡(wax)为饱和或不饱和长链脂肪酸($C_{14} \sim C_{36}$)与长链脂肪醇($C_{16} \sim C_{30}$)生成的酯,如蜂蜡(棕榈酸三十烷醇酯)。

二、磷脂

磷脂(phospholipid)是指水解产物中含有脂肪酸、磷酸和醇(甘油或鞘氨醇)的脂质,可根据所含醇的不同分为甘油磷脂和鞘磷脂。

(一)甘油磷脂

甘油磷脂(glycerophospholipid)又称磷酸甘油酯,是水解产物中含有甘油的磷脂,包括磷脂酸、磷脂酰胆碱、磷脂酰乙醇胺、磷脂酰丝氨酸、肌醇磷脂、糖磷脂、心磷脂、缩醛磷脂、血小板活化因子等。除磷脂酸和心磷脂外,其余甘油磷脂水解产物中还有其他含羟基化合物,包括胆碱(见于磷脂酰胆碱)、乙醇胺(见于磷脂酰乙醇胺)、丝氨酸(见于磷脂酰丝氨酸)、肌醇(见于肌醇磷脂)、葡萄糖(见于磷脂酰葡萄糖)等。甘油磷脂 C-1 脂酰基通常不同于 C-2 脂酰基。C-1 脂酰基多为 C_{16} 或 C_{18} 饱和脂酰基,C-2 脂酰基多为 C_{18} 或 C_{20} 不饱和脂酰基。

生物体内的甘油磷脂均为 L- 构型。磷脂酸(phosphatidate)是最简单的甘油磷脂,是甘油三酯合成过程中的中间产物、其他甘油磷脂合成和分解过程中的中间产物。

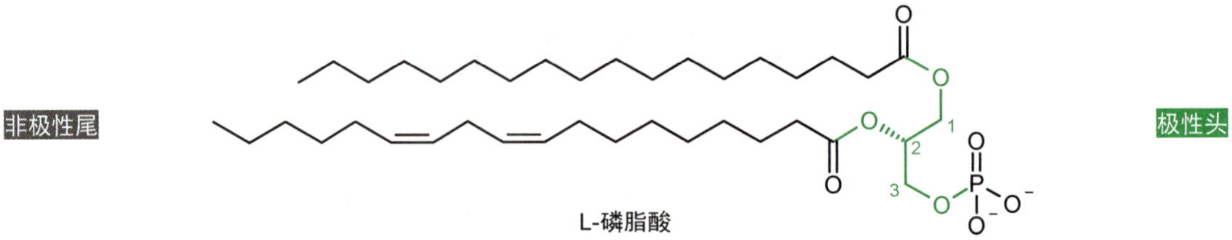

[L-磷脂酸 结构图]

1. 磷脂酰胆碱 磷脂酰胆碱（phosphatidylcholine，PC）俗称卵磷脂（lecithin），是各种膜性结构的主要成分，存在于动物的各种组织细胞中，其中以脑、心、肝、肾上腺、骨髓和神经组织中含量最为丰富。磷脂酰胆碱有协助脂质运输的作用，肝细胞磷脂酰胆碱合成不足时，肝内脂肪不能及时运出，会在肝脏积累，形成脂肪肝。因此，磷脂酰胆碱及其合成原料胆碱、蛋氨酸等可用于防治脂肪肝。

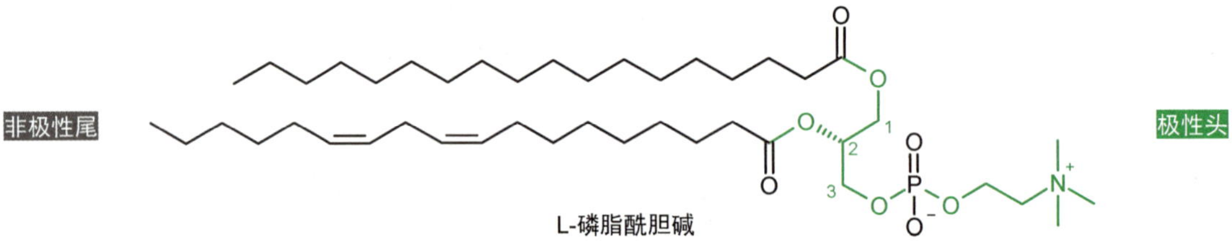

[L-磷脂酰胆碱 结构图]

2. 磷脂酰乙醇胺 磷脂酰乙醇胺（phosphatidylethanolamine，PE）俗称脑磷脂（cephalin），广泛存在于动物的各种组织细胞中，尤以脑和神经组织中含量较高。

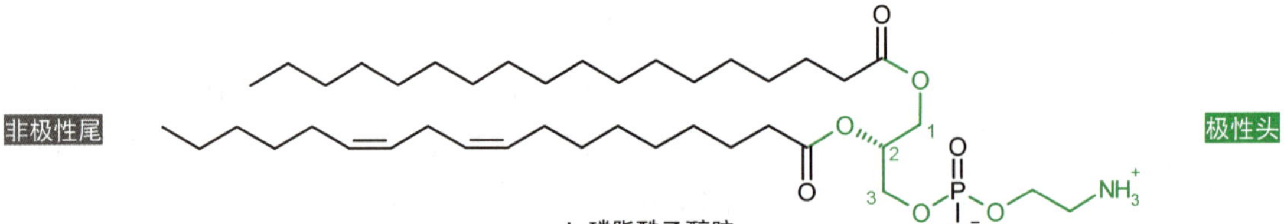

[L-磷脂酰乙醇胺 结构图]

3. 磷脂酰丝氨酸 磷脂酰丝氨酸（phosphatidylserine，PS）又称丝氨酸磷脂，占总磷脂的5%~15%，是细胞膜尤其是脑细胞膜的重要活性物质，能激活多种酶。磷脂酰丝氨酸的亲脂性很强，能快速通过血脑屏障进入大脑，舒缓血管平滑肌细胞，增加脑部供血，调节神经脉冲的传导，增进大脑记忆功能。

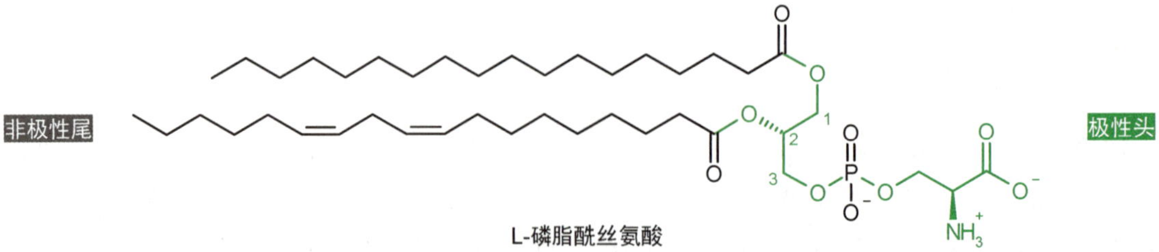

[L-磷脂酰丝氨酸 结构图]

4. 磷脂酰肌醇 磷脂酰肌醇（phosphatidylinositol，PI）又称肌醇磷脂，存在于哺乳动物的细胞膜内层，肌醇环上的多个羟基可被磷酸化，如磷脂酰肌醇-4,5-二磷酸［PI(4,5)P$_2$、PIP$_2$］等。当细胞外信号分子与细胞表面受体结合后，经 G$_q$ 蛋白介导，可激活细胞膜磷脂酶 C$_\beta$，催化磷脂酰肌醇-4,5-二磷酸水解成三磷酸肌醇（IP$_3$）和甘油二酯（DAG）两种第二信使，启动双信使传递途径，进一步转导信号（参见第十八章）。

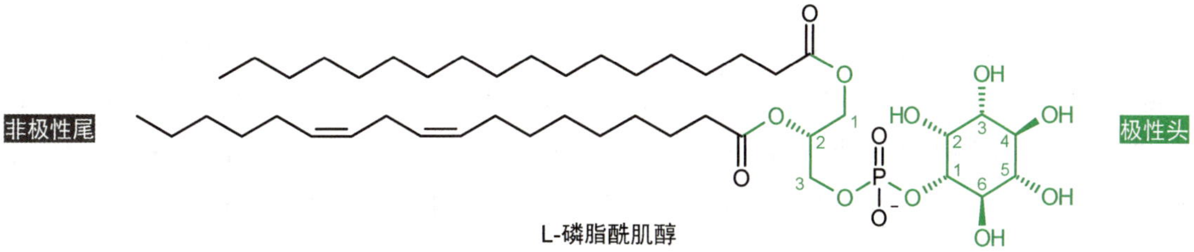

L-磷脂酰肌醇

5. 心磷脂 心磷脂（cardiolipin，CL）又称双磷脂酰甘油，于1941年从牛心肌中分离到，故得名。心磷脂由两分子磷酸、三分子甘油、四分子脂肪酸缩合形成，是线粒体内膜特有的膜脂，占线粒体内膜脂质的10%以上，与细胞色素 c 氧化酶紧密结合，对细胞色素 c 氧化酶传递电子至关重要。

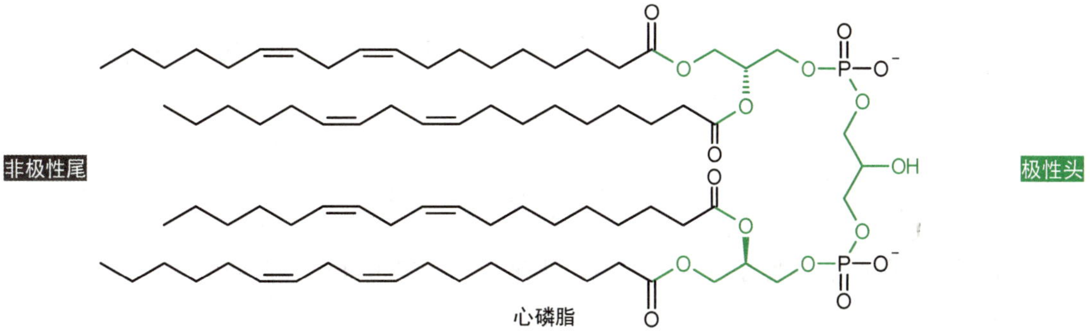

心磷脂

6. 醚脂 醚脂（ether lipid）是一类含醚基的甘油脂，例如甘油磷脂中的缩醛磷脂和血小板活化因子。

（1）缩醛磷脂：缩醛磷脂（plasmalogen）是一类甘油磷脂类膜脂，分子结构中与甘油C-1以醚键连接的是一个顺 -α,β- 不饱和脂肪醇（C_{16}、C_{18}），与甘油C-2以酯键连接的是一个多不饱和脂肪酸，与磷酸基连接最多的是乙醇胺（缩醛磷脂酰乙醇胺）。人体缩醛磷脂约占其甘油磷脂的20%，在心肌更是高达50%。

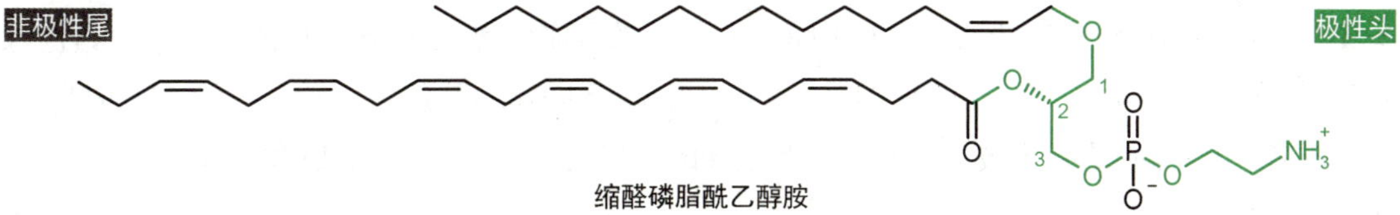

缩醛磷脂酰乙醇胺

（2）血小板活化因子：血小板活化因子（platelet-activating factor，PAF）是一种炎症介质，分子结构中与甘油C-1连接的是一个烷氧基（C_{16}、C_{18}），与甘油C-2氧连接的是一个乙酰基，与磷酸基连接的是胆碱。血小板活化因子由多种细胞在受到各种刺激时释放（例如IgE刺激嗜碱性粒细胞释放）。

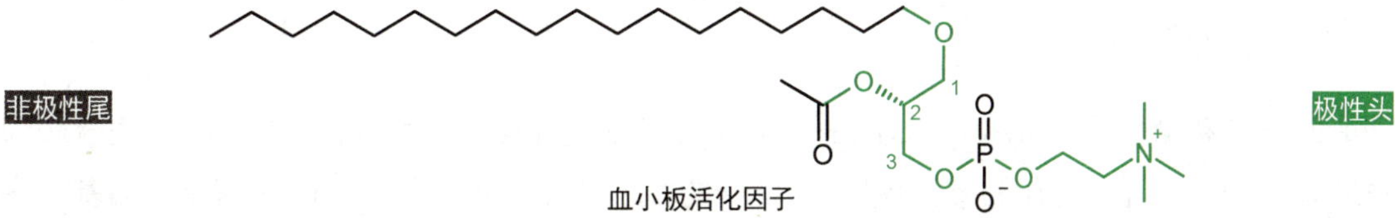

血小板活化因子

（二）鞘磷脂类

鞘磷脂类（phosphosphingolipid）是水解产物中含有鞘氨醇类（C_{14}~C_{20}）的磷脂。此外，不同来源鞘磷脂类水解产物中还有胆碱（哺乳动物）、乙醇胺（鸡、果蝇、线虫等）或肌醇（真菌、植物等），其中含胆碱的鞘磷脂类称鞘磷脂、神经鞘磷脂（sphingomyelin，SM），是哺乳动物主要的鞘磷脂类（图 2-4）。已有 350 多种鞘磷脂类被鉴定，其中鞘磷脂有 90 多种。

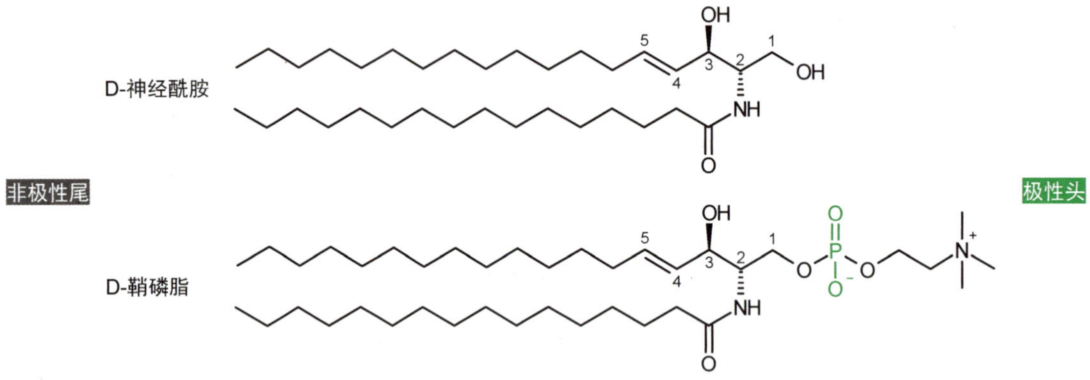

图 2-4　鞘磷脂类及其结构特征

鞘磷脂类所含脂肪酸多数为 C_{14}~C_{36} 饱和脂肪酸，少数为单不饱和脂肪酸，个别为 α- 或 ω- 羟基脂肪酸。

三、糖脂

糖脂（glycolipid）是指分子中含有糖基（单糖基、二糖基、三糖基或四糖基）的脂质。根据所含醇的不同，可分为甘油糖脂、鞘糖脂和类固醇衍生糖脂等。

（一）甘油糖脂

甘油糖脂（glyceroglycolipid）是甘油二酯等的糖基化产物，水解产物中均有甘油、脂肪酸、单糖等。甘油糖脂广泛存在于细菌、植物膜脂中，但在动物特别是哺乳动物体内极少，目前仅知睾丸和精子富含一种硫酸半乳糖甘油酯（sulfogalactosylglycerolipid，SGG），且与甘油 1- 羟基结合的是棕榈醇而不是脂肪酸。硫酸半乳糖甘油酯的功能是参与精子形成和受精。

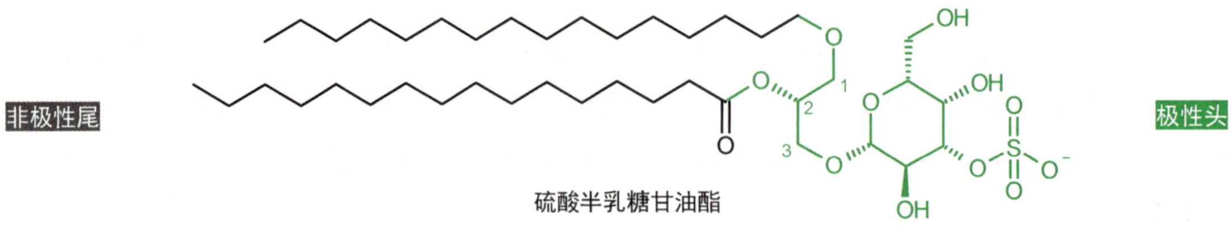

硫酸半乳糖甘油酯

（二）鞘糖脂

鞘糖脂又称糖鞘脂（glycosphingolipid，GSL），是神经酰胺的糖基化产物（以神经酰胺为苷元的糖苷，均为 O-β- 糖苷），其中糖基为单糖的（单糖苷）有脑苷脂、硫酸糖脂，糖基为寡糖的（寡糖苷）称为神经节苷脂。脑苷脂不含可电离基团，生理条件下呈中性，被称为中性鞘糖脂

（neutral glycosphingolipids）。硫苷脂和神经节苷脂含有酸性可电离基团，生理条件下呈酸性，被称为**酸性鞘糖脂**（acidic glycosphingolipid），主要见于哺乳动物细胞膜。

鞘糖脂可通过形成氢键与其他脂质（包括胆固醇）结合。含ω-羟基脂肪酸的鞘脂可以通过ω-羟基与蛋白质共价结合。

鞘糖脂水解产物中均有鞘氨醇类（$C_{14} \sim C_{20}$）、脂肪酸（$C_{14} \sim C_{36}$，多为饱和脂肪酸，少数为单不饱和脂肪酸，个别为α-或ω-羟基脂肪酸）、单糖（主要为葡萄糖、半乳糖、N-乙酰氨基葡萄糖、N-乙酰氨基键半乳糖、岩藻糖），酸性鞘糖脂还含有硫酸、唾液酸、磷酸、葡萄糖醛酸。

1. 脑苷脂 脑苷脂（cerebroside）是分子中含有单糖基的鞘糖脂，由神经酰胺单糖基化生成。已从生物体内发现了2 300多种脑苷脂，常见的有**葡萄糖神经酰胺**（又称**葡萄糖脑苷脂**，Glcβ1-Cer，含葡萄糖基）和**半乳糖神经酰胺**（又称**半乳糖脑苷脂**，Galβ1-Cer，含半乳糖基）。

2. 硫苷脂 硫苷脂（sulfatide，Gal3Sβ1Cer）又称硫酸脑苷脂，属于**硫酸糖脂**（sulfoglycolipid），由半乳糖神经酰胺硫酸化生成，是髓鞘的主要脂质，脑、肾、消化道、子宫内膜、男性生殖细胞的主要硫酸糖脂。已从生物体内发现了30多种硫酸糖脂。

3. 神经节苷脂 **神经节苷脂**简称**节苷脂**（ganglioside），是葡萄糖神经酰胺多糖基化产物。葡萄糖神经酰胺首先半乳糖基化生成**乳糖神经酰胺**（LacCer），故神经节苷脂又称乳糖神经酰胺的糖基化产物。乳糖神经酰胺再进一步发生唾液酸化、N-乙酰氨基半乳糖基化、半乳糖基化，生成神经节苷脂。

神经节苷脂种类很多，已鉴定1 600多种，其中神经节苷脂GM1（GM1a）最常见（图2-5①）。各种神经节苷脂符号含义见图2-5②。

鞘磷脂和鞘糖脂合称**鞘脂**（sphingolipid），约占膜脂的30%，人体细胞膜脂中至少有60种鞘脂。甘油酯、甘油糖脂和甘油磷脂合称**甘油脂**（glycerolipid），占膜脂的50%~60%。

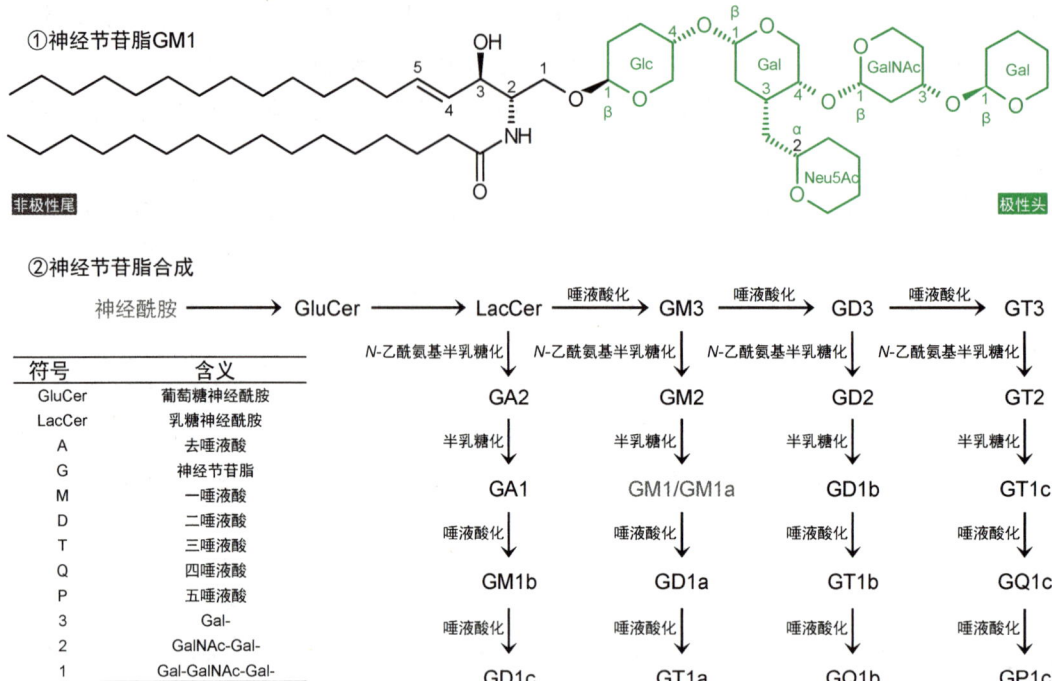

图 2-5 神经节苷脂 GM1a 结构及神经节苷脂合成流程

四、类固醇

类固醇（steroid）又称甾体、甾族化合物，是固醇及其衍生物，包括固醇、胆固醇酯（动物）、维生素 D（动物为维生素 D_3）、胆汁酸（盐）（动物）、类固醇激素（甾体激素，动物）、皂角苷（植物）、强心苷（植物）、人参皂苷（植物）等。

（一）胆固醇酯

胆固醇酯（cholesterolester，CE）由游离胆固醇通过 C-3 羟基与长链脂肪酸发生酯化反应生成。胆固醇酯和游离胆固醇之和称为总胆固醇，其中胆固醇酯约占 70%。

胆固醇酯

（二）胆汁酸

胆汁酸（bile acid）是人和其他动物胆汁的主要成分。胆汁酸有游离胆汁酸和结合胆汁酸两大类，游离胆汁酸包括胆酸（cholic acid，CA）、去氧胆酸（又称脱氧胆酸，deoxycholic acid，DCA）、鹅去氧胆酸（又称鹅脱氧胆酸，chenodeoxycholic acid，CDCA）及石胆酸（lithocholic acid，LCA）等。它们在 C-17 上均连有 5 个碳的侧链，其末端为羧基（图 2-6）。

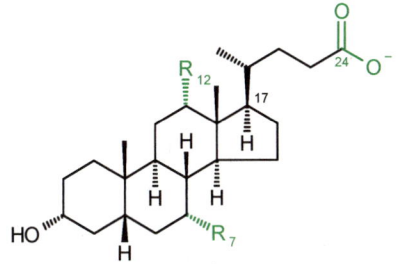

游离胆汁酸	胆酸	鹅去氧胆酸	去氧胆酸	石胆酸
R_7	OH	OH	H	H
R_{12}	OH	H	OH	H

图 2-6 游离胆汁酸及其结构特征

游离胆汁酸与甘氨酸或牛磺酸等结合形成甘氨胆酸或牛磺鹅去氧胆酸等结合胆汁酸（图 2-7）。结合胆汁酸是胆汁酸的主要存在形式，95% 以上的胆汁酸都与甘氨酸或牛磺酸合成结合胆汁酸，其中甘氨胆汁酸与牛磺胆汁酸的比例为 3∶1。

甘氨胆酸　　　　牛磺胆酸

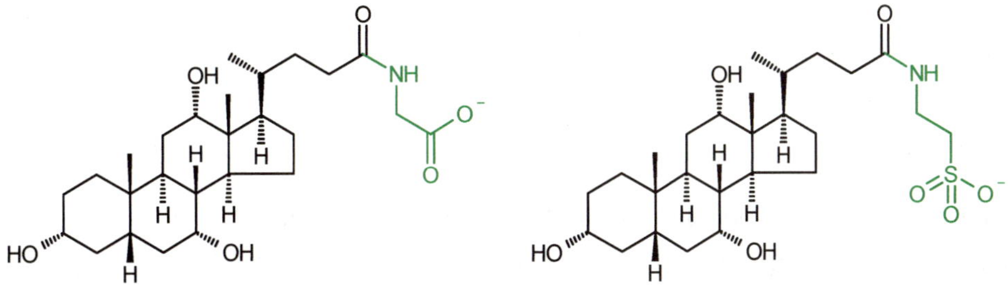

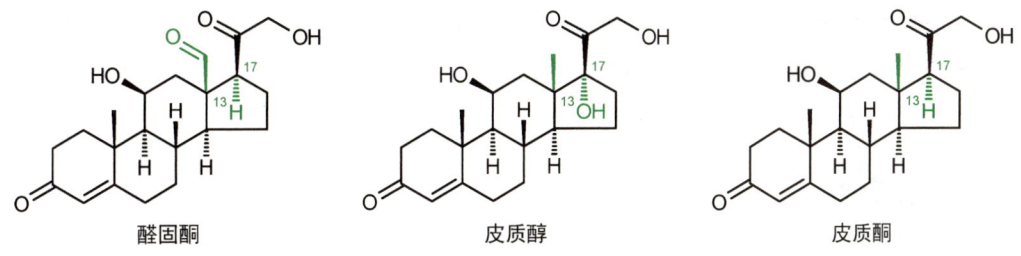

图 2-7 结合胆汁酸及其结构特征

胆汁酸在体内均以电离形式存在，故又称胆汁酸盐，简称胆盐（bile salt）。

（三）类固醇激素

类固醇激素（steroid hormone）又称甾体激素，包括肾上腺皮质激素和性激素。

1. 肾上腺皮质激素 肾上腺皮质激素（adrenocortical hormone）简称皮质激素，是由肾上腺皮质合成和分泌的一类激素，包括盐皮质激素（如醛固酮）和糖皮质激素（如皮质醇和皮质酮）（图 2-8）。

醛固酮　　　　皮质醇　　　　皮质酮

图 2-8 肾上腺皮质激素

肾上腺皮质激素和具有肾上腺皮质激素活性的化学合成类似物统称皮质类固醇、皮质类固醇激素、类皮质激素、类固醇皮质激素（corticosteroid）。

2. 性激素 性激素（gonadal hormone）分为孕激素（如孕酮）、雄激素（如睾酮）和雌激素（如雌二醇）（图 2-9）。

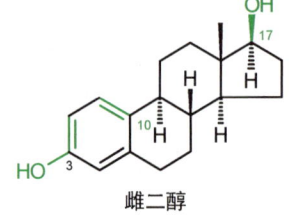

图 2-9 性激素

第三节 脂质的功能

脂质组成不一，结构各异，性质特别，分布广泛，功能多样。

一、储能供能

脂质根据分布与功能分为贮脂和结构脂等。贮脂（storage lipid）又称储脂、储存脂，是指以脂滴形式储存于脂肪细胞内（极少量位于贮脂细胞内）的脂肪。脂肪细胞（adipocyte）根据来源、分布和功能分为白色脂肪细胞（whitebeige adipocyte）、棕色脂肪细胞（brown adipocyte）、米色脂肪细胞（beige adipocyte）。白色脂肪细胞最多，棕色脂肪细胞和米色脂肪细胞极少。白色脂肪细胞绝大多数与米色脂肪细胞形成白色脂肪组织（white adipose tissue，WAT，又称黄色脂肪组织，yellow adipose tissue），少量散在分布于其他组织中。棕色脂肪细胞形成棕色脂肪组织（又称褐色脂肪组织，brown adipose tissue，BAT）。

拓 展 阅 读 2-4：脂肪细胞与贮脂细胞

人体脂肪组织几乎都是白色脂肪组织。白色脂肪组织分布于皮下（皮下脂肪，subcutaneous fat，SAT）、腹腔（内脏脂肪，visceral fat，VAT）、骨髓（骨髓脂肪，bone marrow fat）和乳腺等处。它们与其余游离白色脂肪细胞的主要功能是储存脂肪，被称为脂库。贮脂即脂库中的脂肪，其储量受营养状况、运动状态、神经和激素等多种因素影响，又称可变脂。

贮脂是脂肪酸的储存形式，占脂肪细胞质量的 80% 以上。脂肪酸能量系数高，储量大，是各种有核细胞重要的供能物质、有氧运动时骨骼肌的主要供能物质，故脂肪是机体内储量最大的储能物质。

二、结构成分

结构脂（structural lipid）包括磷脂、固醇类、糖脂、蛋白脂质中的脂质等除脂肪外的脂质成分，占细胞除水以外成分质量的 5%~10%。

结构脂中的磷脂（主要是磷脂酰胆碱）和固醇类（动物是胆固醇）是生物膜的主要成分，此外还有少量糖脂、蛋白脂质等，它们统称膜脂（membrane lipid）。细胞膜是细胞的保护屏障，它可以控制代谢物的进出，并保持细胞内外的环境稳定。脂质通过形成双层膜来构成细胞膜，这种结构可以使膜具有高度的流动性和可塑性，以适应细胞在不同环境下的需求。

拓 展 阅 读 2-5：生物膜

1. **膜脂分布的组织不均一性** ①神经节苷脂在脑灰质中含量最高，是神经细胞膜（特别是突触）和髓鞘的重要成分，参与神经传导过程。神经节苷脂分子的糖基部分（含唾液酸）亲水，突出于细胞膜外表面，形成许多结合位点，是细胞表面特异受体的重要组成部分，与细胞免疫和细胞识别有关。②半乳糖脑苷脂几乎全部分布于神经组织细胞膜中，而葡萄糖脑苷脂则分布于非神经组织细胞膜中。③鞘磷脂在脑细胞和其他神经细胞膜、神经髓鞘、红细胞膜中含量丰富，是脑组织的主要脂质。④缩醛磷脂富含于心肌和脑，约占心肌甘油磷脂的50%。

2. **膜脂分布的生物膜不均一性** 胆固醇是细胞膜的主要脂质。心磷脂在线粒体内膜最多，细胞膜、核膜、高尔基体膜等不含心磷脂。磷脂酰胆碱是除细胞膜外的各种膜结构中含量最多的膜脂。鞘脂是溶酶体膜的主要脂质。节苷脂分布于细胞膜、核膜、线粒体膜。

3. **膜脂分布的脂质双分子层不对称性和不均一性** 生物膜糖脂和糖蛋白仅见于细胞膜外层脂中。在红细胞膜脂中，鞘磷脂和磷脂酰胆碱主要分布于外层脂中，其余磷脂主要分布于内层脂中。神经酰胺、鞘磷脂和胆固醇多与小窝蛋白结合而形成小窝结构，与筏蛋白结合形成脂筏结构。

三、合成原料

脂肪酸是长链碱、脂肪醇、复合脂、蛋白脂质的合成原料。甘油是甘油脂的合成原料。长链碱是鞘脂的合成原料。胆固醇是其他动物固醇、胆汁酸、类固醇激素等动物类固醇或其母体化合物的合成原料。脂肪醇是缩醛磷脂、甘油糖脂等的合成原料。

四、调节作用

信号分子（signaling molecule）是指细胞内外任何传递信息的分子，可分为细胞外信号分子（激素、神经肽、神经递质、细胞因子、炎症介质）和细胞内信号分子（第二信使）。多种脂质作为信号分子或其前体参与调节各种代谢过程或细胞事件。

1. **类花生酸** 类花生酸维持机体稳态，介导炎症反应。

（1）前列腺素：功能广泛，因种类而异。例如：促进血管舒张（PGE_2、PGI_2）和收缩（PGH_2、$PGF_{2\alpha}$）、支气管扩张（PGE_2）和收缩（$PGF_{2\alpha}$）、子宫收缩（PGE_2、$PGF_{2\alpha}$，临床上分别用于催产和第二孕期终止妊娠）、卵巢排卵（$PGF_{2\alpha}$）、炎症反应（PGE_2）、血小板聚集（PGH_2）、细胞增殖等。

（2）血栓素：TXA_2主要功能为促进血管收缩和血小板聚集。

（3）白三烯：生理功能因种类而异。①LTB_4为促炎介质，可促使白细胞透出毛细血管。②LTC_4、LTD_4为强效血管收缩剂。

（4）脂氧素：LXA_4和LXB_4既可以诱导微血管扩张，又可以抑制NK细胞毒性。

拓展阅读2-6：布洛芬与阿司匹林

2. **磷脂** 磷脂酰肌醇是第二信使前体。

（1）血小板活化因子：是一种炎症介质，因促进血小板聚集和释放血清素而得名，其他效应有激活白细胞（包括粒细胞、单核细胞、巨噬细胞），增加血管通透性，降血压，降低心输出量，刺激子宫收缩，在炎症反应和变态反应中起重要作用。

（2）1-磷酸鞘氨醇和神经酰胺：1-磷酸鞘氨醇（S1P）和神经酰胺（Cer）为鞘脂信号通路（sphingolipid signaling pathway）的信号分子。①1-磷酸鞘氨醇属于溶血磷脂，在该通路中以自分泌、旁分泌通信方式激活其GPCR，调节免疫细胞分化、增殖、存活、迁移等。②神经酰胺在该通路中起第二信使作用，即激活PP2A、PKCζ、MAP3K5、组织蛋白酶D，调节细胞凋亡。Cer在某些条件下还通过参与线粒体膜孔化诱导细胞凋亡。

3. 鞘糖脂　调节受体活性，如GM3调节EGFR、FGFR，GM1调节PDGFR。节苷脂通过与细胞外基质蛋白（如纤连蛋白、核纤层蛋白）作用调节细胞增殖和存活。

4. 类固醇激素　包括皮质激素、性激素和骨化三醇。

（1）皮质激素：具有保钠排钾或升高血糖的作用。其中醛固酮（aldosterone）等对水盐代谢有较强的调节作用，故称为盐皮质激素（mineralocorticoid）。皮质醇（cortisol，药品名称氢化可的松，hydrocortisone，XD07）、皮质酮（corticosterone）等对糖代谢有较强的调节作用，故称为糖皮质激素（glucocorticoid）。

（2）性激素：分为孕激素、雄激素和雌激素，分别由不同性腺分泌。在青春期之前，性激素主要由肾上腺皮质网状带分泌。性激素对人及其他动物的生长、发育、第二性征（如声音、体态等）的发生和成熟都起重要作用。

（3）骨化三醇：虽为维生素D的活性形式，但起激素作用（参见第六章）。

五、其他作用

脂质可以起到保护和维护细胞的作用，例如皮肤表面可以通过分泌油脂防止过度蒸发，保持皮肤湿润。此外，一些脂质还可以作为抗氧化剂，协助对抗自由基损伤效应。

磷脂酰胆碱除作为膜脂中含量最多的磷脂外，还作为表面活性剂成为血浆脂蛋白、胆汁、肺泡表面活性物质的重要功能成分。

硫苷脂参与神经细胞分化、神经髓鞘形成与维护，介导白细胞与选择素结合。

胆汁酸的功能参见第十三章。

第四节　脂质的性质

脂质不溶于水，因而在体内形成生物膜、脂滴、脂蛋白等疏水相，基本不影响发生在水相的各种代谢。

1. 脂质水溶性　脂质不溶于水，但其完全水解或部分水解的产物有的不溶于水（如脂肪酸等），有的易溶于水（如甘油等）。鞘氨醇和其脂酰化产物神经酰胺难溶于水，但其磷酸化产物1-磷酸鞘氨醇和多数神经酰胺多糖基化产物神经节苷脂易溶于水。脂肪不溶于水，因而在脂肪细胞内形成脂滴，不干扰细胞代谢，是一种安全的储能形式，且单位体积储能远高于糖原和蛋白质。

2. 脂质两亲性　两亲性（amphiphilicity）是指某些分子既有亲水[性]基团又有疏水[性]基团的特性。这类分子统称两亲[性]分子（amphiphile）。磷脂、糖脂、胆固醇等膜脂为两亲分子，它们均含亲水基团（含有磷酸基、硫酸基、糖基等的部分，被称为极性头、亲水头）和疏水基团（脂肪酸、长链碱、脂肪醇的烃链和固醇的甾烷核，被称为非极性尾、疏水尾）。

膜脂因为具有两亲性而可以定向富集于亲水相和疏水相的界面上（故属于表面活性物质），

或在亲水相中形成胶束（micelle，又称微团）、脂质双分子层（lipid bilayer）、脂质体（liposome）（图 2-10）。形成脂质双分子层它们可以形成并稳定生物膜结构的分子基础。在生物膜中，它们的极性头形成脂质双分子层表面的亲水层，非极性尾形成夹在亲水层中间的疏水层。

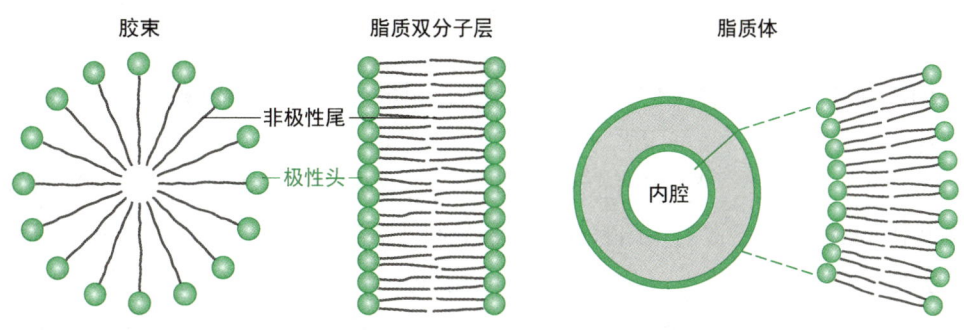

图 2-10　胶束－脂质双分子层－脂质体截面示意图

拓展阅读 2-7： 新生儿呼吸窘迫综合征　儿童年龄分期

除形成生物膜之外，磷脂酰胆碱作为典型的两亲分子还参与脂质在血液中的运输。

胆汁酸分子中既含亲水基团（如羟基、羧基），又含疏水基团（甲基）。胆汁酸构象特别，呈弯曲棒状，亲水基团和疏水基团分布于类固醇核相对两侧表面，形成亲水面和疏水面，两类基团则定义为 α 基团（3α、7α、12α- 羟基）和 β 基团（图 2-6），此定义适用于固醇，故胆固醇的唯一羟基为 3β- 羟基。如果我们把膜脂比作圆柱状电池（正负极位于两端），则胆汁酸类似纽扣电池（正负极位于两面）。胆汁酸这一特性使其成为很好的乳化剂，与磷脂酰胆碱、胆固醇作为胆汁的主要成分，在肠道中共同参与食物脂质的消化吸收。

拓展阅读 2-8： 乳化剂

3. 脂质水解　绝大多数脂质由不止一种组成成分缩合生成，反之水解可以得到其组成成分。体外水解可以用酸或碱催化，用碱催化水解生成的脂肪酸、磷酸、游离胆汁酸等酸性成分进一步与碱反应生成盐。脂肪在碱性条件下水解生成的脂肪酸盐为普通肥皂的主要成分，故该水解反应称为皂化反应。

脂质在体内的水解由酶催化，分为完全水解和不完全水解，水解程度不同产物效应不同。①细胞膜磷脂酰肌醇 -4,5- 二磷酸被磷脂酶 C 水解成甘油二酯和三磷酸肌醇，两者均为重要的信号分子。②甘油磷脂水解脱去一个脂酰基生成溶血磷脂（lysophospholipid），由磷脂酶 A_1 或磷脂酶 A_2 催化脱去 1- 脂酰基或 2- 脂酰基生成 1- 溶血磷脂或 2- 溶血磷脂。溶血磷脂亲水性增强，疏水性减弱，不会形成脂质双分子层。蛇毒含磷脂酶 A_2，进入血液循环可水解血细胞膜磷脂生成溶血磷脂，致血细胞溶解。③许多脂质的完全水解在溶酶体内进行。遗传缺陷导致鞘脂水解障碍，大量中间产物在细胞内积累，引起鞘脂贮积症。

4. 脂质酸败　含油干果、食用油及含油食物长期放置，会发生酯键水解、碳－碳双键氧化等反应，生成低级的醛、醛酸和羧酸等物质。这种现象称为酸败。酸败产物会降低食物品质、破坏营养成分，甚至危及人体健康。

第五节 脂类药物

脂类药物（lipid drug）又称脂质药物，是指用于预防、治疗和诊断疾病的脂质。

1. 胆汁酸类药物 胆汁酸是胆固醇在肝脏生物转化的产物，作为"生物肥皂"，其主要作用是促进食物脂质的消化吸收、胆汁胆固醇的乳化。熊去氧胆酸因最初从中国黑熊胆汁中分离而命名，人胆汁中含量极少，已被列入国家药品目录的胆汁酸类肝治疗药（XA05A），用于溶解胆结石、治疗原发性胆汁性肝硬化（又称原发性胆汁性胆管炎，PBC）。作用机制是抑制胆固醇合成和吸收，间接促进胆汁酸和胆固醇分泌，降低胆汁中胆固醇及胆固醇酯，促进胆固醇结石的溶解。熊去氧胆酸毒性低于胆酸和鹅去氧胆酸。

奥贝胆酸（Ocaliva）即6-乙基鹅去氧胆酸，于2016年上市，用于治疗原发性胆汁性肝硬化，作用机制是激活法尼醇X受体（FXR）。法尼醇X受体又称胆汁酸受体，位于肝、肠细胞核内，是一种转录因子，可以直接和间接抑制或激活一组靶基因，靶基因表达产物中包括一组催化游离胆汁酸生成的酶（如胆固醇-7α-羟化酶、胆固醇-12α-羟化酶）、结合胆汁酸生成的酶（如胆汁酰辅酶A-氨基酸-N-乙酰转移酶，bile acid-CoA: amino acid N-acyltransferase, BACAT）和参与结合胆汁酸分泌的转运蛋白（如胆盐输出泵）。因此，奥贝胆酸通过激活法尼醇X受体抑制胆汁酸生成，促进胆汁酸排泄，降低胆汁酸水平，治疗原发性胆汁性肝硬化。

2. 脂溶性色素类药物 色素类药物有胆红素、胆绿素、血红素、原卟啉、血卟啉及其衍生物。胆红素（参见第十三章）为天然抗氧化剂，能清除自由基，可用于消炎，是牛黄的重要成分。胆南星（由天南星和牛、羊或猪胆汁加工而成的中药材）及胆荚片（用猪胆汁和大皂角、拳参加工而成的中成药）等消炎类用药均含有胆绿素成分。血卟啉及其衍生物为光敏剂（photosensitizer），能在癌细胞中潴留，是激光治疗癌症的辅助剂，临床上应用于多种癌症的治疗。

拓展阅读2-9：人工牛黄

3. 不饱和脂肪酸类药物 ω-3类多不饱和脂肪酸可以抑制肝脏脂质和脂蛋白的合成，抑制胆固醇的吸收和重吸收，促进胆固醇的排泄，已制备成降血脂的处方药。

4. 磷脂类药物 磷脂类药物用于防治心脑血管疾病等。天然磷脂主要是大豆磷脂和鸡蛋黄卵磷脂，多用于制备脂肪乳。合成磷脂则多用于制备脂质体。磷脂具有组织亲和力强、生物降解性好等优点，也广泛应用于皮肤给药系统的研制。

5. 固醇类药物 固醇类药物包括类固醇激素药物和其他固醇类药物。

（1）类固醇激素药物：①糖皮质激素类，如全身用皮质激素类（XH02，如泼尼松、倍他米松、地塞米松），具有抗炎、抗应激作用，可用于治疗自身免疫性疾病，但长期使用会引起向心性肥胖、骨质疏松、消化性溃疡、免疫系统紊乱等不良反应。②盐皮质激素类，目前均为醛固酮受体拮抗剂，用于治疗高血压、心力衰竭，如螺内酯（XC03D）和依普利酮。③雌激素类（XG03C），如己烯雌酚、雌二醇。④孕激素类（XG03D），如黄体酮、甲羟孕酮、炔诺酮。⑤雄激素和雌性激素的复方制剂（XG03E）如炔雌醇丙孕酮。

（2）其他固醇类药物：①糠甾醇（XA01）曾称牙周宁，主要成分为米糠油提取物，用于治疗牙周病引起的牙龈出血、牙周脓肿等。②夫西地酸（XJ01XC）为甾类抗菌药，作用机制是抑制细菌蛋白质合成。

6. 脂质体药物 脂质体（liposome）是人工制备的脂质双分子层微囊。既可以将一种或多种膜蛋白通过一定的方法镶嵌于脂双层或包封其中，作为生物膜模型来研究膜脂和膜蛋白的性质与功能，胞间连结和细胞通讯机制；又可以作为基因载体用于基因研究、基因工程和基因治疗，或作为药物载体开发新型药物传递系统（drug delivery system）。

目前已有各种脂质体药物应用于临床，如抗肿瘤药物阿霉素脂质体和顺铂脂质体、抗菌药物两性霉素 B 胆固醇硫酸酯复合物（XJ02AA）、激素类药物脂质体。脂质体药物传递系统可以提高药物的生物利用度，减少药物用量，降低药物毒性、缓解耐药性。

此外有多种新型靶向脂质体进入临床研究及应用，包括：①长循环脂质体，脂质体表面被适当修饰，可避免单核吞噬细胞系统吞噬，延长在体内循环系统时间。②免疫脂质体，脂质体脂质双分子层中掺入抗体，可以与靶细胞表面抗原发生抗原抗体反应，介导靶细胞识别，提高脂质体的靶向性。③热敏脂质体，由相变温度稍高于体温的脂质组成的脂质体。其药物的释放对温度具有敏感性。温度高于相变温度时，脂质体脂质双分子层凝胶相转变为液晶相，通透性增加，药物释放加快。④前体脂质体，用药物和磷脂等成分制备的无水颗粒，加水即可形成脂质体药物乳液。前体脂质体可预防脂质体之间相互聚集，且更适合包封脂溶性药物。

拓展阅读 2-10：抗生素脂质体

思考题

1. 请介绍反式脂肪酸的来源及其对健康的危害。如何建立健康生活方式？
2. 深海鱼油中富含二十二碳六烯酸（DHA）、二十碳五烯酸（EPA），请检索资料，讨论其功能及局限性（如在婴儿大脑发育中的作用及在成年人中的作用），试初步分析其临床应用前景。
3. 什么是地沟油？用于加工食品会有哪些危害？如何检测地沟油？如何确保人民群众的食品安全？

（龚张斌）

数字资源详见　新形态教材网

📖 拓展阅读　　✱ 自测题　　🖥 教学课件

第三章

蛋白质化学

蛋白质（protein）是由一定种类和数量的氨基酸按照一定顺序通过肽键连接形成无分支线性聚合物，并进一步修饰和折叠形成的有确定空间结构的生物大分子。蛋白质是生物体内含量最多、分布最广的生物大分子，约占人体干重的45%，占细胞干重的50%~70%。

第一节 蛋白质的组成

蛋白质种类繁多、结构复杂、功能多样，其基本结构单位是氨基酸。

一、蛋白质的元素组成

组成蛋白质的主要元素是碳（50%~55%）、氢（6%~7%）、氧（19%~24%）、氮（13%~19%）和硫（0~4%），有些蛋白质还含有磷、铁、铜、锌、锰、钼或硒等，个别蛋白质含有钴或碘。氮是蛋白质的特征元素，各种蛋白质的氮含量接近，平均值为16%。因为蛋白质是主要含氮生物分子，所以测定食物氮含量再乘以 6.25（蛋白质换算系数、蛋白质系数，nitrogen protein conversion factor）可以计算出其粗蛋白质（crude protein）含量（%）。

食物样品粗蛋白质含量(%,w/w) = 食物样品含氮量(%,w/w)×6.25

拓展阅读 3-1：蛋白质系数与粗蛋白质

二、蛋白质的结构单位

蛋白质的结构单位是 α- 氨基酸（α-amino acid），简称氨基酸（amino acid）。α- 氨基酸是手性分子（甘氨酸例外），存在 D-/L- 立体异构体（stereoisomer, stereomer），又称光学异构体（optical isomer）。天然氨基酸多为 L- 氨基酸（图 3–1）。

拓展阅读 3-2：D- 氨基酸

（一）氨基酸的分类

各种生物体内已经鉴定的氨基酸有数百种，其中组成蛋白质的有近 200 种，称为蛋白质氨

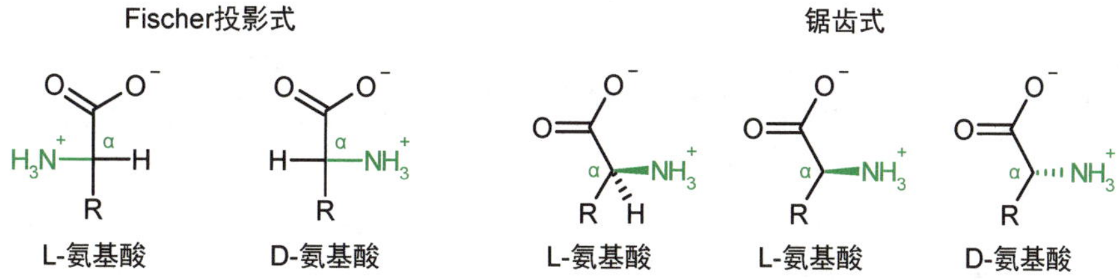

第一节 蛋白质的组成

Fischer投影式

锯齿式

图 3-1 α-氨基酸的 Fischer 投影式和锯齿式

基酸、蛋白氨基酸（protein amino acid），其余称为非蛋白质氨基酸、非蛋白氨基酸（non-protein amino acid，图 3-2），如尿素循环中的鸟氨酸、蛋氨酸循环中的同型半胱氨酸、神经递质 γ-氨基丁酸。

鸟氨酸　　　　　同型半胱氨酸　　　　γ-氨基丁酸

图 3-2 非蛋白质氨基酸

对于几乎所有生物而言，蛋白质氨基酸中只有20种有遗传密码，是蛋白质的合成原料，称为编码氨基酸（encoded amino acid，又称标准氨基酸、基本氨基酸、常见氨基酸，表 3-1）。

表 3-1 编码氨基酸

俗称（简称）	三（单）字母符号	分子量	pK_1^*	pK_2^*	pK_R^*	pI	疏水指数
1. 非极性［R 基］氨基酸（疏水性氨基酸）							
甘氨酸（甘）	Gly（G）	75	2.34	9.60		5.97	−0.4
丙氨酸（丙）	Ala（A）	89	2.34	9.69		6.01	1.8
脯氨酸（脯）	Pro（P）	115	1.99	10.96		6.48	−1.6
缬氨酸（缬）	Val（V）	117	2.32	9.62		5.97	4.2
亮氨酸（亮）	Leu（L）	131	2.36	9.60		5.98	3.8
异亮氨酸（异亮）	Ile（I）	131	2.36	9.68		6.02	4.5
蛋氨酸（蛋），甲硫氨酸（甲硫）	Met（M）	149	2.28	9.21		5.74	1.9
苯丙氨酸（苯丙）	Phe（F）	165	1.83	9.13		5.48	2.8
色氨酸（色）	Trp（W）	204	2.38	9.39		5.89	−0.9
2. 极性［不带电荷 R 基］氨基酸							
丝氨酸（丝）	Ser（S）	105	2.21	9.15		5.68	−0.8
苏氨酸（苏）	Thr（T）	119	2.11	9.62		5.87	−0.7
半胱氨酸（半胱）	Cys（C）	121	1.96	10.28	8.18	5.07	2.5
天［门］冬酰胺（天胺）	Asn（N）	132	2.02	8.80		5.41	−3.5
谷氨酰胺（谷胺）	Gln（Q）	146	2.17	9.13		5.65	−3.5
酪氨酸（酪）	Tyr（Y）	181	2.20	9.11	10.07	5.66	−1.3
3. 带正电荷［R 基］氨基酸（碱性氨基酸）							
赖氨酸（赖）	Lys（K）	146	2.18	8.95	10.53	9.74	−3.9

续表

俗称（简称）	三（单）字母符号	分子量	pK_1*	pK_2*	pK_R*	pI	疏水指数
组氨酸（组）	His（H）	155	1.82	9.17	6.00	7.59	-3.2
精氨酸（精）	Arg（R）	174	2.17	9.04	12.48	10.76	-4.5
4. 带负电荷［R基］氨基酸（酸性氨基酸）							
天［门］冬氨酸（天）	Asp（D）	133	1.88	9.60	3.65	2.77	-3.5
谷氨酸（谷）	Glu（E）	147	2.19	9.67	4.25	3.22	-3.5

* pK_1、pK_2 和 pK_R 分别是氨基酸 α- 羧基、α- 氨基和 R 基可电离基团的电离平衡常数 K_a 的负对数值。

部分生物个别蛋白质的合成用到第 21、22 种特殊编码氨基酸（硒代半胱氨酸和吡咯赖氨酸，图 3-3）。

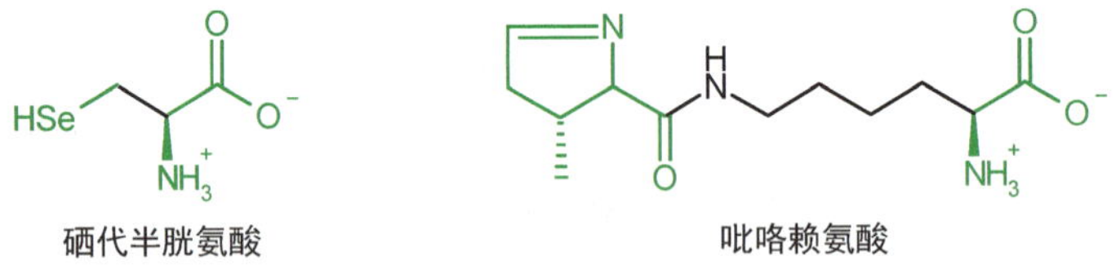

图 3-3 特殊编码氨基酸

拓展阅读 3-3：硒代半胱氨酸和吡咯赖氨酸

其余蛋白质氨基酸没有遗传密码，称为非编码氨基酸（noncoded amino acid，图 3-4），均为蛋白质编码氨基酸的翻译后修饰产物，如凝血因子中的 γ- 羧基谷氨酸（Gla，来自谷氨酸修饰）、胶原中的 4- 羟脯氨酸和 5- 羟赖氨酸（来自脯氨酸、赖氨酸修饰）、翻译因子 eEF-2 中的白喉酰胺（来自组氨酸修饰）。

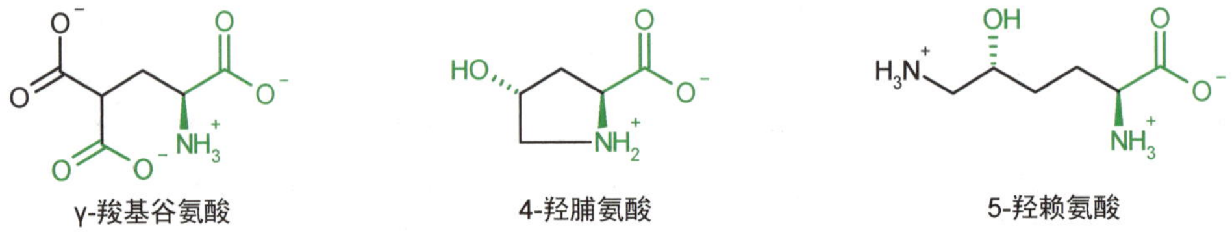

图 3-4 非编码氨基酸

编码氨基酸几乎都是 L-α- 氨基酸，仅脯氨酸为亚氨基酸，仅甘氨酸没有构型。

编码氨基酸可以根据 R 基不同进行分类。

1. 根据 R 基的结构特点 分为脂肪族氨基酸（aliphatic）、芳香族氨基酸（aromatic，苯丙氨酸、酪氨酸、色氨酸，图 3-5）、杂环氨基酸（heterocyclic，脯氨酸、组氨酸）。

图 3-5 芳香族氨基酸

2. 根据 R 基的亲水性 分为亲水性氨基酸（hydrophilic，通常暴露于蛋白质表面）和疏水性氨基酸（hydrophobic，通常包埋于蛋白质内部，或在表面形成疏水斑）。

3. 根据 R 基的电离特征 分为中性氨基酸（neutral，R 基以非电离状态为主）、酸性氨基酸（acidic，R 基以共轭碱状态——给出氢离子为主）、碱性氨基酸（basic，R 基以共轭酸状态——结合氢离子为主）。

4. 根据 R 基的极性和可电离性 分为四类（表 3-1）。

（1）非极性 R 基氨基酸：R 基极性很弱，包括丙氨酸、缬氨酸、亮氨酸、异亮氨酸、蛋氨酸、脯氨酸、色氨酸、苯丙氨酸和甘氨酸。其中缬氨酸、亮氨酸、异亮氨酸合称支链氨基酸（图 3-6）。

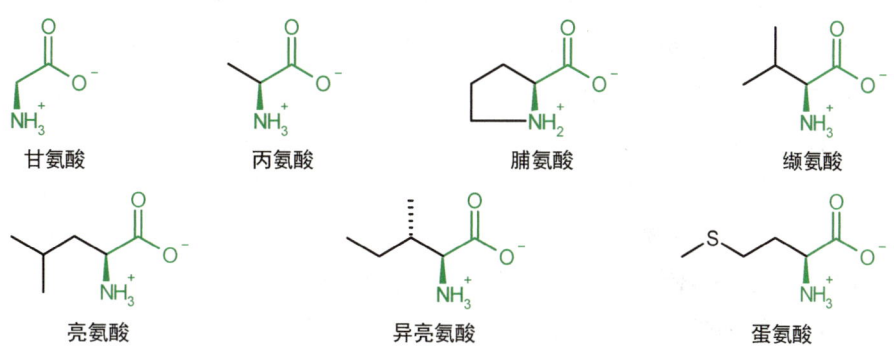

图 3-6 非极性 R 基氨基酸

（2）极性不带电荷 R 基氨基酸：R 基极性较强或很强，以非电离状态为主，包括丝氨酸、苏氨酸、酪氨酸、天冬酰胺、谷氨酰胺和半胱氨酸。其中丝氨酸、苏氨酸、酪氨酸是主要磷酸化位点，丝氨酸、苏氨酸、天冬酰胺是糖蛋白的糖基化位点（图 3-7）。

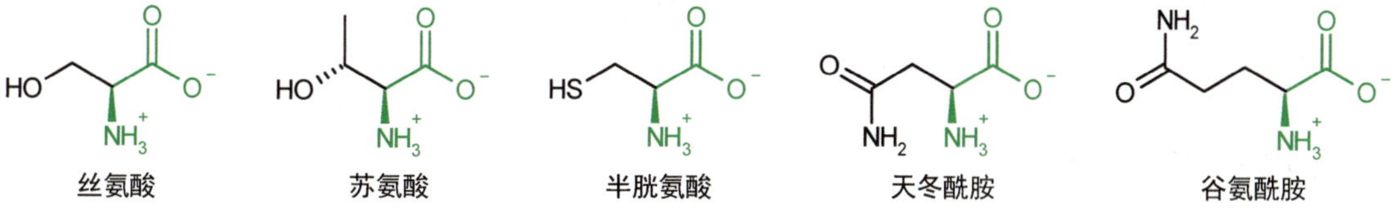

图 3-7 极性不带电荷 R 基氨基酸

（3）带负电荷 R 基氨基酸：即酸性氨基酸，R 基以带负电荷电离状态为主，包括天冬氨酸和谷氨酸（图 3-8）。

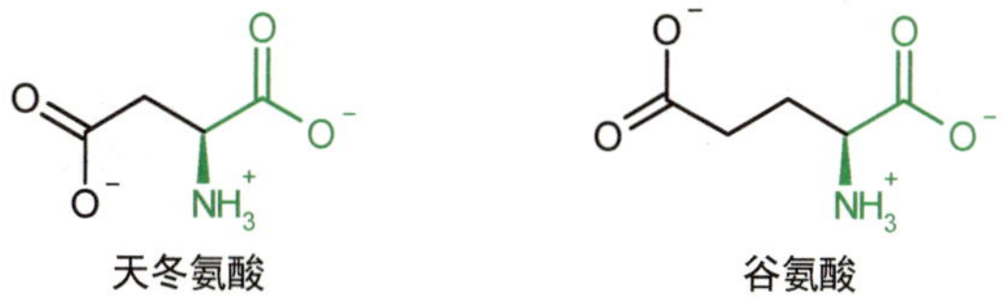

图 3-8 带负电荷 R 基氨基酸

（4）带正电荷 R 基氨基酸：即碱性氨基酸，R 基以带正电荷电离状态为主，包括赖氨酸、精氨酸和组氨酸（图 3-9）。

此外，蛋氨酸和半胱氨酸属于含硫氨基酸（sulfur-containing amino acid）。

赖氨酸　　　　　　　　　　　　　组氨酸　　　　　　　　　　　　　精氨酸

图 3-9　带正电荷 R 基氨基酸

（二）氨基酸的功能

氨基酸既可用于合成蛋白质及其他各种活性物质，又可以调节代谢、氧化供能等，其中某些功能是氨基酸甚至特定氨基酸特有的，不能被糖、脂质或其他氨基酸替代。

1. **合成原料**　①蛋白质合成：组织蛋白每日更新 1%~3%。②氨基酸衍生物合成：某些氨基酸用于合成卟啉、核苷酸、激素、神经递质、神经调质、维生素、酶的辅助因子等（参见第十章）。③核苷酸等其他含氮化合物合成：例如天冬氨酸、谷氨酰胺、谷氨酸可以为核苷酸、氨基糖、某些非必需氨基酸的合成提供氮元素。④糖和脂质合成：饱食时消化吸收的氨基酸，部分用于合成糖原和脂肪，储存备用；长期饥饿时动员的组织蛋白氨基酸部分用于合成葡萄糖，维持血糖稳态。

2. **神经传导**　某些氨基酸属于神经递质，包括兴奋性氨基酸和抑制性氨基酸。①兴奋性氨基酸（excitatory amino acid，EAA）是中枢神经的兴奋性神经递质，主要有谷氨酸和天冬氨酸，此外还有半胱氨酸、同型半胱氨酸、红藻氨酸、使君子氨酸、N-甲基-D-天冬氨酸，可以促使突触后细胞去极化激活，也可作为神经毒素导致神经元（神经细胞）死亡。②抑制性氨基酸（inhibitory amino acid，IAA）是中枢神经的抑制性神经递质，主要有甘氨酸和 γ-氨基丁酸，此外还有 β-丙氨酸、牛磺酸，可以抑制突触后细胞去极化激活。

3. **氧化供能**　氨基酸的能量系数约为 17 kJ/g。饱食时消化吸收的氨基酸部分用于氧化供能；长期饥饿时动员的组织蛋白氨基酸部分用于氧化供能。

4. **其他作用**　例如甘氨酸、牛磺酸参与生物转化；谷氨酰胺、丙氨酸是氨的运输形式；鸟氨酸、瓜氨酸参与尿素合成。

（三）氨基酸的性质

各种氨基酸结构不同，性质有异，但存在部分理化共性。

1. **氨基酸的紫外吸收特征**　芳香族氨基酸 R 基含共轭体系，所以对紫外线有强吸收，其中色氨酸、酪氨酸和苯丙氨酸分别存在波长为 280 nm、275 nm 和 257 nm 的吸收峰（图 3-10）。

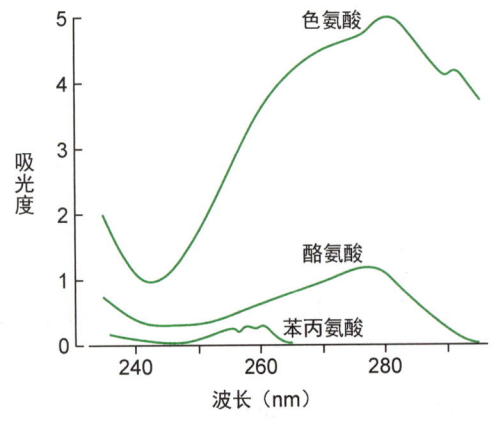

氨基酸	最大吸收波长 λ_{max} (nm)	摩尔消光系数 ε_{max}
Phe	257	200
Tyr	275	1400
Trp	280	5600

图 3-10　氨基酸的紫外吸收光谱

2. 氨基酸的茚三酮反应　加热条件下，α-氨基酸可以与茚三酮反应，称为茚三酮反应。反应产物呈蓝紫色，其吸收光谱在 570 nm 处有吸收峰。脯氨酸和羟脯氨酸的茚三酮反应产物呈黄色，天冬酰胺的茚三酮反应产物呈棕色。茚三酮反应可用于氨基酸的定性或定量分析。

水合茚三酮　　氨基酸　　　　蓝紫色化合物　　　醛

3. 氨基酸的两性电离和等电点　氨基酸是一类两性电解质（ampholyte），电离时其所含羧基（-COOH）会释放氢离子而带负电荷，所含氨基（-NH₂）等会结合氢离子而带正电荷。在某一 pH 条件下，特定氨基酸两类基团电离程度相同，因而溶液中氨基酸所带的正电荷总量和负电荷总量相等，净电荷为零，此时溶液的 pH 称为该氨基酸的等电点（isoelectric point，pI）。等电点条件下绝大多数氨基酸分子呈所带正负电荷量相等、净电荷为零的状态。这种状态的氨基酸称为两性离子（兼性离子，zwitterion）（图 3-11）。等电点是氨基酸的特征常数（表 3-1）。

二元酸　　　　　　两性离子　　　　　　二元碱
pH<pI　　　　　　pH=pI　　　　　　　pH>pI

图 3-11　氨基酸的两性电离和等电点

三、蛋白质的辅基

生物体内部分蛋白质完全由氨基酸构成。这类蛋白质称为简单蛋白质（单纯蛋白质，simple protein），如胰岛素、视黄酸受体、糜蛋白酶。绝大多数蛋白质还含有非氨基酸部分。这类蛋白质称为结合蛋白质（缀合蛋白质，conjugated protein），如血红蛋白、钙调蛋白、丙酮酸羧化酶、三聚体 G 蛋白。结合蛋白质中以特定化学计量比与特定位点形成特定结合的非氨基酸部分称为该蛋白质的辅基（prosthetic group）。结合蛋白质通常根据所含辅基的不同进一步分为糖蛋白（glycoprotein）、磷蛋白（phosphoprotein）、金属蛋白（metalloprotein）、血红素蛋白（hemoprotein，属于金属蛋白）、黄素蛋白（flavoprotein）、蛋白脂质（proteolipid）等。

第二节　蛋白质的结构

蛋白质是结构最复杂的生物分子。不同蛋白质的氨基酸组成、排列顺序及空间排布各不相同，蛋白质功能的多样性是由其分子结构决定的。在研究蛋白质时，通常将其结构分为一级结构、二级结构、三级结构和四级结构四个层次。其中一级结构为共价键结构，属于蛋白质的初级结构或基本结构，被称为构造（constitution）；二级结构、三级结构和四级结构属于蛋白质的高级结构或空间结构，被称为构象（conformation）。研究表明，蛋白质的一级结构是其空间结构的基础,而空间结构是蛋白质性质和功能的基础。此外,蛋白质的构象并非一成不变。在生命过程中发挥作用时,蛋白质往往会在几种不同的构象之间循环转换。

一、肽键和肽

氨基酸缩合成肽,包括寡肽和多肽。

1. 肽键和肽平面 氨基酸缩合成肽。缩合时一分子氨基酸的羧基脱去羟基,另一分子氨基酸的氨基脱去氢,形成的酰胺键(amide bond)被称为<u>肽键</u>(peptide bond,图 3-12),其中由氨基酸 R 基的氨基或羧基形成的肽键称为<u>异肽键</u>(isopeptide bond)。谷胱甘肽分子结构中连接谷氨酸与半胱氨酸的肽键即为异肽键。

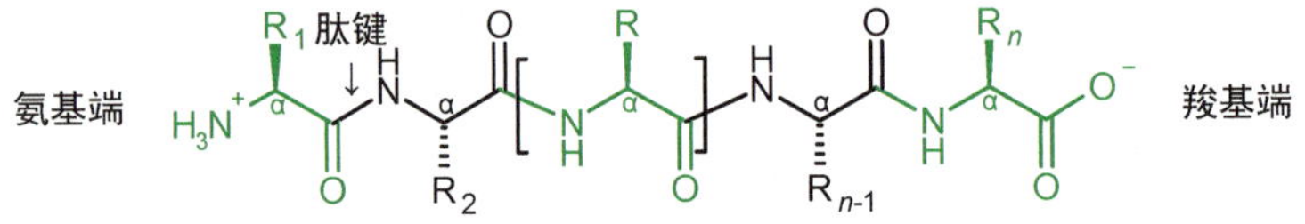

图 3-12 肽键和肽链

以肽键为核心的 6 个原子(—C_α—CO—NH—C_α—)构成一个<u>肽单位</u>(肽单元,peptide unit,peptide group)。在肽单位中,氮原子的孤对电子与 C=O 键的 π 电子存在 p-π 共轭效应,因而肽单位结构可用两种共振结构(resonance structure)或共振杂化体(resonance hybrid)表示(图 3-13①)。在共振杂化体中,肽键(C—N 键)既不是单键(1 级键),又不是双键(2 级键),其键长(0.132 nm)介于 C—N 单键(0.149 nm)和 C=N 双键(0.127 nm)之间,具有一定程度的双键性质,不能自由旋转。肽单位的六个原子共面(coplanar),该平面被称为<u>肽平面</u>(peptide plane,又称酰胺平面)。氨基酸氨基形成的肽单位 99.95% 以上为反式构型,即两个 C_α 处于肽键两侧(图 3-13②)。脯氨酸亚氨基形成的肽单位 6% 为顺式构型,多见于 β 转角。

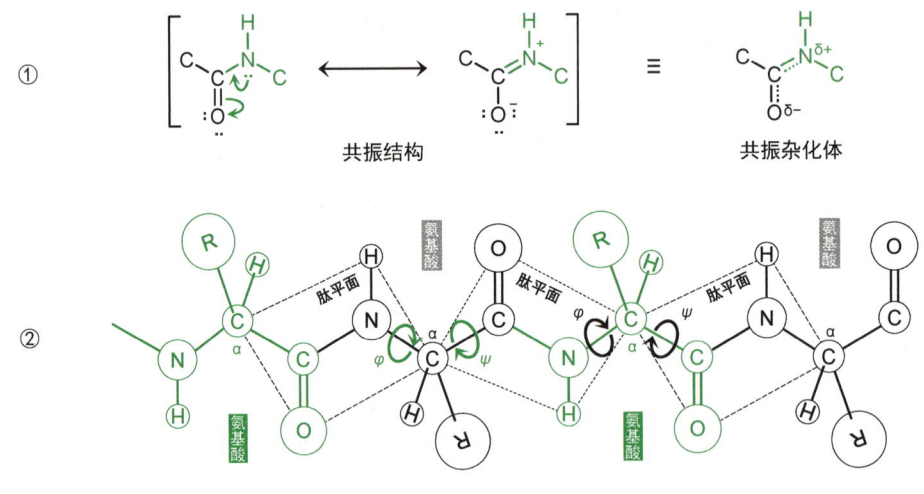

图 3-13 肽平面

2. 肽 肽(peptide)是氨基酸的聚合物,几乎都是线性结构,所以又称<u>肽链</u>(peptide chain)。由两个、三个、四个氨基酸合成的肽分别称为二肽、三肽、四肽,以此类推。二肽~十肽通常称为<u>寡肽</u>(oligopeptide),十一肽及以上称为<u>多肽</u>(polypeptide)。多肽都是线性结构,所以又称<u>多肽链</u>(polypeptide chain)。

肽链中通过肽键连接的氨基酸单位称为<u>氨基酸残基</u>(amino acid residue)。由相邻氨基酸残基中—N—C$_\alpha$—C—结构连接形成的长链称为主链（main chain），氨基酸残基的 R 基相对较小，称为侧链（side chain，branch）（图 3-12）。

主链有两个末端，一个末端的氨基没有连接其他氨基酸，该末端称为氨基端、N 端（N-terminal），用 H$_2$N- 或 H- 表示，N 端的氨基酸残基称为 N 端氨基酸，编为 1 号；另一个末端的羧基没有连接其他氨基酸，该末端称为羧基端、C 端（C-terminal），用 -COOH 或 -OH 表示，C 端的氨基酸残基称为 C 端氨基酸。书写肽链时从 N 端 1 号残基开始，到 C 端结束（图 3-12）。通常二肽~十五肽用三字母符号表示，十六肽及以上用单字母符号表示。基序（见后）用单字母符号表示。

蛋白质属于多肽，但并非所有多肽都是蛋白质。蛋白质和其他多肽有以下不同点。①分子大小：IUBMB 推荐定义蛋白质至少含 51 个氨基酸，IUPAC 推荐定义蛋白质的最小分子量为 10 000；因此，所含氨基酸残基数少于 51 个的多肽不是蛋白质。②肽链数目：一个多肽分子只含有一条肽链，而一个蛋白质分子可含有不止一条肽链。③大多数蛋白质含有辅基成分，而多肽一般不含辅基成分。

3. 活性肽　活性肽（active peptide）又称生物活性肽（biological active peptide，BAP），是生物体内具有特定生物活性的各种寡肽或多肽的统称，如谷胱甘肽、加压素、血管紧张素 II、内啡肽、脑啡肽、P 物质、促甲状腺素释放激素、催产素和表皮生长因子等（表 3-2）。活性肽在人体的生长发育、免疫调节、代谢调节、抗氧化、抗血栓、降血压等各个方面发挥重要作用。

表 3-2　生物体内部分活性肽

中文名称	氨基酸数目	主要生理功能
抗利尿激素	9	垂体后叶分泌，维持水平衡和渗透压平衡
血管紧张素 II	8	使血管收缩，刺激醛固酮分泌，血压升高
内啡肽	31	下丘脑弓状核分泌，主要涉及疼痛、心血管和免疫等与应激密切相关的功能
脑啡肽	5	广泛存在于神经组织，与痛觉调节及情绪活动有关
P 物质	11	对大脑皮质神经元、运动神经元和脊髓后角神经元有缓慢兴奋作用，能使小肠平滑肌收缩、小肠蠕动
促甲状腺激素释放激素	3	下丘脑分泌，促进垂体分泌促甲状腺激素
催产素	9	垂体后叶分泌，具有强烈的刺激子宫收缩活性
表皮生长因子	53	调节表皮细胞的生长、分化，促进创伤愈合

谷胱甘肽（glutathione）由谷氨酸、半胱氨酸、甘氨酸缩合而成（图 3-14），有两种存在形式，一种是还原型谷胱甘肽（GSH，三肽），通常简称谷胱甘肽；一种是氧化型谷胱甘肽（GSSG，三肽二聚体）。谷胱甘肽是重要的肽类抗氧化剂和解毒剂。①抗氧化剂：参与抗坏血酸再生，活性氧清除。②解毒剂：参与生物转化第二相反应。③合成原料：用于合成白三烯 C$_4$。④辅助因子：支持前列腺素 E 合酶催化合成前列腺素 E$_2$，支持核苷酸还原酶催化合成脱氧核苷酸。⑤维持蛋白质巯基状态 [GSH∶GSSG=（30~100）∶1]，有利于蛋白质折叠。比值过低时巯基会被氧化成亚磺酰基和磺酰基。⑥参与氨基酸转运。

促甲状腺激素释放激素（thyrotropin releasing hormone，TRH）是一种三肽激素，其结构特点是 N 端谷氨酸内酰胺化（lactamization）成焦谷氨酸，C 端脯氨酸酰胺化成脯氨酰胺。促甲状腺激素释放激素是蛋白质翻译后修饰产物。人体促甲状腺激素释放激素原含 242 个氨基酸残基，其中包含 6 个 Glu-His-Pro-Gly 重复单位，在翻译后修饰时加工得到 6 分子促甲状腺激素释放激素（图 3-14）。

图 3-14 部分活性肽

拓展阅读 3-4：C 端酰胺化

二、蛋白质的一级结构

蛋白质的一级结构（primary structure）是指构成一个蛋白质分子的一条或多条肽链的全部氨基酸序列，包括可能存在的二硫键的位置，但不包括除 α-碳构型之外的其他空间结构，因此定义的是它们的共价结构，即构造。在蛋白质多肽链中氨基酸残基通过肽键连接，并形成肽链主链，因此肽键是连接氨基酸残基的主要共价键，是稳定蛋白质一级结构的主要作用力（化学键）。此外，肽链之间或肽链内部可能还存在由半胱氨酸巯基形成的二硫键（图 3-15）及其他氨基酸 R 基形成的其他共价键。

牛胰岛素是第一种被阐明一级结构的蛋白质，也是第一种人工合成的蛋白质。人胰岛素一级结构如图 3-15 所示：①由 A 链、B 链构成，A 链包含 21 个氨基酸残基，B 链包含 30 个氨基酸残基。②A 链和 B 链之间有 2 个链间二硫键，A 链内有一个链内二硫键。

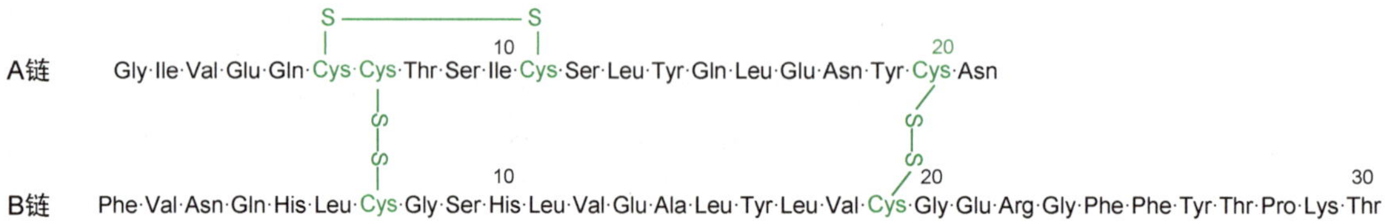

图 3-15 人胰岛素的一级结构

拓展阅读 3-5：胰岛素测序

三、蛋白质的二级结构

蛋白质的二级结构（secondary structure）是指蛋白质局部肽段（链节，segment，含有 3～30 个氨基酸残基）肽平面的空间布局，即主链构象，不包括 R 基构象及肽段与肽段之间的空间布局。

在蛋白质多肽链中，氨基酸残基通过肽键连接。肽平面是肽链主链中可以旋转的基本单位，是形成二级结构的折叠单位（folded unit）。肽平面的空间布局可以用主链二面角表示，C_α 前端肽平面绕 $N-C_\alpha$ 键旋转和后端肽平面绕 $C_\alpha-C$ 键旋转的二面角分别定义为 φ 角和 ψ 角（参见图 3-13②），蛋白质构象的形成与改变均以肽平面旋转改变二面角为基础。

通过旋转肽平面改变二面角，蛋白质多肽链可以形成各种二级结构。常见的二级结构有 α

螺旋、β 折叠、β 转角、环和无规卷曲等。蛋白质分子中可包含一种或多种二级结构。

1. **α 螺旋** α 螺旋（α-helix）是指蛋白质局部肽段主链通过旋转肽平面形成的一种右手螺旋结构（图 3-16 ①）。α 螺旋具有以下特征：①每个螺旋平均包含 3.6 个氨基酸残基，螺距为 0.54 nm，螺旋直径为 0.5 nm。②形成 α 螺旋的理想二面角为 $\varphi = -57°$、$\psi = -47°$，此时第 m 个肽平面的氧（来自氨基酸残基 n 的羧基）与第 $m+3$ 个肽平面的氢（来自氨基酸残基 $n+4$ 的氨基）形成主链氢键（图 3-16 ②），从而维持 α 螺旋的稳定性，氢键取向与螺旋轴接近平行。③氨基酸残基的 R 基位于螺旋的表面（图 3-16 ③）。

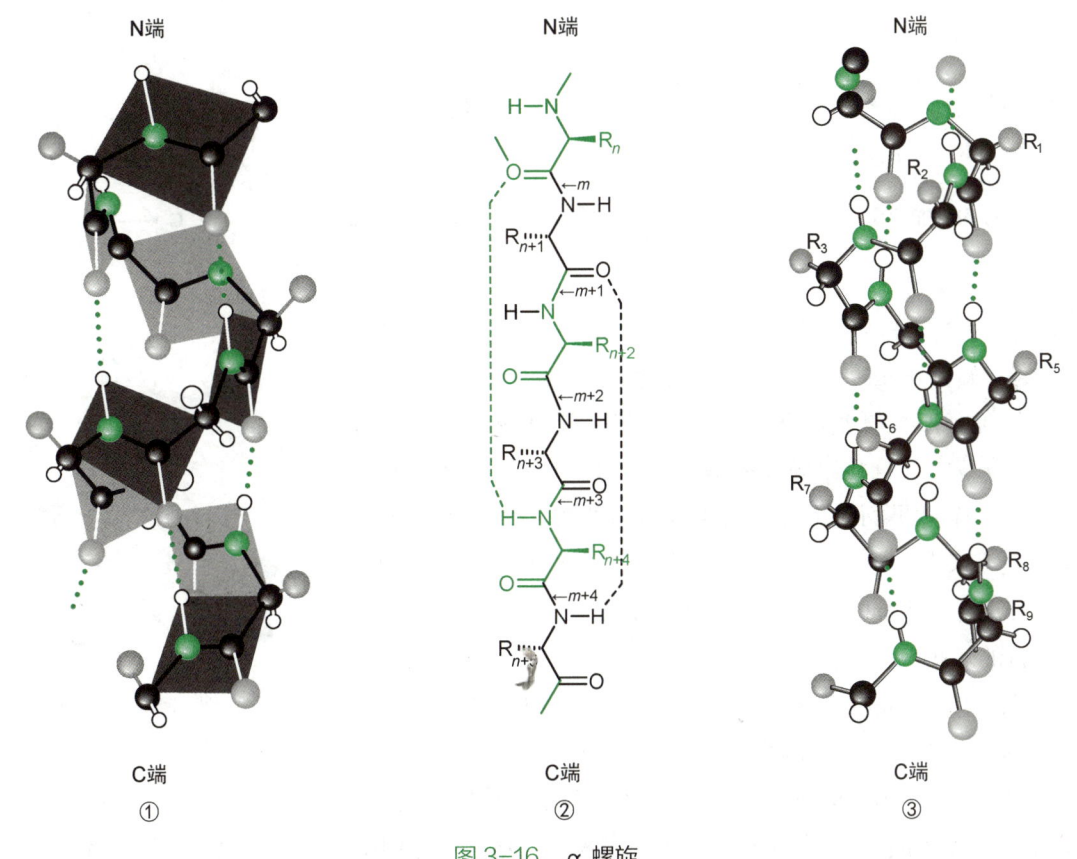

图 3-16 α 螺旋

α 螺旋的形成受螺旋内氨基酸残基 R 基的大小、构象和带电荷情况影响。①R 基太大（如异亮氨酸、苯丙氨酸等）产生空间位阻，不利于形成 α 螺旋。②脯氨酸为亚氨基酸，亚氨基氮原子没有氢可以形成氢键，且 α 碳原子位于吡咯环中，肽平面旋转受阻，不能形成 α 螺旋；甘氨酸 R 基（为 H）太小，会影响 α 螺旋的稳定性。③携带同种电荷的 R 基相互排斥，不利于形成 α 螺旋。

2. **β 折叠** β 折叠（β-strand）是指蛋白质局部肽段主链通过旋转肽平面形成的一种锯齿状结构，氨基酸残基的 R 基交替布局于 β 折叠凸面（图 3-17）。能形成 β 折叠的氨基酸残基的 R

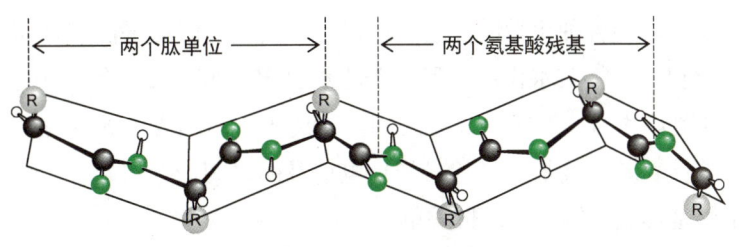

图 3-17 β 折叠

基都较小（如甘氨酸、丙氨酸），且不会带同种电荷，从而有利于多肽链的伸展。

分布于不同肽链或同一肽链内的数段β折叠可以平行结合，形成裙褶结构，称为β片层（β sheet）（图3-18）。相邻β折叠肽平面之间形成氢键，是稳定β片层的主要作用力。β片层中相邻的β折叠可以同向平行，也可以反向平行，反向平行的β片层比同向平行的β片层更稳定。

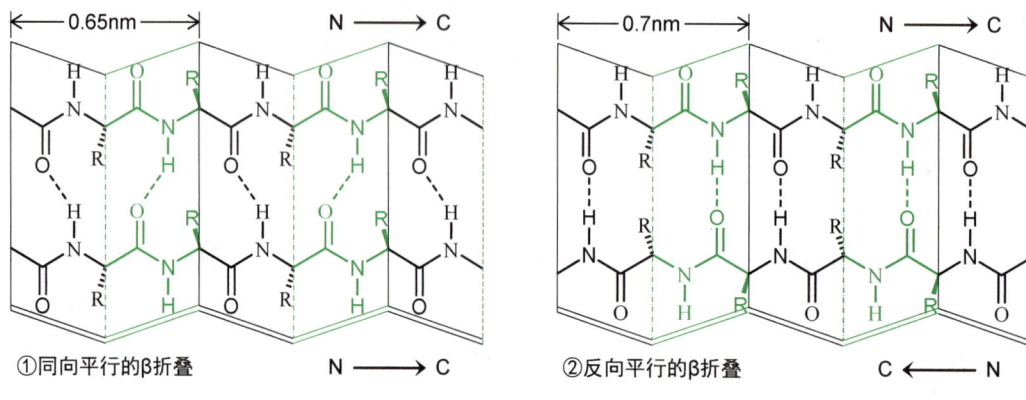

图3-18　β片层

3. β转角　许多蛋白质空间结构中存在由一段主链折返180°形成的各种转角（turn）结构，其中一种称为β转角（β-turn）。一个β转角含有四个氨基酸残基（2号残基中脯氨酸出现频率最高，3号残基中甘氨酸出现频率最高），形成三个肽平面，其稳定性由第一个肽平面的氧（来自1号残基的羧基）与第三个肽平面的氢（来自4号残基的氨基）形成的氢键维持（图3-19）。β转角多位于球状蛋白质表面，介导连接其他二级结构，特别是反向平行的β折叠。

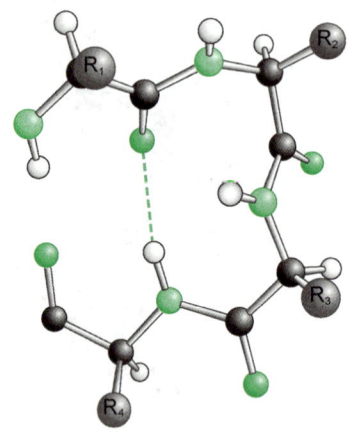

图3-19　β转角

4. 环　环（loop）又称Ω环，是指球状蛋白质分子中用以连接其他二级结构的一类肽段，含有6~16个氨基酸残基，R基可通过氢键、疏水作用堆积于环内侧。环具有刚性或柔性构象，刚性构象无重复单位。环几乎都位于蛋白质表面，功能有结构稳定、分子识别、活性调节等。

5. 无规卷曲　蛋白质分子中还有一些肽段，其R基之间相互作用力很弱，对二面角的约束力也很弱，导致整段少刚性而多柔性。这种构象称为无规卷曲（random coil）。

四、蛋白质的三级结构

蛋白质的三级结构（tertiary structure）是指组成三级结构蛋白质分子（或四级结构蛋白质一个亚基）的一条（或通过二硫键连接的数条）完整的肽链在二级结构基础上进一步卷曲折叠形成的空间结构，即其全部原子的空间布局。三级结构的形成和稳定依赖各种R基之间因单键旋转而卷曲折叠，最终形成的各种化学键。这一过程是与其主链因肽平面旋转而卷曲折叠同步进行的。所形成的化学键包括：①疏水作用，形成于疏水R基之间。②氢键，形成于极性R基之间、R基与主链之间。③范德华力，形成于R基之间。④离子键，形成于N端氨基、碱性氨基酸残基R基与C端羧基、酸性氨基酸残基R基等带异性电荷基团之间。⑤二硫键，形成于半胱氨酸残基巯基之间。二级结构是形成三级结构的折叠单位。

蛋白质的三级结构不像二级结构那样有明显的规律性，但是也有某些共同特点：球状蛋白质疏水 R 基一般位于分子内部，且相互聚集形成疏水核（又称疏水内核，hydrophobic core）；亲水 R 基和末端氨基、羧基则位于分子表面，形成亲水区。

不同蛋白质有不同的三级结构。以下分别介绍马肌红蛋白和牛胰核糖核酸酶的三级结构，并介绍许多蛋白三级结构中包含的两类有序结构：基序和结构域。

1. 肌红蛋白 肌红蛋白（myoglobin，Mb）是一种结合蛋白质，其蛋白质部分称为珠蛋白（globin），辅基称为血红素（heme，参见图 7-5）。肌红蛋白位于肌细胞中，主要的功能是储存氧及为线粒体呼吸供氧。以马肌红蛋白为例，其结构特点如下：①一级结构包含 153 个氨基酸残基。②二级结构主要是 α 螺旋，共有 8 段，包含了 80% 的氨基酸残基。最长的 α 螺旋含 23 个氨基酸残基，最短的含 7 个氨基酸残基。③三级结构呈球形，疏水核内有一个"口袋"，为血红素结合位点（图 3-20）。海洋哺乳动物如鲸、海豚等肌细胞富含肌红蛋白，因而能大量储氧，支持其长时间潜入水中。

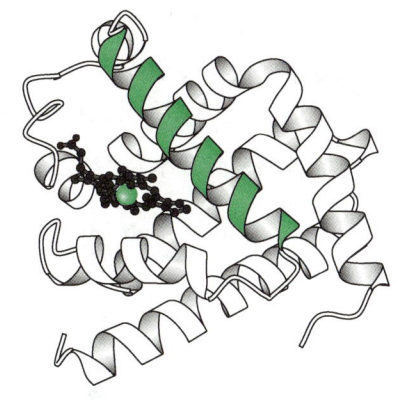

图 3-20 肌红蛋白三级结构

拓展阅读 3-6：多功能蛋白

2. 核糖核酸酶 核糖核酸酶又称核糖核酸水解酶（ribonuclease）、RNA 酶（RNase）。如牛胰核糖核酸酶，其一级结构含有 124 个氨基酸残基，有 4 个二硫键；二级结构包含 3 段较短的 α 螺旋和 3 段较长的 β 折叠；三级结构近似球形，表面的裂缝是其活性中心（图 3-21）。

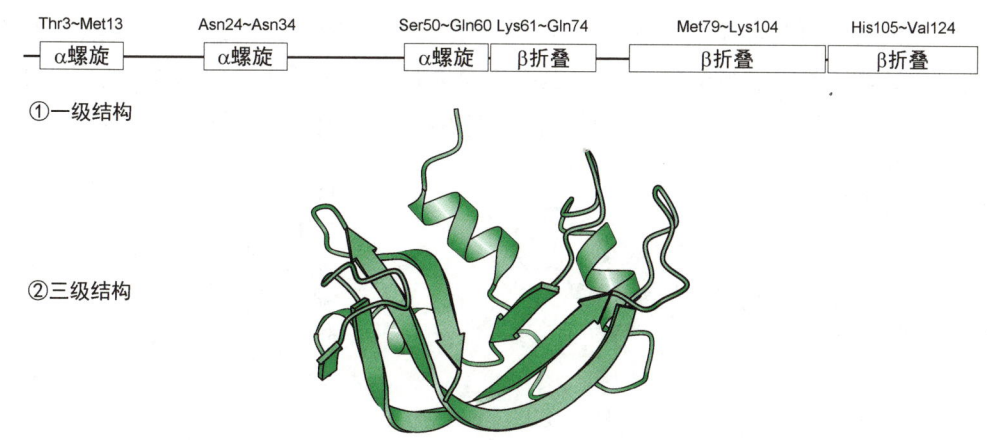

图 3-21 牛胰核糖核酸酶

3. 基序 基序又称模体（motif）、超二级结构（super-secondary structure），是指球状蛋白质分子疏水核中，由一级结构中两段或多段相邻的二级结构单元结合形成的一类有序空间结构。常见的有（αα）、（αβ）、（βββ）、（βαβ）等，多数含不超过 20 个氨基酸残基。基序形成时有更多的化学键形成于 R 基之间、R 基与主链之间，从而使得蛋白质更加稳定。

部分二级结构是形成基序的折叠单位，基序和二级结构是形成三级结构的折叠单位。

4. 结构域 蛋白质的结构域（structural domain）是球状蛋白质三级结构中一类相对独立的致密球形结构。①某些结构域结构可能尚未阐明，但其功能已经确定，又称功能域（functional domain）。②结构域是形成三级结构的折叠单位，与其他结构之间通过一个柔性片段连接，切断该连接对结构域的结构甚至功能基本没有影响。③一个蛋白质分子可以含一个或多个结构域，多个结构域的功能可以完全相同、部分相同、各不相同。

例如：蛋白激酶 Src 是一种蛋白酪氨酸激酶，人 Src 的一级结构含 535 个氨基酸残基，其中有三段序列在三级结构中形成三个结构域。①SH3 结构域：与底物蛋白 Pro-Xaa-Xaa-Pro 基序结合。②SH2 结构域：与底物蛋白特定磷酸化酪氨酸（pTyr）结合。③蛋白激酶结构域：催化底物蛋白特定酪氨酸残基磷酸化（图 3-22）。

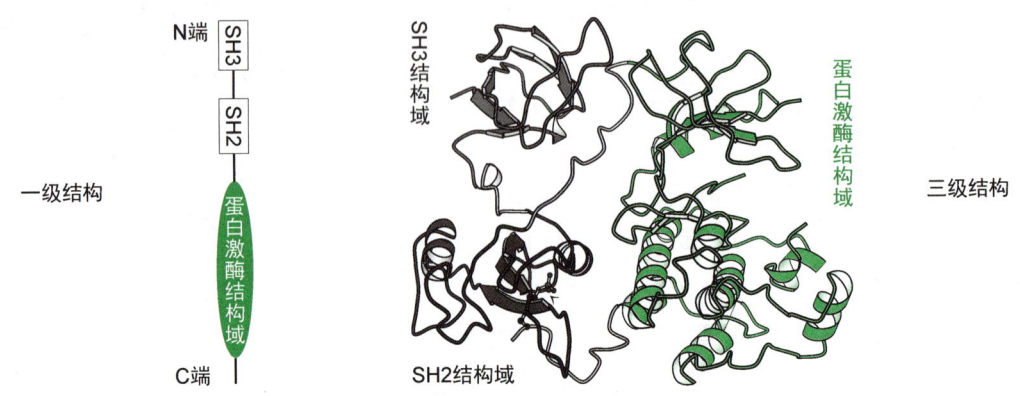

图 3-22　蛋白酪氨酸激酶 Src 的结构域

拓展阅读 3-7：基序与结构域

（1）EF 手：EF 手（EF-hand）是一类螯合有 Ca^{2+} 的螺旋-环-螺旋（HLH），最初发现于肌细胞中一种称为小清蛋白（parvalbumin）的钙结合蛋白质，其钙离子结合于两个 α 螺旋（E 螺旋和 F 螺旋）之间的一个环，环长约 12 个氨基酸残基，形似右手拇指和食指伸开成直角。螺旋-环-螺旋的环中有几个保守残基（多为天冬氨酸，另有少数是丝氨酸、谷氨酸、天冬酰胺、谷氨酰胺、酪氨酸、苏氨酸甚至精氨酸），其亲水 R 基所含的氧原子（偶尔为氮原子）通过配位键螯合 Ca^{2+}（图 3-23 ①）。EF 手见于肌球蛋白轻链等各种钙结合蛋白质分子结构中。

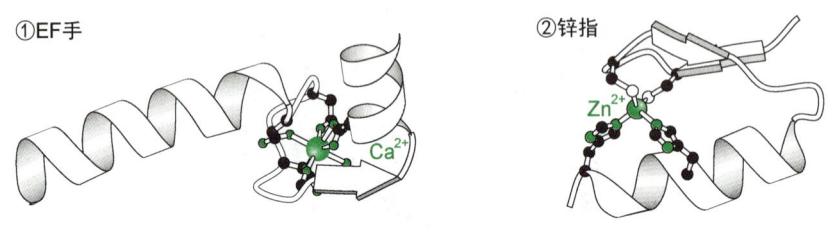

图 3-23　部分结构域

（2）锌指：锌指（zinc finger，ZnF，ZF）是一类空间结构呈手形的结构域，特征是通过 4 个半胱氨酸或组氨酸残基螯合有 1 个 Zn^{2+}，主要存在于 DNA 结合蛋白或 RNA 结合蛋白中，一个蛋白质分子可以含几个甚至几十个锌指。已报道的锌指有 40 多种，常见的有 C_2H_2 型、C_2HC 型、PHD 型、RING 型和 C_4 型锌指（图 3-23 ②）。

含锌指的蛋白质称为锌指蛋白（zinc finger protein）。人类基因组编码 1 000 多种锌指蛋白，包括全部 48 种核受体和某些翻译抑制因子。个别原核蛋白也是锌指蛋白。

真核生物 DNA 结合蛋白通过 DNA 结合域与调控元件结合（参见第十七章），锌指是最常见的 DNA 结合域。单一锌指与调控元件的亲和力很低，然而 DNA 结合蛋白均含多个锌指，如非洲爪蟾锌指蛋白 Xfin 和人转录因子 TFⅢA 分别含 37 个和 9 个 C_2H_2 型锌指。锌指与调控元件的结合具有协同性，使亲和力极大增强。

五、蛋白质的四级结构

许多蛋白质由一定数目的肽链构成（少至两条，多至上百条），每一条肽链（或一种肽链组合体，肽链之间通过共价键结合）都形成独立且完整的三级结构，称为该蛋白质的一个亚基（subunit）。这类蛋白质称为多亚基蛋白（multimeric protein，multisubunit protein）。多亚基蛋白包括由一种肽链构成的同聚体（homopolymer）和由不止一种肽链构成的异聚体（heteropolymer）。

蛋白质的四级结构（quaternary structure）是指多亚基蛋白所含亚基的数目、种类和全部亚基形成的特定空间布局，但不包括亚基的三级结构。稳定四级结构的作用力存在于亚基接触部位，主要是疏水作用，还包括范德华力、氢键和离子键等。

红细胞中的血红蛋白（hemoglobin，Hb）是最早被阐明四级结构的蛋白质。健康成人血红蛋白A（adult hemoglobin A，HbA）是由2个α亚基和2个β亚基组成的异四聚体（$\alpha_2\beta_2$）。每个亚基都由一条肽链（珠蛋白）和一个血红素辅基构成，其中α链含有141个氨基酸残基，β链含有146个氨基酸残基，α链和β链的一级结构差别较大，但进一步折叠、卷曲形成的三级结构有共同特征，且与肌红蛋白类似。4个亚基再通过疏水作用、范德华力、氢键和离子键结合，形成具有四级结构的血红蛋白（图3-24）。

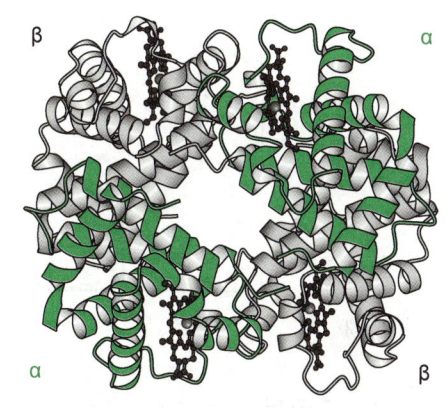

图3-24 血红蛋白四级结构

许多同聚体和异聚体可以解离（dissociation）。有些异聚体所含各种肽链的肽链数存在公约数n，且可解离成n个相同的肽链组合体（组合体中肽链之间可以通过共价键结合），即该异聚体是由n个相同的肽链组合体通过非共价键结合构成的同n聚体。同聚体和同n聚体均具有对称性。同聚体的肽链和同n聚体的肽链组合体统称原聚体（protomer）。由原聚体构成的多亚基蛋白称为寡聚蛋白（oligomeric protein）、多聚蛋白（multimer）。

例如：乳酸脱氢酶同工酶1（H_4）是由4个H亚基构成的同四聚体，其每个H亚基都是一个原聚体；血红蛋白A（$\alpha_2\beta_2$）既是α、β亚基的异四聚体，又是αβ原聚体的同二聚体；糖原磷酸化酶激酶（$\alpha_4\beta_4\gamma_4\delta_4$）既是α、β、γ、δ亚基的异十六聚体，又是αβγδ原聚体的同四聚体。有些同聚体的原聚体是其亚基聚集体，如大肠杆菌乳糖操纵子阻遏蛋白LacI是同四聚体，其原聚体是亚基的同二聚体，即LacI既可称为亚基同四聚体，又可称为原聚体同二聚体。

有些蛋白质在机体内有不止一种存在形式。①单体（monomer）：又称蛋白单体（monomeric protein），是指可以形成聚集体的蛋白质。②同聚体（homopolymer）：由一种单体非共价聚集形成的聚集体（aggregate），可解离，包括蛋白同二聚体、蛋白同三聚体、蛋白同四聚体等蛋白寡聚体（oligomer）和蛋白多聚体（polymer，polymeric protein），其中蛋白多聚体所含的单体数不具有唯一性。蛋白寡聚体和蛋白多聚体均不属于分子，它们是单体分子聚集体。例如：由肌动蛋白聚集形成的微丝（microfilament），又称肌动蛋白丝（action filament）；乙酰辅酶A羧化酶是单体酶，催化反应时会形成同二聚体、同四聚体、纤维状多聚体（参见第九章）。③异聚体（heteropolymer）：由不止一种单体非共价聚集形成的聚集体，例如超分子结构。

超分子结构（supramolecular structure）又称超分子复合物（supramolecular complex）、超分子组装体（supramolecular assembly），是指分子量远大于多亚基蛋白、结构更复杂的一类生物大分子实体，多数由多亚基蛋白等组装而成。超分子结构的维持力相对较弱，常在分离提取时解体，难以获得完整的实体结构。如微管、核糖体、复制体、细胞器、生物膜、细胞壁、病毒包膜、代谢区室。

六、维持蛋白质结构的作用力

蛋白质一级结构的形成和维持依赖于肽键的形成，蛋白质空间结构的形成和维持则依赖于疏水作用、氢键、范德华力、静电作用和二硫键等化学键（图3-25）。

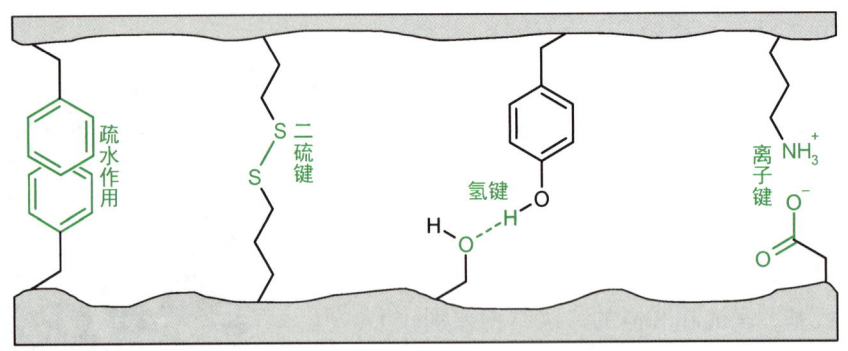

图3-25 维持蛋白质构象的化学键示意图

1. **二硫键** 蛋白质二硫键（disulfide bond）是指蛋白质分子中两个半胱氨酸残基的巯基（-SH）氧化脱氢形成的一种共价键结构（-S-S-），包括链内二硫键（intrachain disulfide bond）和链间二硫键（interchain disulfide bond）。形成二硫键只是部分巯基的功能，许多巯基有其他功能，如作为巯基酶催化反应的必需基团（参见第五章）。

2. **疏水作用** 疏水作用（hydrophobic interaction）又称疏水键（hydrophobic bond）。①疏水作用是指烃及其不溶于极性溶剂（特别是水）的各种衍生物作为溶质在水中被迫相互聚集以避开水的倾向。②蛋白质分子中的疏水作用是指蛋白质氨基酸残基的非极性R基为了避开水而在多肽链内和多肽链间相互聚集的倾向；也包括蛋白质的非极性辅基或辅基的非极性基团与脱辅基蛋白结合位点非极性基团结合的倾向。蛋白质分子中的疏水作用是维持蛋白质三级结构的主要作用力。

3. **氢键** 蛋白质分子中的氢键（hydrogen bond）主要由蛋白质分子中羟基、羧基、氨基、胍基、咪唑基的氢原子与氮、氧原子形成，其中主链氢键是维持蛋白质二级结构的主要作用力。

4. **静电作用** 静电作用（electrostatic interaction）是指电解质或可电离基团电离（或原子得失电子）后产生的离子之间的作用力，包括静电引力和静电斥力。其中静电引力称为离子键（ionic bond）、盐键（salt bridge）。蛋白质分子中的可电离基团包括N端氨基、C端羧基、碱性氨基酸和酸性氨基酸残基的R基等。

5. **范德华力** 范德华力（van der Waals force）又称范德华相互作用（van der Waals interaction）、范德华键（van der Waals bond）、分子间作用力（intermolecular force），是指存在于相互靠近的分子之间、分子内基团或原子之间，除共价键、静电作用等之外的一类较弱的非特异性作用力，包括取向力、诱导力和色散力。

6. **其他共价键** 除连接氨基酸残基的主链肽键和R基二硫键外，蛋白质分子中还存在其他共价键。①配位键：如金属蛋白中金属离子（锌、铜、钙、铁）与氨基酸R基的氮、氧、硫之间形成配位键。②异肽键：如凝血时纤维蛋白亚基之间通过谷氨酰胺氨甲酰基与赖氨酸 ε- 氨基形成异肽键；某些蛋白质泛素化修饰时其特定赖氨酸 ε- 氨基与泛素 C 端甘氨酰羧基形成异肽键。③席夫碱键：氨或伯胺与醛基化合物或酮基化合物缩合生成醛亚胺或酮亚胺，合称**席夫碱**，其缩合反应形成的 C=N 双键称为**席夫碱键**。如胶原纤维 α 链之间通过赖氨酸和 5- 羟赖氨酸形成的席夫碱键相连；磷酸吡哆醛与酶蛋白活性中心赖氨酸 ε- 氨基缩合形成席夫碱键而共价结合（参见第六章）。

$$R\text{—}NH_2 + O\!\!=\!\!\begin{smallmatrix}R'\\R''\end{smallmatrix} \longrightarrow N\!\!=\!\!\begin{smallmatrix}R'\\R''\end{smallmatrix} + H_2O$$

伯胺　　醛/酮　　　　　席夫碱

第三节　蛋白质的功能

蛋白质功能多样，承担着几乎所有生命活动，是生命过程的主体。已经阐明的人类蛋白［质编码］基因有两万多种，约占基因组序列的 27.4%（其中外显子还不到 1.5%），其功能分布见表 3-3。

表 3-3　人类基因组蛋白基因功能分布

功能	基因占比（%）	功能	基因占比（%）	功能	基因占比（%）
酶	16.2	载体蛋白和转运蛋白	3.4	免疫蛋白	1.3
DNA/RNA 结合蛋白	9.8	细胞骨架	3	其他	4.5
转录因子	7.0	细胞外基质	3	功能未知蛋白	37.4
受体	5.2	信号分子	2.7		
调节蛋白	4.1	膜蛋白	2.4		

一、功能蛋白的功能

蛋白质可以根据其在体内发挥的作用分为功能蛋白和结构蛋白。功能蛋白［质］（functional protein）多为球状蛋白质，如酶、载体蛋白、调节蛋白、运动蛋白、免疫球蛋白。

1. 催化反应　酶又称生物催化剂，其化学本质几乎都是蛋白质（蛋白质酶），仅有少量为 RNA（核酶）。蛋白质酶是种类最多的蛋白质，催化人体内几乎所有的化学反应（参见第五章）。

2. 物质运输　运输是生命过程中的重要事件，可以分为物理运输和化学运输。①物理运输对象包括营养物、代谢物、激素、微量元素、蛋白质，它们在运输过程中不发生化学反应。②化学运输对象包括代谢物、基团、原子、电子，它们在运输过程中发生化学反应。

（1）物理运输：物理运输可以分为体液内运输和体液间运输。①体液内运输：包括血液运输（如葡萄糖、脂质、激素、药物、氧运输）、组织液运输（如无机盐运输）、细胞质运输（如游离脂肪酸、游离胆红素运输）、胆汁运输（如胆固醇、胆色素运输）。②体液间运输：是指跨膜运输

(transmembrane transport），多称跨膜转运，如肠黏膜吸收消化产物，组织摄取葡萄糖、氨基酸、肾小管重吸收碳酸氢盐、排钾吸钠。

多数物理运输特别是跨膜转运依赖载体（carrier）。载体运输具有特异性，即特定载体运输特定物质。绝大多数载体为蛋白质，称为载体蛋白（carrier protein）。介导跨膜转运的载体、载体蛋白多称转运体（transporter）、转运蛋白（transport protein）。许多转运蛋白是酶，特别是ATPase，又称通透酶、透性酶、渗透酶（permease），跨膜转运过程依赖水解ATP供能。

神经传导（nerve conduction）与突触传递（synaptic transmission）的化学本质也是跨膜转运。

（2）化学运输：某些化学运输又称传递、转移，如呼吸链向氧传递电子、向线粒体外泵出质子，3-磷酸甘油穿梭向呼吸链传递电子，生物素将CO_2从丙酮酸羧化酶活性中心1转移到活性中心2，柠檬酸-丙酮酸循环将乙酰辅酶A转出线粒体，丙氨酸-葡萄糖循环向肝细胞运输氨，重组DNA技术中质粒载体将外源DNA转入靶细胞。

3. 信号转导　机体稳态（homeostasis）是指生命全方位维持动态平衡的状态。①生物体的组成。②细胞、组织、器官、系统的结构和功能。③生物体的生命过程和生命指标。稳态既是生命过程的保障，又是生命过程的目标，因而稳态与生命过程相辅相成。生命过程受到严格调节，实施调节的生物分子以蛋白质为主体。

（1）信号分子：信号分子是位于细胞内外的一大类分子，多为蛋白质，功能是促使细胞对其他细胞的行为或环境因素的变化做出反应。包括以下4类：①内分泌、旁分泌、自分泌、神经分泌类，如激素、细胞因子、生长因子、神经递质。②细胞识别类，如突触后膜神经连接蛋白（neurexin）。③第二信使类：如环磷酸腺苷。④辅阻遏物，如抑制色氨酸操纵子转录的色氨酸。

（2）信号转导蛋白：信号转导蛋白包括信号转导途径中的受体、蛋白激酶、蛋白磷酸酶、转接蛋白，还包括程序性细胞死亡途径中的半胱天冬酶、促凋亡蛋白、抗凋亡蛋白、颗粒酶、成孔蛋白等。

（3）转录因子：转录因子通过调控基因表达调节机体代谢，维持稳态（参见第十七章）。

4. 循环维护　血液循环从肺向各组织运输氧，从各组织向肺运输二氧化碳；从消化道向各组织运输营养物，从各组织向肾运输排泄物；维持各组织之间代谢物平衡、体温平衡，对于机体稳态不可或缺。维护血液循环至关重要，如凝血因子、循环抗凝物、纤溶系统分别控制凝血、抗凝血、纤溶，血浆白蛋白维持血浆胶体渗透压，血浆蛋白与碳酸盐、磷酸盐缓冲体系维持血液酸碱平衡。

5. 机械运动　生命过程涉及各种宏观运动和微观运动，支持运动的物质基础是蛋白质，多称为分子马达（molecular motor）或马达蛋白（motor protein）。例如推动细菌游走的鞭毛蛋白，控制肌肉舒缩的肌动蛋白、肌球蛋白、原肌球蛋白，细胞分裂时控制染色体排列、分离的纺锤体蛋白。细胞骨架为蛋白质纤维网架结构，是实施细胞迁移（cell migration）的主体。

6. 机体防御　如免疫球蛋白和补体。

7. 物质储存　如肌红蛋白储存氧，铁蛋白储存铁。

二、结构蛋白的功能

结构蛋白［质］（structural protein）是动物体的支架和外保护成分，赋予组织强度和柔性。羽毛、毛发、丝、鳞、角、爪、指甲、趾甲、蜘蛛网、晶状体蛋白均为结构蛋白。

胶原（collagen）是人体含量最多的蛋白质，占总蛋白的25%~30%，是结缔组织（如软骨、肌腱、骨有机质、角膜）和皮肤的主要成分，是典型的结构蛋白。

1. 胶原组成　胶原组成特点是富含甘氨酸（Gly，35%）、丙氨酸（Ala，11%）、脯氨酸/羟脯氨酸（Pro/Hyp，21%）。

2. 胶原一级结构　胶原一级结构为三肽（Gly-Xaa-Pro/Hyp）串联体。

3. 胶原空间结构　与其他蛋白质α螺旋相比，胶原二级结构为左手螺旋，每个螺旋含3个氨基酸残基，三股左手螺旋相互缠绕形成右手螺旋，称为原胶原（tropocollagen）。原胶原自发组装成胶原原纤维（collagen fibril）进一步组装成胶原纤维（collagen fiber）。

4. 胶原异常　胶原异常导致代谢紊乱，如胶原合成或交联异常导致坏血病、成骨不全（osteogenesis imperfecta）、埃勒斯-当洛[斯]综合征。

三、蛋白质结构与功能的关系

生物多样性离不开蛋白质多样性。蛋白质多样性体现在蛋白质组成、结构、功能的多样性。功能相同或相似的蛋白质结构也相似，但其中有许多蛋白质组成差异较大；绝大多数基因突变导致其表达的蛋白质组成改变，但结构和功能无明显改变；某些突变导致蛋白质结构改变，功能也改变。因此，蛋白质的结构与功能关系密切。蛋白质的结构决定其性质，性质决定其功能。不同蛋白质功能不同，主要是因为其结构不同。

（一）蛋白质一级结构与功能的关系

迄今已有大量蛋白质的一级结构被测定。不同的蛋白质具有不同的一级结构。一级结构是蛋白质空间结构和功能的结构基础，一级结构的改变是某些遗传性疾病的分子基础。然而，蛋白质一级结构不是决定其功能的唯一因素，其空间结构的完整性决定了蛋白质的功能和理化性质。

1. 蛋白质一级结构与空间结构　蛋白质的一级结构是空间结构的基础，进而决定了蛋白质的功能。1972年诺贝尔化学奖获得者C. Anfinsen的牛胰核糖核酸酶实验显示：用巯基乙醇和尿素可以破坏其空间结构（变性），并导致催化活性丧失；通过透析去除巯基乙醇和尿素后，变性核糖核酸酶的空间结构恢复（复性），并导致活性恢复。这一实验结果说明只要不破坏一级结构（实际上该实验破坏了牛胰核糖核酸酶的二硫键），核糖核酸酶被破坏的空间结构可以恢复，其催化活性也可以恢复。因此，蛋白质的功能直接取决于空间结构，空间结构直接取决于一级结构。

2. 蛋白质一级结构与功能　一级结构与蛋白质功能关系密切。蛋白质和其他多肽如果功能不同，其一级结构一定不同。例如：*BCL2L1* 基因编码两种凋亡调节因子 Bcl-X（apoptosis regulator Bcl-X）同源体 Bcl-xL 和 Bcl-xS。① Bcl-xL 由233个氨基酸残基组成，是抗凋亡蛋白，通过抑制半胱天冬酶激活抑制细胞凋亡。② Bcl-xS 由170个氨基酸残基组成，缺少 Bcl-xL 的 Val126~Trp188 序列，是促凋亡蛋白。

蛋白同源体又称蛋白异形体（protein isoform）、同工蛋白（isoprotein），是指一级结构不同但功能相同的一组蛋白质。①是一组基因的表达产物，如人的4种己糖激酶同工酶。②是一种mRNA前体通过选择性剪接得到的一组mRNA指导合成的产物，如人的9种p53同源体。

3. 蛋白质一级结构与分子病　DNA损伤会导致基因突变。某些突变导致基因表达产物RNA和蛋白质的一级结构或水平异常。RNA及蛋白质一级结构异常导致其活性和功能异常，进而导致人体结构和生命过程异常而致病。这类疾病称为分子病（molecular disease）。许多分子病会通过个体繁殖遗传给后代，如镰状细胞贫血（图3-26）。

拓展阅读 3-8：镰状细胞贫血

4. 蛋白质一级结构与生物进化　存在于不同物种，具有相似甚至相同氨基酸序列和功能的蛋白质被称为同源蛋白质（homologous protein）。同源蛋白质为同源基因（homologous gene）的表达产物。

拓展阅读 3-9：同源基因

同源蛋白质某些位置的氨基酸残基没有种间差异或种内差异，这些残基通常称为保守残基（conserved residues）或不变残基（invariant residues），它们是蛋白质功能的结构基础，因而不可替换。其余位置的氨基酸残基可以存在种间差异或种内差异，这些残基称为可变残基（variable residue），它们被其他残基替换时对蛋白质功能没有明显影响。

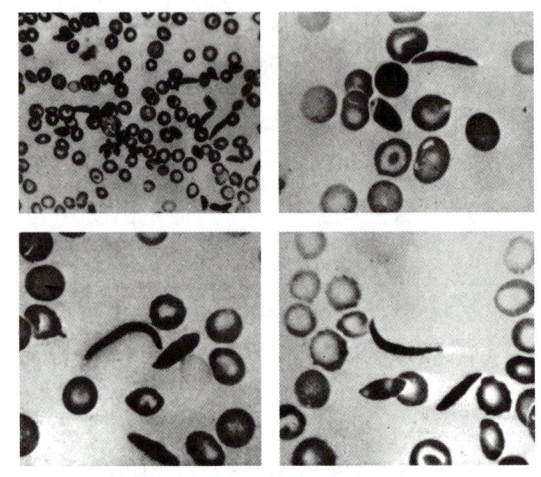

图 3-26　镰状细胞

通过分析不同物种同源蛋白质的可变残基可以揭示物种之间进化关系的远近。例如：①哺乳动物的胰岛素都由 A 链和 B 链组成，人和部分其他哺乳动物胰岛素的部分可变残基见表 3-4。相比之下，人与鸡胰岛素有 7 个残基（A-8、9、10、B-1、2、27、30）不同。②分析 100 多种同源细胞色素 c 的一级结构发现：人和黑猩猩细胞色素 c 的一级结构完全相同，而与绵羊（哺乳动物）、响尾蛇（爬行类）、鲤鱼（鱼类）、蜗牛（软体动物）和飞蛾（昆虫）分别有 10、14、18、29 和 31 个氨基酸残基不同，与进化关系极远的啤酒酵母（真菌）、花椰菜（高等植物）相比则有超过 40 个氨基酸残基不同。以上分析说明不同物种同源蛋白质差异越小，物种的进化关系越近；差异越大，进化关系越远。

表 3-4　不同动物胰岛素氨基酸序列差异

可变残基	人	兔	猪、狗	马	牛	山羊
A-8	苏氨酸	苏氨酸	苏氨酸	苏氨酸	丙氨酸	丙氨酸
A-9	丝氨酸	丝氨酸	丝氨酸	甘氨酸	丝氨酸	甘氨酸
A-10	异亮氨酸	异亮氨酸	异亮氨酸	异亮氨酸	缬氨酸	缬氨酸
B-30	苏氨酸	丝氨酸	丙氨酸	丙氨酸	丙氨酸	丙氨酸

（二）蛋白质空间结构与功能的关系

蛋白质的空间结构（高级结构）直接决定其功能，体现在以下两方面。

1. 蛋白质空间结构与功能　蛋白质可以根据空间结构分为球状蛋白质和纤维状蛋白质。

（1）球状蛋白质：球状蛋白质（globular protein）是轴率（又称轴比，axial ratio）小于 10 的蛋白质，多数是功能蛋白，其空间结构中包含各种二级结构和由二级结构形成的结构域。各种结构域赋予蛋白质特定功能。不同的结构域可以含有活性中心（酶的催化域）、变构调节剂结合位点（变构酶的调节域）、受体的配体结合位点（配体结合域）、转录因子的 DNA 结合位点（DNA 结合域）、载脂蛋白的受体结合位点、免疫球蛋白的抗原结合位点等。

（2）纤维状蛋白质：纤维状蛋白质（fibrous protein）是轴率大于10的蛋白质，多数不溶于水，是结构蛋白，如胶原、角蛋白、弹性蛋白、丝心蛋白，其空间结构中所含的二级结构比较单一，三级结构也比较简单。纤维状蛋白质多为动物体的支架和外保护成分，赋予组织强度和柔性。如弹性蛋白和微原纤维构成的弹性纤维（elastic fiber），胶原Ⅰ和胶原Ⅲ构成的胶原纤维（collagen fiber），胶原Ⅲ构成的网状纤维（reticular fiber）。

指甲和毛发中的蛋白质成分几乎都是α角蛋白（α-keratin）。α角蛋白由大量二级结构为α螺旋的肽链经过多级缠绕形成，坚韧而有弹性，这与其保护功能一致。

2. 蛋白质变构与活性 生命过程是通过生物分子的相互作用实现的，多数情况下相互作用的两种生物分子中至少有一种是蛋白质。例如：酶促反应时底物与酶结合形成酶-底物复合物，细胞通讯和信号转导时激素结合并激活受体、钙结合并激活钙调蛋白、cAMP结合并激活蛋白激酶A。有些情况下两种分子都是蛋白质。例如：细胞周期中周期蛋白结合并激活周期蛋白依赖性激酶，基因表达时转录激活因子激活RNA聚合酶。在相互作用的两种分子中，被结合的都是蛋白质，定义为受体（receptor），与之结合的可以是金属离子、小分子、核酸或蛋白质，统称为配体（ligand）。配体与蛋白质的结合具有专一性，因为特定配体与蛋白质的特定部位结合，该结合部位称为配体结合位点。许多配体结合位点在蛋白质分子的一个结构域上，该结构域称为配体结合域（配体结合区）。

（1）变构与变构效应：许多蛋白质（特别是多亚基蛋白）含有不止一个配体结合位点。配体与一个位点结合致使蛋白质空间结构发生某种特定改变，称为变构、别构（allosteric，本教材涉及"变构"的内容中，"变构"与"别构"可以互换，如变构酶与别构酶）。

变构导致其他配体结合位点空间结构改变，因而影响到这些位点与各自配体的亲和力或结合效率，影响到配体的结合与解离，这种现象称为协同性（cooperativity）。其中导致亲和力增强、结合率增加的称为正协同性（positive cooperativity）；导致亲和力下降、结合率降低的称为负协同性（negative cooperativity）（罕见）。

在某些蛋白质所含的配体结合位点中，有的配体结合位点有调节功能，其与配体的结合产生调节效应。这种位点又称变构位点（allosteric site），与之结合的配体又称变构调节剂、变构剂（allosteric modulator）、变构效应物（allosteric effector），这些蛋白质称为变构蛋白（allosteric protein）。变构蛋白变构位点与变构调节剂的结合影响其他配体结合位点与配体的结合，因而影响到变构蛋白的活性。这种现象称为变构效应（allostery，allosteric effect）。变构蛋白变构位点结合的变构调节剂和其他配体结合位点结合的配体可以相同或不同。如果相同，称为同促调节剂（homotropic modulator），其产生的变构效应称为同促效应（homotropic effect）；如果不同，称为异促调节剂（heterotropic modulator），其产生的变构效应称为异促效应（heterotropic effect）。

变构蛋白在不改变一级结构的前提下，通过变构就可以改变活性，如最早阐明变构机制的血红蛋白。

（2）血红蛋白变构：血红蛋白分子由4个亚基构成，每个亚基都能通过血红素Fe^{2+}结合一分子氧（不需要酶催化），因此血红蛋白是氧的受体，氧是血红蛋白的配体，1分子血红蛋白最多可结合4分子氧。①未结合氧的血红蛋白称为脱氧血红蛋白、去氧血红蛋白（deoxyhemoglobin），其亚基之间亲和力强，四级结构致密，其构象称为T构象（又称紧张态、T态，tense state），氧合力弱。②结合氧的血红蛋白称为氧合血红蛋白（oxyhemoglobin），其亚基之间亲和力弱，四级结构松弛，其构象称为R构象（又称松弛态、R态，relaxed state），氧合力强。③血红蛋白与氧的结合存在协同性,且为正协同性。先结合的氧既是配体又是变构调节剂。当脱氧血红蛋白第一个亚基与氧结合时,该亚基的构象发生微小改变,与其他亚基的作用力改变,主要是部分原有的离子键断裂,亚基间亲和力下降,导致4个亚基的空间布局即血红蛋白的四级结构改变,从紧张态转换为松弛态,使其余亚基氧合力增强。$Hb(O_2)$与第二分子氧的亲和力是Hb与第一分子氧亲和力的3倍。$Hb(O_2)_3$与第四个氧的亲和力是Hb与第一分子氧亲和力的20多倍。同理,氧合血红蛋白氧的释放也存在正协同性。

氧与血红蛋白结合与解离的正协同性有利于血红蛋白在氧分压高的肺毛细血管内尽可能多地结合氧,在氧分压低的组织毛细血管内则尽可能多地释放氧,供给组织利用。

(3)血红蛋白氧合曲线:血红蛋白氧合曲线(oxygen-binding curve)又称血红蛋白氧解离曲线,是表示血红蛋白氧饱和度(fractional saturation,氧含量与氧容量之百分比)与氧分压(oxygen partial pressure)关系的曲线,反映血红蛋白的携氧能力,其特征是呈S形(sigmoid,图3-27)。S曲线是各种协同性或变构效应的特征曲线,其他如DNA熔解曲线、变构酶动力学曲线。

(4)血红蛋白携氧能力影响因素:CO_2分压、2,3-二磷酸甘油酸(2,3-BPG)水平、血液pH、温度、CO等因素影响血红蛋白氧合力,从而影响其携氧能力。①CO_2分压升高、pH降低、体温升高时,血红蛋白携氧能力下降,促进氧释放,表现为氧合曲线发生右移。② 2,3-二磷酸甘油酸是无氧酵解2,3-二磷酸甘油酸支路(参见第十二章)的中间产物,在红细胞内含量很高。2,3-二

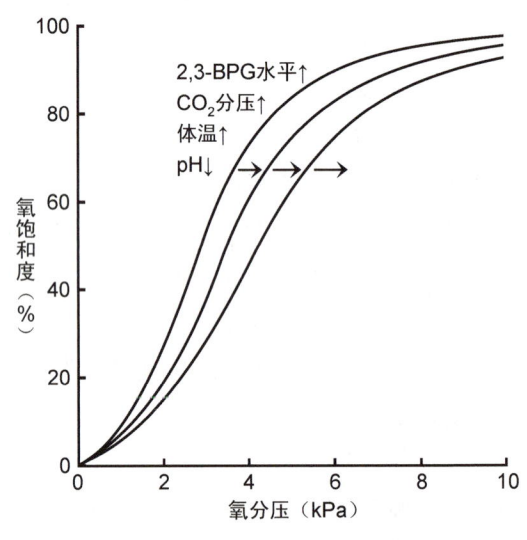

图3-27 血红蛋白氧合曲线

磷酸甘油酸位于血红蛋白两个β亚基之间的一个空腔内,与两个β亚基的Val1、His2、Lys82、His143形成离子键,稳定血红蛋白的T构象,降低其氧合力,促使其释放氧:2,3-二磷酸甘油酸+氧合血红蛋白→脱氧血红蛋白-2,3-二磷酸甘油酸+O_2。无氧酵解加强使2,3-二磷酸甘油酸水平升高,氧合曲线发生右移。③微量CO与血红蛋白结合会致使其氧合力增强,氧释放减少,表现为氧合曲线发生左移;过多CO与血红蛋白结合则竞争性抑制其与氧结合,导致其携氧能力下降,机体缺氧。

拓展阅读3-10:煤气中毒

3. 蛋白质空间结构异常与疾病 蛋白质的空间结构异常导致蛋白质的功能异常,进而导致人体结构和生命过程异常而致病,这类疾病称为蛋白质构象病(protein conformational disease)。常见的蛋白质构象病:①由朊蛋白构象异常引起的神经退行性疾病,如朊病毒病(prion disease,参见第十六章)。②与β淀粉样蛋白相关的神经退行性疾病,如阿尔茨海默病(Alzheimer's disease,AD)。③丝氨酸蛋白酶抑制物家族构象异常引起的神经退行性疾病,如伴神经源性丝氨酸蛋白酶抑制剂包涵体的家族性脑病(familial encephalopathy with neuroserpin inclusion bodies,FENIB)。

拓展阅读3-11:固有无序蛋白质

第四节 蛋白质的性质

蛋白质的基本结构单位是氨基酸，因此具有某些与氨基酸相似的理化性质；同时蛋白质也有高分子化合物的某些特性。

一、蛋白质的一般性质

如两性电离和等电点（pI）、紫外吸收性质及显色反应等。

1. 蛋白质的紫外吸收特征 蛋白质多肽链中含有色氨酸、酪氨酸、苯丙氨酸残基，其中色氨酸对 280 nm 紫外线有强吸收（参见图 3-10），据此可以用紫外分光光度法（ultraviolet spectrophotometry）进行蛋白质定量分析。此外，蛋白质分子中的肽平面存在 $p-\pi$ 共轭体系，对 220 nm 以下紫外线有强吸收（图 3-28）。

2. 蛋白质的显色反应 蛋白质分子中的某些基团会与特定的试剂反应而显色，该反应称为蛋白质的显色反应、颜色反应、呈色反应。常见显色反应有茚三酮反应、双缩脲反应、酚试剂反应等，利用显色反应可以对蛋白质进行定性和定量分析。

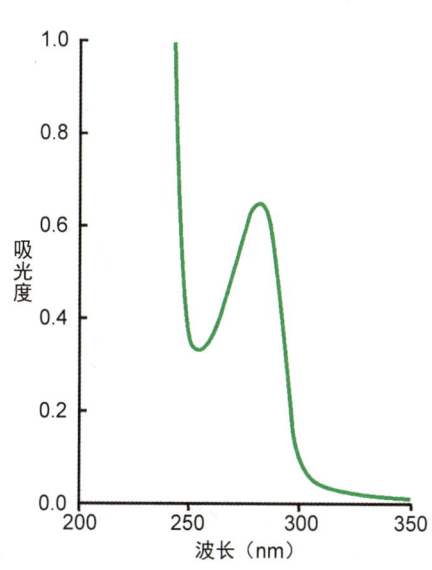

图 3-28 1 mg/mL 牛血清白蛋白紫外吸收光谱

（1）茚三酮反应：蛋白质分子 R 基和 N 端有游离氨基，故也可以与茚三酮发生显色反应，产物呈紫色。

（2）双缩脲反应：在碱性条件下，蛋白质分子中的肽键与 Cu^{2+} 可生成紫红色螯合物。

3. 蛋白质的 N 端反应 蛋白质多肽链 N 端氨基可以与一组特定试剂（2,4-二硝基氟苯、丹磺酰氯、异硫氰酸苯酯等）发生反应，生成 N 端氨基酸衍生物。这些反应不仅可用于蛋白质分子肽链数目鉴定，还可用于蛋白质测序。

4. 蛋白质的两性电离和等电点 蛋白质分子中除了 N 端 α-氨基和 C 端 α-羧基外，部分氨基酸残基 R 基上也有可电离基团，如可以结合质子的咪唑基、胍基、ε-氨基和可以给出质子的 β-羧基和 γ-羧基等，因而蛋白质也是两性电解质，可以进行两性电离。在某一 pH 条件下，溶液中蛋白质所带正负电荷数相等，净电荷为零，该 pH 为该蛋白质的等电点（pI）（图 3-29）。不同蛋白质所含可电离基团的种类和数量各不相同，因此具有不同的等电点。人体多数蛋白质的等电点低于体液 pH（7.4），所以生理条件下净带负电荷。

图 3-29 蛋白质的两性电离和等电点

二、蛋白质的大分子特性

蛋白质是生物大分子，具有一些有别于小分子的特性，如胶体性质、变性、沉降等。

1. 蛋白质的胶体性质 蛋白质的长轴在 1～1 000 nm，故蛋白质溶液为高分子溶液（又称大分子溶液，macromolecular solution），属于胶体（colloid），又称胶体溶液、胶体系统。蛋白质溶液具有胶体的光学性质（丁达尔效应，又称丁达尔现象）、电学性质（带同性表面电荷）和动力学性质（布朗运动，沉降）。蛋白质溶液的主要稳定因素是水化膜、同性电荷、布朗运动。①蛋白质分子表面吸附有一层结合水，称为水化膜，在蛋白质分子之间形成隔离，抗聚集。②蛋白质分子表面有同性电荷，致使其相互排斥，抗聚集。③蛋白质的布朗运动与沉降形成平衡，蛋白质不会沉淀。中和蛋白质的表面电荷并破坏其水化膜，可导致其沉淀（图 3-30）。

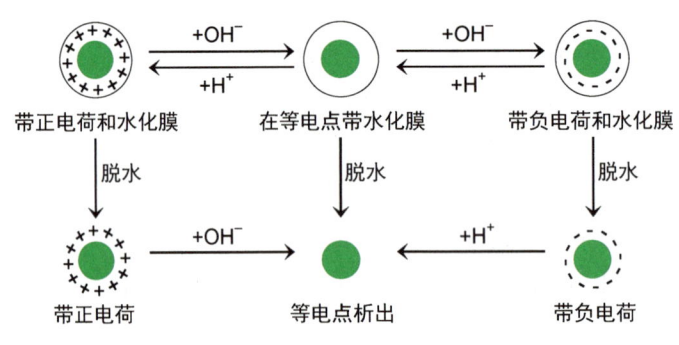

图 3-30 蛋白质沉淀

2. 沉降与沉降系数 离心形成的重力场可令蛋白质沉降、沉淀。特定胶体颗粒（包括但不限于蛋白质分子）在单位超速离心场中的沉降速度为一常数，称为沉降系数（sedimentation coefficient，s），其单位用 S 表示，$1S = 10^{-13}$ 秒。沉降系数与颗粒大小呈正相关，还与颗粒形状有关。

3. 蛋白质变性和复性 蛋白质变性（protein denaturation）是指其天然构象中的三级结构甚至二级结构被部分或完全破坏，导致其活性丧失。变性是维持其天然构象的非共价键被破坏的结果，不涉及共价键。

变性导致蛋白质分子内部的疏水基团暴露，疏水作用增加，在接近等电点条件下易聚集析出，因而溶解度降低。此外还有溶液黏度增加、结晶能力消失、对 280 nm 紫外吸收增强、易被蛋白酶水解等表现。

致使蛋白质变性的因素包括高温、极端 pH、非生理浓度盐、有机溶剂，以及尿素、盐酸胍等其他变性剂（denaturant）。

在医学基础研究和临床应用中，可以利用上述变性因素消毒灭菌。保存蛋白制剂（如疫苗、蛋白质类药物）时则要防止其变性失活。

部分变性蛋白质在去除变性因素后可以恢复或部分恢复其天然构象，其活性也恢复或部分恢复。这种现象称为蛋白质复性（protein renaturation）。例如：用 β- 巯基乙醇和尿素处理核糖核酸酶，可以破坏其二硫键、氢键、疏水作用，天然构象被破坏，活性丧失；在采用透析法去除 β- 巯基乙醇和尿素后，二硫键等重新形成，天然构象及活性得以恢复（图 3-31）。

多数蛋白质的变性是不可逆的。如鸡蛋煮熟后鸡蛋清会形成凝块，该现象称为蛋白质的凝固（solidification）。

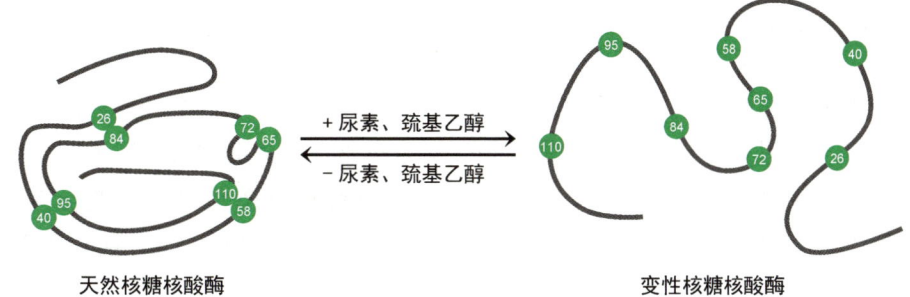

图 3-31　核糖核酸酶变性与复性

第五节　蛋白质、多肽和氨基酸类药物

蛋白质类药物（protein drug）是指以蛋白质为主要活性成分的药物，如血清白蛋白、胰岛素等。多肽类药物（polypeptide drug）是指以人和其他动物的活性多肽为主要活性成分的药物。氨基酸类药物（amino acids drug）是指用于治疗因氨基酸缺乏而导致的疾病的氨基酸制剂。

拓展阅读 3-12：胰岛素发现

蛋白质和多肽类药物目前已经广泛应用于多种重大疾病（如肿瘤、传染病、代谢紊乱等和循环系统、呼吸系统、消化系统、免疫系统、内分泌系统疾病等）的治疗及激素的替代治疗。

与传统药物相比，蛋白质类药物具有活性高、毒性低、不良反应少、特异性强、功能明确、成本较低、疗效显著、安全可靠等特点。

蛋白质和多肽类药物早期来自动物、植物和微生物，目前多采用生物工程技术制备，如酶、蛋白质激素、细胞因子、抗体、疫苗、造血因子、凝血因子等。

一、酶类药物

常见的酶类药物有消化酶类、抗炎清创酶类、抗栓酶类、抗氧化酶类及抗肿瘤酶类等（表 3-5），可用于治疗肿瘤、酶缺乏、心脑血管疾病、炎症和感染性疾病等。

表 3-5　部分酶类药物

分类代码	药品分类	药品名称
XA09	消化酶类	乳酶生、米曲菌胰酶、胰酶
XA16	消化酶类	阿加糖酶 α
XB01AD	抗血栓形成酶类	尿激酶、重组链激酶、降纤酶、纤溶酶、蚓激酶、巴曲酶、阿替普酶
XB02B	止血酶类	凝血酶、白眉蛇毒血凝酶、矛头蝮蛇血凝酶、蛇毒血凝酶、尖吻蝮蛇血凝酶
XB06	其他血液系统用药	糜蛋白酶、胰蛋白酶
XC04	周围血管扩张药	胰激肽原酶
XL01XX	抗肿瘤酶类	门冬酰胺酶、培门冬酶

二、激素类药物

早期激素类蛋白质药物主要从动物组织中分离提取，相对产量较低且易被污染。随着重组 DNA 技术和大规模发酵技术的发展，大量高纯度激素类蛋白药物的制备得以实现。激素类蛋白质药物的种类不断丰富，如胰岛素（XA10A）、特利加压素（XA16）、人绒毛膜促性腺激素（药品名称绒促性素）、促肾上腺皮质激素（药品名称促皮质素，XH01A）、垂体前叶激素（XH01A，如人生长激素）、垂体后叶激素（XH01B，如催产素，药品名称缩宫素）、下丘脑激素（XH01C，如生长抑素）、胰高血糖素（药品名称高血糖素，XH04）、降钙素（药品名称鲑降钙素，XH05）、抗生长激素（XH01CB）。

三、细胞因子类药物

细胞因子（cytokine）是指由免疫细胞及部分其他细胞合成和分泌的一类可溶性蛋白质或肽类细胞外信号分子（参见第十八章）。细胞因子类药物是指从健康人血液分离或应用生物工程技术制备的多肽或蛋白质类药物，包括各种细胞因子及部分细胞因子的拮抗剂，用于疾病治疗。已有集落刺激因子类（XL03AA）、干扰素类（XL03AB）、白细胞介素（药品名称白介素类，XL03AC）、红细胞生成素（药品名称人促红素 XB03B）等细胞因子类药物应用于临床。

四、抗体类药物

抗体（antibody）又称免疫球蛋白，是高等动物淋巴细胞特别是浆细胞合成的一类糖蛋白，可以与相应的抗原特异、可逆、非共价结合，称为抗原-抗体反应，反应多导致抗原失活。

抗体类药物包括免疫血清及免疫球蛋白（XJ06），已广泛应用于感染、中毒、肿瘤、自身免疫［性疾］病、器官移植排斥反应等治疗。例如：在肿瘤免疫治疗中，单克隆抗体通过与肿瘤靶标结合诱导抗体依赖细胞介导的细胞毒作用（ADCC）、补体依赖的细胞毒作用（CDC）和抗体依赖的细胞吞噬作用（ADCP），其中抗体依赖的细胞吞噬作用会募集巨噬细胞吞噬肿瘤细胞并将其杀死。

免疫血清（XJ06A）有白喉抗血清、多价气性坏疽抗血清、抗狂犬病血清、抗蝮蛇毒血清、抗五步蛇毒血清、抗眼镜蛇毒血清、抗银环蛇毒血清、破伤风抗毒素、肉毒抗毒素等。

免疫球蛋白类（XJ06）有人免疫球蛋白、破伤风人免疫球蛋白、马破伤风免疫球蛋白、人狂犬病免疫球蛋白等。

抗肿瘤单克隆抗体（XL01XC）尤为丰富，如西妥昔单抗、尼妥珠单抗、依尼妥单抗、信迪利单抗、替雷利珠单抗、特瑞普利单抗、卡瑞利珠单抗、奥妥珠单抗、达雷妥尤单抗、恩美曲妥珠单抗、维布妥昔单抗、泽贝妥单抗、瑞帕妥单抗、曲妥珠单抗。

随着现代生物技术的发展和对抗体结构、功能认识的不断深入，已经陆续开发出抗体融合蛋白、抗体偶联药物、双特异性抗体和小分子抗体片段等新的抗体类药物。

五、多肽疫苗

多肽疫苗（XJ07）又称合成肽疫苗（synthetic peptide vaccine），是根据有效免疫原的氨基酸序列设计与合成的疫苗。和传统的灭活疫苗、减毒疫苗相比，多肽疫苗可以诱导高度靶向性的免疫反应，从而降低或避免疫苗接种引起的过敏反应。多肽疫苗不仅可用于预防感染性疾病和非感染性疾病,还可用于治疗肿瘤、神经系统、呼吸系统及消化系统疾病。例如:金黄色葡萄球菌疫苗可以有效预防金黄色葡萄球菌感染;幽门螺杆菌疫苗可以减轻黏膜局部排斥反应;新冠疫苗可以有效降低新型冠状病毒在呼吸道、肺和其他部位的载量。

六、中药类蛋白质药物

某些中药材尤其是动物药材氨基酸、多肽及蛋白含量丰富,且这些成分因具有特定活性而受到广泛关注。例如:阿胶中氨基酸含量高达 67%,其中必需氨基酸占 20% 以上;羚羊角的主要成分为角质蛋白,除了富含氨基酸之外,还含有磷酸钙、胆固醇、维生素 A 和多种磷脂等。除了动物药材,很多植物药材氨基酸含量也很高,如每 100 g 草苁蓉中含氨基酸总量高达 4.36 g;枸杞中富含甘氨酸;紫苏叶和太子参中富含精氨酸。

值得注意的是,一部分中药材中含有毒蛋白,如巴豆含有巴豆毒蛋白,需要用制霜法炮制减毒。此外,一些硬蛋白(如水牛角、羚羊角)难以消化水解,因此在入药前需进行特殊炮制处理,才能被人体消化吸收,充分发挥其疗效。

思考题

1. 单糖的分子构型根据其远端手性中心定义,氨基酸的分子构型则根据其近端手性中心定义。为什么?
2. 成为生命活动主体的为什么是蛋白质而不是其他生命物质?
3. 查阅资料,试从蛋白质结构异常的角度分析阿尔茨海默病发生的可能机制。
4. 何为蛋白质变性?请举例说明蛋白质变性在医学方面的应用。
5. 哪些方法可用于蛋白质含量的测定?请简述其测定机制。
6. 生命诞生之际为什么选择了 D- 葡萄糖而不是 L- 葡萄糖、选择了 L- 氨基酸而不是 D- 氨基酸?

(康湘萍 杨晓敏)

 数字资源详见　新形态教材网

　　 拓展阅读　　 自测题　　 教学课件

第四章

核酸化学

核酸（nucleic acid，NA）属于生物大分子，是由一组核苷酸按照一定顺序聚合形成的无分支线性寡核苷酸和多核苷酸的合称，包括脱氧核糖核酸（deoxyribonucleic acid，DNA）和核糖核酸（ribonucleic acid，RNA）。核酸的主要功能是储存、传递、传播遗传信息。

第一节 核酸的组成

核酸的组成元素包含碳、氢、氧、氮和磷，其中磷是特征元素，在各种 DNA 和 RNA 中的含量基本一致，分别为 9.2% 和 9.0%，因此测定核酸样品磷含量再除以 9.2%（或 9.0%），可以计算出其 DNA（或 RNA）含量。这种方法称为定磷法。

核酸是核苷酸的聚合物，核苷酸是核酸的结构单位。

一、核苷酸的组成

DNA 和 RNA 的结构单位分别为脱氧[核糖]核苷酸（deoxy[ribo]nucleotide）和核糖核苷酸（ribonucleotide），合称核苷酸（nucleotide）。两类核苷酸的组成成分均为碱基、戊糖和磷酸（表 4-1）。

表 4-1 核苷酸的组成

核苷酸	碱基	戊糖	磷酸
脱氧核糖核苷酸	腺嘌呤（A）、鸟嘌呤（G）、胞嘧啶（C）、胸腺嘧啶（T）	2′-脱氧核糖（dR）	磷酸
核糖核苷酸	腺嘌呤（A）、鸟嘌呤（G）、胞嘧啶（C）、尿嘧啶（U）	核糖（R）	磷酸

1. 碱基 核苷酸碱基（nucleobase）简称碱基（base），为嘌呤（purine）和嘧啶（pyrimidine）的衍生物，并据此分为嘌呤碱基和嘧啶碱基。嘌呤碱基主要是腺嘌呤（adenine，A）和鸟嘌呤（guanine，G）；嘧啶碱基主要是胞嘧啶（cytosine，C）、尿嘧啶（uracil，U）和胸腺嘧啶（thymine，T）。DNA 分子的主要碱基（major base）为 A、G、C、T；RNA 分子的主要碱基为 A、G、C、U。

第一节 核酸的组成

嘌呤　　腺嘌呤　　鸟嘌呤　　嘧啶　　胞嘧啶　　尿嘧啶　　胸腺嘧啶

在 DNA 序列中，除了主要碱基用单字母符号表示外，一些碱基组合也可用单字母符号表示（表 4-2）。

表 4-2　常用碱基组合等符号

符号	碱基	符号	碱基	符号	碱基
R	A 或 G	K	G 或 T	H	A、C 或 T
Y	C 或 T	M	A 或 C	V	A、C 或 G
S	G 或 C	B	C、G 或 T	N	任何碱基
W	A 或 T	D	A、G 或 T	· 或 –	缺口

除主要碱基外，核酸特别是 RNA 分子中还含有各种稀有碱基（rare base）。含稀有碱基的核苷称为稀有核苷（minor nucleoside），如 5- 甲基胞苷、5- 羟甲基胞苷、肌苷、辫苷、怀丁苷等。稀有碱基均由核酸分子中的主要碱基经化学修饰生成。这些稀有碱基中许多与表观遗传、基因表达等有关，因而其生成受到严格控制。

5- 甲基胞苷（5mC）、5- 羟甲基胞苷（5hmC）由胞苷修饰生成，与表观遗传高度关联，其所含 5- 甲基胞嘧啶、5- 羟甲基胞嘧啶甚至被称为第五碱基、第六碱基。怀丁苷（wybutosine，yW）由鸟苷修饰生成，其修饰物见于真核 Phe-tRNA 的 37 位，即与反密码子第三碱基相连。辫苷（queuosine，Q）由鸟苷修饰生成，其修饰物见于某些生物包括人的酪氨酸、组氨酸、天冬酰胺、天冬氨酸 tRNA 反密码子的第一碱基。

5-甲基胞嘧啶　　　　　　辫苷碱基　　　　　　怀丁苷碱基

拓展阅读 4-1：核酸修饰

2. 戊糖　DNA 和 RNA 分子中的戊糖分别为 β-D-2- 脱氧核糖和 β-D- 核糖，两者均为呋喃糖。为区别碱基和戊糖的原子编号，一般将核苷、核苷酸、核酸中戊糖的碳原子序号标上撇（′），如 C-1′、C-2′⋯C-5′。

核糖　　　　2-脱氧核糖

RNA 有较多 2′-O- 甲基核糖。

3. 磷酸 磷酸基团使核酸带大量负电荷，可与带正电荷的蛋白质结合。

二、核苷酸的结构

在核苷酸中，碱基和磷酸分别以糖苷键和磷酸键与核糖或脱氧核糖连接。

1. 糖苷键与核苷 核糖和脱氧核糖的半缩醛羟基被嘌呤碱基 N-9 或嘧啶碱基 N-1 取代，分别生成核糖核苷（ribonucleoside）和脱氧［核糖］核苷（deoxy[ribo]nucleoside），合称核苷（nucleoside），其糖苷键称为 β-N- 糖苷键。

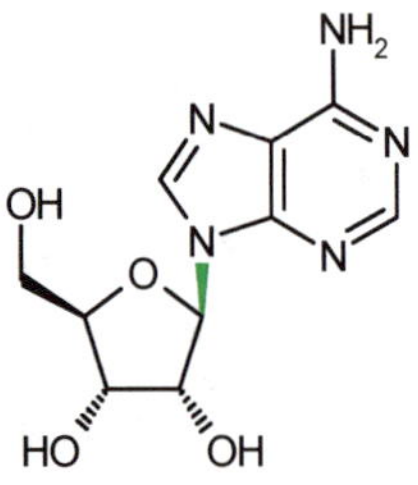

腺苷 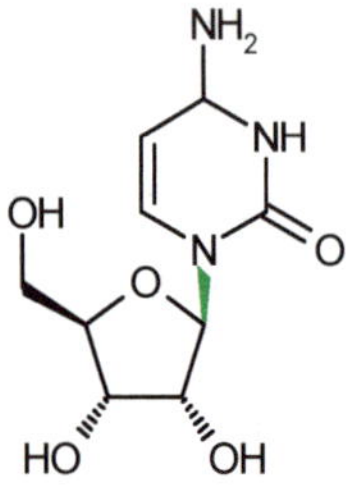　　　胞苷 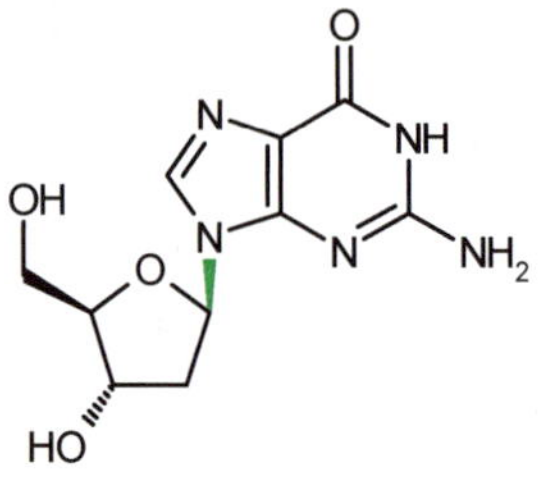　　　脱氧鸟苷 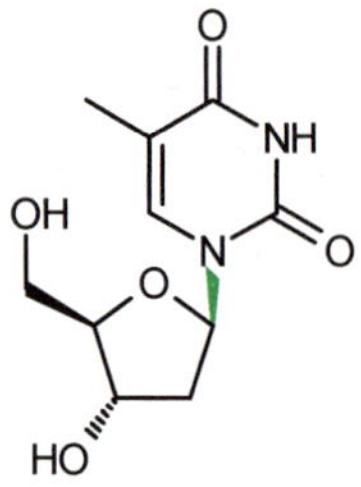　　　脱氧胸苷

核苷的糖苷键虽然可以旋转，但受碱基与核糖或脱氧核糖之间存在的空间位阻的限制。游离嘌呤核苷（及核苷酸）有反式（$anti$）和顺式（syn）两种稳定构象；游离嘧啶核苷（及核苷酸）只有一种反式稳定构象。

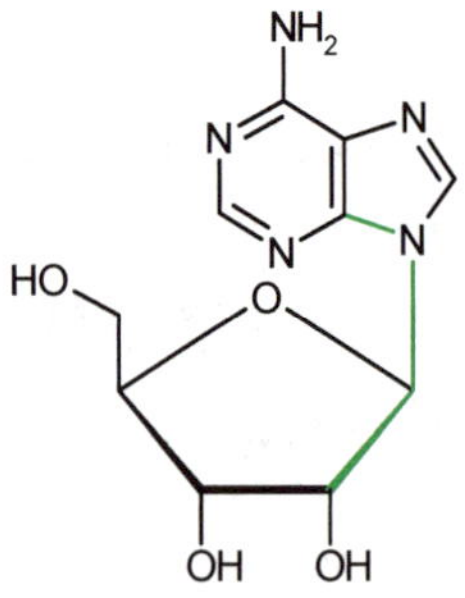

顺-腺苷 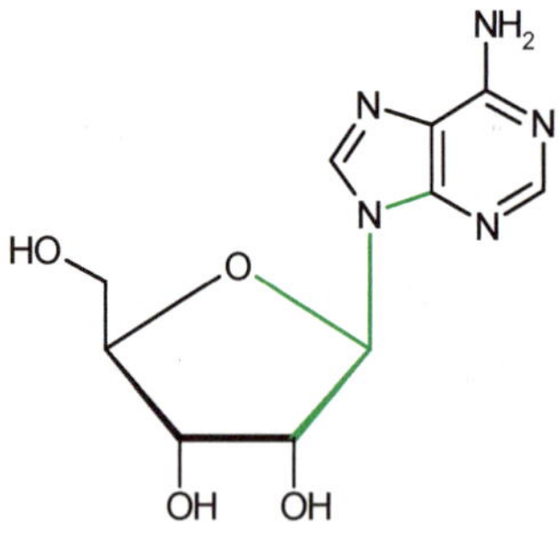　　　反-腺苷 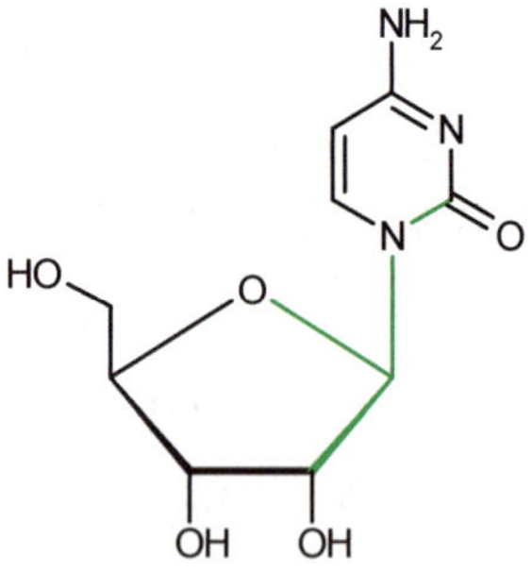　　　反-胞苷

2. 磷酸键与核苷酸 核苷磷酸化生成核苷酸（nucleotide，一磷酸核苷，nucleoside monophosphate，NMP），包括核糖核苷酸（ribonucleotide，一磷酸核糖核苷、核糖核苷一磷酸，ribonucleoside monophosphate，rNMP）和脱氧［核糖］核苷酸（deoxy[ribo]nucleotide，一磷酸脱氧［核糖］核苷、脱氧［核糖］核苷一磷酸，deoxy [ribo] nucleoside monophosphate，dNMP）。核苷不同羟基磷酸化生成不同核苷酸，包括 2'- 核苷酸、3'- 核苷酸和 5'- 核苷酸，生物体内核苷酸几乎都是 5'- 核苷酸。

核苷酸中连接磷酸与核糖的共价键称为磷酸键（phosphate bond）或磷酸酯键（phosphoester bond）。

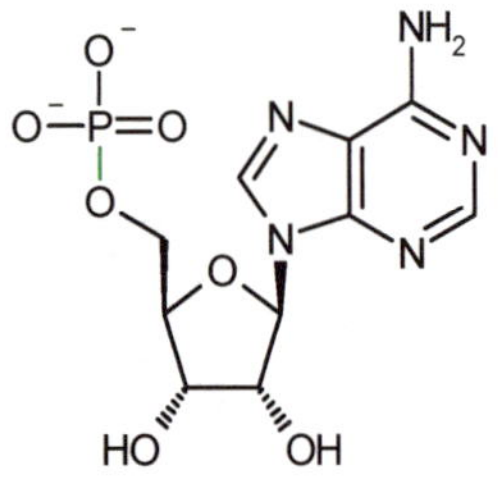

一磷酸腺苷 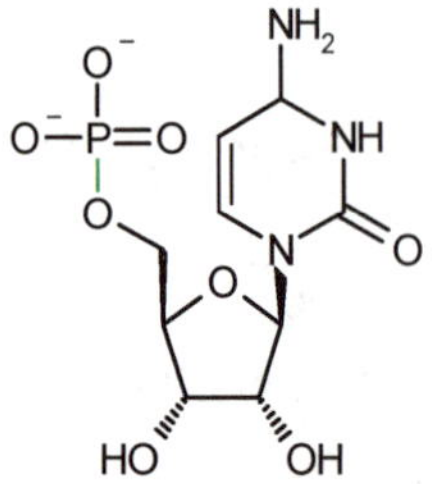　　　一磷酸胞苷 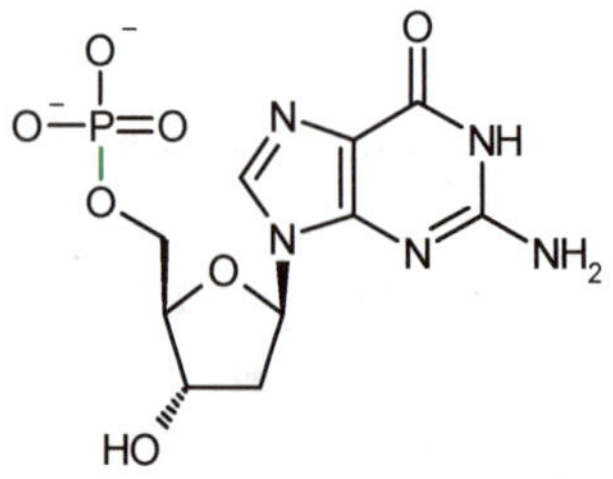　　　一磷酸脱氧鸟苷 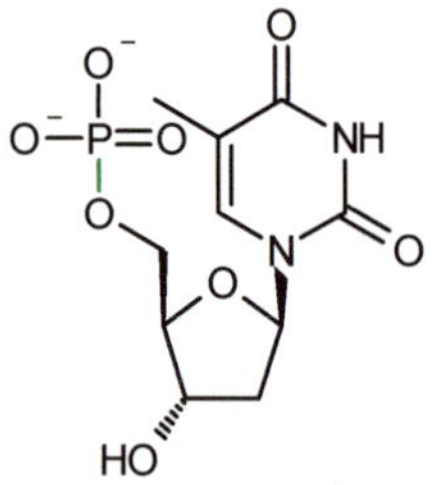　　　一磷酸脱氧胸苷

3. 酸酐键与高能磷酸化合物　一磷酸核苷磷酸化依次生成二磷酸核苷（核苷二磷酸，nucleoside diphosphate，NDP）、三磷酸核苷（核苷三磷酸，nucleoside triphosphate，NTP），包括二磷酸核糖核苷（核糖核苷二磷酸，ribonucleoside diphosphate，rNDP）和二磷酸脱氧［核糖］核苷（脱氧［核糖］核苷二磷酸，deoxy[ribo]nucleoside diphosphate，dNDP）、三磷酸核糖核苷（核糖核苷三磷酸，ribonucleoside triphosphate，rNTP）和三磷酸脱氧［核糖］核苷（脱氧［核糖］核苷三磷酸，deoxy[ribo]nucleoside triphosphate，dNTP）。生物体内的 NDP、NTP 均为 5′-NDP、5′-NTP。

NDP、NTP 中的磷酸基由近而远编号为 α-、β-、γ- 磷酸基团。连接相邻磷酸基的共价键为酸酐键（anhydride bond），水解可以释放大量自由能（> 20 kJ/mol），属于高能键（high-energy bond），称为高能磷酸键；γ-、β- 磷酸基属于高能基团，称为高能磷酸基团；NDP 和 NTP 属于高能化合物，称为高能磷酸化合物，分别含有一个和两个高能磷酸键、高能磷酸基团。

ATP（三磷酸腺苷）

4. 磷酸二酯键与环核苷酸　细胞内存在两种重要的环核苷酸：环磷酸腺苷（环腺苷酸，cyclin AMP，cAMP）和环磷酸鸟苷（环鸟苷酸，cyclin GMP，cGMP），二者均为真核细胞信号转导的第二信使。

环核苷酸中，磷酸与核糖形成两个磷酸酯键。这种共价键结构称为磷酸二酯键（phosphodiester bond）。

cAMP（环磷酸腺苷）　　　cGMP（环磷酸鸟苷）

5. 其他核苷酸　除上述核苷酸外，生物体内还有一些小分子也定义为核苷酸。例如：①含有核苷酸或核苷酸类似物的黄素辅酶（FMN 和 FAD）、烟酰胺辅酶（NAD 和 NADP）、酰基辅酶（CoA）等，它们都是酶的辅助因子，参见第六章。②腺苷酸琥珀酸。

拓展阅读 4-2：3′- 脱氧 -3′,4′- 二脱氢三磷酸胞苷

如上所述，核苷酸定义有几个层次：①指一磷酸核苷（NMP），包括一磷酸核糖核苷（rNMP）和一磷酸脱氧核苷（dNMP）。②包括 2′- 核苷酸、3′- 核苷酸和 5′- 核苷酸。③包括二磷酸核苷（NDP）和三磷酸核苷（NTP）。④包括环核苷酸。⑤包括其他核苷酸。

生物体内主要碱基、核苷、核苷酸的名称和缩写见表 4-3、表 4-4，其中一磷酸核苷作为分子用三字母缩写表示，作为核酸结构单位用首字母表示。

表 4-3 核糖核苷、核糖核苷酸名称和缩写

碱基	核糖核苷	一磷酸核糖核苷（rNMP）	二磷酸核糖核苷（rNDP）	三磷酸核糖核苷（rNTP）
腺嘌呤，A	腺苷，Ado	一磷酸腺苷，AMP	二磷酸腺苷，ADP	三磷酸腺苷，ATP
鸟嘌呤，G	鸟苷，Guo	一磷酸鸟苷，GMP	二磷酸鸟苷，GDP	三磷酸鸟苷，GTP
胞嘧啶，C	胞苷，Cyd	一磷酸胞苷，CMP	二磷酸胞苷，CDP	三磷酸胞苷，CTP
尿嘧啶，U	尿苷，Urd	一磷酸尿苷，UMP	二磷酸尿苷，UDP	三磷酸尿苷，UTP

表 4-4 脱氧核苷、脱氧核苷酸名称和缩写

碱基	脱氧核苷	一磷酸脱氧核苷（dNMP）	二磷酸脱氧核苷（dNDP）	三磷酸脱氧核苷（dNTP）
腺嘌呤，A	脱氧腺苷，dAdo	一磷酸脱氧腺苷，dAMP	二磷酸脱氧腺苷，dADP	三磷酸脱氧腺苷，dATP
鸟嘌呤，G	脱氧鸟苷，dGuo	一磷酸脱氧鸟苷，dGMP	二磷酸脱氧鸟苷，dGDP	三磷酸脱氧鸟苷，dGTP
胞嘧啶，C	脱氧胞苷，dCyd	一磷酸脱氧胞苷，dCMP	二磷酸脱氧胞苷，dCDP	三磷酸脱氧胞苷，dCTP
胸腺嘧啶，T	脱氧胸苷，dThd	一磷酸脱氧胸苷，[d]TMP	二磷酸脱氧胸苷，[d]TDP	三磷酸脱氧胸苷，[d]TTP

三、核苷酸的功能

在生物体内，核苷酸种类多样，功能广泛。

1. 核酸合成原料 作为合成原料，三磷酸核糖核苷用于合成 RNA，三磷酸脱氧核苷用于合成 DNA。

2. 能量货币 高能化合物直接为生命活动提供能量。例如：①肌动蛋白消耗 ATP 实现肌肉收缩。②钠泵消耗 ATP 维持跨膜钠钾梯度。③解旋酶消耗 ATP 参与 DNA 复制。糖原、脂质、蛋白质、核酸合成均消耗大量 ATP，蛋白质合成还消耗大量 GTP。

3. 合成原料活化形式 许多生物分子的合成原料需先活化，且多与核苷酸结合，称为合成原料的活化形式。① UDP-Glc（活性葡萄糖）：用于转化为半乳糖、氧化成葡萄糖醛酸，或合成糖原；ADP-Glc 是植物的活性葡萄糖，用于合成淀粉。② UDP-GlcA（活性葡萄糖醛酸）：用于合成糖胺聚糖。③ GDP-Man（活性甘露糖）：用于合成糖胺聚糖。④脂酰辅酶 A（活性脂肪酸）：用于合成脂质。⑤ CDP-DAG（活性甘油二酯）：用于合成甘油磷脂。⑥ CDP-胆碱（活性胆碱）：用于合成磷脂酰胆碱和鞘磷脂。⑦ AdoMet（腺苷蛋氨酸、腺苷甲硫氨酸、活性蛋氨酸）：为甲基化反应提供活性甲基。⑧ PAPS（活性硫酸）：为硫酸化反应提供活性硫酸，如蛋白质、糖胺聚糖硫酸化。⑨ ATP：既是活性 AMP，用于合成辅酶 A、RNA 等，又是活性磷酸，用于合成磷脂。

4. 辅助因子合成 焦磷酸硫胺素（参见图 6-4），黄素辅酶（参见图 6-6），烟酰胺辅酶（参见图 6-8），酰基辅酶（参见图 6-11），磷酸吡哆醛 / 磷酸吡哆胺（参见图 6-12）。

5. 代谢调节 ①化学修饰调节：酶和其他蛋白质的磷酸化修饰消耗 ATP。②变构调节：腺苷酸（ATP、ADP、AMP）、鸟苷酸（GTP、GDP）、烟酰胺辅酶（NAD、NADP）、乙酰辅酶 A、脂酰辅酶 A 等是某些酶的变构调节剂。

6. 信号转导 ①信号分子：腺苷、腺苷酸是嘌呤受体的配体。②第二信使：cAMP、cGMP 分别是信号网络中蛋白激酶 A 途径、蛋白激酶 G 途径的第二信使。

第二节 核酸的结构

核酸和蛋白质是两类典型的生物大分子,其组成和结构规律存在共性:结构单位都是一类小分子,结构层次都包括一级结构、二级结构、三级结构。但是,组成和结构细节上明显不同。蛋白质的结构单位是 20 种氨基酸,核酸的结构单位是 4 种核苷酸。结构层次方面,DNA 和 RNA 的一级结构以共性为主,以下一并介绍;二级结构和三级结构以差异为主,以下分别介绍。

一、核酸的一级结构

核酸是由一定种类和数量的核苷酸按照一定顺序通过 3′,5′- 磷酸二酯键连接形成无分支线性聚合物,并进一步盘绕形成的有确定空间结构(构象)的生物大分子。通常将所含核苷酸单位(mer)较少(具体长度目前没有统一界定,有 2~10、3~10、3~20、13~25、12~30、20~35、2~50 mer 等)的核酸称为寡核苷酸(oligonucleotide),含核苷酸单位较多的核酸则称为多核苷酸(polynucleotide)。

拓展阅读 4-3:2′,3′- 环鸟苷酸 - 腺苷酸与干扰素基因刺激因子

核酸的一级结构(primary structure)是指核酸中核苷酸单位的排列顺序,简称核苷酸序列(nucleotide sequence)。因为任何一种核酸的核苷酸单位的差异只是碱基的差异,所以核苷酸序列又称碱基序列(base sequence)。

核酸的一级结构包括主链(骨架)和侧链。主链由磷酸核糖或磷酸脱氧核糖串联形成,侧链即碱基。主链有两个末端:一个末端的核苷酸的 5′- 羟基未形成 3′,5′- 磷酸二酯键(但通常被磷酸化),称为 5′ 端,另一个末端的核苷酸的 3′ 羟基未形成 3′,5′- 磷酸二酯键(且通常未磷酸化),称为 3′ 端。两个末端不相同,称为核酸链的方向性,定义 5′ 端为头,3′ 端为尾,书写时按 5′→3′ 方向,与核酸的合成方向一致。如图 4-1,RNA:5′-pApCpGpU-3′;DNA:5′-pApCpGpT-3′。5′、3′、p 皆可略去,即 ACGU、ACGT。

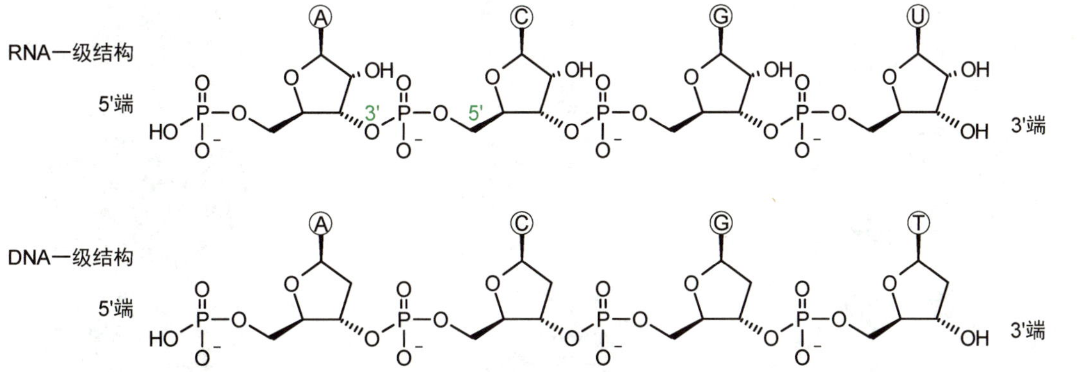

图 4-1 核酸一级结构

二、DNA 的二级结构

DNA 的二级结构是螺旋结构，包括右手双螺旋、左手双螺旋、以右手双螺旋为组合单元的十字形结构、三股螺旋结构。其中右手双螺旋结构占绝大多数，其余结构很少，甚至只是 DNA 合成、重组、修复和 RNA 合成时形成的暂时性结构。

1. Chargaff 规则 1950 年，E.Chargaff 等通过研究不同生物 DNA 的组成（以摩尔量计）提出 Chargaff 规则（Chargaff's rule）。

（1）两个规律：① [A]=[T]。② [G]=[C]。稀有碱基归入相应主要碱基。

（2）三个推论：① [A]/[T]=[G]/[C]。② [A]+[G]=[C]+[T]，即嘌呤（R）总量 = 嘧啶（Y）总量。③ [A]+[C]=[G]+[T]，即 4- 氨基碱基总量 = 4- 酮基碱基总量（嘧啶环编号）。

（3）特异性：[A+T]/[G+C] 具有物种特异性，即 DNA 的碱基组成存在种间差异，没有种内差异和组织差异，即不同物种 DNA 的碱基组成不同，同一物种不同个体、不同组织 DNA 的碱基组成相同。

（4）稳定性：DNA 的碱基组成不随个体的年龄、营养和环境变化而变化。

2. 右手双螺旋结构 J. Watson 和 F. Crick 于 1953 年提出的双螺旋结构（double-helical structure）又称 Watson-Crick 模型（Watson-Crick model），现在被称为 B-DNA，是在相对湿度 92% 的条件下、在生理离子强度的溶液中制备的 DNA 钠盐纤维的二级结构。

（1）反向互补双链 DNA：两股 DNA 链反向互补结合，形成双链 DNA（duplex DNA, double strand DNA）。在该结构中，亲水的 DNA 主链位于外面，疏水的碱基侧链位于内部，形成 Watson-Crick 碱基配对（Watson-Crick base pairing），即腺嘌呤（A）以两个氢键与胸腺嘧啶（T）结合，鸟嘌呤（G）以三个氢键与胞嘧啶（C）结合。这一配对特征称为碱基配对原则（base pairing rule，图 4-2 左，图 4-3）。由此，一股 DNA 链的碱基序列决定着另一股 DNA 链的碱基序列，两股 DNA 链互称互补链（complementary strand）。

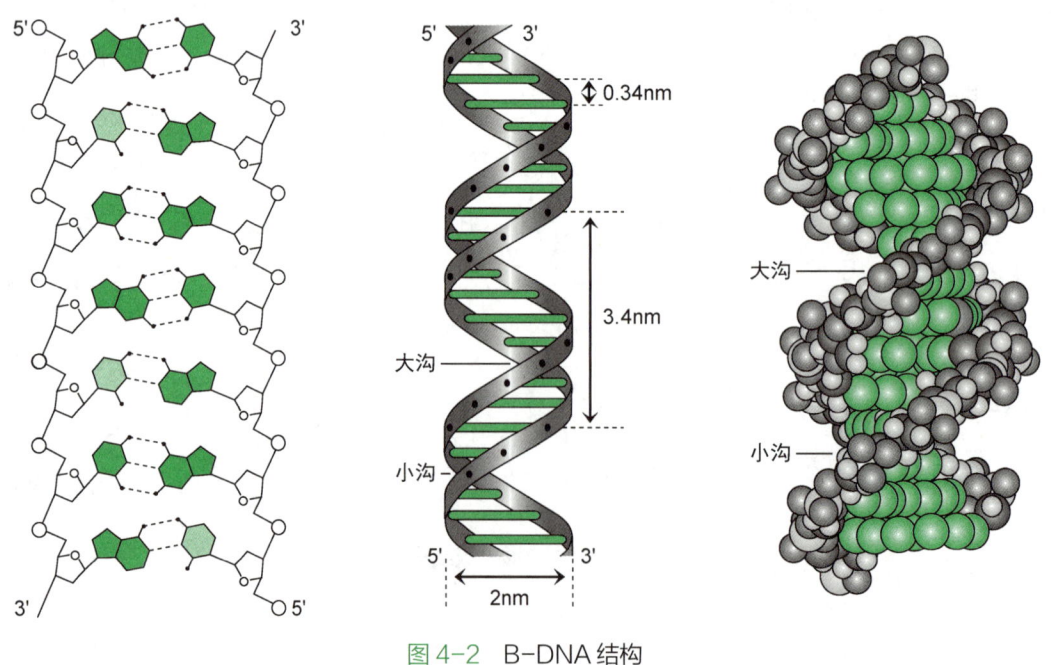

图 4-2 B-DNA 结构

（2）右手双螺旋：通过主链单键旋转，DNA 双链进一步盘绕，形成右手双螺旋（double helix）。在双螺旋结构中，碱基平面与螺旋轴垂直，糖基平面与碱基平面接近垂直，与螺旋轴平行；双螺旋直径是 2 nm，每个螺旋含有 10 bp（bp：碱基对，这里用作双链核酸长度单位。溶液状态下每个螺旋含有 10.5 bp），螺距是 3.4 nm（溶解状态下是 3.54 nm），相邻碱基对之间的轴向距离是 0.34 nm；双螺旋表面有两道沟槽：相对较深、较宽的称为大沟（轴向沟宽 2.2 nm），相对较浅、较窄的称为小沟（轴向沟宽 1.2 nm）（图 4-2 右）。

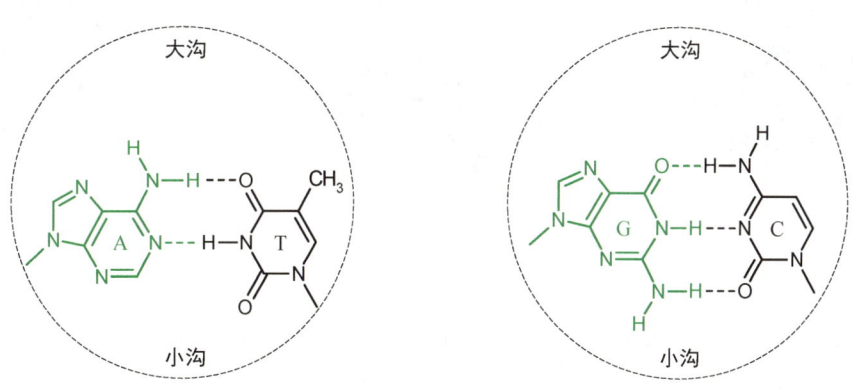

图 4-3　碱基配对原则和沟槽表面特征

碱基的部分原子和基团暴露于沟槽底部表面（表 4-5，图 4-2 右，图 4-3），形成类似于盲文的特征性凹凸结构。这些结构具有碱基序列特异性，可被转录因子等各种 DNA 结合蛋白识别和结合。这是它们相互作用的结构基础。

表 4-5　DNA 大沟、小沟结构特征

碱基	A	G	C	T
大沟底部	6-NH$_2$，N-7	6-O，N-7	4-NH$_2$，5-H	4-O，5-CH$_3$
小沟底部	2-H，N-3	2-NH$_2$，N-3	2-O	2-O

（3）维持 DNA 双螺旋结构的作用力：离子键、氢键和碱基堆积力是维持 DNA 双螺旋结构稳定性的作用力。金属离子与磷酸基形成的离子键消除互补链主链之间的静电斥力，碱基对氢键（2~3 kcal/mol）维持双链结构横向稳定，碱基对平面之间的碱基堆积力（stacking force，4~15 kcal/mol，包括范德华力和疏水作用）维持双螺旋结构纵向稳定。

拓展阅读 4-4：双螺旋结构模型建立

3. 其他二级结构　一级结构不是决定 DNA 空间结构的唯一因素。相对湿度和溶液离子强度影响 DNA 钠盐纤维的二级结构，细胞代谢状态影响细胞内 DNA 的二级结构。B-DNA 二级结构比较接近细胞内大部分 DNA 的二级结构。细胞核内微环境的不均一性会导致 DNA 局部形成其他二级结构。迄今已有 20 多种二级结构被揭示，其中 A-DNA、Z-DNA 已初步阐明（图 4-4）。

（1）A-DNA：B-DNA 和 A-DNA 均由 R. Franklin 发现。增加离子强度，降低相对湿度至 75%，B-DNA 钠盐纤维会部分脱水，转化为更稳定的 A-DNA。A-DNA 也呈右手双螺旋，但直径增大，螺距缩短，大沟变窄，小沟变浅（图 4-4）。双链 RNA 及 RNA-DNA 杂交体在细胞内为 A-DNA 结构。

（2）Z-DNA：A. Rich 团队于 1979 年发现，高离子强度下嘌呤核苷酸与嘧啶核苷酸交替连接形成的序列（如 GCGCGC……）会形成细长的左手双螺旋，左手双螺旋的主链呈锯齿状（zigzag），

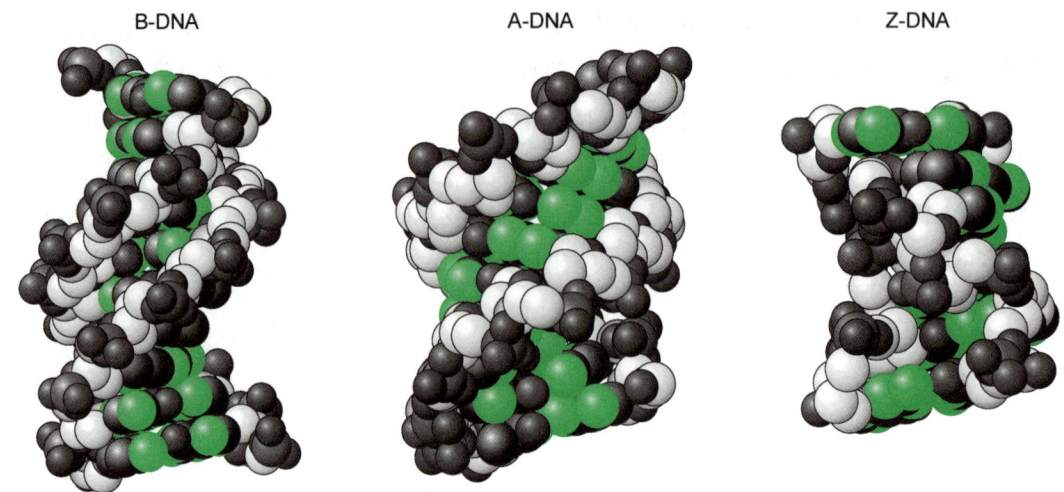

图 4-4　A-DNA、B-DNA、Z-DNA 双螺旋

故命名为 Z-DNA。目前已经阐明，某些物种的 DNA 在生理条件下存在少量 Z-DNA 结构（图 4-4），例如某些基因表达时，其某些调控序列需转换成 Z-DNA 结构（表 4-6）。

表 4-6　A-DNA、B-DNA、Z-DNA 结构参数

参数	A-DNA	B-DNA	Z-DNA
螺旋方向	右手	右手	左手
每一螺旋碱基对数（bp）	11	10	12
直径（nm）	2.3～2.6	2.0	1.8
螺距（nm）	2.53～2.8	3.4	4.56
碱基对轴向间距（nm）	0.23～0.26	0.34	0.37～0.38
碱基平面倾斜度（°）	+19～20	-1～-6	-7～-9
糖苷键构型	反式	反式	嘧啶反式，嘌呤顺式
大沟（nm）	深而窄（0.27）	深（0.85）而宽（1.2）	几乎消失，宽（0.2）
小沟（nm）	浅而宽（1.1）	深（0.75）而窄（0.6）	深而宽（0.88）

拓展阅读 4-5：DNA 的其他二级结构形式

三、DNA 的超螺旋结构

B-DNA 的双螺旋结构称松弛结构（relaxed state，每个螺旋碱基对数 = 10.5 bp），其螺旋轴呈直线状态。松弛结构在不破坏双螺旋结构的前提下扭转（torsion），则螺旋轴会形成螺旋，称为超螺旋（supercoil，superhelix）、卷曲螺旋（coiled coil），扭转过程称为超螺旋化（supercoiling）。如果螺旋轴扭转方向与双螺旋扭转方向相同，称为加捻（twisting），则形成正超螺旋（positive supercoil，每个双螺旋碱基对数 < 10.5 bp），表现为单位长度所含右手双螺旋数多于松弛 DNA，称为扭转过度（overwound）。如果螺旋轴扭转方向与双螺旋扭转方向相反，称为解捻（untwisting），则形成负超螺旋（negative supercoil，每个双螺旋碱基对数 > 10.5 bp），表现为单位长度所含右手双螺旋数少于松弛 DNA，称为扭转不足（underwound）。DNA 在细胞内通常处于负超螺旋状态，

负超螺旋有利于 DNA 解旋和解链，便于 DNA 复制和转录。

超螺旋结构分为螺线管型（solenoidal）和相缠型（plectonemic）。螺线管型正超螺旋的螺旋轴形成右手螺旋，负超螺旋的螺旋轴形成左手螺旋。相缠型正超螺旋的螺旋轴形成左手双螺旋，负超螺旋的螺旋轴形成右手双螺旋（图 4-5）。

图 4-5 相缠型超螺旋

超螺旋通常是 DNA 的局部结构状态，而不是其整体结构状态。

四、染色体的组成和结构

染色体的结构和 DNA 的超螺旋结构被定义为 DNA 的三级结构。

在细胞分裂间期，真核生物染色体 DNA 与组蛋白、非组蛋白及少量 RNA 形成染色质（chromatin）。在细胞分裂期，染色质进一步凝集形成染色体（chromosome）。染色质和染色体的区别主要是压缩程度（称为压缩比）不同。

（一）染色体组成

染色体的主要成分是 DNA 和组蛋白，它们含量稳定，含量比接近 1∶1。此外，染色体还含有少量 RNA 和非组蛋白，其含量随着生理状态的变化而变化。

1. 组蛋白 组蛋白（histone）是真核生物染色体的基本结构蛋白、含量最多的染色体蛋白，在维持染色体的结构和功能方面起关键作用。组蛋白后 2/3 序列富含疏水性氨基酸残基，前 1/3 序列富含碱性氨基酸残基 Arg 和 Lys（约占氨基酸残基数的 1/4）。组蛋白属于碱性蛋白质，等电点 pI > 10，生理条件下净带正电荷，可以与净带负电荷的 DNA 通过离子键相互结合。

组蛋白主要有 H1、H2A、H2B、H3 和 H4 五类，其中 H2A、H2B、H3 和 H4 称为核心组蛋白（core histone），H1 称为连接 DNA 组蛋白（linker histone）。核心组蛋白一级结构高度保守，特别是 H3 和 H4，没有明显的种属特异性和组织特异性，含量也很稳定，提示其功能高度保守。例如：豆类（Ile60、Arg77）与牛（Val60、Lys77）的组蛋白 H4 仅有两个氨基酸残基不同。相比之下，组蛋白 H1 在不同生物体、不同组织细胞中的差异较大，在个体发育过程中也有变化。

2. 非组蛋白 大多数非组蛋白（nonhistone）比组蛋白大，且富含酸性氨基酸，属于酸性蛋白质，其主要功能是参与 DNA 折叠、复制、修复、重组，RNA 合成与修饰，基因表达调控。非组蛋白种类广泛，具有种属特异性和组织特异性，并且在整个细胞周期中都有合成，而不像组蛋白仅在 S 期与 DNA 同步合成。非组蛋白既有支架蛋白（scaffold protein）和高速泳动族蛋白（high mobility group protein，简称 HMG 蛋白，HMG protein）等结构蛋白，又有酶和转录因子等功能蛋白。非组蛋白有以下特性。

（1）种类多样性：有数千种，包括染色质重塑蛋白、DNA 复制酶系、转录酶系等，其中含量最多的依次为 DNA 拓扑异构酶、染色体结构维持蛋白，种类最多的为转录因子。

（2）结合特异性：以离子键、氢键结合于特定 DNA 序列的大沟内。这些序列在进化过程中具有保守性。相应的非组蛋白多可二聚化。

非组蛋白的结合特异性源于其所含的各种 DNA 结合基序，如螺旋 – 转角 – 螺旋。

（3）功能多样性：包括介导染色质重塑、调控基因表达等。

3. RNA 是各种非编码 RNA，占染色体组成的 1%~3%，含量最低，变化较大，功能是通过与组蛋白、非组蛋白相互作用而调控基因表达。

（二）染色体结构

各种生物染色体 DNA 的长度均远大于细胞直径。因此，DNA 需在二级结构基础上与组蛋白等 DNA 结合蛋白有序组装，在长度上高度压缩，才能容纳于原核细胞及真核生物细胞核内。更重要的是这种压缩必须规则、有序、高效，因为压缩不是一次性的，而是动态可逆的。无论是细胞分裂前的 DNA 复制，还是基因表达时的 RNA 合成，都需要压缩与解压缩的快速转换。

1. 串珠纤维 核小体是串珠纤维的基本结构单位，由组蛋白核心和核小体 DNA（= 核心 DNA+ 连接 DNA）构成。人核小体 DNA 长 185~200 bp。

（1）一个 $(H3-H4)_2$ 四聚体与两个 H2A-H2B 二聚体构成组蛋白八聚体（histone octamer），又称核小体核心（nucleosome core）、组蛋白核心（histone core）。

（2）组蛋白八聚体被核心 DNA（core DNA，145~147 bp）以螺线管（solenoid，负超螺旋）方式缠绕 1.67 圈，形成圆盘形核小体核心颗粒（nucleosome core particle），厚约 6 nm，直径 10~11 nm。

（3）核小体核心颗粒与连接 DNA（linker DNA，15~60 bp）构成核小体（nucleosome）。人单倍体 DNA 与核心组蛋白形成 1.7×10^7 个核小体。

（4）若干核小体形成直径约为 10 nm 的串珠纤维（beads-on-a-string，又称核小体纤维、10 nm 纤维，图 4-6）。从 DNA 双螺旋到串珠纤维，压缩比（又称包装比，packing ratio）为 6~7。

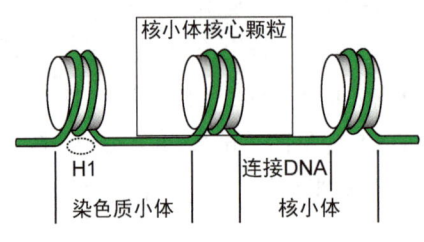

图 4-6　串珠纤维（不含 H1）

串珠纤维进一步包装成高度凝集的染色质、染色体结构，包装机制尚未阐明，以下为早期假说之一。

2. 染色质纤维 串珠纤维经过螺旋化形成直径约为 30 nm、螺距约为 12 nm 的螺线管，称为 30 nm 纤维，其每个螺旋含 6~7 个核小体，且每个核小体需结合一分子 H1（结合于连接 DNA 与核心 DNA 的连接部，覆盖约 20 bp DNA。结合力较弱，可在盐溶液中分离）形成染色质小体（chromatosome）（表 4-7）。核心组蛋白 N 端、组蛋白 H1、高离子强度对螺线管的形成和稳定起重要作用。从串珠纤维到 30 nm 纤维，压缩比为 6。

表 4-7　染色质结构单位组成

	核心组蛋白（H2A、2B、3、4）	核心 DNA	连接 DNA	连接 DNA 组蛋白（H1）
组蛋白八聚体	+			
核小体核心颗粒	+	+		
核小体	+	+	+	
染色质小体	+	+	+	+

30 nm 纤维进一步与非组蛋白及少量 RNA 结合，形成染色质纤维（chromatin fiber）。

3. 染色线　在细胞分裂前期，染色质纤维进一步螺旋化形成直径约为 300 nm 的超螺线管（supersolenoid），称为染色线（chromonema）、300 nm 纤维。从 30 nm 纤维到 300 nm 纤维，压缩比为 40。

4. 染色单体　300 nm 纤维凝缩成直径约为 700 nm 的染色单体（chromatid），压缩比为 5。因此，细胞分裂中期染色单体的压缩比高达 8 000～10 000；相比之下，在细胞分裂间期，染色质结构的压缩比仅为 100～1 000。

近期研究表明：①串珠纤维进一步包装形成染色质的过程不存在染色质纤维形成环节。②染色质、染色体中存在化学本质为蛋白质的染色体支架（chromosome scaffold），DNA 通过一些特异序列与支架结合。

串珠纤维在细胞分裂间期形成松散的染色质结构。它们并非如数十根面条在碗中相互纠缠，而是像聚拢的钢丝球一样各自独占一定空间（染色体域，chromosome territory）。每一条染色质均含两类区段，一类凝集程度低，所含基因处于活跃状态，位于常染色质区；另一类凝集程度高，所含基因处于沉默状态，或不含基因序列，位于异染色质区。两类染色质都含有一类绝缘子序列（参见第十七章），可募集绝缘子结合蛋白（一类转录抑制因子）。相邻绝缘子序列平均间距 800 kb（kilobase，千碱基/千碱基对，单链核酸/双链核酸长度单位），与绝缘子结合蛋白结合形成 DNA 环，凝集为拓扑结构域（又称拓扑相关结构域，topologically associating domain，TAD，图 4-7）。

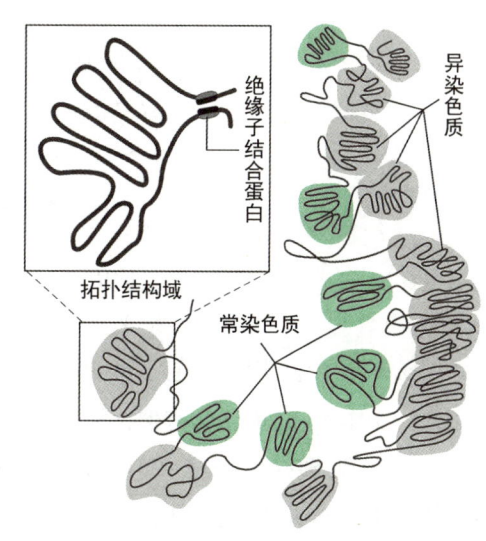

图 4-7　染色质拓扑结构域

实际上，由于细胞内不断进行新陈代谢及基因表达，DNA 的卷曲盘绕是一个动态过程，所以在不同周期时相、不同代谢状态、不同 DNA 区段，其盘绕方式和盘绕程度都不相同。

（三）染色体结构生物学意义

DNA 形成染色体结构具有重要的生物学意义。

1. 细胞（核）包装　DNA 分子在长度上高度压缩，得以有序包装于细胞、细胞核内。例如人体细胞核内有 23 对染色体，其 DNA 总长度 1.7～2 m，在细胞分裂期被压缩到长度约 200 μm

(细胞核直径 10~15 μm)，压缩了 8 000~10 000 倍。

2. **DNA 保护** 相比之下裸 DNA（naked DNA）容易受到损伤。

3. **染色体分离** 细胞分裂时染色体正确分配给子细胞，避免形成非整倍体、异倍体。

4. **基因沉默** 染色体结构使许多真核基因处于沉默状态，基因表达以正调控为主。

5. **复制和转录调控** 细胞核内 DNA 结构处于动态变化之中。超螺旋的转换可以协调 DNA 局部解链，从而控制复制和转录等的启动及进程。

五、RNA 的结构

DNA 是遗传物质，绝大多数遗传信息通过其表达产物蛋白质起作用，但直接指导蛋白质合成的是 RNA。

1. **RNA 结构特点** 几乎所有生物的 RNA 都是单链结构，仅少数 RNA 病毒的 RNA 为双链结构。单链 RNA 结构有以下特点。

（1）右手螺旋结构：线性单链 RNA 形成右手螺旋结构。

（2）特殊二级结构：①单链 RNA 序列中包含不连续的互补序列，可以回折并形成局部双螺旋。这种结构被称为茎（stem）、臂（arm），占 RNA 序列的 40%~70%。茎区碱基配对原则是 A 对 U、G 对 C，但还会形成非 Watson-Crick 碱基配对，特别是 G-U 碱基对。②相邻茎间未配对区可能形成突（bulge）或环（loop）。茎的末端也会形成环。这种茎 - 环组合称为茎环结构（stem-loop structure）或发夹结构（hairpin structure）（图 4-8）。许多环有特定构象和功能。

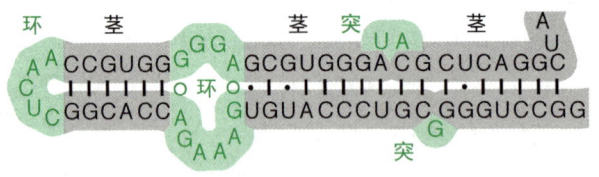

图 4-8 RNA 的环、茎、突

（3）三级结构复杂：许多 RNA（特别是 tRNA 和 rRNA）三级结构复杂，直接决定其生理功能。

RNA 由 DNA 指导合成，种类繁多、功能多样、结构各异，包括参与蛋白质生物合成的 mRNA、tRNA 和 rRNA，有催化活性的核酶，其他各种非编码 RNA。

2. **信使 RNA 结构** 1961 年，F. Jacob 和 J. Monod 提出介导 DNA 编码蛋白质氨基酸序列的中间体是一类 RNA。其作用好似从 DNA 向蛋白质传递信息的信使，故被命名为信使 RNA（messenger RNA，mRNA），又称编码 RNA（coding RNA）。

（1）mRNA 一般特点：①含量低。占细胞内 RNA 总量的 2%~5%。②种类多。人体内约有 10^5 种。③寿命短。细胞内仅在需要合成某种蛋白质时才合成其 mRNA，蛋白质合成完成后其 mRNA 即被降解。细菌 mRNA 的平均半衰期（又称半寿期，是指体内某种代谢物或药物、毒物等的总量减半所需的时间）约为 1.5 分钟。脊椎动物 mRNA 的平均半衰期约为 3 小时。④长度极不均一。哺乳动物 mRNA 长度短至 $5×10^2$ nt，长至 $1×10^5$ nt。

（2）mRNA 一级结构特点：参见第十六章。

（3）mRNA 二级结构特点：许多 mRNA 含有某些特殊的二级结构，这些结构与基因表达调控有关，如细菌某些 mRNA 的 5′ 非翻译区含有核糖开关，真核生物某些 mRNA 的 5′ 非翻译区和

3′非翻译区含有发夹结构。非翻译区参见第十六章。

（4）mRNA 三级结构特点：个别 mRNA 形成特殊的三级结构，与基因表达调控有关。总体上 mRNA 三级结构（特别是编码区结构）与功能无关，实际上指导蛋白质合成时必须解开，呈柔性状态。

3. 转移 RNA 结构 转移 RNA 又称转运 RNA、转移核糖核酸、转运核糖核酸（transfer RNA，tRNA），是在蛋白质合成过程中负责运输氨基酸、解读 mRNA 遗传密码的 RNA。tRNA 包括细胞质 tRNA（多）和细胞器 tRNA（少），占细胞总 RNA 的 10%~15%。

（1）tRNA 一级结构特点：①是一类单链小分子量 RNA，长 73~93 nt（共有序列 76 nt），沉降系数 4S。②含 7~15 个（80 多种）稀有碱基（占全部碱基的 15%~20%），位于互补双链区之外，例如胸腺嘧啶（T）、二氢尿嘧啶（dihydrouracil，DHU，D）及甲基鸟嘌呤（mG）。tRNA 是含稀有碱基最多的 RNA。③5′端核苷酸往往是鸟苷酸。④3′端都是 CCA 序列，其中腺苷酸（常称为 A76）的 3′-羟基是氨基酸结合位点。

（2）tRNA 二级结构特点：tRNA 二级结构呈三叶草形，该结构中存在四臂三环，即氨基酸臂、二氢尿嘧啶臂（DHU 臂）和二氢尿嘧啶环（DHU 环，因含稀有碱基二氢尿嘧啶而得名）、反密码子臂和反密码子环（因含反密码子而得名）、TΨC 臂和 TΨC 环（因含胸腺嘧啶核糖核苷 T54-假尿苷 Ψ55-胞苷 C56 而得名）（图 4-9 ①）。

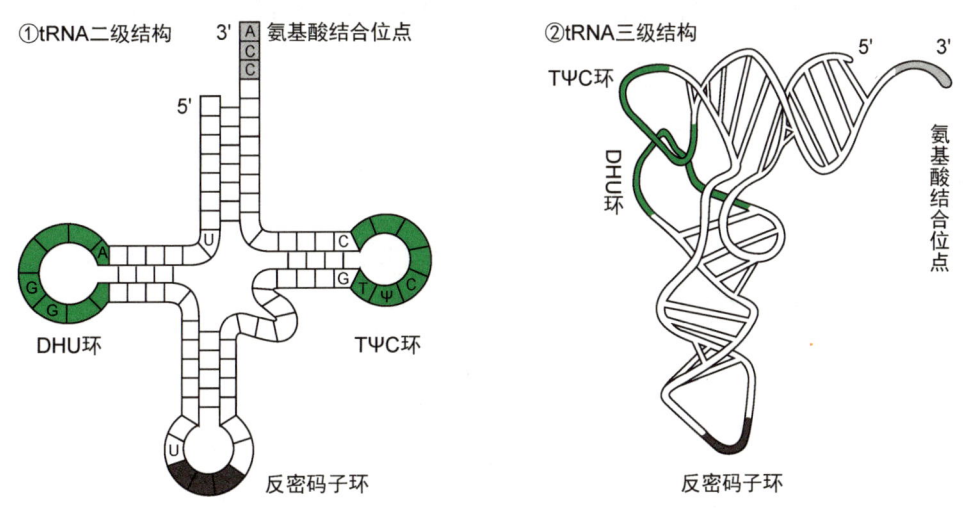

图 4-9 tRNA 结构

（3）tRNA 三级结构特点：tRNA 三级结构呈 L 形，氨基酸结合位点位于其一端，反密码子环位于其另一端，DHU 环和 TΨC 环虽然在二级结构中位于两侧，但在三级结构中却相邻，位于 L 折点（图 4-9 ②）。

4. 核糖体 RNA 结构 核糖体 RNA（ribosomal RNA，rRNA）与核糖体蛋白（ribosomal protein，r-protein）组装成核糖体的大亚基和小亚基，两者结合形成核糖体（又称核蛋白体，ribosome）。核糖体、核糖体亚基及 rRNA 的大小一般用沉降系数表示（表 4-8）。

（1）rRNA 一般特点：①含量高，rRNA 是细胞内含量最高的 RNA，占细胞总 RNA 的 80%~85%。②寿命长，rRNA 更新慢，寿命长。③种类少，原核生物有 5S、16S、23S 三种 rRNA（约占核糖体质量的 65%），真核生物细胞质有 5S、5.8S、18S、28S 四种 rRNA，线粒体有 16S、12S 两种 rRNA，叶绿体有 5S、16S、23S、4.5S 四种 rRNA。④原核 23S 和真核细胞质 28S、线粒体

表 4-8 核糖体组成

生物	核糖体沉降系数	rRNA 质量 %	亚基沉降系数	亚基所含 rRNA	核糖体蛋白种类
大肠杆菌	70S	66	50S 大亚基	23S（2 904 nt） 5S（120 nt）	33（L1~L36）
			30S 小亚基	16S（1 542 nt）	21（S1~S21）
人	80S	60	60S 大亚基	28S（4 718 nt） 5.8S（160 nt） 5S（120 nt）	49
			40S 小亚基	18S（1 874 nt）	33

16S、叶绿体 23S rRNA 是核酶，在合成蛋白质时催化肽键形成。

（2）rRNA 一级结构特点：① rRNA 含较多修饰核苷酸，特别是假尿苷酸；此外还有 2′-O-甲基化核苷酸。② 大肠杆菌 16S rRNA 的 3′ 端有一段富含嘧啶的 ACCUCCU 序列，可以与 mRNA 的 SD 序列结合，介导蛋白质合成起始（参见第十六章）。③ 原核 5S rRNA 含 CGAAC（43~47 nt）基序，可以与 tRNA TΨC 环的 GTΨCG 序列结合，在蛋白质合成时介导氨酰 tRNA 进位、核糖体移位（参见第十六章）。

（3）rRNA 二级结构特点：和其他 RNA 相比，rRNA 二级结构最复杂（图 4-10）。

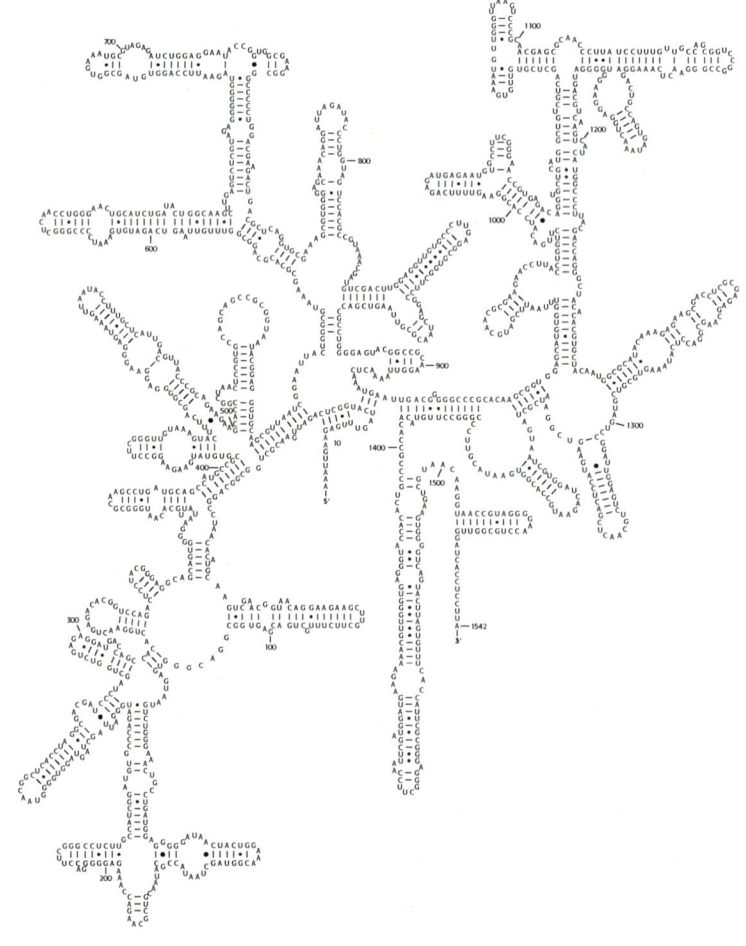

图 4-10　16S rRNA 二级结构

（4）rRNA 三级结构特点：rRNA 与核糖体蛋白组装成核糖体。

核糖体是复杂的超分子机器。核糖体及其两个亚基的构象已经解析（图 4-11）。rRNA 是核糖体的主体。核糖体蛋白多点缀于核糖体表面。

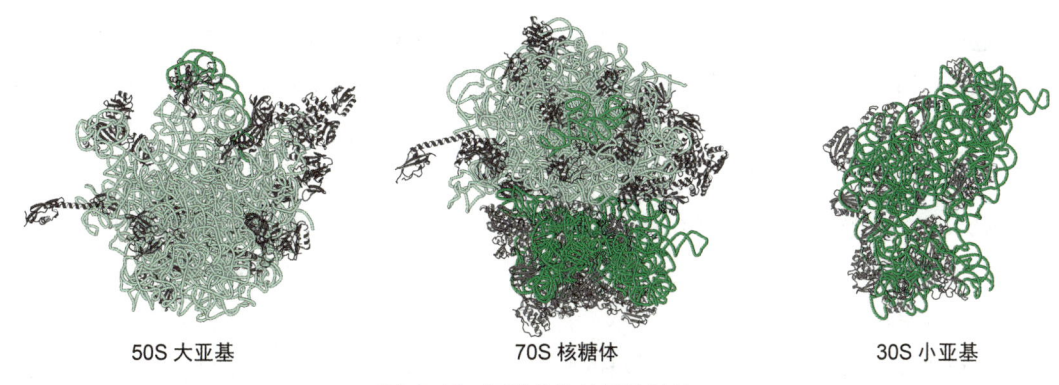

50S 大亚基　　　　　　70S 核糖体　　　　　　30S 小亚基

图 4-11　原核生物核糖体结构

5. 核酶　科学家在研究 RNA 的转录后修饰时发现某些 RNA 有催化活性，可以催化 RNA 剪接。这些由活细胞合成、起催化作用的 RNA 称为核酶（ribozyme，RNA enzyme）。许多核酶的底物也是 RNA，甚至就是其自身，其催化反应具有专一性。核酶的发现拓展了我们对生物催化剂本质的认识，更启发我们对生命起源的探索。

1994 年，R. Breaker 和 G. Joyce 从 50 nt 单链 DNA 库中筛出了可水解 RNA 的 DNA（活性依赖 Pb^{2+}，1995 年又获得了活性依赖 Mg^{2+} 的 DNA），并将其命名为 DNA enzyme。此后陆续有人筛出可催化 DNA 磷酸化、腺苷酸化、去糖基化、降解、连接等活性的 DNA，并创造了 DNAzyme、catalytic DNA、deoxyribozyme 等各种命名。考虑到迄今尚未在生物体内发现这种 DNA，不宜定义为新发现的酶类，或可归入模拟酶（参见第五章）。

6. 其他非编码 RNA　非编码 RNA（non-coding RNA，ncRNA）是指除 mRNA 之外的所有有特定功能的 RNA（表 4-9）。

表 4-9　非编码 RNA 分类

	管家 RNA	调控 RNA
非编码大 RNA	核糖体 RNA（rRNA） 长链非编码 RNA（lncRNA） 核酶	长链非编码 RNA（lncRNA）
非编码小 RNA	转移 RNA（tRNA） 核糖体 RNA（rRNA） 端粒 RNA 胞质小 RNA（scRNA） 核内小 RNA（snRNA） 核仁小 RNA（snoRNA） 核酶	微小 RNA（miRNA） piRNA 环［状］RNA

（1）核内小 RNA：核内小 RNA 简称核小 RNA（small nuclear RNA，snRNA），是指位于细胞核内的一组小分子 RNA（100～300 nt），与相关细胞核蛋白构成核小核糖核蛋白（small nuclear ribonucleoprotein，snRNP），参与 mRNA 前体的剪接。

（2）核仁小 RNA：核仁小 RNA（small nucleolar RNA，snoRNA）是指位于核仁内的一组小分子 RNA（87～605 nt），与相关细胞核蛋白构成核仁小核糖核蛋白（small nucleolar ribonucleoprotein，snoRNP），参与 rRNA 前体加工及核糖体亚基聚合。

（3）胞质小 RNA：胞质小 RNA（small cytoplasmic RNA，scRNA）是指位于细胞质中的一组小分子 RNA（100～300 nt），与相关细胞质蛋白构成胞质小核糖核蛋白（small cytoplasmic ribonucleoprotein，scRNP）。例如：称为信号识别颗粒 RNA（7SL RNA）的一种胞质小 RNA，与六种蛋白质一起构成信号识别颗粒（SRP），参与蛋白质的靶向运输（参见第十六章）。

（4）微小 RNA：微小 RNA 简称微 RNA（microRNA，miRNA），是由基因组编码的一类小分子 RNA（21～23 nt），功能是与 Ago 家族、Ago 亚家族蛋白等结合形成 RNA 诱导沉默复合体，介导基因沉默（参见第十七章）。

（5）长链非编码 RNA：长链非编码 RNA（long noncoding RNA，lncRNA）是细胞内种类最多、长度大于 300 nt、不编码蛋白质的功能 RNA。它们可以与 DNA、RNA、染色质、蛋白质特异性结合，从而介导染色质重塑、核小体定位、组蛋白修饰、DNA 甲基化，调控基因转录等。

第三节　核酸的功能

核酸的功能基本都与遗传信息有关。DNA 是遗传物质，是遗传信息的携带者和传播者。RNA 通过多种机制参与遗传信息表达及表达调控。RNA 是唯一既可储存和传递遗传信息，又有催化活性的生物分子，因而被推测为地球上最早出现的生物大分子。核酶的发现也改变了酶的传统定义，即不限于蛋白质。

一、遗传物质

遗传物质是生命遗传和变异的物质基础。遗传（inheritance，heredity）是指亲代遗传信息通过遗传物质传递给子代，从而使子代拥有与亲代相同或相似性状（trait，character）的现象或过程。几乎所有生物的遗传物质都是 DNA，仅少数 RNA 病毒的遗传物质是 RNA，并因此将病毒分为 RNA 病毒和 DNA 病毒。

遗传物质与其他核酸不同之处：①遗传物质含量极其稳定，是唯一不需要更新的生物分子。遗传物质仅在细胞分裂或病毒复制时才会合成，仅在细胞或病毒被清除时才会降解。②真核生物细胞核遗传物质以染色体形式存在。体细胞多为二倍体；原核生物为单倍体；除逆转录病毒为二倍体外，其余病毒均为单倍体。

真核生物 DNA 以细胞核染色体 DNA 为主，细胞核外有少量环状细胞器 DNA，包括线粒体 DNA 和叶绿体 DNA。原核生物染色体在细胞内形成一个致密区域，称为原核或类核。部分原核生物还有质粒、噬菌体 DNA 等。

基因是遗传信息的核心，基因组是一套遗传信息的载体。

（一）基因

几乎所有疾病都与基因结构异常或基因表达异常有关，是遗传因素和环境因素相互作用的结果，因此了解基因的结构与功能具有重要意义。

基因（gene）是一段或一组特定的 DNA 或（RNA 病毒的）RNA 序列携带的一个遗传信息基本单位，通过表达功能产物蛋白质和 RNA 控制各种生命活动，从而控制生物个体的性状。基因可以根据表达过程和表达功能产物的不同分为蛋白基因和 RNA 基因，一个蛋白基因含有一个编码区（参见第十六章），一个 RNA 基因含有一个转录区（见后）。如无明示通常基因多指蛋白基因。

1. 顺反子 顺反子（cistron）一词源于遗传学，与蛋白基因同义。①单顺反子基因（monocistronic gene）：其转录产物加工后得到单顺反子 mRNA，即含单一编码区，指导合成一种肽链。真核基因绝大多数为单顺反子基因（人类基因组中胆碱/乙醇胺激酶基因和骨骼肌型肉碱 –O– 棕榈酰转移酶 1 基因组成双顺反子基因，bicistronic gene）。②多顺反子基因（polycistronic gene）：其转录产物加工后得到多顺反子 mRNA，即含不止一个编码区，每个编码区指导合成一种肽链。原核基因多为多顺反子基因。

2. 断裂基因 断裂基因（split gene）又称不连续基因、割裂基因，其编码区是不连续的，被一些称为内含子（intron, i）的片段分割成称为外显子（exon, e）的片段。即断裂基因由外显子与内含子交替连接形成。内含子属于非编码区（non-coding region）。

例如：人胰岛素基因被两个内含子（i_1、i_2）分割成 3 个外显子（e_1、e_2、e_3）（图 4-12）。不同生物基因组中断裂基因占比与进化程度呈正相关，酿酒酵母仅有 3.5%～4%，哺乳动物高达 94%。断裂基因在分子生物学的基础研究和肿瘤等疾病的医学研究中具有重要意义。

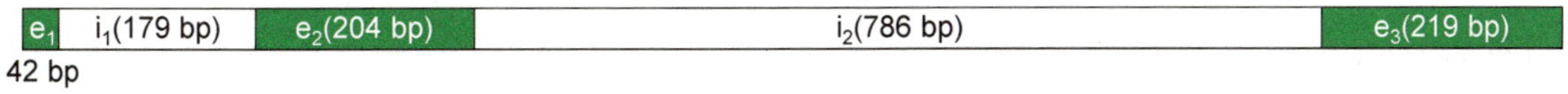

| e_1 | i_1(179 bp) | e_2(204 bp) | i_2(786 bp) | e_3(219 bp) |

42 bp

图 4-12　人胰岛素断裂基因转录区示意图

拓展阅读 4-6：1993 年诺贝尔生理学或医学奖

3. 调控基因和结构基因 基因可以根据表达产物功能的不同分为调控基因和结构基因。调控基因（调节基因，regulatory gene）的表达产物是转录因子和调控 RNA（参见第十七章），功能是在转录和翻译水平调控其他基因的表达。结构基因（structural gene）的表达产物是结构蛋白、除转录因子以外的功能蛋白和管家 RNA，功能是参与除调控基因表达之外的所有代谢活动或维持组织结构。

4. 转座子 转座子（transposon）又称转座元件（transposable element）、可移动基因（movable gene）、跳跃基因（jumping gene），是基因组中的一类功能性片段，能改变自身在基因组中的位置（基因座）或自我拷贝并插入基因组其他位置，转座子的这一行为称为转座（transposition）。

转座子在原核生物和真核生物中广泛存在，但低等生物较少（一般不到 5%），高等生物较多，可占人、小鼠和水稻基因组序列的 40%。

拓展阅读 4-7：1983 年诺贝尔生理学或医学奖　转座子进化

5. 基因家族 基因家族（gene family）是指基因组中由同一个祖先基因通过基因复制（又称基因重复，gene duplication）形成的一组基因。它们在基因组中可以集中于某个片段形成基因簇，或散在分布。其表达产物的结构和功能相似。如珠蛋白基因家族，包括 α 珠蛋白亚家族和 β 珠蛋白亚家族。

（二）基因组

基因组（genome）是指一种生物的一套遗传物质。RNA病毒的基因组是一套RNA，其余生物的基因组是一套DNA。不同生物基因组的大小、结构、所含基因的种类和数量有很大差异。

1. 病毒基因组 病毒颗粒微小，结构简单。只含一种核酸（DNA或RNA），且只含一套DNA或RNA，故其基因组即为其全部DNA或RNA。仅逆转录病毒例外，有两套遗传物质，即两个RNA拷贝。基因组序列的95%为编码区。原核病毒（噬菌体）的基因是连续的，真核病毒有的基因含有内含子。转录产物中有多顺反子mRNA。

2. 原核生物基因组 原核生物基因组为其全部染色体DNA。基因组较小，如大肠杆菌DNA含 4.6×10^6 bp，二级结构长约1.3 mm，含4000多个基因。

原核生物基因组特点是：①通常为一个环状双链DNA分子。②基因组中只有一个复制起点。③基因组序列的85%~90%为编码区。④编码区通常是连续的，没有内含子。⑤蛋白基因均为单拷贝基因。⑥基因组中包含转座子。

3. 真核生物基因组 真核生物体细胞均非单倍体，故其基因组为一套DNA，而非全部DNA。真核生物基因组包括核基因组、线粒体基因组和叶绿体基因组。核基因组（nucleus genome）是指细胞核内的一套DNA，包括染色体组（chromosome set）的全部DNA和细胞核内的一套染色体外DNA。真核生物线粒体DNA和叶绿体DNA均为单一DNA分子，且多为环状DNA，因此线粒体基因组（mitochondrial genome）是指一分子线粒体DNA（mitochondrial DNA，mtDNA），叶绿体基因组（chloroplast genome）是指一分子叶绿体DNA（chloroplast DNA，ctDNA，cpDNA）。此外，线粒体DNA和叶绿体DNA均为多拷贝DNA，即每一个线粒体或叶绿体内都有多个线粒体DNA或叶绿体DNA拷贝。

（1）真核生物基因组结构特点：①基因组庞大，远大于原核生物基因组。②为一套DNA分子，非一个DNA分子。③染色体DNA为线性DNA，线性DNA末端的序列和结构均特殊，称为端粒（telomere）。端粒具有支持DNA复制、保护DNA完整性和决定细胞寿命等功能。

（2）真核生物基因组基因序列特点：①蛋白基因几乎都是单顺反子，转录产物为单顺反子mRNA。②真核基因多为断裂基因，其编码区被内含子分割成外显子。③基因编码区在基因组序列中占比很小，不到10%，人类基因组中甚至不到2%。④基因序列中存在大量顺式作用元件，包括启动子、增强子、沉默子等。

（3）真核生物基因组其他序列特点：基因组序列中包含大量重复序列。

重复序列（repetitive sequence）又称重复DNA（repetitive DNA），是一定拷贝数的某种核苷酸序列（称为重复单位）的集合。重复序列可根据重复单位的连续性分为串联重复序列（tandem repeat）和散在重复序列（interspersed repeat sequence），也可根据重复程度分为高度重复序列和中度重复序列。

拓展阅读 4-8：拷贝数

高度重复序列（highly repetitive sequence）又称高度重复DNA（highly repetitive DNA），在基因组中呈串联重复或反向重复排列，且大部分位于异染色质区，特别是端粒和着丝粒区（除酵母外），重复单位长度不到100 bp（多数不到10 bp），拷贝数可达 10^7 个，在哺乳动物基因组序列中占比不到10%（人类3%）。高度重复序列不编码蛋白质或RNA，其功能是参与DNA复制、

DNA 转座、基因表达调控和细胞分裂时的染色体配对，例如着丝粒 DNA 是富含 A-T 的高度重复序列。

中度重复序列（moderately repetitive sequence）又称中度重复 DNA（middle repetitive DNA），多数散在分布于基因组中，重复单位长度可达 $10^2 \sim 10^3$ bp，拷贝数可达 10^3 个，占哺乳动物基因组序列的 25%~50%（人类约 50%），包括转座子、基因间区、蛋白基因内含子，也包括 45S rRNA 前提基因（100~5 000 个拷贝，例如人类基因组约有 200 个 rRNA 基因，分布在 5 条染色体上；爪蟾基因组约有 600 个，集中在 1 条染色体上）、tRNA 基因（如人类基因组有 497 个）、5S rRNA 基因（如人类基因组约有 2 000 个）和个别蛋白基因（如组蛋白、肌动蛋白、角蛋白等）。

单一序列（unique sequence）又称单拷贝序列（single-copy sequence）、非重复序列（nonrepetitive sequence）、单一 DNA（unique DNA）、单拷贝 DNA（single-copy DNA），在整个基因组中只有一个或几个拷贝。哺乳动物基因组序列的 50%~60% 是单一序列。蛋白基因大多数属于单一序列。

不同真核生物基因组中所含重复序列比例差异极大。大多数单细胞真核生物基因组序列中重复序列不到 20%，动物基因组序列中重复序列可达 50%，植物和两栖动物基因组序列中重复序列可达 80%。

拓展阅读 4-9：人类基因组计划

二、RNA 合成与调控

基因表达（gene expression）是指携带基因信息的 DNA（或 RNA 病毒的 RNA）片段指导功能 RNA 合成（转录）和 mRNA 指导蛋白质合成（翻译）的过程。

1. 基因序列在 RNA 合成与调控中的作用　基因序列可根据其在 RNA 合成中所起的作用分为转录区和调控元件。

（1）转录区：转录区（transcribed region）又称转录单位（transcription unit），是编码 RNA 前体（precursor RNA，pre-RNA）核苷酸序列的 DNA 序列，即 RNA 聚合酶转录的全部 DNA 序列，始于转录起始位点，终于终止子，占人类基因组序列的 90% 以上，其中 pre-mRNA 转录区占人类基因组序列的 30%。

（2）调控元件：调控元件（regulatory elements）又称调控区（regulatory region）等，包括影响基因表达的 DNA 序列、控制 DNA 复制的复制起点、控制 DNA 重组的重组位点等。

2. RNA 在 RNA 合成与调控中的作用　一组 RNA 参与 RNA 转录后修饰和转录调控。①核内小 RNA 参与 mRNA 前体剪接；核仁小 RNA 参与 rRNA 前体修饰。②长链非编码 RNA 参与染色质重塑和转录调控。

三、蛋白质合成与调控

蛋白质合成由蛋白质合成体系催化进行。mRNA 为指导蛋白质合成的模板；tRNA 转运合成原料氨基酸并解读 mRNA 遗传密码；以 rRNA 为主体的核糖体为蛋白质合成机器，且原核生物 23S rRNA 和真核生物 28S rRNA 直接催化肽键形成；信号识别颗粒 RNA（7SL RNA）通过构成信号识别颗粒（SRP）参与蛋白质的靶向运输；微小 RNA 通过 RNA 干扰机制抑制蛋白质合成。

四、催化反应

已阐明的天然核酶有锤头状核酶（斧头状核酶）、发夹状核酶、Ⅰ型内含子、Ⅱ型内含子、丁型肝炎病毒核酶、核糖核酸酶 P、肽酰转移酶（23S rRNA、28S rRNA）等。

第四节 核酸的性质

核酸的基本结构单位是核苷酸，因此具有某些与核苷酸相似的理化性质，如可吸收紫外线；生理条件下净带负电荷，可以应用电泳技术分析分离。同时核酸是生物大分子，具有胶体的光学性质、电学性质和动力学性质。

一、核酸的稳定性

DNA 比较稳定。RNA 含 2′- 羟基，碱性条件下易分解，先裂解成 2′,3′- 环核苷酸，再水解成 2′- 核苷酸和 3′- 核苷酸的混合物。

真核 DNA 呈线性双螺旋，其溶液黏度较高，因此容易在机械剪切力作用下发生主链断裂。加热变性会使 DNA 从双螺旋结构变成无规线团结构，导致其黏度下降。核酸是两性电解质，但其等电点太低，在生理 pH 条件下带负电荷，易与阳离子结合成盐，也能与碱性蛋白质结合。

二、核酸的紫外吸收特征

核苷酸和核酸所含的碱基中存在共轭双键，因而都有特征性紫外吸收光谱，其溶液 pH 7.0 条件下在 260 nm 附近存在吸收峰（图 4-13）。

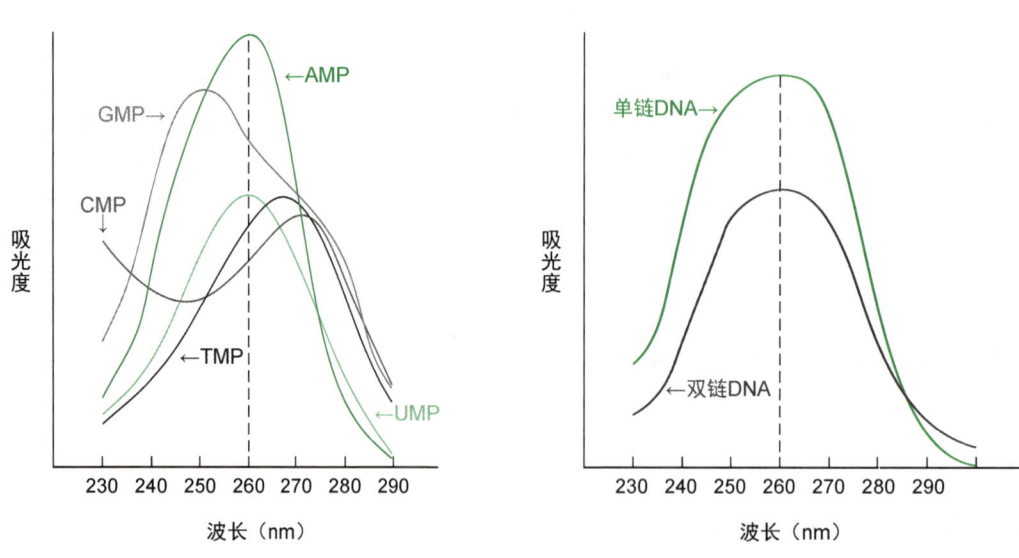

图 4-13 核苷酸和核酸紫外吸收光谱

三、核酸变性

在一定条件下破坏双链核酸的二级结构和三级结构，特别是断开核酸碱基对氢键，使双链核酸局部解链，甚至完全解链，称为核酸变性（denaturation）或熔解（melting）。生物体内的双链核酸几乎都是 DNA，其变性称为 DNA 变性。双链 RNA 见于部分 RNA 病毒，其变性属于 RNA 变性。如前所述，各种 RNA 分子中有 40%～70% 的序列形成局部双链结构，破坏这些双链结构也属于 RNA 变性。实验室研究核酸变性还包括 RNA-DNA 杂交体（hybrid）变性。

1. 核酸的解链温度　加热、紫外线照射或加入化学试剂（如酸、碱、乙醇、尿素、甲酰胺、盐酸胍）等均能使溶液中的核酸变性，其中紫外线照射会导致核酸一级结构损伤，酸变性会导致 DNA 降解，碱变性会导致 RNA 降解。相比之下，加热既容易控制，又不改变核酸溶液组成，因此常用加热法研究核酸变性。

使双链 DNA 解链度达到 50% 所需的温度称为解链温度（又称变性温度、熔解温度、熔点，melting temperature, T_m，图 4-14）。基因组 DNA 的解链温度一般在 82~95℃，它与以下因素有关：DNA 的长度、组成（不同生物 DNA 的 GC 含量在 26%~74%）和均一性，溶液的 pH 和离子强度，变性剂。

DNA 的解链温度与其碱基对氢键数目呈正相关。由于 G-C 对之间存在三个氢键，故 DNA 中 G-C 含量越高，其解链温度越高（图 4-15）。因此，DNA 实验中可以根据 DNA 试剂（如 DNA 探针、引物）碱基组成计算其解链温度。计算公式：$T_m = 41 \times (GC 含量)\% + 69.3$。实验条件：0.15 mol/L 氯化钠 –0.15 mol/L 柠檬酸钠。

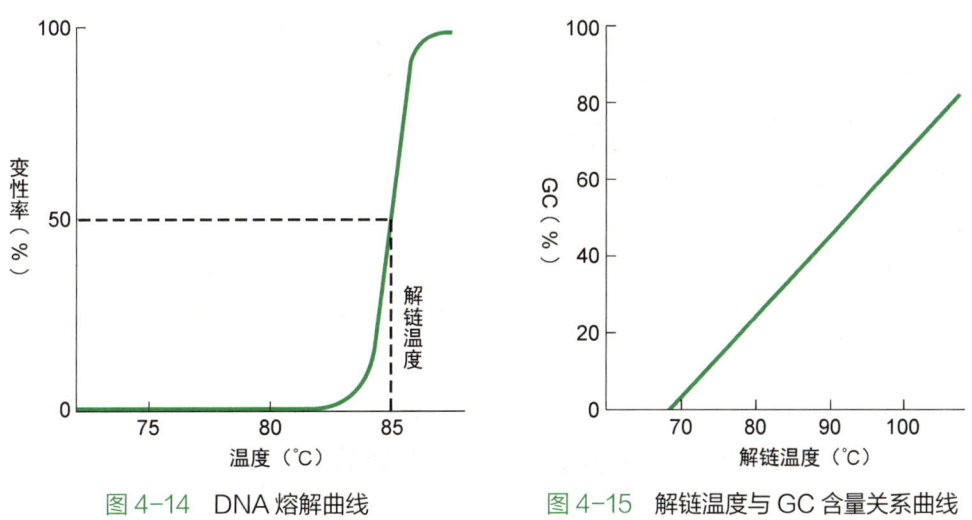

图 4-14　DNA 熔解曲线　　　　图 4-15　解链温度与 GC 含量关系曲线

此外，同样条件下，RNA-DNA、RNA-RNA 的解链温度分别比 DNA-DNA 高 10~15℃、20~25℃。

通常 DNA 在低离子强度溶液中的解链温度较低（且范围较宽）。离子强度增加时，DNA 的解链温度也升高（且范围变窄）。例如：将 DNA 溶解于浓度相差 10 倍的一价盐溶液中，其解链温度相差 16.6℃。因此，DNA 制剂通常以高离子强度溶液形式保存。

2. 核酸变性的效应　变性导致双链 DNA 解链成单链结构，常温下呈无规卷曲状态，其物理性质发生变化，如黏度降低，沉降速度加快。此外，单链 DNA 的紫外吸收比双链 DNA 高，所以变性导致 DNA 的紫外吸收增强。这一现象称为增色效应（hyperchromic effect）。

3. 核酸的熔解曲线　根据增色效应，可以通过测定不同温度下紫外吸收值监测 DNA 变性程度。以变性率或 A_{260} 对温度作图，所得的曲线称为熔解曲线（融解曲线，melting curve）、变性曲线（denaturation cure）、解链曲线。DNA 的熔解曲线为 S 曲线（图 4-14），说明变性过程存在协同性。

四、核酸复性和杂交

核酸变性并未破坏主链的 3′,5′- 磷酸二酯键，故不改变其一级结构。缓慢去除变性因素，变性核酸单链会自发互补配对，形成双链结构。这一过程称为退火（annealing）。同一来源核酸单链的退火称为复性（renaturation），不同来源核酸单链的退火称为杂交（hybridization）。杂交形成的 DNA-DNA 和 RNA-DNA 分别称为杂交 DNA 和 RNA-DNA 杂交体。其中 RNA-DNA 杂交体和序列不完全互补的杂交 DNA 称为异源双链（heteroduplex），序列完全互补的杂交 DNA 称为同源双链（homoduplex）。

1. 核酸退火的影响因素　核酸退火并不是简单的变性逆过程，退火效率受多种因素影响。

（1）退火温度：DNA 的最适退火温度通常比解链温度低 25℃ 左右。

（2）单链核酸浓度：退火过程始于两股互补核酸链随机碰撞形成局部双链，单链核酸浓度越高互补链碰撞概率越大，退火越快，符合二级反应动力学。

（3）退火时间：较长的退火时间可以使退火更完全。

（4）核酸序列复杂程度：在一定条件下，序列简单的核酸（如重复序列）退火快，序列复杂的核酸（如单一序列）退火慢，因而可以通过测定退火速度分析核酸序列的复杂程度。

（5）单链核酸长度：单链核酸越长寻找互补序列的难度越大，退火越慢。

（6）核酸溶液离子强度：离子强度越高，核酸互补链排斥力越弱，越容易碰撞，退火越快。

（7）核酸变性程度：如果核酸未完全变性，即双链未完全解开，则复性很快，但杂交很慢，甚至不能杂交。

2. 核酸退火的效应　退火导致核酸黏度增加，沉降速度减慢，紫外吸收减弱，后者称为减色效应（hypochromic effect）。通过检测核酸紫外吸收的变化可以分析其变性、退火程度。

第五节　核酸类药物

核酸药物又称核酸类药物（nucleic acid drug），是指具有药用价值的核酸、核苷酸、核苷、碱基和相关的类似物、衍生物的统称。可以根据化学本质分为碱基类似物、核苷类似物、寡核苷酸及其类似物、核酸疫苗等。其中碱基类似物和核苷类似物见第十一章。

1. 寡核苷酸药物　核酸药物包括反义寡核苷酸（antisense oligonucleotide，ASO，12～30 nt）、小干扰 RNA（siRNA）、适配体（aptamer）、反义微小 RNA（anti-micro RNA，anti-miRNA）、CpG 寡核苷酸（CpG oligonucleotide）、小发夹 RNA（small hairpin RNA，shRNA）、小激活 RNA（small activating RNA，saRNA）、核酶（ribozyme）、抗体寡核苷酸偶联药物（antibody-oligonucleotide conjugate，AOC）、抗体 - 小干扰 RNA 偶联药物（antibody-siRNA conjugate，ARC）等。寡核苷酸药物主要是通过杂交与致病基因 mRNA 结合，抑制蛋白质合成、免疫刺激、蛋白质结合，或与 pre-mRNA 结合，诱导外显子滑脱，从而抑制基因表达，达到治疗疾病目的。目前上市的寡核苷酸药物多为反义寡核苷酸（ASO）和小干扰 RNA（siRNA）类。

（1）Fomivirsen：是第一种反义寡核苷酸药物，是一种 21 mer 的硫代寡核苷酸，适用于治疗 HIV 携带者感染巨细胞病毒引起的视网膜炎，于 1998 年获批上市，已退市。

（2）Patisiran：是第一种双链 siRNA 药物（19 + 2 mer），作用于转甲状腺素蛋白 mRNA，适用于治疗成人遗传性转甲状腺素介导的淀粉样变性多发性神经病，于 2018 年获批上市。

（3）Pegaptanib：是唯一一种适配体药物（28 mer，抗血管内皮生长因子），适用于治疗新生血管性年龄相关性黄斑变性，于 2004 年获批上市，已退市。

2. 第三代疫苗 第三代疫苗（third-generation vaccine）又称核酸疫苗（nucleic acid vaccine）、基因疫苗（gene vaccine），化学本质为携带有病原体特异性抗原肽或肿瘤标志物抗原肽基因信息的核酸，转入人体细胞（通常为肌细胞）后可以利用人体基因表达系统合成病原体或肿瘤抗原肽，诱发机体的特异性免疫反应，达到防治感染性疾病或抗肿瘤的目的。第三代疫苗可以根据核酸种类分为 DNA 疫苗和 RNA 疫苗，根据转染方式分为重组载体疫苗（recombinant vector vaccine，用真核病毒载体构建，可直接转染）和其他核酸疫苗（如重组 DNA 疫苗、mRNA 疫苗，需要电穿孔法、脂质体转染法转染）。

拓展阅读 4-10：2023 年诺贝尔生理学或医学奖

思考题

1. DNA 和 RNA 在组成、结构和功能方面有哪些相同和不同之处？
2. 比较蛋白质的 α 螺旋结构和 DNA 的双螺旋结构，由此探讨其结构与功能的关系。
3. 为什么 DNA 比 RNA 更稳定？
4. 简述 tRNA 结构与功能的关系。
5. 综述基因定义的发展史，从中可获得哪些启示？

（韩玉萍）

数字资源详见　新形态教材网

📖 拓展阅读　　✱ 自测题　　🖥 教学课件

第五章

酶

新陈代谢简称代谢（metabolism），包括物质代谢和能量代谢，是生物体为维持生命过程而进行的全部化学反应，是生命的基本特征。虽然生物体内的代谢条件十分温和，但所有代谢都进行得极为迅速和有条不紊，因为它们几乎都是在酶的催化下进行的。酶（enzyme，E）是由活细胞合成的生物催化剂（biocatalyst），绝大多数是蛋白质。1982 年，T. Cech 发现了化学本质是 RNA 的酶（RNA enzyme），又称核酶（ribozyme），并因此获得 1989 年诺贝尔化学奖。为了避免混淆，有学者建议把化学本质是蛋白质的酶称为蛋白质酶（protein enzyme），但目前习惯上仍称为酶，本章只讨论这类酶。

酶起初由 L. Pasteur 命名为"ferment（酵素）"，由 W. Kühne 于 1878 年命名为"enzyme（酶）"。enzyme 源于希腊语 *enzymos*（leavened）= *en*（within）+ *zymē*（yeast）。一个大肠杆菌细胞内有 1 000 多种酶，人类基因组中 16.2% 基因的表达产物是酶，足见其重要性。

拓展阅读 5-1：1946 年诺贝尔化学奖　酵素与"酵素"

第一节　酶的分子结构

由酶催化发生的化学反应称为酶促反应（enzymatic reaction），酶促反应的反应物称为酶的底物（substrate，S）。酶的底物既有蛋白质等生物大分子，又有葡萄糖等小分子有机化合物，还有 CO_2 等无机化合物。即使是大分子底物，发生反应的也只是分子结构的一个小部位。例如：胰蛋白酶只是催化水解底物蛋白中碱性氨基酸羧基形成的肽键。相比之下，酶是生物大分子。因此，酶促反应是大分子作用于小分子或大分子的小部位。不过，酶促反应不是由整个酶分子和底物分子通过自由碰撞发生的，而是由酶的活性中心催化发生的。

一、酶的活性中心

酶的分子结构中含有各种基团，例如羟基、氨基、甲基，这些基团对酶活性的贡献大小不同。其中一些基团与酶活性密切相关，不可或缺，称为酶的必需基团（essential group）。酶的必需基团由保守残基提供，并根据功能分为两类：一类参与维持酶活性构象（如二硫键结构）或参与酶活性调节（如羟基）；另一类直接参与催化反应，如组氨酸残基的咪唑基、丝氨酸残基的羟基、半胱氨酸残基的巯基和天冬氨酸残基的羧基。第二类必需基团集中在酶分子的特定部位，该部位称为活性中心。

酶的活性中心（active center）又称活性位点（活性部位，active site）、催化中心（catalytic center）、催化位点（催化部位，catalytic site），是酶分子结构中的一个特定部位，该部位可以选择性结合底物并催化其发生专一反应生成特定产物。酶的活性中心多位于酶蛋白的特定结构域内（称为催化域，catalytic domain），形如裂缝或凹陷，多为由疏水性氨基酸残基的R基形成的微环境，活性中心内的极性、疏水性、酸碱性明显不同于活性中心外，仅底物可以进入。

活性中心内的必需基团可以分为两类：一类是结合基团（binding group），其作用是识别与结合底物，形成酶-底物复合物；另一类是催化基团（catalytic group），其作用是降低底物分子中特定化学键的稳定性，进而发生旧键断裂和新键形成，转化为产物。例如：人果糖-2,6-二磷酸酶催化2,6-二磷酸果糖水解成6-磷酸果糖和磷酸。该酶活性中心内有六个氨基酸残基的R基提供必需基团，Arg258、Arg308、Arg353提供的胍基和Lys357提供的氨基都带正电荷，是结合基团，作用是与2,6-二磷酸果糖带负电荷的磷酸基形成离子键；His259和His393提供的咪唑基为催化基团，作用是催化2-磷酸酯键水解（图5-1）。

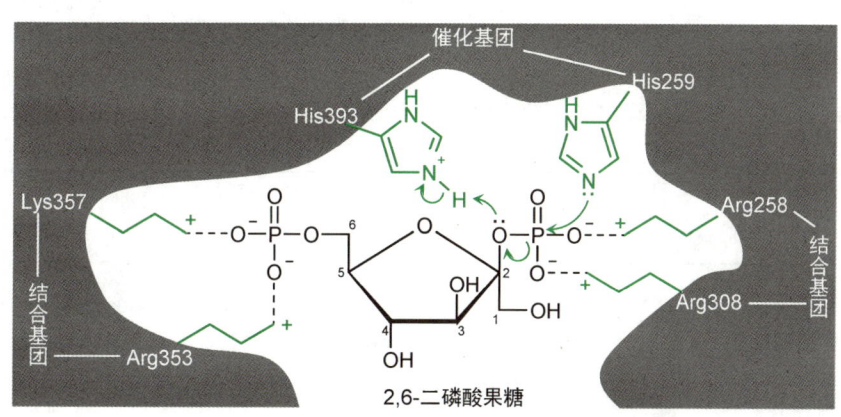

图5-1 人果糖-2,6-二磷酸酶活性中心示意图

二、酶的辅助因子

虽然［蛋白质］酶的化学本质是蛋白质，但许多酶是结合蛋白质，还含有蛋白质的辅基，例如糖基、酰基、磷酸基、小分子有机化合物、金属离子（有超过1/3的酶含金属离子，或其活性依赖金属离子）等，其中有些辅基成分是酶活性所必需的，这些成分是酶的辅助因子。

IUPAC于1992年推荐的定义：辅助因子（简称辅因子，cofactor）是某些酶在催化反应时所需的有机分子或离子（通常是金属离子），它们与无活性的酶蛋白（牢固或松散）结合成有活性的全酶。绝大多数辅助因子直接参与催化反应，起传递电子、原子或基团的作用。

从化学本质上看辅助因子有两类。①小分子有机化合物（包括金属有机化合物）：多数是维生素（特别是B族维生素）及其活性形式（表5-1）。②无机离子：主要是金属离子（表5-2）。金属离子作为辅助因子或激活剂源于其以下特性：带正电荷，能形成不稳定的强化学键，有的金属离子有不止一种氧化态。因此，在酶促反应中金属离子可促进底物结合和定向，或与中间产物形成共价键（配位键），或作为Lewis酸碱增强底物亲电性或亲核性。

第五章 酶

表 5-1 部分有机化合物类辅助因子

辅助因子	缩写	所传递基团或原子	所含维生素	酶
生物素		羧基	生物素	丙酮酸羧化酶
辅酶 A	CoA	酰基	泛酸	脂酰辅酶 A 合成酶
腺苷钴胺（辅酶 B_{12}）	AdoCbl	烷基	钴胺素	甲基丙二酰辅酶 A 变位酶
氧化型黄素单核苷酸	FMN	电子	核黄素	NADH 脱氢酶
氧化型黄素腺嘌呤二核苷酸	FAD	电子	核黄素	琥珀酸脱氢酶
氧化型烟酰胺腺嘌呤二核苷酸	NAD^+	氢负离子	烟酰胺	乳酸脱氢酶
氧化型烟酰胺腺嘌呤二核苷酸磷酸	$NADP^+$	氢负离子	烟酰胺	葡萄糖 -6- 磷酸脱氢酶
磷酸吡哆醛	PLP	氨基	吡哆醛	转氨酶
四氢叶酸	FH_4	一碳单位	叶酸	胸苷酸合成酶
焦磷酸硫胺素	TPP	醛	硫胺素	丙酮酸脱氢酶
抗坏血酸		氢原子	抗坏血酸	脯氨酰羟化酶
硫辛酸		电子和酰基		二氢硫辛酰胺乙酰转移酶
四氢生物蝶呤	BH_4	氢原子		苯丙氨酸羟化酶
辅酶 Q	CoQ	氢原子		NADH 脱氢酶
血红素		电子		细胞色素 c 氧化酶

表 5-2 部分金属离子类辅助因子

金属离子	酶
Fe^{2+}	脯氨酰羟化酶，β 胡萝卜素双加氧酶，苯丙氨酸羟化酶，对羟基苯丙酮酸氧化酶，色氨酸羟化酶
Cu^{2+}	呼吸链复合物Ⅳ，Cu/Zn-SOD，酪氨酸酶，多巴胺 -β- 羟化酶，铜蓝蛋白，赖氨酰氧化酶
Zn^{2+}	醇脱氢酶，碳酸酐酶，Cu/Zn-SOD，羧肽酶，DNA 聚合酶，RNA 聚合酶，碱性磷酸酶
Mg^{2+}	己糖激酶，丙酮酸激酶，葡萄糖 -6- 磷酸酶，DNA 聚合酶，RNA 聚合酶，限制性内切酶 $EcoR\,V$
K^+	丙酰辅酶 A 羧化酶，丙酮酸激酶
Mn^{2+}	精氨酸酶，丙酮酸羧化酶，核苷酸还原酶，半乳糖基转移酶，异柠檬酸脱氢酶，DNA 聚合酶 λ
Mo^{3+}	黄嘌呤氧化酶，亚硫酸氧化酶
Ca^{2+}	DNase

根据与酶蛋白结合牢固程度和作用特点的不同，辅助因子还可分为辅酶和辅基。①**辅酶**（coenzyme）：又称**辅底物**（cosubstrate），与酶蛋白松散结合甚至只在催化反应时才结合，可用透析或超滤法去除，如乳酸脱氢酶的 NAD^+、丙酮酸脱氢酶复合体的辅酶 A。②**辅基**（prosthetic group）：无论是否催化反应，都与酶蛋白牢固结合甚至共价结合，不能用透析或超滤的方法去除，如呼吸链复合物Ⅱ中的 FAD、复合物Ⅲ中的血红素 c_1（参见第七章）。以金属离子为辅基（如碳酸酐酶的 Zn^{2+}）的酶称为**金属酶**（metalloenzyme），以金属离子为辅酶（如己糖激酶的 Mg^{2+}）的酶称为**金属激活酶**（metal-activated enzyme。有学者将金属离子辅酶归入激活剂）。

三、单纯酶和结合酶

酶可根据其催化反应是否依赖辅助因子分为单纯酶和结合酶。

1. 单纯酶 单纯酶（simple enzyme）活性中心内的必需基团全部来自酶蛋白保守氨基酸残基的 R 基，即催化反应不需要辅助因子参与，如蛋白酶、淀粉酶、脂肪酶和核糖核酸酶。

2. 结合酶 结合酶（conjugated enzyme）又称缀合酶，其全酶（holoenzyme）由酶蛋白（脱辅基酶，apoenzyme）和辅助因子构成，活性中心内的部分必需基团来自辅助因子，例如［L-］乳酸脱氢酶和［L-］苹果酸脱氢酶都需要烟酰胺腺嘌呤二核苷酸（NAD^+），氨基酸转氨酶和脱羧酶都需要磷酸吡哆醛（PLP）。一种辅助因子可以与不同酶蛋白结合，组成具有不同专一性的结合酶全酶。

四、具有不同结构特征的几类酶

这些酶具有不同的亚基种类和数目或不同的活性中心种类和数目。

1. 单体酶 单体酶（monomeric enzyme）仅具有三级结构（多数只有一条肽链），并且只有一个活性中心，如胰蛋白酶、丝氨酸蛋白酶、核糖核酸酶、溶菌酶、葡萄糖激酶。

2. 多亚基酶 多亚基酶（multimeric enzyme）由不止一种亚基构成，其中包括催化亚基和调节亚基。

3. 寡聚酶 寡聚酶（oligomeric enzyme）由多个亚基构成，有多个活性中心，这些活性中心位于不同的亚基上，催化相同的化学反应。有的寡聚酶仅由一种亚基构成，如乳酸脱氢酶 LDH_1 含四个相同的 H 亚基（H_4），每个亚基都有一个活性中心；有的寡聚酶由不止一种亚基构成，如乳酸脱氢酶 LDH_3 含 H 和 M 两种亚基（H_2M_2），每个亚基都有一个活性中心。

4. 多功能酶 多功能酶（multifunctional enzyme）又称串联酶（tandem enzyme），由一条肽链构成，但有多个活性中心，这些活性中心催化不同的反应。例如：①大肠杆菌 DNA 聚合酶 I 由一条肽链构成，有 $5'\rightarrow 3'$ 聚合酶、$3'\rightarrow 5'$ 外切酶、$5'\rightarrow 3'$ 外切酶活性中心各一个（参见第十六章）。②真核生物乙酰辅酶 A 羧化酶由一条肽链构成，N 端构成羧化酶结构域，C 端构成羧基转移酶结构域。

5. 多酶体系 在生物体内，一组连续的酶促反应形成一条代谢途径（又称代谢通路，metabolic pathway），代谢途径每一步反应的产物是下一步反应的反应物，直到最后一步反应，可以完成某种物质的分解或合成，如糖酵解途径（参见第八章）。催化一条代谢途径全部反应的所有酶称为多酶体系（multienzyme system）。多酶体系最后一步反应的产物称为代谢途径的终产物（end-product），其余酶的产物称为中间产物（intermediate product）。

6. 多酶复合体 多酶复合体（multienzyme complex）是指由多酶体系的全部或部分酶非共价结合形成的大分子结构，因而有两种或多种活性中心，相邻活性中心之间存在底物通道（substrate channeling）。前一个活性中心的产物通过底物通道直接转入后一个活性中心，不会离开酶蛋白。如原核生物乙酰辅酶 A 羧化酶，由羧化酶亚基和羧基转移酶亚基构成。

有些多酶复合体的组成中含有多功能酶。多功能酶和多酶复合体合称多酶（multienzyme）。

7. 代谢区室 代谢区室（metabolon）是指起催化作用的超分子结构，属于多酶复合体、多酶体系。例如丙酮酸脱氢酶复合体、柠檬酸循环酶系、呼吸链复合物 I、II、III、IV 是超分子复合体。

五、同工酶

同工酶（isozyme）是指能催化相同化学反应、但由不同基因编码的一组酶，其组成、结构、理化性质、免疫学性质、酶动力学、活性调节各有差异，其辅助因子也可以不同。同工酶存在于同一个体的不同组织或同种细胞的不同亚细胞结构（区室，compartment，包括细胞质和细胞器）中，或表达于生长发育的特定阶段。同工酶是在生物进化过程中基因复制（gene duplication）和趋异进化（divergent evolution）的产物，个别是趋同进化（convergent evolution）的产物。

IUBMB 推荐的同工酶命名规则：命名采用同一名称+数字后缀，数字表示在区带电泳中由快到慢的泳动顺序，如细胞质苹果酸脱氢酶 1（泳动快）和线粒体苹果酸脱氢酶 2（泳动慢）。

不同组织有不同的同工酶谱。同工酶差异可用于研究生物进化、个体发育、组织分化、遗传变异等。在临床上，同工酶可作为诊断指标。例如：分析血清乳酸脱氢酶同工酶谱和肌酸激酶同工酶谱变化可以辅助诊断急性心肌梗死。

1. 乳酸脱氢酶 乳酸脱氢酶（lactate dehydrogenase，LDH）同工酶最早被发现，主要同工酶有五种，均为四聚体，由 H 亚基（heart，心肌型亚基）和 M 亚基（muscle，骨骼肌型亚基）构成，各组织器官中的乳酸脱氢酶同工酶谱存在差异（表 5-3）。

表 5-3　人乳酸脱氢酶同工酶谱（%）

同工酶	亚基组成	心肌	肾脏	红细胞	胰腺	肺	骨骼肌	肝脏	血清
LDH_1	H_4	67	52	42	30	10	4	2	27
LDH_2	H_3M	29	28	36	15	20	7	4	34
LDH_3	H_2M_2	4	16	15	50	30	21	11	21
LDH_4	HM_3	<1	4	5	0	25	27	27	12
LDH_5	M_4	<1	<1	2	5	15	41	56	6

（1）心肌细胞乳酸脱氢酶同工酶谱：心肌细胞含 LDH_1 最多。正常血清乳酸脱氢酶主要是 LDH_2，心肌梗死或心力衰竭导致受损心肌细胞乳酸脱氢酶释放入血，血清乳酸脱氢酶水平很快升高，但 LDH_1 低于 LDH_2，12 小时后 LDH_1 水平接近 LDH_2，24 小时后超过 LDH_2，所以 LDH_1 升高最明显。48～72 小时后血清乳酸脱氢酶水平升至峰值。

在乳酸脱氢酶同工酶中，LDH_1 的特点是与乳酸的亲和力强，且其活性受高浓度丙酮酸变构抑制。

（2）肝细胞乳酸脱氢酶同工酶谱：肝细胞含 LDH_5 最多，其活性不受丙酮酸影响。

2. 肌酸激酶 肌酸激酶（creatine kinase，CK）有三种同工酶，均为二聚体，由 B 亚基（brain，脑型亚基）和 M 亚基（muscle，肌型亚基）构成，在各组织器官中的同工酶谱有差异。

（1）肌酸激酶 1：记作 CK_1，为 BB 型，主要位于脑细胞内。

（2）肌酸激酶 2：记作 CK_2，为 MB 型，位于心肌细胞内，占心肌肌酸激酶的 25%～30%。正常血浆几乎测不出 CK_2。心肌梗死发病 2 小时血浆 CK_2 水平开始升高，12～36 小时达到高峰，3～5 日回落到正常水平（图 5-2）。

（3）肌酸激酶 3：记作 CK_3，为 MM 型，主要位于骨骼肌和心肌细胞内，占骨骼肌肌酸激酶的 98%、心肌肌酸激酶的 70%。正常血清肌酸激酶主要是 CK_3，且在手术、骨骼肌损伤、酒精中

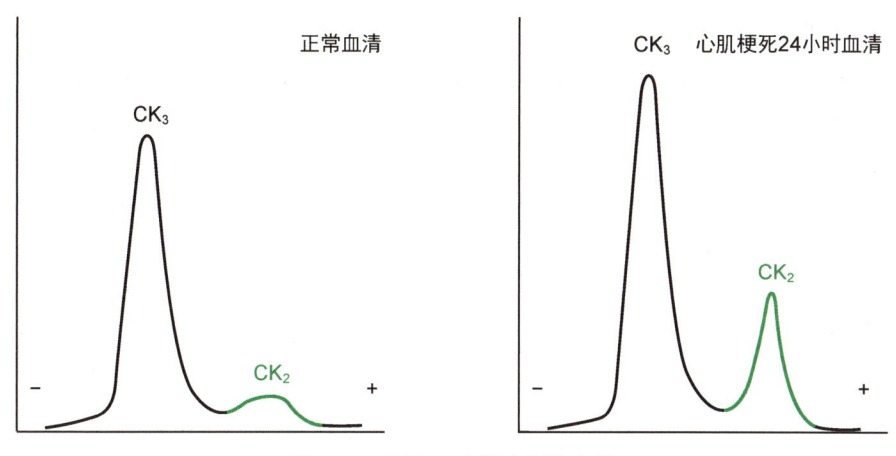

图 5-2　血清肌酸激酶电泳酶谱

毒、甲状腺功能亢进时升高明显。

六、模拟酶和抗体酶

模拟酶（enzyme mimics，mimic enzyme）又称人工酶（artificial enzyme），是一类用人工方法（包括蛋白质工程）合成的具有催化活性的非生物催化剂，并非由基因组基因编码。目前已研发的有聚合物模拟酶（polymeric）、超分子模拟酶（supramolecular）、纳米颗粒模拟酶（nanoparticulate）、蛋白质模拟酶（proteinic）等。模拟酶除了具有与相关天然酶相似的催化活性外，还具有活性可控、耐受性优异、成本较低等优点，可用于研究催化机制，开发新药和清洁燃料，开发化学和生物传感系统、防污治污系统等。

抗体酶（antibody-enzyme，abzyme）又称催化抗体（catalytic antibody），是一类能与酶促反应过渡态结合且加快过渡态转化的抗体，因而具有催化活性。抗体酶可通过以下三种途径制备。①免疫法：采用底物过渡态类似物的半抗原免疫诱导法诱导合成。②化学修饰法：在蛋白质水平上通过化学修饰向抗体的抗原结合位点引入催化基团。③蛋白质工程法：在基因水平上通过基因工程向抗体的抗原结合位点引入催化残基。

七、心肌梗死酶学诊断

作为诊断指标的酶应符合以下条件：①具有一定组织特异性、发育特异性。②在合适的时间段（诊断窗口）出现在血浆或其他体液中。③可自动化分析。

心肌梗死（myocardial infarction，MI）必须在发病数小时内做出初步诊断以启动治疗，因此应选择12小时内即出现在血浆中的特异性酶作为诊断指标。早期选用的是谷草转氨酶、谷丙转氨酶、乳酸脱氢酶。谷草转氨酶、谷丙转氨酶不甚理想，因为它们在血浆中出现较晚，心肌特异性也差。乳酸脱氢酶也出现较晚，但 LDH_1 的心肌特异性较高，因此一度作为诊断指标，后期改用在血浆中出现较早、特异性更高的肌酸激酶2。

肌酸激酶2有较好的诊断窗口，在急性心肌梗死的早期诊断中特异性也高，不过目前许多临床实验室已改用更具优势的血清肌钙蛋白 Tn-Ic、Tn-Tc 作为其诊断指标。血清肌酸激酶目前仍用于诊断骨骼肌损伤，如 Duchenne 型肌营养不良。

人类基因组编码三类肌钙蛋白（troponin，Tn）。①Tn-I：包括心肌型（Tn-Ic）、慢肌型（Tn-Is）、快肌型（Tn-If）。②Tn-T：包括心肌型（Tn-Tc）、慢肌型（Tn-Ts）、快肌型（Tn-Tf）。

③ Tn-C：包括慢肌心肌型（TN-C）和骨骼肌型。通过检测血清 Tn-Ic、Tn-Tc 水平评价心肌损伤既灵敏又特异：Tn-Ic、Tn-Tc 水平在心肌梗死发病 2～6 小时即开始升高，高水平可保持 4～10 日。除心肌梗死外，其他心肌损伤也伴发血清肌钙蛋白水平升高，因此心肌肌钙蛋白可用于诊断各种心肌损伤。

第二节 酶促反应的特点和机制

酶促反应属于化学反应。研究化学反应通常从化学[反应]热力学和化学[反应]动力学两个方面进行。化学热力学（chemical thermodynamics）研究化学反应发生的可能性、反应方向和反应限度。化学动力学（chemical kinetics）研究化学反应速度、影响因素和反应机制。

酶既有一般催化剂的共性，又有自己的特点。酶促反应的特点是由酶的催化机制决定的。

一、酶促反应特点

酶具有一般催化剂的共性：①只催化热力学允许的反应。②可以提高反应速度，但不改变可逆反应的平衡。③在催化反应前后没有质和量的变化，并且极少量就可以有效催化反应。酶还有自己的特点。

1. 高效性 酶能使化学反应速度提高 $10^5 \sim 10^{17}$ 倍（表 5-4）。例如：自发水解一个肽键需要 10～1 000 年，蛋白酶使肽键水解快至毫秒级。乳清苷酸脱羧半衰期数百万年，酶促只需毫秒。

表 5-4 酶的催化效率

酶	催化效率	酶	催化效率
亲环素	10^5	磷酸葡萄糖变位酶	10^{12}
酵母己糖激酶	10^6	琥珀酰辅酶 A 转移酶	10^{13}
碳酸酐酶	10^7	尿素酶	10^{14}
丙糖磷酸异构酶	10^9	金黄色葡萄球菌核酸酶	10^{15}
羧肽酶 A	10^{11}	乳清苷酸脱羧酶	10^{17}

2. 专一性 和一般催化剂相比，酶对所催化反应的底物和反应类型具有更高的选择性。这种现象称为酶的专一性（特异性，specificity）。酶的专一性可分为结构专一性和立体专一性。

（1）结构专一性：结构专一性（structural specificity）是指识别底物的构造，包括：①绝对专一性（绝对特异性，absolute specificity）。这类酶只能催化一种底物发生一种化学反应。例如：尿素酶（脲酶）只能催化尿素水解。②相对专一性（相对特异性，relative specificity）。这类酶可催化一类底物（例如 β- 葡萄糖苷酶）或一类化学键（例如蛋白酶、脂肪酶）发生一种化学反应。例如：脂酰辅酶 A 合成酶可催化棕榈酸、硬脂酸、油酸等各种脂肪酸发生反应；胰脂肪酶既能水解甘油三酯，又能水解棕榈酸视黄酯；木瓜蛋白酶几乎可以水解任何肽键（大多数蛋白酶在体外还能水解酯键）；凝血酶可水解特定序列中的 Arg-Gly 肽键。许多水解酶类都具有相对专一性。

拓展阅读 5-2：嫩肉剂

（2）立体专一性：立体专一性（stereospecificity）又称立体特异性，是指识别底物的构型，包括：①几何［异构］专一性（geometrical specificity）。这类酶可识别底物的几何构型，如延胡索酸酶能催化延胡索酸（反丁烯二酸）水化生成苹果酸，不能催化马来酸（顺丁烯二酸）水化。②光学［异构］专一性（optical specificity）。这类酶可识别底物的光学构型，如 L- 乳酸脱氢酶只能催化 L- 乳酸脱氢生成丙酮酸，不能催化 D- 乳酸脱氢。

无论是单纯酶还是结合酶，其专一性都由酶蛋白决定。

3. **反应条件温和** 酶促反应多在常温常压下进行。酶对变性因素（如高温、强酸、强碱）非常敏感，极易受这些因素的影响而变性失活。

4. **可调节性** 关键酶活性可以调节（参见第四节）。

二、酶促反应机制

研究酶促反应机制是阐明其高效性和专一性的化学基础。

1. **酶促反应高效性的机制** 在一个化学反应体系中，实际发生反应的反应物分子称为活化分子，其特点是最低能量水平（过渡态，transition state，‡）高于反应体系中全部反应物分子的平均能量水平（基态，ground state），过渡态自由能（$G_x^‡$）与基态自由能（G_s）之差称为活化［自由］能（activation energy，$\Delta G^‡$）。活化能与化学反应速度的关系：①活化能是决定反应速度的能障（能阈，energy barrier），活化能越高，反应体系中活化分子比例越低，反应越慢。②降低活化能可以增加反应体系中的活化分子数，从而提高反应速度。③酶提高反应速度的机制正是降低活化能（图 5-3）。④降低活化能是酶与底物过渡态结合释放自由能补偿的结果，其中非共价结合释放的自由能称为结合能（binding energy，ΔG_B），是补偿活化能的主要自由能。

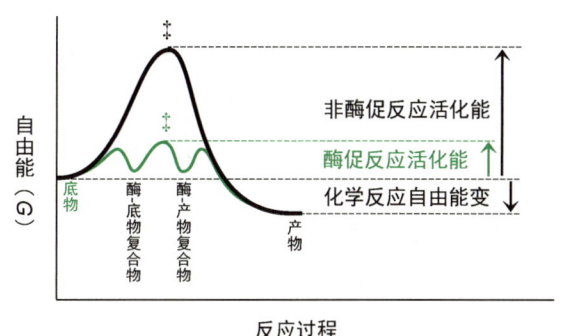

图 5-3 酶促反应正反应活化能的改变

例如 H_2O_2 的分解反应：$2H_2O_2 \rightarrow 2H_2O + O_2$。$H_2O_2$ 自发分解需活化能 70~76 kJ/mol，由铂（Pt）催化分解时活化能降至 49 kJ/mol，由过氧化氢酶催化分解时活化能降至 8 kJ/mol。当活化能由 70~76 kJ/mol 降至 8 kJ/mol 时，反应速度会增加 10^9 倍。相比之下，过氧化氢酶的催化效率比铂高 10^6 倍。

关于酶降低反应活化能、提高反应速度的机制，目前公认的是 V. Henri 以 A. Wurtz 于 1880 提出形成酶 – 底物复合物为基础，于 1903 年提出的酶 – 底物复合物学说。该学说认为：在酶促反应中酶（E）先与底物（S）结合成不稳定的酶 – 底物复合物（enzyme-substrate complex，ES，又称活化络合物，activated complex），之后酶 – 底物复合物转化为酶 – 产物复合物，再分解生成产物（product，P，图 5-3）。

目前认为酶通过形成酶-底物复合物降低活化能提高反应速度，是邻近效应、表面效应、酸碱催化、张力催化、共价催化和金属离子催化等综合作用的结果。

（1）邻近效应和定向效应：邻近效应（approximation）是指在双分子反应中，两个底物分子被汇集于活性中心的狭小空间内，产生增加底物浓度的效应（渔网效应），使反应容易发生。定向效应（orientation）是指活性中心迫使底物分子形成特定的空间排布，该排布可极大增加有效碰撞的发生率。例如：碳酸酐酶使二氧化碳和水定向靠近而发生反应，生成碳酸氢根。

（2）表面效应：表面效应（surface effect）是指酶的活性中心多为疏水环境，限制水分子及其他与反应无关分子的进入，防止它们干扰活性中心必需基团与底物的作用，提高催化效率。

（3）酸碱催化：酸碱催化（acid-base catalysis）是最常见、最有效的催化机制。活性中心既有特殊酸碱催化（H^+ 或 OH^- 参与的催化），又有广义酸碱催化（H^+ 供体或 H^+ 受体参与的催化），以广义酸碱催化为主。酶蛋白是两性电解质，所含的各种弱电离基团具有不同的电离常数，即使同一种电离基团，其电离常数也会因受邻近基团影响而改变。因此，酶活性中心的弱电离基团可以参与 H^+ 转移（又称质子转移、质子传递），即既作为 H^+ 供体起酸催化作用，又作为 H^+ 受体起碱催化作用，如 Glu/Asp 的羧基、His 的咪唑基、Cys 的巯基、Lys/Arg 的氨基、Ser/Thr/Tyr 的羟基。酶的这种作用属于广义酸碱催化，可将反应速度提高 $10^2 \sim 10^5$ 倍。

在广义酸碱催化中，一种基团代替水作为 H^+ 的供体或受体。例如：糜蛋白酶用组氨酸残基作为碱催化剂提高丝氨酸的亲核能力，碳酸酐酶用组氨酸残基促使一个锌结合水释放一个 H^+，生成一个 OH^-。

（4）张力催化：张力催化（catalysis by strain）是指在过渡态的酶-底物复合物中（‡，图 5-3），酶对底物要断裂的共价键施加牵拉张力、扭转张力、弯曲张力，使其脆弱易断。

（5）共价催化：共价催化（covalent catalysis）的酶与底物发生分步反应。分步反应（stepwise reaction）又称连串反应（sequential reaction，consecutive reaction），是由至少两步基元反应组成的复杂反应（complex reaction），而基元反应（elementary reaction）是指由反应物直接转化为产物的反应。在共价催化的第一步基元反应中，酶作为反应物，通过活性中心内的催化基团（通常是巯基、羟基、氨基、咪唑基等亲核基团）与底物共价结合（或从底物获得基团，相当于酶蛋白被化学修饰），形成共价中间产物，其过渡态自由能远低于游离底物过渡态自由能，反应迅速；在共价催化的最后一步基元反应中，共价中间产物分解为产物和酶。例如：糜蛋白酶通过活性中心催化三联体（catalytic triad）Asp120、His75、Ser213 中的 Ser213 羟基共价催化蛋白质水解，Asp120、His75 的作用是增强 Ser213 羟基的亲核性（图 5-4，图 5-19②）。

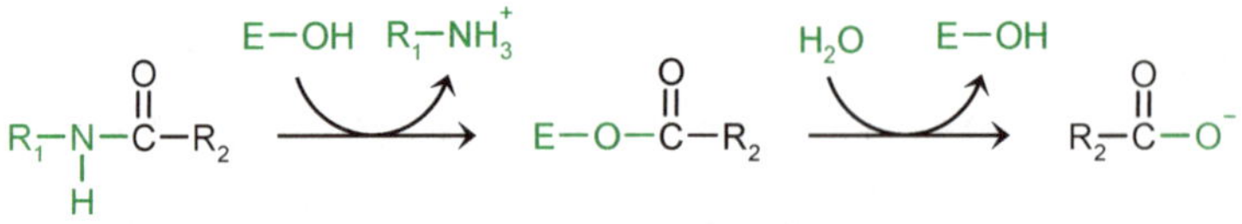

图 5-4 糜蛋白酶共价催化机制

共价催化包括亲核催化（酶或辅助因子的成键原子与底物成键时提供电子对，如蛋白酶催化蛋白质水解）和亲电催化（酶或辅助因子的成键原子与底物成键时提供成键轨道，如乳酸脱氢酶催化乳酸脱氢）。生物体内多为亲核催化。

（6）金属离子催化：超过 1/3 的酶是金属酶或在催化反应时需要金属离子参与。金属离子催化（metal ion catalysis）有多种机制。①促进形成亲核试剂，如碳酸酐酶的 Zn^{2+} 促进形成 OH^-。

②作为亲电试剂稳定带负电荷的中间产物，如限制性内切酶 *Eco*R V 的 Mg^{2+}。③作为连接酶和底物的桥梁，如几乎所有以 ATP 为底物的酶所需要的 Mg^{2+}。④在氧化还原反应中传递电子，如多巴胺 –β– 羟化酶的 Cu^+。

2. 酶促反应专一性的机制　有几个学说试图阐明酶促反应专一性的机制，例如锁钥学说、诱导契合学说和三点附着学说。

（1）锁钥学说：锁钥学说（lock-and-key theory）由 E. Fischer 于 1890 年提出，认为酶的专一性源于其活性中心与底物构象的严格互补，恰似锁和钥匙的关系。该学说有一定的局限性，如它不能解释可逆反应。

（2）诱导契合学说：诱导契合学说（induced fit theory）由 D. Koshland 于 1958 年提出，认为酶的活性中心在结构上是柔性的，即具有可塑性或弹性。当底物与活性中心靠近时，彼此通过非共价作用相互影响，构象发生变化。这种变化使活性中心必需基团与底物的相应部位正确排列和定向，利于它们相互作用而发生反应（图 5-5）。值得注意的是：诱导契合学说认为底物在构象上与活性中心最吻合时最不稳定（过渡态），因而容易发生反应。

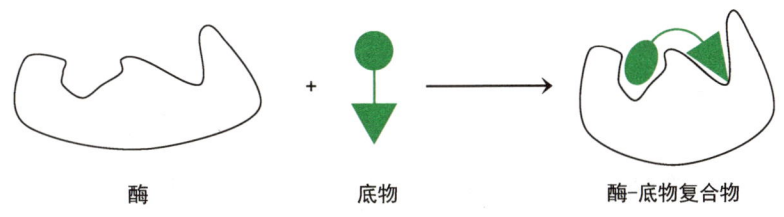

图 5-5　诱导契合学说示意图

诱导契合学说不仅适用于酶与底物的结合，也适用于抗原与抗体、激素与受体等绝大多数生物分子的相互作用。

（3）三点附着学说：三点附着学说（three-point attachment theory）由 A. Ogston 于 1948 年提出，认为酶的结合基团至少与底物的三个原子或基团正确结合，其催化基团才能催化反应发生。三点附着学说可解释酶的立体专一性。

第三节　酶动力学

酶［促反应］动力学（enzyme kinetics）是研究酶促反应机制、反应速度（又称反应速率）及其影响因素的科学。酶动力学研究有以下限定因素：①酶促反应速度通常用单位时间内产物浓度的增加值来表示，单位 mol/（L·s）或 M/s。②酶动力学通常研究反应刚开始（底物消耗不到 5%）时的速度，称为初［始］速度（initial rate，V_0）。③应使反应体系底物浓度远高于酶浓度，通常控制摩尔比 $10^3 \sim 10^6$。④在研究某一因素对酶促反应速度的影响时，控制其他因素不变。

一、酶浓度对酶促反应速度的影响

在酶促反应中，如果底物浓度 [S] 远高于酶浓度 [E]，从而使游离底物浓度 $[S]_f$ 保持不变，则酶促反应速度 V_0 与酶浓度 [E] 成正比（图 5-6）。

二、底物浓度对酶促反应速度的影响

酶的动力学曲线是酶促反应速度 V_0 与底物浓度 [S] 的函数图。图 5-7 是单底物反应的动力学曲线。由图可见：①在底物浓度很低时，反应速度随着底物浓度的增加而加快，两者成正比，表现为一级反应（first-order reaction）。②在底物浓度较高时，随着底物浓度继续增加，反应速度还在加快，但幅度越来越小，表现为混合级反应（mixed order reaction）。③在底物浓度很高时，即使底物浓度继续增加，反应速度也基本不再加快，表现为零级反应（zero-order reaction），说明此时所有酶分子都已经与底物结合，接近饱和状态。

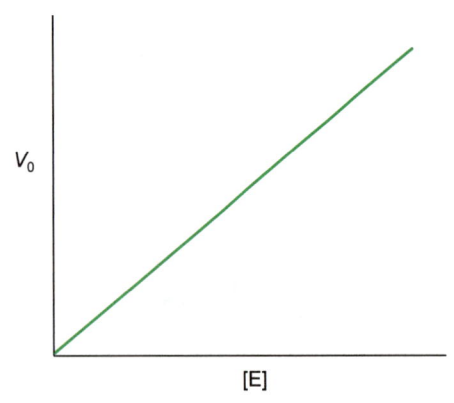

图 5-6 酶促反应速度与酶浓度的关系

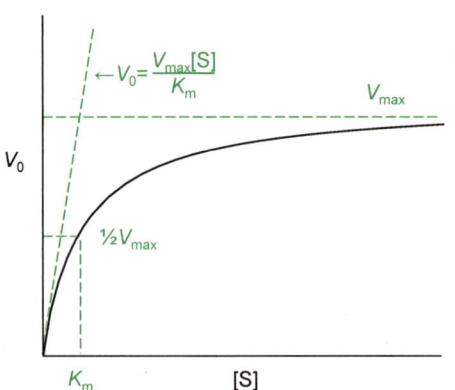

图 5-7 酶促反应速度与底物浓度的关系

拓展阅读 5-3： 化学反应动力学

（一）单底物反应的米氏动力学

1903 年，A. Brown 提出了酶促反应饱和的概念，V. Henri 在酶－底物复合物学说（酶促反应分步进行，先形成酶－底物复合物）的基础上研究酶动力学取得进展。

$$E + S \underset{k_2}{\overset{k_1}{\rightleftharpoons}} ES \xrightarrow{k_3} E + P$$

1. 米氏方程 1913 年，L. Michaelis 和 M. Menten 进一步发展了酶－底物复合物学说和酶动力学，他们根据定量研究蔗糖酶催化蔗糖水解反应的实验数据归纳出一个反映酶促反应 [初] 速度 V_0 与底物浓度 [S] 关系的数学方程式，称为米氏方程（Michaelis-Menten equation）。

$$V_0 = \frac{V_{max}[S]}{K_m + [S]}$$

拓展阅读 5-4： 米氏方程推导

在米氏方程中，V_{max} 为最大反应速度（maximum rate），K_m 称为米氏常数（Michaelis constant，单位与底物浓度单位一致，是 mol/L 或 mmol/L），$K_m = (k_2 + k_3)/k_1$，k 为化学反应速度常数 [rate constant，$k = (kT/h)e^{-\Delta G/RT}$]。

分析米氏方程可知：①当底物浓度极低即 [S]<<K_m 时，K_m+[S]≈K_m，$V_0 ≈ (V_{max}/K_m)$[S]，即反应速度与底物浓度成正比。②当底物浓度极高即 [S]>>K_m 时，K_m+[S]≈[S]，$V_0 ≈ V_{max}$，即反应速度接近最大反应速度，此时即使增加底物浓度，反应速度也已基本不再加快。因此，米氏方程揭示了反应速度与底物浓度的关系。

2. 米氏动力学 符合米氏方程的酶动力学称为米氏动力学。符合米氏动力学的酶促反应需要满足以下条件。

（1）酶促反应是单底物反应，酶只有游离酶（E）和酶-底物复合物（ES）两种状态。

（2）酶促反应是分步反应，包括两步基元反应。①E + S → ES：是快反应，反应在毫秒级的时间内达到稳态（steady state），即 ES 浓度不变（米氏动力学又称稳态动力学，steady-state kinetics）。②ES → E + P：是慢反应。慢反应是限速反应。

（3）反应刚开始时，产物极少，限速反应的逆反应可以忽略。

（二）K_m 和 V_{max} 的意义

分析米氏方程可知 K_m 和 V_{max} 有以下意义。

1. K_m 的物理意义 将 $V_0 = 1/2 V_{max}$ 代入米氏方程，可以求得 $K_m = [S]$。因此，K_m 是反应速度为最大反应速度一半时的底物浓度。

2. K_m 的特征性 K_m 是酶的特征常数。大多数酶的 K_m 在 $10^{-7} \sim 10^{-1}$ mol/L 之间（表 5-5），接近或高于其底物的生理浓度（$[S]/K_m = 0.01 \sim 1.0$）。K_m 只与酶的结构、底物的种类和反应条件有关，与酶浓度、底物浓度无关。

表 5-5 人体部分酶对底物的 K_m

酶	底物	K_m (mmol/L)	酶	底物	K_m (mmol/L)
己糖激酶 2	ATP	1.1	丝氨酸脱水酶	丝氨酸	23.0
	葡萄糖	0.2		苏氨酸	31.0
己糖激酶 4（葡萄糖激酶）	ATP	4.5	β-葡萄糖苷酶	葡萄糖神经酰胺	0.013 7
	葡萄糖	6.03		半乳糖神经酰胺	0.009 2
	甘露糖	4.35		木樨草素	0.010 0
	果糖	240		对硝基苯基-β-半乳糖苷	3.1
碳酸酐酶 1	CO_2	4.0	碳酸酐酶 2	CO_2	8.2
	对硝基苯基乙酸酯	15.0		对硝基苯基乙酸酯	2.9

（1）K_m 小表示相对较低的底物浓度就可以使反应接近最大速度。

（2）对于同一底物，不同的同工酶有不同的 K_m（和 V_{max}），因此对于来自不同组织或同一组织不同发育期的催化同一反应的酶，通过比较 K_m 可以判断它们是同工酶还是同一种酶。

（3）K_m 与 pH、温度、离子强度、激活剂和抑制剂等反应条件有关。通过研究不同物质对酶促反应 K_m 的影响，可以鉴定酶的激活剂或抑制剂，发现有意义的调节物。

3. K_m 与酶-底物亲和力 K_m 有条件地反映酶与底物的亲和力：当 $k_2 >> k_3$ 时，$K_m = (k_2 + k_3)/k_1 \approx k_2/k_1 = [E][S]/[ES] = K_d$，即 K_m 近似于酶-底物复合物的解离常数 K_d（dissociation constant），此时 K_m 可以反映酶与底物亲和力的强弱，K_m 越小亲和力越强，表示不需要很高的底物浓度就可以使酶达到饱和。

4. V_{max} 与酶的转换数 酶的转换数（turnover number）又称催化常数（catalytic constant，k_{cat}），即米氏反应中限速反应的速度常数 k_3。只要确定了酶的总浓度和最大反应速度，就可根据

$V_{max} = k_3[E]$ 计算 k_3，$k_3 = V_{max}/[E]$，由此可知转换数的物理意义：转换数是当酶被底物饱和时，一个酶分子在单位时间内催化反应消耗的底物分子数。生理状态下多数酶的转换数为 $1 \sim 10^4/s$（表 5-6）。

表 5-6 部分酶的转换数

酶	转换数（s^{-1}）	酶	转换数（s^{-1}）
过氧化氢酶	40 000 000	延胡索酸酶	800
碳酸酐酶	400 000 ~ 600 000	糜蛋白酶	100
乙酰胆碱酯酶	14 000 ~ 25 000	DNA 聚合酶 I	15
β- 内酰胺酶	2 000	色氨酸合成酶	2
乳酸脱氢酶	1 000	溶菌酶	0.5

转换数与米氏常数的比值（k_{cat}/K_m）称为专一性常数（specificity constant），是反映酶催化效率（catalytic efficiency）的物理量，可用于评价同工酶的催化效率，或一种酶催化不同底物反应的催化效率，比值越大表示酶的催化效率越高。

（三）K_m 和 V_{max} 的测定

从图 5-7 可见，酶促反应速度是底物浓度的函数，其函数图是一条直角双曲线（rectangular hyperbola），即底物浓度再高也只能使反应速度趋近而不会达到 V_{max}，因此不能从图中直接得到 K_m 和 V_{max} 的准确值。如果将米氏方程两边取倒数，可以得到一个双倒数方程，称为林-贝氏方程（Lineweaver-Burk equation）。

$$\frac{1}{V_0} = \frac{K_m}{V_{max}} \frac{1}{[S]} + \frac{1}{V_{max}}$$

在林-贝氏方程中，$1/V_0$ 与 $1/[S]$ 呈线性关系。因此，以 $1/V_0$ 对 $1/[S]$ 作图得到一条直线。这种作图方法称为双倒数作图法（double reciprocal plot，又称林-贝氏作图法，图 5-8）。

双倒数图中直线在纵轴和横轴上的截距分别为 $1/V_{max}$ 和 $-1/K_m$，可以得到 K_m 和 V_{max}。

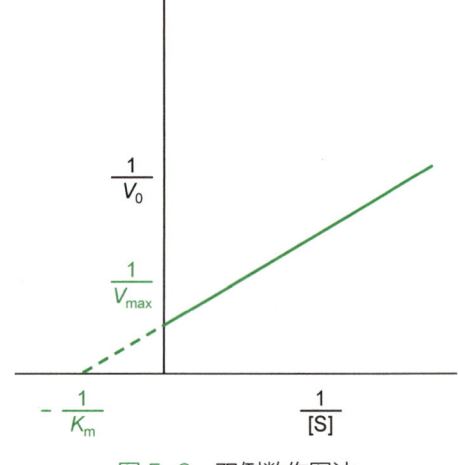

图 5-8 双倒数作图法

三、温度对酶促反应速度的影响

酶是生物催化剂，因此温度对酶促反应速度的影响具有两重性：一方面当反应温度过低时，升高温度会增加活化分子数，使酶促反应速度加快，温度每升高 10℃，多数反应速度可以加倍（$k_{t+10}/k_t \approx 2$）；另一方面当反应温度过高时，继续升高温度会显著改变酶的构象，导致酶活性下降，直到酶蛋白变性失活，使酶促

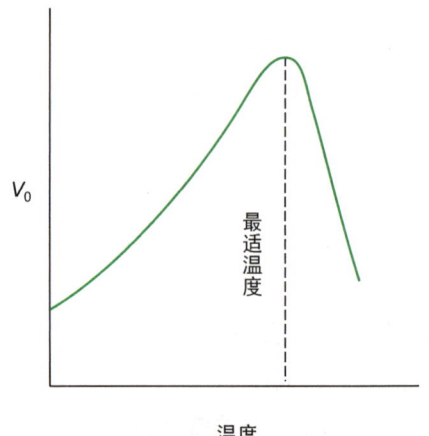

图 5-9 酶促反应速度与温度的关系

反应速度减慢（图 5-9）。酶促反应最快时的反应温度称为该酶［促反应］的最适温度（optimum temperature）。人体多数酶的最适温度在 35~55℃ 范围内（表 5-7），多数酶在 60℃ 以上变性显著，80℃ 以上发生不可逆变性。

表 5-7 人体部分酶的最适温度和最适 pH

酶	最适温度（℃）	最适 pH	酶	最适温度（℃）	最适 pH
烟酰胺腺嘌呤二核苷酸激酶	55	7.5	磷脂酸磷酸酶	40	–
细胞质 β- 葡萄糖苷酶	50	6.0~7.0	脂酰辅酶 A 氧化酶 1	40	8.5
苯丙氨酸羟化酶	50	–	DNA 聚合酶 κ	37	6.5~7.5
线粒体谷草转氨酶	47.5	8.5	透明质酸酶	37	4.5~5.0
溶酶体酸性葡萄糖神经酰胺酶	43	5.3	唾液酸酶 3	20	4.5~6.5

降低温度不会引起酶蛋白变性失活，但会使活化分子数减少，从而使酶促反应速度减慢。因此：①在科学研究和临床检验中分析酶活性时，要严格控制反应温度。②临床上常通过低温麻醉使组织细胞代谢减慢，以适应缺氧和营养缺乏。③各种菌种、细胞株、活体组织通常采用低温保存，甚至冻存。

四、pH 对酶促反应速度的影响

酶促反应体系的 pH 从以下几方面影响酶与底物的结合，从而影响酶促反应速度：①影响酶和底物的电离状态，因而影响酶催化基团和底物反应基团的亲核性或亲电性。②影响酶和底物的构象。③过酸或过碱导致酶蛋白变性失活。综合这些因素，在某一 pH 下酶促反应最快，该 pH 称为该酶［促反应］的最适 pH（optimum pH）（图 5-10）。例如：溶菌酶活性中心必需基团包括 Glu35 和 Asp52，其 pK_R 分别为 5.9 和 4.5，最适 pH 5.2，此时 Glu35 质子化，Asp52 去质子化，均为催化反应的活性形式。

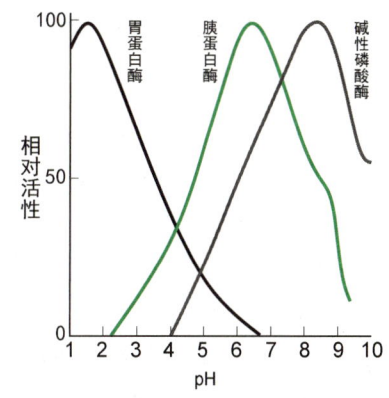

图 5-10 酶促反应速度与 pH 的关系

动物体内多数酶的最适 pH 在 5~9 范围内。酶的最适 pH 通常接近其所在区室的 pH（表 5-8）。例如：肝细胞质 pH 6.9~7.2，肝葡萄糖 -6- 磷酸酶最适 pH 约为 7.8。胃液 pH 1~3，胃蛋白酶最适 pH 约为 1.6，所以临床上胃蛋白酶制剂常配合稀盐酸一起服用。小肠液 pH 7.4~7.6，胰蛋白酶的最适 pH 约为 8，所以药用胰蛋白酶配以 $NaHCO_3$ 效果更好。

表 5-8 人体部分体液 pH

体液	pH	体液	pH	体液	pH
血浆	7.4	溶酶体基质	<5.0	乳汁	7.4
小肠液	7.4~7.6	胃液	1.0~3.0	唾液	6.4~7.0
肝细胞质	6.9~7.2	胰液	7.8~8.0	尿液	5.0~8.0

五、抑制剂对酶促反应速度的影响

能与酶蛋白特定位点结合，使酶促反应速度减慢而不引起酶蛋白变性的物质称为酶的抑制剂（inhibitor，I）。研究抑制剂有助于阐明以下内容：①酶的催化机制。②酶的专一性。③酶活性的调节方式。④某些药物和毒物的作用机制。抑制剂可分为不可逆抑制剂和可逆抑制剂。

（一）不可逆抑制剂

有些抑制剂通过与酶的必需基团共价结合，或非共价强力结合且在生理条件下解离极慢，使酶部分或完全失活（inactivation），从而使酶促反应速度减慢或停止，而且用透析等物理方法不能将其去除。这类抑制剂称为不可逆［性］抑制剂（irreversible inhibitor），这类抑制作用称为不可逆［性］抑制（irreversible inhibition）。

1. 不可逆抑制剂分类 不可逆抑制剂可以分为三类：基团专一性试剂、反应底物类似物和自杀性抑制剂。

（1）基团专一性试剂：基团专一性试剂（group-specific reagent）与酶特定的必需基团共价结合。如二异丙基氟磷酸（DIPF）特异性修饰糜蛋白酶、乙酰胆碱酯酶等丝氨酸酶特定必需丝氨酸羟基，致使其失活。

（2）反应底物类似物：反应底物类似物（reactive substrate analog）又称亲和标记（affinity labeling），结构上属于底物类似物，并且可与活性中心内的必需基团共价结合。反应底物类似物抑制的专一性高于基团专一性试剂。

例如：对甲苯磺酰基 -L- 苯丙氨酸氯甲基酮（TPCK）是糜蛋白酶的底物类似物，与其活性中心的组氨酸残基共价结合，致使其失活；3- 溴磷酸丙酮是磷酸二羟丙酮类似物，与磷酸丙糖异构酶活性中心的谷氨酸共价结合，致使其失活。

（3）自杀性抑制剂：自杀性抑制剂（suicide inhibitor）又称基于机制的抑制剂（mechanism-based inhibitor）、酶激活的不可逆抑制剂（enzyme-activated irreversible inhibitor）、可以转化为不可逆抑制剂的竞争性抑制剂，属于修饰底物，可以竞争性与酶发生不完全分步反应，生成酶 – 抑制剂共价中间产物，但分步反应不能进行到底，即共价中间产物不能分解重新生成酶，因而致使其失活。自杀性抑制剂的专一性最高。

例如：$N,N-$ 二甲基炔丙基胺是单胺氧化酶（MAO）的一种自杀性抑制剂，可以与其辅基 FAD 发生分步反应，第一步是正常的氧化反应，第二步是异常的烷基化反应。烷基化反应导致 FAD 不能再生而使酶失活。

拓展阅读 5-5：青霉素

2. 常见不可逆抑制剂 包括巯基酶抑制剂和丝氨酸酶抑制剂。

（1）巯基酶抑制剂：巯基酶是指以巯基为必需基团的酶，如 3- 磷酸甘油醛脱氢酶和脂肪酸合成酶。砷化合物和重金属 Ag^+、Hg^{2+}、Pb^{2+} 等是巯基酶抑制剂，其作用机制是破坏巯基，使酶失活。临床上常用的重金属中毒解毒药（XV03AB）有二巯丙醇、二巯丙磺钠和二巯丁二酸等，机制是以其分子中的巯基替换出酶蛋白巯基，使酶复活（reactivation，又称去抑制，disinhibition，图 5-11）。

双硫仑又称戒酒硫，用于治疗酗酒，机制是化学修饰醛脱氢酶（ALDH）活性中心的巯基，抑制乙醛氧化，导致乙醛在体液中积累，产生恶心、呕吐感，从而达到戒酒的目的。

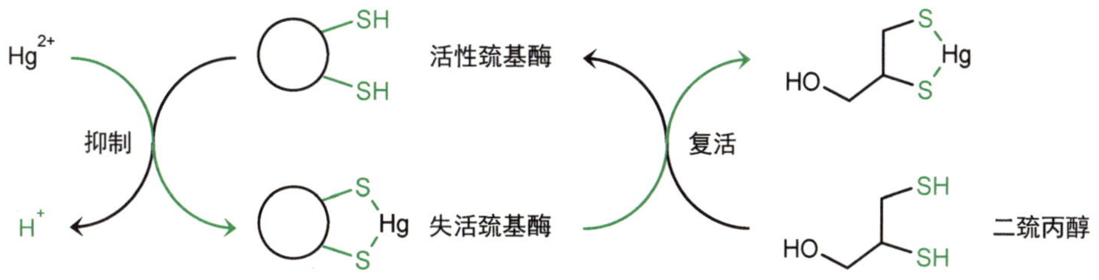

图 5-11 巯基酶的抑制与复活

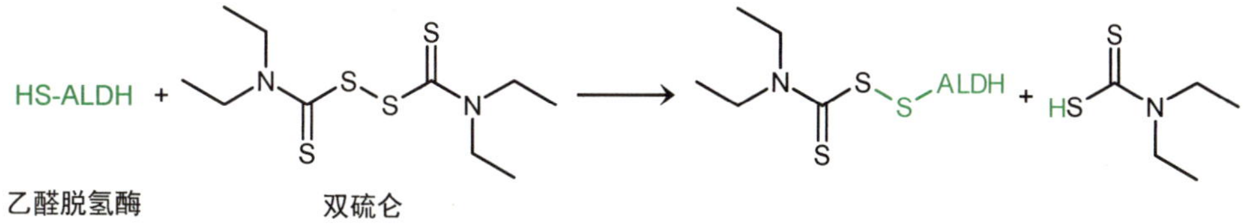

（2）丝氨酸酶抑制剂：丝氨酸酶是指以丝氨酸羟基为必需基团的酶，如乙酰胆碱酯酶、丝氨酸蛋白酶、环氧化酶。有机磷农药内吸磷、敌敌畏、乐果等均为丝氨酸酶抑制剂，其作用机制是酯化酶蛋白的丝氨酸羟基，使酶失活。

临床上常用乙酰胆碱酯酶复活剂（首选碘解磷定，XV03AB）配合乙酰胆碱受体拮抗剂（首选阿托品，XA03B）治疗有机磷农药中毒，机制是以其分子中电负性较强的肟基（$-CH=NOH$）替换出酶蛋白的丝氨酸羟基，使酶复活（图 5-12，图中 R 和 R′ 可以是烷基、烷氧基、胺基，X 可以是 OR、SR、F、CN，X′ 可以是 O、S）。

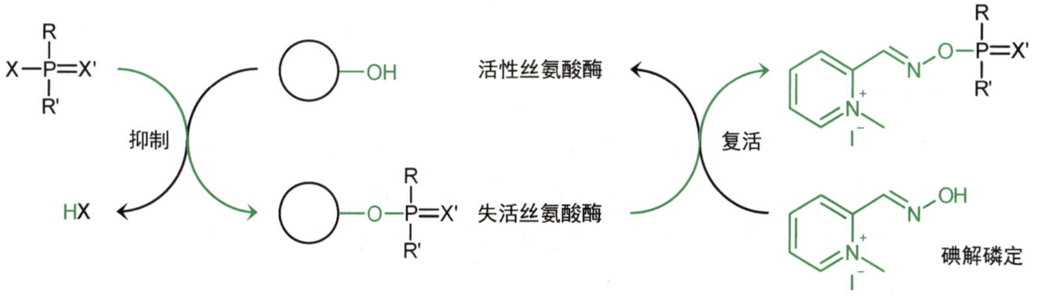

图 5-12 丝氨酸酶的抑制与复活

拓展阅读 5-6：重症肌无力　有机磷农药中毒

（二）可逆抑制剂

有些抑制剂通过与酶或酶－底物复合物非共价结合抑制酶促反应，抑制效应的强弱取决于抑制剂（I）与底物（S）的浓度比（[I]／[S]）及它们与酶的亲和力比。采用透析等物理方法可以将其去除，从而解除抑制。这类抑制剂称为可逆[性]抑制剂（reversible inhibitor），这类抑制作用称为可逆[性]抑制（reversible inhibition）。可逆抑制剂可分为竞争性抑制剂、反竞争性抑制剂和非竞争性抑制剂，其抑制效应均符合米氏动力学。

1. 竞争性抑制剂　有些可逆抑制剂（I）能与酶（E）的活性中心结合，抑制底物（S）与活性中心结合，从而抑制酶促反应。这类抑制剂称为竞争性抑制剂（competitive inhibitor），这种抑制作用称为竞争性抑制（competitive inhibition，图 5-13 ①）。

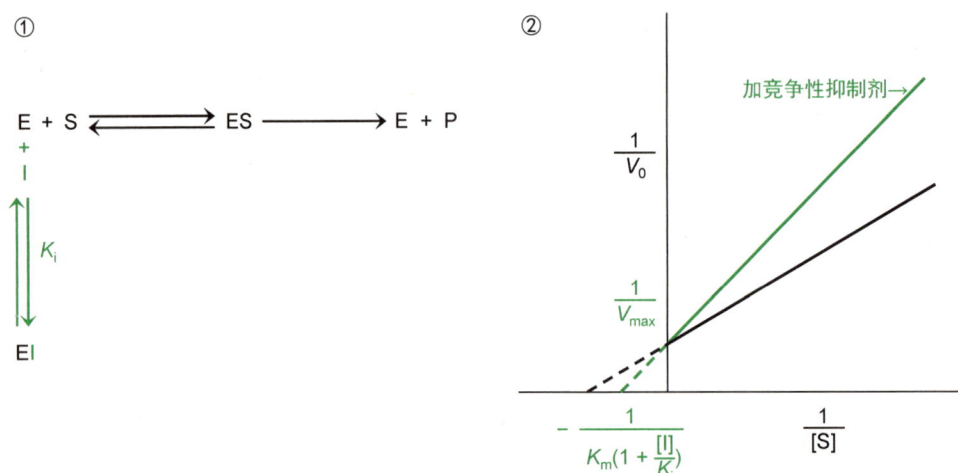

图 5-13 竞争性抑制

存在竞争性抑制剂时，反应速度 V_0 与抑制剂浓度 [I]、底物浓度 [S] 的动力学关系符合以下林-贝氏方程：

$$\frac{1}{V_0} = \frac{K_m}{V_{max}} \frac{1}{[S]} \left(1 + \frac{[I]}{K_i}\right) + \frac{1}{V_{max}} \qquad K_i = \frac{[E][I]}{[EI]}$$

根据该林-贝氏方程作双倒数图（图 5-13 ②）。从图中可见，酶促反应体系中存在竞争性抑制剂时，**表观 K_m**（apparent K_m，存在抑制剂时双倒数图中直线在横轴上的截距的负倒数值）为 $K_m(1+[I]/K_i)$，**表观 V_{max}**（apparent V_{max}，存在抑制剂时双倒数图中直线在纵轴上的截距的倒数值）仍为 V_{max}。

（1）竞争性抑制特点：①与酶的活性中心结合。②抑制剂与底物存在竞争，即两者不能同时与活性中心结合。③抑制剂与酶结合导致其有效浓度 [E] 降低。④动力学特征是表观 K_m 增大，表观 V_{max} 不变。因为竞争性抑制剂不是抑制酶活性，而是阻碍底物进入活性中心，所以增加底物浓度理论上可以削弱甚至消除竞争性抑制剂的抑制作用。⑤许多竞争性抑制剂是底物类似物。

（2）竞争性抑制意义：许多临床药物是靶酶的竞争性抑制剂。①许多抗肿瘤药物通过竞争性抑制干扰肿瘤细胞代谢，抑制其生长，例如甲氨蝶呤、氟尿嘧啶、巯嘌呤（参见第十一章）。②磺胺类抗菌药（XJ01E）和磺胺增效剂甲氧苄啶（XJ01EA）分别竞争性抑制二氢蝶酸合成酶、二氢叶酸还原酶，从而抑制细菌生长繁殖。③布洛芬是丙酸衍生物类抗炎和抗风湿药（XM01AE），是环氧化酶的竞争性抑制剂。④他汀类降脂药（如阿托伐他汀）是羟甲基戊二酰辅酶 A 还原酶抑制剂类单方调节血脂药（XC10AA），是羟甲基戊二酰辅酶 A 还原酶（胆固醇合成途径关键酶）的竞争性抑制剂，可以通过抑制该酶抑制胆固醇合成，从而降血胆固醇（参见第九章）。

阿托伐他汀

四氢叶酸是一碳代谢的辅助因子（参见第十章），是细胞增殖所必需的。磺胺类抗菌药敏感菌自己合成四氢叶酸：①利用对氨基苯甲酸和6-羟甲基-7,8-二氢蝶呤、谷氨酸合成二氢叶酸（FH_2，DHF），反应由二氢蝶酸合［成］酶和二氢叶酸合成酶催化；二氢叶酸还原成四氢叶酸（FH_4，THF），反应由二氢叶酸还原酶催化。②磺胺类抗菌药（如磺胺甲噁唑，XJ01EE）是对氨基苯甲酸类似物，能竞争性抑制二氢蝶酸合成酶，从而抑制二氢叶酸的合成；治疗麻风病药氨苯砜（XJ04BA）与磺胺类抗菌药类似，能竞争性抑制二氢蝶酸合成酶，强烈抑制麻风杆菌。磺胺增效剂甲氧苄［氨嘧］啶是二氢叶酸类似物，能竞争性抑制细菌二氢叶酸还原酶（甲氧苄啶与哺乳动物二氢叶酸还原酶的亲和力仅为细菌二氢叶酸还原酶亲和力的$1/10^5$，因此治疗浓度不会抑制人二氢叶酸还原酶），抑制二氢叶酸还原成四氢叶酸。抗疟药（XP01B）乙胺嘧啶的作用机制也是抑制二氢叶酸还原酶。③四氢叶酸缺乏时磺胺类抗菌药敏感菌的一碳代谢受到影响，其核酸和蛋白质合成受阻。④单一应用磺胺类抗菌药或磺胺增效剂只能抑制细菌的生长繁殖，联合应用则可通过双重抑制作用抗感染，例如复方磺胺甲噁唑（复方新诺明）是磺胺甲噁唑和甲氧苄啶5∶1的复合制剂。⑤人体不能合成叶酸，所需叶酸来自消化道，所以人体一碳代谢不受磺胺类抗菌药影响。⑥有些细菌能从细胞外摄取叶酸，所以对磺胺类抗菌药不敏感。G. Domagk 因将对氨基苯磺酰胺应用于临床而获得 1939 年诺贝尔生理学或医学奖。

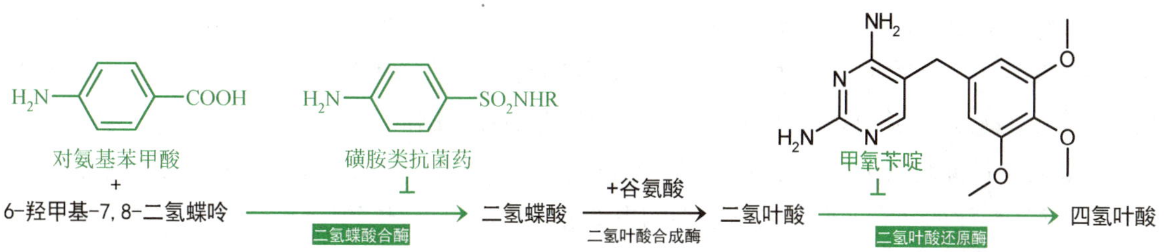

根据竞争性抑制的特点，在应用磺胺类抗菌药时，应当维持其血液浓度高于对氨基苯甲酸的浓度，以有效发挥其竞争性抑制作用。因此，首次用药时要用大剂量，持续用药时再用维持剂量。

拓展阅读 5-7：甲醇中毒救治

2. 反竞争性抑制剂 能被反竞争性抑制剂抑制的酶在与底物结合后才暴露出抑制剂结合位点，因此其抑制剂（I）只与酶-底物复合物（ES）结合，使酶（E）失去催化活性，且其抑制效应不能通过增加底物浓度消除。抑制剂与 ES 结合后降低了 ES 的有效浓度：①有利于底物与酶的结合，即在结合效应上恰好与竞争性抑制剂相反，因此这类抑制剂称为反竞争性抑制剂（uncompetitive inhibitor），这种抑制作用称为反竞争性抑制（uncompetitive inhibition，图 5-14 ①）。②产物（P）的生成减慢。

存在反竞争性抑制剂时，反应速度 V_0 与抑制剂浓度［I］、底物浓度［S］的动力学关系符合以下林-贝氏方程：

$$\frac{1}{V_0} = \frac{K_m}{V_{max}} \frac{1}{[S]} + \frac{1}{V_{max}}\left(1 + \frac{[I]}{K_i}\right) \qquad K_i = \frac{[ES][I]}{[ESI]}$$

根据该林-贝氏方程作双倒数图（图 5-14 ②）。从图中可见，酶促反应体系中存在反竞争性抑制剂时，表观 K_m 为 $K_m/(1+[I]/K_i)$，表观 V_{max} 为 $V_{max}/(1+[I]/K_i)$。

（1）反竞争性抑制特点：①抑制剂结合部位位于活性中心外。②抑制剂只与酶-底物复合物（ES）结合，因而不抑制酶与底物结合。③抑制剂与酶-底物复合物结合导致其有效浓度［ES］

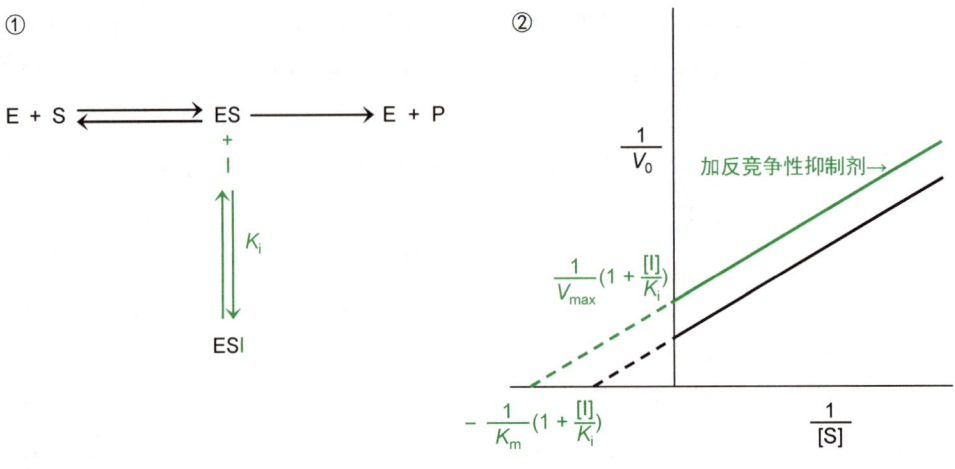

图 5-14 反竞争性抑制

降低。④动力学特征是表观 K_m 和表观 V_{max} 减小，因此增加底物浓度可以削弱但不能消除反竞争性抑制剂的抑制作用。

（2）反竞争性抑制意义：反竞争性抑制剂少见，主要见于双（多）底物反应。苯丙氨酸和肼分别是肠碱性磷酸酶和胃蛋白酶的反竞争性抑制剂。治疗良性前列腺肥大的爱普列特（XG04C）是类固醇 5α- 还原酶的反竞争性抑制剂，抑制睾酮还原成双氢睾酮。除草剂草甘膦（已被列为致癌物）是植物芳香族氨基酸合成途径一种酶的反竞争性抑制剂。

3. 非竞争性抑制剂 有些抑制剂（I）和底物（S）可以同时结合于酶（E）的不同部位，因而不影响底物与酶的结合，但妨碍酶活性构象的形成，从而抑制酶促反应，且其抑制效应不能通过增加底物浓度消除。这类抑制剂称为非竞争性抑制剂（noncompetitive inhibitor），这种抑制作用称为非竞争性抑制（noncompetitive inhibition，图 5-15 ①）。

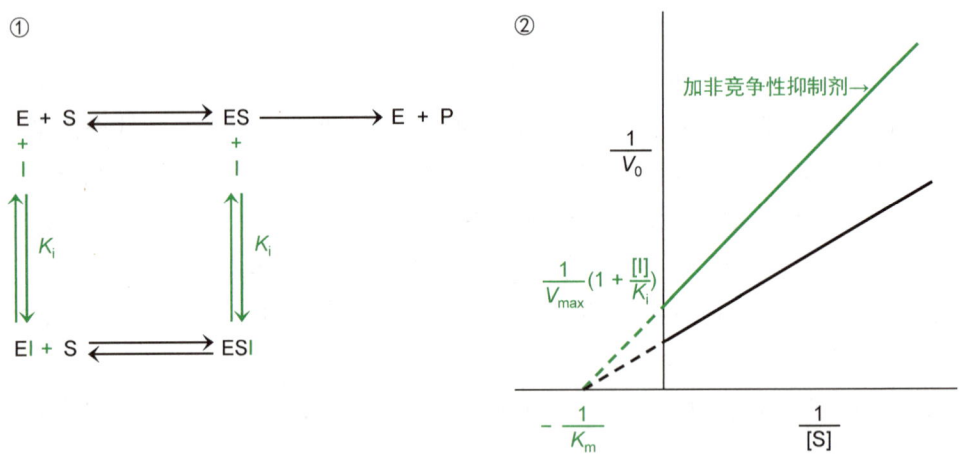

图 5-15 非竞争性抑制

存在非竞争性抑制剂时，反应速度 V_0 与抑制剂浓度 [I]、底物浓度 [S] 的动力学关系符合以下林 - 贝氏方程：

$$\frac{1}{V_0} = \frac{K_m}{V_{max}} \frac{1}{[S]} \left(1 + \frac{[I]}{K_i}\right) + \frac{1}{V_{max}} \left(1 + \frac{[I]}{K_i}\right) \qquad K_i = \frac{[E][I]}{[EI]} = \frac{[ES][I]}{[ESI]}$$

根据该林 - 贝氏方程可作双倒数图（图 5-15 ②）。从图中可见，酶促反应体系中存在非竞争性抑制剂时，表观 K_m 仍为 K_m，表观 V_{max} 为 $V_{max}/(1+[I]/K_i)$。

（1）非竞争性抑制特点：①抑制剂结合于酶的活性中心外。②抑制剂的结合不影响底物与活性中心的结合。③抑制剂与酶、酶-底物复合物结合导致其有效浓度[E]、[ES]降低。④动力学特征是表观 K_m 不变，表观 V_{max} 减小，因此增加底物浓度可以削弱但不能消除非竞争性抑制剂的抑制作用。

（2）非竞争性抑制意义：非竞争性抑制剂不多，作用于双（多）底物反应。异亮氨酸是细菌苏氨酸脱水酶的非竞争性抑制剂。卡泊芬净（XJ02AX）作为全身用抗真菌药非竞争性抑制真菌 β-1,3-葡聚糖合酶，从而干扰其细胞壁的形成。多西环素（XJ01A）是一种四环素类全身用抗菌药，在低浓度下还是胶原酶的非竞争性抑制剂，可用于治疗牙周病。

三类可逆抑制剂抑制特点总结见表 5-9。

表 5-9 可逆抑制剂抑制特点

种类	抑制对象	表观 K_m	表观 V_{max}
竞争性抑制剂	酶	增大	不变
反竞争性抑制剂	酶-底物复合物	减小	减小
非竞争性抑制剂	酶、酶-底物复合物	不变	减小

六、激活剂对酶促反应速度的影响

激活剂（activator）是指通过与酶或底物非共价结合使酶促反应速度加快的物质。激活剂大多数是金属离子，如 Mg^{2+} 几乎是所有以三磷酸核苷（NTP）为底物的反应的激活剂；少数是阴离子，如 Cl^- 是唾液 α 淀粉酶的激活剂；也有些是有机化合物，如牛磺胆酸是胆固醇酯酶的激活剂。

七、酶活力与酶活力测定

酶活力（enzyme activity）通常指已知体积酶溶液或已知质量酶制剂所含酶活力单位的总量，是评价酶制剂活性高低的量化指标。

1. 酶活力单位　酶活力单位（enzyme active unit，U）又称酶活性单位、酶单位，是酶活力的度量单位。IUBMB 酶学委员会于 1964 年建议：1 个酶活力单位是指在 25℃、最适条件下，每分钟催化 1 μmol 底物反应所需的酶量。

为了使酶活力单位符合国际单位制，IUPAC 和 IUBMB 于 1972 年建议酶活力单位使用催量：1 催量（kat）是指在特定条件下，每秒钟催化 1 mol 底物反应所需的酶量。1 kat = 6×10^7 U。

2. 比活力　比活力又称比活性、比活（specific activity，SA），通常指 1 mg 酶制剂总蛋白所具有的酶活力单位，可用于鉴定酶制剂纯度。

3. 酶活力测定的基本原则　酶活力是通过测定其催化反应速度而测定的，必须控制合适、统一的反应条件，才能获得有可比性的准确结果。因为酶促反应速度对反应条件非常敏感，不仅取决于酶量，还与底物浓度、pH、温度、抑制剂、激活剂等密切相关，为此应控制合适的底物浓度和离子强度、最适 pH 和适宜温度，必要时可加入适量激活剂，还要排除抑制剂干扰。此外，应当尽可能测定酶促反应初速度，因为只有反应刚开始时的速度是相对稳定的，反应进行一段时间后速度明显减慢。

第四节 酶的调节

机体代谢形成代谢网络,研究和应用时代谢网络被碎片化为代谢途径。代谢受到严格调节,代谢调节包括细胞水平、体液水平和整体水平三级调节,并通过形成信号网络相辅相成,维持机体稳态。研究和应用时信号网络被碎片化为信号通路。代谢途径与信号通路的会合点是关键酶。关键酶的调节过程及调节效应均发生在细胞内,成为细胞水平代谢调节的核心。

一、代谢途径的关键酶

许多代谢途径都有这样一种或一组酶:它们不但催化特定反应,还负有控制代谢速度的使命,因而其活性受到调节。它们被称为代谢途径的关键酶(key enzyme)、限速酶(rate-limiting enzyme)、调节酶(regulatory enzyme),其催化的反应称为代谢途径的关键步骤(committed step)、限速步骤(rate-limiting step)、关键反应(key reaction)、限速反应(rate-limiting reaction)。机体通过调节关键酶活性来控制代谢速度,以满足机体对能量和代谢物的动态需要。

1. 关键酶和关键反应特点 关键酶及其催化的关键反应具有以下特点。

(1)关键酶结构:关键酶含催化位点和调节位点。催化位点(catalytic site)即酶的活性中心。调节位点(regulatory site)是调节因素(变构调节剂或修饰基团)直接作用并导致其构象改变,从而活性改变的位点。有的关键酶分子只有一个调节位点,有的关键酶有几个甚至十几个调节位点。多数关键酶是多亚基蛋白,其活性中心和调节位点往往位于不同的亚基上,含活性中心的亚基称为催化亚基(catalytic subunit,C),含调节位点的亚基称为调节亚基(regulatory subunit,R)。

(2)关键酶构象:关键酶至少有两种典型构象,一种是有活性(active)或高活性(more active)的 R 构象,另一种是无活性(inactive)或低活性(less active)的 T 构象。

(3)关键反应代谢途径定位:关键反应通常位于代谢途径的上游或分支点上,反应速度在代谢途径或代谢分支中最慢,控制着整个代谢途径或代谢分支的代谢速度。

(4)关键反应可逆性:关键反应多为不可逆反应(irreversible reaction),从而赋予代谢途径单向性。

通过调节酶活性控制代谢速度和代谢物流向是代谢调节的重要方式。调节酶活性时不必改变代谢途径中所有酶的活性,只需调节其中关键酶的活性。每条代谢途径都有一种或几种关键酶,各主要代谢途径的关键酶见表 5-10。

表 5-10 主要代谢途径的关键酶

代谢途径	关键酶
糖酵解途径	己糖激酶(肌)、葡萄糖激酶(肝)、磷酸果糖激酶 1、丙酮酸激酶
三羧酸循环	异柠檬酸脱氢酶、α- 酮戊二酸脱氢酶复合体
糖原分解	糖原磷酸化酶
糖原合成	糖原合酶
糖异生	丙酮酸羧化酶、磷酸烯醇式丙酮酸羧激酶、果糖 -1,6- 二磷酸酶、葡萄糖 -6- 磷酸酶

续表

代谢途径	关键酶
脂肪动员	激素敏感性脂肪酶
脂肪酸分解	肉碱脂酰转移酶Ⅰ
脂肪酸合成	乙酰辅酶A羧化酶
胆固醇合成	羟甲基戊二酰辅酶A还原酶
血红素合成	5-氨基酮戊酸合成酶

2. 关键酶调节方式　关键酶的调节包括结构调节和水平调节。一种关键酶可同时受结构调节和水平调节。

3. 关键酶临床意义　临床上，许多药物以关键酶为靶点。例如：羟甲基戊二酰辅酶A还原酶是胆固醇合成途径的关键酶，是他汀类降胆固醇药物的靶点。他汀类（XC10AA）通过抑制该酶活性抑制胆固醇合成，从而降胆固醇（参见第九章）。

二、关键酶结构的调节

关键酶结构的调节是指改变已有酶分子的结构，从而改变其催化活性。因显效快，又称快速调节，结构调节根据调节方式分为变构调节、化学修饰调节、酶原激活。

（一）关键酶的变构调节

酶的变构调节（allosteric regulation）是指酶活性中心外的特定部位结合或释放特定分子（不是基团），引起酶蛋白构象改变，活性也随之改变。能通过变构调节改变活性的酶称为变构酶（allosteric enzyme），属于变构蛋白。变构酶活性中心外与特定分子结合的部位称为变构位点、变构部位，属于调节位点。各代谢途径的关键酶多为变构酶（表5-11）。

表5-11　主要代谢途径的变构酶及其变构调节剂

代谢途径	变构酶	变构激活剂	变构抑制剂
糖酵解途径	己糖激酶		6-磷酸葡萄糖
	磷酸果糖激酶1	AMP、ADP、2,6-二磷酸果糖	ATP、柠檬酸
	丙酮酸激酶	1,6-二磷酸果糖	ATP、乙酰辅酶A、丙氨酸
三羧酸循环	异柠檬酸脱氢酶	ADP	ATP
糖异生	丙酮酸羧化酶	乙酰辅酶A	ADP
	果糖-1,6-二磷酸酶		AMP
肌糖原分解	肌糖原磷酸化酶	AMP	ATP、6-磷酸葡萄糖
肝糖原分解	肝糖原磷酸化酶	AMP	葡萄糖
糖原合成	糖原合酶	6-磷酸葡萄糖	
脂肪酸合成	乙酰辅酶A羧化酶	柠檬酸	棕榈酰辅酶A
氨基酸脱氨基	谷氨酸脱氢酶	ADP	GTP
嘌呤核苷酸合成	磷酸核糖焦磷酸酰胺转移酶		IMP、AMP、GMP
嘧啶核苷酸合成	氨甲酰磷酸合成酶Ⅱ	5-磷酸核糖焦磷酸	UMP、UTP

1. 变构调节剂　能与变构位点结合从而对变构酶进行变构调节的特定分子称为变构调节剂（allosteric modulator）、变构效应物（变构效应剂，allosteric effector），其中提高酶活性的称为变构激活剂（allosteric activator），降低酶活性的称为变构抑制剂（allosteric inhibitor）。变构调节剂可以分为三类。

（1）酶的底物或产物：其调节的变构酶称为同促酶（homotropic enzyme）。同促酶的变构效应是只改变 $K_{0.5}$（相当于米氏常数。变构酶动力学不符合米氏动力学，其催化反应的速度达到最大反应速度一半时的底物浓度用 $K_{0.5}$ 或 $[S]_{0.5}$ 表示），不改变 V_{max}。

（2）其他小分子代谢物或金属离子：其调节的变构酶称为异促酶（heterotropic enzyme）。多数异促酶的变构效应是只改变 $K_{0.5}$，不改变 V_{max}，如 ATCase；少数异促酶的变构效应是只改变 V_{max}，$K_{0.5}$ 几乎不变。

变构调节剂在细胞内的水平与代谢物供求或能荷密切相关。

2. 变构调节机制　变构调节剂非共价结合于变构酶的变构位点或调节亚基，引起酶蛋白变构，从无活性或低活性的 T 构象转换为有活性或高活性的 R 构象（变构激活剂），或反之（变构抑制剂）；引起多亚基变构酶解聚或聚合。有些变构酶聚合状态下有催化活性，解聚后失活，例如磷酸果糖激酶 1 四聚体。有些变构酶聚合状态下无催化活性，解聚后激活，如蛋白激酶 A 四聚体（图 5-16），图中 C 为催化亚基，R 为调节亚基，cAMP 为变构激活剂。

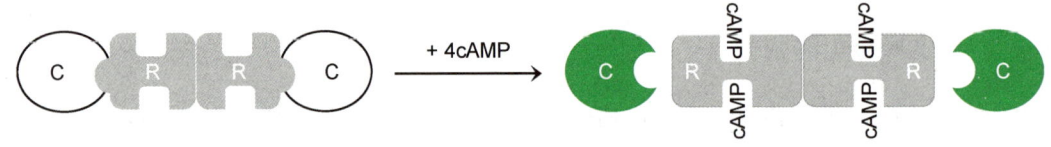

图 5-16　蛋白激酶 A 变构激活机制

3. 变构调节特点　变构调节有如下特点。

（1）变构调节是物理过程，变构调节剂与变构位点非共价可逆结合，结合程度取决于变构调节剂水平。只要变构调节剂水平发生变化，结合率就会改变，变构酶活性也随之改变。

（2）变构调节灵敏，可以微调，且不消耗高能化合物。

（3）变构调节显效极快，只需数毫秒到数秒，只要变构调节剂水平改变，变构酶活性立刻改变。例如：ATP 是丙酮酸激酶的变构抑制剂。ATP 充足时与丙酮酸激酶的结合率增加，抑制增强；ATP 缺乏时与丙酮酸激酶的结合率下降，抑制减弱。

（4）多亚基变构酶与底物的结合具有协同性（参见第三章），因而其动力学不符合米氏动力学，其动力学曲线是一条 S 曲线。

（5）许多变构酶的变构抑制剂是代谢途径下游中间产物或终产物，因而受其反馈抑制。它们的生成量一旦超过需要量，就会积累而增加对变构酶的抑制，降低其所催化反应的速度，其下游的酶促反应也随之减慢。这种调节称为反馈抑制（feedback inhibition）。反馈抑制使终产物生成量与代谢需要量一致，维持代谢物稳态，既避免终产物积累对细胞造成损害，又避免能量和代谢物浪费。

4. 变构调节意义　变构调节在生物代谢过程中广泛存在，是一种基本的快速调节方式。

（1）避免代谢终产物积累：例如细胞内 ATP 越多，对有氧氧化途径关键酶磷酸果糖激酶 1、丙酮酸激酶、丙酮酸脱氢酶复合体、异柠檬酸脱氢酶的抑制效应越强，从而控制有氧氧化速度，避免乙酰辅酶 A 和 ATP 积累（参见第八章）。ATP 的这种抑制效应属于反馈抑制。

（2）合理调配代谢物：一种变构调节剂可以抑制一种变构酶，同时激活另一种变构酶，使代谢物根据需要进入不同代谢途径。例如丙氨酸脱氨生成的丙酮酸的去向：脂肪酸供应充足（或 ATP 充足）导致乙酰辅酶 A 较多，一方面乙酰辅酶 A 激活丙酮酸脱氢酶激酶，后者通过化学修饰抑制丙酮酸脱氢酶复合体，从而抑制丙酮酸氧化分解生成乙酰辅酶 A；另一方面乙酰辅酶 A 变构激活丙酮酸羧化酶，催化丙酮酸羧化成草酰乙酸，通过糖异生途径合成葡萄糖。

（二）关键酶的化学修饰调节

酶的化学修饰（chemical modification）又称共价修饰（covalent modification），是指酶活性中心外的化学修饰位点通过酶促反应结合或脱去特定修饰基团（不是分子），引起酶构象改变，活性也随之改变。

1. 化学修饰调节机制　关键酶的化学修饰位点位于调节位点，是特定氨基酸残基 R 基的极性基团，如羟基、氨基和咪唑基等。化学修饰方式包括磷酸化/去磷酸化（丝氨酸、苏氨酸、酪氨酸、组氨酸）、甲基化/去甲基化（谷氨酸、赖氨酸）、腺苷酸化/去腺苷酸化（酪氨酸）、ADP 核糖基化（精氨酸、谷氨酰胺、半胱氨酸、组氨酸）、尿苷酸化（酪氨酸）和乙酰化/去乙酰化（赖氨酸）等，以磷酸化/去磷酸化最为常见。

磷酸化（phosphorylation）在此是指酶蛋白调节位点特定基团（主要是特定部位丝氨酸、苏氨酸或酪氨酸残基 R 基的羟基）与 ATP 提供的 γ- 磷酸基以磷酸酯键结合，反应由蛋白激酶（protein kinase）催化。去磷酸化（dephosphorylation）是指水解脱去酶蛋白的上述磷酸基，反应由蛋白磷酸酶（protein phosphatase）催化。

化学修饰改变酶的构象和带电荷状态，影响底物与活性中心结合；或改变调节位点对催化位点（活性中心）的影响，从而改变酶活性，使酶从 T 构象转换为 R 构象，或反之（表 5-12）。化学修饰改变调节酶所催化反应的表观 V_{max} 或 $K_{0.5}$。

表 5-12　磷酸化和去磷酸化对酶活性的影响

酶	磷酸化效应	去磷酸化效应	酶	磷酸化效应	去磷酸化效应
糖原磷酸化酶	激活	去激活	糖原合酶	抑制	复活
糖原磷酸化酶激酶	激活	去激活	磷酸果糖激酶 2	抑制	复活
激素敏感性脂肪酶	激活	去激活	丙酮酸脱氢酶	抑制	复活
ATP 柠檬酸裂解酶	激活	去激活	乙酰辅酶 A 羧化酶	抑制	复活
HMG-CoA 还原酶激酶	激活	去激活	HMG-CoA 还原酶	抑制	复活

糖原磷酸化酶是磷酸化修饰调节的典型例子。糖原磷酸化酶是同二聚体，有低活性的 b 型和高活性的 a 型两种典型构象：①糖原磷酸化酶 b 的 Ser14 羟基由糖原磷酸化酶激酶催化磷酸化，转换为高活性的糖原磷酸化酶 a，由 ATP 提供磷酸基，称为激活（activation）。②糖原磷酸化酶 a 的 Ser14 磷酸基由蛋白磷酸酶催化脱去磷酸基，转换为低活性的磷酸化酶 b，称为去激活（deactivation）（图 5-17）（参见第八章）。

2. 化学修饰调节特点　主要有以下几方面。

（1）化学修饰过程是化学过程，通过修饰/去修饰改变关键酶的构象。化学修饰调节是一个

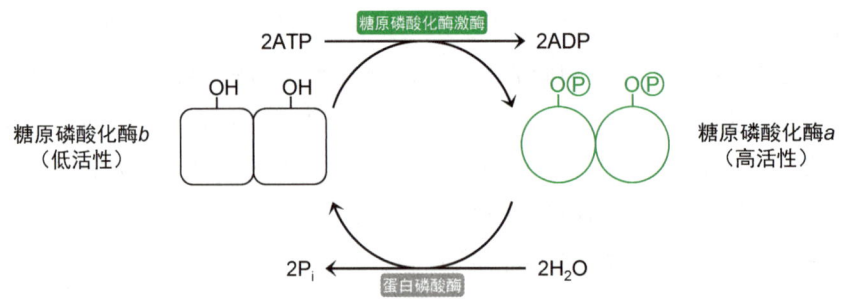

图 5-17 糖原磷酸化酶化学修饰调节

酶促反应过程,即关键酶的化学修饰受其他酶催化。修饰反应和去修饰反应均不可逆,所以由不同的酶催化,例如磷酸化由蛋白激酶催化,去磷酸化由蛋白磷酸酶催化。

（2）化学修饰调节有放大效应,因此调节效率高于变构调节,例如一个蛋白激酶 A 分子可以磷酸化修饰数十个至数百个关键酶分子。很多蛋白激酶和蛋白磷酸酶等自身也受化学修饰调节,从而形成级联反应（cascade）,产生放大效应。

（3）化学修饰调节消耗 ATP,但消耗量远少于酶蛋白合成的 ATP 消耗量。

（4）化学修饰调节显效很快,只需几秒到几分钟,有的甚至不到 1 秒即显效。

3. 化学修饰调节的意义　化学修饰调节和变构调节相辅相成,共同维持代谢顺利进行,稳定内环境。

（1）当变构调节剂太少、难以独立完成调节时,化学修饰调节可以迅速起作用,满足应激需要。

（2）许多关键酶可受变构和化学修饰双重调节。例如肌糖原磷酸化酶 b 既受变构调节,被 AMP 激活,被 ATP 或 6- 磷酸葡萄糖抑制,又受化学修饰调节,被磷酸化激活,被去磷酸化去激活。

（3）化学修饰调节是信号转导的主要生化基础,特别是蛋白激酶形成的级联反应,产生放大效应（参见第十八章）。

（三）酶原激活

有些酶在细胞内刚合成、初分泌时或催化反应前是无活性前体,必须水解一个或几个特定肽键,或水解掉一个或几个特定氨基酸残基或肽段（称为激活肽）,从而改变酶的构象,形成或暴露出酶的活性中心,成为酶蛋白。酶的这种无活性前体称为酶原（zymogen, proenzyme）。酶原向酶蛋白转化的过程称为酶原激活（zymogen activation）。

例如:人胰腺细胞合成和分泌的羧肽酶原 A1（含有 403 个氨基酸残基）没有活性,进入小肠后由胰蛋白酶催化水解掉 N 端激活肽（含有 94 个氨基酸残基）,改变构象,形成活性中心,成为有催化活性的羧肽酶 A1。

人胰腺细胞合成和分泌的前糜蛋白酶原 B 一级结构含有 263 个氨基酸残基。①前糜蛋白酶原 B 由信号肽酶切去含有 18 个氨基酸残基的信号肽成为含有 245 个氨基酸残基的糜蛋白酶原。②糜蛋白酶原由胰蛋白酶水解 Arg33-Ile34 得到激活的 π 糜蛋白酶。③π 糜蛋白酶相互催化切去 Ser32-Arg33 和 Asn165-Ala166 两个二肽,得到由 A 链（Cys19 ~ Leu31）、B 链（Ile34 ~ Tyr164）和 C 链（Asn167 ~ Asn263）通过两个二硫键（Cys19-Cys140, Cys154-Cys219）连接组成的更稳定的活性 α 糜蛋白酶（图 5-18）。

糜蛋白酶活性中心内的催化三联体由来自 B 链的 His75、Asp120 和 C 链的 Ser213 组成（图 5-19）。

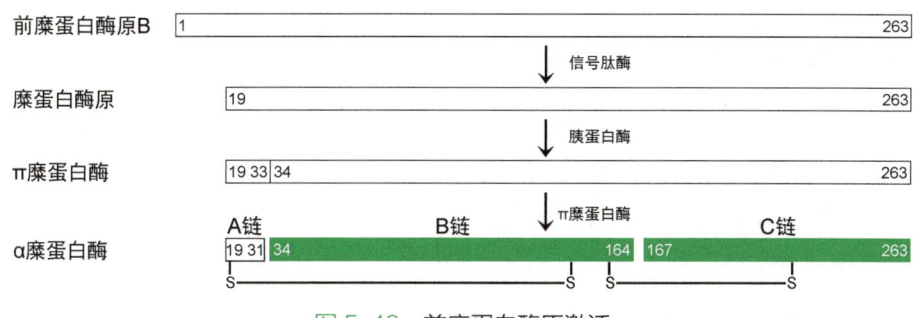

图 5-18　前糜蛋白酶原激活

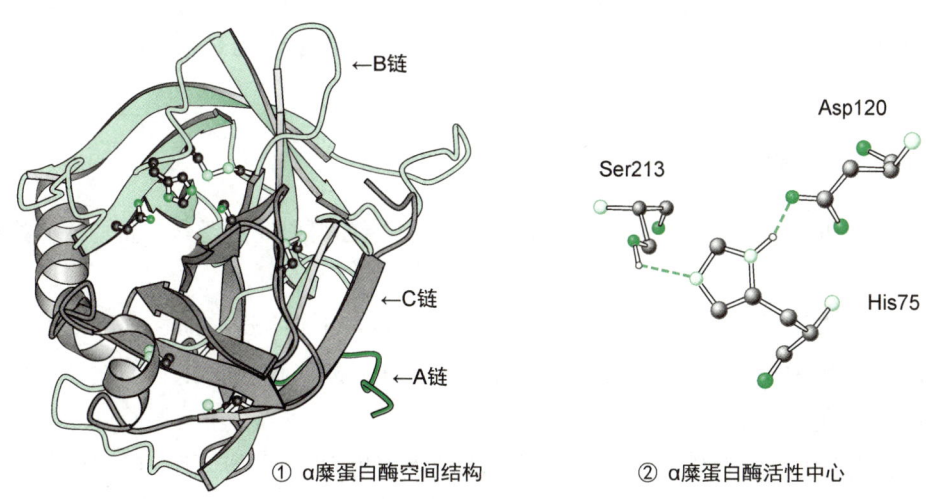

① α糜蛋白酶空间结构　　② α糜蛋白酶活性中心

图 5-19　α 糜蛋白酶构象和活性中心

酶原和酶原激活具有重要的生理意义。

一些消化酶类如胰蛋白酶、糜蛋白酶、弹性蛋白酶和羧肽酶均以无活性的酶原形式合成于胰腺腺泡细胞，经胰管运到十二指肠后才激活成为有活性的酶，发挥消化作用（图 5-20），这样可避免其在分泌和运输过程中消化组织蛋白。

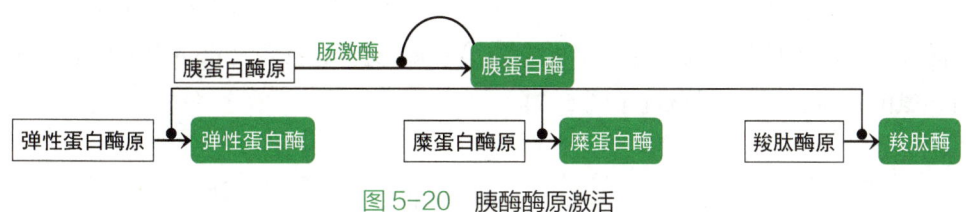

图 5-20　胰酶酶原激活

胰蛋白酶原既可被肠激酶激活成胰蛋白酶，又可被胰蛋白酶激活，所以其激活过程存在正反馈（positive feedback）。

和变构调节、化学修饰调节相比，酶原激活是不可逆调节且可以在细胞外进行。

三、关键酶水平的调节

关键酶水平的调节又称数量调节、含量调节，是指在基因表达水平上通过调节酶蛋白的合成和降解速度改变酶蛋白水平，从而改变其总活性，因显效慢（通常经过数分钟、数小时甚至数日才能显效），又称缓慢调节、迟缓调节，是基因表达调控核心内容（参见第十七章）。

(一) 酶蛋白合成调节

酶可以根据酶蛋白水平是否受到调节分为组成酶、诱导酶和阻遏酶。组成酶（constitutive enzyme）含量相对稳定，不受组织组成、代谢物水平和生长条件影响。诱导酶和阻遏酶的合成受某些底物、产物、激素或药物影响，其中使诱导酶（inducible enzyme）合成增加的称为诱导物（inducer），诱导物往往是代谢底物，例如饥饿时组织蛋白降解增加，大量产氨，诱导合成尿素合成酶系；使阻遏酶（repressible enzyme）合成减少的称为辅阻遏物（corepressor），辅阻遏物往往是代谢产物，例如胆固醇能抑制胆固醇合成途径关键酶羟甲基戊二酰辅酶 A 还原酶的合成，使胆固醇合成减少。一些关键酶是诱导酶或阻遏酶，其底物或产物是诱导物或辅阻遏物（参见第十七章）。

(二) 酶蛋白降解调节

控制酶蛋白的降解也是调节酶水平的重要方式。酶蛋白可以通过泛素 - 蛋白酶体途径和溶酶体途径降解。

1. 泛素 - 蛋白酶体途径 泛素 - 蛋白酶体途径（ubiquitin-proteasome pathway）是将酶蛋白多聚泛素化后由蛋白酶体降解的途径，该途径消耗 ATP，故又称 ATP 依赖的途径。哺乳动物细胞蛋白中 90% 由蛋白酶体降解。

（1）泛素化系统：泛素化系统是由泛素、泛素活化酶 E1（人类基因组编码两种，以下同）、泛素结合酶 E2（40 多种，组成一个家族）、E3 泛素连接酶（>600 种，组成三个家族）形成的一组多酶体系。其中泛素（ubiquitin, Ub）在真核生物中广泛存在，是一类高度保守的调节蛋白，一级结构由 76 个氨基酸构成，C 端甘氨酸和序列内的 7 个赖氨酸是泛素重要的保守残基。

泛素化系统的功能是催化酶蛋白（及其他蛋白质）泛素化（ubiquitination），又称泛酰化（ubiquitylation），即与泛素共价结合。泛素化分三步进行。①泛素活化：泛素活化酶 E1（ubiquitin-activating enzyme）活性中心的半胱氨酸巯基与泛素 C 端的甘氨酸羧基形成硫酯键，消耗 ATP。②泛素转移：泛素从泛素活化酶 E1 活性中心转运至泛素结合酶 E2（ubiquitin-conjugating enzyme）活性中心的半胱氨酸巯基上。③泛素结合：E3 泛素连接酶（ubiquitin ligase）催化泛素与靶蛋白赖氨酸 ε- 氨基形成异肽键（图 5-21）。

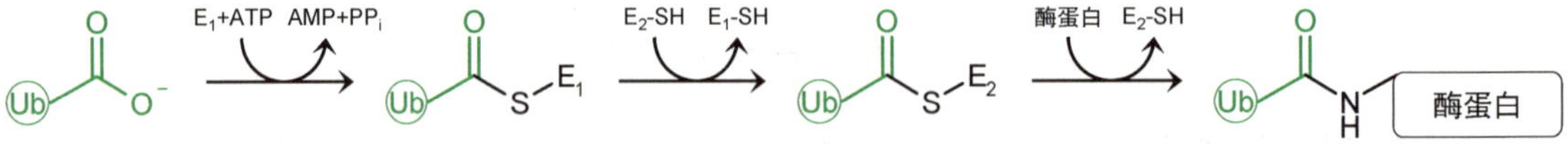

图 5-21 泛素化系统

（2）泛素化分类：E3 泛素连接酶催化反应具有持续合成能力（processivity），即结合于酶蛋白，重复催化泛素特定赖氨酸的 ε- 氨基与下一个泛素 C 端甘氨酸羧基结合，形成多聚泛素（至少含 4 个泛素），成为降解标签。因此，酶蛋白泛素化有三种基本形式。①单泛素化（monoubiquitination）：是指一个酶蛋白分子中只有一个赖氨酸残基结合一分子泛素，属于酶蛋白化学修饰方式之一，可调节其活性或靶向运输。②多泛素化（multiubiquitination）：是指一个酶蛋白分子中有多个赖氨酸残基各结合一分子泛素。③多聚泛素化（polyubiquitination）：是指一个酶蛋白分子中赖氨酸残基结合的泛素进一步结合泛素。多聚泛素化效应不一，与泛素之间连接方式有关，如介导信号转导（Met1 连接）、介导 DNA 修复（Lys6 连接），介导内质网相关降解（Lys11 连接）、介导溶酶体降解（Lys29 连接）、介导磷酸化（Lys33 连接）、介导蛋白酶体降解（Lys48 连接，图 5-22）、介导内吞（Lys63 连接）。

（3）蛋白酶体：酶蛋白一旦多聚泛素化（Lys48 连接），便由 26S 蛋白酶体识别、募集，降解为含 2~25 个氨基酸残基的寡肽，逸出蛋白酶体后被细胞质肽酶水解成氨基酸，而泛素则被释放并再利用。

26S 蛋白酶体（proteasome）在真核生物体内广泛存在，位于细胞核和细胞质中，功能是以 ATP 依赖的方式降解多聚泛素化酶蛋白。26S 蛋白酶体由一个桶状 20S 核心颗粒和两个盖状 19S 调节颗粒构成。① 20S 核心颗粒（core particle，CP）又称催化颗粒（catalytic particle），是由两个 α 亚基异七聚体环和两个 β 亚基异七聚体环叠成的桶状结构，其中 β5、β6、β7 亚基分别具有类糜蛋白酶、类半胱天冬酶、类胰蛋白酶活性，活性中心位于桶内侧壁上（图 5-23）。② 19S 调节颗粒（regulatory particle，RP）又称 PA700，由 18 个亚基构成，其中有的亚基为泛素受体，有的亚基催化酶蛋白去泛素化（deubiquitinating），有的亚基催化酶蛋白去折叠，进入桶状核心颗粒。

图 5-22　主要泛素化形式　　图 5-23　20S 核心颗粒结构示意图

泛素 - 蛋白酶体途径不仅降解半衰期短的关键酶蛋白，还降解调节蛋白、结构异常蛋白质、抗原蛋白、应激反应蛋白。

拓展阅读 5-8：泛素 - 蛋白酶体系统发现与应用

2. 溶酶体途径　溶酶体途径（lysosomal pathway）是指酶蛋白及其他蛋白质在溶酶体内被组织蛋白酶（cathepsin）降解。该途径主要降解细胞外成分，特定条件下也降解细胞成分，包括细胞膜成分和细胞质成分。细胞质成分包括细胞质蛋白和衰老或损伤的过氧化物酶体、线粒体等，通过自噬降解。溶酶体途径不消耗 ATP，故又称非 ATP 依赖的途径。

四、非酶蛋白质的调节

细胞内受到调节的蛋白质不限于关键酶蛋白，还包括其他蛋白质。它们的调节与关键酶一致，均存在结构调节和水平调节机制。

1. 变构调节　如 CO 增加血红蛋白氧合力，Ca^{2+} 激活钙调蛋白，视黄酸激活视黄酸受体。

2. 化学修饰调节　如血浆蛋白糖基化，G 蛋白偶联受体、胰岛素受体底物、翻译延伸因子磷酸化，组蛋白甲基化、乙酰化、磷酸化等。

3. 蛋白前体加工　如胶原、胰岛素和胰岛素受体的加工。

4. 水平调节　如胰岛素、核因子 κB 抑制蛋白、β 连环蛋白的合成与降解。

第五节 酶的命名和分类

酶的命名可采用习惯命名法（称为俗称、通称）和系统命名法。

1. 酶的习惯命名法 ①多数酶命名：底物名称＋反应类型＋"酶"，例如"苹果酸脱氢酶"。②水解酶和部分水化酶命名：底物名称＋"酶"，略去反应类型，例如"蛋白［水解］酶"、延胡索酸［水化］酶。③有时在底物名称前加酶的来源，例如"唾液淀粉酶"、线粒体顺乌头酸［水化］酶。

习惯命名法命名简单，应用方便，但有时会出现一酶数名或一名数酶的混乱现象，如"琥珀酸硫激酶"又称"琥珀酰辅酶A合成酶"。

2. 酶的系统命名法 国际生物化学联合会（IUB，IUBMB前身）于1964年成立酶学委员会（enzyme commission，EC），提出酶的系统命名法，规定每一种酶都有一个系统名称，它包含酶的所有底物和反应类型信息，底物名称之间以"："分隔。许多酶促反应是双底物或多底物反应，而且底物的化学名称很长，导致酶的系统名称冗长。为了应用方便，IUBMB又从每一种酶的多个俗称中选定一个简便实用的推荐名称，如催化下列反应的酶：

$$L-天冬氨酸 + α-酮戊二酸 \longrightarrow L-谷氨酸 + 草酰乙酸$$

系统名称为L-天冬氨酸：α-酮戊二酸转氨酶，推荐名称为天冬氨酸转氨酶和谷［氨酸］草［酰乙酸］转氨酶。

3. 酶的国际系统分类和编号 ①酶学委员会根据酶促反应的性质将酶分为七类（表5-13），编号1、2、3、4、5、6、7。②每一类酶按照底物发生反应的基团或化学键的特点分为若干亚类，编号1、2、3等。③每一亚类按照底物性质分为若干亚亚类，编号1、2、3等。④每一亚亚类的各种酶有一个流水号。因此，每一种酶的国际系统分类编号均由四组数字组成，数字前冠以EC。例如L-乳酸：NAD^+氧化还原酶（乳酸脱氢酶）的分类编号为EC：1（氧化还原酶类）·1（羟基）·1（NAD/NADP）·27（流水号）。

表5-13 酶的分类

编号	分类	催化反应类型	举例
1	氧化还原酶类（oxidoreductases）	氧化还原（转移电子、氢原子、氢负离子）	乳酸脱氢酶
2	转移酶类（transferases）	基团转移或交换	葡萄糖激酶
3	水解酶类（hydrolases）	水解（以水为受体的基团转移）	胰脂肪酶
4	裂合酶类（lyases）	基团加成于双键或其逆反应（加成或消除）	延胡索酸酶
5	异构酶类（isomerases）	重排（分子内基团转移），形成异构体	磷酸丙糖异构酶
6	连接酶类（ligases）	缩合反应形成C-C、C-S、C-O、C-N键，消耗NTP	脂酰辅酶A合成酶
7	转位酶类（translocases）	离子或分子跨膜转运	钠钾ATP酶

第六节 酶与医药的关系

医学的根本任务是保障健康，防病治病。从生物化学的角度来看，身体健康的表现是维持代谢稳态。因为代谢是通过酶促反应实现的，所以酶调节机制的正常是代谢稳态的基础。疾病的生化特征就是代谢紊乱引起稳态失调。许多代谢紊乱本身由先天性或继发性酶异常引起，且又导致其他酶异常。因此，许多疾病临床症状的代谢基础是关键酶失控，关键酶是这些疾病的治疗靶点。

随着临床应用和酶学相关研究的开展，酶在医药领域的重要性越来越受到重视。酶不仅与疾病的发生发展直接相关，而且已成为临床诊断的重要指标。随着基因诊断和基因治疗的开展及酶工程的发展，酶也将更多地用于治疗。

一、酶与疾病发生

生物体内的化学反应几乎都是由酶催化进行的，所以先天性或遗传性酶异常或酶的活性受到抑制都会导致疾病，反之疾病也会导致酶异常。

1. 酶异常导致疾病 ①先天性或遗传性酶异常：酶基因发生突变，导致酶蛋白合成不足，或结构异常、没有催化活性，从而使代谢发生异常，导致疾病。其中遗传性酶异常导致的疾病属于遗传病，例如酪氨酸酶缺乏引起的白化病，6-磷酸葡萄糖脱氢酶缺乏引起的蚕豆病，苯丙氨酸羟化酶缺乏引起的苯丙酮尿症，胱硫醚合成酶缺乏引起的高同型半胱氨酸血症。②酶活性被抑制：许多中毒性疾病实际上是由某些酶活性被抑制导致的，例如有机磷抑制乙酰胆碱酯酶，重金属抑制巯基酶，氰化物抑制细胞色素 c 氧化酶，肼抑制谷氨酸脱羧酶，巯基乙酸抑制脂酰辅酶 A 脱氢酶和琥珀酸脱氢酶，都会使代谢发生异常，导致疾病。

2. 疾病导致酶异常 某些疾病会导致相关酶异常，如胆道梗阻导致血清碱性磷酸酶（ALP）升高，肝病（如肝炎）导致血清谷丙转氨酶（GPT）升高，急性心肌梗死导致血清肌酸激酶（CK_2）升高。

二、酶与疾病诊断

酶既可作为诊断指标，又可作为诊断工具。

1. 酶作为诊断指标 酶异常与疾病互为因果关系，这是酶诊断的理论基础，据此可进行疾病诊断、病程追踪、疗效评价、预后及预防。目前酶诊断占临床化学检验总量的 25%，由此可见其在临床诊断中非常重要。

酶诊断的特点是取材方便、分析规范，但特异性受限，因而主要作为辅助诊断指标。例如：碱性磷酸酶同工酶和 γ-谷氨酰转肽酶可以辅助诊断原发性肝癌，酸性磷酸酶（前列腺同工酶可被酒石酸抑制，其他组织同工酶不被抑制）是前列腺癌的标志物，检测其血清水平可以筛查高危个体诊断肿瘤复发（表 5-14）。

酶诊断所用标本多为血清，故其检测的酶被称为血清酶。血清酶来自组织细胞，包括以下三类。

（1）血浆功能酶：多数由肝细胞合成和分泌，在血浆中起作用，如假性胆碱酯酶、卵磷脂-

表 5-14 部分临床诊断血清酶

血清酶	诊断疾病	血清酶	诊断疾病
谷草转氨酶	心肌梗死、肝病	γ-谷氨酰转肽酶	各种肝病
谷丙转氨酶	肝病，心肌梗死	乳酸脱氢酶 5	肝病
淀粉酶	急性胰腺炎，胆道梗阻	脂肪酶	急性胰腺炎，胆道梗阻
血浆铜蓝蛋白	肝豆状核变性	β-葡萄糖脑苷脂酶	高雪氏病
肌酸激酶	肌肉损伤，心肌梗死	碱性磷酸酶同工酶	各种骨病，阻塞性肝病
碳酸酐酶	坏血病	端粒酶	肿瘤

胆固醇酰基转移酶、肝脂肪酶、凝血酶、纤溶酶、肾素。肝细胞受损时这类酶的合成和分泌减少，血浆水平下降。

（2）外分泌酶：由外分泌腺合成和分泌，在其他细胞外液中起作用，例如胃蛋白酶和胰蛋白酶在消化道催化蛋白消化。生理状态下仅有少量外分泌酶进入血浆。当外分泌腺受到损伤时这类酶进入血浆增多，因而具有临床诊断意义，例如急性胰腺炎时血淀粉酶水平明显升高。

急性胰腺炎时胰腺腺泡细胞向血液释放消化酶类，其中血淀粉酶变化有以下特点：发病后 6~12 小时开始升高，48 小时开始下降，持续 3~5 日，因此发病 12 小时内即可作为急性胰腺炎诊断指标，参考范围因测定方法而异，差别极大；淀粉酶水平越高，诊断准确率也越高；24 小时内都可分析。不过，淀粉酶水平高低不一定与发病程度呈正相关。例如：晚期重症坏死性胰腺炎由于胰腺腺泡细胞大量坏死，无淀粉酶分泌，血淀粉酶水平可能正常，甚至下降。

尿淀粉酶活性升高稍晚于血淀粉酶且持续时间稍长，常于发病 12~24 小时开始升高，能持续 5~7 日。故急性胰腺炎后期测定尿淀粉酶比测定血淀粉酶更有诊断意义。

（3）细胞酶：在细胞内起作用，例如谷丙转氨酶、碱性磷酸酶、γ-谷氨酰转肽酶，生理状态下仅有少量进入血浆。当组织细胞死亡或受到损伤时，会有大量细胞酶进入血浆，达到一个峰值后迅速或缓慢回落。其中某些酶来自特定组织器官，因而可以作为相应疾病诊断和预后的生物标志物（biomarker）。

2. 酶作为诊断工具 酶法分析灵敏、准确、方便和迅速，因而广泛应用于临床检验和科学研究。酶法分析（enzymatic analysis）是指用酶作为分析试剂，对一些酶、底物、激活剂和抑制剂等进行定量分析，例如用葡萄糖氧化酶测定血糖。酶法分析常用酶偶联法，其原理是利用某种酶的底物或产物可直接、简便分析的特点将该酶作为指示酶（indicator enzyme）与不易直接分析的反应相偶联，组成可以分析的反应体系。

例如：有些脱氢酶类以 $NAD^+/NADH$ 或 $NADP^+/NADPH$ 为辅助因子，NADH 和 NADPH 在波长 340 nm 处有吸收峰，而 NAD^+ 和 $NADP^+$ 无该吸收峰（图 5-24）。因此可用分光光度法分析依赖 $NAD(P)^+$ 的脱氢酶，或用这类脱氢酶作为指示酶，与待测酶建立偶联反应，通过分析 340 nm 光吸收的变化测定 NADH 水平的变化，分析待测酶活性。例如用苹果酸脱氢酶作为指示酶分析谷草转氨酶。

三、酶与疾病治疗

酶作为医药最早用于助消化。公元前 6 世纪我们的祖先就用富含消化酶（包括淀粉酶和蛋白酶）的麦曲治疗胃肠病，并称之为神曲。部分酶类药物参见表 3-5。

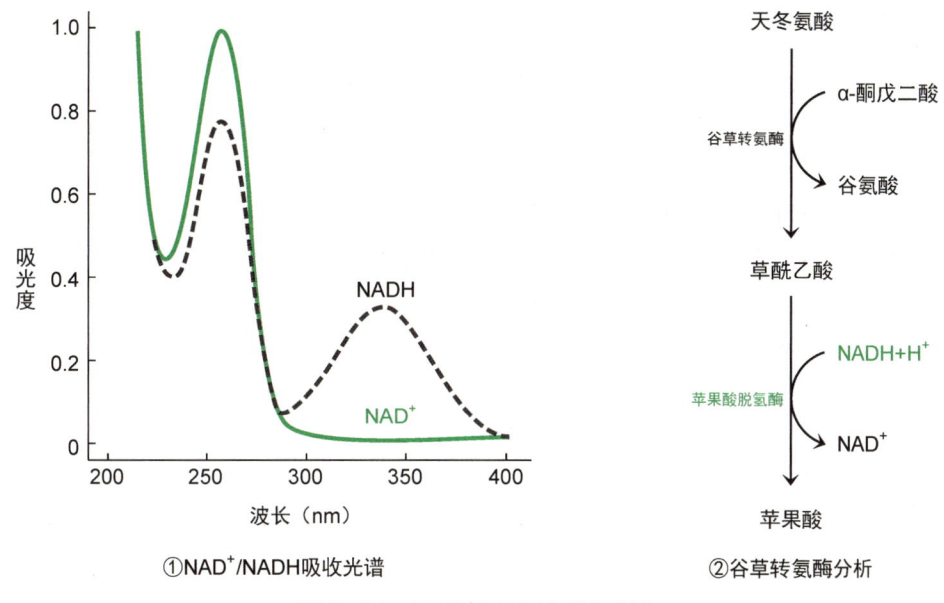

图 5-24 NAD⁺/NADH 吸收光谱

1. 天冬酰胺酶 药物名称门冬酰胺酶（XL01XX），儿童急性淋巴细胞白血病细胞的生长依赖血清天冬酰胺（原因尚未阐明），因此化疗策略之一是联合使用一种来自细菌的天冬酰胺酶，缓解率超过 95%，单独使用缓解率 40%~60%。

2. 糖苷酶 阿加糖酶 α 注射用浓溶液（XA16）可以治疗 α-半乳糖苷酶 A 缺乏病（法布雷病）。

四、酶与药物研制

除药用外，酶还可以用于药物发现和药物生产。

1. 药物发现 药物发现（drug discovery）是指应用医学、药理学和生物工程学的理论和技术，发现和设计药物的过程。药物发现分为四个阶段：靶点验证、建立模型、发现先导化合物（lead compound）、优化先导化合物。靶点验证（target validation）是指鉴别和确证在疾病的病症中起主要作用的药物靶点的过程。药物靶点（drug target）是指生物体内的一类大分子，具有重要的生理功能，其活性可以通过与药物分子的结合而改变，并产生预期的药理效应。目前临床应用药物的靶点中，酶占 28%。例如许多抗肿瘤药物的靶点都是蛋白激酶。

2. 药物生产 以酶作为制药工具，通过催化作用将原料转化为药物，称为药物的酶法生产。例如用蛋白酶生产氨基酸，用核糖核酸酶或磷酸二酯酶生产核苷酸，用枯草芽孢杆菌核苷磷酸化酶生产阿糖胞苷，用植物 β 酪氨酸酶生产多巴，用霉菌 11β-羟化酶生产氢化可的松。酶法生产常用固定化酶。

固定化酶（immobilized enzyme）是酶的一种工艺状态，是在不影响催化作用的前提下将其固定在某种固相载体上，或限制在一定空间内的酶制剂。固定化酶的特点是既便于酶的重复利用，又便于产物纯化，从而降低生产成本，提高生产效率。

固定化酶常用制备方法有以下几种。①共价结合法：通过化学反应使酶与固相载体共价结合。②交联法：用化学交联剂交联酶蛋白，形成酶蛋白凝胶。③包埋法：将酶包埋于凝胶孔隙内或渗透性微胶囊中。④吸附法：用固相载体吸附酶蛋白，如用物理吸附法固定于高岭土、磷酸钙凝胶、多孔玻璃、氧化铝、硅胶等，用离子吸附法固定于 DEAE-纤维素、DEAE-葡聚糖凝胶、大孔阴离子交换树脂等。

微胶囊型固定化酶还可用于临床,如微胶囊型脲酶可用于制造新型人工肾。

思考题

1. 如何测定一个酶的 K_m 值?
2. 不同酶的专一性有高有低,请分析它们对生命过程的意义。
3. 测定酶活力时,为什么要测定反应的初速度,并且常以测定产物的增加量为宜?
4. 如何用酶的竞争性抑制剂的理论指导寻找或合成控制代谢的药物?

（黄光瑞）

数字资源详见　新形态教材网

拓展阅读　　自测题　　教学课件

第六章

维生素和微量元素

生命过程离不开营养素。营养素（nutrient）又称营养物质（nutrient substance），可以分为宏量营养素和微量营养素。宏量营养素又称常量营养素（macronutrient），包括糖、脂质、蛋白质、常量元素和水；微量营养素又称微量营养物（micronutrient），包括维生素和矿物质。矿物质（mineral）包括常量元素和微量元素。

拓展阅读6-1：维生素与诺贝尔奖

第一节　维生素概述

维生素（vitamin）是维持人体和其他动物生命过程所必需的一类小分子有机化合物类微量营养素，可根据其水溶性差异分为脂溶性维生素和水溶性维生素。脂溶性维生素包括维生素 A、维生素 D、维生素 E、维生素 K，水溶性维生素包括 B 族维生素和维生素 C。机体对维生素的需要量极少，但自身不能合成或合成量不能满足需要，必须从食物中获取。人和其他动物缺乏维生素时不能正常生长，并且会发生特异性缺乏病。

一、维生素特点

与宏量营养素相比，维生素具有以下特点：①维生素是不同于糖、脂质、蛋白质的有机化合物。②维生素是天然食物组成成分，但含量很少。③维生素是动物生命过程必需的，多数作为辅助因子或其前体介导酶促反应，或作为信号分子或其前体，激活信号转导。④人和其他动物自身不能合成维生素，或合成量不能满足正常需要，必须从食物中获取。⑤维生素在动物体内含量极少，但如果缺乏或不足，会呈现维生素缺乏症。⑥维生素长期过量摄入会引起中毒。

二、维生素种类

维生素种类不一，结构各异，化学本质均为小分子有机化合物。目前确认维生素有 13 类，每一类包括一种或多种同效维生素（vitamer，表 6-1）。

不同维生素在天然食材中的存在形式不同。有些维生素以辅助因子或酯的形式存在，消化后才能被吸收（表 6-1）。

第六章 维生素和微量元素

表6-1 维生素化学

分类	同效维生素	活性形式	天然食物中的主要存在形式
水溶性维生素			
维生素 C	抗坏血酸 * 脱氢抗坏血酸	抗坏血酸 脱氢抗坏血酸	抗坏血酸
维生素 B_1	硫胺素 *	焦磷酸硫胺素	硫胺素，焦磷酸硫胺素
维生素 B_2	核黄素 *	黄素辅酶	黄素辅酶，黄素蛋白，核黄素
维生素 B_3	烟酸 烟酰胺 *	吡啶核苷酸	吡啶核苷酸，烟酸，烟酰胺
维生素 B_5	泛酸 *	辅酶 A 酰基载体蛋白（结构域）	辅酶 A，乙酰辅酶 A
维生素 B_6	吡哆醇 * 吡哆醛 吡哆胺	磷酸吡哆醛 磷酸吡哆胺	磷酸吡哆醇 磷酸吡哆醛 磷酸吡哆胺
维生素 B_7	生物素 *	生物素	生物胞素
维生素 B_9	叶酸（蝶酰谷氨酸）* 多谷氨酰叶酸	多谷氨酰四氢叶酸	5-甲基［多谷氨酰］四氢叶酸 10-甲酰基［多谷氨酰］四氢叶酸
维生素 B_{12}	钴胺素 氰钴胺 * 羟钴胺 甲钴胺 腺苷钴胺	甲钴胺 腺苷钴胺	氰钴胺 羟钴胺 甲钴胺 腺苷钴胺
脂溶性维生素			
维生素 A	视黄醇 * 视黄醛 视黄酸	全反式视黄醇，11-顺式视黄醇 全反式视黄醛，11-顺式视黄醛 全反式视黄酸，9-顺式视黄酸	视黄醇棕榈酸酯，视黄醇乙酸酯； 类胡萝卜素（A 原）
维生素 D	胆钙化醇 * 钙化醇	1,25-二羟维生素 D_3 1,25-二羟维生素 D_2	胆钙化醇，钙化醇
维生素 E	α 生育酚 *，α 生育三烯酚 β 生育酚，β 生育三烯酚 γ 生育酚，γ 生育三烯酚 δ 生育酚，δ 生育三烯酚	α 生育酚，α 生育三烯酚 β 生育酚，β 生育三烯酚 γ 生育酚，γ 生育三烯酚 δ 生育酚，δ 生育三烯酚	α 生育酚，乙酰-α 生育酚
维生素 K	叶绿醌 * 甲基萘醌 甲萘醌	叶绿醌 甲基萘醌	叶绿醌 甲基萘醌

* 同效维生素代表

三、维生素功能

各类维生素功能不一，一类维生素也具有多种功能。①辅助因子（前体）：维生素 A、维生素 K、维生素 C 和全部 B 族维生素。②抗氧化剂：维生素 C、维生素 E。③激素（前体）：维生素 A、维生素 D（表 6-2）。

表 6-2 维生素功能

维生素	生理功能	维生素	生理功能
A	视觉细胞光感受器的辅基，激素（调节上皮细胞分化）	B_3	构成氧化还原酶类的辅酶
D	活性形式为激素（维持钙稳态，调节骨代谢）	B_5	构成酰基载体
E	生物膜抗氧化剂	B_6	构成氨基酸代谢酶类的辅基
K	γ-谷氨酰羧化酶的辅酶（维护凝血系统、纤溶系统和骨代谢）	B_7	羧化酶的辅基
C	辅助因子（参与胶原羟化、肉碱合成、药物和胆固醇代谢）	B_9	构成一碳代谢酶类的辅酶
B_1	活性形式参与α-酮酸脱羧、糖代谢	B_{12}	甲基载体，丙酰辅酶A代谢的辅基
B_2	构成氧化还原酶类的辅基		

四、维生素缺乏症

维生素缺乏症又称维生素缺乏病（avitaminosis，vitamin deficiency），是指机体长期缺乏某种维生素导致的相应的特异性疾病。

（一）维生素缺乏症特点

维生素缺乏症的特点可归纳为发生过程缓慢，多为复合缺乏，轻度缺乏时症状不明显，易被忽视。

1. 发生过程缓慢 维生素缺乏是一个缓慢过程，可分为 4~5 个阶段。

（1）初步阶段：初步阶段（preliminary stage）仅发生维生素储量减少。

（2）生化阶段：生化阶段（biochemical stage）开始出现代谢异常。

（3）生理阶段：生理阶段（physiological stage）开始呈现功能缺陷表型，即出现行为和性格症状。这些变化是非特异性症状，可能不被视为营养缺乏，而是视为人的性格和弱点，如食欲不振、抑郁、易怒、焦虑、失眠或嗜睡，尚不需就医，但已经偏离最佳健康状态。

（4）临床阶段：临床阶段（clinical stage）开始出现形态改变，如得不到有效治疗进入第五阶段。

（5）解剖阶段：解剖阶段（anatomical stage）走向死亡（表 6-3）。

表 6-3 维生素缺乏分期

阶段	命名	特征	机体状况	维生素营养状况
1	初步阶段	储存耗尽	正常	边缘缺乏
2	生化阶段	代谢受损	正常	边缘缺乏
3	生理阶段	功能缺陷	出现非特异症状：行为和性格出现异常	边缘缺乏
4	临床阶段	形态改变	出现缺乏症	临床缺乏
5	解剖阶段		死亡	

2. 多为复合缺乏 单一维生素缺乏导致的维生素缺乏症罕见，常见维生素缺乏症为复合缺

乏（multiple deficiency），即同时缺乏多种维生素。

3. 轻度缺乏易被忽视 轻度维生素缺乏的临床症状可能不明显，仅可见劳动效率降低和抵抗力下降，易被忽视。

维生素缺乏可以分为边缘缺乏和临床缺乏。边缘缺乏（marginal deficiency）又称亚临床缺乏，是处在生理阶段的维生素缺乏。临床缺乏（clinical deficiency）又称经典缺乏（classical deficiency），是处在临床阶段的维生素缺乏。维生素缺乏症通常是指临床阶段的维生素缺乏，又称经典缺乏病（classical deficiency disease）。

临床缺乏少见甚至罕见。边缘缺乏相对较多，个别甚至很普遍，但因其临床症状（sign or symptom）缺乏特异性而难以识别。

（二）导致维生素缺乏因素

维生素的营养状况简称维生素状况（vitamin status），不仅受食物维生素摄入量影响，还受机体利用能力影响，而机体利用能力又受药物、激素、疾病、手术、压力、情绪、行为等因素影响。

维生素缺乏分为原发性缺乏和继发性缺乏，导致缺乏的因素分别为原发性因素和继发性因素。

1. 原发性缺乏 维生素摄入量不能满足机体生理需要导致的缺乏。导致原发性缺乏的因素包括食物缺乏，富含维生素食物缺乏，食物加工、储存不当导致维生素丢失或降解，饮食习惯不良，食物禁忌与流行饮食方式，厌食，生活消极。

2. 继发性缺乏 维生素吸收或利用障碍等导致的缺乏。导致继发性缺乏的因素包括消化不良，吸收不足，转化障碍，需要量增加，排泄过快。

维生素缺乏症高危人群（high-risk population）：孕妇，婴儿，幼儿，老年人，素食者，食物无保障者，胃肠道疾病或手术、慢性肝肾疾病患者，节食者，吸烟者，酗酒者，长期肠外营养、口服抗生素、透析、利尿剂治疗者，特异性遗传缺陷个体。

拓展阅读 6-2：肠外营养

五、维生素毒性

为了评价膳食营养素供给量能否满足人体需要、是否存在过量摄入风险及有利于预防某些慢性非传染性疾病，营养学定义一组参考值，称为膳食营养素参考摄入量（dietary reference intakes, DRIs），包括平均需要量、推荐摄入量、适宜摄入量、可耐受最高摄入量等。①推荐膳食营养素供给量（recommended dietary allowance, RDA, 美国）：为预防发生缺乏病建议平均每日膳食必须供给的营养素量。相当于推荐摄入量。②推荐摄入量（recommended nutrient intake, RNI, WHO）：可以满足某一特定性别、年龄及生理状况群体中绝大多数个体需要的营养素摄入量。③适宜摄入量（adequate intake, AI）：营养素的一个安全摄入量。是通过观察或实验获得的健康人群某种营养素的摄入量。④可耐受最高摄入量（tolerable upper intake level, UL）：平均每日可以摄入营养素的最高量。此量对一般群体中的几乎所有个体都不至于造成损害。

维生素摄入量高于可耐受最高摄入量有中毒风险，可根据中毒风险高低分为4类：高风险类（维生素 A、D）、中风险类（维生素 B_3）、低风险类（维生素 E、C、B_1、B_2、B_6）和可忽略风险类（维生素 B_5、B_7、B_9、B_{12}、K）。

拓展阅读 6-3：维生素检验

第二节 水溶性维生素

水溶性维生素（water-soluble vitamin）是指可溶于水的维生素，包括维生素 C 和 B 族维生素。水溶性维生素的特点是：①水溶性维生素易溶于水，不溶或微溶于有机溶剂。② B 族维生素都含氮，维生素 B_1 还含硫，维生素 B_{12} 还含钴和磷。③水溶性维生素生理功能各异，但均为酶的辅助因子或其前体。④水溶性维生素在体内几乎没有非功能性的单纯储存形式，必须经常摄入。⑤宏量营养素摄入过多时，B 族维生素的需要量增加。⑥水溶性维生素摄入过多、超过机体需要量时，过多部分会排出体外，通常不会在体内积累而引起中毒。⑦水溶性维生素原形或其代谢物主要随尿液排出体外。⑧肠道微生物可以部分合成各种 B 族维生素（及脂溶性维生素 K），供人体吸收利用。

维生素 B_3、B_5、B_6、B_9、B_{12} 较稳定，但维生素 C、B_1、B_2、B_7 易氧化。食物长期储存或烹制时维生素 C（被抗坏血酸氧化酶）、维生素 B_1（被亚硫酸盐、硫胺素酶）、维生素 B_5（被微生物泛酸酶）、维生素 B_9（被亚硝酸盐）易降解。

一、维生素 C

维生素 C（vitamin C）是具有相同生物活性的 [L-] 抗坏血酸（ascorbic acid，$AscH_2$）和 [L-] 脱氢抗坏血酸（dehydroascorbic acid，Asc）的合称。抗坏血酸在溶液中会氧化成脱氢抗坏血酸，进而不可逆水解开环而失活。光、热、碱、金属离子等会使其氧化加速，因而食材久置、研磨或烹制均导致所含的维生素 C 损失。例如：菠菜 4℃放置两日，其所含的维生素 C 损失 32%；土豆放置 1、5、8 个月，其所含的维生素 C 损失 33%、50%、65%（图 6-1）。

图 6-1 维生素 C 及其电子传递

（一）维生素 C 的来源、摄入和排泄

人体维生素 C 全部来自食物。水果、蔬菜、动物内脏富含维生素 C，肉类含量很少。干菜、种子几乎不含维生素 C，但种子萌发时可以合成维生素 C，因此各种豆芽也是维生素 C 的来源。大多数动物可以利用葡萄糖合成维生素 C，但人和其他灵长类动物及豚鼠、果蝠、雀形目鸟类、多数鱼、无脊椎动物不能合成，因为它们缺乏合成维生素 C 所需的 L- 古洛糖酸内酯氧化酶。

成人体内有 1.5 ~ 5 g 维生素 C（80% ~ 90% 为抗坏血酸），分布广泛，肾上腺、白细胞较多。

1. 小肠吸收 维生素 C 在小肠上皮细胞顶端膜（又称刷状缘膜）通过以下机制吸收。①主动转运：在回肠，抗坏血酸由钠依赖性维生素 C 转运蛋白 1（sodium-dependent vitamin C transporter 1，SVCT1，SLC23A1）介导吸收，在食物维生素 C 少时起主要作用：抗坏血酸（细胞外）+ 2Na⁺（细胞外）→抗坏血酸（细胞内）+ 2Na⁺（细胞内）。②易化扩散：脱氢抗坏血酸由葡萄糖转运蛋白 2/8（GLUT2/8，SLC2A2/8）介导吸收。③被动扩散：在十二指肠、空肠、回肠，以吸收脱氢抗坏血酸为主，在食物维生素 C 多时起作用。脱氢抗坏血酸吸收后被还原成抗坏血酸。

维生素 C 吸收率与其食物含量呈负相关。每日食物维生素 C 含量 < 180、1 000、3 000、5 000 mg 时，吸收率分别为 80%~90%、75%、40%、24%。每日最大吸收量为 1~2 g。

维生素 C 从肠黏膜细胞基底侧膜进入血液。血浆维生素 C 中 80%~90% 为抗坏血酸，10%~20% 为脱氢抗坏血酸。

2. 组织摄取 各种组织细胞主要通过 SVCT1（肝细胞）和 SVCT2（其他细胞）摄取抗坏血酸，维持细胞内高浓度（5~10 倍于血浆浓度）。

3. 排泄 维生素 C 及其代谢物几乎均随尿液排出体外。成人每日维生素 C 最大代谢量 100 mg，故摄入量不超过 100 mg 时，肾小球滤出部分均被重吸收。摄入量过多时，过多部分几乎均随尿液排出体外。肾还排泄维生素 C 代谢物 2-硫酸抗坏血酸、草酸和 2,3-二酮-L-古洛糖酸。

（二）维生素 C 的功能

维生素 C 的化学作用包括酶的辅助因子和抗氧化剂两方面。两种情况下抗坏血酸（AscH₂）均被氧化成单脱氢抗坏血酸（AscH·）或脱氢抗坏血酸（Asc）。单脱氢抗坏血酸（又称单脱氢抗坏血酸自由基）可通过歧化反应生成抗坏血酸和脱氢抗坏血酸。脱氢抗坏血酸被谷胱甘肽 S-转移酶 ω1/2（GSTO-1/2，又称依赖谷胱甘肽的脱氢抗坏血酸还原酶，DHAR）催化还原，重新生成抗坏血酸（图 6-2）。

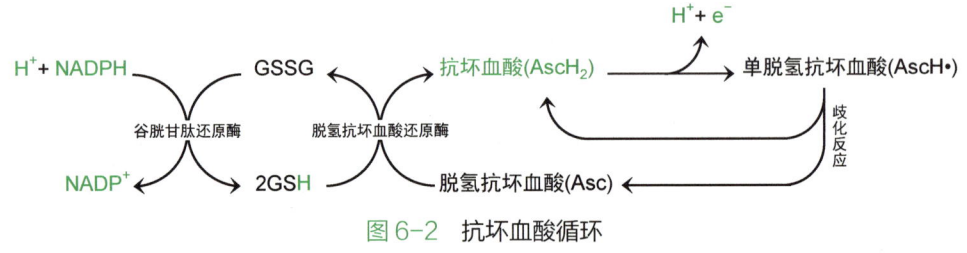

图 6-2 抗坏血酸循环

1. 酶的辅助因子 维生素 C 是 10 多种具有不同功能的结合酶的辅助因子。

拓展阅读 6-4：以维生素 C 为辅助因子的部分结合酶

（1）含铁羟化酶：这类酶催化的反应按计量关系消耗 α-酮戊二酸，不直接消耗抗坏血酸。

脯氨酰-胶原 + α-酮戊二酸 →(O₂, 抗坏血酸、Fe²⁺, 脯氨酰羟化酶) CO₂ + 琥珀酸 + 4-羟脯氨酰-胶原

（2）含铜羟化酶：这类酶催化的反应按计量关系消耗抗坏血酸。

（反应式图：抗坏血酸 + 多巴胺 —多巴胺β-羟化酶，O_2，H_2O，Cu^{2+}→ 单脱氢抗坏血酸 + 去甲肾上腺素）

（3）含血红素还原酶：这类酶主要位于细胞膜上，其底物分别位于细胞内外，所催化的反应按计量关系消耗抗坏血酸。

$$Fe^{3+}(细胞外) + 抗坏血酸(细胞内) \longrightarrow Fe^{2+}(细胞外) + 单脱氢抗坏血酸(细胞内)$$

2. 抗氧化剂 抗坏血酸是重要的水溶性抗氧化剂。

拓 展 阅 读 6-5：抗氧化剂

（1）活性氧和活性氮清除：维生素 C 常与维生素 E 等联合作用，抗活性氧和活性氮造成的脂质过氧化、蛋白质氧化、DNA 氧化、NO 氧化。

拓 展 阅 读 6-6：自由基、活性氧与活性氮

（2）肺功能保护：肺组织高氧且直接接触有毒气体，肺实质细胞也产生大量活性氧，均可由维生素 C 清除。

（3）微量元素解毒：将硒、铜、镍、铅、钒、镉等微量元素还原成难吸收或易排泄的低价态，降低其剂量毒性。

（4）神经功能维护：脑和脊髓富含维生素 C（100～500 μmol/L）。脑抗坏血酸每小时更新 2%。血浆抗坏血酸浓度与老年人认知能力、痴呆患者记忆力呈正相关。

（5）预防白内障：抗坏血酸联合维生素 E、谷胱甘肽通过抗紫外线诱导的晶状体蛋白氧化保护晶状体。晶状体维生素 C 浓度是血浆浓度的 30 倍，老年人和白内障患者晶状体维生素 C 浓度低下。白内障风险与维生素 C 摄入量及其血浆浓度呈负相关。

（6）预防糖尿病：糖尿病患者血浆维生素 C 浓度低于正常人。维生素 C 补充剂可降低血浆蛋白糖化率。

3. 免疫功能维护 维生素 C 可以激活 NK 细胞，促进干扰素合成；支持中性粒细胞增殖与趋化；防止吞噬细胞呼吸暴发导致的自由基灭活蛋白质；支持抗体合成；支持迟发型超敏反应。

4. 其他作用 维生素 C 是表观遗传调制物（modulator），参与 DNA 和组蛋白去甲基化；是重金属螯合剂，与铊、铂、铝、镍等重金属螯合，促排泄，解毒。

（三）维生素 C 缺乏

维生素 C 缺乏症又称维生素 C 缺乏病（vitamin C deficiency）、坏血病（scurvy），是指人体内维生素 C 缺乏或不足所引起的一类营养代谢病（nutritional metabolic disease），又称营养缺乏病（nutritional deficiency disease）。临床症状有牙龈出血、溃疡、坏死、淤点、瘀斑、骨骺增大、易骨折、舌乳头萎缩、毛囊角化过度。

维生素 C 缺乏症全球发生率为 5%～15%。多发于营养不良个体且同时伴有维生素 B_1、维生素 B_2、维生素 B_3、维生素 B_6 缺乏。摄入不足、转运蛋白缺陷、吸烟、慢性病、糖尿病、透析均导致维生素 C 缺乏。利尿剂促维生素 B_1、维生素 B_6、维生素 C 排泄。促红细胞生成药物促进血

红素合成，铁消耗，致叶酸、维生素 B_6、维生素 B_{12}、维生素 C 储存减少。

（四）维生素 C 的毒性

过量摄入维生素 C 无明显不良反应。即使每日摄入量达推荐摄入量 20~80 倍，成人仅表现为胃肠道不适（如腹泻、恶心、呕吐、腹痛）和草酸尿。儿童未见报道。目前认为即使摄入量达推荐摄入量 100~1 000 倍也不会引起中毒。虽然如此，考虑到草酸是维生素 C 的主要排泄形式（人体尿液每日排泄草酸 35~40 mg，其中 35%~50% 来自维生素 C 代谢，40% 来自甘氨酸代谢，5%~10% 来自食物），仍然有以下建议：血红蛋白沉积症或其他形式的铁沉积个体应避免服用维生素 C 补充剂，肾结石病史个体每日摄入量不要超过 1 000 mg。

二、维生素 B_1

维生素 B_1 即硫胺素（thiamine，thiamin）、抗神经炎素、抗神经炎因子（aneurin）、抗脚气病因子，在生物体内的存在形式为硫胺素、磷酸硫胺素（thiamin monophosphate，TMP，ThMP）、焦磷酸硫胺素（thiamin pyrophosphate，TPP，ThDP）、三磷酸硫胺素（thiamin triphosphate，TTP，ThTP）。硫胺素常温下在弱酸性溶液中较稳定，加热时在中性或碱性溶液中易分解，故烹制食物时会有损失。硫胺素药剂或补充剂多为硫胺素盐酸盐或硫胺素硝酸盐（图 6-3）。

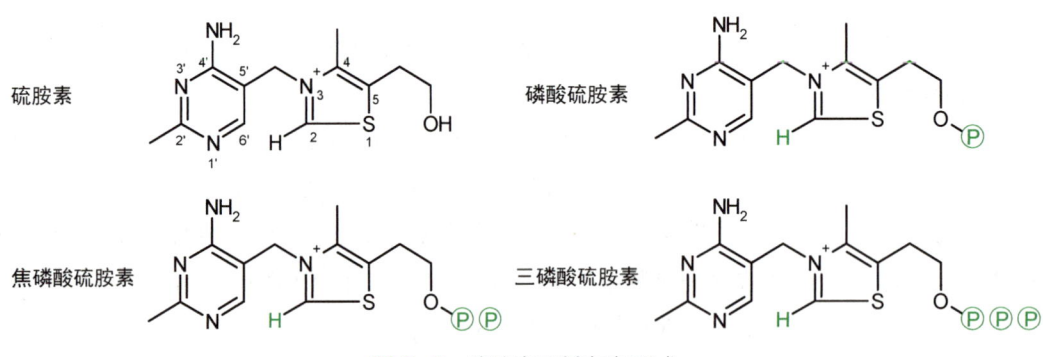

图 6-3 硫胺素及其存在形式

（一）维生素 B_1 的来源、摄入和排泄

各种食物均含维生素 B_1，但多数含量很低，仅肝、酵母、粗粮含量较多。动物性食物中的维生素 B_1 有 80%~85% 为焦磷酸硫胺素，10%~18% 为磷酸硫胺素，2%~5% 为硫胺素。植物性食物中的维生素 B_1 主要是硫胺素和磷酸硫胺素。全麦和糙米维生素 B_1 多位于表皮和胚芽中，脱皮、抛光、淘洗、烹制均可导致丢失。

天然维生素 B_1 由植物、细菌、真菌合成。肠道微生物可以合成维生素 B_1，但合成量仅相当于人体需要量的 2.3%。

成人体内有 30~50 mg 维生素 B_1，存在形式包括位于细胞内的焦磷酸硫胺素（80%~90%）和三磷酸硫胺素（10%）、位于细胞外的磷酸硫胺素和硫胺素，心、肾、脑、肌含量较多。

1. 小肠吸收 三磷酸硫胺素、焦磷酸硫胺素和磷酸硫胺素在小肠上段分别被硫胺素三磷酸酶、核苷三磷酸酶、碱性磷酸酶水解成游离硫胺素。硫胺素在小肠上皮细胞顶端膜通过以下机制吸收。①主动转运：由依赖 H^+ 的硫胺素转运蛋白 1/2（thiamine transporter 1/2，THTR1/2）介导：H^+（细胞内）+ 硫胺素（细胞外）→ H^+（细胞外）+ 硫胺素（细胞内），主要在十二指肠。②被动扩散：高硫胺素摄入量时起作用，在空肠。

硫胺素从肠黏膜细胞基底侧膜进入血液。

血液硫胺素90%在红细胞内，以焦磷酸硫胺素形式与红细胞转酮醇酶形成全酶。血浆硫胺素由血浆蛋白（主要是白蛋白）非特异性结合运输。

2. 组织摄取和活化 血液硫胺素由各种组织细胞的细胞膜硫胺素转运蛋白1/2介导摄取。①硫胺素在细胞质中由硫胺素焦磷酸激酶催化活化为焦磷酸硫胺素。②部分焦磷酸硫胺素在细胞质或线粒体中由腺苷酸激酶同工酶催化活化为三磷酸硫胺素（图6-4）。

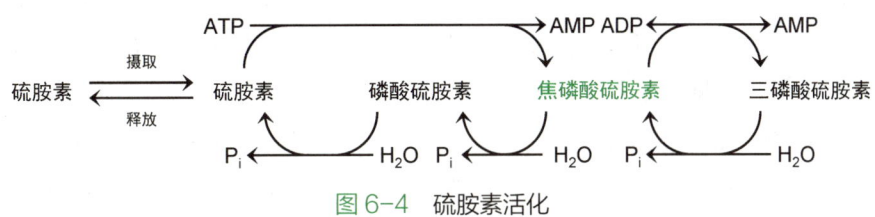

图6-4 硫胺素活化

细胞内焦磷酸硫胺素占硫胺素总量的80%，其中90%与酶蛋白结合形成全酶，1/3位于线粒体中。

3. 排泄 硫胺素主要以原形随尿液排出体外，少量转化为焦磷酸硫胺素、硫胺素二硫化物、硫色素、噻唑代谢物、吡啶代谢物等排泄。

（二）维生素 B_1 的功能

维生素 B_1 用于合成焦磷酸硫胺素。焦磷酸硫胺素（TPP）又称二磷酸硫胺素（thiamine diphosphate，TDP）是硫胺素的主要存在形式和活性形式，作为糖代谢、脂质代谢、氨基酸代谢6种酶的辅助因子直接参与α-酮酸氧化脱羧、磷酸戊糖途径转酮反应、α-羟酰辅酶A裂解。硫胺素消耗量与能量代谢相关，合（0.5～1.0）mg/1 000 kcal（4.2 MJ）。

拓展阅读 6-7： 以焦磷酸硫胺素为辅助因子的部分结合酶

转酮醇酶属于磷酸戊糖途径多酶体系成分，该多酶体系催化葡萄糖分解生成5-磷酸核糖和NADPH，供给生命过程需要（参见第八章）。维生素 B_1 可以减少血管内皮细胞内糖化产物积累，从而抗细胞凋亡。糖尿病及糖尿病血管并发症患者维生素 B_1 水平低下，因此维生素 B_1 缺乏可能也是糖尿病致病因素。

三磷酸硫胺素（TTP）功能尚未阐明：①可能参与神经兴奋。②可能参与能量代谢。③可能是脑细胞焦磷酸硫胺素的缓冲形式。

（三）维生素 B_1 缺乏

维生素 B_1 缺乏症又称维生素 B_1 缺乏病（vitamin B_1 deficiency），是硫胺素缺乏或不足所引起的，以神经机能障碍为主要特征的一类营养代谢病。临床症状有水肿、反射减弱、肌压痛、心脏增大、心动过速。

1. 脚气病 脚气病（beriberi）是由硫胺素缺乏引起的以周围神经病、消化系统和心血管系统功能异常为主要特征的全身性疾病。常见脚气病有干性脚气病、湿性脚气病。

（1）干性脚气病（dry beriberi）：又称神经炎脚气病（neuritic beriberi），以对称性多发性周围神经病为主，表现为指（趾）端麻木、肌肉酸痛、压痛、跟腱和膝跳反射异常，多发于成人。

（2）湿性脚气病（wet beriberi）：又称水肿脚气病（edematous beriberi），多以心血管功能异常和水肿为主。临床症状包括心脏扩大、心力衰竭、心悸、气短、下肢水肿等。无周围神经病症状。

2. Wernicke-Korsakoff 综合征 Wernicke-Korsakoff 综合征（Wernicke-Korsakoff syndrome）是 Wernicke 脑病和遗忘综合征的合称。Wernicke 脑病（Wernicke encephalopathy）又称 Wernicke 综合征（Wernicke syndrome），是一种硫胺素缺乏引起的中枢神经系统疾病，临床症状有意识错乱、共济失调、眼球震颤，是 Wernicke-Korsakoff 综合征的急性期。如不及时治疗，会不可逆发展至慢性期，即为遗忘综合征（amnestic syndrome），又称 Korsakoff 综合征（Korsakoff syndrome），临床症状有记忆和认知功能严重受损，交流冷漠和言语虚构。Wernicke-Korsakoff 综合征多发于酗酒或麻醉剂滥用者，也见于营养不良个体，可能有遗传因素（参见第八章）。

3. 硫胺素反应性巨幼细胞贫血 硫胺素反应性巨幼细胞贫血（Thiamin-responsive megaloblastic anemia）伴发糖尿病、感觉神经性耳聋，是一种罕见的常染色体隐性遗传病。患者硫胺素转运蛋白 1（THTR1）发生突变，介导硫胺素摄取能力低下。

4. 生物素-硫胺素反应性基底神经节病 生物素-硫胺素反应性基底神经节病由硫胺素转运蛋白 2（THTR2）突变引起。

5. 乳酸酸中毒 硫胺素缺乏致使高糖饮食者糖酵解产物丙酮酸不能氧化脱羧生成乙酰辅酶A，转而还原生成乳酸，导致血浆乳酸和丙酮酸积累，引起乳酸酸中毒（lactic acidosis），危及生命（参见第八章）。

硫胺素缺乏多为继发性缺乏：年老、高糖饮食、酗酒、艾滋病、疟疾、妊娠剧吐、透析治疗等因素均可导致硫胺素缺乏。其中酗酒者既有食物硫胺素缺乏，又有硫胺素吸收障碍。

（四）维生素 B_1 的毒性

过量摄入的硫胺素很容易随尿液排出，因此硫胺素中毒临床病例未见报道。脚气病治疗剂量即使高达 300 mg/d 亦未见不良反应，但更高剂量会有过敏反应、头痛、抽搐、虚弱、麻痹、心律失常。

三、维生素 B_2

维生素 B_2 即核黄素（riboflavin），是核糖醇与 7,8-二甲基异咯嗪的缩合物，在生物体内的存在形式为黄素单核苷酸（flavin mononucleotide，FMN）和黄素腺嘌呤二核苷酸（flavin adenine dinucleotide，FAD）。核黄素在碱性溶液中会降解，所以食物烹制时应谨慎加碱。氧化型核黄素对紫外线敏感，中性或酸性条件下降解生成光色素（lumichrome），碱性条件下降解生成光黄素（lumiflavin）（图 6-5）。

（一）维生素 B_2 的来源、摄入和排泄

奶、蛋、肉、肾、肝、谷物、绿叶蔬菜、酵母富含维生素 B_2，90% 以上的维生素 B_2 形成 FAD 或 FMN，其余不到 10% 为核黄素原形。它们几乎均以结合蛋白质形式存在。

天然维生素 B_2 由植物、酵母、细菌合成。结肠细菌可以合成维生素 B_2，但合成量仅相当于人体需要量的 3%。

维生素 B_2 在人体内的主要存在形式为 FAD，肝、肾、心含量较多。

酶	X
琥珀酸脱氢酶	Cys-S
单胺氧化酶	His-N^3

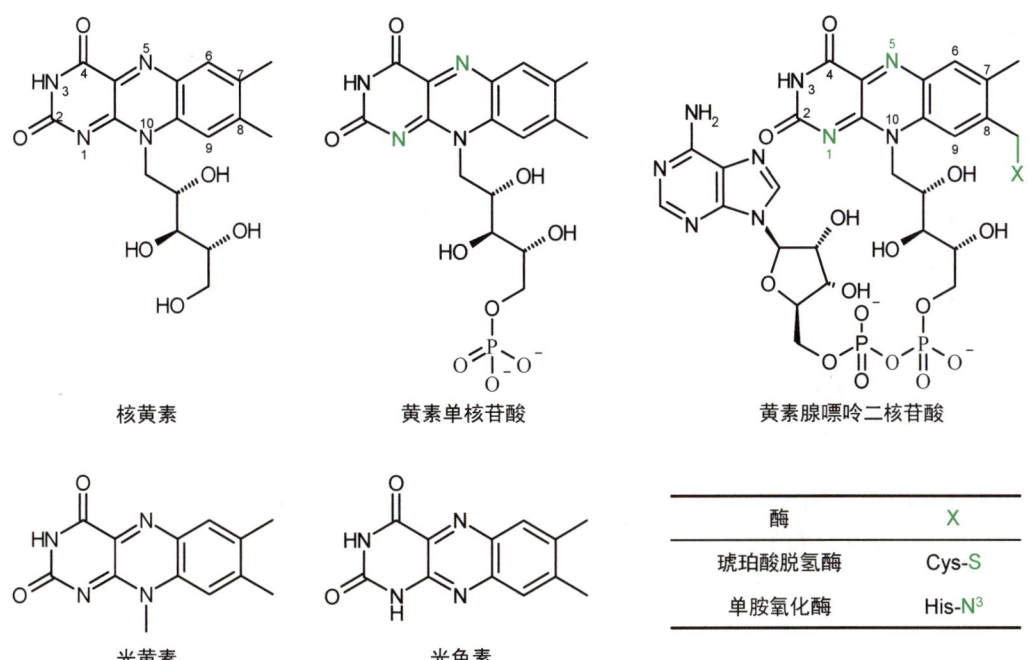

图 6-5 核黄素及其活性形式和降解产物

1. 小肠吸收 食物 FAD 和 FMN 被 FAD 焦磷酸酶、FMN 磷酸酶、小肠碱性磷酸酶水解成游离核黄素。核黄素大部分在十二指肠上皮细胞顶端膜由核黄素转运蛋白（riboflavin transporter，RFT，SLC52A）介导以易化扩散机制吸收。空肠可能有核黄素、FMN、FAD 主动转运吸收机制。

核黄素吸收率超过 95%，每日最大吸收量为 27 mg。动物性食物核黄素吸收率高于植物性食物。

核黄素被吸收后一部分由黄素激酶催化磷酸化生成 FMN。核黄素和 FMN 从肠黏膜细胞基底侧膜进入血液。

在血液中，约 50% 核黄素和 80% 的 FMN 由血浆蛋白（主要是血浆白蛋白和免疫球蛋白 A、G、M）非特异性结合运输。

2. 组织摄取和活化 血液核黄素由各种组织细胞的细胞膜核黄素转运蛋白介导摄取。①核黄素在细胞质中磷酸化生成 FMN，反应由黄素激酶催化，该酶被甲状腺激素激活。② FMN 在细胞质中或线粒体中腺苷酸化生成 FAD，反应由细胞质 FAD 合酶 2 或线粒体 FAD 合酶 1 催化，该酶被甲状腺激素激活，被 FAD 抑制。③部分 FAD 与酶的活性中心残基共价结合，例如与组氨酸咪唑基 N-3 共价结合（His-N^3-8α-FAD）的琥珀酸脱氢酶、二甲基甘氨酸脱氢酶、肌氨酸脱氢酶，与半胱氨酸巯基 S 共价结合（Cys-*S*-8α-FAD）的过氧化物酶体肌氨酸氧化酶、单胺氧化酶 A、单胺氧化酶 B（图 6-5、图 6-6）。

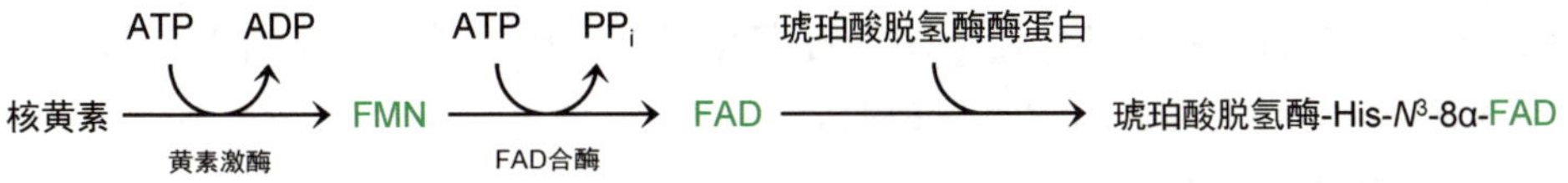

图 6-6 核黄素活化

核黄素、FMN、FAD 在多数组织细胞中的丰度分别为 2%（视网膜较多）、60%～95%、5%～22%（肾 37%）。它们几乎均以结合蛋白质形式存在。

ABC 转运蛋白 G2（ABCG2）又称 **ATP 结合盒转运蛋白 G2**，介导核黄素、生物素分泌至乳汁。ABC 转运蛋白 G2 还介导外来化合物、食物毒素、药物出细胞；血红素出线粒体、出细胞；1- 磷酸鞘氨醇出细胞；尿酸、尿毒症毒素吲哚硫酸、雌酮 -3- 硫酸酯等类固醇激素代谢物硫酸酯出细胞。

3. 排泄 维生素 B_2 几乎均随尿液排出体外，极少量随胆汁入肠，随粪便排出体外。排泄形式大部分为核黄素原形，少量为核黄素在肝脏生物转化的产物，如 7- 羟甲基核黄素、8- 羟甲基核黄素、光黄素、光色素。

（二）维生素 B_2 的功能

维生素 B_2 用于合成黄素单核苷酸（FMN）和黄素腺嘌呤二核苷酸（FAD）。FMN 和 FAD 合称 **黄素辅酶**（flavin coenzyme）、黄素核苷酸、黄素辅[助]因子（flavin cofactor），是维生素 B_2 的活性形式，作为 **黄素酶**（flavoenzyme）和其他 **黄素蛋白**（flavoprotein, FP）的辅基，参与糖代谢、脂质代谢、氨基酸代谢途径中的部分氧化还原反应。

拓展阅读 6-8：以黄素辅酶为辅助因子的部分结合酶

黄素酶属于氧化还原酶类，可以分为不需氧黄素酶和需氧黄素酶。不需氧黄素酶多以"脱氢酶"命名，如 3- 磷酸甘油脱氢酶、琥珀酸脱氢酶、脂酰辅酶 A 脱氢酶。需氧黄素酶多以氧化酶命名，如黄嘌呤氧化酶、单胺氧化酶。

黄素酶中 84% 以 FAD 为辅基（其中不到 10% 以共价键结合），16% 以 FMN 为辅基（均以非共价键结合）。

在参与氧化还原反应时，**氧化型黄素辅酶**（FMN/FAD）能从反应物夺取一个氢原子（$H^+ + e^-$）生成 **半醌型黄素辅酶**（FMN·/FAD·，又称**黄素辅酶自由基**），再夺取一个氢原子（$H^+ + e^-$）生成 **还原型黄素辅酶**（$FMNH_2/FADH_2$），且反应可逆。因此，黄素辅酶在氧化还原反应中起 **氢载体**（又称**递氢体**，属于电子载体）的作用（图 6-7）。

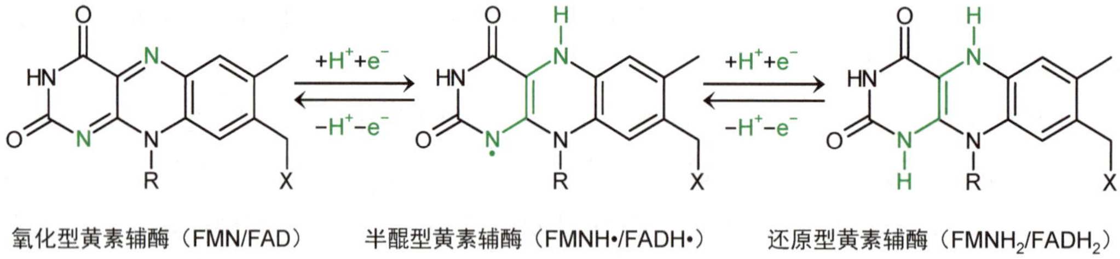

图 6-7 黄素辅酶及其电子传递

1. 参与生物氧化 如丙酮酸脱氢酶复合体参与丙酮酸氧化，α- 酮戊二酸脱氢酶复合体和琥珀酸脱氢酶参与三羧酸循环，线粒体 3- 磷酸甘油脱氢酶参与 3- 磷酸甘油穿梭，脂酰辅酶 A 脱氢酶参与脂肪酸氧化，NADH 脱氢酶参与呼吸链电子传递。

2. 维护抗氧化体系 谷胱甘肽还原酶通过催化以下反应维护以谷胱甘肽（GSH）为核心的抗氧化体系（图 6-2）：$NADPH + GSSG \rightarrow GSH + NADP^+$。

3. 参与维生素合成与活化 ①维生素 B_3 合成：犬尿氨酸羟化酶（以 FAD 为辅基）催化色氨酸生成维生素 B_3 途径中犬尿氨酸羟化生成 3- 羟基犬尿氨酸（图 6-8）。②维生素 B_6 活化：5′- 磷酸吡哆醇氧化酶（以 FMN 为辅基）催化磷酸吡哆醇、磷酸吡哆胺氧化成磷酸吡哆醛（参见图 6-12①）。

(三) 维生素 B_2 缺乏

维生素 B_2 缺乏数月可引起维生素 B_2 缺乏症（又称维生素 B_2 缺乏病，vitamin B_2 deficiency）、核黄素缺乏症的全身性疾病。临床症状有口角炎、唇干裂、阴囊或阴户脂溢性皮炎、镜面舌（光滑舌）、角膜新生血管。

导致维生素 B_2 缺乏的因素是：①食物中核黄素缺乏。②疾病或剧烈运动引起氮排泄增加会导致核黄素排泄增加。③酗酒影响核黄素吸收。④光疗（phototherapy）破坏核黄素。⑤利尿剂或透析导致核黄素丢失。

(四) 维生素 B_2 毒性

维生素 B_2 中毒未见临床报道。维生素 B_2 过量通常不会引起中毒，这可能是因为其吸收率与摄入量呈负相关，且过量摄入的维生素 B_2 会很快随尿液排出体外。

四、维生素 B_3

维生素 B_3 又称维生素 PP、抗癞皮病维生素，是具有相同生物活性的烟酸（niacin，又称尼克酸，nicotinic acid，NA）和烟酰胺（niacinamide，又称尼克酰胺，nicotinamide，NAm）的合称。维生素 B_3 在生物体内的存在形式主要是烟酰胺腺嘌呤二核苷酸（nicotinamide adenine dinucleotide，NAD，旧称辅酶Ⅰ）和烟酰胺腺嘌呤二核苷酸磷酸（nicotinamide adenine dinucleotide phosphate，NADP，旧称辅酶Ⅱ）。维生素 B_3 很稳定，但烟酰胺在酸性或碱性溶液中易水解，生成烟酸。

(一) 维生素 B_3 的来源、摄入和排泄

酵母和米糠中维生素 B_3 含量最多，但奶、蛋、肉、肝、花生、全谷物、蔬菜是维生素 B_3 的主要来源。维生素 B_3 主要以结合型存在：在动物性食物中主要是 NAD 和 NADP；在全谷物中主要是烟酸糖苷，少量是烟酸-肽；在牛奶中主要（40%）是烟酰胺核苷。

天然维生素 B_3 由植物、动物、细菌、真菌合成。肠道微生物可以合成维生素 B_3，合成量可达人体需要量的 37%，但其结肠吸收率尚未确定。

人体肝细胞以色氨酸为原料合成维生素 B_3（图 6-8），合成量可达其需要量的 50%~60%。每日摄入的色氨酸主要用于合成蛋白质、5-羟色胺和褪黑素（参见第十章）等，用于合成维生素 B_3 的仅占 2%~3%。因此，每摄入 60 mg 色氨酸仅相当于补充 1 mg 维生素 B_3。

食物维生素 B_3 含量通常以烟酸当量（niacin equivalent，NE）表示：1 NE = 1 mg 烟酰胺 = 1 mg 烟酸 = 60 mg 色氨酸。膳食 NE = 维生素 B_3 含量（mg）+ 1/60 色氨酸含量（mg）。

1. 小肠吸收 NAD 和 NADP 由 NAD^+ 水解酶催化水解释放烟酰胺（图 6-8）。烟酸糖苷和烟酸-肽不能被消化酶水解释放烟酸，但在食物加工或烹制时会被碱水解释放。烟酰胺和烟酸在胃和空肠吸收，以空肠吸收为主，吸收机制尚未阐明。空肠上皮细胞顶端膜可能通过以下机制吸收。①易化扩散：烟酸由有机阴离子转运蛋白 10（OAT10）等介导，在维生素 B_3 摄入量低

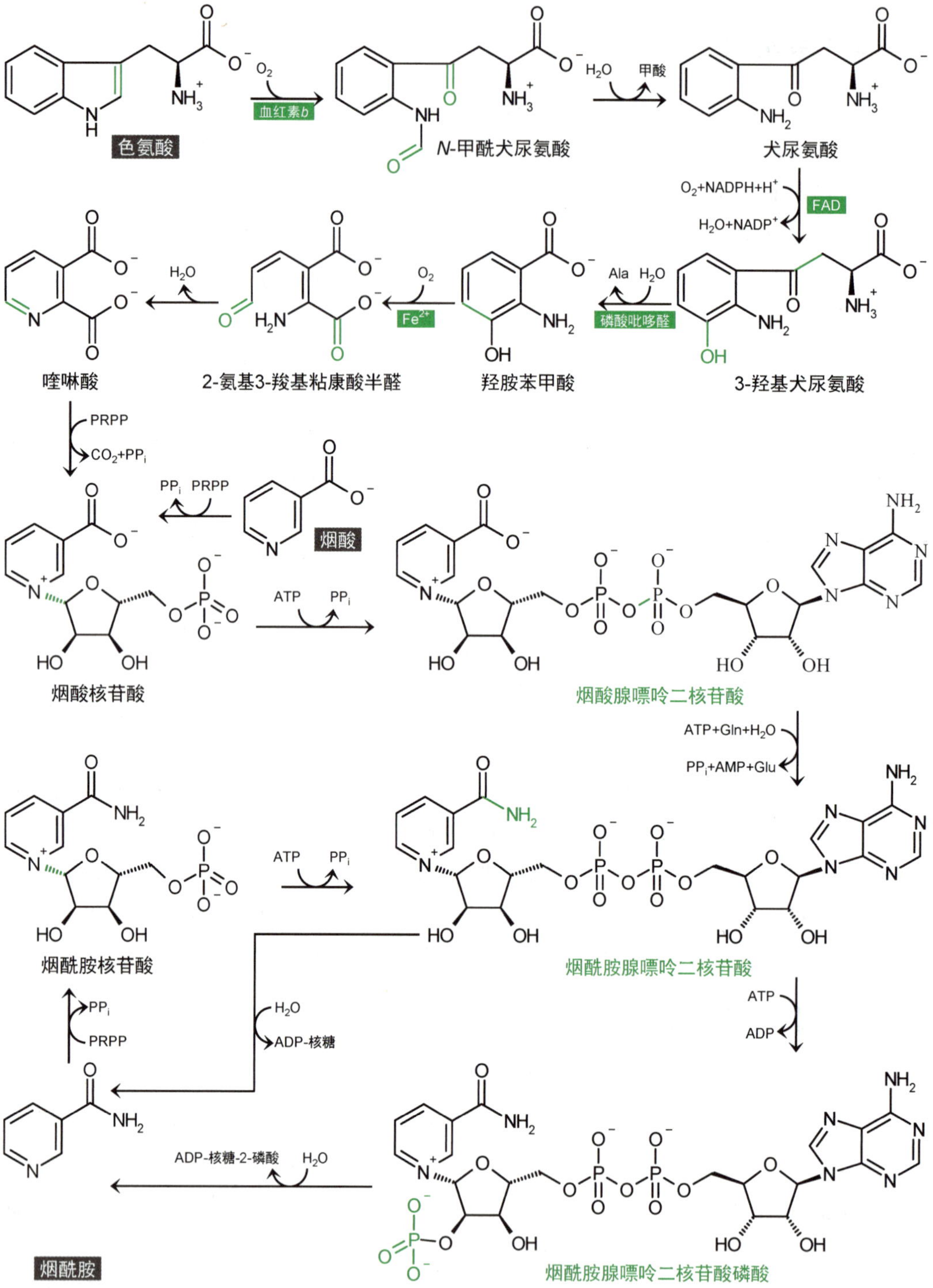

图 6-8 维生素 B_3 代谢

时起主要作用。②主动转运：烟酸由钠偶联单羧酸转运蛋白 1（sodium-coupled monocarboxylate transporter 1，SMCT1）介导吸收：$2Na^+$（细胞外）+ 烟酸（细胞外）→ $2Na^+$（细胞内）+ 烟酸（细胞内）。③被动扩散：吸收烟酸和烟酰胺，在维生素 B_3 摄入量高时起作用。烟酰胺可由肠道微生物脱氨生成烟酸。

烟酰胺和烟酸从肠黏膜细胞基底侧膜释放，进入血液。

烟酸被小肠和肝细胞摄取后可转化为烟酰胺（机制见图 6-8），释放入血，故血浆维生素 B_3 多为烟酰胺。

2. 组织摄取和活化 烟酰胺和烟酸被各种组织细胞通过易化扩散摄取后活化为 NAD、NADP（图 6-8），其中 NAD 以氧化型（NAD^+）为主，NADP 以还原型（NADPH）为主。NAD 含量高于 NADP。肝、心、肾 NAD 和 NADP 含量高于其他组织。

3. 排泄 正常情况下人体每日可排泄 30 mg 维生素 B_3（85% 随尿液排出体外），其中 65%～85% 为全部烟酸和大部分烟酰胺原形（存在重吸收），其余为烟酰胺由肝烟酰胺 N- 甲基转移酶催化甲基生成的 N- 甲基烟酰胺（参见第十三章）。N- 甲基烟酰胺既可排泄，又可由醛氧化酶 1（AOX1）氧化成 1- 甲基 -5- 氨甲酰 -2- 吡啶酮等排泄。

（二）维生素 B_3 的功能

维生素 B_3 主要用于合成烟酰胺腺嘌呤二核苷酸（NAD）、烟酰胺腺嘌呤二核苷酸磷酸（NADP）、环腺苷二磷酸核糖（cADPR）和烟酸腺嘌呤二核苷酸磷酸（$NAADP^+$）。① NAD 和 NADP 合称**吡啶核苷酸**（pyridine nucleotide），是维生素 B_3 的主要活性形式，作为一组氧化还原酶类的辅酶，参与糖代谢、脂质代谢、氨基酸代谢途径中 500 多种氧化还原反应。② cADPR 和 $NAADP^+$ 为第二信使调节细胞内钙稳态。

拓 展 阅 读 6-9：以吡啶核苷酸为辅助因子的部分结合酶

在参与氧化还原反应时，氧化型吡啶核苷酸（NAD^+/$NADP^+$）从带羟基的碳获得一个氢负离子（:H^-）生成还原型吡啶核苷酸（NADH/NADPH），还原型吡啶核苷酸可以给出氢负离子，恢复氧化型结构。因此，吡啶核苷酸在氧化还原反应中起氢载体（属于电子载体）的作用（图 6-9）。

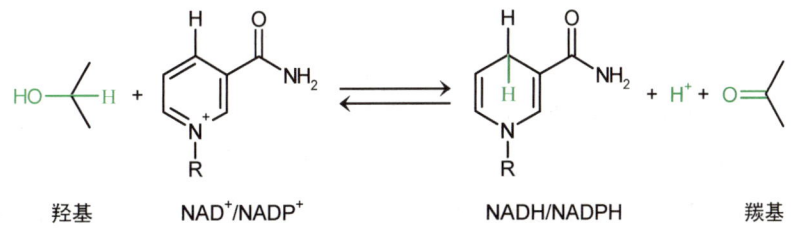

羟基　　　NAD^+/$NADP^+$　　　　NADH/NADPH　　　羰基

图 6-9　吡啶核苷酸电子传递

1. 辅助因子 NAD 主要参与生物氧化，NADP 主要参与还原性合成代谢和生物转化。以吡啶核苷酸为辅酶的结合酶可分为 3 类。①以 NAD 为辅酶：如 3- 磷酸甘油脱氢酶。②以 NADP 为辅酶：如 6- 磷酸葡萄糖脱氢酶。③以 NAD 或 NADP 为辅酶：如谷氨酸脱氢酶。

2. ADP 核糖供体 ① NAD^+ 参与蛋白质 ADP 核糖基化（ADP-ribosylation），例如白喉毒素催化真核生物翻译延伸因子 eEF-2 的白喉酰胺 ADP 核糖基化失活。② NAD^+ 参与核蛋白多聚 ADP 核糖基化（polyADP-ribosylation），从而参与 DNA 修复。

3. 第二信使 在胰岛 β 细胞、脑细胞和心肌细胞等细胞膜上，ADP- 核糖基环化酶（ADP-ribosyl cyclase，ADPRC，又称 CD38）催化以下反应：① NAD^+ 合成环腺苷二磷酸核糖（cyclic ADP-ribose，cADPR）。② $NADP^+$ 与烟酸反应生成烟酸腺嘌呤二核苷酸磷酸（nicotinate-adenine dinucleotide phosphate，$NAADP^+$）（图 6-10）。cADPR 和 $NAADP^+$ 作为第二信使分别激活内质网兰尼碱受体和未知受体，增加其 Ca^{2+} 释放。在胰岛 β 细胞，释放的 Ca^{2+} 介导葡萄糖诱导的胰岛素分泌。

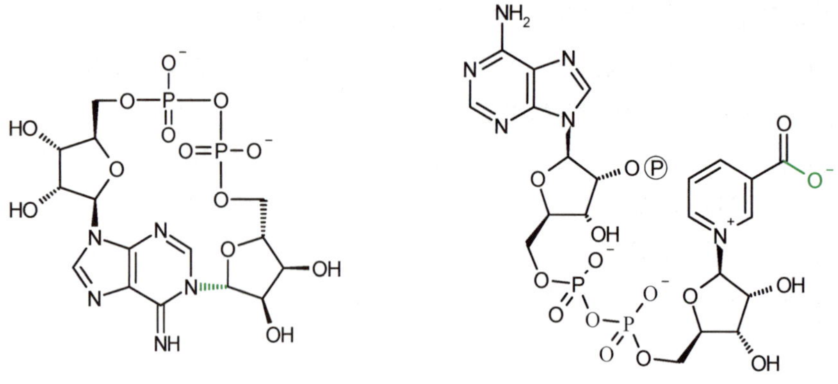

环二磷酸腺苷核糖（cADPR）　　　烟酸腺嘌呤二核苷酸磷酸（NAADP⁺）

图 6-10　维生素 B_3 类第二信使

（三）维生素 B_3 缺乏

维生素 B_3 缺乏症（vitamin B_3 deficiency）即烟酸缺乏症（niacin deficiency，nicotinic acid deficiency），是由维生素 B_3 缺乏引起的，以生长缓慢、皮肤损伤、神经症状和消化功能障碍为特征的一种慢性全身性营养代谢病。临床症状有皮炎（dermatitis：糙皮病，pellagra）、舌炎（glossitis，鲜红、生涩、裂纹舌）、肠炎（enteritis：腹泻，diarrhea）、神经症状（痴呆，dementia；周围神经病，peripheral neuropathy）、（颧骨和眶上）色素沉着。维生素 B_3 缺乏症具致死性。习惯上糙皮病代指维生素 B_3 缺乏症。

维生素 B_3 缺乏包括原发性缺乏和继发性缺乏。原发性缺乏主要见于以玉米为主食者。玉米含有的维生素 B_3 与蛋白质成分牢固结合，不易消化吸收。导致继发性缺乏的因素有，①维生素 B_3 吸收障碍：过量饮酒影响小肠吸收。②维生素 B_3 合成障碍：合成途径见图 6-8。

以下因素影响维生素 B_3 合成。①合成原料色氨酸缺乏：玉米含色氨酸极少，以玉米为主食者缺乏维生素 B_3 合成原料。②色氨酸吸收障碍：Hartnup 病个体中性氨基酸转运蛋白缺陷，不能吸收（小肠）和重吸收（肾小管）色氨酸等中性氨基酸。③色氨酸消耗过多：类癌综合征个体过量合成 5-羟色胺，可消耗总色氨酸的 60%，引起维生素 B_3 合成不足。④维生素 B_2、维生素 B_6 和铁缺乏（图 6-8）：影响色氨酸双加氧酶（以血红素 b 为辅基）、犬尿氨酸羟化酶（以 FAD 为辅基）、犬尿氨酸酶（以磷酸吡哆醛为辅基）、羟胺苯甲酸双加氧酶（以 Fe^{2+} 为辅基）等结合酶活性。因此，补充烟酰胺或色氨酸均可防治糙皮病，但补充色氨酸需同时补充维生素 B_2、维生素 B_6。⑤代谢物拮抗：过量摄入支链氨基酸拮抗烟酰胺合成和活化。

糙皮病患者中女性两倍于男性，分子机制可能是雌激素代谢物抑制色氨酸代谢。

（四）维生素 B_3 的毒性

维生素 B_3 毒性较低。烟酰胺毒性略高，分子机制可能是部分烟酰胺排泄时需要先转化为 N-甲基烟酰胺，消耗大量活性甲基（腺苷蛋氨酸，参见第十章），导致活性甲基缺乏。

过量摄入烟酸会刺激血管扩张，引起颜面潮红、皮肤红肿并伴有红斑、刺痛、瘙痒、荨麻疹和皮疹，多汗，视物模糊。过量摄入烟酸和烟酰胺均会出现非特异性胃肠道反应，如消化不良、恶心、呕吐甚至腹泻等临床表现。长期过量服用还会引起肝损伤。

五、维生素 B_5

维生素 B_5 即 [D-] 泛酸,又称遍多酸(pantothenic acid),是由 β- 丙氨酸与泛解酸(2,4-二羟基 -3,3- 二甲基丁酸)缩合而成的一种酸性维生素,在生物体内的存在形式为辅酶 A 和酰基载体蛋白的辅基(图 6-11)。维生素 B_5 耐光耐热,非常稳定,但在酸性或碱性溶液中加热会水解成 β- 丙氨酸和泛解酸。泛酸药剂或补充剂多为其钙盐。

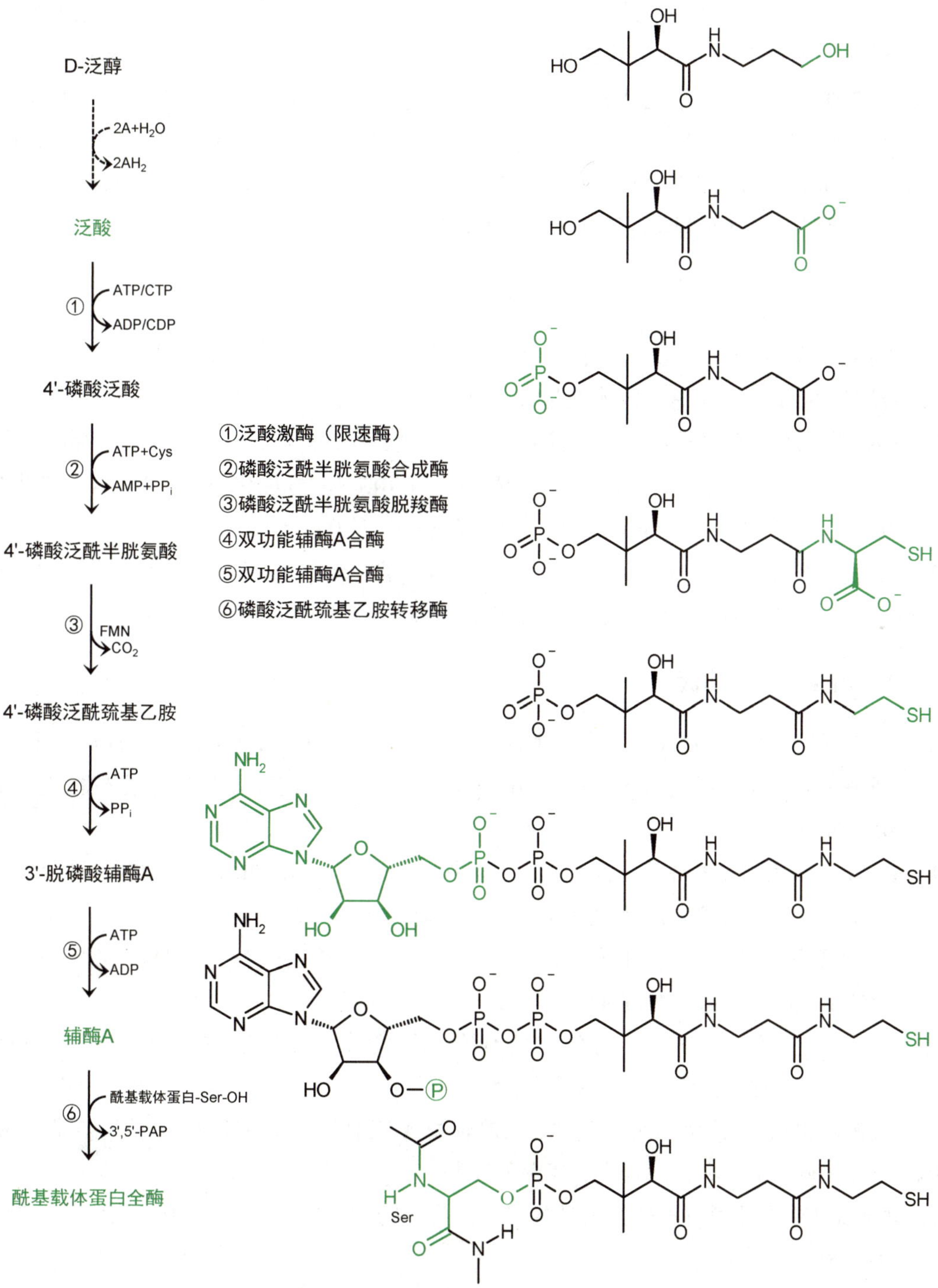

图 6-11 辅酶 A 合成与酰基载体蛋白辅基化

(一)维生素 B_5 的来源、摄入和排泄

各种食物均含泛酸,肝、心、肉、蛋、奶、谷物、豆类、蔬菜、水果、干果、蘑菇和发酵食品是泛酸的主要来源。食物泛酸主要以辅酶 A 的形式存在,番茄中有糖苷型。谷物泛酸多位于表层,碾磨抛光会丢失多达 50%。肉类、蔬菜烹制时泛酸损失量为 15%~50%、37%~78%。

肠道微生物可以合成泛酸,但合成量很少。

人体内泛酸的主要存在形式为辅酶 A。

1. 小肠吸收 食物辅酶 A 消化释放泛酸。泛酸通过以下机制被小肠和结肠细胞吸收。①主动转运:泛酸由钠依赖性多维生素转运蛋白(sodium-dependent multivitamin transporter,SMVT,SLC5A6)介导吸收。泛酸(细胞外)+ $2Na^+$(细胞外)→泛酸(细胞内)+ $2Na^+$(细胞内)。SMVT 在泛酸摄入量低时起主要作用,也介导生物素、硫辛酸、碘离子吸收,被乙醇抑制。②被动扩散:在泛酸摄入量高时起作用。D-泛醇(俗称维他命原 B_5,图 6-11)被动扩散吸收效率高于泛酸。

泛酸从肠黏膜细胞基底侧膜释放,进入血液,被各组织摄取和利用。

血浆中只有游离型泛酸。成人全血泛酸浓度 5.1~8.9 μmol/L(1 120~1 960 μg/L),血浆 1~5 μmol/L(219~1 096 μg/L)。老年人全血水平下降至 500~700 μg/L。

2. 组织摄取和活化 多数组织细胞由 SMVT 介导通过主动转运摄取泛酸(红细胞和脑细胞通过被动扩散摄取),故细胞内浓度远高于血浆,如心肌细胞和肝细胞内分别为 100~150、10~15 μmol/L。大部分泛酸被心、肝、肾上腺、肾、脑、睾丸摄取,且摄取后几乎都用于合成辅酶 A(图 6-11),故这些组织集中了大部分辅酶 A,且 70%(肝)~95%(肾)集中于线粒体中。线粒体中辅酶 A 浓度约 2 000 μmol/L,远高于细胞质浓度(20~150 μmol/L)。

3. 排泄 正常情况下人体每日摄入的泛酸有 15% 被完全氧化,其余主要以原形随尿液排出体外。虽然肾小管可以通过主动转运大量重吸收泛酸,每日仍有 0.8~8.4 mg 排出。

(二)维生素 B_5 的功能

维生素 B_5 用于合成辅酶 A(即酰基辅酶,acyl coenzyme,CoA,CoASH,HSCoA)和酰基载体蛋白(或酰基载体蛋白结构域)(acyl carrier protein,ACP)。辅酶 A 和酰基载体蛋白是维生素 B_5 的主要活性形式。

1. 辅酶 A 作为酰基载体参与糖、脂质、氨基酸代谢,包括能量代谢和 100 多种合成代谢。

拓展阅读 6-10:以辅酶 A/酰基载体蛋白为辅助因子的部分结合酶

(1)α-酮酸氧化脱羧:包括丙酮酸、α-酮戊二酸、α-酮己二酸、α-酮异戊酸等,发生在葡萄糖的有氧氧化、氨基酸代谢过程中。

(2)羧基活化:包括乙酸、乙酰乙酸、脂肪酸、胆汁酸、硫辛酸、苯甲酸等,发生在脂肪酸 β 氧化、酮体利用、甘油脂合成、鞘脂合成、结合胆汁酸合成、生物转化等代谢过程中。

(3)硫解:包括 β-酮酰辅酶 A 硫解、乙酰辅酶 A 硫解、柠檬酸裂解等,发生在脂肪酸 β 氧化、酮体利用、脂肪酸和胆固醇合成等代谢过程中。

2. 酰基载体蛋白或酰基载体蛋白结构域 作为脂肪酸合成中间产物的载体在参与脂肪酸合成、硫辛酸合成。

（三）维生素 B_5 缺乏

维生素 B_5 临床缺乏病例罕见，仅见于严重营养不良或拮抗剂 ω-甲基泛酸治疗患者。临床表现有神经症状，称为灼热足综合征。此外还有失眠、抑郁、疲劳、肌肉无力、呕吐和胃肠道紊乱，个别还有糖耐量改变、胰岛素敏感性增加、抗体反应减弱。

酗酒、妊娠、炎症性肠病、脂溢性皮炎、抗惊厥药、长期肠外营养均致钠依赖性多维生素转运蛋白（SMVT）合成不足，影响泛酸吸收和摄取，引起继发性缺乏。

（四）维生素 B_5 的毒性

泛酸毒性很低，但泛酸和生物素因均由 SMVT 介导吸收和摄取而相互影响。有报道每日摄入 10 g 泛酸引起胃痛和腹泻。

六、维生素 B_6

维生素 B_6 即抗皮炎维生素，是具有相同生物活性的吡哆醇（pyridoxine，PN）、吡哆醛（pyridoxal，PL）和吡哆胺（pyridoxamine，PM）的合称。维生素 B_6 在体内主要以 5′-磷酸酯的形式存在（图6-12）。维生素 B_6（特别是吡哆醇）很稳定，但其中性和碱性溶液对光和热敏感。烹制或其他热加工时会损失 0~70%，植物性食物损失少，动物性食物损失多。食物储存 1 年其维生素 B_6 可损失 25%~50%。

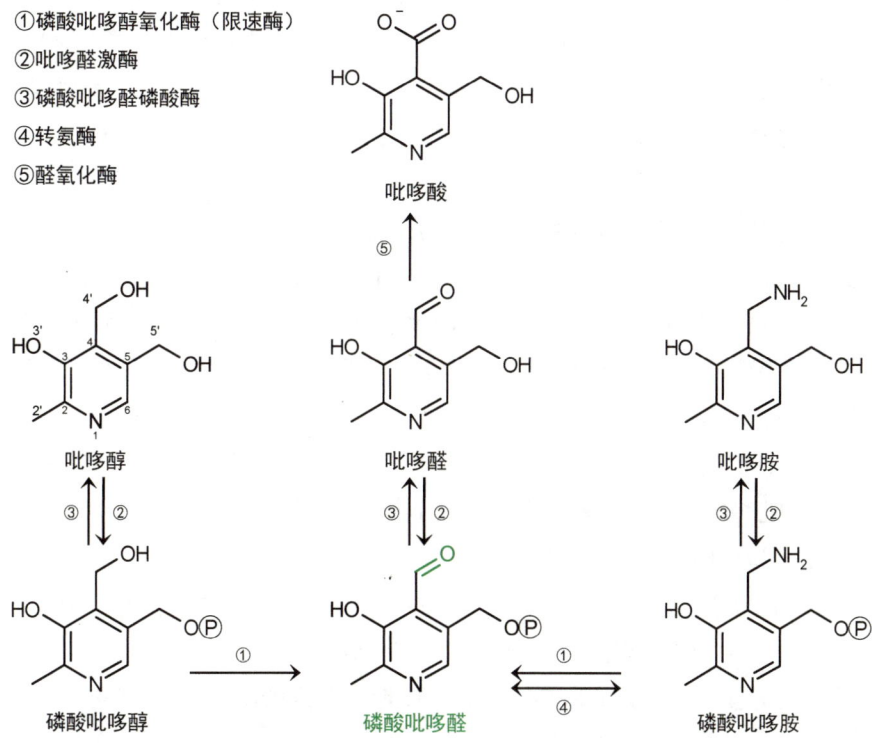

图 6-12　维生素 B_6 及其活性形式和代谢物

（一）维生素 B_6 的来源、摄入和排泄

维生素 B_6 分布广泛，在肉、鱼、谷物、蔬菜、坚果、蛋黄、豆类和酵母中均富含。维生

素 B_6 主要以蛋白质辅基形式存在：在动物性食物中主要是磷酸吡哆醛（pyridoxal 5′-phosphate，PLP）和磷酸吡哆胺（pyridoxamine 5′-phosphate，PMP），在植物性食物中主要是磷酸吡哆醇（pyridoxine 5′-phosphate，PNP）。

肠道微生物可以合成维生素 B_6，合成量可达人体需要量的 86%，并由结肠吸收。

成人体内有 40～150 mg 维生素 B_6，可满足 20～75 天的正常需要，存在形式主要是磷酸吡哆醛。

1. 小肠吸收 维生素 B_6 磷酸酯在食物蛋白消化时被释放，被碱性磷酸酶水解成游离维生素 B_6（主要是吡哆醛和吡哆胺）。维生素 B_6 在小肠（主要是空肠）通过以下机制吸收：①被动扩散。②主动转运：吡哆醇由依赖 H^+ 的硫胺素转运蛋白 1/2（THTR1/2）介导吸收：nH^+（细胞外）+ 吡哆醇（细胞外）→ nH^+（细胞内）+ 吡哆醇（细胞内）。此外，有研究表明维生素 B_6 存在其他载体介导吸收机制，载体有待鉴定。

多数食物维生素 B_6 利用率 70%～80%。食物加工、烹制、消化时，一部分吡哆醛和磷酸吡哆醛会与蛋白质或寡肽的 Lys-ε-NH_2、Cys-SH 共价结合而不能利用。吡哆醇和磷酸吡哆醇无此损失，因此植物性食物维生素 B_6 利用率更高。

维生素 B_6 被小肠吸收后会被吡哆醛激酶催化磷酸化，生成维生素 B_6 磷酸酯（图 6-12），暂存于肠细胞内。之后会缓慢水解去磷酸化，从基底侧膜释放进入血浆。

血浆中维生素 B_6 的运输形式包括维生素 B_6 原形及其磷酸酯，它们均由白蛋白等血浆蛋白结合运输，其中磷酸吡哆醛与血浆蛋白以席夫碱键共价结合。

血浆吡哆醛被肝细胞摄取后可磷酸化生成磷酸吡哆醛（图 6-12），再释放入血，故虽然从小肠吸收入血的主要是吡哆醛，但血浆维生素 B_6 的主要运输形式是磷酸吡哆醛（>90%）。

2. 组织摄取和活化 维生素 B_6 及其磷酸酯均可被各组织摄取和利用。维生素 B_6 被（主要是肝细胞）摄取后会磷酸化生成磷酸酯（图 6-12）。磷酸吡哆醛是主要组织形式、储存形式（其次磷酸吡哆胺），但储量很少。

（1）成人体内维生素 B_6 有 70%～80% 储存在肌肉组织，均以磷酸吡哆醛形式与肌糖原磷酸化酶 Lys681 形成席夫碱键而共价结合。这部分磷酸吡哆醛在机体缺乏时不会被动员，但在糖异生增加时会被动员，甚至水解，进而以吡哆醛或磷酸吡哆醛形式释放入血（磷酸吡哆醛浓度可增加 20%）。磷酸吡哆醛被肝肾摄取和利用，促进氨基酸脱氨，生成的 α-酮酸用于糖异生合成葡萄糖补充血糖（参见第十章）。

（2）在其他组织特别是肝、脑、肾、脾，维生素 B_6 与其他酶蛋白结合，其中肝细胞维生素 B_6 只有 10% 以磷酸吡哆醛形式与肝糖原磷酸化酶 Lys681 形成席夫碱键而共价结合。

（3）酶蛋白结合型磷酸吡哆醛抗水解。

3. 排泄 吡哆醛被醛氧化酶（以 FAD、[2Fe-2S]、钼-钼蝶呤为辅基）氧化成 4-吡哆酸（pyridoxic acid，PA）。4-吡哆酸随尿液排出体外，是维生素 B_6 的主要排泄形式，占总排泄量的 60%。其余排泄形式为 4-吡哆酸内酯、维生素 B_6 原形及其磷酸酯、5-吡哆酸等。

（二）维生素 B_6 的功能

维生素 B_6 用于合成磷酸吡哆醛。磷酸吡哆醛是维生素 B_6 的主要活性形式，是 140～200 多种结合酶的辅基。它在所有酶的活性中心内均与 Lys-ε-NH_2 形成席夫碱键而共价结合，在参与催化反应时则几乎均与底物氨基形成席夫碱键，对底物施加吸电子效应，即通过 4′-醛基起共价催化作用。糖原磷酸化酶例外，其活性中心磷酸吡哆醛通过 5′- 磷酸基起广义酸碱催化作用。此外，磷酸吡哆醛还作为共抑制因子抑制类固醇激素的基因表达调控效应。

拓展阅读 6-11：以磷酸吡哆醛为辅助因子的部分结合酶

1. 磷酸吡哆醛参与氨基酸代谢 是以下氨基酸代谢酶的辅基。

（1）氨基酸氨基代谢：①转氨酶类催化丙氨酸、天冬氨酸等多数氨基酸脱氨（参见第十章）。② 3- 羟基犬尿氨酸转氨酶催化维生素 B_3 合成途径的转氨反应（图 6-8）。

（2）氨基酸羧基代谢：①脱羧酶类催化谷氨酸、天冬氨酸、组氨酸、5- 羟色氨酸、多巴、鸟氨酸、半胱氨酸亚磺酸、磺基丙氨酸等脱羧，生成 γ- 氨基丁酸、组胺、多胺、5- 羟色胺、多巴胺、牛磺酸等神经递质（参见第十章）。②甘氨酸脱氢酶催化甘氨酸脱羧生成 5,10- 亚甲基四氢叶酸（一碳单位）。③ 5- 氨基酮戊酸合成酶催化甘氨酸与琥珀酰辅酶 A 合成 5- 氨基酮戊酸，是控制血红素合成的关键酶（参见第十二章）。

（3）氨基酸 R 基代谢：①丝氨酸和苏氨酸脱水脱氨生成丙酮酸和 α- 酮丁酸。②半胱氨酸裂解脱巯基生成丙氨酸和 H_2S。③硒代半胱氨酸裂解生成丙氨酸和 H_2Se。④同型半胱氨酸合成胱硫醚，胱硫醚裂解生成半胱氨酸。⑤丝氨酸转羟甲基生成 5,10- 亚甲基 - 四氢叶酸。

（4）氨基酸消旋：L- 丝氨酸由丝氨酸消旋酶催化异构生成 D- 丝氨酸。D- 丝氨酸是谷氨酸受体的共激动剂（又称协同激动剂，coagonist）。

2. 磷酸吡哆醛参与鞘脂合成 丝氨酸棕榈酰转移酶催化丝氨酸与棕榈酰辅酶 A 缩合生成 3- 酮基二氢鞘氨醇，是控制鞘脂合成的关键酶（参见第九章）。

3. 磷酸吡哆醛参与糖代谢 包括糖原分解和糖异生。

（1）参与糖原分解：磷酸吡哆醛是糖原磷酸化酶的辅基，与活性中心的 Lys681 共价结合，通过其 5′- 磷酸基起广义酸碱催化作用。

（2）参与糖异生：转氨酶催化氨基酸转氨生成 α- 酮酸，为糖异生提供原料。

4. 磷酸吡哆醛调控基因表达 磷酸吡哆醛能促使类固醇激素 - 受体复合物与增强子（参见第十八章）解离，从而终止雌激素、雄激素、皮质醇、钙三醇激活的信号转导。

（三）维生素 B_6 缺乏

维生素 B_6 缺乏症（vitamin B_6 deficiency）是维生素 B_6 缺乏引起的全身性疾病。包括边缘缺乏和临床缺乏。

1. 维生素 B_6 边缘缺乏 维生素 B_6 边缘缺乏较常见，症状有：①血浆 C 反应蛋白增加。C 反应蛋白是类风湿性关节炎、炎症性肠病等慢性炎症性疾病的标志。②血浆 n-6：n-3 多不饱和脂肪酸比值升高，与炎症风险呈正相关。③葡萄糖耐量异常。④血浆同型半胱氨酸增加，是心脑血管疾病和肾病的高风险因素。

2. 维生素 B_6 临床缺乏 维生素 B_6 临床缺乏少见，症状有：疲倦、失眠、抑郁、意识模糊、抽搐、周围神经病、唇裂、舌炎、口炎、脂溢性皮炎、细胞免疫功能受损、易感染、维生素 B_6 反应性贫血，同型半胱氨酸尿症、胱硫醚尿症。

维生素 B_6 罕见原发性缺乏，多为继发性缺乏：吸收障碍、嗜酒、肥胖、肾病、糖尿病、自身免疫病、维生素 B_6 反应性贫血等。某些药物如肼、异烟肼、环丝氨酸等能与磷酸吡哆醛形成复合物，长期服用导致维生素 B_6 缺乏。口服避孕药也会增加对维生素 B_6 的需要。高蛋白膳食需要增加维生素 B_6 的摄入量。

（四）维生素 B_6 的毒性

维生素 B_6 毒性相对较低，长期服用药用维生素 B_6，每日 500 mg 以下是安全的。超过 500 mg 时（如每日服用 2~7 g 治疗经前期综合征）可引起共济失调、周围神经病、肌无力，持续数月会引起神经毒性和光敏感性反应，甚至发生不可逆损伤。某些患者维生素 B_6 每日摄入量超过 100~200 mg 引起神经损伤。

值得注意的是：维生素 B_6 缺乏或积累均引起周围神经病。

七、维生素 B_7

维生素 B_7 即 [D-] 生物素（biotin），又称维生素 H、辅酶 R，是由噻吩环和咪唑环形成的骈环化合物，噻吩环上有一个戊酸基侧链（图 6-13）。生物素耐热耐光，在强酸或强碱性溶液中分解，易被脂质过氧化物等氧化剂破坏，故食品加工时易损失，加抗氧化剂（如抗坏血酸、生育酚）保护可减轻。生物素在人体及其他生物体内的存在形式主要是生物胞素（biocytin）。

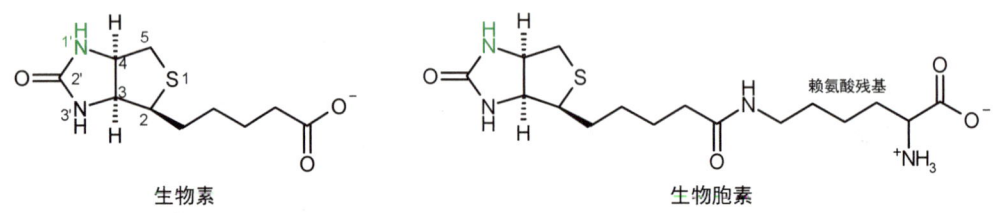

图 6-13 生物素和生物胞素

（一）维生素 B_7 的来源、摄入和排泄

各种食物都含有生物素，但多数含量很少。蜂王浆、酵母富含生物素。牛奶、肝、蛋黄、大豆、全谷物、部分蔬菜是主要来源。生物素在多数食物中的存在形式为生物胞素和游离生物素，牛奶中的生物素几乎都是游离型。

肠道微生物可以合成生物素，合成量可达人体需要量的 5%。

因涉及蛋白质水解和生物胞素水解，食物生物素利用率总体上不到 50%，且不同食物利用率差异极大：玉米 100%，其他谷物 20%~30%，小麦 5%；肉类利用率很低。生物素补充剂为游离生物素，故利用率高。

1. 小肠吸收 食物生物素蛋白由蛋白酶催化水解释放生物胞素，生物胞素被分泌型生物素酶（biotinidase）水解成游离生物素。母乳（特别是初乳）富含生物素酶。

游离生物素通过以下机制被小肠细胞吸收。

（1）主动转运：在低浓度时起主要作用。①小肠上皮细胞顶端膜钠依赖性多维生素转运蛋白（SMVT）介导生物素吸收：生物素（细胞外）+ 2Na^+（细胞外）→生物素（细胞内）+ 2Na^+（细胞内）。②基底侧膜有一种钠依赖性转运蛋白将其泌入血浆。

SMVT 还介导胎儿从母体获取生物素。胎儿血浆生物素浓度 3~17 倍于母体血浆。母乳生物素浓度 10~100 倍于母体血浆。

（2）被动扩散：生物素、生物胞素均可，但生物胞素吸收率低。被动扩散吸收主要发生在十二指肠和空肠，且在肠液浓度高于 5 μmol/L 才有意义。

生物素在血液中的运输形式有游离型生物素（<50%），白蛋白、α/β球蛋白、其他血浆蛋白非特异性非共价结合型生物素（7%），共价结合型生物素（12%），其他还有双降生物素等各种生物素代谢物。血浆生物素浓度300 ng/L。

2. 组织摄取和活化　生物素被各种组织细胞通过SMVT摄取，外周血单核细胞和淋巴细胞则通过单羧酸转运蛋白（MCT1，只摄取生物素）摄取。生物素在细胞内几乎均由全羧化酶合成酶（又称生物素-蛋白连接酶）催化，与羧化酶蛋白共有序列Ala-Met-Lys-Met中的Lys-ε-NH$_2$以席夫碱键结合，分布于细胞质和线粒体中；仅有不到1%与组蛋白结合，位于细胞核内。

$$\text{生物素-COOH} + ATP + H_2N\text{-Lys-蛋白质} \xrightarrow{\text{全羧化酶合成酶}} AMP + PP_i + \text{生物素-CO-HN-Lys-蛋白质}$$

生物素的组织分布与生物素依赖性羧化酶分布一致，肝细胞最多，含量可达0.8～3 μg/g，可视为储存形式，且大部分为肝细胞线粒体乙酰辅酶A羧化酶的辅基。

3. 排泄　大部分生物素以原形随尿液排出体外，其余通过β氧化转化为双降生物素、四降生物素，或硫氧化成生物素亚砜、生物素砜等，随尿液排出体外。极少量以原形随胆汁入肠，随粪便排出体外。

（二）维生素B$_7$的功能

生物素主要作为五种生物素依赖性羧化酶的辅基，参与糖代谢、脂质代谢、氨基酸代谢中的羧化反应，特别是糖异生和脂肪酸合成。此外还参与细胞周期调控。

拓展阅读6-12：以维生素B$_7$为辅助因子的结合酶

1. 参与依赖生物素的羧化反应　涉及糖、脂质、氨基酸代谢及其相互转化。

（1）丙酮酸羧化酶：催化丙酮酸羧化生成草酰乙酸，用于合成葡萄糖，回补三羧酸循环，或合成天冬氨酸。

（2）乙酰辅酶A羧化酶1：催化乙酰辅酶A羧化生成丙二酰辅酶A，用于从头合成脂肪酸。

（3）乙酰辅酶A羧化酶2：催化乙酰辅酶A羧化生成丙二酰辅酶A，用于抑制脂肪酸β氧化，合成硫辛酸，或从头合成脂肪酸。

（4）丙酰辅酶A羧化酶：催化丙酰辅酶A羧化生成甲基丙二酰辅酶A，用于合成葡萄糖。而丙酰辅酶A是缬氨酸、异亮氨酸、苏氨酸、蛋氨酸、奇数碳脂肪酸分解途径的中间产物，胆汁酸合成途径的中间产物。

（5）甲基巴豆酰辅酶A羧化酶：参与亮氨酸分解代谢，即催化甲基巴豆酰辅酶A羧化生成3-甲基戊烯二酰辅酶A。

2. 调控细胞周期　通过生物素化（biotinylation）组蛋白等细胞核关键蛋白质，调控基因表达，从而调控细胞周期。生物素缺乏导致细胞周期停滞于 G_1 期。

（三）维生素 B_7 缺乏

维生素 B_7 缺乏即生物素缺乏。临床症状包括疲乏、抑郁、幻觉、恶心、口周皮炎、结膜炎、脱发、肌张力低下、共济失调、癫痫发作、发育迟缓和皮肤感染风险增加。

生物素临床缺乏罕见，边缘缺乏可见于孕妇、老年人、胃酸缺乏、烧伤、癫痫、酗酒、高强度运动。

原发性生物素缺乏见于不含生物素补充剂的长期全胃肠外营养（又称全静脉营养）患者、母乳维生素缺乏乳儿。继发性生物素缺乏见于以下几种情况。①长期大量生食鸡蛋清：鸡蛋清所含的亲和素（又称抗生物素蛋白）能与生物素结合而抑制其吸收。②生物素酶缺乏症（biotinidase deficiency）：又称多羧化酶缺乏症，基因缺陷导致血浆生物素酶低下，不到正常人的30%，因而生物胞素不能有效水解，生物素不能有效再利用。③钠依赖性多维生素转运蛋白缺乏症（SMVT deficiency）：基因缺陷导致SMVT结构异常、活性低下，影响食物生物素吸收。④全羧化酶合成酶缺乏症（HLCS deficiency）：基因缺陷导致全羧化酶合成酶活性低下，影响生物素依赖性羧化酶全酶的合成，导致其活性低下。⑤非遗传性SMVT缺乏：酗酒、妊娠、炎症性肠病、脂溢性皮炎、抗惊厥药、长期肠外营养均致SMVT合成不足。

（四）维生素 B_7 的毒性

生物素毒性极低，口服 200 mg 或静脉注射 20 mg 治疗新生儿脂溢性皮炎等未见不良反应报道。有报道高剂量生物素补充剂可能引起 DNA 损伤。

八、维生素 B_9

维生素 B_9 即叶酸类（folates，folacin，folic acids）同效维生素，是具有相同生物活性的叶酸和多谷氨酰叶酸的合称。叶酸（folic acid，folate）又称蝶酰[单]谷氨酸（pteroylglutamic acid，PteGlu），由蝶酸（6-羟甲基蝶呤 + 对氨基苯甲酸）和一个谷氨酸通过酰胺键连接形成。多谷氨酰叶酸（folylpolyglutamate）又称蝶酰多谷氨酸，pteroylpolyglutamate，Pte[Glu]$_n$），是叶酸的多谷氨酰化产物，通常含 2~8 个（细菌可达 12 个）谷氨酰基。

叶酸和多谷氨酰叶酸在体内均被还原成[5,6,7,8-]四氢叶酸（THF）和多谷氨酰[-5,6,7,8-]四氢叶酸（THF-[Glu]$_n$，图 6-14）。动物体内有 100 多种维生素 B_9 类同效维生素（表 6-4）。

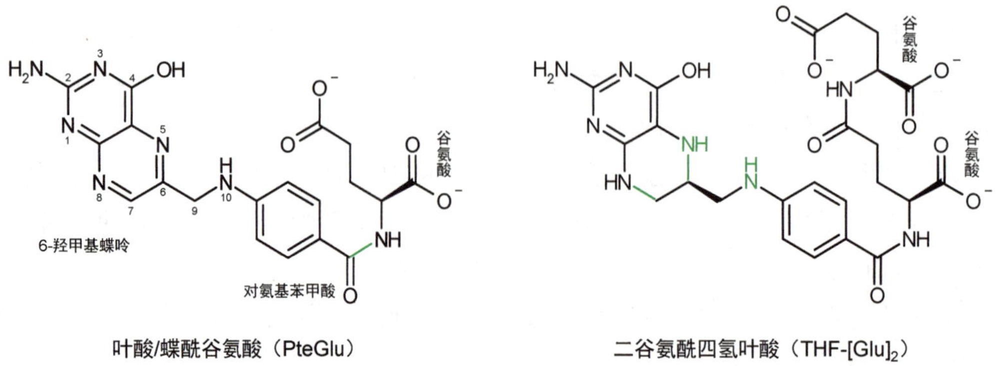

图 6-14 维生素 B_9

表6-4 同效维生素 B_9 分布和功能

血浆运输/跨膜转运形式	细胞质/线粒体活性形式
叶酸（蝶酰谷氨酸，PteGlu）	多谷氨酰叶酸（Pte-$[Glu]_n$）
四氢叶酸（THF）	多谷氨酰二氢叶酸（DHF-$[Glu]_n$）
5-甲基四氢叶酸（5-CH_3-THF）	多谷氨酰四氢叶酸（THF-$[Glu]_n$）
	一碳单位-多谷氨酰四氢叶酸

叶酸在溶液中对光、热、酸、碱、还原剂敏感，在体内外均可被还原成7,8-二氢叶酸（DHF）和5,6,7,8-四氢叶酸（THF）。二氢叶酸和四氢叶酸接触空气易被氧化。

（一）维生素 B_9 的来源、摄入和排泄

动植物性食物均含有维生素 B_9。人类食物维生素 B_9 主要来自肝、蘑菇、豆类、绿叶蔬菜、部分水果（柑橘、草莓）。食物维生素 B_9 极少部分为叶酸型，绝大部分为四氢叶酸型，即多谷氨酰四氢叶酸型和四氢叶酸型，且大部分为多谷氨酰四氢叶酸型。四氢叶酸型中既有空载型又有结合型，结合型中主要是5-甲基型（5-CH_3-THF-$[Glu]_n$ 和 5-CH_3-THF），其次有少量10-甲酰型（10-CHO-THF-$[Glu]_n$ 和 10-CHO-THF）。

食物维生素 B_9 易被氧化（叶酸和5-甲酰四氢叶酸很稳定。5-甲酰四氢叶酸比叶酸还稳定，常作为药剂形式），四氢叶酸类会被氧化成二氢叶酸类、叶酸类，部分氧化产物还会进一步反应而失活，例如5-甲基四氢叶酸和10-甲酰四氢叶酸分别被氧化成5-甲基-5,6-二氢叶酸和10-甲酰叶酸。5-甲基-5,6-二氢叶酸虽然可以在胃酸作用下被抗坏血酸还原重新生成5-甲基四氢叶酸，但还会异构为5-甲基-5,8-二氢叶酸而完全失活。紫外线（UVB）、热、金属离子促进食物维生素 B_9 氧化，故食物在储存、加工、烹制时会有维生素 B_9 损失。

母乳维生素 B_9 含量 22~141 μg/L，多为5-甲基四氢叶酸，且大部分与分泌型叶酸受体（又称叶酸结合蛋白）结合。

食物维生素 B_9 吸收率低至10%，高至90%，总体约50%。

肠道微生物可合成维生素 B_9，合成量可以满足人体需要；但是肠道微生物合成维生素 B_9 效率受膳食纤维、寡糖、益生菌影响。肠道微生物合成的维生素 B_9 主要在结肠吸收，吸收率46%。

食物维生素 B_9 含量通常以膳食叶酸当量（dietary folate equivalent，DFE）表示：1 DFE = 1 μg 膳食维生素 B_9 = 0.6 μg 膳食叶酸 = 0.5 μg 叶酸补充剂。

成人体内有 15~30 mg 维生素 B_9，主要存在形式为多谷氨酰四氢叶酸。

1. 小肠吸收 食物维生素 B_9 的各种多谷氨酰化形式由空肠上皮细胞顶端膜叶酸水解酶1（FOLH1，又称谷氨酸羧肽酶2）、γ-谷氨酰水解酶（GGH）催化脱谷氨酸。叶酸、四氢叶酸、5-甲基四氢叶酸、10-甲酰四氢叶酸通过以下机制被小肠细胞吸收。

（1）主动转运：在空肠，通过以下两种载体。①还原型叶酸载体（reduced folate transporter, RFC，SLC19A1）是一种逆向转运蛋白，通过继发性主动转运机制吸收和摄取5-甲基四氢叶酸、四氢叶酸、叶酸：5-甲基四氢叶酸（细胞外）+ 5-氨基咪唑-4-氨甲酰核苷酸（细胞内）→ 5-甲基四氢叶酸（细胞内）+ 5-氨基咪唑-4-氨甲酰核苷酸（细胞外）。5-氨基咪唑-4-氨甲酰核苷酸是嘌呤核苷酸从头合成途径中间产物（参见第十一章）。②质子偶联叶酸转运蛋白

（proton coupled folate transporter，PCFT，SLC46A1）又称血红素载体蛋白1（heme carrier protein 1，HCP1），属于同向转运体，主要在十二指肠和空肠近端上皮细胞顶端膜吸收（在其他细胞基底侧膜摄取）叶酸、5-甲基四氢叶酸、10-甲酰四氢叶酸、血红素：叶酸（细胞外）+ H⁺（细胞外）→叶酸（细胞内）+ H⁺（细胞内）。

拓展阅读6-13：*还原型叶酸载体和质子偶联叶酸转运蛋白*

（2）受体介导内吞：细胞膜型叶酸受体（FR）又称叶酸结合蛋白（FBP），在中性条件下强力结合叶酸和5-甲基四氢叶酸，弱酸性条件下变构释放，故通过受体介导内吞机制介导吸收和摄取叶酸、5-甲基四氢叶酸、四氢叶酸、叶酸类似物。

（3）被动扩散：在空肠，高浓度吸收率20%~30%。酸性条件有利于吸收。pH＞6.0时吸收效率可忽略。

影响叶酸吸收的因素有肠液酸度（最适pH 5.0~6.0）、消化酶抑制剂、叶酸缔合物等。

消化吸收产物5-甲基四氢叶酸和10-甲酰四氢叶酸可在肠细胞内多谷氨酰化以暂存，需要时再水解释放；四氢叶酸可转化为5-甲基四氢叶酸。四氢叶酸、5-甲基四氢叶酸、10-甲酰四氢叶酸、叶酸由基底侧膜ABC转运蛋白C5（ABCC5，又称多特异性有机阴离子转运蛋白C，MOAT-C）等以主动转运机制泵出细胞，通过门静脉进入血液循环。

血液维生素B_9中大部分是5-甲基四氢叶酸，大部分位于红细胞内。血浆维生素B_9既有游离的，又有与白蛋白、分泌型叶酸受体、高亲和力叶酸缔合物结合的。

门静脉血浆维生素B_9中四氢叶酸较多。因为肝细胞不断摄取四氢叶酸并转化为5-甲基四氢叶酸和少量10-甲酰四氢叶酸，再向体循环释放5-甲基四氢叶酸，故体循环中的维生素B_9大部分是5-甲基四氢叶酸，外周组织摄取的维生素B_9主要是5-甲基四氢叶酸。

吸烟、酗酒影响血液叶酸水平。吸烟者血浆叶酸仅为不吸烟者一半。80%酗酒者血浆叶酸低下，40%酗酒者红细胞叶酸低下，后者与其骨髓巨红细胞增生症高发生率（34%~42%）一致。

2. 组织摄取和活化 组织细胞通过还原型叶酸载体（RFC）、质子偶联叶酸转运蛋白（PCFT）、细胞膜型叶酸受体（FR）摄取血浆维生素B_9。摄取的维生素B_9在细胞内发生三类转化。

（1）蝶酰基还原：叶酸还原成二氢叶酸（DHF，FH_2），二氢叶酸还原成四氢叶酸（THF，FH_4），反应由二氢叶酸还原酶催化（图6-15）。

图6-15 叶酸还原

二氢叶酸还原酶（DHFR）富含于肝细胞、肾细胞和其他周期中细胞，是控制叶酸代谢的关键酶，是叶酸拮抗剂氨蝶呤（灭鼠药）和甲氨蝶呤（XL01BA，抗肿瘤药物）的靶点。

（2）谷氨酰基反应：即维生素B_9多谷氨酰化和去多谷氨酰化，以维持维生素B_9稳态，调节一碳代谢。①多谷氨酰化：单谷氨酰类维生素B_9多谷氨酰化生成多谷氨酰类维生素B_9，反应由叶酰多谷氨酸合酶（FPGS）催化。②去多谷氨酰化：多谷氨酰类维生素B_9去多谷氨酰化生成单谷氨酰类维生素B_9，反应由γ-谷氨酰水解酶（GGH）催化。

维生素B_9多谷氨酰化意义：①阻止其离开线粒体或细胞质，可视为储存形式。②所含γ-谷氨酰基越多，与酶活性中心结合力越强，催化反应效率越高。

肝细胞叶酰多谷氨酸合酶活性最高，维生素 B_9 储存量也最高，占人体总量的 50%。肝细胞维生素 B_9 可维持血浆维生素 B_9 正常水平（>4 ng/mL）4 周。

维生素 B_9 去多谷氨酰化意义：①维生素 B_9 跨膜转运到其他区室，如从细胞质转运到线粒体。②维生素 B_9 向细胞外输出，如由多药耐药蛋白 2、3（MRP2、MRP3，又称 ABC 转运蛋白 C2、C3，ABCC2、ABCC3）泵至肝血窦、胆管。

（3）一碳单位负载：参见第十章。

3. 排泄 维生素 B_9 摄入量正常或不足时，每日更新率 0.5%~1%；摄入量增加则更新率增加。维生素 B_9 排泄形式主要是叶酸生物转化产物，维生素 B_9 原形很少。排泄途径包括肾排泄和粪便排泄。

（1）随肾排泄：随尿液排泄的主要是四氢蝶酸、对-乙酰氨基苯甲酰谷氨酸和对-乙酰氨基苯甲酸等。因为肾近端小管能重吸收 5-甲基四氢叶酸，所以维生素 B_9 原形实际排泄量极少。

（2）随粪便排泄：仅部分维生素 B_9 原形随胆汁排泄，且大部分都被重吸收，形成肠肝循环，实际排泄量很少；但是随粪便排出体外的还有肠道微生物合成的部分，故粪便维生素 B_9 排泄量多于肾排泄量。

（二）维生素 B_9 的功能

以下叶酸和多谷氨酰叶酸合称叶酸，四氢叶酸和多谷氨酰四氢叶酸合称四氢叶酸。

叶酸还原成四氢叶酸。四氢叶酸（tetrahydrofolate，THF，FH_4）是叶酸的活性形式、一碳代谢酶类和氨基酸代谢酶类的辅助因子。

拓展阅读 6-14：以四氢叶酸为辅助因子的部分结合酶

1. 一碳代谢 四氢叶酸 N-5 和 N-10 是一碳单位结合点，为一碳代谢提供一碳单位（参见第十章），在细胞分裂和增殖，尤其是红细胞增殖和成熟过程中发挥作用。

2. 氨基酸代谢 四氢叶酸参与丝氨酸和甘氨酸的合成和分解、组氨酸的分解。

3. 胎儿发育 维生素 B_9 为胎儿生长发育所必需，在神经管闭合过程中起重要作用，但机制有待阐明。

4. 动脉扩张 机制可能是 5-甲基四氢叶酸激活内皮细胞一氧化氮合酶，增加 NO 合成，NO 通过激活 cGMP-PKG 通路促使平滑肌松弛，血管扩张，动脉压下降（图 6-16）。

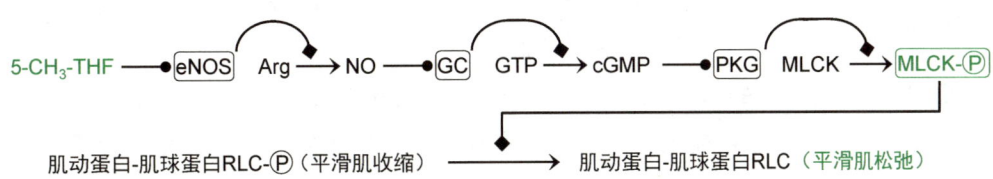

eNOS：内皮细胞一氧化氮合酶；GC：鸟苷酸环化酶；PKG：蛋白激酶G；MLCK：肌球蛋白轻链激酶；RLC：肌球蛋白调节轻链

图 6-16 维生素 B_9 与 cGMP-PKG 通路

（三）维生素 B_9 缺乏

成人维生素 B_9 储存量 15~30 mg，每日仅消耗 100~200 μg，因此当膳食中长期缺乏维生素 B_9 时，体内储存的维生素 B_9 可维持 3~4 个月，4 个月后会出现临床缺乏症状。

维生素 B_9 临床缺乏引起叶酸缺乏症（folic acid deficiency），影响快速分裂细胞，因为它们需要大量脱氧胸苷酸用于合成 DNA。叶酸缺乏症在维生素缺乏症中最常见，发生率约 10%。

1. 叶酸缺乏症与巨幼细胞贫血 巨幼细胞贫血是最常见的叶酸缺乏症，其特征是血液中性粒细胞（又称多形核白细胞）细胞核分叶过多，出现巨红细胞，发展为巨幼细胞贫血，全身无力。巨幼细胞贫血的代谢基础：① 5,10-亚甲基四氢叶酸不足，导致脱氧胸苷酸合成不足，影响周期中细胞的 DNA 复制和细胞分裂。骨髓幼红细胞的 DNA 复制和细胞分裂均受阻，但大部分蛋白质合成正常，故形成巨幼红细胞（大红细胞）进入血液循环。②叶酸缺乏影响甘氨酸、血红素、血红蛋白的合成，引起巨幼细胞性贫血。妊娠后期孕妇常见血浆叶酸水平低下，容易发生巨幼细胞贫血。叶酸缺乏导致贫血的发生率仅次于缺铁性贫血。

同理，叶酸缺乏还影响小肠黏膜细胞分裂，导致小肠绒毛短钝，营养吸收能力下降。

2. 叶酸缺乏症与高同型半胱氨酸血症 同型半胱氨酸来自蛋氨酸降解，其进一步代谢有三条去路：①通过蛋氨酸循环合成蛋氨酸。该去路依赖四氢叶酸和钴胺素（参见第十章）。②通过转硫反应合成半胱氨酸。该去路依赖磷酸吡哆醛（参见第十章）。③通过参与胆碱降解合成蛋氨酸。该途径依赖胆碱降解。因此，叶酸、钴胺素、吡哆醛和胆碱缺乏均可导致同型半胱氨酸积累，引起高同型半胱氨酸血症、同型半胱氨酸尿症。临床可见血液叶酸水平与同型半胱氨酸水平呈负相关。

高同型半胱氨酸血症患者补充叶酸可以有效降低血液同型半胱氨酸水平。

3. 叶酸缺乏症与肿瘤 维生素 B_9 与肿瘤的关系比较复杂。叶酸缺乏一方面阻碍肿瘤细胞一碳代谢，限制肿瘤细胞增殖，抑制肿瘤发展；另一方面导致 DNA 损伤发生率增加，基因突变增加，正常细胞癌变增加，部分肿瘤发生风险增加。

4. 叶酸缺乏症与神经管缺陷 叶酸缺乏导致神经管缺陷。

胚胎发育早期，神经嵴细胞内陷形成神经管，之后其头段分化为脑，尾段分化为脊髓。神经管缺陷（neural tube defect，NTD）又称神经管畸形，是指各种因素导致胚胎期第四周神经管不能正常闭合，出现脊柱裂；颅骨不完全闭合，出现无脑畸形。导致神经管缺陷的后天因素是营养缺乏，特别是叶酸缺乏。

神经管缺陷全球发生率 6%。叶酸强化食品可令发生率降低 19%~78%。临床干预试验表明妊娠期每日补充叶酸 400 μg 可以降低神经管缺陷风险，高风险区降低 85%，低风险区降低 40%。预防神经管缺陷的叶酸每日补充量 400 μg，防止神经管缺陷复发的每日补充量 4 000 μg。

与叶酸缺乏、高同型半胱氨酸血症有关的其他异常孕产还包括先兆子痫、胎儿生长迟缓、胎盘早剥、流产、早产、低出生体重和先天性心脏病。

5. 导致维生素 B_9 缺乏的因素 维生素 B_9 缺乏基本都是继发性缺乏，主要由以下因素导致。

（1）吸收不良：①多谷氨酰低水解度。②食物缺铁和抗坏血酸。③炎症性肠道疾病（克罗恩病、溃疡性结肠炎、热带口炎性腹泻、腹泻性乳糜泻）。④慢性酒精中毒。⑤机体锌缺乏。⑥药物拮抗，例如甲氨蝶呤（XL01BA）、苯巴比妥（XN03AA）、柳氮磺吡啶（XA07E）、二甲双胍（XA10BA）。

（2）活化障碍：①维生素 B_{12} 或蛋氨酸缺乏：形成叶酸陷阱，影响四氢叶酸游离，导致功能性叶酸缺乏。②慢性酒精中毒：抑制肝同型半胱氨酸转甲基，从而抑制肝蛋氨酸代谢。③二氢叶酸还原酶抑制剂：抑制四氢叶酸再生，如甲氨蝶呤。④遗传因素：亚甲基四氢叶酸还原酶缺乏，谷氨酸亚胺甲基转移酶缺乏。⑤肝功能异常。

（3）需要量增加：见于孕妇、早产儿、哺乳期妇女等。

（4）丢失过快：见于血液透析等。

（四）维生素 B_9 的毒性

虽然维生素 B_9 中毒临床病例未见报道，但过量摄入会产生毒性作用。

1. 叶酸补充剂可逆转维生素 B_{12} 缺乏型巨幼细胞贫血，因此掩盖维生素 B_{12} 缺乏，导致不可逆神经损伤。这一问题尤其危及老年人，因为他们容易发生维生素 B_{12} 缺乏。

2. 影响锌吸收，从而妨碍胎儿发育。

3. 叶酸与抗癫痫药、抗惊厥药存在拮抗。有报道摄入 1～10 mg 维生素 B_9 会增加癫痫发作频率和严重程度。

4. 部分研究表明摄入过多叶酸增加某些肿瘤的发生率、复发率。

九、维生素 B_{12}

维生素 B_{12}（vitamin B_{12}）即钴胺素类（cobalamins），又称抗恶性贫血因子，是具有相同生物活性的钴胺素及其配合物的统称，包括钴胺素（cob（Ⅰ）alamin, cobalamin, Cbl）、水钴胺［素］（aquocob（Ⅲ）alamin, H_2OCbl）、羟钴胺［素］（hydroxocob（Ⅲ）alamin, HOCbl）、氰钴胺［素］（cyanocob（Ⅲ）alamin, CNCbl）、甲钴胺［素］（methylcob（Ⅲ）alamin, MeCbl）、［5′-脱氧-5′-］腺苷钴胺［素］（adenosylcob(Ⅲ)alamin, AdoCbl）等（图6-17）。其中甲钴胺和腺苷钴胺是维生素 B_{12} 的辅酶形式和药剂形式（XB03B）。氰钴胺最稳定，为维生素 B_{12} 最初的提纯形式，也是其补充剂形式、食品强化剂形式和药剂形式。

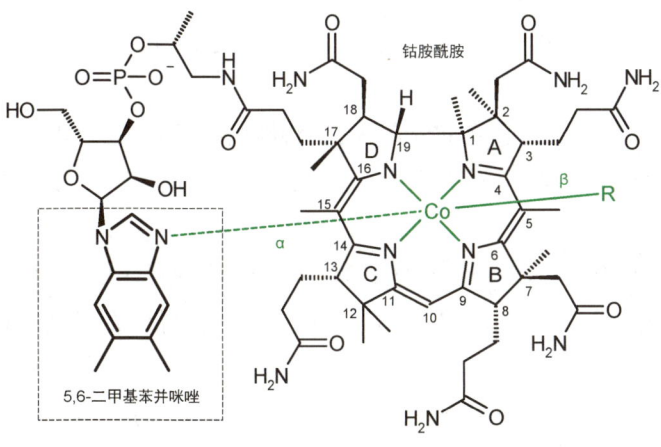

图6-17 维生素 B_{12}

> **拓展阅读** 6-15：维生素 B_{12} 与钴胺素、钴胺酰胺

维生素 B_{12}（特别是氰钴胺）耐热（但高于210℃会分解），在弱酸性条件下稳定。强酸、强碱、光照、氧化剂和还原剂均能致使其不可逆破坏。食物烹制时抗坏血酸、铁、亚硫酸盐加速其分解。

（一）维生素 B_{12} 的来源、摄入和排泄

动物性食物几乎是维生素 B_{12} 的唯一来源，肝、肾含量最多，其次有鱼、蛋、奶、肉、贝；

发酵食品可能含有维生素 B_{12}。部分食用藻类也富含维生素 B_{12}，如紫菜和绿色紫菜、小球藻。食物维生素 B_{12} 主要是甲钴胺、腺苷钴胺、羟钴胺。

维生素 B_{12} 由部分细菌、真菌和藻类合成。部分肠道微生物可以合成，合成量至少为人体需要量的 31%，但尚未阐明其结肠吸收效率。

母乳富含维生素 B_{12}（主要是甲钴胺），初乳含量是成熟乳的 10 倍，含量高低与哺乳期妇女维生素 B_{12} 摄入量呈正相关。

拓展阅读 6-16：初乳、过渡乳、常乳

成人体内有 1~10 mg 维生素 B_{12}，其中约 60% 在肝脏，30% 在肌肉。主要存在形式为甲钴胺和腺苷钴胺。

1. 小肠吸收 食物维生素 B_{12} 均与酶蛋白结合，烹制时有部分游离，入胃后通过胃酸变性和胃蛋白酶消化完全游离。维生素 B_{12} 大部分在回肠通过受体介导内吞机制吸收，极少量通过被动扩散机制吸收。

（1）钴胺素结合酶蛋白消化：食物咀嚼，与唾液混合，吞咽入胃，钴胺素结合酶类被胃酸变性、胃蛋白酶消化。钴胺素游离。

（2）转钴胺素 1 结合保护：唾液中有一种称为转钴胺素 1 的钴胺素载体蛋白与游离钴胺素结合形成全转钴胺素 1（holotranscobalamin 1，holoTC-1），抗胃酸破坏。胃底和胃体壁细胞分泌一种称为内因子的钴胺素特异性转运蛋白。

转钴胺素 1（transcobalamin-1，TC-1）又称结合咕啉蛋白、嗜钴蛋白、R 蛋白，是一种糖蛋白类钴胺素载体，分布于唾液、胃液、肠内容物、血浆、眼泪、脑脊液、羊水、母乳、白细胞和红细胞中。唾液转钴胺素 1 最先与钴胺素结合以抗酸分解。

（3）转钴胺素 1 消化：在十二指肠，胃酸被胰液碳酸氢盐中和，肠液呈弱碱性，全转钴胺素 1 解离，转钴胺素 1 被胰蛋白酶和糜蛋白酶消化。钴胺素再次游离，与内因子结合，形成内因子 - 钴胺素复合物（IF-Cbl）。

内因子（intrinsic factor，IF）是一种糖蛋白类钴胺素载体，由食物、组胺、胃泌素刺激胃底和胃体黏膜壁细胞分泌，与甲钴胺、腺苷钴胺、氰钴胺或水钴胺结合形成内因子 - 钴胺素复合物。遗传性内因子缺乏导致巨幼细胞贫血。

（4）内因子 - 钴胺素复合物内吞吸收：内因子 - 钴胺素复合物到达回肠，由 Ca^{2+} 协助与上皮细胞顶端膜特异性内因子受体（$CUBN_3$-AMN 四聚体）结合，通过受体介导内吞机制吸收，形成内吞体。

通过受体介导内吞机制吸收维生素 B_{12}，吸收率高（>50%），但速度慢，进食后 3~4 小时（或口服钴胺素 6~8 小时）后才开始出现在血浆中，并且需要几个小时才能完成吸收。

此外，小肠整体可以通过被动扩散吸收部分维生素 B_{12}，虽然吸收率很低（约 1%），且大量摄入（>500 μg）才有意义，但优点是吸收快，进食后几分钟即开始出现在血浆中，因而可以通过口服给药治疗恶性贫血。给药时应与进食时间间隔 1 小时，以免发生竞争性抑制。

（5）内因子消化：内吞体与溶酶体融合，内因子 - 钴胺素复合物解离，内因子被溶酶体组织蛋白酶降解，钴胺素由溶酶体钴胺素转运护送蛋白（LMBRD1）和溶酶体钴胺素转运蛋白（ABCD4）介导从溶酶体转运到细胞质中，由小肠上皮细胞基底侧膜 ABC 转运蛋白 C1 泵出入血。

ABC 转运蛋白 C1（ABCC1）又称多药耐药蛋白 1（MRP1），可将各种阴离子泵出入血，例

如药物、谷胱甘肽及其结合物、白三烯 C4、雌二醇葡萄糖醛酸酯、甲氨蝶呤、抗病毒药、其他外来化合物、1- 磷酸鞘氨醇、环鸟苷酸 – 腺苷酸。

（6）血浆运输：血浆维生素 B_{12} 正常浓度 173 ~ 545 pmol/L，60% ~ 80% 为甲钴胺（135 ~ 427），其余为腺苷钴胺（2 ~ 77 pmol/L）、水钴胺（5 ~ 67 pmol/L）、氰钴胺（2 ~ 48 pmol/L）。在血浆中主要与转钴氨素 1（TC-1，70% ~ 90%，主要结合甲钴胺）和转钴氨素 2（TC-2，10% ~ 30%）结合形成全转钴胺素 1（holoTC-1，半衰期约 10 日）和全转钴胺素 2（holoTC-2，半衰期约 6 分钟）。全转钴胺素 1 是维生素 B_{12} 的血浆缓冲形式。全转钴胺素 2 是维生素 B_{12} 的细胞摄取形式。

转钴氨素 2 由肝、小肠、成纤维细胞、骨髓、巨噬细胞、精囊等合成和分泌，可滤过肾小球，但在近端小管重吸收。转钴胺素 2 缺乏导致多种贫血。

2. 组织摄取和活化 各种组织细胞的细胞膜存在转钴胺素受体（transcobalamin receptor, TCblR），又称 CD320 抗原，可以与全转钴胺素 2 特异性结合，通过受体介导内吞机制摄取之。全转钴胺素 2 被溶酶体组织蛋白酶水解转钴胺素 2，释放维生素 B_{12}。维生素 B_{12} 转运到细胞质中，脱 β- 配位键结合的 R 基并还原成钴胺素（+1 价），通过以下机制与两种酶蛋白结合形成全酶。

（1）蛋氨酸合酶全酶：蛋氨酸合酶活性中心 His785 的咪唑基 N-3 取代钴胺素二甲基苯并咪唑基 N-1，与 Co⁺ 以 β- 配位键结合（图 6-17），形成钴胺素 – 蛋氨酸合酶全酶。

（2）甲基丙二酰辅酶 A 变位酶全酶：钴胺素由甲基丙二酸尿 A 蛋白转入线粒体，由类咕啉腺苷转移酶 MMAB（corrinoid adenosyltransferase MMAB）催化腺苷化，转化为腺苷钴胺。

$$\text{钴胺素} + \text{ATP} \longrightarrow \text{腺苷钴胺} + \text{PPP}_i$$

甲基丙二酰辅酶 A 变位酶活性中心 His627 的咪唑基 N-3 取代钴胺素二甲基苯并咪唑基 N-1，与 Co⁺ 以 β- 配位键结合，形成腺苷钴胺 – 甲基丙二酰辅酶 A 变位酶全酶。

3. 排泄 人体每日排泄 2 ~ 5 μg 维生素 B_{12}，占体内总量的 0.1% ~ 0.2%，以肾排泄为主，主要是通过肾小管上皮细胞分泌（肾小球每日滤出不到 0.25 μg）。其余部分通过肠肝循环排泄，每日循环量 0.5 ~ 5 μg，但 65% ~ 75% 在回肠重吸收。

（二）维生素 B_{12} 的功能

甲钴胺（MeCbl）和腺苷钴胺（AdoCbl）是维生素 B_{12} 的辅酶形式，合称辅酶 B_{12}（coenzyme B_{12}）。其中甲钴胺是细胞质蛋氨酸合[成]酶的辅基，参与蛋氨酸循环（参见第十章）；腺苷钴胺是线粒体甲基丙二酰辅酶 A 变位酶的辅基，参与丙酰辅酶 A 代谢，丙酰辅酶 A 是脂肪酸代谢和氨基酸代谢中间产物（参见第九章、第十章）。

1. 甲钴胺 甲钴胺（MeCbl）是细胞质蛋氨酸合酶的辅基，通过蛋氨酸循环介导四氢叶酸和蛋氨酸再生（参见图 10-11）。

2. 腺苷钴胺 腺苷钴胺（AdoCbl）是线粒体甲基丙二酰辅酶 A 变位酶的辅基，通过介导甲基丙二酰辅酶 A 转化为琥珀酰辅酶 A 参与丙酸及奇数碳脂肪酸代谢和蛋氨酸、苏氨酸、缬氨酸、异亮氨酸分解产生的丙酰辅酶 A 的转化（参见图 9-18）。

（三）维生素 B_{12} 缺乏

成人维生素 B_{12} 含量 1~10 mg，每日排泄 2~5 μg，因此原发性缺乏发生 1~10 年之后才会进入临床缺乏阶段，但若回肠重吸收障碍，则 2~4 年后即可出现巨幼细胞贫血。婴幼儿维生素 B_{12} 含量少（约 25 μg），可满足 1 年需要。

维生素 B_{12} 临床缺乏引起维生素 B_{12} 缺乏症（vitamin B_{12} deficiency），又称维生素 B_{12} 缺乏病。

1. 维生素 B_{12} 缺乏临床症状 包括恶性贫血、甲基丙二酸血症/甲基丙二酸尿症、周围神经病等。

甲钴胺与四氢叶酸唇齿相依。甲钴胺缺乏导致蛋氨酸循环受阻，蛋氨酸缺乏，四氢叶酸功能性缺乏。蛋氨酸缺乏导致腺苷蛋氨酸合成不足，引起高同型半胱氨酸血症、高同型半胱氨酸尿症，恶性贫血，神经管缺陷。四氢叶酸功能性缺乏与四氢叶酸缺乏同效，引起叶酸缺乏症。

拓展阅读 6-17：维生素 B_{12} 与神经管缺陷

腺苷钴胺缺乏导致甲基丙二酰辅酶 A 变位酶活性低下，导致甲基丙二酰辅酶 A 积累、丙酰辅酶 A 积累。甲基丙二酰辅酶 A 由脂酰辅酶 A 硫酯酶水解成甲基丙二酸，在血浆中积累，导致甲基丙二酸血症（methylmalonic acidemia），尿中甲基丙二酸排出增多，导致甲基丙二酸尿症（methylmalonic aciduria）。丙酰辅酶 A 积累时会与草酰乙酸合成 2-甲基柠檬酸，抑制柠檬酸循环，影响糖代谢和谷氨酸代谢。

2. 导致维生素 B_{12} 缺乏因素 维生素 B_{12} 缺乏多为继发性缺乏，原发性缺乏主要见于素食者。继发性缺乏多因胃功能不全、胰功能不全、小肠功能不全、活性物质干扰、遗传缺陷等导致消化吸收障碍。

（四）维生素 B_{12} 的毒性

维生素 B_{12} 没有明显毒性，未见中毒个体临床报道，因而也无可耐受最高摄入量。血浆高维生素 B_{12} 是髓系白血病、早幼粒细胞白血病等的指标，而不是功能性维生素 B_{12} 过多。

第三节 脂溶性维生素

脂溶性维生素（fat-soluble vitamin）包括维生素 A、维生素 D、维生素 E 及维生素 K，它们是疏水性化合物，均具有易溶于脂质及有机溶剂，难溶于水的特点。①脂溶性维生素元素组成简单，只含有碳、氢、氧三种元素；分子结构存在共性，均为异戊二烯类化合物。②脂溶性维生素相对不稳定，易氧化。③在食物中，脂溶性维生素常以酯的形式与脂质、蛋白质共存，并与脂质消化产物一同吸收。如果胆汁分泌障碍，将出现脂质和脂溶性维生素消化吸收不良，严重时导致脂溶性维生素缺乏症。④体内脂溶性维生素储量多于水溶性维生素，大部分储存在肝细胞、脂肪细胞内。⑤脂溶性维生素随粪便排出体外。排泄前有一部分会被转化。转化产物可随尿液排出体外。⑥长期过量摄入超过储存极限会引起中毒。

一、维生素 A

维生素 A 即类视黄醇（retinoid），又称抗眼干燥症维生素，包括视黄醇（retinol，相对活性 100）、视黄醛（retinal，相对活性 91）、视黄酸（retinoic acid，相对活性 65）和它们的脱氢衍生物、顺反异构体。其中视黄醇、视黄醛、视黄酸又分别称为维生素 $A_{[1]}$ [醇]、维生素 $A_{[1]}$ 醛、维生素 $A_{[1]}$ 酸（维甲酸）；其主要脱氢衍生物是 3- 脱氢产物，分别为 3- 脱氢视黄醇（维生素 A_2 [醇]，相对活性 40）、3- 脱氢视黄醛（维生素 A_2 醛）、3- 脱氢视黄酸（维生素 A_2 酸）；其主要顺反异构体有全反式视黄醇与 11- 顺式视黄醇、全反式视黄醛与 11- 顺式视黄醛、全反式视黄酸与 9- 顺式视黄酸。通常维生素 A 指视黄醇（图 6-18）。

维生素 A 和类胡萝卜素分子中含有共轭双键，分别在 325 nm 和 450～470 nm 处有吸收峰，因此其分别对紫外线和可见光敏感，光照或加热时在溶液中会自发顺反异构（全反式维生素 A 异构为 9-、11- 或 13- 顺式维生素 A，或反之），暴露于空气中则易被氧化（可加维生素 E 保护），故相关食物或食材不宜暴晒，烹制时不宜长时间加热。维生素 A 酯相对稳定。

（一）维生素 A 的来源、摄入和排泄

维生素 A 最初发现于鱼肝，因仅见于动物性食物（animal）而得名。动物性食物（特别是肝和奶）是维生素 A 的直接来源，且主要是维生素 A_1。淡水鱼有较多维生素 A_2。部分全反式视黄醇（全反式维生素 A_1）可在人等动物体内由细胞色素 P450 27C1 催化 3,4- 去饱和，转化为 3- 脱氢全反式视黄醇（全反式维生素 A_2）（图 6-18）。食物及人体内的维生素 A 主要是视黄醇长链脂肪酸酯（视黄酯），特别是视黄醇棕榈酸酯。

植物性食物中含有 β 胡萝卜素（β carotene）等类胡萝卜素（carotenoids），类胡萝卜素可裂解生成视黄醛。这些类胡萝卜素统称维生素 A 原（provitamin A）。此外，许多其他动物（包括家畜、家禽等养殖类肉食动物）也以植物为食，故动物性食物也含有类胡萝卜素。目前已发现有 700 多种天然类胡萝卜素，包括动物体内的 500 多种，其中 60 多种为维生素 A 原，但含量较多、有转化意义的只有 5～6 种，以 β 胡萝卜素最多。成人维生素 A 约 70% 来自类胡萝卜素，发展中国家则超过 80%。

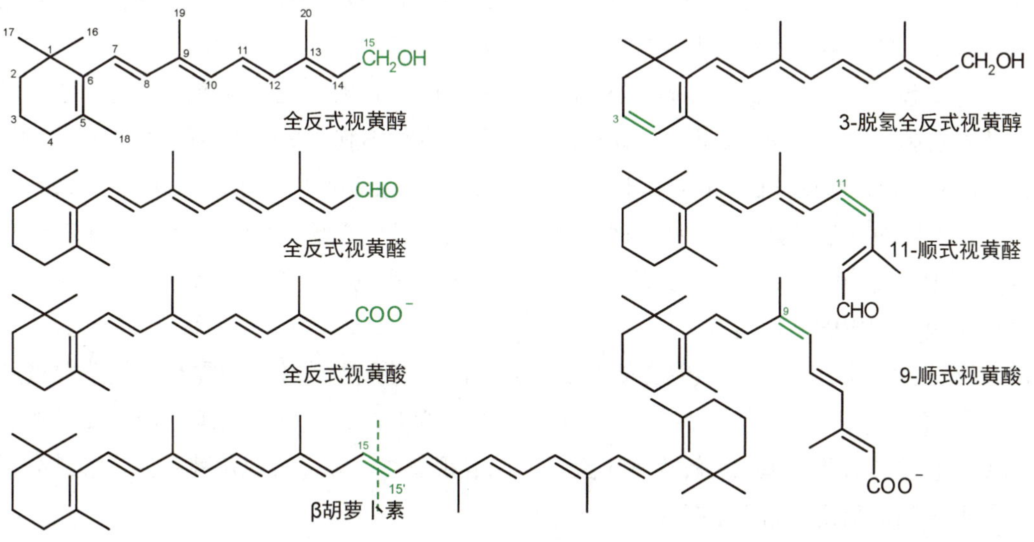

图 6-18 同效维生素 A

食物维生素 A 含量通常以视黄醇活性当量（retinol activity equivalent，RAE，简称视黄醇当量，retinol equivalent，RE）表示：1 RE = 1 μg 膳食或补充剂来源全反式视黄醇 = 2 μg 补充剂纯品全反式 β 胡萝卜素 = 12 μg 膳食全反式 β 胡萝卜素 = 24 μg 膳食其他类胡萝卜素。膳食 RE = 膳食或补充剂来源全反式视黄醇含量（μg）+ 1/2 补充剂纯品全反式 β 胡萝卜素含量（μg）+ 1/12 膳食全反式 β 胡萝卜素含量（μg）+ 1/24 膳食其他类胡萝卜素含量（μg）。

药用维生素 A 国际单位（IU）：1 IU = 0.3 μg 全反式视黄醇 = 0.344 μg 全反式视黄醇乙酸酯 = 0.55 μg 全反式视黄醇棕榈酸酯。1 IU = 3.6 μg β 胡萝卜素 = 7.2 μg 其他类胡萝卜素。

成人维生素 A 储存量 300 ~ 900 mg，其中 50% ~ 90% 以视黄醇酯的形式储存于肝脏（其中 80% ~ 90% 储存于星形细胞，这类细胞仅占肝组织的 2%），其余储存于脂肪细胞（> 50% 为视黄醇酯）和视网膜色素上皮细胞中，少部分在外周组织执行功能（视网膜视黄醛仅占 1%）。胡萝卜素储存于肝实质细胞和脂肪细胞中。

1. 小肠吸收 食物视黄醇酯水解成视黄醇和脂肪酸才可被吸收，水解由胰脂肪酶和小肠上皮细胞顶端膜磷脂酶 B_1 催化。

（1）视黄醇：在十二指肠和空肠，通过依赖胶束（又称微团）的被动扩散机制吸收，与细胞质视黄醇结合蛋白 2（retinol-binding protein 2，RBP2）结合，由滑面内质网膜卵磷脂－视黄醇酰基转移酶催化生成视黄醇酯（50% 为视黄醇棕榈酸酯，25% 为视黄醇硬脂酸酯，其余为视黄醇油酸酯、视黄醇亚油酸酯），在内质网组装成乳糜微粒，通过毛细淋巴管进入血液循环（参见第九章）。吸收率 80% ~ 95%。维生素 D、E、K 和类胡萝卜素均组装于乳糜微粒，经淋巴入血。

卵磷脂－视黄醇酰基转移酶（lecithin retinol acyltransferase，LRAT）见于肝细胞、肝星形细胞、内皮细胞、睾丸、视网膜色素上皮、小肠、前列腺、胰腺、结肠细胞滑面内质网，催化反应（对比卵磷脂－胆固醇酰基转移酶，参见第九章）如下：

磷脂酰胆碱 + 视黄醇-视黄醇结合蛋白 → 2-溶血磷脂酰胆碱 + 视黄醇酯 + 视黄醇结合蛋白

（2）类胡萝卜素：由清道夫受体 B1 介导通过易化扩散机制吸收。一部分类胡萝卜素在小肠［黏膜］上皮细胞和肝细胞内由细胞质 β 胡萝卜素双加氧酶催化裂解为视黄醛，视黄醛还原成视黄醇，与视黄醇结合蛋白 2 结合，由卵磷脂－视黄醇酰基转移酶催化生成视黄醇酯。

类胡萝卜素转化为维生素 A 主要在肝细胞，此外还有小肠、视网膜色素上皮、黄体细胞等。不同类胡萝卜素的吸收率不同，转化率也不同。

清道夫受体 B1（scavenger receptor class B member 1，SR-B1）位于细胞膜小窝，还是以下成分的受体：磷脂、胆固醇酯、脂蛋白、磷脂酰丝氨酸、凋亡细胞、高密度脂蛋白、丙型肝炎病毒。

β 胡萝卜素双加氧酶（β-carotene dioxygenase，BCO）包括细胞质同工酶 BCO1 和线粒体同工酶 BCO2，均以 Fe^{2+} 为辅助因子，见于视网膜色素上皮、肝、小肠、结肠、肾、脑细胞质。

在血浆中，食物的视黄醇酯和类胡萝卜素由乳糜微粒运输，肝细胞分泌的全反式视黄醇由视黄醇结合蛋白 4（RBP4）运输。

2. 组织摄取和活化 乳糜微粒类胡萝卜素及 80% ~ 90% 视黄醇酯随乳糜微粒残粒被肝细胞摄取（参见第九章）。①视黄醇酯在溶酶体水解成游离视黄醇，供给各组织利用。②类胡萝卜素由 β 胡萝卜素双加氧酶 1 催化裂解为视黄醛，还原成视黄醇。③过量视黄醇由视黄醇结合蛋白转运至肝星形细胞，酯化后储存于脂滴。

肝外组织细胞由视黄醇结合蛋白受体 STRA6（retinol-binding protein receptor STRA6）介导通

过易化扩散机制从血浆视黄醇-RBP4复合物中获取视黄醇，与细胞质视黄醇结合蛋白（RBP1、RBP2、RBP5）结合。①视黄醇转化为视黄酸，由视黄酸结合蛋白（cellular retinoic acid-binding protein，CRABP）转入细胞核，调控基因表达。②视黄醇由卵磷脂-视黄醇酰基转移酶催化生成视黄醇酯，储存。③在视循环中，视网膜色素上皮细胞内视黄醇转化为11-顺式视黄醇、11-顺式视黄醛，由视黄醛结合蛋白（retinaldehyde-binding protein 1，RLBP1）结合，向视杆细胞、视锥细胞转运。

3. 排泄　一部分视黄醇以葡萄糖醛酸酯的形式随粪便排出体外，其余以视黄酸原形或β氧化截短侧链形式随尿液排出体外。

（二）维生素A的功能

视黄醇、视黄醛、视黄酸等同效维生素A在视觉处理、生殖功能、体细胞功能等方面起重要作用。

拓展阅读 6-18：感光细胞

1. 视觉处理　感光细胞光感受器（photoreceptor）又称光受体、视色素、感光色素，包括视杆细胞的弱光感受器和视锥细胞的强光感受器。弱光感受器又称视紫红质（rhodopsin），由11-顺式视黄醛（或3-脱氢-11-顺式视黄醛）与视蛋白（opsin）以席夫碱键结合而成。受到光照时，11-顺式视黄醛异构为全反式视黄醛，导致视紫红质发生连续变构，直至成为变视紫红质Ⅱ[R*]，后者变构激活膜盘上的转导蛋白。转导蛋白（transducin，G_t）是一种αβγ三聚体G蛋白（参见第十八章），被激活后解离，其α亚基激活一种视杆细胞cGMP特异性磷酸二酯酶（rod cGMP-specific phosphodiesterase，PDE）。PDE水解cGMP，导致视杆细胞细胞质cGMP减少，细胞膜cGMP门控钠通道关闭，细胞外Na^+内流减少，暗电流减弱，细胞膜超极化，扩散至轴突末端突触，影响神经递质（谷氨酸）释放，改变视神经传导，在中枢产生暗视觉。

变视紫红质Ⅱ[R*]激活转导蛋白同时自身解离成全反式视黄醛和视蛋白。游离全反式视黄醛在视杆细胞外节还原成全反式视黄醇，转移到视网膜色素上皮细胞，酯化并储存。必要时全反式视黄醇酯动员，异构水解释放11-顺式视黄醇，氧化成11-顺式视黄醛，转移到视杆细胞外节，与视蛋白合成视紫红质（图6-19）。

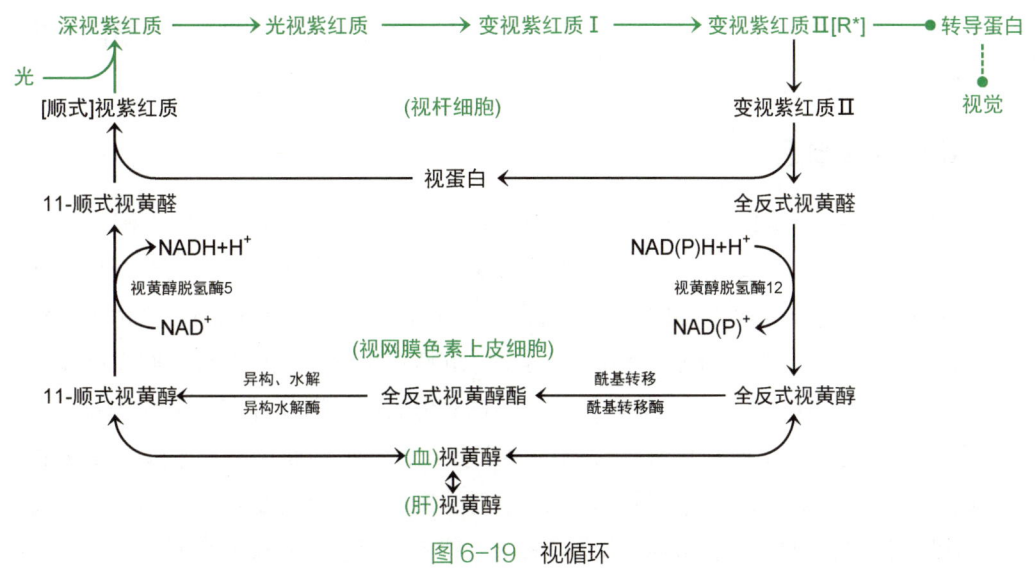

图6-19　视循环

2. 基因表达调控 通过调控各种组织细胞（特别是角膜、皮肤、肺上皮、肺气管、免疫系统）300多种基因的表达，全反式视黄酸和9-顺式视黄酸调控细胞增殖分化，调节胚胎发育、器官形成及机体生长发育、骨髓造血、生殖能力、免疫功能。

（1）基因表达：全反式视黄酸和9-顺式视黄酸与受体结合形成复合物，复合物与靶基因激素反应元件结合，调控其转录，具有组织特异性。

维生素A类受体有两类。①视黄酸受体（retinoic acid receptor，RAR）：为全反式视黄酸和9-顺式视黄酸的受体，可形成RAR-RAR同二聚体和RAR-RXR异二聚体。②类视黄醇X受体（retinoid X receptor，RXR）：为9-顺式视黄酸的受体，可形成RXR-RXR同二聚体或与视黄酸受体（RAR）、维生素D_3受体（vitamin D_3 receptor，VDR）、甲状腺激素受体（thyroid hormone receptor，TR）形成RXR-RAR、RXR-VDR、RXR-TR异二聚体，且优先形成异二聚体。这些二聚体作为转录激活因子激活靶基因转录（个别靶基因转录被抑制）。

维生素A影响维生素D、甲状腺激素功能：①未结合9-顺式视黄酸的RXR-VDR、RXR-TR二聚体抑制基因转录，结合9-顺式视黄酸后抑制解除，所以维生素A缺乏影响维生素D和甲状腺激素的功能。②维生素A过量导致优先形成RXR-RXR同二聚体，也影响维生素D和甲状腺激素的功能。

（2）上皮细胞分化：维生素A缺乏导致上皮黏液分泌细胞被角质形成细胞取代，尤其发生在角膜、结膜、气管、皮肤和其他外胚层组织。

（3）造血功能：维生素A和类胡萝卜素促进非血红素铁的吸收。维生素A可能参与储存铁的动员和运输及非血红素铁的利用，从而影响造血。体外研究表明全反式视黄醇能诱导多能造血细胞增殖和分化，提示维生素A缺乏性贫血始于红细胞生成障碍，因铁代谢障碍而加重。长期缺乏维生素A导致贫血。儿童干眼病与低血红蛋白存在相关性。发展中国家人口血清维生素A与铁水平呈正相关。临床研究表明联合应用铁剂和维生素A治疗贫血比单独应用铁剂效果更好。

（4）生长发育：维生素A缺乏可能引起生长发育迟缓。

（5）生殖功能：视黄酸通过调节基因表达参与精子发生、卵子发生、胎盘发育、胚胎发育。视黄酸在胚胎发育早期即参与基因表达调控，因此维生素A缺乏或过量都会引起胚胎发育异常或先天畸形（孕妇应避免使用治疗重度痤疮的维甲酸霜）。动物实验表明缺乏维生素A伤及生殖能力，包括精子生成受损、流产、胚胎吸收。睾丸注射视黄醇可恢复精子生成能力。

3. 抗氧化 维生素A和胡萝卜素能够有效地捕获活性氧，因而参与自由基清除，防止脂质过氧化，保护细胞膜完整性。

（三）维生素A缺乏

维生素A缺乏症（vitamin A deficiency）又称维生素A缺乏病，是维生素A缺乏引起的以夜盲、干眼症、上皮角化、生长发育缓慢、生殖机能障碍、免疫力低下为特征的全身性疾病。早期临床症状有夜盲，补充维生素A可逆转；之后发展为干眼症（xerophthalmia，又称干眼病、眼干燥症、干燥性角膜炎）：结膜干燥症、角膜干燥症、角膜软化症、毕脱氏斑。期间可能并发细菌或衣原体感染、破裂、穿孔、溶解、坏死，最终眼球萎缩失明，即使补充维生素A也不能逆转。

维生素A缺乏会影响皮肤角质形成细胞的终末分化，导致皮肤增厚、干燥且呈鳞状、毛囊增大。黏膜屏障功能下降，累及支气管、消化道、肺、咽喉、扁桃体的黏膜。免疫功能受损，淋巴细胞、自然杀伤细胞减少，特异性抗体反应减弱，感染性疾病的发病率和死亡率增加。

维生素 A 缺乏很常见，累及全球 2.5 亿人口。如果食物中缺乏维生素 A，肝储维生素 A 量可满足 1~2 年需要。血浆维生素 A 降至 0.7 μmol/L 或 20 μg/dL 以下开始影响细胞功能。

导致维生素 A 缺乏的因素有原发性因素（膳食维生素 A 缺乏）和继发性因素（蛋白质和锌摄入不足，肝脂肪变性，肝损伤影响视黄醇结合蛋白合成，发热，肥胖等）。

（四）维生素 A 的毒性

维生素 A 属于高中毒风险类维生素。一次性摄入超过 200 mg 或长期每日摄入 40 mg 以上将超出细胞内视黄醇结合蛋白容量，导致游离维生素 A 增加，血浆维生素 A 超过 3 μmol/L，称为维生素 A 过多症（hypervitaminosis A）。停止过量摄入后可恢复正常。

维生素 A 过多会引起细胞裂解、组织损伤。呈现以下临床症状：①中枢神经系统：颅内压升高，引起头痛、恶心、呕吐、共济失调、厌食。②肝脏：肿大，毒性损伤。③血液：高血脂。④钙稳态：长骨增厚，高钙血，软组织钙化。⑤皮肤：过度干燥、脱屑脱发。⑥胎儿：胚胎吸收、流产、畸胎、出生缺陷。

二、维生素 D

维生素 D 又称阳光维生素、抗佝偻病维生素，是胆钙化醇和钙化醇及其具有胆钙化醇活性的开环类固醇的统称。具有调节钙吸收和维持钙稳态的作用。

维生素 D 包括维生素 D_2 ~ 维生素 D_7 六种同效维生素。①维生素 D_3 即胆钙化醇（cholecalciferol），以胆甾烷（cholestane, $C_{27}H_{48}$）为母体烃，是 7- 脱氢胆固醇的转化产物，活性最高，食物含量最多，人体自身可合成。7- 脱氢胆固醇被称为维生素 D_3 原。②维生素 D_2 即钙化醇（calciferol，又称麦角钙化醇，ergocalciferol），以麦角甾烷为母体烃，是麦角固醇的转化产物，活性仅为维生素 D_3 的 10%，发酵食品富含，可作为补充剂和药用。麦角固醇被称为维生素 D_2 原。③维生素 D_4 来自食用菌。④维生素 $D_{5~7}$ 为合成品。⑤维生素 D_1 为维生素 D_2 和光甾醇的混合物。

同效维生素 D 均为白色晶体，耐热耐碱，但对光、氧、酸敏感。

食物加热一般不会引起维生素 D 的破坏，但食物脂质的酸败产物可破坏维生素 D。

（一）维生素 D 的来源、摄入和排泄

人类主要从肝、蛋黄、鱼油、乳制品等动物性食物及辐照蘑菇、发酵食品中获取维生素 D，以维生素 D_3 为主。麦角固醇是酵母、麦角菌、霉菌、食用菌的代谢物，很难直接被人体吸收利用，但可先经紫外线照射转化为维生素 D_2 再被吸收。

维生素 D 活力通常用维生素 D 国际单位（IU）量化，1 IU = 0.025 μg 维生素 D_2 或 D_3。考虑到食物维生素 D 以维生素 D_3 为主，以下内容多以维生素 D_3 代表全部同效维生素 D。

维生素 D_3 以原形和 25- 羟维生素 D_3 形式分布于血浆、脂肪细胞、肌细胞。

1. 小肠吸收　食物维生素 D_3 在十二指肠和空肠吸收，通过依赖胶束的被动扩散机制吸收，吸收率约 50%。在肠黏膜细胞内，维生素 D_3 随食物脂质与载脂蛋白组装成乳糜微粒，经淋巴入血。

血浆维生素 D_3 运输形式：90% 的外源性维生素 D_3 由乳糜微粒运输。其余维生素 D_3 及其所有羟化产物 25- 羟维生素 D_3、1,25- 二羟维生素 D_3、24,25- 二羟维生素 D_3 均与维生素 D 结合蛋

白（vitamin D-binding protein，DBP）结合运输。维生素 D_3 在血浆中的主要存在形式和运输形式见表 6-5，总体约 90% 与维生素 D_3 结合蛋白结合。

表 6-5　人体血浆维生素 D_3 存在形式

维生素 D 形式	DBP 结合型（%）	脂蛋白结合型（%）	白蛋白结合型（%）	正常浓度
维生素 D_3	60	40	0	2～4 ng/mL
25- 羟维生素 D_3	98	2	0	10～40 ng/mL
24,25- 二羟维生素 D_3	98	2	0	—
1,25- 二羟维生素 D_3	62	15	23	20～40 pg/mL

2. 组织摄取和活化　各种同效维生素 D 无论是自身合成的，还是从食物获取的，主要在肝脏和肾脏活化。

（1）维生素 D_3 合成：在皮肤，皮脂腺细胞合成和分泌 7- 脱氢胆固醇，被表皮、真皮细胞摄取，经日光（主要是 290～315 nm 紫外线）照射，转化为维生素 D_3 前体（又称前维生素 D_3，pre-D_3），数小时后自发可逆转化为维生素 D_3，通过真皮毛细血管床进入血浆，与维生素 D 结合蛋白形成复合物（图 6-20 ①②）。

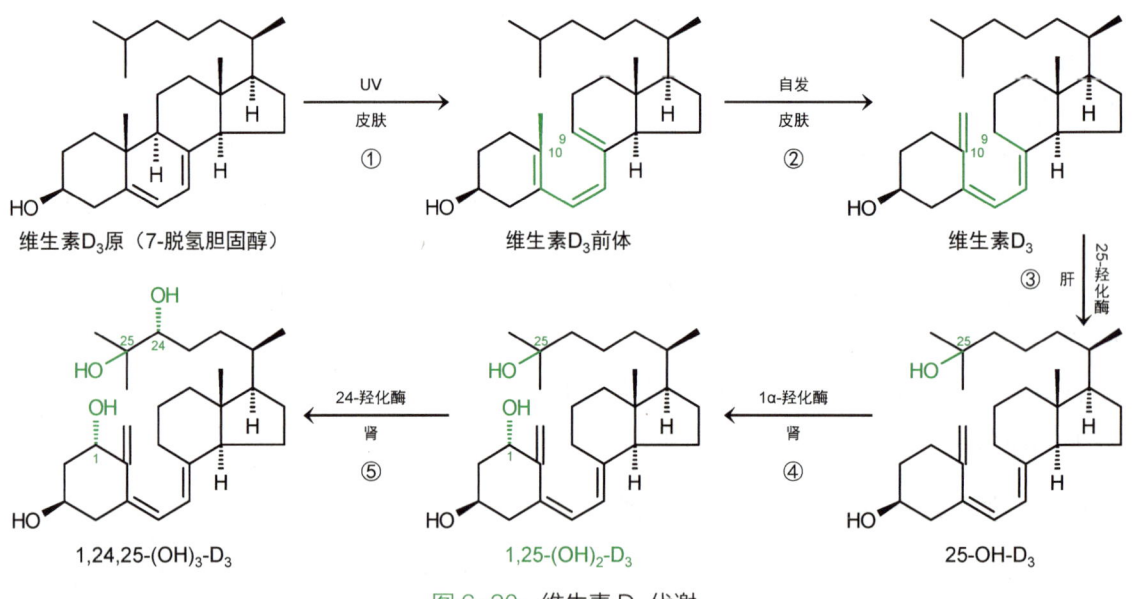

图 6-20　维生素 D_3 代谢

拓展阅读 6-19：皮肤

维生素 D_3 前体半衰期为 8 小时，如不及时转入血液循环会经紫外线照射发生顺反异构而失活：5,6- 顺式维生素 D_3 → 5,6- 反式维生素 D_3。该转化的积极意义是可以降低维生素 D_3 生成过量而引起中毒的风险。

皮肤胆固醇含量是肝脏的 200 倍，表皮和真皮 7- 脱氢胆固醇含量相近，光解主要在表皮生发层（基底层，位于表皮最深层）。老年人皮肤变薄，7- 脱氢胆固醇减少，维生素 D_3 生成量减半。

（2）25- 羟维生素 D_3 生成：在肝脏，血浆维生素 D_3 被肝细胞摄取，大部分由肝细胞内质网膜维生素 D 25- 羟化酶催化 C-25 羟化，生成 25- 羟维生素 D_3，释放入血（图 6-20 ③）。

25- 羟维生素 D_3 又称 25- 羟胆钙化醇，记作 25-OH-D_3，是维生素 D_3 主要的肝内储存形式和血浆运输形式。

维生素 D 25- 羟化酶（细胞色素 P450 2R1，CYP2R1）也见于各种肝外组织，提示肝外组织有 25- 羟维生素 D_3 生成。

血浆 25- 羟维生素 D_3 与维生素 D 结合蛋白结合暂存，需要时进入组织。故血浆 25- 羟维生素 D_3 为维生素 D 状态指示器。此外，血浆 25- 羟维生素 D_3 有 25% 发生 3- 差向异构，生成差向异构体，机制未知。

（3）1,25- 二羟维生素 D_3 生成：在肾脏，血液 25- 羟维生素 D_3 被近端小管上皮细胞摄取，由线粒体外膜 25- 羟维生素 D-1α- 羟化酶（CYP27B1）催化 C-1α 羟化，生成 1,25- 二羟维生素 D_3（图 6-20 ④）。

1,25- 二羟维生素 D_3 又称骨化三醇、钙三醇，记作 1,25-$(OH)_2$-D_3，是维生素 D_3 的活性形式。

25- 羟维生素 D-1α- 羟化酶（CYP27B1）是限速酶，与铁氧还蛋白、铁氧还蛋白还原酶形成复合体，主要位于肾小管线粒体外膜，也见于其他组织线粒体、微粒体（骨细胞、角质生成细胞、肝细胞、胎盘细胞），提示肾外组织有 1,25- 二羟维生素 D_3 生成，起钙稳态之外的其他作用。

3. 排泄　95% 的维生素 D 及其活性形式经胆汁随粪便排出体外。其中 20% 维生素 D 的侧链发生 C-23、C-24 或 C-26 羟化灭活，且与葡萄糖醛酸或硫酸结合。

（二）维生素 D 的功能

1,25- 二羟维生素 D_3 为类固醇激素，在 30 多种组织细胞质中与维生素 D_3 受体（VDR）结合形成激素受体复合物，转入细胞核，作为转录因子调控 100 多种基因的表达。其表达产物的作用是调节钙磷代谢和维持钙稳态，或调控细胞增殖和细胞分化。

1. 维持钙稳态　促进骨、小肠和肾对钙磷的吸收，是维持骨骼形成、肌肉收缩、神经传导、免疫功能及细胞其他基本功能的保障。

钙稳态有三种维持机制，其核心成分编码基因的表达由维生素 D_3 受体复合物控制。

（1）肠钙吸收：小肠通过跨细胞途径和细胞旁途径吸收钙，两条途径均依赖 1,25- 二羟维生素 D_3。

肠钙由肠上皮细胞顶端膜瞬时受体电位阳离子通道 V6（transient receptor potential cation channel subfamily V member 6，TRPV6，又称钙转运蛋白 1，calcium transport protein 1，CaT1）介导进入细胞，由钙结合蛋白 D9K（calbindin-D9K）运至基底侧膜，由基底侧膜钙泵（plasma membrane calcium ATPase isoform 1，PMCA1）和钠钙交换体 1（sodium/calcium exchanger 1，NCX1/SLC8A1）泵出入血。这些转运蛋白和载体蛋白的合成均由维生素 D_3 受体复合物激活。

TRPV6 失活突变引起新生儿暂时性甲状旁腺功能亢进症和低钙血症佝偻病，TRPV6 激活突变促进肾结石形成。

（2）肾小管钙重吸收：肾小管通过跨细胞途径和细胞旁途径吸收钙，其中跨细胞途径均依赖 1,25- 二羟维生素 D_3 等。

小管液钙由上皮细胞顶端膜瞬时受体电位阳离子通道 V5（TRPV5，又称钙转运蛋白 2，calcium transport protein 2，CaT2）介导进入细胞，由钙结合蛋白 D28K（calbindin D28，D-28K）运至基底侧膜，由基底侧膜钙泵（PMCA1）和钠钙交换体 1 泵出入血。这些转运蛋白和载体蛋白的合成均由 1,25- 二羟维生素 D_3、甲状旁腺激素、雌激素受体复合物激活。

（3）骨盐代谢：1,25- 二羟维生素 D_3 具有促进溶骨和成骨双重作用，既有利于骨骼的生长和钙化，又维持着血钙和血磷的稳定。血钙不足时 1,25- 二羟维生素 D_3 可以增加破骨细胞的数量并提高其活性，促进溶骨，升高血钙。血钙充足时 1,25- 二羟维生素 D_3 可以刺激成骨细胞分泌胶原等，促进成骨。

2. 调节细胞增殖和细胞分化 许多其他组织，如皮肤、前列腺、大肠、心、骨骼肌、脑、乳腺、单核细胞、胰岛 β 细胞、淋巴细胞等都有维生素 D_3 受体。这些细胞的增殖和分化受 1,25- 二羟维生素 D_3 靶基因产物调节。

（1）维护免疫功能：巨噬细胞、树突状细胞、T 细胞、B 细胞均表达维生素 D_3 受体、25- 羟维生素 D-1α 羟化酶，树突细胞甚至还表达维生素 D 25- 羟化酶。1,25- 二羟维生素 D_3 调节其免疫功能，调节 T 细胞和 B 细胞分化，防止自身免疫性疾病发生，如 1 型糖尿病、克罗恩病、系统性红斑狼疮、类风湿关节炎。

（2）抑制肿瘤细胞增殖：如结肠直肠癌、慢性淋巴细胞白血病。

（3）调节内分泌：促进胰岛素分泌、甲状腺激素和甲状旁腺激素的合成和分泌，抑制活化 T 细胞合成白细胞介素、活化 B 细胞合成免疫球蛋白、髓系祖细胞分化为单核细胞。

3. 其他功能 1,25- 二羟维生素 D_3 还影响 DNA 甲基化、组蛋白乙酰化、miRNA 生成，从而影响表观遗传效应。

（三）维生素 D 缺乏

维生素 D 长期摄入不足或运输、活化障碍会引起维生素 D 缺乏病（vitamin D deficiency）。评价指标是血清 25- 羟维生素 D_3 低于 50 nmol/L。全球成人维生素 D 缺乏率近 40%，某些国家高达 75%。

1. 维生素 D 缺乏症临床症状 骨骼生长异常、牙齿畸形、肌肉痉挛，儿童患佝偻病，成人患骨软化症。

（1）佝偻病：佝偻病（rickets）是指小儿缺乏维生素 D 或钙，导致钙磷代谢障碍引起的以骨基质矿化不良导致骨骼畸形为特征的全身性慢性营养性骨病。临床症状有，①活动期佝偻病：串珠状肋骨，骨骺增大，囟门不闭合，颅骨软化，肌张力低下。②后遗症期佝偻病：额部或顶叶隆起，膝外翻畸形，膝内翻畸形，胸部畸形。

维生素 D_3 受体缺陷导致维生素 D 依赖性佝偻病 2A。

（2）骨软化症：骨软化症（osteomalacia）是指成人缺乏维生素 D 或钙，导致钙磷代谢障碍引起的骨骼脱钙（去矿化）而引起的全身性慢性营养性骨病。临床症状有腰腿疼痛、骨骼软化，严重者会出现自发性和多发性骨折。

2. 维生素 D 缺乏症相关疾病 多发性硬化、类风湿关节炎、系统性红斑狼疮等与维生素 D 缺乏或转运蛋白多态性有关。某些血清维生素 D 水平异常与自身免疫性或骨骼相关疾病有关，其中 50% 以上的水平异常是由维生素 D 转运蛋白和维生素 D_3 受体多态性或缺陷造成的。

（四）维生素 D 毒性

维生素 D 没有储存组织，分布于全身，肝脏最多，储量可满足 3~4 个月需要。分布形式约 50% 为维生素 D_3、20% 为 25- 羟维生素 D_3。肾、肝、肺、主动脉、心等组织器官易积累 25- 羟维生素 D_3，故高维生素 D 时易钙化。

研究表明适当增加维生素 D 摄入量可以降低患胰岛素抵抗、肥胖等代谢综合征及各种肿瘤

（如前列腺癌、结肠直肠癌）的风险。成人维生素 D 每日可耐受最高摄入量远高于推荐摄入量。

维生素 D 的可耐受最高摄入量 100 μg/d。研究发现，成人维生素 D 每日摄入量超过 250 μg 会增加高钙血症风险。钙沉积于血管、心脏、肾小管和肺等软组织，表现为软组织钙化（血管、肾、心、肺、关节周围组织）、高钙血症、高钙尿症、血管收缩、高血压、胃肠道及神经系统紊乱（头痛、恶心、虚弱）等。

部分婴儿对维生素 D 很敏感，每日摄入量 50 μg 即可引起血钙升高，导致血管收缩、血压升高和钙质沉着（软组织钙化）。个别婴儿 24-羟化酶存在功能缺失突变，不能灭活钙三醇，因而即使维生素 D 摄入很少也会患高钙血症。

拓展阅读 6-20：维生素 D 与骨骼

三、维生素 E

维生素 E 是生育酚类（tocopherols）和生育三烯酚类（tocotrienols）的合称，为一组脂溶性苯并二氢吡喃（色原烷）衍生物。两类维生素 E 又可依据取代甲基数目和位置的不同各分为 α、β、γ、δ 四种（图 6-21）。其中 D-α 生育酚活性最强，在生物体内含量最多，占人体维生素 E 总量的 90%。维生素 E 为淡黄色油状液体，在 259 nm 处有吸收峰，无氧条件下耐光、热、酸、碱，有氧条件下会不可逆氧化成无活性醌类，故在食物烹制时会被破坏。

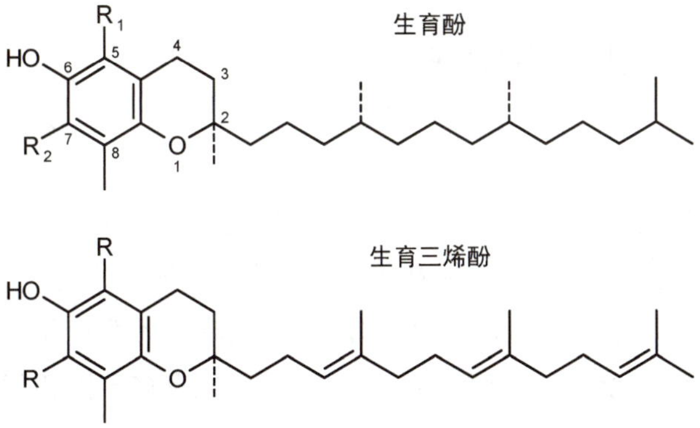

生育（三烯）酚	R_1	R_2
α	CH_3	CH_3
β	CH_3	H
γ	H	CH_3
δ	H	H

图 6-21 同效维生素 E

（一）维生素 E 的来源、摄入和排泄

维生素 E 广泛存在于麦胚、油性坚果、油料种子、肉、奶、蛋中。

各种同效维生素 E 活性不同，为此定义 α 生育酚当量（α-TE），用于评价维生素 E 有效摄入量：1 α-TE = 1 mg α 生育酚 = 2 mg β 生育酚 = 10 mg γ 生育酚 = 50 mg δ 生育酚 = 3.3 mg α 生育三烯酚。膳食 α-TE = α 生育酚含量（mg）×1+β 生育酚含量（mg）×0.5+γ 生育酚含量（mg）×0.1 + δ 生育酚含量（mg）×0.02 + α 生育三烯酚含量（mg）×0.3。

维生素 E 国际单位（IU）：1 IU 维生素 E = 0.67 mg D-α 生育酚 = 0.45 mg DL-α 生育酚。

维生素 E 多以 α 生育酚形式储存于脂肪组织、肾上腺、睾丸、血小板等组织。

1. 小肠吸收 在十二指肠和空肠，维生素 E 由清道夫受体 SR-B1 介导吸收，先汇入肠细胞脂滴，再随脂滴装入乳糜微粒，经淋巴入血。α 生育酚吸收率最高，平均吸收率为 75%。

乳糜微粒在血浆中代谢时，部分维生素 E 非特异转移到组织细胞或高密度脂蛋白中，其余最终随乳糜微粒残粒入肝。

维生素E在血液中通过血浆脂蛋白和红细胞膜运输，意义是保护血浆脂蛋白和红细胞膜不饱和脂质。

2. 组织摄取 各种组织细胞通过三种机制从血浆脂蛋白获取维生素E：①乳糜微粒和极低密度脂蛋白代谢时传递，可能由α白蛋白介导。②受体介导脂蛋白内吞。③脂蛋白和组织细胞之间物质交换。

α白蛋白又称afamin，是一种血浆蛋白、维生素E结合蛋白，在血浆及其他体液中运输维生素E，可能介导跨血脑屏障运输。

肝细胞通过内吞脂蛋白摄取各种维生素E，并将α生育酚掺入极低密度脂蛋白，分泌至血浆，而将其他维生素E分泌入胆汁。

细胞质中存在生育酚转运蛋白（tocopherol transfer protein，TTP），介导α生育酚在生物膜之间传递，且只传递α生育酚，不传递其他生育酚和生育三烯酚。肝细胞生育酚转运蛋白还介导α生育酚掺入极低密度脂蛋白。生育酚转运蛋白缺陷导致共济失调伴维生素E缺乏（ataxia with vitamin E deficiency，AVED）。

3. 排泄 大部分维生素E以原形及其生物转化产物（生育醌、生育酸及其内酯）的形式分泌入胆汁，随粪便排出体外。少量维生素E的2-类异戊二烯基由细胞色素P450 4F2联合脂肪酸ω氧化酶系氧化，截短为羧乙基（-CH$_2$CH$_2$COOH）甚至羧基（-COOH），生成2,5,7,8-四甲基-2-羧基色原醇等，随尿液排出体外。

分泌入胆汁的α生育酚几乎全部重吸收，形成肠肝循环。

（二）维生素E的功能

维生素E与脂质共存，分布于生物膜、脂滴和血浆脂蛋白中，具有保护不饱和脂质活性，可能维护生殖功能、免疫功能，参与细胞代谢。其特异性功能和作用机制尚未阐明。

1. 抗氧化 维生素E是重要的脂溶性抗氧化剂（自由基清除剂），能清除活性氧和自由基，与维生素C、谷胱甘肽、NADPH等组成抗氧化体系，保护不饱和脂质，特别是多不饱和脂肪酸，从而保护细胞膜、脂滴、血浆脂蛋白（图6-22）。

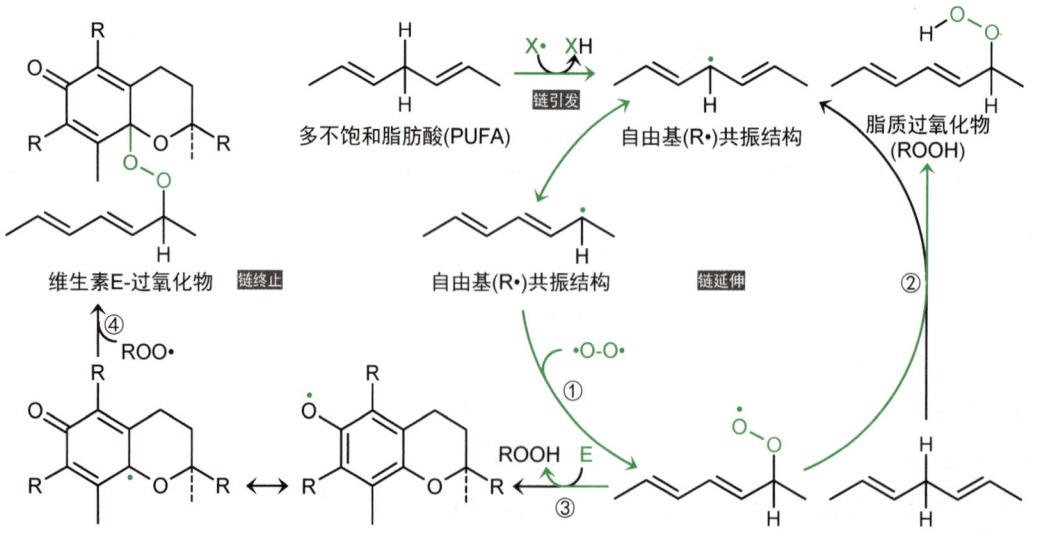

图6-22 维生素E抗氧化机制

多不饱和脂肪酸（PUFA）易发生**脂质过氧化**（lipid peroxidation，LPO）生成脂质过氧化物：其双烯丙基亚甲基（–CH = CH–CH$_2$–CH = CH–）可被自由基脱氢生成脂质自由基（–CH = CH–CH·–CH = CH–），再与 O_2 结合生成脂质过氧化自由基（ROO·，图 6-22 ①）。

（1）若无维生素 E，脂质过氧化自由基会与多不饱和脂肪酸、氧反应，生成脂质过氧化物（ROOH）和新的脂质过氧化自由基（图 6-22 ①②），形成自由基链反应，最终生成大量脂质过氧化物。

脂质过氧化物可被谷胱甘肽过氧化物酶抗氧化系统转化为羟化脂质（ROH）。

$$脂质过氧化物(ROOH) + 2GSH \rightarrow 羟化脂质(ROH) + H_2O + GSSG$$

（2）若有维生素 E，脂质过氧化自由基与维生素 E 反应，生成脂质过氧化物和维生素 E 自由基（E·）（图 6-22 ③）。①维生素 E 和多不饱和脂肪酸与过氧化自由基反应的化学计量比 1 000∶1，所以脂质过氧化自由基优先与维生素 E 反应。②若无抗坏血酸（维生素 C）、泛醇或硫醇（如谷胱甘肽），维生素 E 自由基与脂质过氧化自由基反应，生成维生素 E- 过氧化物（图 6-22 ④）。③若有抗坏血酸，维生素 E 自由基通过维生素 E 抗氧化系统再生（图 6-23）。

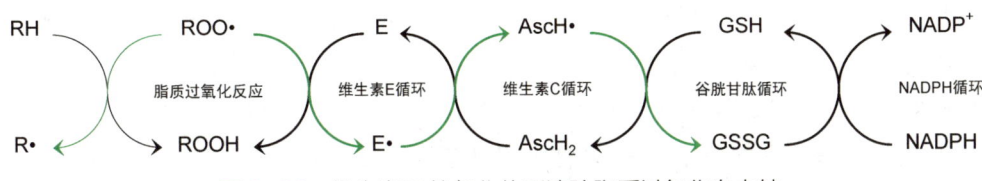

图 6-23 维生素 E 抗氧化体系清除脂质过氧化自由基

2. 其他活性 可能与生殖功能等有关。

（1）维护生殖功能：维生素 E 俗称生育酚，动物实验表明维生素 E 缺乏引起脑软化、肌营养不良。生殖器官发育受损，甚至不育。雄性动物可出现睾丸退化，无法形成正常精子；雌性动物可能出现胚胎吸收、胚胎及胎盘萎缩流产。补充维生素 E 可预防或逆转，故维生素 E 具有抗不育作用。维生素 E 对于人类生殖功能的影响尚未明确证实，但临床上维生素 E 可用于防治先兆流产和习惯性流产。α 生育酚效果最好，因为它与生育酚结合蛋白亲和力最强，利用率最高。

（2）调控基因表达：体外实验（细胞培养）表明 α 生育酚参与细胞信号转导或基因表达调控，维持细胞功能。

（3）调节酶活性：维生素 E 能提高血红素合成途径 5- 氨基酮戊酸合成酶活性，促进血红素的合成。新生儿缺乏维生素 E 可发生贫血。

（4）参与囊泡形成：有报道 α 生育酚为囊泡形成所必需。

（三）维生素 E 缺乏

维生素 E 缺乏偶见于脂肪吸收不良综合征或生育酚转运蛋白缺陷个体。维生素 E 缺乏导致能量代谢、蛋氨酸循环、巯基蛋白状态失调，红细胞寿命缩短。临床症状是贫血和周围神经病。大量摄入多不饱和脂肪酸会导致维生素 E 边缘性缺乏。

（四）维生素 E 的毒性

维生素 E 属于低中毒风险类维生素，但极高剂量可与其他脂溶性维生素拮抗。维生素 E 可增强抗凝药物（anticoagulant drug）抗凝效应，故应用抗凝药物患者或维生素 K 缺乏者服用维生素 E 补充剂有致命性出血风险。

四、维生素 K

维生素 K 是甲萘醌及其 3- 类异戊二烯取代物的统称,根据其 3- 类异戊二烯取代基的结构特征分为三类(图 6-24)。

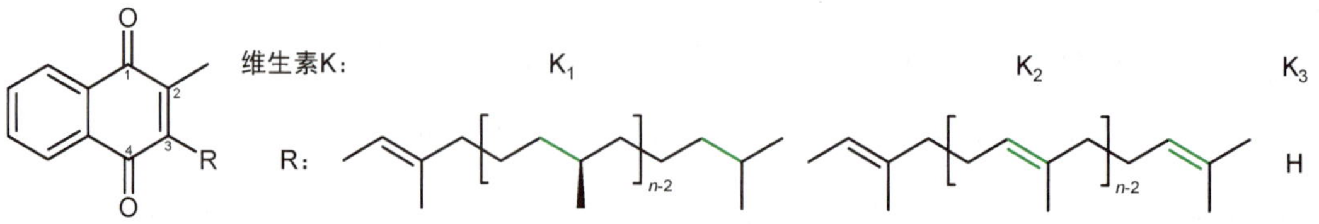

图 6-24　同效维生素 K

维生素 K_1：类异戊二烯取代基含 4 个及以上异戊二烯单位($n \geq 4$),仅近端异戊二烯单位有一个双键。其中 $n = 4$ 的同效维生素 K_1 称为叶绿醌(phylloquinone,PK),同效维生素 K_1 统称叶绿醌类(phylloquinones,PKs),用叶绿醌 $-n$(K-n) 或 $K_1(n)$ 表示,n 代表类异戊二烯取代基所含异戊二烯单位数。叶绿醌 $n = 4$ 可记作叶绿醌 -4(K-4) 或 $K_1(4)$,简称叶绿醌,是最常见的维生素 K_1。维生素 K_1 由绿叶植物叶绿体合成。

维生素 K_2：类异戊二烯取代基含 4 个及以上异戊二烯单位($n \geq 4$),每一个异戊二烯单位都有一个双键。其中 $n = 4$ 的同效维生素 K_2 称为甲基萘醌(menaquinone,MK),同效维生素 K_2 统称甲基萘醌类(menaquinones,MKs),用甲基萘醌 $-n$(MK-n) 或 $K_2(n)$ 表示,n 代表类异戊二烯取代基所含异戊二烯单位数($n = 4 \sim 13$),常见有 $K_2(6) \sim K_2(10)$。维生素 K_2 由细菌(包括肠道微生物)和部分放线菌合成。$K_2(4)$ 比较特殊,细菌合成量极少,却富含于肌肉和猪肉,它是由甲萘醌转化生成的。

维生素 K_3：即甲萘醌(menadione),是维生素 K 代谢中间产物及化学合成物。

常温下维生素 K_1 呈黄色油状,维生素 K_2 和 K_3 为黄色晶体,相对耐热、抗氧化,但对光、碱敏感。

(一)维生素 K 的来源、摄入和排泄

许多食物都富含维生素 K。绿叶蔬菜、植物油、人造奶油含维生素 K 最多,肝、鱼、肉、水果、谷物均含有。肠道微生物可以大量合成维生素 K_2,但尚未确定其结肠吸收效率。

成人体内叶绿醌储存量 100 mg,主要分布于肝脏[$K_1(4)$]和其他组织[$K_2(4)$]的生物膜、血浆脂蛋白等。

1. 小肠吸收　食物维生素 K_1 与脂质消化产物形成胶束。①易化扩散：在十二指肠和空肠由肠黏膜细胞 NPC1 样细胞内胆固醇转运蛋白 1(NPC1L1)、清道夫受体 B1(SR-B1)介导通过易化扩散吸收。②内吞：在十二指肠和空肠,维生素 K_1 由白细胞分化抗原 CD36 介导通过内吞吸收。③被动扩散：维生素 K_2、K_3 通过被动扩散吸收。吸收后均装入乳糜微粒,经淋巴入血。

维生素 K 在血浆中由血浆脂蛋白运输,乳糜微粒/极低密度脂蛋白(CM/VLDL)、低密度脂蛋白(LDL)、高密度脂蛋白(HDL)的相对运输量分别占总量的 51.4%、25.2%、23.3%。

2. 组织摄取和转化　组织摄取维生素 K 机制同维生素 E 及其他脂质,例如食物维生素 K 随乳糜微粒残粒被肝细胞内吞(参见第九章)。

肝脏维生素 K 摄取量最多，但只摄取维生素 K_1 和 K_2，各占 10% 和 90%。

维生素 K 被组织摄取后，其 3- 类异戊二烯基要进行改造，即维生素 K_1 和 K_2 先切掉 3- 类异戊二烯基，生成维生素 K_3，再连接香叶基，生成 $K_2(4)$（MK-4），然后分配至细胞膜、内质网膜、线粒体膜。因此，$K_2(4)$ 是多数组织细胞维生素 K 的存在形式和活性形式，但肝脏和小肠中 $K_2(4)$ 与吸收形式并存，均为活性形式。维生素 K_3 也可视为维生素 K 的天然形式。

3. 排泄　维生素 K 约 80% 随粪便排出体外，20% 随尿液排出体外。排泄前多数要经过转化，包括 3- 类异戊二烯基由细胞色素 P450 4F2 联合脂肪酸 ω 氧化酶系氧化，截短为短链羧酸，再进行葡萄糖醛酸化、硫酸化等。70% 维生素 K_2 随尿液排出体外。

（二）维生素 K 的功能

醌型维生素 K 可还原成氢醌型维生素 K（图 6-25 ③）。醌型维生素 K 和氢醌型维生素 K 都是活性形式：氢醌型维生素 K 是 γ- 谷氨酰羧化酶的辅助因子，维生素 K 信号通路的配体。维生素 $K_1(4)$、$K_1(5)$、$K_2(4)$、$K_2(5)$ 活性最高。

1. 维生素 K 与 γ- 谷氨酰羧化　γ- 谷氨酰羧化酶（vitamin K-dependent γ-carboxylase）的底物是 20 多种依赖维生素 K 的蛋白质，统称 Gla 蛋白（Gla protein），如凝血因子、蛋白 C、蛋白 S、骨钙素、转甲状腺素蛋白、动脉粥样化钙蛋白、肾钙素等。

拓展阅读 6-21：依赖维生素 K 的部分酶和蛋白质

Gla 蛋白前体均无活性，分子中特定谷氨酸残基通过维生素 K 循环 γ- 羧化生成 γ- 羧基谷氨酸残基（Gla），可螯合 Ca^{2+} 而活化（图 6-25）。

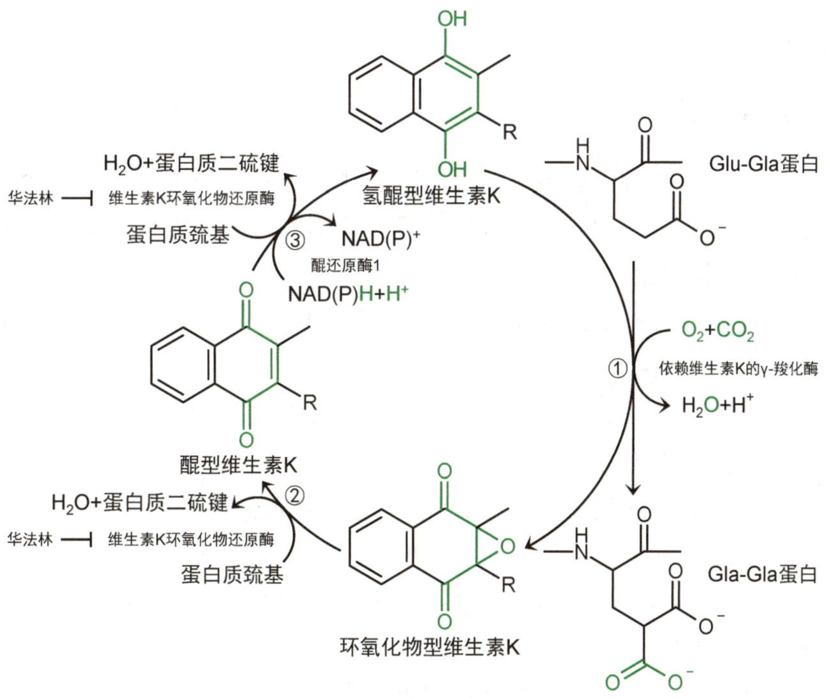

图 6-25　维生素 K 循环

维生素 K 环氧化物还原酶（vitamin-K-epoxide reductase，VKOR）催化的反应为限速反应。该酶是抗血栓形成药华法林（XB01AA）、鼠药溴鼠灵和氯敌鼠的作用靶点，这些药物均为维生素 K 拮抗剂。

活化 Gla 蛋白参与凝血、骨代谢、其他功能（钙代谢，信号转导，细胞增殖）。

（1）促凝血：维生素 K 介导 γ- 羧化的凝血因子 Ⅱ、Ⅶ、Ⅸ、Ⅹ 可通过 γ- 羧基谷氨酸残基与 Ca^{2+} 螯合并结合于血小板、血管内皮细胞表面，或与其他凝血因子相互结合。组装外源性因子 X 激活物（细胞表面 TF/FⅦa/ 磷脂 /Ca^{2+} 复合物）、内源性因子 X 激活物（血小板表面 FⅨa/FⅧa/ 磷脂 /Ca^{2+} 复合物）、凝血酶原激活物（FXa/FVa/ 磷脂 /Ca^{2+} 复合物）。激活凝血酶原，启动凝血，避免过度失血。

（2）调节骨代谢：肝、骨、软骨、血管等组织中存在 Gla 蛋白。例如：成骨细胞合成的骨钙素是骨骼中含量最多的非胶原蛋白，占骨蛋白总量的 1%~2%，限制骨形成而不损害骨吸收或钙化。软骨基质 Gla 蛋白和富含 Gla 蛋白抑制钙化。

临床研究显示维生素 K 与骨质疏松症、骨折发生及女性股骨颈、脊柱的骨盐密度均具有相关性。维生素 K_2 可以减少骨质流失，降低骨折风险，防治骨质疏松。

（3）抗动脉钙化：血管基质 Gla 蛋白和富含 Gla 蛋白抑制动脉钙化。大剂量维生素 K 能降低粥样动脉硬化风险。

此外，维生素 K_2 对防治 2 型糖尿病等代谢综合征、认知障碍、某些肿瘤有一定作用。

2. 维生素 K 与信号转导　细胞实验和动物实验表明维生素 K 参与信号转导。

（1）通过激活 NF-κB 信号通路抑制巨噬细胞合成白细胞介素 6（interleukin-6，IL-6），抑制成骨细胞和破骨细胞前体合成细胞因子（促炎因子），抑制小胶质细胞源性细胞合成白细胞介素 6、白细胞介素 1β（IL-1β）、肿瘤坏死因子 α（tumor necrosis factor α，TNF-α）。

（2）维生素 K 是孕烷 X 受体（pregnane X receptor，PXR）又称类固醇和外来化合物核受体（steroid and xenobiotic receptor，SXR）的配体，调控与骨形成、胶原积累有关基因的表达，动物实验敲除孕烷 X 受体会出现与骨量减少一致的表型。

（三）维生素 K 缺乏

维生素 K 缺乏导致凝血因子 γ- 羧化率低下，凝血因子激活率低下，外源性因子 X 激活物、内源性因子 X 激活物、凝血酶原激活物组装率低下，凝血酶原激活低下，凝血功能障碍，凝血时间延长，甚至引起致命性贫血。

维生素 K 缺乏症（vitamin K deficiency）是维生素 K 缺乏引起的以出血为特征的全身性疾病。临床症状有凝血功能障碍，出血病，骨形成异常。

新生儿出血病（hemorrhagic disease of newborn）是指新生儿及 6 月龄以内的婴儿易发的维生素 K 缺乏性出血，发生率为 1/4 000。早产儿或全母乳喂养发生率更高。新生儿出血病多发于 3~4 月龄，且起病突然，发展很快，病死率高。新生儿出血病与以下因素有关：①维生素 K 血胎屏障通过率低下，胎儿（新生儿）血浆维生素 K 水平仅为孕妇（产妇）的 50%。②胎儿（新生儿）肝细胞凝血因子合成不足，血浆凝血酶原水平仅为孕妇（产妇）的 25%。③新生儿无肠道微生物合成维生素 K。④母乳维生素 K 含量低。

新生儿出血病因周龄不同而有不同类型。①出生当日，头颅血肿，颅内出血，胸腔出血，腹腔出血。②出生第一周，全身瘀斑，胃肠道出血，脐带残端出血，包皮环切点出血。③出生头 12 周，颅内出血，皮肤出血，胃肠道出血。

维生素 K 的食物来源丰富，临床缺乏很少，边缘缺乏多见。①原发性因素：绿叶蔬菜、发酵食品不足。②继发性因素：低脂膳食，胃肠胆胰疾病导致脂质吸收不良，长期服用抗生素导致肠道微生物缺乏，抗凝治疗。

（四）维生素 K 的毒性

目前未见维生素 K 过量摄入引起中毒的报道。过量摄入维生素 K_3 会通过维生素 K 循环产生超氧自由基，还消耗 GSH，导致细胞抗氧化能力下降，引起氧化应激，发生溶血性贫血、高胆红素血症、重度黄疸。个别报道维生素 K_1、K_2 不良反应有过敏样反应、注射部位周围湿疹斑块。

第四节 微量元素

矿物质又称无机盐，是除碳、氢、氧、氮之外的生命元素，均必须从食物摄取，可分为常量元素和微量元素。常量元素又称宏量元素（macroelement），是指人体内含量高于 0.01% 的矿物质。微量元素又称痕量元素（trace element），是指人体内含量低于 0.01% 的矿物质。

人体微量元素每日需要量均在 100 mg 以下，可分为 4 类。①人体必需，作用已知：铁、碘、铜、锌、硒、钼、钴、锰、（铬）。其中碘、硒、钼又称必需超微量元素、必需超痕量元素（essential ultratrace element）。②人体必需，作用未知：硅、钒、镍、锡。③未知是否必需，有益：氟、锂。④食物含有，过量有毒：氟、锂、铝、砷、锑、硼、溴、镉、锗、铅、汞、银、锶。

微量元素缺乏多具有地区性，即因水土缺乏而导致食物中缺乏。

一、铁

铁（Iron）是人体必需微量元素之一，是含铁酶及其他含铁蛋白质的辅基。

成人体内铁含量 3~4 g（其中 1 g 在肝细胞，2 g 在红细胞），体重占比为男性 50 mg/kg，女性 40 mg/kg。其中血红素铁占 95%（血红蛋白铁占人体铁含量的 70%）。

成人铁每日推荐摄入量 8 mg（男，女绝经后）、18 mg（女经期）、27 mg（女妊娠期），可耐受最高摄入量 45 mg。

（一）铁的来源、摄入和排泄

食物中的铁可以分为血红素铁和非血红素铁。血红素铁（heme iron）为二价铁（Fe^{2+}），主要来自动物性食物，如肝、蛋黄、瘦肉，约占铁摄入量的 10%，吸收量的 30%~70%，以血红素原形吸收，吸收率为 15%~50%。非血红素铁（nonheme iron）为三价铁（Fe^{3+}），主要来自奶类和植物性食物，如豆类、绿叶蔬菜、枣等，约占铁摄入量的 90%，以二价铁（Fe^{2+}）形式吸收，吸收率为 0.1%~35%。成年男性和绝经后女性每日摄入铁 10~20 mg，吸收（排泄）1~2 mg。

1. **小肠吸收**　铁吸收主要在十二指肠，其次在空肠。

（1）血红素铁摄取：血红素主要由肠上皮细胞顶端膜血红素载体蛋白 1（heme carrier protein 1，HCP1，又称质子偶联叶酸转运蛋白，PCFT）介导摄取：血红素（细胞外）+ H^+（细胞外）→血红素（细胞内）+ H^+（细胞内），并由内质网膜血红素加氧酶 1（heme oxygenase 1）催化氧化分解，生成胆绿素并释放 Fe^{2+}：血红素 + $3O_2$ + 3NADPH + $5H^+$ → 胆绿素 + CO + Fe^{2+} + $3H_2O$ + $3NADP^+$。

（2）非血红素铁摄取：非血红素铁为 Fe^{3+}，需还原成 Fe^{2+} 才能被吸收。① Fe^{3+} 由肠上皮细胞顶端膜十二指肠细胞色素 b（duodenal cytochrome b，DCYTB）利用细胞质抗坏血酸还原成 Fe^{2+}：Fe^{3+}（细胞外）+ 抗坏血酸（细胞内）→ Fe^{2+}（细胞外）+ 单脱氢抗坏血酸（细胞内）。② Fe^{2+} 由一种称为二价金属转运蛋白 1（divalent metal transporter 1，DMT1，SLC11A2）的肠上皮细胞顶端膜质子偶联同向转运体介导摄取：Fe^{2+}（细胞外）+ H^+（细胞外）→ Fe^{2+}（细胞内）+ H^+（细胞内）。该转运体还介导 $Cd^{2+} > Fe^{2+} > Co^{2+}$、$Mn^{2+} >> Zn^{2+}$、$Ni^{2+}$（按吸收效率由高到低顺序）摄取。

拓展阅读 6-22：十二指肠细胞色素 b 和二价金属转运蛋白 1

Fe^{2+} 由基底侧膜膜铁转运蛋白（又称铁转出蛋白，ferroportin，FPN，SLC40A1）转出：Fe^{2+}（细胞内）→ Fe^{2+}（细胞外）；被基底侧膜亚铁氧化酶（hephaestin，以 Cu^{2+} 为辅助因子，活性中心位于细胞表面）氧化成 Fe^{3+}：$4Fe^{2+} + 4H^+ + O_2 \rightarrow 4Fe^{3+} + 2H_2O$。$Fe^{3+}$ 与转铁蛋白结合形成复合物，进入门静脉血浆。未转出的 Fe^{2+} 由铁蛋白（ferritin）氧化成 Fe^{3+}：$4Fe^{2+} + 4H^+ + O_2 \rightarrow 4Fe^{3+} + 2H_2O$。$Fe^{3+}$ 与铁蛋白结合，储存于肠上皮细胞内，用于维持铁稳态。

血清铁由转铁蛋白运输。转铁蛋白（transferrin）又称血清转铁蛋白（serotransferrin），是血清铁的特异性载体，1 分子转铁蛋白可结合 $2Fe^{3+}$，同时结合 1 分子碳酸氢盐。注意：①膜铁转运蛋白、亚铁氧化酶、转铁蛋白在肠上皮细胞基底侧膜上形成复合体，转铁蛋白从亚铁氧化酶接受 Fe^{3+} 后释放入血。②成人血浆中有 3～4 mg 铁，均为 Fe^{3+}，由转铁蛋白结合运输。③正常情况下，血清转铁蛋白铁饱和度约 30%。

铁吸收受食物因素影响是抗坏血酸、胃酸促进吸收，钙、多酚、植酸抑制吸收。

2. 组织摄取和转化　肝、脾、骨髓、胰、心等各种组织细胞通过两种机制从血液摄取、利用或储存铁。

（1）内吞：红细胞前体细胞、胎盘、肝等细胞膜转铁蛋白受体（transferrin receptor，TrfR）介导内吞转铁蛋白 – 铁复合物，酸化释放 Fe^{3+}。

（2）继发性主动转运：细胞膜锌转运蛋白 ZIP14（SLC39A14）或锌转运蛋白 ZIP8（SLC39A8）介导细胞摄取 Fe^{2+}，Fe^{2+}（细胞外）+ $2HCO_3^-$（细胞外）→ Fe^{2+}（细胞内）+ $2HCO_3^-$（细胞内）。

储存铁主要以水溶性铁蛋白复合物和不溶性含铁血黄素形式储存于肝、脾、骨髓。①铁蛋白（ferritin）为空心球形同二十四聚体，内部可容纳 4 000（2 500～5 000）多个铁，占复合物质量的 25%。②含铁血黄素（hemosiderin）是由铁蛋白、变性铁蛋白和其他物质形成的一种不溶性颗粒状复合物，是铁的一种储存形式，存在于骨髓单核吞噬细胞系统及肝、肾上皮细胞中，铁含量 35%。肝细胞质两种形式的储存铁各占 50%。

3. 排泄　成年男性和绝经后女性每日随粪便排泄 1～2 mg 铁，主要来自肠黏膜细胞脱落、红细胞外渗和胆汁分泌。少量随皮肤脱屑和出汗排泄。随尿液排泄极少。

（二）铁的功能

机体铁有结合铁和游离铁两种存在形式。结合铁为含铁蛋白质的辅基或含铁蛋白质辅基（血红素、铁硫簇）的结构成分，是铁的活性形式。游离铁能激活分子氧并发生化学反应生成具有破坏性的活性氧和自由基，对生物分子造成氧化损伤，导致生命活动异常，因此具有氧化毒性（oxidative toxicity）。机体铁绝大多数为结合铁，游离铁极少且受到严格控制。

结合铁是以下三类结合蛋白质的组成成分，功能是介导氧运输或电子传递。

拓展阅读 6-23：人体部分含铁酶

1. 血红素蛋白　血红素蛋白是以血红素为特征性辅基的一类结合蛋白质。根据功能可分为以下几类。

（1）氧载体：包括血红蛋白和肌红蛋白（参见第三章）。

（2）呼吸链细胞色素：包括细胞色素 a、b、c，位于线粒体内膜上。功能是在生物氧化过程中介导电子传递，支持 ATP 合成。

（3）抗氧化酶：包括过氧化氢酶和过氧化物酶等。功能是清除过氧化氢和过氧化物，抗氧化损伤。

（4）其他酶：包括一氧化氮合酶、前列腺素 G/H 合酶、色氨酸氧化酶、亚硫酸盐氧化酶等。功能是参与相关代谢。

（5）一氧化氮受体：即鸟苷酸环化酶。功能是介导信号转导。

2. 铁硫蛋白 如呼吸链复合物、细胞质顺乌头酸酶、硫辛酸合成酶、二氢嘧啶脱氢酶、核酸外切酶 V、DNA 聚合酶、DNA 引物酶、铁氧还蛋白、黄嘌呤氧化酶。铁硫蛋白的辅基是铁硫簇，铁是铁硫簇的核心元素（参见第七章）。

3. 其他含铁金属蛋白 如脯氨酰羟化酶、色氨酸羟化酶、苯丙氨酸羟化酶、对羟基苯丙酮酸氧化酶、3-羟氨苯甲酸双加氧酶、β胡萝卜素双加氧酶、核苷酸还原酶、甲基固醇单加氧酶。铁是这些金属蛋白的辅基。

（三）铁缺乏

铁缺乏（iron deficiency）是一种常见的微量元素缺乏病，在全球儿童和育龄女性中发生率高达 2/3。

1. 引起贫血 铁缺乏导致血红素合成不足，血红蛋白合成减少，进而引起正常细胞或小细胞低色素性贫血，即缺铁性贫血（iron deficiency anemia, IDA，女性 Hb < 12 g/dL，男性 Hb < 13 g/dL）。缺铁性贫血全球发生率超过 27%，多见于婴幼儿、青少年、育龄妇女和老年人，重度缺铁性贫血会增加儿童死亡风险。

2. 影响体能 铁缺乏导致肌红蛋白及其他含铁蛋白特别是含铁酶合成不足，从而影响身体活动能力。

3. 影响认知发展 铁缺乏会损伤婴幼儿神经发育和运动功能，造成婴幼儿易激动、淡漠，对周围事物缺乏兴趣，甚至补铁后仍不能完全恢复，故应早期诊治，在发育早期应以预防为主。

4. 影响生育 铁缺乏会引起早产和低体重儿。备孕女性应提前补铁，增加铁储量。

（四）铁的毒性

游离铁具有氧化毒性，因此维持机体和组织细胞铁稳态至关重要。大量摄入铁超过铁蛋白结合量会导致游离铁增加，引起急性铁中毒，临床可见少儿误服药用铁剂致死报道。

拓展阅读 6-24：细胞铁稳态

大量输血和铁剂静脉注射、病理性肠道铁过度吸收、骨髓无效造血等多种病理机制可导致铁广泛沉积于人体多种器官组织的实质细胞内，常伴有纤维组织显著增生，导致多脏器功能损害的病理状态，称为铁过载、铁超载（iron overload）。机体原发性或继发性铁过载导致多脏器损伤病理综合征，称为血色病（hemochromatosis）。如皮肤色素沉着、骨关节酸痛、内分泌腺体功能减退、肝纤维化（甚至肝硬化）、心功能不全、心律失常、继发性糖尿病等。

拓展阅读 6-25：铜蓝蛋白缺乏症

铁剂还会引起胃肠道刺激，影响锌吸收。

人体并不能控制铁排泄，只能通过控制铁吸收维持铁稳态（iron homeostasis）。营养充足时食物铁吸收率10%~15%。食物铁含量高时吸收率下降，含量低时吸收率增加；机体储存铁充足时吸收率下降，不足时吸收率增加；铁需要量增加时（如妊娠期）吸收率增加。

铁吸收主要由肝脏控制：①血浆转铁蛋白饱和时，肝细胞会合成和分泌铁调素（hepcidin，一种二十五肽激素），与基底侧膜膜铁转运蛋白结合，促使其内吞、泛素化降解，抑制肠上皮细胞铁转出入血，以免造成血清铁过高。过量铁会积累于肠上皮细胞内，细胞脱落后随粪便排出。②缺氧、贫血或出血时，铁调素合成和分泌减少，基底侧膜膜铁转运蛋白增加，加快肠上皮细胞铁转出入血。

二、碘

碘（Iodine）是人体必需微量元素之一，用于合成甲状腺激素。甲状腺激素调节生长、发育、代谢、生殖。长期碘缺乏导致甲状腺功能紊乱，影响认知发育、生殖功能等，统称碘缺乏病（iodine deficiency disorder，IDD）。

成人体内碘含量15~20 mg，70%~80%集中在甲状腺内，多以甲状腺球蛋白形式存在（参见第十章）。

（一）碘的来源、摄入和排泄

人体碘的80%~90%来源于食物，10%~20%来源于饮水。海产品如紫菜、贝类、海带、海鱼、海虾等碘含量较高，其他食材碘含量较低。

1. 小肠吸收　碘的吸收形式为碘离子（I^-），吸收部位为十二指肠，吸收机制包括被动扩散和主动转运。碘离子由肠上皮细胞顶端膜钠依赖性多维生素转运蛋白（SMVT）介导吸收：I^-（细胞外）+ $2Na^+$（细胞外）→ I^-（细胞内）+ $2Na^+$（细胞内）。

2. 组织摄取和转化　血液碘几乎只被甲状腺摄取储存，或被肾清除。唾液腺、脉络丛、胃黏膜有极少量摄取。甲状腺碘摄取量取决于甲状腺激素合成的碘需要量。食物碘充足时，甲状腺每日碘摄取量约60 μg，不超过吸收量的10%~20%，其余碘经肾随尿液排出体外。慢性碘缺乏时，甲状腺碘摄取量可达吸收量的80%以上。

甲状腺滤泡上皮细胞由基底侧膜钠碘转运体（sodium-iodide symporter，NIS，SLC5A5）介导通过主动转运机制摄取血浆I^-：I^-（细胞外）+ $2Na^+$（细胞外）→ I^-（细胞内）+ $2Na^+$（细胞内）。I^-由上皮细胞顶端膜氯碘转运蛋白彭德莱素（pendrin，SLC26A4）、钠偶联单羧酸转运蛋白1（sodium-coupled monocarboxylate transporter 1，SMCT1，又称顶端膜碘转运体，apical iodide transporter，AIT，SLC5A8）、阴离子转运蛋白SLC26A7等介导将I^-转入滤泡腔，用于合成甲状腺激素（参见第十章）。

3. 排泄　90%的I^-经肾随尿液排出体外，极少量可通过皮肤、肠道分泌物或肺排出。

（二）碘的功能

碘是甲状腺激素的合成原料。甲状腺激素调节生长、发育、代谢、生殖等。

（三）碘缺乏

全球约 10 亿人有碘缺乏（iodine deficiency）风险。孕妇、哺乳期妇女、幼儿易发生碘缺乏。食物缺碘联合致甲状腺肿大物质能加快碘缺乏。

拓展阅读 6-26：致甲状腺肿大物质

碘缺乏导致甲状腺激素合成不足，进而导致碘缺乏病（iodine deficiency disorder），包括甲状腺肿（goiter）、原发性甲状腺功能减退、智力障碍、生殖障碍（流产和死产）、婴幼儿存活率下降及克汀病（又称呆小症、呆小病，cretinism）等不同程度的生长和发育异常。各种碘缺乏病的类型与生长发育期相关（表 6-6）。

表 6-6 不同年龄的碘缺乏病

不同时期	临床疾病
胎儿	先天性残疾，围生期高死亡率，克汀病
新生儿	甲状腺功能减退，甲状腺肿，智力障碍
儿童和青少年	甲状腺功能减退，甲状腺肿，认知功能受损，发育迟缓
成年人	甲状腺功能减退，甲状腺肿，碘致甲状腺功能亢进症，不孕不育，生育力低下
老年人	多结节性甲状腺肿，自主功能性甲状腺结节，甲状腺功能亢进
孕妇	流产和死产

拓展阅读 6-27：碘与碘缺乏病

补充碘化物能够预防碘缺乏病，治疗甲状腺肿和克汀病。我国推广食用加碘盐。

（四）碘的毒性

碘过量（iodine excess）导致甲状腺激素合成过量，引起甲状腺肿大，称为毒性甲状腺肿（toxic goiter），包括毒性弥漫性甲状腺肿、毒性甲状腺腺瘤、毒性结节性甲状腺肿等。碘过量具有致死性。

三、铜

铜（Copper）是人体必需微量元素之一，是含铜酶及其他含铜蛋白质的辅基。

成人体内铜含量 50～120 mg，广泛分布于各组织中，其中肌肉占 40%（每克组织含量 0.6～1.4 mg，以下同），肝占 15%（4.2～16.9 mg），脑占 10%（3.6～7.5 mg），血液占 6%。

（一）铜的来源、摄入和排泄

铜富含于动物性食品，如海产品中。植物性食物如豆类、坚果、樱桃、谷物、蘑菇中也含有铜。

1. 小肠吸收 食物铜在十二指肠和空肠上端吸收，吸收率 5%～90%。吸收率与摄入量呈负相关。当摄入量增加时，虽然吸收率减少，但是吸收量增加。

食物铜为二价铜（Cu^{2+}），还原成一价铜（Cu^+）才能跨膜转运。① Cu^{2+} 还原：Cu^{2+} 由十二指肠细胞色素 b（DCYTB）或顶端膜金属还原酶 STEAP2 催化还原成 Cu^+。② Cu^+ 摄取：Cu^+ 由顶端膜铜转运蛋白 1（CTR1）等介导转入上皮细胞，转移给铜伴侣蛋白 ATOX1 或金属硫蛋白（MT）。其中铜转运蛋白 1 介导摄取量超过 70%。③ Cu^+ 细胞内运输：铜伴侣蛋白 ATOX1 或金属硫蛋白（MT）将 Cu^+ 从顶端膜运至高尔基体反面，转移给铜泵 1（ATP7A），泵入高尔基体，出芽形成带有铜泵 1 的铜分泌囊泡，运至基底侧膜。④ Cu^+ 分泌：铜分泌囊泡与基底侧膜融合，将 Cu^+ 泌出，进入门静脉，由铜蓝蛋白氧化成 Cu^{2+}：$4Cu^+ + 4H^+ + O_2 = 4Cu^{2+} + 2H_2O$。⑤ Cu^{2+} 血浆运输：Cu^{2+} 与血浆铜蓝蛋白（ceruloplasmin）、运铜蛋白（transcuprein）、白蛋白（albumin）结合，分配至各组织。

（1）金属还原酶 STEAP2：金属还原酶 STEAP2（metalloreductase STEAP2）又称前列腺六次跨膜蛋白 2（six-transmembrane epithelial antigen of prostate 2，STEAP2），以 FAD、血红素 b、NADPH 为辅助因子，催化 NADPH 跨膜还原 $Fe^{3+}(Cu^{2+})$ 生成 $Fe^{2+}(Cu^+)$：$2Fe^{3+}/Cu^{2+} + NADPH = 2Fe^{2+}/Cu^+ + H^+ + NADP^+$。

（2）铜转运蛋白 1：铜转运蛋白 1（copper transporter 1，CTR1，SLC31A1）是一种单转运体（又称单向转运体，uniporter），功能是转运 Cu^+：（细胞外）→ Cu^+（细胞内），低 pH、高钾促进其转运。铜转运蛋白 1 广泛存在于各种组织细胞，包括小肠上皮细胞顶端膜、肾小管基底侧膜和其他组织细胞膜。

（3）铜伴侣蛋白 ATX1：铜伴侣蛋白 ATX1（copper chaperone ATX1）是一种细胞质载体蛋白，分布广泛，功能是从细胞膜铜转运蛋白 1 接受 Cu^+，运至高尔基体或铜分泌囊泡，转移给铜泵 1。铜伴侣蛋白 ATX1 使 Cu^+ 始终处于结合状态，从而起到抗氧化保护作用。

（4）金属硫蛋白：人类基因组编码 14 种金属硫蛋白（metallothionein，MT），功能是在细胞质中结合和运输 Cu^+、Zn^{2+} 等各种重金属离子，使 Cu^+ 始终处于结合状态，从而起到抗氧化保护作用。金属硫蛋白在转录水平上受重金属和糖皮质激素诱导。

（5）铜泵：铜泵（copper pump）又称铜转运 ATP 酶（copper-transporting ATPase），是一组铜分泌囊泡膜蛋白，并随之在高尔基体反面和细胞膜之间形成 Cu^+ 运输循环。即在高尔基体膜上将铜伴侣蛋白 ATX1 运输的 Cu^+ 泵入高尔基体，出芽形成铜分泌囊泡，转移到细胞膜，与之融合，将 Cu^+ 泌出。铜分泌囊泡运输过程中依然可从铜伴侣蛋白 ATX1 获得 Cu^+：$ATP + Cu^+$（细胞质）$+ H_2O → ADP + Cu^+$（高尔基体/分泌囊泡）$+ H^+ + P_i$。

人类基因组编码两种铜泵。铜泵 1（copper pump 1，ATP7A）分布广泛。铜泵 2（copper pump 2，ATP7B）主要在肝，功能是铜过载（copper overload）时向胆汁泵出 Cu^+，维持肝铜稳态。

2. 组织摄取和转化　铜在血浆中主要与铜蓝蛋白结合（60%~70%），10%~30% 与运铜蛋白结合，15%~20% 与白蛋白及氨基酸等结合，被各种组织摄取，摄取机制同肠上皮细胞。

3. 排泄　铜 98% 通过肝脏排泄，其余通过肾脏排泄。

肝细胞通过铜泵将 Cu^+ 泵入高尔基体，出芽形成铜分泌囊泡，转至顶端膜，将 Cu^+ 泌出，汇入胆汁，排至肠道，随粪便排出体外。

（二）铜的功能

铜是含铜酶及其他含铜蛋白质的辅基。含铜酶参与能量代谢和生物氧化、结缔组织和骨形成、儿茶酚胺合成、肽类激素更新、自由基清除、铁运输和血红蛋白合成。

拓 展 阅 读 6-28：人体部分含铜酶

（三）铜缺乏

铜缺乏多因溶血性贫血导致吸收不良和排泄过快，以及肠道疾病导致蛋白质丢失。

婴幼儿铜缺乏表现为：①小细胞低色素性贫血、中性粒细胞减少。②张力过低及肌无力。③骨骼变形。④坏血病样骨变。⑤弹性组织和其他结缔组织异常、疝、血管弯曲、静脉曲张和动脉瘤。

铜泵 1 缺乏导致铜吸收障碍、铜缺乏、铜相关酶功能缺陷，引起进行性神经变性和结缔组织异常，称为 Menkes 病（Menkes disease，MNK）。

（四）铜的毒性

铜中毒较少见，误食铜盐或铜污染食物、胆道梗阻导致铜排泄障碍、Wilson 病均可引起铜中毒。肾透析患者长期使用铜基透析膜也会引起铜中毒。急性中毒主要表现为胃肠道刺激症状，如恶心、干呕、呕吐、腹痛及严重腹泻等。

铜泵 2 缺乏导致肝铜排泄障碍，在肝、脑、肾、角膜等组织铜积累，引起肝硬化及神经损伤，甚至出现精神异常，称为 Wilson 病（Wilson disease，WD）、肝豆状核变性（hepatolenticular degeneration）。

拓展阅读 6-29：基因突变与铜代谢异常

四、锌

锌（Zinc）是人体必需微量元素之一，是含锌金属酶及其他含锌结合蛋白质的辅基。

成人体内锌含量 1.5~3 g，仅次于铁含量，分布于全身各组织，其中骨骼肌锌占 50%~60%，骨骼锌占 30%~36.7%，皮肤锌占 4.2%，肝锌占 3.4%~5%，血浆锌占 0.1%~1%。每克组织含量高的有前列腺、胰腺、骨骼（100~250 μg/g），低的有心、脑、血浆（1~23 μg/g），平均 32 μg/g。

细胞内锌分布：细胞核 30%~40%，细胞质和细胞器 50%，膜蛋白 10%~20%。

（一）锌的来源、摄入和排泄

富含锌的食物有牡蛎、鱼、瘦肉、蛋黄和牛奶等高蛋白食物。坚果、豆类、谷物也含锌较多，但吸收率低。食物锌吸收率 16%~50%，平均吸收率 33%。

1. 小肠吸收 锌的吸收部位主要是十二指肠和空肠近端。

（1）肠上皮细胞摄取：位于小肠上皮细胞顶端膜上的 ZIP 家族（SLC39）锌转运蛋白 ZIP4、ZIP5 介导 Zn^{2+} 进入小肠上皮细胞：Zn^{2+}（细胞外）→ Zn^{2+}（细胞内）。

此外，二价金属转运蛋白 1（DMT-1）也介导锌摄取，但摄取量很少：H^+（细胞外）+ Zn^{2+}（细胞外）→ H^+（细胞内）+ Zn^{2+}（细胞内）。

（2）转入血液循环：位于小肠上皮细胞基底侧膜上的 ZnT 家族（SLC30）锌转运蛋白 ZnT1 介导 Zn^{2+} 从肠上皮细胞转出至门静脉血浆：$2H^+$（细胞外）+ Zn^{2+}（细胞内）→ $2H^+$（细胞内）+ Zn^{2+}（细胞外）。

拓展阅读 6-30：ZIP/SLC39A 家族锌转运蛋白和 ZnT/SLC30 家族锌转运蛋白

（3）血 Zn^{2+} 运输：锌在血液中与蛋白质结合运输，其中约 80% 与白蛋白结合，20% 与 α_2 巨球蛋白结合，3% 与氨基酸结合。游离锌浓度极低，为 0.1~1.0 nmol/L。

影响食物锌吸收的因素有以下几方面。①膳食因素：柠檬酸、氨基酸促进吸收，植酸、钙、酪蛋白抑制吸收。②药物因素：长期服用利尿剂（CX03A，如氢氯噻嗪）、血管紧张素转换酶抑制剂（XC09A）等抑制锌吸收，甚至会引起锌缺乏。反之，口服锌剂会影响甚至抑制某些药物的吸收，如阿仑膦酸（XM05）、利塞膦酸（XM05）、多西环素（XJ01A）、环丙沙星（XJ01MA）。③锌稳态因素：食物锌吸收率与锌缺乏程度呈正相关，最高可达90%。

2. 组织摄取和转化 各种组织细胞由锌转运蛋白介导摄取血锌。如锌转运蛋白 ZIP14：$2HCO_3^-$（细胞外）+ Zn^{2+}（细胞外）→ $2HCO_3^-$（细胞内）+ Zn^{2+}（细胞内）；锌转运蛋白 ZIP5、ZIP12：Zn^{2+}（细胞外）→ Zn^{2+}（细胞内）。

3. 排泄 50%随粪便排泄，其余随尿液、汗液、经血、精液、头发、指甲、皮屑排泄。其中粪便排泄锌来自未吸收食物，胆汁、胰液、胃和十二指肠分泌，小肠上皮细胞脱落。锌缺乏时粪便和尿液锌排泄量减少。胰腺腺泡细胞和小肠上皮细胞分泌锌。

拓展阅读 6-31：锌分泌

（二）锌的功能

锌为含锌结合蛋白质的辅基。人体内有 10% 的蛋白质为含锌结合蛋白质，其中包括 300 多种含锌金属酶和 1 000 多种转录因子，属于锌指蛋白。这些蛋白质具有结构、催化和调节等功能，在生长、发育、生殖、免疫、认知、味觉等方面发挥重要作用。

1. 含锌金属酶辅基 含锌金属酶是分布最广的过渡金属酶。锌作为其辅基直接参与催化反应或维持酶蛋白活性构象，支持其参与各种代谢，特别是参与 DNA 合成、RNA 合成、蛋白质合成，从而促进细胞生长、分裂和分化，维护组织功能和机体发育。

拓展阅读 6-32：人体部分含锌酶和转录因子

2. 锌指蛋白辅基 转录因子的功能是调控基因表达。锌指蛋白多为转录因子，反之亦然。这类转录因子所含的锌指结构影响转录因子与 DNA、RNA 聚合酶、其他转录因子之间结合的特异性，从而影响基因表达的特异性。基因表达是生长发育、上皮完整、创伤愈合的有效保障。

3. 其他功能 ①支持糖代谢：锌富含于胰岛 β 细胞胰岛素分泌囊泡，促进胰岛素分泌，且在血液中一直与之结合形成复合物。锌缺乏影响胰岛素分泌，从而影响糖代谢。②抗氧化保护：与蛋白质巯基结合抗氧化，铜/锌超氧化物歧化酶为抗氧化酶。③维护生殖功能：锌为男性生育能力所必需。精子尾部和顶体存在锌敏感受体 GPR39，Zn^{2+} 与之结合后激活细胞内信号转导，增强精子活力，促进顶体外分泌。④维护中枢神经系统：锌平衡影响神经管形成和神经干细胞增殖，含锌金属酶支持中枢神经系统功能，游离锌调制突触传递。⑤调节内分泌：锌调节下丘脑促甲状腺激素释放激素合成和垂体前叶促甲状腺激素合成。⑥抗肿瘤发生：锌抗 DNA 氧化损伤，支持 DNA 修复。依赖锌的肿瘤抗原 p53 是一种重要的肿瘤抑制因子。

（三）锌缺乏

锌缺乏导致锌缺乏症（zinc deficiency），包括遗传性锌缺乏症和获得性锌缺乏症。

遗传性锌缺乏症（inherited zinc deficiency）由锌代谢基因突变导致，例如 ZIP4 突变导致锌缺乏型肠病性肢端皮炎，ZIP5 突变导致近视 24，ZIP7 突变导致无丙种球蛋白血症 9，ZIP8 突变导致先天性糖基化障碍 2N，ZIP13 突变导致脊柱发育不良型 Ehlers-Danlos 综合征 3，ZIP14 突变导致高锰血症伴肌张力障碍 2，ZnT2 突变导致短暂性新生儿锌缺乏症，ZnT7 突变导致 Ziegler-

Huang 综合征，ZnT9 突变导致 Birk-Landau-Perez 综合征，ZnT10 突变导致高锰血症伴肌张力障碍 1。

获得性锌缺乏症（acquired zinc deficiency）缘于以下四类因素。①摄入不足。②吸收不良：高植酸植物性食物、克罗恩病、乳糜泻。③疾病影响锌利用或导致其大量丢失：慢性腹泻、烧伤；服用利尿剂（XC03）、血管紧张素受体阻滞剂——血管紧张素Ⅱ拮抗剂（XC09C）。④需要量增加：孕期、哺乳期、儿童生长期。此外，以下疾病易引起锌缺乏：HIV 感染、慢性肾病、肝病、多囊卵巢综合征、镰状细胞贫血、β 地中海贫血。

轻度锌缺乏没有明显症状，多在治疗过程中确认。如同龄个体补锌，一部分个体身高增长明显加快，另一部分没有变化，说明前者存在锌缺乏。边缘性锌缺乏个体通过补锌还可能改善免疫功能、生殖功能及味觉和嗅觉。

重度锌缺乏症状明显，包括腹泻、青春期发育不良、性成熟延迟、阳痿、味觉和嗅觉缺失、厌食症、认知功能低下、与维生素 A 缺乏症相似的眼部疾病、胎儿发育异常、神经管缺陷、流产。

（四）锌的毒性

每日摄入锌 50~150 mg 会引起慢性锌中毒，超过 50 mg 会出现恶心、腹泻、腹部不适等症状，超过 150 mg 会引起免疫功能受损，脂蛋白代谢异常，铜缺乏，贫血。

食物锌引起中毒尚未见报道。

五、硒

硒（Selenium）是人体必需微量元素之一，是硒代半胱氨酸的核心元素，硒代半胱氨酸是含硒蛋白质的保守残基。

人体硒含量为 3~20 mg，除脂肪组织外，所有组织均含硒，以肝、肾、胰腺含量较多。

（一）硒的来源、摄入和排泄

动物性食物肉、肝、贝类、鱼类等富含硒，所含硒的形式主要是硒代半胱氨酸。植物性食物含量较少，与农田土壤硒含量有关，所含硒的形式有硒-甲基硒代半胱氨酸、γ-谷氨酰-硒-甲基硒代半胱氨酸、硒代蛋氨酸。无机硒很少，主要是硒酸盐和亚硒酸盐，多为补剂形式。

1. 小肠吸收 硒主要在十二指肠吸收，吸收率 70%~95%，且与体内硒状态无关，但受食物蛋白质、脂质、重金属含量影响。无机硒吸收机制研究已有进展。①亚硒酸盐：由锌转运蛋白 ZIP8（SLC39A8）介导摄取，碳酸氢盐（细胞外）+亚硒酸盐（细胞外）+Zn^{2+}（细胞外）→碳酸氢盐（细胞内）+亚硒酸盐（细胞内）+Zn^{2+}（细胞内）。②硒酸盐：由钠硫酸盐共转运蛋白（SLC13A1）介导摄取：硒酸盐（细胞外）+Na^+（细胞外）→硒酸盐（细胞内）+Na^+（细胞内）。③有机硒：可能由氨基酸转运蛋白通过依赖钠的主动转运机制摄取。

2. 组织摄取和转化 硒被小肠上皮细胞摄取后，部分直接从基底侧膜分泌入血，部分合成硒蛋白 P 分泌入血。

亚硒酸盐、硒酸盐、硒代半胱氨酸和硒代蛋氨酸被组织摄取后转化为硒化物（Se^{2-}）才能用于合成含硒蛋白质。

血浆硒蛋白 P（selenoprotein P）是血浆中硒的主要存在形式和运输形式，硒含量占血浆硒的 50%。它合成于十二指肠、肝、肾等 207 种组织细胞，每个分子含 10 个硒代半胱氨酸，是唯一含多个硒代半胱氨酸的硒蛋白。硒蛋白 P 通过与载脂蛋白 E 受体 2（apolipoprotein E receptor 2）结合被大脑、睾丸等组织摄取和利用。

3. 排泄 硒的排泄形式主要有三种。①硒糖：如硒糖 B（甲基硒代 -β-D-N- 乙酰氨基半乳糖苷），是主要形式，通过肾随尿液排泄。②三甲基硒[正]离子：通过肾排泄。③二甲基硒：极少，通过肺呼出。因此硒主要通过肾排泄，且排泄量受到控制，以维持硒稳态。

（二）硒的功能

硒为含硒蛋白质中硒代半胱氨酸的核心元素。含硒蛋白质功能多样，其中最重要的是参与氧化还原反应，即作为抗氧化剂维持氧化还原稳态（redox homeostasis），如谷胱甘肽过氧化物酶、硫氧还蛋白还原酶、硒蛋白 F/O/W。含硒蛋白质还维持甲状腺功能、免疫功能、生殖功能。

目前发现人类基因组有 25 种基因编码含硒蛋白质。

1. 谷胱甘肽过氧化物酶 谷胱甘肽过氧化物酶（glutathione peroxidase，GPx）催化过氧化氢、氢过氧化物分解，调节细胞内氧化还原稳态，R-O-OH + 2GSH → R-OH + GSSG + H_2O。

人类基因组编码 8 种谷胱甘肽过氧化物酶，其中 5 种为含硒蛋白质，它们均催化过氧化氢等氢过氧化物还原反应，其氢硒基（selenyl，-SeH）先被氢过氧化物氧化成次硒酰基（selenenyl，-SeOH），再被巯基（-SH，通常由 GSH 提供）还原再生氢硒基。

2. 硫氧还蛋白还原酶和硫氧还蛋白 硫氧还蛋白还原酶（thioredoxin reductase，TR）以 FAD 为辅基，催化硫氧还蛋白（thioredoxin）二硫键还原，调节细胞内氧化还原稳态，硫氧还蛋白 - 二硫键 + NADPH + H^+ →硫氧还蛋白 - 二巯基 + $NADP^+$。

人类基因组编码 3 种硫氧还蛋白还原酶和 2 种硫氧还蛋白，参与控制活性氧水平，维持氧化还原稳态，支持氧化还原信号转导，从而支持细胞增殖、精子发生、胚胎发育等。

3. 碘化甲腺原氨酸脱碘酶 参与甲状腺激素的活化和灭活（参见第十章）。

4. 乙醇胺磷酸转移酶 乙醇胺磷酸转移酶（ethanolamine phosphotransferase）又称硒蛋白 I，催化磷脂酰乙醇胺合成反应，甘油二酯 + CDP- 乙醇胺→磷脂酰乙醇胺 + CMP（参见第九章）。

5. 硒蛋白 P 既是血浆硒的主要运输形式，又参与内皮系统抗氧化保护。

（三）硒缺乏

硒缺乏主要影响儿童和孕妇。克山病和大骨节病是两种典型的硒缺乏病。

克山病（Keshan disease）是一种对硒有反应的地方性心肌病，临床症状为心脏增大和纤维化、心功能不全和心电图异常。致病因素还包括柯萨奇病毒 B（Coxsackie B virus）感染等。

大骨节病（Kaschin-Beck disease）是一种伴关节和骨骺板软骨坏死、对硒有反应的地方性骨关节病，多发于青春期或青春期前。致病因素还包括碘缺乏和真菌毒素等。

（四）硒的毒性

过量摄入导致硒中毒（selenosis），毛发和指甲脱落是常见症状，也是目前唯一诊断依据。其他症状还有皮肤损伤、牙齿斑驳、神经损伤、恶心、虚弱、腹泻、呼吸有蒜味（二甲基硒）。

硒中毒可能机制是：①硒代半胱氨酸和硒代蛋氨酸掺入蛋白质并干扰其正常折叠和功能。

②硒浓度过高导致氧化还原稳态失控。

六、钼

钼（Molybdenum）是人体必需微量元素之一，是钼辅因子的核心元素，参与嘌呤、含硫氨基酸等分解代谢。

成人体内钼含量 2.2 mg，主要分布在肝脏和肾脏。

（一）钼的来源、摄入和排泄

谷物、豆类、动物内脏富含钼，奶类和某些蔬菜含钼也较多。

1. 小肠吸收 钼的吸收形式有钼酸盐（MoO_4^{2-}）和有机钼，吸收率 50%~100%，钼酸盐吸收率高于有机钼。细胞膜钼酸盐转运蛋白（molybdate-anion transporter）介导小肠上皮细胞从肠道、其他组织细胞从血浆摄取钼酸盐。肾型钠硫酸盐共转运蛋白（SLC13A1）、钠硫酸盐共转运蛋白 SUT-1（SLC13A4）可能也介导钼酸盐吸收和摄取。

钼酸盐在血液中主要由红细胞运输，少量由 α_2 巨球蛋白运输。

2. 组织摄取和转化 钼酸盐被各组织摄取和利用，摄取量最多的是肝和肾。钼酸盐在细胞内由桥尾蛋白（gephyrin，既是一种微管相关蛋白质，又是一种双功能酶）催化合成钼-钼蝶呤（Mo-molybdopterin，Mo-MPT），称为钼辅因子（molybdenum cofactor，Moco），作为辅助因子参与代谢。

3. 排泄 钼主要通过肾随尿液排出体外，少量随粪便排出体外。肾排泄量与吸收量呈正相关，以维持体内钼稳态。

（二）钼的功能

钼辅因子是钼的活性形式，是以下五种钼酶（molybdoenzyme）的辅助因子，参与嘌呤、含硫氨基酸、醛、外来化合物等分解代谢或生物转化。

1. 黄嘌呤氧化酶 参见第十一章。

2. 醛氧化酶 醛氧化酶（aldehyde oxidase，AOX）以［2Fe-2S］、FAD、钼-钼蝶呤为辅助因子，在醛、视黄醇代谢中催化以下反应。①醛 + H_2O + O_2 → 酸 + H_2O_2。②视黄醇 + H_2O + O_2 → 视黄醛 + H_2O_2。

醛氧化酶底物广泛：①吡哆醛（参见图6-12⑤）、视黄醇氧化。②内源性和外源性含氮杂环化合物转化，如将抗病毒前药泛昔洛韦（XJ05AB）活化为喷昔洛韦。醛氧化酶催化反应会产生超氧阴离子和过氧化氢，可能参与应激反应，调节活性氧稳态。

泛昔洛韦 →(酯酶，醛氧化酶)→ 喷昔洛韦

3. 亚硫酸氧化酶 亚硫酸氧化酶（sulfite oxidase，SO）以血红素 b、钼－钼蝶呤为辅助因子，在含硫氨基酸分解代谢中催化以下反应：$SO_3^{2-} + H_2O + O_2 \rightarrow SO_4^{2-} + H_2O_2$。

4. 线粒体偕胺肟还原组分 线粒体偕胺肟还原组分（mitochondrial amidoxime-reducing component，mARC）包括 mARC1 和 mARC2，以钼－钼蝶呤为辅助因子，催化还原肟基（–NH–OH）：2 细胞色素 $b_5(Fe^{2+}) + 2H^+ + N$－羟基精氨酸 → 2 细胞色素 $b_5(Fe^{3+}) + H_2O +$ 精氨酸。

线粒体偕胺肟还原组分天然底物尚未确定，其功能可能是还原 N－羟基精氨酸，调节 NO 合成（参见图 10–23）。

（三）钼缺乏

钼缺乏（molybdenum deficiency）罕见。有报道一例克罗恩病（Crohn disease）患者长期接受肠外营养导致钼缺乏，血中高蛋氨酸、低尿酸；尿中高亚硫酸、硫代硫酸、次黄嘌呤、黄嘌呤、低尿酸、硫酸；患者有心动过速、呼吸急促、易怒、夜盲等临床症状。钼辅因子缺乏（molybdenum cofactor deficiency）是一种罕见遗传病，患儿大多数在早期死亡，有的甚至只能存活数日。致病生化机制是亚硫酸盐积累致毒。

（四）钼的毒性

钼中毒报道罕见，患者可见高血尿酸及痛风症状。钼可能是铜的拮抗剂。硫代钼酸盐是铜的螯合剂，抑制其吸收。临床已用四硫钼酸盐治疗 Wilson 病。

土壤中钼含量高的地区，血尿酸和痛风样症状增加。钼摄入过多会引起成骨缺陷，易发生关节畸形、骨折。此外钼摄入过多会拮抗铜吸收，引起铜缺乏。

七、钴

钴（Cobalt）是维生素 B_{12} 的组成元素。

八、锰

锰（Manganese）是人体必需微量元素之一，是酶的辅助因子。

成人体内锰含量 200～400 μmol（10～20 mg）。组织分布广泛，骨（占人体锰的 25%）、肝、胰、肾浓度较高。线粒体中浓度最高。

（一）锰的来源、摄入和排泄

茶叶、坚果、谷物、干果富含锰，但茶叶中的单宁酸（鞣酸）、谷物的植酸和膳食纤维抑制锰的吸收；肉类含锰少，但吸收率高。

1. 小肠吸收 锰主要在十二指肠吸收，吸收率 2%～15%。锰的吸收率与体内锰含量无关，与其存在形式、氧化状态、摄入量有关：有机锰高于无机锰，Mn^{2+} 高于 Mn^{3+}，摄入量越高吸收

率越低。食物中的钙、磷、植酸、膳食纤维促进锰沉淀，抑制其吸收。食物铁竞争性抑制锰吸收。

Mn^{2+} 的吸收机制与 Fe^{2+} 一致，由小肠上皮细胞顶端膜二价金属转运蛋白 1（DMT1）等介导摄取，Mn^{2+}（细胞外）+ H^+（细胞外）→ Mn^{2+}（细胞内）+ H^+（细胞内），可能由基底侧膜锌转运蛋白 ZnT10（又称钙锰逆向转运蛋白，calcium/manganese antiporter）介导转出，Mn^{2+}（细胞内）+ Ca^{2+}（细胞外）→ Mn^{2+}（细胞外）+ Ca^{2+}（细胞内），进入门静脉，一部分与 α_2 巨球蛋白结合运输。

2. 组织摄取和转化 门静脉血入肝，部分 Mn^{2+} 被肝细胞膜锌转运蛋白 ZIP14 或 ZIP8 介导摄取，Mn^{2+}（细胞外）+ $2HCO_3^-$（细胞外）→ Mn^{2+}（细胞内）+ $2HCO_3^-$（细胞内）。

其余 Mn^{2+} 进入体循环：①由 α_2 巨球蛋白等运输，被组织细胞锌转运蛋白 ZIP14 或 ZIP8 介导摄取和利用。②被氧化成 Mn^{3+}，与转铁蛋白等结合运输，被组织细胞膜转铁蛋白受体介导以内吞方式摄取和利用。

3. 排泄 锰 97% 随粪便排出体外，少量随尿液、汗液等排出。

各种组织细胞的细胞膜锌转运蛋白 ZnT10 介导 Mn^{2+} 排出，以维持细胞内锰稳态，Mn^{2+}（细胞内）+ Ca^{2+}（细胞外）→ Mn^{2+}（细胞外）+ Ca^{2+}（细胞内）。

肝细胞和肠上皮细胞由锌转运蛋白 ZIP14 或 ZIP8 介导从血浆摄取 Mn^{2+}，由锌转运蛋白 ZnT10 介导分别排至毛细胆管和肠道。

（二）锰的功能

锰作为酶的辅助因子参与氨基酸、胆固醇、糖、神经递质代谢，在骨形成及脑功能等方面起重要作用。

1. 金属酶辅基 在过渡金属酶中锰酶最少，目前明确的有以下几种。

（1）精氨酸酶：包括细胞质同工酶 1 和线粒体同工酶 2，它们均为同三聚体，每个亚基含两个 Mn^{2+}，参与尿素合成或调节肝外细胞 NO 合成。锰缺乏导致血氨升高，血尿素减少，NO 增加（参见第十章）。

（2）丙酮酸羧化酶：是一种线粒体酶，同四聚体，每个亚基含 Mn^{2+}、生物素各一个，参与糖代谢、脂质代谢、氨基酸代谢，是糖异生途径关键酶（参见第八章）。

（3）锰 - 超氧化物歧化酶：是一种线粒体酶，同四聚体，每个亚基含一个 Mn^{2+}，催化超氧阴离子分解，清除活性氧。锰 - 超氧化物歧化酶缺陷导致糖尿病微血管并发症 6（microvascular complications of diabetes 6，MVCD6）。

2. 金属激活酶辅酶 Mn^{2+} 是大量金属激活酶的辅酶，它们分别属于水解酶（如蛋白磷酸酶）、激酶（如丙酮酸激酶）、脱羧酶（如异柠檬酸脱氢酶 1）、转移酶（如 β-1,4- 半乳糖基转移酶）、合成酶（如谷氨酰胺合成酶）。Mn^{2+} 作为这些酶的辅酶多具有非特异性，即可被其他二价离子如 Mg^{2+}、Ca^{2+} 替代，但磷酸烯醇式丙酮酸羧激酶、糖基转移酶等例外，只以 Mn^{2+} 为辅酶。

（三）锰缺乏

人类未见锰缺乏病报道。

（四）锰的毒性

锰中毒多为工业中毒，严重危害人体健康，会导致中枢神经系统病理性损伤。重度中毒表现为锥体外系永久性致残性神经系统疾病，类似于帕金森病。轻度中毒表现为易怒、幻觉、暴力行为。

九、铬

铬（Chromium）虽然也被列入人体必需微量元素，但 60 多年来一直未得到任何有明确意义的研究结果支持。

（一）铬的来源、摄入和排泄

铬主要以三价铬（Cr^{3+}）的形式存在于食物和膳食补充剂中。各种食材基本都含 Cr^{3+}，但含量不多，且与农田土壤 Cr^{3+} 含量相关，此外膳食 Cr^{3+} 至少部分来自不锈钢炊具和餐具。

1. **铬的吸收** Cr^{3+} 通过被动扩散吸收，吸收率仅 0.5%~1%，且 94% 又被通过主动转运泵回，形成肠道-上皮细胞循环。食物抗坏血酸有利于 Cr^{3+} 吸收。

2. **组织摄取和转运** 血浆 Cr^{3+} 由转铁蛋白运送到组织细胞，由转铁蛋白受体介导以内吞方式摄取，胰岛素促进摄取。

3. **排泄** Cr^{3+} 主要随尿液排泄，少量随汗液、胆汁排泄。

组织细胞 Cr^{3+} 可能由一种称为低分子量铬结合物（low-molecular-weight chromium-binding substance，LMWCr，又称铬调蛋白、铬调素，chromodulin，每一分子可结合四个 Cr^{3+}）的寡肽转出细胞，运至肾，随尿液排出体外。

（二）铬的功能

Cr^{3+} 的活性形式和生物功能尚未确定，虽然有研究表明它可能增强胰岛素效应，从而影响糖代谢、胆固醇代谢。

（三）铬缺乏

目前尚无明确的铬缺乏症状，亦无研究结果支持铬补剂有益于健康或可用于治疗糖尿病。

（四）铬的毒性

迄今尚无膳食 Cr^{3+} 中毒的报道。目前确定的毒性铬为六价铬，来自工业污染物，通过呼吸即可摄入。六价铬既是一般氧化剂，又是诱变剂、致癌物。从事铬作业、吸入高铬粉尘、烟雾或接触过量均可引发中毒，六价铬会侵害呼吸道和皮肤，表现为溃疡、咽炎、皮炎、胃炎，伴有全身酸痛、乏力等，严重者可引发急性肾衰竭、癌症等。

十、氟

氟（Fluorine）是食物成分，可被人体吸收，但不是必需微量元素。目前认为氟可以保护牙齿，极大降低龋齿发生率，因此氟化水被美国疾病控制预防中心列为 20 世纪十大公共卫生成就之一。

科学接触氟化物可促进牙釉质健康更新及杀死引起牙菌斑的细菌，从而整体提高牙齿质量。氟能掺入牙釉质是因为与金属离子的亲和力极高。牙釉质的主要成分是 $Ca_{10}(PO_4)_6(OH)_2$（羟磷灰石），会被口腔致龋菌发酵产生的酸溶解（临界 pH 5.5），氟取代氢氧根生成 $Ca_5(PO_4)_3F$（氟磷灰石），抗酸溶解（临界 pH 4.5）。

高剂量氟毒性广泛，可引起氧化应激，抑制细胞周期，诱导细胞凋亡。氟毒性机制尚未阐明，可能是导致金属蛋白失活、细胞器损伤、酸碱平衡失调、水盐代谢紊乱。临床症状有氟斑牙、氟骨症、成釉细胞损伤、神经损伤、内分泌异常等。

第五节　维生素、微量元素与药物

维生素和微量元素类药物多用于治疗相关缺乏症，用药应遵医嘱。

维生素类药物（XA11）包含以下几种。①维生素 B_1：用于预防和治疗脚气病、神经炎、消化不良等。②维生素 B_2：用于防治口角炎、唇干裂、舌炎、阴囊炎、角膜血管化、结膜炎、脂溢性皮炎等。③烟酰胺：用于预防和治疗口炎、舌炎、糙皮病。④维生素 B_6：用于治疗因大量或长期服用异烟肼（XJ04AC）、肼屈嗪（XC02D）等引起的周围神经炎、失眠、不安；减轻抗癌药和放射治疗引起恶心、呕吐或妊娠呕吐等。治疗婴儿惊厥或给孕妇服用以预防婴儿惊厥。治疗白细胞减少症。局部涂搽治疗痤疮、酒渣鼻、脂溢性湿疹等。⑤叶酸：用于治疗各种原因引起的叶酸缺乏及叶酸缺乏所致的巨幼细胞性贫血，妊娠期、哺乳期妇女预防给药。⑥维生素 B_{12}：包括腺苷钴胺、甲钴胺，用于预防和治疗恶性贫血。⑦维生素 C：用于预防和治疗坏血病，辅助治疗各种急慢性传染疾病及紫癜等。⑧维生素 A：用于预防和治疗夜盲症、干眼症、角膜软化、皮肤粗糙角化。⑨维生素 D：包括维生素类药物（XA11）维生素 D_2、维生素 D_3、骨化三醇、阿法骨化醇、艾地骨化醇、钙稳态药（XH05）帕立骨化醇，治疗银屑病药（XD05）卡泊三醇。⑩维生素 K（XB02B）：包括维生素 K_1、维生素 K_4（醋酸甲萘氢醌）、甲萘氢醌、甲萘醌，用于治疗维生素 K 缺乏所致的凝血障碍性疾病。

拓展阅读 6-33：*部分富含维生素的中药*

微量元素类药物主要包括铁、锌、铜、硒等制剂。①铁制剂（XB03A）：硫酸亚铁、右旋糖酐铁、琥珀酸亚铁、富马酸亚铁、葡萄糖酸亚铁、山梨醇铁、蔗糖铁、异麦芽糖酐铁、羧基麦芽糖铁等用于治疗缺铁性贫血，蔗糖羟基氧化铁咀嚼片（XV03AE）用于控制透析慢性肾病患者的血磷。②矿物质补充剂锌（XA12）：硫酸锌，用于锌缺乏患者补锌。③硒酵母：补硒药，适用于低硒的肿瘤、肝病、心脑血管疾病或其他低硒引起的疾病的治疗。

思考题

1. 维生素的共同特征是什么？
2. 维生素与其他营养素的根本区别是什么？与激素的区别是什么？
3. 临床上可使用维生素 C 降低血胆固醇，预防动脉粥样硬化的发生，其机制是什么？
4. 简述 B 族维生素在体内的活性形式、生理功能和缺乏症。
5. 为什么长期单食玉米会引起维生素 B_3 缺乏？

6. 维生素缺乏引起巨幼细胞贫血的机制是什么？
7. 简述脂溶性维生素的分类、生理功能和缺乏症。
8. 请分析长期慢性肾炎患者补钙的注意事项。
9. 微量元素在体内发挥怎样的生理作用？生化机制是什么？
10. 比较水溶性维生素和脂溶性维生素的性质和功能，从中获得何种启示？

（姜　玲）

 数字资源详见　新形态教材网

　拓展阅读　　　自测题　　　教学课件

第七章

生物氧化

机体通过代谢维持生命活动。代谢是生命现象的化学本质，是物质代谢与能量代谢的有机整合。生物氧化的核心内容是从能量代谢角度阐述生命现象。

第一节 概　述

生物氧化（biological oxidation）是指葡萄糖、脂肪酸和氨基酸等三大产能营养素在体内氧化分解为二氧化碳和水并释放能量，其中一部分能量支持 ADP 磷酸化生成 ATP，另一部分能量转化为热能，用于维持体温的过程。由于这一过程是在组织细胞中进行的，而且通过呼吸道吸入的氧主要消耗于生物氧化，呼出的二氧化碳也主要来自生物氧化，所以生物氧化又称细胞呼吸（cellular respiration）或组织呼吸（tissue respiration）。

1. 生物氧化过程　虽然三大产能营养素的组成和结构不同，但其生物氧化过程却遵循共同的基本规律，可分为三个阶段（图 7-1）。

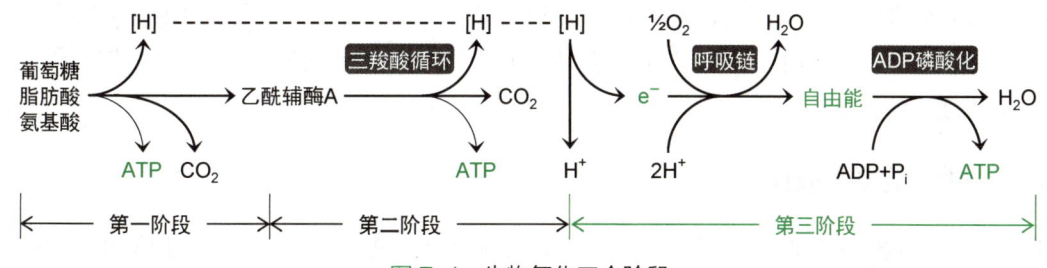

图 7-1　生物氧化三个阶段

（1）乙酰辅酶 A 生成：三大产能营养素降解为乙酰辅酶 A，并有 NADH、$FADH_2$ 和 ATP 生成。

（2）三羧酸循环：乙酰辅酶 A 的乙酰基氧化成 CO_2，并有 NADH 与 $FADH_2$ 和 ATP 生成。

（3）氧化磷酸化：NADH 和 $FADH_2$ 的还原当量通过呼吸链传递给氧生成 H_2O，释放能量支持 ATP 合酶催化 ADP 磷酸化生成 ATP。

2. 生物氧化特点　三大产能营养素的生物氧化过程与体外燃烧过程相比较，化学热力学相同，但化学动力学不同。生物氧化过程有以下特点。

（1）反应可控：生物氧化是在生理条件下（体液，约37℃，pH≈7.4）逐步发生的可控酶促反应。

（2）二氧化碳生成：三大产能营养素中的碳最终均可氧化成CO_2，机制是先氧化成羧基，再脱羧生成CO_2。因此，脱羧反应（decarboxylation）是有机碳氧化生成CO_2的唯一方式。根据脱羧过程是否伴发氧化反应，脱羧反应分为单纯脱羧和氧化脱羧。根据脱去羧基的分子结构编号，脱羧反应分为α-脱羧和β-脱羧。

（3）水生成：三大产能营养素中的氢最终大部分生成水。生成机制有两种：一是含羟基的代谢物通过脱水反应（dehydration）生成水，如2-磷酸甘油酸脱水；二是三大产能营养素氧化过程中释放的还原当量中的电子通过呼吸链传递给氧，再与H^+结合生成水。

（4）能量利用：生物氧化通过氧化三大产能营养素获得自由能，推动合成高能化合物ATP，为其他生命过程供能。

第二节　线粒体生物氧化体系

真核生物的生物氧化过程主要在线粒体中进行，其中第三阶段包括由呼吸链承担的氧化过程和由ATP合酶承担的ADP合成ATP的磷酸化过程。氧化过程提供能量，ADP磷酸化过程利用能量。氧化过程与ADP磷酸化过程相偶联，称为氧化磷酸化，是ATP合成的主要方式。

一、呼吸链

呼吸链是代谢网络中的一条代谢途径，在生物氧化过程中承担的氧化过程伴随着能量的传递、转化或释放。呼吸链的分子基础是线粒体内膜上的一组蛋白质及其辅助因子。它们从NADH和$FADH_2$接受电子（e^-），按照一定顺序传递给氧生成水。这一过程消耗了呼吸系统提供给机体的大部分氧（O_2），故称为呼吸链（respiratory chain）。因为呼吸链传递的是电子，故又称电子传递链（electron transport chain），介导电子传递的蛋白质及其辅助因子称为电子载体（electron carrier）、电子传递体、递电子体。部分氢载体是呼吸链成分，但它们在呼吸链中传递的是电子，即只起电子载体的作用。

（一）呼吸链电子载体

呼吸链电子载体包括四种分子量大、结构复杂的呼吸链复合物Ⅰ（CⅠ）、Ⅱ（CⅡ）、Ⅲ（CⅢ）和Ⅳ（CⅣ），一种血红素蛋白（细胞色素c）和一种脂溶性小分子（辅酶Q），可根据其所含电子传递中心（辅助因子）的不同分为五类（表7-1）。

1. 黄素辅酶　黄素辅酶是黄素单核苷酸（FMN）和黄素腺嘌呤二核苷酸（FAD）的合称，是黄素蛋白的辅基（参见图6-7）。

NADH脱氢酶黄素蛋白1（NDUFV1）含FMN，是复合物Ⅰ的亚基，从NADH接受电子，向复合物Ⅰ的铁硫簇传递：NADH→FMN→Fe-S。

琥珀酸脱氢酶黄素蛋白（SDHA）含FAD，是复合物Ⅱ的亚基，从琥珀酸接受电子，向复合物Ⅱ的铁硫簇传递：琥珀酸→FAD→Fe-S。

表 7-1 呼吸链各组分及其电子传递

电子传递中心	辅助因子	电子载体	电子传递作用
① 黄素辅酶	FMN	复合物Ⅰ（NADH 脱氢酶）	NADH → FMN → Fe-S
	FAD	复合物Ⅱ（琥珀酸脱氢酶）	琥珀酸 → FAD → Fe-S
② 铁硫簇	2Fe-2S，4Fe-4S	复合物Ⅰ（NADH 脱氢酶）	$FMNH_2$ → Fe-S → Q
	2Fe-2S，3Fe-4S，4Fe-4S	复合物Ⅱ（琥珀酸脱氢酶）	$FADH_2$ → Fe-S → Q
	2Fe-2S	复合物Ⅲ（泛醇-细胞色素 c 还原酶）	QH_2 → Fe-S → heme c_1
③ 辅酶 Q	CoQ	CoQ	Fe-S → Q → Fe-S
			Fe-S → Q → heme b_L
④ 血红素	血红素 A	复合物Ⅳ（细胞色素 c 氧化酶）	Cu_A → heme a → heme a_3 → Cu_B
			Cu_A → heme a → heme a_3 → O-O
	血红素 B	复合物Ⅱ（琥珀酸脱氢酶）	
		复合物Ⅲ（泛醇-细胞色素 c 还原酶）	QH_2 → heme b_L → heme b_H → Q
	血红素 C	复合物Ⅲ（泛醇-细胞色素 c 还原酶）	Fe-S → heme c_1 → heme c
		细胞色素 c	heme c_1 → heme c → Cu_A
⑤ 双核中心	Cu_A 双核中心	复合物Ⅳ（细胞色素 c 氧化酶）	heme c → Cu_A → heme a
	Fe-Cu_B 双核中心	复合物Ⅳ（细胞色素 c 氧化酶）	heme a_3 → Cu_B → O-O

2. 铁硫簇 铁硫簇（iron-sulfur cluster，Fe-S）又称**铁硫中心**（iron-sulfur center），是一类称为**铁硫蛋白**（iron-sulfur protein）的非血红素铁蛋白的辅基，有［2Fe-2S］、［3Fe-4S］、［4Fe-4S］三种形式，它们均通过螯合铁与铁硫蛋白的半胱氨酸巯基硫以配位键结合（图 7-2）。

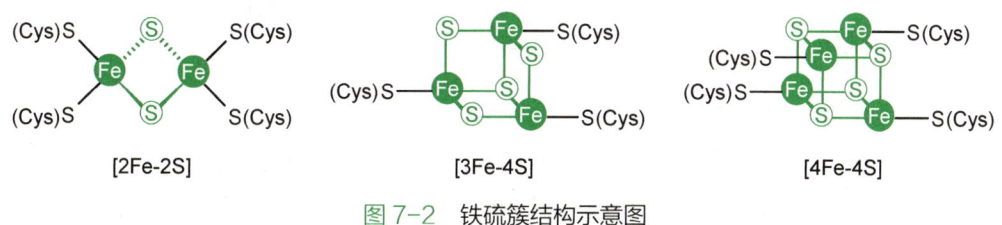

图 7-2 铁硫簇结构示意图

复合物Ⅰ、复合物Ⅱ、复合物Ⅲ均含有铁硫蛋白亚基（表 7-2）。

表 7-2 呼吸链复合物铁硫蛋白亚基与铁硫簇一览

复合物	铁硫蛋白亚基	［2Fe-2S］型铁硫簇	［3Fe-4S］型铁硫簇	［4Fe-4S］型铁硫簇
Ⅰ	NDUFV1(FMN), NUBPL, NDUFS2/7/8(2)			+
	NDUFV2	+		
Ⅱ	SDHB	+	+	+
Ⅲ	UQCRFS1	+		

铁硫簇铁离子介导电子传递，如复合物Ⅱ的 SDHB 亚基的 3 个铁硫簇从 SDHA 亚基的 $FADH_2$ 接受电子，向 SDHD 亚基的 Q 传递：$FADH_2$ →［2Fe-2S］→［4Fe-4S］→［3Fe-4S］→ Q。即

Fe^{3+} 从 $FADH_2$ 接受电子成为 Fe^{2+}，Fe^{2+} 向 Q 传递电子，恢复 Fe^{3+}（图 7-3）。虽然每个铁硫簇有 2、4、3 个 Fe^{3+}，但每次只能传递一个电子，故为单电子载体。其他铁硫簇同样，均为单电子载体。

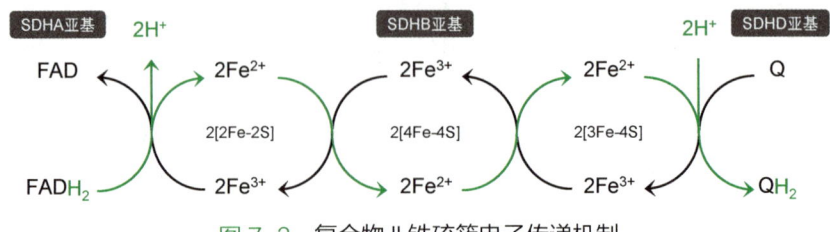

图 7-3 复合物 II 铁硫簇电子传递机制

3. 辅酶 Q 辅酶 Q（coenzyme Q, CoQ）即泛醌（ubiquinone, Q）和泛醇（ubiquinol, 又称二氢泛醌, QH_2），是一类广泛存在于生物体内的脂溶性醌类化合物，均为 2,3-二甲氧基-5-甲基-1,4-苯醌的 6-类异戊二烯取代物，记作 CoQ_n，n 代表 6-类异戊二烯取代基所含异戊二烯单位的数目。人体辅酶 Q 含有 10 个异戊二烯单位（n = 10），记作 CoQ_{10}（图 7-4），游离于线粒体内膜膜脂中。

在呼吸链中，泛醌（Q）可以通过以下机制从复合物 I 或复合物 II 的铁硫簇接受一个电子，同时从线粒体基质中募集一个 H^+，生成半醌自由基（·QH，泛半醌）；再接受一个电子，募集一个 H^+，生成泛醇（QH_2）（图 7-4）。再由复合物 III 介导，向线粒体膜间隙释放两个 H^+，向复合物 III 的 [2Fe-2S] 铁硫簇和血红素 b_L 各传递一个电子。

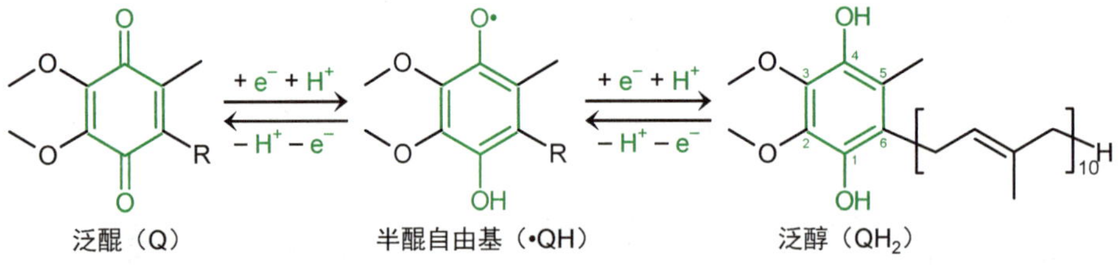

图 7-4 CoQ_{10} 电子传递机制

4. 血红素 血红素蛋白是肌红蛋白、血红蛋白、过氧化氢酶、过氧化物酶、细胞色素等结合蛋白的统称（参见第十三章）。血红素是血红素蛋白的特征性辅基，包括血红素 A、B、C、D（heme A、B、C、D）等。其中血红素 A、B、C 是细胞色素的辅基，相应的细胞色素（cytochrome, Cyt）记作细胞色素 a、b、c（Cyt a、b、c）。血红素 B 是母体，是 Fe^{2+} 的原卟啉 IX 络合物（螯合物）。血红素 B 可由细胞色素 c 合酶催化与细胞色素 c 脱辅基蛋白（图 7-5 中以 S 示意）共价结合生成细胞色素 c，或由血红素 O 合酶催化生成血红素 O，血红素 O 由血红素 A 合酶催化生成血红素 A（图 7-5）。

成为呼吸链电子载体或其亚基的细胞色素有细胞色素 aa_3、b_{560}、b、c_1、c。除细胞色素 c 作为单亚基蛋白与线粒体内膜间隙面非共价结合外，其余细胞色素均为呼吸链复合物的亚基。除细胞色素 b_{560} 外，其余细胞色素均参与电子传递，由血红素铁直接介导（表 7-3）。

5. 双核中心 如图 7-6 所示。①细胞色素 c 氧化酶亚基 2（MT-CO2）含一个 Cu_A 双核中心。该中心的 Cu^{2+} 直接介导电子传递：heme c（Fe^{2+}）→ Cu^{2+}/Cu^{2+} → heme a（Fe^{3+}）。②细胞色素 c 氧化酶亚基 1（MT-CO1）含一个 Fe-Cu_B 双核中心。该中心的 Fe^{3+} 和 Cu^{2+} 直接介导电子传递：heme a（Fe^{2+}）→ heme a_3（Fe^{3+}）→ Cu^{2+} → O_2（O_2 接受电子的机制参见图 7-8）。

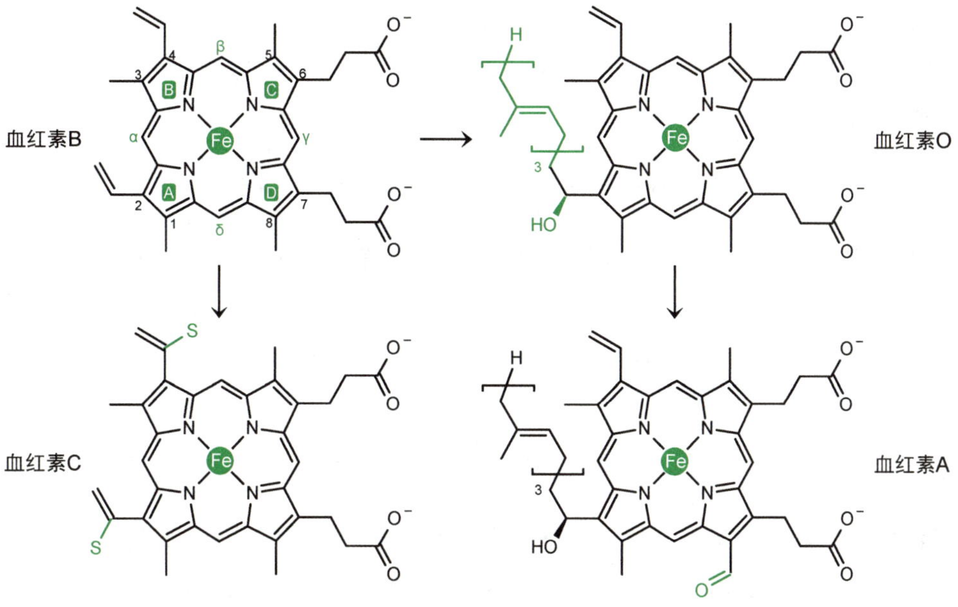

图 7-5 主要血红素

表 7-3 呼吸链细胞色素类电子载体

细胞色素	血红素*	电子载体	电子传递
细胞色素 aa_3	heme a，heme a_3	复合物Ⅳ（细胞色素 c 氧化酶亚基1）	$Cu_A \to Heme\ a \to Heme\ a_3 \to Cu_B \to O_2$
细胞色素 b_{560}	heme b_{560}	复合物Ⅱ（SDHC亚基-SDHD亚基二聚体）	不直接参与电子传递
细胞色素 b	heme b_L，heme b_H	复合物Ⅲ（复合物Ⅲ亚基3）	$QH_2 \to Heme\ b_L \to Heme\ b_H \to Q$
细胞色素 c_1	heme c_1	复合物Ⅲ（复合物Ⅲ亚基4）	$[2Fe-2S] \to Heme\ c_1 \to Heme\ c$
细胞色素 c	heme c	细胞色素 c	$Heme\ c_1 \to Heme\ c \to Cu_A$

* heme A = heme a = heme a_3，heme B = heme b_{560} = heme b_L = heme b_H，heme C = heme c_1 = heme c

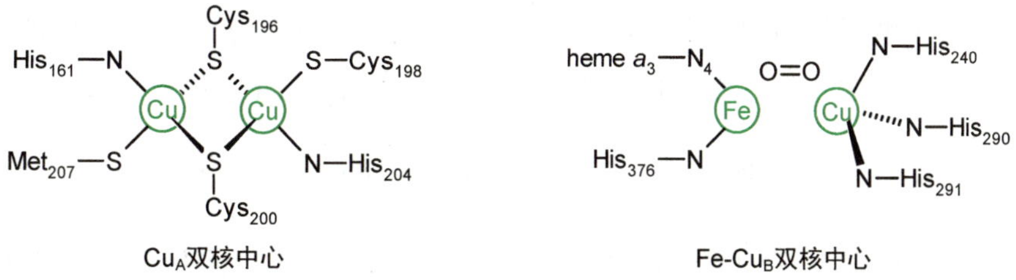

图 7-6 复合物Ⅳ双核中心

（二）呼吸链复合物与质子泵

呼吸链复合物（respiratory chain complex）又称呼吸链复合体，简称复合物，是用胆酸类表面活性剂处理线粒体内膜得到的一组超分子结构，通常指复合物Ⅰ、Ⅱ、Ⅲ、Ⅳ，其中复合物Ⅰ、Ⅲ、Ⅳ为质子泵，每传递一对电子（$2e^-$）可向膜间隙泵出 4、4、2 个 H^+。

1. 复合物Ⅰ 复合物Ⅰ即 NADH 脱氢酶，又称 NADH-泛醌还原酶，由黄素蛋白、铁硫蛋白等 45 条肽链组成，介导传递电子的辅基是 1 个 FMN 和 9 个铁硫簇，电子传递顺序如下：

NADH → FMN → Fe-S$_1$ ~ Fe-S$_9$ → Q。复合物 I 是质子泵，每传递 1 对电子泵出 4 个 H^+，机制有待阐明，其催化的生化反应方程式（biochemical equation）如下（H_N^+ 和 H_P^+ 分别代表线粒体基质 H^+ 和膜间隙 H^+）：

$$(NADH + H_N^+) + Q + 4H_N^+ \rightarrow NAD^+ + QH_2 + 4H_P^+$$

2. 复合物 II 复合物 II 即琥珀酸脱氢酶，又称琥珀酸 – 泛醌还原酶，由黄素蛋白、铁硫蛋白、细胞色素 b_{560} 等 4 条肽链组成，是线粒体标志酶，介导传递电子的辅基是 1 个 FAD 和 3 个铁硫簇，电子传递顺序如下：琥珀酸 → FAD → Fe-S$_1$ ~ Fe-S$_3$ → Q。复合物 II 不是质子泵，不泵出 H^+，其催化的生化反应方程式如下：

$$琥珀酸 + Q \rightarrow 延胡索酸 + QH_2$$

3. 复合物 III 复合物 III 即泛醌 – 细胞色素 c 还原酶，又称辅酶 Q – 细胞色素 c 还原酶，由 Rieske 铁硫蛋白、细胞色素 c_1、细胞色素 b 等 11 条肽链组成，介导传递电子的辅基是 1 个铁硫簇、1 个血红素 c_1、1 个血红素 b_L 和 1 个血红素 b_H，电子传递机制见 Q 循环（Q cycle，图 7-7）。

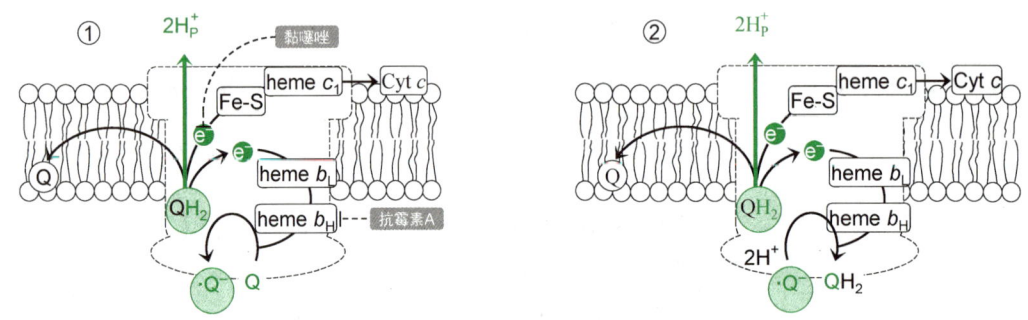

图 7-7 Q 循环

复合物 III 有两个活性中心，一个泛醇（QH$_2$）氧化中心和一个泛醌（Q）还原中心。氧化中心先后氧化两个 QH$_2$，释放 4 个 H^+ 到线粒体膜间隙，4 个电子中的 2 个通过细胞色素 c 传递给复合物 IV，另外 2 个电子传递到还原中心，将 1 个 Q 还原成 QH$_2$。因此，复合物 III 每净氧化 1 个 QH$_2$ 都会泵出 4 个 H^+，并向复合物 IV 传递 2 个电子。其催化的生化反应方程式如下：

$$QH_2 + 2Cyt\ c(Fe^{3+}) + 2H_N^+ \rightarrow Q + 2Cyt\ c(Fe^{2+}) + 4H_P^+$$

4. 复合物 IV 复合物 IV 即细胞色素 c 氧化酶，由细胞色素 aa_3 等 14 条肽链组成，介导传递电子的辅基是 1 个 Cu$_A$ 双核中心、1 个血红素 a 和 1 个 Fe-Cu$_B$ 双核中心，电子传递顺序如下：细胞色素 c（Fe^{2+}）→ Cu^{2+}/Cu$^+$（Cu$_A$ 双核中心）→ 血红素 a（Fe^{3+}）→ 血红素 a_3（Fe^{3+}）→ Cu^{2+}（Fe-Cu$_B$ 双核中心）→ O$_2$。

复合物 IV 传递电子给氧生成水的机制见图 7-8。注意：亚铁（Fe^{2+}）和亚铜（Cu$^+$）可以与单线态氧分子形成配位键，从而形成过氧键（图 7-8 ② → ③）。

复合物 IV 是质子泵，每传递 1 对电子泵出 2 个 H^+，机制有待阐明，其催化的生化反应方程式如下：

$$2Cyt\ c(Fe^{2+}) + (½O_2 + 2H_N^+) + 2H_N^+ \rightarrow 2Cyt\ c(Fe^{3+}) + H_2O + 2H_P^+$$

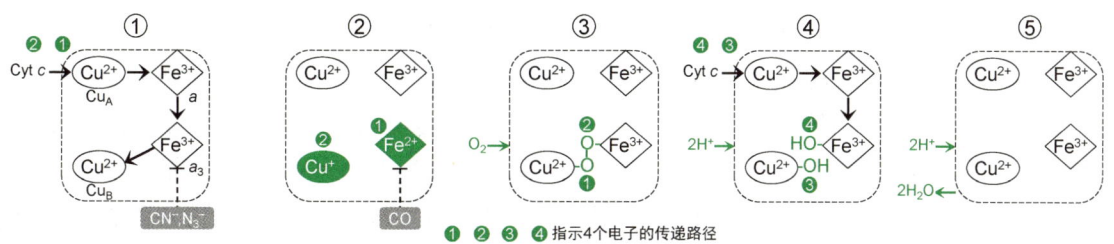

图 7-8　复合物Ⅳ电子传递机制

（三）呼吸链及其电子传递效应

呼吸链电子载体按一定顺序传递电子。这种顺序可通过多种实验鉴定：①测定每一种电子载体的标准氧化还原电位值，由低到高排序，即为其电子传递顺序。②无氧条件下在呼吸链电子传递系统中加入底物 NADH 或琥珀酸一起孵育，使所有电子载体均呈还原态。之后突然启动给氧，各电子载体陆续被氧化。按照氧化先后排序，最先氧化的离氧最近，最后氧化的离底物最近。③在呼吸链电子传递系统中加入底物 NADH 或琥珀酸，再加入复合物Ⅰ、Ⅱ、Ⅲ或Ⅳ的特异性抑制剂，分析其他复合物的氧化还原状态。例如：加入特异性抑制剂抑制复合物Ⅲ的电子传递，其他电子载体中呈还原态的一定位于底物和复合物Ⅲ之间，呈氧化态的一定位于复合物Ⅲ和氧之间。

呼吸链电子载体传递电子走的是两条殊途同归的路径，即汇合于辅酶 Q 的电子来自 NADH（复合物Ⅰ）或 FADH$_2$（通过复合物Ⅱ、3-磷酸甘油脱氢酶或脂酰辅酶 A 脱氢酶 – 电子传递黄素蛋白），最终都通过细胞色素 c 氧化酶传递给氧。习惯上分别称为 NADH 氧化呼吸链和 FADH$_2$ 氧化呼吸链。

1. NADH 氧化呼吸链　NADH 氧化呼吸链每传递 1 对电子驱使复合物Ⅰ、Ⅲ、Ⅳ分别泵出 4、4、2 个 H$^+$。即每传递 1 对电子的同时向膜间隙泵出 10 个 H$^+$（图 7-9）。

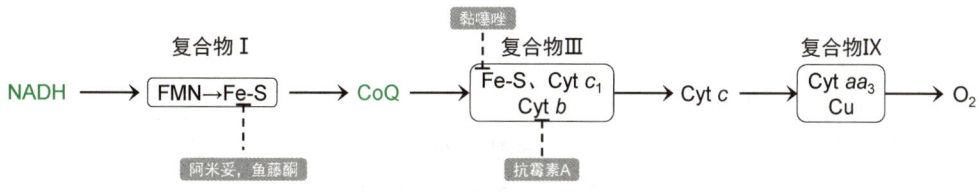

图 7-9　NADH 氧化呼吸链

NADH 传递的电子来自 NAD 类脱氢酶催化的脱氢反应，是呼吸链传递电子的主要来源。因此，NADH 氧化呼吸链是生物氧化的主要呼吸链。

2. FADH$_2$ 氧化呼吸链　FADH$_2$ 氧化呼吸链每传递 1 对电子驱使复合物Ⅲ、Ⅳ分别泵出 4、2 个 H$^+$。即每传递 1 对电子的同时向膜间隙泵出 6 个 H$^+$（图 7-10）。

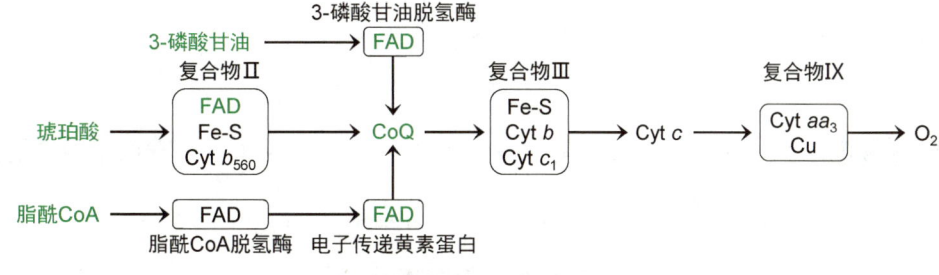

图 7-10　FADH$_2$ 氧化呼吸链

琥珀酸是三羧酸循环中间产物，其传递的电子主要来自乙酰辅酶 A 氧化（参见第八章）。

参与生物氧化的 FAD 黄素酶除琥珀酸脱氢酶外还有 3-磷酸甘油脱氢酶和脂酰辅酶 A 脱氢酶。①线粒体 3-磷酸甘油脱氢酶也是介导电子通过 FAD 传递给辅酶 Q（参见第三节）。②脂酰辅酶 A 脱氢酶介导电子通过 FAD 传递给线粒体内膜电子传递黄素蛋白（ETF）的 FAD，再传递给辅酶 Q（参见第九章）。因此，三种 FAD 黄素酶均通过 FAD 将电子传递给呼吸链，传递效应也相同，每传递 1 对电子的同时向膜间隙泵出 6 个 H^+。基于此，它们也被定义为通过 $FADH_2$ 氧化呼吸链传递电子。

二、ATP 合成

高能化合物（high-energy compound）是指标准条件下水解其一个共价键可以释放 > 20 kJ/mol 自由能的化合物。高能化合物几乎是生命过程所有吸能反应的直接供能者。ATP 是体内消耗量最大的高能化合物，既可以直接为吸能反应供能，又可以用于合成其他高能化合物（参见第十一章），为相应的吸能反应供能。

（一）ATP 合成方式

ATP 合成是吸能反应，所需能量由三大产能营养素通过生物氧化提供。其合成机制包括底物水平磷酸化和氧化磷酸化，以氧化磷酸化为主。

1. 底物水平磷酸化 底物水平磷酸化（substrate level phosphorylation）是指产能营养素在生物氧化过程中生成的磷酸酐类或硫酯类中间产物直接或间接向 ADP（或 GDP）转移磷酸基团，生成 ATP（或 GTP）的过程。

生物氧化过程中有三种中间产物可以通过底物水平磷酸化推动合成 ATP（或 GDP），即糖酵解途径中的 1,3-二磷酸甘油酸、磷酸烯醇式丙酮酸和三羧酸循环中的琥珀酰辅酶 A（图 7-11）（参见第八章）。

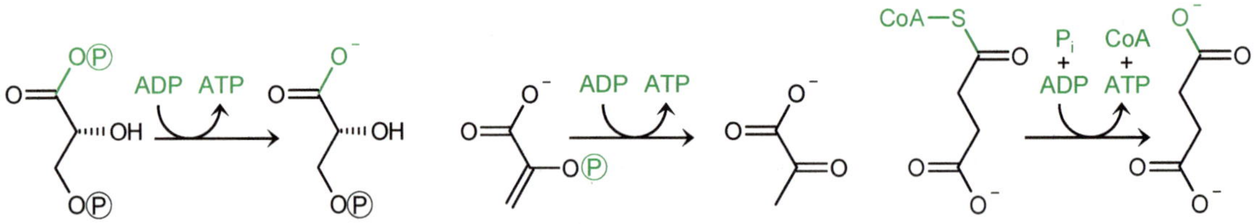

图 7-11 底物水平磷酸化

2. 氧化磷酸化 氧化磷酸化（oxidative phosphorylation）是指产能营养素在生物氧化过程中释放自由能（ΔG），通过能量转化驱使 ADP 直接与磷酸缩合生成 ATP 的过程。氧化磷酸化 ATP 合成量占总合成量的 80% 以上，故为 ATP 的主要合成方式（图 7-12）。

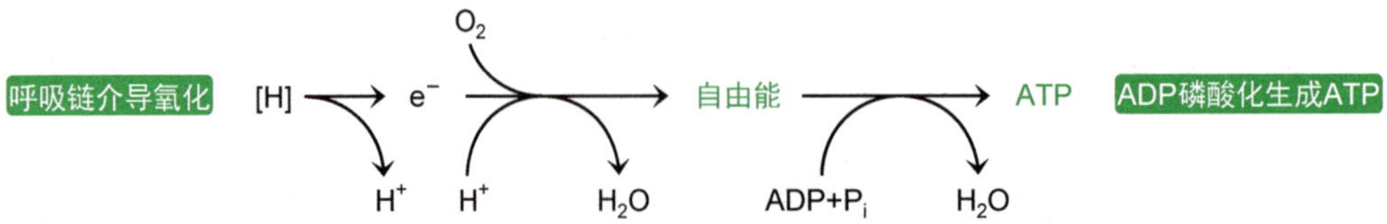

图 7-12 氧化磷酸化

(二)化学渗透学说

英国生物化学家 P. Mitchell 于 1961 年提出化学渗透学说（chemiosmotic hypothesis），揭示了氧化磷酸化合成 ATP 的机制，并因此而获得 1978 年诺贝尔化学奖。

化学渗透学说认为电子传递（氧化）和 ATP 合成（ADP 磷酸化）是通过跨线粒体内膜的质子动力势偶联的。

1. 化学能转化 复合物 Ⅰ、复合物 Ⅲ 和复合物 Ⅳ 均为质子泵，利用呼吸链传递电子时释放的自由能向膜间隙泵出 H^+。在标准条件下，它们每传递一对电子分别泵出 4、4 和 2 个 H^+。因此，NADH 氧化呼吸链每传递一对电子泵出 10 个 H^+，$FADH_2$ 氧化呼吸链每传递一对电子泵出 6 个 H^+。呼吸链电子传递的能量效应是将化学能转化为跨线粒体内膜的质子动力势（proton motive force，PMF），简称质子动力。

2. 质子动力势转化 线粒体内膜上富含跨膜 ATP 合酶（ATP synthase），又称 ATP 合成酶、复合物 V，是线粒体内膜标志酶。ATP 合酶结构包括 F_o 和 F_1 两部分：F_o 含质子通道（H^+ 通道），介导膜间隙 H^+ 流回线粒体基质；F_1 含活性中心，可催化 ADP 与 P_i 缩合生成 ATP。ATP 合成依靠 H^+ 回流驱动。在标准条件下，每三个 H^+ 回流驱动 ATP 合酶合成一个 ATP（图 7-13）。ATP 合酶合成 ATP 的能量效应是将质子动力势转化为化学能。

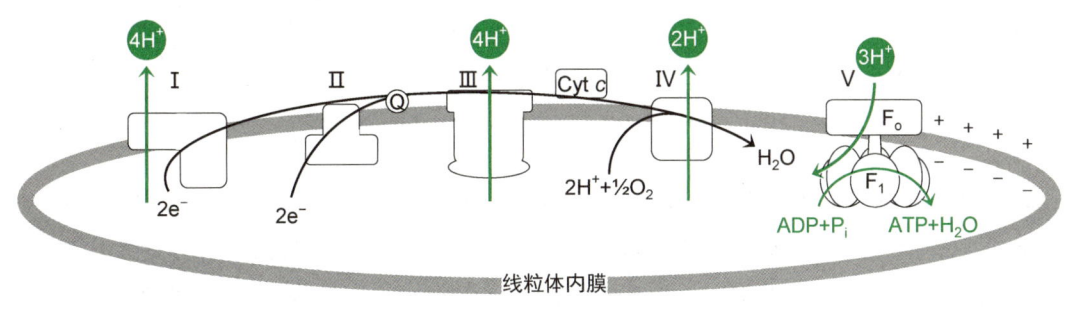

图 7-13 化学渗透学说

(三) ATP 合酶结构和催化机制

ATP 合酶结构精巧，被称为分子马达（图 7-14）。ATP 合酶催化合成 ATP 的机制被称为旋转催化机制（rotational catalysis）或结合变构机制（binding-change mechanism）。ATP 合酶可以分为 F_1 和 F_o 两部分，也可以分为定子和转子两部分（图 7-15）。

1. F_1 以人 ATP 合酶为例，F_1 为 $\alpha_3\beta_3\gamma\delta\varepsilon$ 复合体，每个 β 亚基含一个活性中心，催化合成 ATP。

β 亚基有开放型、疏松型和紧密型三种构象。①开放型构象（open，O，β-空）在活性中心释放 ATP 时形成，可以募集 ADP 和 P_i，与 ADP、P_i 结合时转换为疏松型构象。②疏松型构象（loose，L，β-ADP）在活性中心结合 ADP、P_i 时形成，可以催化 ADP 和 P_i 合成 ATP，ATP 生成时转换为紧密型构象。③紧密型构象（tight，T，β-ATP）：在活性中心结合 ATP 时形成，可以由 γ 亚基驱动释放 ATP 并转换为开放型构象，形成构象循环。每个 β 亚基在一次构象循环中催化合成一个 ATP，三个 β 亚基催化合成三个 ATP（图 7-16）。

2. F_o F_o 为 ab_2c_{10} 疏水复合体，是一种以质子动力势驱动的马达。10 个 c 亚基形成 c 环结构。a 亚基有两个质子半通道，分别开口于线粒体膜间隙侧（H^+ 入口）和基质侧（H^+ 出口）。两个半

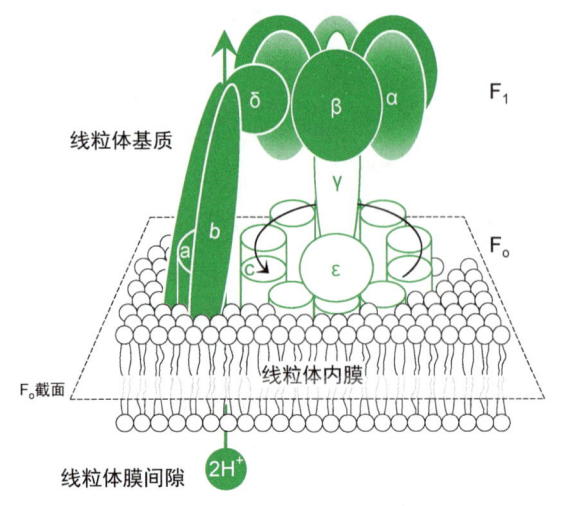

图 7-14 ATP 合酶结构

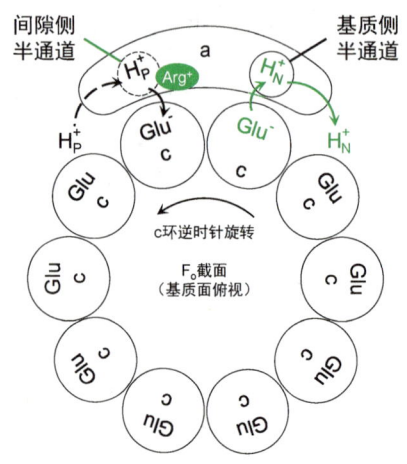

图 7-15 F_o 截面和 H^+ 回流 - 转子旋转机制

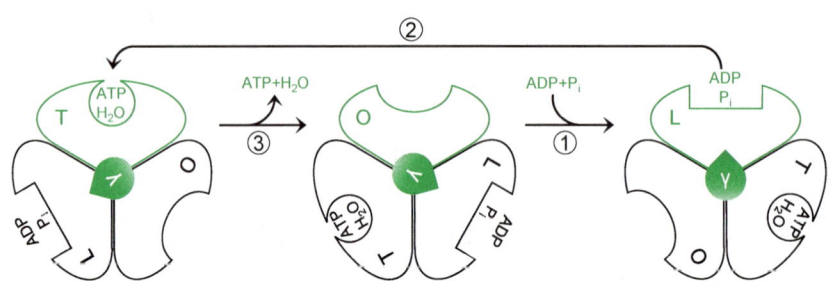

图 7-16 ATP 合酶催化机制

通道底端平齐，均对应 c 环 c 亚基 Glu58 的 γ- 羧基。γ- 羧基在 c 环旋转时从 a 亚基膜间隙侧半通道底端接受 H^+，向基质侧半通道底端传递，从而介导膜间隙 H^+ 流回线粒体基质（参见图 7-15）。

3. 定子 F_1 的 $δα_3β_3$ 与 F_o 的 ab_2 形成刚性结构，称为**定子**（stator），与线粒体内膜保持相对固定。

4. 转子 F_1 的 γε 与 F_o 的 c_{10} 形成刚性结构，称为**转子**（rotor），转子基质端 γ 亚基插入定子的 $α_3β_3$ 环内，可逆时针旋转，膜间隙端 c 环可以在线粒体内膜中逆时针旋转（均为基质面观）。

膜间隙 H^+ 通过 a 亚基的两个质子半通道流回线粒体基质时，驱使 a 亚基与 c 环之间相对运动，即转子旋转，转速可达 100 转/秒。转子旋转时，γ 亚基驱动 β 亚基构象循环，合成释放 ATP（图 7-16）。标准条件下约 9 个 H^+ 回流驱动转子旋转一周，三个 β 亚基合成三个 ATP。因此，每 3 个 H^+ 回流偶联合成一个 ATP。

P. Boyer 和 J. Walker 因阐明 ATP 合酶的结构和催化机制而获得 1997 年诺贝尔化学奖。

（四）腺苷酸 - 磷酸转运

ATP 主要在线粒体外被利用，同时分解为 ADP 和 P_i，所以在线粒体中合成的 ATP 要转出线粒体，分解生成的 ADP 和 P_i 也要转回线粒体，它们的转运均由载体介导（图 7-17）。

1. 腺苷酸转运蛋白 腺苷酸转运蛋白又称腺苷酸转位酶，是一种逆向转运蛋白（又称反向转运蛋白），介导 ADP 和 ATP 跨膜转运，每转出一分子 ATP 的同时转入一分子 ADP。腺苷酸转运蛋白约占线粒体内膜蛋白的 15%，可见转运量之大，体现出转运的重要性。

2. 磷酸盐转运蛋白 磷酸盐转运蛋白是一种同向转运蛋白，介导磷酸跨膜转运，每转入一

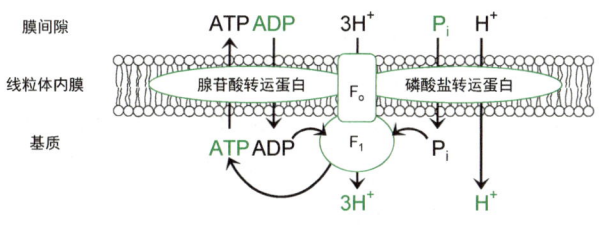

图7-17 ATP synthasome

分子磷酸的同时转入一个H^+。

腺苷酸转运蛋白、磷酸盐转运蛋白与ATP合酶组成称为ATP synthasome的超分子结构。

（五）磷/氧比

磷/氧比（P/O ratio，P：O ratio）是指氧化磷酸化过程中每消耗1摩尔氧原子（0.5摩尔氧分子）所合成ATP的摩尔数或消耗磷酸的摩尔数。标准条件下ATP合酶每合成1分子ATP需要3个H^+回流，转入线粒体1分子磷酸用于合成ATP需要1个H^+回流；NADH氧化呼吸链和$FADH_2$氧化呼吸链每传递一对电子分别泵出10个H^+和6个H^+，它们回流时偶联合成并转出约2.5个ATP和1.5个ATP。因为每传递一对电子消耗0.5 O_2，所以两条呼吸链电子传递的磷/氧比分别为2.5和1.5。氧化磷酸化的生化反应方程式如下：

$$NADH + H^+ + \tfrac{1}{2}O_2 + 2.5(ADP + P_i) \rightarrow NAD^+ + H_2O + 2.5(ATP + H_2O) \quad \Delta G^{o\prime} = -143.8 \text{ kJ/mol}$$

$$\text{琥珀酸} + \tfrac{1}{2}O_2 + 1.5(ADP + P_i) \rightarrow \text{延胡索酸} + H_2O + 1.5(ATP + H_2O) \quad \Delta G^{o\prime} = -105.7 \text{ kJ/mol}$$

（六）影响氧化磷酸化的因素

机体能量状态取决于细胞内ATP、ADP和AMP的含量，通常用能荷评价。能荷（energy charge）可定义为腺苷酸库（ATP、ADP和AMP）中ATP的相对可提供量。因为ADP可通过以下反应提供ATP：2ADP → ATP + AMP，即2分子ADP可提供1分子ATP，所以腺苷酸库可提供ATP量 = ［ATP］+ ½［ADP］。

$$\text{能荷} = \frac{[ATP] + \tfrac{1}{2}[ADP]}{[ATP] + [ADP] + [AMP]}$$

当腺苷酸库中的腺苷酸均为ATP时，能荷为1；均为AMP时，能荷为0；均为ADP时，能荷为0.5。生理条件下多数细胞能荷为0.8～0.95。能荷大小反映细胞或机体对ATP的需要。

能荷是反映生物氧化稳态的能量指标，氧化磷酸化是维持能荷的核心，在分子水平受内源因素和外源因素影响。

1. 内源因素 包括ADP、甲状腺激素、解偶联蛋白、线粒体DNA突变、ATP酶抑制因子等。

（1）ADP：ADP浓度是机体内调节氧化磷酸化的第一因素。

ADP和ATP分别为氧化磷酸化的反应物和产物，其浓度直接决定反应速度。静息状态下机体耗能较少，ADP浓度（0.013 mmol/L）远低于ATP（4～10 mmol/L）。能荷变化时ADP浓度的变化率远高于ATP，因而ADP浓度变化对氧化磷酸化速度的影响远高于ATP。

当ATP消耗增加时，ADP浓度增加，更多ADP进入线粒体，致使氧化磷酸化速度加快。反

第七章　生物氧化

之，当 ATP 消耗减少时，氧化磷酸化速度减慢。

（2）甲状腺激素：生命活动需要由 钠钾 ATP 酶（又称钠泵，是一种离子泵，细胞膜标志酶之一）维持钠钾跨膜 电化学势（electrochemical potential），为此会消耗静息状态下机体 ATP 总消耗量的 1/4 以上。一定条件下甲状腺激素能诱导许多组织（脑组织除外）钠钾 ATP 酶基因表达，合成钠钾 ATP 酶，结果出现 ATP 消耗加快，ADP 生成加快，ADP 转入线粒体加快，使氧化磷酸化加快。甲状腺激素还能诱导解偶联蛋白基因表达，增加线粒体内膜解偶联蛋白数量。上述两种调节使机体基础代谢率增高，即耗氧量和产热量增加，故甲状腺功能亢进患者常出现怕热和易出汗等症状。

拓展阅读 7-1：地高辛

（3）解偶联蛋白：人类（尤其新生儿）及其他哺乳动物体内的棕色脂肪细胞富含线粒体，且其线粒体内膜上富含一种 解偶联蛋白（uncoupling protein，UCP）。这是一种六次跨膜蛋白，可在线粒体内膜上形成质子通道，使 H^+ 流回线粒体基质，从而将质子动力势转化为热能，用于维持体温、抵御严寒。

新生儿体表散热快，如果缺乏棕色脂肪组织，则在低温环境下无法维持正常体温，导致皮下脂肪凝固，患 新生儿硬肿症（neonatal scleredema）。

（4）线粒体 DNA 突变：线粒体 DNA 仅编码 13 种肽链，均参与氧化磷酸化，即用于构成呼吸链复合物 I（7 种）、复合物 III（1 种）、复合物 IV（3 种）和 ATP 合酶（2 种），因而线粒体 DNA 突变将直接影响氧化磷酸化效率，导致氧化磷酸化合成 ATP 不足而致病。以下因素致使线粒体 DNA 突变率 5~10 倍于染色体 DNA。①线粒体 DNA 多为裸露环状双链结构，没有蛋白质保护，因而容易受到损伤。②活性氧是致 DNA 损伤的首要因素。线粒体中活性氧最多，细胞内 95% 以上的活性氧来自呼吸链。③线粒体 DNA 修复系统不完善，修复率低。

高耗能器官对线粒体 DNA 突变更敏感，易出现功能障碍，如失明、失聪、痴呆、肌无力和糖尿病。

（5）ATP 酶抑制因子：ATP 合酶是一种特殊的 ATP 酶，有质子动力驱动时催化 ATP 合成，无质子动力驱动时催化 ATP 水解。ATP 酶抑制因子（ATPase inhibitor）是一种线粒体基质蛋白，pH＞7.0 时为无活性同四聚体，pH＜6.5 时为有活性同二聚体，可抑制 ATP 合酶，避免缺氧时水解 ATP。

2. 外源因素　包括呼吸链抑制剂、解偶联剂、ATP 合酶抑制剂、腺苷酸转运蛋白抑制剂等。

（1）呼吸链抑制剂：呼吸链抑制剂（respiratory chain inhibitor）能够特异性抑制电子载体的电子传递，从而抑制化学能转化为质子动力势，抑制氧化磷酸化。

异戊巴比妥（XN05CA）是一种催眠药和镇静药（XN05C）。鱼藤酮是一种植物成分，可用作杀虫剂。它们和粉蝶霉素 A 均抑制复合物 I 铁硫簇向辅酶 Q 传递电子。黏噻唑由色黏球菌合成，竞争性抑制 QH_2 向铁硫簇传递电子。抗霉素 A 由链霉菌合成，抑制血红素 b_H 的电子传递。CN^- 和 N_3^- 结合于血红素 a_3 的 Fe^{3+}，CO 结合于血红素 a_3 的 Fe^{2+}，均抑制氧的结合。

（2）解偶联剂：解偶联剂（uncoupler）是一类小分子化合物，它们能介导线粒体膜间隙 H^+ 顺浓度梯度进入线粒体基质，从而将质子动力势转化为热能，而不是用于驱动 ATP 合酶合成 ATP。例如：2,4-二硝基苯酚在线粒体内膜形成跨膜穿梭，在膜间隙结合 H^+，在线粒体基质释放 H^+（图 7-18）。

拓展阅读 7-2：2,4-二硝基苯酚

（3）ATP 合酶抑制剂：例如寡霉素和二环己基碳二亚胺，它们与 F_o 的 c 亚基 Glu58-γ- 羧基结合，抑制 H^+ 回流，抑制 ATP 合成，导致呼吸链电子传递停止。

（4）腺苷酸转运蛋白抑制剂：例如苍术苷（一种植物糖苷）和米酵菌酸（一种来自霉菌的抗生素），它们分别从线粒体膜间隙面和基质面结合抑制腺苷酸转运蛋白，从而抑制氧化磷酸化。

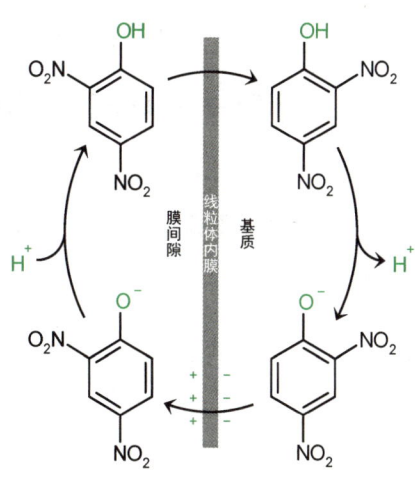

图 7-18　2,4- 二硝基苯酚解偶联机制

三、ATP 利用

ATP 位于能量代谢的中心，是最重要的高能化合物，也是能量的直接供应者。生物氧化合成 ATP，其他生命活动利用 ATP，ATP 的合成与利用形成 ATP 循环（ATP cycle，图 7-19）。ATP 循环每日进行数百次，维护生命的能量稳态。细胞内 ATP 水平相对稳定，机体内不能储存。

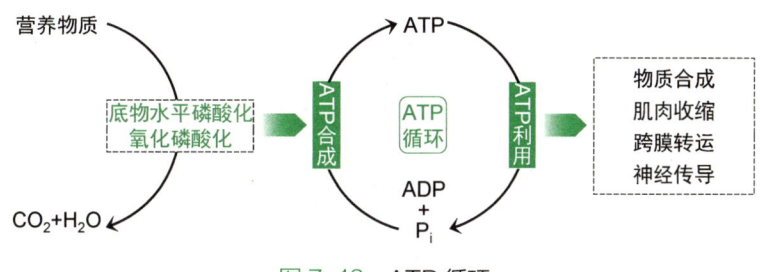

图 7-19　ATP 循环

在骨骼肌、心肌、脑等 ATP 消耗多、循环快的组织细胞有一种称为磷酸肌酸（creatine phosphate）的高能磷酸化合物，其在骨骼肌中的含量可达 ATP 的 7 倍，被视为 ATP 的缓冲池。当骨骼肌大量消耗 ATP 时，磷酸肌酸可以通过基团转移快速生成 ATP，供给骨骼肌细胞（图 7-20）。

ATP 也可以由二磷酸核苷激酶催化将 UDP、CDP 和 GDP 等其他二磷酸核苷磷酸化生成 UTP、CTP、GTP 等（参见第十一章），为糖原、磷脂和蛋白质合成供能（参见第四章）。

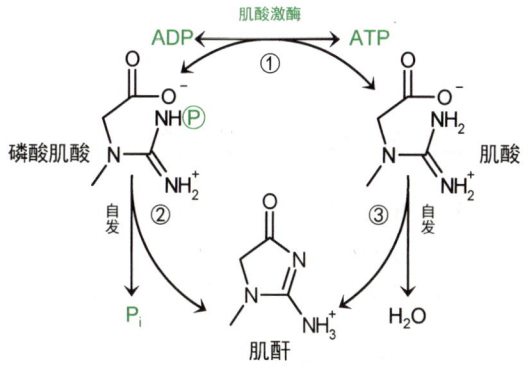

图 7-20　磷酸肌酸生成与转化

第三节　细胞质 NADH 与 NADH 穿梭

NADH、$FADH_2$、CoASH 等不能自由跨膜穿梭，例如 NADH 不能自由出入线粒体。NADH 氧化呼吸链入口在线粒体中，因此线粒体中生物氧化生成 NADH 后，其电子可以直接进入呼吸链，但细胞质 NADH 的电子不能直接进入呼吸链，需要由苹果酸 - 天冬氨酸穿梭或 3- 磷酸甘油穿梭

介导进入呼吸链，两种穿梭合称 NADH 穿梭（NADH shuttle）。

一、苹果酸 - 天冬氨酸穿梭

苹果酸 - 天冬氨酸穿梭（malate-aspartate shuttle）又称苹果酸 - 天冬氨酸循环（malate-aspartate cycle），主要发生在肝细胞和心肌细胞内：①NADH 将氢传递给草酰乙酸生成 NAD^+ 和苹果酸，由细胞质苹果酸脱氢酶 1 催化。②苹果酸由 α- 酮戊二酸 - 苹果酸转运蛋白介导易化扩散进入线粒体。③苹果酸将氢传递给 NAD^+ 生成 NADH 和草酰乙酸，由线粒体苹果酸脱氢酶 2 催化。NADH 将 $2e^-$ 传入 NADH 氧化呼吸链，推动氧化磷酸化生成 2.5 个 ATP。④草酰乙酸与谷氨酸发生转氨反应生成天冬氨酸和 α- 酮戊二酸，由线粒体谷草转氨酶 2 催化。⑤天冬氨酸由谷氨酸 - 天冬氨酸转运蛋白介导易化扩散回到细胞质。⑥天冬氨酸与 α- 酮戊二酸发生转氨反应生成草酰乙酸和谷氨酸，由细胞质谷草转氨酶 1 催化（图 7-21）。

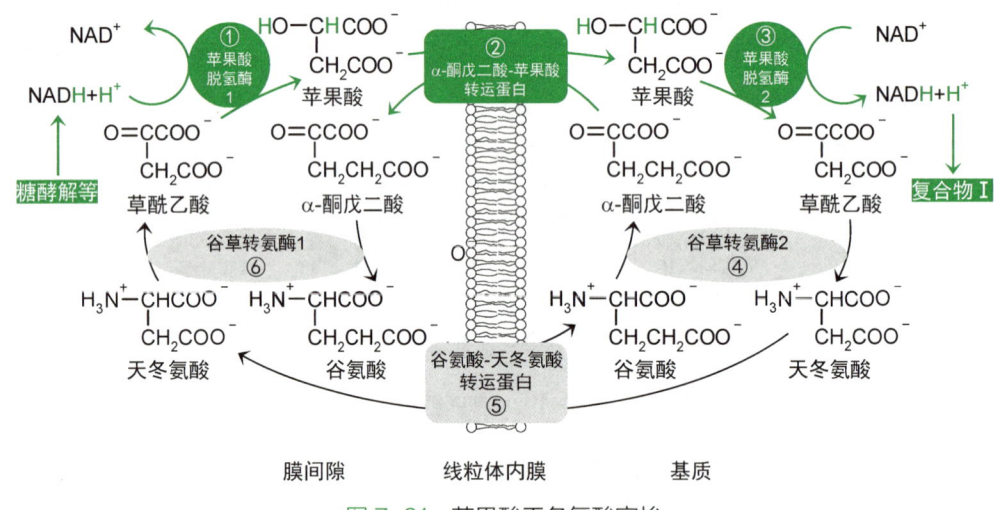

图 7-21 苹果酸天冬氨酸穿梭

二、3- 磷酸甘油穿梭

3- 磷酸甘油穿梭（3-glycerophosphate shuttle）又称 3- 磷酸甘油循环（3-glycerophosphate cycle），主要发生在脑细胞、骨骼肌细胞和胰岛 β 细胞内：①NADH 将氢传递给磷酸二羟丙酮生成 NAD^+ 和 3- 磷酸甘油，由细胞质 3- 磷酸甘油脱氢酶［NAD^+］催化。②3- 磷酸甘油将氢传递给泛醌生成泛醇和磷酸二羟丙酮，由线粒体 3- 磷酸甘油脱氢酶［FAD］催化。泛醇将 $2e^-$ 传递给复合物Ⅲ→细胞色素 c →复合物Ⅳ→氧，推动氧化磷酸化生成 1.5 个 ATP（图 7-22）。

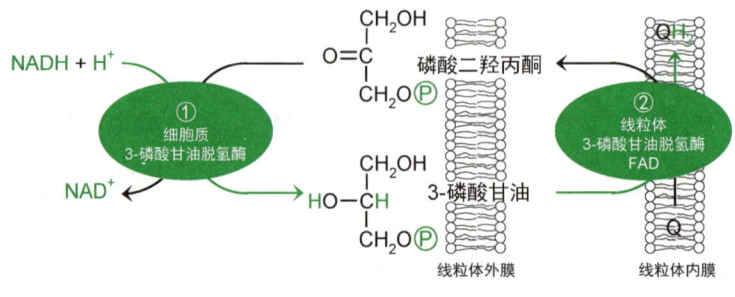

图 7-22 3- 磷酸甘油穿梭

第四节 非线粒体氧化体系和抗氧化体系

生物氧化主要在线粒体中进行，但线粒体外还存在其他氧化体系。这些体系主要功能是参与激素和维生素等的活化或灭活、活性氧和活性氮的清除、非营养物质的生物转化等。

一、细胞色素 P450

细胞色素 P450（cytochrome P450，CYP）又称 P450 单加氧酶、P450 羟化酶，属于混合功能加氧酶（mixed-function oxygenase），以血红素为辅基，因与一氧化碳结合时其吸收光谱中有一个 450 nm 吸收峰而得名（pigment-450 nm）。

1. 细胞色素 P450 分类　人类基因组编码 60 种细胞色素 P450，组成细胞色素 P450 超家族（以 CYP 表示），分为 17 个家族（以阿拉伯数字编号，如 CYP1）和 44 个亚家族（以英文字母编号，如 CYP1A），亚家族成员以阿拉伯数字编号，例如 CYP1A2 是 CYP1 家族、CYP1A 亚家族的同工酶 2。

2. 细胞色素 P450 分布　细胞色素 P450 是膜蛋白，主要分布于部分组织细胞的内质网膜和线粒体内膜上，以肝细胞和小肠上皮细胞滑面内质网膜（包括微粒体）最为丰富（占肝微粒体总蛋白的 20%），此外还存在于类固醇生成组织（肾上腺皮质、睾丸、卵巢、胎盘）的线粒体内膜上，肺、胃、皮肤等也有少量存在。

3. 细胞色素 P450 功能　①参与生物转化：特别是外来化合物解毒，如催化苯巴比妥、苯并芘、咖啡因、布洛芬、乙醇羟化，促进排泄。肝微粒体细胞色素 P450 联合细胞色素 b_5 参与药物代谢，催化 75% 药物的修饰和灭活。②参与类固醇合成、活化、灭活：例如类固醇激素代谢中的 11β-、17-、18-、19- 羟化反应；维生素 D 活化时的 25-、1α- 羟化反应，灭活时的 24- 羟化反应；胆汁酸合成途径中胆固醇的 7α-、27- 羟化反应。

4. 细胞色素 P450 特点　①专一性：专一性广泛，能催化数百种非营养物质的生物转化。②多态性：受遗传、年龄、性别、营养状况、疾病等因素的影响而呈现个体多态性。③诱导酶：细胞色素 P450 合成受非营养物质特别是药物诱导，从而产生耐药性。

5. 细胞色素 P450 酶系　细胞色素 P450 催化反应时多与 NADPH- 细胞色素 P450 还原酶组成细胞色素 P450 酶系。

NADPH- 细胞色素 P450 还原酶（NADPH-cytochrome P450 reductase，P450R）简称 P450 还原酶，又称 NADPH- 血红素蛋白还原酶（NADPH-hemoprotein reductase），是一种黄素酶，以 FAD、FMN 为辅基。P450 还原酶把 NAD(P)H 的电子通过 FAD、FMN 传递给细胞色素 P450，与其共同催化底物（RH）羟化（图 7-23）。

二、氢过氧化物酶

氢过氧化物酶（hydroperoxidase）是过氧化氢酶和过氧化物酶的合称，均以血红素为辅基，主要功能是清除活性氧，防止其损伤机体，属于抗氧化酶。

1. 过氧化氢酶　过氧化氢酶（catalase）是一种同四聚体，是生物体内常见的抗氧化酶。

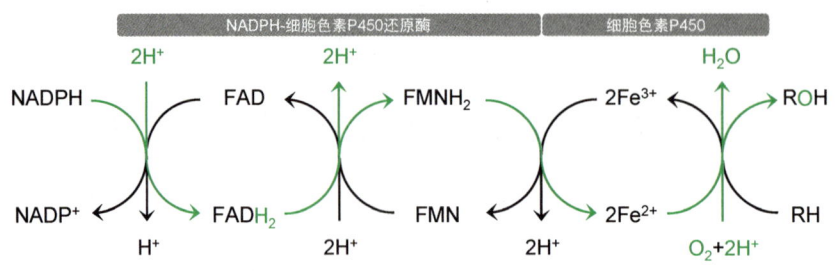

图 7-23　细胞色素 P450 酶系催化机制

过氧化氢酶催化以下反应：① $2H_2O_2 \to 2H_2O + O_2$。当细胞内 H_2O_2 积累时，催化 H_2O_2 分解清除，从而保护细胞免受过氧化氢氧化损伤。② $H_2O_2 + RH_2 \to R + 2H_2O$。通过催化 H_2O_2 与醛、醇（酒中乙醇约 25% 经此代谢）、酚的反应参与药物和有毒物质的生物转化。过氧化氢酶与乙醇代谢、炎症、细胞凋亡、衰老和癌症有关。

过氧化氢酶主要存在于细胞的过氧化物酶体基质中，是过氧化物酶体的主要酶，占其总蛋白的 40%。过氧化物酶体中还含有氧化酶，例如黄嘌呤氧化酶、D- 氨基酸氧化酶。它们催化的反应都有 H_2O_2 生成。因此过氧化物酶体既能产生 H_2O_2，又可随时将其清除。过氧化物酶体分布于许多组织细胞内，包括肝、肾、血液、骨髓、黏膜等。

H_2O_2 的生理效应具有两重性：①在吞噬细胞内它可以杀死细菌，在甲状腺细胞内它参与甲状腺球蛋白酪氨酸合成甲状腺激素的反应。②对大多数细胞来说，因为它具有强氧化性，能氧化巯基酶和其他蛋白质，还能把生物膜中的不饱和脂肪酸氧化成脂质过氧化物，造成膜损伤。脂质过氧化物与蛋白质形成的复合物积累形成棕褐色的色素颗粒，称为脂褐素。

2. 过氧化物酶　过氧化物酶（peroxidase）是一类催化抗氧化剂（GSH、酚类、硫氧还蛋白）还原 H_2O_2 或过氧化物的酶（$H_2O_2 + RH_2 \to R + 2H_2O$），例如谷胱甘肽过氧化物酶、甲状腺过氧化物酶、嗜酸性粒细胞过氧化物酶、硫氧还蛋白过氧化物酶。红细胞等富含谷胱甘肽过氧化物酶，催化 GSH 还原 H_2O_2（$H_2O_2 + 2GSH \to GSSG + 2H_2O$）和其他过氧化物（如脂质过氧化物，$ROOH + 2GSH \to GSSG + ROH + H_2O$），所以对组织细胞如食管上皮细胞、红细胞酶蛋白和其他蛋白质及细胞膜有保护作用。

🔍 思考题

1. 简述生物氧化及其特点。
2. 什么是呼吸链？呼吸链电子载体有哪些？如何分类？
3. 常见的呼吸链抑制剂有哪些？CO 中毒可致呼吸停止，其机制是什么？
4. 细胞质中的 NADH（H^+）如何将还原当量送入呼吸链？
5. 如何看待两条呼吸链的磷 / 氧比？
6. 生命活动为什么选择 ATP 而不是 GTP、CTP、UTP 作为通用能量货币？

（康　宁）

第八章 糖代谢

生命活动依赖于体内物质代谢和能量代谢。**物质代谢**（substance metabolism）是指**代谢库**（metabolic pool）中的代谢物为支持生命活动而发生的全部化学过程，包括代谢物的获取（消化、吸收、运输）、利用（合成、转化、分解）、排泄。物质代谢可分为合成代谢和分解代谢。**合成代谢**（anabolism）是指用简单前体合成复杂产物的代谢，合成过程需要高能化合物供能，多数还需要提供还原当量。**分解代谢**（catabolism）既指生物大分子降解为结构单位（单体）的代谢，又指小分子不完全降解从而为其他代谢物合成提供原料，或完全氧化从而为生命活动供能的代谢。

人体糖含量约占体重的 1.5%。《中国居民膳食营养素参考摄入量》（2023 版）推荐成人每日糖（碳水化合物）平均需要量（EAR）120 g，可提供人体代谢能的 50%~65%。本章以葡萄糖、糖原、血糖为核心介绍人体糖代谢。

第一节 概 述

淀粉是食物中主要的糖类营养素，在消化道被消化水解成基本结构单位葡萄糖。葡萄糖吸收后被机体各组织摄取和利用。标准条件下 1mol 葡萄糖完全氧化成 CO_2 和 H_2O，可释放 2 840 kJ 自由能（$\Delta G^{\circ\prime}$），支持机体生命活动。葡萄糖代谢中间产物是脂肪酸、氨基酸、核苷酸等其他生命物质的合成原料。糖还用于合成糖蛋白、糖脂等糖复合物，具有多种重要功能。

一、糖消化

食物糖类营养素以淀粉等多糖为主，另有少量蔗糖和乳糖等寡糖及葡萄糖和果糖等单糖。寡糖和多糖均需消化成单糖才能被吸收利用。

1. 口腔消化 食物主要成分中仅有淀粉、糖原等在口腔有消化。唾液中含有**唾液淀粉酶**（salivary amylase，最适 pH 6.7），可催化淀粉的（α1→4）糖苷键水解，生成麦芽糖、异麦芽糖和少量葡萄糖、糊精。食物在口腔内停留时间很短，消化率 <5%。

拓展阅读 8-1：淀粉酶

2. 胃消化 胃黏膜不合成和分泌糖类消化酶，但随食物入胃的唾液淀粉酶会继续催化淀粉水解，直至因食糜被胃酸酸化至 pH<4 而完全失活。淀粉在胃内消化率可达 30%~40%，消化

产物主要是麦芽糖。

3. 小肠消化　淀粉的主要消化部位在小肠内，包括肠腔消化和小肠黏膜上皮细胞的消化。

（1）肠腔消化：胰淀粉酶（pancreatic amylase，最适 pH 6.7～7.0）在十二指肠催化淀粉的（α1→4）糖苷键水解，生成麦芽糖、麦芽三糖、异麦芽糖、极限糊精及少量葡萄糖等。

（2）上皮细胞顶端膜消化：小肠黏膜绒毛上皮细胞顶端膜（刷状缘膜）上存在一组消化酶，统称刷状缘酶，其中包括以下寡糖酶。①麦芽糖酶-葡萄糖淀粉酶：最适 pH 5.0～7.0，可以水解（α1→2）、（α1→3）、（α1→6）葡萄糖苷键，水解（α1→4）葡聚糖（Glc$_n$，n = 2～7），主要水解麦芽糖和麦芽寡糖。②蔗糖酶：最适 pH 5.0～7.0，可以水解蔗糖。③乳糖酶[-根皮苷水解酶]：最适 pH 5.8～6.2，可以水解 β-半乳糖苷、β-葡萄糖苷、纤维二糖等，主要水解乳糖。④异麦芽糖酶：可以水解（α1→4）、（α1→6）葡萄糖苷键，主要水解麦芽糖、异麦芽糖和部分糊精。

拓展阅读 8-2：乳糖不耐受　"益生元"　膳食纤维与抗性淀粉　降糖中药与 α-葡萄糖苷酶抑制剂　血糖指数　血糖负荷

二、单糖吸收

食物消化产物几乎只在小肠吸收。

食物糖类消化成单糖后才能被吸收。吸收部位为十二指肠和空肠。单糖先从肠液经小肠上皮细胞顶端膜（又称刷状缘膜）转入上皮细胞，再从基底侧膜（又称基侧膜）转出，经组织液转入肠黏膜绒毛毛细血管内，经门静脉进入肝（图 8-1）。

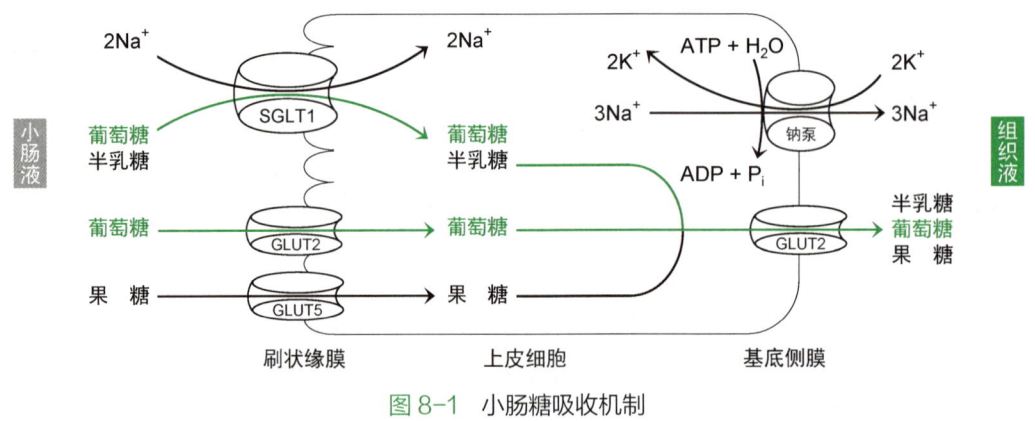

图 8-1　小肠糖吸收机制

1. 钠-葡萄糖协同转运蛋白 1　钠-葡萄糖协同转运蛋白 1（sodium/glucose cotransporter 1，SGLT1）在顶端膜通过继发性主动转运机制介导葡萄糖、半乳糖吸收，转运的化学计量比为 2∶1（Na$^+$：葡萄糖/半乳糖）。

肾近曲小管上皮细胞 SGLT2 通过相同机制重吸收小管液葡萄糖。

2. 葡萄糖转运蛋白 2　葡萄糖转运蛋白 2（glucose transporter 2，GLUT2）在顶端膜通过易化扩散机制介导葡萄糖、果糖吸收，在基底侧膜通过易化扩散机制介导葡萄糖、半乳糖、果糖转出，进入毛细血管。

3. 葡萄糖转运蛋白 5　葡萄糖转运蛋白 5（glucose transporter 5，GLUT5）在顶端膜通过易化扩散机制介导果糖吸收。

三、细胞摄取

葡萄糖进入血液循环后,优先供给肝外组织利用和储存,其余由肝细胞摄取、储存、转化、利用。除小肠和肾小管上皮细胞顶端膜通过继发性主动转运机制摄取葡萄糖外,机体其他组织细胞(包括肠上皮细胞基底侧膜)均通过易化扩散机制摄取葡萄糖。介导易化扩散的是一组细胞膜葡萄糖转运蛋白(glucose transporter,GLUT)。人类基因组编码13种葡萄糖转运蛋白,分别在不同组织的细胞膜上起作用,如葡萄糖转运蛋白1主要存在于红细胞、脑、胎盘等,葡萄糖转运蛋白2主要存在于肝脏、胰岛β细胞、小肠、肾脏等,葡萄糖转运蛋白4主要存在于骨骼肌、心肌、脂肪组织等,其中葡萄糖转运蛋白4可被胰岛素激活。

四、糖代谢一览

代谢主要在细胞内进行,由众多酶促反应共同完成。这些反应通过某些共同中间产物相互联系,形成代谢网络(metabolic network)。一种代谢物可以通过代谢网络中的一组连续的酶促反应转化为另一种代谢物,并产生生理效应。这样一组连续的酶促反应称为一条代谢途径(metabolic pathway)。例如:发生在生物氧化第三阶段的呼吸链电子传递、苹果酸-天冬氨酸穿梭和3-磷酸甘油穿梭都是代谢途径。代谢途径可分为分解代谢途径(catabolic pathway,如糖酵解)、合成代谢途径(anabolic pathway,如糖原合成)和两用代谢途径(amphibolic pathway,如三羧酸循环)。值得注意的是:代谢网络是统一的,代谢途径只是代谢网络的局部,因而各代谢途径相互联系、密不可分。

糖代谢(glycometabolism,saccharometabolism)是机体内糖类的合成、分解和转化过程的统称,在代谢网络中涉及面最广,其核心内容是葡萄糖代谢(glucose metabolism),见图8-2。

葡萄糖代谢途径众多,既有合成代谢途径,如糖原合成,又有分解代谢途径,如有氧氧化途径;既有在各种组织广泛存在的,如三羧酸循环,又有发生在个别组织的,如糖异生。有些代谢相对稳定,如红细胞无氧酵解始终如一,有些代谢存在影响因素,如骨骼肌仅在高强度运动致使肌细胞供氧不足时才进行无氧酵解。一种组织在某个条件下进行何种糖代谢途径,最终是由葡萄糖稳态(glucose homeostasis)决定的。

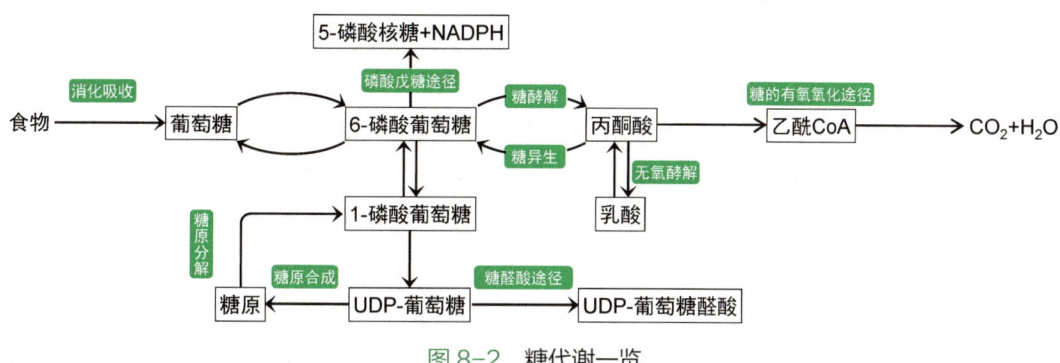

图8-2 糖代谢一览

第二节 葡萄糖代谢

葡萄糖分解代谢包括葡萄糖的无氧酵解、有氧氧化、磷酸戊糖途径和糖醛酸途径等，在人体绝大多数组织细胞可以进行。葡萄糖合成代谢是指糖异生，仅在个别组织进行。

一、无氧酵解途径

葡萄糖在人体内经过一系列酶促反应分解生成丙酮酸的过程称为糖酵解（glycolysis）、糖酵解途径（glycolytic pathway）。在缺氧条件下，丙酮酸会进一步还原生成乳酸。在缺氧条件下葡萄糖分解生成乳酸的过程称为无氧酵解（anaerobic glycolysis）、糖的无氧氧化（anaerobic oxidation of glucose）、乳酸发酵（lactic acid fermentation）。

（一）糖酵解过程

糖酵解的生化反应方程式如下：

$$\text{葡萄糖} + 2NAD^+ + 2(ADP+P_i) \rightarrow 2\text{丙酮酸} + 2(NADH + H^+) + 2(ATP + H_2O)$$

$$\Delta G^{\circ\prime} = -85 \text{ kJ/mol}$$

拓展阅读 8-3：化学反应的"步"

糖酵解在细胞质中进行，包括10步连续的酶促反应（图 8-3）。

1. 葡萄糖磷酸化 葡萄糖发生磷酸化反应生成 6- 磷酸葡萄糖（glucose-6-phosphate，G-6-P），由 ATP 提供磷酸基。该反应标准自由能变 $\Delta G^{\circ\prime} = -16.7$ kJ/mol，在生理条件下不可逆。反应由葡萄糖激酶（glucokinase，GK，肝细胞和胰岛 β 细胞）或己糖激酶（hexokinase，HK，其他细胞）催化，需要 Mg^{2+}（图 8-3 ①）。

磷酸化反应几乎是葡萄糖被细胞摄取后发生的唯一反应。葡萄糖磷酸化后分子极性增强，不会再被转出细胞，可在细胞内富集至高浓度，有利于代谢。

2. 6- 磷酸葡萄糖醛酮异构 6- 磷酸葡萄糖发生醛酮异构反应生成 6- 磷酸果糖（fructose-6-phosphate，F-6-P）。该反应标准自由能变 $\Delta G^{\circ\prime} = 1.7$ kJ/mol，由磷酸己糖异构酶（phosphohexose isomerase，又称 6- 磷酸葡萄糖异构酶，glucose-6-phosphate isomerase）催化，需要 Mg^{2+}（图 8-3 ②）。

3. 6- 磷酸果糖磷酸化 6- 磷酸果糖发生磷酸化反应生成 1,6- 二磷酸果糖（fructose-1,6-phosphate，F-1,6-BP），由 ATP 提供磷酸基。该反应标准自由能变 $\Delta G^{\circ\prime} = -14.2$ kJ/mol，在生理条件下不可逆。反应由磷酸果糖激酶 1（6-phosphofructokinase-1，PFK-1）催化，需要 Mg^{2+}（图 8-3 ③）。

4. 1,6- 二磷酸果糖裂解 1,6- 二磷酸果糖发生裂解反应生成 2 分子磷酸丙糖，即 3- 磷酸甘油醛（glyceraldehyde-3-phosphate）和磷酸二羟丙酮（dihydroxyacetone phosphate）。该反应标准自由能变 $\Delta G^{\circ\prime} = 23.8$ kJ/mol，由醛缩酶（aldolase）催化（图 8-3 ④）。

人类基因组编码醛缩酶 A、醛缩酶 B、醛缩酶 C 三种同工酶。

5. 磷酸二羟丙酮异构 磷酸二羟丙酮发生醛酮异构反应生成 3- 磷酸甘油醛（glyceraldehyde-

3-phosphate）。该反应标准自由能变 $\Delta G^{\circ\prime} = 7.5$ kJ/mol，由磷酸丙糖异构酶（triose phosphate isomerase）催化（图 8-3 ⑤）。

磷酸二羟丙酮异构反应可逆。在糖酵解途径中，因为下一步反应消耗的是 3- 磷酸甘油醛，所以这一步反应发生的是磷酸二羟丙酮异构为 3- 磷酸甘油醛，即糖酵解前五步反应的结果是 1 分子葡萄糖降解为 2 分子 3- 磷酸甘油醛。

6. 3- 磷酸甘油醛脱氢　3- 磷酸甘油醛依次发生氧化反应和磷酸化反应生成 1,3- 二磷酸甘油酸（1,3-bisphosphoglycerate，1,3-BPG），脱下的氢由 NAD^+ 接受。该反应标准自由能变 $\Delta G^{\circ\prime} = 6.3$ kJ/mol，是糖酵解途径中唯一的一步脱氢反应。反应由 3- 磷酸甘油醛脱氢酶（glyceraldehyde-3-phosphate dehydrogenase）催化，该酶以 NAD^+ 为辅助因子（图 8-3 ⑥）。

7. 底物水平磷酸化 1　1,3- 二磷酸甘油酸的 1- 磷酸基是高能磷酸基团，与 ADP 发生底物水平磷酸化反应生成 ATP 和 3- 磷酸甘油酸（3-phosphoglycerate）。该反应标准自由能变 $\Delta G^{\circ\prime} = -18.5$ kJ/mol，是糖酵解途径（也是有氧氧化途径）中的第一个底物水平磷酸化反应。反应由磷酸甘油酸激酶（phosphoglycerate kinase）催化，需要 Mg^{2+}（图 8-3 ⑦）。

8. 3- 磷酸甘油酸异构　3- 磷酸甘油酸发生变位异构反应生成 2- 磷酸甘油酸（2-phosphoglycerate）。该反应标准自由能变 $\Delta G^{\circ\prime} = 4.4$ kJ/mol，由磷酸甘油酸变位酶（phosphoglycero mutase）催化，需要 Mg^{2+}（图 8-3 ⑧）。

9. 2- 磷酸甘油酸脱水　2- 磷酸甘油酸发生脱水反应生成磷酸烯醇式丙酮酸（phosphoenolpyruvate，PEP）。该反应标准自由能变 $\Delta G^{\circ\prime} = 7.5$ kJ/mol，由烯醇化酶（enolase）催化，该酶以 Mg^{2+} 为辅助因子（图 8-3 ⑨）。

拓展阅读 8-4：氟化钠抗凝剂

10. 底物水平磷酸化 2　磷酸烯醇式丙酮酸的 2- 磷酸基是高能磷酸基团，与 ADP 发生底物水平磷酸化反应生成 ATP 和丙酮酸（pyruvate）。该反应标准自由能变 $\Delta G^{\circ\prime} = -31.4$ kJ/mol，在生理条件下不可逆，是糖酵解途径（有氧氧化途径）中的第二个底物水平磷酸化反应。反应由丙酮酸激酶（pyruvate kinase）催化，该酶以 Mg^{2+}、Mn^{2+}、K^+ 为辅助因子（图 8-3 ⑩）。

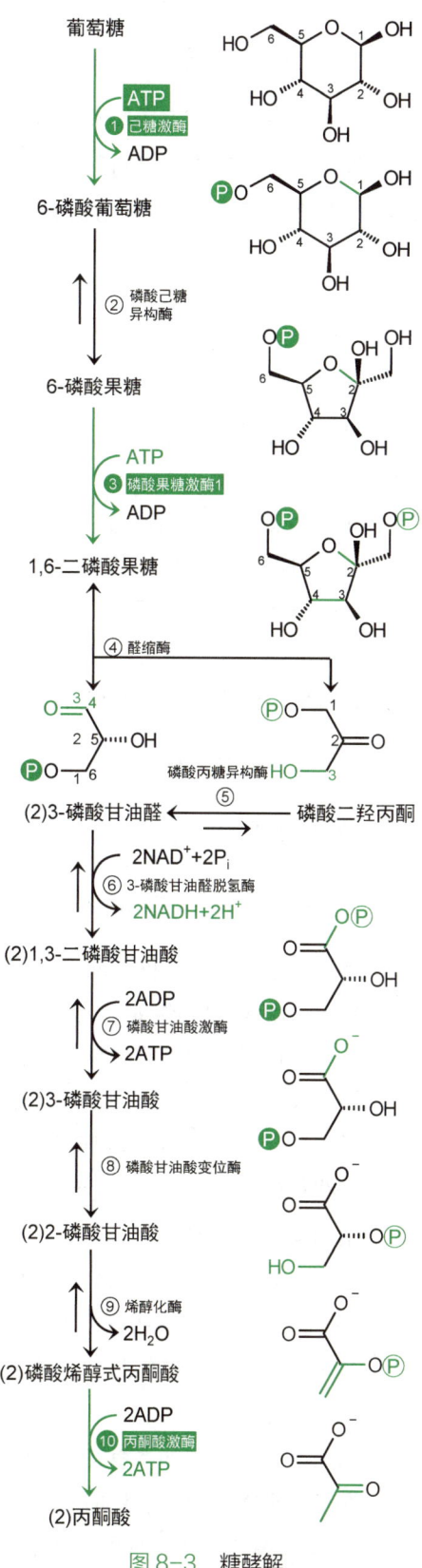

图 8-3　糖酵解

(二)乳酸生成

在缺氧条件下,丙酮酸与 NADH 反应生成 NAD^+ 和 L-乳酸(L-lactate),NADH 来自糖酵解第六步反应。该反应标准自由能变 $\Delta G^{o\prime} = -25.1$ kJ/mol,由乳酸脱氢酶(L-lactate dehydrogenase,LDH)催化,该酶以 NAD^+ 为辅助因子。

丙酮酸还原成乳酸的意义是使 NAD^+ 再生:①细胞内 NAD^+ 含量 ≤ 10 μmol/L(多数组织细胞内 NAD^++NADH ≈ 10 μmol/L),作为氢载体参与 3-磷酸甘油醛脱氢,必须及时把氢传递给其他接受体,否则一旦 NAD^+ 耗尽,糖酵解就会停止。②在供氧充足时,NADH 可以通过 NADH 穿梭把氢通过呼吸链传递给氧生成水;在供氧不足时,NADH 只能取之于糖酵解,用之于糖酵解。③丙酮酸作为最佳氢接受体,与 NADH 反应生成 NAD^+ 和 L-乳酸。④红细胞没有线粒体,不能进行有氧氧化,无论是否缺氧都会将丙酮酸还原成乳酸,以使 NAD^+ 再生。

无氧酵解的生化反应方程式如下:

$$葡萄糖 + 2(ADP + P_i) \rightarrow 2乳酸 + 2(ATP + H_2O) \quad \Delta G^{o\prime} = -135.2 \text{ kJ/mol}$$

拓展阅读 8-5:酸奶

(三)糖酵解/无氧酵解生理意义

无氧酵解和糖酵解就代谢途径而言是包含与被包含的关系,但生理意义各不相同。

1. 无氧酵解快速供能 无氧酵解的生理意义是能为组织细胞迅速提供能量。

(1)骨骼肌:骨骼肌纤维包括白肌纤维和红肌纤维。白肌纤维(white muscle fiber)又称快缩肌纤维(fast twitch fiber),肌红蛋白和线粒体含量极少,通过无氧酵解生成 ATP,支持骨骼肌收缩,供能快速但不持久。红肌纤维(red muscle fiber)又称慢缩肌纤维(slow twitch fiber),肌红蛋白和线粒体含量丰富而呈暗红色,通过有氧氧化生成 ATP,支持骨骼肌收缩,供能较慢但是持久。剧烈运动时,白肌纤维通过无氧酵解为骨骼肌收缩供能。

(2)红细胞:成熟红细胞没有线粒体,完全依赖无氧酵解供能。人体红细胞每天消耗 25~30 g 葡萄糖,其中 90%~95% 消耗于无氧酵解。

(3)其他组织:脑细胞和其他神经细胞、白细胞、视网膜、皮肤、胃肠道、肾髓质依赖无氧酵解提供部分能量。

(4)某些疾病:如严重贫血、呼吸或循环机能障碍、肿瘤组织,均存在无氧酵解增强。

拓展阅读 8-6:急性高原反应

2. 支持有氧氧化 糖的有氧氧化途径可分为三个阶段(见后),糖酵解是第一阶段,为第二阶段提供丙酮酸。

3. 提供合成原料 糖酵解生成的磷酸二羟丙酮还原生成 3-磷酸甘油,用于合成甘油酯;3-磷酸甘油酸用于合成丝氨酸、甘氨酸和半胱氨酸;磷酸烯醇式丙酮酸用于合成神经氨酸;丙酮酸用于合成丙氨酸;丙酮酸羧化生成草酰乙酸,既用于回补三羧酸循环中间产物,又用于合成天冬氨酸。

(四)糖酵解/无氧酵解调节

调节的本质是维持稳态,包括代谢物方面的体液稳态和能量方面的能荷稳态,为此要从细胞水平、激素水平、整体水平实施调节。

糖酵解/无氧酵解调节的本质是维持ATP、NAD$^+$、葡萄糖、丙酮酸、乳酸及其他中间产物水平的相对稳定,其细胞水平调节的核心是对控制糖酵解/无氧酵解的关键酶实施调节,调节机制包括结构调节和水平调节,调节因素包括能荷和代谢物水平调节。

1. 糖酵解/无氧酵解关键酶 控制糖酵解/无氧酵解的关键酶是己糖激酶、葡萄糖激酶、磷酸果糖激酶1和丙酮酸激酶。

(1)己糖激酶:人类基因组编码4种己糖激酶同工酶,均为单体酶,主要底物有葡萄糖(Glc)、果糖(Frc)、甘露糖(Man)、氨基葡萄糖(GlcNH$_2$)。

己糖激酶1~3的K_m低于正常血糖浓度,故基础代谢状态下催化反应速度已接近最大反应速度,不受葡萄糖水平影响,有利于肝外组织糖酵解(表8-1)。

表8-1 人体己糖激酶同工酶一览

己糖激酶	底物	变构抑制剂	变构激活剂	K_m(葡萄糖)	主要分布
HK-1	Glc、Frc、Man、GlcNH$_2$	Glc-6-P	-		广泛
HK-2	Glc、Frc	-	-	0.21 mmol/L	胰岛素敏感性细胞
HK-3	Glc、Frc	Glc-6-P	-		骨髓,白细胞
HK-4,GK	Glc、Man、GlcNH$_2$、Frc		Glc	6.03 mmol/L	肝细胞,β细胞

(2)葡萄糖激酶:以葡萄糖为生理底物,故称葡萄糖激酶(己糖激酶同工酶4)。

葡萄糖激酶的K_m高于空腹血糖浓度,故基础代谢状态下催化反应速度很慢,主要在血糖高时起作用,催化反应生成的6-磷酸葡萄糖主要供给肝糖原合成而不是糖酵解。

(3)磷酸果糖激酶1:磷酸果糖激酶1(PFK-1)是糖酵解最重要的关键酶。人类基因组有3种磷酸果糖激酶1同工酶基因,编码3种磷酸果糖激酶1亚基:PFK-M(骨骼肌型)、PFK-L(肝型)、PFK-P(血小板型)。它们均为细胞质酶,以Mg^{2+}为辅助因子,以四聚体形式存在,在肌细胞为M$_4$,在肝细胞、肾细胞主要为L$_4$,在红细胞有M$_4$、M$_3$L、M$_2$L$_2$、ML$_3$、L$_4$,在血小板、脑细胞、成纤维细胞等主要为P$_4$。

(4)丙酮酸激酶:人类基因组由两种基因编码四种丙酮酸激酶PKL、PKR、PKM1和PKM2同工酶。

PKL和PKR由*PKLR*基因编码。PKL(L型,肝型)是肝细胞同工酶的主要形式。PKR(R型,红细胞型)是红细胞同工酶。PKL和PKR均为同四聚体,以Mg^{2+}、Mn^{2+}、K$^+$为辅助因子。

PKM1和PKM2由*PKM*基因编码。PKM1(M1型,骨骼肌1型)是骨骼肌等其他组织细胞同工酶的主要形式。PKM2(M2型,骨骼肌2型)见于早期胚胎及肿瘤细胞。PKM1和PKM2以Mg^{2+}、K$^+$为辅助因子。

2. 变构调节 控制糖酵解的四种关键酶均为变构酶。

(1)肝外组织己糖激酶1、3:受6-磷酸葡萄糖变构抑制。该抑制产生反馈抑制效应,以免代谢过快，造成产物积累。

（2）肝葡萄糖激酶：以葡萄糖为变构激活剂，但基础代谢状态下被葡萄糖激酶调节蛋白（glucokinase regulatory protein，GKRP）变构抑制并束缚于细胞核内，故其几乎不会在细胞质启动糖酵解。

餐后血糖升高时，葡萄糖一方面促进葡萄糖激酶-GKRP复合物解离，葡萄糖激酶回归细胞质；另一方面变构激活葡萄糖激酶，催化葡萄糖磷酸化生成6-磷酸葡萄糖，从而促使肝细胞加快摄取葡萄糖，致使血糖及时回落至正常水平。

此外，胰岛β细胞葡萄糖激酶为葡萄糖传感器（sensor），参与控制β细胞胰岛素分泌，使其分泌量与血糖水平一致。

（3）磷酸果糖激酶1：磷酸果糖激酶1同工酶均为变构酶，以一磷酸腺苷（AMP）、二磷酸腺苷（ADP）、2,6-二磷酸果糖（F-2,6-BP）为变构激活剂，以柠檬酸、ATP为变构抑制剂。其中ATP与变构位点的亲和力较低，需较高浓度时才能显现抑制效应。

2,6-二磷酸果糖（F-2,6-BP）和腺苷酸（AMP）是低能荷信号。2,6-二磷酸果糖（fructose-2,6-bisphosphate，F-2,6-BP）是PFK-1最强的变构激活剂，由磷酸果糖激酶2/果糖-2,6-二磷酸酶催化合成和分解（图8-4）。

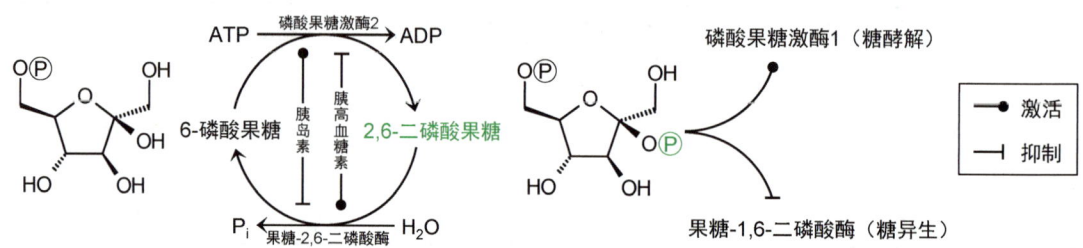

图8-4 2,6-二磷酸果糖调节糖酵解和糖异生

人类基因组编码4种磷酸果糖激酶2/果糖-2,6-二磷酸酶（6-phosphofructo-2-kinase/fructose-2,6-bisphosphatase，PFK-2/FBPase-2，PFK/FBPase）同工酶：PFK/FBPase 1（肝型）、PFK/FBPase 2（心型）、PFK/FBPase 3（广泛型）、PFK/FBPase 4（血细胞、睾丸型）。它们主要以同二聚体形式存在，均为细胞质酶、双功能酶、关键酶，活性均受化学修饰调节。

肝细胞PFK/FBPase 1化学修饰调节受胰高血糖素和胰岛素控制：血糖低时胰高血糖素抑制PFK/FBPase 1合成2,6-二磷酸果糖，抑制糖酵解，抑制血糖消耗；血糖高时胰岛素促进PFK/FBPase 1合成2,6-二磷酸果糖，促进糖酵解，促进血糖消耗。

其他组织细胞PFK/FBPase被AMP活化蛋白激酶（AMP-activated protein kinase，AMPK）催化磷酸化，促进2,6-二磷酸果糖合成，促进糖酵解。

拓展阅读8-7： 磷酸果糖激酶2/果糖-2,6-二磷酸酶

（4）丙酮酸激酶：PKL、PKR和PKM2为变构酶，以1,6-二磷酸果糖为变构激活剂。PKM2还以丝氨酸为变构激活剂，以草酸、三碘甲状腺原氨酸、乙酰辅酶A为变构抑制剂。

血糖低时胰高血糖素分泌增加，脂肪动员增加，脂肪酸β氧化生成大量乙酰辅酶A，乙酰辅酶A变构抑制丙酮酸激酶，使糖酵解减慢，血糖消耗减少，血糖回升。

3. 化学修饰调节 ①肝磷酸果糖激酶1：其Ser528被N-乙酰氨基葡萄糖糖基化抑制。缺氧或血糖不足促进其糖基化。②肝丙酮酸激酶：胰高血糖素可通过信号转导激活蛋白激酶A，蛋白

激酶 A 催化肝丙酮酸激酶磷酸化抑制，抑制肝糖酵解。

4. 水平调节 胰岛素通过信号转导激活蛋白激酶 Cζ。蛋白激酶 Cζ 催化转录因子 SREBP1 (sterol regulatory element-binding protein 1，固醇调节元件结合蛋白 1) 磷酸化激活，上调葡萄糖激酶、丙酮酸激酶基因表达，促进糖酵解。

（五）无氧酵解异常

无氧酵解过度可能造成乳酸堆积，引起乳酸酸中毒。

拓展阅读 8-8： 代谢性疾病

在某些病理状态下，如严重贫血、大量失血、呼吸障碍和循环障碍，组织处于缺血、缺氧状态。供氧不足导致无氧酵解增加甚至过度，导致乳酸堆积，出现代谢性酸中毒。此外，多数恶性肿瘤细胞无论是否缺氧，均以无氧酵解作为主要供能途径，并产生大量乳酸，区别于正常细胞以氧化磷酸化为主要供能途径。这一现象称为 Warburg 效应、有氧酵解。

拓展阅读 8-9： Warburg 效应

二、有氧氧化途径

有氧氧化 (aerobic oxidation) 又称有氧呼吸 (aerobic respiration)，是指有氧条件下产能营养素在细胞内完全分解为二氧化碳和水，同时释放大量自由能，供给 ADP 磷酸化合成 ATP 的过程。其中糖的有氧氧化 (aerobic oxidation of glucose) 是葡萄糖分解供能的主要方式，通常分为糖酵解、丙酮酸氧化脱羧、三羧酸循环和氧化磷酸化三个阶段。

（一）葡萄糖氧化分解为丙酮酸

葡萄糖有氧氧化的第一阶段即糖酵解，葡萄糖氧化分解为丙酮酸。

$$葡萄糖 + 2NAD^+ + 2(ADP + P_i) \rightarrow 2丙酮酸 + 2(NADH + H^+) + 2(ATP + H_2O)$$

3-磷酸甘油醛脱氢生成的 2 (NADH + H$^+$) 在有氧条件下通过 NADH 穿梭将电子传递给呼吸链，推动氧化磷酸化生成 3 或 5 个 ATP（参见第七章）。丙酮酸由线粒体内膜丙酮酸载体 (mitochondrial pyruvate carrier) 转入线粒体。

（二）丙酮酸氧化脱羧生成乙酰辅酶 A

在线粒体中，丙酮酸氧化脱羧生成乙酰辅酶 A (acetyl-CoA，图表和生化反应方程式中用"乙酰CoA"），反应由丙酮酸脱氢酶复合体催化，生理条件下不可逆。生化反应方程式如下：

$$丙酮酸 + CoA + NAD^+ \rightarrow 乙酰CoA + CO_2 + NADH + H^+ \quad \Delta G^{o'} = -33.4 \text{ kJ/mol}$$

1. 丙酮酸脱氢酶复合体组成 丙酮酸脱氢酶复合体位于线粒体基质中，由 3 种酶和 5 种辅助因子等组成（表 8-2）。3 种酶包括丙酮酸脱氢酶（E_1）、二氢硫辛酰［胺］乙酰转移酶（E_2）和二氢硫辛酰［胺］脱氢酶（E_3）。5 种辅助因子包括焦磷酸硫胺素（TPP）、硫辛酸、辅酶 A、FAD 和 NAD$^+$。其中硫辛酸与二氢硫辛酰乙酰转移酶两个赖氨酸残基的 ε-氨基以酰胺键共价结合，形成硫辛酰赖氨酰长臂，在催化反应过程中转移乙酰基。

硫辛酸   硫辛酰[胺]赖氨酸

人体丙酮酸脱氢酶复合体结构尚未完全阐明，目前有两种主要模型：① $E2_{48}$-$E3BP_{12}$ 模型：8 个 E_2 同三聚体和 12 个 $(E_2)_2(E3BP)$ 异三聚体形成 60 亚基核心（十二面体结构，即其 30 条棱分别为 24 个 E_2 二聚体和 6 个 E3BP 二聚体），参见图 8-5（1）。E_2 募集 E_1 和丙酮酸脱氢酶激酶，E3BP 募集 E_3。② $E2_{40}$-$E3BP_{20}$ 模型：含 40 个 E_2 亚基和 20 个 E3BP 亚基，其余同 $E2_{48}$-$E3BP_{12}$ 模型。

表 8-2   人类丙酮酸脱氢酶复合体（$E2_{48}$-$E3BP_{12}$ 模型）

组成酶	符号	原聚体数目	原聚体组成	辅基数/原聚体	辅酶
丙酮酸脱氢酶	E_1	48	$\alpha_2\beta_2$ 四聚体	2TPP	
二氢硫辛酰胺乙酰转移酶	E_2	48	单肽链亚基	2 硫辛酸	CoA
二氢硫辛酰胺脱氢酶	E_3	12	同二聚体	1FAD	NAD^+
E3 结合蛋白	E3BP	12	单肽链亚基		

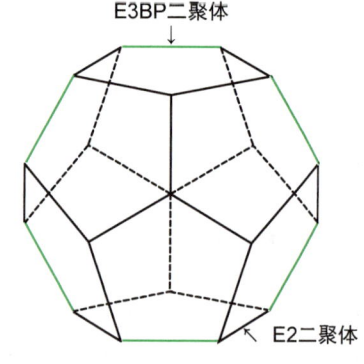

(1) 60亚基核心示意图

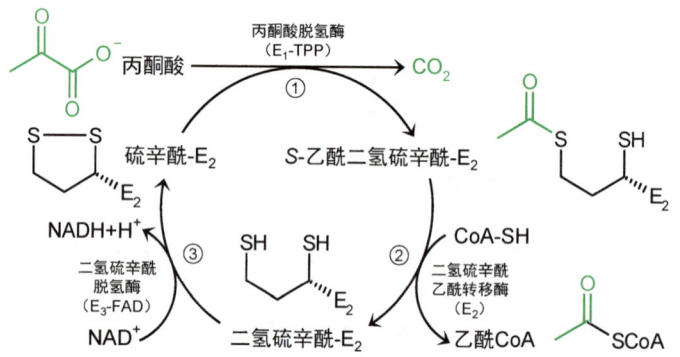

(2) 丙酮酸氧化脱羧机制

图 8-5   人体丙酮酸脱氢酶复合体结构和催化机制

2. 丙酮酸氧化脱羧机制   参见图 8-5（2）。

（1）丙酮酸脱氢酶（E_1）：催化丙酮酸氧化脱羧。

$$\text{丙酮酸} + \text{硫辛酰-}E_2 \rightarrow CO_2 + S\text{-乙酰二氢硫辛酰-}E_2$$

（2）二氢硫辛酰乙酰转移酶（E_2）：催化乙酰辅酶 A 生成。

$$S\text{-乙酰二氢硫辛酰-}E_2 + CoA \rightarrow \text{乙酰}CoA + \text{二氢硫辛酰-}E_2$$

（3）二氢硫辛酰脱氢酶（E_3）：催化硫辛酸再生。

$$\text{二氢硫辛酰-}E_2 + NAD^+ \rightarrow \text{硫辛酰-}E_2 + NADH + H^+$$

3. 丙酮酸氧化脱羧调节 丙酮酸氧化脱羧反应连接糖酵解和三羧酸循环，是不可逆的关键反应。丙酮酸脱氢酶复合体是控制糖有氧氧化的关键酶之一，其中丙酮酸脱氢酶（E_1）催化的反应最慢，是调节核心，可以通过化学修饰调节、变构调节、反馈调节等方式进行快速调节。

（1）化学修饰调节：丙酮酸脱氢酶复合体含 48 个丙酮酸脱氢酶（E_1）原聚体，每个原聚体为 $\alpha_2\beta_2$ 四聚体，α 亚基有三个 Ser 为化学修饰位点，其中任何一个被磷酸化均导致酶失活；反之，三个 Ser 均为去磷酸化状态才有活性。①磷酸化：丙酮酸脱氢酶激酶（pyruvate dehydrogenase kinase，PDK）催化丙酮酸脱氢酶 E_1-α 亚基磷酸化抑制。PDK 为同二聚体，与 E_2 结合而成为丙酮酸脱氢酶复合体的一部分，其活性依赖 E_2，即被 E_2 变构激活。②去磷酸化：丙酮酸脱氢酶磷酸酶（pyruvate dehydrogenase phosphatase，PDP）催化 E_1-α 亚基去磷酸化复活。PDP 为异二聚体，由催化亚基（C）和调节亚基（R）构成，以 Mn^{2+}、Mg^{2+} 为辅助因子，以 Ca^{2+} 为激活剂。Ca^{2+} 可激活肝细胞和肌细胞 PDP，胰岛素可通过信号转导激活肝细胞和脂肪细胞 PDP。

（2）变构调节：乙酰辅酶 A 和 NADH 均为高能荷信号。能荷高时乙酰辅酶 A 直接抑制 E_2，NADH 直接抑制 E_3，结合位点尚未阐明。

（3）反馈调节：丙酮酸脱氢酶复合体受乙酰辅酶 A、NADH、ATP 和脂肪酸的反馈抑制。脂肪酸活化产物脂酰辅酶 A 还能抑制腺苷酸转运蛋白，导致线粒体中 ATP 积累。当饥饿时，大量脂肪动员，脂肪酸 β 氧化生成乙酰辅酶 A 增加，乙酰辅酶 A 抑制组织细胞糖的有氧氧化，减少糖的消耗，确保葡萄糖优先供应大脑等组织。

（三）三羧酸循环和氧化磷酸化

乙酰辅酶 A 可将乙酰基送入三羧酸循环，完全氧化生成 CO_2。一方面氧化释放的自由能支持底物水平磷酸化合成 ATP；另一方面氧化释放的电子通过 NAD^+ 和 FAD 进入呼吸链，支持氧化磷酸化合成 ATP。

三羧酸循环的生化反应方程式如下：

$$\text{乙酰CoA} + 2H_2O + 3NAD^+ + FAD + ADP + P_i \rightarrow 2CO_2 + CoA + 3(NADH + H^+) + FADH_2 + ATP$$

葡萄糖有氧氧化的生化反应方程式如下：

$$\text{葡萄糖} + 6O_2 + 30/32(ADP + P_i) \rightarrow 6(CO_2 + H_2O) + 30/32(ATP + H_2O) \quad \Delta G^{0\prime} = -1864 \text{ kJ/mol}$$

三羧酸循环不只是糖有氧氧化的一个阶段，更是生物氧化的核心，详见第三节。氧化磷酸化见第七章。

（四）有氧氧化效率

葡萄糖有氧氧化是机体获取自由能的主要途径。

第一阶段：1 分子葡萄糖通过糖酵解生成 2 分子丙酮酸，支持底物水平磷酸化净合成 2 分子 ATP，向 2 分子 NAD^+ 传递了 2 对电子（还原当量）。

第二阶段：2 分子丙酮酸氧化脱羧生成 2 分子乙酰辅酶 A 和 2 分子 CO_2，向 2 分子 NAD^+ 传递了 2 对电子。

第三阶段：2 分子乙酰辅酶 A 通过三羧酸循环生成 4 分子 CO_2，支持底物水平磷酸化净合成 2 分子 ATP，向 6 分子 NAD^+ 传递了 6 对电子，向 2 分子 FAD 传递了 2 对电子。

第一阶段的 2 对电子通过 NADH 穿梭进入呼吸链,支持氧化磷酸化合成 3 或 5 分子 ATP。第二阶段和第三阶段三羧酸循环的 8 对电子传入 NADH 氧化呼吸链,支持氧化磷酸化合成 20 分子 ATP;2 对电子传入 $FADH_2$ 氧化呼吸链,支持氧化磷酸化合成 3 分子 ATP。

因此,标准条件下 1 分子葡萄糖完全氧化,释放自由能支持底物水平磷酸化合成 6 分子 ATP,支持氧化磷酸化合成 26 或 28 分子 ATP,总计净合成 30 或 32 分子 ATP。相比之下,1 分子葡萄糖无氧酵解仅支持净合成 2 分子 ATP,有氧氧化 ATP 合成量是无氧酵解的 15 或 16 倍(表 8-3)。人体代谢所需能量主要来自糖的有氧氧化,标准条件下能量利用率约为 34%,生理条件下能量利用率为 58%~65%。

表 8-3 葡萄糖有氧氧化效率

反应		还原当量数	ATP 生成和消耗数
第一阶段			
	葡萄糖 → 6-磷酸葡萄糖		-1
	6-磷酸果糖 → 1,6-二磷酸果糖		-1
	2×3-磷酸甘油醛 → 2×1,3-二磷酸甘油酸	($NADH+H^+$)×2	3 或 5*
	2×1,3-二磷酸甘油酸 → 2×3-磷酸甘油酸		2
	2×磷酸烯醇式丙酮酸 → 2×丙酮酸		2
第二阶段	2×丙酮酸 → 2×乙酰 CoA	($NADH+H^+$)×2	5
第三阶段	2×异柠檬酸 → 2×α-酮戊二酸	($NADH+H^+$)×2	5
	2×α-酮戊二酸 → 2×琥珀酰 CoA	($NADH+H^+$)×2	5
	2×琥珀酰 CoA → 2×琥珀酸		2
	2×琥珀酸 → 2×延胡索酸	($FADH_2$)×2	3
	2×苹果酸 → 2×草酰乙酸	($NADH+H^+$)×2	5
			净生成 30(或 32)ATP

*ATP 合成量取决于 $NADH+H^+$ 将电子对传递给呼吸链的穿梭机制

(五)巴斯德效应

法国化学家和微生物学家巴斯德(L. Pasteur)于 1857 年在研究酿酒酵母的酒精发酵时发现,有氧条件下酒精发酵受到抑制,表现为葡萄糖消耗量减少、消耗速度减慢,并维持细胞内各种代谢物浓度基本稳定。这种现象被称为巴斯德效应(Pasteur effect)。机制是:①无氧条件下,一方面呼吸链电子传递减慢,酒精发酵生成的细胞质 NADH 会用于还原酒精发酵中间产物乙醛生成乙醇。另一方面氧化磷酸化减慢,ADP 和 P_i 会用于支持底物水平磷酸化合成 ATP。酒精发酵正常。②有氧条件下,一方面呼吸链电子传递正常,NADH 电子对会传递给呼吸链,乙醛还原减慢,乙醛也会转入线粒体氧化分解。另一方面氧化磷酸化正常,细胞质 ADP 和 P_i 转入线粒体,消耗于氧化磷酸化,底物水平磷酸化减慢。因此,酒精发酵中的乙醛还原和底物水平磷酸化均减慢,酒精发酵被抑制。③有氧氧化 ATP 合成量是无氧酵解及酒精发酵的 16 倍,即合成等量 ATP 只需酒精发酵葡萄糖量的 1/16,因此有氧条件下葡萄糖消耗量减少。

三、磷酸戊糖途径

磷酸戊糖途径（pentose phosphate pathway，PPP）存在于细胞质中，是一个通过氧化、基团转移等反应将 6- 磷酸葡萄糖转化为 5- 磷酸核糖和 NADPH（+H⁺）等重要合成原料，或转化为 6- 磷酸果糖和 3- 磷酸甘油醛，从而绕过糖酵解限速反应，或绕过有氧氧化途径，在线粒体外将其完全氧化的代谢途径。

（一）磷酸戊糖途径反应过程

磷酸戊糖途径可根据反应性质和意义分为两个阶段。第一阶段为氧化阶段（oxidative stage），代谢产生磷酸戊糖、NADPH（+H⁺）和 CO_2；第二阶段为非氧化阶段（non-oxidative stage），反应类型主要是基团转移和分子异构。

1. 氧化阶段 主要发生在细胞质中。内质网腔有一种双功能酶，催化氧化阶段前两步反应。

（1）6- 磷酸葡萄糖脱氢：6- 磷酸葡萄糖与 NADP⁺ 反应生成 6- 磷酸葡萄糖酸 -δ- 内酯和 NADPH（+H⁺）。反应由 6- 磷酸葡萄糖脱氢酶（glucose-6-phosphate 1-dehydrogenase，G6PD）催化（图 8-6 ①），该酶以 NADP⁺ 为辅助因子。

（2）6- 磷酸葡萄糖酸 -δ- 内酯水解：6- 磷酸葡萄糖酸 -δ- 内酯水解成 6- 磷酸葡萄糖酸。反应由 6- 磷酸葡萄糖酸 -δ- 内酯酶（6-phosphogluconolactonase）催化（图 8-6 ②）。

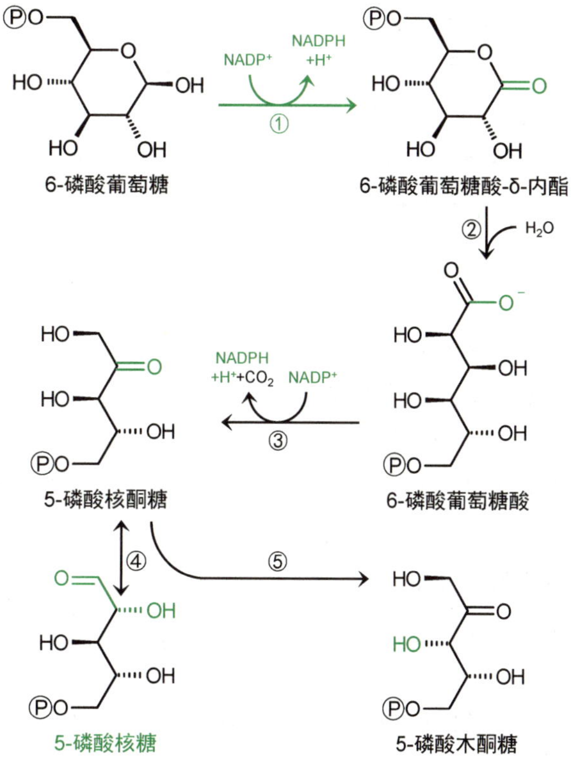

图 8-6 磷酸戊糖途径氧化阶段

（3）6- 磷酸葡萄糖酸氧化脱羧：6- 磷酸葡萄糖酸与 NADP⁺ 反应生成 5- 磷酸核酮糖、CO_2 和 NADPH（+H⁺）。反应由 6- 磷酸葡萄糖酸脱氢酶（6-phosphogluconate dehydrogenase）催化（图 8-6 ③），该酶以 NADP⁺ 为辅助因子。

磷酸戊糖途径氧化阶段的生化反应方程式如下：

$$6(6\text{-磷酸葡萄糖}) + 12NADP^+ + 6H_2O \rightarrow 6CO_2 + 6(5\text{-磷酸核酮糖}) + 12(NADPH + H^+)$$

结合非氧化阶段的醛酮异构，氧化阶段可以为组织细胞提供 NADPH 和 5- 磷酸核糖。

2. 非氧化阶段 6 分子 5- 磷酸核酮糖发生转酮、转醛等反应生成 4 分子 6- 磷酸果糖和 2 分子 3- 磷酸甘油醛。它们可以回归糖酵解途径。

（1）5- 磷酸核酮糖异构：6 分子 5- 磷酸核酮糖有 2 分子发生醛酮异构生成 2 分子 5- 磷酸核糖（图 8-6 ④），4 分子发生差向异构生成 4 分子 5- 磷酸木酮糖（图 8-6 ⑤）。反应分别由 5- 磷酸核糖异构酶（ribose-5-phosphate isomerase）和 5- 磷酸核酮糖 -3- 差向异构酶（ribulose-phosphate 3-epimerase，以 Fe^{2+}、Mn^{2+}、Zn^{2+}、Co^{2+} 为辅助因子）催化。

（2）转酮反应 1：2 分子 5- 磷酸木酮糖的羟乙醛基转移给 2 分子 5- 磷酸核糖，生成 2 分子 7- 磷酸景天酮糖和 2 分子 3- 磷酸甘油醛。反应由转酮［醇］酶（transketolase）催化，该酶以焦磷酸硫胺素、Mg^{2+}（或 Ca^{2+}、Mn^{2+}、Co^{2+}）为辅助因子（图 8-7 ①）。

（3）转醛反应：2 分子 7- 磷酸景天酮糖的二羟丙酮基转移给 2 分子 3- 磷酸甘油醛，生成 2 分子 6- 磷酸果糖和 2 分子 4- 磷酸赤藓糖。反应由转醛［醇］酶（transaldolase）催化（图 8-7 ②）。

（4）转酮反应 2：2 分子 5- 磷酸木酮糖的羟乙醛基转移给 2 分子 4- 磷酸赤藓糖，生成 2 分子 6- 磷酸果糖和 2 分子 3- 磷酸甘油醛。反应由转酮醇酶催化（图 8-7 ③）。

非氧化阶段的生化反应方程式如下：

6(5-磷酸核酮糖) → 4(6-磷酸果糖) + 2(3-磷酸甘油醛)

有氧氧化可以借助这一阶段绕过糖酵解途径中磷酸果糖激酶 1 催化的关键反应。

结合糖异生途径（见后），4 分子 6- 磷酸果糖可以异构为 4 分子 6- 磷酸葡萄糖，2 分子 3- 磷酸甘油醛可以合成 1 分子 6- 磷酸葡萄糖。因此，非氧化阶段的产物可以转化为 5 分子 6- 磷酸葡萄糖：

6(5-磷酸核酮糖) + H_2O → 5(6-磷酸葡萄糖) + P_i

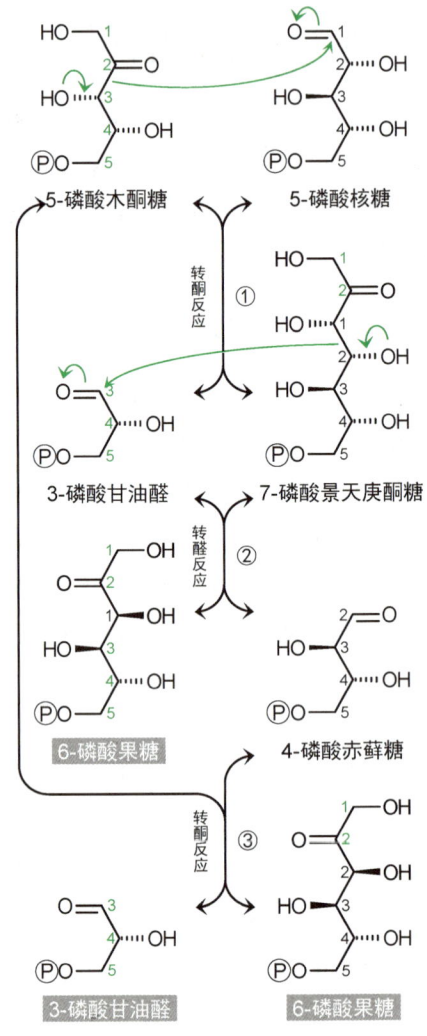

图 8-7　磷酸戊糖途径非氧化阶段

完整的磷酸戊糖途径可以形成循环，每循环一次氧化 6 分子 6- 磷酸葡萄糖，再生 5 分子 6- 磷酸葡萄糖。生化反应方程式如下：

6-磷酸葡萄糖 + $7H_2O$ + $12NADP^+$ → $6CO_2$ + P_i + $12(NADPH + H^+)$

磷酸戊糖途径循环可以最大效率地为组织细胞提供 NADPH。

（二）磷酸戊糖途径的生理意义

磷酸戊糖途径主要发生在以下糖代谢旺盛组织的细胞质中：肝、脂肪组织、乳腺、肾上腺、红细胞、角膜，主要生理意义是为机体提供 5- 磷酸核糖和 NADPH。此外还协助有氧氧化途径绕过糖酵解的关键反应，甚至协助葡萄糖绕过有氧氧化途径，在线粒体外完全氧化。

1. 提供 5- 磷酸核糖　5- 磷酸核糖是核苷酸的合成原料。

2. 提供 NADPH　参与合成代谢，支持生物转化，维护抗氧化体系。

（1）参与合成代谢：为合成代谢提供还原当量。如脂肪酸、胆固醇、维生素 D、类固醇激素、胆汁酸、脱氧核苷酸合成。

（2）支持生物转化：为细胞色素 P450 酶系提供还原当量，参与激素及药物、毒物等外来化合物的生物转化。

（3）维护抗氧化体系：在谷胱甘肽还原酶的催化下，通过以下反应维护以谷胱甘肽（GSH）为核心的抗氧化体系（参见图6-2）：NADPH + GSSG → GSH + NADP$^+$。

（4）其他：保护硫氧还蛋白、铁氧还蛋白、皮质铁氧还蛋白、谷氧还蛋白等各种巯基蛋白。支持四氢叶酸、四氢生物蝶呤等辅助因子再生，参与一碳单位转化（如亚甲基四氢叶酸转化为甲基四氢叶酸）。

（三）磷酸戊糖途径调节

磷酸戊糖途径速度受相关代谢物浓度影响。①氧化阶段：6-磷酸葡萄糖脱氢酶催化的反应基本上不可逆，是控制磷酸戊糖途径氧化阶段的限速反应，反应速度受NADP$^+$水平控制。NADP$^+$是氧化阶段最重要的调节因素。多数组织细胞内NADP$^+$为0.01 μmol/L（仅占NADP总量的1.4%），远低于6-磷酸葡萄糖脱氢酶的K_m（对NADP$^+$的为7.07~12.9 μmol/L），因而氧化阶段仅在已有NADPH不能满足需要的时候进行。②非氧化阶段：转醛酶催化的反应是非氧化阶段的限速反应，主要受底物控制。

拓展阅读8-10：磷酸戊糖途径关键酶

（四）磷酸戊糖途径异常

磷酸戊糖途径的部分酶系异常可引发相关疾病。

1. 6-磷酸葡萄糖脱氢酶缺乏与蚕豆病　红细胞谷胱甘肽可以保护细胞膜巯基蛋白（包括巯基酶）和不饱和脂质，从而保护红细胞膜。6-磷酸葡萄糖脱氢酶基因突变导致活性低下（仅为正常人的1/10），患者红细胞内磷酸戊糖途径效率低下，导致NADPH水平低下，不能及时还原氧化型谷胱甘肽，导致还原型谷胱甘肽水平低下，不能保护巯基蛋白和不饱和脂质，导致红细胞尤其是衰老红细胞易受活性氧攻击而出现损伤，引起溶血性贫血及黄疸。临床病例多因进食蚕豆而发病，故称蚕豆病（favism）。蚕豆富含蚕豆嘧啶（divicine，含量2%），在人体内会与氧反应产生H_2O_2和超氧阴离子。H_2O_2通常由谷胱甘肽过氧化物酶清除，需要消耗GSH和NADPH。

2. 6-磷酸葡萄糖脱氢酶缺乏与药物性溶血性贫血　6-磷酸葡萄糖脱氢酶缺乏患者服用抗疟药（伯氨喹和羟氯喹，XP01B）和磺胺类抗菌药等会引起药物性溶血性贫血，机制同蚕豆嘧啶。

3. 转酮酶缺乏与Wernicke-Korsakoff综合征　存在遗传缺陷的转酮酶与焦磷酸硫胺素的亲和力仅为正常人的1/10，导致磷酸戊糖途径效率低下，5-磷酸核糖和NADPH生成不足，影响核酸合成、细胞增殖障碍，累及室管膜下区、海马神经发生区、中线脑区等。这可能是导致Wernicke-Korsakoff综合征特异性中线脑区损害的主要机制（参见第六章）。

4. 5-磷酸核糖异构酶缺乏与脑白质病　5-磷酸核糖异构酶先天性缺乏导致脑和体液核糖醇和阿拉伯糖醇水平极高，临床表现包括脑白质病、早期精神运动性迟滞、神经功能减退、轻度感觉运动神经病。

四、糖醛酸途径

糖醛酸途径（glucuronate pathway）是一个以尿苷二磷酸葡萄糖醛酸为重要中间产物的葡萄糖代谢途径。所生成的尿苷二磷酸葡萄糖醛酸可以为糖胺聚糖合成或生物转化（参见第十四章）提供葡萄糖醛酸。

1. 葡萄糖活化　6-磷酸葡萄糖活化为尿苷二磷酸葡萄糖，简称UDP-葡萄糖（UDP-glucose，

UDP-Glc）（参见图 8-14 ①~③）。

2. UDP- 葡萄糖脱氢 UDP- 葡萄糖氧化成尿苷二磷酸葡萄糖醛酸，简称 UDP- 葡萄糖醛酸（uridine diphosphate glucuronate，UDP-GlcA）。反应由尿苷二磷酸葡萄糖脱氢酶（简称 UDP- 葡萄糖脱氢酶，UDP-glucose 6-dehydrogenase，UDP-GlcDH）催化，该酶以 NAD^+ 为辅助因子。

3. UDP- 葡萄糖醛酸应用 UDP- 葡萄糖醛酸称为活性葡萄糖醛酸，用于糖胺聚糖合成或生物转化。这是人体内糖醛酸途径的生理意义。

（1）糖胺聚糖合成：例如硫酸软骨素合成，UDP- 葡萄糖醛酸与硫酸软骨素非还原端 N- 乙酰氨基半乳糖缩合，使葡萄糖醛酸以（β1→3）糖苷键连接于非还原端。反应由硫酸软骨素合酶（chondroitin sulfate synthase）催化。

（2）生物转化：例如 17β- 雌二醇与 UDP- 葡萄糖醛酸缩合生成 17β- 雌二醇葡萄糖醛酸苷，反应由 UDP- 葡萄糖醛酸转移酶（UDP-glucuronosyltransferase，UDPGT）催化。

4. 葡萄糖醛酸降解 葡萄糖醛酸最终被游离化，可以通过还原、氧化、脱羧、磷酸化等一系列反应转化为 5- 磷酸木酮糖，归入磷酸戊糖途径。

糖醛酸途径位于细胞质中，以 UDP- 葡萄糖脱氢酶为关键酶。该酶是一种环状同六聚体变构酶，以 UDP- 木糖为变构抑制剂（反馈抑制），与之结合后由环形构象转换为无活性的 U 形构象。UDP- 木糖虽然结合于活性中心，但不是竞争性抑制剂。

五、多元醇途径

葡萄糖分解代谢的多元醇途径又称多元醇通路（polyol pathway）、山梨醇通路（sorbitol pathway），是葡萄糖通过两步反应生成果糖的途径。这一途径仅在血糖过高时才被启用，被认为在终末期糖尿病患者并发症的发病机制中起重要作用（图 8-8）。

1. 葡萄糖还原 葡萄糖还原生成山梨醇。反应由醛糖还原酶（aldose reductase）催化，是控制多元醇途径的关键酶。该酶以 NADPH 为辅助因子，可以催化各种醛糖还原生成相应的多元醇，对葡萄糖最不敏感（K_m = 76 mmol/L），故反应仅在血糖过高时才有意义。

2. 山梨醇脱氢 山梨醇脱氢生成果糖。反应由山梨醇脱氢酶（sorbitol dehydrogenase）催化。该酶以 NAD^+ 为辅助因子，可以催化各种多元醇氧化生成相应的酮糖。

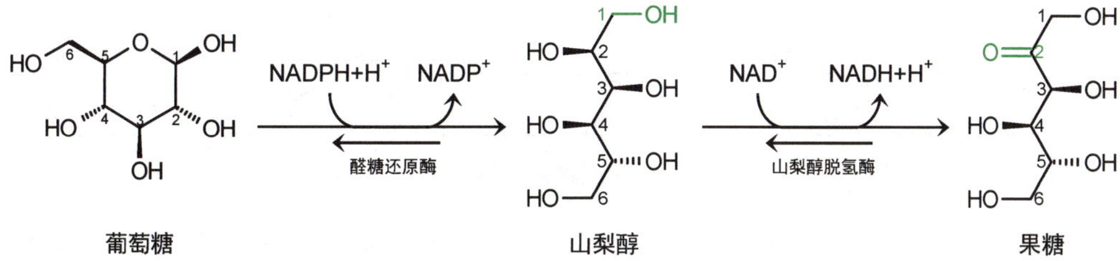

图 8-8 多元醇途径

多元醇途径仅在血糖过高时才启动，效应是协助糖酵解加快糖的分解代谢。然而，该途径的另一个效应是导致 NADPH 减少和 NADH 增加。NADPH 减少会降低抗氧化体系抗氧化效率，NADH 增加会抑制糖的有氧氧化，将更多的葡萄糖向多元醇途径分流，导致果糖积累。果糖在肝细胞被果糖激酶催化磷酸化生成 1-磷酸果糖，大量消耗 ATP。1-磷酸果糖代谢大量生成乙酰辅酶 A。乙酰辅酶 A 一方面合成脂肪酸，引起脂肪肝；另一方面引起蛋白质乙酰化损伤。

果糖自发反应活性是葡萄糖的 10 倍，但其正常血浆浓度仅为葡萄糖的 1%，故自发反应效应可以忽略。在糖尿病患者存在山梨醇途径的组织细胞中，果糖水平已经与葡萄糖相当。果糖可以自发与组织蛋白发生糖化反应，生成晚期糖化终末产物（advanced glycation end product，AGE），与糖尿病、阿尔茨海默病、肾病等的发生发展密切相关。

视网膜、肾、施万细胞内没有山梨醇脱氢酶，因此在糖尿病患者（或血糖水平极高者）的这些组织细胞中，山梨醇积累达到毒性水平，引起相关并发症。如在晶状体引起糖尿病白内障，在肾引起近端小管功能障碍。

六、糖异生

糖异生（gluconeogenesis）是指用非糖物质合成葡萄糖的过程。可以合成葡萄糖的非糖物质包括氨基酸、乳酸、甘油、丙酸等。

（一）糖异生过程

葡萄糖经糖酵解生成丙酮酸时释放的能量有很大一部分不可逆地转化为热能散失。因此，根据化学热力学理论，丙酮酸不能逆糖酵解过程重新生成葡萄糖，必须通过旁路反应（bypass reaction）绕过糖酵解的三步不可逆反应。

1. 旁路反应 1 丙酮酸生成磷酸烯醇式丙酮酸。反应分两步进行，由两种酶催化，消耗两分子高能化合物（ATP、GTP），$\Delta G^{\circ\prime} = 0.9$ kJ/mol（图 8-9）。

（1）丙酮酸羧化生成草酰乙酸：该反应不可逆，由丙酮酸羧化酶（pyruvate carboxylase，PC）催化，该酶以生物素、Mn^{2+} 为辅助因子。

（2）草酰乙酸脱羧和磷酸化生成磷酸烯醇式丙酮酸：该反应可逆，是限速反应，由磷酸烯醇式丙酮酸羧激酶（phosphoenolpyruvate carboxykinase，PEPCK）催化，该酶以 Mn^{2+} 为辅助因子。

旁路反应 1 有两个分支：①丙酮酸来自乳酸脱氢时，草酰乙酸先在线粒体中生成磷酸烯醇式丙酮酸，磷酸烯醇式丙酮酸由柠檬酸转运蛋白（citrate transport protein，CTP，SLC25A1，一种逆向转运蛋白，与柠檬酸交换）转运到细胞质中（图 8-9 ①）。②丙酮酸来自氨基酸分解时，草酰乙酸先还原成苹果酸（由苹果酸脱氢酶催化），苹果酸由线粒体二羧酸载体（mitochondrial dicarboxylate carrier，DIC，一种逆向转运蛋白，与磷酸等交换）转运到细胞质中，脱氢生成草酰

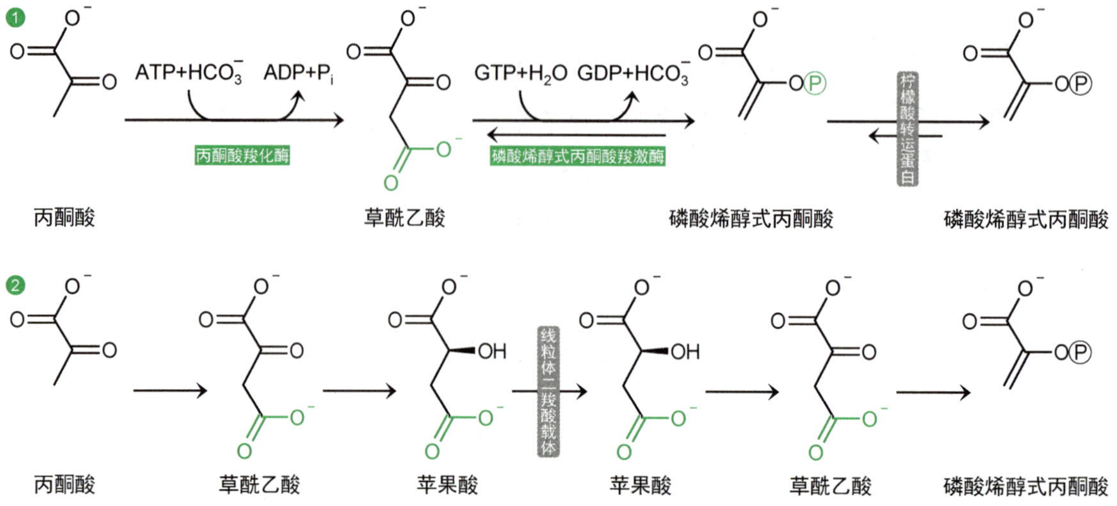

图 8-9　糖异生旁路反应 1

乙酸，脱羧和磷酸化生成磷酸烯醇式丙酮酸（图 8-9 ②）。

2. 旁路反应 2　1,6- 二磷酸果糖生成 6- 磷酸果糖。该反应标准自由能变 $\Delta G^{\circ\prime}$ = –16.3 kJ/mol，生理条件下不可逆，由果糖 -1,6- 二磷酸酶 1（fructose-1,6-bisphosphatase，FBPase 1）催化，该酶以 Mg^{2+} 为辅助因子（图 8-10）。

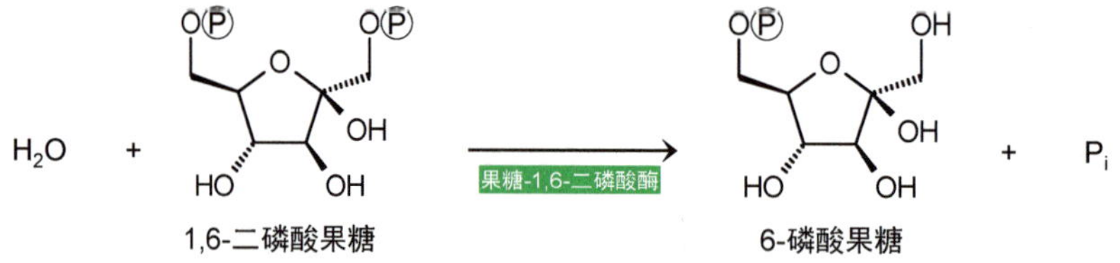

图 8-10　糖异生旁路反应 2

拓展阅读 8-11：果糖 -1,6- 二磷酸酶缺乏症

3. 旁路反应 3　6- 磷酸葡萄糖生成葡萄糖。该反应标准自由能变 $\Delta G^{\circ\prime}$ = –13.8 kJ/mol，生理条件下不可逆，由葡萄糖 -6- 磷酸酶（glucose-6-phosphatase，G6Pase）催化（图 8-11）。

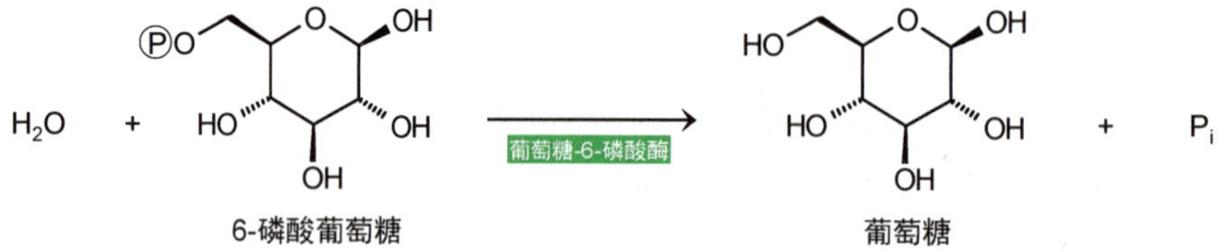

图 8-11　糖异生旁路反应 3

葡萄糖 -6- 磷酸酶活性中心位于内质网腔内，所以水解在内质网腔内进行，需要将 6- 磷酸葡萄糖转入内质网腔，将水解产物葡萄糖和磷酸转出内质网腔。6- 磷酸葡萄糖和磷酸的转运由 6- 磷酸葡萄糖转运蛋白（glucose-6-phosphate transporter，G6PT）介导，葡萄糖的转出也由相应的转运蛋白介导，但尚未鉴定。

（二）糖异生的生理意义

糖异生每时每刻都在人体内进行，在进食时 / 后、无氧运动时 / 后、禁食时增加。生理条件下，能进行糖异生作用的组织主要是肝脏（90%），其次是肾脏（10%）。禁食时，肾脏的糖异生明显增加，长期禁食时葡萄糖合成量与肝脏相当。禁食时糖异生对维持血糖稳态至关重要。

1. **食物氨基酸转化** 人体从食物蛋白获取的氨基酸，部分用于蛋白质和含氮活性物质即时合成，其余将被转化为糖、脂肪等可储存物质。其中生糖氨基酸和生糖兼生酮氨基酸通过脱氨等反应生成 α-酮戊二酸、琥珀酰辅酶 A、延胡索酸、丙酮酸、草酰乙酸（参见第十章）。它们均可通过糖异生途径合成葡萄糖，其中 α-酮戊二酸、琥珀酰辅酶 A、延胡索酸需先通过三羧酸循环转化为草酰乙酸。

2. **肾排氨排酸** 机体每天都有氮摄入和氮排出。氮排出的途径之一是由谷氨酰胺运至肾并脱氨，以 NH_3 的形式分泌至小管液排出。谷氨酰胺脱氨直至生成 α-酮戊二酸，需通过糖异生合成葡萄糖才能离开肾皮质，回归血液（参见第十章）。

长期禁食时氮排出增加，肾排氨增加，肾糖异生增加。排氨伴随泌氢（$NH_3 + H^+ \rightarrow NH_4^+$），故排氨、泌氢、糖异生同步增加。

3. **乳酸回收** 丙酮酸还原生成乳酸是为了再生 NAD^+。供氧充足时乳酸脱氢重新生成丙酮酸并被利用。

剧烈运动时，骨骼肌通过葡萄糖无氧酵解生成 ATP 支持肌肉收缩，生成的大量乳酸由细胞膜**单羧酸转运蛋白**（monocarboxylate transporter）介导释放入血（该转运蛋白还介导丙酮酸、乙酸、酮体等出入细胞），被肝细胞摄取，通过糖异生合成葡萄糖，释放入血，再被骨骼肌摄取和利用。这一过程称为**乳酸循环**、**Cori 循环**（图 8-12）。如果乳酸生成量多于糖异生消耗量，将导致血乳酸堆积，随尿液排出体外。因此，乳酸循环的意义是回收乳酸，避免浪费。

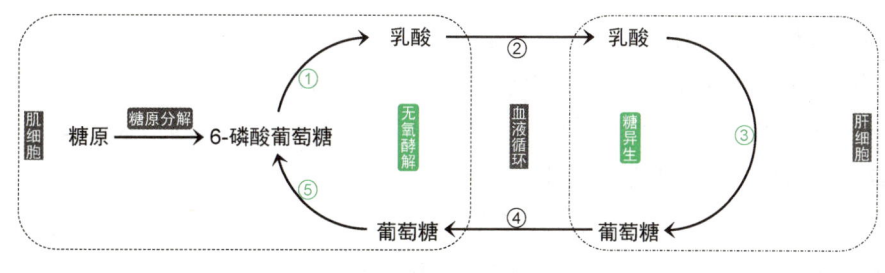

图 8-12 乳酸循环

糖异生并不是乳酸的唯一去路。基础代谢条件下，生成乳酸的组织细胞有红细胞、肺、骨骼肌等，清除乳酸的组织细胞有肝、肾、心等。肝、肾通过糖异生清除乳酸，心肌以乳酸为供能物质。心肌静息状态下所需能量的 13%、简单运动状态下的 56% 通过氧化乳酸获得。

4. **维持血糖稳态** 成人机体葡萄糖储量可以满足正常需要，因此正常饮食时糖异生并非维持血糖稳态所必需。禁食时葡萄糖储量耗尽，必须通过糖异生维持血糖高于 2.8 mmol/L（50 mg/dL），以保证红细胞、脑细胞等对葡萄糖的利用。此时糖异生合成葡萄糖成为血糖的唯一来源，合成原料主要是氨基酸和甘油。

（三）糖异生调节

糖异生调节的本质是维持氨基酸、乳酸、葡萄糖、ATP 及其他中间产物水平的相对稳定，其细胞水平调节的核心是对控制糖异生的关键酶实施调节，调节机制包括结构调节和水平调节，调节因素包括能荷和代谢物水平。

1. 糖异生关键酶 肝细胞内控制糖异生途径的关键酶是丙酮酸羧化酶、磷酸烯醇式丙酮酸羧激酶、果糖-1,6-二磷酸酶和葡萄糖-6-磷酸酶。

（1）丙酮酸羧化酶：丙酮酸羧化酶（PC）是一种同四聚体线粒体酶。

（2）磷酸烯醇式丙酮酸羧激酶：磷酸烯醇式丙酮酸羧激酶（PEPCK）有细胞质 PEPCK1 和线粒体 PEPCK2 两种同工酶，均为单体酶。

（3）果糖-1,6-二磷酸酶1：果糖-1,6-二磷酸酶1（FBPase 1）是一种同四聚体细胞质酶，主要分布于肠、肾、肝、胰岛。

（4）葡萄糖-6-磷酸酶：人类基因组编码三种葡萄糖-6-磷酸酶同工酶（G6Pase 1、G6Pase 2、G6Pase 3），均为内质网膜酶，参与糖异生和糖原分解。其中葡萄糖-6-磷酸酶1是维持血糖稳态的关键酶，表达于肝和肾，其缺乏导致 1A 型糖原累积病（glycogen storage disease 1A, GSD1A）。

2. 变构调节 丙酮酸羧化酶和肝细胞果糖-1,6-二磷酸酶1为变构酶。

丙酮酸羧化酶以乙酰辅酶A为变构激活剂。血糖低时胰高血糖素分泌增加，脂肪动员增加，脂肪酸β氧化生成大量乙酰辅酶A。乙酰辅酶A变构激活丙酮酸羧化酶，催化丙酮酸羧化生成草酰乙酸，使糖异生加快，血糖补充加快，血糖回升。

肝细胞果糖-1,6-二磷酸酶1以 AMP 为变构抑制剂、F-2,6-BP 为竞争性抑制剂，AMP 与 F-2,6-BP 的抑制作用产生协同效应（synergistic effect），即几种调节剂共同作用的效应强于各自单独作用效应之和。这种共同作用称为协同作用（synergism，synergy）。

3. 化学修饰调节 磷酸烯醇式丙酮酸羧激酶活性受化学修饰调节，葡萄糖充足时被乙酰化，反应方向是磷酸烯醇式丙酮酸生成草酰乙酸，糖酵解加快；葡萄糖缺乏时被去乙酰化，反应方向是草酰乙酸生成磷酸烯醇式丙酮酸，糖异生加快。

4. 水平调节 胰岛素通过信号转导激活蛋白激酶B。蛋白激酶B催化转录因子FOXO1磷酸化出核，下调磷酸烯醇式丙酮酸羧激酶（PEPCK）、果糖-1,6-二磷酸酶（FBPase）、葡萄糖-6-磷酸酶（G6Pase）基因表达，抑制糖异生。

胰高血糖素通过信号转导去磷酸化激活转录共激活因子TORC-2，上调葡萄糖-6-磷酸酶（G6Pase）、磷酸烯醇式丙酮酸羧激酶（PEPCK）基因表达，促进糖异生。

高血脂诱导胰岛β细胞上调果糖-1,6-二磷酸酶1基因表达，抑制胰岛素分泌。

（四）无效循环

无效循环（futile cycle）又称底物循环（substrate cycle），是指这样一类代谢循环（metabolic cycle），如果不受控制，催化该循环的酶系即相当于ATPase，循环净效应是水解ATP，从而将化学能转化为热能。

例如糖酵解关键酶磷酸果糖激酶1（图8-3③）和糖异生关键酶果糖-1,6-二磷酸酶（图8-10）催化的反应：

$$\frac{\begin{array}{c}\text{6-磷酸果糖} + \text{ATP} \rightarrow \text{1,6-二磷酸果糖} + \text{ADP} \\ \text{1,6-二磷酸果糖} + \text{H}_2\text{O} \rightarrow \text{6-磷酸果糖} + \text{P}_i\end{array}}{\text{ATP} + \text{H}_2\text{O} \rightarrow \text{ADP} + \text{P}_i}$$

因此，如果两者偶联形成一个代谢循环，物质代谢净效应是ATP水解成ADP和Pi，是一个无效循环。

在某些生理条件下，无效循环可能是一种重要的调节机制，可以放大调节灵敏度，提高调节效率。例如上述 6- 磷酸果糖磷酸化生成 1,6- 二磷酸果糖的反应。如果正反应速度为 9，逆反应速度为 8，则 6- 磷酸果糖磷酸化生成 1,6- 二磷酸果糖的通量（flux）为 1，如果正反应速度加倍至 18，逆反应速度不变，则通量为 10，即增加了 10 倍。

第三节　三羧酸循环

三羧酸循环（tricarboxylic acid cycle，TCA cycle）又称柠檬酸循环（citrate cycle）、Krebs 循环（Krebs cycle），是有氧条件下发生在线粒体中的一个代谢循环。该循环始于草酰乙酸从乙酰辅酶 A 获得乙酰基生成含三个羧基的柠檬酸，经过氧化、脱羧等一系列反应生成 CO_2，电子则由 NAD^+、FAD 接受，最后重新生成草酰乙酸，从而形成循环。三羧酸循环是生物氧化的第二阶段，是葡萄糖、脂肪酸、氨基酸碳骨架完全氧化所经历的共同途径，也是葡萄糖、脂肪酸、氨基酸作为合成原料相互转化的枢纽。英国生物化学家 H. Krebs 因于 1937 年阐明三羧酸循环（"for his discovery of the citric acid cycle"）而获得 1953 年诺贝尔生理学或医学奖。

一、三羧酸循环的过程

三羧酸循环自草酰乙酸从乙酰辅酶 A 获得乙酰基生成柠檬酸，到重新生成草酰乙酸，反应过程由 8 种酶催化。生化反应方程式如下：

$$乙酰CoA + 2H_2O + 3NAD^+ + FAD + ADP(GDP) + P_i \rightarrow$$
$$2CO_2 + CoA + 3(NADH + H^+) + FADH_2 + ATP(GTP)$$

1. 柠檬酸合成　草酰乙酸与乙酰辅酶 A 合成柠檬酸（citrate）。该反应标准自由能变 $\Delta G^{\circ\prime}$ = −32.2 kJ/mol，在生理条件下不可逆（图 8-13 ①），反应由柠檬酸合酶（citrate synthase）催化。

2. 柠檬酸异构　柠檬酸异构生成 D- 异柠檬酸（D-isocitrate）。反应机制是柠檬酸先脱水生成顺乌头酸（cis-aconitate），再水化生成异柠檬酸（图 8-13 ②）。该反应标准自由能变 $\Delta G^{\circ\prime}$ = 13.3 kJ/mol，由乌头酸酶（aconitase，又称顺乌头酸酶）催化，该酶以［4Fe-4S］型铁硫簇为辅基。

3. 异柠檬酸氧化脱羧　异柠檬酸氧化脱羧生成 α- 酮戊二酸（α-ketoglutatrate）和 CO_2，脱下的氢由 NAD^+ 接受生成 NADH（$+H^+$）。该反应标准自由能变 $\Delta G^{\circ\prime}$ = −20.9 kJ/mol，在生理条件下不可逆（图 8-13 ③），是三羧酸循环中第一个氧化脱羧反应，属于 β- 氧化脱羧。反应由异柠檬酸脱氢酶（isocitrate dehydrogenase）催化，该酶以 NAD(P)$^+$、Mg^{2+}、Mn^{2+} 为辅助因子。

4. α- 酮戊二酸氧化脱羧　α- 酮戊二酸氧化脱羧生成琥珀酰辅酶 A（succinyl-CoA）和 CO_2，脱下的氢由 NAD^+ 接受生成 NADH（$+H^+$）。该反应标准自由能变 $\Delta G^{\circ\prime}$ = −33.5 kJ/mol，在生理条件下不可逆（图 8-13 ④），是三羧酸循环中第二个氧化脱羧反应，属于 α- 氧化脱羧。反应由 α- 酮戊二酸脱氢酶复合体（α-ketoglutarate dehydrogenase complex）催化，该酶与丙酮酸脱氢酶复合体结构和功能类似，含 α- 酮戊二酸脱氢酶（E1）、二氢硫辛酰胺琥珀酰转移酶（E2）和二氢硫辛酰胺脱氢酶（E3）等亚基，以焦磷酸硫胺素（TPP）、硫辛酸、辅酶A、FAD和NAD$^+$为辅助因子。

5. 底物水平磷酸化 琥珀酰辅酶A与ADP或GDP发生底物水平磷酸化反应生成琥珀酸（succinate）和ATP或GTP（图8-13⑤）。该反应标准自由能变$\Delta G^{\circ\prime} = -2.9$ kJ/mol，是三羧酸循环中唯一的（有氧氧化途径第三个）底物水平磷酸化反应。反应由琥珀酰辅酶A合成酶（succinyl-CoA synthetase）催化，该酶以Mg^{2+}为辅助因子。

人体中存在对ADP和GDP专一性的琥珀酰辅酶A合成酶。机体低能荷时，ADP型琥珀酰辅酶A合成酶催化反应，琥珀酰辅酶A高能硫酯键水解释放的能量转移给ADP合成ATP，骨骼肌、心肌等生物氧化量大的组织发生该反应，肝、肺中不存在该反应。机体高能荷时，GDP型琥珀酰辅酶A合成酶以GDP/GTP为底物为糖异生提供GTP或为血红素合成提供琥珀酰辅酶A，心、肝、脾、肾及骨骼肌等合成代谢旺盛的组织发生该反应。

6. 琥珀酸脱氢 琥珀酸脱氢生成延胡索酸（fumarate），脱下的氢由FAD接受生成FADH$_2$并将电子传递给辅酶Q（图8-13⑥，图中未示意辅酶Q，传递机制参见图7-3）。该反应标准自由能变$\Delta G^{\circ\prime} = 0$ kJ/mol，是三羧酸循环中第三个脱氢反应。反应由琥珀酸脱氢酶（succinate dehydrogenase，即呼吸链复合物Ⅱ）催化，该酶以FAD、铁硫簇、血红素b_{560}、辅酶Q为辅基。

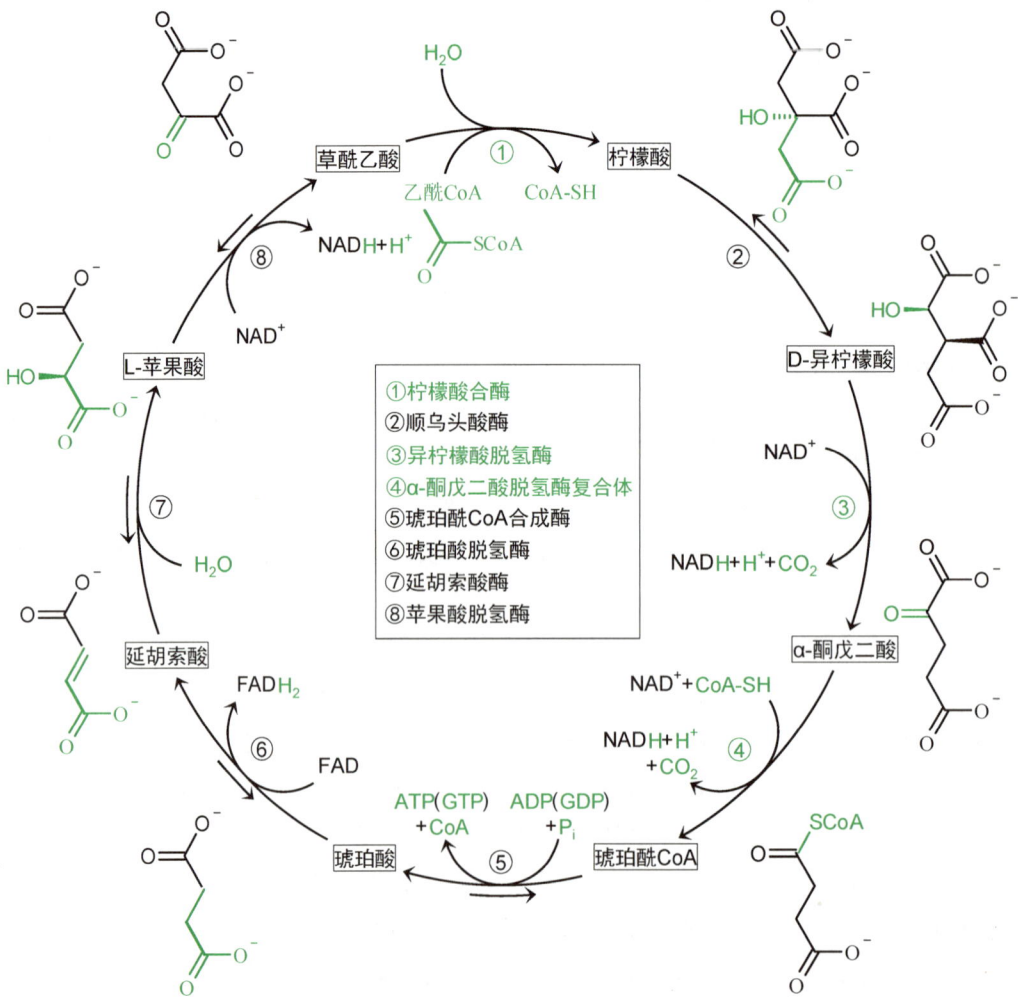

图8-13 三羧酸循环

7. 延胡索酸水化　延胡索酸水化生成 L- 苹果酸（malate）（图 8-13 ⑦）。该反应标准自由能变 $\Delta G^{\circ\prime}$ = –3.8 kJ/mol，由延胡索酸酶（fumarase）催化。

8. 苹果酸脱氢　苹果酸脱氢生成草酰乙酸（oxaloacetate），脱下的氢由 NAD^+ 接受生成 NADH（$+H^+$）（图 8-13 ⑧）。该反应标准自由能变 $\Delta G^{\circ\prime}$ = 29.7 kJ/mol，是三羧酸循环中第四个脱氢反应。反应由线粒体苹果酸脱氢酶（malate dehydrogenase, mitochondrial，又称苹果酸脱氢酶 2）催化，该酶以 NAD^+ 为辅助因子。

二、三羧酸循环的生理意义

三羧酸循环是两用代谢途径，在三大营养素代谢中具有重要意义。

1. 能量代谢意义　三羧酸循环是生物氧化的第二阶段，是葡萄糖、脂肪酸、氨基酸碳骨架完全氧化所经历的共同途径。在生物氧化过程中葡萄糖、脂肪酸、氨基酸均可降解生成乙酰辅酶 A，然后进入三羧酸循环氧化。糖通过酵解生成丙酮酸后氧化脱羧生成乙酰辅酶 A，脂肪酸通过 β 氧化生成乙酰辅酶 A，氨基酸脱氨生成 α- 酮酸后进一步氧化生成乙酰辅酶 A。

2. 物质代谢意义　三羧酸循环是葡萄糖、脂肪酸、氨基酸相互转化的枢纽。

葡萄糖经有氧氧化生成乙酰辅酶 A，经三羧酸循环合成柠檬酸，供能充足时，经柠檬酸 – 丙酮酸循环（参见第九章）转运到细胞质中，用于合成脂肪酸；葡萄糖经糖酵解生成丙酮酸，丙酮酸羧化生成草酰乙酸，草酰乙酸经三羧酸循环生成 α- 酮戊二酸，它们均为非必需氨基酸的合成原料；氨基酸分解生成丙酮酸、草酰乙酸、α- 酮戊二酸、琥珀酰辅酶 A、延胡索酸等，α- 酮戊二酸、琥珀酰辅酶 A、延胡索酸经三羧酸循环转化为草酰乙酸，可以合成葡萄糖或 3- 磷酸甘油。

三、三羧酸循环的特点

三羧酸循环的特点是与氧化磷酸化偶联，整个循环不可逆，中间产物总量不变。

1. 三羧酸循环与氧化磷酸化偶联　三羧酸循环有 4 步脱氢反应，其中 1 步由琥珀酸脱氢酶催化，该酶既属于三羧酸循环酶系又为呼吸链复合物 Ⅱ，因而介导三羧酸循环与氧化磷酸化偶联。另外 3 步脱氢由 NAD^+ 接受生成 NADH，NADH 将电子经呼吸链复合物 Ⅰ 传递给 NADH 氧化呼吸链。因此，三羧酸循环虽然不直接消耗氧，但属于有氧氧化途径，只能在有氧条件下进行。

2. 三羧酸循环不可逆　三羧酸循环中柠檬酸合酶、异柠檬酸脱氢酶、α- 酮戊二酸脱氢酶复合体催化的反应均不可逆，所以整个三羧酸循环不可逆。

3. 三羧酸循环中间产物回补　在能量代谢中，三羧酸循环是生物氧化的第二阶段，消耗的是乙酰辅酶 A 的乙酰基，8 种中间产物没有净消耗。然而，在物质代谢中，三羧酸循环中间产物可被分流：①用于合成其他小分子，如草酰乙酸用于合成天冬氨酸、天冬酰胺，α- 酮戊二酸用于合成谷氨酸、谷氨酰胺、脯氨酸、精氨酸，琥珀酰辅酶 A 用于合成血红素。②机体从高强度代谢回归基础代谢状态时，三羧酸循环可以通过降低中间产物水平降低循环速度。③机体从正常饮食转换到禁食状态时，三羧酸循环中间产物会被糖异生消耗。

有消耗即需补充，机体可以通过回补途径（anaplerotic pathway）又称回补反应（anaplerosis, anaplerotic reaction）进行补充，主要补充方式是利用葡萄糖通过糖酵解生成丙酮酸，进而羧化生成草酰乙酸。其他补充方式是：①磷酸烯醇式丙酮酸生成草酰乙酸，由磷酸烯醇式丙酮酸羧激酶催化。②丙酮酸生成苹果酸，由苹果酸酶催化。③氨基酸分解生成 α- 酮戊二酸或琥珀酰辅酶 A。

4. 二氧化碳生成 三羧酸循环每进行一次都氧化一个乙酰基，生成两个二氧化碳，但二氧化碳的碳是来自草酰乙酸的两个羧基而不是来自乙酰基。乙酰基进入三羧酸循环后掺入了重新生成的草酰乙酸，其碳原子至少要经过三次循环才会完全氧化成二氧化碳。

四、三羧酸循环的调节

三羧酸循环调节机制主要是关键酶变构调节，调节因素包括能荷和代谢物水平。

1. 三羧酸循环关键酶 人体内控制三羧酸循环的关键酶是异柠檬酸脱氢酶和 α- 酮戊二酸脱氢酶复合体，以异柠檬酸脱氢酶为主。

人类基因组编码细胞质 NADP- 异柠檬酸脱氢酶、线粒体 NADP- 异柠檬酸脱氢酶、线粒体 NAD- 异柠檬酸脱氢酶三种同工酶，其中线粒体 NAD- 异柠檬酸脱氢酶（又称异柠檬酸脱氢酶 3）为控制三羧酸循环的主要关键酶。

拓展阅读 8-12：异柠檬酸脱氢酶同工酶

α- 酮戊二酸脱氢酶复合体的亚基组成、辅助因子、催化机制和调节机制与丙酮酸脱氢酶复合体类似。

2. 异柠檬酸脱氢酶 3 变构调节 异柠檬酸脱氢酶 3 有 αβ、αγ、α₂βγ 三种主要存在形式，αβ、αγ 活性低，α₂βγ 活性高。α₂βγ 和 αγ 以柠檬酸、ADP 为变构激活剂，可独立激活或协同激活。ATP 在低浓度时为 α₂βγ 和 αγ 的激活剂，高浓度时为 α₂βγ、αγ 和 αβ 的抑制剂。

部分其他生物控制三羧酸循环的关键酶还包括柠檬酸合酶。

五、三羧酸循环异常

三羧酸循环酶系突变罕见，一旦发生会引起重度病变。顺乌头酸酶缺陷导致婴儿小脑 - 视网膜变性和 9 型视神经萎缩，异柠檬酸脱氢酶 3 缺陷导致 46/90 型视网膜色素变性，α- 酮戊二酸脱氢酶复合体缺陷导致 Yoon-Bellen 神经发育综合征、嗜铬细胞瘤 - 副神经节瘤综合征、二氢硫辛酰胺脱氢酶缺乏症，琥珀酰辅酶 A 合成酶缺陷导致 5/9 型线粒体 DNA 耗竭综合征，琥珀酸脱氢酶缺陷导致呼吸链复合物 Ⅱ 缺乏症、Leigh 综合征、扩张型心肌病、1/3/4/5 型嗜铬细胞瘤 - 副神经节瘤综合征、共济失调和迟发性视神经萎缩类神经变性、副神经节瘤 - 胃间质肉瘤，延胡索酸酶缺陷导致遗传性平滑肌瘤和肾细胞癌，苹果酸脱氢酶缺陷导致 51 型发育性癫痫性脑病。

第四节 糖原代谢

糖原代谢是糖原合成和糖原分解的合称。糖原合成（glycogenesis）是用葡萄糖合成糖原的过程。糖原分解（glycogenolysis）是糖原分解为葡萄糖或 6- 磷酸葡萄糖的过程，也有定义糖原分解是糖原磷酸解生成 1- 磷酸葡萄糖的反应。肝组织糖原代谢是为了维持血糖稳态，其他组织糖原代谢是为了储存和利用葡萄糖。

一、糖原代谢的过程

糖原代谢在骨骼肌白肌纤维和肝细胞中代谢量最多，反应均发生在糖原的非还原端。

（一）糖原合成

糖原合成由 5 种酶催化，在合成过程中，葡萄糖先活化，再进行直链的延伸和分支的形成。生化反应方程式如下：

$$Glc_n + Glc + ATP + UTP + H_2O \rightarrow Glc_{n+1} + ADP + UDP + 2P_i$$

1. 葡萄糖活化 葡萄糖磷酸化生成 6- 磷酸葡萄糖，消耗 1 分子 ATP。反应由葡萄糖激酶（肝组织）或己糖激酶（肝外组织）催化，同糖酵解（图 8-14 ①）。

2. 6- 磷酸葡萄糖变位 6- 磷酸葡萄糖异构为 1- 磷酸 -α- 葡萄糖（简称 1- 磷酸葡萄糖）。反应由磷酸葡萄糖变位酶（phosphoglucomutase）催化，该酶以 Mg^{2+} 为辅助因子（图 8-14 ②）。

3. 1- 磷酸葡萄糖活化 1- 磷酸葡萄糖尿苷酰化生成 UDP-α- 葡萄糖（简称 UDP- 葡萄糖，uridine diphosphate glucose，UDP-Glc），消耗 1 分子 UTP。反应由 UDP- 葡萄糖焦磷酸化酶（UDP-glucose pyrophosphorylase）催化（图 8-14 ③）。该反应独立进行时可逆，但因与不可逆的焦磷酸（PP_i）水解反应（由焦磷酸酶催化）偶联，致使其在生理条件下不可逆。

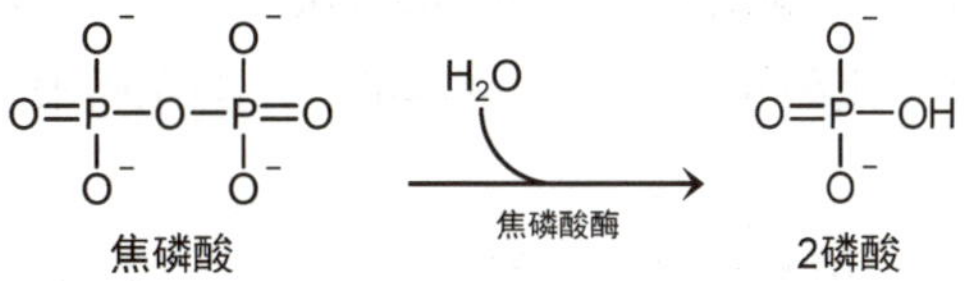

4. 糖原合成 UDP- 葡萄糖与糖原缩合，使葡萄糖基以（α1→4）糖苷键连接于糖原引物的糖链非还原端。该反应在生理条件下不可逆，由糖原合酶（glycogen synthase）催化（图 8-14 ④）。

糖原合酶只能催化已有糖原链的延伸，不能合成新的糖原分子。合成新的糖原分子需要糖原引物，由糖原蛋白提供。

糖原蛋白（glycogenin）又称糖原蛋白糖基转移酶，其活性形式为同二聚体，且与糖原合酶形成复合物。糖原蛋白亚基之间可以相互催化，在对方的一个 Tyr-OH 上合成一段含 6～10 个葡萄糖基的麦芽寡糖，称为自我糖基化（self-glycosylated）。所合成的麦芽寡糖称为糖原引物

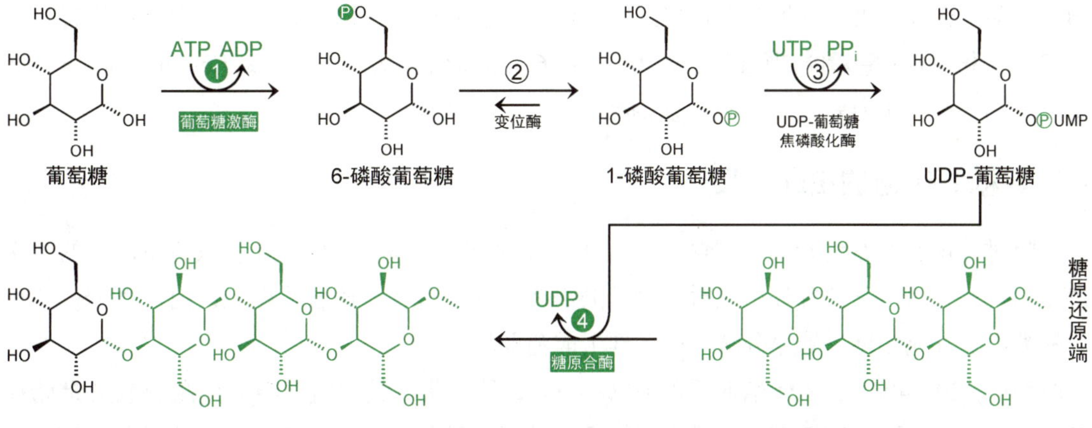

图 8-14 糖原合成

（glycogen primer）。人类基因组编码两种糖原蛋白，糖原蛋白 1 主要分布于骨骼肌、心、脑、肺、肾、胰腺细胞，糖原蛋白 2 主要分布于肝、心、胰、脂肪细胞。

拓展阅读 8-13：糖原蛋白

5. 糖原分支化 糖原合酶只能催化糖链延伸，不能催化分支形成，分支形成由糖原分支酶（glycogen branching enzyme）简称分支酶（branching enzyme）催化。当糖链延伸至含 11~18 个糖基时，分支酶将末端的 Glc_{6-7} 片段转移到邻近糖链的一个 6- 羟基（伯羟基）上，形成以（α1→6）糖苷键连接的分支，相邻分支点至少间隔 4 个葡萄糖基。分支化既提高其水溶性，又增加其非还原端密度，有利于糖原的快速合成与分解。

（二）糖原分解

肝糖原分解由 4 种酶催化。在糖原分解过程中，糖原经历磷酸解、变位、水解等反应生成葡萄糖。生化反应方程式如下：

$$Glc_n + H_2O \rightarrow Glc_{n-1} + Glc$$

其他组织糖原分解主要生成 6- 磷酸葡萄糖。生化反应方程式如下：

$$Glc_n + P_i \rightarrow Glc_{n-1} + G\text{-}6\text{-}P$$

1. 糖原磷酸解 糖原非还原端磷酸解（phosphorolysis）生成 1- 磷酸葡萄糖。该反应在生理条件下不可逆，由糖原磷酸化酶（glycogen phosphorylase）催化，该酶以磷酸吡哆醛为辅基（图 8-15 ①）。

2. 1- 磷酸葡萄糖变位 1- 磷酸葡萄糖变位异构生成 6- 磷酸葡萄糖。反应由磷酸葡萄糖变位酶催化（图 8-15 ②）。

3. 6- 磷酸葡萄糖水解 6- 磷酸葡萄糖水解成葡萄糖。该反应主要发生在肝和肾，由葡萄糖 –6- 磷酸酶催化，同糖异生（图 8-15 ③）。

拓展阅读 8-14：葡萄糖 6- 磷酸酶同工酶

4. 糖原脱支 糖原磷酸解只能进行到在分支点留下一个麦芽四糖基。之后由糖原脱支酶催化脱支（图 8-15 ④）。

糖原脱支酶（glycogen debranching enzyme）是一种双功能酶，有两个活性中心。

（1）4-α- 葡聚糖转移酶：4-α- 葡聚糖转移酶（4-α-glucanotransferase）催化麦芽四糖基末端的三个葡萄糖基（麦芽三糖基）转移到邻近糖链的非还原端，以（α1→4）糖苷键连接。

（2）淀粉 -α-1,6- 葡萄糖苷酶：淀粉 -α-1,6- 葡萄糖苷酶（amylo-α-1,6-glucosidase）催化分支点（α1→6）糖苷键水解，释放葡萄糖。

二、糖原代谢的生理意义

空腹时人体肝糖原约 65 g，进食后约 150 g，占肝重的 5%~10%。肝组织糖原代谢的意义是维持血糖稳态，保障某些肝外组织对葡萄糖的需要，因而进食阶段合成糖原，消耗血糖；禁食阶段分解糖原，补充血糖。糖原分解要进行到生成葡萄糖。

肌糖原 120~400 g，占骨骼肌重的 0.7%~3%。骨骼肌等其他组织糖原代谢的意义是储存葡萄糖，满足自身需要，因而进食阶段合成糖原，消耗血糖；禁食阶段和无氧运动时分解糖原，供

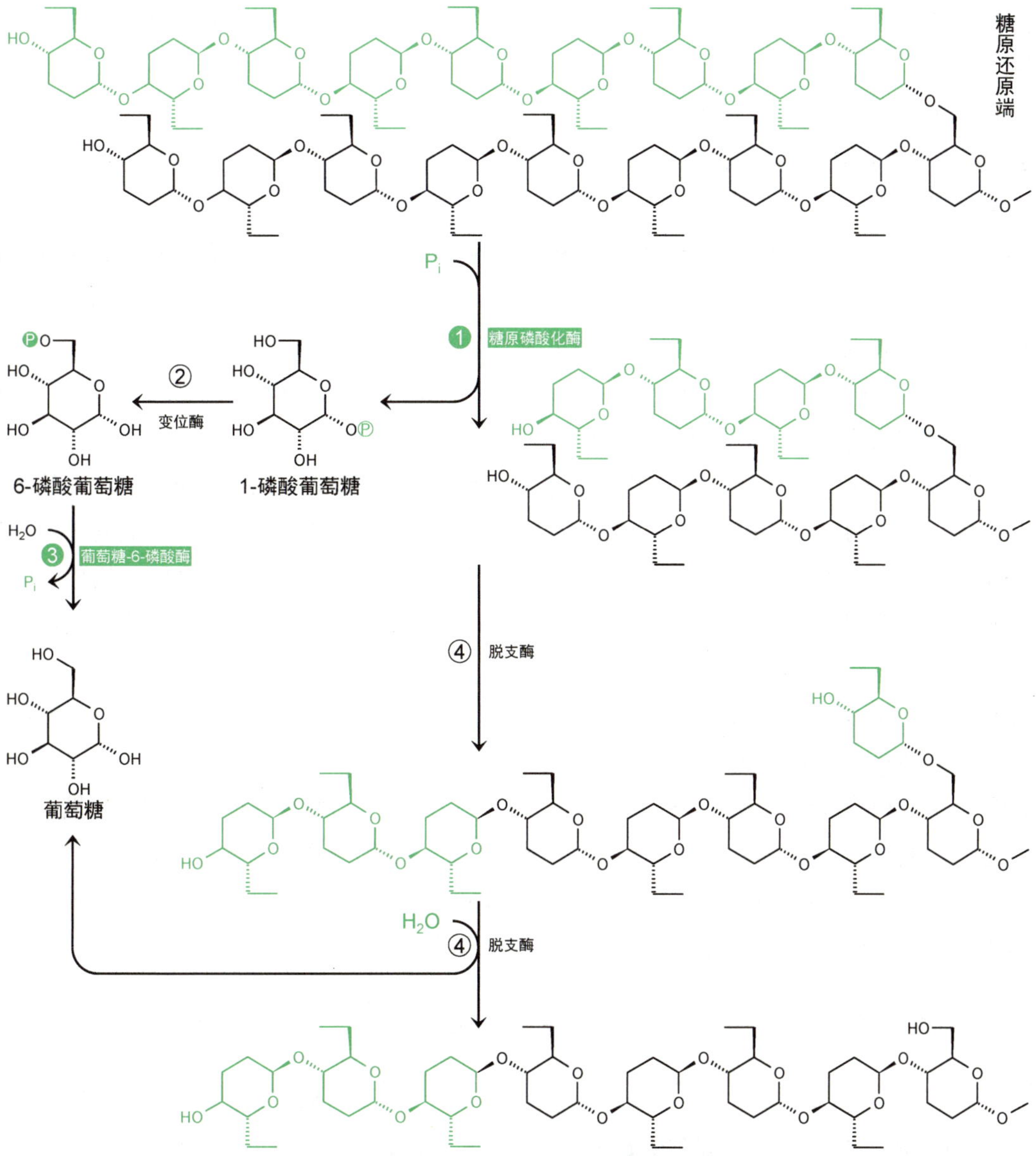

图 8-15 糖原分解

给自身代谢。糖原分解只进行到生成 6- 磷酸葡萄糖，供给糖酵解等，甚至只进行到 1- 磷酸葡萄糖，供给糖醛酸途径等。即使脱支反应生成一部分游离葡萄糖（占糖原分解产物的 15%），也只会供给自身代谢，不会补充血糖。

三、糖原代谢的调节

肝糖原代谢和其他组织糖原代谢意义和调节机制不尽相同，这里只讨论肝糖原代谢调节。

1. 糖原代谢关键酶 控制糖原代谢的关键酶是糖原合酶和糖原磷酸化酶。

（1）糖原合酶：人类基因组编码肝型、肌型两种糖原合酶同工酶。肝糖原合酶又称糖原合酶 2。开始合成糖原分子时，一个糖原合酶四聚体与两个糖原蛋白二聚体形成八聚体。糖原分子合成过程中八聚体解离，糖原蛋白成为糖原分子核，糖原合酶四聚体在糖原分子表面继续合成糖原。

糖原合酶 2 缺陷导致 0 型糖原累积病。

（2）糖原磷酸化酶：人类基因组编码肝型、肌型、脑型三种糖原磷酸化酶同工酶。肝糖原磷酸化酶以同二聚体形式存在。

肝糖原磷酸化酶缺陷导致Ⅵ型糖原累积病。

2. 化学修饰调节 糖原合酶和糖原磷酸化酶均受化学修饰调节，包括磷酸化-去磷酸化、乙酰化-去乙酰化。

（1）糖原合酶：有磷酸化的糖原合酶 b 和去磷酸化的糖原合酶 a 两种存在形式，两种形式可以通过磷酸化和去磷酸化相互转化。糖原合酶 a 为高活性型，糖原合酶 b 有低活性的 T 构象和高活性的 R 构象两种变构状态。基础代谢状态下主要为低活性的糖原合酶 b。

糖原合酶 a 磷酸化抑制，由酪蛋白激酶 2（CK2）和糖原合酶激酶 3（GSK3）联合催化；糖原合酶 b 去磷酸化复活，由蛋白磷酸酶 1（PP1）催化。

（2）糖原磷酸化酶：是第一种被阐明的磷酸化调节蛋白，有去磷酸化的糖原磷酸化酶 b 和磷酸化的糖原磷酸化酶 a 两种存在形式，两种形式可以通过磷酸化和去磷酸化相互转化。两种形式均有高活性的 R 构象和低活性的 T 构象两种变构状态。糖原磷酸化酶 a 主要呈 R 构象，因而为高活性型，糖原磷酸化酶 b 主要呈 T 构象，因而为低活性型。基础代谢状态下主要为高活性的糖原磷酸化酶 a。

糖原磷酸化酶 b 磷酸化激活，由糖原磷酸化酶 b 激酶催化；糖原磷酸化酶 a 去磷酸化去激活，由蛋白磷酸酶 1（PP1）催化。

糖原合酶和糖原磷酸化酶磷酸化-去磷酸化受激素调节。当血糖降低时，胰高血糖素分泌增加，通过信号转导激活蛋白激酶 A，蛋白激酶 A 激活糖原磷酸化酶 b 激酶和糖原合酶激酶 3，促进糖原合酶 a 和糖原磷酸化酶 b 磷酸化。当血糖升高时，胰岛素分泌增加，通过信号转导激活蛋白磷酸酶 1，促进糖原合酶 b 和糖原磷酸化酶 a 去磷酸化（图 8-16）。

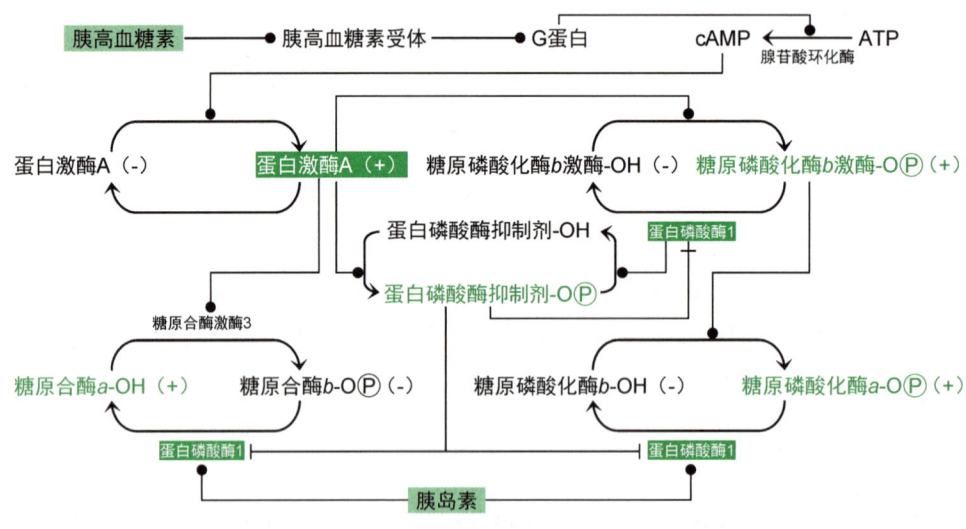

图 8-16 糖原代谢的化学修饰调节

糖原磷酸化酶还受乙酰化修饰调节。乙酰化修饰一方面直接抑制糖原磷酸化酶 a 活性，另一方面增强其与蛋白磷酸酶 1 的亲和力，募集蛋白磷酸酶 1 催化其去磷酸化，间接促进其去激活。

糖原磷酸化酶乙酰化由葡萄糖和胰岛素促进，由胰高血糖素抑制。

3. 变构调节 糖原合酶 b 和糖原磷酸化酶为变构酶。

（1）糖原合酶：糖原合酶 b 为变构酶，以 6-磷酸葡萄糖为变构激活剂。

基础代谢状态下糖原合酶 b 主要呈 T 构象。进食阶段血糖升高，肝细胞摄取葡萄糖增多，磷酸化生成 6- 磷酸葡萄糖增多，与糖原合酶 b 结合，将其激活为 R 构象，加快糖原合成。糖原合酶 a 不受变构调节。

（2）糖原磷酸化酶：肝糖原磷酸化酶 a 以葡萄糖为变构抑制剂，肝糖原磷酸化酶 b 以 AMP 为变构激活剂，但效应很弱，仅达最高活性的 10%。

基础代谢状态下肝糖原磷酸化酶 a 主要呈 R 构象，加快肝糖原磷酸解。进食阶段血糖升高，肝细胞 ATP、ADP、6- 磷酸葡萄糖增多，与肝糖原磷酸化酶 a 结合，致使其变构为 T 构象。禁食阶段血糖降低，肝细胞 AMP 增多，与肝糖原磷酸化酶 b 结合，致使其变构为 R 构象。

四、糖原累积病

糖原累积病（glycogen storage disease）又称糖原贮积病，是患者先天性缺乏一种或多种催化糖原合成或分解的酶，引起组织中糖原沉积或异常的遗传性疾病。糖原累积病发病率很低，被视为罕见病。除了 X 连锁的ⅨD 型外，其他类型都属于常染色体隐性遗传病。到目前为止，糖原累积病已报道有 20 多种，疾病所缺乏的酶、受累器官及临床特征各有特点，见表 8-4。

表 8-4　糖原累积病主要类型

型别	酶缺乏	临床特征
0	肝糖原合酶	低血糖，酮血症；早逝
0b	肌糖原合酶	低血糖
Ⅰa	葡萄糖 -6- 磷酸酶	肝和肾小管糖原积累，肝肾大，低血糖，乳酸血，酮症，高血脂，高尿酸血
Ⅰb/c/d	6- 磷酸葡萄糖转运蛋白	同Ⅰa，中性粒细胞减少和功能受损；经常感染
Ⅱ	溶酶体 α- 葡萄糖苷酶	溶酶体糖原积累，幼年型低肌张力，两岁死于心衰；成人型肌无力
Ⅲa	肝和肌脱支酶	禁食低血糖，胎儿肝大，极限糊精积累，外支短，肌无力
Ⅲb	肝脱支酶	禁食低血糖，胎儿肝大，极限糊精积累，外支短
Ⅳ	分支酶	糖原积累，外支长；进行性致死性肝硬化，肝衰竭，大多数 2 岁前死亡
Ⅴ	肌糖原磷酸化酶	肌糖原积累，耐力差，肌无力，抽筋，横纹肌溶解，肌红蛋白尿
Ⅵ	肝糖原磷酸化酶	肝大，肝糖原积累，中度低血糖，轻度酮症
Ⅶ	肌磷酸果糖激酶 1	运动不耐受伴有恶心和呕吐、肌肉痉挛、运动性肌病、代偿性溶血、肌红蛋白尿
Ⅷ	肝糖原磷酸化酶激酶	肝大，肝糖原积累，轻度低血糖
Ⅸ B	糖原磷酸化酶激酶 β 亚基	肝大
Ⅸ D	肌糖原磷酸化酶激酶 α 亚基	运动不耐受伴早期疲劳、疼痛、痉挛，偶有肌红蛋白尿
Ⅸ	肝和肌糖原磷酸化酶激酶	肝大，肝糖原和肌糖原积累，轻度低血糖
Ⅹ	蛋白激酶 A	肝大，肝糖原积累
Ⅺ	葡萄糖转运蛋白 2	发育不良，肝大，佝偻病，肾功能不全

第五节 其他单糖代谢

机体从食物中摄取的果糖、半乳糖、甘露糖等可以转化为葡萄糖代谢中间产物。葡萄糖也可以转化为其他单糖用于合成糖复合物。

1. 果糖代谢 果糖通过两条途径汇入葡萄糖代谢。

（1）1-磷酸果糖途径：主要在肝和肠进行。①果糖磷酸化生成 1-磷酸果糖。反应由肝果糖激酶（hepatic fructokinase）催化。② 1-磷酸果糖裂解生成磷酸二羟丙酮和甘油醛。反应由醛缩酶 B（aldolase B）催化。③甘油醛磷酸化生成 3-磷酸甘油醛。反应由丙糖激酶（triokinase）催化。3-磷酸甘油醛和磷酸二羟丙酮均汇入糖酵解或糖异生途径（图 8-17 ①～③）。

（2）6-磷酸果糖途径：主要在骨骼肌和脂肪组织中进行。果糖磷酸化生成 6-磷酸果糖。反应由己糖激酶催化。6-磷酸果糖汇入糖酵解途径（图 8-17 ④）。

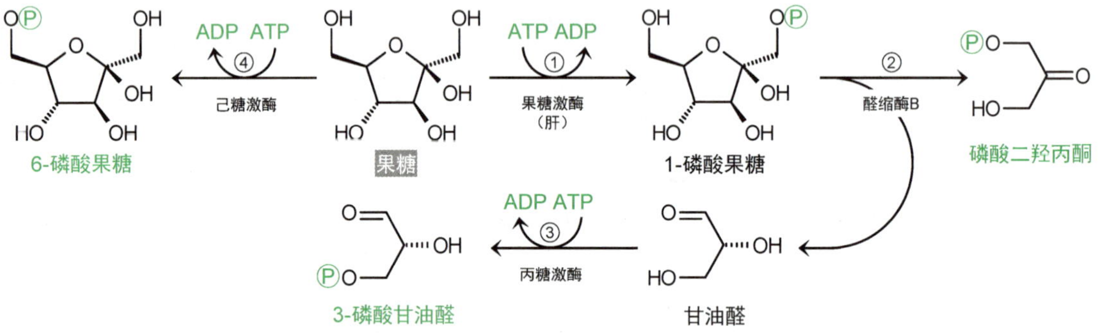

图 8-17　果糖代谢

拓展阅读 8-15：果糖代谢异常

2. 半乳糖代谢 食物 β-半乳糖先由半乳糖变旋酶（galactose mutarotase，GALM）催化异构生成 α-半乳糖，再通过 Leloir 途径（Leloir pathway）代谢（图 8-18）。

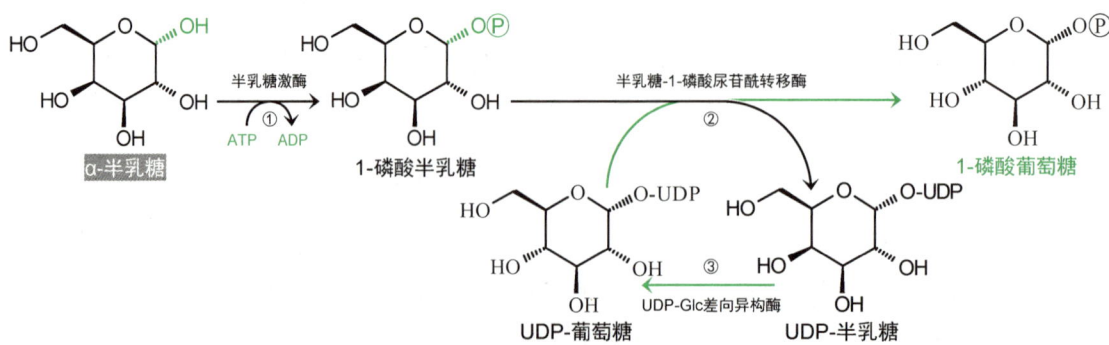

图 8-18　半乳糖代谢（Leloir 途径）

（1）α-半乳糖磷酸化生成 1-磷酸半乳糖。反应由半乳糖激酶（galactokinase，GALK）催化。

（2）1-磷酸半乳糖与 UDP-葡萄糖反应生成 UDP-半乳糖（UDP-Gal）和 1-磷酸葡萄糖。反应由半乳糖-1-磷酸尿苷酰转移酶（galactose-1-phosphate uridylyltransferase，GALT）催化。

（3）UDP-半乳糖差向异构生成UDP-葡萄糖。反应由UDP-葡萄糖-4-差向异构酶（UDP-glucose-4-epimerase，GALE，以NAD^+为辅助因子）催化。该反应可逆，所以也可将UDP-葡萄糖转化为UDP-半乳糖，用于合成乳糖、糖复合物等。

拓展阅读 8-16：半乳糖血症

3. 甘露糖代谢 ①甘露糖磷酸化生成6-磷酸甘露糖。反应由己糖激酶1催化。②6-磷酸甘露糖醛酮异构生成6-磷酸果糖，汇入葡萄糖代谢。反应由6-磷酸甘露糖异构酶（以Zn^{2+}为辅助因子）催化（图8-19）。

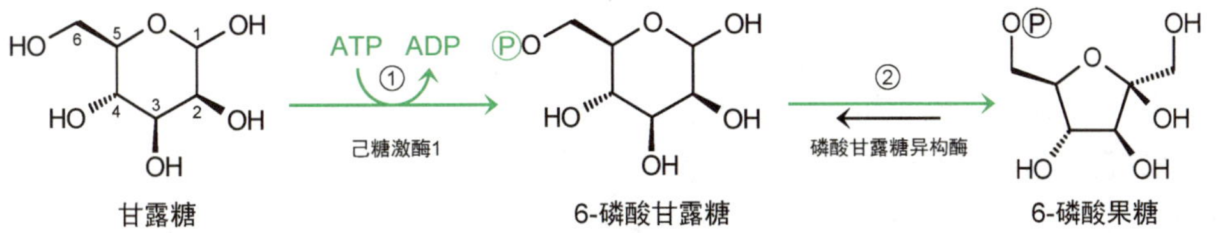

图 8-19 甘露糖代谢

4. 唾液酸合成 合成原料包括葡萄糖、谷氨酰胺、乙酰辅酶A、磷酸烯醇式丙酮酸，由ATP、UTP供能。其中葡萄糖通过糖酵解途径转化为6-磷酸果糖。

（1）6-磷酸果糖氨基化：6-磷酸果糖与谷氨酰胺反应生成6-磷酸氨基葡萄糖（GlcN-6-P）和谷氨酸。反应由6-磷酸果糖转氨酶催化。

（2）6-磷酸氨基葡萄糖乙酰化：6-磷酸氨基葡萄糖乙酰化为6-磷酸-N-乙酰氨基葡萄糖（GlcNAc-6-P）。反应由6-磷酸氨基葡萄糖乙酰转移酶催化，消耗乙酰辅酶A。

（3）6-磷酸-N-乙酰氨基葡萄糖变位：6-磷酸-N-乙酰氨基葡萄糖变位为1-磷酸-N-乙酰氨基葡萄糖。反应由乙酰氨基葡萄糖磷酸变位酶催化。

（4）1-磷酸-N-乙酰氨基葡萄糖尿苷酰化：1-磷酸-N-乙酰氨基葡萄糖与UTP反应生成UDP-N-乙酰氨基葡萄糖和焦磷酸。反应由UDP-乙酰氨基己糖焦磷酸酶催化。

以上过程称为**氨基己糖途径**（hexosamine pathway），生成的UDP-N-乙酰氨基葡萄糖（UDP-GlcNAc）称为活性N-乙酰氨基葡萄糖，可用于合成糖胺聚糖和唾液酸。

（5）UDP-N-乙酰氨基葡萄糖差向异构-水解：UDP-N-乙酰氨基葡萄糖差向异构-水解生成N-乙酰氨基甘露糖（ManNAc）和UDP。反应由UDP-N-乙酰氨基葡萄糖-2-差向异构酶催化。

（6）N-乙酰氨基甘露糖加成-水解：N-乙酰氨基甘露糖与磷酸烯醇式丙酮酸、水反应生成N-乙酰神经氨酸（N-acetylneuraminic acid，Neu5Ac）和磷酸。反应由N-乙酰神经氨酸合酶催化。

（7）N-乙酰神经氨酸修饰：N-乙酰神经氨酸的羧基、羟基、氨基进行不同程度的各种修饰，生成各种**唾液酸**。

N-乙酰神经氨酸修饰方式包括以下几种。①1-羧基修饰：牛磺酸化。②4、7、8、9-羟基修饰：硫酸化、乙酰化、磷酸化、乳酰化、甲基化、氨基化或脱氧。③5-氨基修饰：乙酰化、羟乙酰化或羟化。

第六节 血 糖

血糖（blood glucose）是指血液中游离的葡萄糖。生理条件下血糖维持稳态，空腹血糖浓度维持在 4.5~5 mmol/L 或 120 mg/dL（临床检验参考值为 3.9~6.1 mmol/L）。

一、血糖的来源和去路

机体通过控制血糖的来源和去路维持血糖稳态。

1. **血糖来源** 进食阶段食物糖消化吸收，禁食阶段肝糖原分解和糖异生。
2. **血糖去路** 为肝外组织供能是血糖的主要去路，此外还用于糖复合物及其他非糖物质合成，进食阶段用于糖原合成。

二、血糖的调节

维持血糖稳态对机体至关重要，由多种组织、在多个层次、以多种机制协作实施。

1. **肝脏调节** 肝脏是调节血糖的主力，通过调节糖原代谢和糖异生发挥作用。进食阶段，血糖处于高水平，肝门静脉血糖可达 20 mmol/L。肝脏主要通过合成肝糖原消耗血糖，促使其回落，到肝静脉时已降至 8~9 mmol/L。禁食阶段，血糖处于低水平，肝脏通过分解肝糖原补充血糖，促使其回升。肝糖原耗尽时，肝脏通过糖异生合成葡萄糖，补充血糖。

2. **肾脏调节** 肾脏通过小管液葡萄糖重吸收和肾皮质糖异生参与血糖调节。①正常状态下肾小球每日滤出约 200 g 葡萄糖，全部在肾小管重吸收。②长期禁食时组织蛋白分解增加，肾皮质糖异生增加，补充血糖增加。③生理性高血糖或病理性高血糖且血糖超过肾糖阈（8.9~10 mmol/L）时，部分葡萄糖不能重吸收，汇入终尿，排出体外。

拓展阅读 8-17：肾糖阈

3. **激素调节** 血糖水平主要受激素调节。

（1）胰岛素：胰岛素（insulin）是由胰岛 β 细胞分泌的降糖激素，作用于多数组织细胞。胰岛素通过增加血糖消耗、减少血糖补充，促使血糖回落，机制是激活胰岛素受体，通过信号转导产生以下效应。①加快葡萄糖摄取：机制是促进肌细胞、脂肪细胞膜葡萄糖转运蛋白 4（GLUT4）回补。②促进糖原合成：机制是促使糖原合酶复活。③抑制糖原分解：机制是促使糖原磷酸化酶去激活。④促进糖酵解：机制是激活葡萄糖激酶、丙酮酸激酶，上调葡萄糖激酶、丙酮酸激酶基因表达。⑤抑制糖异生：机制是下调磷酸烯醇式丙酮酸羧激酶、果糖 -1,6- 二磷酸酶、葡萄糖 -6- 磷酸酶基因表达。

胰岛素分泌受血糖调节。血糖升高分泌增加，血糖降低分泌减少。

（2）胰高血糖素：胰高血糖素（glucagon）是由胰岛 α 细胞分泌的主要升糖激素，主要作用于肝细胞。胰高血糖素通过减少血糖消耗、增加血糖补充，促使血糖回升，机制是激活胰高血糖素受体，通过信号转导产生以下效应。①抑制糖原合成：机制是抑制糖原合酶。②促进糖原分解：机制是激活糖原磷酸化酶。③抑制糖酵解：机制是抑制丙酮酸激酶、2,6- 二磷酸果糖合成。④促进糖异生：机制是上调葡萄糖 -6- 磷酸酶、磷酸烯醇式丙酮酸羧激酶基因表达，抑制 2,6-

二磷酸果糖合成。

（3）糖皮质激素：糖皮质激素（glucocorticoid）是由肾上腺皮质分泌的升血糖激素。其升血糖机制如下。①促进糖异生：机制是上调磷酸烯醇式丙酮酸羧激酶、葡萄糖-6-磷酸酶基因表达。②抑制肝外组织糖酵解。③促进肌蛋白分解，为糖异生提供原料。

（4）肾上腺素：肾上腺素（epinephrine，adrenaline）是由肾上腺髓质嗜铬细胞分泌的升血糖激素。肾上腺素通过增加血糖补充促使血糖升高，机制是激活 $β_2$ 肾上腺素受体（与肾上腺素亲和力 30 倍于去甲肾上腺素），通过信号转导产生以下效应。①促进糖原分解：机制是激活糖原磷酸化酶。②促进糖异生：机制是上调葡萄糖-6-磷酸酶、磷酸烯醇式丙酮酸羧激酶基因表达，抑制 2,6-二磷酸果糖合成。

肾上腺素主要在应激状态下发挥调节作用。其升血糖不是为了维持血糖稳态，而是一种应激反应，为骨骼肌无氧酵解提供葡萄糖。

（5）生长激素：生长激素（growth hormone）是由脑垂体前叶（腺垂体）分泌的两种肽类激素，主要作用于脂肪细胞、肝细胞、骨骼肌细胞，促进胰岛素样生长因子分泌、氨基酸摄取、蛋白质合成、脂肪动员。其中脂肪动员拮抗肌细胞摄取葡萄糖。

（6）甲状腺激素：甲状腺激素（thyroid hormone）促进糖异生，从而促进血糖回升。

4. 神经调节 当血糖偏低时，大脑杏仁核（负责情绪处理的区域）向下丘脑发出信号，激活交感神经系统，分泌肾上腺素，刺激胰岛 α 细胞分泌胰高血糖素，促进血糖回升。肾上腺素减少时，激活下丘脑-垂体-肾上腺轴，促使肾上腺皮质分泌糖皮质激素，升高血糖。当血糖偏高时，下丘脑相关区域兴奋，激活副交感神经系统，分泌乙酰胆碱，刺激胰岛 β 细胞分泌胰岛素，促使血糖回落。

此外，神经系统还通过控制甲状腺激素的分泌调节血糖。

三、血糖的测定

血糖的测定方法主要有葡萄糖氧化酶法（glucose oxidase，GOD）、己糖激酶法、干化学法、电极法等，其中的葡萄糖氧化酶法是临床上常用的一种全自动生化分析仪测定方法：葡萄糖氧化酶催化葡萄糖氧化成葡萄糖酸和过氧化氢，过氧化物酶（peroxidase，POD）催化过氧化氢与 4-氨基安替比林、苯酚反应生成红色醌类化合物，醌类化合物可用分光光度计 500 nm 比色测定。

四、糖耐量试验

糖耐量即葡萄糖耐量（glucose tolerance），是指人体处理血糖的能力。糖耐量试验（glucose tolerance test，GTT）是用于评估葡萄糖处理能力的一项临床检验，可以评估受试者是否存在糖代谢异常或糖尿病。

糖耐量试验方法：临床常用的糖耐量试验是口服糖耐量试验（oral glucose tolerance test，OGTT），受试者测定前 2~3 日平衡饮食，不服用可能影响试验结果的药物。先测定受试者空腹血糖（餐后 8 小时），然后 5 分钟内口服 75 g 葡萄糖（250 mL 溶液）。之后分别在 0.5、1、1.5、2、3 小时后静脉取血，测定血糖，以时间为横坐标，血糖水平为纵坐标绘制曲线，称为糖耐量曲线（glucose tolerance curve，图 8-20）。

糖耐量曲线可协助诊断糖代谢紊乱疾病。不同人群糖耐量曲线有不同特点：糖代谢正常个体糖耐量正常，表现为一次食入大量的糖，血糖浓度仅短暂升高，一般不超过 7.22 mmol/L，约 2 小时可回落到空腹水平。糖代谢紊乱患者血糖上升后恢复缓慢或血糖无明显升高，甚至不升高，均反映血糖调节存在障碍，称为耐糖现象失常。

1. 正常人糖耐量曲线特点　空腹血糖正常（3.9~6.1 mmol/L）。口服 75 g 葡萄糖，1 小时内达到峰值（<9.0 mmol/L），不超过肾糖阈；2~2.5 小时内回落至空腹水平。

2. 糖尿病患者糖耐量曲线特点　空腹血糖高于正常水平（>6.1 mmol/L），1~1.5 小时内达到峰值，超过肾糖阈（>10 mmol/L）；2.5 小时后不能回落至空腹水平。

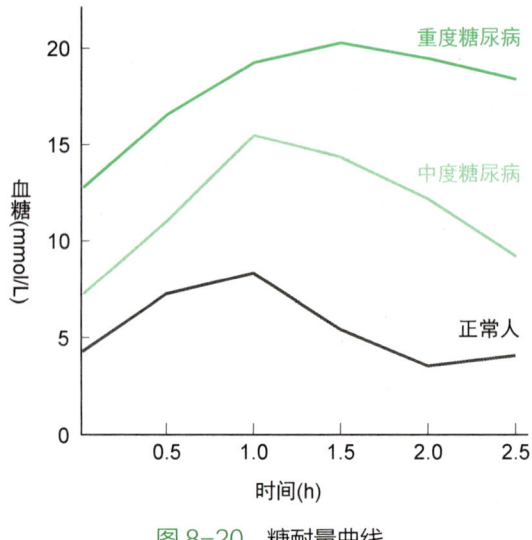

图 8-20　糖耐量曲线

五、糖代谢紊乱与治疗药物

先天性酶缺陷、内分泌失调、肝功能不全、肾功能不全等各种因素均会引起糖代谢紊乱，呈现低血糖、高血糖及糖尿等症状。

（一）低血糖

空腹血糖浓度低于 2.8 mmol/L（50 mg/dL）时称为低血糖（hypoglycemia）。低血糖影响脑功能，因为脑细胞所需要的能量主要来自葡萄糖氧化。低血糖时会出现倦怠、头晕、心悸、出冷汗、手颤等症状，严重低血糖（severe hypoglycemia）时会出现昏迷症状，需要补充血糖甚至应用胰高血糖素。

导致低血糖的因素有：①饥饿或禁食。②高强度运动导致组织细胞糖消耗增加。③严重肝病导致糖原合成或糖异生减少。④临床治疗胰岛素应用过量。⑤胰岛 β 细胞功能亢进导致胰岛素分泌过多，胰岛 α 细胞功能低下或肾上腺皮质功能低下等导致升血糖激素分泌不足。⑥孕妇饮食间隔时间过长。⑦早产儿、低出生体重儿。

根据上述临床表现，低血糖患者可口服葡萄糖或其他糖类，必要时静脉输入葡萄糖，以保证患者的基本能量供应。

（二）高血糖及糖尿

临床高血糖（hyperglycemia）包括以下三类受检者。①未曾诊断为糖尿病者：空腹血糖高于 125 mg/dL。②糖尿病前期者：空腹血糖 100~125 mg/dL。③糖尿病患者：餐后 1~2 小时血糖高于 180 mg/dL。血糖超过肾糖阈 8.9~10.0 mmol/L 时出现糖尿（glucosuria）。

1. 生理性高血糖和糖尿　生理性高血糖和糖尿包括：①高糖饮食致使血糖升高过快引起的高血糖和饮食性糖尿。②交感神经兴奋致使肾上腺素分泌过多引起的高血糖和情感性糖尿。

2. 垂体性糖尿　垂体性糖尿是指生长激素分泌过多引起血糖升高而出现的糖尿。

3. 肾性糖尿　肾性糖尿是指由慢性肾炎、肾病综合征等肾病导致肾小管葡萄糖重吸收障碍、肾糖阈降低而出现的糖尿。虽然出现尿糖症状，但血糖和糖耐量曲线正常，不属于糖代谢紊乱。

(三) 糖尿病

糖尿病（diabetes mellitus）是由胰岛素分泌不足、胰岛素抵抗等引发的一类代谢综合征，临床表现为持续性高血糖和糖尿。目前全球有 5.37 亿糖尿病患者，每年因糖尿病死亡人数超过 400 万人。预计 2045 年糖尿病患者将达到 7 亿。

2019 年世界卫生组织（WHO）更新了糖尿病的分型，将其分为 1 型糖尿病、2 型糖尿病、混合型糖尿病、其他特殊型糖尿病、未分型糖尿病和妊娠期首次发现的糖尿病 6 大类。

拓展阅读 8-18：《2025 版糖尿病诊疗标准》（美国糖尿病学会）

1. 1 型糖尿病　1 型糖尿病又称胰岛素依赖型糖尿病，约占 5%。病因是胰岛素合成和分泌不足（大多数是因为自身免疫导致胰岛 β 细胞持续性破坏），主要表现为细胞摄取葡萄糖能力下降，糖异生、脂肪动员和酮体生成增加。1 型糖尿病见于各年龄段，但多数发病于青少年期甚至童年期，需要胰岛素终身治疗。

1 型糖尿病的典型症状为"三多一少"，即多饮、多尿、多食、体重减少。

2. 2 型糖尿病　2 型糖尿病又称非胰岛素依赖型糖尿病，约占 90%。病因主要是胰岛素抵抗，可伴 β 细胞功能缺陷（在葡萄糖刺激时，患者的胰岛素水平可稍低、基本正常、高于正常或分泌高峰延迟），后天诱发因素包括肥胖、缺乏运动及不健康饮食，其中肥胖是重要的诱发因素。治疗方案包括改变生活方式、减肥、口服药物、注射胰岛素。2 型糖尿病通常在成年期发病，与 1 型糖尿病的主要区别是胰岛素基础水平和释放曲线不同。

2 型糖尿病症状与 1 型糖尿病相似，即多饮、多尿、缺乏精力、疲倦、伤口愈合缓慢、皮肤反复感染、视野模糊、手脚刺痛或麻木。

3. 糖尿病血液指标　血糖、果糖胺和糖化血红蛋白被用于糖尿病的诊断及评价疗效，并指导预防糖尿病并发症。

拓展阅读 8-19：糖尿病相关的生物标志物

（四）糖尿病药物

糖尿病药物又称糖尿病用药（XA10），包括胰岛素及其类似物和其他降血糖药物。1 型糖尿病患者需要胰岛素终身治疗。2 型糖尿病患者初期侧重健康饮食、增加运动、控制体重等非医疗措施。之后需要口服非胰岛素药物，从单一用药到联合用药。当非胰岛素药物不足以控制血糖时，2 型糖尿病患者需要应用胰岛素。

糖尿病药物可分为胰岛素及其类似物（XA10A）、降血糖药物（不含胰岛素）（XA10B）、其他糖尿病用药（XA10X）。

拓展阅读 8-20：糖尿病药物

第七节　肝脏与糖代谢

肝脏是物质代谢中枢，是生理稳态控制中心。各组织的交换和交流均通过血液循环实施，肝脏通过维持血液稳态维护生理稳态。血液稳态包括血中糖、脂质、氨基酸、蛋白质、氨、维生素、微量元素等的稳态。当血液中某种成分过高时，肝脏会加快摄取、转化，促使其回落到正常水平；当某种成分过低时，肝脏会加快分泌、动员，促使其回升至正常水平。

和其他组织相比，肝脏的摄取和分泌不是服务于肝脏自身，而是服务于血液循环，服务于整体。

肝在糖代谢中最重要的作用是通过糖原代谢与糖异生维持血糖稳态。

1. 饱食状态　血糖升高，一方面大量的葡萄糖被肝细胞通过葡萄糖转运蛋白 2（GLUT2）摄取，优先用于合成肝糖原储存，过多部分可转化为脂肪，并以极低密度脂蛋白的形式输出，储存于脂肪组织。另一方面糖异生减少，限制血糖补充，从而使血糖回落。

2. 空腹状态　血糖下降，肝脏将肝糖原分解为葡萄糖，补充血糖，从而使血糖回升。

3. 禁食 12~24 小时　肝糖原耗尽，肝脏通过提高糖异生效率加快葡萄糖合成，补充血糖，维持血糖稳态。

严重肝功能障碍时肝糖原代谢及糖异生减少，难以维持血糖稳态，因而出现进食后高血糖、空腹时低血糖。

肝葡萄糖转运蛋白 2 转运效率极高，所以肝细胞葡萄糖水平和血糖基本一致。肝葡萄糖激酶活性不受 6-磷酸葡萄糖抑制，使肝细胞可以在高血糖时持续摄取葡萄糖。葡萄糖激酶 K_m 高于其他己糖激酶，使肝细胞在低血糖时不与其他组织争夺葡萄糖。

思考题

1. 试述 6-磷酸葡萄糖的代谢来源和去路，分析不同生理状态下，机体如何选择不同的代谢途径。
2. 乳酸在机体中参与哪些代谢？
3. 机体如何调节糖原合成和糖原分解使其能有条不紊的进行？
4. 试分析在短跑和长跑时肌组织获取能量的方式。
5. 当机体糖摄入较多时，水溶性维生素摄入应有何变化？为什么？
6. 试从营养代谢的角度分析，长期过量摄入糖会引起肥胖。
7. 试从生物化学角度分析长期高血糖的可能影响。
8. 临床上治疗糖尿病有哪些药物？其降糖作用机制是什么？
9. 为什么机体以糖为主要供能物质？

（姜　颖　杨晓敏）

第九章

脂质代谢

人体脂质含量约占体重的 15%。《中国居民膳食营养素参考摄入量》（2023 版）推荐成人每日总脂肪摄入量以提供人体代谢能的 20%~30% 为宜。脂质的疏水性决定了它在体内的存在形式及分布、储存、运输、代谢等方面都有其独特性。本章以甘油三酯、磷脂、胆固醇、血浆脂蛋白为核心介绍人体脂质代谢。

第一节 脂质消化吸收

正常成人每日脂质摄入量为 50~100 g，其中 90% 以上是甘油三酯，5% 是磷脂，另有少量胆固醇酯、胆固醇、脂溶性维生素。通过能量代谢为生命活动提供的能量占总代谢能的 20%~40%。

一、脂质消化

食物脂质消化始于胃，但以小肠为主。和食物糖及蛋白质等成分相比，脂质在小肠消化时需先被胆汁乳化。

1. 甘油三酯水解 甘油三酯不能在口腔内水解，因为口腔黏膜及唾液腺不分泌脂肪酶。

甘油三酯在胃内的水解过程依赖胃贲门分泌的胃脂肪酶（gastric lipase，最适 pH 4~5.4），该酶可催化甘油三酯水解生成甘油二酯、甘油一酯、甘油和脂肪酸，水解甘油三酯时先水解 sn-3 酯键，可消化新生儿和婴儿摄入母乳脂肪的 50% 和成人食物脂肪的 15%。

甘油三酯主要在小肠（特别是十二指肠和空肠）中水解，水解过程依赖胰腺分泌的胰脂肪酶和辅脂酶及肝脏分泌的胆汁。胆汁中的胆汁酸是较强的表面活性剂，可以和胆汁中的磷脂酰胆碱一起将食物脂质乳化成直径大于 100 nm 的乳滴。辅脂酶（colipase）将胰脂肪酶锚定在乳滴表面

（脂水界面），且协助其抗胆汁酸抑制。胰脂肪酶（pancreatic lipase，最适 pH 6.7~7.0）可催化甘油三酯（特别是长链脂肪酸甘油三酯）水解生成 2-甘油一酯，还可催化视黄醇酯水解。

2. **胆固醇酯水解** 食物总胆固醇很少，其中一部分为胆固醇酯，被胰腺分泌的胆固醇酯酶（cholesteryl esterase）水解成游离胆固醇和脂肪酸。

胆固醇酯酶又称胆盐激活脂肪酶（bile salt-activated lipase，BAL），可催化胆固醇酯、磷脂、溶血磷脂、甘油酯水解。

3. **磷脂水解** 甘油磷脂在小肠中被胰腺分泌的磷脂酶 A_2（phospholipase A_2）水解，生成脂肪酸和 2-溶血磷脂。2-溶血磷脂被顶端膜磷脂酶 D_2（或摄取后被内质网膜磷脂酶 D_1）水解成溶血磷脂酸。

磷脂酶 A_2 以酶原形式分泌，在十二指肠被胰蛋白酶切除激活肽激活，也可被凝血酶激活或自激活（autocatalytically）。磷脂酶 A_2 以 Ca^{2+} 为辅助因子、胆酸为变构激活剂、牛磺鹅去氧胆酸为变构抑制剂。

小肠顶端膜有一种磷脂酶 B（phospholipase B），属于单次跨膜蛋白，其活性中心位于细胞表面。该酶可能参与食物磷脂、甘油酯消化。

拓展阅读9-1：脂肪泻和急性胰腺炎

二、脂质消化产物吸收

脂质消化产物通过小肠（主要是十二指肠下段和空肠上段）上皮细胞吸收，根据水溶性不同有两类吸收方式。

（一）水溶性较差消化产物吸收

脂质消化产物主要是长链脂肪酸、甘油一酯、溶血磷脂、胆固醇和脂溶性维生素等。这些产物水溶性较差，需要被胆汁酸乳化成直径 3~6 nm 的胶束，才能在十二指肠下段及空肠上段通过小肠黏膜的表面水层，以不同方式被肠黏膜吸收。

1. 长链脂肪酸吸收 位于肠上皮细胞顶端膜（刷状缘膜）上的以下转运体可介导长链脂肪酸摄取。

（1）脂肪酸转运蛋白 4：脂肪酸转运蛋白 4（fatty acid transport protein 4，FATP4，SLC27A4）是介导脂肪酸摄取的主要转运蛋白，摄取机制为易化扩散。

（2）脂肪酸转位酶：脂肪酸转位酶（fatty acid translocase，FAT）又称白细胞分化抗原 CD36（leukocyte differentiation antigen CD36，CD36），摄取机制为内吞。脂肪酸转位酶还介导胆固醇摄取。

2. 胆固醇吸收 顶端膜 NPC1 样细胞内胆固醇转运蛋白 1 可介导胆固醇摄取，摄取机制为内吞。该转运蛋白是调节血脂药（XC10AX）依折麦布的靶点。依折麦布是目前唯一一种药用肠道胆固醇吸收选择性抑制剂。

食物中的膳食纤维能与胆汁酸形成复合物，抑制胆固醇吸收。

3. 其他 甘油一酯、溶血磷脂和溶血磷脂酸可能通过被动扩散机制被摄取。

4. 再酯化 水溶性较差消化产物被肠上皮细胞摄取后需重新合成甘油三酯等。

（1）甘油三酯再合成：脂肪酸合成甘油三酯及其他脂质时必须先活化，即与辅酶 A 缩合生成脂酰辅酶 A（又称活性脂肪酸）。肠上皮细胞滑面内质网膜极长链脂酰辅酶 A 合成酶 4（very long-chain acyl-CoA synthetase 4，ACSVL4，即 FATP4）可将长链脂肪酸转入内质网，并催化其活化（图 9-1）。

图 9-1 脂肪酸活化

脂酰辅酶 A 合成酶催化的反应可逆，但生成的焦磷酸被焦磷酸酶不可逆地水解成磷酸，导致脂酰辅酶 A 合成反应在生理条件下不可逆。

人类基因组编码 14 种长链、极长链脂酰辅酶 A 合成酶，其中 6 种还是长链脂肪酸转运蛋白（long-chain fatty acid transport protein）。生物体内有许多蛋白质有两种或多种完全不同的功能，它们统称为兼职蛋白、月光蛋白（moonlighting protein）。

脂酰辅酶 A 与 2-甘油一酯缩合依次生成 1,2-甘油二酯、甘油三酯。反应由滑面内质网膜 2-脂酰甘油-O-脂酰转移酶 3（2-acylglycerol O-acyltransferase 3，MGAT3）催化。该合成途径称为甘油三酯合成的甘油一酯途径（monoacylglycerol pathway）（图 9-2）。

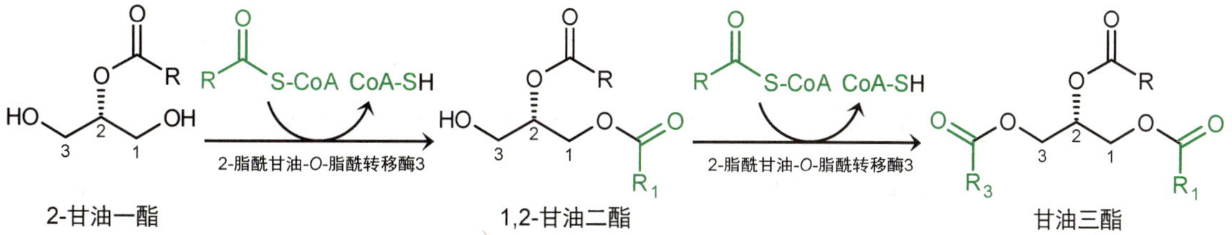

图 9-2 甘油三酯合成——甘油一酯途径

脂酰辅酶 A 其他去向是氧化供能，复合脂合成，变构调节关键酶活性，信号转导，蛋白质酰化。

（2）胆固醇酯再合成：滑面内质网膜胆固醇酰基转移酶（cholesterol acyltransferase，又称脂酰辅酶A-胆固醇酰基转移酶，acyl-coenzyme A：cholesterol acyltransferase，ACAT）催化脂酰辅酶A与胆固醇缩合生成胆固醇酯（图9-3）。

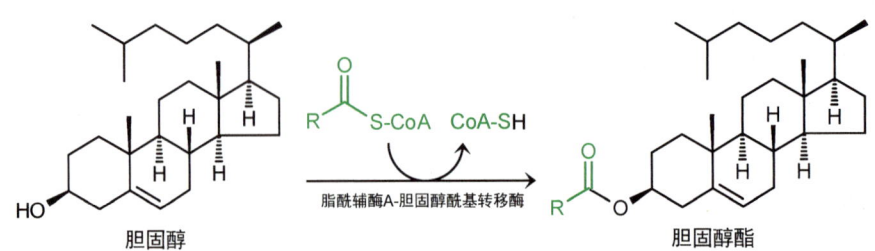

图 9-3　细胞质胆固醇酯化

5. 乳糜微粒形成　甘油三酯、胆固醇酯和食物脂溶性维生素在小肠上皮细胞粗面内质网腔与载脂蛋白（apolipoprotein，Apo）B-48、A-Ⅳ、磷脂形成前乳糜微粒（prechylomicron），以囊泡形式运至高尔基体，与apo A-Ⅰ、apo A-Ⅱ结合，成为新生乳糜微粒，以囊泡形式运至基底侧膜，分泌至毛细淋巴管，经淋巴系统进入血液循环。

乳化脂质的胆汁酸并不随食物脂质一同吸收，而是继续下行到回肠和结肠部位被重吸收。其中回肠顶端膜存在钠胆汁酸协同转运蛋白（SLC10A2），以主动转运机制介导摄取游离胆汁酸和结合胆汁酸：胆汁酸（细胞外）+ 2Na$^+$（细胞外）→ 胆汁酸（细胞内）+ 2Na$^+$（细胞内）。

（二）水溶性较好消化产物吸收

水溶性较好的消化产物包括短链脂肪酸、中链脂肪酸和甘油。它们被肠上皮细胞摄取后不需要再酯化，可以直接从基底侧膜进入毛细血管。

第二节　甘油三酯合成代谢

食物脂质以甘油三酯为主，消化吸收后可通过血液循环运输，被各组织摄取和利用。甘油三酯需要先水解成脂肪酸，才能被组织摄取，用于氧化供能、更新膜脂等，但许多是重新合成甘油三酯，储存于脂库。

一、甘油三酯合成

甘油三酯的合成原料是甘油和脂肪酸，需要ATP供能。生化反应方程式如下：

甘油 + 3脂肪酸 + 7ATP + 4H$_2$O → 甘油三酯 + 7(ADP+P$_i$)

1. 合成过程　脂肪酸和甘油均需先活化再合成甘油三酯。脂肪酸活化反应由位于线粒体外膜或内质网膜上的长链脂酰辅酶A合成酶（long-chain acyl-CoA synthetase，LACS）催化，催化机制同极长链脂酰辅酶A合成酶4（参见图9-1）。人类基因组编码5种长链脂酰辅酶A合成酶，它们以Mg^{2+}为辅助因子。

（1）甘油活化：甘油磷酸化生成 3- 磷酸甘油，消耗 1 分子 ATP。反应由甘油激酶（glycerol kinase）催化（图 9-4 ①）。

脂肪细胞没有甘油激酶，故不能以甘油为原料合成甘油三酯及其他甘油脂，而是以糖代谢中间产物磷酸二羟丙酮还原生成 3- 磷酸甘油。反应由细胞质 3- 磷酸甘油脱氢酶［NAD^+］催化。实际上肝细胞也主要以该方式合成 3- 磷酸甘油（参见图 7-22）。

（2）2- 溶血磷脂酸合成：3- 磷酸甘油与脂酰辅酶 A 缩合生成 2- 溶血磷脂酸。反应由内质网膜 3- 磷酸甘油酰基转移酶（glycerol-3-phosphate acyltransferase）催化（图 9-4 ②）。

（3）磷脂酸合成：2- 溶血磷脂酸与脂酰辅酶 A 缩合生成磷脂酸。反应由内质网膜 2- 溶血磷脂酸酰基转移酶（lysophosphatidic acid acyltransferase，AGPAT）催化（图 9-4 ③）。

（4）1,2- 甘油二酯合成：磷脂酸水解成 1,2- 甘油二酯。反应由内质网膜磷脂酸磷酸酶（phosphatidate phosphatase）催化，该酶以 Mg^{2+} 为辅助因子（图 9-4 ④）。

（5）甘油三酯合成：甘油二酯与脂酰辅酶 A 缩合生成甘油三酯。反应由内质网膜甘油二酯酰基转移酶（diglyceride acyltransferase，又称二酰基甘油酰基转移酶）催化，是控制甘油三酯合成的关键步骤（图 9-4 ⑤）。

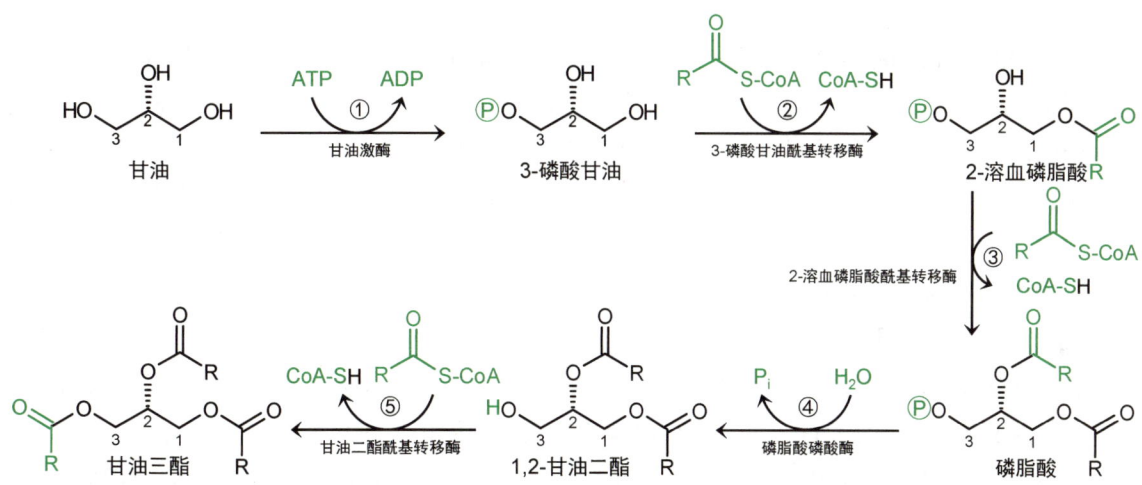

图 9-4　甘油三酯合成——甘油二酯途径

该合成途径称为甘油三酯和甘油磷脂合成的甘油二酯途径（diacylglycerol pathway）、Kennedy 途径（Kennedy pathway），是肝细胞和脂肪细胞合成甘油三酯的主要途径，也是磷脂酰胆碱和磷脂酰乙醇胺的合成途径。肠上皮细胞也通过该途径合成一部分甘油三酯。

2. 合成部位和意义　甘油三酯在许多组织细胞都有合成，但在肝细胞、脂肪细胞和小肠上皮细胞合成最多。这些组织细胞合成甘油三酯的原料来源和合成意义不尽相同。

肝细胞通过甘油二酯途径合成甘油三酯，合成最多，产物基本全部以极低密度脂蛋白形式输出，供给其他组织细胞。合成所需的脂肪酸既可以来自血浆脂蛋白代谢，又可以自身合成，合成原料主要是食物葡萄糖，另有少量氨基酸等。合成意义是转化，将其他营养物转化为甘油三酯。

脂肪细胞通过甘油二酯途径合成甘油三酯，合成所需的脂肪酸主要来自血浆脂蛋白代谢。合成意义是储存，必要时再动员，供给其他组织细胞。

小肠上皮细胞主要通过甘油一酯途径合成甘油三酯，是甘油一酯的再酯化。合成所需的脂肪酸主要来自食物脂质消化吸收。合成意义是吸收，协助吸收食物脂质消化产物。此外，小肠上皮细胞也会从血浆摄取少量脂肪酸，通过甘油二酯途径合成甘油三酯。

拓展阅读 9-2：噻唑烷二酮类降血糖药物

二、脂肪酸合成

机体脂肪酸并非全部来自食物脂质摄入（外源性脂肪酸），有一部分是自身合成的（内源性脂肪酸）。许多组织细胞都能合成脂肪酸，合成最多的是肝细胞。肝细胞合成脂质所需的脂肪酸有 75% 来自细胞外，25% 来自自身合成。

脂肪酸主要在细胞质中合成，基本合成原料是乙酰辅酶 A，此外还需要 NADPH 提供还原当量，ATP 供能。乙酰辅酶 A 主要来自葡萄糖氧化，NADPH 主要来自磷酸戊糖途径，ATP 来自生物氧化。脂肪酸合成可分为三个层面：①棕榈酸从头合成，由脂肪酸合成酶催化。②脂肪酸延长，由延长酶系催化。③不饱和脂肪酸合成，由去饱和酶系催化。

（一）乙酰辅酶 A 转运

葡萄糖、氨基酸等降解为乙酰辅酶 A 发生在线粒体基质中，乙酰辅酶 A 合成脂肪酸主要发生在细胞质中。乙酰辅酶 A 不能以被动扩散方式通过线粒体内膜，可以通过以下循环从线粒体基质转运到细胞质中。

1. 柠檬酸-丙酮酸穿梭 柠檬酸-丙酮酸穿梭（citrate-pyruvate shuttle）又称柠檬酸-丙酮酸循环（citrate-pyruvate cycle）。①线粒体基质中的乙酰辅酶 A 与草酰乙酸缩合生成柠檬酸，反应由柠檬酸合酶催化。②柠檬酸通过线粒体内膜上的柠檬酸转运蛋白（又称三羧酸转运蛋白，tricarboxylate transport protein）转运到细胞质中。③柠檬酸裂解生成乙酰辅酶 A 和草酰乙酸，反应由柠檬酸裂解酶（citrate cleavage enzyme，又称柠檬酸裂合酶，citrate-lyase）催化。④草酰乙酸还原生成苹果酸，反应由细胞质苹果酸脱氢酶 1 催化。⑤苹果酸氧化脱羧生成丙酮酸和 NADPH，反应由细胞质苹果酸酶 1（malic enzyme 1）催化。该酶以 $NADP^+$、Mg^{2+}、Mn^{2+} 为辅助因子，还可催化草酰乙酸脱羧生成丙酮酸和 CO_2。⑥丙酮酸通过线粒体丙酮酸载体转运到线粒体基质中。⑦丙酮酸羧化生成草酰乙酸，反应由丙酮酸羧化酶催化（图 9-5 ①~⑦）。

2. 柠檬酸-苹果酸穿梭 柠檬酸-苹果酸穿梭（citrate-malate shuttle）又称柠檬酸-苹果酸循环（citrate-malate cycle）。即细胞质中生成的苹果酸也可由 α-酮戊二酸转运蛋白或柠檬酸转运蛋白转运到线粒体基质中，由苹果酸脱氢酶 2 催化脱氢生成草酰乙酸（图 9-5 ①~④、⑧~⑨）。

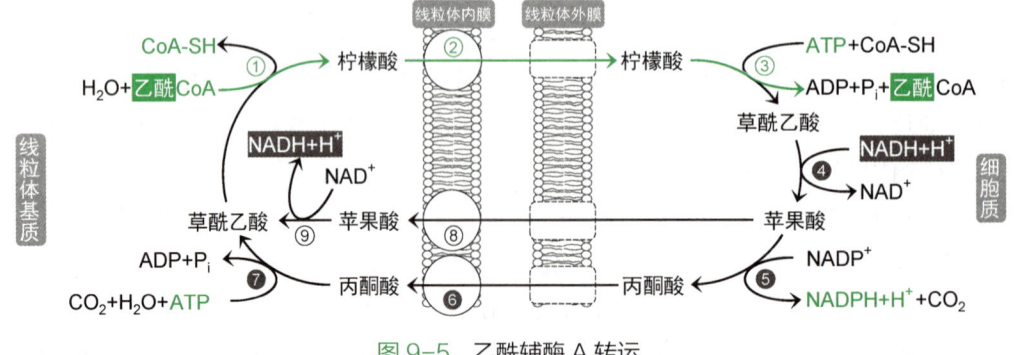

图 9-5 乙酰辅酶 A 转运

（二）乙酰辅酶 A 活化

生物分子的合成原料多需活化，如糖原的合成原料葡萄糖需要活化为 UDP- 葡萄糖，甘油三酯的合成原料甘油和脂肪酸需要活化为 3- 磷酸甘油和脂酰辅酶 A。脂肪酸的合成原料乙酰辅酶 A 也需要活化，活化产物是丙二酰辅酶 A。活化反应由乙酰辅酶 A 羧化酶（acetyl-CoA carboxylase，ACC）催化，该酶是一个双功能酶，以生物素、Mg^{2+} 和 Mn^{2+} 为辅助因子，催化反应机制与丙酮酸羧化酶一致（图 9-6）。

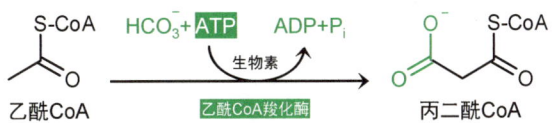

图 9-6 乙酰辅酶 A 活化

拓展阅读 9-3：脂肪酸合成机制研究

（三）棕榈酸合成

棕榈酸（palmitic acid）又称软脂酸，是人体内从头合成的主要脂肪酸。其基本合成原料是 8 分子乙酰辅酶 A，其中 7 分子需要活化为丙二酰辅酶 A。合成过程是乙酰辅酶 A 经历 7 次循环，每次循环从丙二酰辅酶 A 获得一个二碳单位（乙酰基），最终加长为棕榈酸。

1. 脂肪酸合成酶　催化脂肪酸从头合成的酶称为脂肪酸合成酶（又称脂肪酸合酶，fatty acid synthase，FAS），人的脂肪酸合成酶是一种多功能酶，含有 7 个活性中心和 1 个酰基载体蛋白结构域：① ACP- 乙酰转移酶（ACP acetyltransferase，AT）。② ACP- 丙二酰转移酶（ACP malonyltransferase，MAT）。③ 3- 酮酰 -ACP 合成酶（3-oxoacyl-ACP synthase，KS）。④ 3- 酮酰 -ACP 还原酶（3-oxoacyl-ACP reductase，KR）。⑤ 3- 羟酰 -ACP 脱水酶（3-hydroxyacyl-ACP dehydratase，DH）。⑥ 烯酰 -ACP 还原酶（enoyl-ACP reductase，ER）。⑦ 脂酰 -ACP 硫酯酶（acyl-ACP thioesterase，TE）。⑧ 酰基载体蛋白结构域（acyl carrier protein domain，ACP 结构域）。其中 ACP 结构域作为脂酰基的载体至关重要，其功能端的结构与辅酶 A 十分相似（参见图 6-11），因此在功能上可视为放大的辅酶 A。人的脂肪酸合成酶的活性形式为同二聚体（图 9-7）。

拓展阅读 9-4：哺乳动物脂肪酸合成酶结构

2. 棕榈酸合成过程　棕榈酸合成是一个循环过程（图 9-8）。

（1）乙酰 ACP 合成：一分子乙酰辅酶 A 与脂肪酸合成酶二聚体一个亚基的 ACP 结构域（以下简称 ACP）缩合，生成乙酰 ACP。反应由 ACP- 乙酰转移酶活性中心（以下简称 ACP- 乙酰转移酶，AT，其他活性中心同此）催化（图 9-8 ①）。

（2）丙二酰 ACP 合成：一分子丙二酰辅酶 A 与脂肪酸合成酶二聚体另一个亚基的 ACP 缩合，生成

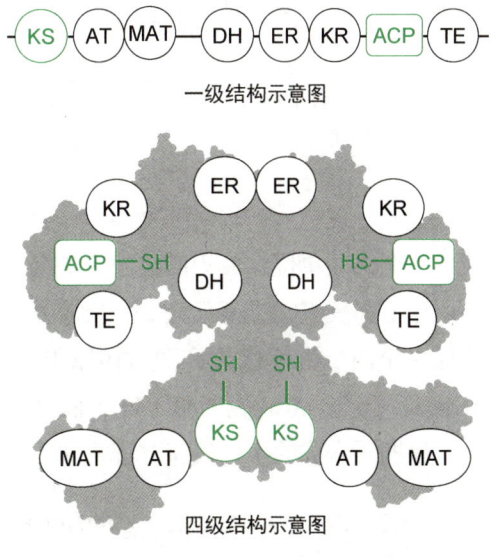

图 9-7 脂肪酸合成酶结构示意图

丙二酰 ACP。反应由 ACP-丙二酰转移酶（MAT）催化（图9-8②）。

（3）乙酰乙酰 ACP 合成：乙酰 ACP 与丙二酰 ACP 缩合，生成乙酰乙酰 ACP（又称 3-酮丁酰 ACP）。反应由 3-酮酰-ACP 合成酶（KS）催化（图9-8③）。

（4）乙酰乙酰 ACP 还原：生成 D-3-羟丁酰 ACP，由 NADPH 提供还原当量。反应由 3-酮酰-ACP 还原酶（KR）催化（图9-8④）。

（5）D-3-羟丁酰 ACP 脱水：生成反-2-烯丁酰 ACP。反应由 3-羟酰-ACP 脱水酶（DH）催化（图9-8⑤）。

（6）反-2-烯丁酰 ACP 还原：生成丁酰 ACP，由 NADPH 提供还原当量。反应由烯酰-ACP 还原酶（ER）催化（图9-8⑥）。

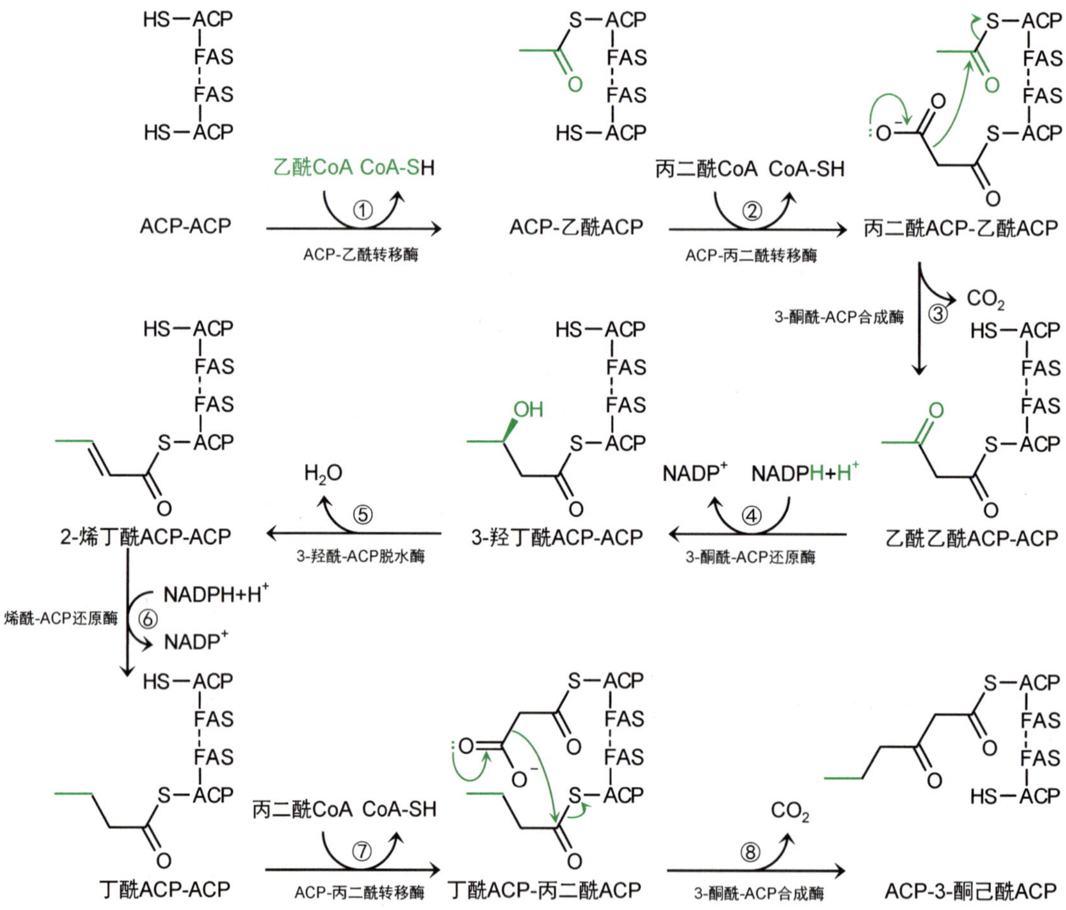

图 9-8　棕榈酸合成

至此，反应⑥的产物丁酰 ACP 与反应①的产物乙酰 ACP，结构一致，但乙酰基的酮基端加接了一个二碳单位，成为四碳的丁酰基。

接下来反应⑦重复反应②，反应⑧重复反应③……因此反应②~⑥形成循环。每循环一次都消耗一个丙二酰辅酶 A 和两对还原当量，脂酰基的酮基端加接一个二碳单位，直到生成棕榈酰 ACP，由脂酰-ACP 硫酯酶（TE）催化水解，生成棕榈酸。

棕榈酸合成的生化反应方程式如下：

乙酰CoA + 7丙二酰CoA + 14(NADPH + H$^+$) → 棕榈酸 + 7CO$_2$ + 14NADP$^+$ + 8CoA + 6H$_2$O

值得注意的是，细胞内有两条脂肪酸从头合成途径。细胞质中由脂肪酸合成酶催化的途径通常称为脂肪酸合成途径1（FAS type Ⅰ），线粒体中也有一条脂肪酸从头合成途径，通常称为脂肪酸合成途径2（FAS type Ⅱ）。脂肪酸合成途径2由线粒体脂肪酸合成酶系（mitochondrial fatty acid synthase，mtFAS）催化，合成产物主要是辛酸，用于合成硫辛酸，即丙酮酸脱氢酶复合体等的辅基。

（四）脂肪酸延长

脂肪酸延长（fatty acids elongation）是指由位于内质网膜上的脂肪酸延长酶系催化的长链脂肪酸合成。基本合成原料为饱和或不饱和长链脂酰辅酶A和丙二酰辅酶A，由NADPH提供还原当量。延长合成机制与棕榈酸从头合成机制一致，但不需要酰基载体蛋白。

1. 3-酮酰辅酶A合成 反应由脂肪酸延长酶（very long chain fatty acid elongase）催化，是脂肪酸延长合成的限速步骤。人类基因组编码7种脂肪酸延长酶，均为内质网膜酶，活性中心位于胞质面（cytosolic face）。

$$\text{脂酰CoA}(C_n) + \text{丙二酰CoA} \rightarrow \text{3-酮酰CoA}(C_{n+2}) + CO_2 + CoA$$

2. 3-酮酰辅酶A还原 反应由3-酮酰辅酶A还原酶催化。

$$\text{3-酮酰CoA}(C_{n+2}) + NADPH + H^+ \rightarrow \text{3-羟酰CoA}(C_{n+2}) + NADP^+$$

3. 3-羟酰辅酶A脱水 反应由3-羟酰辅酶A脱水酶催化。

$$\text{3-羟酰CoA}(C_{n+2}) \rightarrow \text{反-2-烯酰CoA}(C_{n+2}) + H_2O$$

4. 反-2-烯酰辅酶A还原 反应由反-2-烯酰辅酶A还原酶催化。该酶的另一个功能是催化1-磷酸鞘氨醇还原。

$$\text{反-2-烯酰CoA}(C_{n+2}) + NADPH + H^+ \rightarrow \text{脂酰CoA}(C_{n+2}) + NADP^+$$

脂肪酸延长合成的生化反应方程式如下：

$$\text{脂酰CoA}(C_n) + \text{丙二酰CoA} + 2(NADPH + H^+) \rightarrow \text{脂酰CoA}(C_{n+2}) + CO_2 + CoA + 2NADP^+ + H_2O$$

（五）不饱和脂肪酸合成

人体内不饱和脂肪酸合成包括饱和脂肪酸Δ9去饱和合成不饱和脂肪酸，不饱和脂肪酸Δ6、Δ5去饱和合成多不饱和脂肪酸。反应由一组滑面内质网膜去饱和酶（desaturase）催化。

1. Δ9去饱和 硬脂酰辅酶A Δ9去饱和酶简称Δ9去饱和酶，以Fe^{2+}为辅助因子，在细胞色素b_5的协助下催化硬脂酰辅酶A、棕榈酰辅酶A去饱和生成油酰辅酶A、棕榈油酰辅酶A（图9-9）。

2. Δ6去饱和 脂酰辅酶A Δ6去饱和酶简称Δ6去饱和酶（D6D），在细胞色素b_5的协助下催化Δ^9-不饱和脂酰辅酶A的Δ6去饱和，例如亚油酰辅酶A去饱和生成γ亚麻酰辅酶A。

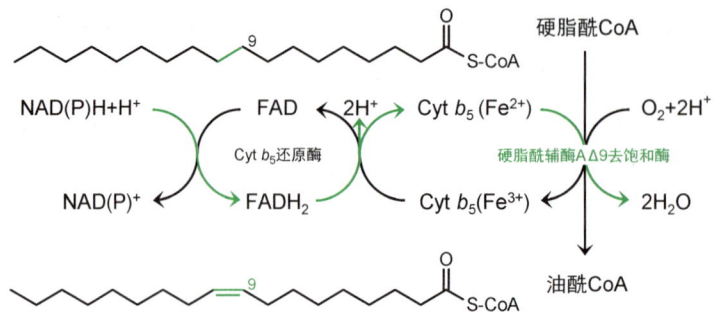

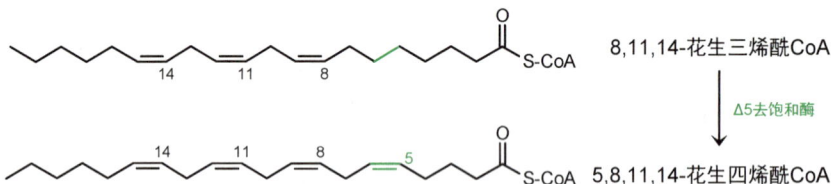

图 9-9　脂肪酸去饱和酶催化机制

3. Δ5 去饱和　脂酰辅酶 A-(8-3)- 去饱和酶简称 Δ5 去饱和酶（D5D），在细胞色素 b_5 的协助下催化 Δ^8- 不饱和脂酰辅酶 A 的 Δ5 去饱和，例如 8,11,14- 花生三烯酸、8,11,14,17- 花生四烯酸去饱和分别生成 5,8,11,14- 花生四烯酸、5,8,11,14,17- 花生五烯酸。

人体内没有 Δ12、Δ15 去饱和酶，因而不能合成亚油酸、α 亚麻酸，它们是必需脂肪酸。

（六）脂肪酸合成调节

营养水平和血液游离脂肪酸水平是影响脂肪酸合成的主要因素。催化乙酰辅酶 A 转运的柠檬酸裂解酶、乙酰辅酶 A 活化的乙酰辅酶 A 羧化酶、脂肪酸合成的脂肪酸合成酶的活性受到调节，其中乙酰辅酶 A 羧化酶是控制脂肪酸合成的主要关键酶。

1. 柠檬酸裂解酶　体外研究发现：①柠檬酸裂解酶被蛋白激酶 A、蛋白激酶 B、糖原合酶激酶 3、支链 α- 酮酸脱氢酶激酶（BDK）催化磷酸化激活，被蛋白磷酸酶 PPM1K 催化去磷酸化抑制。②去磷酸化柠檬酸裂解酶被 6- 磷酸葡萄糖、6- 磷酸果糖、2,6- 二磷酸果糖、5- 磷酸核酮糖、1,6- 二磷酸果糖激活。

2. 乙酰辅酶 A 羧化酶　人体内有两种乙酰辅酶 A 羧化酶同工酶，同工酶 1 为细胞质酶，同工酶 2 为线粒体外膜酶，其活性均受到严格调节，包括结构调节和水平调节。

（1）乙酰辅酶 A 羧化酶变构调节：两种同工酶均为变构酶，以单体、同二聚体、同四聚体、纤维状多聚体等不同活性形式存在，其中纤维状多聚体活性最高；均以柠檬酸为变构激活剂，柠檬酸促使其形成纤维状多聚体；均以饱和脂酰辅酶 A 和丙二酰辅酶 A 为变构抑制剂。

高糖饮食时血糖升高，糖代谢增加，ATP 增加，抑制异柠檬酸脱氢酶，导致异柠檬酸积累，进而导致柠檬酸积累。柠檬酸被从线粒体基质转运到细胞质中，促使乙酰辅酶 A 羧化酶形成活性最高的纤维状多聚体，使脂肪酸合成加快。

高脂饮食或脂肪动员增加时，肝细胞摄取脂肪酸增加，脂酰辅酶 A 增加，变构抑制乙酰辅酶 A 羧化酶。

（2）乙酰辅酶 A 羧化酶化学修饰调节：乙酰辅酶 A 羧化酶活性受磷酸化 - 去磷酸化调节。磷酸化抑制寡聚化，抑制激活；去磷酸化促进寡聚化，促进激活。磷酸化由三种蛋白激酶催化，① AMP 活化蛋白激酶（AMPK，又称乙酰辅酶 A 羧化酶激酶、HMG-CoA 还原酶激酶）磷酸化修饰同工酶 1 的 Ser80、同工酶 2 的 Ser222。②蛋白激酶 A（PKA）磷酸化修饰同工酶 1 的 Ser1201。③周期蛋白依赖性激酶（cyclin-dependent kinase，CDK）磷酸化修饰同工酶 1 的 Ser1263。

AMP 活化蛋白激酶以 AMP 为必需变构激活剂。AMP 是低能荷标志，AMP 积累意味着 ATP 缺乏。AMP 通过激活 AMPK 促进生物氧化合成 ATP，抑制非紧迫性耗能代谢，包括脂肪酸合成、甘油三酯合成、糖原合成。

蛋白激酶 A 以 cAMP 为必需变构激活剂。cAMP 是胰高血糖素、肾上腺素等信号分子激活的信号通路的第二信使，是分解代谢标志，通过激活蛋白激酶 A 促进分解代谢，抑制非紧迫性耗能代谢。

研究表明，抑制乙酰辅酶 A 羧化酶 2 可抑制脂质诱导的胰岛素抵抗和 2 型糖尿病，故乙酰辅酶 A 羧化酶 2 为潜在药物靶点。

3. 脂肪酸合成酶 脂肪酸合成酶 Cys1471 巯基亚硝基化（S-nitrosylation）促进其二聚化激活。

第三节　甘油三酯分解代谢

肥胖、高脂血症等多种健康问题与甘油三酯代谢有直接关系，其发病机制和干预药物的研究至关重要。机体各种组织细胞几乎都能利用甘油三酯及其水解产物。脂库中的甘油三酯时刻都在更新。

一、脂肪动员

脂肪动员（fat mobilization）指脂肪细胞中的甘油三酯被水解成脂肪酸和甘油，供其他组织细胞利用的过程。在静息及中等运动状态下，脂肪动员释放的脂肪酸是机体的主要能量来源。骨骼肌和心肌等非脂肪细胞有脂滴（non-adipocyte lipid droplet），也有甘油三酯水解，但除肝细胞和肠上皮细胞外，其水解产物几乎只供细胞内利用。

（一）脂肪动员过程

脂肪细胞 90% 以上的甘油三酯依次由脂肪细胞甘油三酯脂肪酶、激素敏感性脂肪酶和甘油一酯脂肪酶催化水解（图 9-10）。

1. 脂肪细胞甘油三酯脂肪酶 脂肪细胞甘油三酯脂肪酶（adipose triglyceride lipase，ATGL）又称磷脂酶 A_2-ζ（PNPLA2），发现于 2004 年，主要功能是催化脂滴甘油三酯水解，且可水解其

图 9-10　脂肪动员

任何一个酯键，但优先水解 sn-2 酯键。此外还有以下功能：①视黄醇酯水解。②甘油磷脂 sn-2 酯键水解。③甘油酯之间、甘油酯与视黄醇之间酰基转移。

2. 激素敏感性脂肪酶 激素敏感性脂肪酶（hormone-sensitive lipase，HSL）发现于 1964 年，底物专一性广泛，可水解甘油三酯、甘油二酯、甘油一酯、胆固醇酯、视黄醇酯，水解甘油二酯效率最高，且优先水解其 sn-3 酯键。在脂肪细胞主要水解甘油酯生成游离脂肪酸，在类固醇激素生成细胞主要水解胆固醇酯生成游离胆固醇。激素敏感性脂肪酶得名于对大鼠脂肪动员的研究，该酶是最早阐明的控制大鼠脂肪动员的关键酶，其活性受化学修饰调节。

3. 甘油一酯脂肪酶 甘油一酯脂肪酶（monoacylglycerol lipase，MGL）发现于 1964 年，可水解 sn-1、sn-2 甘油一酯。

脂肪动员生成的甘油（通过一种水通道蛋白）和 25%～30% 的脂肪酸（通过脂肪酸转运蛋白）扩散入血，供给其他组织利用，其余脂肪酸在脂肪细胞内重新合成甘油三酯，形成底物循环。

（二）脂肪动员调节

脂肪动员速度因代谢状态而异，进食状态下脂肪动员慢，称为基础脂解（basal lipolysis）；禁食状态下脂肪动员快，称为诱导脂解（induced lipolysis）。

1. 脂肪细胞甘油三酯脂肪酶 活性受化学修饰调节。其 Ser404 可被蛋白激酶 A 催化磷酸化，禁食、中等强度运动或 β 肾上腺素受体激活时 Ser404 磷酸化均增加，酶活性部分增加。与脂滴结合蛋白 CGI-58 结合时完全激活。

2. 脂滴结合蛋白 CGI-58 脂滴结合蛋白 CGI-58（lipid droplet-binding protein CGI-58，comparative gene identification-58）又称 2-溶血磷脂酸酰基转移酶 ABHD5，是甘油三酯脂肪酶的辅激活蛋白（coactivator protein），但基础条件下与脂滴包被蛋白结合并包被于脂滴表面。脂肪动员时 CGI-58 与甘油三酯脂肪酶结合，可使其活性增加 20 倍。

3. 激素敏感性脂肪酶 脂肪动员时被脂滴包被蛋白募集，结合于脂滴表面而激活。

4. 脂滴包被蛋白 脂滴包被蛋白（perilipin）是包被于脂滴表面的一类蛋白质，是激素敏感性脂肪酶的激活蛋白，但基础条件下与脂滴结合蛋白结合并包被于脂滴表面。

（1）基础状态下，脂滴包被蛋白一方面对脂滴表面进行全包被，隔离脂肪酶，从而抑制脂肪动员；另一方面募集脂滴结合蛋白 CGI-58，阻止其激活甘油三酯脂肪酶，从而抑制脂肪动员。

（2）脂肪动员增加时，脂滴包被蛋白被磷酸化，构象改变，一方面暴露脂滴表面并增加其比表面，便于脂肪动员；另一方面既与脂滴结合蛋白 CGI-58 分离，又募集激素敏感性脂肪酶。脂滴结合蛋白 CGI-58 募集并激活甘油三酯脂肪酶，启动脂肪动员；激素敏感性脂肪酶催化甘油二酯水解，促进脂肪动员。

5. 激素调节 脂滴包被蛋白是脂肪细胞中蛋白激酶 A 的主要底物，其磷酸化和去磷酸化分别由蛋白激酶 A（PKA）和蛋白磷酸酶 1（PP1）催化，而蛋白激酶 A 和蛋白磷酸酶 1 的活性受促脂解激素和抗脂解激素控制。

促脂解激素（lipolysis-activating hormone，prolipolytic hormone）包括肾上腺素、去甲肾上腺素、胰高血糖素、甲状腺激素、生长激素、糖皮质激素和心钠素等。它们可以通过信号转导激活蛋白激酶 A，抑制蛋白磷酸酶 1，促进脂肪动员。

抗脂解激素（lipolysis-inhibitory hormone，antilipolytic hormone）包括胰岛素、前列腺素 E_2，

此外还有非激素信号神经肽 Y 和腺苷等。它们可以通过信号转导抑制蛋白激酶 A，激活蛋白磷酸酶 1，抑制脂肪动员。

二、甘油代谢

甘油可直接通过血液运输，被肝、肾、肠道、睾丸、棕色脂肪组织、哺乳期乳腺等组织摄取，在细胞质中由甘油激酶催化磷酸化生成 3- 磷酸甘油，3- 磷酸甘油由 3- 磷酸甘油脱氢酶催化脱氢生成磷酸二羟丙酮（参见图 7-22），进而进入糖酵解或糖异生（在肝或肾）途径。骨骼肌细胞和白色脂肪细胞内没有甘油激酶或活性极低，不能利用甘油。

三、脂肪酸氧化

大多数组织细胞都能氧化脂肪酸（神经细胞和红细胞除外），其中肝、心脏和骨骼肌氧化量最多，分别供给其静息态所需能量的 80%、80% 和 50% 以上。

甘油三酯供能的 95% 来自脂肪酸氧化供能，甘油氧化供能仅占 5%。

脂肪动员（和脂蛋白代谢）释放的长链脂肪酸进入血液循环后由白蛋白运输，1 分子白蛋白可结合 10 分子长链脂肪酸。各种组织细胞通过细胞膜脂肪酸转运蛋白（FATP）介导通过易化扩散摄取脂肪酸。

（一）脂肪酸的活化和转运

和脂肪酸合成脂质必须先活化一样，脂肪酸氧化分解时也必须先活化。脂肪酸氧化主要在线粒体中进行。中链和短链脂肪酸（≤C_{12}）先转运后活化，即通过被动扩散进入线粒体，由线粒体基质中的一组脂酰辅酶 A 合成酶（acyl-CoA synthetase，ACS）催化合成脂酰辅酶 A。长链脂肪酸先活化后转运，即由长链脂酰辅酶 A 合成酶（LACS）催化合成长链脂酰辅酶 A，再通过肉碱穿梭进入线粒体。极长链脂肪酸先氧化后转运，即在过氧化物酶体中氧化缩短，生成辛酰辅酶 A，再通过肉碱穿梭进入线粒体。

脂酰辅酶 A 肉碱穿梭（carnitine shuttle）：①脂酰辅酶 A 与细胞质 [L-] 肉碱（carnitine）缩合生成脂酰肉碱，反应由线粒体外膜肉碱棕榈酰转移酶 I（carnitine-O-palmitoyltransferase 1，CPT-I，活性中心位于胞质面）催化。②脂酰肉碱通过易化扩散进入线粒体基质，由线粒体内膜肉碱 - 脂酰肉碱转位酶（carnitine/acylcarnitine translocase，六次跨膜蛋白）介导。③脂酰肉碱与线粒体基质中的辅酶 A 发生基团转移反应生成脂酰辅酶 A，反应由线粒体内膜基质侧肉碱棕榈酰转移酶 II（CPT-II，属于周边蛋白）催化。④肉碱由肉碱 - 脂酰肉碱转位酶介导返回细胞质（图 9-11）。

（二）脂肪酸的 β 氧化

脂酰辅酶 A 通过脱氢、水化、再脱氢和硫解四步基本反应降解生成乙酰辅酶 A 并给出还原当量，生化反应方程式如下（以棕榈酰辅酶 A 为例）。

棕榈酰CoA + (FAD + H_2O + NAD^+) + CoA → 豆蔻酰CoA + 乙酰CoA + ($FADH_2$ + NADH + H^+)

两次脱氢导致脂酰辅酶 A 的 3- 亚甲基被氧化成 3- 酮基，C-3 又称 β 碳，因此降解过程被称为 β 氧化（β-oxidation）。

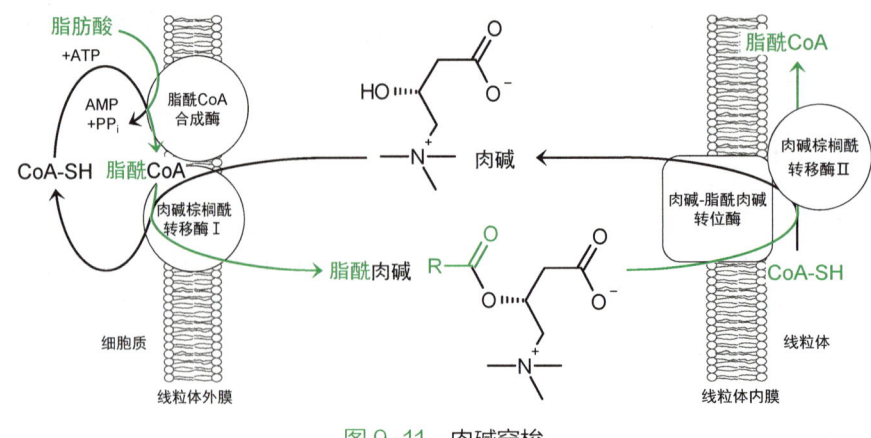

图 9-11 肉碱穿梭

1. 脂酰辅酶 A 脱氢　脂酰辅酶 A（C_n）脱氢生成反 -2- 烯酰辅酶 A（*trans*-2-enoyl-CoA）。反应由线粒体脂酰辅酶 A 脱氢酶（acyl-CoA dehydrogenase）催化（图 9-12 ①）。

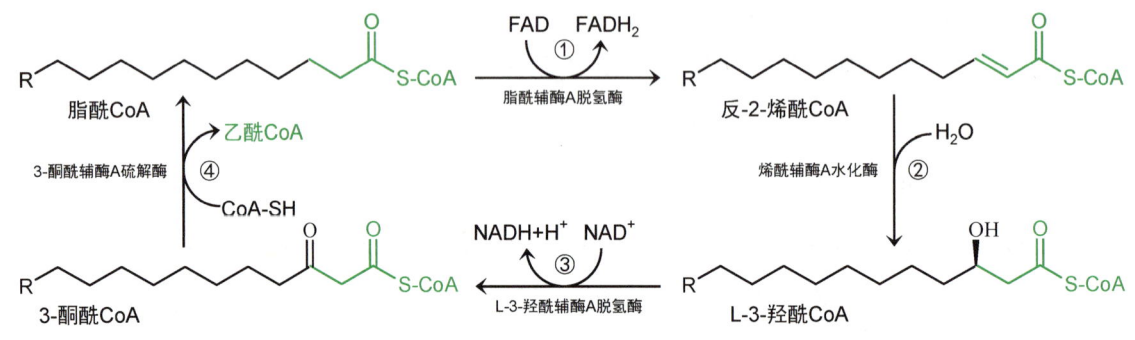

图 9-12　脂肪酸 β 氧化

脂肪酸氧化与呼吸链偶联：脂酰辅酶 A 脱氢酶将还原当量传递给线粒体基质中的一种电子传递黄素蛋白（electron-transferring flavin，ETF，αβ 异二聚体，α 亚基结合一个 FAD，β 亚基结合一个 AMP）的辅基 FAD，再通过线粒体内膜的一种电子传递黄素蛋白脱氢酶（electron-transferring-flavoprotein dehydrogenase，又称电子传递黄素蛋白泛醌氧化还原酶，electron transfer flavoprotein-ubiquinone oxidoreductase，以［4Fe-4S］型铁硫簇和 FAD 为辅基）的辅基 FAD 传递给呼吸链电子载体辅酶 Q（图 9-13）。

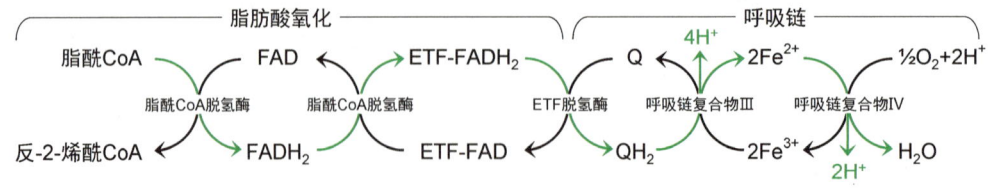

图 9-13　脂肪酸氧化与呼吸链偶联

线粒体中有一组脂酰辅酶 A 脱氢酶，均以 FAD 为辅基，只是底物脂酰辅酶 A 的碳链长度不同（表 9-1）。

2. 反 -2- 烯酰辅酶 A 水化　反 -2- 烯酰辅酶 A 加水生成 L-3- 羟酰辅酶 A（3-hydroxyacyl-CoA）。反应由线粒体基质烯酰辅酶 A 水化酶（enoyl-CoA hydratase）催化。该酶具有立体专一性，只催化反 -2- 烯酰辅酶 A 加水生成 L-3- 羟酰辅酶 A，即既不催化顺 -2- 烯酰辅酶 A 水化，也不

表 9-1 人体内主要脂酰辅酶 A 脱氢酶类

脂酰辅酶 A 脱氢酶	脂酰辅酶 A 长度（C_n）	亚细胞定位
极长链脂酰辅酶 A 脱氢酶（VLCAD）	$C_{12} \sim C_{24}$	线粒体内膜
长链脂酰辅酶 A 脱氢酶（LCAD）	$C_8 \sim C_{18}$	线粒体基质
中链脂酰辅酶 A 脱氢酶（MCAD）	$C_6 \sim C_{12}$	线粒体基质
短链脂酰辅酶 A 脱氢酶（SCAD）	$C_4 \sim C_6$	线粒体基质

生成 D-3- 羟酰辅酶 A（图 9-12 ②）。

3. L-3- 羟酰辅酶 A 脱氢 L-3- 羟酰辅酶 A 脱氢生成 3- 酮酰辅酶 A（3-ketoacyl-CoA，3-oxoacyl-CoA）。反应由线粒体基质 L-3- 羟酰辅酶 A 脱氢酶（L-3-hydroxyacyl-CoA dehydrogenase）催化（图 9-12 ③）。

4. 3- 酮酰辅酶 A 硫解 3- 酮酰辅酶 A 硫解（thiolysis）生成少了 2 个碳原子的截短脂酰辅酶 A（C_{n-2}）和一分子乙酰辅酶 A（C_2）。反应由线粒体 3- 酮酰辅酶 A 硫解酶（3-ketoacyl-CoA thiolase，T1，Cys92 为活性中心催化基因）催化（图 9-12 ④）。

截短脂酰辅酶 A 继续通过上述 β 氧化反应截短，每次都得到 $NADH（+H^+）$、$FADH_2$、乙酰辅酶 A 各 1 分子。例如棕榈酰辅酶 A 经过 7 轮 β 氧化反应降解为 8 分子乙酰辅酶 A，生化反应方程式如下：

$$棕榈酰CoA + 7(FAD + H_2O + NAD^+) + 7CoA \rightarrow 8乙酰CoA + 7(FADH_2 + NADH + H^+)$$

值得注意的是，除上述酶系外，线粒体内膜上还有一种三功能酶，是一种 $\alpha_2\beta_2$ 异四聚体，其中 α 亚基含有长链烯酰辅酶 A 水化酶和长链 3- 羟酰辅酶 A 脱氢酶活性中心，β 亚基含有 3- 酮酰辅酶 A 硫解酶活性中心，该酶主要催化中链脂肪酸和长链脂肪酸 β 氧化的后三步反应。

（三）β 氧化产物的氧化

以棕榈酸 β 氧化产物为例，在标准条件下，$7FADH_2$ 还原当量通过辅酶 Q 依次通过呼吸链复合物Ⅲ、细胞色素 c、呼吸链复合物Ⅳ传递给氧生成水，推动合成 10.5 ATP；$7NADH（+H^+）$ 还原当量通过呼吸链复合物Ⅰ传入 NADH 氧化呼吸链，通过氧化磷酸化推动合成 17.5 ATP；8 乙酰辅酶 A 通过三羧酸循环联合氧化磷酸化推动合成 80 ATP。由于棕榈酸活化成棕榈酰辅酶 A 消耗两个高能磷酸基团，相当于 2 ATP，因此 1 分子棕榈酸完全氧化可以推动合成 106 ATP，其生化反应方程式如下：

$$棕榈酸 + 23O_2 + 106(ADP + P_i) \rightarrow 16(CO_2 + H_2O) + 106(ATP + H_2O)$$

（四）脂肪酸氧化调节

脂肪酸氧化受关键酶调节和代谢物调节。

1. 关键酶调节 人类基因组编码两种肉碱棕榈酰转移酶Ⅰ：肝型肉碱棕榈酰转移酶Ⅰ（CPT1-L）和肌型肉碱棕榈酰转移酶Ⅰ（CPT1-M），其中肌型肉碱棕榈酰转移酶Ⅰ在心脏和骨骼肌含量最高，肝脏和肾脏均没有；肝型肉碱棕榈酰转移酶Ⅰ在肾和心脏含量最高，其次是肝脏和骨骼肌，其活性受丙二酰辅酶A抑制，其基因表达受脂肪酸诱导。肝型肉碱棕榈酰转移酶Ⅰ是控制肝细胞长链脂肪酸β氧化的关键酶。

高糖饮食时，肝细胞既促进脂肪酸合成（促使血糖回落），又抑制脂肪酸分解，抑制机制是在细胞质合成大量丙二酰辅酶A（参见乙酰辅酶A羧化酶变构调节）。丙二酰辅酶A抑制肝型肉碱棕榈酰转移酶Ⅰ，即抑制长链脂酰辅酶A转入线粒体，从而从源头上抑制长链脂肪酸β氧化。

高脂低糖饮食导致血脂升高，禁食增加脂肪动员导致血浆脂肪酸增加，均致使肝细胞摄取大量脂肪酸，通过激活PPARα上调脂蛋白脂肪酶、脂肪酸转运蛋白、脂肪酸结合蛋白、长链脂酰辅酶A合成酶、肉碱棕榈酰转移酶Ⅰ/Ⅱ、长链/中链脂酰辅酶A脱氢酶基因表达，促进长链脂肪酸β氧化。

肝型肉碱棕榈酰转移酶Ⅰ缺陷导致肝型肉碱棕榈酰转移酶Ⅰ缺乏症（carnitine palmitoyltransferase 1A deficiency，CPT1AD）。症状是严重的低酮性低血糖发作，通常发生在禁食或患病婴幼儿。

肉碱棕榈酰转移酶Ⅰ是糖尿病、冠心病等代谢紊乱潜在的药物靶点。

2. 代谢物调节 糖代谢增加时大量消耗NAD^+和辅酶A。消耗NAD^+导致3-羟脂酰辅酶A脱氢减慢，消耗辅酶A导致3-酮脂酰辅酶A硫解减慢。

拓展阅读9-5： 禁食与抗癌

（五）脂肪酸的其他氧化方式

β氧化是脂肪酸氧化的主要而非唯一途径，线粒体也不是β氧化的唯一区室（compartment）。

1. 过氧化物酶体脂肪酸β氧化 部分脂肪酸是在过氧化物酶体中氧化的，虽然也是以降解生成乙酰辅酶A为特征的β氧化，但与线粒体β氧化相比有以下区别：①底物专一性不同，主要氧化极长链脂肪酸和支链脂肪酸。②催化脂酰辅酶A脱氢的酶不同，是过氧化物酶体脂酰辅酶A氧化酶（peroxisomal acyl-coenzyme A oxidase，AOX）。③氧化释放的还原当量去向不同，$FADH_2$的还原当量直接以O_2为接受体，生成H_2O_2，H_2O_2由过氧化氢酶催化分解；NADH的需转运到细胞质甚至线粒体中。④乙酰辅酶A不能在过氧化物酶体中直接氧化，需转运到细胞质甚至线粒体中完成氧化或用于其他代谢。⑤氧化程度不同：不能完全降解至乙酰辅酶A，最后生成己酰辅酶A和短链脂酰辅酶A，需转运到细胞质中甚至线粒体中完成氧化或用于其他代谢。

2. 不饱和脂肪酸氧化 生物体内的脂肪酸有一半以上是不饱和脂肪酸，其氧化过程与饱和脂肪酸的β氧化基本一致，但所含的顺式双键会使基本的β氧化中止，需要额外的异构酶甚至还原酶消除顺式双键，才能继续进行并完成β氧化。

（1）异构酶：即烯酰辅酶A异构酶（enoyl-CoA isomerase），包括两种同工酶，同工酶1存在于线粒体基质中，同工酶2存在于线粒体基质和过氧化物酶体基质中。它们均催化以下反应（图9-14）。

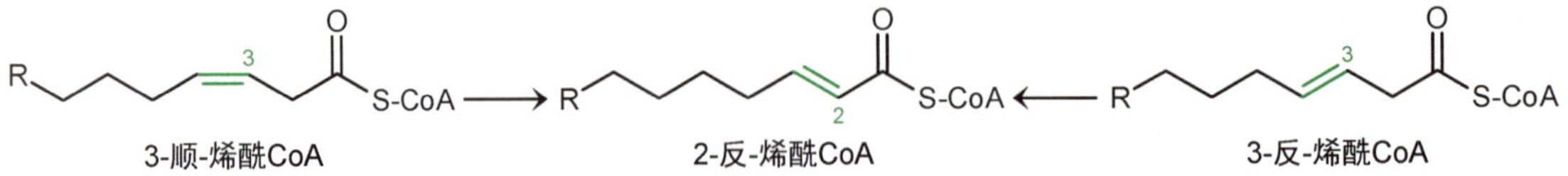

图9-14 烯酰辅酶A异构酶催化反应

如油酰辅酶A：①通过3次β氧化，得到3分子乙酰辅酶A，截短为3-顺十二碳烯酰辅酶

A。②由烯酰辅酶A异构酶催化异构为2-反十二碳烯酰辅酶A。③可继续进行5次β氧化,得到6分子乙酰辅酶A(图9-15)。

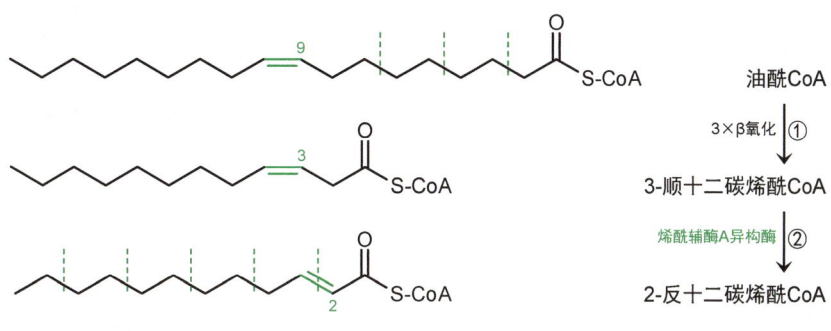

图9-15 油酰辅酶A氧化

(2)还原酶:即二烯酰辅酶A还原酶(2,4-dienoyl-CoA reductase),包括线粒体同工酶和过氧化物酶体同工酶。它们均催化以下反应(图9-16)。

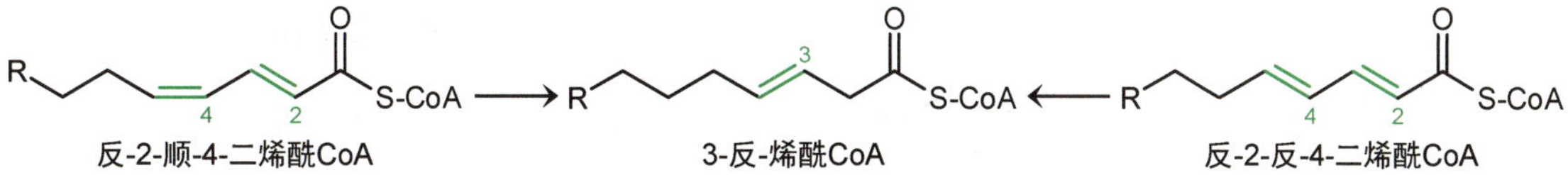

图9-16 二烯酰辅酶A还原酶催化反应

如亚油酰辅酶A:①通过3次β氧化后截短为顺-3-顺-6-十二碳二烯酰辅酶A。②由烯酰辅酶A异构酶催化异构为反-2-顺-6-十二碳二烯酰辅酶A。③继续进行1次β氧化,截短为4-顺十碳烯酰辅酶A。④由脂酰辅酶A脱氢酶催化脱氢生成反-2-顺-4-十碳二烯酰辅酶A。⑤由二烯酰辅酶A还原酶催化还原成3-反十碳烯酰辅酶A。⑥可继续进行并完成β氧化(图9-17)。

3. 奇数碳脂肪酸氧化 和偶数碳脂肪酸β氧化相比,奇数碳脂肪酸最后会生成1分子丙酰辅酶A(propionyl-CoA)。丙酰辅酶A将由3种线粒体酶催化转化为琥珀酰辅酶A(图9-18)。

(1)丙酰辅酶A羧化:生成D-甲基丙二酰辅酶A(D-methylmalonyl-CoA)。反应由丙酰辅酶A羧化酶(propionyl-CoA carboxylase)催化,该酶以生物素、Mg^{2+}、Mn^{2+}为辅助因子(图9-18①)。

(2)D-甲基丙二酰辅酶A异构:生成L-甲基丙二酰辅酶A(L-methylmalonyl-CoA)。反应由甲基丙二酰辅酶A差向异构酶(methylmalonyl-CoA epimerase,又称甲基丙二酰辅酶A消旋酶,methylmalonyl-CoA racemase)催化(图9-18②)。

(3)L-甲基丙二酰辅酶A异构:生成琥珀酰辅酶A。反应由甲基丙二酰辅酶A变位酶(methylmalonyl-CoA mutase)催化,该酶以腺苷钴胺为辅助因子。琥珀酰辅酶A可通过三羧酸循环转化为草酰乙酸,之后可以氧化供能,或合成氨基酸、葡萄糖。人体内丙酰辅酶A的主要来源包括奇数碳脂肪酸降解,缬氨酸、苏氨酸、异亮氨酸和蛋氨酸代谢,胆固醇转化(图9-18③)。

丙酰辅酶A羧化酶基因突变会导致丙酸血症1、丙酸血症2。甲基丙二酰辅酶A变位酶基因突变会导致甲基丙二酸血症、甲基丙二酸尿症。甲基丙二酸可抑制糖异生,从而导致低血糖和酮症的发生。

4. 脂肪酸α氧化 脂肪酸α氧化(α-oxidation)是指发生在脂肪酸C-2(α-碳)上的氧化。

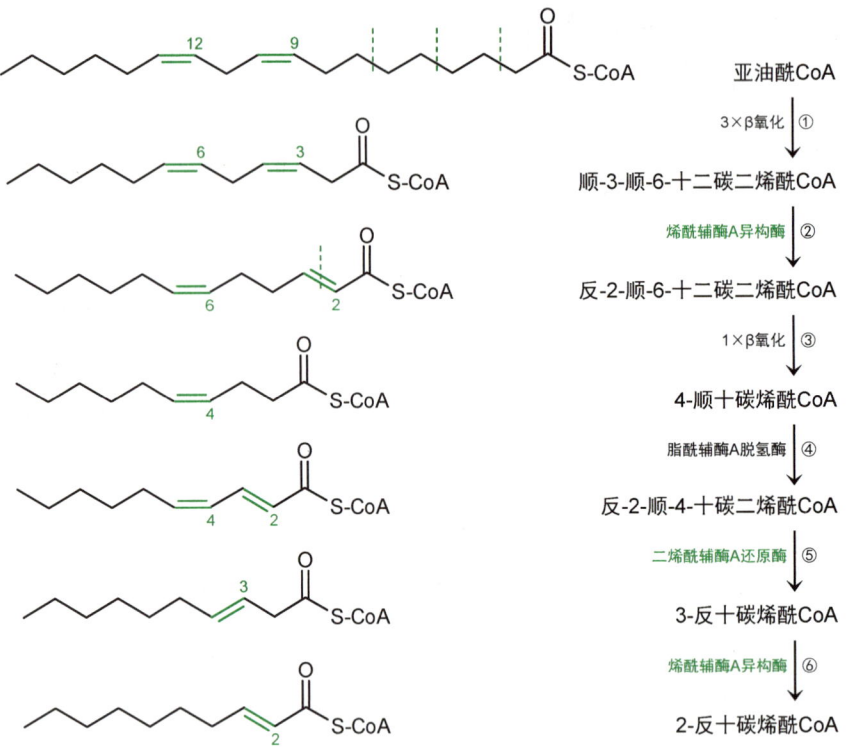

图 9-17 亚油酰辅酶 A 氧化

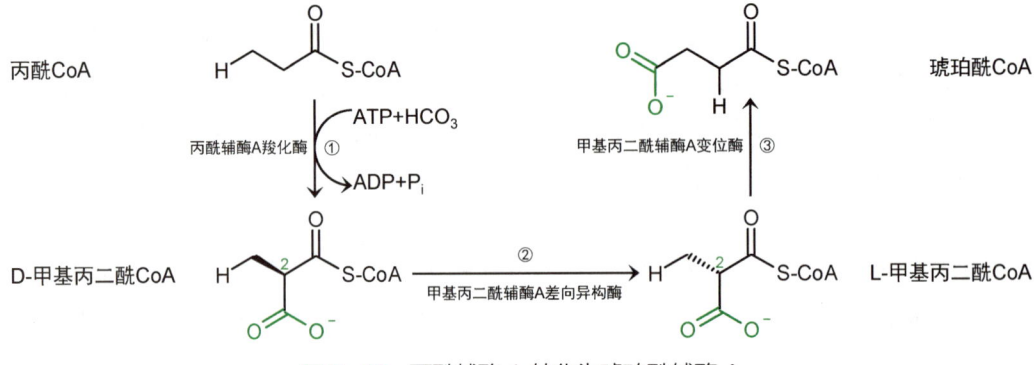

图 9-18 丙酰辅酶 A 转化为琥珀酰辅酶 A

3-甲基脂酰辅酶 A 不能成为 β 氧化酶系的底物，通过 α 氧化截去羧基碳，即可通过 β 氧化降解。

（1）3-甲基脂酰辅酶 A 羟化：生成 3-甲基-2-羟酰辅酶 A。反应由过氧化物酶体植烷酰辅酶 A 羟化酶（phytanoyl-CoA hydroxylase，PhyH）催化。该酶以 Fe^{2+}、抗坏血酸、ATP、Mg^{2+} 为辅助因子（图 9-19 ①）。

（2）3-甲基-2-羟酰辅酶 A 裂解：生成 2-甲基脂肪醛和甲酰辅酶 A。反应由 2-羟酰辅酶 A 裂解酶（2-hydroxyacyl-CoA lyase）催化。该酶以 TPP、Mg^{2+} 为辅助因子（图 9-19 ②）。

2-甲基脂肪醛可由醛脱氢酶催化氧化，生成 2-甲基脂肪酸，通过 β 氧化降解，有丙酰辅酶 A 生成。

人类基因组编码两种 2-羟酰辅酶 A 裂解酶同工酶，同工酶 1 位于过氧化物酶体，功能是参与 3-甲基支链脂肪酸（如植烷酸）降解和 2-羟基长链脂肪酸截短。同工酶 2 位于内质网膜上，功能是参与植物鞘氨醇降解。

图 9-19 脂肪酸 α 氧化

> **拓展阅读** 9-6：Refsum 病

5. 脂肪酸 ω 氧化　ω 氧化（ω-oxidation）是指从脂肪酸 ω 端的甲基开始氧化，即将甲基依次氧化成羟甲基、醛基、羧基，生成长链二元酸（long chain dicarboxylic acid）。长链二元酸可转运到过氧化物酶体或线粒体中通过 β 氧化降解，生成乙酰辅酶 A 和琥珀酸等。ω 氧化可能是类花生酸必经的降解途径。肝细胞降解的脂肪酸中有 5%～10% 先要进行 ω 氧化，特别是极长链脂肪酸。

（1）ω- 甲基氧化成羟甲基：反应由内质网膜脂肪酸 ω- 羟化酶（fatty acid ω-hydroxylase）催化。脂肪酸 ω- 羟化酶是 CYP4 家族的一组细胞色素 P450，以血红素为辅助因子（图 9-20 ①）。

（2）羟甲基氧化成醛基和醛基氧化成羧基：反应由细胞质醇脱氢酶（ADH）和醛脱氢酶（ALDH）催化（图 9-20 ②③）（参见第十三章）。

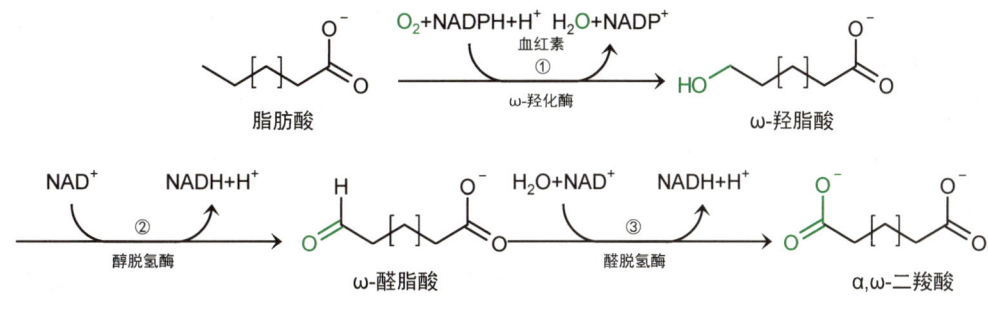

图 9-20　脂肪酸 ω 氧化

ω 氧化的实质是甲基氧化。胆固醇转化为胆汁酸时其 C-26 发生 ω 氧化，反应由线粒体固醇类 26- 羟化酶（sterol 26-hydroxylase）等催化。某些 DNA、RNA、蛋白质脱甲基时发生甲基氧化，反应由去甲基化酶（demethylase）等催化。

（六）脂肪酸分解代谢紊乱

从脂肪动员、脂肪酸转运到脂肪酸氧化环节众多，任何一个环节异常都可能导致脂肪酸分解代谢紊乱，例如肉碱缺乏症、肉碱棕榈酰转移酶Ⅰ缺乏症、肉碱棕榈酰转移酶Ⅱ缺乏症、肉碱 - 脂酰肉碱转位酶缺乏症、脂肪酸氧化酶系缺乏症、中链脂酰辅酶 A 脱氢酶缺乏症（酸尿症）、牙买加呕吐病、Refsum 病、Zellweger 综合征等，可导致低血糖等症状出现。

四、酮体代谢

血糖低下时，更多的组织利用脂肪酸氧化供能，脂肪动员增加，肝细胞摄取脂肪酸增加，其线粒体 β 氧化增加，乙酰辅酶 A 生成增加，用于合成**酮体**（ketone body），包括乙酰乙酸、β- 羟丁酸和丙酮，其中乙酰乙酸和 β- 羟丁酸向肝外组织运输，为其供能。

（一）酮体生成

酮体生成简称生酮（ketogenesis），是指以脂肪酸 β 氧化产物乙酰辅酶 A 为原料合成酮体。

1. 乙酰乙酰辅酶 A 合成　两分子乙酰辅酶 A 缩合生成乙酰乙酰辅酶 A。反应由线粒体乙酰辅酶 A 乙酰转移酶 1（acetyl-CoA acetyltransferase，ACAT1，又称乙酰乙酰辅酶 A 硫解酶，同四聚体，以 K^+ 为激活剂）催化（图 9-21 ①）。

2. 羟甲基戊二酰辅酶 A 合成　乙酰乙酰辅酶 A 与一分子乙酰辅酶 A 缩合生成 β- 羟 -β- 甲基戊二酸单酰辅酶 A，简称羟甲基戊二酰辅酶 A（3-hydroxy-3-methylglutaryl-CoA，HMG-CoA）。该反应在生理条件下不可逆，由线粒体羟甲基戊二酰辅酶 A 合酶（HMG-CoA synthase，同二聚体）催化。该酶在肝细胞线粒体中活性显著高于其他组织（大于 200 倍），脑细胞内无该酶（图 9-21 ②）。

3. 羟甲基戊二酰辅酶 A 裂解　羟甲基戊二酰辅酶 A 裂解生成乙酰乙酸（acetoacetate）和乙酰辅酶 A。该反应也是赖氨酸分解代谢的最后一步反应，由线粒体羟甲基戊二酰辅酶 A 裂解酶（HMG-CoA lyase，同二聚体）催化。该酶以二价金属离子为辅助因子，在肝细胞线粒体中活性最高，其他组织也有，但脑、骨骼肌活性最低（图 9-21 ③）。

4. 乙酰乙酸还原　乙酰乙酸还原生成 β- 羟丁酸（3-hydroxybutyrate）。反应由线粒体 β- 羟丁酸脱氢酶（3-hydroxybutyrate dehydrogenase，BDH）催化，该酶以磷脂酰胆碱为变构激活剂（图 9-21 ④）。

5. 乙酰乙酸脱羧　乙酰乙酸积累时，少量乙酰乙酸会自发脱羧生成丙酮（acetone）（图 9-21 ⑤）。

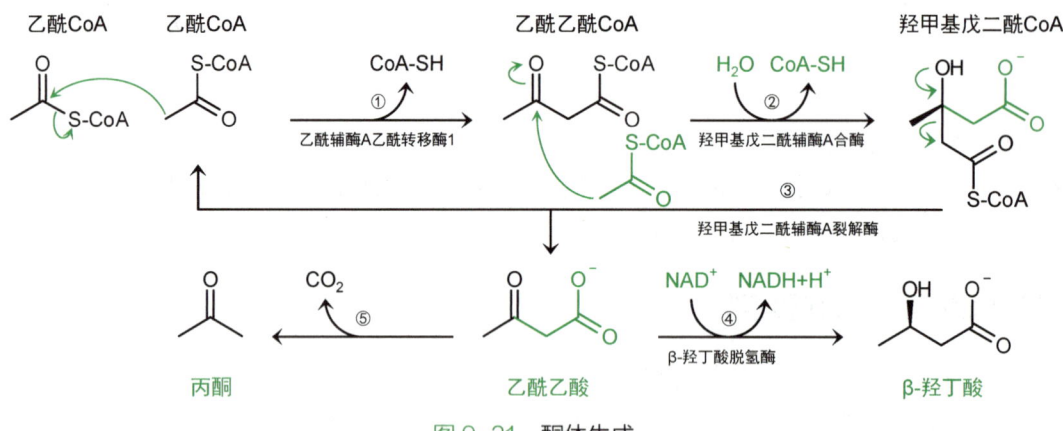

图 9-21　酮体生成

肝脏是脂肪酸 β 氧化生成乙酰辅酶 A 最多的器官，生酮酶系活性也最高，因此是主要生酮器官，生酮场所是线粒体基质。

（二）酮体利用

酮体利用又称酮体分解（ketolysis），通常是指肝外组织通过氧化酮体为代谢供能。

肝脏合成的酮体由单羧酸转运蛋白介导通过易化扩散进入血液循环。心、肾等肝外组织由单羧酸转运蛋白介导通过易化扩散从血液循环摄取 β- 羟丁酸和乙酰乙酸，在线粒体中被降解。

1. β- 羟丁酸脱氢　生成乙酰乙酸，是酮体生成中乙酰乙酸还原反应的逆反应。反应由线

粒体 β-羟丁酸脱氢酶催化，以 NAD⁺ 为氢接受体，反应机制同乳酸脱氢酶（图 9-22①）。

2. 乙酰乙酸活化　乙酰乙酸与琥珀酰辅酶 A 发生基团转移反应，生成乙酰乙酰辅酶 A 和琥珀酸。反应是肝外组织控制酮体分解的关键反应，由线粒体琥珀酰辅酶 A 转移酶（succinyl-CoA transferase，同二聚体）催化，该酶是控制酮体分解的关键酶。肝组织无此酶（图 9-22②）。

3. 乙酰乙酰辅酶 A 硫解　生成两分子乙酰辅酶 A，同 β 氧化最后一步反应。反应由线粒体 3-酮酰辅酶 A 硫解酶催化（图 9-22③）。

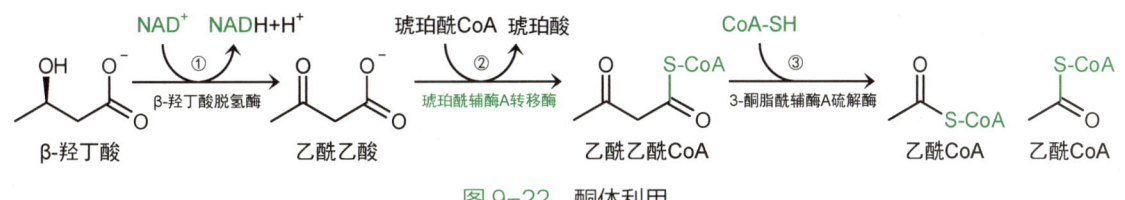

图 9-22　酮体利用

丙酮生成量极少，且不能被利用，会通过呼吸排出体外。

（三）酮体代谢的生理意义

肝组织摄取和分泌脂质不是服务于肝组织自身，而是服务于血液循环，服务于整体。具有类似功能的另一种组织是脂肪组织，但它的服务主要限于脂质代谢，服务机制主要是脂肪储存和脂肪动员。

为了维持血脂稳态，肝脏时刻以不同的速度从血液中摄取过多的脂质，并将其转化为血液中过少的脂质或其他代谢物，分泌到血液中。游离脂肪酸就是肝脏摄取、转化的主要脂质之一。肝摄取脂肪酸，会将其转化为机体需要的其他成分，如甘油三酯、甘油磷脂、胆固醇、酮体。

在多数生理状态下，血液游离脂肪酸主要是脂肪动员的产物，这些脂肪酸常作为供能物质被组织利用。肝脏脂肪酸氧化能力最强，而有些组织脂肪酸氧化能力很弱，甚至不能氧化脂肪酸，肝脏可以为这些组织代加工——脂肪酸"异地"氧化，再向它们提供代加工产物。酮体正是代加工产物，是乙酰辅酶 A 的运输形式。

酮体是水溶性小分子，容易通过毛细血管壁和血脑屏障，被肝外组织（心肌、骨骼肌、肾皮质、脑细胞）摄取和利用。空腹状态下，心肌和骨骼肌维持功能所需能量主要由脂肪酸和酮体（优先于葡萄糖）提供，维持脑功能所需能量的 20% 也由酮体提供，长期饥饿、禁食、高脂低糖饮食时甚至高达 60%~75%。

（四）酮体代谢的调节

生理状态下机体酮体水平维持稳态，主要是对脂质代谢的三个环节进行调节的结果。

1. 脂肪动员　肝脏酮体生成量与游离脂肪酸摄取量呈正相关。游离脂肪酸摄取量与血液游离脂肪酸含量呈正相关。血液游离脂肪酸含量与脂肪动员量呈正相关。脂肪动员量与脂解激素分泌量呈正相关，与抗脂解激素分泌量呈负相关。脂解激素分泌量与脂肪酸氧化供能需要量呈正相关，与组织能荷呈负相关，与血糖呈负相关。

2. 肝细胞脂酰辅酶 A 分流　肝细胞摄取的游离脂肪酸活化生成脂酰辅酶 A。脂酰辅酶 A 有两个去向。①在细胞质中和内质网上合成甘油三酯和磷脂。②转运到线粒体基质中通过 β 氧化分解，产物乙酰辅酶 A 氧化供能或合成酮体。两个去向的调节点是肉碱棕榈酰转移酶 I（CPT-I）。

（1）进食状态下，一方面食物糖摄取后通过有氧氧化生成乙酰辅酶A，进而羧化生成丙二酰辅酶A。丙二酰辅酶A抑制肉碱棕榈酰转移酶Ⅰ，致使肉碱穿梭减慢，β氧化减慢，酮体生成减慢。另一方面，脂解激素分泌减少，脂肪动员减慢，血浆游离脂肪酸减少（0.1~0.7 mmol/L），肝细胞摄取游离脂肪酸减少，且基本全部用于合成甘油三酯等，并形成极低密度脂蛋白（VLDL）输出。

（2）空腹状态下，脂解激素分泌增加，脂肪动员加快，血浆游离脂肪酸增加（0.7~0.8 mmol/L），肝细胞摄取游离脂肪酸增加，活化成脂酰辅酶A。脂酰辅酶A抑制乙酰辅酶A羧化酶，致使丙二酰辅酶A合成减少，肉碱棕榈酰转移酶Ⅰ抑制解除，肉碱穿梭加快，β氧化加快，酮体生成加快。

3. 乙酰辅酶A分流 肝细胞线粒体中β氧化产物乙酰辅酶A有两个去向。①通过三羧酸循环氧化。②合成酮体。两个去向均会推动合成ATP，但合成量不同。以棕榈酸为例：一分子棕榈酸完全氧化生成106分子ATP，用于合成酮体时生成16~26分子ATP。因此，当脂肪酸β氧化发生变化时，为了维持ATP合成总量稳定（能荷稳定），需要调节乙酰辅酶A两个去向的比例。例如：脂肪酸摄取增加导致β氧化加快时，氧化磷酸化加快，三羧酸循环减慢，而酮体生成加快。研究表明，肝细胞每多摄取10%的游离脂肪酸，酮体生成将增加11.8%~13.2%，β氧化将减少1.8%~3.2%。

（五）酮体代谢紊乱

正常饮食时，酮体生成较少，且与肝外组织利用达到平衡，因此血中酮体水平较低且相对恒定（<0.3 mmol/L 或 3 mg/100 mL），其中β-羟丁酸、乙酰乙酸、丙酮分别占78%、20%和2%。尿酮体日排泄量 <12.5 mmol（125 mg）。

供能物质高脂低蛋白低糖甚至无糖时（如长期禁食、高脂低糖饮食、1型糖尿病未经治疗、琥珀酰辅酶A转移酶先天性缺乏患者长期低糖饮食），肝细胞葡萄糖缺乏，草酰乙酸缺乏，三羧酸循环减慢；脂肪动员加快，血浆游离脂肪酸增加（可达2.0 mmol/L）；脂肪酸β氧化加快，酮体生成加快，超过肝外组织酮体利用速度，造成血酮体升高（多高于4.8 mmol/L），称为**酮血症**（ketonemia），此时尿酮体日排泄量500 mmol（5 g），称为**酮尿症**（ketonuria）。酮血症和酮尿症合称**酮症**（ketosis）。β-羟丁酸和乙酰乙酸均为有机酸，所以长期酮症会发生**酮症酸中毒**（ketoacidosis）。酮症酸中毒属于代谢性酸中毒，累及组织，特别是中枢神经系统，可出现昏迷，甚至危及生命。

拓展阅读9-7：生酮饮食

五、激素对甘油三酯代谢的调节

脂肪组织甘油三酯代谢很快，2~3周更新一次。对甘油三酯代谢影响较大的激素主要是胰岛素、肾上腺素和胰高血糖素，此外还有甲状腺激素、糖皮质激素、生长激素和脂肪因子等，其中胰岛素促进甘油三酯合成，抑制甘油三酯分解；糖皮质激素促进四肢脂肪动员，促进面、肩、腹、背甘油三酯合成；其余激素促进甘油三酯分解，抑制甘油三酯合成（表9-2）。

表 9-2 激素对甘油三酯代谢的调节

	胰岛素	肾上腺素	胰高血糖素	生长激素	甲状腺激素	糖皮质激素
肝乙酰 CoA 羧化酶 1	激活，诱导	抑制	抑制，阻遏			
肝脂肪酸合成酶	诱导		阻遏			
肝 3- 磷酸甘油酰基转移酶	诱导					
脂滴包被蛋白	抑制	激活	激活			
脂肪细胞甘油三酯脂肪酶	抑制，阻遏	激活	激活	诱导	激活	诱导
激素敏感性脂肪酶	抑制，阻遏	激活	激活	诱导	激活	诱导
肉碱棕榈酰 CoA 酰基转移酶 I		激活，诱导	激活，诱导			
脂酰 CoA 氧化酶		诱导	诱导	诱导	诱导	

*结构调节：激活、抑制；水平调节：诱导、阻遏

拓展阅读 9-8：*瘦素*

第四节 磷脂代谢

磷脂包括甘油磷脂和鞘磷脂，合成于各种组织细胞（90% 合成于肝脏）的内质网和高尔基体，分解于溶酶体。

一、甘油磷脂代谢

甘油磷脂中磷脂酰胆碱和磷脂酰乙醇胺含量最高，占膜脂总磷脂的 50% 以上。其中磷脂酰胆碱在某些膜脂总磷脂中含量甚至高达 60%。

（一）甘油磷脂的合成

甘油磷脂少量来自食物，以自身合成为主。人体各种组织细胞都能合成甘油磷脂，以肝脏、肾脏和小肠等最为活跃，主要合成于滑面内质网胞质面。

甘油磷脂有两种基本合成方式：①极性头与非极性尾缩合。极性头是胆碱、乙醇胺、丝氨酸或肌醇等，非极性尾是甘油三酯合成代谢的中间产物磷脂酸或甘油二酯。缩合前极性头或非极性尾需要活化，因此有两条缩合途径，两条途径均由 ATP 和 CTP 提供能量，ATP 还提供甘油磷脂中的磷酸基。②修饰或置换已有磷脂的极性头。

合成甘油磷脂需要甘油和脂肪酸，细胞摄取或合成的脂肪酸优先用于合成甘油磷脂，其次才是甘油三酯。

1. 甘油二酯途径 即 Kennedy 途径，又称磷脂酰胆碱、磷脂酰乙醇胺的从头合成途径，包括 CDP- 胆碱途径和 CDP- 乙醇胺途径，是磷脂酰胆碱和磷脂酰乙醇胺合成的主要途径。

（1）极性头活化：胆碱或乙醇胺磷酸化，生成磷酸胆碱或磷酸乙醇胺，消耗 ATP。反应由 4 种细胞质酶催化：胆碱激酶（胆碱/乙醇胺）、胆碱/乙醇胺激酶（胆碱/乙醇胺）、乙醇胺激酶 1（乙醇胺）、乙醇胺激酶 2（乙醇胺）（图 9-23 ①）。

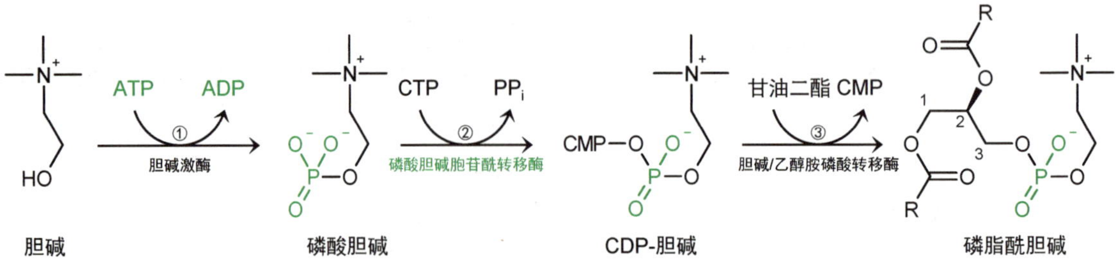

图 9-23 甘油二酯途径

乙醇胺来自食物、体内磷脂酰丝氨酸脱羧、1-磷酸二氢鞘氨醇裂解（内质网膜 sphingosine-1-phosphate lyase 1，SPL，S1PL，生成磷酸乙醇胺和脂肪醛）。胆碱来自食物、磷脂酰乙醇胺三甲基化。

（2）CDP-胆碱/CDP-乙醇胺合成：磷酸胆碱或磷酸乙醇胺胞苷酰化，生成 CDP-胆碱或 CDP-乙醇胺，消耗 CTP。该反应是限速步骤，由磷酸胆碱胞苷酰转移酶（choline-phosphate cytidylyltransferase，CCT）催化。该酶有 CCT A 和 CCT B 两种同工酶，其中 CCT A 是控制肝脏磷脂酰胆碱/磷脂酰乙醇胺合成的关键酶。CCT A 的 C 端富含丝氨酸，可进行磷酸化/去磷酸化修饰，磷酸化抑制并游离于细胞质中，去磷酸化复活结合于细胞膜或内质网膜上。结合于膜上时被甘油二酯或脂质阴离子激活（图 9-23 ②）。

拓展阅读 9-9：CDP-胆碱、CDP-乙醇胺、UDP-葡萄糖合成对比

（3）磷脂酰胆碱/磷脂酰乙醇胺合成：CDP-胆碱或 CDP-乙醇胺与甘油二酯缩合，生成磷脂酰胆碱或磷脂酰乙醇胺。反应由内质网膜胆碱/乙醇胺磷酸转移酶（CEPT）、内质网膜乙醇胺磷酸转移酶（EPT）、高尔基体膜胆碱磷酸转移酶（CPT）催化，其中胆碱/乙醇胺磷酸转移酶既催化磷脂酰胆碱合成，又催化磷脂酰乙醇胺合成，但以催化磷脂酰胆碱合成为主（图 9-23 ③）。

2. CDP-甘油二酯途径 是磷脂酰甘油、心磷脂和磷脂酰肌醇的合成途径。

（1）非极性尾活化：①甘油二酯磷酸化生成磷脂酸。反应由细胞质甘油二酯激酶（diacylglycerol kinase）催化，该酶以 Ca^{2+}、磷脂酰丝氨酸为激活剂（图 9-24 ①）。②磷脂酸胞苷酰化，生成 CDP-甘油二酯（CDP-DAG），消耗 CTP。反应由磷脂酸胞苷酰转移酶（phosphatidate cytidylyltransferase，又称 CDP-甘油二酯合成酶，CDP-diacylglycerol synthase）催化。人类基因组编码线粒体内膜磷脂酸胞苷酰转移酶、内质网膜磷脂酸胞苷酰转移酶 1/2 三种同工酶（图 9-24 ②）。

（2）磷脂酰肌醇等合成：CDP-甘油二酯与肌醇或磷脂酰甘油缩合，生成磷脂酰肌醇或心磷脂。反应由内质网膜或细胞膜磷脂酰肌醇合成酶（phosphatidylinositol synthase）或线粒体内膜心磷脂合成酶（cardiolipin synthase）催化（图 9-24 ③）。

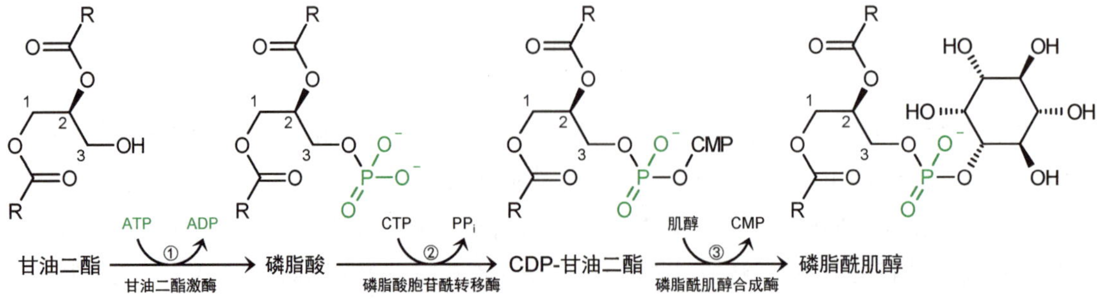

图 9-24 CDP-甘油二酯途径

磷脂酸磷酸酶（参见图9-4）是控制甘油三酯合成和甘油磷脂合成的关键酶，其活性受化学修饰调节。①胰岛素通过信号转导促使磷脂酸磷酸酶磷酸化抑制，从而减少甘油三酯合成，使磷脂酸优先用于合成磷脂酰肌醇等；肾上腺素通过信号转导促使其去磷酸化复活。②乙酰化磷脂酸磷酸酶结合于内质网，催化磷脂酸水解生成甘油二酯，用于合成甘油三酯或磷脂酰胆碱、磷脂酰乙醇胺；磷脂酸磷酸酶去乙酰化游离于细胞质，无催化活性。

3. 极性头碱基交换或修饰 可以合成磷脂酰丝氨酸及一部分磷脂酰乙醇胺和磷脂酰胆碱。

（1）磷脂酰丝氨酸合成：丝氨酸与磷脂酰乙醇胺或磷脂酰胆碱发生碱基交换反应（base-exchange reaction），生成磷脂酰丝氨酸，反应由内质网膜磷脂酰丝氨酸合成酶（phosphatidylserine synthase）催化（图9-25①）。

（2）磷脂酰乙醇胺合成：磷脂酰丝氨酸脱羧生成磷脂酰乙醇胺。反应由线粒体内膜磷脂酰丝氨酸脱羧酶（phosphatidylserine decarboxylase proenzyme）催化，以丙酮酸为辅基。磷脂酰乙醇胺的两种合成机制以哪一种为主，取决于组织特异性和原料可得性（图9-25②）。

（3）磷脂酰胆碱合成：磷脂酰乙醇胺甲基化生成磷脂酰胆碱，3个甲基由腺苷蛋氨酸提供（AdoMet，参见第十章），其中第一步甲基化是限速反应。反应由内质网膜和线粒体膜磷脂酰乙醇胺-N-甲基转移酶（phosphatidylethanolamine N-methyltransferase）催化，主要发生在肝脏。肝细胞通过该反应合成磷脂酰胆碱量占其合成总量的30%，其余70%通过甘油二酯途径合成。该反应的另一个意义是合成胆碱（图9-25③）。

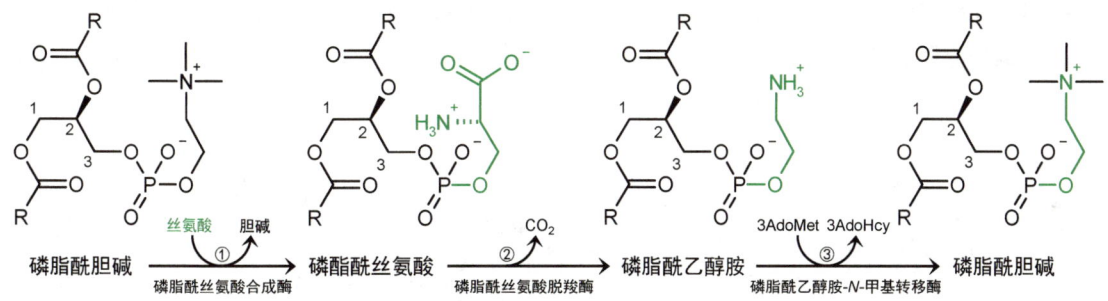

图9-25 极性头碱基交换或修饰与甘油磷脂合成

（二）甘油磷脂的分解

水解甘油磷脂的酶统称为磷脂酶（phospholipase），根据分布及专一性不同，可分为4类。①磷脂酶A_1（PLA_1）：催化甘油磷脂水解生成2-溶血磷脂和脂肪酸。②磷脂酶A_2（PLA_2）：催化甘油磷脂水解生成1-溶血磷脂和脂肪酸。③磷脂酶C（PLC）：催化甘油磷脂水解生成甘油二酯和磷酸胆碱等。④磷脂酶D（PLD）：催化甘油磷脂水解生成磷脂酸和胆碱等（图9-26）。

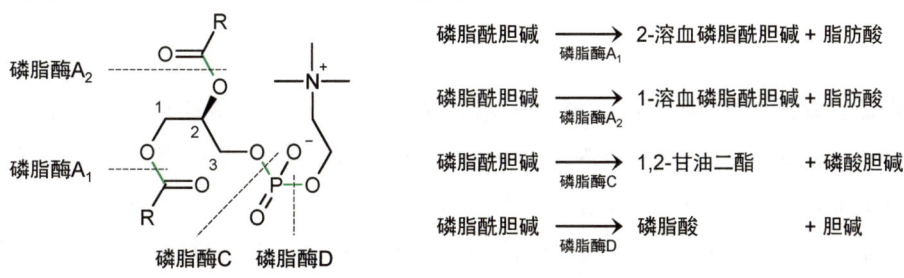

图9-26 甘油磷脂水解

二、鞘磷脂代谢

鞘磷脂富含于脑细胞和其他神经细胞膜、神经髓鞘、红细胞膜。鞘磷脂合成分为两个阶段，第一阶段由一组活性中心位于胞质面的滑面内质网酶催化合成神经酰胺，第二阶段由活性中心位于高尔基体膜胞质面的鞘磷脂合成酶催化合成鞘磷脂（和鞘糖脂）。

1. 神经酰胺从头合成　神经酰胺的基本合成原料包括棕榈酰辅酶A、脂酰辅酶A和丝氨酸，此外还需要NADPH提供还原当量。

（1）3-酮基二氢鞘氨醇合成：棕榈酰辅酶A与丝氨酸缩合生成3-酮基-D-二氢鞘氨醇。该反应是限速步骤，由丝氨酸棕榈酰转移酶（serine palmitoyltransferase）催化。该酶以磷酸吡哆醛为辅基（图9-27①）。

（2）3-酮基二氢鞘氨醇还原：生成二氢鞘氨醇，嵌入内质网膜胞质面。反应由3-酮基二氢鞘氨醇还原酶（3-ketodihydrosphingosine reductase）催化。该酶以NADPH为辅助因子（图9-27②）。

（3）二氢神经酰胺合成：二氢鞘氨醇与脂酰辅酶A缩合生成二氢神经酰胺。反应由神经酰胺合成酶（ceramide synthase）催化（图9-27③）。

（4）神经酰胺合成：二氢神经酰胺氧化脱氢生成神经酰胺。反应由鞘脂Δ4去饱和酶（sphingolipid-Δ4-desaturase）催化（图9-27④）。

2. 鞘磷脂合成　神经酰胺由神经酰胺转运蛋白（ceramide transfer protein）运至高尔基体膜胞质面，与磷脂酰胆碱反应生成鞘磷脂和甘油二酯。反应由鞘磷脂合成酶（sphingomyelin synthase）催化（图9-27⑤）。

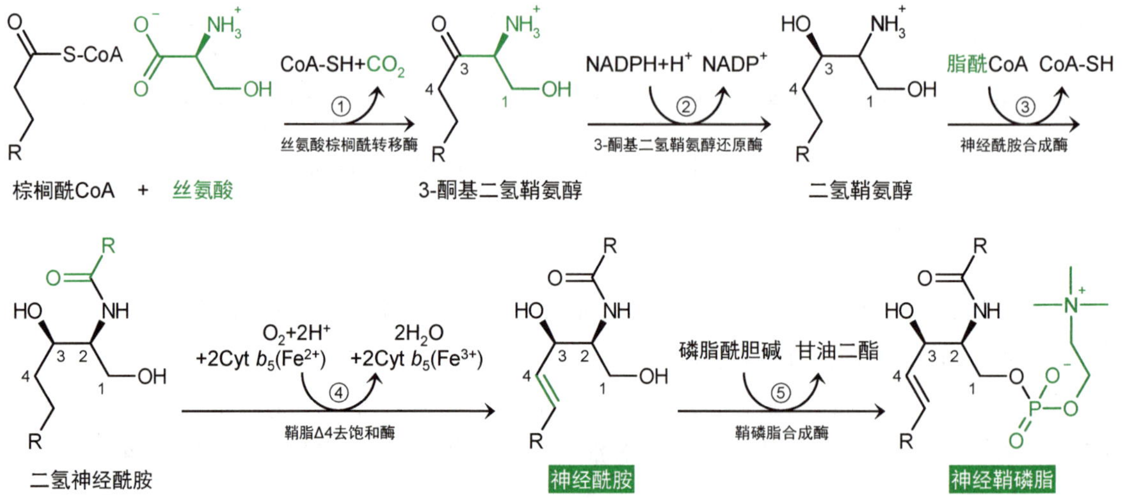

图9-27　鞘磷脂合成

3. 鞘磷脂分解　①鞘磷脂在溶酶体内水解成神经酰胺和磷酸胆碱，反应由酸性鞘磷脂酶（acid sphingomyelinase）催化，该酶以Zn^{2+}为辅基。酸性鞘磷脂酶缺陷导致尼曼-皮克病（Niemann-Pick disease）。②神经酰胺进一步水解成鞘氨醇和脂肪酸，反应由酸性神经酰胺酶（acid ceramidase）催化，该酶被Ca^{2+}、Mg^{2+}、Na^+激活，被Zn^{2+}抑制。酸性神经酰胺酶缺陷导致脊髓性肌萎缩伴进行性肌阵挛性癫痫。

第五节 胆固醇代谢

70 kg 成人体内总胆固醇约 100 g，每日更新约 1 g，即自身合成（内源性胆固醇）0.7 g，从食物摄入（外源性胆固醇）0.3 g；每日以原形直接排泄和转化为胆汁酸排泄的胆固醇各 0.5 g。

一、胆固醇合成

人体各种有核细胞基本都能合成胆固醇，其中肝、小肠、皮肤合成最多，脑组织的胆固醇完全由其自身合成。

胆固醇的基本合成原料是乙酰辅酶 A，此外还需要 NADPH 提供还原当量，ATP 供能，消耗 O_2。乙酰辅酶 A 主要来自糖的有氧氧化，NADPH 主要来自磷酸戊糖途径。生化反应方程式如下：

$$18\text{乙酰CoA} + 19(\text{NADPH} + \text{H}^+) + 18\text{ATP} + 11O_2 \rightarrow$$
$$\text{胆固醇} + 18\text{CoA} + 19\text{NADP}^+ + 18\text{ADP} + 6P_i + 6PP_i + 8CO_2 + \text{甲酸} + 9H_2O$$

人体内胆固醇合成途径包括 20 种酶（含 13 种内质网膜酶）催化的 25 步反应，可分为 6 个阶段。

1. 甲羟戊酸合成（$3C_2 \rightarrow C_6$） 该阶段包括 3 种酶催化的 3 步反应（图 9-28 ①②）。

$$3\text{乙酰CoA} + H_2O + 2(\text{NADPH} + \text{H}^+) \rightarrow \text{甲羟戊酸} + 3\text{CoA} + 2\text{NADP}^+$$

（1）2 分子乙酰辅酶 A（C_2）缩合，生成乙酰乙酰辅酶 A（acetoacetyl-CoA，C_4）。反应由细胞质乙酰辅酶 A 乙酰转移酶 2 催化。

（2）乙酰乙酰辅酶 A 与第三分子乙酰辅酶 A 缩合，生成羟甲基戊二酰辅酶 A（hydroxymethyl-glutaryl-CoA，C_6）。反应由细胞质羟甲基戊二酰辅酶 A 合酶催化。

（3）羟甲基戊二酰辅酶 A 被 2 分子 NADPH 还原，生成甲羟戊酸（mevalonate，MVA，$C_6H_{12}O_4$）。反应由内质网膜羟甲基戊二酰辅酶 A 还原酶（HMG-CoA 还原酶，3-hydroxy-3-methylglutaryl-coenzyme A reductase）催化，该酶活性中心位于胞质面。

2. 活性五碳单位合成（$C_6 \rightarrow C_5$） 该阶段包括 3 种细胞质酶和 1 种过氧化物酶体酶催化的 4 步反应（图 9-28 ③~⑤）。

$$3\text{甲羟戊酸} + 9\text{ATP} \rightarrow 2\text{异戊烯焦磷酸} + \text{二甲基烯丙基焦磷酸} + 3CO_2 + 9\text{ADP} + 3P_i$$

甲羟戊酸经过 4 步反应活化成两种活性五碳单位，异戊烯焦磷酸 [isopentenyl pyrophosphate，$C_5H_9(P_2O_6H_3)$] 和二甲基烯丙基焦磷酸 [dimethylallyl pyrophosphate，$C_5H_9O(P_2O_6H_3)$]。每合成 1 分子五碳单位需消耗 3 分子 ATP。

3. 鲨烯合成（$6C_5 \rightarrow C_{30}$） 该阶段包括 1 种细胞质酶和 1 种内质网膜酶催化的 4 步反应（图 9-28 ⑥⑦）。

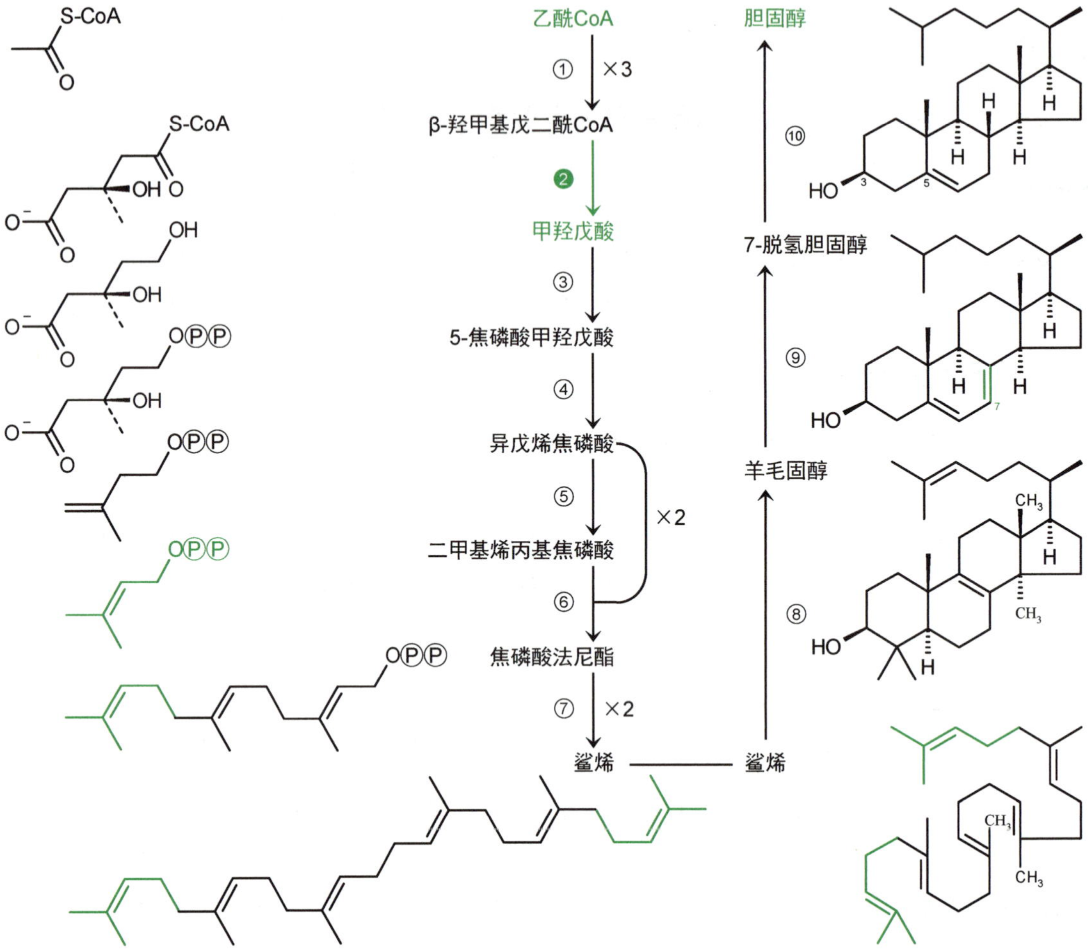

图 9-28 胆固醇合成

$$2\text{二甲基烯丙基焦磷酸} + 4\text{异戊烯焦磷酸} + \text{NAD(P)H} + \text{H}^+ \rightarrow \text{鲨烯} + 6\text{PP}_i + \text{NAD(P)}^+$$

（1）1 分子二甲基烯丙基焦磷酸和 2 分子异戊烯焦磷酸经过 2 步反应依次缩合生成牻牛儿基焦磷酸和法尼基焦磷酸［farnesyl diphosphate，$C_{15}H_{25}O(P_2O_6H_3)$］，反应由细胞质法尼基焦磷酸合酶（farnesyl pyrophosphate synthase）催化。

（2）2 分子法尼基焦磷酸经过 2 步反应合成鲨烯（squalene，$C_{30}H_{50}$），消耗 1 分子 NADPH 或 NADH，反应由内质网膜鲨烯合酶（squalene synthase）催化。

4. 羊毛固醇合成（$C_{30} \rightarrow C_{30}$） 该阶段包括 2 种内质网膜酶催化的 2 步反应（图 9-28 ⑧）。

$$\text{鲨烯} + \text{NADPH} + \text{H}^+ + \text{O}_2 \longrightarrow \text{羊毛固醇} + \text{NADP}^+ + \text{H}_2\text{O}$$

（1）鲨烯加氧生成 2,3-环氧鲨烯（2,3-epoxysqualene），由 NADPH 提供一对还原当量，消耗 1 分子 O_2。反应由内质网膜鲨烯环氧化酶（squalene epoxidase，又称鲨烯单加氧酶，squalene monooxygenase）催化，引入了胆固醇结构中唯一的氧原子。

（2）2,3-环氧鲨烯异构生成羊毛固醇（lanosterol，$C_{30}H_{50}O$），反应由内质网膜羊毛固醇合酶（lanosterol synthase）催化。

5. 7-脱氢胆固醇合成（$C_{30} \rightarrow C_{27}$） 该阶段包括 8 种内质网膜酶催化的 11 步反应（图 9-28 ⑨）。

羊毛固醇 + 4(NADPH + H⁺) + 10O₂ → 7-脱氢胆固醇 + 4NADP⁺ + 14H₂O + 甲酸 + 2CO₂

7-脱氢胆固醇（7-dehydrocholesterol，$C_{27}H_{44}O$）即维生素 D_3 原。

6. 胆固醇合成（$C_{27} \rightarrow C_{27}$） 7-脱氢胆固醇还原生成胆固醇（cholesterol，$C_{27}H_{46}O$），由 NADPH 提供一对还原当量。反应由内质网膜 7-脱氢胆固醇还原酶催化（图 9-28 ⑩）。

7-脱氢胆固醇 + NADPH + H⁺ → 胆固醇 + NADP⁺

拓展阅读 9-10： 1964 年诺贝尔生理学或医学奖

二、胆固醇酯化

机体内胆固醇会进一步酯化生成胆固醇酯，酯化的意义是维持游离胆固醇稳态和便于胆固醇的储存和运输。肾上腺皮质可储存大量胆固醇酯，用于合成皮质激素。胆固醇的酯化主要在两个部位进行。

1. 细胞内酯化 在肝细胞和小肠上皮细胞质中，胆固醇与脂酰辅酶 A 反应，生成胆固醇酯。反应由滑面内质网膜脂酰辅酶 A-胆固醇酰基转移酶（ACAT）催化，该酶活性中心位于胞质面（参见第一节）。

2. 血浆中酯化 在血浆高密度脂蛋白表面，胆固醇与磷脂酰胆碱反应，生成胆固醇酯和 2-溶血磷脂酰胆碱。反应由肝实质细胞合成和分泌的卵磷脂-胆固醇酰基转移酶（lecithin-cholesterol acyltransferase，LCAT）催化，该酶以载脂蛋白 apo A-Ⅰ为强激活剂，也被 apo E、apo C-Ⅰ、apo A-Ⅳ激活，其血浆水平与瘦素及体重指数呈负相关（参见本章第六节）。

三、胆固醇转化和排泄

胆固醇在人体内不能完全分解，但可以转化为具有重要功能的其他类固醇，包括胆汁酸和类固醇激素等。每日有 0.5 g 胆固醇在肝脏转化为 0.6 g 胆汁酸，汇入胆汁，排入肠道，随粪便排出。同时随粪便排出的还有 0.5 g 胆固醇原形，其中一部分胆固醇会被肠道微生物还原成粪固醇和胆固烷醇。

四、胆固醇代谢调节

机体每日更新胆固醇 1 g，其来源和去路保持平衡，其中来源以自身合成为主。

（一）胆固醇代谢调节点

胆固醇稳态对于机体非常重要，其维持机制包括吸收调节和代谢调节，主要调节点是羟甲基戊二酰辅酶 A 还原酶等胆固醇合成关键酶、脂酰辅酶 A-胆固醇酰基转移酶、胆固醇 7α-羟化酶、低密度脂蛋白受体。其中一些酶是药物作用和药物开发靶点（图 9-29）。

1. 羟甲基戊二酰辅酶 A 还原酶 羟甲基戊二酰辅酶 A 还原酶（HMG-CoA 还原酶）是控制胆固醇合成的第一种关键酶，是胆固醇稳态的主要调节点，也是多数降胆固醇药物的靶点。它是一种七次跨膜糖蛋白，活性调节方式包括结构调节和水平调节。

（1）HMG-CoA 还原酶结构调节：还原酶受化学修饰调节，即其 Ser872 被 AMP 活化蛋白激酶（AMPK，又称 HMG-CoA 还原酶激酶）催化磷酸化抑制，被蛋白磷酸酶（PP）催化去磷酸化复活。

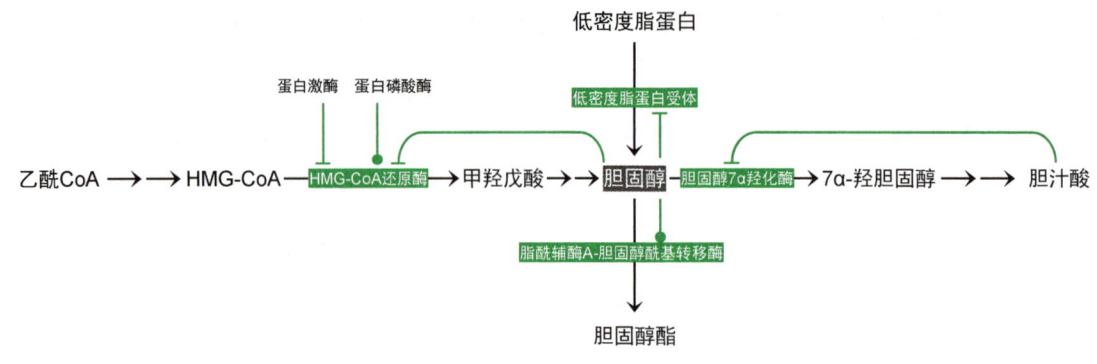

图 9-29　胆固醇代谢调节

拓展阅读 9-11：AMP 活化蛋白激酶

（2）HMG-CoA 还原酶水平调节：肝 HMG-CoA 还原酶受甲羟戊酸、胆固醇、胆汁酸负反馈抑制。该调节效应显著，水平变化可达 200 倍，且更新快，半衰期只有 4 小时。①胆固醇抑制内质网膜转录因子固醇调节元件结合蛋白（sterol regulatory element-binding protein，SREBP）进入细胞核促进 HMG-CoA 还原酶等胆固醇合成酶系及低密度脂蛋白受体（LDLR）基因的转录。②甲羟戊酸的非固醇类代谢物抑制 HMG-CoA 还原酶 mRNA 的翻译。③羊毛固醇、25-羟胆固醇等固醇类与 HMG-CoA 还原酶跨膜区结合，致使其变构，被泛素化和内质网相关降解（ER-associated degradation）。

控制胆固醇合成的其他关键酶如下。①法尼基焦磷酸合酶：以 Mg^{2+} 为辅助因子，被干扰素诱导的腺苷蛋氨酸依赖性核苷酸脱水酶 RSAD2 抑制，导致脂筏解体。②鲨烯合酶：以 Mg^{2+} 为辅助因子。③鲨烯环氧化酶：以 FAD 为辅基，是皮肤用抗真菌药（XD01）特比萘芬靶点。④羊毛固醇合酶：通过合成产物羊毛固醇调节晶状体蛋白聚集，增加其透明度。

2. 低密度脂蛋白受体　参见"低密度脂蛋白代谢"（本章第五节）。

拓展阅读 9-12：低密度脂蛋白受体发现

3. 脂酰辅酶 A-胆固醇酰基转移酶　其基因表达受胆固醇诱导。ATR-101（nevanimibe）是该酶的抑制剂，原本用于降胆固醇，现欲用于治疗库欣综合征和肾上腺皮质癌，尚处于临床试验阶段。

4. 胆固醇 7α-羟化酶　胆固醇 7α-羟化酶（cholesterol 7α-hydroxylase）又称细胞色素 P450 7A1（CYP7A1），以血红素 b 为辅基，催化胆固醇羟化成 7α-羟胆固醇，是控制胆汁酸代谢的关键酶。其基因表达受葡萄糖、消胆胺诱导，受鹅去氧胆酸阻遏。

（二）胆固醇代谢调节因素

作用于胆固醇代谢调节点的调节因素包括激素、胆固醇、营养状况和药物因素，它们直接或通过信号转导间接改变上述酶和受体的结构或水平，从而维持胆固醇稳态。

1. 激素　胰岛素通过信号转导激活蛋白磷酸酶，去磷酸化灭活 AMPK、激活 HMG-CoA 还原酶，从而增加胆固醇合成。胰高血糖素通过信号转导抑制蛋白磷酸酶拮抗胰岛素效应，即磷酸化抑制 HMG-CoA 还原酶，从而减少胆固醇合成。生理浓度甲状腺激素能诱导 HMG-CoA 还原酶的合成，从而促进胆固醇合成，但同时还能促使胆固醇转化为胆汁酸，而且后一效应更强，所以甲状腺功能亢进症患者的血胆固醇下降，且不易出现高脂血症。

2. 胆固醇　高水平胆固醇使胆固醇合成和摄取减少，酯化和转化增加。①抑制 HMG-CoA

还原酶基因表达，减少胆固醇合成。②抑制低密度脂蛋白受体基因表达，减少胆固醇（低密度脂蛋白）摄取。③诱导脂酰辅酶 A- 胆固醇酰基转移酶基因表达，促进胆固醇酯化和储存，降低游离胆固醇。

3. 营养状况 高糖高脂饮食使胆固醇合成增加。主要途径为：①葡萄糖诱导 HMG-CoA 还原酶基因表达，增加胆固醇合成。② ATP 增加，促使 AMP 活化蛋白激酶去磷酸化去激活，HMG-CoA 还原酶去磷酸化复活，增加胆固醇合成。③乙酰辅酶 A 和 NADPH 增加，从底物水平增加胆固醇合成。

拓展阅读 9-13：1985 年诺贝尔生理学或医学奖

第六节 血脂和血浆脂蛋白

血脂（plasma lipid）是血浆中各种脂质的统称。从食物摄取或在肝及脂肪组织合成的脂质必须通过血液循环在各组织器官之间调配和运输，供其储存、利用或转化。血脂在血液中的存在和运输形式是一类表面镶嵌和附着有一组特异蛋白质的脂滴样结构，称为血浆脂蛋白（plasma lipoprotein），简称脂蛋白。

一、血脂组成

血脂包括甘油三酯、胆固醇、胆固醇酯、磷脂、游离脂肪酸等。正常成人血脂稳态范围较大，受膳食、年龄、性别、职业及代谢等影响。健康状况异常也会影响血脂稳态，因此，血脂测定具有重要临床意义。

血脂的来源包括食物脂质消化吸收（外源性脂质）和自身组织合成和分泌（内源性脂质）。血脂的去路包括氧化供能，进入脂库储存，构成生物膜，转化为其他物质等。

二、血浆脂蛋白分类和命名

典型血浆脂蛋白结构呈球形颗粒状，在颗粒密度、大小、表面电荷、电泳行为及免疫学性质等方面具有不均一性，这是由其来源和在血浆中的代谢决定的。应用密度梯度离心法分析血浆脂蛋白可得到 4 组脂蛋白，按照密度从小到大依次为乳糜微粒（chylomicron，CM）、极低密度脂蛋白（very low density lipoprotein，VLDL）、低密度脂蛋白（low density lipoprotein，LDL）、高密度脂蛋白（high density lipoprotein，HDL）。应用电泳法分析血浆脂蛋白可得到 4 条电泳条带，按迁移率由快到慢依次为 α 脂蛋白、前 β 脂蛋白、β 脂蛋白和乳糜微粒，乳糜微粒几乎在原点不移动。这 4 条脂蛋白条带分别对应密度梯度离心法分析结果中的高密度脂蛋白、极低密度脂蛋白、低密度脂蛋白和乳糜微粒。正常人电泳图谱上 β 脂蛋白多于 α 脂蛋白，而 α 脂蛋白又多于前 β 脂蛋白。前 β 脂蛋白含量少时在电泳图谱上不明显。乳糜微粒仅在进食后才有，空腹时难以检出（图 9-30）。

除上述脂蛋白外，血浆中还有中密度

图 9-30 血浆脂蛋白电泳图谱

脂蛋白和脂蛋白（a）。中密度脂蛋白（intermediate density lipoprotein，IDL）是极低密度脂蛋白在血浆中代谢的中间产物，又称极低密度脂蛋白残粒（VLDL 残粒）。脂蛋白（a）[lipoprotein（a），Lp（a）]的脂质组成与低密度脂蛋白相似，但所含载脂蛋白为载脂蛋白（a）和载脂蛋白 B-100。载脂蛋白（a）[apolipoprotein（a），apo（a）]是一种丝氨酸蛋白酶，可自裂解，裂解产物积累于动脉粥样硬化灶点，促进血栓形成，因而脂蛋白（a）水平与患心血管疾病的风险呈正相关。

三、血浆脂蛋白结构

各种血浆脂蛋白具有基本相似的球状结构（新生高密度脂蛋白除外），可分为疏水性内核和两亲性表层。疏水性内核主要成分是甘油三酯和胆固醇酯，其中乳糜微粒和极低密度脂蛋白的内核成分几乎都是甘油三酯，低密度脂蛋白和高密度脂蛋白内核成分主要是胆固醇酯。表层为镶嵌有少量游离胆固醇的磷脂单分子层，此外还镶嵌或附着有载脂蛋白（图 9-31）。

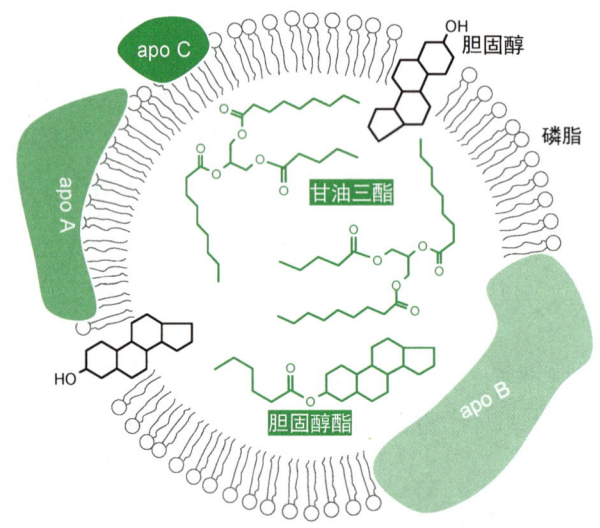

图 9-31　血浆脂蛋白结构示意图

四、血浆脂蛋白组成

血浆脂蛋白由脂质和载脂蛋白（apolipoprotein，apo）组成。

1. 脂质　血浆脂蛋白中的脂质包括甘油三酯、胆固醇酯、游离胆固醇和磷脂等，其含量比例在不同脂蛋白中差别极大。由于脂质密度比蛋白质小，因此脂蛋白的密度随着脂质比例的降低而增加（表 9-3）。

表 9-3　血浆脂蛋白

离心分类	CM	VLDL	IDL	LDL	HDL
密度（g/cm³）	< 0.95	0.95～1.006	1.006～1.019	1.019～1.063	1.063～1.21
直径（nm）	50～1 200	28～90	15～35	18～25	5～25
分子量	4×10^8	$1 \times 10^7 \sim 8 \times 10^7$	$5 \times 10^6 \sim 1 \times 10^7$	2.3×10^6	$1.75 \times 10^5 \sim 3.6 \times 10^5$
甘油三酯（%）	84～89	50～65	22～38	7～10	3～10
胆固醇酯（%）	3～5	10～15	30	35～40	12～21

续表

离心分类	CM	VLDL	IDL	LDL	HDL
游离胆固醇（%）	1~3	5~10	8	7~10	2~7
磷脂（%）	7~9	15~20	22~23	15~22	19~35
载脂蛋白（%）	1.0~2.5	5~10	11~20	20~25	32~57
主要载脂蛋白	A-Ⅰ、A-Ⅱ、A-Ⅳ、B-48、C-Ⅰ、C-Ⅱ、C-Ⅲ、E	B-100、C-Ⅰ、C-Ⅱ、C-Ⅲ、E	B-100、E	B-100	A-Ⅰ、A-Ⅱ、A-Ⅳ、C-Ⅰ、C-Ⅱ、C-Ⅲ、E
主要来源	小肠黏膜	肝脏	血浆 VLDL	血浆 VLDL/IDL	肝脏，小肠黏膜
功能	运输食物甘油三酯和胆固醇	向肝外运输甘油三酯和胆固醇	LDL 前体	向肝外运输胆固醇	向肝内运输胆固醇

2. 载脂蛋白 载脂蛋白（apolipoprotein，apo）是组成血浆脂蛋白的特异蛋白质，主要由肝脏和小肠合成，其分类通常以 A、B、C、D、E 编号，各类载脂蛋白又可分为不同亚类。载脂蛋白既有周边蛋白（结合在脂蛋白表面，可在脂蛋白之间转移，如 apo C、apo E），又有整合蛋白（构成脂蛋白结构所必需的，不能在脂蛋白之间转移，如 apo B）。

载脂蛋白功能是介导血浆脂蛋白的形成、运输、代谢、清除。不同载脂蛋白又有各自特定生理功能（表 9-4）。

表 9-4　主要载脂蛋白的分布与功能

载脂蛋白	大小（氨基酸残基数）	合成部位	主要分布	特殊功能
apo A-Ⅰ	243	肝脏、小肠黏膜	HDL、CM	参与胆固醇逆向运输，激活 LCAT，识别 SR-B1
apo A-Ⅱ	2×77	肝脏、小肠黏膜	HDL、CM	稳定 HDL 结构
apo A-Ⅳ	2×376	小肠黏膜	CM、HDL	协助 apo C-Ⅱ 激活 LPL，激活 LCAT
apo A-Ⅴ	343	肝脏	HDL、VLDL（少量）	协助 apo C-Ⅱ 激活 LPL，弱激活 LCAT，抑制肝 VLDL 形成
apo B-48	2 152	小肠黏膜	CM	识别 APOBR，介导 CM 残粒内吞
apo B-100	4 536	肝脏	VLDL、LDL	识别 APOBR、LDLR，介导 VLDL 残粒和 LDL 内吞
apo C-Ⅰ	57	肝脏、小肠黏膜（少量）	VLDL、CM、HDL	抑制脂蛋白与 LDLR、APOER、VLDLR 结合，与游离脂肪酸结合，抑制其被细胞摄取，抑制血浆 CETP，激活 LCAT
apo C-Ⅱ	79	肝脏、小肠黏膜	HDL、VLDL、LDL、CM	激活 LPL
apo C-Ⅲ	79	肝脏	VLDL、HDL	促进肝细胞组装分泌 VLDL，抑制肝细胞摄取脂蛋白残粒，抑制 LPL

续表

载脂蛋白	大小（氨基酸残基数）	合成部位	主要分布	特殊功能
apo C-IV	100	肝脏	VLDL	参与脂蛋白代谢
apo D	169	肝脏、小肠黏膜等	HDL	与 LCAT 形成复合体
apo E	4×299	肝脏、脑等	HDL、VLDL、IDL、CM	结合 LDLR、VLDLR、APOER、肝素、硫酸乙酰肝素，介导肝细胞摄取 CM、IDL、HDL，介导肝外组织摄取脂蛋白，激活 LCAT
apo F	162	肝脏	LDL	抑制 CETP，调节胆固醇转运
apo L-I	371	胰、肺、肝脏等	HDL	脂质交换，胆固醇逆向运输
apo M	166	肝脏、肾脏	HDL	运输部分脂肪酸、维生素 A
apo (a)	4 529	肝脏等	Lp (a)	丝氨酸蛋白酶，参与动脉粥样硬化斑块血栓形成

* APOBR：apolipoprotein B receptor，载脂蛋白 B 受体；APOER：apolipoprotein E receptor，载脂蛋白 E 受体；CETP：cholesteryl ester transfer protein，胆固醇酯转移蛋白；CM：chylomicron，乳糜微粒；HDL：high density lipoprotein，高密度脂蛋白；IDL：intermediate density lipoprotein，中密度脂蛋白；LCAT：lecithin-cholesterol acyltransferase，卵磷脂 – 胆固醇酰基转移酶；LDL：low density lipoprotein，低密度脂蛋白；LDLR：low-density lipoprotein receptor，低密度脂蛋白受体；Lp (a)：lipoprotein (a)，脂蛋白 (a)；SR-B1：scavenger receptor B1，清道夫受体 B1；VLDL：very low density lipoprotein，极低密度脂蛋白；VLDLR：very low density lipoprotein receptor，极低密度脂蛋白受体

（1）介导脂蛋白形成：如 apo E 介导极低密度脂蛋白形成，apo C-Ⅲ 促进肝细胞组装分泌极低密度脂蛋白。

（2）稳定脂蛋白结构：如 apo A-Ⅱ、apo B-48、apo B-100 分别稳定高密度脂蛋白、乳糜微粒、极低密度脂蛋白结构。

（3）调节酶或转运蛋白活性：①脂蛋白脂肪酶（LPL）被 apo C-Ⅱ 激活，被 apo A-Ⅱ 和 apo C-Ⅲ 抑制。②卵磷脂 – 胆固醇酰基转移酶（LCAT）被 apo A-I、apo C-I 激活。③胆固醇酯转移蛋白（CETP）被 apo C-I 抑制。

（4）介导组织摄取脂蛋白：① apo B-48 识别和结合细胞表面载脂蛋白 B 受体（APOBR），从而介导乳糜微粒残粒被肝细胞内吞。② apo B-100 识别和结合细胞表面载脂蛋白 B 受体、低密度脂蛋白受体（LDLR），从而介导极低密度脂蛋白残粒被肝细胞内吞，介导低密度脂蛋白被肝细胞和肝外细胞内吞。③ apo E 识别和结合细胞表面低密度脂蛋白受体、心肌和骨骼肌极低密度脂蛋白受体（VLDLR）、载脂蛋白 E 受体（APOER，即低密度脂蛋白受体相关蛋白，LRP）、肝素、硫酸乙酰肝素，从而介导含 apo E 脂蛋白被肝细胞和肝外细胞内吞，特别是介导乳糜微粒残粒被肝细胞内吞，介导极低密度脂蛋白被心肌和骨骼肌内吞。④ apo A-I 识别和结合细胞表面清道夫受体 B1（SR-B1），从而介导高密度脂蛋白向肝细胞转移胆固醇酯。

五、血浆脂蛋白功能和代谢

各种血浆脂蛋白的形成部位不同，运输的主要脂质不同，代谢过程不同，因此功能各不相同。①乳糜微粒：形成于小肠上皮细胞，功能是运输从食物摄取的外源性甘油三酯和胆固醇酯。

②极低密度脂蛋白：主要形成于肝细胞，功能是将肝细胞合成的内源性甘油三酯和胆固醇酯向肝外组织运输。空腹时小肠上皮细胞也有少量极低密度脂蛋白形成。③低密度脂蛋白：由血浆极低密度脂蛋白经代谢转化为中密度脂蛋白，继续代谢转化而成，是极低密度脂蛋白代谢的终末产物，功能是将肝细胞合成的胆固醇向肝外组织运输。④高密度脂蛋白：主要形成于肝，少量形成于小肠，功能是从肝外组织向肝内运输胆固醇，此外还通过交换载脂蛋白参与乳糜微粒和极低密度脂蛋白代谢。

（一）乳糜微粒代谢

乳糜微粒（CM）从进入血浆到从血浆中清除的代谢过程可以分为新生乳糜微粒形成、成熟乳糜微粒形成和代谢、乳糜微粒残粒清除三个阶段。乳糜微粒代谢很快，半衰期仅 5～15 分钟，因此空腹检测呈阴性（图 9-32）。

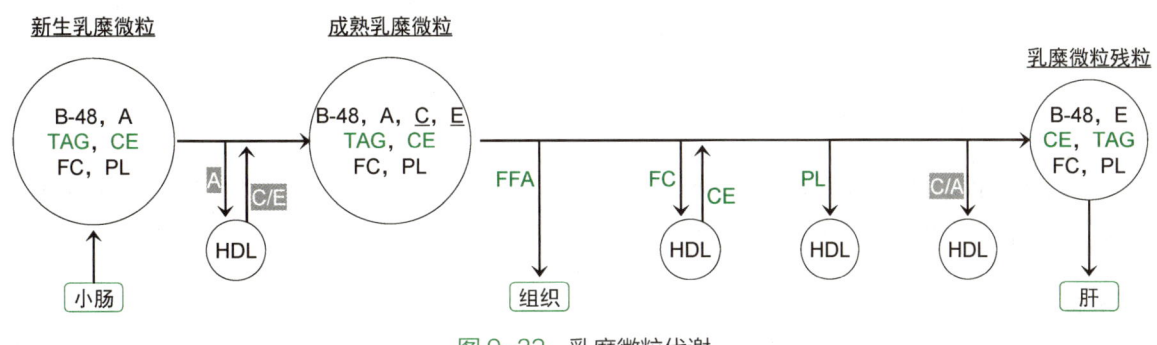

图 9-32　乳糜微粒代谢

1. 新生乳糜微粒形成　参见食物脂质消化吸收。

2. 成熟乳糜微粒形成和代谢　分泌进入淋巴系统的新生乳糜微粒通过胸导管和左锁骨下静脉进入血液，迅速释放 apo A-Ⅰ，并从成熟高密度脂蛋白获得 apo C 和 apo E，成为成熟乳糜微粒。这一过程大约需要 5 分钟。除 apo B-48 之外，乳糜微粒的其他载脂蛋白（特别是 apo C-Ⅱ）主要来自其他脂蛋白，特别是高密度脂蛋白。成熟乳糜微粒所含主要成分是 apo A-Ⅰ、apo A-Ⅱ、apo A-Ⅳ、apo B-48、apo C、apo E、甘油三酯。

（1）甘油三酯代谢：①水解，在血液循环中，成熟乳糜微粒 apo C-Ⅱ 激活毛细血管壁脂蛋白脂肪酶，水解其甘油三酯，释放游离脂肪酸，被组织摄取和利用或储存。其中 80% 被肝外细胞（特别是脂肪细胞和肌细胞）摄取，20% 被肝细胞摄取。随着甘油三酯的水解，乳糜微粒在体积上不断减小，70%～90% 的甘油三酯被水解释放后，缩小成乳糜微粒残粒。②转移，部分甘油三酯转移给高密度脂蛋白，由胆固醇酯转移蛋白（CETP）介导。

脂蛋白脂肪酶（lipoprotein lipase，LPL）简称脂蛋白脂酶，是控制脂蛋白代谢的关键酶。脂蛋白脂肪酶是一种同二聚体糖蛋白，由心肌、脂肪组织、骨骼肌、脾、肺、肾髓质、主动脉、膈、泌乳期乳腺等细胞合成和分泌，通过与硫酸乙酰肝素结合成为毛细血管内皮细胞膜表面酶，也见于乳汁中。脂蛋白脂肪酶从三个方面促进乳糜微粒、极低密度脂蛋白分解代谢：介导其附着于毛细血管表面，催化其甘油三酯水解，催化其磷脂水解（活性较低）。脂蛋白脂肪酶被磷脂和 apo C-Ⅱ、apo A-Ⅴ 激活，被 apo C-Ⅲ 抑制。

（2）胆固醇代谢：①部分游离胆固醇转移给高密度脂蛋白，由磷脂转运蛋白（phospholipid transfer protein，PLTP）介导。②部分表面胆固醇酯从高密度脂蛋白转入，由胆固醇酯转移蛋白介导。

（3）磷脂代谢：①部分表面磷脂转移给成熟高密度脂蛋白，由磷脂转运蛋白介导。②部分表面磷脂释放，与组织细胞分泌的游离胆固醇、apo A-Ⅰ形成新生高密度脂蛋白。

（4）载脂蛋白转移：代谢临近残粒期，apo C、apo A-Ⅱ、apo A-Ⅳ陆续转移给高密度脂蛋白。

经过上述代谢，成熟乳糜微粒最终转化为乳糜微粒残粒（chylomicron remnant）。

3. 乳糜微粒残粒清除 乳糜微粒残粒的主要成分是胆固醇酯、甘油三酯和 apo E、apo B-48。在肝脏，乳糜微粒残粒由 apo E（结合肝细胞表面低密度脂蛋白受体、载脂蛋白 E 受体、肝素等）、apo B-48（结合肝细胞表面载脂蛋白 B 受体）介导与肝细胞表面结合，被其内吞，形成内体。内体与溶酶体融合，乳糜微粒残粒胆固醇酯和甘油三酯被水解，释放出胆固醇（占乳糜微粒胆固醇的 95%）和少量脂肪酸等。

综上所述，乳糜微粒的主要功能是转运食物甘油三酯供脂肪组织储存、其他肝外组织（特别是心肌、骨骼肌）利用，转运食物胆固醇到肝细胞。

（二）极低密度脂蛋白代谢

极低密度脂蛋白（VLDL）主要形成于肝实质细胞，其代谢过程可分为新生极低密度脂蛋白形成、成熟极低密度脂蛋白形成、极低密度脂蛋白残粒形成三个阶段（图 9-33）。

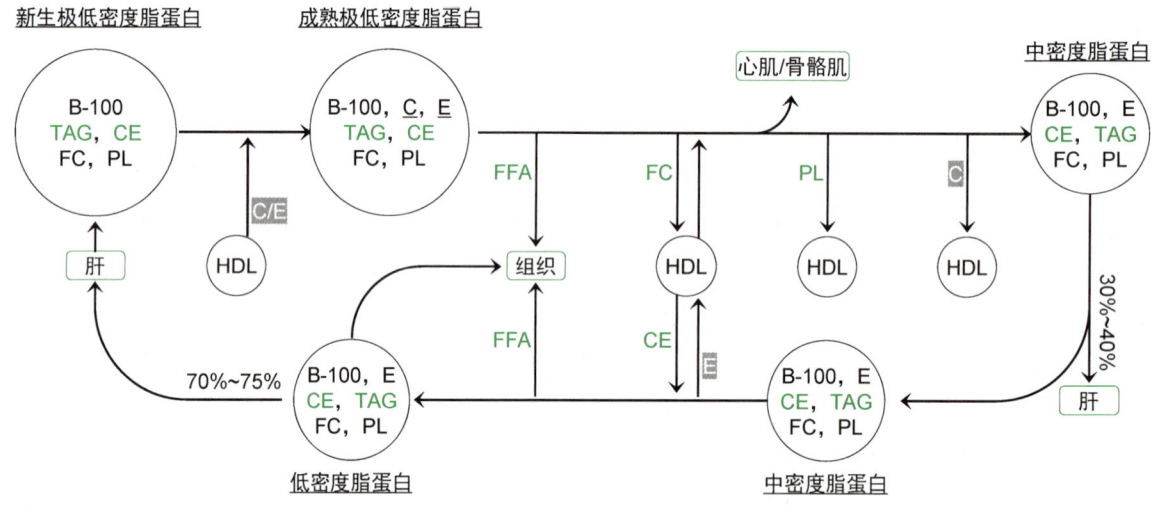

图 9-33 极低密度脂蛋白－低密度脂蛋白代谢

1. 新生极低密度脂蛋白形成 在内质网中，1 分子 apo B-100 与富含甘油三酯和胆固醇酯的脂滴组装成新生极低密度脂蛋白，其核心含有高比例的脂肪（55%），还含有一定比例的胆固醇和胆固醇酯（25%）。

2. 成熟极低密度脂蛋白形成和代谢 新生极低密度脂蛋白分泌进入血液，5~10 分钟后从高密度脂蛋白获得 apo C 和 apo E 等载脂蛋白，成为成熟极低密度脂蛋白。所含主要成分是 apo B-100、apo C、apo E、甘油三酯。

成熟极低密度脂蛋白代谢和乳糜微粒一样，其甘油三酯主要由脂蛋白脂肪酶催化水解，被组织摄取和利用；与其他脂蛋白之间发生甘油三酯、胆固醇、胆固醇酯、磷脂交换或转移；apo C 等载脂蛋白陆续转移给高密度脂蛋白。不同的是，部分极低密度脂蛋白被心肌和骨骼肌细胞整体摄取和利用。

大多数成熟极低密度脂蛋白最终转化为极低密度脂蛋白残粒（very low density lipoprotein remnant）。

3. 中密度脂蛋白代谢　多数极低密度脂蛋白通过代谢转化为低密度脂蛋白，才被清除，极低密度脂蛋白残粒是代谢转化的中间产物，故又称中密度脂蛋白（IDL）。所含主要成分是 apo B-100、apo E、甘油三酯、胆固醇酯。

中密度脂蛋白有 30%～40% 由 apo E 介导被肝细胞摄取，其余继续代谢。①所含甘油三酯的 80%～90% 和部分磷脂继续通过脂蛋白脂肪酶等水解。②通过胆固醇酯转移蛋白从高密度脂蛋白获得胆固醇酯。③所含的 apo E 转移给高密度脂蛋白。中密度脂蛋白最终转化为富含胆固醇酯的低密度脂蛋白。

肝细胞甘油三酯的合成直接促进极低密度脂蛋白的形成和分泌。甘油三酯不应在肝细胞内积累，因此甘油三酯的合成应与极低密度脂蛋白的形成和分泌同步。若肝细胞甘油三酯合成过快或极低密度脂蛋白形成障碍，则会导致甘油三酯在肝细胞内积累，导致肝脂肪变性（hepatic steatosis）。促进肝细胞合成甘油三酯和分泌极低密度脂蛋白的因素有饱食、高糖饮食、高血浆游离脂肪酸、饮酒、高胰岛素和低胰高血糖素等。

（三）低密度脂蛋白代谢

低密度脂蛋白（LDL）是正常人空腹时主要的血浆脂蛋白，占脂蛋白总量的 1/2～2/3，半衰期为 2～3 日。所含主要成分是 apo B-100、胆固醇酯。

低密度脂蛋白是中密度脂蛋白的代谢产物，其甘油三酯含量已降至 5%，胆固醇含量升至 50%，且大多数 apo C-Ⅱ和 apo E 已转移给高密度脂蛋白，因此它主要的载脂蛋白为 1 分子 apo B-100。低密度脂蛋白逐渐在低密度脂蛋白受体介导下被各种组织细胞内吞摄取，其中 70%～75% 被肝细胞摄取，25%～30% 被肾上腺皮质、睾丸、卵巢等肝外组织摄取。许多肝外组织主要通过摄取低密度脂蛋白获取胆固醇，而不是从头合成。

低密度脂蛋白被细胞摄取后，在溶酶体内水解释放游离胆固醇。胆固醇可用于补充膜脂，在肾上腺皮质合成类固醇激素，在肝细胞可以再酯化并形成极低密度脂蛋白输出、直接分泌并参与新生高密度脂蛋白形成、转化为胆汁酸并泵入胆小管、直接泵入胆小管。此外，还能够诱导脂酰辅酶 A- 胆固醇酰基转移酶基因的表达，抑制低密度脂蛋白受体基因的表达。

低密度脂蛋白受体（low-density lipoprotein receptor，LDLR）是一种细胞表面受体，功能是与低密度脂蛋白结合并介导其内吞，从而从血浆中清除，故得名。因其实质上是与低密度脂蛋白所含的 apo B-100（Val3373～Leu3393）和 apo E（His158～Arg168）结合，故又称 apo B/E 受体。

低密度脂蛋白受体的合成和降解受到调节：①低密度脂蛋白受体基因的表达受胆固醇阻遏。②低密度脂蛋白受体的泛素化降解受氧化型胆固醇受体 LXR（oxysterols receptor LXR）激活，机制是 LXR 激活 E3 泛素连接酶 MYLIP（又称诱导低密度脂蛋白受体降解物，inducible degrader of the LDLR，Idol）基因的表达，合成 E3 泛素连接酶 MYLIP，促进低密度脂蛋白受体泛素化降解。

低密度脂蛋白受体突变会导致低密度脂蛋白不能被细胞有效摄取，积累于血浆中，引起家族性高胆固醇血症 1（familial hypercholesterolemia 1，FHCL1）。

(四)高密度脂蛋白代谢

高密度脂蛋白(HDL)主要形成于肝,少量形成于小肠,其代谢过程可分为新生高密度脂蛋白形成、成熟高密度脂蛋白(α-HDL)形成、成熟高密度脂蛋白代谢三个阶段。高密度脂蛋白的半衰期为3~5日(图9-34)。

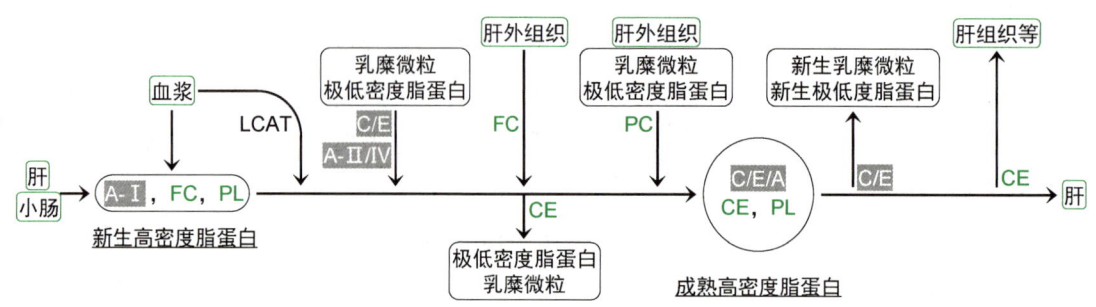

图9-34 高密度脂蛋白代谢

1. 新生高密度脂蛋白形成 研究表明新生高密度脂蛋白(nascent high density lipoprotein, preβ1-HDL)由肝细胞、肠上皮细胞合成和分泌的apo A-Ⅰ和少量磷脂、极少量游离胆固醇形成,具有圆盘状脂质双分子层结构。

2. 新生高密度脂蛋白代谢 新生高密度脂蛋白持续募集或接受相关成分,直至转化为成熟高密度脂蛋白。

(1)卵磷脂-胆固醇酰基转移酶:由肝细胞合成和分泌至血浆,与新生高密度脂蛋白结合,由apo A-Ⅰ激活。

(2)载脂蛋白:从代谢临近残粒期的乳糜微粒和极低密度脂蛋白接受apo C、apo E、apo A-Ⅱ、apo A-Ⅳ。

(3)胆固醇:①从外周细胞接受游离胆固醇,由细胞膜胆固醇流出调节蛋白介导。②胆固醇与磷脂酰胆碱反应生成胆固醇酯和溶血磷脂酰胆碱,由卵磷脂-胆固醇酰基转移酶催化。③生成的胆固醇酯有60%~80%转移给极低密度脂蛋白、乳糜微粒以避免胆固醇酯水平过高而抑制卵磷脂-胆固醇酰基转移酶,转移由胆固醇酯转移蛋白(cholesterol ester transfer protein, CETP)介导;其余20%~40%进入新生高密度脂蛋白的内部,形成疏水脂核,使圆盘状新生高密度脂蛋白逐渐膨大成球形,成为成熟高密度脂蛋白。④生成的溶血磷脂酰胆碱转移给血浆白蛋白。

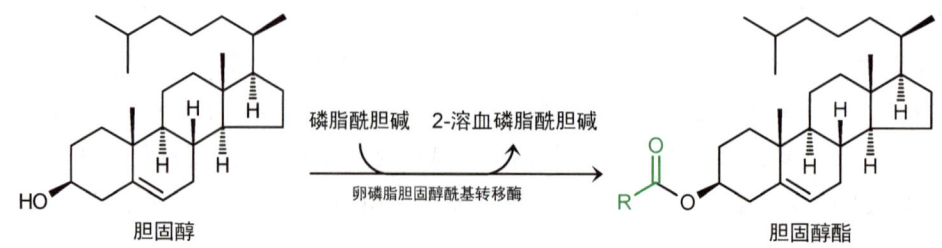

胆固醇流出调节蛋白(cholesterol efflux regulatory protein)又称ABC转运蛋白A1(ATP-binding cassette transporter, ABCA1)、磷脂转位酶ABCA1(phospholipid-transporting ATPase ABCA1),是一种翻转酶(flippase),可将胆固醇和磷脂(特别是磷脂酰胆碱)从细胞膜内层脂翻转到外层

脂中，进而转移给载脂蛋白形成新生高密度脂蛋白，或转移给高密度脂蛋白。

（4）磷脂酰胆碱：①从肝外组织细胞膜获得，由胆固醇流出调节蛋白介导。②从乳糜微粒、极低密度脂蛋白获得，由磷脂转运蛋白介导。③部分用于胆固醇酯化。④部分由血浆内皮细胞脂肪酶（endothelial lipase，EL）水解，生成的脂肪酸和溶血磷脂转移给白蛋白。

3. 成熟高密度脂蛋白代谢　成熟高密度脂蛋白以下成分继续代谢，直至被肝细胞内吞清除。

（1）载脂蛋白：apo C 和 apo E 接受自代谢后期的成熟乳糜微粒和极低密度脂蛋白，转移给新生乳糜微粒和新生极低密度脂蛋白。部分 apo A-Ⅰ和磷脂酰胆碱、游离胆固醇脱离成熟高密度脂蛋白，形成新生高密度脂蛋白。

（2）胆固醇：除继续进行与新生高密度脂蛋白相同的胆固醇代谢外，高密度脂蛋白还向肝细胞和类固醇生成细胞内转移胆固醇酯，由细胞膜清道夫受体介导。这部分胆固醇占高密度脂蛋白胆固醇的 20%。

清道夫受体 B1（scavenger receptor，SR-B1）被称为高密度脂蛋白受体，广泛存在于各种组织细胞的细胞膜上，是细胞膜小窝（caveolae）的核心成分，可以与各种配体结合，如胆固醇酯（高密度脂蛋白）、磷脂酰丝氨酸（凋亡细胞）。可介导肝细胞、类固醇生成细胞与高密度脂蛋白结合，从中获取胆固醇酯。

高密度脂蛋白最终被肝细胞内吞，由 apo E 结合载脂蛋白 E 受体、低密度脂蛋白受体、极低密度脂蛋白受体、硫酸乙酰肝素介导。这部分胆固醇占高密度脂蛋白胆固醇的 10%。

六、脂质代谢紊乱

脂质代谢由酶催化，受神经、激素等调节，其中许多因素由基因决定。这些因素出现异常可造成脂质代谢紊乱和相关器官的病理变化。

1. 高脂血症　高脂血症（hyperlipidemia）是指血浆甘油三酯、胆固醇病理性过高。由于血浆脂蛋白是血脂的存在形式，故高脂血症又称高脂蛋白血症（hyperlipoproteinemia）。临床检验血脂参考范围是甘油三酯（TG）0~1.7 mmol/L，总胆固醇（TC）2.85~5.7 mmol/L，高密度脂蛋白胆固醇（HDL-C）0.9~1.95 mmol/L，低密度脂蛋白胆固醇（LDL-C）1.1~3.6 mmol/L。WHO 建议将高脂血症分为六型（表9-5），我国患者中Ⅳ型（占 50% 以上）和Ⅱ型（约占 40%）居多。根据病因不同，高脂血症可分为原发性和继发性两类。原发性高脂血症具有一定遗传性，继发性高脂血症继发于糖尿病、肾病综合征等疾病。

表 9-5　高脂血症分型

分型	CM	VLDL	IDL	LDL	甘油三酯	胆固醇	占比（%）
Ⅰ	↑				↑↑↑	↑	<1
Ⅱa				↑		↑↑	10
Ⅱb		↑		↑	↑↑	↑↑	40
Ⅲ			↑		↑↑	↑↑	<1
Ⅳ		↑			↑↑		45
Ⅴ	↑	↑			↑↑↑	↑	5

2. 家族性高胆固醇血症　家族性高胆固醇血症（familial hypercholesterolemia，FH）是一类

常染色体显性遗传性疾病，属于 Ⅱa 型高脂血症，发病早，临床表现主要为血浆低密度脂蛋白和总胆固醇显著升高、特征性黄色瘤、早发心血管疾病等。遗传因素是低密度脂蛋白受体缺陷。患者血浆胆固醇水平主要取决于其基因型，通常纯合子和杂合子血浆胆固醇浓度分别是正常人的 6~8 及 2~3 倍。纯合子患者部分在童年期死于冠心病，可通过肝移植缓解。杂合子可通过用药控制。

3. 动脉粥样硬化　动脉粥样硬化（atherosclerosis，AS）是一类以血管内膜形成粥瘤或纤维斑块为特征的心血管系统疾病。主要病理表现为动脉内膜受脂质浸润和胆固醇沉积而发生增生、变形、纤维组织增生、钙质沉着，管壁粥样斑块形成，使原本柔软有弹性的血管壁发生硬化，进而发生斑块内出血、斑块破裂、血栓形成、血管腔狭窄甚至闭塞等，可造成组织或脏器的缺血性改变。

4. 肥胖　肥胖（obesity）是一类体内贮脂总量或局部脂肪组织含量过多的临床综合征。目前对于单纯性肥胖，国际上主要用体重指数（body mass index，BMI）衡量肥胖度：BMI = 体重（kg）/ 身高^2（m^2），BMI 介于 18.5~24.99 为正常，25~28 为超重，大于 28 则为肥胖。成人脂肪细胞数目稳定，故肥胖导致脂肪细胞体积增大，可达正常脂肪细胞的 1 000 倍；生长发育期儿童肥胖则表现为脂肪细胞体积增大，数目也增加。

肥胖常与高胰岛素血症并存，一般认为是高胰岛素会引起肥胖。肥胖（特别是腹部肥胖）也是导致冠心病、2 型糖尿病、肿瘤（子宫内膜、乳腺、结肠等）、高血压、血脂异常（高胆固醇、高甘油三酯）、中风、肝胆疾病、呼吸系统疾病（睡眠呼吸暂停）、骨关节炎、妇科疾病（月经异常、不孕不育）、男性不育及其他内分泌紊乱的危险因素。

七、治疗药物

常用脂质代谢紊乱治疗药物分为单方调节血脂药和化浊降脂中成药等。

1. 单方调节血脂药　药品分类代码 XC10A，包括 HMG-CoA 还原酶抑制剂类和贝特类等。

（1）HMG-CoA 还原酶抑制剂类：又称他汀类（statin），药品分类代码 XC10AA，包括天然产物如普伐他汀、辛伐他汀、洛伐他汀、匹伐他汀等，合成药物如阿托伐他汀、氟伐他汀、瑞舒伐他汀等。它们竞争性抑制 HMG-CoA 还原酶合成甲羟戊酸，导致胆固醇合成减少，低密度脂蛋白受体基因表达去抑制，低密度脂蛋白受体合成增加，从而加快清除血浆低密度脂蛋白，降血胆固醇。

（2）贝特类：又称苯氧芳酸类（fibrates）药物，药品分类代码 XC10AB。①非诺贝特：是一种过氧化物酶体增殖物激活受体 α（PPARα）激动剂，能够显著降低胆固醇和甘油三酯，且不良反应较少，主要用于治疗以甘油三酯或极低密度脂蛋白升高为主的原发性高脂血症，如 Ⅱb、Ⅲ、Ⅳ型高脂血症。②吉非罗齐：抑制肝细胞合成甘油三酯，从而抑制极低密度脂蛋白分泌，可降低血清甘油三酯和极低密度脂蛋白胆固醇，并增加高密度脂蛋白的胆固醇，临床主要用于治疗严重 Ⅳ、Ⅴ型或 Ⅱb 型高脂蛋白血症。

（3）其他调节血脂药：药品分类代码 XC10AC。①烟酸类药物：如阿西莫司抑制 cAMP 的生成，导致激素敏感性脂肪酶活性下降，减少脂肪动员，抑制肝细胞利用游离脂肪酸，降低血中极低密度脂蛋白和低密度脂蛋白，从而降低甘油三酯和总胆固醇水平。可用于降低对其他药物（如他汀类或贝特类药物）不敏感患者的血脂水平，适用于治疗高甘油三酯血症（Ⅳ型）、高胆固醇血症（Ⅱa 型及 Ⅱb 型）。②普罗布考：抗氧化剂，具有调节血脂和抗脂质过氧化作用。能够减少胆固醇合成、增加胆固醇分解,从而降低血胆固醇和低密度脂蛋白;改变高密度脂蛋白的性质和功能、影响卵磷脂-胆固醇酰基转移酶和载脂蛋白E的功能等,从而促进高密度脂蛋白对胆固醇的逆向转运。③依折麦布:抑制小肠吸收胆固醇。可单独或与他汀类药物联合,用于治疗原发性高胆固醇血症(杂合子家族性和非家族性),也可作为辅助疗法与他汀类联合,用于治疗纯合子家族性高胆固醇血症。④海博麦布:可单独或与HMG-CoA还原酶抑制剂(他汀类)联合,用于治疗原发性(杂合子家族性或非家族性)高胆固醇血症。⑤多不饱和脂肪酸:如花生四烯酸、二十碳五烯酸(EPA)及二十二碳六烯酸(DHA)等可使胆固醇酯化,从而降低血中胆固醇和甘油三酯。

2. 化浊降脂中成药 药品分类属于化浊降脂剂,分类代码ZA17。①血脂康胶囊:用于治疗痰阻血淤所致的高脂血症,症见气短、乏力、头晕、头痛、胸闷、腹胀、食少纳呆等,也可用于由高脂血症及动脉粥样硬化引起的心脑血管疾病的辅助治疗。②脂必妥片:具有健脾消食、除湿祛痰、活血化瘀之功效,用于高脂血症、动脉粥样硬化引起的其他心脑血管疾病的辅助治疗。主要原料为红曲。③降脂灵片:具有补肝益肾、养血明目之功效,用于治疗肝肾不足型高脂血症,症见头晕、目眩、须发早白。由制首乌、山楂、枸杞子、决明子、黄精组成。④绞股蓝总苷片:具有养心健脾、益气和血、除痰化瘀、降血脂的功效,用于治疗高脂血症、脂肪肝等。

第七节 肝脏与脂质代谢

肝在脂质的消化、吸收、分解、合成和运输等方面均起重要作用。

1. 脂质消化吸收 肝脏通过胆总管向十二指肠排泄胆汁,参与脂质消化吸收。肝胆疾病时胆汁酸合成和分泌减少,或胆道梗阻引起胆汁排泄障碍,会影响脂质消化吸收,出现厌油腻和脂肪泻(steatorrhea,吸收不良综合征。日排泄脂肪可达30g)等临床症状。

2. 脂肪酸合成、分解和改造 肝内脂肪酸合成代谢和分解代谢十分活跃,这是因为其细胞质中有丰富的脂肪酸合成酶系,线粒体中有丰富的脂肪酸氧化酶系。

3. 甘油三酯和磷脂合成 肝细胞内质网上有丰富的甘油三酯和磷脂合成酶系。甘油三酯和磷脂在肝内合成最多、最快,合成后进一步形成脂蛋白,向肝外(特别是脂肪组织)输出。

4. 酮体生成 肝脏是合成酮体的主要器官,其线粒体可用脂肪酸氧化生成的乙酰辅酶A合成酮体,通过血液运到肝外组织氧化供能。

5. 胆固醇代谢 肝脏通过控制胆固醇和脂蛋白代谢维持机体胆固醇稳态。①肝脏合成胆固醇并进一步酯化,以VLDL形式向肝外输出胆固醇和胆固醇酯。肝脏合成的胆固醇占全身合成总量的70%~80%,是血胆固醇的主要来源。②肝脏合成和分泌卵磷脂-胆固醇酰基转移酶,与HDL共同清除肝外胆固醇。③肝脏将胆固醇转化为胆汁酸汇入胆汁,也将部分胆固醇直接汇入胆汁。

6. 其他 合成和分泌的白蛋白是血浆游离脂肪酸的运输工具,合成的apo C-Ⅱ是脂蛋白脂肪酶的激活剂。

思考题

1. 生物体为什么选择脂肪为主要贮能物质,而不是糖原?同样质量的糖原和甘油三酯彻底氧化,哪种物质释放的能量多?为什么?
2. 试述脂肪动员及其影响因素。
3. 如何看待贮脂的生理意义?
4. 脂肪酸如何转入线粒体?柠檬酸在脂肪酸合成中的作用有哪些?
5. 比较棕榈酸 β 氧化与棕榈酸合成,有哪些不同点?
6. 试从脂质代谢角度对肉碱的减肥原理和功效进行评价,并对使用者给出合理建议。
7. 酮体生成的第二步反应中乙酰乙酰辅酶 A 为什么没有直接水解生成乙酰乙酸?
8. 如何看待丙酮的生成?
9. 为什么肝中产生的酮体要在肝外组织被利用?
10. 从生化角度分析生酮饮食含义及其利弊。
11. 胆固醇在体内是如何生成、转化和排泄的?人体为何不能将胆固醇完全分解?
12. 常见脂代谢紊乱的机制是什么?
13. 简述常见降脂(胆固醇)药物,如贝特类药物、他汀类药物、依折麦布的作用机制。
14. 简述中药红曲对脂质代谢的作用及其机制。
15. 人体脂肪酸合成酶为什么合成的是棕榈酸而不是硬脂酸?

(续洁琨 杨晓敏)

第十章 氨基酸代谢

氨基酸、脂肪酸、葡萄糖分别是蛋白质、脂质、糖的结构单位。氨基酸种类繁多，代谢多样。既是生物氧化燃料，又是合成代谢原料，既用于合成蛋白质，又用于合成各种小分子含氮化合物。有些氨基酸可以自身合成，其余只能从食物摄入。

人体蛋白质含量约占体重的 16%。《中国居民膳食营养素参考摄入量》（2023 版）推荐成人每日蛋白质平均需要量（EAR）50~60 g，可提供人体代谢能的 10%~20%。本章以氨基酸脱氨、尿素合成、氨基酸合成小分子含氮化合物、非必需氨基酸合成为核心介绍人体氨基酸代谢。

第一节 概 述

组织蛋白质是生命过程的物质基础，食物蛋白质是宏量营养素之一，是体内氨基酸的主要来源、必需氨基酸的唯一来源。食物蛋白质在消化道内由蛋白酶水解，生成氨基酸。氨基酸由小肠吸收，通过血液循环运输到全身各组织器官。氨基酸代谢对机体生命活动正常进行起着非常重要的作用。

一、氮平衡

氮平衡（nitrogen balance）是机体氮摄入量与氮排出量之间的动态平衡状态，用以评价人体蛋白质稳态。摄入氮基本上来自食物蛋白质，主要用于人体蛋白质合成。排出氮主要来自食物蛋白质和机体蛋白质的分解代谢，经肾或随粪便排出体外。氮平衡包括总氮平衡、正氮平衡和负氮平衡。

1. **总氮平衡** 总氮平衡（nitrogen equilibrium）又称零氮平衡（zero nitrogen balance），即氮摄入量等于氮排出量，表明机体蛋白质的合成与分解保持平衡，多见于健康成年人。

2. **正氮平衡** 正氮平衡（positive nitrogen balance）即氮摄入量多于氮排出量，表明机体蛋白质合成多于分解，多见于婴幼儿和少儿、孕妇、康复期患者。

3. **负氮平衡** 负氮平衡（negative nitrogen balance）即氮摄入量少于氮排出量，表明机体蛋白质合成少于分解，多见于严重烧伤、出血及消耗性疾病患者，也见于长期饥饿、严重营养不良个体。

拓展阅读 10-1：低蛋白饮食

二、蛋白质生理需要量和营养价值

蛋白质约占人体成分的 16%，每日更新率 1%~3%，主要是骨骼肌蛋白。根据氮平衡实验结果计算，体重为 60 kg 的正常成人每天至少需要分解约 20 g 组织蛋白。由于食物蛋白质与组织蛋白存在氨基酸模式差异，食物蛋白质消化吸收后无法完全利用，因此为了维持氮平衡，正常成人生理需要量（physiological requirement）为 30~50 g/d。为了长期维持氮平衡，我国营养学会建议正常成人每日摄入约 80 g 的蛋白质。

蛋白质的摄入不仅需要考虑量，还要考虑质，即蛋白质的营养价值。蛋白质的营养价值取决于其所含必需氨基酸的种类、比例及蛋白质的消化率。

1. 必需氨基酸和非必需氨基酸　必需氨基酸（essential amino acid）是指人体需要但无法自身合成，或合成量远不能满足正常生命过程需要，必须从食物中获得的以下 9 种编码氨基酸：缬氨酸、异亮氨酸、亮氨酸、赖氨酸、组氨酸、苯丙氨酸、色氨酸、蛋氨酸和苏氨酸。其余 11 种编码氨基酸可以由人体自身合成，且合成量完全满足生命过程需要，被称为非必需氨基酸（non-essential amino acid）。部分非必需氨基酸称为条件必需氨基酸（conditionally essential amino acid）：①特殊代谢条件下（如创伤、感染、剧烈运动）需要量增加且超出自身合成能力、必须从食物获取一部分的非必需氨基酸，如精氨酸。②以必需氨基酸为原料合成的两种非必需氨基酸酪氨酸和半胱氨酸。

2. 食物蛋白质营养价值　蛋白质的营养价值是指某种食物蛋白质能满足人体必需氨基酸需要的程度，取决于其所含必需氨基酸的种类、数量、模式及消化率。所含必需氨基酸种类全、含量多、模式接近组织蛋白质、消化率高的食物蛋白质营养价值高，反之营养价值低。动物性食物蛋白质与组织蛋白质的氨基酸模式相似，因此其营养价值较高。食物蛋白质可根据营养价值高低分为完全蛋白质、半完全蛋白质、不完全蛋白质。

（1）氨基酸模式：氨基酸模式（amino acid pattern）又称氨基酸相对比值，是食物蛋白质中各种必需氨基酸的构成比例。根据蛋白质中必需氨基酸含量计算，以含量最少的色氨酸为 1 计算出其他氨基酸的相应比值。氨基酸模式是评价食物蛋白质营养价值的一种指标。

（2）消化率：消化率（digestibility）是反映食物在消化道内消化吸收程度的一项指标，是评价食物蛋白质营养价值的生物学方法之一。

（3）完全蛋白质：完全蛋白质（complete protein）是所含必需氨基酸种类齐全、含量充足、比例适当，不仅能维持生命过程，而且能促进生长发育的食物蛋白质。如牛奶中的酪蛋白、乳清蛋白，蛋清中的卵清蛋白。

（4）半完全蛋白质：半完全蛋白质（partially complete protein）是所含必需氨基酸种类齐全，但有的含量不足、比例不当，可以维持生命过程，不能促进生长发育的蛋白质。如小麦中的麦胶蛋白。

（5）不完全蛋白质：不完全蛋白质（incomplete protein）是所含必需氨基酸种类不全，不能维持生命，更不能促进生长发育的蛋白质。如麦醇溶蛋白（gliadin，缺乏赖氨酸）、玉米醇溶蛋白（zein，缺乏赖氨酸和色氨酸）、胶原。

（6）参考蛋白质：参考蛋白质（reference protein）是指与人体氨基酸模式最接近的蛋白质，可用于评价其他食物蛋白质营养价值的标准食物蛋白质。常用鸡蛋蛋白质和人乳蛋白质。

3. 蛋白质互补作用 蛋白质互补作用（protein complementary action）是指两种或两种以上食物蛋白质混合食用，其所含必需氨基酸种类和数量之间相互补充，提高食物蛋白质营养价值的作用。例如：谷物蛋白质缺乏赖氨酸但富含蛋氨酸，而豆类蛋白质缺乏蛋氨酸但富含赖氨酸，将两者混合食用可以提高其营养价值。

限制性氨基酸（limiting amino acid）：食物蛋白质中一种或几种含量相对较低，导致其他必需氨基酸在体内不能被作为蛋白质或活性物质合成原料利用，造成其蛋白质营养价值较低的必需氨基酸，如谷物蛋白质的赖氨酸和豆类蛋白质的蛋氨酸。

三、蛋白质消化

食物蛋白质的消化吸收是体内获取氨基酸的主要途径。消化过程还可以消除食物蛋白质的抗原性，以避免引起过敏和毒性反应。蛋白质的消化过程始于胃内，但主要在小肠中进行。

（一）口腔消化

食物蛋白质在口腔内没有酶促消化，因为口腔细胞不分泌蛋白酶。

（二）胃消化

食物蛋白质可以在胃内由胃蛋白酶（pepsin）催化消化，但在胃内停留时间较短，因此消化率有限，仅生成少量多肽、寡肽和氨基酸。

胃蛋白酶原（pepsinogen）是胃蛋白酶的前体，由胃黏膜主细胞分泌，在胃酸作用下自裂解（autoproteolysis），激活成胃蛋白酶，胃蛋白酶也可激活其他胃蛋白酶原分子。胃蛋白酶的最适pH 为 1.5~2.5。胃的酸性环境有助于蛋白质的变性和水解。胃蛋白酶对肽键的专一性较低，20%肽键可被其水解，优先水解由芳香族氨基酸、亮氨酸的氨基或羧基形成的肽键。此外，胃蛋白酶还具有凝乳作用，可以使乳汁中的酪蛋白（casein）与 Ca^{2+} 结合形成凝块，延长乳汁在胃内的停留时间，有利于乳蛋白消化。

拓展阅读 10-2：治疗消化性溃疡病和胃食道反流病的药物

（三）小肠消化

食物蛋白质主要在十二指肠和空肠中由多种蛋白酶和肽酶共同作用，水解成寡肽和氨基酸。

1. 胰腺蛋白酶 胆囊收缩素又称缩胆囊素、促胰酶素，可以刺激胰酶的分泌。胰酶通过胰管分泌到十二指肠后，其中的蛋白酶将食物蛋白质水解成约 30% 氨基酸和 70% 寡肽（主要是二肽和三肽）的混合物。胰腺蛋白酶等各种蛋白酶根据催化水解肽键位置的不同分为内肽酶和外肽酶。

（1）内肽酶：内肽酶（endopeptidase）水解肽链非末端肽键生成寡肽。来自胰腺的内肽酶主要有胰蛋白酶（trypsin）、糜蛋白酶（chymotrypsin，又称胰凝乳蛋白酶）和弹性蛋白酶（elastase），最适 pH 8.0。

（2）外肽酶：外肽酶（exopeptidase）水解肽链末端肽键生成氨基酸。来自胰腺的外肽酶主要有羧肽酶 A（carboxypeptidase A）和羧肽酶 B（carboxypeptidase B），最适 pH 8.0。

2. 刷状缘酶 参与食物蛋白质消化的刷状缘酶有肠激酶和寡肽酶。

（1）肠激酶：肠激酶（enterokinase）是位于十二指肠上皮细胞顶端膜上的一种丝氨酸蛋白

酶，属于内肽酶，它可以激活胰蛋白酶原。

胰腺蛋白酶在胰腺细胞分泌时均为无活性蛋白酶原，经胰管运到十二指肠后才被激活。先由肠激酶将胰蛋白酶原激活为胰蛋白酶，机制是切除其 N 端激活肽（APFDDDDK）。胰蛋白酶既可激活其他胰蛋白酶原分子，又可激活糜蛋白酶原、弹性蛋白酶原和羧肽酶原等（参见图 5-20）。

胰液中含有胰蛋白酶抑制剂（一种分泌蛋白），作用是抑制胰蛋白酶，防止其在胰腺组织中提前激活弹性蛋白酶原等其他酶原，导致胰腺组织自身消化，引起急性胰腺炎（acute pancreatitis）。

（2）寡肽酶：寡肽酶（oligopeptidase）位于十二指肠和空肠上皮细胞顶端膜上（活性中心在外）和细胞质中，顶端膜寡肽酶主要是氨肽酶和二肽酶。氨肽酶（aminopeptidase，最适 pH 8.0）从氨基末端逐步水解寡肽生成氨基酸。二肽酶（dipeptidase）水解二肽生成氨基酸。

四、氨基酸吸收

食物蛋白质在十二指肠和空肠消化成氨基酸和少量二肽、三肽，由上皮细胞吸收。

1. 游离氨基酸吸收 上皮细胞由顶端膜氨基酸转运蛋白通过继发性主动转运机制从肠液摄取氨基酸，并由基底侧膜氨基酸转运蛋白通过易化扩散机制将其转出，经组织间液进入毛细血管。

顶端膜氨基酸转运蛋白是一组特异性转运蛋白，人类基因组编码 6 种（表 10-1）。①氨基酸转运机制类似钠–葡萄糖协同转运蛋白（SLGT），多为同向转运蛋白，且多数与 Na^+ 共转运。②不同转运蛋白转运不同的氨基酸，如中性氨基酸转运蛋白转运中性氨基酸、亚氨基酸转运蛋白转运脯氨酸和甘氨酸。③这些转运蛋白也存在于肾小管上皮细胞，介导氨基酸重吸收。

表 10-1 人体介导氨基酸和肽跨膜转运的部分转运蛋白

转运蛋白	基因	性质	主要转运对象
中性氨基酸转运蛋白 B^0	SLC1A5	逆向转运蛋白	中性氨基酸
中性氨基酸转运蛋白 B^0AT1	SLC6A19	同向转运蛋白	中性氨基酸
质子偶联氨基酸转运蛋白 1	SLC36A1	同向转运蛋白	小中性氨基酸（Gly、Ala、Pro、Ser）
氨基酸转运蛋白 $b^{0,+}AT1$	SLC7A9	逆向转运蛋白	碱性氨基酸、胱氨酸
兴奋性氨基酸转运蛋白 3	SLC1A1	同向转运蛋白	酸性氨基酸、半胱氨酸
亚氨基酸转运蛋白 XTRP3	SLC6A20	同向转运蛋白	脯氨酸、甘氨酸
寡肽转运蛋白 PepT1	SLC15A1	同向转运蛋白	二肽、三肽

2. 肽吸收 上皮细胞由顶端膜上有一种肽转运蛋白 1（peptide transporter 1，PepT1），通过继发性主动转运机制从肠液摄取二肽和三肽。肽转运蛋白 1 属于同向转运蛋白，与 H^+ 共转运。

二肽和三肽在细胞质中被肽酶水解成氨基酸，由基底侧膜氨基酸转运蛋白通过易化扩散机制将其转出，经组织间液进入毛细血管。

拓展阅读 10-3：氨基酸转运蛋白与疾病

五、腐败

食物蛋白质消化率高达 96%，有不到 4% 未被利用，主要是肽和蛋白质，包括部分弹性蛋白、胶原、消化酶、脱落上皮细胞蛋白等。它们会在结肠被肠道微生物利用。例如：作为供能物质或合成原料支持微生物代谢，甚至会合成维生素等供人体利用，但总体效应是经无氧代谢排出体外。这一过程称为腐败（putrefaction）。

1. 部分腐败产物　①气体小分子：CO_2、H_2、CH_4、NH_3、H_2S。②短链脂肪酸：乙酸、丙酸、丁酸。③支链脂肪酸：异丁酸、异戊酸、2-甲基丁酸、异己酸。④胺：组胺、尸胺、酪胺和苯乙胺等。⑤酚：苯酚和对甲酚。⑥吲哚类：吲哚和甲基吲哚。

这些腐败产物部分可由结肠黏膜细胞吸收，其余随粪便排出体外。

2. 肝性脑病的假性神经递质学说　部分腐败产物被吸收后会影响生命过程，甚至引起代谢紊乱。例如：组氨酸、赖氨酸、色氨酸、酪氨酸和苯丙氨酸的腐败产物分别为组胺、尸胺、色胺、酪胺和苯乙胺。组胺和尸胺可使血压下降，而酪胺则可使血压升高。它们被吸收后通常会被肝细胞摄取并转化解毒。例如：酪胺和苯乙胺由单胺氧化酶氧化脱氨并一进步转化清除。

肠梗阻导致腐败产物生成增加，严重肝功能障碍或先天性门体［静脉］分流导致肝脏不能有效转化腐败产物，这些疾病均导致一些胺类进入脑组织。例如：酪胺通过血脑屏障进入脑干网状结构，由多巴胺-β-羟化酶转化为章鱼胺（又称β-羟酪胺），其结构类似于正常神经递质多巴胺、去甲肾上腺素，能与其竞争结合同一受体，但不能（或微弱）激活受体，故属于假性神经递质（false neurotransmitter）（图 10-1）。假性神经递质不能传递兴奋，反而竞争性抑制儿茶酚胺传递兴奋，导致网状结构上行激动系统功能障碍，使机体处于昏睡甚至昏迷状态，临床上称为肝性脑病（hepatic encephalopathy），此为肝性脑病的假性神经递质学说。

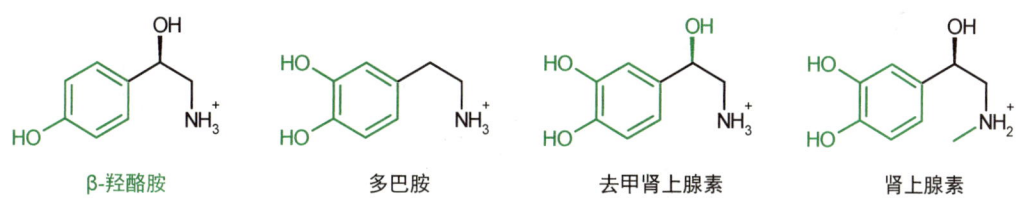

图 10-1　假性神经递质与儿茶酚胺

拓展阅读 10-4：肝性脑病

六、组织蛋白降解

组织蛋白每日更新量占总蛋白的 1%~3%。组织蛋白降解生成的氨基酸约 75% 用于组织蛋白合成，其余被进一步分解或转化为两用代谢物（amphibolic metabolite）。

90% 细胞质蛋白通过泛素-蛋白酶体途径降解。细胞外蛋白、膜蛋白和半衰期长的细胞内蛋白主要通过溶酶体途径降解（参见第五章）。

七、氨基酸代谢一览

氨基酸库（amino acid pool）又称氨基酸池、氨基酸代谢库、氨基酸代谢池，是体液中的全部游离氨基酸。其中 50% 以上存在于肌肉组织，10% 存在于肝脏，4% 存在于肾脏，1%~6% 存在于血浆。

1. 氨基酸的三个来源 ①食物蛋白质消化吸收。②组织蛋白降解。③机体利用 α- 酮酸合成非必需氨基酸。

2. 氨基酸的三条去路 与氨基酸的功能一致（参见第三章）。①合成组织蛋白和其他多肽、寡肽：这是氨基酸的主要去路。②合成氨基酸衍生物：包括激素、神经递质、维生素、色素、载体等。氨基酸的上述两项功能是不能由其他生物分子替代的。③氧化供能或合成葡萄糖、糖原、脂肪等供能物质。

氨基酸的来源和去路保持平衡，以维持氨基酸库稳态。

第二节 氨基酸分解

氨基酸分解代谢包括三个事件：氨基酸脱氨生成氨和 α- 酮酸，氨代谢，α- 酮酸代谢。

一、氨基酸脱氨

多数氨基酸分解从脱氨（deamination）开始。脱氨方式包括转氨、氧化脱氨等。

（一）转氨

转氨（transamination）是指氨基在化合物之间的转移。氨基酸转氨通常是指一种 α- 氨基酸与一种 α- 酮酸之间发生 α- 氨基转移，生成新的 α- 氨基酸和 α- 酮酸。

1. 转氨反应特点 转氨反应是氨基酸分解代谢的特征性反应。

（1）氨基只是被转移给 α- 酮酸生成新的氨基酸，并未脱去生成氨分子。

（2）转氨反应为可逆反应（平衡常数接近 1），其逆反应为非必需氨基酸的合成反应。

（3）多数氨基酸可以直接通过转氨反应脱氨，但脯氨酸、精氨酸、组氨酸、赖氨酸、苏氨酸、谷氨酰胺、天冬酰胺等除外。

（4）多数转氨反应以 α- 酮戊二酸为氨基接受体，少数以乙醛酸为接受体，个别以丙酮酸为接受体。

（5）个别其他氨基也可转移，如 β- 丙氨酸和 β- 氨基异丁酸的 β- 氨基、鸟氨酸的 δ- 氨基。

2. 转氨酶 转氨反应由转氨酶（transaminase，又称氨基转移酶，aminotransferase）催化，以磷酸吡哆醛（PLP）为辅助因子（图 10-2）。

体内存在着一组转氨酶，不同转氨酶催化不同氨基酸转氨，如酪氨酸转氨酶催化酪氨酸转氨生成对羟苯丙酮酸。①有的转氨酶具有绝对专一性，如谷丙转氨酶，只催化丙氨酸转氨反应；有的转氨酶具有相对专一性，如谷草转氨酶，催化天冬氨酸、半胱氨酸、半胱亚磺酸、丁氨酸转氨

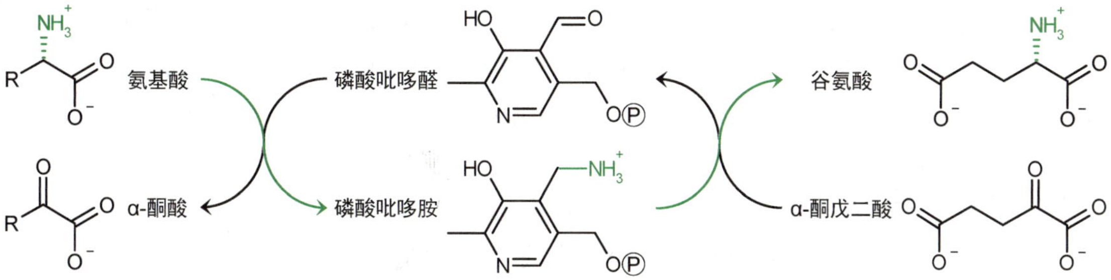

图 10-2 转氨酶催化反应机制

反应。②有的转氨酶存在同工酶，如细胞质谷丙转氨酶 1 和线粒体谷丙转氨酶 2。

转氨酶广泛存在于各种组织细胞中，尤以心肌细胞和肝细胞内活性最高，但在血浆中活性很低。重要的转氨酶有谷丙转氨酶（glutamic-pyruvic transaminase，GPT，又称丙氨酸转氨酶、丙氨酸氨基转移酶，alanine transaminase，ALT）和谷草转氨酶（glutamic-oxaloacetic transaminase，GOT，又称天冬氨酸转氨酶、天冬氨酸氨基转移酶，aspartate transaminase，AST）（表 10-2）。

表 10-2 正常成人各组织中谷丙转氨酶及谷草转氨酶活性（U/g 组织）

组织	心脏	肝脏	骨骼肌	肾脏	胰腺	脾	肺	血浆
GOT	156 000	142 000	99 000	91 000	28 000	14 000	10 000	20
GPT	7 100	44 000	4 800	19 000	2 000	1 200	700	16

转氨酶属于细胞酶，故正常情况下血浆转氨酶活性很低。谷丙转氨酶在肝细胞内活性最高，谷草转氨酶在心肌细胞内活性最高。当某些因素致使细胞膜通透性增加甚至细胞破裂时，会有转氨酶进入血浆，导致血浆转氨酶明显升高。例如：急性肝炎患者血浆谷丙转氨酶活性明显升高，心肌梗死患者血浆谷草转氨酶活性明显升高。临床上可以此作为疾病诊断和预后的参考指标之一（参见第五章）。

（二）氧化脱氨

氧化脱氨［基］（oxidative deamination）是指在酶的催化下，氨基酸氧化脱氢生成酮亚胺中间产物，再水解脱氨生成氨和 α- 酮酸的反应。

1. 谷氨酸脱氢酶 谷氨酸脱氢酶催化谷氨酸氧化脱氨生成氨和 α- 酮戊二酸（图 10-3）。

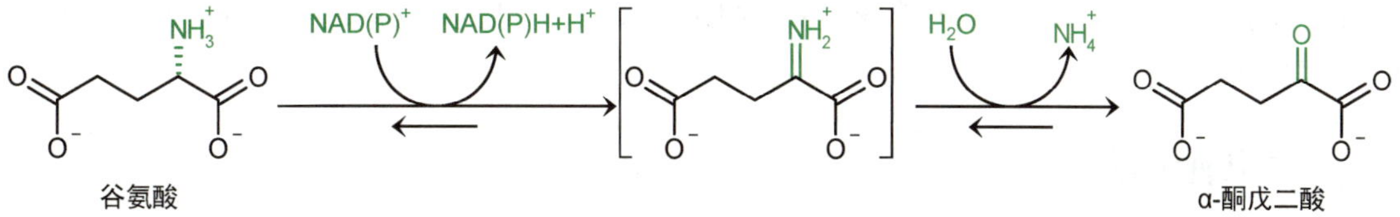

图 10-3 L- 谷氨酸脱氢酶催化反应机制

谷氨酸脱氢酶（glutamate dehydrogenase）有两种同工酶。同工酶 1（管家型）广泛分布于肝脏、肾脏和大脑等 200 多种组织细胞中，功能是回补三羧酸循环中间产物，通过更新兴奋性神经递质谷氨酸参与学习和记忆活动。同工酶 2（神经特异型）主要分布于大脑和睾丸细胞中，功能是在神经传递过程中控制谷氨酸的再循环。两种同工酶均为同六聚体线粒体基质酶，以 NAD^+、$NADP^+$ 为辅助因子，催化的谷氨酸氧化脱氨反应可逆（平衡常数接近 1）。两种同工酶均为变构酶，以 ATP 和 GTP 为变构抑制剂，ADP 为变构激活剂。此外还受化学修饰调节，Cys172 被 ADP- 核糖基化而抑制。

氨基酸转氨与谷氨酸氧化脱氨联合，即转氨酶催化其他氨基酸将氨基转移给 α- 酮戊二酸生成谷氨酸，谷氨酸再由谷氨酸脱氢酶催化氧化脱氨生成氨并再生 α- 酮戊二酸，形成 α- 酮戊二酸 – 谷氨酸循环，是许多氨基酸的脱氨机制。该循环机制称为联合脱氨或转氨脱氨（transdeamination）。联合脱氨是可逆过程，其逆过程是非必需氨基酸合成途径（图 10-4）。

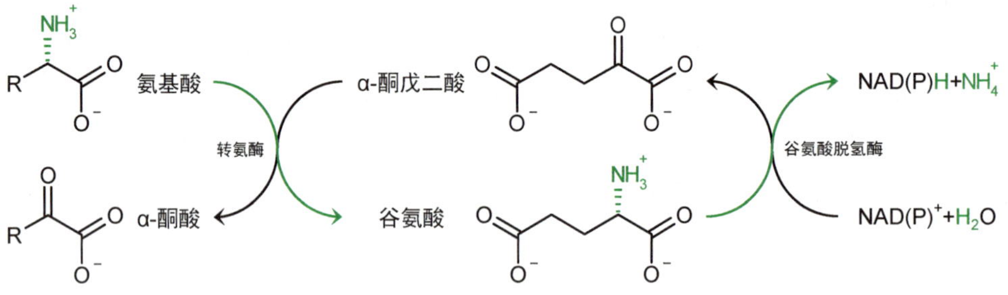

图 10-4　联合脱氨

2. D- 氨基酸氧化酶　D- 氨基酸氧化酶（D-amino-acid oxidase）以 FAD 为辅基，催化 D- 氨基酸氧化脱氨生成氨、α- 酮酸和过氧化氢。

$$D\text{-氨基酸} + O_2 + H_2O \rightarrow \alpha\text{-酮酸} + H_2O_2 + NH_4^+$$

所氧化的 D- 氨基酸有的是神经递质，有的来自食物，有的是肠道微生物发酵产物。

3. L- 氨基酸氧化酶　在人体免疫组织细胞的溶酶体中，存在一种 L- 氨基酸氧化酶（L-amino-acid oxidase），以 FAD 为辅基，它能够催化芳香族氨基酸氧化脱氨。其中色氨酸氧化脱氨产物吲哚 -3- 丙酮酸及其肠道微生物代谢产物吲哚 3- 乙醛、吲哚 -3- 乙酸等通过激活芳香烃受体通路（AHR pathway）调节肠黏膜免疫功能。

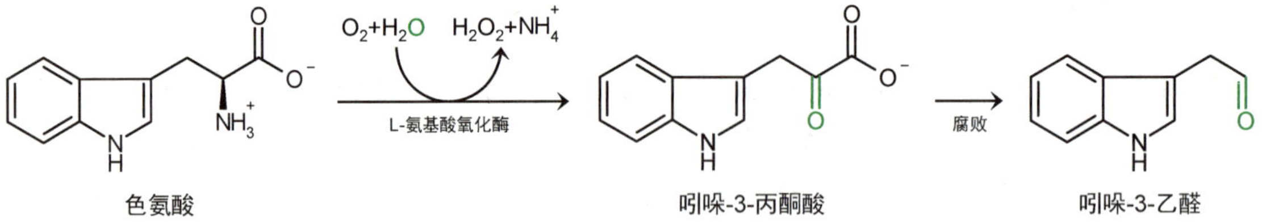

L- 氨基酸氧化酶又称白细胞介素 4 诱导蛋白 1（interleukin-4-induced protein 1），在免疫调节方面起关键作用。

（三）其他脱氨

各种氨基酸结构不一，脱氨方式多样。某些氨基酸是通过其他方式脱氨。

1. 水解脱氨　例如：谷氨酰胺和天冬酰胺酰胺基水解脱氨，生成谷氨酸和天冬氨酸，分别由谷氨酰胺酶和天冬酰胺酶催化。

[谷氨酰胺 → 谷氨酸；天冬酰胺 → 天冬氨酸 反应式]

2. 脱水脱氨 例如：丝氨酸和苏氨酸脱水脱氨，生成丙酮酸和 α-酮丁酸，由丝氨酸脱水酶（又称苏氨酸脱氨酶）催化。

[丝氨酸 → 丙酮酸；苏氨酸 → α-酮丁酸 反应式]

3. 脱硫化氢脱氨 半胱氨酸和同型半胱氨酸脱硫化氢脱氨，分别生成丙酮酸和 α-酮丁酸，由胱硫醚酶（又称半胱氨酸脱硫酶、半胱氨酸脱巯基酶）催化。

4. 裂解脱氨 例如：组氨酸裂解脱氨，生成尿刊酸，由组氨酸酶（又称组氨酸解氨酶、组氨酸脱氨酶）催化。

[组氨酸 → 尿刊酸 反应式]

二、氨代谢

氨是人体内无机氮的存在形式。它既是某些含氮化合物的分解产物，又是其他含氮化合物的合成原料。人体每日摄入氮和排出氮并维持氮平衡。排出氮形式多样，以尿素为主，而氨正是尿素的合成原料。

（一）氨的来源和去路

氨的来源有，①氨基酸脱氨：人体摄入氮主要是蛋白质氮，即氨基酸氮，故氨基酸脱氨是氨的主要来源。②其他含氮物质分解：如碱基分解，胺类氧化。③肠道微生物腐败作用：特别是尿素水解产生的氨。结肠每日吸收氨约 4 g，其中 90% 来自尿素水解。④肾小管重吸收：肾小管重吸收成分既有葡萄糖、氨基酸、Na^+、HCO_3^-，又有水、氨（NH_3）。

氨的去路有，①合成尿素：这是氨的主要排泄方式，占总氨排泄量的 80%~95%（每天约 450 mmol，合 27 g，相当于每年约 10 kg）；门静脉氨浓度是肝静脉的 4~50 倍。②合成非必需氨基酸：如谷氨酸、谷氨酰胺、天冬酰胺，以及嘌呤和嘧啶等含氮化合物。③肾排氨：部分氨以谷氨酰胺形式运至肾，谷氨酰胺在近端小管脱氨生成 NH_3，NH_3 自由扩散进入小管液，与 H^+ 结合成 NH_4^+，随尿液排出体外（虽有重吸收，每天仍可净排出约 40 mmol，合 0.68 g）。

肾排氨效率受尿液 pH 影响。pH 高时氨重吸收增加，排泄减少；pH 低时氨重吸收减少，排泄增加。

（二）氨的运输

各组织代谢均可产氨。氨可以谷氨酰胺形式运至肝脏和肾脏，或以丙氨酸形式运至肝脏。

1. 谷氨酰胺运氨　谷氨酸与氨合成谷氨酰胺（图 10-5）。

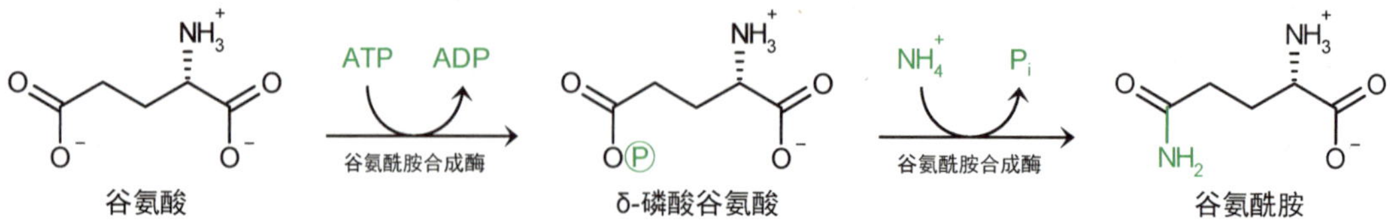

图 10-5　谷氨酰胺合成机制

谷氨酰胺合成反应由谷氨酰胺合成酶催化。谷氨酰胺合成酶（glutamine synthetase，GS）见于脑、骨骼肌、肝细胞内，位于细胞质中、细胞膜上、线粒体中，以 Mg^{2+}、Mn^{2+} 为辅助因子，所合成的谷氨酰胺不仅是氨的运输形式，也是蛋白质的合成原料，或为天冬酰胺、碱基等含氮化合物合成供氮，在脑还是清除兴奋性神经递质谷氨酸的产物。谷氨酰胺合成酶的合成受糖皮质激素诱导，受维生素 D 抑制。

拓 展 阅 读 10-5：　*谷氨酰胺合成酶缺乏症*

谷氨酰胺转出细胞，通过血浆运至肝脏和肾脏，可由谷氨酰胺酶（glutaminase）催化水解脱氨，生成谷氨酸，谷氨酸可进一步氧化脱氨，生成 α- 酮戊二酸（图 10-6）。α- 酮戊二酸可通过糖异生合成葡萄糖。

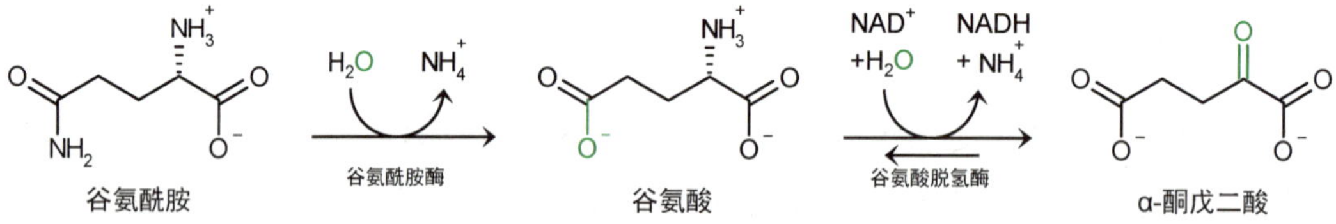

图 10-6　谷氨酰胺脱氨

在肝细胞中，氨通过尿素循环合成尿素，通过自由扩散进入血液，经肾小球滤出，随尿液排出体外。在肾小管近端上皮细胞中，NH_3 自由扩散进入小管液，酸化后随尿液排出体外。

谷氨酰胺酶为线粒体酶，有两种同工酶。①肝型同工酶见于肝和脑。②肾型同工酶见于脑和肾，且为调节酶，既可被磷酸变构激活，又可被蛋白激酶磷酸化激活。

谷氨酰胺酶在脑细胞的功能是水解谷氨酰胺生成谷氨酸，作为兴奋性神经递质。

2. 丙氨酸运氨　骨骼肌细胞氨基酸不必以氧化脱氨方式脱氨。①氨基酸氨基可以先由转氨酶催化转移给 α- 酮戊二酸，生成谷氨酸，再由谷丙转氨酶催化转移给丙酮酸，生成丙氨酸。②丙氨酸由细胞膜转运蛋白转出，进入血液，运至肝脏，被肝细胞摄取。③丙氨酸在肝细胞内通过联合脱氨分解为游离氨和丙酮酸。氨合成尿素。④丙酮酸可以通过糖异生途径转化为葡萄糖。⑤葡萄糖可由葡萄糖转运蛋白 2（GLUT2）转出，进入血液，运至骨骼肌，被肌细胞摄取。⑥葡萄糖在肌细胞内通过糖酵解生成丙酮酸和 ATP、NADH。丙酮酸由谷丙转氨酶催化生成丙氨酸，继续运氨，形成运氨循环，称为丙氨酸 - 葡萄糖循环（图 10-7）。ATP 和 NADH 则为肌细胞供能。

丙氨酸 - 葡萄糖循环既实现无毒运氨，又介导肝脏为肌肉活动提供能量。

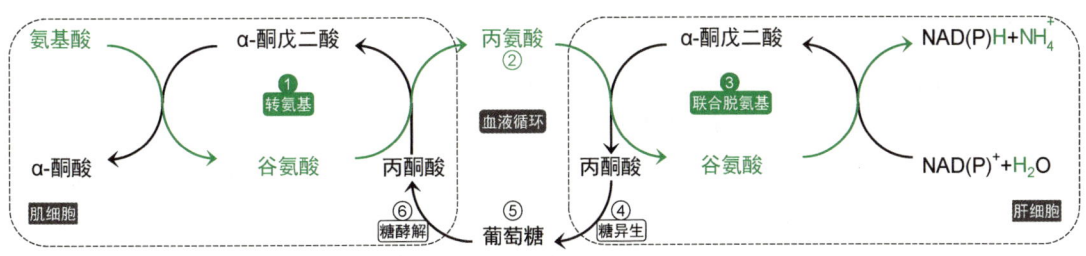

图 10-7 丙氨酸-葡萄糖循环

（三）尿素合成

氨基酸代谢产生的氨大部分在肝脏合成尿素，合成途径称为尿素循环（urea cycle）、鸟氨酸循环（ornithine cycle）。尿素循环酶系也见于肾，但活性不高，仅合成少量尿素。

拓展阅读 10-6：*尿素合成发现*

1. 尿素合成过程　尿素合成过程是发生在肝细胞内的五步不可逆反应，其中第1、2步发生在线粒体中，第3～5步发生在细胞质中，第2～5步形成循环（图10-8）。

（1）氨甲酰磷酸合成：碳酸（H_2CO_3）和氨（NH_3）合成氨甲酰磷酸。反应由氨甲酰磷酸合成酶Ⅰ（carbamoyl phosphate synthetase Ⅰ，CPSase Ⅰ）催化，消耗 ATP（图10-8①）。

（2）瓜氨酸合成：氨甲酰磷酸与鸟氨酸缩合生成瓜氨酸。反应由鸟氨酸氨甲酰基转移酶（ornithine transcarbamylase，OTCase）催化（图10-8②）。

（3）精氨琥珀酸合成：瓜氨酸由线粒体内膜鸟氨酸转运蛋白转运到细胞质中，与天冬氨酸缩合生成精氨琥珀酸。反应由精氨琥珀酸合成酶（argininosuccinate synthetase，ASS）催化，消耗 ATP（图10-8③）。

鸟氨酸转运蛋白1是一种线粒体内膜逆向转运蛋白，介导一分子线粒体瓜氨酸和一个 H^+ 与一分子细胞质鸟氨酸交换。

（4）精氨琥珀酸裂解：精氨琥珀酸裂解为精氨酸和延胡索酸。反应可逆，由精氨琥珀酸裂解

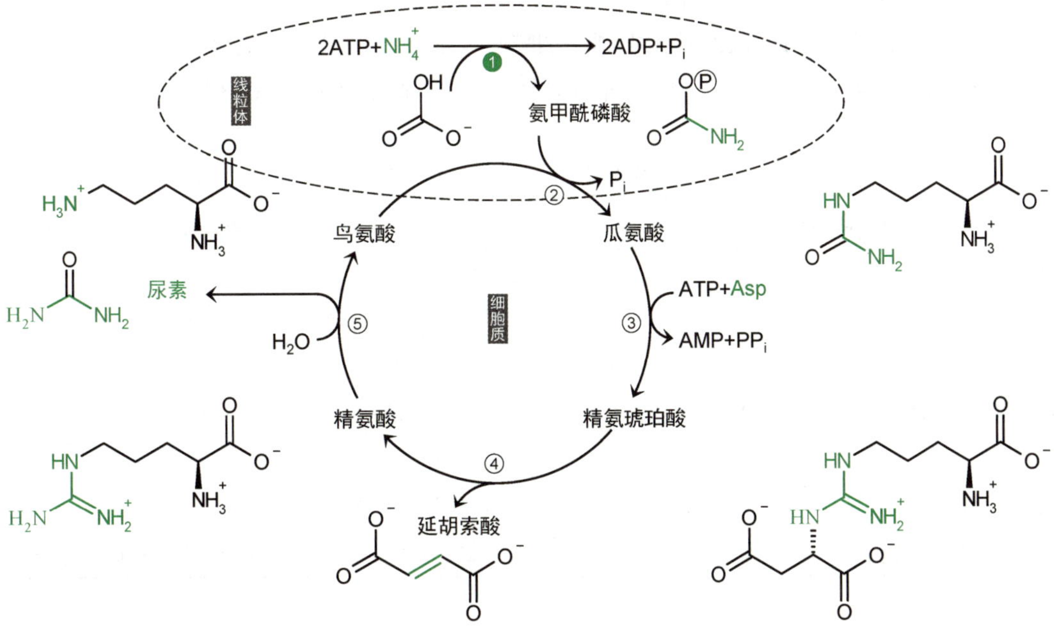

图 10-8　尿素循环

酶（argininosuccinate lyase，ASAL）催化（图10-8④）。

延胡索酸可水化为苹果酸，由细胞质延胡索酸酶催化。苹果酸通过苹果酸-天冬氨酸穿梭转化为天冬氨酸（图7-21），用于合成精氨琥珀酸。

（5）精氨酸水解：精氨酸水解成尿素和鸟氨酸。反应由精氨酸酶1（arginase-1）催化，该酶以 Mn^{2+} 为辅助因子（图10-8⑤）。

鸟氨酸由鸟氨酸转运蛋白1转入线粒体，用于合成瓜氨酸。尿素通过自由扩散从细胞内释出，进入血液，运至肾，从肾小球滤出，随尿液排出体外。

尿素合成的生化反应方程式如下：

$$HCO_3^- + NH_4^+ + 天冬氨酸 + 3ATP + 2H_2O \rightarrow 2ADP + AMP + 4P_i + 延胡索酸 + 尿素$$

2. 尿素合成生理意义　氨的毒性强，尿素毒性弱。①尿素是氨、甚至是氮的主要排泄形式，占总氮排泄量（又称氮废物，nitrogenous wastes）的50%。②尿素循环第1~4步反应也是动物体内精氨酸合成反应。③尿素合成消耗的氨（NH_3）是碱，碳酸（$H^+ + HCO_3^-$）是酸，因此尿素合成还与维持体液酸碱平衡相关。

3. 尿素合成调节　尿素合成酶系的五种酶均为诱导酶，其含量在高蛋白饮食（氮摄入量增加）或长时间禁食（组织蛋白降解增加）时明显增加，可提升10~20倍。此外，尿素合成酶系活性也受到变构调节和化学修饰调节。

（1）氨甲酰磷酸合成酶 I：是控制尿素合成的关键酶。①变构调节：以 N-乙酰谷氨酸为必需变构激活剂（essential allosteric activator）。N-乙酰谷氨酸由 N-乙酰谷氨酸合成酶催化合成，合成量与精氨酸水平呈正相关。②化学修饰调节：被琥珀酰化抑制，戊二酰化抑制。

（2）鸟氨酸氨甲酰基转移酶：其 Lys88 乙酰化会降低与氨甲酰磷酸的亲和力和最大反应速度。细胞实验表明鸟氨酸氨甲酰基转移酶乙酰化程度与细胞外葡萄糖、氨基酸水平呈正相关。

（3）精氨琥珀酸合成酶：在尿素合成过程中活性相对较低，对尿素合成速度起到控制作用。该酶被乙酰化酶 CLOCK 催化乙酰化抑制。CLOCK 活性呈昼夜节律性（circadian oscillation），故精氨酸合成和尿素合成均呈昼夜节律性。

（4）精氨琥珀酸裂解酶：被乙酰化抑制。烟酰胺、葡萄糖促进其乙酰化。

4. 尿素合成障碍　尿素合成酶系等缺陷均导致尿素合成障碍（表10-3）。

表10-3　尿素合成酶系/蛋白异常与遗传病

缺陷酶/蛋白质	疾病
氨甲酰磷酸合成酶 I	氨甲酰磷酸合成酶 I 缺乏病
鸟氨酸氨甲酰基转移酶	鸟氨酸氨甲酰基转移酶缺乏病
精氨琥珀酸合成酶	瓜氨酸血症1
精氨琥珀酸裂解酶	精氨琥珀酸尿症
精氨酸酶	精氨酸血症
N-乙酰谷氨酸合成酶	N-乙酰谷氨酸合成酶缺乏病
线粒体鸟氨酸转运蛋白1	高鸟氨酸血症-高氨血症-同型瓜氨酸尿症综合征

拓展阅读10-7：尿素合成障碍

三、α-酮酸代谢

在不同的营养状况下，氨基酸脱氨产生的α-酮酸有不同的代谢去向。

1. 氧化供能　α-酮酸可以通过生物氧化完全分解，释放能量以支持生命活动。供能作用可以由糖或脂肪替代。

拓展阅读 10-8：支链氨基酸代谢

2. 合成糖和脂质　一定生理条件下，氨基酸分解生成的α-酮酸可以合成葡萄糖或脂肪酸等供能物质。据此将氨基酸分为三类。

（1）生糖氨基酸：编码氨基酸中包括半胱氨酸、丙氨酸、甘氨酸、丝氨酸、苏氨酸、谷氨酸、谷氨酰胺、精氨酸、脯氨酸、组氨酸、蛋氨酸、缬氨酸、天冬氨酸和天冬酰胺。这部分氨基酸的α-酮酸或其代谢中间产物中有丙酮酸、草酰乙酸、α-酮戊二酸、琥珀酰辅酶A、延胡索酸，它们均可通过糖异生途径合成葡萄糖，因而会优先合成葡萄糖，称为生糖氨基酸（glycogenic amino acid）。

（2）生酮氨基酸：编码氨基酸中包括赖氨酸和亮氨酸。它们的α-酮酸或其代谢中间产物中有乙酰辅酶A或乙酰乙酸，不能合成葡萄糖，但可以合成酮体或脂肪酸，称为生酮氨基酸（ketogenic amino acid）。

（3）生酮生糖氨基酸：编码氨基酸中包括色氨酸，苯丙氨酸、酪氨酸、异亮氨酸。它们的α-酮酸或其代谢中间产物中既有乙酰辅酶A或乙酰乙酸，可以合成酮体或脂肪酸，又有丙酮酸、琥珀酰辅酶A、延胡索酸，可以合成葡萄糖，称为生酮生糖氨基酸（ketogenic and glucogenic amino acid）或生糖［兼］生酮氨基酸（glucogenic and ketogenic amino acid）。

3. 合成非必需氨基酸　在氨基酸分解生成的α-酮酸中，只有部分丙氨酸、天冬氨酸、谷氨酸脱氨生成的丙酮酸、草酰乙酸、α-酮戊二酸，会因为介导脱氨而重新合成氨基酸，且形成丙酮酸–丙氨酸、草酰乙酸–天冬氨酸、α-酮戊二酸–谷氨酸循环，不会净合成或分解。

通过脱氨逆过程实质性合成非必需氨基酸所需的α-酮酸几乎均来自糖代谢。利用糖代谢中间产物合成非必需氨基酸的意义是可以把一部分非蛋白氮转化为蛋白氮。例如：对于慢性肾功能不全患者，可以通过提供富含必需氨基酸的低蛋白饮食，利用非蛋白氮合成非必需氨基酸，既能满足蛋白质合成需要，又可减少非蛋白氮排泄，减轻肾负担，延缓疾病进展。

第三节　氨基酸衍生物合成

氨基酸除必须满足蛋白质合成需要外，还是许多具有重要功能的小分子含氮化合物的合成原料。它们的合成过程涉及氨基酸脱羧、一碳代谢和含硫氨基酸、芳香族氨基酸、甘氨酸、精氨酸等代谢。

一、氨基酸脱羧

某些氨基酸可通过脱羧等代谢合成胺类化合物，这些化合物多具有重要生理功能，其含量受到严格控制。不同胺类由不同氨基酸合成，合成机制各有差异，但均发生脱羧反应，且脱羧反应均由专一性氨基酸脱羧酶催化，以磷酸吡哆醛为辅基。

1. γ-氨基丁酸合成 谷氨酸脱羧生成 γ-氨基丁酸（gamma-aminobutyric acid，GABA）。反应由谷氨酸脱羧酶催化。

谷氨酸脱羧酶主要存在于脑神经，催化生成的 γ-氨基丁酸为抑制性神经递质，γ-氨基丁酸合成不足可能导致中枢神经系统过度兴奋。临床上可通过补充维生素 B_6（磷酸吡哆醛前体）提高 γ-氨基丁酸合成速度，从而抑制中枢神经系统过度兴奋，缓解妊娠呕吐和小儿抽搐等症状。

拓展阅读 10-9：γ-氨基丁酸分解代谢

2. 血清素合成 ①色氨酸羟化生成 5-羟色氨酸。该反应是控制血清素合成的限速反应，由色氨酸-5-羟化酶催化，该酶以四氢生物蝶呤和 Fe^{2+} 为辅助因子。② 5-羟色氨酸脱羧生成血清素。反应由芳香族氨基酸脱羧酶催化，该酶以磷酸吡哆醛为辅助因子。③在松果体细胞质中，血清素乙酰化生成 N-乙酰血清素。反应由血清素-N-乙酰转移酶催化，该酶由蛋白激酶 A 催化磷酸化激活，从而控制褪黑素昼夜节律。④ N-乙酰血清素甲基化生成褪黑素。反应由乙酰血清素-O-甲基转移酶催化，腺苷蛋氨酸（AdoMet）提供甲基后生成腺苷同型半胱氨酸（AdoHcy）（图10-9）。

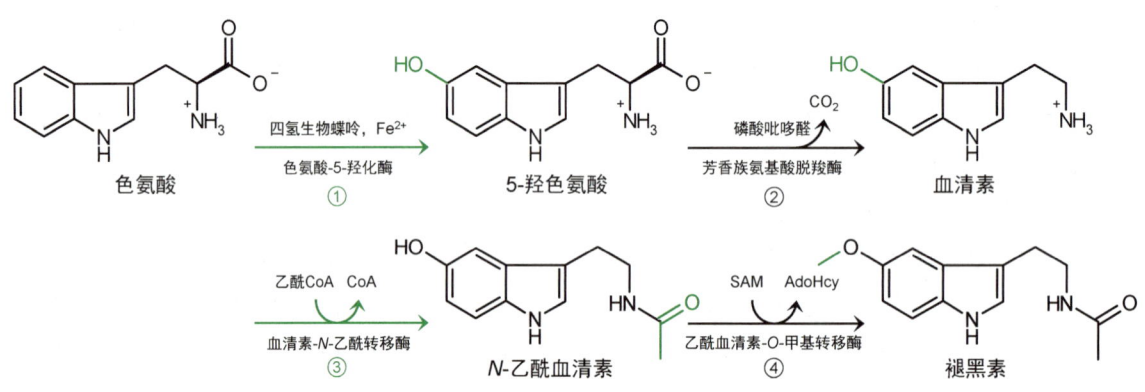

图 10-9 血清素和褪黑素合成

血清素（serotonin）又称 **5-羟色胺**（5-hydroxytryptamine，5-HT），在多种细胞中产生，包括神经系统、消化系统、血小板和乳腺细胞，但肠嗜铬细胞中最多，约占 90%。血清素具有重要的生理功能：在大脑中作为抑制性神经递质，参与调节睡眠、体温和疼痛感知。在周围组织中作为平滑肌收缩剂，刺激（胃、肠道、血管及哮喘患者支气管等）平滑肌收缩。

褪黑素（melatonin）的分泌具有昼夜节律（白天低，夜晚高）和月经周期节律（月经前最高，排卵期最低），与生物节律、神经系统功能（镇静、催眠、镇痛、抗惊厥、抗抑郁）、生殖系统（与性激素相互作用）和免疫系统（增强免疫力）密切相关。

3. 组胺合成 组胺由组氨酸脱羧生成，主要分布在呼吸道、消化道和皮肤的肥大细胞及血液中的嗜碱性粒细胞中。组胺在生理上扮演多重角色：它是一种强烈的血管扩张剂，能够增加血管通透性并导致血压降低。当组胺过量时，可能触发变态反应。在过敏反应（特别是 I 型超敏反应）中，过敏原会促使肥大细胞释放组胺，刺激支气管平滑肌收缩，引发哮喘。此外，组胺还能促进胃酸和胃蛋白酶原的分泌，常用于评估胃功能。它还是一种兴奋性中枢神经递质，参与调节觉醒、睡眠、情感和记忆等中枢神经系统功能。

组氨酸 →(组氨酸脱羧酶, CO_2) 组胺

4. 多胺合成 多胺（polyamine）是一类含多个氨基的胺类化合物，包括腐胺（putrescine）、精脒（又称亚精胺，spermidine）和精胺（spermine）。它们由鸟氨酸、赖氨酸和蛋氨酸通过脱羧等反应生成。

腐胺

亚精胺

精胺

多胺在细胞增殖中发挥作用，通过参与染色质重塑来促进细胞增殖。多胺在生长迅速的组织（如胚胎和再生肝）及肿瘤组织中的含量较高。在临床上，血液或尿液中的多胺水平可以作为肿瘤诊断和肿瘤预后的辅助指标。

胺类化合物多具有较高的活性或毒性，如果吸收或合成过量，会引起代谢或功能紊乱。然而，体内存在单胺氧化酶系统，这些酶在正常情况下能够分解多余的胺类物质，以维持代谢平衡。

二、一碳代谢

一碳单位（one carbon unit）又称一碳基团（one carbon group），是指通过酶促反应转移的一类含有 1 个碳原子的基团，多用于合成生物小分子或参与化学修饰。四氢叶酸作为载体介导一碳单位转移。

一碳单位代谢（one carbon unit metabolism）简称一碳代谢（one carbon metabolism），是指有一碳单位生成、转化和利用的所有代谢的统称。

1. 一碳单位种类 一碳单位包括甲基（methyl，—CH_3）、亚甲基（methylene，—CH_2—）、次甲基（methenyl，=CH—）、甲酰基（formyl，—CHO）及亚氨甲基（formimino，=NH）（图 10-10）。

2. 一碳单位来源 四氢叶酸（THF，FH_4）参与丝氨酸和甘氨酸的合成和分解代谢、组氨酸和色氨酸的分解代谢，从中得到一碳单位，这些氨基酸可视为一碳单位的直接供体（图 10-10）。

（1）丝氨酸和甘氨酸：均提供亚甲基，且为一碳单位的主要供体。①丝氨酸可逆降解生成亚甲基四氢叶酸（5,10-亚甲基四氢叶酸）和甘氨酸，反应由丝氨酸羟甲基转移酶催化。②甘氨酸降解生成亚甲基四氢叶酸和 CO_2，反应由甘氨酸裂解酶系催化。

（2）组氨酸：组氨酸分解代谢中间产物 N-亚氨甲酰谷氨酸与四氢叶酸反应，生成 5-亚胺甲基四氢叶酸和谷氨酸。

（3）色氨酸：色氨酸分解代谢中间产物甲酸与四氢叶酸缩合生成 10-甲酰四氢叶酸，反应消耗 ATP。胆碱、甲醇分解生成的甲酸也可用于合成 10-甲酰四氢叶酸。

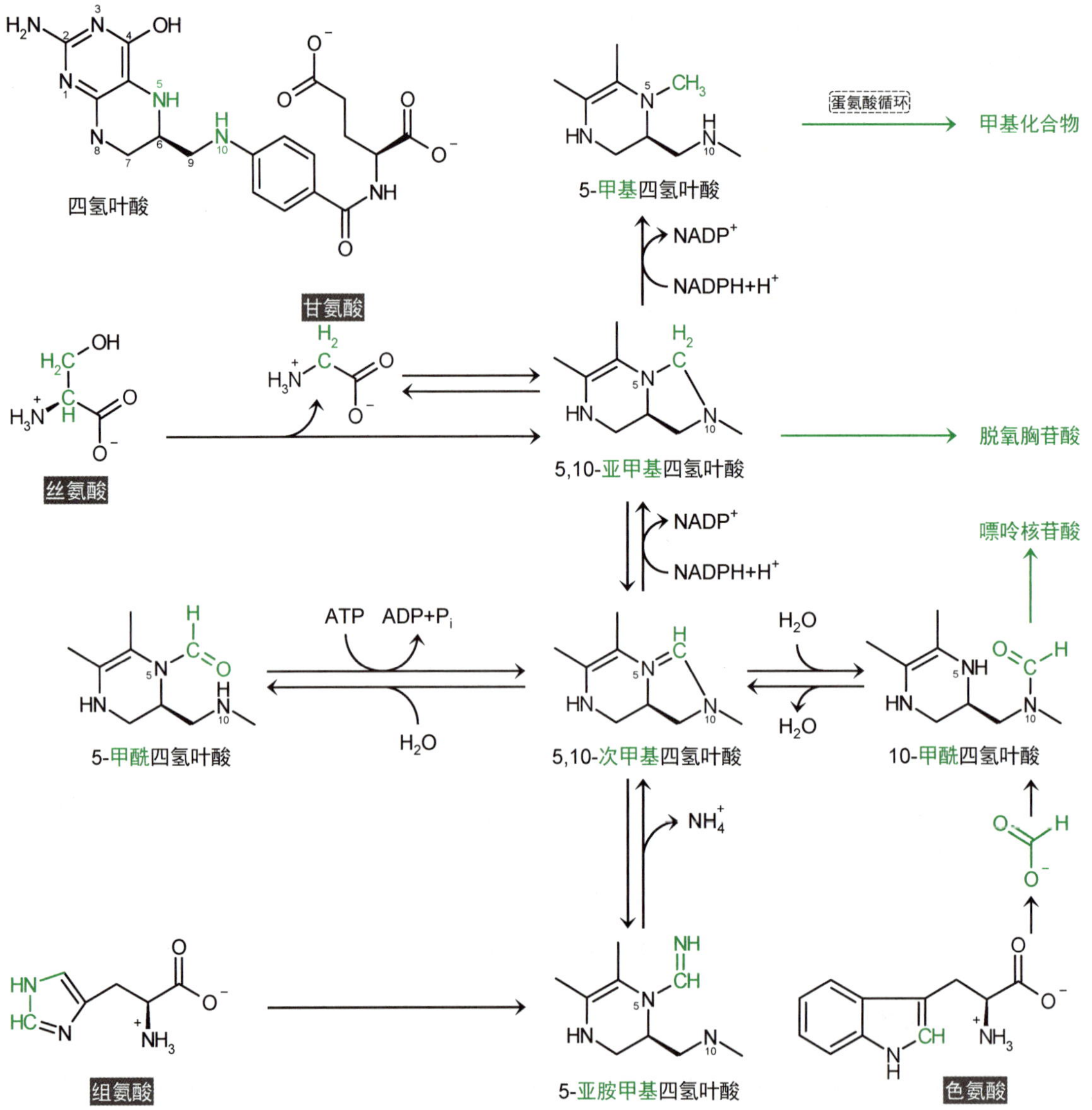

图 10-10 一碳代谢

组氨酸和色氨酸均为必需氨基酸，仅可提供少量一碳单位。

3. 一碳单位相互转化 不同一碳单位所含的碳原子氧化态不同。甲酰基碳为 +2 价，氧化程度最高；甲基碳为 –2 价，氧化程度最低。在生理条件下，亚甲基、次甲基、甲酰基、亚氨甲基可以通过脱氢、加氢、环化、水解等反应相互转化，但亚甲基四氢叶酸还原成 5- 甲基四氢叶酸的反应不可逆，这意味着该甲基无法再次氧化成其他一碳单位，因而形成叶酸陷阱。

亚甲基四氢叶酸还原成 5- 甲基四氢叶酸的反应由亚甲基四氢叶酸还原酶（methylenetetrahydrofolate reductase，MTHFR）催化，该酶以 FAD 为辅助因子，以 NADPH 为供氢体，是控制一碳单位转化的关键酶，所催化的反应是一碳代谢和蛋氨酸循环之间的一个控制点。该酶是一种变构酶，以腺苷蛋氨酸、二氢叶酸为变构抑制剂。①受腺苷蛋氨酸变构抑制，意义是平衡碱基合成和甲基化合物合成。②受二氢叶酸变构抑制：四氢叶酸参与脱氧胸苷酸合成时形成以下循环：四氢叶酸→亚甲基四氢叶酸→二氢叶酸→四氢叶酸。二氢叶酸还原酶被抑制导致二氢叶酸积累，四氢叶酸缺乏，进而影响脱氧胸苷酸合成，导致脱氧胸苷酸缺乏。

4. 一碳单位氧化 一碳单位在 10- 甲酰四氢叶酸水平上氧化成 CO_2，反应由 10- 甲酰四氢叶酸脱氢酶催化：

10-甲酰四氢叶酸 + H_2O + $NADP^+$ → NADPH + H^+ + CO_2 + 四氢叶酸

一碳单位氧化意义：①介导氨基酸分解。②维持一碳代谢稳态，避免形成叶酸陷阱。

5. 一碳代谢生理意义 一碳代谢对于合成嘌呤核苷酸和脱氧胸苷酸至关重要。①嘌呤环的 C-2 和 C-8 位由 10-甲酰四氢叶酸提供，脱氧胸苷酸的 5-甲基则由亚甲基四氢叶酸提供。② 5-甲基四氢叶酸为甲基供体，通过蛋氨酸循环为合成甲基化合物提供甲基。

一碳代谢与核苷酸合成紧密相关。当一碳代谢受阻或四氢叶酸缺乏时，核苷酸合成受到影响，可能导致巨幼细胞贫血等疾病。

拓 展 阅 读 10-10：一碳代谢与抗肿瘤药、抗菌药、抗疟药

三、含硫氨基酸代谢

含硫氨基酸是指蛋氨酸和半胱氨酸，除用于合成蛋白质外还有各种生理功能，这些功能均通过代谢合成一组含硫化合物才能实现。

（一）蛋氨酸循环

蛋氨酸也称甲硫氨酸，它首先是蛋白质的合成原料，其次协助四氢叶酸再生，并介导甲基转移合成甲基化合物，或为半胱氨酸合成提供硫。蛋氨酸代谢始于蛋氨酸循环。

1. 蛋氨酸循环过程 蛋氨酸循环（methionine cycle）又称甲硫氨酸循环、活性甲基循环（activated methyl cycle），是一个同型半胱氨酸获得甲基生成蛋氨酸，蛋氨酸传出甲基后再生同型半胱氨酸的循环过程，是 5-甲基四氢叶酸为生物合成提供活性甲基的必由之路，有四氢叶酸、甲钴胺参与且消耗 ATP（图 10-11）。

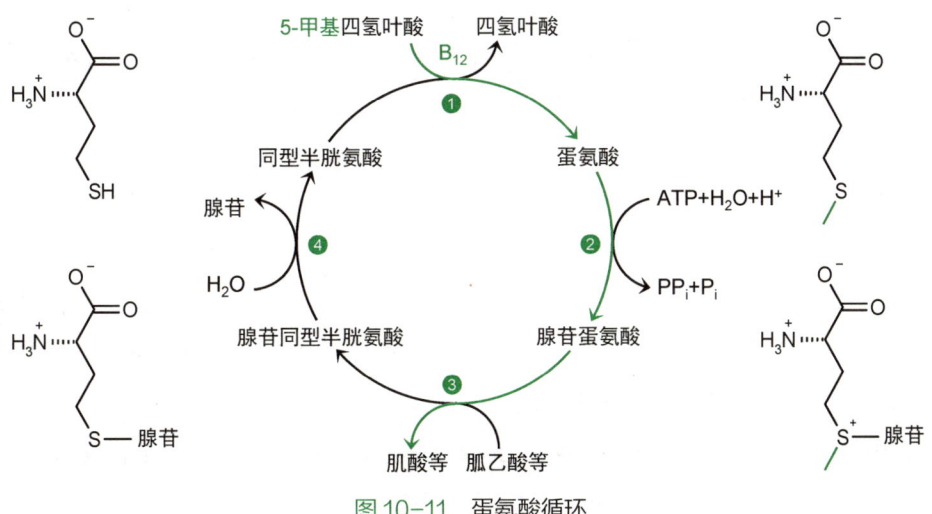

图 10-11 蛋氨酸循环

（1）四氢叶酸再生：5-甲基四氢叶酸将甲基转移给同型半胱氨酸，生成蛋氨酸和四氢叶酸（图 10-11 ①）。反应由细胞质蛋氨酸合成酶（5-甲基四氢叶酸转甲基酶）催化，该酶以甲钴胺（MeCbl）、Zn^{2+} 为辅助因子。值得注意的是，尽管蛋氨酸在此过程中生成，但它仍然是必需氨基

酸，因为人体内的同型半胱氨酸是蛋氨酸的去甲基化产物，自身不能合成。

拓展阅读 10-11：维生素 B_{12} 缺乏与恶性贫血

（2）蛋氨酸活化：蛋氨酸与 ATP 反应生成［S-］腺苷蛋氨酸（S-adenosyl-L-methionine，SAM，AdoMet）和三磷酸，三磷酸进一步水解成焦磷酸和磷酸（图 10-11 ②）。反应由细胞质腺苷蛋氨酸合成酶（又称腺苷甲硫氨酸合成酶、蛋氨酸腺苷转移酶）催化，该酶以 Mg^{2+}、K^+ 为辅助因子。

（3）腺苷蛋氨酸转甲基：腺苷蛋氨酸为甲基供体，支持各种甲基化反应（图 10-11 ③）。反应由特定的甲基转移酶（又称甲基化酶）催化。

拓展阅读 10-12：药用腺苷蛋氨酸

（4）同型半胱氨酸再生：腺苷蛋氨酸供出甲基生成的腺苷同型半胱氨酸（S-adenosyl-L-homocysteine，AdoHcy）水解脱腺苷，生成同型半胱氨酸（homocysteine，Hcy，图 10-11 ④）。反应由细胞质［S-］腺苷同型半胱氨酸酶催化，该酶以 NAD^+ 为辅助因子。

2. 蛋氨酸循环生理意义 ①协调四氢叶酸再生，支持其他一碳代谢。②提供活性甲基，支持各种甲基化反应。③蛋氨酸分解必由之路。④半胱氨酸合成必由之路。

3. 腺苷蛋氨酸功能 腺苷蛋氨酸的甲基称为活性甲基（activated methyl group），为 100 多种甲基化反应的甲基供体，其甲基接受体（acceptor）包括各类生物分子。

（1）蛋白质甲基化：如染色质重塑、基因表达调控中的组蛋白、转录因子甲基化（参见第十七章），关键酶的化学修饰调节。

（2）DNA 甲基化：如基因沉默机制中 CpG 位点甲基化（参见第十四章）。

（3）RNA 甲基化：如转录后修饰时特定碱基、核糖 2′- 羟基甲基化，效应是控制表观遗传、调控基因表达、调节 RNA 降解（参见第十五章）。

（4）磷脂合成：如肝细胞的腺苷蛋氨酸有 40% 用于磷脂酰乙醇胺甲基化生成磷脂酰胆碱（参见第九章）。

磷脂酰胆碱是机体内胆碱代谢所需胆碱的来源。维生素 B_{12} 缺乏导致继发性肝胆碱缺乏。胆碱是鞘磷脂的合成原料，鞘磷脂是神经髓鞘核心成分，维护神经功能，包括认知、感觉、肌肉协调。

（5）神经递质、胺类激素、载体合成：如酪氨酸合成肾上腺素，色氨酸合成褪黑素，赖氨酸合成肉碱，胍乙酸合成肌酸。

（6）生物转化：为生物转化第二相反应提供甲基，如雌二醇灭活时先羟化为 2- 羟基雌二醇，再甲基化为 2- 羟基 -3- 甲氧基雌二醇和 2- 甲氧基雌二醇（图 10-12）（参见第十三章）。

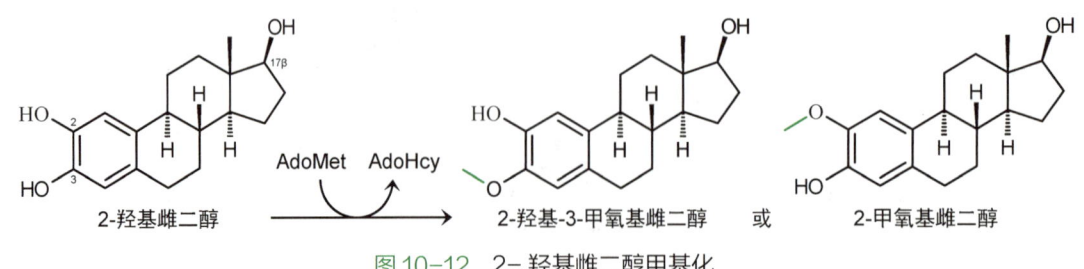

图 10-12　2- 羟基雌二醇甲基化

（二）半胱氨酸代谢

半胱氨酸为非必需氨基酸，以丝氨酸为原料合成，所需的硫元素由蛋氨酸提供。蛋氨酸供硫过程也是其分解过程。此外，半胱氨酸还用于合成其他含硫化合物，或为其他含硫化合物合成提供硫。这些含硫化合物在生命过程中发挥重要作用，甚至是独特作用。

1. 蛋氨酸分解与半胱氨酸合成 半胱氨酸合成与蛋氨酸分解偶联，一方面，蛋氨酸分解生成的同型半胱氨酸直接为半胱氨酸合成提供硫。另一方面，过量同型半胱氨酸有细胞毒性，虽然可由胱硫醚酶催化脱硫化氢脱氨解毒，但该酶的脱硫化氢活性很低，同型半胱氨酸主要通过合成半胱氨酸分解，因此半胱氨酸合成过程也是同型半胱氨酸解毒过程，包括胱硫醚合成和胱硫醚裂解两步反应，两步反应形成转硫途径（trans-sulfuration pathway）（图 10-13）。

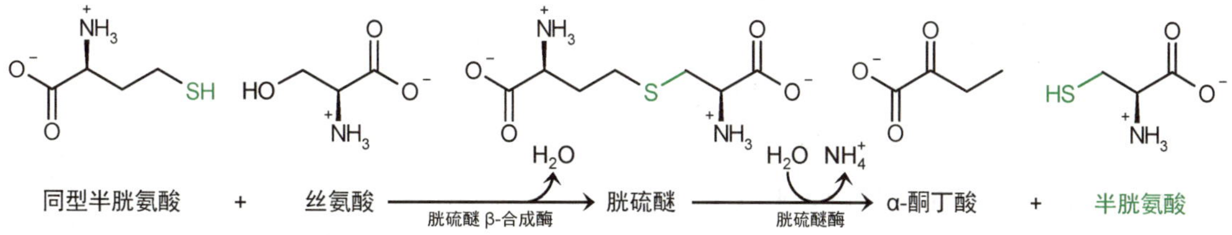

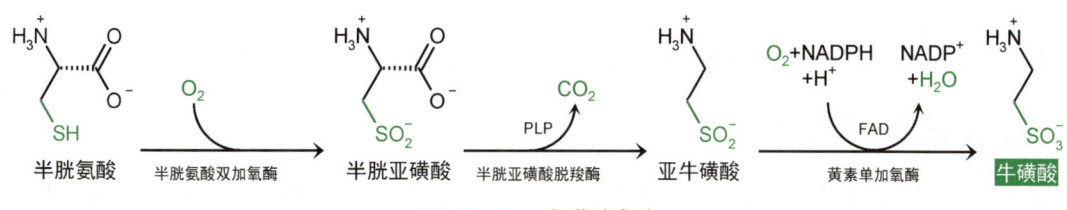

图 10-13 转硫途径

（1）胱硫醚合成：同型半胱氨酸与丝氨酸缩合生成胱硫醚。反应由胱硫醚 β- 合成酶催化，该酶以磷酸吡哆醛为辅基，以腺苷蛋氨酸为变构激活剂。

（2）胱硫醚裂解：胱硫醚裂解、水解生成半胱氨酸、α- 酮丁酸和氨。反应由胱硫醚酶催化，该酶以磷酸吡哆醛为辅基。

胱硫醚酶（cystathionase）又称胱硫醚 γ- 裂解酶（cystathionine gamma-lyase）、半胱氨酸脱硫酶（cysteine desulfhydrase），是一种多功能酶，除催化胱硫醚裂解外，还能催化 2 分子半胱氨酸缩合生成羊毛硫氨酸和 H_2S，催化半胱氨酸、同型半胱氨酸脱硫化氢脱氨生成 H_2S，但脱硫化氢活性很低。

2. 牛磺酸合成 半胱氨酸氧化脱羧生成牛磺酸（图 10-14）。在肝脏，牛磺酸参与生物转化，如合成结合胆汁酸。在脑组织，牛磺酸含量较高，可能为抑制性神经递质。

图 10-14 牛磺酸合成

3. 硫化氢生成 有两条途径。

（1）半胱氨酸转氨酶和 3- 巯基丙酮酸硫转移酶联合脱硫化氢（图 10-15）。

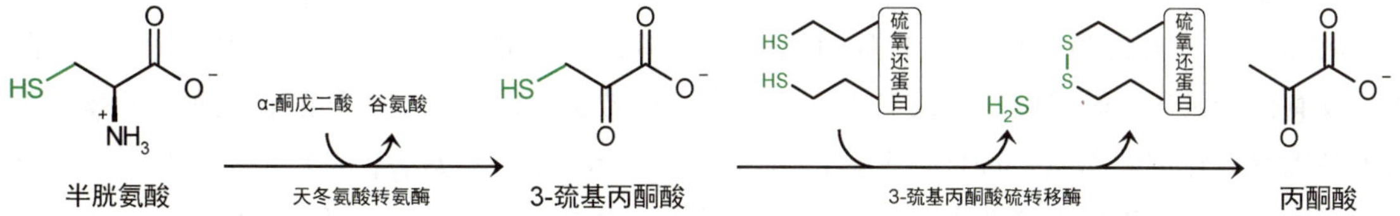

图 10-15 H_2S 生成

（2）半胱氨酸脱硫酶催化脱硫化氢脱氨。硫化氢（H_2S）是重要的旁分泌信号，调节血管紧张、细胞凋亡、炎症反应、细胞应激反应、骨骼肌细胞生成，保护神经细胞，机制可能是控制钙通道。冠心病患者 H_2S 明显低于正常人。

4. 活性硫酸生成　半胱氨酸氧化分解时其硫可氧化成亚硫酸、硫酸。一部分硫酸可以腺苷酸化、磷酸化生成 3'-磷酸腺苷-5'-磷酰硫酸（PAPS）。反应由一种称为 3'-磷酸腺苷-5'-磷酰硫酸合成酶（3'-phosphoadenosine 5'-phosphosulfate synthase，PAPSS）的双功能酶催化（图 10-16）。

3'-磷酸腺苷-5'-磷酰硫酸在多种代谢过程中提供活性硫酸，包括蛋白多糖合成（如硫酸软骨素、硫酸角质素和肝素）、蛋白质硫酸化（化学修饰调节）、类固醇或酚类物质的硫酸化灭活和排泄（生物转化第二相反应）。

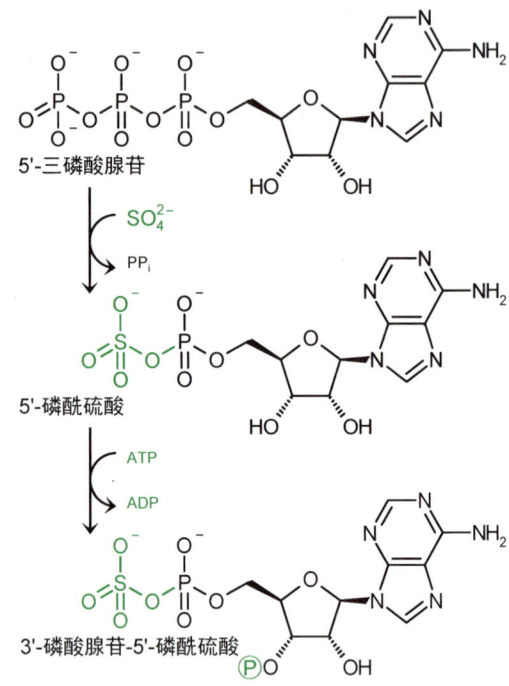

图 10-16　3'-磷酸腺苷-5'-磷酰硫酸合成

5. 谷胱甘肽合成　谷胱甘肽（GSH）由谷氨酸、半胱氨酸和甘氨酸合成，消耗 ATP。反应由谷氨酰半胱氨酸合成酶和谷胱甘肽合成酶催化，其中谷氨酰半胱氨酸合成酶又称谷氨酸-半胱氨酸连接酶，是关键酶，受谷胱甘肽反馈抑制（图 10-17）。在大多数动物细胞中，谷胱甘肽的浓度非常高，至少是氧化型谷胱甘肽（GSSG）的 500 倍。谷胱甘肽是一种重要的肽类抗氧化剂和解毒剂（参见第三章）。

图 10-17　谷胱甘肽合成

临床上，谷胱甘肽（XA05B）可用于治疗药物引起的肝损伤或肝功能衰竭。

四、芳香族氨基酸代谢

芳香族氨基酸是指苯丙氨酸、酪氨酸和色氨酸，在特定组织细胞用于合成各种含氮化合物，分解代谢主要在肝细胞中进行。

1. 苯丙氨酸分解与酪氨酸合成　苯丙氨酸羟化成酪氨酸（图 10-18）。反应由苯丙氨酸羟化酶催化，该酶以四氢生物蝶呤（tetrahydrobiopterin，BH_4）和 Fe^{2+} 作为辅助因子。反应不可逆，即不能用酪氨酸合成苯丙氨酸。

人体每日从食物蛋白质摄入的苯丙氨酸约 25% 用于蛋白质合成，其余 75% 被羟化为酪氨酸，仅有极少量通过转氨反应生成苯丙酮酸（由其他转氨酶催化，如酪氨酸转氨酶，效率极低）。如果基因突变导致苯丙氨酸羟化酶失活，苯丙氨酸不能转化为酪氨酸，在血液中积累（正常水平为 0.1 mmol/L，而患者可能超过 1.2 mmol/L），损伤中枢神经系统，影响幼儿脑发育。此外，苯丙氨酸积累导致转氨基生成苯丙酮酸增加，血液苯丙酮酸及其代谢产物（如苯乳酸和苯乙酸）积累，随尿液排出体外。这种情况在临床上被称为苯丙酮尿症（phenylketonuria，PKU）、苯丙氨酸

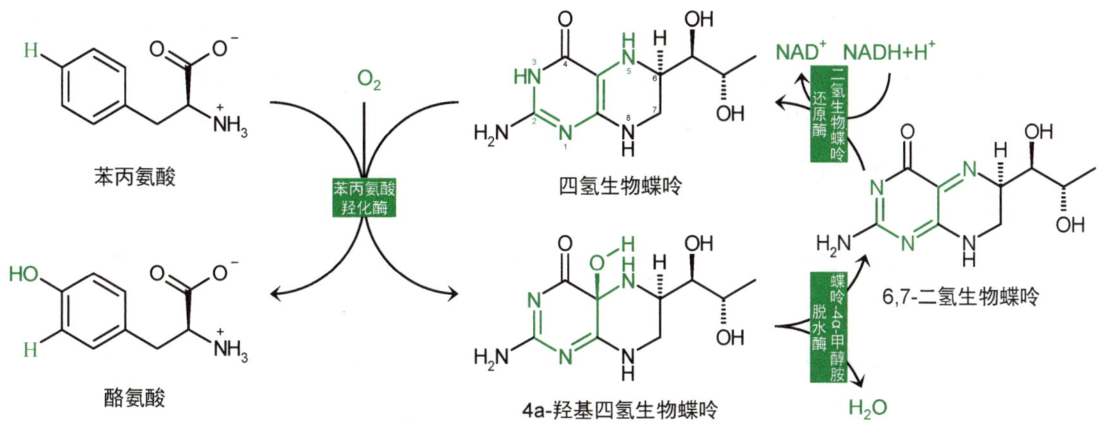

图 10-18 苯丙氨酸分解与酪氨酸合成

羟化酶缺乏症（phenylalanine hydroxylase deficiency，PAH deficiency）。苯丙酮尿症患者出生时多无症状，但如不进行治疗，症状可能在一岁前出现。约 50% 患者寿命不超过 20 岁，75% 不超过 30 岁。治疗苯丙酮尿症的关键在于早期诊断和严格限制饮食中苯丙氨酸的摄入（至少持续至 18 岁），并补充酪氨酸。

拓展阅读 10-13：高苯丙氨酸血症

2. 酪氨酸合成甲状腺激素　甲状腺激素（thyroid hormone，TH）是三碘甲状腺原氨酸（3,5,3′-triiodo-L-thyronine，T_3，3%～9%）、逆-三碘甲状腺原氨酸（3,3′,5′-triiodo-L-thyronine，r-T_3，3%）和四碘甲状腺原氨酸（3,5,3′5′-tetraiodo-L-thyronine，T_4，即甲状腺素，90%～93%）等的统称。T_4 合成量最大，但活性仅为 T_3 的 1/5～1/4，r-T_3 无活性。大部分 T_4 会由靶细胞碘化甲腺原氨酸脱碘酶 1 或 2（iodothyronine deiodinase 1/2）催化脱碘转化为 T_3，激活甲状腺激素受体的甲状腺激素中，T_3 占 90% 以上。T_4 半衰期长，T_3 半衰期短（图 10-19）。

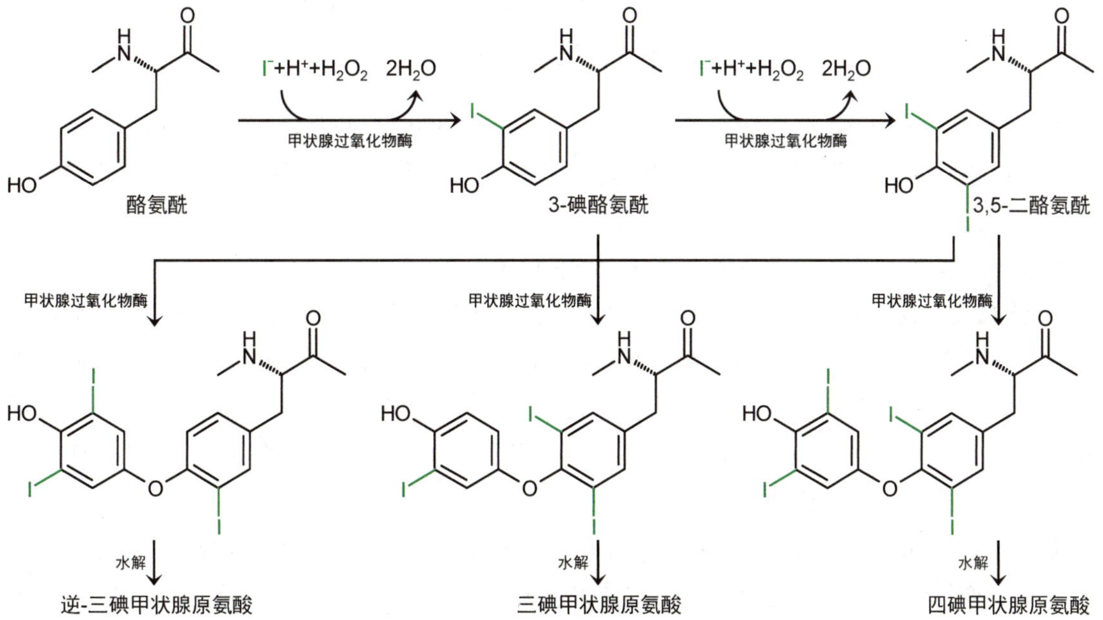

图 10-19　甲状腺激素合成

拓展阅读 10-14：甲状腺激素脱碘

甲状腺激素合成于甲状腺滤泡腔，由顶端膜甲状腺过氧化物酶（thyroid peroxidase，TPO）催化。该酶以 Ca^{2+}、血红素 b 为辅基，用滤泡腔甲状腺球蛋白（thyroglobulin，Tg）中的酪氨酸残基合成甲状腺激素并以甲状腺球蛋白形式储存于甲状腺滤泡腔胶质（colloid）内，可满足 2~3 个月的需要。在甲状腺球蛋白所含的碘中，甲状腺激素碘占 75%，3-碘酪氨酰碘和 3,5-二碘酪氨酰碘占 25%。

需要提供甲状腺激素时，甲状腺球蛋白通过微胞饮（micropinocytosis）回归甲状腺滤泡细胞，转运到溶酶体，由溶酶体蛋白酶水解释放游离甲状腺激素，分泌至血液循环，由甲状腺结合球蛋白（又称甲状腺素结合球蛋白，thyroxine-binding globulin，TBG）、转甲状腺素蛋白（又称甲状腺素转运蛋白，transthyretin，TTR）、白蛋白（albumin，Alb）结合运输。

碘摄取、甲状腺过氧化物酶和甲状腺球蛋白合成、甲状腺激素合成和分泌均受垂体前叶合成和分泌的促甲状腺激素促进。

3. 酪氨酸合成儿茶酚胺 儿茶酚胺（catecholamine，CA）是神经递质多巴胺、去甲肾上腺素和肾上腺素的合称，因属于胺类且含有儿茶酚（邻苯二酚）结构而得名，其中去甲肾上腺素和肾上腺素还是激素。

儿茶酚胺合成于神经组织（特别是黑质纹状体系统）和肾上腺髓质的嗜铬细胞（chromatocyte），其中肾上腺髓质主要合成肾上腺素（图 10-20）。

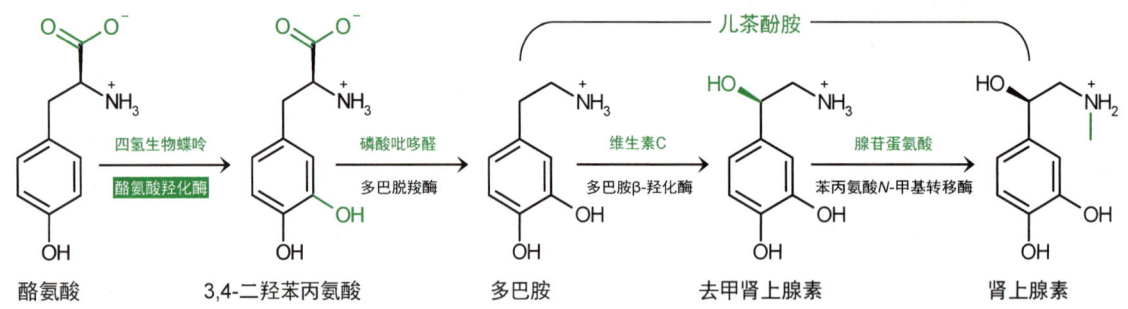

图 10-20 儿茶酚胺合成

酪氨酸羟化酶（tyrosine 3-hydroxylase，TH）是儿茶酚胺合成过程中的关键酶，它以四氢生物蝶呤、Fe^{2+} 为辅助因子。该酶受到儿茶酚胺（特别是多巴胺）的负反馈调节，并被蛋白激酶 A 和钙调蛋白激酶 II 催化磷酸化修饰而激活。

拓展阅读 10-15：2000 年诺贝尔生理学或医学奖

4. 酪氨酸合成黑色素 在皮肤和毛囊的黑色素细胞中，酪氨酸在酪氨酸酶的作用下首先发生羟化反应，生成 3,4-二羟苯丙氨酸（3,4-dihydroxyphenylalanine，DOPA，多巴），进而催化多巴氧化生成多巴醌。多巴醌经过多步反应合成吲哚-5,6-醌和吲哚-5,6-醌-2-羧酸，两者聚合生成真黑色素（图 10-21 ①~④）。多巴也可与半胱氨酸缩合生成半胱氨酰多巴，进而经过多步反应最终生成棕黑素（图 10-21 ⑤⑥）。

酪氨酸酶（tyrosinase）以 Cu^{2+} 为辅助因子，所催化的反应是控制黑色素合成的限速步骤。

基因突变导致酪氨酸酶完全失活，致使黑色素合成障碍，引起皮肤、毛发和眼睛中的黑色素缺乏。这种现象被称为 1A 型眼皮肤白化病（oculocutaneous albinism 1A）。患者对紫外线敏感，患皮肤癌风险较高。

5. 酪氨酸氧化分解 酪氨酸分解生成延胡索酸和乙酰乙酸（图 10-22），故其与苯丙氨酸均

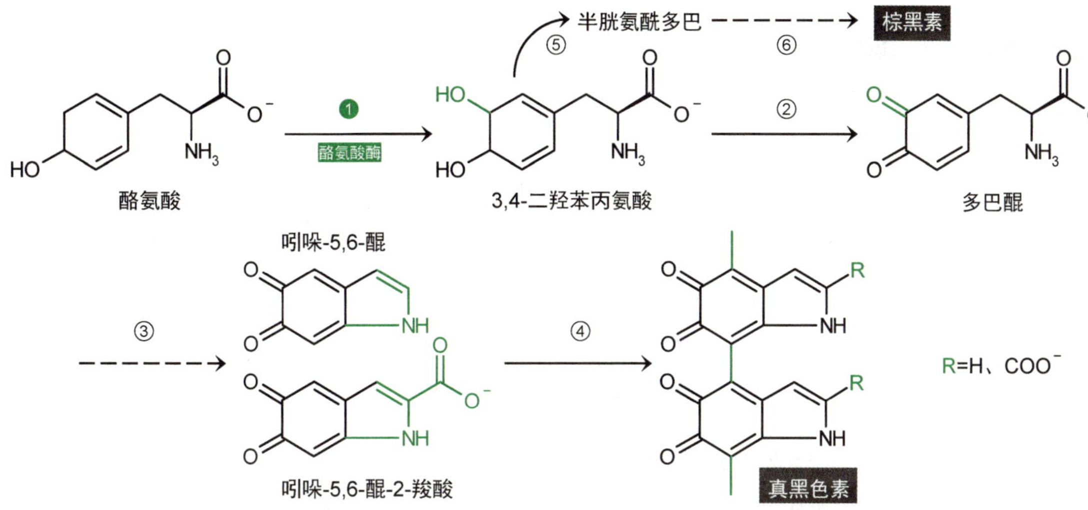

图 10-21 黑色素合成

为生酮生糖氨基酸。酪氨酸分解代谢障碍导致酪氨酸血症（tyrosinemia），其中延胡索酰乙酰乙酸水解酶缺乏导致酪氨酸血症 1 型，酪氨酸转氨酶缺乏导致酪氨酸血症 2 型，4- 羟基苯丙酮酸双加氧酶缺乏导致酪氨酸血症 3 型。此外，尿黑酸氧化酶缺乏导致尿黑酸尿症（alkaptonuria）。临床表现尿液静置和碱化时变暗变黑，软骨及胶原组织黑褐色素沉着、脊柱关节炎。

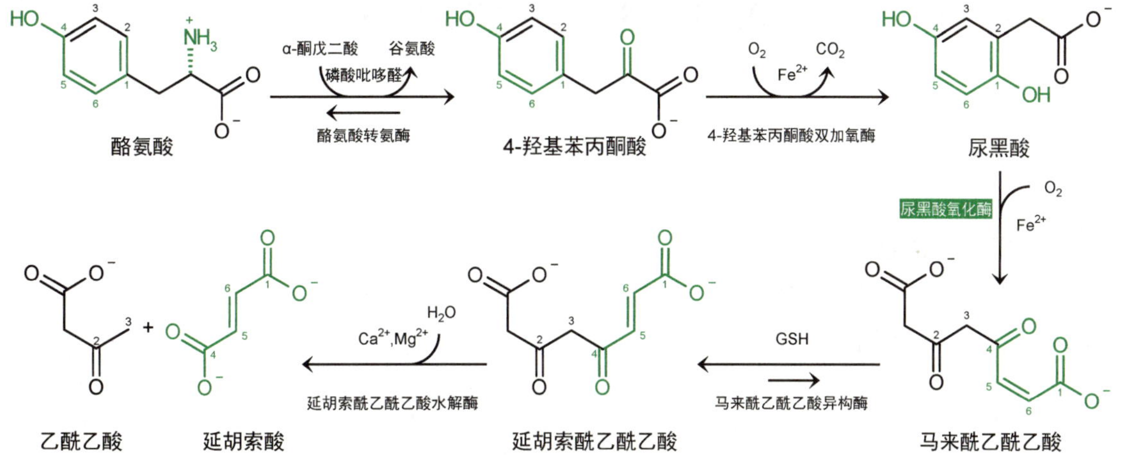

图 10-22 酪氨酸分解

6. 色氨酸氧化分解　①人体可用色氨酸合成维生素 B_3（参见图 6-8）。由于色氨酸是必需氨基酸，且在食物蛋白质中含量有限，因此仍需要从食物中摄取维生素 B_3。②色氨酸可氧化分解生成甲酸、丙酮酸和乙酰乙酰辅酶 A。甲酸可作为一碳单位供体。

芳香族氨基酸及其腐败产物的代谢和转化主要在肝脏进行，因此肝性脑病患者的血液中芳香族氨基酸水平可能会升高。

五、甘氨酸代谢

甘氨酸在体内具有多种生理功能，包括作为脊髓前角闰绍细胞释放的抑制性神经递质。此外，甘氨酸是一碳单位供体及谷胱甘肽、肌酸、嘌呤核苷酸和血红素的合成原料，参与生物转化第二相反应。

六、精氨酸代谢

精氨酸氧化生成一氧化氮（NO），反应由一氧化氮合酶（NOS）催化（图10-23）。

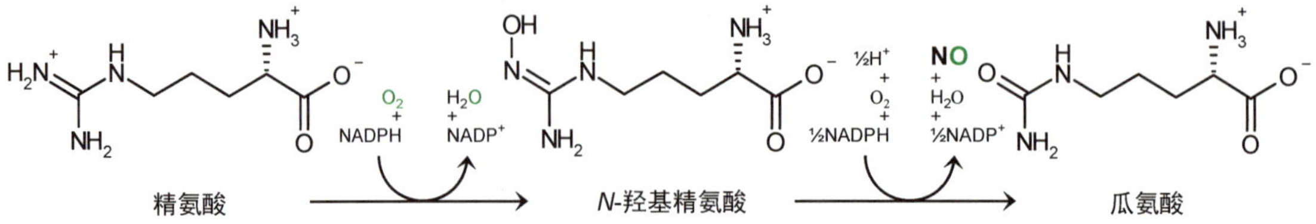

图 10-23　一氧化氮合成

人类基因组编码3种一氧化氮合酶（nitric oxide synthase，NOS）同工酶，均以血红素 b、FAD、FMN、NADPH、四氢生物蝶呤为辅助因子，被 Ca^{2+}/钙调蛋白激活。血管内皮细胞一氧化氮合酶（eNOS）又称组成型同工酶（cNOS）、一氧化氮合酶3，催化合成的一氧化氮是一种重要的信号分子，通过激活蛋白激酶G途径松弛血管平滑肌，扩张血管；通过激活血小板促进凝血；介导血管内皮生长因子诱导冠状血管生成。

拓展阅读10-16：一氧化氮与血管扩张药

第四节　非必需氨基酸合成

人体11种非必需氨基酸中有10种是用糖代谢中间产物合成。只有酪氨酸是由苯丙氨酸羟化生成。

1. 丝氨酸、甘氨酸、半胱氨酸合成　葡萄糖有氧氧化中间产物 3-磷酸甘油酸合成丝氨酸（图10-24）。丝氨酸由丝氨酸羟甲基转移酶催化合成甘氨酸（参见图10-10）。丝氨酸通过转硫途径合成半胱氨酸（参见图10-13）。

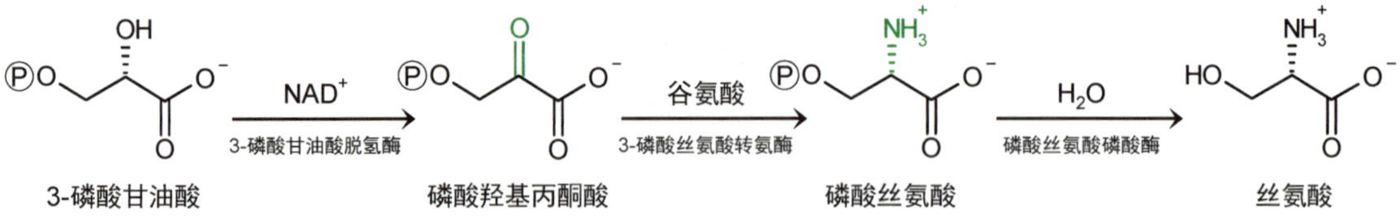

图 10-24　丝氨酸合成

2. 丙氨酸合成　葡萄糖有氧氧化中间产物丙酮酸通过转氨反应合成丙氨酸，反应由谷丙转氨酶催化。

3. 天冬氨酸和天冬酰胺合成　葡萄糖有氧氧化中间产物丙酮酸羧化生成草酰乙酸，进而合

成天冬氨酸、天冬酰胺（图 10-25）。

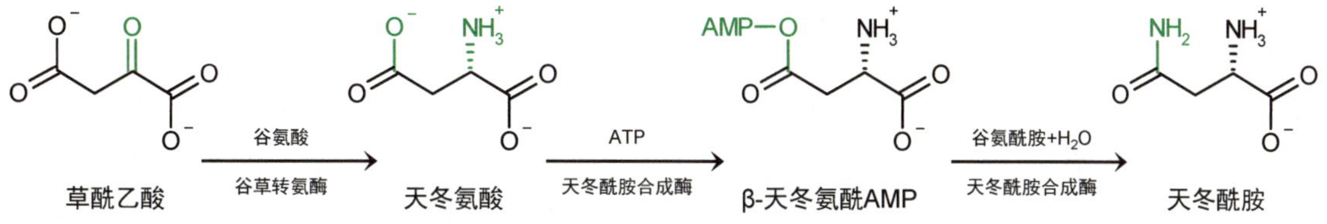

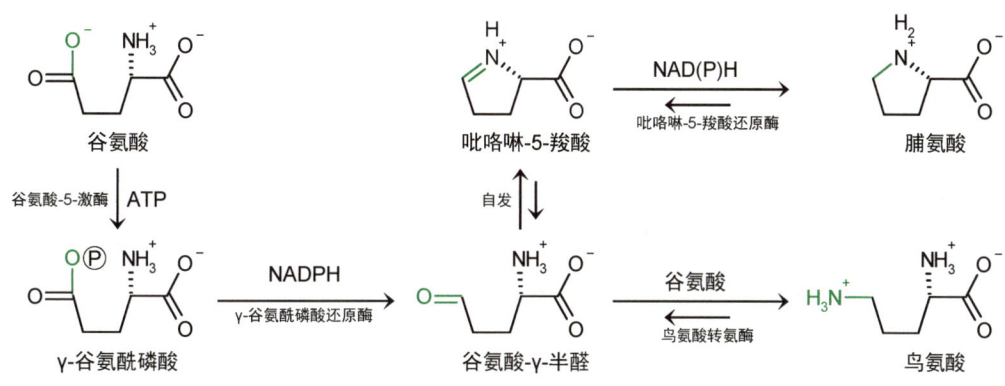

图 10-25　天冬氨酸、天冬酰胺合成

4. 谷氨酸、谷氨酰胺、脯氨酸、精氨酸合成　葡萄糖有氧氧化中间产物丙酮酸羧化生成草酰乙酸，进而通过三羧酸循环转化为 α-酮戊二酸。α-酮戊二酸合成谷氨酸，反应由转氨酶或谷氨酸脱氢酶催化（参见图 10-4）。谷氨酸与氨缩合生成谷氨酰胺，反应由谷氨酰胺合成酶催化（参见图 10-5）。谷氨酸合成脯氨酸、鸟氨酸（图 10-26），鸟氨酸通过尿素循环合成精氨酸（参见图 10-8）。

图 10-26　脯氨酸、精氨酸合成

5. 酪氨酸合成　酪氨酸由苯丙氨酸通过苯丙氨酸羟化酶催化的羟化反应合成（参见图 10-18）。

拓展阅读 10-17：氨基酸代谢病

第五节　肝脏与蛋白质代谢

肝脏的蛋白质代谢和氨基酸代谢非常活跃，尤其是在蛋白质合成、氨基酸分解和尿素合成等方面。

1. 蛋白质合成　肝脏蛋白质合成有三个特点。

（1）合成量多：人体内肝脏蛋白质合成最多，占全身合成量的 40% 以上。

（2）合成种类多：在血浆蛋白中，除了 γ 球蛋白主要由浆细胞合成、血管性血友病因子主要由血管内皮细胞合成外，70%~90% 血浆蛋白由肝细胞合成。例如：白蛋白、凝血因子和载脂蛋白（参见表 12-3）。肝脏每日可合成 15~50 g 血浆蛋白（其中白蛋白占 12 g）。

（3）更新快：哺乳动物肝、肾、心、脑、血浆、骨骼肌蛋白半衰期分别为 0.9、1.7、4.1、4.6、10、10.7 日。

肝细胞酶更新速度是其他组织的 5~10 倍。组成酶半衰期长，如糖酵解酶半衰期超过 100 小时；调节酶半衰期短，如 HMG-CoA 还原酶只有 0.5~2 小时。

2. 氨基酸分解 在肝细胞内含有丰富的氨基酸代谢酶，所以氨基酸代谢（包括脱氨基、脱羧基及其他特殊代谢）非常活跃。当肝功能障碍时，肝细胞通透性增加，某些酶（如谷丙转氨酶）逸出肝细胞，进入血浆。临床上常通过测定血清酶活性或同工酶谱辅助诊断肝病（参见第五章）。

3. 尿素合成 肝脏是合成尿素的主要器官，肠道吸收的氨和各组织氨基酸分解产生的氨大部分在肝脏合成尿素，以解氨毒。肝功能障碍导致尿素合成减少，血氨升高，会引起氨中毒。

思考题

1. 人体为什么可以合成非必需氨基酸，不能合成必需氨基酸？
2. 人体可以脂滴形式大量储存脂肪，以糖原形式储存一定量葡萄糖，却基本不能储存氨基酸，为什么？
3. 肠道微生物如何影响氨基酸代谢？
4. 简述氨基酸脱氨在蛋白质降解过程中的作用及代谢产物。
5. 阐述氨基酸代谢与能量代谢的关系，特别是氨基酸生物氧化机制及其在饥饿状态下的重要性。
6. 解释氨基酸代谢紊乱可能导致的疾病，如苯丙酮尿症，并讨论其病因和治疗方法。
7. 综述谷氨酸、谷氨酰胺、天冬氨酸、精氨酸、色氨酸、蛋氨酸、半胱氨酸、丝氨酸、甘氨酸、苯丙氨酸、赖氨酸在人体内的代谢及其意义。

（杨友均）

数字资源详见　新形态教材网

拓展阅读　　自测题　　教学课件

第十一章

核苷酸代谢

食物核酸很少，且非营养必需。食物嘌呤碱基很少被利用，通常有50%被肠道微生物和人体降解，43%随尿液排泄，5%随粪便排泄，仅有不到2%被用于合成核酸。相比之下，食物嘧啶核苷酸、核苷可被吸收并用于合成核酸。人体自身可以合成所需的全部核苷酸。

第一节 核苷酸合成代谢

核苷酸合成根据合成原料或前体及合成过程的不同分为从头合成和补救合成两种途径，且以补救合成为主，从头合成主要是为了补充未被补救途径再利用而降解的部分。

一、嘌呤核苷酸从头合成途径

核苷酸从头合成（*de novo* pathway）是指利用氨基酸、CO_2、一碳单位和5-磷酸核糖等简单小分子合成核苷酸的过程。

嘌呤核苷酸从头合成量较多的组织细胞主要是肝脏，其次是小肠上皮及胸腺。嘌呤环杂环原子来自谷氨酰胺、天冬氨酸、甘氨酸、CO_2及一碳单位甲酰基（图11-1）。从头合成是从磷酸核糖焦磷酸开始，直到合成腺苷酸和鸟苷酸。反应均在细胞质完成，分为两个阶段：第一阶段从磷酸核糖焦磷酸到肌苷酸（inosine monophosphate，IMP），第二阶段从肌苷酸到腺苷酸（AMP）和鸟苷酸（GMP）。

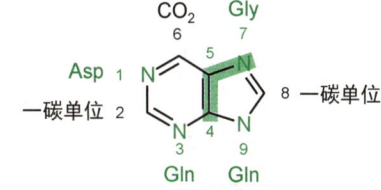

图11-1 嘌呤碱杂环原子来源

（一）肌苷酸合成

肌苷酸合成包括10步酶促反应，由6种细胞质酶催化，其中包括3种多功能酶（图11-2）。

1. 磷酸核糖胺合成 磷酸核糖焦磷酸与谷氨酰胺反应生成磷酸核糖胺（phosphoribosylamine）、焦磷酸和谷氨酸，核糖从α构型翻转成β构型。反应由磷酸核糖焦磷酸酰胺转移酶（phosphoribosylpyrophosphate amidotransferase，amidophosphoribosyltransferase，ATase）催化，该酶以［4Fe-4S］、Mg^{2+}为辅基（图11-2①）。

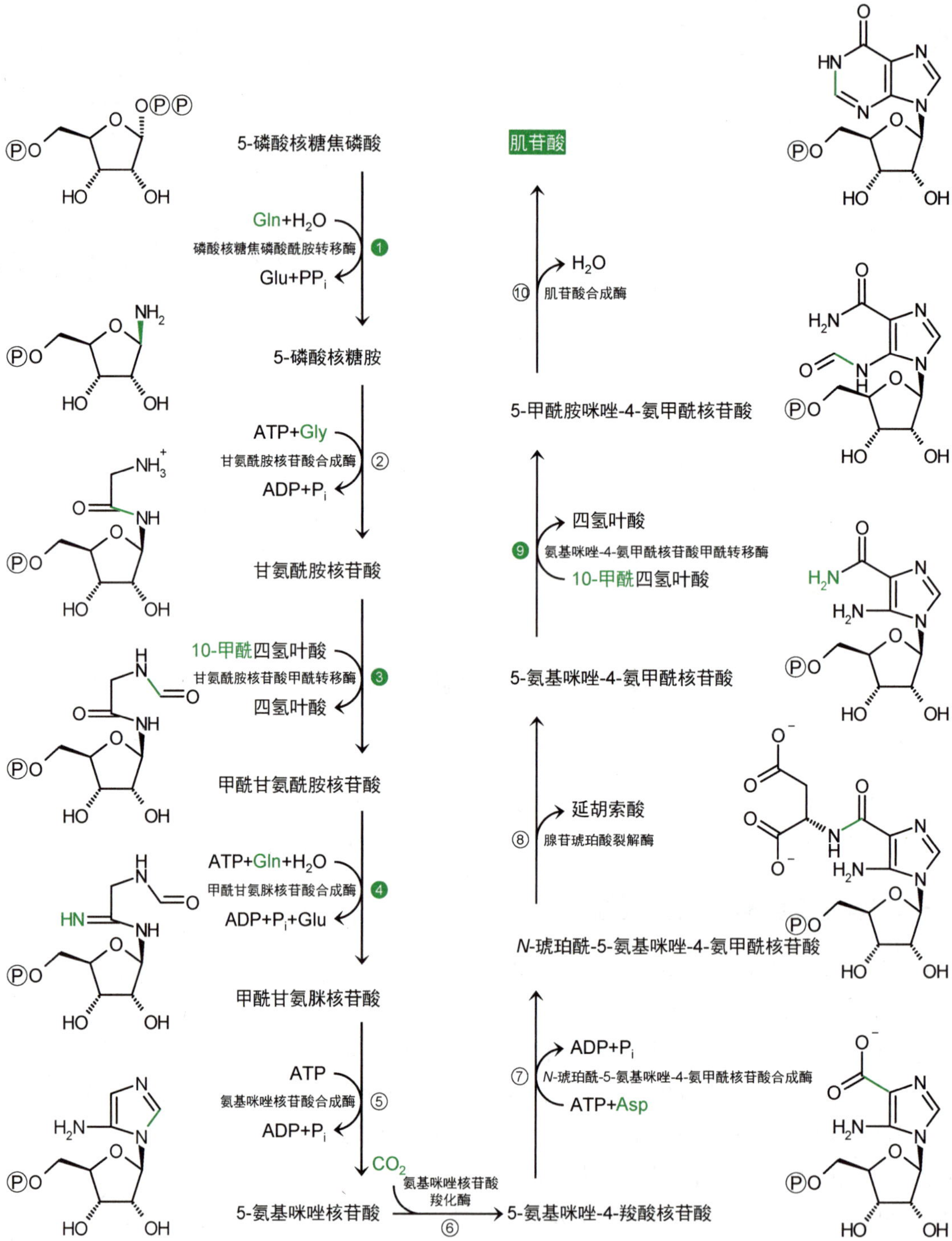

第十一章 核苷酸代谢

图 11-2 肌苷酸从头合成

合成原料**磷酸核糖焦磷酸**（phosphoribosylpyrophosphate，PRPP）由 5-磷酸核糖与 ATP 反应生成。

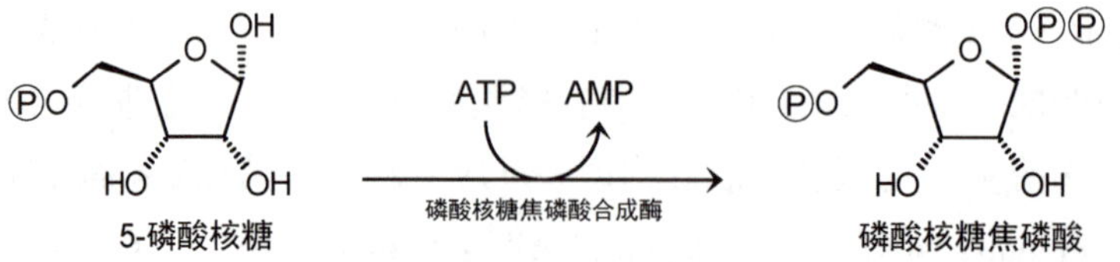

反应由**磷酸核糖焦磷酸合成酶**（phosphoribosylpyrophosphate synthetase，PRS）催化。该酶又

称磷酸核糖焦磷酸激酶（ribose-phosphate pyrophosphokinase），以 Mg^{2+} 为辅基。5-磷酸核糖来自磷酸戊糖途径，或核苷酸降解产物 1-磷酸核糖异构生成（反应由磷酸戊糖变位酶催化）。

2. 甘氨酰胺核苷酸合成　磷酸核糖胺与甘氨酸缩合，生成甘氨酰胺核苷酸（glycinamide ribonucleotide，GAR），消耗 1 分子 ATP。反应由甘氨酰胺核苷酸合成酶（glycinamide ribonucleotide synthetase，ATP-grasp）催化（图 11-2②）。

3. 甲酰甘氨酰胺核苷酸合成　甘氨酰胺核苷酸与 10-甲酰四氢叶酸反应，生成甲酰甘氨酰胺核苷酸（N-formylglycinamide ribonucleotide，FGAR）和四氢叶酸。反应由甘氨酰胺核苷酸甲酰转移酶（GAR transformylase，GART）催化（图 11-2③）。

4. 甲酰甘氨脒核苷酸合成　甲酰甘氨酰胺核苷酸与谷氨酰胺反应，生成甲酰甘氨脒核苷酸（formylglycinamidine ribonucleotide，FGAM）和谷氨酸，消耗 1 分子 ATP。反应由甲酰甘氨脒核苷酸合成酶（phosphoribosyl formylglycinamidine synthetase，FGAMS，又称甲酰甘氨酰胺核苷酸酰胺转移酶，FGAR amidotransferase，FGAR-AT）催化（图 11-2④）。

拓展阅读 11-1：谷氨酰胺类似物与核苷酸合成

5. 5-氨基咪唑核苷酸合成　甲酰甘氨脒核苷酸脱水环化，生成 5-氨基咪唑核苷酸（5-aminoimidazole ribonucleotide，AIR），消耗 1 分子 ATP。反应由氨基咪唑核苷酸合成酶（phosphoribosyl aminoimidazole synthetase，AIRS）催化（图 11-2⑤）。

人体甘氨酰胺核苷酸合成酶（②）、甘氨酰胺核苷酸甲酰基转移酶（③）和氨基咪唑核苷酸合成酶（⑤）是一种三功能酶（trifunctional purine biosynthetic protein adenosine-3）的三个结构域（图 11-3）。该三功能酶以 Mg^{2+} 或 Mn^{2+} 为辅基。

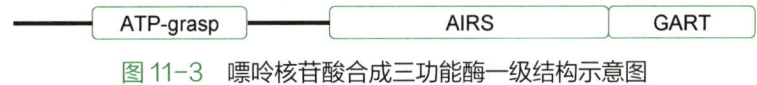

图 11-3　嘌呤核苷酸合成三功能酶一级结构示意图

6. 5-氨基咪唑-4-羧基核苷酸合成　5-氨基咪唑核苷酸羧化，生成 5-氨基咪唑-4-羧酸核苷酸（carboxyaminoimidazole ribonucleotide，CAIR）。反应由氨基咪唑核苷酸羧化酶（AIR carboxylase，AIRC）催化（参见图 11-2⑥）。

7. N-琥珀酰-5-氨基咪唑-4-氨甲酰核苷酸合成　5-氨基咪唑-4-羧酸核苷酸与天冬氨酸缩合，生成 N-琥珀酰-5-氨基咪唑-4-氨甲酰核苷酸（N-succino-5-aminoimidazole-carboxyamide ribonucleotide，SAICAR），消耗 1 分子 ATP。反应由 N-琥珀酰-5-氨基咪唑-4-氨甲酰核苷酸合成酶（SAICAR synthetase，SAICARs）催化（参见图 11-2⑦）。

人体氨基咪唑核苷酸羧化酶（⑥）和 N-琥珀酰-5-氨基咪唑-4-氨甲酰核苷酸合成酶（⑦）是一种双功能酶 PAICS 的两个结构域（图 11-4）。

图 11-4　双功能酶 PAICS 一级结构示意图

8. 5-氨基咪唑-4-氨甲酰核苷酸合成　N-琥珀酰-5-氨基咪唑-4-氨甲酰核苷酸裂解，生成 5-氨基咪唑-4-氨甲酰核苷酸（5-aminoimidazole-4-carboxyamide ribonucleotide，AICAR）和延胡索酸。反应由腺苷琥珀酸裂解酶（adenylosuccinate lyase）催化，该酶为同四聚体，活性中心位于相邻亚基之间，结合基团和催化基团由两个亚基共同提供（参见图 11-2⑧）。

9. 5-甲酰胺咪唑-4-氨甲酰核苷酸合成　5-氨基咪唑-4-氨甲酰核苷酸与 10-甲酰四氢

叶酸反应，生成 5- 甲酰胺咪唑 -4- 氨甲酰核苷酸（formyl-AICAR，FAICAR）和四氢叶酸。反应由氨基咪唑 -4- 氨甲酰核苷酸甲酰转移酶（AICAR transformylase）催化，该酶受 AMP、XMP 抑制（参见图 11-2 ⑨）。

10. 肌苷酸合成 5- 甲酰胺咪唑 -4- 氨甲酰核苷酸脱水环化，生成肌苷酸 IMP。反应由肌苷酸合成酶（IMP synthetase，又称肌苷酸环化水解酶，IMP cyclohydrolase）催化（参见图 11-2 ⑩）。

人体氨基咪唑 -4- 氨甲酰核苷酸甲酰转移酶（⑨）和肌苷酸合成酶（⑩）是一种双功能酶（bifunctional purine biosynthesis protein ATIC，AITC）的两个结构域（图 11-5）。

| IMP synthase | AICAR transformylase |

图 11-5 双功能酶 AITC 一级结构示意图

（二）腺苷酸和鸟苷酸合成

肌苷酸进一步合成腺苷酸和尿苷酸，反应由一组细胞质酶催化（图 11-6）。

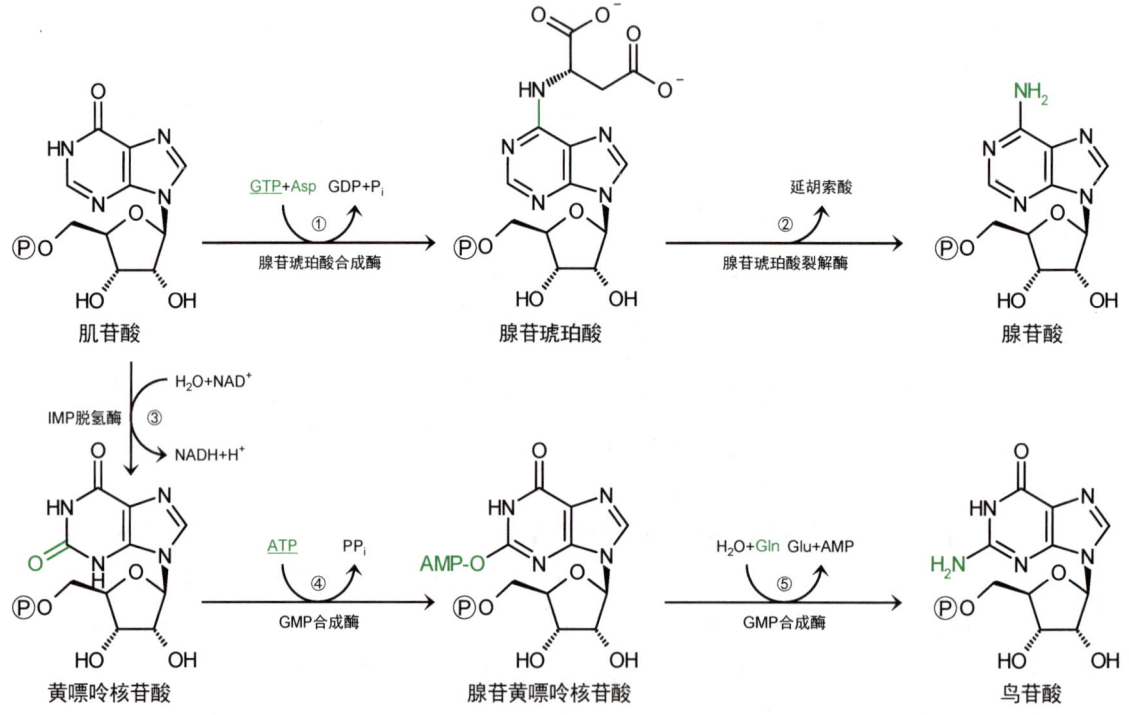

图 11-6 腺苷酸和鸟苷酸的从头合成

1. 腺苷酸合成 ①腺苷琥珀酸合成：肌苷酸与天冬氨酸缩合，生成腺苷琥珀酸（adenylosuccinate），消耗 1 分子 GTP。反应由腺苷琥珀酸合成酶（adenylosuccinate synthetase）催化。②腺苷琥珀酸裂解：生成腺苷酸和延胡索酸。反应由腺苷琥珀酸裂解酶催化（图 11-6 ①②）。

2. 鸟苷酸合成 ①黄嘌呤核苷酸合成：肌苷酸还原生成黄嘌呤核苷酸（xanthosine monophosphate，XMP），为鸟苷酸从头合成限速步骤。反应由 IMP 脱氢酶（IMP dehydrogenase，IMPDH）催化。该酶以 NAD^+、K^+ 为辅助因子。②鸟苷酸合成：黄嘌呤核苷酸先被 ATP 活化成中间产物腺苷黄嘌呤核苷酸（AMP-XMP），再从谷氨酰胺获得氨基生成鸟苷酸。反应由 GMP 合成酶（GMP synthase）催化。该酶以 Mg^{2+} 为辅基（图 11-6 ③～⑤）。

二、嘧啶核苷酸从头合成途径

嘧啶环杂环原子来自谷氨酰胺、天冬氨酸、CO_2（图11-7）。与嘌呤核苷酸从头合成途径中在磷酸核糖焦磷酸上经过连续反应合成嘌呤碱基（在地基上建房）不同，嘧啶核苷酸是先合成嘧啶环，再与磷酸核糖焦磷酸缩合生成核苷酸（将板房固定到地基上）。

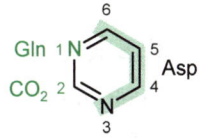

图11-7 嘧啶碱杂环原子来源

嘧啶核苷酸的从头合成分为两个阶段：第一阶段从谷氨酰胺到尿苷酸（UMP），第二阶段从尿苷酸到三磷酸胞苷（CTP）。

（一）尿苷酸合成

尿苷酸合成包括6步酶促反应，由2种细胞质酶和1种线粒体酶催化，其中包括2种多功能酶（图11-8）。

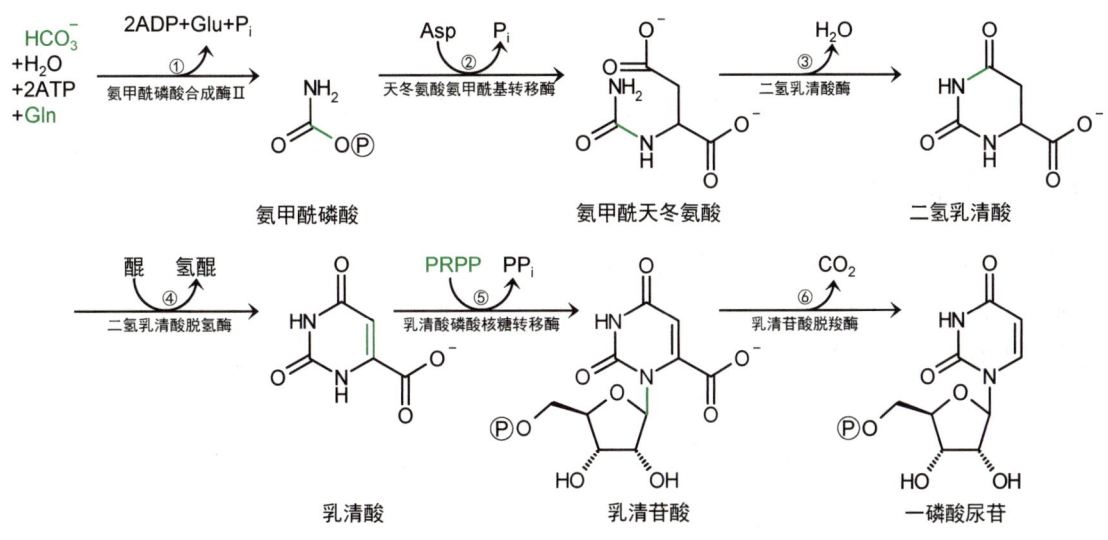

图11-8 尿苷酸从头合成

1. 氨甲酰磷酸合成 谷氨酰胺与碳酸氢盐、2ATP反应生成氨甲酰磷酸。反应由氨甲酰磷酸合成酶Ⅱ（carbamoyl phosphate synthase，CPSase Ⅱ）催化（图11-8 ①）。

2. 氨甲酰天冬氨酸合成 氨甲酰磷酸与天冬氨酸缩合，生成氨甲酰天冬氨酸。反应由天冬氨酸氨甲酰基转移酶（aspartate transcarbamoylase，ATCase）催化（图11-8 ②）。

3. 二氢乳清酸合成 氨甲酰天冬氨酸环化、脱水，生成二氢乳清酸（dihydroorotate）。反应由二氢乳清酸酶（dihydroorotase，DHOase）催化（图11-8 ③）。

人体氨甲酰磷酸合成酶Ⅱ（①）、天冬氨酸氨甲酰基转移酶（②）和二氢乳清酸酶（③）是一种多功能酶CAD（carbamoyl phosphate synthetase 2-aspartate transcarbamylase-dihydroorotase）的四个结构域。谷氨酰胺转移酶（glutamine amidotransferase，GATase）催化谷氨酰胺水解，为CPSase提供氨，两者合称氨甲酰磷酸合成酶Ⅱ或依赖谷氨酰胺的氨甲酰磷酸合成酶（glutamine-dependent CPSase，GD-CPSase）（图11-9）。该多功能酶以Zn^{2+}、Mg^{2+}、Mn^{2+}为辅基。

```
| GATase | CPSase | DHOase | ATCase |
```

图 11-9　多功能酶 CAD 一级结构示意图

4. 乳清酸合成　二氢乳清酸脱氢生成乳清酸（orotate）。反应由二氢乳清酸脱氢酶（dihydroorotate dehydrogenase，DHODH）催化。真核细胞的二氢乳清酸脱氢酶为线粒体内膜单次跨膜蛋白，但活性中心位于膜间隙面。该酶以 FMN 为辅基，醌（如泛醌）为电子受体（参见图 11-8 ④）。

5. 乳清苷酸合成　乳清酸与磷酸核糖焦磷酸缩合，生成乳清苷酸（orotidine 5′-phosphate，orotidylic acid）。反应由细胞质乳清酸磷酸核糖转移酶（orotate phosphoribosyl transferase，OPRT）催化（参见图 11-8 ⑤）。

6. 尿苷酸合成　乳清苷酸脱羧生成尿苷酸。反应由乳清苷酸脱羧酶（orotidine-5′-phosphate decarboxylase，ODC）催化（参见图 11-8 ⑥）。

人体乳清酸磷酸核糖转移酶（①）和乳清苷酸脱羧酶（③）是双功能酶尿苷酸合酶（UMP synthase）的两个结构域（图 11-10）。

```
| OPRT | ODC |
```

图 11-10　尿苷酸合酶一级结构示意图

（二）三磷酸胞苷合成

三磷酸尿苷与谷氨酰胺反应生成三磷酸胞苷（CTP）。反应由细胞质 CTP 合成酶（CTP synthetase）催化。该酶以 GTP 为激活剂，以 CTP 为抑制剂（图 11-11）。三磷酸尿苷由尿苷酸磷酸化生成（参见"三磷酸核苷合成"）。

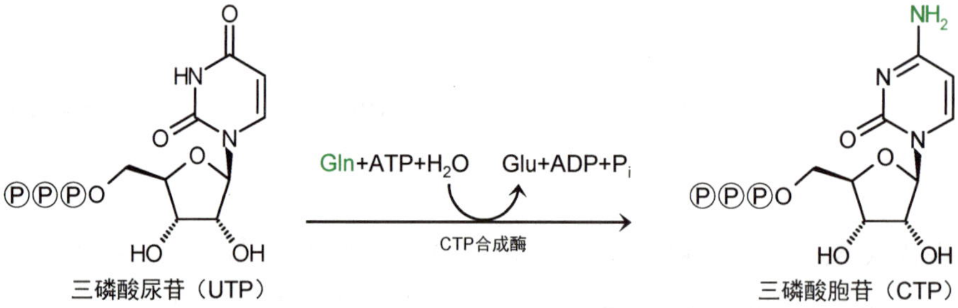

图 11-11　三磷酸胞苷合成

三、核苷酸补救合成途径

核苷酸补救合成途径（salvage synthesis）简称核苷酸补救途径（salvage pathway），是指机体对核酸或核苷酸降解产物的再利用。

脑组织中磷酸核糖焦磷酸酰胺转移酶活性低下，骨髓、中性粒细胞更是缺乏此酶。这些组织细胞通过补救途径合成嘌呤核苷酸。

1. 碱基再利用　腺嘌呤、鸟嘌呤、次黄嘌呤、尿嘧啶、胸腺嘧啶等碱基可以再利用，胞嘧啶、黄嘌呤不能再利用。碱基再利用由两类酶催化。

（1）嘌呤碱基再利用：腺嘌呤、鸟嘌呤、次黄嘌呤与磷酸核糖焦磷酸缩合生成嘌呤核苷酸。

第一节 核苷酸合成代谢

[反应式：腺嘌呤 + 磷酸核糖焦磷酸 —腺嘌呤磷酸核糖转移酶→ 腺苷酸 + PPi]

腺嘌呤再利用由细胞质腺嘌呤磷酸核糖转移酶（adenine phosphoribosyl transferase，APRT）催化，鸟嘌呤、次黄嘌呤再利用由细胞质次黄嘌呤-鸟嘌呤磷酸核糖转移酶（hypoxanthine-guanine phosphoribosyl transferase，HGPRT）催化。

（2）嘧啶碱基再利用：尿嘧啶、胸腺嘧啶与1-磷酸核糖或1-磷酸脱氧核糖缩合生成嘧啶核苷或嘧啶脱氧核苷。反应可逆，逆反应为嘧啶核苷分解反应。

[反应式：胸腺嘧啶 + 1-磷酸脱氧核糖 ⇌胸苷磷酸化酶⇌ 脱氧胸苷 + Pi]

尿嘧啶反应由细胞质尿苷磷酸化酶（uridine phosphorylase，UPase）催化，胸腺嘧啶反应由细胞质胸苷磷酸化酶（thymidine phosphorylase，TdRPase）催化。

拓展阅读 11-2：Lesch-Nyhan 综合征

2. 核苷再利用 （脱氧）腺苷、（脱氧）尿苷、（脱氧）胞苷、脱氧胸苷、脱氧鸟苷等核苷可以再利用，鸟苷、肌苷、黄嘌呤核苷不能再利用。核苷/脱氧核苷磷酸化生成核苷酸/脱氧核苷酸。反应由一组核苷激酶和脱氧核苷激酶催化。

（1）腺苷激酶：腺苷激酶（adenosine kinase）为细胞质酶，催化腺苷磷酸化。

（2）尿苷-胞苷激酶：尿苷-胞苷激酶（uridine-cytidine kinase）为细胞质酶，催化尿苷、胞苷磷酸化生成尿苷酸、胞苷酸，此外还可催化氟尿嘧啶核苷等磷酸化活化，它们都是嘧啶核苷类似物类前药。

（3）胸苷激酶：胸苷激酶（thymidine kinase）催化嘧啶脱氧核苷磷酸化生成嘧啶脱氧核苷酸。胸苷激酶有两种同工酶，线粒体同工酶（TK2）底物为脱氧胸苷、脱氧胞苷、脱氧尿苷，细胞质同工酶（TK1）底物为脱氧胸苷。此外，细胞质同工酶还可催化齐多夫定、阿糖胞苷等磷酸化活化，它们都是嘧啶核苷类似物类前药。

[反应式：脱氧胸苷 —胸苷激酶, ATP→ADP→ 脱氧胸苷酸]

（4）脱氧鸟苷激酶：脱氧鸟苷激酶（deoxyguanosine kinase）是一种线粒体酶，催化脱氧鸟苷、脱氧腺苷磷酸化，由 ATP 提供 γ- 磷酸基。

（5）脱氧胞苷激酶：脱氧胞苷激酶（deoxycytidine kinase）是一种细胞质酶，催化脱氧胞苷、脱氧鸟苷、脱氧腺苷及其抗代谢类似物磷酸化，由 ATP 提供 γ- 磷酸基。

四、三磷酸核苷合成

在从头合成途径中，核苷酸进一步磷酸化合成三磷酸核苷（图 11-12）。

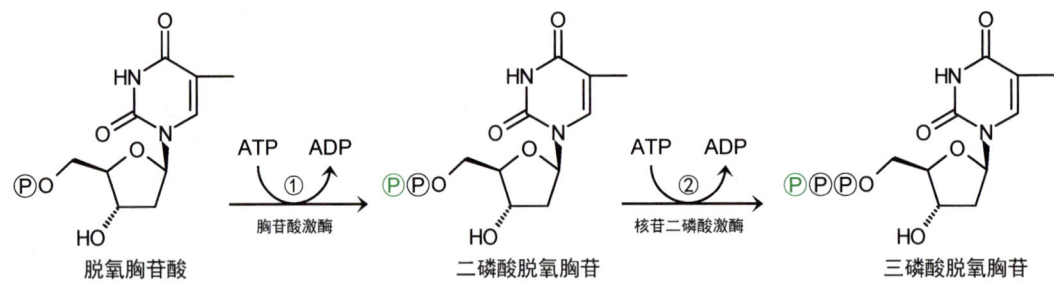

图 11-12　三磷酸核苷合成

1. 一磷酸核苷磷酸化　生成二磷酸核苷（NDP）。反应由一组存在于细胞质和线粒体中的核苷酸激酶催化。①腺苷酸激酶（adenylate kinase）：一组同工酶，催化 AMP、dAMP 磷酸化生成 ADP、dADP，由 ATP 或 GTP 提供 γ- 磷酸基。②鸟苷酸激酶（guanylate kinase）：催化 GMP 磷酸化生成 GDP，由 ATP 提供 γ- 磷酸基。③尿苷酸 - 胞苷酸激酶（UMP-CMP kinase）：催化 UMP、CMP、dUMP、dCMP 磷酸化生成 UDP、CDP、dUDP、dCDP，由 ATP 提供 γ- 磷酸基。④胸苷酸激酶（thymidylate kinase）：催化 dTMP（脱氧胸苷酸）磷酸化生成 dTDP（二磷酸脱氧胸苷，图 11-12 ①），由 ATP 提供 γ- 磷酸基。

2. 二磷酸核苷磷酸化　生成三磷酸核苷（NTP，图 11-12 ②）。反应由一组存在于细胞质和线粒体中的核苷二磷酸激酶（nucleoside-diphosphate kinase，NDK）同工酶催化。它们均可催化除 ADP 外的所有二磷酸核苷（NDP）和二磷酸脱氧核苷（dNDP）磷酸化，生成相应的三磷酸核苷（NTP）和三磷酸脱氧核苷（dNTP）。ADP 可通过底物水平磷酸化和氧化磷酸化生成 ATP。

五、脱氧核苷酸合成

在核苷酸的从头合成途径中，脱氧［核糖］核苷酸多为［核糖］核苷酸还原脱氧的产物。

1. 二磷酸脱氧核苷合成　核苷酸脱氧发生在二磷酸水平，即 ADP、GDP、CDP、UDP 脱氧分别生成 dADP、dGDP、dCDP、dUDP。反应由核苷酸还原酶（ribonucleotide reductase）催化。

dADP、dGDP、dCDP、dUDP 进一步磷酸化生成 dATP、dGTP、dCTP、dUTP。其中 dATP、

dGTP、dCTP 用于合成 DNA。

核苷酸还原酶是催化脱氧核苷酸从头合成的关键酶。直接为其提供还原当量的是硫氧化还原蛋白（thioredoxin，Trx）的一对巯基。巯基的还原当量来自 NADPH。NADPH 的还原当量在硫氧还蛋白还原酶（thioredoxin reductase，TrxR）的催化下，通过其 FAD 辅基传递给硫氧还蛋白（图 11-13）。

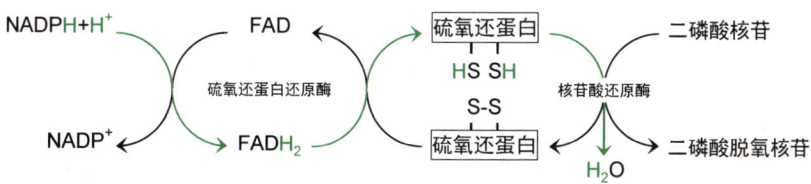

图 11-13　脱氧核苷酸合成酶系

2. 脱氧胸苷酸合成　三磷酸脱氧胸苷（dTTP）的从头合成与其他脱氧核苷酸不同。①脱氧尿苷酸（dUMP）从亚甲基四氢叶酸获得亚甲基，生成脱氧胸苷酸（dTMP）和二氢叶酸，反应由胸苷酸合成酶（thymidylate synthetase）催化（图 11-14②）。② dTMP 磷酸化生成 dTDP，由胸苷酸激酶催化（图 11-14③）。③ dTDP 磷酸化生成 dTTP，由核苷二磷酸激酶催化。dTTP 用于合成 DNA（图 11-14④）。二氢叶酸由二氢叶酸还原酶（dihydrofolate reductase，DHFR）催化还原重新生成四氢叶酸，由 NADPH 提供还原当量。

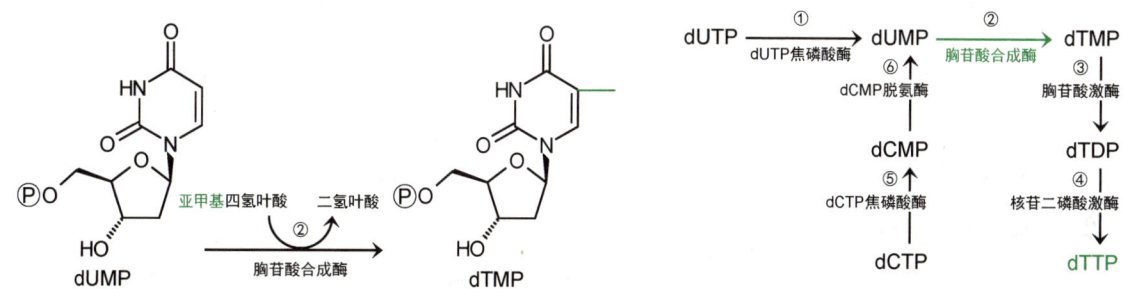

图 11-14　三磷酸脱氧胸苷合成

dUMP 来源：① dUTP 水解脱焦磷酸，生成 dUMP，反应由 dUTP 焦磷酸酶（dUTP pyrophosphatase）催化（图 11-14①）。② dCTP 水解脱焦磷酸，生成 dCMP，反应由 dCTP 焦磷酸酶（dCTP pyrophosphatase）催化（图 11-14⑤）；dCMP 水解脱氨基，生成 dUMP，反应由 dCMP 脱氨酶（dCMP deaminase）催化（图 11-14⑥）。

3. 叶酸类似物　部分叶酸类似物（XL01BA）是抗代谢药（XL01B）。①甲氨蝶呤（methotrexate，MTX）竞争性抑制二氢叶酸还原酶、胸苷酸合成酶、氨基咪唑-4-氨甲酰核苷酸甲酰转移酶。②培美曲塞（pemetrexed）竞争性抑制二氢叶酸还原酶、胸苷酸合成酶、甘氨酰胺核苷酸甲酰转移酶。③雷替曲塞（raltitrexed）竞争性抑制胸苷酸合成酶。它们均抑制嘌呤核苷酸从头合成、脱氧胸苷酸合成，用作抗肿瘤药物（图 11-15）。

六、核苷酸合成调节

三磷酸核苷（NTP）和三磷酸脱氧核苷（dNTP）作为合成原料绝大部分用于合成 RNA 和 DNA。无论是 RNA 还是 DNA，其 4 种结构单位没有明显的多寡之分。因此，4 种 NTP 或 dNTP

图 11-15 叶酸类似物

的合成量必须协调：任何一种合成过少都会降低核酸合成的速度，任何一种合成过多都会增加核酸合成的错配。

1. 嘌呤核苷酸从头合成调节 嘌呤核苷酸从头合成步骤较多，且存在分支。其合成调节以磷酸核糖焦磷酸合成酶、磷酸核糖焦磷酸酰胺转移酶、腺苷琥珀酸合成酶、IMP 脱氢酶等关键酶为调节点，通过几种特别的调节机制维持两种嘌呤核苷酸合成量的平衡（图 11-16）。

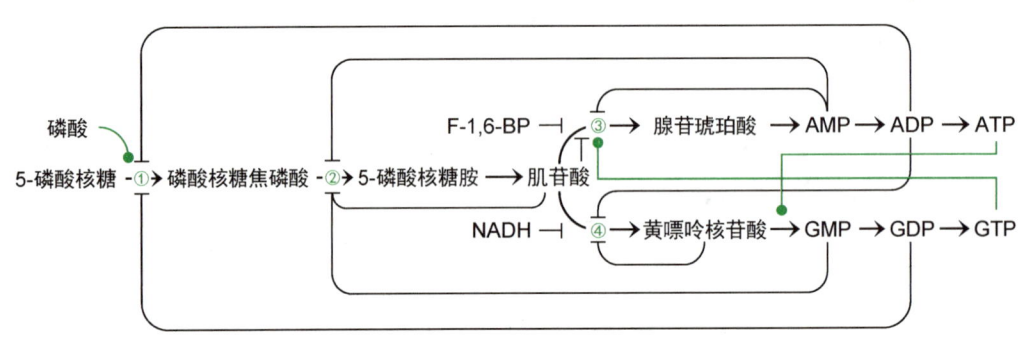

图 11-16 嘌呤核苷酸从头合成调节机制

（1）嘌呤核苷酸从头合成总体调节：磷酸核糖焦磷酸合成酶催化的反应在分支点之前，反应产物磷酸核糖焦磷酸为 ATP、GTP 的共同前体，故 ATP、GTP 的合成均受其控制。该酶以磷酸为变构激活剂，以 ADP、GDP 为变构抑制剂（图 11-16 ①）。

磷酸核糖焦磷酸不仅供给嘌呤核苷酸的从头合成，也供给嘧啶核苷酸的从头合成、核苷酸的补救合成。此外，磷酸核糖焦磷酸还用于维生素 B_3 活化即 NAD^+ 和 $NADP^+$ 合成（参见图 6-8）。

大鼠等磷酸核糖焦磷酸酰胺转移酶以磷酸核糖焦磷酸为激活剂，以 AMP、GMP、IMP 为抑制剂。人体磷酸核糖焦磷酸酰胺转移酶不是关键酶，不存在该调节机制。

（2）嘌呤核苷酸从头合成分支调节：腺苷琥珀酸合成酶和 IMP 脱氢酶催化的反应均以 IMP 为底物，因而形成了嘌呤核苷酸从头合成途径的 ATP 分支和 GTP 分支，终产物分别是 ATP 和 GTP。腺苷琥珀酸合成酶和 IMP 脱氢酶分别为两个分支的关键酶，其活性受各自下游产物的调节，却不受对方下游产物影响（ADP 例外）。①腺苷琥珀酸合成酶有两种同工酶，均以 Mg^{2+} 为辅基。其中同工酶 2 是变构酶，以 AMP、IMP 为竞争性抑制剂，F-1,6-BP 为非竞争性抑制剂（图 11-16 ③）。② IMP 脱氢酶以 XMP、NADH、ADP 为抑制剂（图 11-16 ④）。

（3）嘌呤核苷酸从头合成交叉调节：ATP 分支的终产物 ATP 是 GTP 分支的反应物，GTP 分支的终产物 GTP 是 ATP 分支的反应物。两个分支的终产物在底物水平上促使对方合成加快。这种交叉调节机制对协调 ATP 和 GTP 合成量至关重要。

（4）鸟苷酸与腺苷酸平衡：人体各种组织细胞的细胞质中广泛存在两种鸟苷酸还原酶（GMP reductase，GMPR）同工酶，催化以下不可逆反应。

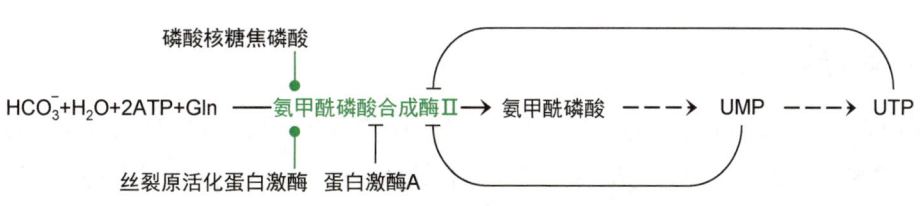

当 GTP 分支快于 ATP 分支，导致 GTP 多于 ATP 时，GTP 可通过该反应支援 ATP 途径，从而维持嘌呤核苷酸平衡。

2. 嘧啶核苷酸从头合成调节 人类基因组编码的多功能酶 CAD（也表述为氨甲酰磷酸合成酶Ⅱ，CPSⅡ）是控制嘧啶核苷酸从头合成的关键酶。①变构调节：以磷酸核糖焦磷酸为变构激活剂，以 UMP 和 UTP 为变构抑制剂。②化学修饰调节：丝裂原活化蛋白激酶（MAPK）催化 Thr456 磷酸化激活，蛋白激酶 A 催化 Ser1406、Ser1859 磷酸化抑制（图 11-17）。

图 11-17 嘧啶核苷酸从头合成调节机制

3. 脱氧核苷酸合成调节 核苷酸还原酶是由 M1 和 M2 两个亚基形成的异二聚体，以两个 Fe^{3+} 为辅基，活性中心位于两个亚基之间。核苷酸还原酶是变构酶，其 M2 亚基有两个调节位点。①专一性调节位点：调节酶的底物结合专一性，结合 ATP 时促进 CDP、UDP 进入活性中心反应，结合 dGTP 时促进 ADP 进入活性中心反应，结合 dTTP 时促进 GDP 进入活性中心反应。②活性调节位点：结合 ATP 时酶活性被激活，结合 dATP 时酶活性被抑制。这种调节机制可使四种脱氧核苷酸合成量维持均衡。

此外，核苷酸还原酶水平受到调节，DNA 损伤等因素诱导酶蛋白合成（基因表达），泛素化导致蛋白降解。

第二节 核苷酸分解代谢

食物核酸消化机制与细胞内核酸降解基本相同，即水解成 5′- 核苷酸。细胞内核酸降解生成的 5′- 核苷酸可以磷酸化生成三磷酸核苷，再次用于合成核酸。未被利用的可继续降解。人体各种组织细胞中广泛存在一组 5′- 核苷酸酶（5′-nucleotidase），可催化各种核苷酸、脱氧核苷酸甚至稀有核苷酸、吡啶核苷酸水解，生成核苷或脱氧核苷。部分核苷可通过补救途径再利用。未被利用的可继续降解。人体各种组织细胞中广泛存在一组嘌呤核苷磷酸化酶（purine-nucleoside phosphorylase）和嘧啶核苷磷酸化酶（pyrimidine-nucleoside phosphorylase），可催化各种核苷和脱氧核苷磷酸解，生成碱基和 1- 磷酸核糖 /1- 磷酸脱氧核糖。部分碱基可通过补救途径再利用，1- 磷酸核糖 /1- 磷酸脱氧核糖也可由磷酸戊糖变位酶（phosphopentomutase）催化异构成 5- 磷酸核糖 /5- 磷酸脱氧核糖。5- 磷酸核糖可再利用。5- 磷酸脱氧核糖和未被利用的碱基可继续降解（图 11-18）。

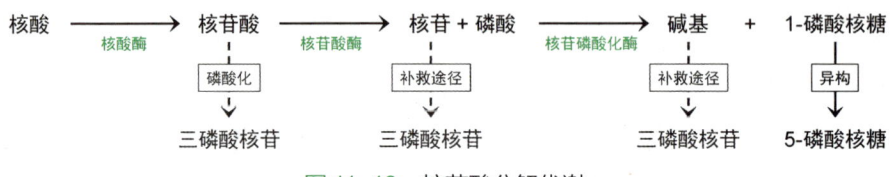

图 11-18　核苷酸分解代谢

一、嘌呤碱基分解

鸟苷酸 / 脱氧鸟苷酸由核苷酸酶水解生成鸟苷 / 脱氧鸟苷，鸟苷 / 脱氧鸟苷由嘌呤核苷磷酸化酶催化磷酸解生成鸟嘌呤，鸟嘌呤由鸟嘌呤脱氨酶催化水解脱氨生成黄嘌呤，黄嘌呤由黄嘌呤氧化酶（xanthine oxidase，XO）催化氧化生成尿酸（图 11-19 ①）。

腺嘌呤在腺苷酸 / 脱氧腺苷酸水平由腺苷酸脱氨酶（AMP deaminase）催化脱氨，生成肌苷酸 / 脱氧肌苷酸，或在腺苷 / 脱氧腺苷水平由腺苷脱氨酶（adenosine deaminase）催化脱氨，生成肌苷 / 脱氧肌苷，因而最终磷酸解得到的是次黄嘌呤。次黄嘌呤由黄嘌呤氧化酶催化氧化生成黄嘌呤，继续氧化生成尿酸（图 11-19 ②）。

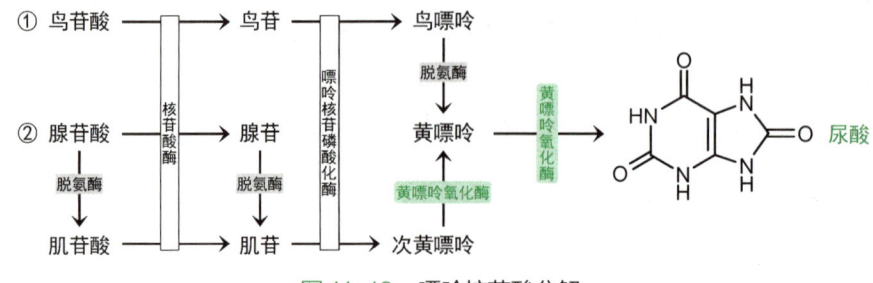

图 11-19　嘌呤核苷酸分解

1. 黄嘌呤氧化酶　全称黄嘌呤脱氢酶 / 氧化酶（xanthine dehydrogenase/oxidase），是一种黄素酶，以两个 [2Fe-2S] 铁硫簇、一个 FAD、一个钼 - 钼蝶呤为辅助因子。黄嘌呤氧化酶是控制嘌呤分解的关键酶。

黄嘌呤氧化酶有两对半胱氨酸巯基 Cys509-Cys1318、Cys536-Cys993 是化学修饰调节位点，可氧化形成二硫键，因而黄嘌呤氧化酶有 D 型和 O 型两种构象。

D 型表现黄嘌呤脱氢酶活性，催化以下反应：

$$次黄嘌呤/黄嘌呤 + H_2O + NAD^+ \rightarrow 尿酸 + NADH + H^+$$

O 型表现黄嘌呤氧化酶活性，催化以下反应：

$$次黄嘌呤/黄嘌呤 + H_2O + O_2 \rightarrow 尿酸 + H_2O_2$$

哺乳动物黄嘌呤氧化酶以 D 型为主。

黄嘌呤氧化酶在小肠、乳腺、肝脏活性较强，故体内嘌呤核苷酸的分解代谢主要在这些组织中进行。实际上食物嘌呤碱基主要在小肠黏膜细胞降解为尿酸并随粪便排出体外，每日降解量可达 200 mg。小肠黏膜细胞降解的意义是阻止腺嘌呤进入体内影响腺苷酸稳态。

尿酸可由小肠、结肠或肝细胞顶端膜 ABC 转运蛋白 G2（ABCG2，又称尿酸输出蛋白，urate exporter）等泵出：$ATP + H_2O + 尿酸（细胞内）\rightarrow ADP + P_i + 尿酸（细胞外）$。

人体内 1/3 的尿酸通过肠道随粪便排出体外，其余通过肾随尿液排出体外。回肠和肾近曲小管存在尿酸重吸收。

2. 高尿酸血症与痛风　高尿酸血症（hyperuricemia）是嘌呤代谢紊乱引起的慢性代谢病。中华医学会内分泌学分会在《中国高尿酸血症与痛风诊疗指南》中建议：无论是男性还是女性，严格禁食高嘌呤食物的条件下非同日 2 次血尿酸水平超过 416 μmol/L（6.8 mg/dL），可诊断为高尿酸血症。

以下因素导致高尿酸血症：肿瘤溶解综合征（tumor lysis syndrome）患者短期内肿瘤细胞大量溶解，长期高嘌呤饮食个体尿酸生成过多，肾疾病导致尿酸排泄障碍，基因突变导致磷酸核糖焦磷酸合成酶高活性而过量合成嘌呤核苷酸，Lesch-Nyhan 综合征等。

尿酸水溶性较差，血浆浓度长期过高时会形成尿酸盐结晶。尿酸盐结晶在关节、软组织、软骨、肾等处形成痛风石，会引起痛风性关节炎、尿酸性尿石症和肾功能不全，称为痛风（gout）。痛风临床特点为高尿酸血症、痛风石形成、急性关节炎反复发作、慢性关节炎和关节畸形，以及在病程后期出现肾尿酸结石和痛风性肾实质病变。

3. 腺苷脱氨酶缺乏症　人类基因组编码两种腺苷脱氨酶同工酶，均以 Zn^{2+} 为辅基，广泛分布于各种组织细胞。

（1）腺苷脱氨酶同工酶 1：腺苷脱氨酶同工酶 1（adenosine deaminase）在淋巴组织、小肠尤为丰富，其表达受缺氧诱导。主要功能有：①催化腺苷/脱氧腺苷水解脱氨，维持腺苷稳态，调制其介导的信号转导。②作为腺苷受体正调制物（positive modulator）增加腺苷与腺苷受体的亲和力，共激活 T 细胞。

腺苷脱氨酶 1 基因突变导致常染色体隐性重症联合免疫缺陷，多见于青少年和成人慢性病患者，约占非 X 连锁重症联合免疫缺陷的 50%。

重症联合免疫缺陷（severe combined immune deficiency，SCID）是指一类具有遗传性和临床异质性的罕见先天性疾病，包括 X 连锁型和非连锁型两大类，其特征是体液免疫和细胞免疫功能受损，白细胞减少，抗体不足或缺失。SCID 患儿反复性或持续性发生机会性感染（opportunistic infection）。

（2）腺苷脱氨酶同工酶2：腺苷脱氨酶同工酶2（adenosine deaminase 2）是一种同二聚体血浆酶，心、肺、淋巴母细胞（原淋巴细胞）合成和分泌最多。主要功能：①催化细胞外腺苷脱氨，调制其介导1的信号转导。②通过与细胞表面糖蛋白结合调节细胞增殖和分化。

腺苷脱氨酶同工酶2基因突变导致血管炎 – 自身炎症 – 免疫缺陷 – 造血缺陷综合征（vasculitis, autoinflammation, immunodeficiency, and hematologic defects syndrome，VAIHS）。

VAIHS是一种系统性坏死性血管炎，先是中、小动脉功能异常，之后各种器官发生组织缺血，包括皮肤、肌肉骨骼系统、肾、胃肠道、心血管和神经系统。器官受累和疾病严重程度轻重不一。临床症状包括反复发作的缺血性中风影响脑小血管，导致神经功能障碍，反复发热，肌痛，青斑样皮疹，胃肠道疼痛和肝脾肿大。

二、嘧啶碱基分解

胞嘧啶在脱氧胞苷酸水平水解脱氨生成脱氧尿苷酸，反应由dCMP脱氨酶催化；在胞苷/脱氧胞苷水平水解脱氨生成尿苷/脱氧尿苷，可用于通过补救途径合成尿苷酸/脱氧尿苷酸，反应由胞苷脱氨酶催化。脱氧尿苷酸水解生成脱氧尿苷。尿苷/脱氧尿苷磷酸解生成尿嘧啶，反应由嘧啶核苷磷酸化酶催化。

尿嘧啶和胸腺嘧啶依次发生还原、水解，生成氨、碳酸氢盐、β- 丙氨酸和β- 氨基异丁酸。氨可合成尿素，β- 丙氨酸和β- 氨基异丁酸可随尿液排泄，或继续降解生成乙酰辅酶A和丙酰辅酶A，被机体利用（图11-20）。

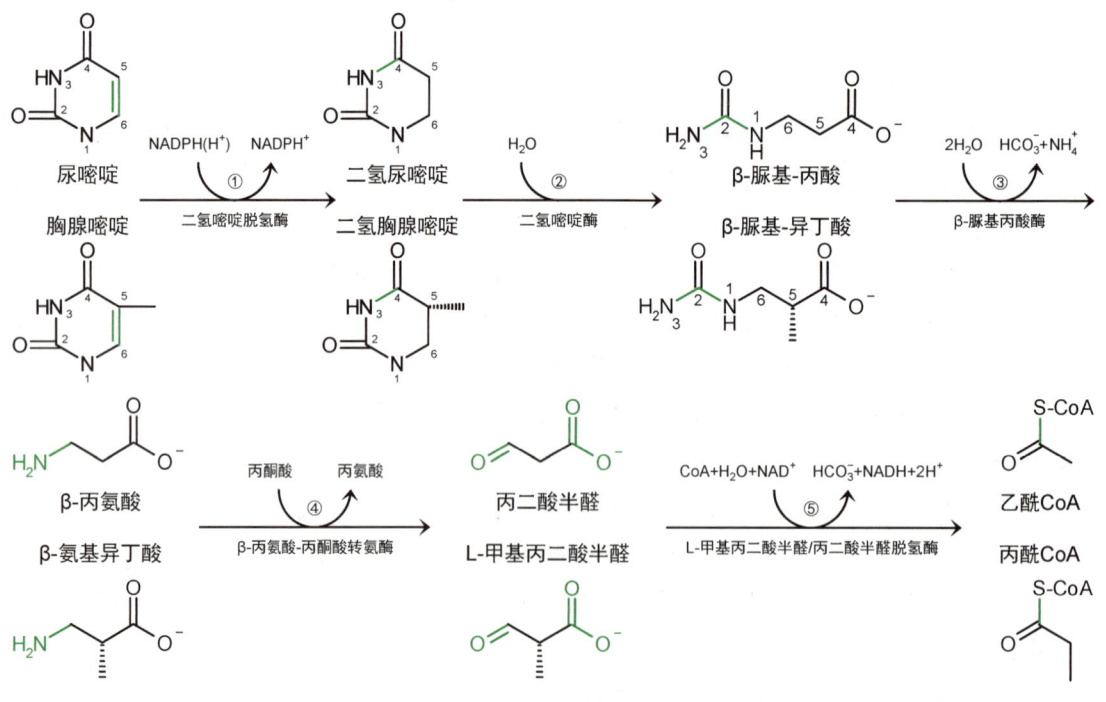

图 11-20　嘧啶碱基分解代谢

三、5- 磷酸脱氧核糖分解

5- 磷酸脱氧核糖裂解生成3- 磷酸甘油醛和乙醛，反应由**磷酸脱氧核糖醛缩酶**（deoxyribosephosphate aldolase）催化。3-磷酸甘油醛可进入糖代谢途径。乙醛氧化生成乙酸，反应由醛脱氢酶催化。乙酸活化成乙酰辅酶 A，反应由乙酰辅酶 A 合成酶（acetyl-CoA synthetase）催化。

第三节 核酸类药物

碱基类似物和核苷类似物是两类重要的核酸类药物，多为抗代谢物，作用机制是作为竞争性抑制剂或自杀性抑制剂抑制核苷酸从头合成途径或补救途径关键酶，抑制核苷酸合成，从而抑制 DNA/RNA 合成；或被转化为三磷酸核苷/三磷酸脱氧核苷类似物掺入 DNA/RNA，导致其失活。碱基类似物和核苷类似物在临床上主要用于抗肿瘤或抗病原微生物。

1. 皮肤病用抗生素和化疗药物 药品分类代码 XD06。

（1）磺胺嘧啶：磺胺嘧啶（sulfadiazine）是嘧啶衍生物，细菌二氢蝶酸合成酶竞争性抑制剂，抑制细菌叶酸合成。

（2）氟尿嘧啶：氟尿嘧啶（fluorouracil, 5-FU）是尿嘧啶类似物。①转化为 FdUMP 抑制胸苷酸合成酶，从而抑制 DNA 合成。②转化为 FUTP 掺入 RNA，干扰 RNA 后修饰和蛋白质合成。氟尿嘧啶还是抗肿瘤药（XL01B）。

（3）阿昔洛韦：阿昔洛韦（acyclovir, ACV）是脱氧鸟苷类似物，被病毒胸苷激酶（由病毒基因在感染细胞内指导合成）等磷酸化为三磷酸阿昔洛韦（acyclo-GTP），高度亲和病毒 DNA 聚合酶，抑制其他 dNTP 结合，且掺入 DNA，抑制复制延伸。阿昔洛韦与病毒胸苷激酶的亲和力是细胞胸苷激酶的 200 多倍，因而几乎只杀死感染细胞，可用于治疗单纯疱疹病毒（HSV）、水痘-带状疱疹病毒（VZV）等的感染。同类药物还有更昔洛韦（ganciclovir, GCV）。G. Elion 和 G. Hitchings 因为发明阿昔洛韦获得 1988 年诺贝尔生理学或医学奖。

（4）喷昔洛韦：喷昔洛韦（penciclovir）是脱氧鸟苷类似物，被病毒胸苷激酶等磷酸化为三磷酸喷昔洛韦，与 dGTP 竞争疱疹病毒 DNA 聚合酶，抑制其 DNA 复制。

2. 全身用抗菌药 药品分类代码 XJ01，如磺胺嘧啶。

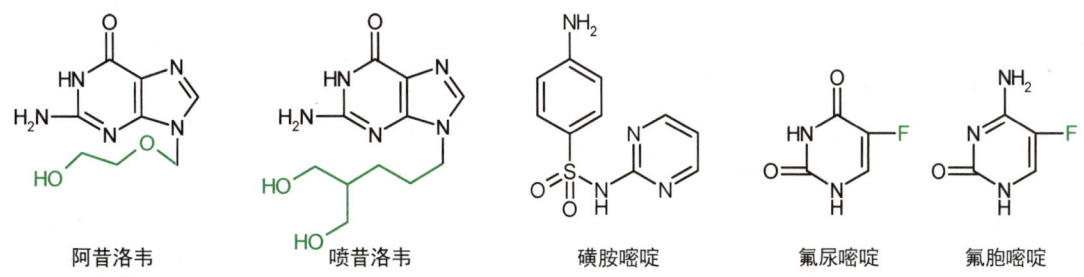

阿昔洛韦　　喷昔洛韦　　磺胺嘧啶　　氟尿嘧啶　　氟胞嘧啶

3. 全身用抗真菌药 药品分类代码 XJ02，如氟胞嘧啶（flucytosine）：嘧啶类似物。①竞争性抑制真菌摄取嘌呤碱基和嘧啶碱基。②被胞苷脱氨酶脱氨转化为氟尿嘧啶，掺入 RNA，抑制真菌 DNA、RNA 合成。③抑制真菌胸苷酸合成酶。

4. 全身用抗病毒药 药品分类代码 XJ05，如核苷和核苷酸类（XJ05AB）阿昔洛韦、更昔洛韦、利巴韦林等。

利巴韦林（XJ05AB, XS01A）为嘌呤核苷类似物、核苷类前药，其磷酸化产物作用机制如下。①掺入 RNA 病毒的 RNA：诱导致死突变。②抑制 RNA 病毒的 RNA 聚合酶：从而抗 RNA 病毒复制。③抑制某些 DNA 病毒 RNA 加帽：从而抑制其翻译，如痘病毒。④抑制 IMP 脱氢酶：从而抑制 GTP 的从头合成，抗 DNA 病毒，因此会发生不良反应。⑤增强 T 细胞的抗病毒活性：如抗丙型肝炎病毒（HCV）。

国家食品药品监督管理局（SFDA）在 2006 年的药物不良反应信息通报（第 11 期）中指出"警惕……阿昔洛韦……利巴韦林的安全性问题"。

5. 抗肿瘤药及免疫调节剂之抗代谢药　药品分类代码 XL01B。

（1）巯嘌呤：巯嘌呤（6-mercaptopurine，6-MP）是嘌呤类似物。①与次黄嘌呤/鸟嘌呤竞争次黄嘌呤-鸟嘌呤磷酸核糖转移酶，被转化为巯嘌呤核苷酸，竞争性抑制腺苷琥珀酸合成酶、IMP 脱氢酶，从而抑制 AMP、GMP 合成。②巯嘌呤核苷酸 6-甲基化，抑制磷酸核糖焦磷酸酰胺转移酶，从而抑制嘌呤核苷酸从头合成。用作抗肿瘤药、免疫抑制剂。

（2）硫鸟嘌呤：硫鸟嘌呤（thioguanine）是嘌呤类似物。①与次黄嘌呤/鸟嘌呤竞争次黄嘌呤-鸟嘌呤磷酸核糖转移酶，被转化为硫鸟嘌呤核苷酸，竞争性抑制腺苷琥珀酸合成酶、IMP 脱氢酶，从而抑制 AMP、GMP 合成。②硫鸟嘌呤核苷酸 6-甲基化，抑制磷酸核糖焦磷酸酰胺转移酶，从而抑制嘌呤核苷酸从头合成。用作抗肿瘤药、免疫抑制剂。

（3）氟达拉滨：氟达拉滨（fludarabine）是脱氧腺苷类似物，被脱氧胞苷激酶等磷酸化生成三磷酸 2-氟阿糖腺苷。①抑制核苷酸还原酶。②掺入 DNA 抑制其合成。③抑制 DNA 聚合酶 α、引物酶、连接酶。④掺入 RNA，抑制转录。用作抗肿瘤药。

巯嘌呤　　　　硫鸟嘌呤　　　　氟达拉滨

（4）阿扎胞苷、阿糖胞苷、地西他滨和吉西他滨：阿扎胞苷（azacitidine）是胞苷类似物，阿糖胞苷（cytarabine）、地西他滨（decitabine）和吉西他滨（gemcitabine，dFdC）是脱氧胞苷类似物。①阿扎胞苷被尿苷-胞苷激酶等磷酸化转化为三磷酸阿扎胞苷（aza-CTP），既可掺入 RNA，干扰 mRNA、蛋白质合成，导致细胞凋亡；又可抑制核苷酸还原酶，抑制 DNA 合成和修复；还抑制 DNA 甲基化（参见第十七章），导致抑癌基因激活。②阿糖胞苷被脱氧胞苷激酶等催化磷酸化，生成三磷酸阿糖胞苷（Ara-CTP），掺入 DNA，抑制 DNA 延伸。③地西他滨被脱氧胞苷激酶等磷酸化，转化为三磷酸阿扎脱氧胞苷（aza-dCTP），掺入 DNA，高剂量时抑制 DNA 延伸，低剂量时抑制 DNA 甲基化（参见第十七章），导致抑癌基因激活。④吉西他滨被脱氧胞苷激酶等催化磷酸化生成二磷酸吉西他滨（dFdCDP）和三磷酸吉西他滨（dFdCTP）。三磷酸吉西他滨既可掺入 DNA，抑制 DNA 合成，导致细胞凋亡；又可抑制脱氧胞苷酸脱氨酶，从而抑制脱氧胸苷酸合成。二磷酸吉西他滨抑制核苷酸还原酶，从而抑制三磷酸脱氧核苷合成，抑制 DNA 合成。

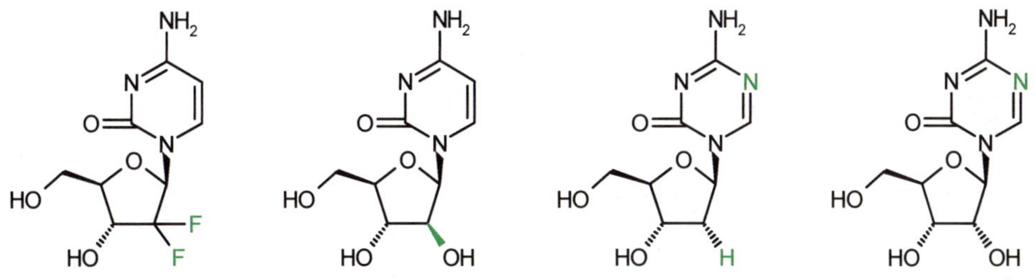

吉西他滨　　　　阿糖胞苷　　　　地西他滨　　　　阿扎胞苷

（5）卡培他滨和替加氟：卡培他滨（capecitabine）和替加氟（tegafur）分别是胞苷和尿苷类似物，氟尿嘧啶改进型，在细胞内被羧酸酯酶、胞苷脱氨酶催化水解和脱氨生成氟尿嘧啶核苷。80%氟尿嘧啶在肝细胞被二氢嘧啶脱氢酶还原灭活。卡培他滨和替加氟不会被肝细胞还原灭活。

（6）卡莫氟：卡莫氟（carmofur）是尿嘧啶类似物，氟尿嘧啶衍生物。

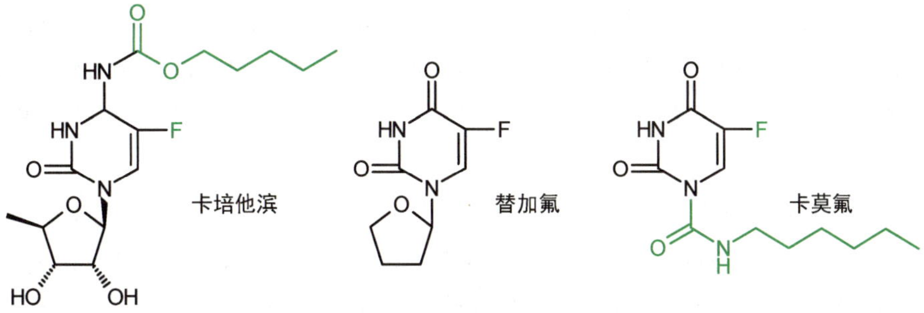

卡培他滨　　　　替加氟　　　　卡莫氟

6. 免疫调节剂　①免疫增强剂：药品分类代码XL03AX，如腺嘌呤。②免疫抑制剂：药品分类代码XL04AX，如硫唑嘌呤（azathioprine，AZA）。嘌呤类似物，转化为巯嘌呤（MP）和硫鸟嘌呤，抑制HGPRT和TMPT（硫嘌呤甲基转移酶）。

7. 抗疟药　药品分类代码XP01B，如乙胺嘧啶（pyrimethamine）：抑制疟原虫二氢叶酸还原酶。

思考题

1. 在核苷酸从头合成过程中，存在哪些多酶复合体和多功能酶？它们在结构和功能上有何特点？
2. 请论述HGPRT缺乏导致高尿酸血症的生化机制。
3. ADA基因突变是如何导致机体出现免疫缺陷的？
4. 氮杂丝氨酸和6-MP抑制核苷酸从头合成的靶酶有哪些？
5. 叶酸类似物能抑制哪些核苷酸的合成？
6. 综合本章和第七章，如何看待ATP合成的方式和意义？
7. 如何看待从头合成途径和补救合成途径的意义？

（黄映红）

数字资源详见　新形态教材网

📖 拓展阅读　　✂ 自测题　　🖥 教学课件

第十二章

血液生化

血液（blood）是流动于心血管系统内的一种不透明红色液体组织，属于特化结缔组织（specialized connective tissue），占体重的 7%，体积约 5 L。血液的功能是分配和运输氧、二氧化碳、营养物质、激素、代谢物，平衡和调节体温，维持体液酸碱平衡和渗透压平衡，抗炎抗感染。

血液由血细胞（blood cell，hemocyte）和血浆（plasma）组成，其中血浆组成复杂多样，但在生理状态下各成分含量相对稳定。在病理状态下，某些成分含量会发生特征性变化。血液取材方便，是临床常用的检验标本。本章介绍血浆蛋白和血细胞代谢等内容。

第一节　血浆化学成分

血浆占全血的 55%，为 pH 7.4 的水溶液，其组成包括水（92%）、蛋白质（7%）和其他溶质（1%）（表 12-1）。

表 12-1　血浆化学成分

血浆成分	功能
水（92%）	悬浮有形成分，溶解无形成分
血浆蛋白（7%）	组成缓冲体系
其他溶质（1%）	
① 无机盐：Na^+，K^+，Cl^-，HPO_4^{2-}，HCO_3^- 等	形成和维持膜电位，维持酸碱平衡，调节渗透压
② 营养素：氨基酸，葡萄糖，脂质，维生素	供能物质，生命物质合成原料
③ 呼吸气体：氧，二氧化碳	氧供给细胞呼吸；CO_2 为碳排泄形式，其碳酸氢盐型组成缓冲体系
④ 废物：肌酐，尿素，胆红素，氨	无（排出体外）

1. 水和无机盐　正常人体血液含水 79%，相对黏度 4~5；血浆含水 92%，相对黏度 1.6~2.4。水是良好的极性溶剂，并且具有介电常数高、黏度低、流动性强、比热容大、蒸发热高等特点，因此支持物质运输、体温平衡和调节。

拓展阅读 12-1：黏度与相对黏度

血浆中的无机盐主要为 Na^+、K^+、Ca^{2+}、Mg^{2+} 等阳离子和 Cl^-、HCO_3^-、HPO_4^{2-} 等阴离子，其中 Ca^{2+}、Mg^{2+} 等离子既有结合型又有游离型，其游离型参与维持神经肌肉组织的兴奋性、血浆晶体渗透压和体液酸碱平衡等。

2. 血浆蛋白 血浆蛋白（plasma protein）是指血浆中全部蛋白质的统称，也是血浆中含量最多的溶质成分（参见第二节）。

3. 含氮废物 血浆含氮废物是指将要运到肝或肾排出体外的含氮代谢终产物，主要有尿素、尿酸、肌酐、胆红素和氨等（表 12-2）。血浆含氮废物含量变化既反映机体蛋白质和核酸的代谢状况，又反映肾的排泄功能。

表 12-2 血浆含氮废物

成分	尿素	尿酸	肌酐	氨	胆红素	尿胆素
血浆（mg/dL）	10～20	1.5～8.0	0.6～1.5	0.02～0.09	0～1.0	—
尿液（mg/dL）	1 800	40	150	60	0.02	0.125
尿排泄（g/d）	21	0.5	1.8	0.68	0.000 24	0.001 52

正常成人含氮废物生成量稳定。机体氮摄入过多、肾血流量减少、消化道出血及组织蛋白降解增加时，尿素、肌酐等含氮废物生成量增加。肾功能不全会导致这些含氮废物排泄障碍，在血液中积累，临床上称之为氮质血症（azotemia）。

（1）尿素是蛋白质分解代谢终产物之一，也是主要含氮废物，经肾排泄，被称为血尿素氮（blood urea nitrogen，BUN），临床检验参考范围为 3.6～9.5 mmol/L。肾功能不全患者血尿素氮升高。

（2）尿酸是嘌呤化合物分解代谢终产物，临床检验参考范围为 208～428 μmol/L。当核酸大量分解（如白血病和恶性肿瘤等），其他嘌呤化合物分解增多，肾功能不全或其他相关疾病，可引起血尿酸升高。当超过 576 μmol/L 时，尿酸盐结晶可沉积于关节、软骨组织而引起痛风。如沉积于肾可引起肾结石。

（3）肌酐即肌酸酐，是肌酸代谢终产物（参见图 7-20），经肾排泄，血肌酐临床检验参考范围为 53～123 μmol/L。肾功能不全患者血肌酐升高。血肌酐水平不受氮摄入量影响，因而其评价肾功能的临床意义优于血尿素氮。

4. 其他有机化合物 如血糖、血乳酸、血脂、酮体等，其含量与糖代谢和脂质代谢密切相关。其中血脂全部以脂蛋白形式存在。

5. 呼吸气体 即氧和二氧化碳。氧包括溶解型（2%）和血红蛋白结合型（98%）。二氧化碳包括溶解型（7%）、血红蛋白结合型（27%）和碳酸氢盐型（66%）。

第二节 血浆蛋白

血浆蛋白有 1 000 多种，多为糖蛋白。视黄醇结合蛋白和 C 反应蛋白等例外。

第十二章 血液生化

一、血浆蛋白分类

血浆蛋白可应用盐析法或电泳法进行分类。

1. 盐析分类法 通过改变盐浓度、离子强度或 pH，可将溶液中不同的蛋白质成分按一定顺序分别沉淀而分离，称为分级沉淀（fractional precipitation）。其中加入无机盐改变盐浓度以降低蛋白质溶解度而使其析出的方法称为盐析（salting out）。常用的无机盐有硫酸铵、硫酸钠和氯化钠等。例如：白蛋白、凝血酶原、球蛋白、纤维蛋白原分别可在 100%、67%、50%、20% 饱和度的硫酸铵溶液中析出。白蛋白、球蛋白和纤维蛋白原含量依次为血浆蛋白的前三位。

2. 电泳分类法 应用醋酸纤维薄膜电泳（参见第十九章）可将血浆蛋白分为白蛋白、α_1 球蛋白、α_2 球蛋白、β 球蛋白和 γ 球蛋白（图 12-1）。

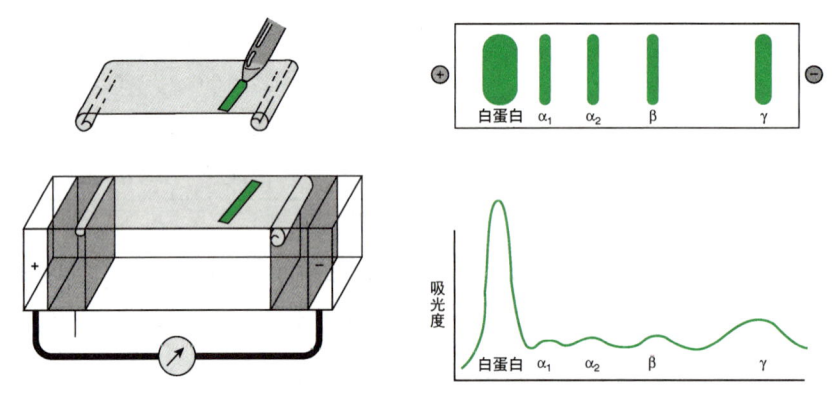

图 12-1 血浆蛋白醋酸纤维素薄膜电泳

二、血浆蛋白来源

血浆蛋白可分为生理性血浆蛋白和病理性血浆蛋白。生理性血浆蛋白由正常组织细胞合成后分泌入血，绝大多数为血浆功能蛋白，如纤维蛋白原、免疫球蛋白。血浆功能蛋白属于分泌蛋白，绝大多数由肝细胞合成。有些血浆功能蛋白由其他组织细胞合成和分泌，如免疫球蛋白由浆细胞（plasma cell，又称抗体分泌细胞）合成（表 12-3）。生理性血浆蛋白水平的变化可以反映机体的营养状况和分泌细胞的代谢状况。病理性血浆蛋白多来自炎症细胞或坏死细胞，这些细胞的细胞膜发生透化，导致细胞质蛋白质渗出入血，如淀粉酶、转氨酶等，这类蛋白质在血浆中出现或含量增加可反映相关组织的炎症反应等病理状况。

表 12-3 部分血浆蛋白来源和主要功能

血浆蛋白	来源	主要功能
白蛋白（58%）	来自肝细胞	维持血浆胶体渗透压和血液黏度，运输代谢物、电解质、激素
球蛋白（37%）		
① α 球蛋白	主要来自肝细胞	运输血脂和金属离子
② β 球蛋白	大部分来自肝细胞	包括脂蛋白和转铁蛋白
③ γ 球蛋白	主要来自浆细胞	免疫球蛋白
纤维蛋白原（4%）	来自肝细胞	凝血因子 I
调节蛋白（1%）	来自肝细胞	酶，酶原，激素，补体，其他凝血因子等

三、血浆蛋白功能

血浆蛋白在血液沟通内外环境、联系组织器官、维持机体稳态及清除病原体等方面起重要作用。

1. 胶体渗透压维持 正常成人血浆蛋白质含量是 60～80 g/L，组织液蛋白质含量是 0.5～10 g/L，因此血浆蛋白质含量远高于组织液，这种差异使血浆具有较高的胶体渗透压。胶体渗透压是控制血管内外水平衡、维持血量的重要因素。

血浆白蛋白是血浆中含量最高的蛋白质，其贡献的胶体渗透压占血浆胶体渗透压的 75%～80%。机体营养不良或肝功能障碍会导致肝脏白蛋白合成不足，从而引起血浆胶体渗透压偏低。血浆白蛋白含量低于 30 g/L 会导致组织液潴留，引起水肿。静脉注射白蛋白可促使水从组织液返回毛细血管内，消除水肿。

2. 运输作用 许多物质在血浆中运输时需与某些血浆蛋白甚至是特异性血浆蛋白结合。与血浆蛋白结合运输有以下意义：①运输疏水性物质，如白蛋白运输脂肪酸，视黄醇结合蛋白运输维生素 A。②运输细胞毒性物质，这些物质在游离状态下具有细胞毒性，如白蛋白运输未结合胆红素，转铁蛋白运输 Fe^{3+}。③避免营养物质经肾小球滤出而丢失，如白蛋白等运输锌，铜蓝蛋白等运输 Cu^{2+}。④靶向运输，乳糜微粒残粒和高密度脂蛋白最终被肝细胞内吞。

3. 催化作用 血浆中存在的各种酶统称血清酶，其来源不同，作用也不同，包括血浆功能酶、外分泌酶和细胞酶。如铜蓝蛋白催化 Fe^{2+}、Cu^+ 氧化成 Fe^{3+}、Cu^{2+}。

4. 免疫作用 免疫球蛋白（immunoglobulin, Ig）又称抗体（antibody），由浆细胞合成和分泌，其结构单位是由两条相同的重链（heavy chain）和两条相同的轻链（light chain）以二硫键相连形成的单体，均属于 γ 球蛋白，包括 IgG（单体）、IgA（二聚体）、IgM（五聚体）、IgD（单体）和 IgE（单体）五大类。免疫球蛋白是免疫系统的主要成分，参与体液免疫。

5. 凝血、抗凝和纤溶作用 绝大多数凝血因子、循环抗凝物和纤溶系统属于血浆蛋白，且常以无活性前体（酶原、蛋白原）形式存在，在一定条件下被激活后起凝血、抗凝或纤溶作用，共同维持血液循环通畅。

6. 营养作用 蛋白质摄入不足时某些组织细胞（如单核巨噬细胞）可以摄取血浆蛋白并分解为氨基酸，供给组织细胞合成蛋白质和其他含氮化合物，或氧化供能。

7. 维持酸碱平衡 大部分血浆蛋白的等电点在 4.0～7.3，所组成的缓冲系统（又称缓冲体系）占血液缓冲系统的 7%。

四、血浆蛋白水平

各种血浆蛋白含量高低不同，高至每升几十克，低至每升几毫克。分析生理状态下血浆蛋白的种类、含量及其病理状态下的变化，对于疾病诊断、治疗和预后具有重要意义。

正常成人血浆总蛋白（TP）65～85 g/L，白蛋白（又称清蛋白，albumin, ALB, A）含量是 40～55 g/L，球蛋白（globulin, GLB, G）含量是 20～40 g/L，白球比例（A/G ratio）为 1.2～2.4。某些疾病引起血浆蛋白质谱改变或出现异常，如重度慢性肝炎、肝硬化、肝癌等患者白蛋白合成减少，多发性骨髓瘤等患者球蛋白合成过多，均呈现白球比例下降，甚至倒置。

拓展阅读 12-2：*血浆蛋白质组学*

第三节 红细胞代谢

血细胞（haemocyte，hemocyte，blood cell）又称血液有形成分，是血液中各种细胞的统称，主要有红细胞（44%）、白细胞和血小板（<1%）。红细胞（erythrocyte，red blood cell）的主要功能是运输和交换氧和二氧化碳，维持酸碱平衡。我国成年男性红细胞计数为 $4.3 \times 10^{12} \sim 5.8 \times 10^{12}$ 个/L，女性为 $3.8 \times 10^{12} \sim 5.1 \times 10^{12}$ 个/L。血红蛋白是红细胞的主要成分和功能单位，我国成年男性全血血红蛋白（Hb）含量为 130~175 g/L，女性为 115~150 g/L。

哺乳动物红细胞和其他血细胞一样均源于造血干细胞，红细胞生成过程依次经历造血干细胞（成血细胞）→造血祖细胞→原[始]红细胞→早幼红细胞→中幼红细胞→晚幼红细胞→网织红细胞→[成熟]红细胞各阶段。红细胞在成熟过程中经历一系列形态和代谢的改变：从造血干细胞到晚幼红细胞均为有核细胞，与其他体细胞一样，能合成核酸和蛋白质，可以分裂。晚幼红细胞之后细胞核被排出，不再合成核酸，细胞不再分裂。网织红细胞仍含有少量核糖体、内质网、线粒体和 RNA，还能合成少量蛋白质，如珠蛋白，24 小时后完全成熟。

一、红细胞代谢特点

红细胞无细胞核及细胞器结构，无有氧氧化、核酸合成及蛋白质合成等，有无氧酵解途径、磷酸戊糖途径和 2,3- 二磷酸甘油酸支路等。

红细胞每日从血浆摄取约 30 g 葡萄糖，其中 90%~95% 消耗于无氧酵解和 2,3- 二磷酸甘油酸支路，以获得 ATP 和 2,3- 二磷酸甘油酸（2,3-bisphosphoglycerate，2,3-BPG）；5%~10% 消耗于磷酸戊糖途径，以获得 NADPH。

1. 2,3- 二磷酸甘油酸支路 红细胞 2,3- 二磷酸甘油酸支路（2,3-bisphosphoglycerate shunt）又称 Rapoport - Luebering 支路：①无氧酵解中间产物 1,3- 二磷酸甘油酸变位成 2,3- 二磷酸甘油酸，反应由 2,3- 二磷酸甘油酸变位酶（2,3-bisphosphoglycerate mutase，BPGM）催化。② 2,3- 二磷酸甘油酸水解成 3- 磷酸甘油酸，反应由 2,3- 二磷酸甘油酸磷酸酶（2,3-bisphosphoglycerate phosphatase）催化（图 12-2）。

图 12-2 2,3- 二磷酸甘油酸支路

2,3- 二磷酸甘油酸支路特点是：①两步反应均为放能反应，且反应不可逆。②二磷酸甘油酸变位酶活性较低，所以只有 15%~50% 的 1,3- 二磷酸甘油酸进入该支路。③ 2,3- 二磷酸甘油酸磷酸酶活性低于二磷酸甘油酸变位酶，所以红细胞中 2,3- 二磷酸甘油酸积累，浓度可达 4~5 mmol/L，与血红蛋白浓度（≈5.5 mmol/L）在同一水平。

人体二磷酸甘油酸变位酶为双功能酶，既催化 2,3- 二磷酸甘油酸合成，又催化 2,3- 二磷酸甘油酸水解。其活性既可被柠檬酸抑制，又受 pH 影响，pH 低时有利于水解，pH 高时有利于合成。

2. 红细胞 2,3- 二磷酸甘油酸功能 2,3- 二磷酸甘油酸与血红蛋白结合，降低血红蛋白氧合力，促进氧的释放（释放量从 8% 增至 66%），供组织细胞利用（参见第三章第三节蛋白质的功能）。

3. 红细胞 ATP 功能 ①主要为红细胞膜钠泵供能，钠泵通过消耗 ATP 泵出 Na^+，泵入 K^+，维持红细胞的钠钾平衡和细胞形态。一旦 ATP 缺乏，Na^+ 积累会使红细胞膨胀而溶血。②为红细胞膜钙泵供能，钙泵将 Ca^{2+} 泵出红细胞，维持钙平衡（红细胞内和血浆 Ca^{2+} 浓度分别为 0.02 mmol/L 和 1.0～1.3 mmol/L）。Ca^{2+} 积累会使红细胞变形、细胞膜僵硬，易被脾脏和肝脏清除。③为合成还原型谷胱甘肽（GSH）供能。④维持红细胞膜与血浆脂蛋白的脂质交换，维护红细胞膜稳定性。

4. 红细胞 NADPH 功能 ①维持高水平 GSH，从而维护抗坏血酸水平（参见图 6-23），协助其清除活性氧，以保护细胞膜和血红蛋白等。②还原高铁血红蛋白（由黄素还原酶催化），使其含量不超过血红蛋白的 1%～2%。不过，NADH、抗坏血酸和 GSH 都有此功能，而且还原高铁血红蛋白主要靠 NADH（由 NADH-Cyt b_5 还原酶系催化）。

二、血红素合成

血红蛋白属于结合蛋白质，其辅基为血红素 B，简称血红素（heme）。红细胞血红素与血红蛋白同步合成始于早幼红细胞阶段，直至网织红细胞阶段。

1. 血红素合成原料和合成部位 血红素的合成原料是琥珀酰辅酶 A、甘氨酸和 Fe^{2+}。血红素主要合成于骨髓造血细胞（85%）和肝细胞（15%）。成熟红细胞不含线粒体，因此不能合成血红素。血红素合成的起始（图 12-3 ①）和终末阶段（图 12-3 ⑥－⑧）在线粒体中进行，中间阶段（图 12-3 ②－⑤）在细胞质中进行。

2. 血红素合成过程 正常成人每日合成 6 g 血红蛋白，需要 210 mg 血红素。

（1）琥珀酰辅酶 A 与甘氨酸缩合成 5- 氨基酮戊酸（又称 5- 氨基乙酰丙酸），反应由 5- 氨基酮戊酸合成酶（ALAS，又称 5- 氨基乙酰丙酸合成酶）催化，该酶以磷酸吡哆醛为辅基，是控制血红素合成的关键酶。

（2）2 分子 5- 氨基酮戊酸缩合成胆色素原，反应由胆色素原合酶（又称 5- 氨基酮戊酸脱水酶、5- 氨基乙酰丙酸脱水酶）催化，该酶以 Zn^{2+} 为辅基。

胆色素原合酶是含锌巯基酶，对铅等重金属非常敏感，因此成为铅中毒的重要靶点。Pb^{2+} 可取代 Zn^{2+} 与酶结合，导致该酶活性被抑制，血红素合成抑制是铅中毒的重要特征。

（3）4 分子胆色素原脱氨缩合并水解，生成羟甲基胆色烷（线性四吡咯结构），反应由胆色素原脱氨酶（又称羟甲基胆色烷合酶）催化，该酶以联吡咯甲烷为辅基。

（4）羟甲基胆色烷脱水生成尿卟啉原Ⅲ，反应由尿卟啉原Ⅲ合成酶催化。

（5）尿卟啉原Ⅲ的 C-1、C-3、C-5 和 C-8 位四个羧甲基（又称乙酸基，-CH₂COOH）脱羧，生成粪卟啉原Ⅲ，反应由尿卟啉原脱羧酶催化。

（6）粪卟啉原Ⅲ的 C-2 和 C-4 位两个羧乙基（又称丙酸基，-CH₂CH₂COOH）氧化脱羧，生成原卟啉原Ⅸ，反应由粪卟啉原Ⅲ氧化酶催化。

（7）原卟啉原Ⅸ四个吡咯环之间的亚甲基氧化脱氢，生成原卟啉Ⅸ，反应由原卟啉原氧化酶

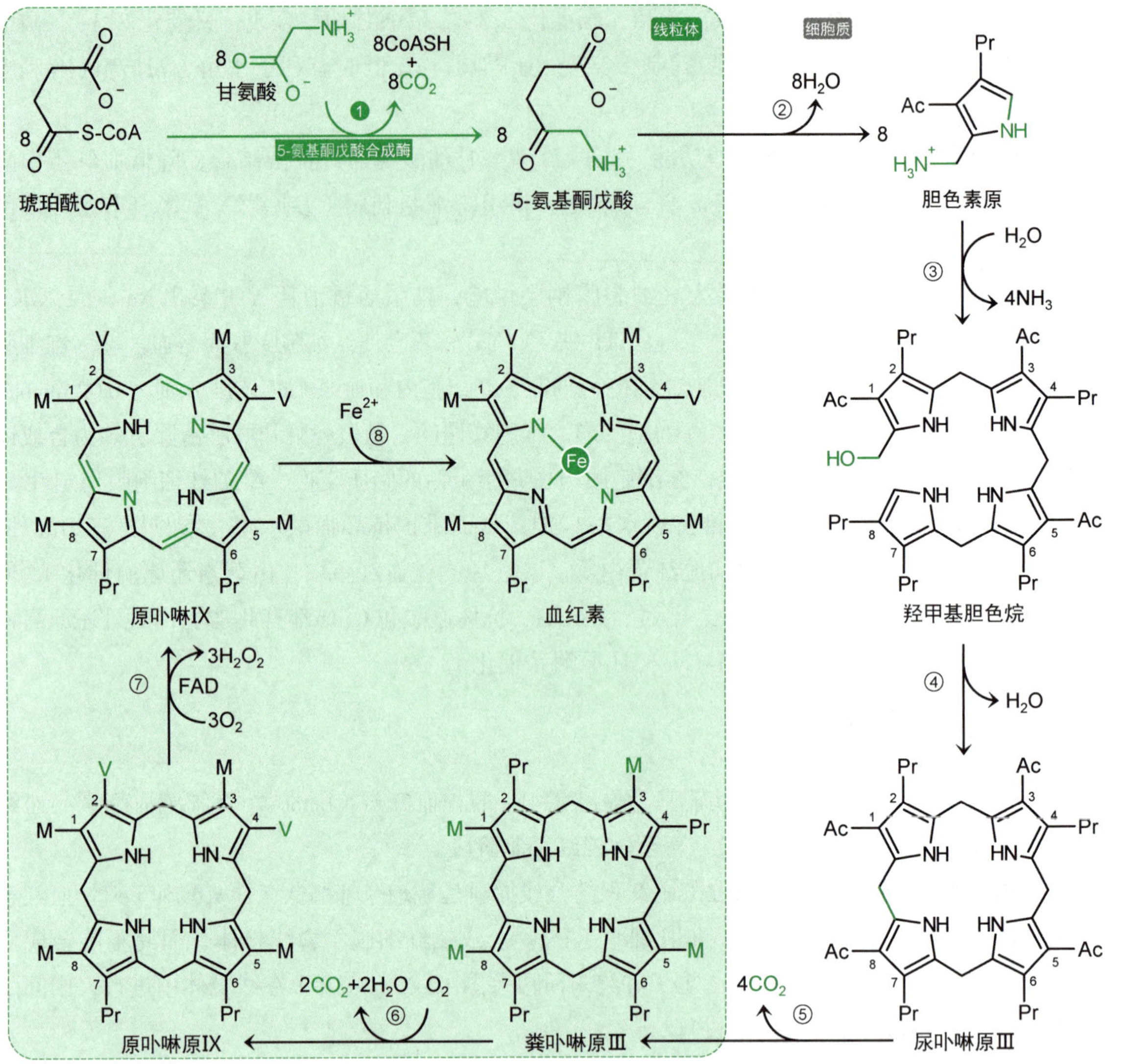

Pr：丙酸基；Ac：乙酸基；M：甲基；V：乙烯基；①5-氨基酮戊酸合成酶；②胆色素原合酶；③胆色素原脱氨酶；④尿卟啉原Ⅲ合成酶；⑤尿卟啉原脱羧酶；⑥粪卟啉原Ⅲ氧化酶；⑦原卟啉原氧化酶；⑧亚铁螯合酶

图 12-3　血红素合成

催化，该酶以 FAD 为辅基。

（8）原卟啉Ⅸ与 Fe^{2+} 螯合成血红素，反应由亚铁螯合酶（又称血红素合成酶）催化。该酶以［2Fe-2S］型铁硫簇为辅基，可被 NO 抑制，因而其铁硫簇起 NO 传感器（NO sensor）作用。

骨髓有核红细胞血红素合成后由血红素转运蛋白 FLVCR1 转出线粒体，与珠蛋白结合并聚合成血红蛋白，在机体其他细胞中则形成其他血红素蛋白。

3. 血红素合成调节　5- 氨基酮戊酸合成酶有 ALAS1、ALAS2 两种同工酶，ALAS2 仅存在于有核红细胞，ALAS1 分布广泛。机体通过控制同工酶的合成和降解速度调节血红素合成。

（1）5- 氨基酮戊酸合成酶蛋白合成调节：①代谢物调节：鹅去氧胆酸通过激活胆汁酸受体 FXR 诱导 ALAS1 基因表达。②产物调节：血红素抑制 ALAS1 基因表达，机制是通过激活阻遏蛋白抑制转录，此外还抑制酶蛋白的合成和运输。③外来化合物调节：如苯巴比妥诱导表达细胞色素 P450（以血红素为辅基），消耗血红素，从而间接诱导 5- 氨基酮戊酸合成酶基因表达，促进血红素合成，进而促进细胞色素 P450 合成，加快这些外源性物质的生物转化作用（参见第十三章）。

④激素调节：肝脏和肾脏合成红细胞生成素，缺氧时释放入血，运到骨髓诱导 ALAS2 基因表达，促进血红素和血红蛋白合成及有核红细胞成熟。肾功能严重受损，肾分泌红细胞生成素不足，常会造成肾性贫血。

（2）5-氨基酮戊酸合成酶蛋白降解调节：正常状态下 ALAS1、ALAS2 的 Pro576、Pro520 被羟化，进而介导泛素化-蛋白酶体途径将其降解。缺氧时 Pro576、Pro520 羟化不足，ALAS1、ALAS2 降解减慢，水平增加。

第四节　白细胞代谢

与红细胞相比，白细胞（leukocytes，white blood cells）为有核血细胞，是血液循环中的过客，24 小时内进入其他结缔组织或淋巴组织，发挥防御和免疫作用。白细胞主要功能是监控并抵抗病原体感染，修复损伤组织。

白细胞进行组织化学染色后镜下观察可见两类由溶酶体特化形成的颗粒（granules）：初级颗粒和次级颗粒。初级颗粒（primary granules）又称非特殊颗粒（nonspecific granules）、嗜天青颗粒，见于所有白细胞。次级颗粒（secondary granules）又称特殊颗粒（specific granules），仅见于部分白细胞，这类细胞称为有粒白细胞，简称粒细胞。不含次级颗粒的称为无粒白细胞。

粒细胞包括中性粒细胞（50%~70%）、嗜酸性粒细胞（1%~4%）和嗜碱性粒细胞（0.5%~1%），所含的次级颗粒分别称为中性颗粒、嗜酸性颗粒和嗜碱性颗粒。

无粒白细胞包括淋巴细胞（20%~40%）和单核细胞（2%~8%）。其中单核细胞进入组织后分化为巨噬细胞。

白细胞中的中性粒细胞、嗜酸性粒细胞、单核细胞属于吞噬细胞（phagocyte）。

一、嗜天青颗粒

初级颗粒又称非特殊颗粒，是指血细胞的一类特殊溶酶体，见于各种白细胞，在血小板称为 α 颗粒（α granules），可与天青 B 结合显色，故又称嗜天青颗粒（azurophilic granules）。

天青B　　　　　　伊红Y　　　　　　苏木素

拓展阅读 12-3：天青 B

嗜天青颗粒染色后呈浅紫色，是白细胞生成时最早形成的颗粒，富含于中性粒细胞，占其总颗粒的 20%。嗜天青颗粒主要成分是髓过氧化物酶、溶菌酶、防御素、多种酸性水解酶、中性蛋白酶。其功能是参与杀灭病原体，消化吞噬物，包括中性粒细胞吞噬的细菌和异物、嗜酸性粒细胞吞噬的抗原抗体复合物等。

二、中性颗粒

中性粒细胞特殊颗粒简称中性颗粒（neutrophilic granules），是次级颗粒的一种，染色后呈淡粉色，在中性粒细胞中含量最多，占其总颗粒的80%。中性颗粒主要成分是防御素、溶菌酶、胶原酶（包括明胶酶）、乳铁蛋白、纤溶酶原激活物、组胺酶、碱性磷酸酶。中性颗粒功能是参与杀灭细菌，消化吞噬物。

细菌感染时，中性粒细胞在感染部位吞噬细菌，内化形成吞噬体（phagosome）。中性颗粒与之融合，注入颗粒成分。中性颗粒膜质子泵向吞噬体泵入质子，酸化吞噬体。嗜天青颗粒与吞噬体融合，注入颗粒成分。中性颗粒成分和嗜天青颗粒成分联合作用，杀死和消化细菌，使感染部位恢复正常微环境状态。

杀菌机制：中性粒细胞吞噬细菌15~60秒后开始大量氧化NADPH，产生超氧阴离子和过氧化氢等活性氧，导致耗氧量激增，故称为呼吸爆发（respiratory burst）、氧化爆发（oxidative burst）、氧爆发（oxygen burst）。消耗的NADPH来自磷酸戊糖途径，故呼吸爆发还大量消耗葡萄糖。

1. **NADPH氧化酶2** NADPH氧化酶2（NADPH oxidase 2）又称呼吸爆发氧化酶（respiratory-burst oxidase），是一种细胞膜酶，以FAD和血红素b为辅基，催化NADPH氧化产生超氧阴离子：

$$2O_2 + NADPH \rightarrow 2 \cdot O_2^- + NADP^+ + H^+$$

超氧阴离子歧化生成过氧化氢：

$$2 \cdot O_2^- + 2H^+ \rightarrow H_2O_2 + O_2$$

2. **髓过氧化物酶** 在吞噬细胞被激活时，来自嗜天青颗粒的髓过氧化物酶（myeloperoxidase，MPO）以Ca^{2+}、血红素b为辅基，催化过氧化氢和卤离子反应生成次卤酸（X-OH）。

$$X^- + H^+ + H_2O_2 \rightarrow X\text{-}OH + H_2O$$

超氧阴离子、过氧化氢、次卤酸在中性粒细胞内形成强力杀菌系统，杀灭吞噬体中的细菌。

3. **防御素** 防御素（defensin）是一类富含半胱氨酸和精氨酸的碱性肽，含29~33个氨基酸残基。人类基因组编码数十种防御素，见于中性粒细胞和各种上皮细胞。防御素属于固有免疫效应分子，抑制细菌细胞壁合成，抑制病毒感染，诱导促炎细胞因子（又称促炎性细胞因子）合成。

4. **溶菌酶** 溶菌酶（lysozyme）是一种固有免疫效应分子，通过降解细菌细胞壁肽聚糖杀菌。

5. **乳铁蛋白** 乳铁蛋白（lactoferrin）是一种铁结合蛋白、一种固有免疫效应分子，见于血浆、乳汁等细胞外液及中性粒细胞中性颗粒。在细胞外液是铁的运输形式，作为中性颗粒成分参与杀菌，机制是结合Fe^{3+}导致细菌铁缺乏。

超氧阴离子、过氧化氢、次卤酸、防御素、溶菌酶、乳铁蛋白联合作用可杀死大部分细菌，再由溶酶体酶降解。该机制也发生在其他吞噬细胞。

除上述杀菌作用外，中性粒细胞还释放趋化因子类（chemotactic factor）、细胞因子等炎症介质，吸引其他白细胞向感染部位迁移，促进杀菌。

三、嗜酸性颗粒

嗜酸性粒细胞特殊颗粒是次级颗粒的一种，富含碱性蛋白，可与酸性染料伊红Y等结合显色，故这种次级颗粒称为嗜酸性颗粒（eosinophilic granules）。嗜酸性颗粒见于嗜酸性粒细胞、肠上皮潘氏细胞等，在变态反应或寄生虫感染时释放，抑制变态反应或杀灭寄生虫。

拓展阅读 12-4：伊红Y

嗜酸性颗粒染色后呈粉色或红色，其主要成分是一组碱性蛋白，包括主要碱性蛋白（MBP）、嗜酸性粒细胞过氧化物酶（EPO）、嗜酸性粒细胞阳离子蛋白（ECP，RNase 3）、嗜酸性粒细胞衍生神经毒素（EDN，RNase 2）。

1. 嗜酸性粒细胞主要碱性蛋白 嗜酸性粒细胞主要碱性蛋白（eosinophil granule major basic protein，MBP）又称骨髓蛋白多糖（bone marrow proteoglycan），占嗜酸性颗粒总蛋白50%。功能是参与超敏反应和抗寄生虫反应，可刺激嗜碱性粒细胞和肥大细胞分泌含组胺的嗜碱性颗粒，可杀灭蠕虫和细菌。

2. 嗜酸性粒细胞过氧化物酶 嗜酸性粒细胞激活时产生细胞毒性活性氧，与中性粒细胞不同，它的活性氧作用于细胞外基质：嗜酸性粒细胞膜NADPH氧化酶催化产生超氧阴离子，歧化生成过氧化氢。嗜酸性粒细胞过氧化物酶（eosinophil peroxidase，EPO）利用过氧化氢氧化其他底物生成氧化剂，包括次卤酸、酚基自由基。

3. 嗜酸性粒细胞阳离子蛋白 嗜酸性粒细胞阳离子蛋白（eosinophil cationic protein，ECP）即RNase 3，可杀灭蠕虫和细菌。

4. 嗜酸性粒细胞衍生神经毒素 嗜酸性粒细胞衍生神经毒素（eosinophil-derived neurotoxin，EDN）即RNase 2，人体最丰富的一种RNase，具有多种多样的生物活性，可杀灭蠕虫和细菌，可激活树突状细胞合成促炎性趋化因子、细胞因子、生长因子等。

四、嗜碱性颗粒

嗜碱性粒细胞特殊颗粒是次级颗粒的一种，富含肝素等硫酸化糖胺聚糖和组胺等，其中硫酸化糖胺聚糖可与碱性染料苏木素等结合显色，故这种次级颗粒称为嗜碱性颗粒（basophilic granule）。嗜碱性颗粒见于嗜碱性粒细胞、肥大细胞等，在受到抗原或变应原刺激时分泌，调节炎症反应。

拓展阅读 12-5：苏木素

嗜碱性粒细胞和肥大细胞表面有IgE受体–IgE复合物，复合物与导致IgE产生的抗原或变应原结合时，激活嗜碱性粒细胞或肥大细胞，分泌嗜碱性颗粒组胺、肝素、白三烯等活性成分，引起变态反应。

嗜碱性颗粒染色后呈紫色，其主要成分是肝素等硫酸化糖胺聚糖和组胺、趋化因子类、细胞因子、磷脂酶A、脂质炎症介质。

1. 肝素 肝素是一种硫酸化糖胺聚糖类抗凝剂，其主要功能是抑制血栓形成，维护血液循环通畅。

2. 组胺和血清素 其中组胺是组氨酸脱羧产物，一种炎症介质，功能是促使血管通透性增加、平滑肌收缩、血管扩张，从而增加血供、加快白细胞趋化。

拓展阅读 12-6：炎症介质、促炎介质和抗炎介质

3. 丝氨酸蛋白酶 激活各种炎症介质。

4. 趋化因子类 包括嗜酸性粒细胞趋化因子和中性粒细胞趋化因子，功能是吸引嗜酸性粒细胞和中性粒细胞向炎症部位聚集。

拓展阅读 12-7：趋化因子类与趋化因子

5. 细胞因子 由多种细胞合成的一组可溶性蛋白和多肽类信号分子，以白细胞和其他免疫细胞为靶点，广泛调控机体免疫反应和造血功能，并参与炎症、损伤等病理过程。

6. 磷脂酶 A_2 和脂质炎症介质 磷脂酶 A_2 催化细胞膜甘油磷脂水解释放花生四烯酸，用于合成白三烯。脂质炎症介质包括白三烯 C_4、D_4、E_4 和血小板活化因子等。其中白三烯 C_4、D_4、E_4 混合物称为慢反应物质 A（slow reacting substance of anaphylaxis），是超敏反应和炎症反应的重要介质，可使支气管平滑肌收缩。

白三烯 C_4 属于趋化因子类，在炎症或损伤部位随嗜碱性颗粒分泌后，和肝素、组胺协同作用，吸引和激活中性粒细胞、嗜酸性粒细胞，促使其向炎症或损伤部位移动。

白三烯 C_4 合成（图 12-4）：①花生四烯酸合成白三烯 A_4：反应由花生四烯酸-5-脂氧合酶（又称脂加氧酶，arachidonate 5-lipoxygenase，5-LOX，多不饱和脂肪酸-5-脂氧合酶）催化，该酶以 Fe 为辅助因子，被 ATP 变构激活。②白三烯 A_4 合成白三烯 C_4：反应由内质网膜白三烯 C_4 合酶（LTC_4 合酶，leukotriene C_4 synthase）催化，该酶见于嗜酸性粒细胞、嗜碱性粒细胞、肥大细胞、单核细胞、巨噬细胞、内皮细胞、血管平滑肌细胞、血小板等数十种组织细胞。

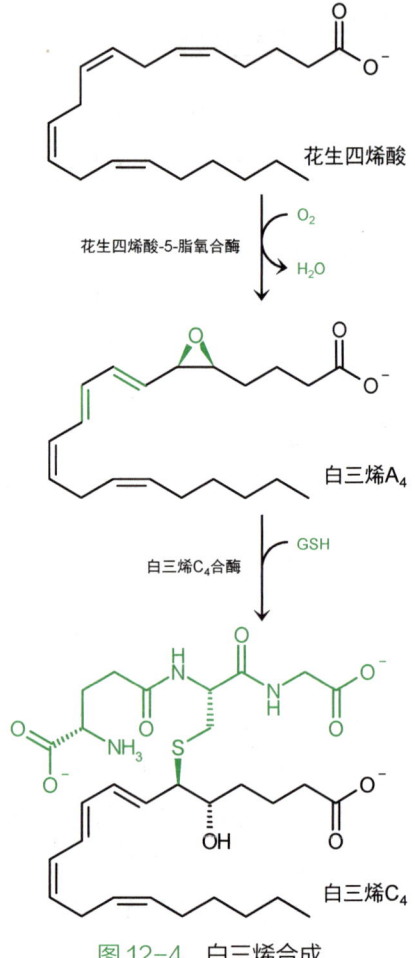

图 12-4 白三烯合成

拓展阅读 12-8：白细胞与心血管疾病

思考题

1. 试述血浆蛋白质的分类和主要功能。
2. 试述血非蛋白氮的来源和去路、临床意义。
3. 试述成熟红细胞代谢特点及其与红细胞功能的关系。
4. 试述琥珀酰辅酶 A 的来源和去路。
5. 综述氮元素的排泄形式及其特点和意义。

（韩 琦）

数字资源详见　新形态教材网

拓展阅读　　自测题　　教学课件

第十三章

生物转化

机体从食物摄入的糖、脂肪、氨基酸是产能营养素，它们可以被完全氧化，终产物 CO_2 和 H_2O 可直接排出体外，NH_3 合成尿素后排出体外；摄入的维生素大部分不能完全氧化，经过有限代谢排出体外；摄入的非营养物质均不能完全氧化，部分经过有限代谢排出体外。机体代谢产生的胆固醇、类固醇激素等也不能完全氧化，部分经过有限代谢排出体外。上述 NH_3 合成尿素后排出体外及其他物质经过有限代谢排出体外的过程称为生物转化（biotransformation）。药物多属于非营养物质，且多数经过有限代谢才能排出体外，也属于生物转化对象。

肝是生物转化的主要组织器官，肺、肾和肠道等其他组织器官也能进行生物转化。

第一节 生物转化总论

生物转化的目的是通过清除转化对象维持机体稳态，防止其在体内积累而造成代谢紊乱、影响生长发育，损害健康甚至危及生命。生物转化的对象包括内源性小分子和外源性小分子。内源性小分子包括类固醇、血红素、氨等。外源性小分子包括维生素、肠道微生物代谢物、食品添加剂、污染物、药物、毒物等。这些小分子水溶性较低，或有细胞毒性，需要转化为不易蓄积而易于排泄的形式。生物转化的化学本质是增加转化对象的极性和水溶性，从而可以用较少的水溶解，随粪便或尿液排出体外。

一、生物转化机制

生物转化通过对转化对象进行化学修饰和令转化对象与极性小分子缩合增加其极性，据此分为第一相反应和第二相反应。

（一）第一相反应

生物转化的第一相反应（phase Ⅰ reaction）包括氧化、还原、水解、脱氨和脱氯化氢等酶促反应。通过第一相反应将底物的非极性基团转化为极性基团，增加其水溶性。

1. 氧化反应 氧化反应是第一相反应中最常见的类型。肝细胞中存在丰富的氧化酶系，包括微粒体氧化酶系和线粒体氧化酶系等。

（1）细胞色素 P450：**细胞色素 P450**（参见第七章）是参与第一相反应的主要氧化酶类，例如 CYP1A1 催化雌酮羟化生成 2、4、6α、15α、16α- 羟雌酮（图 13-1）。

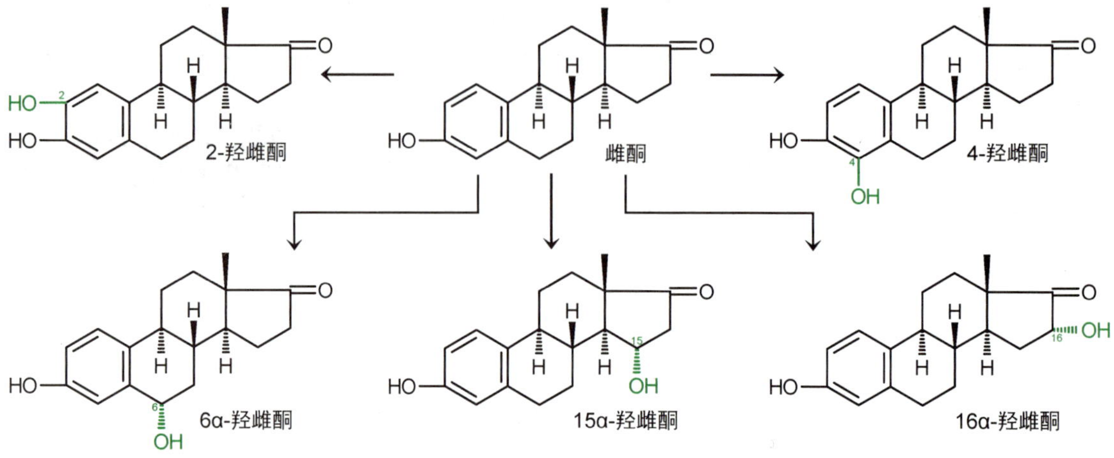

图 13-1 CYP1A1 催化雌酮转化

（2）醇脱氢酶和醛脱氢酶：人类基因组编码 7 种醇脱氢酶和 19 种醛脱氢酶。①**醇脱氢酶**（alcohol dehydrogenase，ADH），均为细胞质酶，以 NAD^+、Zn^{2+} 为辅助因子，催化醇脱氢生成醛，例如醇脱氢酶 1A 催化丙醇氧化生成丙醛：丙醇 + NAD^+ → 丙醛 + NADH + H^+。②**醛脱氢酶**（aldehyde dehydrogenase，ALDH）分布于细胞质、细胞膜、线粒体基质、线粒体内膜、内质网膜、细胞核甚至脂滴，以 NAD^+ 为辅助因子，有的以 $NADP^+$ 为辅助因子，催化醛氧化生成酸，例如醛脱氢酶 1A1 催化丙二醛氧化生成丙二酸半醛：丙二醛 + H_2O + NAD^+ → 丙二酸半醛 + NADH + H^+。

乙醇主要在肝脏代谢，由醇脱氢酶和醛脱氢酶依次催化生成乙醛和乙酸。乙醇超量摄入时，还可激活**微粒体乙醇氧化系统**（microsomal ethanol oxidizing system，MEOS），主要是 CYP2E1-P450R。CYP2E1 对乙醇的 $K_m \approx$ 10 mmol/L，仅在高乙醇浓度时起作用，氧化量占总量的 10%。CYP2E1 受乙醇、高脂膳食、细胞因子等诱导。酗酒者 CYP2E1 增加，催化乙醇脱氢量增加。此外，CYP2E1 可产生过氧化氢、羟自由基、羟乙基自由基、超氧化物阴离子等活性氧，消耗谷胱甘肽等抗氧化剂，导致肝细胞氧化应激。

（3）单胺氧化酶：人类基因组编码两种单胺氧化酶（monoamine oxidase，MAO）同工酶 A、B，均属于以 FAD 为辅基的黄素酶，位于肝细胞线粒体外膜上，功能是催化胺类（包括伯胺、仲胺、叔胺、芳香胺）氧化脱氨，主要底物有胺类神经递质（如 5- 羟色胺和儿茶酚胺）、外来化合物（如腐败产物酪胺和尸胺）。例如：单胺氧化酶 B 催化苯乙胺生成苯乙醛。

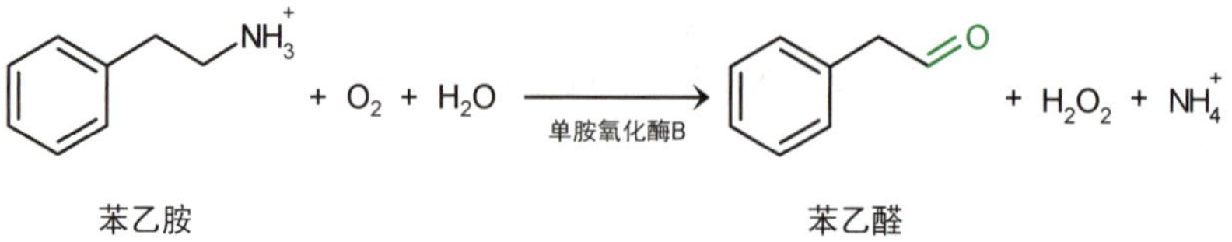

苯乙胺 + O_2 + H_2O —单胺氧化酶B→ 苯乙醛 + H_2O_2 + NH_4^+

帕金森病与多巴胺减少有关，抑郁症与 5- 羟色胺降低有关。单胺氧化酶抑制剂能提升体内多巴胺和 5- 羟色胺的水平，可用于治疗帕金森病和抑郁症。

2. 还原反应 人类基因组可能编码一种偶氮还原酶（azoreductase），可以还原偶氮化合物。百浪多息（prontosil）是一种偶氮化合物，一种磺胺类抗菌药前药，在体内被还原生成对氨基苯磺酰胺，竞争性抑制二氢蝶酸合成酶（参见第五章），是第一种商品化的合成抗菌药物。德国科学家 Gerhard Domagk 因阐明百浪多息抗菌效应而获得 1939 年诺贝尔生理学或医学奖。

$$\text{百浪多息} \xrightarrow[\text{偶氮还原酶}]{4[H]} \text{1,2,4-三氨基苯} + \text{对氨基苯磺酰胺}$$

3. 水解反应 参与生物转化的水解酶主要有存在于肝细胞微粒体和细胞质中的酯酶（esterase）、糖苷酶（glycosidase）、酰胺酶（amidase）和环氧化物水解酶（epoxide hydrolase，EH），分别催化底物中的酯键、糖苷键、酰胺键和环氧化物水解，以降低底物活性或将其灭活。例如：解热镇痛药阿司匹林（乙酰水杨酸）可被酯酶水解而灭活。局部麻醉药普鲁卡因可被酯酶快速水解而灭活，而其衍生物普鲁卡因酰胺被酰胺酶水解缓慢，因此药效持续时间较长。

$$\text{普鲁卡因} + H_2O \xrightarrow{\text{酯酶}} \text{对氨基苯甲酸} + H^+ + \text{二乙氨基乙醇}$$

（二）第二相反应

生物转化的第二相反应（phase Ⅱ reaction）是结合反应（conjugation），底物与极性化合物如葡萄糖醛酸和硫酸等结合而增加水溶性。催化结合反应的酶类存在于肝细胞的微粒体、线粒体和细胞质中，许多含有羟基、氨基或羧基的药物、毒物或激素等都可以发生结合反应，葡萄糖醛酸、硫酸、谷胱甘肽、甘氨酸、牛磺酸、甲基和乙酰基等都是常见的结合基团，其中葡萄糖醛酸应用最为广泛。

1. 葡萄糖醛酸结合反应 又称葡萄糖醛酸化（glucuronidation）。葡萄糖醛酸的供体是 UDP-葡萄糖醛酸（UDP-GlcA），来自糖醛酸途径（参见第八章）。

UDP-葡萄糖醛酸在内质网膜（微粒体膜）UDP-葡萄糖醛酸转移酶（UDP-glucuronosyltransferase，UGT）催化下将葡萄糖醛酸转移到底物分子的羟基、氨基或羧基的亲核原子上，生成相应的葡萄糖醛酸苷（或酯），例如与猪去氧胆酸结合生成猪去氧胆酸葡萄糖醛酸酯。

$$\text{猪去氧胆酸} \xrightarrow[\text{UGT2A1}]{\text{UDP-GlcA} \quad \text{UDP}} \text{猪去氧胆酸葡萄糖醛酸酯}$$

可以结合葡萄糖醛酸的底物包括类固醇激素（如雌酮）、胆红素、胆汁酸、酚、吗啡和苯巴比妥类、氯霉素等。

2. 硫酸结合反应 又称硫酸化（sulfation）。硫酸基的供体是 3′-磷酸腺苷-5′-磷酰硫酸（PAPS），来自含硫氨基酸代谢（参见第十章）。

3′-磷酸腺苷-5′-磷酰硫酸在细胞质、微粒体、细胞核磺基转移酶（sulfotransferase，SULT）的催化下将硫酸基转移到底物分子的羟基或氨基的亲核原子上，生成相应的硫酸酯，例如与多巴胺结合生成 3-硫酸多巴胺和 4-硫酸多巴胺。可以结合硫酸基的底物包括单胺类神经递质（多巴胺、去甲肾上腺素、血清素）、酚类和儿茶酚类药物、胆固醇、类固醇激素、胆汁酸、甲状腺激素等。

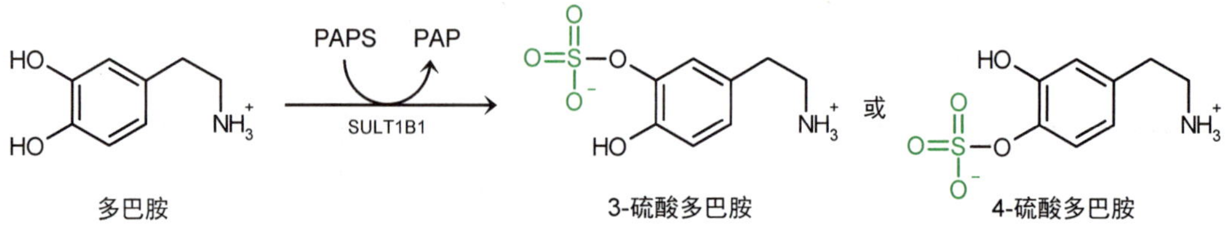

雌酮可通过与硫酸结合形成硫酸酯而灭活，严重肝病患者雌酮不能及时灭活，在体内积累，导致局部小动脉扩张，出现"肝掌"或"蜘蛛痣"。

3. 甘氨酸结合反应 该结合反应转化的主要是胆汁酸及水杨酸、苯甲酸、苯乙酸、异戊酸等某些含羧基的代谢物、药物和毒物。例如：苯甲酸由苯甲酸-辅酶 A 连接酶（benzoate-CoA ligase，又称线粒体脂酰辅酶 A 合成酶）催化活化，生成苯甲酰辅酶 A，再由线粒体甘氨酸-N-酰基转移酶（glycine N-acyltransferase）催化与甘氨酸缩合生成马尿酸。

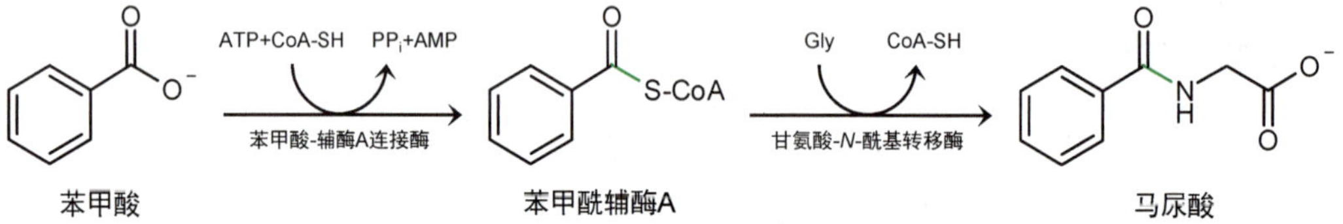

4. 谷胱甘肽结合反应 该结合反应转化的主要是含有亲电中心的化合物如环氧化物和卤代物等。反应由位于细胞质、过氧化物酶体、线粒体、细胞核中的谷胱甘肽 S-转移酶（glutathione S-transferase，GST）催化。例如：黄曲霉毒素 B_1 由 CYP3A4 活化成环氧化物后，由谷胱甘肽 S-转移酶 A3 催化与谷胱甘肽结合灭活（图 13-2）。

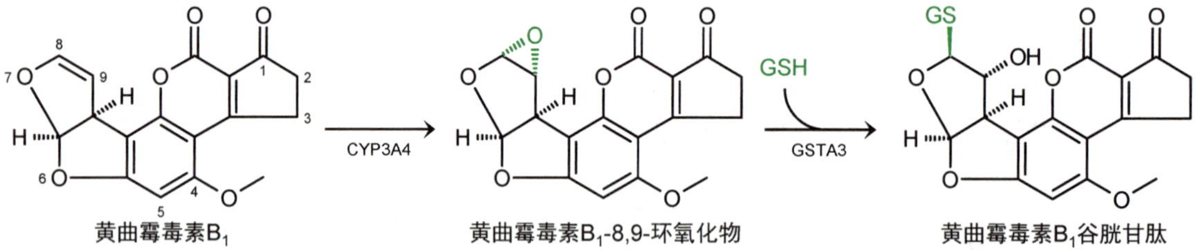

图 13-2 黄曲霉毒素 B_1 转化

5. 甲基结合反应 又称甲基化反应（methylation）。甲基供体是腺苷蛋氨酸（AdoMet），来自蛋氨酸循环（参见第十章）。

腺苷蛋氨酸在特定甲基转移酶（methyltransferase）催化下将甲基转移到底物分子的羟基、巯基或氨基等的亲核原子上。例如：①烟酰胺由肝细胞质烟酰胺 N-甲基转移酶（nicotinamide N-methyltransferase，NNMT）催化甲基化，生成 N-甲基烟酰胺，随尿液排出体外。大量摄入烟酰胺甲基化消耗大量甲基，导致磷脂酰胆碱和胆碱合成障碍。②抗肿瘤药巯嘌呤和硫鸟嘌呤由肝细胞质硫嘌呤甲基转移酶（thiopurine methyltransferase，TPMT）催化甲基化灭活，生成 6-甲基巯嘌呤和 6-甲基硫鸟嘌呤。③儿茶酚胺及多巴类药物由肝细胞质儿茶酚-O-甲基转移酶（catechol-O-methyltransferase，COMT）催化甲基化灭活。

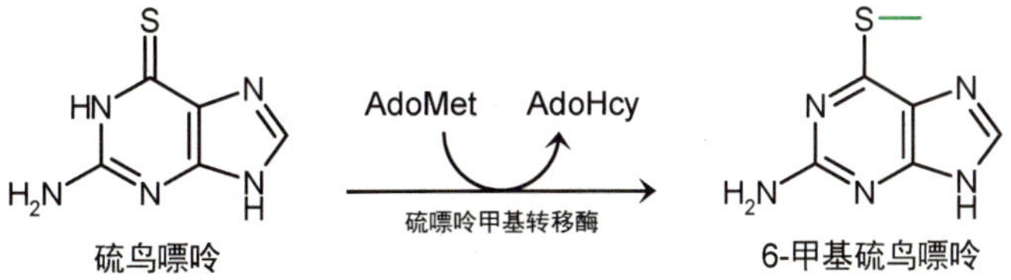

第一节 生物转化总论

硫鸟嘌呤 → 6-甲基硫鸟嘌呤（硫嘌呤甲基转移酶，AdoMet→AdoHcy）

6. 乙酰基结合反应 又称乙酰化反应（acetylation）。肝细胞质芳胺乙酰转移酶2（arylamine acetylase 2，NAT2）催化芳胺类、肼类、杂环胺类药物N-乙酰化，乙酰基供体是乙酰辅酶A。例如抗结核药异烟肼转化（图13-3）。

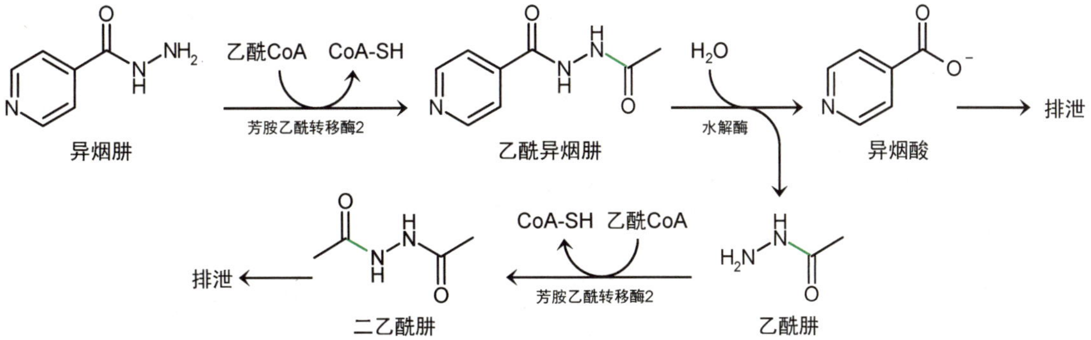

图13-3 异烟肼转化

二、生物转化特点

外来化合物是生物转化的主要对象，与机体代谢没有必然联系，与生物转化酶没有进化关系，因而其具有以下转化特点。

1. 连续性和多样性 非营养物质和营养物质一样，在机体内的代谢过程复杂多样。例如葡萄糖的有氧氧化（参见第八章）、血红素的合成（参见第十二章）、黄曲霉毒素的转化、异烟肼的转化，均要经过多步连续反应才能完成。很多外来化合物并非天然化合物，因而不是酶的天然底物，识别专一性差，可被多种酶识别、结合、代谢，具有代谢多样性。例如：阿司匹林（乙酰水杨酸）水解产物水杨酸既可与葡萄糖醛酸结合，又可与甘氨酸结合，还可继续氧化。苯并芘的转化过程更为典型（图13-4）。

2. 解毒和致毒两重性 外来化合物的摄入不具有规律性、必然性。多数情况下它们作为异物被转化的同时伴随活性降低或灭活，毒性减弱或解毒。但是某些外来化合物经过生物转化后活性增加或活化，毒性增加或致毒。例如：黄曲霉素B_2和苯并芘原形并无致癌活性，都是转化为环氧化物后才能与DNA反应生成加成物，导致DNA损伤，基因突变，细胞癌变。

三、生物转化影响因素

生物转化作用受遗传多态性、年龄、性别、营养状况、疾病、药物和食物等多种因素的影响。

1. 遗传多态性 遗传变异导致生物转化酶的结构或合成量产生个体差异。遗传变异导致的转化酶活性升高会导致许多药物代谢加快，药效持续时间缩短或药物代谢生成的毒性产物增加；而遗传变异导致的转化酶活性降低则会导致这些药物代谢减慢，药物在体内蓄积。细胞色素P450的多态性是决定药物代谢个体差异的重要遗传因素，可以指导临床合理用药和减少药物不良反应，已成为药物代谢研究的热点。

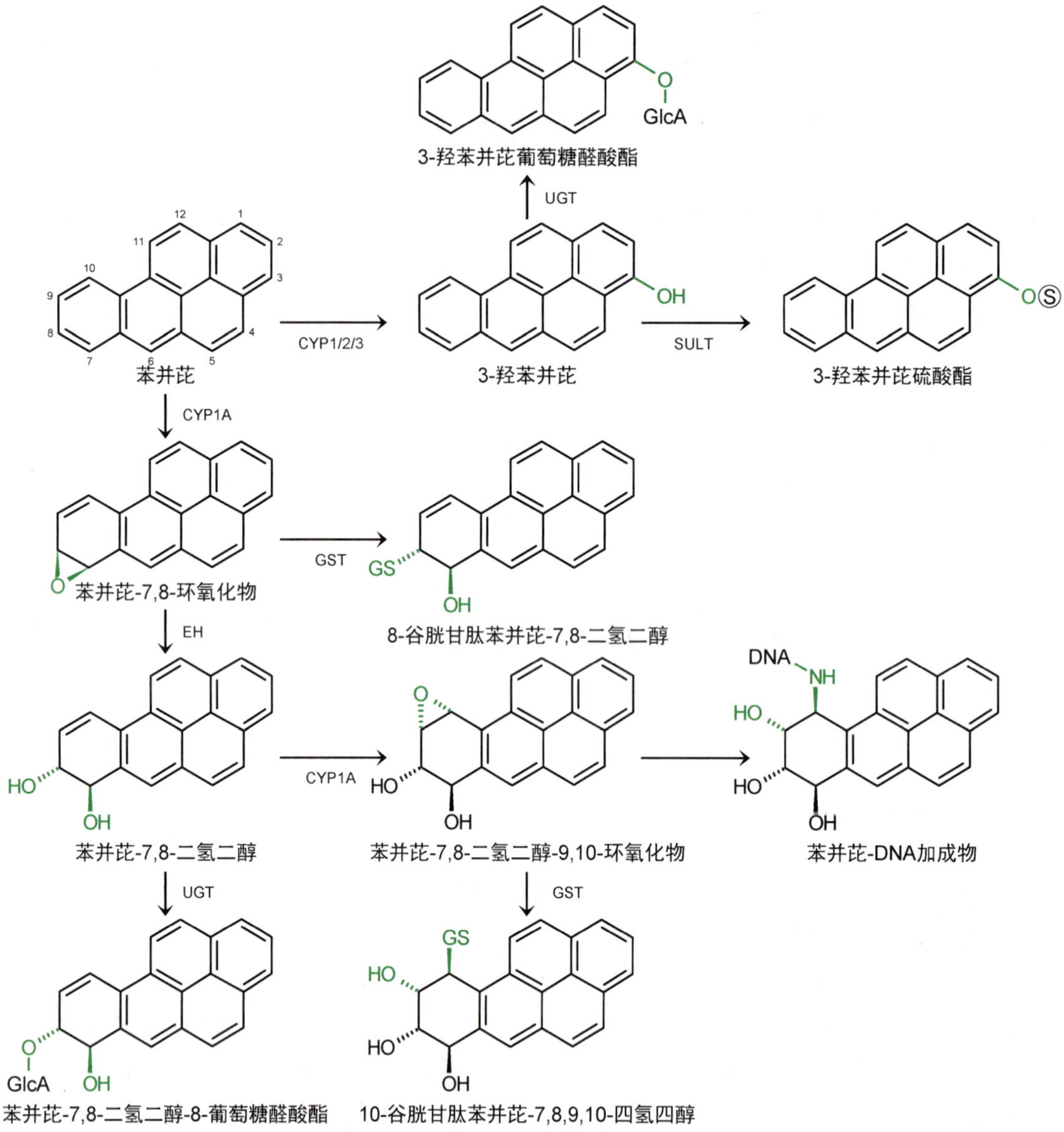

图 13-4 苯并芘转化

2. 年龄 新生儿生物转化酶基因表达效率较低，生物转化能力较弱，容易发生药物或毒物中毒。新生儿 UDP-葡萄糖醛酸转移酶（UGT）活性较弱，在出生 5~6 日后才开始升高，1~3 个月后才接近成人水平，因而其体内胆红素不能及时通过第二相反应转化并排出体外，会引起<u>新生儿高胆红素血症</u>（hyperbilirubinemia of newborn）。此外，90% 的氯霉素在肝细胞通过与葡萄糖醛酸结合而解除药理活性，并随尿液排出体外，因此新生儿也容易发生氯霉素中毒，出现<u>灰婴综合征</u>（gray baby syndrome）。老年人生物转化能力正常，但肾清除率和肝血流量下降，导致药物清除率降低，药物半衰期（drug half-life）延长，易引发药物蓄积而中毒。因此，临床上应严格控制新生儿和老年人的用药剂量。

3. 性别 女性对吡唑啉酮类解热镇痛药（XN02BB）去痛片、安乃近的有效成分氨基比林的转化能力强于男性。

4. 营养 正常蛋白质摄入量可以维护肝功能，维持其生物转化酶活性及生物转化效率。饥饿 7 日会导致肝谷胱甘肽 S-转移酶总量减少，其催化的第二相反应明显减慢。大量饮酒时乙醇在肝内氧化成乙醛和乙酸，这一过程占用 NAD^+，导致糖醛酸途径 UDP- 葡萄糖转化为 UDP- 葡萄糖醛酸减慢，影响葡萄糖醛酸参与的第二相反应。

5. **疾病**　①肝功能受损导致其对药物和毒物等外来化合物的摄取能力下降。②肝实质损伤直接影响其生物转化酶的合成，如严重肝病时细胞色素 P450 和 UDP- 葡萄糖醛酸转移酶的活性降低，导致肝转化能力下降。③肝损伤导致 NADPH 合成减少，影响生物转化第一相反应及第二相谷胱甘肽结合反应。以上影响均易引发药物和毒物蓄积而中毒。因此，肝病患者应谨慎用药。

6. **药物**　许多药物可以诱导生物转化酶的合成，既可加快自身代谢，也会影响其他物质的生物转化。苯巴比妥（XN03AA）会诱导 UDP- 葡萄糖醛酸转移酶的合成，促进胆红素转化和排泄，可用于新生儿黄疸和高胆素血症的治疗。但是，苯巴比妥也可诱导肝细胞色素 P450 的合成，导致机体对巴比妥类药物产生耐药性。

第二节　胆汁酸代谢

胆汁（bile）是肝细胞（75%）和毛细胆管细胞（25%）的分泌液。初分泌胆汁澄清、透明，含固体物质较少，呈金黄色，称为肝胆汁（hepatic bile），成人每天分泌量为 800～1 000 mL。肝脏在消化期分泌的肝胆汁直接经胆总管排至十二指肠，参与食物消化；在消化间期分泌的肝胆汁则经肝囊管汇集于胆囊内浓缩储存，其水分和无机盐会被胆囊壁上皮细胞吸收，同时这些细胞也分泌黏蛋白进入胆汁，体积减小至 1/10～1/4 且被酸化，呈暗褐色或棕绿色，称为胆囊胆汁（gall bladder bile）。在消化期，胆囊胆汁经胆总管排至十二指肠，参与食物消化。

除水外，胆汁的主要成分有胆汁酸、胆固醇、磷脂酰胆碱、黏蛋白、无机盐、胆色素及其他生物转化产物。因此，胆汁既是一种消化液，也是一种排泄液。

一、胆汁酸的种类

胆汁酸（bile acid）既可从结构上分为游离胆汁酸和结合胆汁酸（参见第二章），又可从来源上分为初级胆汁酸和次级胆汁酸。

1. **初级胆汁酸**　初级胆汁酸（primary bile acid）是胆固醇在肝细胞内转化生成的胆酸、鹅去氧胆酸等及其与甘氨酸或牛磺酸等结合生成的甘氨胆酸、牛磺胆酸、甘氨鹅去氧胆酸、牛磺鹅去氧胆酸等（图 13-5）。

2. **次级胆汁酸**　次级胆汁酸（secondary bile acid）是胆酸、鹅去氧胆酸经肠道微生物作用脱氧生成的去氧胆酸、石胆酸等及其在肝细胞内与甘氨酸或牛磺酸等结合生成的甘氨去氧胆酸、牛磺去氧胆酸、甘氨石胆酸、牛磺石胆酸等（图 13-6）。

二、胆汁酸的功能

胆汁酸约占胆汁中非水成分总量的 50%，是胆汁中的主要乳化剂。

1. **参与食物脂质消化吸收**　胆汁酸是体内重要的乳化剂（参见第二章）或表面活性剂，能将食物脂质乳化成直径大于 100 nm 的乳滴，促进脂质消化；能将消化产物乳化成直径 3～6 nm 的胶束，促进其吸收（参见第九章）。

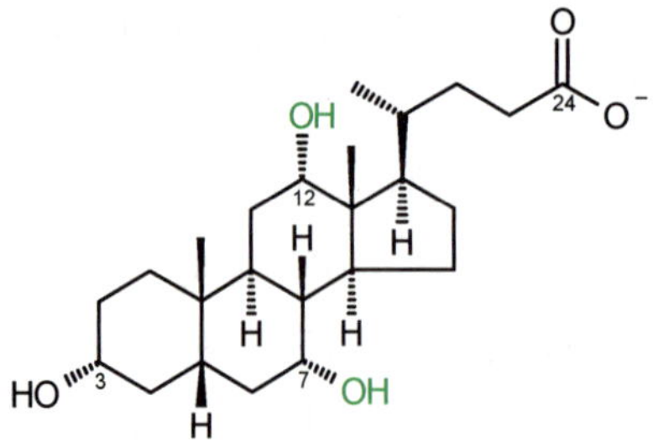

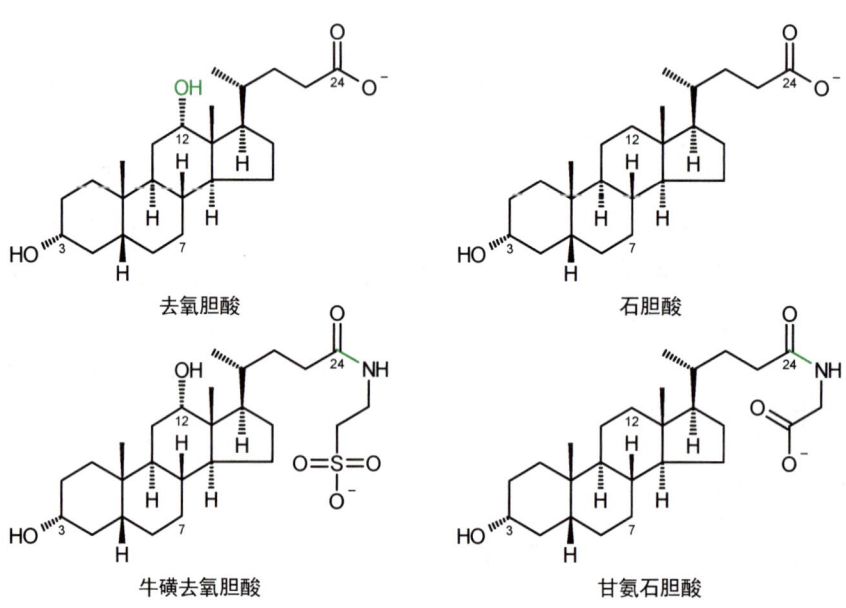

胆酸

鹅去氧胆酸

甘氨胆酸

牛磺鹅去氧胆酸

图 13-5 部分初级胆汁酸

去氧胆酸

石胆酸

牛磺去氧胆酸

甘氨石胆酸

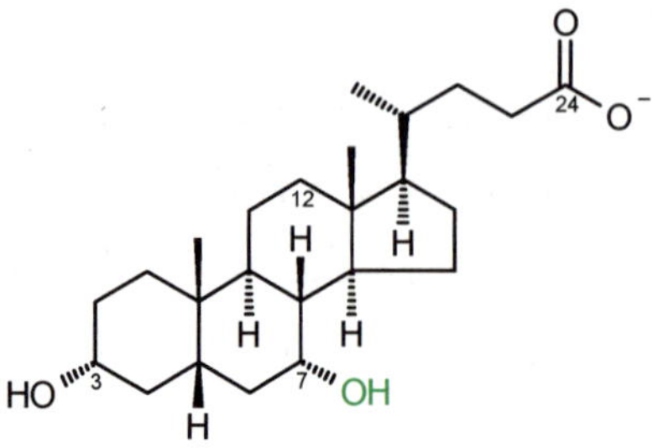

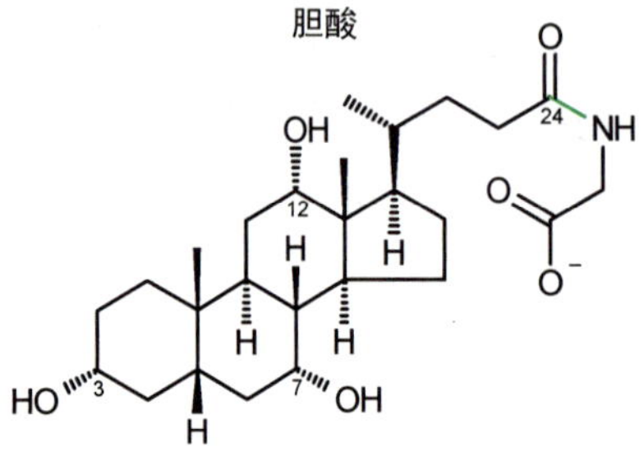

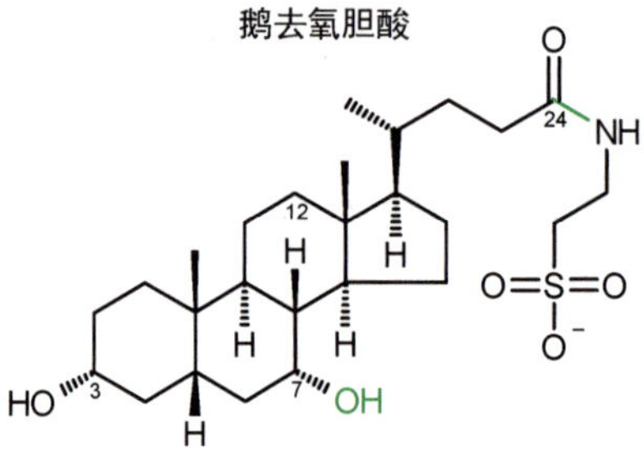

图 13-6 部分次级胆汁酸

2. 抑制胆固醇析出 胆固醇难溶于水。胆汁酸和磷脂酰胆碱能够将胆固醇乳化成胶束，增加其在胆汁中的稳定性，易于随胆汁排出，因此维持胆汁中胆汁酸和磷脂酰胆碱与胆固醇的适当比例对于避免胆固醇析出至关重要。肝脏合成胆汁酸和磷脂酰胆碱减少，肠道重吸收胆汁酸减少，胆汁中胆固醇过多，造成胆汁酸和磷脂酰胆碱与胆固醇的比例下降，会导致胆固醇析出，形成胆结石（gallstone）。

3. 胆固醇重要排泄形式 成人每日排泄 1 g 胆固醇，其中 0.5 g 以原形随粪便排出（参见第十章）。其余 0.5 g 转化为 0.6 g 胆汁酸，随粪便排出。

4. 利胆剂 胆汁酸可刺激肝细胞分泌胆汁，临床上常用作利胆剂，如熊去氧胆酸（XA05A）。

三、胆汁酸代谢与肠肝循环

胆汁酸代谢包括其合成、转化、排泄和重吸收过程。

1. 初级游离胆汁酸合成　初级游离胆汁酸包括胆酸和鹅去氧胆酸，是在肝实质细胞中以胆固醇为原料合成的。①胆固醇发生 7α- 羟化反应，生成 7α- 羟胆固醇。反应由胆固醇 7α- 羟化酶催化，该酶以 NADPH 为辅助因子。②7α- 羟胆固醇发生脱氢、异构反应，生成 7- 羟基 -4- 胆甾烯 -3- 酮，为鹅去氧胆酸前体。反应由 3β- 羟基类固醇脱氢酶 7 催化，该酶以 NAD^+ 为辅助因子。③多数 7- 羟基 -4- 胆甾烯 -3- 酮发生 12α- 羟化反应，生成 7,12- 二羟基 -4- 胆甾烯 -3- 酮，为胆酸前体。反应由固醇 12α- 羟化酶催化，该酶以 NADPH 为辅助因子。④7- 羟基 -4- 胆甾烯 -3- 酮和 7,12- 二羟基 -4- 胆甾烯 -3- 酮经过 ω 氧化、β 氧化、3- 酮还原等 11 步酶促反应，分别生成 24 碳的鹅去氧胆酰辅酶 A 和胆酰辅酶 A，反应由同一组酶催化。⑤鹅去氧胆酰辅酶 A 和胆酰辅酶 A 水解成鹅去氧胆酸和胆酸（图 13-7）。

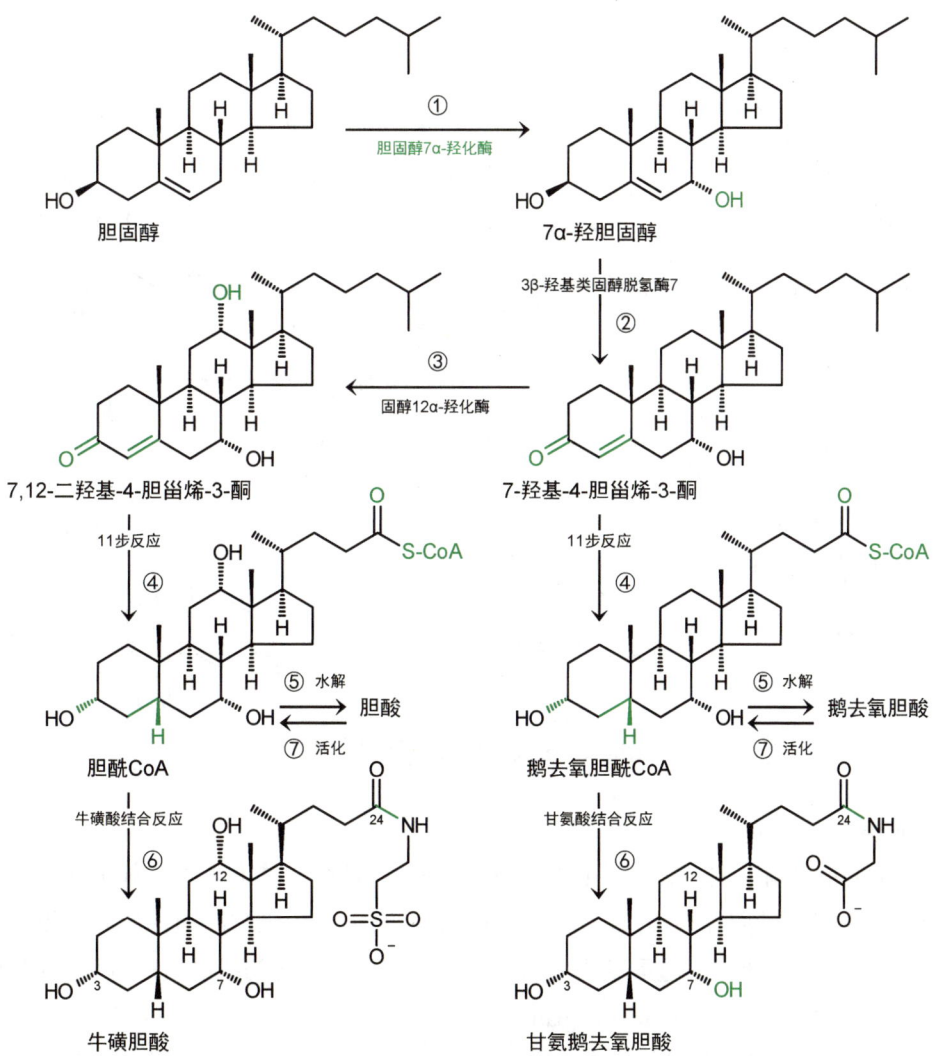

图 13-7　初级胆汁酸合成

胆固醇 7α- 羟化酶（CYP7A1）是控制胆汁酸合成的关键酶（参见第九章）。

2. 结合胆汁酸合成　①初级游离胆汁酸合成过程中生成的中间产物胆酰辅酶 A 和鹅脱氧胆酰辅酶 A 可直接与甘氨酸（或牛磺酸）缩合（酰胺化反应，amidation），分别生成甘氨胆酸和甘氨鹅去氧胆酸（或牛磺胆酸和牛磺鹅去氧胆酸）等初级结合胆汁酸（图 13-7⑥）。②合成或重吸收的胆酸和鹅去氧胆酸，可以由肝细胞膜胆汁酰辅酶 A 合成酶（bile acyl-CoA synthetase，BACS；

又称长链脂肪酸转运蛋白5，long-chain fatty acid transport protein 5，FATP-5）催化生成相应的胆汁酰辅酶A（图13-7⑦），再与甘氨酸或牛磺酸结合生成相应的初级结合胆汁酸。次级游离胆汁酸合成结合胆汁酸机制同此。③95%以上的游离胆汁酸会与甘氨酸、牛磺酸合成结合胆汁酸。少量游离胆汁酸与硫酸、葡萄糖醛酸等结合，生成相应的结合胆汁酸。

3. 次级游离胆汁酸合成 结合胆汁酸通过胆盐输出泵（ABCB11等）泵出至胆小管，随胆汁排入肠道，参与食物脂质消化吸收。在回肠和结肠，肠道微生物将部分结合胆汁酸水解成游离胆汁酸，并进一步将其中的部分初级游离胆汁酸转化为各种次级游离胆汁酸，例如胆酸7α-去羟基化生成去氧胆酸；鹅去氧胆酸7α-去羟基化生成石胆酸，7α-羟基差向异构（7α→7β）生成<u>熊去氧胆酸</u>（ursodeoxycholic acid，UDCA），7α-羟基变位（7α→6α）生成<u>猪去氧胆酸</u>（hyodeoxycholic acid，HDCA）（图13-8）。

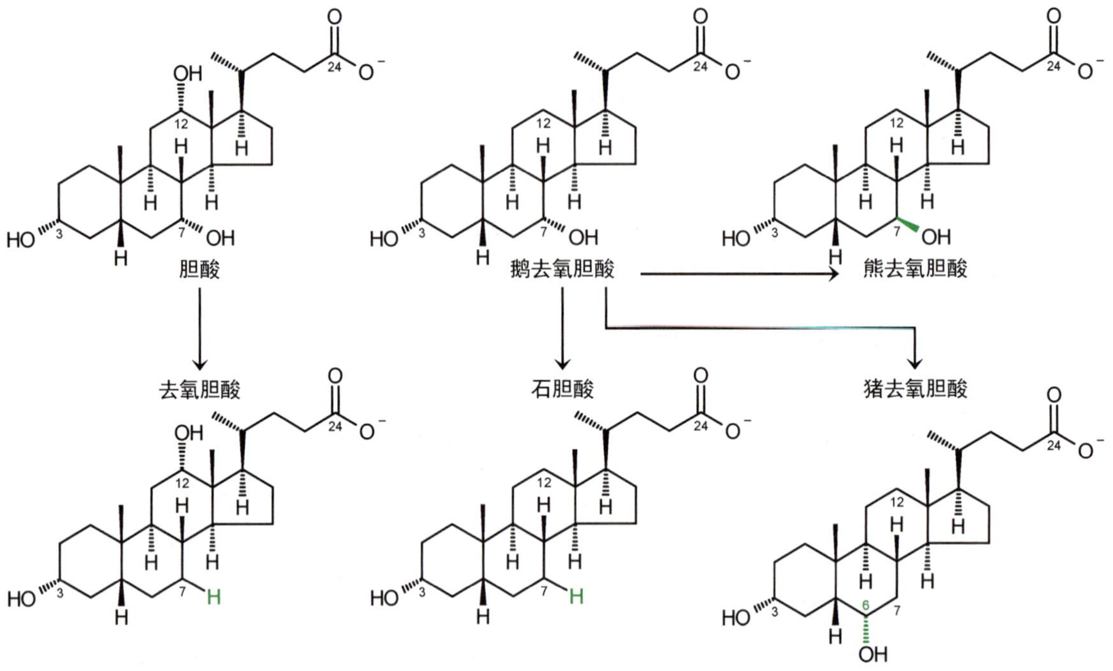

图13-8 次级游离胆汁酸合成

拓展阅读 13-1： 熊去氧胆酸和猪去氧胆酸

4. 胆汁酸肠肝循环 排入肠道中的胆汁酸有95%~99%会被重吸收，其余随粪便排出（主要是石胆酸）。重吸收的胆汁酸经过门静脉回到肝脏，其中的初级游离胆汁酸和次级游离胆汁酸会再次转化为结合胆汁酸，并随重吸收的结合胆汁酸和新合成的初级结合胆汁酸一起排入肠道。这一过程称为<u>胆汁酸肠肝循环</u>（enterohepatic circulation of bile acids）（图13-9）。关于胆汁酸的重吸收机制，位于回肠顶端膜的钠胆汁酸协同转运蛋白（SLC10A2）以主动转运机制介导游离胆汁酸和结合胆汁酸重吸收（参见第九章），其他部位可能存在被动重吸收。

胆汁酸肠肝循环能够使有限的胆汁酸得到重复利用。成人体内有胆汁酸3~5 g，每天重吸收量12~36 g，因此每天要进行4~12次肠肝循环。降胆固醇药物消胆胺（cholestyramine）是一种阴离子交换树脂，在肠道中可与胆汁酸结合，随粪便排出体外，导致胆汁酸排泄量增加，重吸收量减少，肝中胆汁酸量减少，胆固醇转化为胆汁酸量增加，血胆固醇减少。

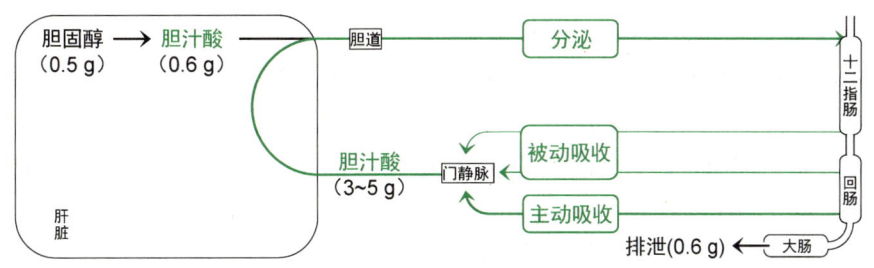

图 13-9 胆汁酸肠肝循环

5. 胆汁酸代谢调节 ①胆汁酸合成受胆固醇和胆汁酸调节。高胆固醇一方面抑制胆固醇合成途径的关键酶——HMG-CoA 还原酶基因的表达，另一方面诱导胆固醇 7α- 羟化酶基因的表达。高胆汁酸同时抑制两种酶基因的表达。②胆汁酸合成受激素调节。甲状腺激素促进胆固醇 7α- 羟化酶基因的表达，故甲状腺功能亢进患者胆固醇转化增加，血胆固醇减少，反之甲状腺功能低下患者胆固醇转化减少，血胆固醇增加。生长激素和糖皮质激素也能促进胆固醇 7α- 羟化酶基因的表达。③胆汁酸合成受氧化胆固醇调节。氧化胆固醇与氧化型胆固醇受体（又称肝 X 受体，liver X receptor，LXR）结合，致使其与类视黄醇 X 受体（RXR）结合成二聚体，激活胆固醇 7α- 羟化酶基因的表达。④胆汁酸调节机制是激活胆汁酸受体。胆汁酸受体（bile acid receptor）又称法尼醇 X 受体（farnesoid X receptor，FXR），被视为细胞内胆汁酸水平的传感器，与胆汁酸结合后作为转录因子下调胆固醇 7α- 羟化酶基因的表达，从而抑制胆汁酸合成。⑤次级胆汁酸是肠道微生物作用产物，肠道菌群状态会影响胆汁酸种类和合成量的变化。

第三节 胆色素代谢

胆色素（bile pigment）包括胆绿素、胆红素、胆素原和胆素，是血红素生物转化的主要产物。血红素是血红素蛋白的特征性辅基。血红素转化为胆色素排出体外的过程称为胆色素代谢（bile pigment metabolism），肝脏是胆色素代谢的核心器官。

一、未结合胆红素生成

生成胆红素的血红素主要来自单核吞噬细胞系统吞噬消化的衰老红细胞，占血红素转化量的 65%~85%，少量来自无效造血过程被清除的异常红细胞，来自其他血红素蛋白的极少。

正常情况下成人每日清除红细胞释放 6~7 g 血红蛋白，含铁 20~25 mg。血红蛋白被分解为血红素和珠蛋白。珠蛋白被组织蛋白降解系统水解成氨基酸，汇入氨基酸库，血红素则在单核吞噬细胞系统（mononuclear phagocyte system，MPS）中转化为胆红素。胆红素释放入血，与血浆白蛋白结合运到肝脏。在这一阶段血红素只发生第一相氧化还原反应，产物胆红素被称为未结合胆红素（unconjugated bilirubin）。

拓展阅读 13-2：单核吞噬细胞系统

1. 血红素氧化 生成绿色的胆绿素（biliverdin），释放 CO 和 Fe^{2+}。反应由内质网膜血红素加氧酶（heme oxygenase，HO，活性中心位于胞质面）催化。该酶与 P450 还原酶（P450R）组成血红素加氧酶系。P450 还原酶把 NADPH 的电子通过 FAD、FMN 传递给血红素加氧酶，与其共同催化血红素氧化成胆绿素（图 13-10 ①）。

Fe^{2+} 由细胞膜膜铁转运蛋白转出，被基底侧膜亚铁氧化酶氧化成 Fe^{3+}，与转铁蛋白结合形成复合物，成为血清铁（参见第六章）。

2. 胆红素生成 胆绿素还原生成橙黄色的胆红素（bilirubin）。反应由细胞质胆绿素还原酶 A（biliverdin reductase A，BVR A）催化。该酶以 Zn^{2+}、NADH 或 NADPH 为辅助因子（图 13-10 ②）。

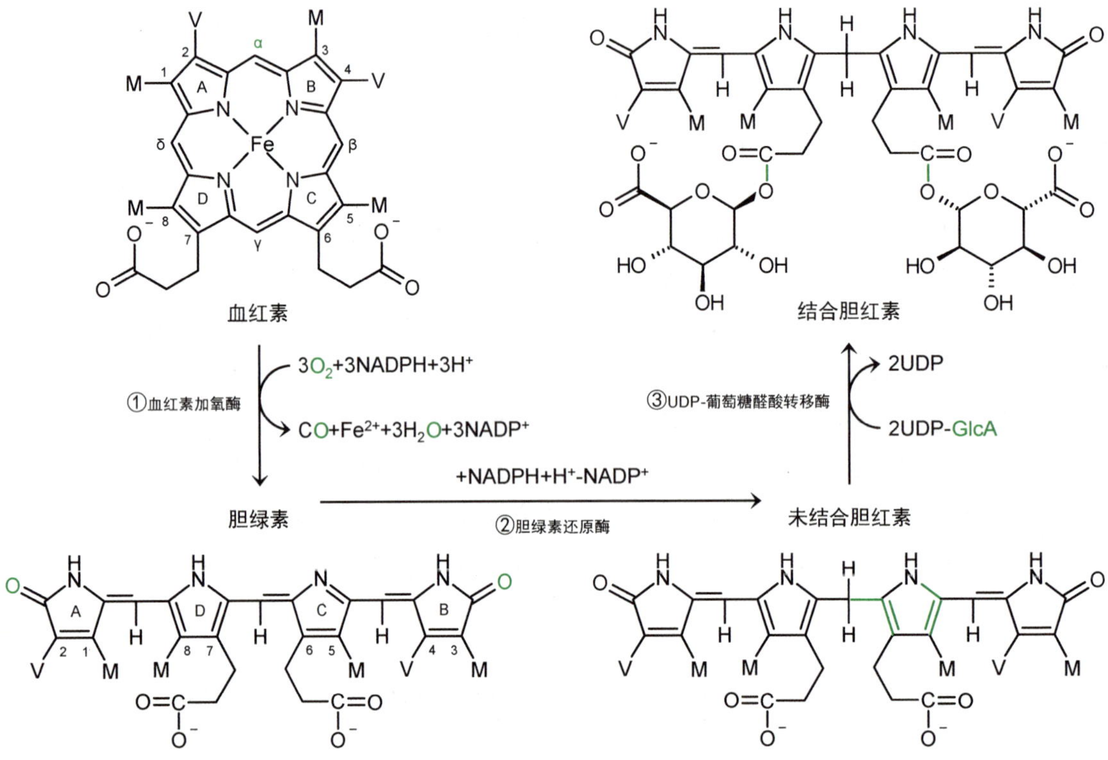

图 13-10 胆红素生成

二、未结合胆红素运输

未结合胆红素因协同效应而形成 6 个分子内氢键（图 13-11），因而与水少形成 12 个氢键，因此整个分子亲脂疏水，可通过被动扩散离开细胞，进入血浆，由白蛋白结合运输。

三、肝细胞胆红素代谢

未结合胆红素被肝细胞摄取，通过第二相反应转化为结合胆红素（conjugated bilirubin），随胆汁排入肠道。

1. 未结合胆红素摄取 在肝血窦，未结合胆红素被肝细胞迅速摄取（机制有待阐明），与细胞质谷胱甘肽 S- 转移酶 A1（GSTA1，曾称 Y 蛋白）结合（结合化学计量比 1∶1），以免其离开细胞。一种脂肪酸结合蛋白（曾称 Z 蛋白）可

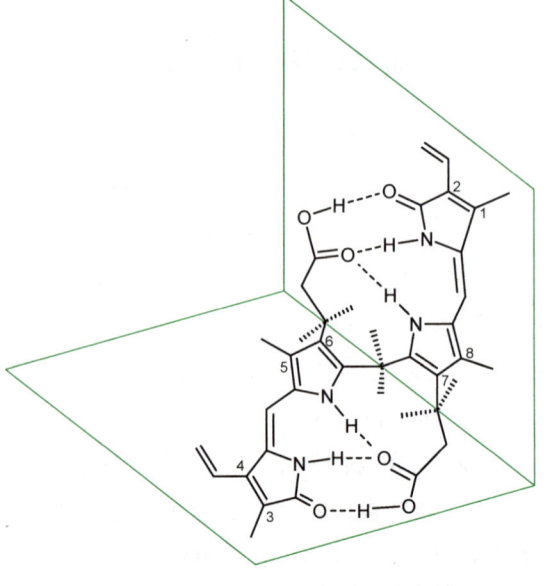

图 13-11 未结合胆红素分子内氢键

能也参与结合。

2. 未结合胆红素转化 在滑面内质网胞质面，未结合胆红素与 UDP- 葡萄糖醛酸等缩合，生成胆红素葡萄糖醛酸二酯（占 80%）和胆红素葡萄糖醛酸一酯（占 18%）等结合胆红素。反应由内质网膜 UDP- 葡萄糖醛酸转移酶 1A1（UGT1A1，活性中心位于胞质面）等催化（图 13-10③）。

结合胆红素亲水疏脂，不能通过被动扩散进出细胞，故不会对其他组织细胞产生毒性。

胆红素可以与重氮试剂反应生成紫红色偶氮胆红素。结合胆红素不需要处理，可直接反应显色，故又称直接胆红素（direct bilirubin）；未结合胆红素不能直接反应，需要先用甲醇破坏其分子内氢键，才能反应显色，故又称间接胆红素（indirect bilirubin）。

结合胆红素与未结合胆红素的性质差异见表 13-1。

表 13-1 结合胆红素与未结合胆红素一览

性质	结合胆红素	未结合胆红素
其他名称	直接胆红素	间接胆红素
是否与葡糖醛酸结合	是	否
水溶性	大	小
脂溶性	小	大
透过细胞膜能力及毒性	小	大
能否通过肾小球滤过随尿排出	能	不能
与重氮试剂的反应	快，直接	慢，间接

3. 结合胆红素分泌 结合胆红素通过主动转运泵入毛细胆管，由肝细胞顶端膜多药耐药蛋白 2（multidrug resistance-associated protein 2，MRP2，又称 ABC 转运蛋白 C2，ATP-binding cassette sub-family C member 2，ABCC2，微管多特异性有机阴离子转运蛋白 1，canalicular multispecific organic anion transporter 1，CMOAT1）介导。胆红素分泌发生障碍时，易导致结合胆红素返流入血，血胆红素升高。苯巴比妥等药物能够诱导 MRP2 基因表达，促进胆红素排泄。

四、胆红素肝外过程

结合胆红素随胆汁排入肠道，在回肠和结肠被肠道微生物水解成未结合胆红素，进而依次被还原成尿胆素原（urobilinogen，又称 D 尿胆素原，临床多称尿胆原）、中胆素原（mesobilinogen，又称 I 尿胆素原）和粪胆素原（stercobilinogen，又称 L 尿胆素原，临床多称粪胆原），合称胆素原（bilinogen）。

80%~90% 胆素原（特别是粪胆素原）会随粪便排出体外，自发氧化成褐色的尿胆素、中胆素和粪胆素，合称胆素（bilin），成为粪便的主要色素成分。正常成人每天通过粪便排出 40~280 mg 胆素原，胆道完全梗阻患者结合胆红素不能排入肠道，粪便缺乏胆素，呈灰白色，临床上称为白陶土样便（acholic stool）。

其余胆素原（10%~20%，特别是尿胆素原）被重吸收，经门静脉到达肝脏，其中 90% 被肝细胞摄取，并以原形随胆汁再入肠道，形成胆素原肠肝循环（bilinogen enterohepatic circulation）（图 13-12）。其余部分进入体循环，经肾脏随尿液排出体外（故得名），自发氧化成尿胆素，成为尿液的主要色素成分。正常人每天随尿液排出 0.5~4.0 mg 尿胆素原。尿液中的胆素原、胆素和胆红素在临床上合称尿三胆，是鉴别黄疸类型的重要指标。

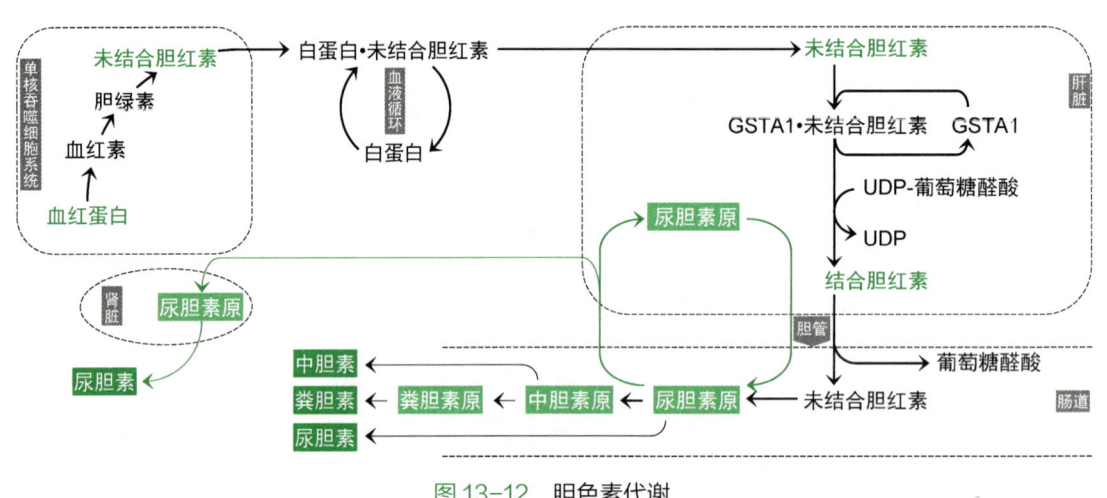

图 13-12 胆色素代谢

五、胆红素代谢异常

正常人肝脏每日能清除 3 000 mg 以上的未结合胆红素，人体单核吞噬细胞系统每日降解衰老红细胞仅产生 250~350 mg 未结合胆红素，因此血胆红素很少，仅为 0~26 μmol/L，且 80%~95% 是未结合胆红素，均与血浆白蛋白结合。

未结合胆红素亲脂疏水，可以透出血管进入组织细胞。与白蛋白结合既便于运输，又避免离开血液循环，进入组织细胞，产生毒副作用。

各种因素造成胆红素生成过多，转化或排泄障碍，都可能导致血中胆红素过高，称为高胆红素血症（hyperbilirubinemia），进而引起一系列临床综合征，包括巩膜、皮肤、黏膜及体液、尿液等发生黄染，称为黄疸（jaundice）（表 13-2）。

1. 溶血性黄疸 溶血性黄疸（hemolytic jaundice）是体内红细胞破坏过多，产生过量胆红素，超出肝脏摄取、转化和排泄的能力，导致血浆未结合胆红素增加。特征是：血清未结合胆

表 13-2 黄疸血、尿、粪指标一览

指标	正常	溶血性黄疸	肝细胞性黄疸	梗阻性黄疸
血清总胆红素	2~12 mg/L	>12 mg/L	>12 mg/L	>12 mg/L
血清结合胆红素	0~4 mg/L	正常或微增	中度升高	明显升高
血清未结合胆红素	2~8 mg/L	明显升高	中度升高	不变或微增
尿胆红素	阴性	阴性	阳性	强阳性
尿胆原	0~4 mg/d	明显升高	增加或减少	减少
尿胆素	少量	明显升高	增加或减少	减少
粪胆原	40~280 mg/d	明显升高	减少或正常	减少
粪便颜色	棕黄色	加深	变浅或正常	完全阻塞时白陶土色

红素显著升高；尿胆红素阴性，尿胆原和尿胆素增加；粪胆原和粪胆素增加，粪便颜色加深。引起溶血性黄疸的因素有很多，如药物因素、自身免疫反应（输血不当）及疾病因素（蚕豆病等）。

2. 肝细胞性黄疸 肝细胞性黄疸（hepatocellular jaundice）是肝功能严重受损，导致对胆红素的摄取、转化和排泄能力下降。特征是：血清未结合胆红素升高，血清结合胆红素升高；尿胆红素阳性，尿胆原增加或减少（胆小管严重阻塞时）；粪胆原减少或正常。引起肝细胞性黄疸的因素有肝硬化、肝炎、肝肿瘤和中毒等。

3. 梗阻性黄疸 梗阻性黄疸又称阻塞性黄疸（obstructive jaundice），是胆道系统阻塞，胆汁排泄受阻，毛细胆管内压力过高而破裂，导致结合胆红素返流入血，在血液中含量明显升高。特征是：血清结合胆红素明显升高；尿胆红素呈强阳性，尿胆原和尿胆素减少；粪胆原和粪胆素减少，粪便颜色变浅，胆道系统完全阻塞患者会出现白陶土样便。引起梗阻性黄疸的因素有胆管炎、胰头癌、胆结石和先天性胆道闭锁等。

血中未结合胆红素如果过高或其他因素导致其不能全部与白蛋白等结合，则会进入脑部基底核神经细胞，与脂质结合，干扰脑功能，引起中枢神经系统毒性反应综合征，称为胆红素脑病（bilirubin encephalopathy）或核黄疸（kernicterus）。除大脑基底核、丘脑底核、苍白球等神经核被黄染外，大脑皮质、脑膜和血管内膜等处也会波及。胆红素脑病绝大多数发生于新生儿，多由新生儿溶血病（hemolytic disease of newborn）引起，黄疸、贫血程度严重者易发，治疗效果欠佳，容易遗留智力低下、手足徐动、听觉障碍、抽搐等后遗症。

拓展阅读 13-3： 新生儿溶血病

某些有机酸（如脂肪酸和胆汁酸）和阴离子药物（如磺胺类、水杨酸）会与胆红素竞争结合白蛋白，导致未结合胆红素游离而引起上述毒副作用。因此，黄疸期新生儿或有黄疸倾向患者慎用以上药物。

新生儿出生 7 周后谷胱甘肽 S- 转移酶 A1 才能达到正常水平。苯巴比妥能够诱导其合成，因此临床上可用于治疗新生儿黄疸（neonatal jaundice）。

第四节 药物代谢

药物体内过程（fate of drug）是指药物在人体内经历的吸收、分布、生物转化和排泄过程。其中吸收、分布和排泄是一个改变药物组织定位的物理过程，其核心内容是药物的跨膜转运，转运方式有自由扩散、易化扩散和主动转运等；药物代谢（drug metabolism）是药物作为外来化合物在体内进行的生物转化过程。药物在靶组织达到适当浓度、产生预期效应，既取决于用药剂量和给药途径，又取决于药物体内过程。因此，药物代谢研究非常重要，可以指导用药剂量和给药时间，是药物开发的重要环节。

一、药物代谢意义

药物代谢一方面可活化前药和灭活药物，另一方面促进药物排泄，防止其在体内积累引起不良反应。

1. 改变药理活性 ①药物灭活：多数药物经过代谢转化后药理活性降低或丧失，其药效持续时间取决于生物转化酶对药物的灭活效率。②前药活化：如卡培他滨和替加氟作为前药需活化成氟尿嘧啶核苷（参见第十一章）。③药物致毒：有些药物在代谢转化过程中会产生对机体有毒的物质，如酰基苯胺类解热镇痛药（XN02BB）对乙酰氨基酚在药物代谢过程中有95%与葡萄糖醛酸和硫酸结合排泄，5%通过CYP2E1代谢生成 N-乙酰-对苯醌亚胺并与谷胱甘肽结合而排泄。如果用药过量或谷胱甘肽不足，造成 N-乙酰-对苯醌亚胺积累，与蛋白质等的亲核基团发生反应，可导致肾小管坏死、低血糖昏迷、血小板减少，甚至肝坏死和肝功能衰竭。

2. 改变理化性质 大多数药物为非电解质或弱电解质，属于脂溶性化合物，水溶性差，在血液中多与血浆蛋白结合，不易通过肾小球滤过从尿液排出。药物代谢可以在其结构中引入极性基团甚至可电离基团，增加其极性和水溶性，促进其排泄而抑制其重吸收，如苄非他明、氨基比林和吗啡的代谢转化。

二、药物代谢部位

肝脏是药物代谢的主要器官，此外还有肠、肾、肺和皮肤。值得一提的是，肠道菌群表达某些特别的药物代谢酶类，影响药物代谢。

拓展阅读13-4：肠道菌群与药物代谢

三、药物代谢机制

药物代谢属于生物转化，也包括第一相和第二相反应。催化药物代谢导致其化学结构改变的生物转化酶又称药物代谢酶（drug metabolizing enzyme，DME），既可以分为一相酶（phase I enzyme）和二相酶（phase II enzyme），又可以分为非专一性酶和专一性酶。

1. 非专一性酶 又称非特异性酶，所代谢的药物种类广泛。例如：细胞色素P450是已知底物最广泛的药物代谢酶，催化50%以上的药物代谢。

2. 专一性酶 又称特异性酶，所代谢的药物种类较少。如单胺氧化酶、胆碱酯酶。

四、药物代谢影响因素

影响生物转化的因素也影响药物代谢。不同药物可能与同一种药物代谢酶有不同的代谢关系，它们可能是酶的底物、激活剂、抑制剂、诱导物、阻遏物。一旦联用，可能影响转化或影响清除，从而影响药效，甚至发生不良反应。

例如：①HMG-CoA 还原酶抑制剂类（XC10AA）单方调节血脂药（XC10A）辛伐他汀是肝 CYP3A4 的底物，主要被其催化灭活清除。三唑类衍生物类全身用抗真菌药伊曲康唑（XJ02AC）是 CYP3A4 的抑制剂。两者联用导致辛伐他汀灭活减慢，在血液中积累，会引起肌肉疼痛甚至发生横纹肌溶解等不良反应。②抗凝药物华法林是 CYP2C9 的底物，80%~85% 被其催化灭活清除。利福平是 CYP2C9 的诱导物，两者联用会导致华法林灭活加快，削弱其抗凝效力。因此，探讨药物代谢的影响因素对于安全用药和合理用药具有指导意义。

思考题

1. 在生活中，我们常常看到有些药物的说明书中标注肝功能不全者慎用或禁用，请根据本章内容加以解释。
2. 如何理解生物转化的特点？
3. 为什么回肠切除术后的患者更易患胆固醇结石？
4. 某患者皮肤巩膜黄染，粪便呈白陶土样，试分析该患者可能属于哪种黄疸体征，尿三胆有何变化，并加以解释。
5. 为什么使用头孢类药物期间服用藿香正气水可能导致双硫仑样反应？
6. 综述 NADPH 参与的代谢及其意义。
7. 如何看待外来化合物的吸收？

（彭雁飞　康　宁）

数字资源详见　新形态教材网

　拓展阅读　　自测题　　教学课件

第十四章

DNA 生物合成

中心法则（central dogma）是英国学者 F. Crick 提出的阐明生物体内遗传信息传递方向的分子生物学基本法则。即遗传信息从 DNA 传递给 RNA，再传递给蛋白质。DNA 和 RNA 之间遗传信息的传递是双向的，而遗传信息只是单向地从 RNA 传递给蛋白质。DNA 的两个基本属性是自我复制和基因表达。几十年来，分子生物学的迅速发展不断发展和丰富中心法则，主要有 RNA 复制和逆转录，以及 DNA、RNA、组蛋白修饰等（图 14-1）。

图 14-1 遗传信息传递的中心法则

DNA 的合成方式主要有两种：一种是亲代基因组 DNA 指导合成子代 DNA，被称为 DNA 复制；另一种是逆转录病毒基因组 RNA 指导合成前病毒 DNA，被称为逆转录。DNA 是双链分子，但其复制是由单链 DNA 指导进行的。双链 DNA 如何解离成单链？复制如何启动和调控？为保证物种的遗传稳定性，DNA 复制必须准确无误，如何实现？DNA 损伤是不可避免的，如何修复？这是本章的主要内容。

第一节 DNA 复制基本特征

现已阐明，在绝大多数生物体内，DNA 复制的基本特征是相同的。即双链 DNA 的半保留复制、子代 DNA 合成的半不连续性、特定复制起点启动的双向复制。

一、半保留复制

半保留复制是 DNA 复制最重要的特征。DNA 复制时，亲代 DNA 双链解开，成为两股单链，各自作为模板，按照碱基配对原则合成其新的互补链，称为新生链，最终得到两个子代双链 DNA。每一个子代双链 DNA 都有一股链来自亲代 DNA，另一股链是新生链，DNA 的这种复制方式称为半保留复制（semiconservative replication）。

DNA复制有全保留式、半保留式、混合式三种可能方式（图14-2①）。1953年，J. Watson和F. Crick在提出DNA双螺旋模型时即推测DNA复制方式可能是半保留式，并由M. Meselson和F. Stahl于1958年研究证实。

M. Meselson和F. Stahl用以$^{15}NH_4Cl$为氮源的培养基（重培养基）连续培养大肠杆菌若干代，得到DNA全被标记为^{15}N-DNA的亲代菌，之后改用以$^{14}NH_4Cl$为氮源的培养基（轻培养基）培养得到子一代、子二代、子三代菌。各代菌取样分离DNA，用氯化铯密度梯度离心分析。结果发现，亲代DNA和子一代DNA均只有一条DNA区带，但子一代区带（$^{15}N/^{14}N$-DNA）位置高于亲代区带（^{15}N-DNA）。子二代和子三代均有两条DNA区带，其中一条的位置与子一代对应（$^{15}N/^{14}N$-DNA），另一条处在更高位（^{14}N-DNA）；子二代$^{15}N/^{14}N$-DNA区带和^{14}N-DNA区带密度比为1∶1，子三代$^{15}N/^{14}N$-DNA区带和^{14}N-DNA区带密度比为1∶3，研究结果符合半保留复制方式（图14-2②）。

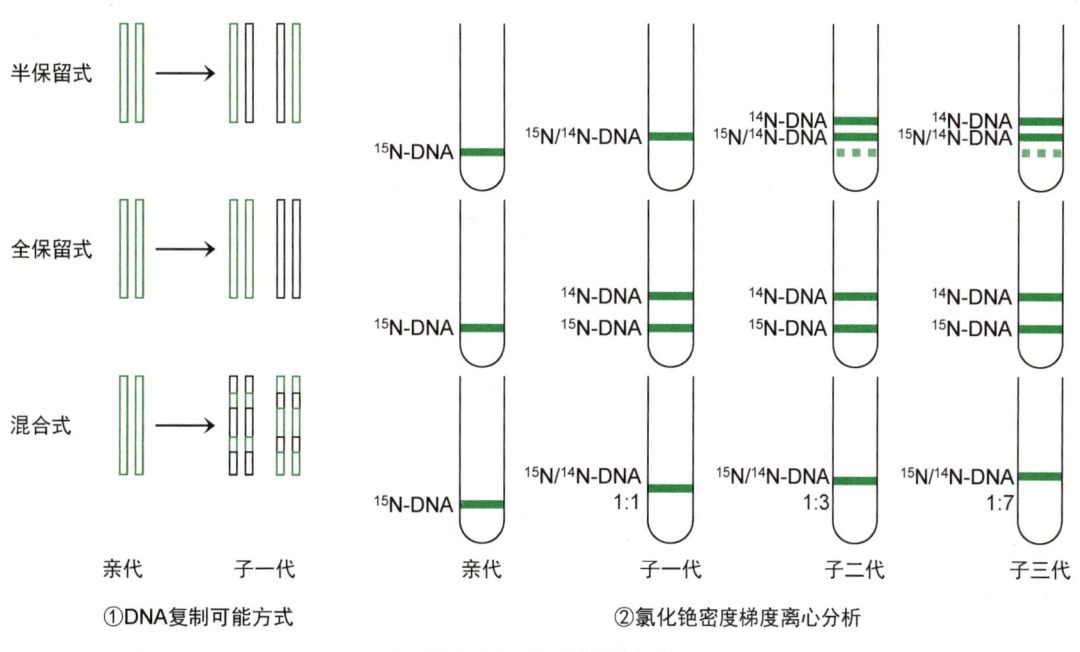

图14-2 DNA复制方式

半保留复制使子代DNA和亲代DNA的碱基序列一致，忠实拷贝了亲代DNA的全部遗传信息，体现了遗传的保守性和稳定性。

二、双向复制

DNA复制从**复制起点**（origin，ori）开始，向两翼解链，按相反方向推移完成复制，称为**双向复制**（bidirectional replication）。复制过程中亲代DNA与子代DNA形成Y形连接，称为**复制叉**（replication fork）。电镜分析复制起点两翼的两个复制叉（上游复制叉和下游复制叉）形成眼形结构，称为**复制眼**（replication eye）、**复制泡**（replication bubble）（图14-3）。

DNA分子中由一个复制起点启动复制的全部DNA序列称为一个**复制子**（replicon）。质粒、细菌染色体和噬菌体等通常只有一个复制起点，因而其DNA分子就是一个复制子；真核生物和大多数古菌的基因组DNA有多个复制起点，因而含有多个复制子（图14-3）。

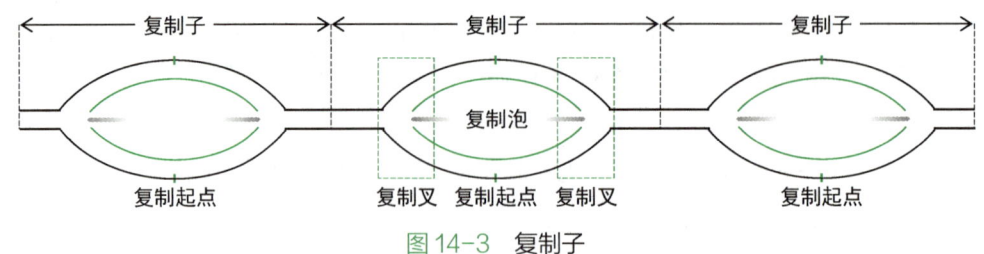

图 14-3 复制子

三、半不连续复制

在 DNA 复制过程中，DNA 聚合酶催化脱氧核苷酸聚合的方向均为 5′→3′，即脱氧核苷酸加接在新生链的 3′ 端，而 DNA 的两股链是反向互补的，因此同一复制叉的两股新生链中只有一股链的合成方向与解链方向相同，是连续合成的，称为前导链（leading strand）。另一股的合成方向与解链方向相反，是分段合成的，称为后随链（lagging strand）。分段合成的后随链片段称为冈崎片段（Okazaki fragments）。DNA 复制过程中，前导链连续合成，后随链不连续合成。这一特征称为 DNA 的半不连续复制（semidiscontinuous replication）（图 14-4）。

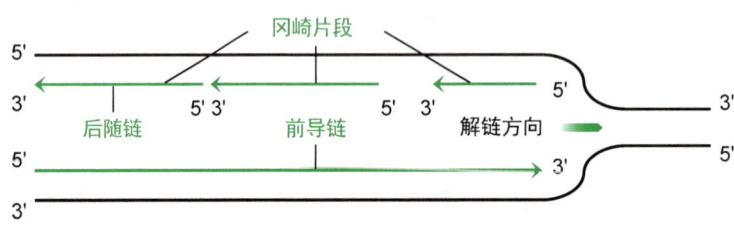

图 14-4 DNA 半不连续复制

第二节 大肠杆菌 DNA 复制

无论是原核生物还是真核生物，其 DNA、RNA、蛋白质的合成体系庞大，合成机制复杂。原核生物特别是大肠杆菌基因组结构相对简单，DNA 合成体系、复制过程也相对简单，最早成为研究对象。

一、大肠杆菌 DNA 合成体系

大肠杆菌（*Escherichia coli*，*E. coli*）是一种原核生物，作为模式生物（model organism）广泛应用于研究 DNA、RNA 和蛋白质合成等。大肠杆菌 DNA 合成体系是指催化和协助催化 DNA 合成的 30 多种酶和其他蛋白质，主要有 DNA 聚合酶、DNA 解链、解旋酶类、引物酶和 DNA 连接酶等。

（一）DNA 聚合酶

原核生物和真核生物基因组均编码一组 DNA 聚合酶（DNA polymerase），又称 DNA 复制酶（DNA replicase）、DNA 依赖的 DNA 聚合酶（DNA-dependent DNA polymerase）、DNA 指导的 DNA 聚合酶（DNA-directed DNA polymerase），它们或为多功能酶，或为含多功能亚基的多亚基酶、多

酶复合体。它们催化的反应相同，但功能有分工。

1. DNA 聚合酶活性中心　原核生物和真核生物 DNA 聚合酶含有 5′→3′ 聚合酶活性中心、3′→5′ 外切酶活性中心。有的酶还含有 5′→3′ 外切酶活性中心。

（1）5′→3′ 聚合酶活性中心：催化 DNA 合成反应。

$$5'\ (dNMP)_n\text{-}OH\ 3' + dNTP \xrightarrow[\text{DNA 聚合酶}]{\text{DNA 模板，Mg}^{2+}} 5'\ (dNMP)_n\text{-}dNMP\text{-}OH\ 3' + PP_i$$

DNA 聚合酶催化的合成反应可逆，但因与不可逆的焦磷酸水解反应（由焦磷酸酶催化）偶联，致使其在生理条件下不可逆（参见第八章）。

和其他酶的活性中心相比，DNA 聚合酶 5′→3′ 聚合酶活性中心催化单向聚合反应且依赖模板和引物。①单向性：DNA 按 5′→3′ 方向合成，即 DNA 聚合酶催化的反应是在新生链 3′ 端的 3′- 羟基上加接一磷酸脱氧核苷（dNMP），反应机制是介导 3′- 羟基对三磷酸脱氧核苷（dNTP）的 α- 磷酸基发动亲核攻击，形成 3′,5′- 磷酸二酯键，并释放焦磷酸（图 14-5）。②模板（template）：这里指亲代 DNA 单链，指导 DNA 聚合酶合成其互补链。③引物（primer）：是由引物酶催化合成的一段 RNA，与模板 DNA 形成 RNA-DNA 杂交双链，为 DNA 聚合酶提供 3′- 羟基，启动新生链合成，之后会被切除。

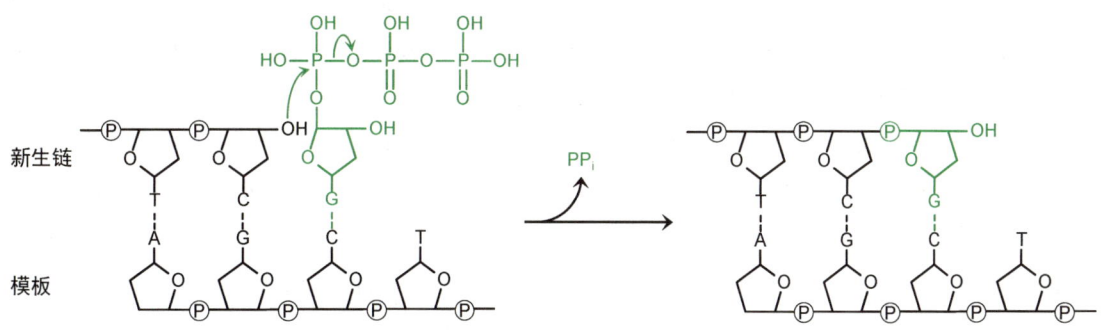

图 14-5　3′,5′- 磷酸二酯键形成机制

DNA 聚合酶催化 DNA 合成的快慢与其持续合成能力有关。持续合成能力又称延伸能力（processivity），这里是指 DNA 聚合酶从与模板结合到离开模板期间催化加接一磷酸脱氧核苷的平均数。通常催化 DNA 修复的 DNA 聚合酶持续合成能力较弱，催化 DNA 复制的 DNA 聚合酶持续合成能力较强。例如：大肠杆菌 DNA 聚合酶 Ⅰ、Ⅲ 分别催化 DNA 修复和 DNA 复制，其持续合成能力分别为 3~200、≥500 000。

（2）3′→5′ 外切酶活性中心：催化水解新生链 3′ 端错配 dNMP。该活性赋予 DNA 聚合酶纠正 DNA 复制过程中发生的碱基错配的能力，即切除错配 dNMP，重新加接正确 dNMP，称为校对（proofreading）。

（3）5′→3′ 外切酶活性中心：催化水解新生链 5′ 端 NMP 或 dNMP。该活性赋予 DNA 聚合酶两种能力：①在 DNA 复制时切除 RNA 引物。②在 DNA 修复时切除损伤片段。

2. 大肠杆菌 DNA 聚合酶　大肠杆菌基因组编码的 5 种 DNA 聚合酶已被阐明。

（1）DNA 聚合酶 Ⅰ：大肠杆菌 DNA 聚合酶 Ⅰ（DNA polymerase Ⅰ，Pol Ⅰ）最早被发现，是一种多功能酶，是唯一含有 DNA 聚合酶、3′→5′ 外切酶、5′→3′ 外切酶全部三个活性中心的 DNA 聚合酶，但其持续合成能力很弱（3~200），催化 DNA 合成的速度很慢（10~20 nt/s），主要功能是凭借其 5′→3′ 外切酶活性中心，在 DNA 复制时切除 RNA 引物，在 DNA 修复时切除损伤片段，同时利用其 5′→3′ 聚合酶活性中心催化合成 DNA 片段填补，催化反应时恰似一个切口（nick）在移动，被称为切口平移（nick translation）（图 14-6）。

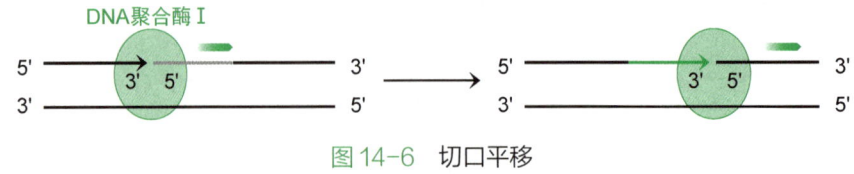

图 14-6 切口平移

DNA 聚合酶 I 的 Thr323-Val324 肽键可被枯草杆菌蛋白酶（subtilisin）水解，得到两部分，较大的部分具有 DNA 聚合酶活性和 3′→5′ 核酸外切酶活性，称为 Klenow 片段（Klenow fragment）。Klenow 片段是分子生物学研究常用的工具酶（图 14-7）。

图 14-7 大肠杆菌 DNA 聚合酶 I 与 Klenow 片段

拓展阅读 14-1： 1959 年诺贝尔生理学或医学奖

（2）DNA 聚合酶 II：大肠杆菌 DNA 聚合酶 II（DNA polymerase II，Pol II）是一种含 7 种亚基的多亚基酶，其中催化亚基含有 DNA 聚合酶、3′→5′ 外切酶两个活性中心。DNA 聚合酶 II 催化 DNA 合成的速度很慢（40 nt/s），主要功能是参与 DNA 修复。

（3）DNA 聚合酶 III：大肠杆菌 DNA 聚合酶 III（DNA polymerase III，Pol III）是一种至少含 10 种亚基的多亚基酶，全酶由核心酶、滑动夹和 γ 复合物组成。①核心酶（core enzyme）：是异三聚体（αεθ），α 亚基含 5′→3′ 聚合酶活性中心，ε 亚基含 3′→5′ 外切酶活性中心，θ 亚基可能起组装作用。②滑动夹（beta sliding clamp）：又称 β 夹子，是同二聚体（$β_2$），可套在模板上，增加核心酶的持续合成能力。③γ 复合物（gamma complex）：又称夹子装载器（clamp loader），是异七聚体，有 $τ_3δδ′ψχ$ 和 $γτ_2δδ′ψχ$ 两种。这些亚基都有 ATPase 活性，通过水解 ATP 协助滑动夹套住模板，组装复制体，其中 δ 亚基的作用是撬开夹子，以套住或脱离模板。此外，三个 τ 亚基 C 端的柔性结构域各自结合一个核心酶（图 14-8）。

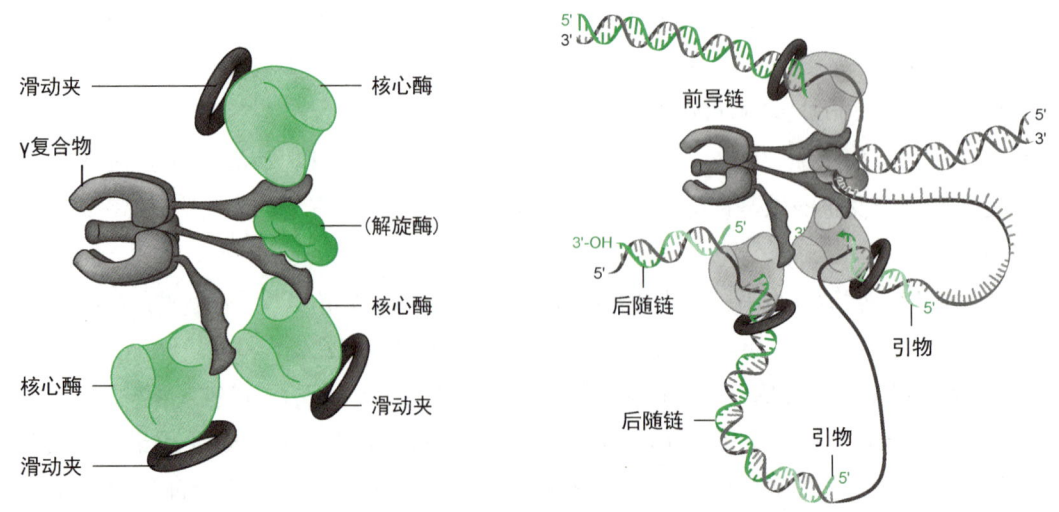

图 14-8 大肠杆菌 DNA 聚合酶 III 与解旋酶及其催化机制

此外，5 种 DNA 聚合酶及错配修复酶 MutS、DNA 连接酶均需要滑动夹。与滑动夹结合的蛋白质多含共有序列 Gln-Leu-[Ser/Asp]-Leu-Phe。

DNA 聚合酶Ⅲ持续合成能力最强（>500 000），催化 DNA 合成的速度最快（200~1 000 nt/s），是催化 DNA 复制合成的主要酶。此外，DNA 聚合酶Ⅲ还参与复制叉修复。

（4）DNA 聚合酶Ⅳ和Ⅴ：大肠杆菌 DNA 聚合酶Ⅳ（DNA polymerase Ⅳ，Pol Ⅳ，又称跨损伤合成 DNA 聚合酶Ⅳ，translesion synthesis polymerase Ⅳ）和 DNA 聚合酶Ⅴ（DNA polymerase Ⅴ，Pol Ⅴ，又称 UmuC 蛋白）发现于 1999 年，它们的持续合成能力很弱（1、6~8），催化 DNA 合成的速度很慢（2~3、1 nt/s），功能是参与一类特殊的 DNA 修复——SOS 修复（见第四节）。

拓展阅读 14-2：DNA 聚合酶Ⅳ和Ⅴ

（二）解链、解旋酶类

DNA 有超螺旋、双螺旋等结构。在复制时，亲代 DNA 需要松弛超螺旋，解离为单链 DNA，暴露碱基序列，才能作为模板，按照碱基配对原则指导合成新的互补链，形成子代 DNA。参与亲代 DNA 解链并将其维持在单链状态的酶和其他蛋白质主要有 DNA 解旋酶、DNA 拓扑异构酶和单链 DNA 结合蛋白。

1. DNA 解旋酶 DNA 解旋酶（DNA helicase）是一类催化 DNA 双螺旋解链的酶。细胞内涉及 DNA 解链的过程都需要 DNA 解旋酶。迄今在大肠杆菌中已经鉴定到解旋酶Ⅱ、Ⅳ、Rep、recG、dinG 和 DnaB 等至少 12 种 DNA 解旋酶，它们解链时均结合于单链模板，有的按 5′→3′方向，有的按 3′→5′方向，有的既可按 3′→5′方向，又可按 5′→3′方向。

参与 DNA 复制的解旋酶主要是 DnaB。DnaB 的活性形式为同六聚体环，可套在后随链的模板上，按 5′→3′方向移动解链，每解开 1 个碱基对消耗 1 分子 ATP。解链过程中会在前方形成正超螺旋和产生扭转张力，由 DNA 拓扑异构酶松弛。

2. DNA 拓扑异构酶 在共价闭合环状 DNA 双螺旋中，两股链相互缠绕的次数称为连环数（linking number，Lk）。有相同一级结构、不同连环数，因而有不同超螺旋状态的 DNA 分子称为拓扑异构体（topoisomer）。DNA 拓扑异构酶（DNA topoisomerase）简称拓扑异构酶，是一类催化 DNA 转酯反应的酶，可催化双螺旋 3′,5′- 磷酸二酯键断开形成切口，消除其扭转张力，从而改变其连环数，松弛其超螺旋，然后重新形成 3′,5′- 磷酸二酯键，封闭切口。

拓展阅读 14-3：拓扑异构酶催化机制

大肠杆菌有四种 DNA 拓扑异构酶，分为Ⅰ型和Ⅱ型，均可松弛正负超螺旋，参与 DNA 的复制、转录、重组及染色质重塑。①Ⅰ型拓扑异构酶：为单体酶，包括拓扑异构酶 1（又称转轴酶，swivelase）和拓扑异构酶 3，通过切断 DNA 双链中的一股链松弛超螺旋，反应过程不消耗 ATP。②Ⅱ型拓扑异构酶：为 A_2B_2 四聚体，包括 DNA 旋转酶（又称 DNA 促旋酶，DNA gyrase）和拓扑异构酶 4，通过同时切断双链 DNA 的两股链松弛超螺旋，反应过程消耗 ATP。DNA 旋转酶还可引入负超螺旋，拓扑异构酶 4 还可以催化染色体分离（连环体分离，图 14-15）。

真核生物细胞核也有四种 DNA 拓扑异构酶，分为Ⅰ型和Ⅱ型，其功能和作用机制分别与大肠杆菌的四种 DNA 拓扑异构酶一致。

3. 单链 DNA 结合蛋白 单链 DNA 结合蛋白（single strand binding protein，SSB）简称单链结合蛋白，活性形式为四聚体，可与单链 DNA 结合，从而稳定解开的 DNA 单链（覆盖约 32 nt），既防止其重新形成双链结构，又抗核酸内切酶降解。参与 DNA 复制、重组、修复。

(三) DNA 引物酶

DNA 复制需要 RNA 引物提供 3'-OH，催化引物合成的酶称为 DNA 引物酶（DNA primase）、DNA 引发酶，简称引物酶、引发酶。大肠杆菌的引物酶是 DnaG，以 Zn^{2+}、Mg^{2+} 为辅助因子，是一种 RNA 聚合酶，但对利福平不敏感（参见第十五章）。游离的 DnaG 没有活性，与解旋酶 DnaB 结合，形成 DnaB-DnaG 复合物而被激活，称为引发体（primosome），可在后随链模板的一定部位（CTG 序列）合成 RNA 引物（pppAG……），合成方向与 DNA 合成方向相同，也是 5'→3' 方向。

(四) DNA 连接酶

DNA 聚合酶催化合成冈崎片段或环状 DNA 时最后会留下切口，需要 DNA 连接酶（DNA ligase）催化切口处的 5'-磷酸基和 3'-羟基缩合，形成 3',5'-磷酸二酯键，从而形成完整的后随链。

DNA 连接酶不能连接游离的单链 DNA，只能连接双链 DNA 中的切口。连接反应由 NAD^+ 供能。相比之下，真核生物和古［细］菌 DNA 连接酶催化的连接反应由 ATP 供能。

大肠杆菌 DNA 连接酶的催化机制是：① DNA 连接酶先与 NAD^+ 反应，形成 DNA 连接酶-AMP（并释放烟酰胺单核苷酸 NMN^+，其中 AMP 的磷酸基与活性中心 Lys115 的 ε-氨基结合），再将 AMP 转移给切口处的 5'-磷酸基，形成 5'-AMP-DNA，将 5'-磷酸基活化。②切口处的 3'-羟基对活化的 5'-磷酸基进行亲核攻击，形成 3',5'-磷酸二酯键，同时释放 AMP（图 14-9）。

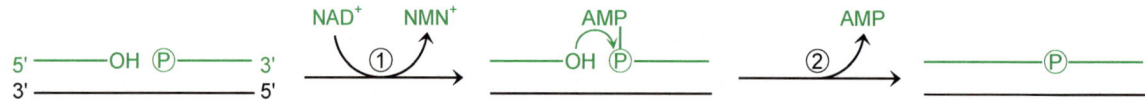

图 14-9 大肠杆菌 DNA 连接酶催化机制

除参与 DNA 复制外，DNA 连接酶还参与 DNA 重组、DNA 修复等，还是分子生物学技术常用的工具酶。

拓展阅读 14-4：3',5'-磷酸二酯键裂合

二、大肠杆菌 DNA 复制过程

复制时 DNA 合成体系在复制叉上组装成一种超分子结构，称为复制体（replisome）、复制复合物（replication complex）（表 14-1），催化 DNA 合成。DNA 合成过程可分为复制起始、复制延伸和复制终止三个阶段。复制体在三个阶段的组成和结构不尽相同。复制起始和复制终止机制复杂。

表 14-1 大肠杆菌 K-12 株复制体组成

酶/蛋白质	亚基数	功能	酶/蛋白质	亚基数	功能
单链 DNA 结合蛋白	4	单链 DNA 保护	DNA 聚合酶 I	1	引物切除，缺口填补
DNA 解旋酶（DnaB 蛋白）	6	DNA 解链	DNA 连接酶	1	冈崎片段连接
引物酶（DnaG 蛋白）	1	引物合成	II 型拓扑异构酶	4	拓扑张力消除
DNA 聚合酶 III	17	DNA 合成			

(一）复制起始

复制起始阶段在复制起点处组装复制体。

1. 复制起点 大肠杆菌的复制起点称为 *oriC*，长 245 bp，至少含两种**保守序列**（conserved sequence，DNA、RNA 或蛋白质一级结构中在进化过程中变化极小的序列）。① DnaA 盒（DnaA box）：又称 R 位点（R site），是 5 段重复的 9 bp 序列（9 bp 基序），**共有序列**（consensus sequence，一组 DNA、RNA 或蛋白质的同源序列所含的共有核苷酸序列或氨基酸序列）为 TTATC[CA]A[CA]A（图 14-10），是复制起始蛋白 DnaA 的识别和结合位点，可募集 DnaA-ATP 和 DnaA-ADP。② DNA 解旋元件（DNA unwinding element，DUE）：是 3 段富含 AT、串联重复的 13 bp 序列，共有序列为 GATCTNTTNTTTT，是起始解链区。

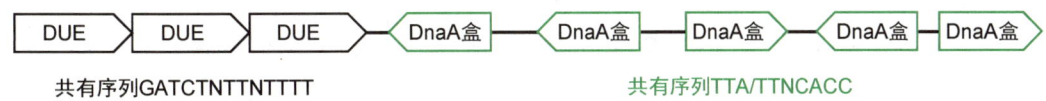

图 14-10 大肠杆菌 DNA 复制起点

2. 起始过程 复制起始阶段至少需要 10 种酶/蛋白质，包括 DnaA 蛋白、DnaB 蛋白、DnaC 蛋白、单链 DNA 结合蛋白、拓扑异构酶、引物酶等。

（1）DNA 解链：**复制起始蛋白 DnaA**（replication initiator protein DnaA）简称 DnaA 蛋白，有 ATPase 活性，其 C 端有一个螺旋-转角-螺旋（HTH），可识别和结合 DnaA 盒。多个 DnaA-ATP 复合物依次结合于复制起点 5 个 DnaA 盒，致使其形成正超螺旋。正超螺旋在 DnaA 盒区两翼产生扭转张力，加之继续有 DnaA-ATP 复合物与 DNA 解旋元件结合，促使 DNA 解旋元件区解链（图 14-11）。

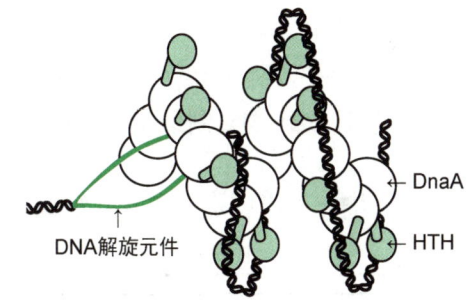

图 14-11 大肠杆菌 DNA 复制起始解链

（2）解旋酶组装：解旋酶 DnaB 与**解旋酶装载器 DnaC**（helicase loader DnaC，简称 DnaC，有 ATPase 活性）结合形成两个开环 $DnaB_6DnaC_6$ 复合物，分别套在 DNA 解旋元件区解开的两股单链上（之后成为后随链模板），导致解旋酶 $DnaB_6$ 闭环，DnaC 释放（消耗 ATP）。

（3）复制叉形成：解旋酶沿着后随链模板 5'→3' 方向移动解链（DnaA 释放），在复制起点两翼形成上游复制叉和下游复制叉。单链区由单链 DNA 结合蛋白结合保护，复制叉前方形成的正超螺旋由拓扑异构酶松弛。

（4）复制体组装：DNA 聚合酶 III 组装于复制叉处，其滑动夹协助激活 DnaA-ATP。DnaA-ATP 水解其 ATP，生成 DnaA-ADP，从复制起点释放。

（二）复制延伸

复制延伸阶段合成前导链和后随链。两股链的合成都由 DNA 聚合酶 III 催化，但合成过程明显不同，参与 DNA 合成的蛋白质也不尽相同。以下游复制叉引物酶 DnaG 为例（图 14-12 右上），它先合成的是上游复制叉前导链引物（图 14-12 中上，引物 1），之后合成的均为下游复制叉后随链引物（图 14-12 上引物 2、3）。如果 DNA 聚合酶 III 只有两个核心酶（$\gamma\tau_2\delta\delta'\psi\chi$ 型，有核心酶 1、2，参见图 14-8），则需要三个滑动夹（滑动夹 1、2、3），其中滑动夹 1 负责夹住由上游复制叉引物酶 DnaG（图 14-12 左下）合成的下游复制叉前导链引物（图 14-12 中下，引物 1），引发合成前导链，滑动夹 β 夹子 2 负责夹住后随链引物 2、4、6……，引发合成后随链冈崎片段 1、3、5……，滑动夹 3 负责夹住后随链引物 3、5、7……（图 14-12 右上），引发合成后随链冈崎片段 2、4、6 等。

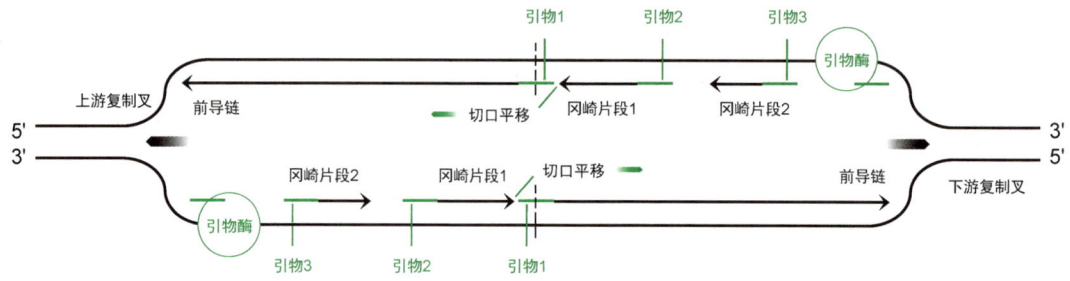

图 14-12　下游引物酶催化合成上游前导链引物和下游后随链引物

1. 前导链合成　①下游复制叉解旋酶 DnaB 募集引物酶 DnaG 形成引发体。引物酶催化合成引物 1（5~14 nt，图 14-12 中上。引物合成方向均与解链方向相反），作为上游复制叉前导链引物。引物酶离去。②下游复制叉 DNA 聚合酶Ⅲ的 γ 复合物协助滑动夹 1 套住引物 1- 模板杂交区。上游复制叉 DNA 聚合酶Ⅲ核心酶 1 与滑动夹 1 结合，催化合成上游复制叉前导链（图 14-12 左上）。下游复制叉前导链的合成同理（图 14-13 下）。

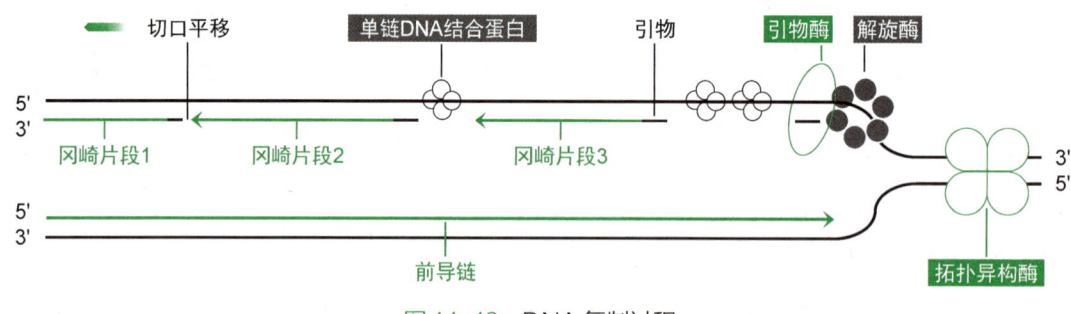

图 14-13　DNA 复制过程

2. 后随链合成　包括以下几个交替进行的事件，形成循环（图 14-13 上）。

（1）引物合成：解旋酶解链 1 000~2 000 nt→募集引物酶→催化合成引物 2→引物酶离去。

（2）冈崎片段合成：γ 复合物协助滑动夹 2 套住引物 2- 模板杂交区→核心酶 2 与滑动夹结合→催化合成冈崎片段 1→遇到上游复制叉前导链引物 1→核心酶 2 释放→滑动夹由 γ 复合物取走。

（3）切口平移与封闭：DNA 聚合酶Ⅰ募集于冈崎片段会合点，通过切口平移降解引物 1，并合成 DNA 填补，再由 DNA 连接酶催化连接 DNA 切口。

3. 长号模型　DNA 双链反向互补，而前导链和后随链是由一个 DNA 聚合酶Ⅲ复合体催化同时合成的，合成机制称为长号模型（trombone model）（图 14-14）。

4. 保真机制　DNA 聚合酶通过以下机制确保 DNA 高保真复制：① $5' \rightarrow 3'$ 聚合酶活性中心的底物选择性

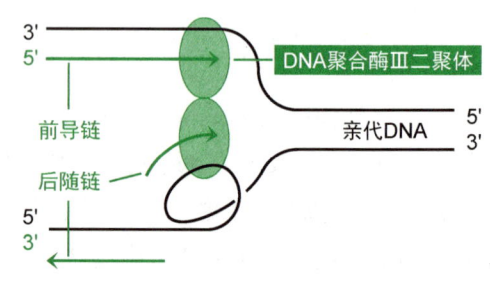

图 14-14　后随链合成的长号模型

将错配率控制在 $10^{-5} \sim 10^{-4}$。② $3' \to 5'$ 外切酶活性中心的校对进一步将错配率降至 $10^{-8} \sim 10^{-6}$。

（三）复制终止

大肠杆菌环状 DNA 的两个复制叉向前推进，最后到达终止区（terminus region，约占大肠杆菌环状 DNA 总长度的 9%），形成连环体（catenane），又称环连体、DNA 连环，在细胞分裂前由拓扑异构酶 4 催化分离（图 14-15）。

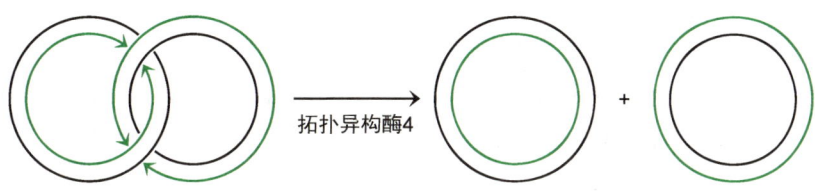

图 14-15　连环体分离

拓展阅读 14-5：大肠杆菌 DNA 复制终止区

第三节　真核生物染色体 DNA 复制

真核生物染色体 DNA 在细胞周期 S 期复制，复制机制与大肠杆菌相似，但是由于基因组庞大，真核生物染色体 DNA 与组蛋白、非组蛋白、RNA 形成线性染色质结构，位于细胞核内，因而其复制有别于原核生物，合成体系和复制过程更为复杂。

一、染色体 DNA 复制特点

真核生物的基因组比原核生物大，且形成复杂的染色体结构。例如：人类基因组为 3 000 Mb，而大肠杆菌只有 4.6 Mb。不过，真核生物染色体 DNA 的复制用时并不长，且有以下特点。

1. **染色质解离与重塑**　染色体 DNA 与组蛋白形成核小体结构，复制叉经过时需暂时解离；而当复制叉经过之后，还要在两条子代 DNA 双链上及时重塑核小体结构。

2. **复制速度慢**　复制叉的推进速度约为 50 nt/s，仅为大肠杆菌（800 ~ 1 000 nt/s）的 5% ~ 6%。

3. **多起点复制**　染色体 DNA 是多复制子 DNA，每个复制子都比较短，例如：人类全部染色体 DNA 可能有 $2 \times 10^4 \sim 3 \times 10^4$ 个复制起点，复制子平均长度为 100 kb，仅相当于大肠杆菌的 2%。多起点复制可提高整体复制速度。

4. **冈崎片段短**　冈崎片段的长度为 100 ~ 200 nt，仅相当于大肠杆菌的 10%。

5. **冈崎片段连接**　人类基因组编码 3 种 DNA 连接酶（1、3、4），连接冈崎片段时由 ATP 供能。

6. **终止阶段端粒合成**　染色体 DNA 为线性结构，其末端端粒有特殊合成机制。

二、真核生物 DNA 合成体系

真核生物有十几种 DNA 聚合酶，其基本性质和大肠杆菌 DNA 聚合酶一致，都有 $5' \to 3'$ 聚合酶活性。真核生物染色体 DNA 复制主要由三种多亚基酶催化。DNA 聚合酶 α 催化合成引物。DNA 聚合酶 ε 催化合成染色体 DNA 前导链。DNA 聚合酶 δ 催化合成染色体 DNA 后随链。DNA 聚合酶 γ 催化复制和修复线粒体 DNA。其他 DNA 聚合酶催化 DNA 修复,如 DNA 聚合酶 β 参与碱基切除修复,DNA 聚合酶 μ 和 DNA 聚合酶 λ 参与双链断裂修复。大肠杆菌和人合成体系对比见表 14-2。

表 14-2 大肠杆菌和人 DNA 合成体系对比

环节	大肠杆菌	人
解链	解旋酶 DnaB	解旋酶 MCM,解旋酶 hDNA2
解旋	Ⅱ型拓扑异构酶	Ⅱ型拓扑异构酶
引物合成	引物酶 DnaG	DNA 聚合酶 α
前导链合成	DNA 聚合酶Ⅲ,滑动夹 β$_2$	DNA 聚合酶 ε,滑动夹 PCNA 三聚体
后随链合成	DNA 聚合酶Ⅲ,滑动夹 β$_2$	DNA 聚合酶 δ,滑动夹 PCNA 三聚体
引物切除	DNA 聚合酶Ⅰ	核糖核酸酶 H$_2$,侧翼核酸内切酶 1
冈崎片段连接	DNA 连接酶	DNA 连接酶 1、3、4

三、端粒合成

真核生物的染色体 DNA 为线性结构,由表 14-2 所示的 DNA 合成体系催化 DNA 复制时,新生链 5′端切除 RNA 引物之后会留下短缺,无法由 DNA 聚合酶催化补平。如果任其存在,将会被 DNase 削平。这样每复制一次,DNA 双链都会缩短一部分(100 bp 甚至更多,图 14-16)。事实是多数体细胞染色体 DNA 的确每复制一次都会有不同程度的缩短,但生殖细胞、胚胎细胞等不然,其 DNA 的长度在经历多次复制后维持不变,因此其末端一定存在其他复制机制。

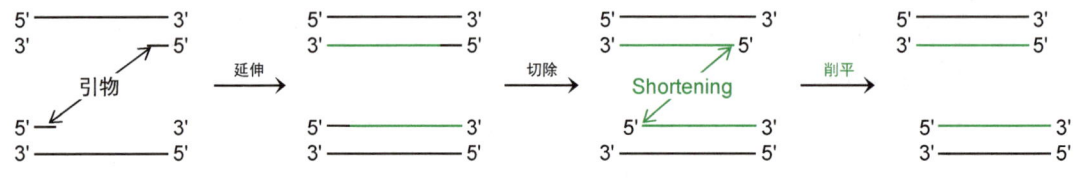

图 14-16 染色体 DNA 复制时末端缩短

拓 展 阅 读 14-6: 端粒与端粒酶发现

真核生物 DNA 末端复制机制目前已基本阐明:真核生物染色体 DNA 末端存在端粒结构,由端粒酶通过逆转录机制催化合成。

1. 端粒结构 端粒(telomere)是一种短串联重复序列,重复次数由几十到几千不等。人端粒新生链(后随链,称为 CA 股)重复单位是 CCCTAA,亲代链(模板股,称为 TG 股)重复单位是 TTAGGG。复制后端粒的亲代链长出,形成 3′端突出结构(图 14-17 左上)。

2. 端粒功能 ①末端保护:防止融合、重组、降解,维持染色体结构的独立性、完整性和稳定性。②防止 DNA 因复制而缩短,丢失遗传信息,从而维持细胞寿命。③参与同源染色体配对和重组,促进减数分裂。

3. 端粒酶 人端粒酶(telomerase)又称端粒酶逆转录酶(human telomerase reverse transcriptase, hTRT），是一种核糖核蛋白，所含的 RNA 称为端粒酶 RNA（human telomerase RNA，hTR）。人端粒酶 RNA 长 451 nt，含可以指导合成端粒亲代链的模板序列 CUAACCCUAAC，因此端粒酶是一种自带 RNA 模板的逆转录酶。

4. 端粒合成　①端粒酶结合于端粒亲代链 3′ 端，以端粒酶 RNA 为模板，催化合成端粒亲代链的一个重复单位。②端粒酶前移一个重复单位。③合成重复单位与前移交替进行（图 14-17）。

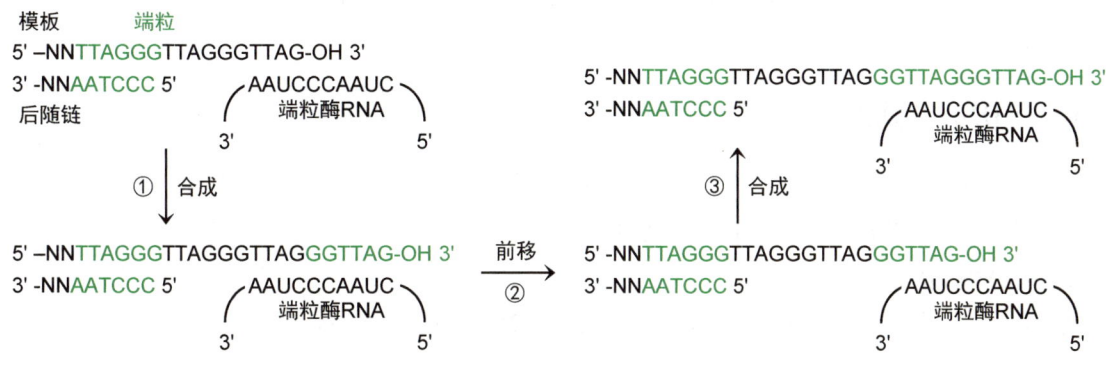

图 14-17　端粒合成

亲代链合成到 $3 \times 10^3 \sim 20 \times 10^3$ nt 时——长度由端粒结合蛋白（telomeric repeat-binding factor，TRF）等决定，端粒酶脱离。亲代链募集引物酶、DNA 聚合酶等，合成冈崎片段填补新生链短缺。虽然端粒依然呈 3′ 端突出结构，但最终可以形成 t 环（t-loop，图 14-18），由端粒结合蛋白复合体 shelterin 等进一步结合保护。

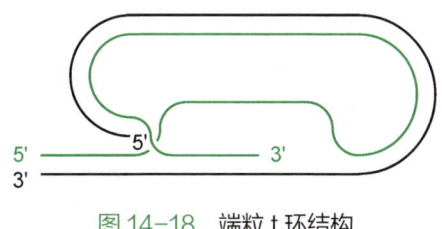

图 14-18　端粒 t 环结构

拓展阅读 14-7：端粒酶与衰老、肿瘤　线粒体 DNA 复制

第四节　DNA 损伤与修复

在生物进化过程中，DNA 复制的高保真性保证了物种的稳定性。然而由于 DNA 分子巨大，DNA 复制的保真性并不是万无一失的，在复制过程中难免出错。此外，在非复制期间，一些因素的作用也会导致 DNA 序列和结构出现异常，甚至发生基因突变。这种突变会影响表型，一方面是生物进化的分子基础，另一方面又是个体患病甚至死亡的遗传因素。

在漫长的进化过程中，生物体已经建立了各种 DNA 修复系统，可以修复 DNA 损伤，以维持生命的延续性和遗传的稳定性。

一、DNA 损伤

DNA 复制的保真性使生物体维持着遗传信息的稳定性。不过，稳定是相对的，变异是绝对的。变异即突变，其本质是基因组异常，特别是 DNA 损伤。DNA 损伤（DNA damage）是指各种因素导致子代 DNA 在组成和结构上出现与亲代 DNA 的差异。有些 DNA 损伤未能修复，但不影响复制，亦无致死效应，因而可以遗传。这类损伤导致突变（mutation）。发生在基因序列中的突变称为基因突变（gene mutation）。

（一）DNA 损伤意义

DNA 损伤会导致基因突变。突变有时被误认为有百害而无一利，但就其后果而言，突变在生物界的广泛存在有其积极意义：①突变是生物进化的分子基础。②致死突变消灭有害个体。③突变是许多疾病的分子基础。

某些突变会诱发一些疾病包括遗传病、有遗传倾向的疾病及肿瘤等。

（二）DNA 损伤类型

DNA 损伤类型多种多样，如错配、插入缺失、重排、共价交联、单碱基结构异常、主链断裂等。

1. 错配 错配（mismatch，mispairing）是指 DNA 分子中出现非 Watson-Crick 碱基配对。相当于 Watson-Crick 碱基配对中的一个碱基被另一个碱基替换，故又称碱基替换、碱基取代（base substitution）（图 14-19）。碱基替换有两种类型。①转换（transition）：是嘧啶碱基之间或嘌呤碱基之间的替换，这种方式占 2/3，其中又以 C→T 转换最多，发生率约为其他转换的 10 倍。②颠换（transversion）：是嘌呤碱基和嘧啶碱基之间的替换。

野生型：	GGG	AGT	GTA	CGT	CAG	ACC	CCG	CCC	TAT	AGC
	Gly	Ser	Val	Arg	Gln	Thr	Pro	Pro	Tyr	Ser
错　配：	GGG	AGT	GTA	CGT	CGG	ACC	CCG	CCC	TAT	AGC
	Gly	Ser	Val	Arg	Arg	Thr	Pro	Pro	Tyr	Ser
插　入：	GGG	AGT	GTA	CGT	CAG	ACC	CCG	GCC	CTA	TAG
	Gly	Ser	Val	Arg	Gln	Thr	Pro	Ala	Leu	终止
缺　失：	GGG	AGT	GTA	CGT	CAG	ACC	CGC	CCT	ATA	GC
	Gly	Ser	Val	Arg	Gln	Thr	Arg	Pro	Ile	

图 14-19　错配和插入缺失

2. 插入缺失 插入缺失（indel，insertion-deletion）是指子代 DNA 序列中插入或缺失了一个小的片段（1~60 bp）。插入缺失位点如果位于编码区内（参见第十六章），且插入缺失的不是 $3n$ 个碱基对，会导致该位点下游的遗传密码全部发生改变。这种突变称为移码突变（frameshift mutation，图 14-19）。插入缺失的如果是 $3n$ 个碱基对，则突变位点下游的遗传密码不会改变。这种突变称为整码突变（in-frame mutation）。

由一个碱基对的错配、插入缺失所导致的突变统称点突变（point mutation）。发生在编码区的点突变包括以下几类。

（1）错义突变：错义突变（missense mutation）导致密码子编码氨基酸的种类改变，编码区编码蛋白质的一级结构改变。

镰状细胞贫血是典型的错义突变：患者镰状血红蛋白β亚基基因的编码区有一个点突变 A→T（腺嘌呤被胸腺嘧啶替换），使原来6号谷氨酸（记作 Glu6）密码子 GAG（或 GAA）突变成为缬氨酸密码子 GTG（或 GTA）（记作 Glu6Val）。

（2）无义突变：无义突变（nonsense mutation）又称终止突变（stop mutation），突变导致有义密码子突变为无义密码子，造成翻译提前终止，编码区编码的蛋白质不完整，C端序列缺失，许多缺失导致编码的蛋白质完全失活。

（3）同义突变：同义突变（synonymous mutations）又称沉默突变（silent mutations），突变导致氨基酸的一种密码子成为其另一种同义密码子，编码区编码蛋白质的一级结构不变。

（4）移码突变：插入缺失一个碱基对导致的移码突变属于点突变。

3. 重排　重排（rearrangement）又称基因重排、DNA 重排、染色体易位（chromosomal translocation），是指基因组中较大的 DNA 片段（10～1 000 bp）移动位置。重排可发生在一个 DNA 分子内，也可发生在两个 DNA 分子间，例如血红蛋白 Lepore 病患者的重排（图 14-20）。

图 14-20　重排与血红蛋白 Lepore 病

拓展阅读 14-8：脆性位点

4. 共价交联　共价交联主要是指 DNA 碱基之间形成共价键连接，会抑制复制和转录。① DNA 链内交联（DNA intrastrand cross-linking）：同一股 DNA 链上相邻的胸腺嘧啶发生共价交联，形成胸腺嘧啶二聚体。② DNA 链间交联（DNA interstrand cross-linking）：补骨脂素类（psoralen）可在双链之间形成交联（图 14-21）。

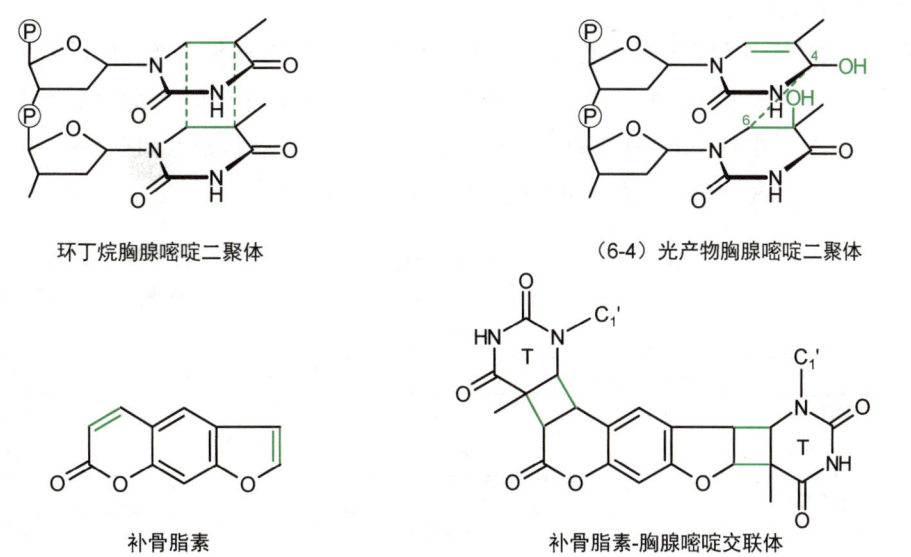

图 14-21　DNA 共价交联

5. 单碱基结构异常 ①脱碱基：脱氧核苷酸通过自发水解脱去碱基，形成无碱基位点（abasic site），又称无嘌呤嘧啶位点（apurinic or apyrimidinic site）、AP 位点（AP site）。②脱氨基：胞嘧啶自发脱氨基成尿嘧啶，腺嘌呤脱氨基成次黄嘌呤，鸟嘌呤脱氨基成黄嘌呤。③碱基烷化：黄曲霉毒素将鸟嘌呤烷化为 7- 加成物，诱导 G→T 颠换。④碱基氧化：羟自由基将鸟嘌呤氧化成 8- 氧鸟嘌呤（8-oxoG），诱导 G→T 颠换。

6. 主链断裂 电离辐射、自由基或某些化学试剂（如博来霉素）可以使磷酸二酯键断裂，从而导致 DNA 单链断裂或双链断裂。

不难理解，绝大多数致病突变发生在编码区，仅有不到 1% 发生在调控区。

（三）损伤因素

拓展阅读 14-9：DNA 损伤因素

二、DNA 修复

虽然 DNA 损伤导致的基因突变是生物进化的分子基础，但有害突变（deleterious mutation）远多于有益突变（beneficial mutation），因此一旦受到损伤必须及时修复，以维持基因组的稳定性和完整性。DNA 修复（DNA repair）是指细胞对 DNA 损伤进行纠正，使其序列和结构与亲代 DNA 相同。目前研究比较清楚的 DNA 修复机制有错配修复、切除修复、直接修复、重组修复和 SOS 修复等。DNA 修复机制的多样性反映出 DNA 损伤的多样性和 DNA 修复的重要性。人类基因组有近 200 种基因的表达产物参与 DNA 修复。

拓展阅读 14-10：2015 年诺贝尔化学奖

（一）错配修复

错配修复（mismatch repair，MMR）是指 DNA 复制完成后，在亲代链序列的指导下对新生链上的错配、单碱基插入缺失进行修复。大肠杆菌错配修复系统可修复 GATC 序列两翼 1 kb 以内的错配，将复制精确度提高 $10^2 \sim 10^3$ 倍。大肠杆菌参与错配修复的蛋白质至少有 12 种，其功能是识别亲代链或修复错配。

1. 识别亲代链 错配修复的关键是识别子代 DNA 的亲代链和新生链，然后才可根据亲代链序列修复新生链错配碱基。大肠杆菌亲代 DNA 两股链中 GATC 序列的 A 均甲基化为 N^6- 甲基腺嘌呤（m^6A），称为全甲基化 GATC。新合成的子代 DNA 中，仅亲代链 GATC 序列中的 A 甲基化，新生链尚未甲基化。这种序列称为半甲基化 GATC（图 14-22）。

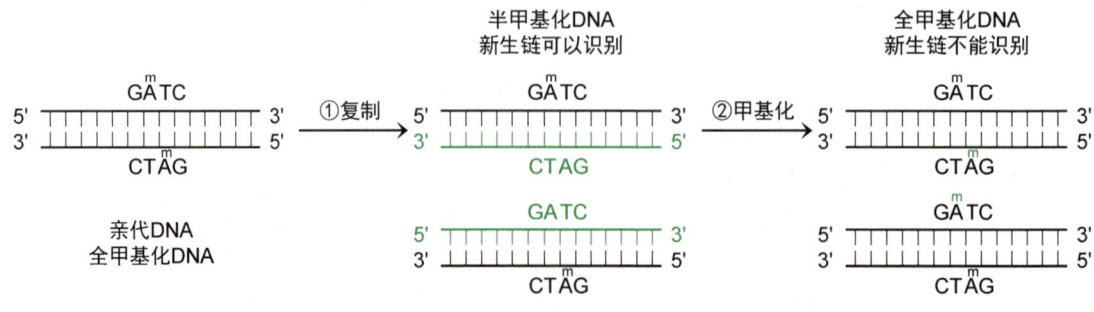

图 14-22 GATC 半甲基化和全甲基化

2. 识别错配 大肠杆菌错配修复蛋白 MutS（mismatch repair protein MutS）启动错配扫描。①错配修复蛋白 MutS 二聚体扫描 DNA（消耗 ATP），结合于错配碱基对，募集错配修复蛋白 MutL 二聚体，形成 MutS–MutL 复合物。MutS–MutL 复合物在错配碱基对两翼滑动扫描（MutL 消耗 ATP），找到较近的一个半甲基化 GATC。MutL 募集错配修复蛋白 MutH 形成 MutHLS 复合物。② MutH 是一种序列特异性核酸内切酶（sequence-specific endonuclease），催化半甲基化 GATC 序列未甲基化股 G 的 5′ 端磷酸二酯键水解，形成切口（pN–pGpApTpC，图 14–23）。

3. 修复错配 ①核酸外切酶 ExoⅠ、Ⅶ、Ⅹ（3′→5′ 方向）（图 14–24 左）或 RecJ、ExoⅦ（5′→3′ 方向）（图 14–24 右）降解错配新生链，形成缺口。② DNA 聚合酶Ⅲ催化合成 DNA 填补缺口，DNA 连接酶催化封闭切口（图 14–24）。

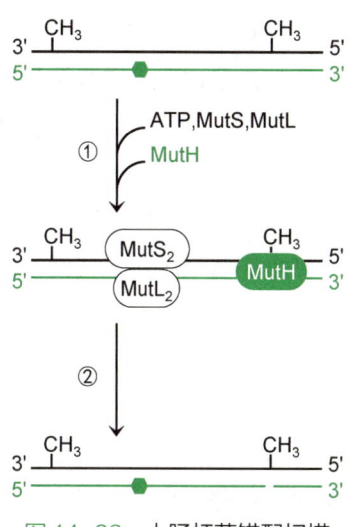

图 14–23 大肠杆菌错配扫描

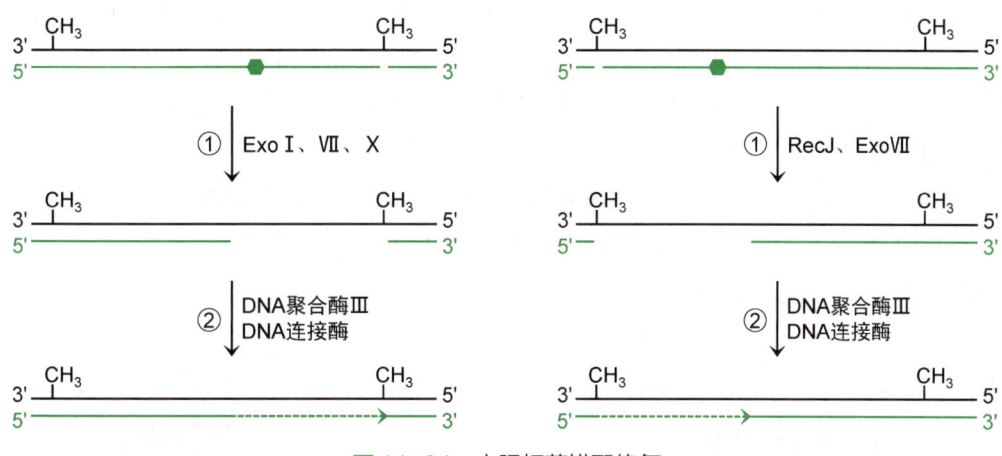

图 14–24 大肠杆菌错配修复

真核生物错配修复系统、修复机制与大肠杆菌类似，新生链识别机制尚未阐明。

（二）切除修复

切除修复（excision repair）是指切除双链 DNA 的单链损伤片段，形成缺口，然后以互补链为模板，合成 DNA 填补缺口，将其修复。切除修复是各种生物细胞内最普遍的修复机制。原核生物和真核生物都有两套切除修复系统，即核苷酸切除修复系统和碱基切除修复系统，且均以核苷酸切除修复系统为主。两套系统都包括两个步骤：①由特异性核酸酶寻找损伤部位，切除损伤片段。②由 DNA 聚合酶合成 DNA 填补缺口。

1. 核苷酸切除修复系统 当嘧啶二聚体、烷基化碱基、碱基加成物（如苯并芘–鸟嘌呤，参见第十三章图 13–4）等 DNA 损伤导致双螺旋结构异常扭曲时，通常由核苷酸切除修复系统修复。核苷酸切除修复（nucleotide excision repair，NER）的关键酶是一种多酶体系，称为切除核酸酶（excinuclease）。

（1）大肠杆菌核苷酸切除修复机制：大肠杆菌的核苷酸切除修复系统称为 UvrABC 修复系统，包括 UvrA、UvrB、UvrC、UvrD 等，其中 UvrA、UvrB、UvrC 合称 ABC 切除核酸酶。① $UvrA_2B_2$ 扫描至损伤位点（消耗 ATP），$UvrA_2$ 脱离。$UvrB_2$ 催化损伤位点解链，并募集 UvrC。UvrC 的 C 端和

N 端各有一个核酸酶活性中心，分别催化水解损伤位点 5′ 侧翼（上游）和 3′ 侧翼（下游）的一个磷酸二酯键，形成两个切口。解旋酶 UvrD 结合，按 3′→5′ 方向解链，释放损伤片段，形成缺口。② DNA 聚合酶 I 催化合成 DNA 填补缺口，DNA 连接酶催化封闭切口（图 14-25 左）。

（2）转录偶联修复机制：大肠杆菌基因组编码一种转录修复偶联因子（transcription-repair-coupling factor，TRCF），在转录遇到模板损伤而停滞不前时，该因子可被 RNA 聚合酶募集。转录修复偶联因子会促使转录泡解体，然后募集核苷酸切除修复系统修复损伤。这种机制被称为转录偶联修复（transcription-coupled repair）。

真核生物核苷酸切除修复机制与大肠杆菌类似，其两种修复机制分别称为基因组修复和转录偶联修复。

紫外线致 DNA 损伤主要由核苷酸切除修复系统修复。着色性干皮病的 8 个突变基因中有 7 个属于核苷酸切除修复系统，患者皮肤癌发生率是正常人的 1 000 倍。

2. 碱基切除修复　碱基切除修复（base excision repair，BER）可以修复 DNA 的单碱基损伤。

（1）大肠杆菌碱基切除修复机制：①切除损伤碱基：形成 AP 位点。由一组 DNA 糖基化酶（DNA glycosylase）又称 DNA 糖苷酶（DNA glycosidase）催化。②水解或裂解 AP 位点磷酸酯键：由一组 AP 核酸内切酶（AP endonuclease）又称 AP 裂合酶（AP lyase）催化。③ RecJ 等核酸外切酶催化切除磷酸脱氧核糖，DNA 聚合酶 Ⅱ 催化加接一个脱氧核苷酸填补缺口（图 14-25 右），DNA 连接酶催化封闭切口。

（2）真核生物碱基切除修复机制：与大肠杆菌相似，分为短修补途径（SP-BER，又称单核苷酸碱基切除修复，SN-BER）和长修补途径（LP-BER）。

拓展阅读 14-11：真核生物碱基切除修复

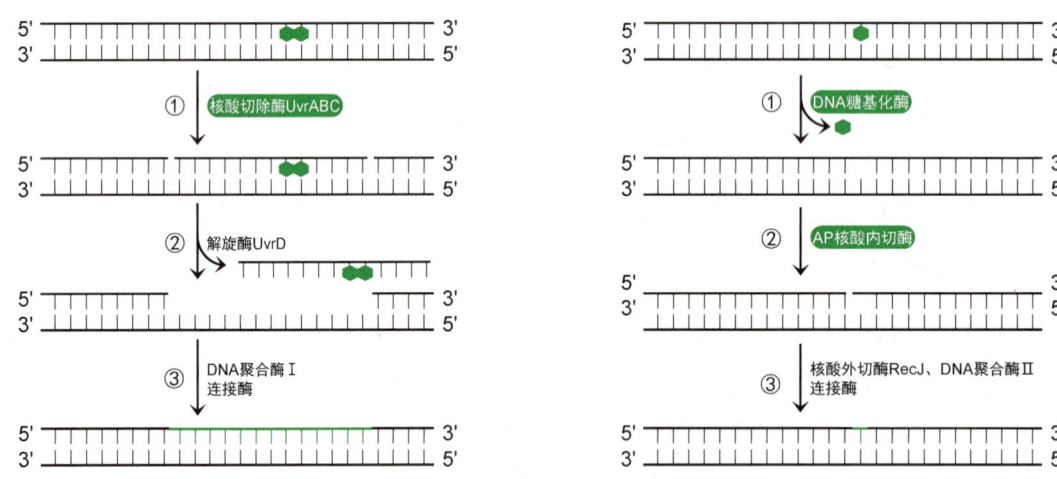

图 14-25　大肠杆菌切除修复机制

（三）直接修复

直接修复（direct repair）是指不需要切除碱基或核苷酸的修复，如嘧啶二聚体的光修复和烷基化碱基的去烷基化修复。

1. 光修复　嘧啶二聚体有多种修复机制，其中光修复（photoreactive repair）是高度特异的直接修复方式。大肠杆菌 DNA 光解酶（DNA photolyase，又称 DNA 光裂合酶）以 FADH$^-$、5,10-次甲基四氢叶酸为辅助因子，被 300～600 nm 光激活后可催化环丁烷胸腺嘧啶二聚体（参见图

14-21左上)解聚。DNA光解酶目前主要见于单细胞生物、部分生物、鲫鱼和非洲爪蟾。人类基因组不编码DNA光解酶，因而人类没有该修复机制。

2. DNA烷基化修复 有些酶可以识别DNA中的烷基化碱基并催化其去烷基化，称为DNA烷基化修复（DNA alkylation repair）。

（1）转移脱甲基：大肠杆菌6-O-甲基鸟嘌呤（m^6G）可被6-O-甲基鸟嘌呤-DNA甲基转移酶（MGMT）识别，并且直接将其6-O-甲基不可逆地转移到酶蛋白Cys139的巯基上。此外，该酶还可以同样机制催化4-O-甲基胸腺嘧啶（m^4T）脱4-O-甲基。

（2）氧化脱甲基：1-甲基腺嘌呤（m^1A）和3-甲基胞嘧啶（m^3C）的甲基可以被一种依赖α-酮戊二酸的双加氧酶AlkB催化氧化脱去：α-酮戊二酸+DNA（m^1A/m^3C）+O_2→DNA（A/C）+CO_2+甲醛+琥珀酸。原核生物和真核生物均存在该双加氧酶。

（四）重组修复

重组修复（recombinational repair）系统可修复以下损伤：①复制进行至模板损伤（如嘧啶二聚体）部位时，复制体不能根据碱基配对原则合成新生链，会越过损伤继续复制，新生链对应模板损伤部位留下缺口（图14-26①）。②复制进行至单链断裂位点时，复制体解体（collapse），复制叉一臂成为双链断裂末端（图14-26②）。

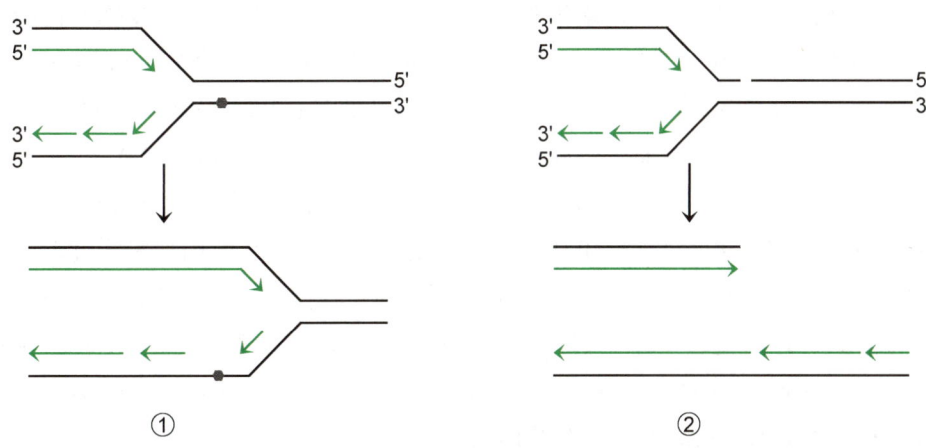

图14-26 影响复制的损伤

1. 缺口修复 由重组酶RecA和核酸外切酶V（又称RecBCD复合体，为RecB、RecC、RecD三聚体结构，都有核酸酶、解旋酶、ATP酶活性，作用是提供3'单链末端，称为3'悬垂末端，3' overhanging end）等催化，从姐妹染色单体移植同源序列修补缺口（图14-27）。复制完成时，损伤并未修复，可以通过切除修复机制进行修复。

2. 双链断裂修复 双链断裂（double-strand break，DSB）在有丝分裂和减数分裂中都有发生，且发生率较高。双链断裂修复（double-strand break repair，DSBR）有同源重组修复和非同源末端连接两种机制。

（1）同源重组修复：同源重组修复（homologous recombinational repair，HRR）是以同源染色体或姐妹染色单体为模板修复双链断裂，断裂末端没有信息丢失。①同源序列配对：定义双链断裂DNA为受体，完整DNA为供体。②3'悬垂末端形成：断裂末端由核酸外切酶V催化水解5'端，形成长达1 kb的3'悬垂末端。③悬垂末端侵入：一股3'悬垂末端攻击供体DNA同源序列，形成称为取代环（又称替代环、D环，D-loop）的分支结构，以供体结合股为模板启动

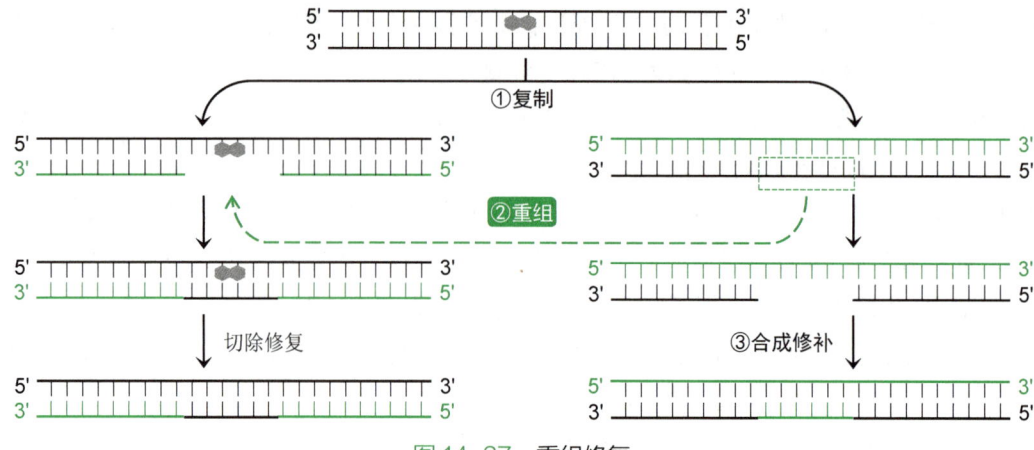

图14-27　重组修复

复制（向右）。④悬垂末端捕获：另一股3′悬垂末端被取代环捕获，启动复制（向左），直至形成两个切口。⑤Holliday连接形成：DNA连接酶催化切口封闭，形成双Holliday连接（Holliday junction），又称Holliday结构（Holliday structure）。⑥Holliday连接解离：由解离酶、连接酶催化，两种解离方式得到两组不同的重组体（图14-28）。

（2）非同源末端连接：非同源末端连接（nonhomologous end joining，NHEJ）是将断裂末端经过适当剪切重新连接，会发生断裂末端序列缺失。非同源末端连接是高等生物双链断裂的主要修复途径。①两个断裂末端各募集一个DNA修复蛋白Ku70-Ku80二聚体（XRCC6-XRCC5，又称解旋酶Ⅱ），两个二聚体结合，使两个断裂末端桥接。②Ku70-Ku80各自募集一分子DNA依赖性蛋白激酶催化亚基（DNA-dependent protein kinase catalytic subunit，DNA-PKcs）形成活性DNA依赖性蛋白激酶（DNA-PK）。③DNA依赖性蛋白激酶募集一分子单链DNA 5′→3′核酸外切酶Artemis，催化其磷酸化，激活其单链DNA 5′核酸内切酶、3′核酸内切酶活性，可削平5′悬垂末端。④Ku70-Ku80募集DNA聚合酶μ或DNA聚合酶λ，催化填补可能存在的缺口。⑤DNA依赖性蛋白激酶募集DNA连接酶4（又称DNA连接酶Ⅳ）及DNA修复蛋白XRCC4、非同源末端连接因子1（non-homologous end-joining factor 1，又称XRCC4类因子，XRCC4-like factor，XLF）等。⑥DNA连接酶4催化连接双链断裂切口（图14-29）。

（五）SOS修复

DNA损伤严重时会激活一组基因，其中有许多基因的表达产物参与DNA修复。这一现象称为SOS反应（SOS应答，SOS response），这组基因称为SOS基因（SOS gene）。SOS反应产生两类效应：①诱导切除修复和重组修复等修复系统基因的表达，从而提高修复能力。②启动SOS修复。

SOS修复（SOS repair）又称跨损伤合成（translesion synthesis）、易错修复（error-prone repair），是指在复制过程中遇到模板上有嘧啶二聚体、AP位点等损伤时，DNA聚合酶Ⅲ不能催化复制，诱导合成DNA聚合酶Ⅳ和Ⅴ等，实施不以形成碱基配对为条件的DNA合成。SOS基因通常处于沉默状态，紧急情况下才被整体激活。跨损伤合成时不能校对，错配率高达10^{-3}，容易引起致死突变，导致细胞死亡。

SOS修复虽然最终会导致一些细胞死亡，但毕竟使另一些细胞得以存活。这种以发生突变为代价的修复似为无奈之举，但对存活突变体而言是值得的。

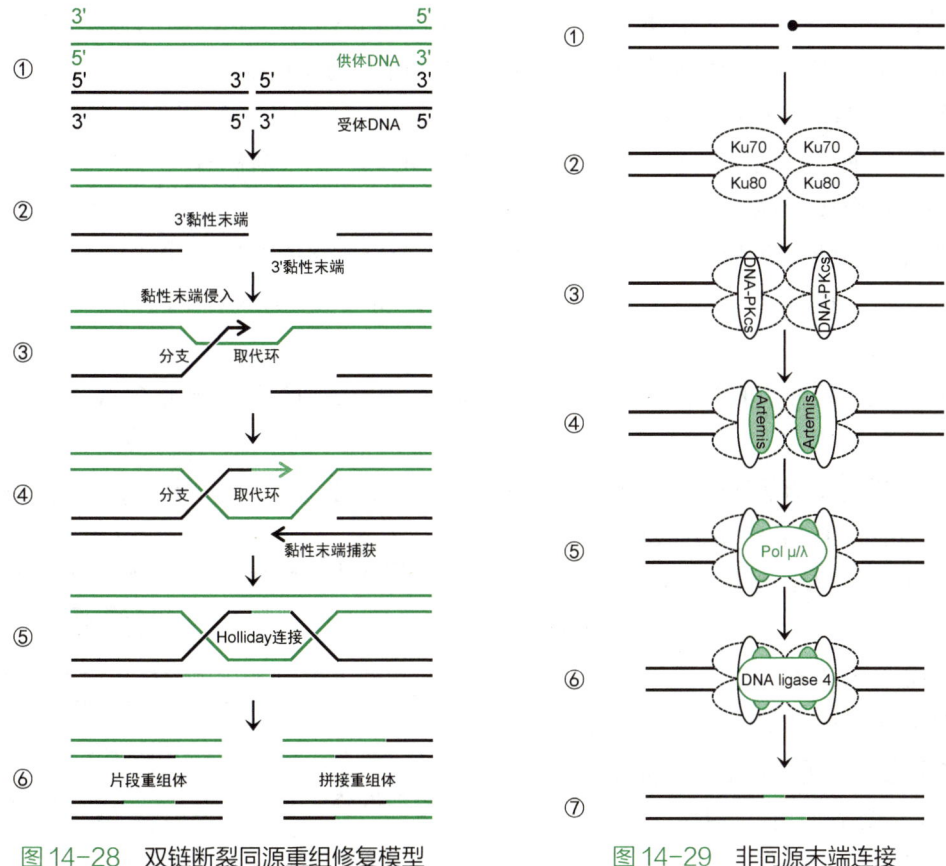

图 14-28 双链断裂同源重组修复模型

图 14-29 非同源末端连接

人类基因组编码 5 种 DNA 聚合酶催化跨损伤合成，并且它们有一定的校对功能。例如：DNA 聚合酶 η，它催化胸腺嘧啶二聚体的跨损伤合成时极少发生错配，因为它恰好优先选择连接腺苷酸。

第五节 DNA 逆转录合成

逆转录又称反转录（reverse transcription），是指由逆转录酶催化的以 RNA 为模板、dNTP 为原料的 DNA 合成机制，是逆转录病毒遗传信息独有的传递方式。

1. 逆转录病毒 逆转录病毒又称反转录病毒（retrovirus），是一类含有逆转录酶的二倍体 RNA 病毒，其复制的关键环节是由基因组 RNA 通过逆转录等指导合成一种双链 DNA，称为前病毒、原病毒（provirus）。前病毒可以整合到宿主基因组中，称为稳定转染（stable transfection）。前病毒被激活时可以转录、翻译，装配新的病毒颗粒，称为病毒复制（viral replication）。

逆转录病毒属于病毒的逆转录病毒科（Retroviridae）。其肿瘤病毒亚科（Oncovirinae）的病毒称为致癌 RNA 病毒（oncornavirus），慢病毒亚科（Lentivirinae）的人类免疫缺陷病毒（human immunodeficiency virus，HIV）是艾滋病的病原体。

2. 逆转录酶 逆转录酶（reverse transcriptase）又称反转录酶、RNA 依赖的 DNA 聚合酶（RNA-dependent DNA polymerase）、RNA 指导的 DNA 聚合酶（RNA-directed DNA polymerase），是

逆转录病毒基因的表达产物，功能是催化病毒自身基因组 RNA 指导合成前病毒。逆转录酶由 Temin 和 Baltimore 于 1970 年分别发现于 Rous 肉瘤病毒和鼠白血病病毒。

拓展阅读 14-12： 逆转录酶发现

逆转录酶是一种双功能酶，有一个逆转录酶活性中心和一个核糖核酸酶 H 活性中心，通过催化以下三种反应合成 DNA。

（1）逆转录：逆转录酶活性中心以 RNA 为模板，催化合成其单链互补 DNA（single-stranded cDNA，sscDNA），形成 RNA-DNA 杂交体（RNA-DNA hybrid），又称 DNA-RNA 异源双链（DNA-RNA heteroduplex）。

（2）水解：核糖核酸酶 H 活性中心（ribonuclease H，RNase H）催化水解 RNA-DNA 杂交体中的 RNA。

（3）复制：逆转录酶活性中心以单链互补 DNA 为模板，催化合成其互补链，生成双链互补 DNA（double-stranded cDNA，dscDNA）。

单链互补 DNA 和双链互补 DNA 合称互补 DNA（complementary DNA，cDNA）。图 14-30 为逆转录酶催化合成 cDNA 示意图。

拓展阅读 14-13： 前病毒 DNA 合成机制

3. 逆转录意义 逆转录是一种特殊的 RNA 基因组复制机制，虽然不具有普遍性，对于生命科学仍具有重要意义。

（1）逆转录机制丰富了中心法则，说明 RNA 可同时兼有遗传信息传递与表达的功能。

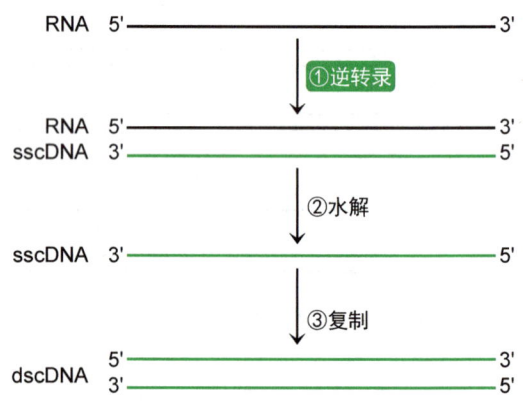

图 14-30　逆转录酶催化反应示意图

（2）逆转录病毒及癌基因的发现有助于阐明肿瘤发生的遗传基础和分子机制，探索肿瘤治疗策略。

（3）阐明人类免疫缺陷病毒生物学有助于揭示艾滋病机制，从而控制甚至根治艾滋病。

（4）逆转录病毒是重要的转基因工具，可用于培养转基因细胞，培育转基因生物，开展转基因治疗。

（5）逆转录酶是分子生物学重要的工具酶，可用于体外逆转录各种 mRNA（参见第十九章）。

拓展阅读 14-14： 溶瘤病毒

第六节　DNA 合成抑制剂类药物

许多临床药物属于 DNA 合成抑制剂，在药品目录中分别属于全身用抗菌药（XJ01）、全身用抗真菌药（XJ02）、全身用抗病毒药（XJ05）、抗肿瘤药（XL01）、免疫抑制剂（XL04）等，根据作用机制可分为 DNA 损伤类和酶抑制剂类等。

一、DNA 损伤类

1. 硝基咪唑类抗菌药　药品分类代码 XJ01XD，例如甲硝唑，被厌氧菌摄取并还原，还原产物与厌氧菌 DNA 结合，抑制其复制和转录。

2. 烷化剂类抗肿瘤药 药品分类代码 XL01A。①氮芥类似物（XL01AA）：如氮芥、环磷酰胺。②烷基磺酸盐（XL01AB）：如白消安。③亚硝基脲类（XL01AD）：如司莫司汀、福莫司汀。④其他烷化剂（XL01AX）：如塞替派。

二、酶抑制剂类

目前这类药物多以拓扑异构酶、DNA 聚合酶或逆转录酶为靶点。

1. 拓扑异构酶抑制剂 ①喹诺酮类抗菌药（XJ01M）：如环丙沙星、吉米沙星、诺氟沙星、氧氟沙星、左氧氟沙星与革兰氏阴性菌和革兰氏阳性菌 II 型拓扑异构酶–DNA 复合物结合，抑制切口连接。对真核生物染色体 DNA 合成有一定影响。②抗肿瘤药（XL01）：如喜树碱衍生物伊立替康、拓泊替康（XL01CB）及羟喜树碱（XL01CX）与 I 型拓扑异构酶–DNA 复合物结合，抑制切口连接。蒽环类衍生物多柔比星（又称阿霉素，XL01DB）、鬼臼毒素衍生物依托泊苷（XL01CB）与 II 型拓扑异构酶–DNA 复合物结合，抑制切口连接，从而抑制癌细胞增殖，导致癌细胞死亡。

2. DNA 聚合酶抑制剂 参见第十一章。

3. 逆转录酶抑制剂 ①核苷及核苷酸逆转录酶抑制剂类全身用抗病毒药（XJ05AF）：如抗艾滋病药物齐多夫定、拉米夫定、替诺福韦。齐多夫定（zidovudine，ZDV）又称叠氮胸苷（azidothymidine，AZT），为胸苷类似物，被活化为三磷酸齐多夫定（ZDV-TP）后，掺入病毒 DNA，中止其合成，用于治疗艾滋病。拉米夫定为胞苷类似物，属于前药，其三磷酸化产物抑制乙型肝炎病毒 DNA 聚合酶、艾滋病病毒逆转录酶，但也抑制人 DNA 聚合酶。②非核苷逆转录酶抑制剂类全身用抗病毒药（XJ05AG）：如利匹韦林（rilpivirine），非竞争性抑制 HIV 逆转录酶，不影响人 DNA 聚合酶活性，用于治疗艾滋病。③艾滋病毒感染的抗病毒药物（XJ05AR）：如奈韦拉平、阿兹夫定和拉米夫定。奈韦拉平（nevirapine），属于非核苷类逆转录酶抑制剂，直接结合逆转录酶导致活性中心变构失活，不影响人 DNA 聚合酶活性。多与核苷类逆转录酶抑制剂（如齐多夫定、拉米夫定）联合应用。阿兹夫定（azvudine）属于核苷类逆转录酶抑制剂，可抑制 HIV、HBV 等逆转录病毒。

思考题

1. DNA 复制为什么要采用半保留机制？
2. 真核生物的 DNA 复制如何实现高速及保真性？
3. 端粒有何作用？为何有些肿瘤的发生与端粒有关？
4. 如何看待突变率及其意义？影响突变率的因素有哪些？
5. DNA 聚合酶、拓扑酶和连接酶都催化 3',5'- 磷酸二酯键的生成，各有何不同？

（赵　杨）

第十五章

RNA 生物合成

RNA 的生物合成有转录和 RNA 复制两种机制。转录（transcription）即 DNA 指导 RNA 合成，是基因表达的第一环节。催化转录的酶称为 DNA 依赖的 RNA 聚合酶（DNA-dependent RNA polymerase）、DNA 指导的 RNA 聚合酶（DNA-directed RNA polymerase）、RNA 转录酶（RNA transcriptase）、转录酶（transcriptase）。

RNA 复制（RNA replication）即 RNA 指导 RNA 合成，是部分 RNA 病毒在宿主细胞内的复制方式。催化 RNA 复制的酶称为 RNA 依赖的 RNA 聚合酶（RNA-dependent RNA polymerase）、RNA 指导的 RNA 聚合酶（RNA-directed RNA polymerase）、RNA 复制酶（RNA replicase）。RNA 复制是对中心法则的补充和完善。

DNA 依赖的 RNA 聚合酶、引物酶和 RNA 依赖的 RNA 聚合酶均为 RNA 聚合酶（RNA polymerase）。

第一节　转录基本特征

转录的基本特征包括选择性转录、不对称转录、连续性转录和转录后修饰。

一、选择性转录

基因组 DNA 可视为由转录区和非转录间隔区交替连接构成。转录区（transcribed region）又称转录单位，是指从转录起始位点至转录终止位点的一段连续的 DNA 序列，是编码 RNA 聚合酶转录产物的 DNA 序列，一个转录单位可以含有一个或多个结构基因的编码区。非转录间隔区（nontranscribed spacer）是指位于相邻转录单位之间的 DNA 序列。

选择性转录有两层含义，一是相对于 DNA 复制而言指只转录转录单位，不转录非转录间隔区；二是就基因表达而言指一种组织细胞在一定条件下只转录一部分转录单位，不会同时转录全部转录单位。

二、不对称转录

不对称转录是指在 RNA 合成时，同一个转录单位的两股 DNA 链中只有一股链是指导

RNA 合成的模板，称为模板链（template strand），因其序列与转录产物 RNA 互补，又称负链（negative strand）、反义链（antisense strand）、非编码链（noncoding strand）。另一股链的序列与转录产物 RNA 一致（DNA 的 T 碱基对应 RNA 的 U 碱基），称为编码链（coding strand）、正链（positive strand）、有义链（sense strand）、非模板链（nontemplate strand）。

文献报告的基因序列多为编码链及其两翼序列。通常将其中对应转录产物 RNA 5′ 末端的核苷酸定义为转录起始位点（transcription start site，transcription initiation site，TSS），编为 +1 号；转录进行的方向称为下游（downstream），核苷酸依次编为 +2 号、+3 号等；相反方向称为上游（upstream），核苷酸依次编为 –1 号、–2 号等，没有 0 号（图 15-1）。

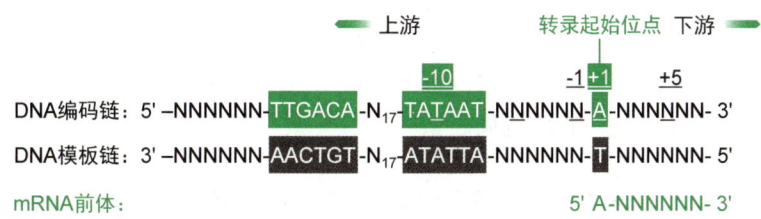

图 15-1　基因序列编号

研究表明，人类基因组至少 70% 转录单位的两股链都可以指导 RNA 合成，合成产物分别为正义 RNA 和反义 RNA。正义 RNA（sense RNA）包括 mRNA、rRNA、tRNA，实际应用中多指 mRNA。反义 RNA（antisense RNA，asRNA）与正义 RNA 在序列上部分或全部互补，可以形成互补双链结构，因而具有调控基因表达等作用，且不是通过编码反式作用因子发挥调控作用。

三、连续转录

每个转录单位都是由一分子 RNA 聚合酶催化连续完成转录，正常情况下转录过程中 RNA 聚合酶不会离开，更不会由另一分子 RNA 聚合酶替换。

四、转录后修饰

RNA 聚合酶催化合成的转录产物称为 RNA 前体（precursor RNA，pre-RNA）、初级转录本、初级转录物（primary transcript）、新生 RNA（nascent RNA），包括 mRNA 前体（pre-mRNA）、tRNA 前体（pre-tRNA）、rRNA 前体（pre-rRNA）等。除原核生物 mRNA 外，其余 RNA 前体均需经过修饰和加工才能成为有生物活性的功能 RNA（functional RNA），又称活性 RNA（active RNA）、成熟 RNA（mature RNA）。RNA 前体修饰和加工成功能 RNA 的过程称为转录后修饰（post-transcriptional modification）、转录后加工（post-transcriptional processing）。

第二节　大肠杆菌 RNA 合成

与大肠杆菌的 DNA 复制一致，大肠杆菌 RNA 的合成体系、转录过程相对简单，最早得到系统化研究。

一、大肠杆菌 RNA 合成体系

RNA 合成体系包括催化合成 RNA 前体的转录体系和催化 RNA 前体转录后修饰的修饰体系。大肠杆菌转录体系主要包括 RNA 聚合酶和转录因子、转录终止因子等。修饰体系是一组核酸酶、核酸修饰酶等。

1. 大肠杆菌 RNA 聚合酶 RNA 聚合酶与 DNA 聚合酶类似，催化三磷酸核糖核苷（NTP）缩合生成 RNA。合成时以 DNA 为模板、Mg^{2+} 为辅助因子，合成方向为 $5'\rightarrow 3'$。合成反应可表示如下：

$$5'\,(NMP)_n\text{-OH}\,3' + NTP \xrightarrow[\text{RNA 聚合酶}]{\text{DNA 模板，}Mg^{2+}} 5'\,(NMP)_n\text{-NMP-OH}\,3' + PP_i$$

大肠杆菌 RNA 聚合酶有六聚体全酶（holoenzyme，$\alpha_2\beta\beta'\omega\sigma$）和五聚体核心酶（core enzyme，$\alpha_2\beta\beta'\omega$）两种存在形式，各亚基的功能见表 15-1。

表 15-1 大肠杆菌 RNA 聚合酶各亚基的功能

亚基	功能
α	二聚化启动 RNA 聚合酶组装，其 NTD 和 CTD 可与激活蛋白 CRP 结合
β	催化亚基
β′	结合 DNA 模板，需要一个 Mg^{2+} 和两个 Zn^{2+}
ω	促进 RNA 聚合酶组装
σ	与核心酶构成全酶后直接识别并结合启动子元件

2. 转录因子 转录因子（transcription factor）是指直接对 RNA 聚合酶催化合成 RNA 起激活或抑制作用的一组蛋白因子。大肠杆菌的转录因子包括特异因子、阻遏蛋白、激活蛋白等。

特异因子（specificity factor）又称起始因子（initiation factor）、σ 因子（sigma factor），即 RNA 聚合酶全酶的 σ 亚基（sigma subunit），功能是介导 RNA 聚合酶结合于转录单位启动子区，启动转录。大肠杆菌已经鉴定的特异因子有 σ^{70}、σ^{32}（数字表示其分子量大小，例如 σ^{70} 的分子量为 70×10^3）等七种。不同 σ 因子与核心酶结合，组成不同的全酶，识别不同的启动子，从而启动不同基因的转录。σ^{70} 是指数生长期的主要特异因子，介导与快速生长有关基因的转录，如核糖体蛋白基因、rRNA 基因、tRNA 基因、其他蛋白质合成体系基因。

阻遏蛋白和激活蛋白等参见第十七章。

转录和复制有许多相似之处：以 DNA 为模板，按 $3'\rightarrow 5'$ 方向阅读模板，按照碱基配对原则选择合成原料，合成反应形成 3′,5′- 磷酸二酯键，合成方向为 $5'\rightarrow 3'$。不同之处见表 15-2。

表 15-2 复制与转录对比

	DNA 复制	转录
基本特征	半保留复制，半不连续复制，双向复制	选择性转录，不对称转录，连续转录，转录后修饰
酶	DNA 聚合酶	RNA 聚合酶
原料	dNTP（dATP, dTTP, dGTP, dCTP）	NTP（ATP, UTP, GTP, CTP）
引物	需要	不需要

续表

	DNA 复制	转录
DNA 模板	DNA 全复制，双链均复制，只复制一次	部分转录单位转录，模板链转录，多数转录多次
错配率	$10^{-8} \sim 10^{-6}$	$10^{-5} \sim 10^{-4}$
起始	复制起点	启动子
终止	终止区	终止子
产物	双链 DNA	单链 RNA

二、大肠杆菌 RNA 合成过程

合成 RNA 前体时 RNA 转录体系在启动子区组装成一种称为转录起始复合物的超分子结构，属于转录复合物、转录复合体（transcription complex），催化 RNA 合成，合成启动后修饰体系部分酶募集于转录复合物，启动修饰。RNA 合成过程可分为转录起始、转录延伸、转录终止和转录后修饰四个阶段。转录复合物在各阶段的组成和结构不尽相同。转录起始和转录后修饰机制复杂。

（一）转录起始

基因序列由转录单位和调控元件组成。调控元件（regulatory element）又称调控区（regulatory region）、调控序列（regulatory sequence）、顺式作用元件（cis-acting element），主要指基因序列中调控转录启动、转录效率等的序列，位于转录单位的上游、下游或转录单位内，包括启动子、操纵基因、增强子等（参见第十七章）。启动子（promoter）这里是指蛋白基因序列中募集 RNA 聚合酶组装转录起始复合物并启动 mRNA 合成所必需的保守序列，位于基因序列 5′ 端。

转录起始阶段的事件即在启动子区组装一种转录复合物，称为转录起始复合物（transcription initiation complex），启动转录。

1. 启动子 大肠杆菌许多基因的启动子长 40~70 bp，位于 5′ 侧翼区（5′-flanking region，-70~+30 区），具有方向性。特异因子 σ^{70} 识别的启动子包含以下保守序列（图 15-2）。

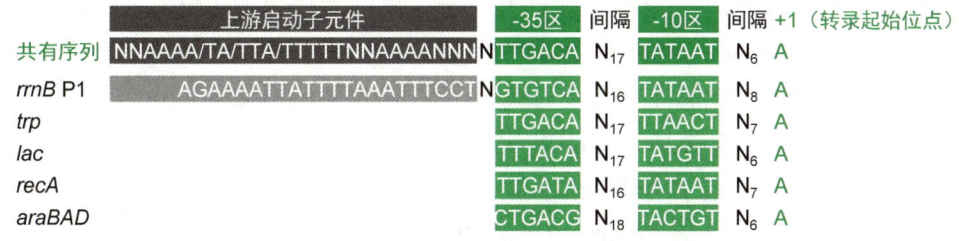

图 15-2 大肠杆菌部分基因的启动子

（1）Sextama 盒：Sextama 盒（Sextama box）共有序列 $T_{82}T_{84}G_{78}A_{65}C_{54}A_{45}$（下标表示该碱基出现的频率），是 σ^{70} 的结构域 4 直接结合从而介导 RNA 聚合酶 α 亚基识别并初始结合的位点，因而又称 RNA 聚合酶识别位点。Sextama 盒中心多位于 -35 号核苷酸处，故又称 -35 区、-35 序列、-35 元件（图 15-3）。

（2）Pribnow 盒：Pribnow 盒（Pribnow box）共有序列 $T_{80}A_{95}T_{45}A_{60}A_{50}T_{96}$，是 σ^{70} 的结构域 2 直接结合从而介导 RNA 聚合酶 β、β′ 亚基识别并牢固结合的位点，因而又称 RNA 聚合酶结合位点。Pribnow 盒中心多位于 -10 号核苷酸处，故又称 -10 区、-10 序列、-10 元件。Pribnow 盒富

含 A-T，容易解链，有利于 RNA 聚合酶启动解链和转录（图 15-3）。

（3）转录起始位点：大肠杆菌许多基因转录起始位点位于共有序列 CA^{+1}T 内。因此，mRNA 前体的 5′ 末端碱基通常是嘌呤，特别是腺嘌呤。

（4）上游元件：大肠杆菌启动子的上游元件（upstream element）又称上游启动子元件（upstream promoter element，UPE），是指位于部分高表达基因（如 rRNA 基因）强启动子（第十七章）-40~-60 区、富含 A-T 的一段保守序列，是 RNA 聚合酶 α 亚基 C 端结构域（αCTD）直接识别和结合的位点。

2. 起始过程 大肠杆菌的转录起始阶段是转录的限速步骤，分为四步（图 15-4）。

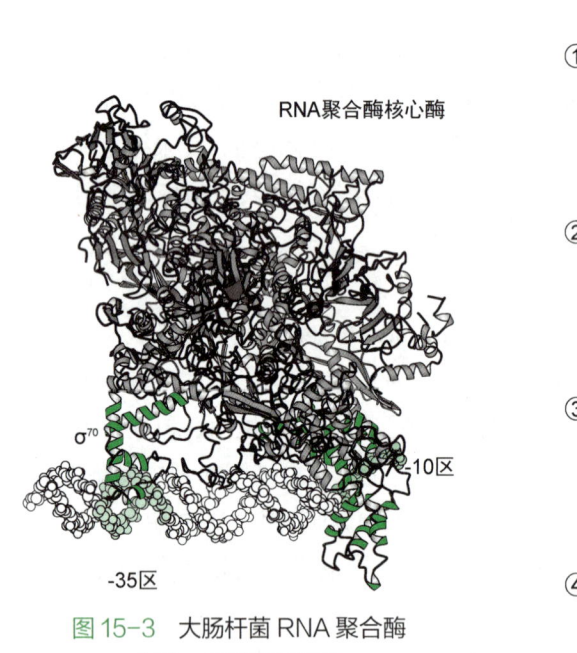

图 15-3　大肠杆菌 RNA 聚合酶全酶-启动子复合物

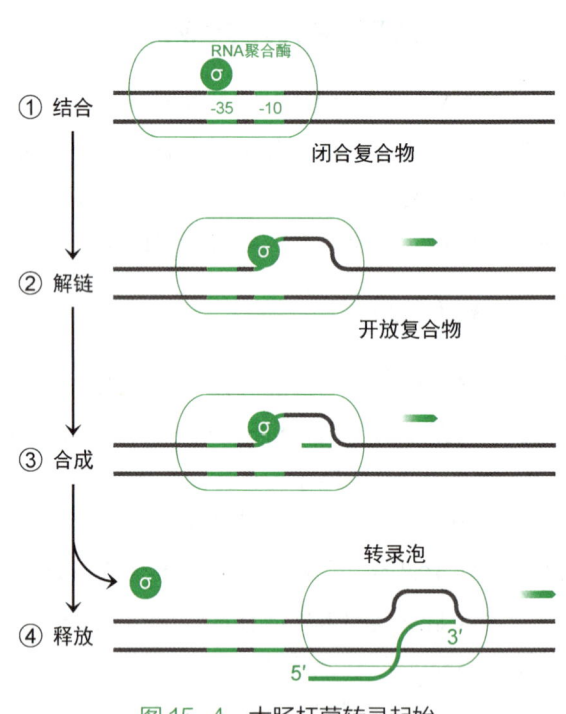

图 15-4　大肠杆菌转录起始

（1）结合：RNA 聚合酶全酶在 σ 因子的介导下与启动子结合。其中结合的 DNA 仍保持双链，形成闭合复合物（closed complex），覆盖约 55 bp（-55~+1）。

（2）解链：RNA 聚合酶全酶将 DNA 序列从 -10 区到 +2 或 +3 位置的 12~17 bp 解开，形成开放复合物（open complex），覆盖 60~80 bp（-55~+20）。

（3）合成：转录起始不需要引物。RNA 聚合酶全酶根据模板链信息，催化第一个 NTP、第二个 NTP 形成第一个 3′,5′-磷酸二酯键，生成的聚合物是二核苷酸 pppNpN-OH。

（4）释放：一旦合成 10 nt 的 RNA，RNA 聚合酶全酶即会变构释放 σ 因子。σ 因子释放导致核心酶失去与启动子结合的特异性，亲和力削弱。核心酶复合物离开启动子区域（称为启动子清除，promoter clearance，又称启动子逃逸，promoter escape），向下游移动，进入转录延伸阶段。释放的 σ 因子可以介导其他核心酶与启动子结合，启动新一轮转录。

拓展阅读 15-1：*流产式启动*

（二）转录延伸

核心酶与 DNA 的结合没有序列特异性，有利于移动。在转录延伸阶段，核心酶向下游移动（覆盖 30～40 bp），所覆盖的 DNA 约 17 bp 保持解链；同时，NTP 按照碱基配对原则与模板链的脱氧核苷酸配对，核心酶催化其与 RNA 的 3′- 羟基缩合，使 RNA 链按 5′→3′ 方向延伸（50～100 nt/s）。这时的转录复合物称为转录泡（transcription bubble）、转录延伸复合物（transcription elongation complex）。在转录泡中，RNA 的 3′ 端 8～9 nt 与模板链结合，形成 RNA-DNA 杂交体，5′ 端则脱离模板链甩出。已经转录完毕的 DNA 模板链与编码链重新结合。转录过程中在下游形成正超螺旋，由 Ⅱ 型拓扑异构酶通过引入负超螺旋松弛；在上游形成负超螺旋，由 Ⅰ 型拓扑异构酶松弛（图 15-5）。

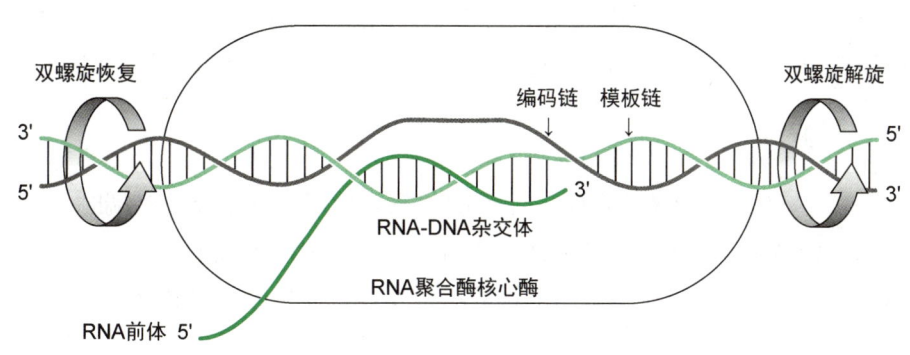

图 15-5 大肠杆菌转录泡

拓展阅读 15-2：多转录起始复合物

RNA 聚合酶没有独立的 3′→5′ 外切酶活性中心专司转录产物序列的校对，虽然可以通过焦磷酸解编辑（pyrophosphorolysis editing）或水解编辑（hydrolysis editing）等方式纠正错配，但纠正效率很低，因此 RNA 合成错配率高于 DNA 合成错配率，每 10^4～10^5 个核苷酸中就会出现一个错配。考虑到绝大多数基因通常会通过重复转录指导合成大量相同的 RNA 拷贝，而且它们基本上都是一次性使用，用完即全部降解，所以 RNA 错配对细胞代谢基本没有影响，更不会影响 DNA 遗传信息。

拓展阅读 15-3：转录修复

（三）转录终止

转录单位的转录终止位点存在转录终止信号，称为终止子（terminator）、终止序列（terminator sequence），是一段保守的 DNA 序列，可以终止 RNA 聚合酶催化的 RNA 合成反应。转录进行到终止子时 RNA 前体释放，核心酶释放，转录终止。原核基因有两类终止子。

1. 不依赖 ρ 因子的终止子　不依赖 ρ 因子的终止子（ρ-independent terminator）又称内在终止子（intrinsic terminator），其转录产物有两段保守序列。①反向重复序列：长 15～20 nt，富含 G/C，可以形成发夹结构。②U 序列：又称 oligo(U)，长 3～8 nt，与发夹结构 3′ 端串联，以最弱的 dA-rU 对与模板链结合（图 15-6）。

发夹结构一方面作用于 β 亚基的一个 β-flap 结构域，使转录泡停滞于 U 序列，另一方面解开 U 序列形成的 RNA-DNA 杂交体并削弱 RNA 与核心酶的结合，导致 RNA 释放。

2. 依赖 ρ 因子的终止子　依赖 ρ 因子的终止子

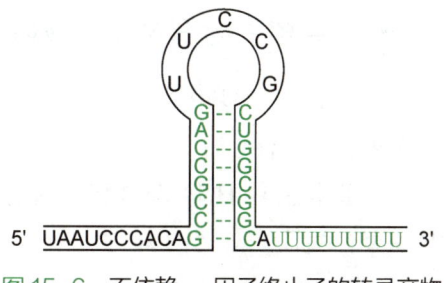

图 15-6 不依赖 ρ 因子终止子的转录产物

（ρ-dependent terminator）的转录产物有两段保守序列。①反向重复序列：可以形成发夹结构，但发夹结构 3′ 端没有 U 序列串联，所以虽然能阻止转录，但不能使 RNA 前体释放。② *rut* 位点（rho utilization site，*rut* site）：约 40 nt，富含 C 或 CA 而少含 G，位于发夹结构上游，可募集转录终止因子 ρ。

转录终止因子 ρ（transcription termination factor ρ）简称 ρ 因子，是一种同六聚体蛋白，具有 ATP 酶活性和 RNA-DNA 解旋酶活性，结合于 *rut* 位点后可向 RNA 前体 3′ 方向移动，直到与被终止子阻止的 RNA 聚合酶结合，促使其释放出 RNA，释放机制有待阐明（图 15-7）。

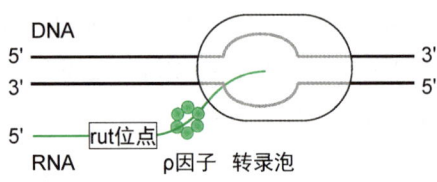

图 15-7 依赖 ρ 因子的转录终止

（四）转录后修饰

大肠杆菌 mRNA 不需要转录后修饰，而且 RNA 聚合酶还在催化合成 3′ 端时，核糖体即在 5′ 端启动翻译了，甚至两者还可以组成超分子结构，称为表达体（expressome）（图 15-8）。rRNA 前体和 tRNA 前体则需要加工才能成为有活性的功能 RNA，加工方式与真核生物相似。

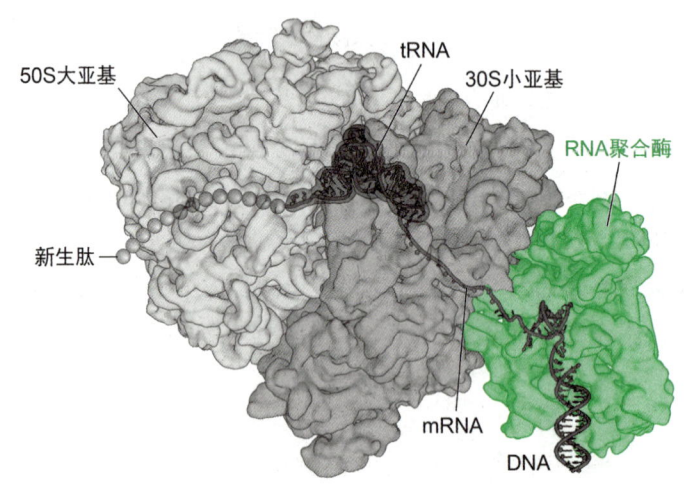

图 15-8 大肠杆菌表达体结构

第三节 真核生物 RNA 合成

真核生物 RNA 的合成机制与原核生物基本相同，但合成体系和合成过程更为复杂。

一、真核生物 RNA 合成体系

大肠杆菌全部基因均由同一种 RNA 聚合酶（核心酶）催化 RNA 合成，真核生物至少有 3 种 RNA 聚合酶（核心酶）。

1. 真核生物 RNA 聚合酶 所有真核生物细胞核内都有 RNA 聚合酶Ⅰ、RNA 聚合酶Ⅱ、RNA 聚合酶Ⅲ（表 15-3）。

第三节 真核生物 RNA 合成

表 15-3 真核生物细胞核 RNA 聚合酶

RNA 聚合酶	转录产物	亚细胞定位	α 鹅膏蕈碱的抑制作用
RNA 聚合酶 I	rRNA 前体（28S、18S、5.8S rRNA）	核仁	无
RNA 聚合酶 II	mRNA 前体，调控 RNA 前体（snRNA, siRNA, miRNA, lncRNA 等）	核质	强
RNA 聚合酶 III	tRNA 前体，rRNA 前体（5S），部分 sncRNA 前体	核质	弱

人的三种细胞核 RNA 聚合酶分别含有 13、12、17 个亚基，可分为三类。

（1）同源亚基：5 个，包括 2 个大亚基（如 RNA 聚合酶 II 的 RPB1 和 RPB2）、2 个类 α 亚基和 1 个类 ω 亚基，分别与大肠杆菌核心酶的 β′ 和 β、2 个 α 亚基和 ω 亚基同源。

RNA 聚合酶 II 的大亚基 RPB1 含有 C 端结构域（C-terminal domain, CTD），记作 RPB1-CTD，是一段七肽串联重复序列（tandem heptapeptide repeat），由 52 个七肽单位（heptapeptide）串联形成。七肽单位共有序列 Y-S-P-T-S-P-S，其中的 Ser2、Ser5 是主要的磷酸化调节位点。RPB1-CTD 的长度是 RNA 聚合酶直径的 5~10 倍，通过一段固有无序区（intrinsically disordered regions, IDR）与大亚基主体相连，功能是参与 RNA 合成、转录后修饰和转运的调控。在转录启动时，RPB1-CTD 呈去磷酸化状态；转录启动后，它将被磷酸化，以使转录进入延伸阶段。

RNA 聚合酶 I 与 RNA 聚合酶 III 有两个同源亚基相同（RPAC1、RPAC2）。

（2）通用亚基：5 个，是三种 RNA 聚合酶共有的亚基（RPABC1、RPABC2、RPABC3、RPABC4、RPABC5）。同源亚基与通用亚基组成核心酶。

（3）特异亚基：是 RNA 聚合酶 I、RNA 聚合酶 II 和 RNA 聚合酶 III 各自特有的亚基，分别为 3、2 和 7 个。

植物细胞核内还有 RNA 聚合酶 IV、V，分别催化合成小干扰 RNA（siRNA）前体、长链非编码 RNA（lncRNA）前体。线粒体有自己的 RNA 聚合酶。

拓展阅读 15-4：线粒体 RNA 聚合酶

2. 转录因子 三种 RNA 聚合酶均有各自的转录因子，其中 RNA 聚合酶 II 的转录因子根据作用机制的不同，分为通用转录因子、特异转录因子、共调节因子等（参见第十七章）。通用转录因子的功能相当于大肠杆菌 σ 因子，介导组装前起始复合物（表 15-4）。

表 15-4 参与人 RNA 聚合酶 II 转录起始所需的通用转录因子及其功能

转录因子	亚基数	功能
TF II D	21~22	其 TBP 亚基识别和结合于 TATA 盒
TF II A	2（LS）	被 TBP 亚基募集，介导募集 TF II B
TF II B	1	介导募集 RNA 聚合酶 II-TF II F 复合物
TF II E	4（$\alpha_2\beta_2$）	募集 TF II H，激活其 ATPase 活性和蛋白激酶活性
TF II F	2（αβ）	与 RNA 聚合酶 II 结合形成 RNA 聚合酶 II-TF II F 复合物
TF II H	10	其解旋酶亚基 XPB 和 XPD 催化解链，其蛋白激酶 CAK 催化磷酸化

二、真核生物 RNA 合成过程

蛋白基因又称 mRNA 基因，在经典基因（蛋白基因、rRNA 基因、tRNA 基因）中种类最多、表达最复杂，均由 RNA 聚合酶 Ⅱ 催化转录。以下重点讨论。

（一）转录起始

真核生物蛋白基因的转录起始阶段是由各种转录因子等介导 RNA 聚合酶 Ⅱ 在启动子区组装转录起始复合物，启动转录。转录起始复合物中由通用转录因子和 RNA 聚合酶 Ⅱ 在核心启动子区组装的部分称为前起始复合物（preinitiation complex，PIC）。

1. 启动子 真核生物启动子分为 Ⅰ、Ⅱ、Ⅲ 三类，分别募集 RNA 聚合酶 Ⅰ、Ⅱ、Ⅲ 启动转录。Ⅱ 类启动子以蛋白基因的启动子为主，数量最多，差异最大，保守序列尚未完全阐明。已从其序列中鉴定到两类启动子元件。①核心启动子（core promoter）：40~60 bp，位于 −45~+20 区，包括 TATA 盒、起始子、下游启动子元件等，是前起始复合物的组装位点，有方向性。②上游元件（upstream element）：又称近端启动子元件（proximal promoter element），包括 GC 盒、CAAT 盒、八聚体基序等，功能是控制转录启动效率，无方向性（图 15-9）。

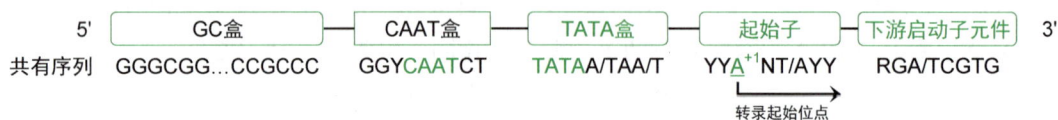

图 15-9 真核基因 Ⅱ 类启动子部分元件

（1）起始子：起始子（initiator，Inr）即解链起点，是含转录起始位点的一段保守序列，位于 −2~+5 区，哺乳动物共有序列是 YYA^{+1}NWYY。

（2）TATA 盒：TATA 盒（TATA box）又称 TATA 框、Hogness 盒（Hogness box），是中心位于 −25~−31 区（酵母 TATA 盒位于 −90 区）的一段保守序列，共有序列是 TATAAAA，是 TATA 结合蛋白（TBP）的识别结合位点、前起始复合物组装位点，作用是协助 RNA 聚合酶 Ⅱ 确定转录起始位点。TATA 盒富含 A-T 碱基对，容易解链，有利于 RNA 聚合酶 Ⅱ 与启动子结合并启动转录，是 RNA 聚合酶 Ⅱ 稳定结合的序列。TATA 盒在 Ⅱ 类启动子中出现率较高，常与起始子共存。

（3）下游启动子元件：下游启动子元件（downstream promoter element，DPE）是某些不含 TATA 盒的核心启动子内的一段保守序列，多位于 +25~+32 区，共有序列是 RGWCGTG，是通用转录因子 TFⅡD 的 TAF1、TAF7 和 TAF2 亚基的识别结合位点。含起始子而不含 TATA 盒的基因多含下游启动子元件。

（4）CAAT 盒：CAAT 盒（CAAT box）又称 CAT 盒，分布较散，多位于 −70~−90 区，共有序列是 GGCCAATCT，是转录因子 NF-Y（nuclear transcription factor Y，又称 CAAT 结合转录因子，CAAT box-binding transcription factor，CTF，异三聚体）的结合位点，作用是控制转录启动效率。

（5）GC 盒：GC 盒（GC box）是某些不含 TATA 盒的启动子内的一段保守序列，中心多位于 −90 区。GC 盒长 20~50 bp，包含两段共有序列为 GGGCGG 的反向重复序列，是转录因子 Sp1、Sp2、GC 盒结合蛋白 1 等的结合位点，作用是控制转录启动效率。

（6）八聚体基序：八聚体基序（octamer motif）是部分 Ⅱ 类启动子的一种上游元件，共有序列是 ATTTGCAT，可以募集八聚体结合蛋白（octamer-binding protein，Oct，一组转录激活因子），激活转录。

并非所有Ⅱ类启动子都含有上述元件。

拓展阅读15-5：Ⅱ类启动子元件

2. 起始过程 真核生物RNA聚合酶不能识别启动子，需要由通用转录因子介导识别、结合启动子。以下为RNA聚合酶Ⅱ转录含TATA盒启动子的基因时，前起始复合物的体外组装机制。

（1）TATA盒募集TFⅡD：TFⅡD的一个亚基TATA结合蛋白（TBP）的构象呈马鞍形，可以与TATA盒特异性结合，致使TATA盒弯曲，有利于募集TFⅡA（图15-10①，图15-11）。

通用转录因子TFⅡD是由一个TATA结合蛋白（TATA-binding protein，TBP）亚基和13种TBP相关因子（TBP-associated factor，TAF，包括TAF1~TAF13）亚基组成的二十一聚体或二十二聚体。①TFⅡD也能与不含TATA盒的启动子结合，机制是通过TBP相关因子与起始子、下游启动子元件等其他核心元件结合。②TFⅡD中的TBP相关因子还能与其他转录因子（转录激活因子和中介分子，参见第十七章）结合。③TATA结合蛋白可以先与某些启动子的TATA盒结合，再募集TBP相关因子，组装成TFⅡD。

（2）TFⅡA和TFⅡB募集：TFⅡA先与TATA结合蛋白及TATA盒上游的磷酸二酯键结合，稳定TFⅡD-TATA盒。TFⅡB再与TFⅡD-TATA盒、TFⅡA及TATA盒两翼的TFⅡB识别元件（TFⅡB recognition element，BRE）特异性结合，形成TFⅡD-TFⅡA-TFⅡB复合物（DAB复合物）（图15-10②）。

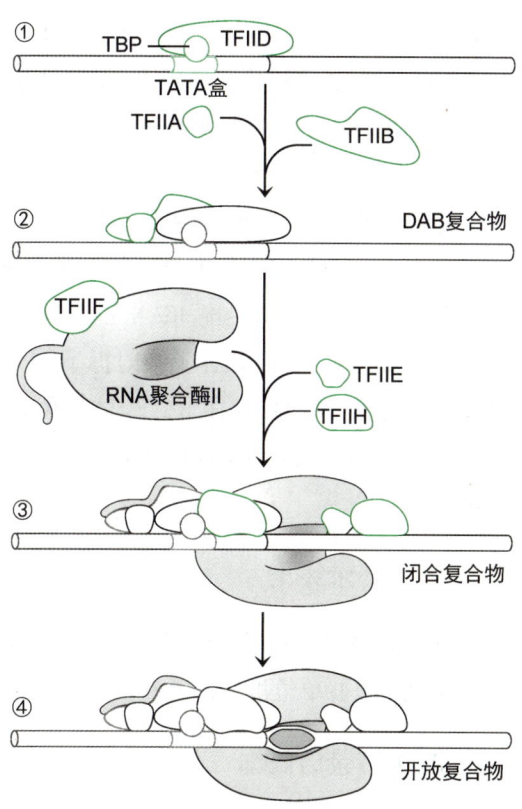

图15-10 真核生物RNA聚合酶Ⅱ转录起始

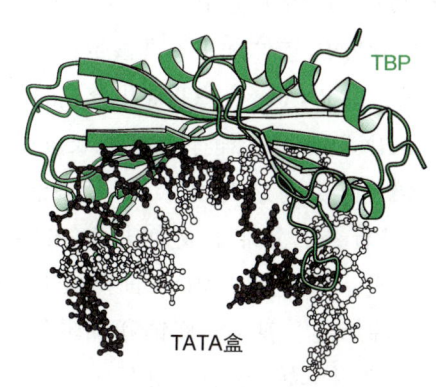

图15-11 TBP-TATA盒

（3）闭合复合物形成：RNA聚合酶Ⅱ-TFⅡF复合物、TFⅡE和TFⅡH依次结合，形成闭合复合物，即前起始复合物（图15-10③）。

（4）开放复合物形成：TFⅡH为十亚基蛋白，由一个七亚基TFⅡH核心（core-TFⅡH）和一个三亚基蛋白激酶CAK（CDK-activating kinase，CDK7-CycH-MAT1）组成。①TFⅡH核心含解旋酶亚基XPB和XPD。XPB和XPD都有ATPase活性，在闭合复合物形成后催化起始子处解链11~15 bp，形成开放复合物（图15-10④）。②蛋白激酶CAK催化RPB1-CTD七肽单位中的Ser5磷酸化，导致RNA聚合酶Ⅱ被激活，流产式启动RNA合成。

（二）转录延伸

真核生物的转录延伸阶段需要转录延伸因子P-TEFb、ELL、SⅡ、SⅢ等。正性转录延伸因子b（positive transcription elongation factor b，P-TEFb）为细胞周期蛋白依赖性激酶9（CDK9）-

细胞周期蛋白 T（cyclin T）二聚体，在 RNA 聚合酶 II 启动 RNA 合成后，催化 RPB1-CTD 七肽单位中的部分 Ser2 磷酸化，导致 RNA 聚合酶 II 变构，开放复合物部分解离：TF II D-TF II A-TF II B 复合物留在启动子处，TF II E 和 TF II H 释放，RNA 聚合酶 II -TF II F 复合物募集其他延伸因子，实施启动子清除，使转录进入延伸阶段，此时 RNA 合成已达 60～70 nt。

真核生物 DNA 形成染色质结构，转录时需由促进染色质转录复合物（facilitates chromatin transcription complex，FACT 复合物）催化核小体移位和重塑。FACT 复合物又称染色质特异性转录延伸因子（chromatin-specific transcription elongation factor），是一种组蛋白伴侣（histone chaperone），只需从组蛋白八聚体上临时拆下一个 H2A-H2B 二聚体，即可允许 RNA 聚合酶 II 转录核心 DNA，之后还可将 H2A-H2B 二聚体复位。

转录延伸阶段转录泡覆盖约 50 bp DNA。受核小体移位和重塑影响，转录速度较慢（10～40 nt/s）。

（三）转录终止

真核生物蛋白基因的转录终止机制尚未阐明，其一个特征性事件是末端加尾。转录终止后，RPB1-CTD 七肽单位被蛋白磷酸酶 CTDSP1 等催化去磷酸化，准备启动下一轮转录。

（四）转录后修饰

真核生物细胞核 RNA 聚合酶催化合成的各种 RNA 前体需要在细胞核内加工修饰，才能成为有活性的功能 RNA 分子。

1. mRNA 前体加工 真核生物的许多蛋白基因是断裂基因，其外显子序列和内含子序列都被转录，由 RNA 聚合酶 II 催化合成的只是 mRNA 前体（pre-mRNA）。mRNA 前体的平均长度是功能 mRNA 的 4～5 倍（人类高达 10 倍），并且半衰期短（5～15 分钟），只有一部分加工成为功能 mRNA，用于指导蛋白质合成。真核生物 mRNA 前体加工主要包括 5′ 端加帽、3′ 端加尾、剪接、修饰和编辑等（mRNA 的转录"后"加工并非始于转录终止后）。

（1）mRNA 加帽：mRNA 加帽（mRNA capping）是指由加帽酶等在真核生物（和病毒）mRNA 的 5′ 端催化合成一种特殊的核苷酸结构，称为帽子（cap）（图 15-12 ①）。迄今已经发现三种帽子结构，其中 1 型（X = CH_3，Y = H）最多，但单细胞真核生物 mRNA 主要是 0 型（X = H，Y = H），酵母甚至只有 0 型，2 型（X = CH_3，Y = CH_3）见于脊椎动物 mRNA。加帽发生在转录起始阶段，mRNA 合成刚达 20～30 nt 时。

帽子功能：①抗磷酸酶降解，从而保护 mRNA。②募集帽结合蛋白，介导 5′ 外显子剪接及 mRNA 转运出核。③募集翻译起始因子，从而启动蛋白质合成。

拓 展 阅 读 15-6：加帽酶系

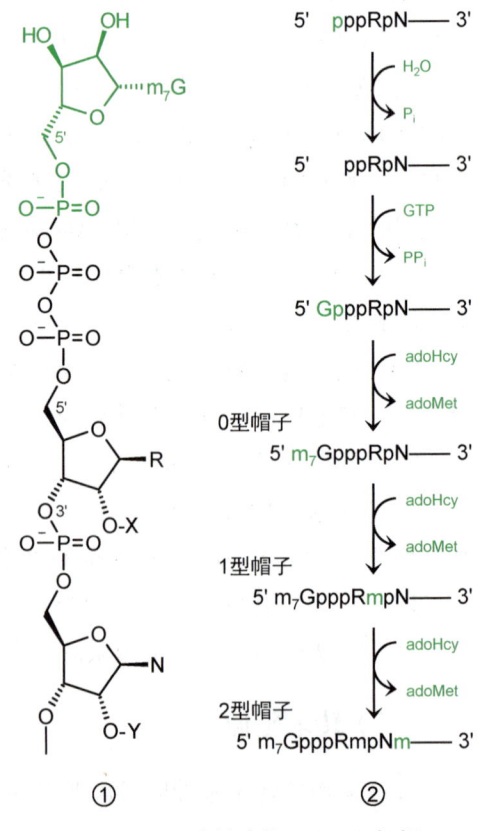

图 15-12　真核生物 mRNA 加帽

（2）mRNA 加尾：mRNA 加尾（mRNA tailing）是指在 mRNA 的 3′ 端合成一段 200~250 nt 的聚腺苷酸，称为 poly(A) 尾、聚腺苷酸尾、多聚 (A) 尾。

哺乳动物蛋白基因转录区下游尚未发现能阻止转录泡移动或促使其解离的保守序列，但转录产物中有三段保守序列，合称加尾信号、聚腺苷酸化信号（polyadenylation signal）、poly(A) 信号 [poly(A) signal]。① AAUAAA 基序，由聚腺苷酸化特异因子复合物（cleavage and polyadenylation specificity factor complex，CPSF complex，CPSF 复合物）识别结合。②富含 G/U 基序，由剪切刺激因子复合物（又称切割刺激因子复合物，cleavage stimulation factor complex，CSTF complex，CSTF 复合物）识别结合。③ UGUA 基序，由剪切因子 Im 复合物（cleavage factor Im complex，CFIm complex，CFIm 复合物）识别结合。

加尾过程（图 15-13）：①组装：加尾信号募集 CPSF 复合物、CSTF 复合物、CFIm 复合物，确定剪切位点（cleavage site），多称加尾位点、聚腺苷酸化位点（polyadenylation site）、poly(A) 位点 [poly(A) site]。该位点位于 AAUAAA 序列下游 10~30 nt、富含 G/U 序列上游 20~40 nt 处。②剪切：CPSF 复合物的亚基 3 为核酸内切酶，催化加尾位点的 3′- 磷酸酯键水解。CSTF 复合物、CFIm 复合物离去。③加尾：CPSF 复合物募集 poly(A) 聚合酶（聚腺苷酸聚合酶，poly(A) polymerase，PAP），催化合成 poly(A) 尾。在某些 mRNA 的加尾位点，poly(A) 聚合酶的结合发生在内切酶催化水解之前。

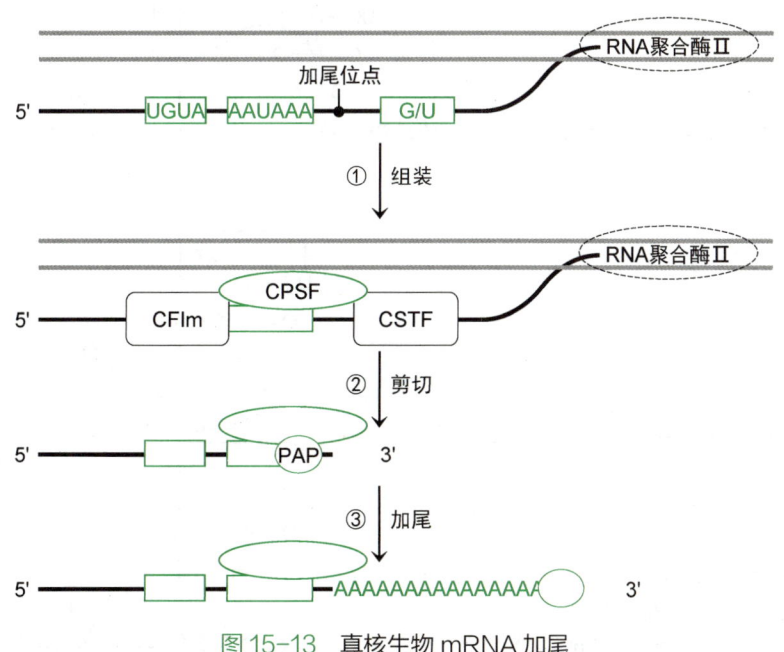

图 15-13　真核生物 mRNA 加尾

poly(A) 尾功能：①募集 poly(A) 结合蛋白（polyadenylate-binding protein，PABP）以保护 poly(A)，抗 3′→5′ 外切酶降解，提高 mRNA 稳定性。poly(A) 尾可使 mRNA 寿命延长至数小时甚至数日。组蛋白 mRNA 没有 poly(A) 尾，半衰期只有几分钟。一些细菌 mRNA 也有 poly(A) 尾，却促进其降解。②参与蛋白质合成的起始和终止，提高翻译效率。

其他 RNA 也有加尾修饰，如 5S rRNA、U2-snRNA、SRP RNA、7SK RNA。

（3）mRNA 剪接：mRNA 剪接（mRNA splicing）是指经过加工去除 mRNA 前体中的内含子，连接外显子，形成连续且完整的编码区的过程。

剪接必需准确无误，否则会得到异常 mRNA，指导合成无功能蛋白。准确剪接依靠剪接体对称为剪接信号的三段保守序列的准确识别。①5′剪接位点（5′ splice site）：又称剪接供体（splice donor，SD），位于5′外显子（5′ exon）与内含子5′端交界处，脊椎动物共有序列AG-GUAAGU，前一个GU为内含子5′端二核苷酸（边界线）。②3′剪接位点（3′ splice site）：又称剪接受体（splice acceptor，SA），位于内含子3′端与3′外显子（3′ exon）交界处，脊椎动物共有序列Y_{10}NCAG-GU，AG为内含子3′端二核苷酸。③分支点（intron branch site）：是位于3′剪接位点上游18~50 nt处的一段序列，动物共有序列YNYYRAY，其中A为必需碱基（图15-14）。

图15-14　哺乳动物Ⅲ型内含子

Ⅲ型内含子是细胞核蛋白基因的内含子，其剪接是通过两步转酯反应（transesterification reaction）实现的。①2′-3′转酯反应：分支点腺苷酸（A）的2′-羟基亲核攻击5′外显子3′端的磷酸基，释放其3′-羟基，内含子5′端则形成含2′,5′-磷酸二酯键的内含子套索（intron lariat）。②3′-3′转酯反应：5′外显子3′端的羟基亲核攻击内含子3′端的磷酸基，释放内含子套索，并使5′外显子3′端与3′外显子5′端以3′,5′-磷酸二酯键连接（图15-15）。

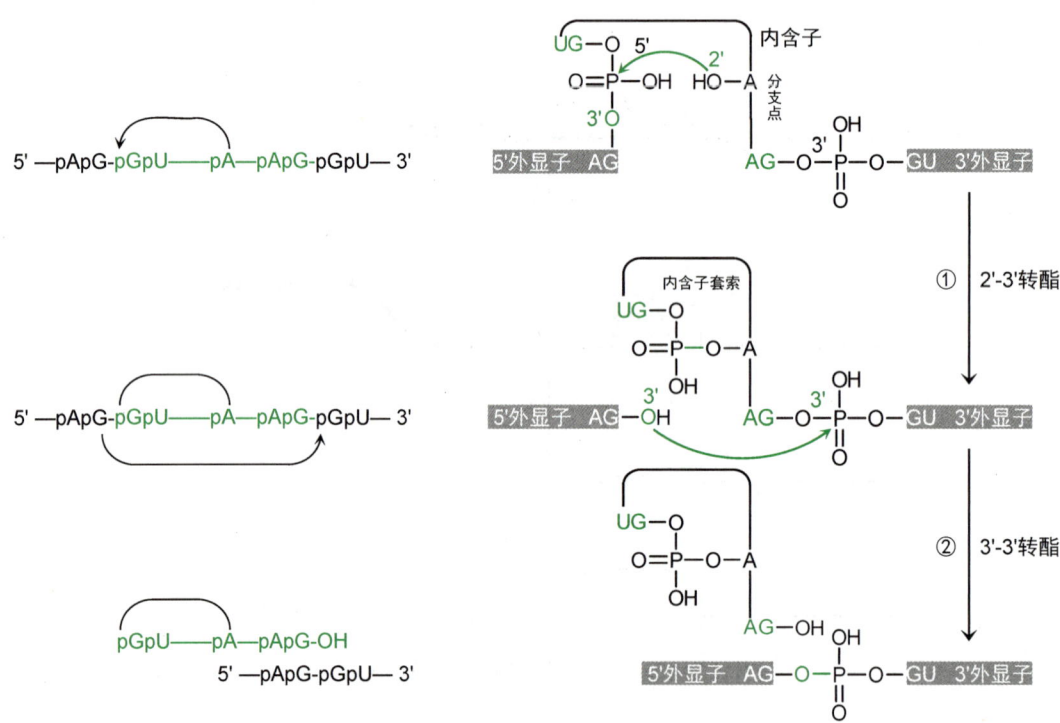

图15-15　Ⅲ型内含子转酯反应

Ⅲ型内含子剪接由剪接体（spliceosome）催化。

拓 展 阅 读 15-7：剪接体

人类基因组中5%蛋白基因的转录单位称为简单转录单位，其指导合成的mRNA前体只有一种剪接方式，称为组成性剪接（constitutive splicing）。其余95%蛋白基因的转录单位称为复杂转录单位，其指导合成的mRNA前体有不止一种剪接方式，称为选择性剪接（alternative splicing）、可变剪接。一种mRNA前体经过选择性剪接可以得到不同的功能mRNA，指导合成不同的蛋白质。这些 RNA 及其编码的蛋白质统称同源［异构］体（isoform）、剪接变异体（splicing variant）。成人多数组织细胞只表达基因组 10%~20% 的基因，即 2 500~5 000 种基因（肝、肾表达 10 000~15 000 种），却指导合成 10 000~20 000 种 mRNA。每种基因平均指导合成 4 种 mRNA 同源体。这主要是通过选择性剪接实现的。

选择性剪接具有组织特异性或条件特异性，即在不同发育阶段、不同组织细胞或受到不同信号刺激时发生不同的剪接。例如：同一 mRNA 前体在人甲状腺经过选择性剪接得到降钙素 mRNA（翻译产物调节钙磷代谢），在人脑经过选择性剪接得到降钙素基因相关肽 mRNA（翻译产物是一种血管扩张剂）（图 15-16）。选择性剪接既极大增加了蛋白质多样性，又是一种有效的基因表达调控方式。

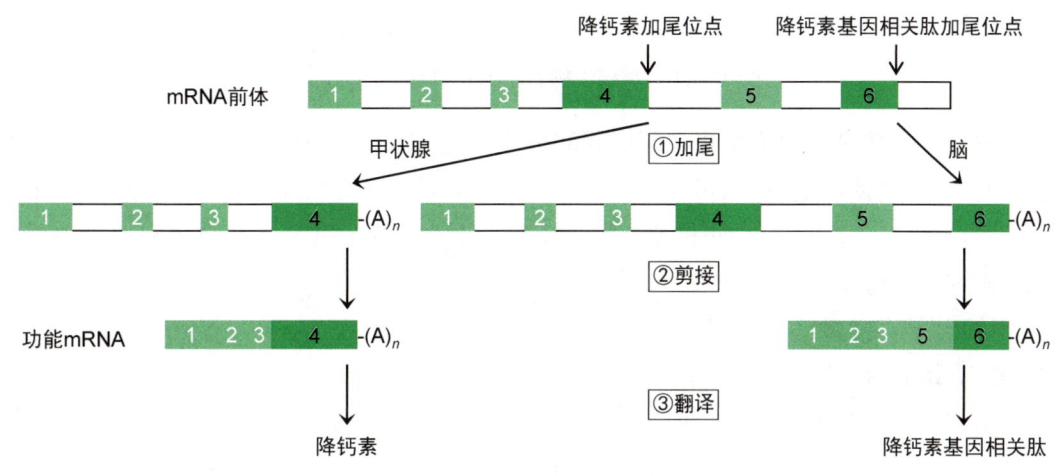

图 15-16　mRNA 选择性剪接

（4）mRNA 编辑：mRNA 编辑（mRNA editing）是在 mRNA 水平上改变遗传信息的过程。即通过增加、删除或修饰某些核苷酸而改变密码子，从而使一种基因可以编码多种蛋白质。

例如：人载脂蛋白 apo B-100 和 apo B-48 都是 *APOB* 基因表达的产物。① apo B-100：肝细胞 *APOB*-mRNA 前体在加工之后指导合成含有 4 563 个氨基酸残基的 apo B-100 前体蛋白，经过切除含有 27 个氨基酸残基的信号肽等翻译后修饰得到含有 4 536 个氨基酸残基的 apo B-100。② apo B-48：小肠细胞 *APOB*-mRNA 前体加工过程发生编辑，一种小肠细胞特异性胞嘧啶脱氨酶（mRNA C-6666 脱氨酶）催化 RNA 前体的第 2180 号密码子 CAA（编码谷氨酰胺）的胞嘧啶脱氨基成尿嘧啶，密码子 CAA 改变为终止密码子 UAA，指导合成含有 2 179 个氨基酸残基的 apo B-48 前体蛋白，经过切除含有 27 个氨基酸残基的信号肽等翻译后修饰得到含有 2 152 个氨基酸残基的 apo B-48（图 15-17）。

密码子（或氨基酸残基）编号	2172	2174	2176	2178	2180	
肝apo B-100 mRNA编码区片段	⋯ CAA	CUG	CAG	ACA	UAU	AUG	AUA	CAA	UUU
肝apo B-100前体片段	— Gln	Leu	Gln	Thr	Tyr	Met	Ile	Gln	Phe
肠apo B-48 mRNA编码区片段	⋯ CAA	CUG	CAG	ACA	UAU	AUG	AUA	UAA	UUU
肠apo B-48前体片段	— Gln	Leu	Gln	Thr	Tyr	Met	Ile		

图 15-17　人 *APOB* 基因 mRNA 编辑

2. rRNA 前体加工　哺乳动物 rRNA 前体 45S，由 18S、5.8S、28S rRNA 和转录间隔区组成，

由 RNA 聚合酶 I 催化合成。转录间隔区（transcribed spacer）包括 5′ 外转录间隔区（5′ external transcribed spacer，5′ETS）、内转录间隔区（internal transcribed spacer，ITS）、3′ 外转录间隔区（3′ external transcribed spacer，3′ETS）。5S rRNA 基因自成转录单位，由 RNA 聚合酶 III 催化合成。

真核生物 45S rRNA 前体加工包括碱基和核糖修饰、核糖体蛋白组装、转录间隔区剪切。有的还要进行 I 型内含子剪接（图 15-18）。

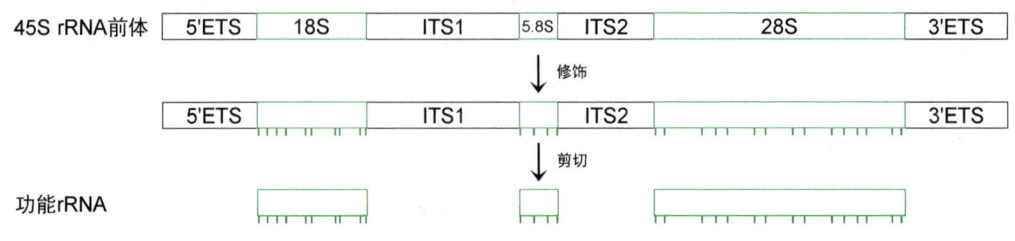

图 15-18 真核生物 rRNA 前体转录后修饰

（1）修饰：主要是核糖甲基化和假尿苷酸形成。人 rRNA 有 115 个核糖发生 2′-O- 甲基化，由 40 多种核仁小核糖核蛋白（snoRNP）催化；有 95 个尿苷酸变位成假尿苷酸，由 20 多种核仁小核糖核蛋白催化。每一种核仁小核糖核蛋白都由一种核仁小 RNA（snoRNA）和 4~5 种组装蛋白（包括修饰酶）构成。

核糖体蛋白组装与碱基和核糖修饰同步进行。

拓展阅读 15-8：核仁小 RNA 与核仁小核糖核蛋白

（2）剪切：发生在亚基组装完成后，由一组核酸内切酶和核酸外切酶催化进行。

核糖体亚基转运到细胞质后还要进行其他修饰，故 rRNA 前体转录后修饰始于细胞核仁，完成于细胞质。

3. tRNA 前体加工　真核生物 tRNA 前体由 RNA 聚合酶 III 催化合成，其加工包括剪切、加接、修饰、剪接等（图 15-19）。

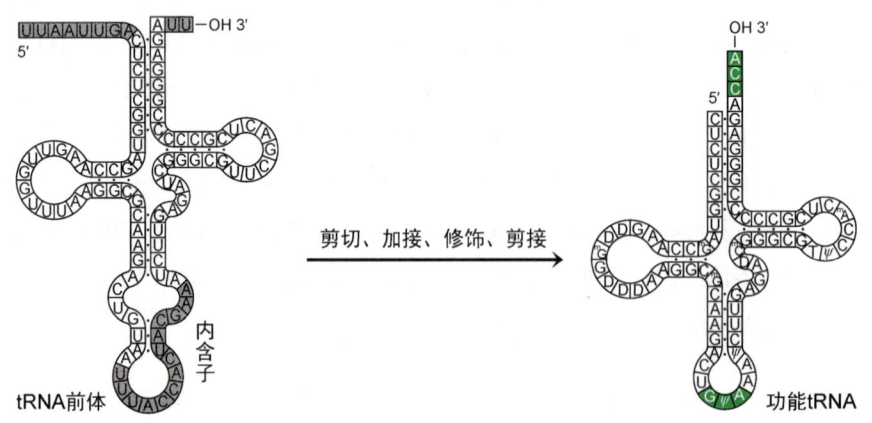

图 15-19 真核生物 tRNA 前体转录后修饰

（1）5′ 端加工：tRNA 前体 5′ 端有前导序列，需切除，由核酸内切酶 RNase P（一种核酶）催化。组氨酸 tRNA 还要加接一个 5′G，由组氨酸 tRNA 鸟苷酸转移酶（tRNA-histidine guanylyl-transferase）催化加接（消耗 ATP），加接反应在细胞质中进行。

（2）3′ 端加工：tRNA 前体 3′ 端有尾随序列，需切除，由核酸内切酶 RNase Z 1（又称 tRNase Z 1）等催化。真核生物几乎所有 tRNA 前体都没有 3′CCA，要在加工时加接，由 CCA tRNA 核苷酸转移酶（CCA tRNA nucleotidyltransferase）催化，不需要模板，加接反应在细胞核内和细胞质中进行。

（3）tRNA 剪接：人类基因组有 509 个 tRNA 基因，其中 32 个有一个 14～60 nt 的 Ⅳ 型内含子，位于反密码子下游且只隔一个核苷酸，需剪接。剪接时先由 tRNA 剪接内切酶复合物（tRNA-splicing endonuclease complex）催化剪除内含子（形成 5′- 羟基和 2′, 3′- 环磷酸基），再由 tRNA 剪接连接酶复合物（tRNA-splicing ligase complex）催化连接（消耗 GTP），反应在细胞核内进行。

（4）碱基修饰：部分碱基修饰形成稀有碱基，修饰方式包括鸟嘌呤甲基化、尿嘧啶还原、腺嘌呤脱氨、尿嘧啶糖苷键重排等，有的修饰发生在剪接前，有的发生在剪接后；有的修饰发生在细胞核内，有的发生在细胞质中。

第四节　RNA 合成抑制剂类药物

很多药物或化合物可以作为模板干扰剂、碱基类似物和核苷类似物、RNA 聚合酶抑制剂等干扰 RNA 合成。其中某些药物只干扰细菌的 RNA 合成，可用作抗菌药；某些药物能干扰真核生物的 RNA 合成，可用作抗肿瘤药。

一、模板干扰剂

放线菌素类和蒽醌类抗肿瘤药（XL01）属于模板干扰剂。

1. 放线菌素类　药品分类代码 XL01DA，如放线菌素 D（actinomycin D），其吩噁嗪酮（phenoxazone）环平面可嵌入相邻的 GC 碱基对之间，其肽部分在 DNA 的小沟内阻碍 RNA 聚合酶移动，从而抑制转录延伸，且对原核生物和真核生物都有效。

2. 蒽醌类　药品分类代码 XL01DB，如多柔比星（doxorubicin）、柔红霉素（daunorubicin）等。其蒽醌（anthraquinone）环平面一方面可嵌入 DNA，阻碍拓扑异构酶松弛超螺旋，另一方面可被 P450 还原酶还原成半醌自由基，再氧化成氧自由基，致细胞损伤、凋亡。

二、碱基类似物和核苷类似物

参见第十一章。

三、RNA 聚合酶抑制剂

一些药物或化合物可以与 RNA 聚合酶特异性结合，从而抑制 RNA 合成。

1. 利福霉素　利福霉素（XJ04AB，rifamycin）属于抗分枝杆菌药（XJ04），是 1957 年从地中海链霉菌中分离到的一类抗生素，能强烈抑制革兰氏阳性菌、革兰氏阴性菌和结核 [分枝] 杆菌。利福平（XJ04AB，XS01A）是 1962 年研发的半合成利福霉素 B 衍生物，属于广谱抗生素，对结核分枝杆菌杀伤力更强，用于治疗肺结核。不过有 1/3 患者感染的结核分枝杆菌会发生突变而产生耐药性。利福霉素及其同类化合物的作用机制是与细菌 RNA 聚合酶全酶 β 亚基活性中心旁的 RNA-DNA 结合区特异性结合，抑制其活性，将转录起始阻止在 RNA 只合成 2～3 nt 的环节，即抑制启动子清除。

第十五章　RNA 生物合成

2. 利迪链菌素　利迪链菌素（streptolydigin）又称链霉溶菌素，由利迪链霉菌合成，能与细菌 RNA 聚合酶的 β 亚基结合，抑制转录延伸。

3. 鹅膏毒肽　鹅膏毒肽（amatoxin）又称毒伞肽、鹅膏毒素，是有毒鹅膏菌类（如鬼笔鹅膏）合成的一类双环八肽。目前已鉴定的有 8 种，分别称为 α 鹅膏蕈碱、β 鹅膏蕈碱等。其中 α 鹅膏蕈碱（α amanitin）毒性最强，作用机制是强烈抑制 RNA 聚合酶 Ⅱ（K_d = 10 nmol/L）（抑制移位，从而抑制启动子清除），从而抑制 mRNA 合成；此外还抑制 RNA 聚合酶 Ⅲ，从而抑制 tRNA、5S rRNA 合成，但亲和力较弱（K_d = 1 000 nmol/L）。对细菌 RNA 聚合酶的抑制作用极弱。

拓展阅读 15-9：抗 RNA 病毒药物靶标

思考题

1. 如何看待 RNA 聚合酶的保守性？提示：①原核生物 RNA 聚合酶可以转录各种原核生物的基因，不能转录真核基因；真核生物 RNA 聚合酶可以转录各种真核生物的基因，不能转录原核基因。②人体细胞核内有三种 RNA 聚合酶。
2. 为什么 DNA 和 RNA 的合成都是单向的？为什么是 5' 端→3' 端？
3. 试比较复制与转录的异同。
4. 原核生物启动子的哪些特点影响转录效率？请阐释在医药领域对上述特点的应用。
5. 如何看待启动子的保守性？提示：原核基因只有一类启动子，真核基因有三类启动子。
6. 真核生物功能 mRNA 的结构特点是什么？其对在实验室中纯化 mRNA 有何启示？
7. 真核生物 mRNA 前体的加工主要包括哪几个方面？有何生物学意义？

（王少峡　张　强　康　宁）

数字资源详见　新形态教材网

　拓展阅读　　　自测题　　　教学课件

第十六章

蛋白质生物合成

蛋白质是生命活动的执行者。生物体内几乎任何一项生命活动都需要一种或一组蛋白质去实施。蛋白质由氨基酸聚合而成。蛋白质的氨基酸序列由 DNA 的编码序列编码。DNA 的编码序列直接指导 mRNA 合成，并由 mRNA 直接指导蛋白质合成。蛋白质合成过程又称翻译（translation），即把核酸语言翻译成蛋白质语言。

第一节 蛋白质合成体系

蛋白质合成体系极其庞大，由数百种大分子组成，包括催化合成蛋白前体的翻译体系和催化蛋白前体翻译后修饰的修饰体系。翻译体系包括核糖体、mRNA、tRNA 和一组翻译起始因子、延伸因子、释放因子等，催化氨基酸聚合生成蛋白前体（表 16-1）。

修饰体系是一组蛋白酶、修饰酶、异构酶和一组分子伴侣、辅助因子等（表 16-1）。

表 16-1 蛋白质合成体系

合成体系	合成阶段	参与蛋白质合成的物质
翻译体系	氨基酸负载	20 种氨基酸，20 种氨酰 tRNA 合成酶，≥32 种 tRNA，ATP，Mg^{2+}
	翻译起始	核糖体大、小亚基，mRNA，蛋氨酰 tRNA，翻译起始因子，GTP，Mg^{2+}
	翻译延伸	氨酰 tRNA，翻译延伸因子，GTP，Mg^{2+}
	翻译终止	释放因子，GTP
修饰体系	翻译后修饰	分子伴侣、酶、辅助因子和其他成分（用于切除、水解、修饰等）

一、mRNA

mRNA 携带来自 DNA 的遗传信息，其编码区的密码子序列直接编码蛋白前体的氨基酸序列。

1. **mRNA 一级结构** 包括编码区和非翻译区（图 16-1）。

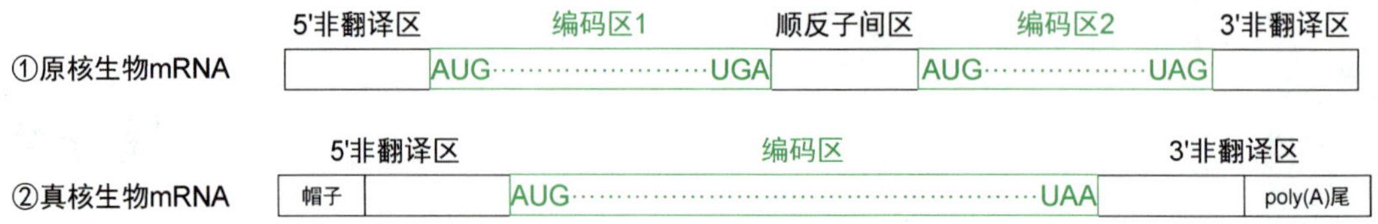

图 16-1　mRNA 一级结构

（1）5′非翻译区：5′非翻译区（5′untranslated region，5′UTR）又称前导序列（leader，leader sequence），是从 mRNA 的 5′端到起始密码子之前的一段序列，不编码蛋白质，但具有翻译调控功能。原核生物 mRNA 的 5′非翻译区较短，但几乎都大于 25 nt；真核生物 mRNA 的 5′非翻译区较长，但多数不超过 100 nt。真核生物 5′非翻译区包括帽子。

（2）编码区：编码区（coding region）又称开放阅读框、可读框（open reading frame，ORF），是从 mRNA 的起始密码子到终止密码子的一段密码子串联序列（及对应的 DNA 序列），是 mRNA 的主要序列。一个编码区平均长度约 1 050 nt，编码一种平均长约 350 个氨基酸残基的肽链。细菌和古菌中许多 mRNA 有两个或多个不同的编码区（因而编码两种或多种不同的肽链），相邻编码区被一个顺反子间区（intercistronic region，−1 ~ 40 nt）隔开。这种 mRNA 称为多顺反子 mRNA（polycistronic mRNA）。大肠杆菌有 50% 的 mRNA 是多顺反子 mRNA。真核生物几乎所有 mRNA 都只有一个编码区，只能编码一种肽链。这种 mRNA 称为单顺反子 mRNA（monocistronic mRNA）。人朊病毒基因为双顺反子基因（bicistronic gene），其 mRNA 为双顺反子 mRNA。

拓展阅读 16-1：编码区与开放阅读框

（3）3′非翻译区：3′非翻译区（3′untranslated region，3′UTR）又称尾随序列（trailer，trailer sequence），是从 mRNA 的终止密码子之后到 3′端的一段序列。真核生物 3′非翻译区包括 poly(A) 尾。

少数 mRNA 的非翻译区很长（特别是 3′非翻译区），可达编码区的 2 ~ 3 倍。非翻译区影响 mRNA 的修饰、转运、储存、降解、翻译，从而成为调控基因表达的环节之一。

2. 密码子　mRNA 编码区由一组种类和数目一定的碱基三联体（base triplet）按一定顺序串联形成。每个碱基三联体称为一个密码子（codon）、三联体密码（triplet code）、编码三联体（coding triplet）。密码子共有 64 个，包括 61 个有义密码子和 3 个无义密码子，合称遗传密码（genetic code）（表 16–2）。

（1）有义密码子：有义密码子（sense codon）是编码氨基酸的密码子。其中位于编码区始端（5′端）的第一个有义密码子又称起始密码子（start codon，initiation codon）。起始密码子编码蛋氨酸。①绝大多数 mRNA 的起始密码子为 AUG，AUG 在编码区内部也编码蛋氨酸。②少数原核生物 mRNA 以 GUG 或 UUG 为起始密码子，它们在编码区内部分别编码缬氨酸和亮氨酸。③极少数真核生物 mRNA 以 CUG 为起始密码子，它在编码区内部编码亮氨酸。④人睾丸 5– 磷酸核糖焦磷酸合成酶 3（PRS–Ⅲ）mRNA 的起始密码子为 ACG，它在编码区内部编码苏氨酸。

（2）无义密码子：无义密码子（nonsense codon）又称无义三联体（nonsense triplet），包括 UAA、UAG 和 UGA。它们不编码氨基酸，且都位于编码区终端（3′端），是控制翻译终止的信号，故又称终止密码子（stop codon，termination codon）。

硒蛋白（selenoproteins，参见第六章）mRNA 编码区内有密码子 UGA，但它此时不是无义密码子，不起终止密码子作用，而是编码硒代半胱氨酸（Sec）。

表 16-2　遗传密码表

第一碱基	第二碱基								第三碱基
	U		C		A		G		
U	UUU	苯丙氨酸	UCU	丝氨酸	UAU	酪氨酸	UGU	半胱氨酸	U
	UUC		UCC		UAC		UGC		C
	UUA	亮氨酸	UCA		UAA	终止密码子	UGA	终止密码子	A
	UUG		UCG		UAG		UGG	色氨酸	G
C	CUU	亮氨酸	CCU	脯氨酸	CAU	组氨酸	CGU	精氨酸	U
	CUC		CCC		CAC		CGC		C
	CUA		CCA		CAA	谷氨酰胺	CGA		A
	CUG		CCG		CAG		CGG		G
A	AUU	异亮氨酸	ACU	苏氨酸	AAU	天冬酰胺	AGU	丝氨酸	U
	AUC		ACC		AAC		AGC		C
	AUA		ACA		AAA	赖氨酸	AGA	精氨酸	A
	AUG	蛋氨酸	ACG		AAG		AGG		G
G	GUU	缬氨酸	GCU	丙氨酸	GAU 天	天冬氨酸	GGU	甘氨酸	U
	GUC		GCC		GAC		GGC		C
	GUA		GCA		GAA	谷氨酸	GGA		A
	GUG		GCG		GAG		GGG		G

拓展阅读16-2：遗传密码破译

3. 密码子特点　可以概括为方向性、连续性、简并性和通用性。

（1）方向性：核糖体总是按 5′→3′ 方向阅读 mRNA 编码区，因此密码子的方向性（directionality）是指所有密码子都按 5′→3′ 方向阅读，起始密码子位于编码区的 5′ 端，终止密码子位于编码区的 3′ 端。

（2）连续性：连续性（continuity）是指密码子串联形成编码区，密码子之间没有间隔（gap），没有重叠（nonoverlapping）。因此，如果编码编码区的 DNA 序列发生插入缺失，并且插入缺失的不是 $3n$ 个碱基，则插入缺失位点下游会发生移码（frameshift），又称读框移位（reading frame shift），导致蛋白质以及结构中对应的氨基酸组成和序列改变。由插入缺失引起的这类突变称为移码突变。注意移码（frameshift）不是核糖体移码（ribosomal frameshift）。

拓展阅读16-3：核糖体移码

（3）简并性：一个有义密码子编码一种编码氨基酸，但有义密码子有 61 个，它们编码的氨基酸只有 20 种，所以一种氨基酸可能有不止一个密码子。实际上只有蛋氨酸和色氨酸有单一密码子 AUG 和 UGG，其余 18 种氨基酸各有 2~6 个密码子（表16-2）。编码同一种氨基酸的不同密码子称为同义密码子（synonymous codon）、简并密码子（degenerate codon）。同义密码子具有简并性（degeneracy），又称密码简并（code degeneracy），即不同的密码子可以编码同一种氨基酸，并且只编码一种氨基酸。密码子的特异性主要由第一、二碱基决定：大多数同义密码子的第一、二二碱基一样，第三碱基不同，称为第三碱基简并性（third-base degeneracy）。例如：GAU 和 GAC 是同义密码子，都编码天冬氨酸，其第一、二碱基都是 GA，第三碱基分别是 U 和 C。简并性可降低突变效应，如同义突变（参见第十四章）。

拓展阅读 16-4：密码子偏好性

（4）通用性：从原核生物到真核生物几乎（nearly）共用同一套遗传密码，被称为遗传密码的通用性（universality），说明它们拥有共同的进化祖先。某些细菌、单细胞真核生物染色体 DNA 的个别密码子例外，但主要涉及终止密码子。①山羊支原体用 UGA 编码色氨酸。②有纤毛原生生物四膜虫和草履虫用 UAA/UAG 编码谷氨酰胺。③念珠菌用 CUG（Leu 密码子）编码丝氨酸。

4. 线粒体 mRNA 人的线粒体基因编码 13 种线粒体 mRNA，指导合成 14 种线粒体蛋白多肽链，其中 13 种分别为呼吸链复合物Ⅰ、Ⅲ、Ⅳ和 ATP 合酶的 7 种、1 种、3 种和 2 种亚基，由线粒体蛋白质合成体系翻译合成。CYTB-mRNA 除指导合成呼吸链复合物Ⅲ的细胞色素 b 外，还指导细胞质核糖体合成一种线粒体基质蛋白 CYTB-187AA。

此外，线粒体 DNA 的部分遗传密码不同于染色体 DNA（表 16-3）。

表 16-3　染色体 – 线粒体遗传密码差异

基因组	生物	UGA	AUA	AGA/AGG	CUN	CGG
染色体 DNA	各种生物	终止	Ile	Arg	Leu	Arg
线粒体 DNA	脊椎动物	Trp	Met	终止	+	+
	果蝇	Trp	Met	Ser	+	+
	酿酒酵母	Trp	Met	+	Thr	+
	光滑球拟酵母	Trp	Met	+	Thr	–
	裂殖酵母	Trp	+	+	+	+
	丝状真菌	Trp	+	+	+	+
	锥体虫	Trp	+	+	+	+
	高等植物	+	+	+	+	Trp
	莱茵衣藻	–	+	+	+	–

二、tRNA

F. Crick 于 1955 年提出应该存在一种核酸连接物（adaptor, linker）参与蛋白质合成，其一个部位可以结合氨基酸，另一个部位可以识别密码子。这种连接物就是 M. Hoagland 和 P. Zamecnik 于 1958 年发现的 tRNA。细胞质蛋白质合成体系至少需要 32 种 tRNA。

1. 氨基酸负载 每一种氨基酸都有自己的 tRNA。tRNA 通过 3′ 端腺苷酸的 3′- 羟基向核糖体运输氨基酸，由核糖体肽酰转移酶催化连接到新生肽的 C 端。

2. 密码子识别 每一种 tRNA 都有一个反密码子（anticodon），它是 tRNA 反密码子环（YY-N34-N35-N36-R*N，R* 为修饰嘌呤碱基）上的一个碱基三联体（N34-N35-N36），可识别 mRNA 密码子，并与之结合（图 16-2）。因此，mRNA 通过碱基配对选择氨酰 tRNA，并允许其将负载的氨基酸连接到新生肽的 C 端。

3. **摆动假说** 部分 tRNA 反密码子的第一碱基可以与 mRNA 形成 Watson-Crick 碱基配对和非 Watson-Crick 碱基配对，有的甚至只能形成非 Watson-Crick 碱基配对。这些非 Watson-Crick 碱基配对称为摆动碱基配对（wobble base pairing）、摆动配对（wobble pairing）。这类 tRNA 可以识别两个或三个仅第三碱基不同的同义密码子（表 16-4）。这一假说称为摆动假说（wobble hypothesis）、摆动规则（wobble rule）。反密码子的第一碱基（又称 5′ 碱基）和密码子的第三碱基（又称 3′ 碱基）称为摆动位置（wobble position）。反密码子摆动位置的 G、U、I 称为摆动碱基（wobble base）。摆动位置碱基配对的非唯一性称为摆动性（wobble）。

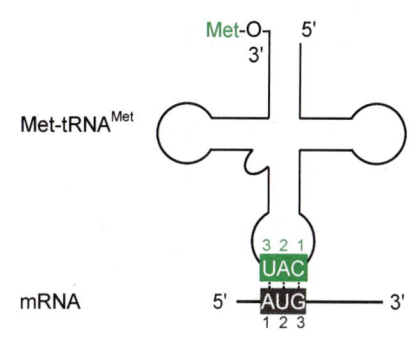

图 16-2 反密码子 – 密码子

表 16-4 摆动配对

反密码子第一碱基	A	C	G	U	I
密码子第三碱基	U	G	C、U	A、G	A、C、U

根据摆动假说分析，识别全部 61 种密码子需要 31 种反密码子。因为起始密码子由起始 tRNA 识别，所以蛋白质合成体系至少有 32 种 tRNA。负载同一种氨基酸的 tRNA 称为同工 tRNA（isoaccepting tRNA）。同工 tRNA 由同一种氨酰 tRNA 合成酶催化负载氨基酸，故又称关联 tRNA（cognate tRNA）。

虽然 32 种 tRNA 可以支持翻译，但实际上基因组编码的 tRNA 要多一些。大肠杆菌基因组中有 86 个 tRNA 基因拷贝，编码 47 种 tRNA。

4. **线粒体 tRNA** 人的线粒体基因编码 22 种线粒体 tRNA。①转运亮氨酸和丝氨酸的各有两种 tRNA，转运其余 18 种氨基酸的各有一种 tRNA。②线粒体 tRNA 摆动性特殊，反密码子第一碱基 C 可以与第三碱基为 A、G 的两种同义密码子配对，第一碱基 U 可以与第三碱基为 A、C、G、U 的四种同义密码子配对。

三、rRNA 与核糖体

拓展阅读 16-5：2009 年诺贝尔化学奖

核糖体是复杂的超分子结构。核糖体及其两个亚基的构象已经解析（参见第四章，图 4-11）。关键位点包括 tRNA 结合位点、肽酰转移酶活性中心、mRNA 结合位点，这些位点的化学构成都是 rRNA，基本没有核糖体蛋白，核糖体蛋白多分布在核糖体表面，所以 rRNA 是核酶，是核糖体结构和功能的关键成分。

1. **tRNA 结合位点** ①氨酰位（aminoacyl site）：简称 A 位，又称受位（acceptor site），是氨酰 tRNA（aminoacyl-tRNA）的结合位点，跨在小亚基和大亚基上。②肽酰位（peptidyl site）：简称 P 位，又称给位（donor site），是肽酰 tRNA（peptidyl-tRNA）的结合位点，跨在小亚基和大亚基上。③出口位（exit site）：简称 E 位，又称排出部位，是脱酰 tRNA（deacylated-tRNA）的结合位点，主要位于大亚基上，但与小亚基也有接触（图 16-3）。三个位点的小亚基部分可以结合 tRNA 的反密码子环，大亚基部分可以结合 tRNA 的 CCA。

2. 肽酰转移酶中心 原核生物和真核生物核糖体的肽酰转移酶中心（peptidyl transferase center）均位于大亚基的 A 位和 P 位之间，可催化 P 位肽酰-tRNA 的肽酰基与 A 位氨酰 tRNA 的氨基缩合。A 位和 P 位之间还有一个肽链通道（exit channel）入口，出口位于大亚基表面，主要由 rRNA 形成。该通道直径 1~2 nm，长约 10 nm，可容纳约含 50 个氨基酸残基的肽段，用于释放新生肽。

3. mRNA 结合位点 位于小亚基上，包括 A 位和 P 位，mRNA 两个连续的密码子与之对应。

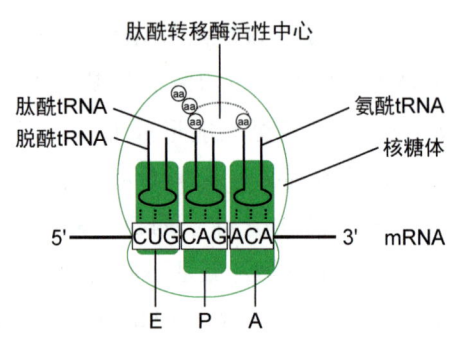

图 16-3　核糖体结构示意图

4. 线粒体 rRNA 与线粒体核糖体 人线粒体核糖体（mitoribosome）55S，含两种线粒体 rRNA 和 82 种线粒体核糖体蛋白。大亚基 39S，含一种 16S rRNA（1569 nt）和 52 种核糖体蛋白；小亚基 28S，含一种 12S rRNA（962 nt）和 30 种核糖体蛋白。线粒体核糖体的两种 rRNA 均由线粒体基因编码，82 种蛋白质均由细胞核基因编码。

第二节　氨基酸活化

氨基酸合成蛋白质时必须活化为氨酰 tRNA，即 tRNA 的氨基酸酯，又称负载 tRNA（charged tRNA）。氨基酸与 tRNA 的结合由氨酰 tRNA 合成酶催化。这一过程称为负载（charging）、氨酰化（aminoacylation）、氨基酸活化。

拓 展 阅 读 16-6：氨酰化

氨基酸活化发生在细胞质中，反应分两步进行。①腺苷酸化（adenylylation）：氨基酸与 ATP 反应生成氨酰 AMP 和焦磷酸。②负载（charging）：氨酰基转移到 tRNA 的 3′-羟基上，合成氨酰 tRNA（图 16-4）。

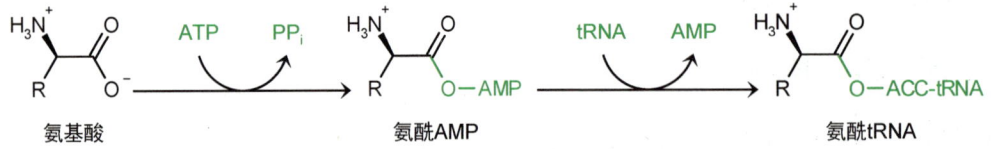

图 16-4　氨酰 tRNA 合成酶催化氨基酸活化机制

一、氨酰 tRNA 合成酶

氨基酸活化由氨酰 tRNA 合成酶催化，需要 Mg^{2+}。氨酰 tRNA 合成酶（aminoacyl-tRNA synthetase）对 tRNA 有绝对或相对专一性，只催化一种 tRNA 或几种同工 tRNA 负载；对氨基酸、ATP 有绝对专一性，只催化一种氨基酸活化，只用 ATP 供能，故每一种氨基酸都由自己的氨酰 tRNA 合成酶催化活化。人类基因组编码 20 种细胞质氨酰 tRNA 合成酶和 20 种线粒体氨酰 tRNA 合成酶，其中赖氨酸和甘氨酸的细胞质/线粒体氨酰 tRNA 合成酶均为同源体。

拓 展 阅 读 16-7：氨酰 tRNA 合成酶

如果氨酰 tRNA 错载（mischarging），即与其他氨基酸结合（实际发生率 10^{-5}~10^{-3}），就会发生错编（miscoding），即将错载的氨基酸连接到肽链上，最终影响产物结构、性质甚至功能。

氨酰 tRNA 合成酶有编辑功能。不同氨酰 tRNA 合成酶的编辑机制不同，但大都属于双中心双过滤（two successive filter）机制。例如异亮氨酰 tRNA 合成酶有两个活性中心。①酰化中心：可筛除比异亮氨酸大的亮氨酸，再催化异亮氨酸和缬氨酸生成异亮氨酰 AMP 和缬氨酰 AMP，但缬氨酰 AMP 量仅为异亮氨酰 AMP 的 1/200。②编辑中心：又称水解中心、校对中心，可水解比异亮氨酰 AMP 小的缬氨酰 AMP（称为转移前编校），从而降低错载率，最终将错编率控制在 1/3 000。

此外，大多数氨酰 tRNA 合成酶还可水解错载氨酰 tRNA（称为转移后编校），从而进一步降低错编率。

拓展阅读 16-8：氨酰 tRNA 编辑酶

二、蛋氨酰 tRNA

蛋氨酸由两种 tRNA 负载。它们分别识别起始密码子 AUG 和非起始密码子 AUG，所负载的蛋氨酸分别掺入蛋白前体的 N 端和其他位点。原核生物掺入蛋白前体 N 端的蛋氨酸常被甲酰化，反应由甲酰基转移酶（transformylase）催化，由 10- 甲酰四氢叶酸提供一碳单位甲酰基。

$$10\text{-甲酰四氢叶酸} + \text{蛋氨酰tRNA} \longrightarrow N\text{-甲酰蛋氨酰tRNA} + \text{四氢叶酸}$$

三、氨酰 tRNA 的表示方法

空载 tRNA 和负载 tRNA 分别以 $tRNA^{AA}$ 和 $AA\text{-}tRNA^{AA}$ 表示，如 $tRNA^{Gly}$（甘氨酸 tRNA）和 $Gly\text{-}tRNA^{Gly}$（甘氨酰 tRNA）。tRNA 多以负载形式存在，在生长旺盛的细胞中负载率为 65% ~ 90%。氨基酸缺乏导致负载率下降。

真核生物的两种蛋氨酰 tRNA 记作 $Met\text{-}tRNA_i$（或 $Met\text{-}tRNA_i^{Met}$，掺入 N 端）和 $Met\text{-}tRNA^{Met}$。原核生物的三种蛋氨酰 tRNA 记作 $fMet\text{-}tRNA_f$（或 $fMet\text{-}tRNA_f^{Met}$，掺入 N 端）、$Met\text{-}tRNA_f$（既可掺入 N 端，又可掺入其他位点）和 $Met\text{-}tRNA_m^{Met}$。

第三节　大肠杆菌蛋白质合成

核糖体从 mRNA 编码区 5′ 端向 3′ 端移动，同时催化合成蛋白前体，合成方向为 N 端→ C 端，合成过程可分为翻译起始、翻译延伸和翻译终止三个阶段。蛋白前体合成高度保真，错编率仅为 10^{-5} ~ 10^{-4}（密码子 - 反密码子错配率约 5×10^{-4}），对生命活动没有影响。

原核生物和真核生物的蛋白质合成过程在细节上略有差异，翻译因子的种类及其命名/缩写也不同。这里以大肠杆菌 K-12 株为例介绍原核生物蛋白质合成过程。

一、翻译起始

翻译起始阶段核糖体与 mRNA、$fMet\text{-}tRNA_f$ 组装翻译起始复合物，组装过程依赖翻译起始因子（translation initiation factor，IF，表 16-5）。在复合物中，$fMet\text{-}tRNA_f$ 的反密码子 CAU 与

mRNA 的起始密码子正确配对，配对效率 AUG：GUG：UUG = 4：2：1。

表 16-5　大肠杆菌 K-12 株翻译起始因子

常用名称缩写	结构	功能
IF-1	单体	结合于小亚基 A 位旁，稳定 IF-2-IF-3- 小亚基复合物
IF-2	单体	抑制 fMet-tRNA$_f$ 自发水解；介导 fMet-tRNA$_f$ 结合于小亚基 P 位
IF-3	单体	与 30S 亚基结合，抑制 50S 提前结合

1. 翻译前起始复合物组装　核糖体 30S 小亚基依次募集 IF-2、IF-3、IF-1、mRNA、fMet-tRNA$_f^{Met}$，组装翻译前起始复合物（translation pre-initiation complex）（图 16-5 ①）。其中 mRNA 的结合不依赖起始因子，故可在多个环节结合，与其浓度、核糖体结合位点序列有关。

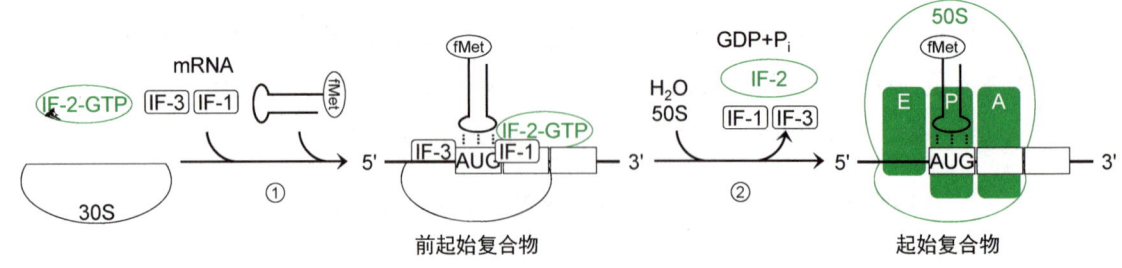

图 16-5　大肠杆菌翻译起始

核糖体结合位点（ribosome binding site，RBS）又称核糖体识别位点（ribosome recognition site），是指能与核糖体特异性结合并启动翻译的一段 mRNA 序列。大肠杆菌 mRNA 核糖体结合位点位于起始密码子上游 8~13 nt 处，长 4~9 nt，共有序列为 AGGAGGU，由 J. Shine 和 L. Dalgarno 发现，故又称 SD 序列（Shine-Dalgarno sequence，SD sequence）。SD 序列与 16S rRNA 3′端的一段 ACCUCCU 序列形成 3~9 bp 碱基配对，介导核糖体识别起始密码子（图 16-6）。

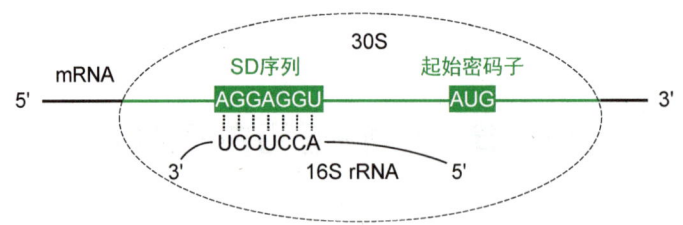

图 16-6　大肠杆菌 mRNA 核糖体结合位点

2. 翻译起始复合物组装　核糖体大亚基与前起始复合物结合，导致 IF-2-GTP 激活，水解成 IF-2-GDP 并释放，IF-1 和 IF-3 随之释放（图 16-5 ②），翻译起始复合物（translation initiation complex，又称 70S 起始复合物）形成。

拓展阅读 16-9：抑制翻译起始的抗生素

二、翻译延伸

翻译延伸阶段核糖体以蛋氨酸羧基为起点，逐个连接氨基酸，合成新生肽。合成过程依赖翻译延伸因子（elongation factor，EF），又称延长因子，包括 EF-Tu、EF-Ts 和 EF-G（表 16-6）。

表 16-6　大肠杆菌 K-12 株翻译延伸因子

名称缩写	功能
EF-Tu	GTPase，介导氨酰 tRNA 进入核糖体 A 位，防止甘氨酰 tRNA 被 D- 氨酰 tRNA 脱酰酶水解
EF-Ts	促使 EF-Tu 释放 GDP，结合 GTP
EF-P	在翻译到 3 个及以上的 Pro 密码子串联或 Pro-Pro-Gly 密码子序列时，激活肽酰转移酶
EF-G	GTPase，移位酶，与 IF-2、EF-Tu、EF-4 同家族，催化核糖体移位，与真核 EF2 同家族
EF-4	GTPase，与 IF-2、EF-Tu、EF-G 同家族，催化错误移位核糖体后退一个密码子，以便于重新移位

翻译延伸是一个称为**延伸循环**（elongation cycle）的循环过程，该循环包括进位、成肽、移位三个步骤（图 16-7）。每秒钟循环 15~20 次，每次循环连接一个氨基酸，消耗两个 GTP。

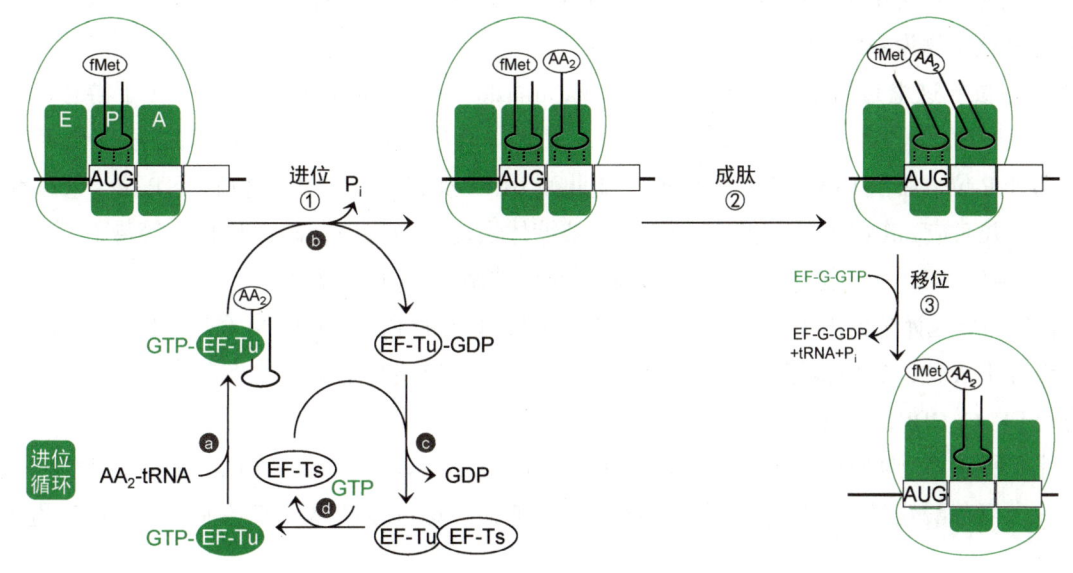

图 16-7　大肠杆菌翻译延伸

1. 进位　进位（entrance）即氨酰 tRNA 进入 A 位。何种氨酰 tRNA 进位由 A 位对应的 mRNA 密码子决定，并且需要翻译延伸因子 EF-Tu 和 EF-Ts 介导，通过进位循环实现（图 16-7①）。

进位循环：① EF-Tu-GTP 与氨酰 tRNA 结合，形成氨酰 tRNA-EF-Tu-GTP 三元复合物（ternary complex）。②三元复合物进入 A 位，tRNA 反密码子与 mRNA 密码子结合。③如果进位正确，则核糖体小亚基变构，使 EF-Tu-GTP 与大亚基 rRNA 的一个称为 SR 环（sarcin-ricin loop，SRL）的发夹结构结合，SR 环激活 EF-Tu-GTP。EF-Tu-GTP 水解其 GTP，转化为 EF-Tu-GDP，变构释放，同时氨酰 tRNA 调姿（accommodation），与 P 位氨酰 tRNA（或肽酰 tRNA）形成最佳布局，便于成肽。④ EF-Ts 作为鸟苷酸交换因子（guanine nucleotide exchange factor，GEF）促使 EF-Tu-GDP 释放 GDP，结合 GTP，形成新的 EF-Tu-GTP 复合物，参与下一次进位循环（图 16-7 ⓐⓑⓒⓓ）。

拓展阅读 16-10：EF-Tu 与 SR 环

2. 成肽　① A 位氨酰 tRNA 的氨基酰 α- 氨基亲核攻击 P 位 fMet-tRNA_f 甲酰蛋氨酰（及之后的肽酰基）的 α- 羧基碳，取代 tRNA_f 的 3'- 羟基氧，形成肽键（图 16-8），并留驻 P 位，fMet-tRNA_f 的氨基酸臂则被挤至 E 位。②此时两个 tRNA 均处于杂合结合状态（hybrid binding state），即肽酰 tRNA、氨酰 tRNA 的反密码子臂依然分别结合于 30S 的 P 位、A 位，而氨基酸臂已分别从 50S 的 P 位、A 位转入 E 位、P 位（图 16-7 ②）。

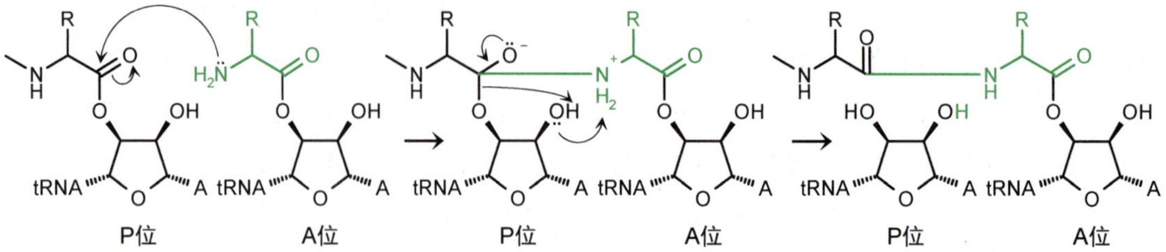

图 16-8　成肽反应机制

成肽（peptide bond formation）由核糖体 50S 大亚基中 23S rRNA 的肽酰转移酶中心催化，反应既不消耗高能磷酸化合物，也不需要翻译延伸因子。

脯氨酸是亚氨基酸，其构象及亲核性都不利于成键，需要一种延伸因子助力。大肠杆菌为 EF-P，真核生物为 eIF-5A。

3. 移位　这里是指核糖体移位（ribosomal translocation），即核糖体向 mRNA 下游移动一个密码子（脱酰 tRNA 及肽酰 tRNA 与 mRNA 之间没有相对移动）。移位后：①脱酰 tRNA 反密码子臂离开 P 位，脱酰 tRNA 从 E 位释放。②肽酰 tRNA 反密码子臂由 A 位移至 P 位。③ A 位成为空位，并对应 mRNA 的下一个密码子。④核糖体恢复 A 位为空位时的构象，等待下一个氨酰 tRNA-EF-Tu-GTP 三元复合物进位，开始新一轮延伸循环（图 16-7 ③）。

移位需要翻译延伸因子 EF-G（移位酶）与 GTP 形成的 EF-G-GTP 复合物。EF-G-GTP 在成肽后结合于 A 位，致使核糖体移位。移位导致 EF-G-GTP 变构激活，水解其 GTP，转化为低亲和力的 EF-G-GDP，从 A 位释放。

综上所述，延伸阶段是一个延伸循环过程（elongation cycle），每一次循环都会在新生肽 C 端连接一个氨基酸残基。新生肽通过该循环不断延伸，并穿过核糖体大亚基上的肽链通道甩出核糖体。

蛋白质合成高度耗能。每活化一分子氨基酸要消耗两个高能磷酸键（来自 ATP），每一次延伸循环又消耗两个高能磷酸键（来自 GTP）。因此，在多肽链上每连接一个氨基酸要消耗四个高能磷酸键，合 4 个 ATP 当量（ATP equivalent）。考虑到错载编辑，ATP 实际消耗量更多。

拓展阅读 16-11：抑制翻译延伸的抗生素

4. 核糖体编辑　EF-Tu 的 GTPase 活性决定进位的速度和特异性，从而决定延伸的速度和特异性。EF-Tu-GTP、EF-Tu-GDP 与核糖体的结合只有几毫秒的时间，这就是校对密码子 – 反密码子配对正确性（进位正确性）的时间。进位错误的氨酰 tRNA 会在该时间段内退出 A 位。GTPase 活性低时进位正确率高，但延伸速度慢。

三、翻译终止

翻译终止阶段核糖体复合物解离，解离过程依赖肽链释放因子（peptide chain release factor, RF），简称释放因子，包括 RF-1、RF-2、RF-3（表 16-7）。

1. 肽链释放　释放因子 RF-1 和 RF-2 构象很像 tRNA，一端有一个肽反密码子（peptide anticodon），分别为 Pro-Ala-Thr 和 Ser-Pro-Phe，可识别终止密码子；另一端有一个含 Gly-Gly-Gln 基序的环，可结合 1 分子水进入 50S 大亚基肽酰转移酶中心，用以水解肽酰 tRNA，释放蛋

表 16-7　大肠杆菌 K-12 株翻译终止释放因子

名称缩写	功能
RF-1	识别终止密码子 UAG、UAA
RF-2	识别终止密码子 UGA、UAA，水解肽酰 tRNA
RF-3	依赖核糖体的 GTPase，与 IF-2 同源，激活 RF-2、RF-1
RRF	在终止阶段作用于 50S 大亚基，促使其与 mRNA 分离，并促使核糖体复合物解离

白前体（图 16-9）。

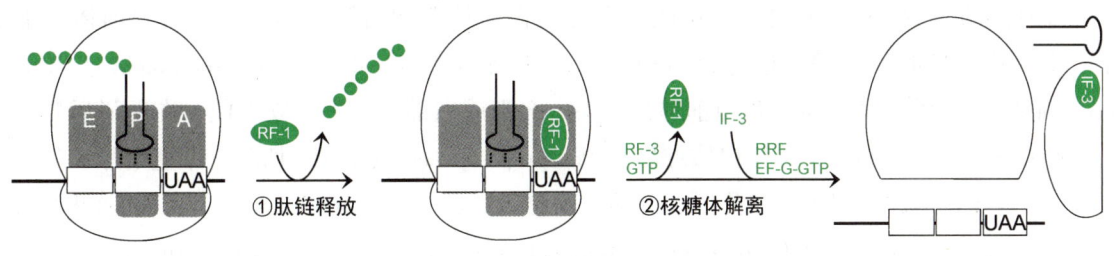

图 16-9　大肠杆菌翻译终止

2. **释放因子释放**　RF-1、RF-2 是 RF-3 的鸟苷酸交换因子，募集 RF-3-GDP 结合于核糖体 A 位，促使其释放 GDP，结合 GTP。RF-3-GTP 引发核糖体变构，RF-1 或 RF-2 释放。之后 RF-3-GTP 水解成 RF-3-GDP 并释放。

3. **70S 核糖体复合物解离**　核糖体循环因子又称核糖体再循环因子（ribosome-recycling factor，RRF）结合于核糖体 A 位，募集 EF-G-GTP 结合于 A 位，水解 GTP，致使核糖体大亚基 -EF-G-RRF 与小亚基 -tRNA-mRNA 分离。IF-3 结合于小亚基 E 位，致使其释放脱酰 tRNA 和 mRNA。

四、多核糖体循环

核糖体可以通过以下两种机制提高蛋白前体合成效率。

1. **多核糖体**　在绝大多数情况下，一个 mRNA 分子上可以结合大量核糖体，相邻核糖体间隔 20 nm（80 nt），形成多 [聚] 核糖体（polysome，polyribosome）。多核糖体结合还对 mRNA 起到保护作用。

2. **核糖体循环**　一个核糖体在完成一轮合成之后解离成亚基，在 mRNA 的 5′ 端重新组装翻译起始复合物，启动新一轮翻译，形成核糖体循环，又称核糖体再循环（ribosome recycling）。

第四节　蛋白质翻译后修饰

正在合成和刚合成的多肽链称为新生肽（nascent peptide），其中刚合成且尚无活性的新生肽称为蛋白前体、蛋白质前体（precursor）。翻译后修饰（post-translational modification）又称翻译后加工（post-translational processing），是指新生肽在 100 多种酶的作用下进行各种折叠、加工与修饰，从而改变其结构、性质、活性、分布、稳定性、与其他分子的相互作用。实际上各种蛋白质在合成过程中和合成后一直经历着各种修饰，既有一级结构的修饰，如肽键水解和侧链修饰，又有空间结构的修饰，如蛋白质折叠和亚基组装；既有不可逆修饰，如羟化和羧化，又有可逆修饰，如磷酸化和去磷酸化。各项修饰进行的时机和场所不尽相同，可能发生在蛋白前体的合成过程中、合成完成后、靶向运输或分泌过程中、到达功能场所后、参与细胞代谢时、最终被降解时。

一、肽链部分切除

有些蛋白前体含有以下序列。①信号肽（signal peptide）：又称前导肽（leader peptide），位于蛋白前体的 N 端、C 端或内部，功能是介导蛋白前体靶向运输。其中位于蛋白前体 N 端的信号肽会被信号肽酶切除，这部分蛋白前体又称前体蛋白、前蛋白质（preprotein）。②前肽（propeptide）：又称原肽，位于蛋白前体的 N 端、C 端或内部，并无独立功能，在翻译后修饰时均被相关蛋白原转换酶（又称蛋白质原转换酶，proprotein convertase）切除。某些酶原（如胰蛋白酶原、胃蛋白酶原、组织蛋白酶原）的前肽又称激活肽（activation peptide）。含有前肽的蛋白前体又称蛋白原、原蛋白质（proprotein）。同时有信号肽和前肽的蛋白前体称为前蛋白原（前蛋白质原，preproprotein）。例如前胰岛素原翻译后修饰（图 16-10）。

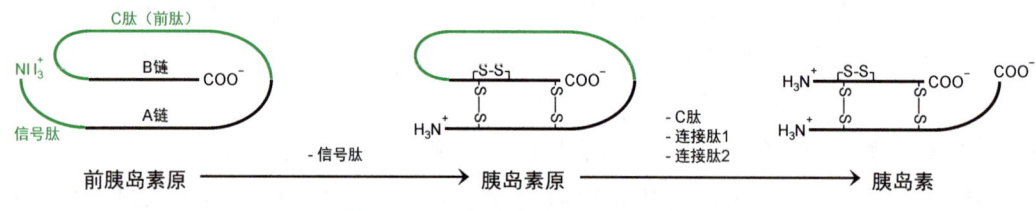

图 16-10 前胰岛素原翻译后修饰

有些蛋白前体可能需要切除起始氨基酸，如原核生物翻译起始因子 IF-1 和 IF-3。有些蛋白前体剪切得到多种活性片段，如胰高血糖素原（pro-glucagon）剪切得到肠高血糖素、胰高血糖素、胃泌酸调节素、类胰高血糖素肽 1、类胰高血糖素肽 2。有些蛋白前体剪切得到多种成熟蛋白质，这类蛋白前体称为聚蛋白（polyprotein），如聚泛素 B（polyubiquitin-B）剪切得到 3 分子泛素。

二、氨基酸残基修饰

蛋白质是用 20 种编码氨基酸合成的，然而目前在蛋白质中还发现有上百种非编码氨基酸，它们是编码氨基酸翻译后修饰的产物。目前已报道的氨基酸修饰有 500 多种，常见的有磷酸化、硫酸化、乳酸化、腺苷酸化、尿苷酸化、乙酰化、豆蔻酰化、棕榈酰化、琥珀酰化、甲基化、法尼基化、糖基化、ADP 核糖基化、酰胺化、羧化、羟化、泛素化、类泛素化等。修饰的意义是改变蛋白质溶解度、稳定性、活性、亚细胞定位、与其他蛋白质的作用等。修饰蛋白组学（modified proteomics）研究已经成为生命科学领域的一个热点。

1. **羟化** 例如胶原的脯氨酸和赖氨酸残基羟化（hydroxylation）生成羟脯氨酸和羟赖氨酸（参见第六章）。

2. **甲基化** ①R 基甲基化：包括 N- 甲基化、O- 甲基化、多甲基化。例如组蛋白赖氨酸残基甲基化是基因表达调控的一个环节。②N 端甲基化：抗蛋白酶水解。③C 端甲基化：例如小

G蛋白HRas的Cys186羧基甲基化。甲基化（methylation）均以 S-腺苷蛋氨酸为甲基供体，由甲基转移酶（如组蛋白甲基转移酶HMT）催化。

3. **羧化** 例如Gla蛋白的谷氨酸残基γ-羧化（carboxylation）（参见第六章）。

4. **磷酸化** 磷酸化（phosphorylation）主要发生在磷蛋白特定丝氨酸、苏氨酸或酪氨酸残基的R基羟基上。一个蛋白质分子可以有一个、几个甚至几十个磷酸化位点。磷酸化产生以下效应：①酶和调节蛋白化学修饰调节，参见第五章。②改变蛋白质的亚细胞定位，例如信号转导及转录激活蛋白1（signal transducer and activator of transcription 1, STAT1）去磷酸化状态位于细胞质中，磷酸化后形成二聚体，进入细胞核，上调靶基因表达。③磷酸基成为蛋白质的识别标志和停泊位点，如胰岛素受体底物。④磷酸化改变蛋白质寿命，例如p27蛋白磷酸化后被泛素-蛋白酶体系统降解。⑤营养储存，例如乳汁磷酸化酪蛋白可以结合钙，为乳儿提供钙、磷、氨基酸。

5. **乙酰化** 乙酰化（acetylation）发生在肽链N端的氨基上或肽链侧链上，是N端最常见的化学修饰。真核生物约80%可溶性蛋白质（包括酶）的N端都发生乙酰化，例如新合成的腺苷脱氨酶N端依次为蛋氨酸、丙氨酸，蛋氨酸被切除之后，丙氨酸进一步乙酰化。许多线粒体蛋白的乙酰化甚至都不需要酶催化即可发生。人类蛋白质组中有3 600个乙酰化位点（乙酰化组，乙酰化蛋白质组，acetylome）。

许多新生肽合成与修饰同步进行，称为共翻译修饰（cotranslational modification），如N端乙酰化、内部脯氨酸残基羟化。

三、蛋白质辅基化

结合蛋白质由脱辅基蛋白（apoprotein）和辅基组成，如琥珀酸脱氢酶复合体黄素蛋白亚基的His99-N^3连接FAD，丙酮酸羧化酶的Lys1144-ε-NH_2连接生物素，脂肪酸合成酶的Ser2156-OH连接4′-磷酸泛酰巯基乙胺，谷丙转氨酶1的Lys314-ε-NH_2连接磷酸吡哆醛。

四、蛋白质折叠和亚基聚合

蛋白质折叠（protein folding）是指新生肽（这里多称未折叠蛋白，unfolded protein）通过折叠形成天然构象（native conformation）的过程。蛋白质折叠以单键旋转为基础，以非共价键和二硫键形成为保障。蛋白质的一级结构是其构象的基础。许多未折叠蛋白能够自发折叠形成天然构象，但大多数未折叠蛋白（细菌85%）的折叠是在分子伴侣等辅助蛋白的协助下进行的。

1. **分子伴侣** 分子伴侣（molecular chaperone）是从细菌到人体中都广泛存在的一类保守蛋白质。它们在细胞内介导未折叠蛋白的折叠、多亚基蛋白的组装及蛋白质运输等，并且在折叠、组装、运输完毕后与之分离。此外，作用过程仅发生非共价结合，因而不会改变未折叠蛋白的一级结构。

分子伴侣功能概括如下：①介导未折叠蛋白折叠（folding）。哺乳动物50%以上未折叠蛋白的折叠依赖分子伴侣。②介导错折叠蛋白（misfolded protein）去折叠（unfolding，又称解折叠、伸展）及重新折叠（简称重折叠，refolding）。③介导多亚基蛋白组装（assembly）。④介导多亚基蛋白去组装（disassembly，又称解聚，depolymerization）和重组装（reassembly）。⑤介导蛋白质运输，如分别介导细胞核蛋白、线粒体蛋白转入细胞核、线粒体，介导多泛素化蛋白转入蛋白酶体。不同分子伴侣作用机制各不相同，目前已经阐明的有Ⅰ类分子伴侣和Ⅱ类分子伴侣。

（1）**Ⅰ类分子伴侣**：功能是协助未折叠蛋白的自发折叠，作用机制是结合于未折叠蛋白的疏水区，抑制其过早折叠、错误折叠、错误组装，或防止蛋白质热变性，促进多亚基蛋白组装，例如人热休克蛋白（又称热激蛋白质，heat shock protein，Hsp）中的Hsp70。Ⅰ类分子伴侣与未折叠蛋白的结合形成循环，且消耗ATP，需要辅助分子伴侣（又称共分子伴侣，co-chaperone）协助，如人Hsp40（热休克蛋白40）和BAG（Bcl-2-associated athanogene）。

Hsp70-Hsp40-BAG作用机制是：① Hsp70与ATP结合形成Hsp70-ATP，呈低亲和力开放构象。② Hsp40与Hsp70-ATP结合，激活其ATPase活性。③ Hsp70-ATP水解其ATP，转化为Hsp70-ADP，呈高亲和力闭合构象，与未折叠蛋白结合，既抑制其错误聚集（aggregation），又促使其聚集体解聚（disaggregation）。④ BAG是一种核苷酸交换因子（NEF），促使Hsp70-ADP释放ADP，结合ATP，从而释放未折叠蛋白。未折叠蛋白会迅速折叠，如未及时折叠，会重新结合Hsp70-ADP（图16-11）。

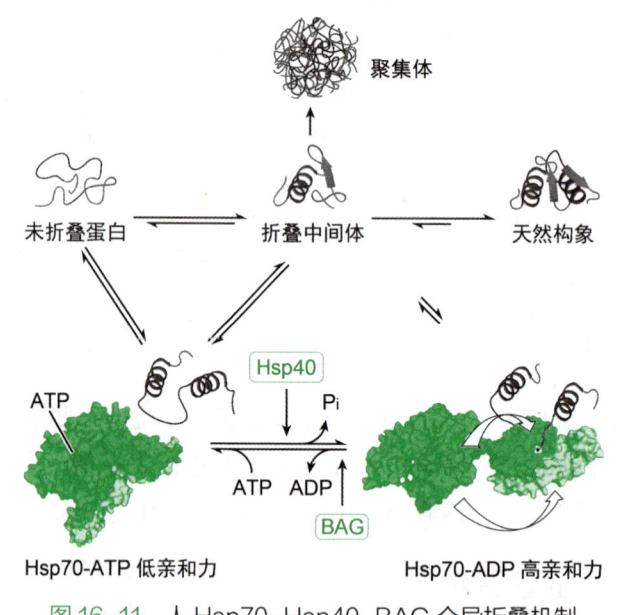

图16-11 人Hsp70-Hsp40-BAG介导折叠机制

（2）Ⅱ类分子伴侣：又称伴侣蛋白（chaperonin），功能是协助不能自发折叠蛋白质的折叠，作用机制是创造微环境，促使未折叠蛋白正确折叠，如大肠杆菌伴侣蛋白GroEL。伴侣蛋白的促折叠过程需要辅助伴侣蛋白（又称共伴侣蛋白，co-chaperonin）协助，如大肠杆菌辅助伴侣蛋白GroES。

GroEL由两个桶状同七聚体背向叠成，每个桶内为折叠环境，可以募集未折叠蛋白，并协助其折叠。折叠一个蛋白质约需10秒钟（ATP水解时间）。同七聚体有两种构象：① 结合ADP形成T构象（紧张构象）。② 结合ATP形成R构象（松弛构象）。辅助伴侣蛋白GroES也为七聚体（图16-12）。

GroEL-GroES作用机制是：① 未折叠蛋白进入GroEL桶内，与内壁结合。② GroEL结合ATP，GroES盖住GroEL桶口。③ GroEL-ATP促使未折叠蛋白折叠，GroEL-ATP水解其ATP，转换成GroEL-ADP。④ GroES离开桶口。⑤ 已经完成折叠的蛋白质释放，ADP释放（图16-12）。如果折叠未完成，则蛋白质不会释放，GroES会再结合，重复上述过程。大肠杆菌有10%~15%未折叠蛋白的折叠需要GroEL/GroES协助，热休克时则多达30%。

2. 异构酶 二硫键形成和脯氨酸残基肽键异构是某些蛋白质折叠的关键步骤，反应由蛋白

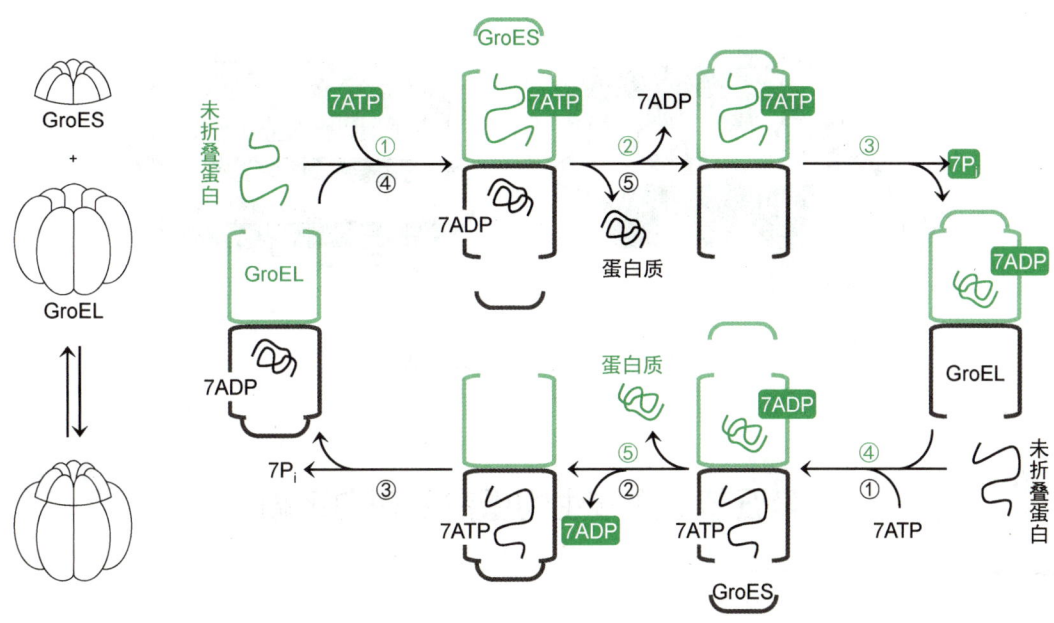

图16-12 大肠杆菌 GroEL-GroES 介导折叠机制

质二硫键异构酶和肽基脯氨酰顺反异构酶催化。

（1）蛋白质二硫键异构酶：蛋白质二硫键主要由巯基氧化酶（sulfhydryl oxidase，以 FAD 为辅助因子）催化形成。该酶专一性差，易出错，需要由蛋白质二硫键异构酶催化纠错。蛋白质二硫键异构酶（protein disulfide isomerase，PDI）位于内质网膜和细胞膜上，其催化基团是 4 个巯基，催化错误的二硫键重排形成正确的二硫键。

（2）肽基脯氨酰顺反异构酶：在未折叠蛋白中脯氨酸亚氨基形成的肽键均为反式构型，在折叠时约有 6% 异构为顺式构型，许多位于 β 转角中。异构由肽基脯氨酰顺反异构酶（peptidyl-prolyl cis-trans isomerase，PPIase）催化，该酶可将异构速度提高 10^4 倍以上。

许多新生肽合成与折叠同步进行，称为共翻译折叠（cotranslational folding）。

3. 亚基组装 多亚基蛋白的亚基组装按一定顺序进行，结合蛋白质的亚基组装还涉及辅基结合。例如：血红蛋白合成时其 α、β 珠蛋白先组装成 αβ 珠蛋白二聚体，再与两个血红素结合成 αβ 亚基原聚体，最后两个原聚体组装成血红蛋白 HbA。

4. 蛋白质构象病 蛋白质构象病是指某些蛋白质折叠异常、形成有细胞毒性的不溶性蛋白纤维所导致的淀粉样变性病（amyloidosis）等，如朊病毒病、阿尔茨海默病、帕金森病等。

朊病毒病（prion disease）又称传染性海绵状脑病（transmissible spongiform encephalopathy，TSE），是由朊病毒蛋白折叠异常或折叠异常朊病毒蛋白感染引发的一类慢性退行性、致死性中枢神经系统疾病，具有遗传性、感染性或散发性。已经报道的人类朊病毒病有克雅氏病（Creutzfeldt-Jakob disease，CJD）、库鲁病（Kuru disease）、致死性家族性失眠症（fatal familial insomnia，FFI）、Gerstmann-Straussler-Scheinker 病（Gerstmann-Straussler-Scheinker Disease，GSS）等。

朊病毒蛋白（prion protein，PrP）简称朊病毒，是一种具有致病性和感染性的细胞表面蛋白，主要分布于布罗德曼皮质区 23 区（Brodmann area 23），正常折叠形成可溶性单体和二聚体，异常折叠形成富含 β 折叠的致病性不溶性淀粉样纤维（图 16-13）。

拓展阅读 16-12：朊病毒 未折叠蛋白反应 AlphaFold

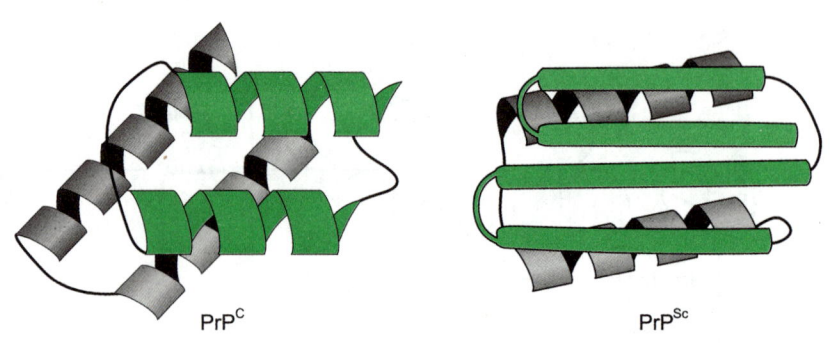

图 16-13　朊病毒蛋白构象

第五节　真核生物蛋白质靶向运输

蛋白质靶向运输（protein targeting）又称定向运输、靶向输送、蛋白质分选（protein sorting）、分拣，主要是指蛋白质从合成场所向功能场所的运输。蛋白质靶向运输过程比合成过程还要复杂，如拟南芥表达产物参与蛋白质合成和运输的基因分别占全部基因的 2% 和 6%。

真核生物蛋白质可根据合成场所等分为三类，其中两类涉及靶向运输。①内质网核糖体合成的蛋白质包括分泌蛋白、内质网蛋白、高尔基体蛋白、溶酶体蛋白、整合膜蛋白等，这部分蛋白质占总蛋白的 30%。②游离核糖体合成的细胞核蛋白、线粒体蛋白、过氧化物酶体蛋白、质体蛋白。③游离核糖体合成的细胞质蛋白及线粒体和质体核糖体合成的蛋白质，不涉及靶向运输。

例如酵母有 6 000 多种蛋白质（包括 5 000 种可溶性蛋白质、1 000 种膜蛋白），其中有 1/2 为细胞质蛋白，1/4 为细胞核蛋白，1/4 为线粒体、内质网、高尔基体蛋白。

一、信号肽

经历靶向运输的蛋白质都含有信号肽。信号肽又称信号序列（signal sequence）、分选信号（sorting signal），最初是指真核生物分泌蛋白新生肽 N 端的一个肽段，作用是引导核糖体复合物锚定于内质网，进而引导新生肽进入内质网，之后被信号肽酶切除。目前多指新生肽、前体蛋白或成熟蛋白质一级结构中的一个或几个肽段。信号肽可位于新生肽 N 端或内部、前体蛋白 N 端或内部、成熟蛋白质 C 端或内部，功能是引导蛋白质运输。位于 N 端的信号肽发挥作用后会被信号肽酶切除。有些信号肽另有专名。

1. 转运肽　转运肽（transit peptide）是指由游离核糖体合成、向除内质网以外的其他细胞器运输的前体蛋白的信号肽，位于其一级结构 N 端，通常被切除。其中线粒体前体蛋白 N 端的转运肽又称前序列（presequence）。

2. 过氧化物酶体靶向信号　过氧化物酶体靶向信号（peroxisomal targeting signal，PTS）又称过氧化物酶体引导信号，是指过氧化物酶体基质蛋白的信号肽，多位于其一级结构 C 端，如过氧化物酶体脂酰辅酶 A 氧化酶 C 端的 Ser-Lys-Leu。位于 N 端的又称转运肽。

3. 核定位信号　核定位信号（nuclear localization signal，NLS）是指细胞核蛋白的一种信号肽，位于其一级结构内部，介导其转入细胞核。

4. 核输出信号　核输出信号（nuclear export signal，NES）是指细胞核蛋白的信号肽，位于其一级结构内部，介导其转出细胞核。

5. 跨膜结构域　跨膜结构域简称跨膜域（transmembrane domain），又称拓扑序列（topogenic sequence），是指跨膜蛋白的跨膜区，可分为停止转移序列（stop-transfer sequence，见于有 N 端信号肽的整合膜蛋白）和信号锚定序列（signal-anchor sequence，见于无 N 端信号肽的整合膜蛋白）。

拓展阅读 16-13：1999 年诺贝尔生理学或医学奖

二、内质网核糖体合成蛋白质的靶向运输

内质网核糖体合成的蛋白质可分为两类。①有 N 端信号肽的蛋白质：包括分泌蛋白、跨膜蛋白（transmembrane protein）和内质网、高尔基体、溶酶体可溶性蛋白质。②无 N 端信号肽的跨膜蛋白。它们均在游离核糖体上启动合成。

（一）有 N 端信号肽的可溶性蛋白

有 N 端信号肽的蛋白质先合成 N 端信号肽并由其引导核糖体锚定于内质网膜胞质面，再继续合成新生肽，且新生肽直接进入内质网腔，因而合成与运输同时进行。该过程称为共翻译转运（共翻译运输，cotranslational translocation）。游离核糖体锚定于内质网和新生肽进入内质网腔由 5 种成分决定。

1. N 端信号肽　长 13~36 个氨基酸残基，有以下特征：①中间有 6~15 个疏水性氨基酸残基。②C 端含较多极性氨基酸残基，切割位点（cleavage site）肽键由小分子量氨基酸形成。③有的信号肽 N 端有 1~2 个碱性氨基酸残基（图 16-14）。

人血清白蛋白原	Met *Lys* Trp Val Thr Phe Ile Ser Leu Leu Phe Leu Phe Ser Ser Ala Tyr Ser•Arg
人胃蛋白酶原	Met *Lys* Trp Leu Leu Leu Leu Gly Leu Val Ala Leu Ser Glu Cys•Ile
人流感病毒 A 蛋白	Met *Lys* Ala *Lys* Leu Leu Val Leu Leu Tyr Ala Phe Val Ala Gly•Asp

图 16-14　人分泌蛋白信号肽

2. 信号识别颗粒　信号识别颗粒（signal recognition particle，SRP）是一种棒状核糖核蛋白，是控制共翻译转运的信号肽受体，功能是与信号肽及核糖体大亚基结合，引导它们向内质网转移。此外，信号识别颗粒结合还抑制氨酰 tRNA 进位，因而抑制翻译延伸。人信号识别颗粒由六种蛋白质和一种记作 7SL RNA（300 nt）的胞质小 RNA 构成，其中一种蛋白质 SRP54 是 GTPase（图 16-15）。

3. 停靠蛋白　停靠蛋白（docking protein）又称信号识别颗粒受体（signal recognition particle receptor，SR），是一种二聚体内质网跨膜蛋白，其 α 亚基是 GTPase。停靠蛋白的功能是在结合 GTP 时通过与信号识别颗粒结合募集核糖体复合物 - 信号识别颗粒，令其附着于内质网表面。

4. 核糖体结合蛋白 1　核糖体结合蛋白 1（ribosome-binding protein 1）又称核糖体受体蛋白（ribosome receptor protein），是一种内质网跨膜蛋白，通过与核糖体结合募集核糖体复合物 - 信号识别颗粒，令其附着于内质网表面。

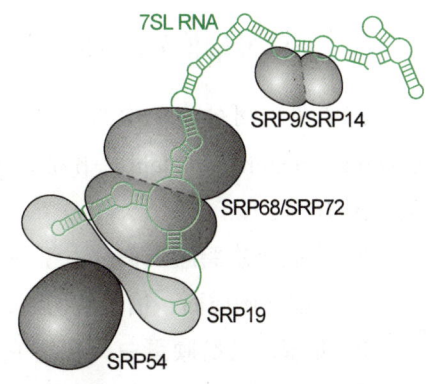

图 16-15　人信号肽识别颗粒

5. 易位子 易位子（translocon）又称**易位蛋白质**，全称**SEC61通道形成易位子复合物**（SEC61 channel-forming translocon complex），由蛋白质转运蛋白Sec61（protein transport protein Sec61，αβγ三聚体）等组成。功能有二：①核糖体受体：募集核糖体。②新生肽通道：在与核糖体结合时开放，介导信号肽引导新生肽进入内质网腔。

6. 共翻译运输机制 ①游离核糖体复合物合成信号肽。②核糖体复合物通过信号肽募集信号识别颗粒，信号识别颗粒募集GTP，中止肽链合成，此时新生肽长约70个氨基酸残基（肽链过长不利于转移）。③核糖体复合物-信号识别颗粒-GTP向内质网转移，被内质网膜停靠蛋白-GTP和核糖体结合蛋白1募集，进而与易位子结合，成为内质网核糖体。④易位子新生肽通道开启，信号肽引导新生肽进入易位子通道。信号识别颗粒-GTP和停靠蛋白-GTP水解各自的GTP，与核糖体-易位子分离。⑤翻译延伸重启，新生肽同步转入内质网腔（消耗ATP），信号肽被跨膜**信号肽酶**（signal peptidase）切除。⑥新生肽继续合成。⑦翻译终止，核糖体解聚，易位子通道关闭，新生肽（未折叠蛋白）在内质网中折叠、修饰。⑧核糖体循环（图16-16）。

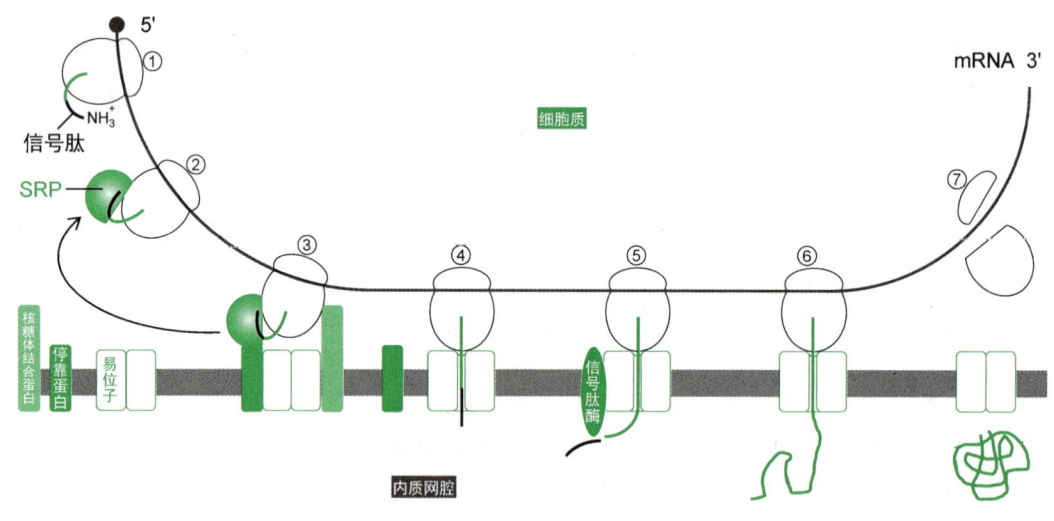

图16-16 共翻译转运机制

蛋白质在内质网腔修饰后进行分选（sorting），被位于内质网膜上的分选受体通过识别前肽等特异信号募集形成复合物，聚集于内质网膜局部区域，由结合于胞质面的包被蛋白（coat protein，COP）介导，以出芽（bud off）方式形成运输囊泡（运输小泡，transport vesicle），向高尔基体顺面运输。运输囊泡膜带有**囊泡SNAP受体蛋白**（v-SNARE），可与高尔基体膜**靶SNAP受体蛋白**（t-SNARE）结合，使分泌囊泡与高尔基体融合（fusion）。

（二）有N端信号肽的跨膜蛋白

跨膜蛋白可分为单次跨膜蛋白（single-pass transmembrane protein）、多次跨膜蛋白（multi-pass transmembrane protein）、β桶跨膜蛋白（β barrel transmembrane protein）。单次跨膜蛋白又分四类（图16-17）。

1. Ⅰ型单次跨膜蛋白 Ⅰ型单次跨膜蛋白N端有信号肽，内部有停止转移序列。跨膜后跨膜蛋白C端在胞质面，信号肽切除，如胰岛素受体。

2. Ⅱ型单次跨膜蛋白 Ⅱ型单次跨膜蛋白N端没有信号肽，内部有信号锚定序列。信号锚定序列靠近蛋白前体N端，信号锚定序列自身N端有碱性氨基酸残基。跨膜后跨膜蛋白N端在

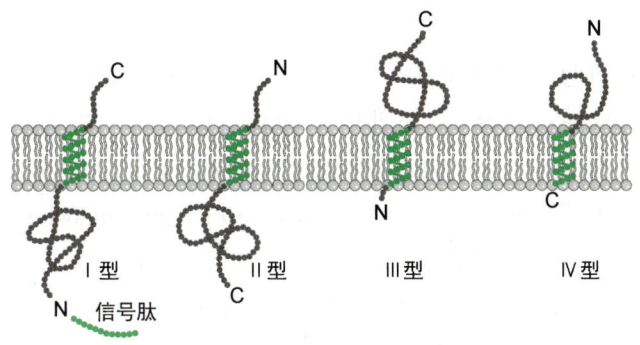

图 16-17 单次跨膜蛋白

胞质面，如氨肽酶。

3. Ⅲ型单次跨膜蛋白　Ⅲ型单次跨膜蛋白 N 端没有信号肽，内部有信号锚定序列，信号锚定序列靠近蛋白前体 N 端，信号锚定序列自身 C 端有碱性氨基酸残基。跨膜后跨膜蛋白 C 端在胞质面，如细胞色素 P450 还原酶。

4. Ⅳ型单次跨膜蛋白　Ⅳ型单次跨膜蛋白 N 端没有信号肽，内部有信号锚定序列，信号锚定序列靠近 C 端，跨膜后跨膜蛋白 N 端在胞质面，如囊泡 SNAP 受体蛋白。

跨膜时Ⅰ型、Ⅱ型、Ⅲ型单次跨膜蛋白采用共翻译插入机制（图 16-18），Ⅳ型单次跨膜蛋白采用翻译后插入机制。

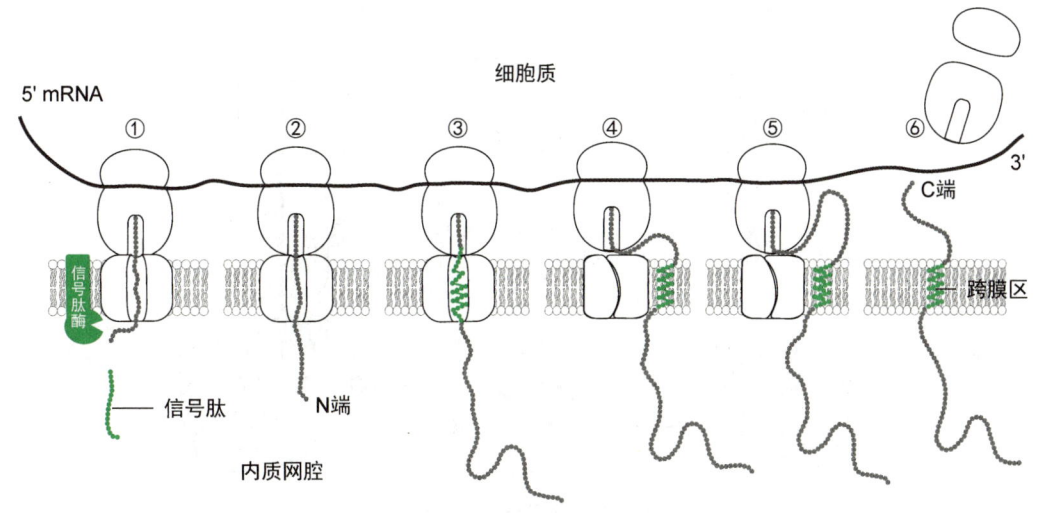

图 16-18　Ⅰ型单次跨膜蛋白共翻译插入机制

三、线粒体蛋白的靶向运输

人心肌线粒体蛋白质组有 615 种蛋白质，其中仅 14 种由线粒体基因组编码，其余均由细胞核基因编码，由细胞质游离核糖体合成，合成后转入线粒体，称为翻译后转运（post-translational transport）。

1. 转运肽　多数线粒体蛋白 N 端有转运肽，含 20~55 个氨基酸残基，无保守序列，有以下特征：①富含疏水性氨基酸残基、碱性氨基酸残基（特别是精氨酸）和羟基氨基酸残基（丝氨酸、苏氨酸），几乎不含酸性氨基酸残基。②呈两亲性 α 螺旋（amphipathic α-helix，简称两亲螺旋）构象，即疏水性氨基酸残基和碱性氨基酸残基 R 基分别位于 α 螺旋表面的一侧，形成疏水面和亲水面。

2. 线粒体蛋白转运机制 见图 16-19。①未折叠线粒体前体蛋白与分子伴侣如 Hsp70 结合，抑制其提前折叠。②前体蛋白与线粒体外膜上的转运肽受体（如 Tom20/22 复合物）结合。③转运肽受体介导前体蛋白向线粒体内外膜接触点（contact point）转移。④前体蛋白由转运肽引导，穿过接触点线粒体外膜转位酶复合物（translocase of outer mitochondrial membrane comlex，简称 TOM 复合物，TOM complex，如 Tom40 复合物）和线粒体内膜转位酶复合物（translocase of inner mitochondrial membrane comlex，简称 TIM 复合物，TIM complex，如 Tim23 复合物）。⑤线粒体内膜 PAM 复合物（presequence translocase-associated motor complex，由 Tim44、Hsp70 等组成）与前体蛋白结合，将其转入线粒体（Hsp70 消耗 ATP）。⑥前体蛋白的转运肽被线粒体加工肽酶（mitochondrial processing peptidase，MPP，αβ 二聚体）切除。⑦线粒体蛋白折叠，多数需要线粒体分子伴侣 HSP60-HSP10 复合物协助。HSP60-HSP10 复合物与大肠杆菌 II 型 GroEL-GroES 复合物同源，由两个 Hsp60 七聚体和两个 Hsp10 七聚体组成，作用机制也相似（参见图 16-12）。

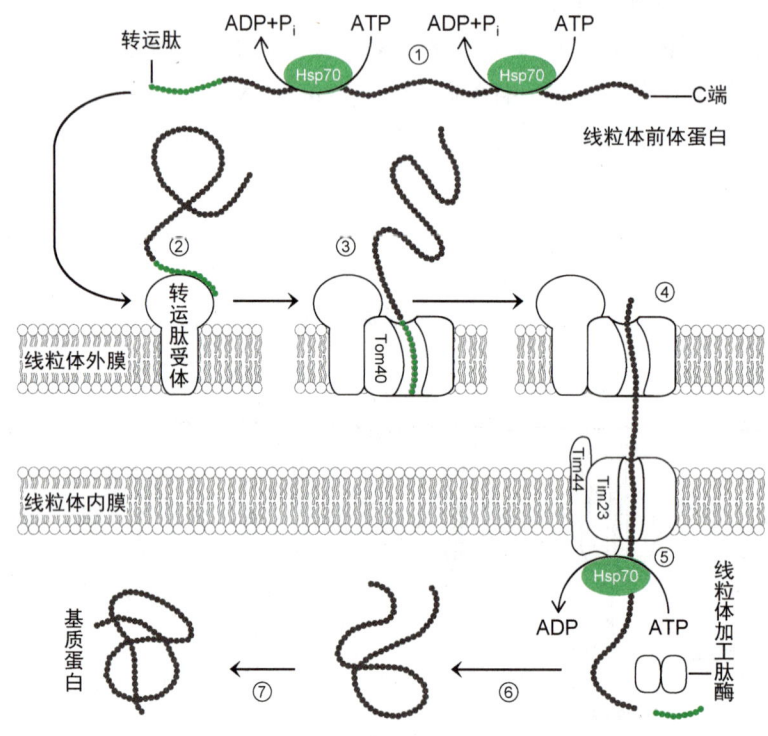

图 16-19　线粒体蛋白转运机制

线粒体蛋白以线粒体基质蛋白为主，此外还有内膜蛋白、外膜蛋白、膜间隙蛋白。后三类蛋白质均含相应的分选信号，由相关转运系统通过各自的转运机制转运到位。

四、细胞核蛋白的靶向运输

真核生物每分钟都有上百万个大分子通过核孔复合体进出细胞核，因此，细胞核蛋白既有介导其转入细胞核的核定位信号，又有介导其转出细胞核的核输出信号。核定位信号可以位于一级结构的不同区段，且差别极大。许多核定位信号含 4~8 个氨基酸残基，其中有几个连续的碱性氨基酸残基，例如人 E3 泛素连接酶 MDM2 有两段核定位信号 Arg-Gln-Arg-Lys-Arg-His-Lys 和 Lys-Lys-Leu-Lys-Lys-Arg-Asn-Lys。

1. 细胞核蛋白转运蛋白　介导细胞核蛋白进出细胞核。人细胞核蛋白转运蛋白包括以下三个家族。

（1）输入蛋白 β 家族：输入蛋白 β 家族（importin β family）包括 7 种单体型输入蛋白（importin）、2 种转运蛋白（transportin）、1 种输入蛋白 β-1 亚基（importin β-1）。其中多数又称核转运蛋白（karyopherin），功能是作为核定位信号受体参与细胞核蛋白转入细胞核。

（2）输入蛋白 α 家族：输入蛋白 α 家族（importin α family）包括 7 种输入蛋白 α 亚基（importin α，karyopherin α），起转接蛋白作用，与输入蛋白 β 亚基组成二聚体型输入蛋白，介导细胞核蛋白转入细胞核。

（3）输出蛋白家族：输出蛋白家族（exportin family）包括 6 种输出蛋白（exportin），功能是介导细胞核蛋白转出细胞核。

2. GTP 结合细胞核蛋白 Ran　GTP 结合细胞核蛋白 Ran（GTP-binding nuclear protein Ran）是一种小分子 GTPase，功能是控制细胞核蛋白转运蛋白与核孔复合体的结合及入核或出核。Ran 的活性受细胞核鸟苷酸交换因子 RCC1（regulator of chromosome condensation 1）和细胞质 Ran GTP 酶激活蛋白 1（Ran GTPase-activating protein 1，RanGAP1）调节。

3. 细胞核蛋白入核机制　①在细胞质中，输入蛋白与细胞核蛋白核定位信号结合，形成细胞核蛋白 – 输入蛋白复合物。②复合物通过核孔复合体（nuclear pore complex，NPC）进入细胞核。③ Ran-GTP 与复合物中的输入蛋白结合，释放细胞核蛋白。④ Ran-GTP- 输入蛋白复合物通过核孔复合体出核。Ran-GTP 由 Ran GTP 酶激活蛋白激活，水解其 GTP，成为 Ran-GDP 而与输入蛋白解离。输入蛋白进入下一轮输入循环。⑤ Ran-GDP 由核转运因子 2（nuclear transport factor 2，NTF2）介导通过核孔复合体入核，由鸟苷酸交换因子 RCC1 介导释放 GDP，结合 GTP（图 16-20）。

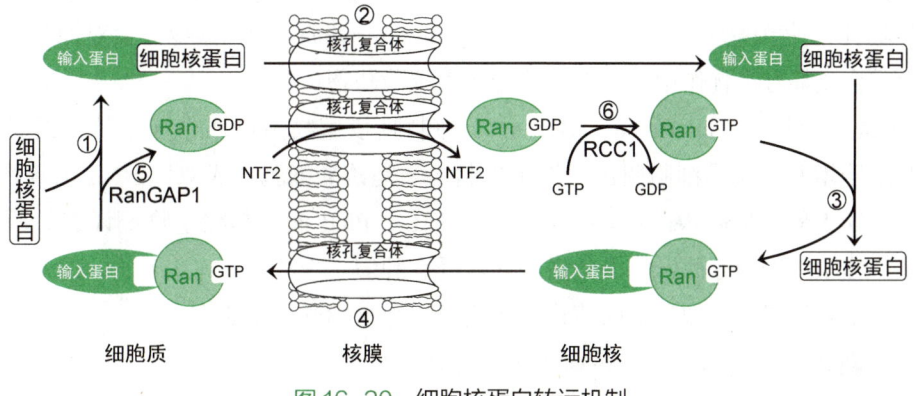

图 16-20　细胞核蛋白转运机制

第六节　蛋白质合成抑制剂类药物

蛋白质合成体系是许多抗生素和毒素的主要靶点。参与蛋白质合成的许多酶和翻译因子都能被一种或几种抗生素抑制，因此抗生素是研究蛋白质合成的重要工具，许多抗生素是全身用抗感染药（XJ）。

第十六章 蛋白质生物合成

1. 抗生素 抗生素（antibiotic）是一类生物（特别是细菌、酵母、霉菌）代谢物，对某些生物（特别是病原生物或有害生物）的毒性极大，既可从生物材料提取，又可通过化学工艺制备。用作抗感染药的抗生素的共同特点是直接抑制病原体蛋白质合成且不良反应较少。

（1）氨基糖苷类抗菌药：药品分类代码 XJ01G，主要抑制革兰氏阴性菌的蛋白质合成。①链霉素（XJ01GA）：一种三糖，低浓度下引起原核生物核糖体读码错误，高浓度下抑制翻译起始。②新霉素（XA07A，XD06）、庆大霉素（XJ01GB，XS01）：与原核生物核糖体小亚基结合，干扰 tRNA 与 16S rRNA 的相互作用。③阿米卡星（XJ01GB）：半合成类抗生素，与原核生物核糖体小亚基结合导致核糖体移码。

（2）四环素类抗菌药：药品分类代码 XJ01A，在翻译延伸阶段与原核生物核糖体小亚基 A 位结合，从而抑制氨酰 tRNA 进位，如四环素（XD06）、多西环素（XJ01A）、金霉素（XD06，XS01A）。

（3）大环内酯类抗菌药：药品分类代码 XJ01FA，作用于葡萄球菌、链球菌等革兰氏阳性菌的核糖体大亚基，在翻译延伸阶段抑制核糖体移位，从而抑制蛋白质合成，是治疗葡萄球菌肺炎最有效的药物，如红霉素（XD10，XS01A）、阿奇霉素（XJ01FA）和克拉霉素（XJ01FA）。

（4）林可胺类抗菌药：药品分类代码 XJ01FF，作用于敏感菌核糖体 23S rRNA，抑制其肽酰转移酶活性，使肽酰 tRNA 提前释放，从而在翻译延伸阶段抑制细菌的蛋白质合成，如林可霉素（XJ01FF，XS01A，XS02）和克林霉素（XD10，XJ01FF）。

（5）氯霉素类抗菌药：药品分类代码 XJ01B，属于广谱抗生素，与核糖体 23S rRNA 结合，抑制其肽酰转移酶活性，从而在翻译延伸阶段抑制细菌的蛋白质合成，对真核生物线粒体和叶绿体核糖体的肽酰转移酶也有抑制作用。

（6）氨基核苷类：例如嘌呤霉素（黑白链霉菌代谢物），其结构与酪氨酰 tRNA 的 3′ 端相似，可进入核糖体 A 位，获得由肽酰转移酶催化从 P 位肽酰 tRNA 转移的肽链，生成肽酰嘌呤霉素，然后脱离核糖体，使新生肽合成提前终止（premature termination）。嘌呤霉素对原核生物和真核生物的蛋白质合成都有干扰作用，所以不适合作为抗菌药物。

2. 干扰素 干扰素（interferon，XL03AB）抑制真核生物蛋白质合成，从而既抑制病毒复制，又抑制细胞增殖，诱导细胞凋亡。作用机制之一是诱导细胞合成双链 RNA 依赖性蛋白激酶（double-stranded RNA-dependent protein kinase，PKR），PKR 催化真核生物翻译起始因子 eIF-2α 磷酸化抑制。临床用于治疗丙肝、慢性活动性乙肝、肿瘤。

部分抗生素和毒素不能作为临床药物，多用于生命科学既医学研究。

拓展阅读 16-14： 白喉毒素　核糖体失活蛋白

思考题

1. 简述蛋白质合成所需的三类 RNA 及其作用。
2. 简述 mRNA 一级结构的特点。
3. 某 mRNA 片段序列如下：5′ UCGCAAUGCCAUCACACGAUAGAAUCGCA 3′，请标出其中的起始密码子。其中的 UAG 可否终止该 mRNA 的翻译？为什么？
4. 如何看待密码子的简并性？
5. 如何看待密码子的方向性？为什么是 5′ 端→3′ 端？
6. 第二碱基为 U 的密码子均编码疏水性氨基酸，这是巧合吗？

7. 起始密码子和终止密码子都不含 C，这是巧合吗？
8. 如何看待反密码子的摆动性？
9. 为什么蛋白质的合成方向是单向的？为什么是 N 端→C 端？
10. 大肠杆菌翻译起始因子 IF-2、延伸因子 EF-Tu 和 EF-G、释放因子 RF-3，甚至真核生物相应的翻译因子，在参与蛋白质合成时消耗 GTP 而不是 ATP，为什么？

（许言午）

📍 数字资源详见 新形态教材网

📖 拓展阅读　　✕ 自测题　　💻 教学课件

第十七章

基因表达调控

基因表达（gene expression）是基因通过转录区指导合成编码 RNA 和非编码 RNA 及编码 RNA 通过编码区指导合成蛋白质的过程，体现了 DNA 和蛋白质、基因型和表型、遗传和代谢的关系。

基因表达调控又称基因表达调节（gene expression regulation），简称基因调控（gene regulation），是指细胞、组织或机体为了适应环境、维持自身生长和（多细胞生物）发育的需要而提高或降低相关基因表达的效率和表达产物降解的效率，从而增加或减少相关基因表达产物的水平。基因表达调控决定细胞的结构和功能，决定细胞分化和形态发生，是生命活动和生长发育的需要，且赋予生物多样性和适应性。基因表达过程高度耗能，因此基因表达调控又是能量节约的体现。

原核生物是单细胞生物，通过调节其各种代谢适应营养状况和环境因素的变化，并使其生长繁殖达到最优化。原核生物的基因表达与环境因素关系密切，其相关基因形成的操纵子结构有利于对环境变化迅速作出反应。多细胞真核生物基因组庞大，基因的结构和功能更为复杂多样，其基因表达调控的显著特征是在特定时间或特定条件下激活特定组织细胞中的特定基因，即具有时间特异性、条件特异性和空间特异性，从而实现预定的有序分化发育过程。

第一节 基因表达调控概述

生命过程的化学本质是代谢。代谢的核心是由一系列酶促反应形成的代谢网络（metabolic networks）和控制代谢网络的信号网络（signaling networks）。代谢网络的分子基础主要是酶，信号网络的分子基础主要是信号转导分子，它们都是基因表达的产物。许多基因的表达受到调控并形成基因调控网络（gene regulatory networks）。基因调控网络既是代谢网络关键酶水平调节的分子机制，又是信号网络信号转导的效应阶段（图 17-1）。

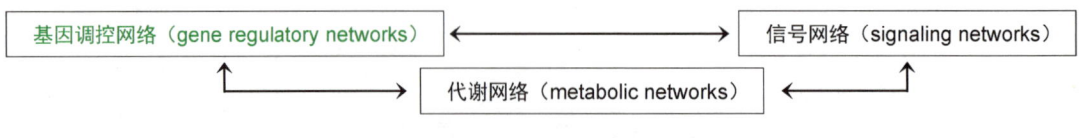

图 17-1 基因调控网络 - 代谢网络 - 信号网络相辅相成

一、基因表达方式

不论是原核生物还是真核生物，其基因组中处于表达状态的基因都只是少数，包括高表达基因和低表达基因。不同基因可能有不同的表达方式。

1. 组成性表达 有些基因在一个生物体的绝大多数细胞中持续表达，产物在整个生命过程中都是必需的，因而其表达产物保持一定水平。其转录效率仅由启动子和 RNA 聚合酶决定，没有其他调控元件和调节因子参与。这种表达方式称为组成性表达、组成型表达（constitutive expression），这类基因称为管家基因（又称持家基因，housekeeping gene）、组成型基因（又称组成性基因，constitutive gene）。多细胞生物管家基因表达水平没有时空特异性。管家基因是细胞基本组分编码基因和细胞基本代谢相关基因。

由启动子和 RNA 聚合酶决定的转录水平称为基础转录水平（basal level）。

2. 适应性表达 有些基因转录效率还受其他调控元件和调节因子调控，并受反映营养状况或环境因素变化的信号分子（signaling molecule，又称分子信号，molecular signal）影响，例如某些基因在不同营养状况下的表达水平相差 1 000 多倍。这种表达方式称为适应性表达（adaptive expression）、调节性表达（又称调节型表达，regulated expression），这类基因称为奢侈基因（luxury gene）。根据对环境信号反应结果的不同，适应性表达又分为诱导性表达和抑制性表达。

（1）诱导性表达：有些基因的基础转录水平很低，受环境信号刺激时启动表达或表达增强。这种表达方式称为诱导性表达（又称诱导型表达，inducible expression），这类基因称为可诱导基因（inducible gene），诱导其表达的环境信号称为诱导物（inducer）。例如：别乳糖作为诱导物诱导大肠杆菌乳糖操纵子的表达，DNA 损伤诱导 SOS 调节子的表达。

某些突变导致可诱导基因表达方式改变，从调节性表达转化为组成性表达。这种突变称为组成型突变（又称组成性突变，constitutive mutation），组成性突变多因操纵基因或调节基因发生了失活突变。

（2）抑制性表达：有些基因的基础转录水平很高，受环境信号刺激时终止表达或表达减弱。这种表达方式称为抑制性表达（又称抑制型表达、阻遏型表达，repressible expression），这类基因称为可抑制基因（又称可阻遏基因，repressible gene），抑制其表达的环境信号称为辅阻遏物（corepressor）。例如：色氨酸作为辅阻遏物抑制大肠杆菌色氨酸操纵子的表达。

由管家基因、可诱导基因、可抑制基因编码的酶分别称为组成酶、诱导酶、阻遏酶（参见第五章）。

3. 共表达 为确保组织细胞或机体的代谢能有条不紊地进行，在一定机制控制下，功能相关的一组基因常拥有共同的调控元件，因而由同一种或一组信号通过同一种或一组转录因子调控，协调一致共同表达。这种表达方式称为共表达（co-expression）、协同表达（coordinate expression），这组基因称为共表达基因（co-expressed genes）、协同表达基因（co-regulated genes），其表达调控机制称为协同调控（又称协调调节，coordinate regulation）、共调控（coregulation）。例如：肝细胞合成和分泌的纤维蛋白原（凝血因子Ⅰ）是一种由 Aα、Bβ、γ 亚基各两个形成的六聚体糖蛋白，其三种亚基的编码基因 FGA、FGB、FGG 在同一条染色体上，它们的表达属于共表达。

原核生物操纵子和调节子的表达均属于共表达。例如：大肠杆菌的 52 个核糖体蛋白基因构成的 20 多个转录单位的表达必须协调一致，属于共表达。

二、基因表达特点

原核生物和真核生物的基因组和基因有各自的特点，其基因表达也有各自的特点。

（一）原核基因表达特点

每个原核细胞都是独立的生命体，其一切代谢活动都是为了适应环境，更好地生存、生长和繁殖。原核基因表达有以下特点。

1. 基因表达具有条件特异性 条件特异性是指许多可诱导基因和可抑制基因的表达水平受营养状况和环境因素影响。例如：①在乳糖充足而葡萄糖缺乏时大肠杆菌乳糖操纵子高表达。②在 SOS 反应后期大肠杆菌 DNA 聚合酶Ⅳ和Ⅴ的基因启动表达。

2. 许多基因以操纵子为转录单位 操纵子（operon）是 DNA 中指导和控制 mRNA 合成的一种功能单位，由一个启动子、一个操纵基因及其所控制的一组（多数 2~6 个）功能相关的结构基因等组成（有些操纵子还有激活蛋白结合位点），转录产物为多顺反子 mRNA。例如：大肠杆菌有 4 000 多个基因，分别由 2 000 多个启动子启动转录，约 75% 的基因形成操纵子。①很多操纵子的表达产物是多亚基蛋白的不同亚基，共翻译便于其组装。②有些操纵子的表达产物参与的代谢相互关联，需要共表达。③有些表达产物在相同或类似条件下起作用。操纵子广泛存在于原核生物，个别见于低等真核生物，高等真核生物未见。

3. 基因转录的特异性由 σ 因子决定 大肠杆菌 RNA 聚合酶转录哪些基因由 σ 因子决定。已鉴定的大肠杆菌 σ 因子有 $σ^{70}$、$σ^{32}$ 等七种。不同 σ 因子与 RNA 聚合酶核心酶结合，介导其与不同的启动子结合，从而启动不同基因的转录，其中 $σ^{70}$ 可识别大多数基因的启动子。环境因素可诱导表达另外六种 σ 因子，启动特定基因的转录。

4. 转录翻译偶联 原核生物没有细胞核，染色体 DNA 位于细胞质中；此外，原核生物蛋白基因的 RNA 前体即为功能 mRNA，其编码区是连续的。mRNA 合成和翻译都是 5′→3′ 方向，因而原核生物的 mRNA 合成与蛋白质合成可以同步进行，称为转录翻译偶联：mRNA 5′ 端一经合成即可募集核糖体，且核糖体与 RNA 聚合酶结合，形成转录翻译复合物（称为表达体）（参见图 15-8），启动翻译。一旦表达体离开 5′ 端，另一个核糖体即开始组装，从而形成多核糖体结构（图 17-2）。

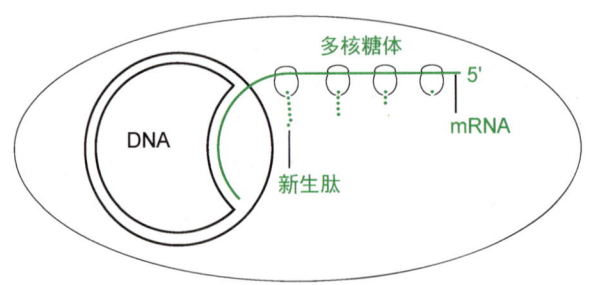

图 17-2 原核生物转录翻译偶联

（二）真核基因表达特点

真核生物奢侈基因只在特定组织细胞中表达，故又称组织特异性基因（tissue-specific gene），其表达方式称为组织特异性表达（tissue-specific expression）。

1. 基因表达特异性 既有条件特异性，又有时间特异性和空间特异性。

（1）基因表达的时间特异性（temporal specificity）：是指在个体生长、发育过程中，某一特定基因在生命的不同生长发育阶段的表达水平不同。例如：甲胎蛋白基因在胎儿肝细胞表达，合成大量甲胎蛋白，但自出生至成年后该基因便归于沉默。多细胞生物基因表达的时间特异性与细胞分化、个体发育阶段一致，所以又称阶段特异性。

（2）基因表达的空间特异性（spatial specificity）：是指在个体生长、发育过程中，某一特定基因在不同组织器官的表达水平不同。空间特异性是在分化细胞形成的组织器官中体现的，所以又称细胞特异性、组织特异性。例如：胰岛素基因只在胰岛 β 细胞中表达。胰岛 β 细胞中胰岛素 mRNA 占总 mRNA 的 20%，胰岛素原占总蛋白的 50%。

2. **单顺反子基因**　真核基因几乎都是单顺反子基因，转录产物为单顺反子 mRNA。

3. **转录后修饰更复杂**　高等真核生物的绝大多数基因（尤其是蛋白基因）都是断裂基因，其 mRNA 前体必须经过加工才能成为功能 mRNA。加工量巨大，加工方式复杂多样。

4. **转录和翻译存在时空隔离**　真核生物有细胞核。转录和翻译分别在细胞核内和细胞质中进行，因而在空间上不连续，时间上不同步（图 17-3）。

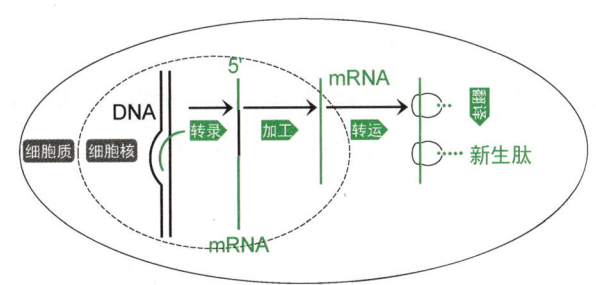

图 17-3　真核生物转录和翻译存在时空隔离

5. **翻译和翻译后修饰更复杂**　除了蛋白因子外，调控真核生物翻译的还有各种调控 RNA。翻译后修饰内容丰富，涉及各种修饰因子，修饰场所遍布细胞内各个区室甚至细胞外。

三、基因表达调控特点

无论是原核还是真核生物，基因表达调控均体现在基因表达的全过程，因此其基因表达调控既有共同特点，又有各自特点。

1. **多环节调控**　基因表达的每一个环节都可能受到调控。到目前为止的研究集中在以下环节：基因激活、转录和转录后修饰、RNA 转运和降解、翻译和翻译后修饰、蛋白质靶向运输、蛋白质降解。其中转录（特别是转录起始）是基因表达调控最重要的环节。

2. **协同调控**　协同调控是指共表达基因的共表达受同一因素调控。如大肠杆菌 SOS 调节子。

3. **适应性调控与程序性调控**　适应性调控又称瞬时调控、可逆调控，是指生物体在内外环境因素刺激下作出的反应，是通过改变代谢物浓度或激素水平，引起细胞内某些酶或其他特异蛋白质水平的改变来进行的，是原核生物和真核生物共同的调控特点。

程序性调控又称发育调控、不可逆调控，是指体细胞的生长和分化按照一定程序进行，以确保机体正常的生长和发育。细胞的类型不同，所处的发育阶段不同，所表达基因的种类和表达水平也就不同。因此，程序性调控决定了真核细胞生长和分化的全过程，是真核基因表达调控的精髓。

4. **转录调控效应**　包括负调控和正调控。①正调控（positive control）：又称正调节（positive regulation）、上调（增量调节，up regulation），是指转录因子等参与或促进转录起始复合物组装，致使转录水平高于基础转录水平。②负调控（positive control）：又称负调节（positive regulation）、下调（减量调节，down regulation），是指转录因子等抑制转录起始复合物组装，致使转录水平低于基础转录水平。

原核生物转录广泛存在正调控和负调控。真核生物大多数启动子被染色质结构包埋，且 RNA 聚合酶与启动子的结合没有特异性，亲和力极低，难以启动转录，基础转录水平基本为零（off），因此转录以正调控为主，几乎每一个基因都要依靠转录因子激活才能启动转录。

5. **真核生物染色质重塑**　真核生物 DNA 与蛋白质形成染色质结构，这种结构妨碍基因表达。基因表达过程中需要在转录区启动染色质重塑，才能组装转录起始复合物。

6. **原核生物转录衰减**　原核生物某些操纵子通过衰减机制调控转录。

第二节　真核生物染色质调控

真核生物细胞核 DNA 与组蛋白、非组蛋白形成染色质结构，这种结构控制着 RNA 聚合酶与 DNA 的接触、识别、结合，这些作用受组蛋白修饰、DNA 甲基化等控制。

一、染色质重塑

染色质重塑（chromatin remodeling）是指通过酶促反应促使染色质组蛋白八聚体移位、解离与重装，组蛋白亚基交换与修饰等，从而改变染色质结构。染色质重塑的意义是控制转录起始复合物组装、DNA 复制，或介导 DNA 修复。

1. **活性基因**　在真核生物细胞周期间期，DNA 与蛋白质形成染色质。染色质从组成到结构都是不均一的，其中组蛋白含量高、结构致密的部分形成异染色质，约占全部染色质的 10%；组蛋白含量低、结构疏松的部分形成常染色质，约占全部染色质的 90%。常染色质中约 10% 处于转录状态，称为活性染色质（active chromatin），所含的基因称为活性基因；其余 90% 处于非转录状态，称为失活染色质（inactive chromatin）。

2. **超敏感位点**　活性基因转录起始位点上游或下游有一段或多段 100~300 bp 序列因染色质重塑导致核小体稀少甚至缺失，因而易被 DNA 酶（如 DNase Ⅰ）降解。这些序列被称为超敏感位点（hypersensitive site），是 RNA 聚合酶或转录因子的结合位点。

二、表观遗传

表型（phenotype）是指由构成基因型的等位基因的优势关系及其与发育环境相互作用而产生的可观察或测定的个体性状，狭义指某个或某些基因所表现出来的性状。通常 DNA 序列（基因型）变化导致表型变化。某些基因的 DNA 序列未发生变化，但因特定碱基或相关蛋白发生特异性化学修饰而导致表型发生可遗传的变化。这种现象称为表观遗传（epigenetic inheritance）。目前阐明的表观遗传机制主要是组蛋白修饰和 DNA 甲基化。

1. **组蛋白修饰**　组蛋白是染色质的主要结构蛋白，是基因表达的抑制因子。因此，启动基因表达首先要启动染色质重塑，暴露调控元件，以便于募集转录因子和 RNA 聚合酶。组蛋白正电荷和 DNA 负电荷的静电引力是形成染色质结构的主要作用力，因而通过修饰组蛋白改变其带电荷状态及构象，可促使染色质重塑。组蛋白修饰（histone modification）影响到染色质重塑和基因转录，是真核基因表达调控的重要环节之一。组蛋白修饰位点、修饰方式及其组合与基因表达高度关联，被称为组蛋白密码（histone code）。

（1）组蛋白修饰位点：核小体中组蛋白八聚体的 8 个 N 端和 H2A、H2B 的 4 个 C 端暴露于核小体表面，合称组蛋白尾。结合于调控元件位点或其侧翼的核小体组蛋白尾氨基酸序列中特定的赖氨酸、精氨酸、丝氨酸等残基为组蛋白修饰位点。

（2）组蛋白修饰方式：包括乙酰化、甲基化、磷酸化、乳酸化、单泛素化、ADP 核糖基化、SUMO 化、O- 糖基化、瓜氨酸化、多巴胺化等，以乙酰化、甲基化为主。其中乙酰化导致基因激活，去乙酰化导致基因沉默。组蛋白甲基化效应因甲基化位点而异，可导致基因激活或沉默。

（3）组蛋白修饰效应机制：①消除赖氨酸残基正电荷，导致组蛋白八聚体与核心 DNA 的亲和力下降，有利于染色质重塑。②通过修饰基团募集转录因子，组装转录复合物或染色质重塑复合物。

2. DNA 甲基化　DNA 甲基化（DNA methylation）主要是指人类和其他脊椎动物基因组 DNA 的 CpG 序列中胞嘧啶被甲基化为 5- 甲基胞嘧啶（5mC）。CpG 甲基化状态与 DNA 活性相关，失活 DNA 甲基化水平较高。DNA 甲基化是细胞分化时最常见的 DNA 复制后调控方式之一，在染色体结构维持、雌性 X 染色体（X-chromosome inactivation）失活、印记基因（imprinted gene）失活、转录调控和肿瘤发生发展等方面都起关键作用，还可能与衰老有关。

（1）DNA 甲基化形式与分布：在染色质水平上，异染色质 DNA 甲基化水平最高；在基因组水平上，转座子、假基因、小 RNA 基因 DNA 甲基化水平较高；在基因水平上，转录区两翼富含甲基化位点，启动子甲基化位点密度与转录调控效应呈正相关。

人类基因组 DNA 甲基化率约为 1%。甲基化主要发生在胞嘧啶，形成 5- 甲基胞嘧啶（5mC）。少数发生在腺嘌呤、鸟嘌呤，分别形成 N^6- 甲基腺嘌呤（m6A）、7- 甲基鸟嘌呤（m7G）。

胞嘧啶甲基化主要发生在 CpG 序列（甲基化率 70%～80%），特别是 CpG 岛中的 CpG 序列。CpG 岛（CpG island，CGI）是指基因组中长度 > 500 bp、GC 含量 > 55%、CpG 观测值与理论值比值 > 0.65 的保守序列。CpG 岛多位于启动子 - 外显子 1 区，其甲基化水平远低于其他 CpG 序列。人类基因组中约有 2.8×10^7 个 CpG 序列，其中不到 10% 集中于 CpG 岛。人类基因组中 60%～70% 的基因（包括所有管家基因）和 60% 以上的启动子有 CpG 岛。

（2）DNA 甲基化效应：CpG 胞嘧啶甲基化对染色质结构影响非常大，其中有些甲基化导致基因沉默，有些 5mC 去甲基化导致基因激活。一些激素激活基因，一些致癌物激活原癌基因，其机制可能都是使 DNA 去甲基化。因此，DNA 甲基化水平与基因转录效率呈负相关。

甲基化影响 DNA 结合蛋白 -DNA 相互作用，因而影响转录因子 - 调控元件识别与结合。甲基化 DNA 可募集组蛋白去乙酰化酶或组蛋白甲基化酶，从而介导组蛋白去乙酰化和甲基化。甲基化甚至将增强子改造成沉默子，抑制激活蛋白结合，促进阻遏蛋白结合。

（3）DNA 甲基化异常：DNA 甲基化异常可能导致基因表达异常。人类由碱基替换导致的遗传病中，有 1/3 由 CpG 胞嘧啶甲基化导致。肿瘤细胞广泛存在高甲基化 CpG 岛。CpG 胞嘧啶甲基化后会脱氨基，成为胸腺嘧啶，不易修复，因而会致基因突变。

三、基因重排

基因重排（gene rearrangement）会影响到细胞过程的许多方面，如 DNA 合成、基因表达调控、细胞分化、免疫球蛋白多样性、受体多样性、原癌基因激活。基因重排可以使一个基因更换调控元件，例如置于另一个增强子或强启动子的控制下，从而提高表达效率；也可以使表达的基因发生切换，由表达一种基因转为表达另一种基因，例如单倍体酵母的交配型转换；还可以形成新的基因，使产物呈现多样性，例如免疫球蛋白基因、T 细胞受体基因的重排与表达。

四、基因扩增

基因扩增（gene amplification）又称 DNA 扩增（DNA amplification），是指细胞内选择性复制某个或某些特定基因，从而增加其拷贝数的现象，是生物体为了促进细胞分化和个体发育，或适应营养状况和环境因素的变化，在短时间内大量表达特定基因产物，调节表达活性的一种有效方式。基因扩增在真核生物基因组中广泛存在。

（1）某些细胞在生长分化过程中需要大量相关蛋白，常通过基因扩增上调基因表达。例如：非洲爪蟾卵母细胞在成熟过程中大量扩增 rRNA 基因，拷贝数增加 4 000 倍，由 500 个扩增到 200 万个，可用于组装 10^{12} 个核糖体，满足卵裂期和胚胎期大量合成蛋白质的需要。

（2）某些肿瘤细胞在药物治疗期间发生基因扩增，从而产生抗药性。例如：甲氨蝶呤（XL01BA）抑制肿瘤细胞二氢叶酸还原酶（DHFR），使核苷酸合成减少，从而杀死肿瘤细胞。然而，肿瘤细胞在甲氨蝶呤培养基中培养一段时间后，其二氢叶酸还原酶基因扩增，拷贝数可增加 200~250 倍，从而抵抗更大剂量甲氨蝶呤的杀伤作用。

（3）基因扩增是原癌基因激活机制之一。

五、染色质丢失

一些低等真核生物在细胞分化过程中丢失特定染色体或染色体片段。某些基因在这些片段丢失前并不表达，丢失后才表达。因此，这些片段的存在可能抑制相关基因的表达。高等生物也有染色质丢失。染色质丢失属于不可逆调控。

第三节 转录和转录后调控

转录调控又称转录调节（transcriptional regulation），主要是控制转录启动效率，分子机制是控制 RNA 聚合酶与启动子的识别和结合效率。因为转录发生在基因表达的上游，一方面控制转录可以节约能量和原料，另一方面基因拷贝数远低于 mRNA 拷贝数，控制转录所需的调节因子分子数远少于控制翻译所需的调节因子分子数。因此，转录特别是转录起始极其重要。

RNA 聚合酶、调控元件和调节因子是调控转录起始的基本要素。

一、原核生物转录调控

操纵子是原核生物 DNA 中指导和控制 mRNA 合成的功能单位之一。经过系统研究而被阐明的乳糖操纵子等已成为研究原核基因表达调控的经典模型。

（一）调控元件

调控元件（调节元件，regulatory element）又称调控区（regulatory region）、调控序列（regulatory sequence）、顺式作用元件（cis-acting element），是 RNA 聚合酶或转录因子的结合位点，因而是影响基因表达的 DNA 序列。广义调控元件还包括调控基因（调节基因，regulatory gene），又称反式作用元件（trans-acting element），其表达产物称为调节因子（regulatory factor）、反式作用因子（trans-acting factor），包括转录因子（属于蛋白质）和调控 RNA（属于非编码 RNA），以转录因子为主。

原核基因的转录调控元件包括启动子、终止子、操纵基因和激活蛋白结合位点（图 17-4）。

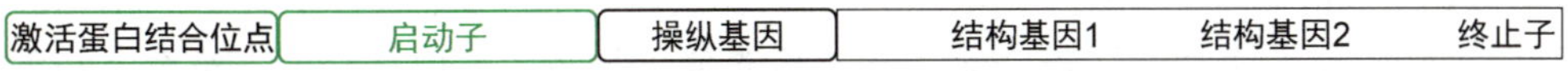

| 激活蛋白结合位点 | 启动子 | 操纵基因 | 结构基因1 | 结构基因2 | 终止子 |

图 17-4　原核基因的调控元件

1. 启动子　启动子决定基因的基础转录水平。大肠杆菌基因的启动子长 40~60 bp，包含 –35 区和 –10 区两段保守序列，分别是 RNA 聚合酶的识别位点和结合位点。

启动子序列影响其与 RNA 聚合酶的结合，从而影响其所控制基因的基础转录水平。实际上，大肠杆菌仅有少数启动子 –35 区和 –10 区的核苷酸序列与共有序列完全相同，多数启动子存在序列差异，并且差异程度影响转录启动效率：差异小的启动效率高，快至 1~2 秒转录一次，称为强启动子（strong promoter）；差异大的启动效率低，慢至 10 分钟甚至一个细胞周期转录一次，称为弱启动子（weak promoter）。强启动子基因与弱启动子基因的基础转录水平可相差 1 000 多倍。如果启动子突变增加差异，通常会降低转录启动效率；相反，如果启动子突变减小差异，通常会提高转录启动效率。此外，–35 区与 –10 区的间隔大小也影响转录启动效率。研究表明，大多数启动子 –35 区与 –10 区间隔 15~20 bp，其中 90% 间隔 16~18 bp，间隔 17 bp 时启动效率最高（参见图 15-2）。

2. 操纵基因　操纵基因又称操作子（operator），是阻遏蛋白的结合位点，常含反向重复序列。绝大多数操纵基因与启动子相邻、重叠或包含。操纵基因通过募集阻遏蛋白抑制启动子募集 RNA 聚合酶组装转录起始复合物，或抑制转录起始复合物启动转录。

3. 激活蛋白结合位点　激活蛋白结合位点（activator site）是激活蛋白的结合位点，常含反向重复序列。绝大多数激活蛋白结合位点位于弱启动子上游。激活蛋白结合于激活蛋白结合位点时可启动转录，或提高转录启动效率。

（二）转录因子

原核生物转录因子通过与调控元件或 σ 因子结合促进或抑制转录起始复合物组装或启动子清除，从而调控转录。原核生物转录因子包括以下四类。

1. 转录起始因子　转录起始因子（transcription initiation factor）即 σ 因子，介导 RNA 聚合酶与一种或一组启动子识别和特异性结合，启动基础水平的转录。

2. 阻遏蛋白　阻遏蛋白又称阻遏物（repressor）、负调节因子（negative regulator），通过与操纵基因结合，抑制转录起始复合物组装或启动子清除，因而抑制转录，介导负调控。

阻遏蛋白的抑制效应受某种信号分子调节，该信号分子被称为效应物。效应物（effector）通常是一种小分子，它们与阻遏蛋白结合后致使其变构抑制或变构激活，据此可将阻遏蛋白分类：①游离型阻遏蛋白有活性，可与操纵基因结合，抑制转录，与效应物结合后不再与操纵基因结合，转录抑制解除。效应物为诱导物。②游离型阻遏蛋白无活性，不能独自与操纵基因结合，与效应物结合后可结合操纵基因，抑制转录。效应物为辅阻遏物。

3. 激活蛋白 激活蛋白又称激活物（activator）、正调节因子（positive regulator），通过与激活蛋白结合位点结合，促进转录起始复合物组装或启动子清除，因而激活转录，介导正调控。

原核生物某些弱启动子与 RNA 聚合酶亲和力极弱，很难独自募集 RNA 聚合酶，所以基础转录水平极低甚至为零。这类启动子侧翼存在激活蛋白结合位点，一旦有激活蛋白结合即可启动转录，或促进转录启动。激活蛋白的激活效应也受效应物调节，效应物与激活蛋白结合后致使其变构抑制或变构激活。据此可将激活蛋白分类：①游离型激活蛋白有活性，可与激活蛋白结合位点结合，激活转录，与效应物结合后不再与激活蛋白结合位点结合，转录激活解除。效应物为辅阻遏物。②游离型激活蛋白无活性，不能独自与激活蛋白结合位点结合，与效应物结合后可与激活蛋白结合位点结合，激活转录。效应物为诱导物。

大肠杆菌基因组中有 300 多种转录因子。有的转录因子能调控大量基因的表达，其中 CRP、FNR、IHF、Fis、ArcA、NarL 和 Lrp 调控半数基因的表达；有 60 多种转录因子只调控 1~2 个基因的表达；有的转录因子既是一种基因的激活蛋白，又是另一种基因的阻遏蛋白；有的转录因子对同一个基因的调控具有两重性，如调控阿拉伯糖操纵子的转录因子 AraC，有阿拉伯糖时起激活作用，无阿拉伯糖时起抑制作用。

原核生物（及真核生物）DNA 结合蛋白的特点是①形成二聚体：包括同二聚体和异二聚体。乳糖操纵子阻遏蛋白例外，为同四聚体。②高度特异：与调控元件的亲和力是与其他 DNA 序列亲和力的 $10^4 \sim 10^7$ 倍。③通过小的结合基序直接结合。此外还含有转录激活结构域，可能还有二聚化结构域、配体结合域。④维持 DNA-蛋白质结合的作用力是氢键、离子键、范德华力。

4. 转录起始因子调节因子 大肠杆菌基因组编码一组调节因子，通过与 σ 因子结合调节转录起始。①调节蛋白 RseA 和 RseB：RseA 与 $σ^{24}$ 结合，抑制转录起始。RseB 与 RseA 结合，增强其抑制效应。② σ 因子结合蛋白 Crl：与 $σ^{38}$、$σ^{70}$、$σ^{32}$ 结合，促进转录起始。③ $σ^{70}$ 调节因子 RpoD：与 $σ^{70}$ 结合，抑制其与核心酶结合。

（三）乳糖操纵子

葡萄糖是大肠杆菌的主要碳源。当葡萄糖和其他碳源同时存在时，大肠杆菌会优先利用葡萄糖且抑制其他碳源的利用。这种现象称为葡萄糖效应（glucose effect）。当葡萄糖耗尽时，大肠杆菌会停止生长，经过短暂适应，转而利用其他碳源。

针对这种现象，F. Jacob 和 J. Monod（1965 年诺贝尔生理学或医学奖获得者）最先在分子水平研究基因表达调控，于 1960 年提出操纵基因（operator）和操纵子（operon）概念及操纵子模型，该模型被视为阐述原核生物转录调控机制的经典模型。现已阐明，乳糖操纵子的表达受转录诱导和转录激活双重调控，调控幅度高达 5 000 倍。

1. 乳糖操纵子的结构 大肠杆菌乳糖操纵子（lac operon）包含三个结构基因 *lacZ*、*lacY* 和 *lacA*，分别编码参与乳糖分解代谢的 β-半乳糖苷酶、乳糖通透酶、半乳糖苷乙酰转移酶。结构基因上游还有操纵基因 *lacO*、启动子 *lacP* 和 cAMP 受体蛋白结合位点 *CRP* 等调控元件（图 17-5 ①）。①操纵基因 *lacO*：包括主要操纵基因 *lacO*$_1$（main operator），位于 $-5 \sim +21$ 区，与阻遏蛋白亲和力强；次要操纵基因（secondary operator）*lacO*$_2$（位于 *lacZ* 内）和 *lacO*$_3$（位于 *lacI* 内），与阻遏蛋白亲和力弱。均为反向重复序列（图 17-6）。②启动子 *lacP*：3′ 端与 *lacO* 重叠。③ cAMP 受体蛋白结合位点：简称 CRP 结合位点（CRP-binding site, *CRP*），中心位于 $-60 \sim -61$ 区。

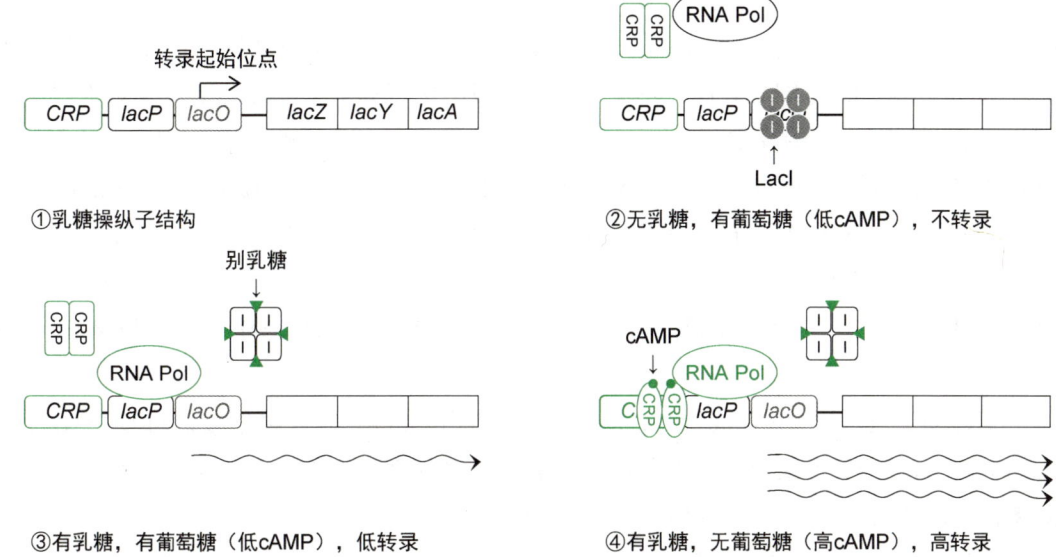

图 17-5　乳糖操纵子调控机制

拓展阅读 17-1：操纵子结构基因

2. 乳糖操纵子的转录诱导　乳糖操纵子上游存在调控基因 *lacI*。*lacI* 组成性表达阻遏蛋白 LacI。*lacI* 的启动子为弱启动子，*lacI* 的基础转录水平很低。转录产物 *lacI*-mRNA 的翻译效率也很低，每个细胞内只有 10~20 个 LacI 同四聚体。LacI 单体三级结构可分为三部分。① DNA 结合域：位于 N 端，含螺旋 – 转角 – 螺旋基序，与核心部分仅通过一段铰链序列结合，可直接嵌入 *lacO* 大沟。②核心：含二聚化结构域和诱导物结合位点。③四聚化结构域：位于 C 端，是一段 α 螺旋。阻遏蛋白 LacI 的抑制效应受半乳糖控制。

（1）乳糖缺乏：LacI 同四聚体会同时与 *lacO*$_1$、*lacO*$_2$ 或 *lacO*$_1$、*lacO*$_3$ 结合（图 17-6），亲和力是与其他序列结合的 10^6~10^7 倍（平衡常数 1×10^{13}~2×10^{13}），所以结合具有高度特异性。LacI 的结合致使含启动子 *lacP* 的中间序列弯曲成环（looping），*lacP* 很难募集 RNA 聚合酶，导致转录启动效率极低，仅为基础转录水平的 1/1 000（图 17-5②），细胞内只有 5~10 个 β- 半乳糖苷酶分子。

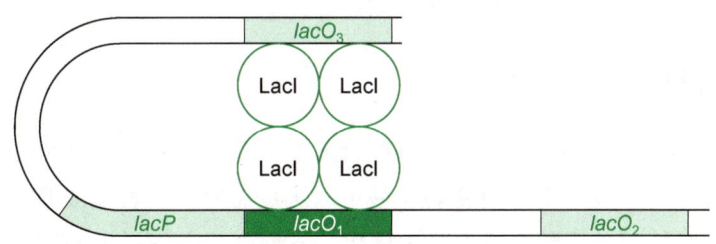

图 17-6　*lacO*$_1$-LacI-*lacO*$_3$ 结构示意图

（2）乳糖充足：乳糖由通透酶转入细胞，由 β- 半乳糖苷酶催化水解，同时生成少量副产物别乳糖——Gal（β1→6）Glc。别乳糖作为诱导物与 LacI 结合致使其变构，与 *lacO* 的亲和力降至原来的 $1/10^3$（平衡常数 2×10^{10}），因而乳糖操纵子去抑制（derepression），转录效率可回升至基础转录水平（图 17-5③）。培养基中加入乳糖 1~2 分钟即有 *lac*-mRNA 积累，5~6 分钟达到峰值，10 分钟酶蛋白达到峰值，可合成 5 000 多个 β- 半乳糖苷酶分子。

3. 乳糖操纵子的转录激活　野生型 *lacP* 为弱启动子（参见图 15-2），基础转录水平很低，还需要 cAMP 受体蛋白的激活调控。

cAMP 受体蛋白（cAMP receptor protein，CRP）又称分解代谢物基因激活蛋白（catabolite activator protein，CAP），是同二聚体，每个亚基的三级结构可分为三部分。① N 端结构域：又称 cAMP 结合域，可结合一分子 cAMP。② C 端结构域：又称 DNA 结合域，含一个 HTH 基序，可与 CRP 结合位点结合，使其保守序列 TGTGA 扭结（kink）而弯曲。③ 转录激活区（activating region，AR1、AR2 和 AR3）：分别作用于 RNA 聚合酶 α 亚基的 C 端结构域、N 端结构域和 σ 因子。

cAMP 受体蛋白必须与 cAMP 结合形成 cAMP 受体蛋白 –cAMP 复合物，才能与 CRP 强力结合，激活转录。因此，cAMP 受体蛋白的激活效应受 cAMP 控制，而 cAMP 水平与葡萄糖水平呈负相关。

（1）葡萄糖缺乏：cAMP 合成量多，cAMP 受体蛋白 –cAMP 复合物量多，与 CRP 结合的效率高，结合后通过与 RNA 聚合酶 α 亚基结合募集 RNA 聚合酶，促进其与启动子的结合，可以将转录效率在基础转录水平上提高 50 倍（图 17-5 ④）。

（2）葡萄糖充足：cAMP 合成量少，已有 cAMP 被转出细胞，细胞内 cAMP 量少，cAMP 受体蛋白 –cAMP 复合物量少，与 CRP 结合量少，对乳糖操纵子转录的激活效应减弱，乳糖操纵子转录效率低下。

4. 乳糖操纵子的双重调控　cAMP 受体蛋白是由葡萄糖控制的正调节因子（油门），LacI 是由乳糖控制的负调节因子（刹车）。正调控与负调控相辅相成：如果 LacI 与 lacO 结合抑制转录，cAMP 受体蛋白 –cAMP 复合物与 CRP 结合几乎没有激活效应（油门和刹车同时踩下）；如果没有 cAMP 受体蛋白 –cAMP 复合物与 CRP 结合，LacI 脱离 lacO 的诱导效应也极其有限（刹车和油门均未踩下）。因此，使乳糖操纵子高水平转录的条件是 LacI 不与 lacO 结合（存在乳糖）且 cAMP 受体蛋白 –cAMP 复合物与 CRP 结合（缺乏葡萄糖），这样可使 β- 半乳糖苷酶分子从不到 10 个增加到几千个。这种调控机制称为信号整合（signal integration）。信号整合在原核生物和真核生物均广泛存在。

乳糖操纵子的双重调控机制有利于大肠杆菌的生存。葡萄糖可以直接通过糖酵解代谢产能，因而被大肠杆菌优先利用。其他糖需要通过额外的酶促反应转化才能进入糖酵解，所以需要合成更多的酶。显然，在葡萄糖供应有保障时通过基因表达合成乳糖等代谢所需的酶是一种浪费。因此，乳糖操纵子调控机制有利于大肠杆菌优先利用葡萄糖。

（四）色氨酸操纵子

大肠杆菌可以合成所有编码氨基酸。氨基酸合成酶系基因通常以操纵子为功能单位，且在外源氨基酸不能满足需要时表达，如果外源氨基酸可以满足需要，则表达被抑制。例如色氨酸操纵子（*trp* operon）：大肠杆菌色氨酸合成途径中催化分支酸合成色氨酸的酶系由色氨酸操纵子的 5 种结构基因编码。稳定条件下，色氨酸操纵子每分钟指导合成 15 个 *trp*-mRNA 拷贝，每个拷贝降解前指导合成 10 套色氨酸合成酶系，因此每分钟细胞内可合成 150 套色氨酸合成酶系。色氨酸操纵子表达受转录抑制和转录衰减双重负调控，调控幅度高达 700 倍。

1. 色氨酸操纵子的结构　色氨酸操纵子包含 5 个结构基因，分别为 *trpE*、*trpD*、*trpC*、*trpB* 和 *trpA*，结构基因上游还有操纵基因 *trpO*（位于 –23～–3 区，与启动子重叠）、启动子 *trpP* 和 5′ 非翻译区（又称前导序列 *trpL*，leader）（图 17-7 ①）。

2. 色氨酸操纵子的转录抑制　色氨酸操纵子上游存在调控基因 *trpR*，编码阻遏蛋白 TrpR。

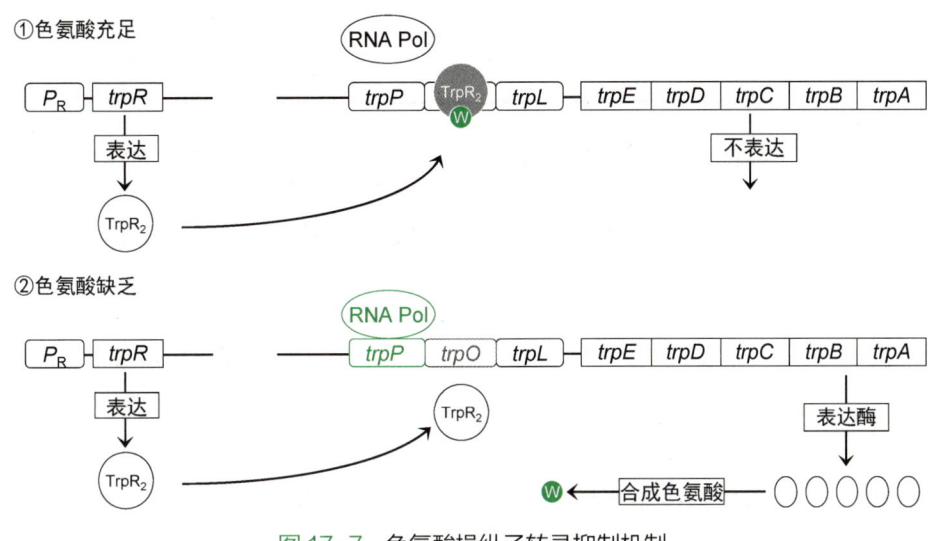

图17-7 色氨酸操纵子转录抑制机制

TrpR的抑制效应受色氨酸控制。

（1）色氨酸充足：色氨酸作为辅阻遏物与阻遏蛋白TrpR同二聚体结合（结合化学计量比1∶1），使其变构为活性TrpR-Trp，与操纵基因 *trpO* 的保守序列ACTAGT结合，抑制RNA聚合酶与 *trpP* 结合，从而抑制转录。已经合成的 *trp*-mRNA 也很快降解，最终降低色氨酸的合成速度（约为色氨酸缺乏时的1/70，图17-7①）。*trp*-mRNA 半衰期很短，只有3分钟，因而对色氨酸水平变化的反应非常迅速。

（2）色氨酸缺乏：阻遏蛋白TrpR不能独自与操纵基因 *trpO* 结合，RNA聚合酶可有效地转录结构基因，维持较高的色氨酸合成速度（图17-7②）。

3. 色氨酸操纵子的转录衰减　转录抑制不是色氨酸操纵子唯一的调控机制。不同色氨酸水平下，转录速度可相差700倍。即使解除转录抑制，启动转录，转录速度仍然会在延伸阶段受到色氨酸微调（fine-tuning），该机制称为<u>转录衰减</u>（又称<u>转录弱化</u>，transcription attenuation），表现为转录正常启动，但不会转录结构基因。衰减的前提是细菌转录与翻译偶联，衰减效率受Trp-tRNA^{Trp}控制。

转录衰减机制是控制一种前导肽的合成。色氨酸操纵子前导序列 *trpL* 可分为4段，分别编号为序列1、2、3、4。①序列2和序列3、序列3和序列4存在互补序列，转录产物可形成2~3或3~4发夹结构。②3~4发夹结构富含G-C，之后是一段U序列（U$_7$），所以序列3~4是一个有条件的内在终止子，称为<u>衰减子</u>（<u>弱化子</u>，attenuator）（图17-8①），可使转录终止于前导序列。③序列1编码一个十四肽，称为<u>前导肽</u>（leader peptide），其10、11号氨基酸残基是两个色氨酸（W），称为<u>调节氨基酸</u>。该前导肽并无任何功能，但其合成速度将决定转录产物mRNA是形成2~3发夹结构进而继续转录，还是形成3~4发夹结构进而终止转录。

前已述及，原核生物转录翻译偶联，即序列1一经合成即可募集核糖体翻译合成前导肽，且与RNA聚合酶形成表达体。转录翻译偶联是转录衰减的化学基础，色氨酰tRNA（Trp-tRNA^{Trp}）是转录衰减的信号分子。

（1）色氨酸充足：则Trp-tRNA^{Trp}充足，核糖体在序列3合成完成前即完成对序列1的翻译，并对序列2形成覆盖保护，导致序列3合成后不能与序列2形成发夹结构，因而与序列4形成发夹结构，致使<u>转录提前终止</u>（premature transcription termination，图17-8①）。

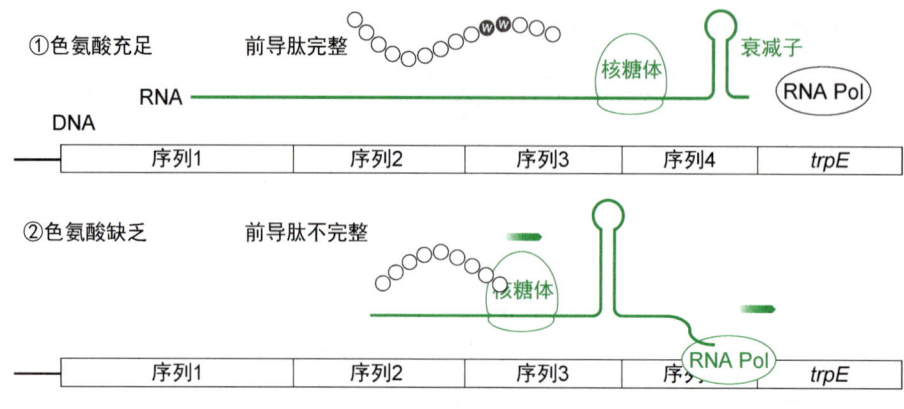

图 17-8 色氨酸操纵子转录衰减机制

转录衰减效率与色氨酸浓度呈正相关，色氨酸充足时可高达 90%，即合成的 mRNA 有 90% 为 trpL-mRNA，10% 为全长 trp-mRNA，因此转录效率仅为色氨酸缺乏时的 1/10。

（2）色氨酸缺乏：则 Trp-tRNA^{Trp} 缺乏，合成前导肽的核糖体抛锚（stall）于序列 1 的 10、11 号色氨酸密码子处，不能对序列 2 形成覆盖保护，导致序列 3 与先合成的序列 2 形成 2~3 发夹结构，而不会与后合成的序列 4 形成发夹结构，因而转录不会提前终止。下游的结构基因 trpE 等可以被 RNA 聚合酶有效转录（图 17-8②），最终合成全长 trp-mRNA。

4. 色氨酸操纵子的双重负调控 转录抑制和转录衰减相辅相成：①转录抑制作用于转录起始环节，转录衰减作用于转录延伸环节。②转录抑制的信号分子是色氨酸，转录衰减的信号分子是 Trp-tRNA^{Trp}。③转录抑制高效、经济，转录衰减细微、迅速。

转录衰减并非个例，仅在氨基酸操纵子中就已鉴定了色氨酸、苯丙氨酸、组氨酸、苏氨酸、亮氨酸、支链氨基酸操纵子 6 种，有的甚至是相关氨基酸操纵子（如组氨酸）的唯一调控机制。

（五）调控 RNA

某些调控基因表达产物为调控 RNA。例如：当大肠杆菌需要下调由 σ^{70} 介导转录的基因表达时，它会合成一种称为 6S RNA 的调控 RNA，该 RNA 可以与 RNA 聚合酶全酶中的 σ^{70} 结合，抑制其转录活性。

二、真核生物转录调控

多细胞生物不同组织细胞所表达的基因不尽相同。管家基因是维持细胞基本代谢所必需的，而组织特异性基因则仅在特定分化细胞中表达，这是细胞分化和个体发育的基础。转录调控即改变基础转录水平，这是通过 RNA 聚合酶与调控元件、转录因子、调控 RNA 相互作用实现的。真核生物细胞核内有三种 RNA 聚合酶，其中催化组织特异性基因转录的是 RNA 聚合酶 Ⅱ。RNA 聚合酶 Ⅱ 是转录调控的核心。

（一）调控元件

调控 RNA 聚合酶 Ⅱ 转录效率的调控元件包括 Ⅱ 类启动子、终止子、增强子、沉默子、绝缘子等。启动子和终止子决定基础转录水平；增强子介导正调控，激活转录；沉默子介导负调控，抑制转录；绝缘子控制转录调控效应范围。

原核生物调控元件种类少，数量少，所处位置邻近转录起始位点甚至与之重叠。相比之下，真核生物调控元件种类多，数量多，散在分布，甚至远离转录起始位点。一个蛋白基因平均含5~6个调控元件，许多蛋白基因甚至有十几个调控元件，这些调控元件分布于转录起始位点上下游 10^6 bp 范围内。

1. 启动子 介导 RNA 聚合酶Ⅱ转录的启动子属于Ⅱ类启动子。Ⅱ类启动子含有两类启动子元件，即核心启动子和上游元件。核心启动子包括 TATA 盒、起始子和下游启动子元件等，是前起始复合物的组装位点。上游元件包括 GC 盒和 CAAT 盒等，功能是控制转录启动效率（参见图 15-9）。

2. 增强子 高等真核生物绝大多数基因的基础转录水平很低，甚至不转录，需要一类调控元件募集相应转录因子激活转录。这类调控元件即为增强子。增强子（enhancer）又称增强子元件（enhancer element）、增强子序列（enhancer sequence），是高等真核生物激活转录的一类调控元件（酵母同类序列称为上游激活序列，upstream activator sequence，UAS），相当于原核生物激活蛋白结合位点。增强子可以与启动子相邻、重叠或包含，通过募集增强子结合蛋白（enhancer binding protein，又称转录激活因子，transcription activator）形成增强体（enhancesome），改变染色质构象，激活一种或一组基因的转录。增强子的功能是提高转录启动效率，但不能代替启动子。增强子结合蛋白与增强子的结合决定着基因表达的特异性。增强子有以下特点。

（1）增强效应十分明显：多数增强子能使转录效率提高几十倍至上千倍，例如人巨细胞病毒（human cytomegalovirus，HCMV）增强子可使珠蛋白基因的转录效率提高 600~1 000 倍。

（2）增强效应与增强子所处的位置、距离和取向无关：增强子可以位于结构基因的上游、下游或内部（内含子中），多数距离转录起始位点 0.5~5 kb，有的可达 10^2 kb。酵母的上游激活序列（UAS）例外，仅位于结构基因的上游，离转录起始位点也较近。

（3）多含重复对称序列：增强子序列长 100~200 bp，由一个或多个称为增强元、增强子单元（enhanson）的独立的核心序列组成。核心序列长 8~13 bp，部分序列有回文特征，例如 M 型肌酸激酶基因增强子的 CAGCTA 序列。

（4）增强子作用产生协同效应：一个蛋白基因平均拥有 5~6 个增强子，它们通过募集各自的转录激活因子共同激活转录。它们的激活作用产生协同效应。

（5）增强子效应具有两重性：有的调控元件既可作为增强子与转录激活因子结合而激活转录，又可作为沉默子与转录抑制因子结合而抑制转录。

3. 沉默子 真核基因中通过募集转录因子抑制转录的调控元件称为沉默子（silencer），相当于原核生物操纵基因。与增强子相比，已鉴定的沉默子序列很少。沉默子与相应的转录抑制因子结合，抑制基因表达，起负调控作用。沉默子对基因簇的选择性转录起重要作用。沉默子和增强子的作用协调，可以决定基因表达的时空顺序。

目前研究认为增强子和沉默子均非绝对特异，或者说它们具有两重性，既可结合转录激活因子又可结合转录抑制因子，只是增强子以结合转录激活因子为主，沉默子以结合转录抑制因子为主。

4. 绝缘子 绝缘子（insulator，I）又称边界元件（boundary element），位于增强子（E）或沉默子与启动子（P）之间，其作用是阻断一侧的增强子或沉默子对另一侧基因表达的影响。因此，在位于增强子和启动子之间时，绝缘子阻断增强子的激活效应；在位于沉默子和启动子之间时，绝缘子阻断沉默子的抑制效应；在位于异染色质和活性基因之间时，绝缘子阻断异染色质对活性基因的阻遏作用。绝缘子通过募集绝缘子结合蛋白（如转录抑制因子 CTCF）起阻断作用（图 17-9）。

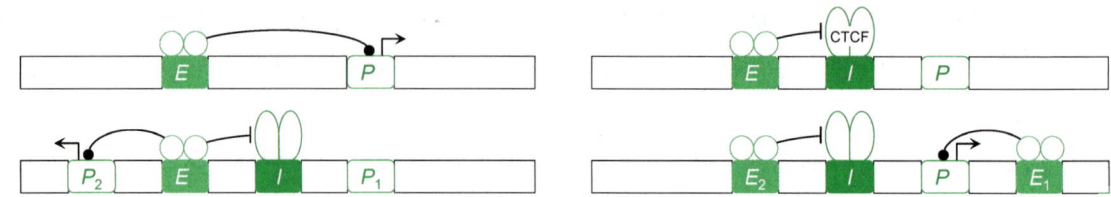

图 17-9　绝缘子作用示意图

（二）转录因子

无论是原核生物还是真核生物，转录因子与 DNA 的结合都是基因表达调控的化学基础。真核生物转录因子与调控元件的结合具有相对特异性：一种转录因子能与一种或多种调控元件结合，一种调控元件能与一种或多种转录因子结合。

真核生物转录因子种类多（人类基因组编码的转录因子就有 2000 多种），占全部蛋白质的 5%~10%，且不都是 DNA 结合蛋白，也不都直接作用于 RNA 聚合酶。真核生物基因的转录由十几种甚至几十种转录因子共同调控，称为组合调控（combinatorial control）。

1. 转录因子分类　真核生物转录起始比原核生物复杂，需要一组转录因子协助。转录因子与 RNA 聚合酶 II、调控元件甚至调控 RNA 组装转录起始复合物，启动转录。真核生物转录因子可分为 6 类（图 17-10）。

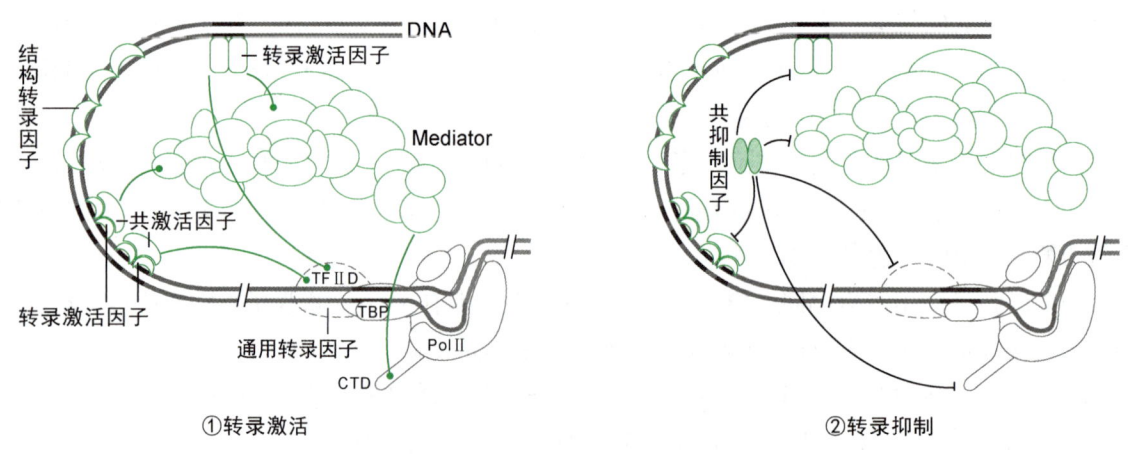

图 17-10　真核生物转录因子

（1）通用转录因子：通用转录因子（general transcription factor，GTF）又称基础转录因子（basal transcription factor，BTF），相当于原核生物的 σ 因子，广泛存在于各种细胞中，是介导 RNA 聚合酶 II 与启动子特异性结合、组装转录前起始复合物的转录因子，决定基础转录水平。在细胞外条件下，只要通用转录因子与 RNA 聚合酶 II 在启动子处组装成基础转录复合物（又称基础转录装置，相当于细胞内转录前起始复合物），就能启动 RNA 合成。然而，因为细胞内 DNA 形成染色质结构，所以其转录前起始复合物常常不能启动转录，甚至不能组装——当启动子所在染色质还未展开时，还需要转录激活因子和共激活因子等参与染色质展开。

（2）转录激活因子：转录激活因子（transcriptional activator）即增强子结合蛋白，在募集于增强子的基础上，通过以下机制激活转录：①依次募集通用转录因子（如 TF II D）、（有时募集共激活因子）、RNA 聚合酶 II，组装转录复合物。②募集组蛋白修饰酶类。③募集染色质重塑复合物。④募集其他修饰酶类，如果蝇 HSP70 转录时需要转录激活因子 HSF 募集转录延伸因子

P-TEFb。P-TEFb 是蛋白激酶，催化 RNA 聚合酶 Ⅱ RPB1-CTD 七肽单位中的 Ser2 磷酸化（参见第十五章），助力启动子清除。

信号分子的细胞内受体多为转录激活因子，它们与增强子（称为激素反应元件）的结合是信号转导的一个效应环节，例如糖皮质激素受体。部分转录激活因子具有两重性，既可激活一种靶基因转录，又可抑制另一种靶基因转录；或通过改变构象而成为转录抑制因子，如视黄酸受体（RAR）为转录激活因子，与视黄酸结合时激活转录，不与视黄酸结合时抑制转录。许多转录激活因子对信号分子敏感，可应答细胞环境变化而起激活或去激活作用。

转录激活因子具有基因特异性、空间特异性、时间特异性、条件特异性。例如虽然各种细胞基因组都有免疫球蛋白基因的增强子，但只有 B 细胞内有转录激活因子可以与之特异性结合，结合后激活转录。

（3）共调节因子：共调节因子（coregulator）既有多亚基类又有单体类，多数属于非 DNA 结合蛋白类转录因子（少数为 lncRNA），通过蛋白质相互作用与转录激活因子、转录抑制因子或 RNA 聚合酶 Ⅱ 结合，调控转录。共调节因子分为共激活因子和共抑制因子。

共激活因子（coactivator）又称辅激活因子、辅激活物、辅激活蛋白，通过介导转录激活因子作用于 RNA 聚合酶 Ⅱ 激活转录。Mediator 是真核生物一种主要的共激活因子，从真菌到人高度保守。Mediator 与 RNA 聚合酶 Ⅱ RPB1-CTD 紧密结合，为几乎所有 Ⅱ 类启动子基因的转录激活所必需（图 17-11）。

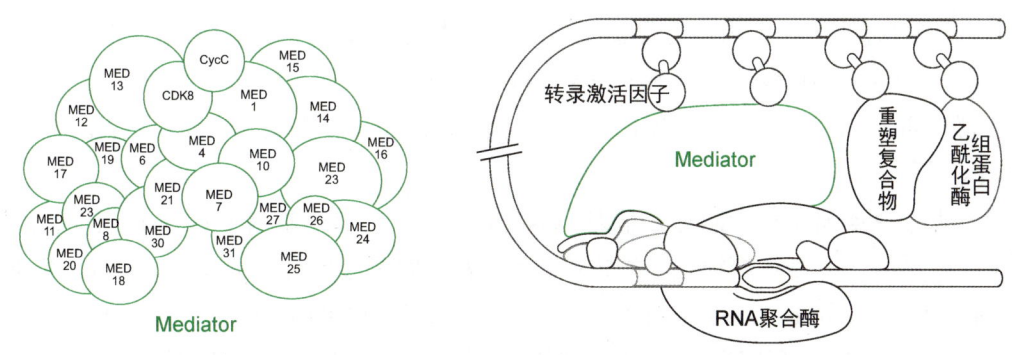

图 17-11　人 Mediator 介导转录起始复合物组装

共抑制因子（corepressor）又称辅抑制因子、辅阻遏物，作用机制是在细胞质中与其他转录因子的核定位信号（NLS）结合，抑制其转入细胞核；或竞争性抑制转录激活因子、结构转录因子、共激活因子、通用转录因子。

（4）结构转录因子：结构转录因子（architectural transcription factor）又称结构调节蛋白（architectural regulator），功能是促使中间序列弯曲成环，从而使各种转录因子可直接相互作用，参与转录激活。染色质富含结构转录因子，与 DNA 结合的特异性也不高，典型如参与染色质重塑和转录激活的高速泳动族蛋白。也有学者将结构转录因子归入转录激活因子。

（5）重塑复合物：重塑复合物（remodeling complex）包括催化组蛋白修饰的酶类和其他染色质重塑蛋白，功能是催化染色质重塑，激活转录。如 p300 家族的 CBP、p300，p160 家族的 NCoA-1（SRC-1）。也有学者将重塑复合物归入共调节因子（图中未示）。

（6）转录抑制因子：转录抑制因子（transcriptional repressor）又称转录阻遏物，相当于原核生物的阻遏蛋白，在结合于沉默子或增强子的基础上作用于 RNA 聚合酶 Ⅱ、Ⅱ 类通用转录因子、转录激活因子、共抑制因子或核小体修饰酶类，抑制转录。抑制机制：①沉默子与增强子或启动子存在重叠，或增强子又是沉默子，转录抑制因子的结合抑制转录激活因子或通用转录因子的结合。②沉默子与增强子邻近，同时结合转录抑制因子和转录激活因子时，转录抑制因子与转录激活因子结合，抑制其转录激活结构域。③转录抑制因子作用于共激活因子，抑制其激活作用。④转录抑制因子募集抑制性组蛋白修饰酶类。

转录抑制因子负调控在真核生物很少见，主要见于酵母等低等真核生物。

2. 转录因子结构　　生物体内多数蛋白质相互作用、蛋白质-核酸相互作用、蛋白质-小分子相互作用具有特异性，这种特异性的化学基础主要是蛋白质分子结构中的结构域或基序。大多数转录因子含特定的 DNA 结合域、转录激活结构域或蛋白质-蛋白质相互作用结构域（如二聚化结构域）。

（1）DNA 结合结构域：简称 DNA 结合域（DNA binding domain，DBD）是突出于转录因子表面的一种较小的结构域，含 60~90 个氨基酸残基。人类基因组编码的转录因子中有 1 500 多种含 DNA 结合域，如锌指、同源域。DNA 结合域中通常包含一个或多个更小、可识别调控元件并直接与之结合的特征性结构基序（structural motif），称为 DNA 结合基序（DNA-binding motif），如螺旋-转角-螺旋等。

螺旋-转角-螺旋（helix-turn-helix motif）简称 HTH 基序（HTH），约含 20 个氨基酸残基，由各含 7~9 个氨基酸残基的两段 α 螺旋通过一个 β 转角连接而成。其中螺旋 1 主要与 DNA 主链结合，螺旋 2 称为识别螺旋（recognition helix，R），凸出于分子表面，在结合 DNA 时会嵌入大沟，通过特定氨基酸残基直接与大沟内特定碱基原子结合，如精氨酸胍基与鸟嘌呤形成氢键（图 17-12）。

螺旋-转角-螺旋广泛存在于原核生物 DNA 结构域中，如 σ 因子、乳糖操纵子的阻遏蛋白 LacI、激活蛋白 CRP，色氨酸操纵子的阻遏蛋白 TrpR。真核生物部分 DNA 结合蛋白也含有螺旋-转角-螺旋。

真核生物有一类基因称为同源盒基因（homeobox gene）、Hox 基因（hox gene）、同源异型基因（homeotic gene），其表达产物是一类转录因子，称为同源盒蛋白（homeobox protein）、同源域蛋白（homeodomain protein）、hox 蛋白（hox protein）、同源异型蛋白（homeoprotein），功能是调节胚胎发育。同源盒基因编码区有一段保守序列称为同源盒、同源框、同源异型盒（homeobox），长约 180 bp，编码同源盒蛋白中一个约含 60 个氨基酸残基的结构域，称为同源域（homeodomain），是同源盒蛋白的 DNA 结合域，其结构中含三段 α 螺旋，其中螺旋 2 和螺旋 3 形成螺旋-转角-螺旋结构，与 DNA 大沟结合（图 17-13）。人类基因组编码 250 多种同源盒蛋白。

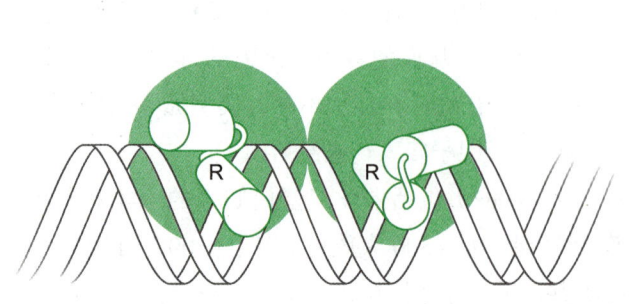

图 17-12　螺旋-转角-螺旋

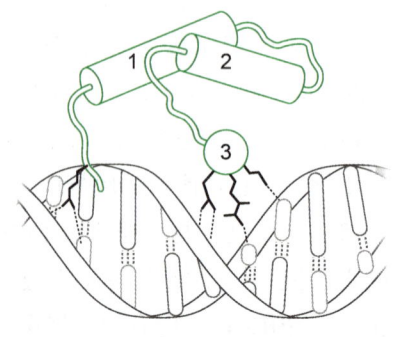

图 17-13　同源域

（2）转录激活结构域：简称转录激活域（transactivation domain, transcriptional activation domain, TAD），是转录激活因子和共激活因子所含的一类结构域，含20~100个氨基酸残基，一级结构多无保守性，甚至没有刚性构象，仅有一定的组成特征。转录激活因子和共激活因子通过该结构域与RNA聚合酶、通用转录因子或共激活因子结合，促进转录起始复合物组装（图17-14）。

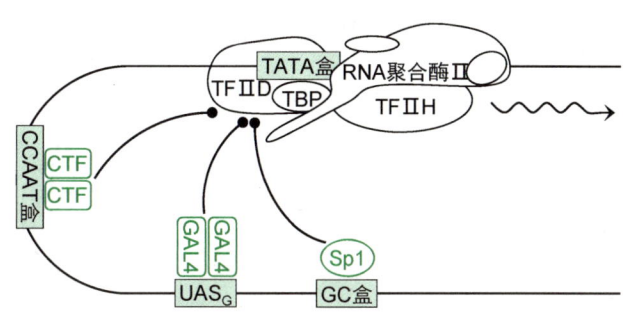

图17-14 转录激活结构域

酸性结构域、谷氨酰胺结构域、脯氨酸结构域是典型的转录激活结构域。①酵母转录激活因子GAL4既有DNA结合域，又有转录激活结构域，其转录激活结构域富含酸性氨基酸残基，所以称为酸性结构域（acidic domain）、酸性激活域（acid activation domain）。酸性结构域的作用是介导转录激活因子GAL4募集酵母共激活因子Mediator等，组装转录起始复合物。人的许多转录因子如E2F1、p53也含酸性结构域。②人转录因子Sp1（specificity protein 1）有四个转录激活结构域，其中两个富含谷氨酰胺（Gln-rich），故称为谷氨酰胺结构域（glutamine-rich domain）。其他许多转录激活因子也有谷氨酰胺结构域。③人转录因子NF1-A（nuclear factor 1/A）又称CAAT盒转录因子（CCAAT-box-binding transcription factor, CTF），其转录激活结构域富含脯氨酸残基，称为脯氨酸结构域（proline-rich domain, PD）。

（3）蛋白相互作用结构域：蛋白质-蛋白质相互作用涉及转录因子与RNA聚合酶结合、不同转录因子结合、转录因子亚基组装等。转录因子发挥作用时不仅要与DNA结合，也要与其他蛋白质结合，因此其所含结构域不但有介导DNA结合的DNA结合域，也有介导蛋白质相互作用的蛋白质-蛋白质相互作用结构域，简称蛋白相互作用结构域（protein-protein interaction domain）。介导蛋白质形成二聚体的蛋白相互作用结构域最初定义为二聚化结构域（dimerization domain），进一步研究发现多数只是其中的一段序列，称为二聚化区（dimerization region）。例如：碱性亮氨酸拉链和碱性螺旋-环-螺旋是许多DNA结合蛋白的两种DNA结合域，均由C端的二聚化区和N端的DNA结合基序构成。

碱性亮氨酸拉链（basic leucine zipper, bZIP）的二聚化区是一段α螺旋，称为亮氨酸拉链（leucine zipper）。亮氨酸拉链一级结构的特点是含4~5个不连续的亮氨酸残基，相邻亮氨酸残基被6个其他残基隔开（图17-15）。在形成α螺旋时亮氨酸残基恰好排列于一侧（形似拉链），形成疏水面（hydrophobic surface）。这种α螺旋称为两亲性α螺旋。两段亮氨酸拉链结合时其疏水面平行相对，相互缠绕形成卷曲螺旋，从而介导两个蛋白质单体形成二聚体（图17-16①）。真核生物许多蛋白质都含有亮氨酸拉链，可形成同二聚体或异二聚体。

碱性亮氨酸拉链的DNA结合基序含赖氨酸或精氨酸残基（图17-15），故称为碱性基序（basic motif），可嵌入调控元件大沟，并与带负电荷的磷酸基结合（图17-16①）。

| DNA结合基序 | 链接区 | 亮氨酸拉链 |

C/EBP	DKNSNEYIV RRERNN IAVRKSRDKAKQRNVETQQKVLELTSDNDRLRKRVEQLSRELDTLRG
Jun	SQERIKAIR KRMRNR IAASKCRKRKLERIARLEEKVKTLKAQNSELASTANMLTEQVAQLKQ
Fos	EERRRIRI RRERNKMAAAKCRNRRRELTDTLQAETDQLEDKKSALQTEIANLLKEKEKLEF
Myc	PELENNEIA PKVVILKKATAYILSVQAEEQKLISEEDLLRKRREQLKHKLEQLRNSCA
共有序列	--------- RR - R -N ------R - R - RR ---------- L ------L------L--------L------L-
	KK K N K KK

图 17-15 碱性亮氨酸拉链一级结构

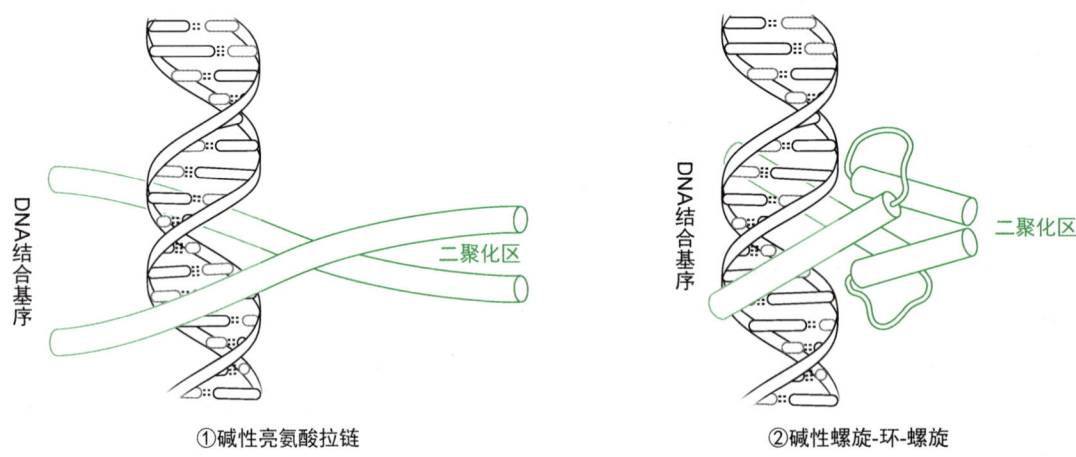

①碱性亮氨酸拉链　　②碱性螺旋-环-螺旋

图 17-16　DNA 结合蛋白的二聚化区

碱性螺旋 – 环 – 螺旋（basic helix-loop-helix，bHLH）的二聚化区是一个基序，称为**螺旋 – 环 – 螺旋**（helix-loop-helix）。螺旋 – 环 – 螺旋一级结构长约 40 个氨基酸残基，二级结构从 N 端到 C 端依次为两亲性 α 螺旋 1（识别螺旋）– 环 – 两亲性 α 螺旋 2（二聚化螺旋）。两个螺旋 – 环 – 螺旋结合时其二聚化螺旋疏水面平行相对，相互缠绕形成卷曲螺旋（类似于亮氨酸拉链），从而介导两个蛋白质单体形成二聚体。真核生物许多蛋白质都含有螺旋 – 环 – 螺旋，可形成同二聚体或异二聚体（图 17-16 ②）。

碱性螺旋 – 环 – 螺旋的 DNA 结合基序也是碱性基序。

亮氨酸拉链或螺旋 – 环 – 螺旋可以单独存在，即侧翼无碱性基序。

（三）调控 RNA

越来越多的研究表明，非编码 RNA（ncRNA）广泛参与基因表达调控及其他代谢调节。这类 RNA 称为**调控 RNA**，包括长链非编码 RNA、微小 RNA 等，其中微小 RNA 可通过 RNA 感染机制抑制转录起始。调控 RNA 已成为基因表达调控研究的热点。

三、真核生物转录后调控

真核基因多为断裂基因，复杂转录单位存在选择性剪接，转录后修饰产物还要转运到细胞质中，因而转录后修饰也是其表达调控的一个重要环节。

1. mRNA 加帽和加尾　加帽和加尾均影响转运效率、翻译效率和 mRNA 寿命，从而影响基因表达效率。

2. mRNA 选择性剪接　剪接水平上的基因表达调控是真核生物所特有的。选择性剪接产生多种效应。选择性剪接受到调控,与发育有关。

(1)导致基因产物多样性:如钙调蛋白激酶 CaMK Ⅱδ 外显子 14(翻译产物含 NLS)、15、16 为选择性外显子,其剪接具有组织特异性(表 17-1)。

表 17-1 CaMKⅡδ mRNA 前体的选择性剪接

产物	外显子 14	外显子 15	外显子 16	产物亚细胞定位	产物功能
δA	-	+	+	神经细胞膜	调节离子通道活性
δB	+	-	-	细胞核	调控基因表达
δC	-	-	-	细胞质	磷酸化一组细胞质蛋白

(2)使同一基因编码功能相反的产物:许多调节细胞凋亡的基因都至少表达两种产物,分别是促凋亡蛋白和抗凋亡蛋白,两者的比例决定细胞的存亡。

(3)控制细胞内 mRNA 水平:选择性保留 mRNA 中的调控元件,控制其寿命,从而控制其细胞内水平。例如控制含提前终止密码子(premature stop codon,PTC)mRNA 的比例,这种 mRNA 寿命短。

3. mRNA 碱基修饰 mRNA 最常见的碱基修饰方式是甲基化,其中 N^6- 甲基腺嘌呤(m^6A)是 mRNA 中最常见的碱基修饰。N^6- 甲基腺嘌呤通过与特定的 RNA 结合蛋白结合调控 mRNA 的剪接、转运、稳定性和翻译效率。

4. mRNA 转运 真核生物转录产物必需转运到细胞质中,因此转运也是基因表达的一个调控环节。控制转运就是控制出核 RNA 的质量和数量。通常只有 5%~20% 的 mRNA 转运到细胞质中,留在细胞核内的 mRNA 有 50% 在一小时内被降解。

mRNA 与一组蛋白质组装成 信使核糖核蛋白(messenger ribonucleoprotein,mRNP),再由一种 mRNA 输出蛋白协助转运到细胞质中。转运过程有 RNA 解旋酶 DDX19A、DDX19B 和 GTP 激活细胞核蛋白 Ran 介导,且分别消耗 ATP 和 GTP。

此外,RNA 编辑等转录后修饰事件也都影响基因表达。

第四节 翻译和翻译后调控

蛋白基因表达包括转录和翻译两个阶段。翻译阶段的各个环节同样受到调控且必不可少。切勿将翻译阶段的调控理解为对转录阶段调控的补充或对转录调控异常的补救。

一、原核生物翻译调控

原核生物翻译调控涉及 mRNA 稳定性、SD 序列、翻译抑制、反义 RNA、核糖开关、核糖体移码等。

1. 翻译抑制 某些蛋白因子和非编码 RNA 通过与 mRNA 特定部位结合抑制该 mRNA 指导的蛋白质合成。这种机制称为 翻译抑制、翻译阻遏(translational repression)。其中的蛋白因子称为 翻译抑制因子、翻译阻遏物(translational repressor)。某些翻译抑制因子就是由其抑制的 mRNA

指导合成的，因而其实施的翻译抑制属于反馈抑制。

例如：大肠杆菌52种核糖体蛋白与其他参与复制、转录、翻译的部分蛋白质（引物酶、RNA聚合酶、翻译延伸因子等）由20多个操纵子编码。每个操纵子可指导合成一种含2~11个编码区的多顺反子mRNA，指导合成2~11种蛋白质，其中有一种核糖体蛋白是该mRNA的翻译抑制因子，可抑制其所有编码区的翻译（图17-17）。

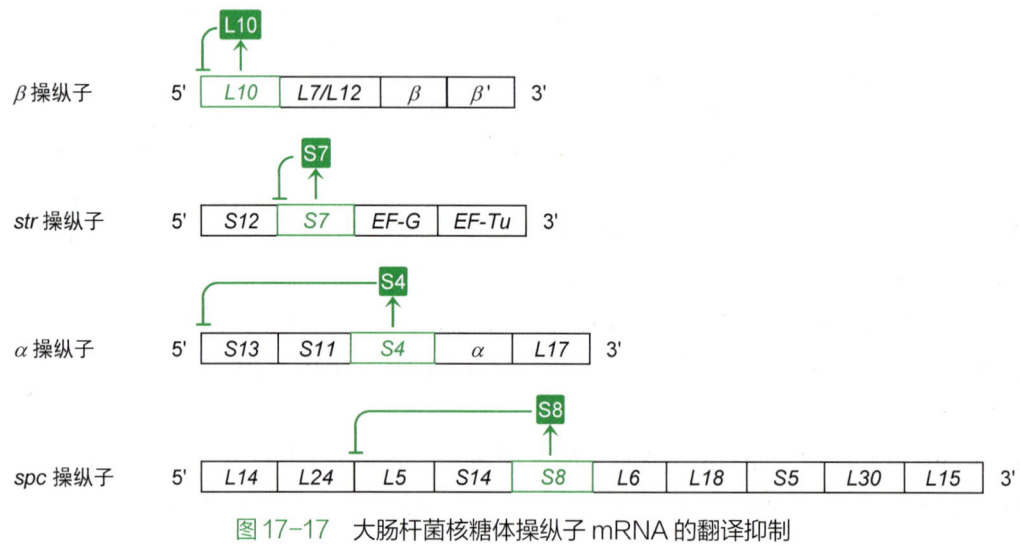

图17-17　大肠杆菌核糖体操纵子mRNA的翻译抑制

核糖体蛋白翻译抑制机制：①作为翻译抑制因子的核糖体蛋白在核糖体结构中都是直接与rRNA结合的，并且与rRNA的亲和力强于与多顺反子mRNA的亲和力，所以其在转录后修饰时优先与rRNA前体结合。只有当翻译抑制因子比rRNA前体多时，多出部分才会与多顺反子mRNA结合，抑制翻译，从而使核糖体蛋白合成与rRNA合成保持同步。② mRNA上的翻译抑制因子结合位点靠近甚至覆盖一个（多数是第一个）编码区的SD序列甚至起始密码子，并且抑制该mRNA所有编码区的翻译。

大肠杆菌转录起始因子σ^{32}的合成受温度控制。30℃时其翻译很慢，每个细胞仅有50个σ^{32}分子。42℃时翻译加快。温度控制机制是：30℃条件下σ^{32}-mRNA的 -19~+247 区形成复杂的二级结构，核糖体结合位点被掩盖，导致翻译抑制；42℃条件下σ^{32}-mRNA变构，核糖体结合位点被暴露，导致翻译去抑制。

2. 反义RNA抑制　本章介绍的反义RNA有别于第十五章的反义RNA。原核生物反义RNA（antisense RNA, asRNA）长50~200 nt，是细菌应答环境压力（氧化压力、渗透压、温度等）而合成的一类小分子单链RNA，与细胞内相关功能RNA序列互补。反义RNA在原核细胞中广泛存在，染色体、质粒、噬菌体、转座子等DNA都含反义RNA编码序列。研究表明，反义RNA参与DNA复制和基因表达调控。①在复制水平，反义RNA可以与RNA引物结合，抑制复制。②在转录水平，反义RNA可以与启动子结合，抑制转录。③在翻译水平，反义RNA与mRNA的SD序列或编码区结合，抑制其翻译，或与mRNA其他序列结合，促进其降解。

二、真核生物翻译调控

真核生物翻译调控比原核生物更重要：①某些较大基因的转录及转录后修饰耗时太长（可达数小时），细胞可以通过将已有但受到翻译抑制的mRNA去抑制，从而提高翻译效率，满足对蛋白质的亟需。②翻译调控在发育阶段具有空间重要性，可在细胞内局部提高蛋白质水平。③有些基因的翻译调控属于微调（fine-tuning）。

翻译调控主要发生在翻译起始阶段，主要调控机制有调节翻译起始复合物组装和 mRNA 稳定性，此外还有 RNA 干扰和核糖体移码等特殊机制。mRNA 的两个非翻译区是主要调控位点。

1. 翻译起始因子磷酸化　影响到翻译起始复合物组装，从而影响到细胞内待定蛋白质的合成。

（1）翻译起始因子 eIF-2 磷酸化抑制：起始因子 eIF-2 是一种 αβγ 三聚体 GTP 酶，在翻译起始阶段起关键作用。它先与 GTP、Met-tRNA_i 形成三元复合物，再依次与核糖体小亚基、mRNA 组装成 43S 前起始复合物，最终组装成翻译起始复合物。期间 eIF-2-GTP 发生水解，生成 eIF-2-GDP，并在翻译起始因子 eIF-2B（一种鸟苷酸交换因子）催化下释放 GDP，结合 GTP。

eIF-2 的活性受磷酸化调节。在特定条件下，eIF-2 的 α 亚基会被 eIF-2α 激酶催化磷酸化，导致 eIF-2-GDP 不能释放 GDP，翻译起始被抑制。

（2）翻译起始因子 eIF-4E 磷酸化激活：翻译起始因子 eIF-4E 在翻译起始早期直接与 mRNA 的 5′ 帽子结合，促使 mRNA 局部二级结构解链，促进翻译起始复合物组装，是控制翻译起始的关键步骤。

eIF-4E 的活性受磷酸化调节。在特定条件下，eIF-4E 被蛋白激酶 C（参见第十八章）催化磷酸化。磷酸化 eIF-4E 与 5′ 帽子的亲和力增强，促进翻译起始复合物组装，启动翻译。胰岛素及其他部分促有丝分裂生长因子通过激活信号转导促进 eIF-4E 磷酸化激活，使蛋白质合成加快。MAPK、PI3K、mTOR、Ras、S6K 信号通路在一定条件下都通过该环节促进蛋白质合成。

2. 翻译起始因子 eIF-4E 竞争性抑制　翻译起始因子 eIF-4E 在翻译起始阶段与翻译起始因子 eIF-4G、eIF-4A 组装成 eIF-4F 复合物，促进翻译起始复合物组装。

eIF-4E 结合蛋白（eIF-4E binding protein，4E-BP）是真核生物的一组起始因子结合蛋白（initiation factor binding protein），又称翻译起始抑制因子（repressor of translation initiation）。在细胞生长缓慢时其可以与 eIF-4E 的 eIF-4G 结合位点结合，从而竞争性抑制 eIF-4G 与 eIF-4E 结合，即抑制 eIF-4F 复合物组装，导致细胞内所有蛋白质合成都被抑制。某些生长因子和激素等信号可以刺激细胞恢复生长或生长加快，如胰岛素通过信号转导激活丝氨酸/苏氨酸激酶 mTOR，mTOR 催化 eIF-4E 结合蛋白 1（4E-BP1）磷酸化，使其不再与 eIF-4E 结合，即不再抑制翻译起始复合物组装。这可能是胰岛素在转录后水平显著增加肝、脂肪、肌细胞蛋白质合成的机制。

拓 展 阅 读 17-2：关于 eIF-4E 结合蛋白

3. 翻译抑制　翻译抑制因子结合于 mRNA 的特异序列，进而作用于结合于同一 mRNA 的翻译起始因子或小亚基，抑制该 mRNA 的翻译起始（图 17-18）。

翻译抑制可以受到变构调节：例如 Fe^{2+} 激活铁蛋白（ferritin）的翻译合成。铁蛋白的功能是储存 Fe^{2+}，维持铁稳态，因而细胞内铁蛋白水平应与 Fe^{2+} 水平呈正相关。铁蛋白翻译调控机制：铁蛋白 mRNA 的 5′ 非翻译区有 1 段称为铁反应元件（iron-responsive element，IRE）的反向重复序列，会形成发夹结构，影响翻译起始复合物的

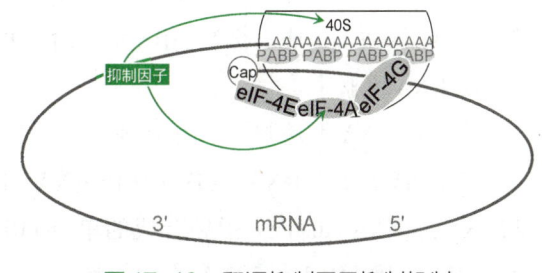

图 17-18　翻译抑制因子抑制机制

组装。翻译起始因子 eIF-4A 是一种 RNA 解旋酶，可催化 5′ 非翻译区的发夹结构等各种二级结构解链。①铁缺乏时，铁反应元件会募集一种称为铁调节蛋白（iron regulatory protein，IRP）、铁反应元件结合蛋白（iron-responsive element-binding protein，IRE-BP）的翻译抑制因子。铁调节蛋白是一种铁硫蛋白，其铁硫簇在铁缺乏时为［3Fe-4S］型，可与铁反应元件动态结合，抑制翻译起始因子 eIF-4A 催化的解链，从而抑制翻译起始复合物组装，抑制翻译。②铁充足时，铁调节蛋白的铁硫簇为［4Fe-4S］型，不再与铁反应元件动态结合，翻译抑制解除，铁蛋白合成加快，储存铁增加，使游离 Fe^{2+} 水平回落（图 17-19）。

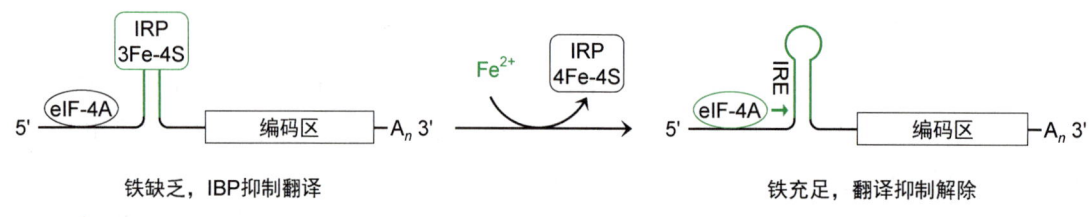

图 17-19　铁蛋白翻译抑制机制

拓展阅读 17-3：铁反应元件

4. RNA 干扰　RNA 干扰（RNA interference，RNAi）又称 RNA 沉默（RNA silencing）、转录后基因沉默（post-transcriptional gene silencing，PTGS），是非编码小 RNA 类调控 RNA 调控基因表达的一种机制，即细胞利用一种 RNase 从长链非编码 RNA 获取一段反义 RNA，与 AGO 蛋白（protein argonaute）等组装成一种 RNA 诱导沉默复合体（RNA-induced silencing complex，RISC）。复合体通过与 mRNA 特异性结合抑制其翻译或促进其降解，或通过与靶基因启动子结合诱导染色质修饰而抑制转录，从而下调基因表达。

通过 RNA 干扰机制下调基因表达的非编码小 RNA 类调控 RNA 称为沉默小 RNA（short silencing RNA），主要有三类。

（1）微小 RNA：微小 RNA（microRNA，miRNA）由调控基因表达的单链 miRNA 前体加工生成。多数 miRNA 长 21~23 nt，加工酶为 RNase Dicer。微小 RNA 功能是介导翻译抑制。

几乎所有真核生物都有微小 RNA，这些微小 RNA 中有一半来自蛋白基因内含子的转录后加工，其余来自长链非编码 RNA 的转录后加工，有的甚至由假基因编码。一种微小 RNA 可结合几百种 mRNA，一种 mRNA 可被几十种甚至上百种微小 RNA 结合。部分微小 RNA 只结合一种 mRNA。人类基因组编码的微小 RNA 已有几千种被鉴定，它们通过与 3′ 非翻译区结合抑制 30% mRNA 的翻译或促进降解，从而影响细胞增殖、分化、凋亡。

许多微小 RNA 参与发育调控，即只在发育过程中短暂出现，故又称小时序 RNA（small temporal RNA，stRNA）。

（2）小干扰 RNA：小干扰 RNA（small interfering RNA，siRNA）由感染病毒 RNA 等外源双链 RNA 前体加工生成。多数 siRNA 长 21~23 nt，加工酶为 RNase Dicer。小干扰 RNA 功能是介导外源 RNA 降解。

小干扰 RNA 不是调控基因指导合成的产物，但其前体和其靶 RNA 是同一基因的产物。

（3）PIWI 互作 RNA：PIWI 互作 RNA（PIWI-interacting RNA，piRNA）由生殖细胞 piRNA 基因簇（piRNA cluster）指导合成的单链 piRNA 前体加工生成。piRNA 长 24~34 nt，加工酶可能是 RNase PNLDC1。piRNA 的功能是与 Ago 家族 Piwi 亚家族蛋白（人 PiwiL、Hiwi）等结合形

成 RNA 诱导沉默复合体，抑制转座子转座，从而稳定基因组信息。

miRNA 和 piRNA 是调控基因指导合成的产物，其前体和其靶 RNA 是不同基因的产物，因此是一种基因的产物调控另一种基因的表达。miRNA、piRNA 和 siRNA 比较见表 17-2。

表 17-2　miRNA、piRNA、siRNA 一览

沉默小 RNA	miRNA	piRNA	siRNA
大小（nt）	20～23	24～31	20～23
编码基因	细胞基因	细胞基因	病毒基因
组织特异性	体细胞	生殖细胞	体细胞
条件特异性	生长发育	配子形成	病毒感染
RISC 组成蛋白	Ago 亚家族蛋白	Piwi 亚家族蛋白	Ago 亚家族蛋白
介导效应	基因沉默	转座子沉默，基因沉默	抗病毒感染
效应机制	翻译抑制	组蛋白修饰	mRNA 降解

RNA 干扰现象在真核生物（包括线虫、果蝇、植物、哺乳动物）中广泛存在，是在进化上十分保守的一种防御机制。A. Fire 和 C. Mello 因阐明 RNA 干扰而获得 2006 年诺贝尔生理学或医学奖。原核生物也有 RNA 干扰。原核生物的微小 RNA 称为 sRNA，长 80～110 nt，直接由短基因编码。其干扰机制是抑制翻译或促进降解，但个别 sRNA 激活翻译。大肠杆菌有 100 多种 sRNA 基因。

三、真核生物翻译后调控

蛋白前体合成后通常要经过修饰才能成为天然蛋白质。蛋白质构象决定其功能，而蛋白质的天然构象是在翻译后修饰过程中形成的。通过修饰控制其功能，通过靶向运输控制其亚细胞定位。这些都是基因表达调控的重要内容，参见第十六章。

思考题

1. 原核生物和真核生物的基因表达方式各自有何特点？
2. 原核生物和真核生物的基因表达调控各自有何特点？
3. 真核生物染色质水平的调控包括哪些环节？
4. 什么是操纵子？为什么真核基因组中几乎没有操纵子？
5. 什么是顺式作用元件？其包括哪些类型？
6. 真核生物转录因子多通过组合调控发挥作用，为什么？

（陈美娟）

数字资源详见　新形态教材网

📖 拓展阅读　　✖ 自测题　　🖥 教学课件

第十八章

信号转导

细胞通讯又称细胞通信（cell communication）、细胞信号传递（cell signaling），是指信号细胞向靶细胞传递信号的过程。

信号转导（signal transduction）是指靶细胞通过细胞表面受体或细胞内受体对特定的细胞外刺激或信号作出特异性反应的过程，表现为细胞内信号转导分子的结构、分布、水平的改变，最终产生一系列生理效应，包括新陈代谢和基因表达，细胞分泌和吞噬，细胞变形和迁移，细胞增殖和分化，细胞炎症和凋亡等。

信号转导的全过程称为信号转导通路、信号转导途径（signal transduction pathway），简称信号通路、信号途径（signal pathway）。各种信号通路交织（串话，cross talking）形成信号网络（signaling network），在神经系统的控制下，在整体水平上协调各种生命活动，维持机体稳态。阐明细胞信号转导机制既有助于揭示生命活动的本质，又为人类健康提供保障，更将大力推动中医药学的发展。

第一节 概 述

在多细胞生物体内，一些特定的信号细胞（signaling cell）合成和分泌信号分子，通过细胞通讯作用于靶细胞（target cell）特定的受体，激活靶细胞中的信号转导，完成细胞代谢调节和基因表达调控等。这一过程复杂而有序。

一、细胞通讯概述

细胞通讯包括细胞间信号传递（又称细胞间通讯，intercellular signaling）和细胞内信号传递（又称细胞内通讯，intracellular signaling）。通讯方式包括细胞识别、缝隙连接、细胞外囊泡、可溶性信号分子等，以可溶性信号分子为主。

1. **细胞识别** 细胞识别（cell recognition）又称细胞表面识别、依赖接触的信号传递（contact-dependent signaling）、近分泌信号传递（juxtacrine signaling），是指信号细胞通过细胞膜表面的信号分子与靶细胞表面的受体形成特异性结合，从而向靶细胞内传递信号的过程。

2. **缝隙连接** 缝隙连接又称间隙连接（gap junction），是指信号细胞与相邻靶细胞之间通过连接子（connexon）相连。信号细胞可以通过连接子通道向靶细胞内传递信号分子，称为直接信号传递（direct signaling）。

3. **细胞外囊泡** 细胞外囊泡简称胞外囊泡（extracellular vesicle），是指由细胞释放到细胞外的一类囊泡，包括外泌体（exosome）和微囊泡（microvesicle）。它们的直径范围很广，小到 20 nm，大到 10 μm 或更多，但多数直径小于 200 nm。它们携带大量来自母体细胞的蛋白质、核酸、脂质、代谢物，甚至是细胞器。迄今为止所研究的细菌、真菌、动物和植物细胞大多数能释放细胞外囊泡。胞外囊泡参与多种生理和病理过程，作为细胞间信号传递的一种机制，允许细胞交换蛋白质、脂质甚至遗传物质。

4. **信号分子** 信号分子（signaling molecules）又称化学信号（chemical signals），是指在细胞间或细胞内负责传递信号的一类分子。信号分子介导的信号传递称为化学信号传递（chemical signaling），主要有以下几类。

（1）自分泌信号传递：自分泌信号传递（autocrine signaling）是指信号细胞分泌的信号分子作用的靶细胞包括信号细胞自身，相应的信号分子称为自分泌信号（autocrine signal）。自分泌信号传递常与其他传递方式同时发生，如胰岛 β 细胞分泌的胰岛素既通过内分泌信号传递促进肝细胞糖原合成，又通过自分泌信号传递抑制 β 细胞自身的胰岛素分泌。自分泌信号传递常发生于发育早期，此外还调节痛觉、炎症反应、病毒感染等。

（2）旁分泌信号传递：旁分泌信号传递（paracrine signaling）是指信号细胞分泌的信号分子通过扩散向近距离的靶细胞传递信号，相应的信号分子称为旁分泌信号（paracrine signal）。突触信号传递（synaptic singaling）简称突触传递（synaptic transmission），属于旁分泌信号传递，是神经系统通过化学突触进行的细胞间的信号传递，即神经细胞（信号细胞）的突触前膜分泌神经递质（neurotransmitter，属于信号分子），跨突触间隙作用于靶细胞的突触后膜。

（3）内分泌信号传递：内分泌信号传递（endocrine signaling）是指信号细胞分泌的信号分子通过血液和淋巴向远距离的靶细胞传递信号，相应的信号分子称为内分泌信号（endocrine signal）、激素（hormone），相应的信号细胞称为内分泌细胞（endocrine cell），许多内分泌细胞形成内分泌腺（endocrine gland）。

二、信号转导概述

信号转导始于细胞外信号或刺激作用于靶细胞的信号受体并将其激活。

（一）细胞外信号

能够激活信号转导的细胞外信号或刺激包括来自环境的物理信号（声、光、电、力）和来自信号细胞的化学信号（激素、神经递质、生长因子、细胞因子等），其中化学信号最为普遍。

化学信号的化学本质为蛋白质、肽、氨基酸、脂质、核苷、核苷酸、气体分子等，它们来源不同，作用方式各异，主要包括激素、神经递质、生长因子及细胞因子等。

1. **激素** 传统的激素（classical hormone）是由多细胞生物的内分泌细胞合成分泌，通过循环系统远距离运送到靶器官并激活靶细胞的受体，进而激活信号转导，最终产生生理效应的内分泌信号。多数激素在化学本质上属于胺类（由酪氨酸、色氨酸合成，肾上腺髓质、甲状腺、松果体分泌），多肽和蛋白质类（如抗利尿激素、胰岛素）、糖蛋白类（如卵泡刺激素、黄体生成素）、类固醇，此外还有类花生酸等自身活性物质（autacoid，属于局部激素）。

第十八章 信号转导

2. 神经递质 神经递质（neurotransmitter）是由突触前神经细胞合成，在突触囊泡中储存，在化学突触传递过程中由突触前膜释放到突触间隙，扩散到突触后膜，与相应表面受体特异性结合，向突触后细胞传递信号的旁分泌信号。

（1）化学分类：①氨基酸类，包括γ-氨基丁酸、甘氨酸、谷氨酸、天冬氨酸等，参与快突触传递。②胺类，包括儿茶酚胺、血清素、组胺等，参与慢突触传递。③肽类，如P物质、促胃液素释放肽等。④其他，包括乙酰胆碱、NO等。

（2）功能分类：①兴奋性神经递质，如乙酰胆碱、NO、组胺、谷氨酸、天冬氨酸。②抑制性神经递质，如γ-氨基丁酸、甘氨酸、多巴胺、血清素。③兴奋性兼抑制性神经递质，如去甲肾上腺素、肾上腺素。

拓展阅读 18-1：内分泌细胞和神经细胞

3. 生长因子 生长因子（growth factor）是一类蛋白质或肽类细胞外信号分子，功能是作为丝裂原（又称促分裂原，mitogen）促进细胞增殖、分化或成熟，作用机制是以内分泌、旁分泌或自分泌方式激活靶细胞表面的生长因子受体。迄今已发现几十种生长因子，如血小板衍生生长因子（platelet-derived growth factor，PDGF）、集落刺激因子（colony stimulating factor，CSF）、神经生长因子（nerve growth factor，NGF）、红细胞生成素（erythropoietin，EPO）、血小板生成素（thrombopoietin，TPO）、胰岛素样生长因子（insulin-like growth factor，IGF-Ⅰ/Ⅱ）、表皮生长因子（epidermal growth factor，EGF）、血管内皮生长因子（vascular endothelial growth factor，VEGF）、成纤维细胞生长因子2（fibroblast growth factor 2，FGF-2）、肌肉生长抑制素（growth/differentiation factor，myostatin）、转化生长因子（transforming growth factor，TGF）等。

4. 细胞因子 细胞因子（cytokine）是由免疫细胞（T细胞、B细胞、NK细胞、单核/巨噬细胞、粒细胞、肥大细胞、树突状细胞等）和部分其他细胞（内皮细胞、表皮细胞、成纤维细胞、骨髓基质细胞、胶质细胞等）受细胞外刺激合成和分泌的一类低浓度、高活性、多功能的可溶性蛋白质或肽类细胞外信号分子。功能是作为介导免疫细胞之间、免疫细胞与其他细胞之间、其他细胞之间联络的核心，改变靶细胞的行为或性质，调节神经内分泌、免疫反应、炎症反应、细胞增殖、细胞分化、细胞凋亡。作用机制是以自分泌、旁分泌或内分泌方式激活靶细胞表面的细胞因子受体，从而激活信号转导，调节细胞代谢和调控基因表达。迄今已发现的细胞因子有趋化因子（chemokine）、白细胞介素（interleukin）、干扰素（interferon）、生长因子（growth factor）、淋巴因子（lymphokine）、肿瘤坏死因子（tumour necrosis factor）、单核因子（monokine）等。其中淋巴因子、单核因子分别为由淋巴细胞、单核细胞合成的细胞因子。

5. 其他 代谢物、离子、药物和气体分子（如NO、CO等）。这些化学信号均可激活相应靶细胞的信号转导，产生不同的效应。

（二）受体

受体（receptor）是靶细胞表面或靶细胞内能被细胞外信号特异性激活，从而激活靶细胞内信号转导产生特定生物学效应的一类蛋白质，个别是糖脂。能结合和激活受体的化学信号称为配体（ligand）。

1. 受体分类 受体可根据其在细胞内定位的不同，分为细胞表面受体和细胞内受体，细胞表面受体可分为离子通道受体、G蛋白偶联受体及单次跨膜受体三类（见表18-1）。

表 18-1　三类细胞膜受体的结构和功能特点

特性	离子通道受体	G 蛋白偶联受体	酶联受体
配体	神经递质	神经递质、激素、趋化因子、外源刺激（味、光）	生长因子、细胞因子
结构	寡聚体形成的孔道	单体	单体
单体跨膜区段数	4 个	7 个	1 个
功能	离子通道	激活 G 蛋白	本身是酶或是酶的变构剂，激活下游蛋白激酶
效应	去极化与超极化	去极化与超极化，调节蛋白质功能和表达水平	调节蛋白质功能和表达水平，调节细胞分化和增殖

细胞表面受体通常含 3 个拓扑结构域：胞外结构域（extracellular domain）、跨膜结构域（transmembrane domain）、胞内结构域（intracellular domain），分别简称胞外域、跨膜域、胞内域。此外，细胞表面受体含信号分子结合位点，位于胞外结构域上或跨膜结构域内，信号分子可从细胞外进入结合位点，结合导致受体特别是胞内结构域变构，进而导致与胞内结构域结合的细胞膜或细胞质信号转导蛋白变构激活或变构抑制。

2. 受体 – 细胞外信号相互作用特点　受体是变构蛋白或变构酶，细胞外信号（配体）是变构调节剂。细胞外信号与受体结合导致受体变构，多数情况下突变导致激活。两者的结合具有以下特点。

（1）高特异性：高特异性（高专一性）是受体的最基本特点，保证了信号转导的准确性。多数受体对细胞外信号的化学结构、立体结构具有高度识别能力，一种受体只能与一种或一组紧密相关的细胞外信号结合，产生特定生物效应。例如：表皮生长因子受体只与表皮生长因子结合，不与胰岛素或其他蛋白质激素结合；睾酮受体只与睾酮结合，不与其他类固醇激素结合。

（2）高亲和力：极低浓度的细胞外信号（$10^{-9} \sim 10^{-12}$ mol/L）也可为受体识别和结合。受体结合率与细胞外信号浓度几乎成正比。

（3）可逆性：受体与细胞外信号通过氢键、疏水作用、离子键等非共价键结合，结合是可逆的。

（4）可饱和性：受体数量有限，因而受体 – 细胞外信号复合物数量有限。

（5）效应特异性：同一种细胞外信号在几种不同的细胞可能有不同的受体甚至不同的信号通路。例如：骨骼肌、心肌和胰腺腺泡细胞表面都有乙酰胆碱受体。骨骼肌乙酰胆碱受体为离子通道，被乙酰胆碱激活后促进肌肉收缩。心肌乙酰胆碱受体为 G 蛋白偶联受体，被乙酰胆碱激活后通过信号转导开启钾通道，降低心肌收缩力，从而降低心率。胰腺腺泡乙酰胆碱受体为 G 蛋白偶联受体，被乙酰胆碱激活后通过信号转导增加细胞质 Ca^{2+}，促进消化酶分泌。细胞外信号、受体及其激活的信号通路具有组织特异性。同一细胞外信号激活不同靶细胞，产生不同的效应，称为效应特异性（effector specificity）。

（三）信号转导效应

不同的细胞外信号作用于不同的靶细胞，激活不同的信号通路，产生不同的生理效应。可分为两类。

1. 短期效应 又称快速反应、核外效应。反应时间、效应时间只有几秒到几分钟。效应多体现在对糖脂蛋白质代谢、激素分泌、神经细胞动作电位的调节。效应蛋白为已有的关键酶和其他蛋白质，效应机制是对已有的酶和其他蛋白质进行化学修饰调节或变构调节。

2. 长期效应 又称缓慢反应、核内效应。反应时间、效应时间可达几小时至几日。效应多体现在对细胞增殖、细胞分化、个体发育的控制。效应蛋白为转录因子，效应机制是对转录因子进行化学修饰调节或变构调节，从而调控基因表达，改变关键酶和其他蛋白质的水平。

第二节 细胞内信号转导分子

细胞外信号通过激活受体激活细胞内信号转导，即通过一组信号转导分子进行信号转换和放大，最终产生生理效应。信号转导分子可根据化学本质分为第二信使和信号转导蛋白，信号转导蛋白（signal transduction protein）可分为受体、酶、分子开关、转接蛋白、支架蛋白等。

一、第二信使

部分细胞外信号（第一信使）通过激活受体激活信号转导，导致细胞内某些作为信号转导蛋白变构调节剂的小分子成分的水平或分布发生显著变化，相应的信号转导蛋白的活性也明显改变，从而实现信号转导和放大。这些小分子成分统称第二信使（second messenger）。已经阐明的第二信使有环磷酸腺苷（cAMP）、环磷酸鸟苷（cGMP）、三磷酸肌醇（IP_3）、甘油二酯（DAG）、钙离子（Ca^{2+}）、神经酰胺（Cer）、环鸟苷酸-腺苷酸（$2',3'$-cGAMP）、环腺苷二磷酸核糖（cADPR）等。

1. 环核苷酸 包括环磷酸腺苷和环磷酸鸟苷。

（1）环磷酸腺苷：即cAMP，由腺苷酸环化酶（adenylate cyclase，AC）催化合成：ATP → cAMP + PP_i，由cAMP磷酸二酯酶（cAMP phosphodiesterase，cAMP-PDE）催化水解：cAMP + H_2O → AMP，因此其细胞内水平由腺苷酸环化酶和cAMP磷酸二酯酶控制。cAMP分布广泛，是蛋白激酶A的变构激活剂、最早阐明的第二信使。

（2）环磷酸鸟苷：即cGMP，由鸟苷酸环化酶（guanylate cyclase，GC）催化合成：GTP → cGMP + PP_i，由cGMP磷酸二酯酶（cGMP-phosphodiesterase，cGMP-PDE）催化水解：cGMP + H_2O → GMP，因此其细胞内水平由鸟苷酸环化酶和cGMP磷酸二酯酶控制。cGMP分布广泛，是蛋白激酶G的变构激活剂。

蛋白激酶G（protein kinase G，PKG）即cGMP依赖性蛋白激酶（cGMP-dependent protein kinase），属于蛋白[质]丝氨酸/苏氨酸激酶，是变构酶，在cGMP-PKG信号通路（cGMP-PKG signaling pathway，简称PKG信号通路，参见第六章，图6-16）中催化一组信号转导蛋白磷酸化修饰，从而调节平滑肌松弛、血管扩张、排钠排水、脑发育和脑功能等。

2. 三磷酸肌醇和甘油二酯 是磷脂酰肌醇-4,5-二磷酸的水解产物（参见第二章）是钙离子信号通路的第二信使。

（1）甘油二酯：甘油二酯（diacylglycerol，DAG）生成后仍留在细胞膜上，参与激活蛋白激酶C。

（2）三磷酸肌醇：三磷酸肌醇（inositol triphosphate，IP_3）生成后进入细胞质，扩散到内质网（或肌浆网），与 IP_3 受体（又称 IP_3 门控钙通道）结合，致使其开放，释放储存的 Ca^{2+}，导致细胞质局部 Ca^{2+} 浓度增加。

3. Ca^{2+} 是钙离子信号通路的第二信使。基础状态下，细胞质游离钙浓度极低，远低于内质网腔等钙库及细胞外液游离钙浓度。三磷酸肌醇开启内质网膜钙通道导致细胞质局部 Ca^{2+} 浓度增加。Ca^{2+} 介导蛋白激酶 C、Ca^{2+}- 钙调蛋白依赖性蛋白激酶、肌钙蛋白 C、三磷酸肌醇 -3-激酶等变构激活，调节肌肉收缩、细胞分泌等。

二、酶

许多信号转导蛋白都是酶，可以分为以下两类。①催化第二信使合成和分解的酶：如腺苷酸环化酶（AC）、鸟苷酸环化酶（GC）、磷酸二酯酶（PDE）、磷脂酶 C（PLC）等。②催化信号转导蛋白化学修饰的酶：特别是催化信号转导蛋白磷酸化和去磷酸化的蛋白激酶和蛋白磷酸酶。

（一）蛋白激酶

目前已阐明的蛋白激酶可分为 9 个家族、134 个亚家族，以酪氨酸 [蛋白] 激酶和丝氨酸 / 苏氨酸 [蛋白] 激酶为主。

1. 蛋白酪氨酸激酶 蛋白酪氨酸激酶（protein tyrosine kinase，PTK）简称酪氨酸激酶（tyrosine kinase），可以催化底物蛋白特定酪氨酸残基磷酸化，从而调节酶活性或形成停泊位点，最终促进正常细胞或肿瘤细胞的增殖。人类基因组编码 90 多种蛋白酪氨酸激酶，可分为两类。

（1）受体酪氨酸激酶：受体酪氨酸激酶（receptor tyrosine kinase，RTK）又称酪氨酸激酶受体（tyrosine kinase receptor），属于单次跨膜受体，由 N 端胞外结构域（含细胞外信号结合位点）、单次跨膜结构域、C 端胞内结构域（含酪氨酸激酶活性中心）构成。它们既是受体又是酶，以细胞外信号为变构激活剂。人体受体酪氨酸激酶已鉴定 58 种。例如：表皮生长因子受体、胰岛素受体主要功能是促进细胞生长、增殖和分化。

（2）非受体酪氨酸激酶：非受体酪氨酸激酶（non-receptor tyrosine kinase，nRTK）位于细胞质中，直接或间接与受体结合并被其激活，转导信号，如 JAK 亚家族、SRC 亚家族、TEC 亚家族。

原癌基因 *SRC* 编码的蛋白激酶 c-Src 是一种非受体酪氨酸激酶，被多种细胞表面受体募集激活，如免疫反应受体、整联蛋白、其他黏附受体、酪氨酸激酶受体、G 蛋白偶联受体、细胞因子受体。激活的 Src 调节各种代谢，包括基因转录、免疫反应、细胞黏附、细胞周期、细胞凋亡、细胞迁移、细胞转化等。

c-Src 在几种肿瘤（如结肠癌）中活性增加。

2. 丝氨酸 / 苏氨酸激酶 可以催化底物蛋白特定丝氨酸或苏氨酸的羟基磷酸化，从而调节酶活性。丝氨酸 / 苏氨酸激酶可分为两类。

（1）受体丝氨酸 / 苏氨酸激酶：受体丝氨酸 / 苏氨酸激酶（receptor serine/threonine kinase，RSTK）又称丝氨酸 / 苏氨酸激酶受体（serine/threonine kinase receptor），属于单次跨膜受体，如转化生长因子 β 受体。

（2）蛋白 [质] 丝氨酸 / 苏氨酸激酶：蛋白 [质] 丝氨酸 / 苏氨酸激酶（protein serine/threonine kinase）位于细胞质中，如蛋白激酶 A、蛋白激酶 G、蛋白激酶 C、钙调蛋白激酶、丝裂原活化蛋白激酶。

3. 双特异性蛋白激酶　既有酪氨酸激酶活性，又有丝氨酸/苏氨酸激酶活性，如蛋白激酶 MEK。

（二）蛋白磷酸酶

蛋白磷酸酶主要有蛋白酪氨酸磷酸酶（PTP）和蛋白丝氨酸/苏氨酸磷酸酶（PP）两类。有些蛋白磷酸酶是双特异性磷酸酶（DUSP），既有酪氨酸磷酸酶活性，又有丝氨酸/苏氨酸磷酸酶活性。人类基因组编码 190 多种蛋白磷酸酶。

三、分子开关

人类基因组编码近 200 种鸟苷酸结合蛋白（guanine nucleotide-binding protein），又称 GTP 结合蛋白，简称 G 蛋白（G protein）。G 蛋白有两个特点：①它是一类变构酶，以 GTP 为激活剂、GDP 为抑制剂，且受一组蛋白因子控制。②它是一类 GTP 酶（GTPase），能把 GTP 水解成 GDP，即将激活剂转化为抑制剂，因而可自我去激活。G 蛋白可分为三聚体 G 蛋白、小 G 蛋白和其他 G 蛋白（如翻译起始因子 IF2，翻译延伸因子 EF-Tu、EF-G）三类，其中三聚体 G 蛋白、小 G 蛋白属于控制信号转导的一类分子开关（molecular switch）。

1. 三聚体 G 蛋白　三聚体 G 蛋白（trimeric G protein）又称异三聚体 G 蛋白（heterotrimeric G protein）、大 G 蛋白，由 G_α、G_β 和 G_γ 三个亚基构成，其中 G_β 和 G_γ 结合牢固，形成 $G_{\beta\gamma}$ 二聚体，G_α 与 $G_{\beta\gamma}$ 结合松散，G_α（N 端 Cys、Gly 棕榈酰化或豆蔻酰化）和 G_γ（C 末端 Cys 聚异戊二烯基化）被脂化（lipidation），锚定于细胞膜胞质面。

（1）三聚体 G 蛋白信号转导机制：参见 G 蛋白偶联受体介导的信号通路，图 18-3。

（2）三聚体 G 蛋白分类：人类基因组至少编码 21 种 G_α、5 种 G_β 和 11 种 G_γ，组成不同的三聚体 G 蛋白，介导不同 G 蛋白偶联受体的信号转导，产生不同的细胞效应。三聚体 G 蛋白可根据 G_α 亚基的不同进行分类（表 18-2）。

表 18-2　人体部分 G_α 亚基及效应

G_α 种类	效应酶，效应	第二信使，水平变化	第二信使靶蛋白，效应
$G_{\alpha s}$	腺苷酸环化酶激活	cAMP↑	蛋白激酶 A 激活
$G_{\alpha i}$	腺苷酸环化酶抑制	cAMP↓	蛋白激酶 A 去激活
$G_{\alpha q}$	磷脂酶 C_β 激活	Ca^{2+}、IP_3、DAG↑	蛋白激酶 C 激活
$G_{\alpha t}$	cGMP-磷酸二酯酶激活	cGMP↓	cGMP 门控钠通道关闭

2. 小 G 蛋白　小 G 蛋白（small G-protein）又称小 GTPase（small GTPase）、单体 G 蛋白（monomeric G protein），以 Ras 蛋白为代表。Ras 蛋白是一类小 G 蛋白，通过 C 末端 Cys186 与法尼基共价结合，其他氨基酸残基（如 HRas 的 Cys181、Cys184）与棕榈酰基共价结合，锚定于细胞膜胞质面。

（1）小 G 蛋白信号转导机制：与三聚体 G 蛋白相比，小 G 蛋白不直接与受体结合，其 GTPase 活性更低，介导信号转导时依赖三种蛋白因子。①鸟苷酸交换因子（guanine nucleotide exchange factor, GEF）：促使小 G 蛋白释放 GDP，结合 GTP，向下游效应蛋白转导信号，是正调节因子。②GTP 酶激活蛋白（GTPase activating protein, GAP）：激活小 G 蛋白的 GTPase 活性，促使其水解 GTP 而去激活，是负调节因子。③ GDP 解离抑制因子（guanine nucleotide dissociation inhibitor，GDI）：抑制小 G 蛋白释放 GDP，使其维持在无活性状态，是负调节因子。

（2）小 G 蛋白分类：人类基因组至少编码 150 多种小 G 蛋白，包括最早发现的 Ras 蛋白。它们共同组成小 GTPase 超家族（small GTPase superfamily）。

四、转接蛋白

转接蛋白（adaptor protein）又称连接物、衔接体蛋白质，是指参与信号转导中间环节的一类信号转导蛋白。它们带有一组蛋白质相互作用结构域，可通过蛋白质相互作用与信号通路上游、下游信号转导蛋白组装成信号转导复合物，介导信号转导，如胰岛素受体底物（insulin receptor substrate，IRS）、生长因子受体结合蛋白 2（growth factor receptor-bound protein 2，GRB2，又称转接蛋白 GRB）、鸟苷酸交换因子 Sos。

转接蛋白能参与组装信号转导复合物，许多是因为其结构具有模块性，即分子结构中含两个及两个以上的蛋白质相互作用结构域，这些结构域的作用是直接与其他分子结合。例如胰岛素受体上含一个 PH 结构域、一个 pTyr 结合域。目前已有 40 多种介导蛋白质相互作用的结构域被阐明，如 SH2、SH3（参见第三章）、PH、PTB 结构域。

五、支架蛋白

支架蛋白（scaffold protein，scaffolding protein）是含有多个蛋白质相互作用结构域，可作为支架或平台募集一组其他蛋白质分子，组装成具有特定结构和功能的超分子复合物，并在复合物中起支架和维持作用的一类蛋白质的统称。常见于信号网络中，可与多个信号蛋白质结合组成信号转导复合物，以增强各信号转导蛋白间的相互作用，便于其激活并固定于特定的作用位点。支架蛋白一般不具催化活性，即使有些支架蛋白是酶，其支架蛋白功能也不依赖其酶活性。

转接蛋白和支架蛋白有区别、有交集，在教材、专著和文献中并未严格区分，如 A 激酶锚定蛋白（A kinase anchoring proteins，AKAP，蛋白激酶 A 锚定蛋白）既有称转接蛋白又有称支架蛋白。

第三节　细胞表面受体介导的信号转导

细胞表面受体（cell-surface receptor）又称细胞膜受体（membrane receptor），分为三类，介导的信号通路分别为离子通道受体介导的信号通路、G 蛋白偶联受体介导的信号通路、单次跨膜受体介导的信号通路。

一、离子通道受体介导的信号通路

细胞外信号刺激感觉细胞、神经细胞、肌纤维兴奋的过程依赖于一类离子通道介导的无机离子的跨膜转运。这类离子通道的转运具有高效性、特异性和门控性，故称门控离子通道（gated ion channel），简称门控通道，又称离子通道受体（ion channel receptor）。根据门控机制的不同，门控通道可分为配体门控离子通道（ligand-gated ion channel，由配体控制）、电压门控通道

（voltage-gated channel，由膜电位控制）和机械敏感性离子通道（mechanosensitive ionchannel，由机械压力控制）等。

1. 配体门控离子通道　配体门控离子通道分布于化学突触后膜，其天然配体为神经递质。配体门控离子通道的效应是控制相关离子通过易化扩散跨膜转运的速度，从而控制膜电位。

烟碱型乙酰胆碱受体（nicotinic acetylcholine receptor，nAChR）简称烟碱受体、N胆碱受体，是典型的配体门控离子通道，属于阳离子（Na^+、K^+、Ca^{2+}）通道，位于神经突触和神经肌肉接头的突触后膜上，在突触传递过程中起关键作用。

烟碱型乙酰胆碱受体是由四种亚基构成的五聚体，未成熟肌细胞是 $\alpha_2\beta\gamma\delta$，成熟肌细胞是 $\alpha_2\beta\epsilon\delta$。每个亚基都含有四段 α 螺旋（M1～M4）跨膜区（因而是四次跨膜蛋白），其中 M2 为两亲性 α 螺旋，围成离子通道内表面，且中部有一个亮氨酸残基，其疏水 R 基伸出表面，使通道呈关闭状态。乙酰胆碱的结合位点位于两个 α 亚基的 N 端，结合乙酰胆碱时通道开放（图 18-1）。

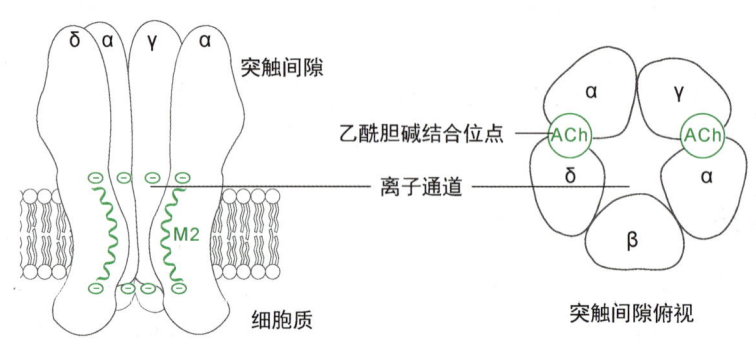

图 18-1　烟碱型乙酰胆碱受体

2. 烟碱型乙酰胆碱受体信号转导机制　突触前神经元突触终扣轴浆细胞骨架上有 3×10^5 个突触囊泡（突触小泡），每个囊泡内有 1×10^4 个乙酰胆碱分子。突触前神经元轴突传导的动作电位致使突触前膜电压门控钙通道开放，钙离子内流，引起 300 多个突触囊泡脱离细胞骨架，前移至突触前膜并与之融合，胞吐释放乙酰胆碱至突触间隙。部分乙酰胆碱扩散至突触后膜，与烟碱型乙酰胆碱受体结合导致其变构，M2 旋转，亮氨酸残基疏水 R 基转入通道内壁，中间开放一条直径 0.5～0.7 nm 的离子通道，钠离子内流，电压门控钠通道开放，钠离子内流增加，电压门控钾通道开放，钾离子外流。内流多于外流，致使突触后膜去极化，产生终板电位，引起肌细胞兴奋，肌肉收缩；神经元突触后膜去极化产生动作电位。

二、G 蛋白偶联受体介导的信号通路

这类信号通路具有共同的信号转导模式（图 18-2）。

图 18-2　G 蛋白偶联受体信号转导模式

1. G 蛋白偶联受体结构　G 蛋白偶联受体（G protein-coupled receptor，GPCR）是一类单体

蛋白类细胞表面受体，被细胞外信号变构激活后变构激活三聚体 G 蛋白，即介导细胞外信号激活 G 蛋白，故得名。G 蛋白偶联受体肽链含有 7 个跨膜结构域，即反复跨膜七次，因此又称七次跨膜受体。

G 蛋白偶联受体一级结构的 N 端在细胞外，C 端在细胞内；三级结构可分为胞外结构域、跨膜结构域、胞内结构域肽链。胞外结构域或跨膜结构域含细胞外信号结合位点，胞内结构域含 G 蛋白结合位点，C 端有几个丝氨酸、苏氨酸残基是磷酸化修饰位点（图 18-3）。

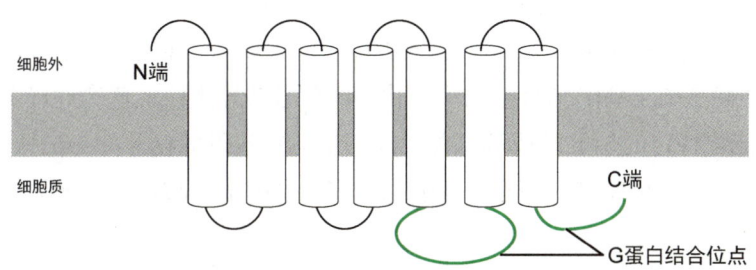

图 18-3　G 蛋白偶联受体结构特征

G 蛋白偶联受体超家族是迄今发现的最大的受体超家族。人类基因组编码 1 000 多种 G 蛋白偶联受体，如 β 肾上腺素［能］受体、M 胆碱受体、视蛋白、嗅觉受体、味觉受体等。G 蛋白偶联受体是 2/3 细胞外信号的受体，50% 药物的靶点。

2. 三聚体 G 蛋白信号转导机制　如图 18-4 所示，基础状态下，三聚体 G 蛋白的主要存在形式为无活性的 $G_{\alpha\beta\gamma}$-GDP。当激素（H）与 G 蛋白偶联受体（GPCR）结合时，GPCR 被激活（①），募集 $G_{\alpha\beta\gamma}$-GDP，使其变构释放 GDP（②），结合 GTP（③），进而解离成有活性的 $G_{\beta\gamma}$ 和 G_{α}-GTP，先后与 GPCR 分离（④）。游离的 G_{α}-GTP 变构激活效应蛋白（信号转导蛋白）（⑤），同时其 GTPase 活性也被效应蛋白变构激活，水解其 GTP，转化为无活性的 G_{α}-GDP，但该活性很低，需由 G 蛋白信号转导调节蛋白（又称 G 蛋白信号传递调节蛋白，regulator of G-protein signaling，RGS，属于 GTPase 激活蛋白）变构激活（⑥），与 $G_{\beta\gamma}$ 结合，回归无活性的 $G_{\alpha\beta\gamma}$-GDP（⑦）。

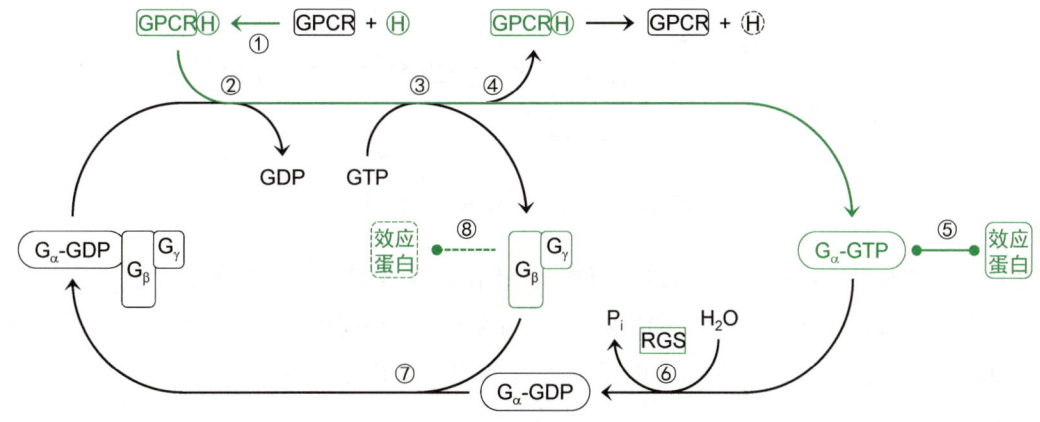

图 18-4　三聚体 G 蛋白信号转导机制

在某些通路中，三聚体 G 蛋白是通过 $G_{\beta\gamma}$ 激活或抑制效应蛋白（⑧），如磷脂酶 C β_2、腺苷酸环化酶 2、磷脂酰肌醇 3-激酶 γ、细菌细胞膜钾通道。

3. 蛋白激酶 A 途径　蛋白激酶 A 途径（protein kinase A pathway）简称 PKA 途径，又称 cAMP/PKA 途径，属于 cAMP 信号通路（cAMP signaling pathway）。该途径以改变靶细胞 cAMP 水

平和蛋白激酶 A 活性为主要特征，是细胞外信号调节细胞代谢和调控基因表达的主要途径。通过 PKA 途径转导的细胞外信号种类繁多，如儿茶酚胺、胰高血糖素、促肾上腺皮质激素、黄体生成素、组胺、5- 羟色胺、前列腺素 E_2、加压素、降钙素、味觉物质、腺苷、乳酸、琥珀酸等。

蛋白激酶 A（protein kinase A，PKA）即 cAMP 依赖性蛋白激酶（cAMP-dependent protein kinase），属于蛋白［质］丝氨酸 / 苏氨酸激酶，是变构酶，有两种存在形式（参见图 5-16）：①无活性的 R_2C_2 四聚体，C 和 R 分别为催化亚基和调节亚基。催化亚基被调节亚基抑制。每个调节亚基有两个变构位点，可以特异性结合两分子 cAMP。②四分子 cAMP 与两个调节亚基结合，导致四聚体解离成（R-cAMP$_2$）$_2$ 和 2 分子游离的催化亚基。催化亚基去抑制而激活。

激活的蛋白激酶 A 在 cAMP 信号通路中催化一组信号转导蛋白、代谢途径关键酶、离子通道磷酸化修饰，即催化特定的丝氨酸或苏氨酸（Ser/Thr）残基磷酸化（pSer/pThr），从而调节细胞代谢，产生短期效应；还可以进入细胞核，催化特定转录因子磷酸化，从而调控基因表达，产生长期效应。

（1）调节细胞代谢：产生短期效应（参见表 5-12）。例如：在胰高血糖素信号通路（glucagon signaling pathway，属于 cAMP 信号通路）中激活糖原磷酸化酶 b 激酶、促进糖原分解代谢；抑制糖原合酶，抑制糖原合成（图 18-5）。

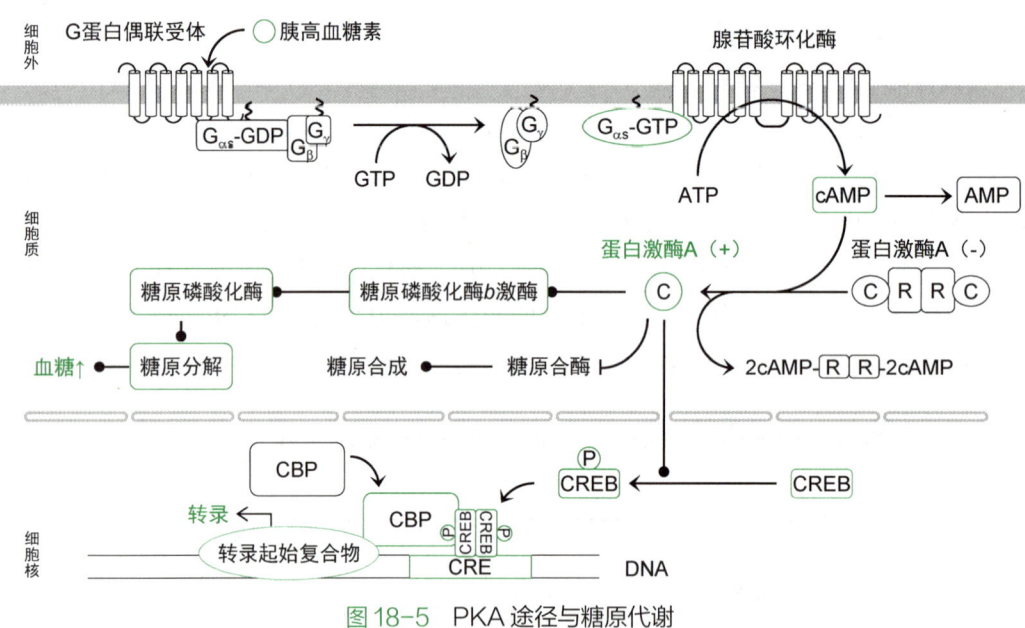

图 18-5　PKA 途径与糖原代谢

（2）调控基因表达：产生长期效应。例如：蛋白激酶 A 可转入细胞核，催化 cAMP 反应元件结合蛋白（CREB）磷酸化激活，CREB 募集于 cAMP 反应元件，并与 CREB 结合蛋白（CBP）结合。CREB 结合蛋白募集通用转录因子，促进通用转录因子与启动子结合，启动基因表达（图 18-5）。

cAMP 反应元件结合蛋白（cAMP-responsive element-binding protein，CREB）是碱性亮氨酸拉链家族的一组转录因子，通过结合于 cAMP 反应元件参与转录启动。cAMP 反应元件（cAMP response element，CRE）是一种调控元件，共有序列为 GTGACGTRR，控制着人类基因组 4 000 多种基因的转录。CREB 结合蛋白（CREB-binding protein，CBP）又称组蛋白赖氨酸乙酰化酶 CREBBP（histone lysine acetyltransferase CREBBP），是一种共激活因子。

（3）调节神经传导：例如蛋白激酶 A 磷酸化激活离子通道型谷氨酸受体 1（glutamate receptor 1），调节膜电位。

拓展阅读 18-2：黄嘌呤类治疗阻塞性气道疾病的全身用药

4. 蛋白激酶 C 途径 蛋白激酶 C 途径（protein kinase C pathway）简称 PKC 途径，又称 IP_3/DAG-PKC 途径，属于钙离子信号通路（calcium signaling pathway）。该途径以改变靶细胞 Ca^{2+} 水平和蛋白激酶 C 活性为主要特征，是细胞外信号调节细胞代谢和调控基因表达的重要途径。通过 PKC 途径转导的细胞外信号种类繁多，如乙酰胆碱、加压素、肾上腺素、血管紧张素 Ⅱ、ATP、谷氨酸、组胺、5-羟色胺、催产素、促胃液素、P 物质、促甲状腺激素释放激素等。

上述细胞外信号依次激活特定的 G 蛋白偶联受体、G 蛋白、磷脂酶 C_β（PLC_β）。磷脂酶 C_β 催化细胞膜磷脂酰肌醇 -4,5- 二磷酸（PIP_2）水解生成甘油二酯（DAG）和三磷酸肌醇（IP_3）。三磷酸肌醇激活 IP_3 门控钙通道，细胞质局部 Ca^{2+} 浓度增加。Ca^{2+} 与细胞质蛋白激酶 C 结合并募集于细胞膜，与细胞膜甘油二酯、磷脂酰丝氨酸协同激活蛋白激酶 C（图 18-6）。

蛋白激酶 C（protein kinase C，PKC）即 Ca^{2+} 依赖性蛋白激酶（Ca^{2+}-dependent protein kinase），属于蛋白［质］丝氨酸/苏氨酸激酶，是变构酶。人类基因组编码十几种蛋白激酶 C 同工酶，不同的同工酶有不同的酶学特性、特异的组织分布和亚细胞定位，对激活剂的依赖性亦不同。有的同工酶被 Ca^{2+} 激活，有的同工酶与 Ca^{2+} 结合后还要与细胞膜甘油二酯甚至丝氨酸结合才会激活。

激活的蛋白激酶 C 一方面催化一组信号转导蛋白、代谢途径关键酶、离子通道磷酸化修饰，从而调节细胞代谢，产生短期效应（图 18-6）；另一方面直接或间接参与转录因子修饰，调控基因表达，进而调控细胞增殖和细胞分化，产生长期效应。

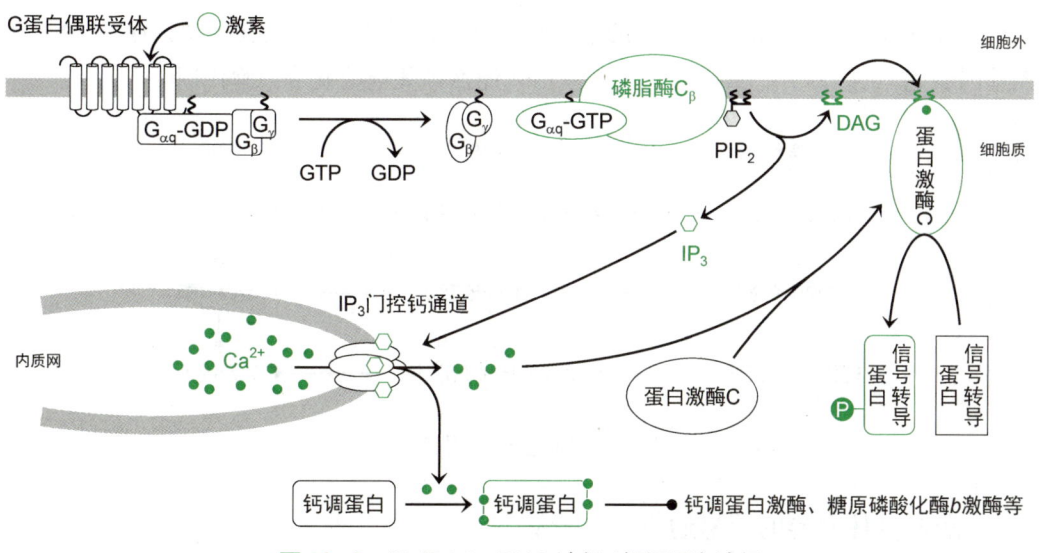

图 18-6　IP_3/DAG-PKC 途径/钙调蛋白途径

5. 钙调蛋白途径 钙调蛋白途径全称 Ca^{2+}/钙调蛋白依赖的蛋白激酶途径，属于钙离子信号通路。该途径以变构激活钙调蛋白为主要特征，是细胞外信号调节细胞代谢和调控基因表达的重要途径。

钙调蛋白（calmodulin，CaM）是一类酸性钙结合蛋白（人类基因组编码三种钙调蛋白），其分子结构中均有 4 个 EF 手结构域，每个 EF 手可结合一个 Ca^{2+}。钙调蛋白未结合 Ca^{2+} 时无活性，结合 Ca^{2+} 形成 Ca^{2+}-钙调蛋白复合物时被激活。钙调蛋白与 Ca^{2+} 的结合具有协同性，因而对细

质 Ca^{2+} 极其敏感。钙调蛋白在 Ca^{2+} 浓度极低时几乎不结合 Ca^{2+}，Ca^{2+} 浓度增加时结合 Ca^{2+}，形成活性 Ca^{2+}- 钙调蛋白复合物。

Ca^{2+}- 钙调蛋白复合物（Ca^{2+}/CaM）在钙调蛋白途径中可激活 Ca^{2+}- 钙调蛋白依赖性蛋白激酶（calcium/calmodulin-dependent protein kinase，CaMK，简称钙调蛋白激酶，CaM kinase）、肌球蛋白轻链激酶（myosin light chain kinase，MLCK）、肌糖原磷酸化酶 b 激酶（phosphorylase b kinase，PHK）、一氧化氮合酶、腺苷酸环化酶、磷酸二酯酶、三磷酸肌醇 -3- 激酶等，从而调节肌肉收缩、细胞代谢，调控细胞增殖、细胞凋亡，协调其他信号通路，控制学习记忆等。

三、单次跨膜受体介导的信号通路

单次跨膜受体（single-transmembrane receptor）主要是酶联受体。酶联受体主要是生长因子和细胞因子的受体，此类受体介导的信号转导主要是调控基因表达，从而调节细胞增殖和分化。

（一）酶联受体

酶联受体（enzyme-linked receptor）又称催化受体（catalytic receptor），主要有以下几类。

1. **酪氨酸激酶受体** 例如：表皮生长因子受体（EGFR），激活 EGFR 信号通路，属于生长因子受体。

2. **丝氨酸/苏氨酸激酶受体** 例如：转化生长因子 β 受体（TGFR），激活 TGF-β 信号通路，属于生长因子受体。

3. **细胞因子受体** 例如：白细胞介素受体、干扰素受体通过募集激活酪氨酸激酶 JAK 和 TYK 激活 JAK-STAT 信号通路。

这类受体介导的信号通路具有共同的信号转导模式，即通过激活蛋白激酶磷酸化修饰转录因子调控基因表达（图 18-7），或磷酸化修饰激活代谢途径关键酶调节细胞代谢。

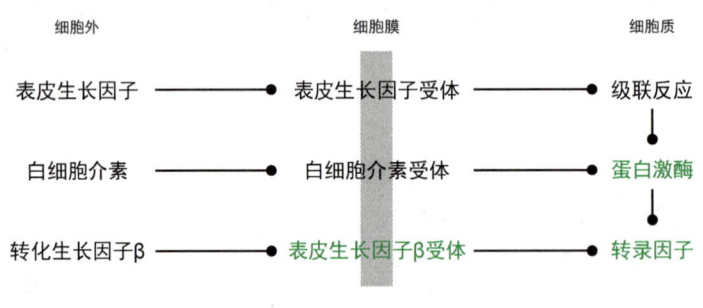

图 18-7　酶联受体信号转导模式

（二）酶联受体介导的信号通路

目前发现的酶联受体介导的信号转导途径有十几条，如 Ras 信号通路、EGFR 信号通路、MAPK 信号通路、胰岛素信号通路、PI3K-Akt 信号通路、TGF-β 信号通路、JAK-STAT 信号通路、NF-κB 信号通路。

1. **Ras 信号通路** Ras 信号通路（Ras signaling pathway）是以 Ras 蛋白为整合点的一组信号通路的统称。即一组细胞外信号在不同组织细胞激活各自的受体，通过信号转导激活 Ras 蛋白，Ras 蛋白通过信号转导调节细胞代谢途径关键酶、基因表达调控转录因子等的活性，从而调节细胞代谢和细胞骨架重塑，调控基因表达，最终调节细胞连接、内吞、迁移、生存、生长、增殖、凋亡。

激活 Ras 蛋白的细胞表面受体既有生长因子受体（单次跨膜）、T 细胞受体（单次跨膜），又有离子通道受体（如谷氨酸受体，三次跨膜）、G 蛋白偶联受体（七次跨膜）等，它们激活 Ras 蛋白的机制不尽相同。例如：在 EGFR 信号通路（EGFR signaling pathway，又称 ErbB 信号通路）中，表皮生长因子受体（EGFR）与表皮生长因子结合后二聚化激活，互相催化胞内结构域特定酪氨酸残基磷酸化（称为自身磷酸化，autophosphorylation）成为磷酸酪氨酸（pTyr），通过磷酸酪氨酸募集含有 SH2 结构域的生长因子受体结合蛋白 2（GRB2），GRB2 募集鸟苷酸交换因子 Sos，Sos 促使 Ras-GDP 释放 GTP、结合 GTP 而变构激活（图 18-8）。

神经纤维瘤蛋白（neurofibromin，NF）是 Ras 蛋白的 GTP 酶激活蛋白（Ras-GAP），可以与 Ras-GTP 结合，激活 Ras 蛋白的 GTP 酶活性，致使 Ras-GTP 水解其 GTP 而成为无活性 Ras-GDP。因此，神经纤维瘤蛋白是一种抑制型信号转导蛋白，功能是抑制 EGFR/Ras/MAPK 信号通路信号转导，抗细胞增殖。

2. MAPK 信号通路　Ras 蛋白在不同组织细胞通过不同机制调节关键酶、转录因子等的活性。例如在 MAPK 信号通路（简称 MAPK 通路、MAPK 途径，MAPK signaling pathway）中，通过 Ras-Raf-MAPK 级联反应激活丝裂原活化蛋白激酶。

Ras-Raf-MAPK 级联反应（Ras-Raf-MAPK cascade reaction）是指由 Ras 蛋白引发的激活丝裂原活化蛋白激酶的级联反应。① Ras 蛋白募集并激活一类蛋白丝氨酸/苏氨酸激酶 Raf。② Raf 属于 MAP 激酶激酶激酶（MAP3K，MAPKKK），磷酸化激活蛋白激酶 MEK。③ MEK（MAPK/ERK kinase）属于 MAP 激酶激酶（MAP2K，MAPKK），是一类双特异性蛋白激酶，可以催化多种信号转导蛋白特定的丝氨酸/苏氨酸残基与酪氨酸残基磷酸化，如丝裂原活化蛋白激酶（图 18-8）。

丝裂原活化蛋白激酶（mitogen-activated protein kinase，MAPK）简称 MAP 激酶，是一组蛋白丝氨酸/苏氨酸激酶。人类基因组编码 14 种 MAP 激酶，其中 7 种又称细胞外信号调节激酶（extracellular signal-regulated kinase，ERK）。它们都是调节酶，可被蛋白激酶 MEK 磷酸化激活。MAP 激酶是 MAPK 信号通路的核心，主要功能是通过调控基因表达影响细胞增殖。MAPK 被激活后可以催化各种底物蛋白磷酸化，包括细胞核转录因子和细胞质蛋白激酶，它们可以直接或间接地调控基因表达，从而影响细胞生长、增殖、分化、迁移、凋亡（图 18-8）。

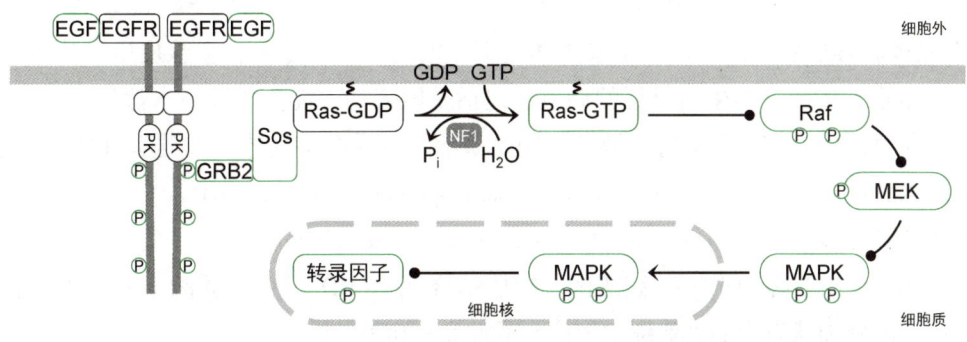

图 18-8　EGFR/Ras/MAPK 信号通路

MAP 激酶是多条信号通路的整合点，一些细胞因子受体、T 细胞受体、G 蛋白偶联受体介导的信号通路也作用于 MAP 激酶。

拓展阅读 18-3：乳腺癌与酪氨酸激酶抑制剂

第四节 细胞内受体介导的信号转导

细胞内受体（intracellular receptor）多为转录因子，属于转录因子的细胞内受体称为核受体。核受体都是锌指蛋白、DNA 结合蛋白，与配体结合之后通过 DNA 结合域与靶基因（目的基因）的激素反应元件结合，调控基因表达。

1. **激素反应元件** **激素反应元件**（response element，responsive element，HRE）属于基因表达调控元件，多属于增强子。

各种激素反应元件的序列不同，但长度和排布相似，基本都含有间隔 0~6 bp 的两段重复的 6 bp 增强元。增强元呈同向排布（同向重复，DR。DR1 表示增强元间隔 1 bp）或反向排布（**反向重复**，IR。IR3 表示增强元间隔 3 bp）。

激素反应元件通过募集激素核受体复合物二聚体介导转录起始复合物组装，增强效应取决于激素反应元件的序列、数目、间隔及与基因的相对位置。

2. **核受体** 人类基因组编码 48 种**核受体**（nuclear receptor），组成核受体家族（nuclear hormone receptor family），分为 NR0~NR6 七个亚家族。

（1）根据配体分类：①激素核受体：配体为类固醇激素、甲状腺激素、视黄酸和维生素 D。②代谢物核受体：配体为脂肪酸、法尼醇、胆汁酸、氧化胆固醇、外来化合物。③孤儿核受体：无配体或配体尚未鉴定。

（2）根据聚合形式和激素反应元件性质分类：①同二聚体与反向重复增强元结合：配体为皮质激素和性激素，包括糖皮质激素受体（GR）、盐皮质激素受体（MR）、雌激素受体（ER）、雄激素受体（AR）、孕激素受体（PR），游离状态下主要存在于细胞质中。②同二聚体与同向重复增强元结合：甲状腺激素受体。③异二聚体与同向重复增强元结合：配体为激素或代谢物，包括甲状腺激素受体（TR）、视黄酸受体（RAR）、维生素 D 受体（VDR）、过氧化物酶体增殖物激活受体（PPARα/β/γ）、胆汁酸受体（法尼醇 X 受体，FXR）、肝 X 受体（LXR）、孕烷 X 受体（PXR/SXR）、组成性雄烷受体（CAR），它们与类视黄醇 X 受体形成异二聚体。④孤儿核受体与同向重复增强元结合：包括同二聚体（GCNF、TR4，）或单体（LRH-1、SF-1、TLX）孤儿受体。

3. **核受体转导机制** 以糖皮质激素受体为例。糖皮质激素是由肾上腺皮质束状带合成和分泌的类固醇激素，参与许多生命过程的调节，包括基因表达、能量代谢、水盐代谢、生长发育、炎症反应、免疫反应和应激反应等。调节机制是激活糖皮质激素受体。人类基因组中约 1% 基因的调控元件含糖皮质激素反应元件（glucocorticoid responsiveelement，GRE）。

人**糖皮质激素受体**（glucocorticoid receptor，GR）一级结构依次形成可变区（转录激活结构域，TAD）、DNA 结合域（DBD）、铰链区、配体结合区（LBD）。糖皮质激素受体含多种修饰位点，这些位点的修饰状态影响其亚细胞定位、活性和稳定性。

在没有糖皮质激素进入细胞时，糖皮质激素受体单体与分子伴侣 Hsp90、辅助分子伴侣 FKBP5 等形成复合物，滞留于细胞质中，不能进入细胞核激活靶基因转录。一旦有糖皮质激素通过继发性主动转运进入细胞质，就会与糖皮质激素受体的配体结合区结合，使其变构释放分子伴侣、辅助分子伴侣，形成同二聚体（或与类视黄醇 X 受体形成异二聚体），并与辅助分子伴侣

FKBP4 结合，且暴露其核定位信号，通过主动转运进入细胞核，通过以下机制调控基因表达。

（1）作为转录激活因子：通过 DNA 结合域与靶基因的糖皮质激素反应元件（GRE）结合，募集染色质重塑复合物、组蛋白乙酰化酶和其他共激活因子，促进转录起始复合物组装，启动或激活靶基因的转录。例如：可以启动葡萄糖-6-磷酸酶和磷酸烯醇式丙酮酸羧激酶（促进糖异生）、膜联蛋白Ⅰ（annexinⅠ，抑制磷脂酶 A_2 活性，抗炎）等基因的转录。

（2）作为共调节因子：①作为共激活因子与转录因子 STAT5A、STAT5B 同二聚体或异二聚体结合，参与生长激素激活的 JAK-STAT 信号通路串话。②作为共抑制因子与转录因子 NF-κB 或 AP-1 等结合，抑制它们对各自靶基因表达的增强效应，从而抑制这些靶基因的表达，例如可以抑制肿瘤坏死因子（TNFα）和白细胞介素 2（IL-2）等基因的转录。③可能通过调控脂解/抗脂解基因表达抑制脂肪合成。

（3）作为翻译抑制因子：糖皮质激素受体与靶基因 mRNA 5′非翻译区结合，促进其降解，从而抑制翻译。

4. 核受体通路特点 ①显效迟缓：都需要 30 分钟至数小时的延迟期（lag period），因而以该途径为靶点的药物不可能在数分钟内显效。②效应持久：药物清除后药物效应（或毒性作用）仍可持续数小时至数日，取决于蛋白质半衰期。

第五节 癌基因和抑癌基因

正常细胞的生长、增殖、分化、衰老及死亡等过程都受到多种基因的严格调控，从而确保正常生命活动的有序进行。肿瘤发生的分子基础是这些基因异常所导致的细胞增殖失控，这也是肿瘤细胞区别于正常细胞的一个显著特征。

肿瘤（tumor）是在各种致瘤因素的作用下，某种细胞的一组基因发生突变，导致其基因表达异常，生长分化失控，克隆性异常增殖而形成的非正常组织。可根据肿瘤细胞生长调节功能、自主或相对自主生长能力、脱离致瘤环境后继续生长特征的存在与否，分为良性肿瘤和恶性肿瘤。

良性肿瘤（benign tumor）细胞分化较成熟、生长缓慢、局限于局部、常被包膜包被或边界清楚、不发生浸润和转移、一般对机体危害较小，主要呈现局部压迫和阻塞等。

恶性肿瘤（malignant tumor）即癌症（cancer），其细胞分化不成熟、生长较迅速，除可引起局部压迫和阻塞等症状外，还可浸润破坏正常组织器官结构并向病灶外转移，对机体影响较为严重。有时会出现贫血、发热、体重下降、夜汗、感染、恶病质等全身表现。

癌症包括癌、肉瘤、白血病、淋巴瘤、黑素瘤、视网膜母细胞瘤、神经母细胞瘤、胶质母细胞瘤等。其中癌（carcinoma）是上皮细胞基因突变形成的癌症，包括来自内胚层的肠上皮、来自外胚层的皮肤和神经上皮。肉瘤（sarcoma）是来自中胚层的间充质细胞分化形成的肌肉、骨骼和其他结缔组织细胞突变形成的癌症。白血病（leukemia）是造血系统的一组异质性癌症。由造血干细胞及其增殖分化形成的造血祖细胞在发育成熟的不同阶段发生分化阻滞、凋亡障碍和恶性增殖引起。淋巴瘤（lymphoma）是淋巴细胞基因突变形成的癌症。实际上人体的 200 多种细胞几乎都可以因基因突变而转化为癌细胞。

第十八章 信号转导

虽然癌症是指恶性肿瘤，但是本节主要介绍其与良性肿瘤共同的分子生物学基础，故以下内容中多以"肿瘤"表述。肿瘤属于遗传病。肿瘤发生是遗传因素和非遗传因素共同作用的结果。遗传因素是指基因组中某些导致个体肿瘤发生风险增加的多态性和突变。癌细胞基因组富含两类突变：驱动突变和乘客突变。驱动突变（driver mutation）又称致癌突变（oncogenic mutation），这类突变导致细胞增殖失控、细胞凋亡缺失、基因组损伤增加，是导致肿瘤发生发展的突变，是肿瘤发生发展的遗传基础，发生这类突变的基因称为驱动基因（driver gene）。乘客突变（passenger mutation）是在肿瘤发生发展过程中发生且与肿瘤发生发展没有因果关系的突变，发生这类突变的基因称为乘客基因（passenger gene）。

研究发现各种肿瘤平均有 5 种驱动基因发生突变。最常见的是 TP53，发生率为 77%。

驱动突变可根据突变效应分为功能获得突变和功能缺失突变。①功能获得突变（gain-of-function mutation）是指突变导致基因表达上调、基因表达产物活性增强或获得新的功能。典型的功能获得突变包括基因重复或基因扩增、激活型或组成性激活型点突变（如 RAS）、启动子突变、DNA 重排导致癌基因受强启动子或增强子控制（如 MYC）。发生功能获得突变的驱动基因称为原癌基因，突变后成为癌基因。②功能缺失突变（loss-of-function mutation）是指突变导致基因表达下调、基因表达产物活性增强或获得新的功能。典型的功能缺失突变包括缺失突变（占 TP53 的 50%）、无义突变、移码突变。发生功能缺失突变的驱动基因称为抑癌基因。

一、癌基因

癌基因（oncogene）是一类突变驱动基因，包括原癌基因（proto-oncogene）的突变体（mutant）和病毒癌基因。原癌基因又称细胞癌基因，属于正常细胞基因，其表达产物可促进细胞生长和增殖，抑制细胞分化和凋亡。癌基因的表达产物效应增强，可促进培养细胞转化或动物细胞癌变。

各种肿瘤中常见的癌基因有 KRAS、TERT、PIK3CA、BRAF、CTNNB1、ERG、MYC、MCL1、CCND1。

1. 肿瘤病毒 肿瘤病毒（tumor virus，oncovirus）是能引起肿瘤发生的病毒，包括 DNA 肿瘤病毒和 RNA 肿瘤病毒。癌基因最初发现于肿瘤病毒。最早发现的肿瘤病毒是鸡劳氏肉瘤病毒（Rous sarcoma virus，RSV），由 P. Rous 发现于 1911 年。最早发现的人肿瘤病毒是 EB 病毒（Epstein-Barr virus，EBV），由 MA. Epstein 和 YM. Barr 等于 1964 年发现于 Burkitt 淋巴瘤。

鸡劳氏肉瘤病毒癌基因（v-src）及鸡基因组中对应的细胞癌基因（c-SRC）1976 年被鉴定，是最早被鉴定的癌基因。c-SRC 是一种正常的细胞基因，表达产物 c-Src 是一种细胞质蛋白酪氨酸激酶，参与许多信号通路。目前认为劳氏肉瘤病毒的病毒癌基因是其从宿主细胞获得了 c-SRC，后来发生功能获得突变，成为[病毒]癌基因，表达产物是组成性激活的酪氨酸激酶，可以致正常细胞癌变。这意味着肿瘤病毒是在利用宿主自身的基因杀死宿主（被自杀）。

某些逆转录病毒并无癌基因，其致癌机制是将其前病毒整合于宿主原癌基因侧翼并激活之，如禽白血病病毒（avian leukosis virus，ALV）为逆转录病毒，其前病毒整合于宿主原癌基因 c-MYC 侧翼，导致细胞过量合成转录激活因子 c-Myc 蛋白，促使细胞过量增殖，启动肿瘤发生发展。

携带癌基因的肿瘤病毒称为直接致癌病毒，包括转导逆转录病毒和 DNA 肿瘤病毒。不携带癌基因的肿瘤病毒称为间接致癌病毒，主要是慢作用逆转录病毒。

人体内迄今已发现 7 种肿瘤病毒。①5 种 DNA 病毒：EB 病毒（EBV）、人乳头瘤病毒（HPV）、乙型肝炎病毒（HBV）、人类疱疹病毒8（HHV-8）、Merkel细胞多瘤病毒（MCPyV）。②2种RNA病毒：丙型肝炎病毒（HCV，ssRNA+病毒）、人T细胞白血病病毒1（HTLV-1，逆转录病毒）。

约12%肿瘤的发生发展与肿瘤病毒感染有关，8%与其他病原体感染有关。

2. 原癌基因特征 原癌基因属于显性基因，只要有一个发生功能获得突变即可显现致癌活性。

二、抑癌基因

抑癌基因又称肿瘤抑制基因（tumor suppressor genes），是一类驱动基因，其表达产物可抑制细胞生长和增殖，促进细胞分化和凋亡，促进DNA修复。抑癌基因功能缺失突变体失活或表达产物失活，导致细胞增殖失控或基因突变增加，进而导致培养细胞转化或动物细胞癌变。

各种肿瘤中常见的抑癌基因有 *TP53*、*CDKN2A*、*ARI1A*、*PTEN*、*CDKN2B*、*SMAD4*、*RB*、*NF1*、*VHL*、*19p13.3a*、*KMT2D*、*APC*、*PBRM1*、*MAP2K4*、*CREBBP*、*ATM* 等。

抑癌基因可通过分析遗传性癌症综合征（hereditary cancer syndrome）相关基因进行鉴定。这类综合征个体从父母遗传的一对相关等位基因中多有一个为功能缺失突变等位基因，另一个为正常等位基因，后者一旦发生功能缺失突变，即可能导致肿瘤发生。

1. 视网膜母细胞瘤 第一种被关注的遗传性癌症综合征是视网膜母细胞瘤，包括遗传性视网膜母细胞瘤和散发性视网膜母细胞瘤。视网膜母细胞瘤的发生源于视网膜母细胞瘤基因（*RB*基因）发生功能缺失突变。*RB*基因表达产物视网膜母细胞瘤蛋白（Rb蛋白）是一种共抑制因子，通过蛋白质相互作用抑制E2F/DP家族的一组转录激活因子E2F，从而抑制细胞周期启动，因而是一种肿瘤抑制蛋白。*RB*基因是一种抑癌基因。

遗传性视网膜母细胞瘤患者约占视网膜母细胞瘤患者的20%，其基因型为RB^+/RB^-杂合子，即从亲代获得了一个功能缺失突变等位基因RB^-。某个视网膜细胞的正常等位基因RB^+发生功能缺失突变，会导致视网膜母细胞瘤发生。遗传性视网膜母细胞瘤特点是发病早，约30%是双眼发病。这类患者如果早期手术，可以正常存活甚至生育，但其后代依然有高肿瘤发生风险。

散发性视网膜母细胞瘤患者约占80%，其基因型为RB^+/RB^+纯合子。某个视网膜细胞的两个正常等位基因RB^+均发生功能缺失突变，才会导致视网膜母细胞瘤发生，散发性视网膜母细胞瘤特点是发生率极低，且通常是单眼发病。

由抑癌基因发生功能缺失突变导致的肿瘤称为遗传性肿瘤，约占全部肿瘤的10%。

2. 抑癌基因特征 抑癌基因又称隐性癌基因（recessive oncogene），属于隐性基因（recessive gene）。只要有一个正常等位基因，其表达产物即可抑制细胞增殖。一旦该正常等位基因发生功能缺失突变成为突变纯合子（属于缺失纯合子），会导致杂合性丢失（loss of heterozygosity，LOH），进而导致肿瘤发生。

三、原癌基因/抑癌基因产物功能

原癌基因表达产物包括癌蛋白（oncoprotein）和致癌miRNA等。抑癌基因表达产物包括肿瘤抑制蛋白和抑癌miRNA等，合称肿瘤抑制因子（tumor suppressor）。它们通过参与信号转导，即在特定信号通路中转导促生长信号或抗生长信号，调控细胞生长、增殖、分化、凋亡。在促生长信号通路中，癌蛋白可以是受体、激活型信号转导蛋白、转录激活因子，因而启动或激活信号转导；肿瘤抑制蛋白可以是抑制型信号转导蛋白、转录抑制因子，因而抑制信号转导。部分原癌基因和抑癌基因见表 18-3。

表 18-3　部分原癌基因和抑癌基因的功能和突变效应

细胞代谢	驱动基因	编码产物	突变类型	突变效应
促增殖信号通路激活（如 MAPK 信号通路）	*KRAS*	小 G 蛋白 Ras	错义突变	功能获得突变
	BRAF	蛋白激酶 Raf	错义突变、启动子突变	功能获得突变
	NF1	神经纤维瘤蛋白 NF1	多数缺失突变	功能缺失突变
抗增殖信号通路抑制（如 TGFβ 信号通路）	*SMAD4*	转录激活因子 SMAD4	多数缺失突变	功能缺失突变
细胞周期激活	*CDKN2A*	CDK 抑制因子 p16	多数缺失突变	功能缺失突变
	RB	视网膜母细胞瘤蛋白	多数缺失突变	功能缺失突变
	CCND1	细胞周期蛋白 D_1	基因扩增	功能获得突变
维持染色体复制能力	*TERT*	端粒酶	启动子突变	功能获得突变
DNA 损伤检查点丢失	*TP53*	细胞肿瘤抗原 p53	缺失和错义突变	功能缺失突变
	ATM	蛋白激酶 ATM	缺失和错义突变	功能缺失突变
逃避凋亡	*TP53*	细胞肿瘤抗原 p53	缺失和错义突变	功能缺失突变
	MCL1	抗凋亡蛋白 Bcl-2	基因扩增	功能获得突变
	PIK3CA	磷脂酰肌醇 -3- 激酶	错义突变	功能获得突变
	PTEN	磷脂酰肌醇 -3- 磷酸酶	多数缺失突变	功能缺失突变
染色质重塑（染色质重塑复合物 SWI/SNF）	*ARID1A*	ARID 结构域蛋白 1A	多数缺失突变	功能缺失突变
转录因子激活	*MYC*	转录因子 Myc	基因扩增	功能获得突变
	CTNNB1	连环蛋白 β-1	错义突变	功能获得突变

四、原癌基因和抑癌基因突变

癌基因功能获得突变或抑癌基因功能缺失突变导致信号通路异常，即信号转导过度，或导致 DNA 修复缺失、免疫逃避，进而导致细胞增殖失控、肿瘤发生。在多数肿瘤的信号通路中，通常只有一个癌基因发生功能获得突变。例如：许多肿瘤都有 MAKP 信号通路异常，即其 *RAS* 或 *RAF* 发生功能获得突变，但极少有 *RAS* 和 *RAF* 都发生功能获得突变的肿瘤。

1. 受体突变　有些癌基因表达产物是促生长信号通路的细胞表面受体，其中最典型的是一组酪氨酸激酶受体。它们单独存在时没有活性，不能启动信号转导，与细胞外生长信号结合时被激活，启动细胞内信号转导，最终促进细胞增殖。某些肿瘤细胞的酪氨酸激酶受体发生功能获得突变，不需要与生长信号结合即有活性，因而被组成性激活，致使信号转导持续进行，导致细胞增殖失控。

例如：一种表皮生长因子受体基因 *HER2* 是原癌基因，表达产物记作 HER2 受体。*HER2* 发生功能获得突变后的表达产物记作 NEU 癌蛋白。发生不同的点突变导致发生不同的肿瘤，如胶质瘤（Glu914Lys）、卵巢癌（Asn857Ser）、肺癌（Leu755Pro）、胃癌（Gly776Ser）等。

2. 信号转导蛋白突变　许多信号转导蛋白是原癌基因的表达产物，它们的某些突变是功能获得突变，导致组成性激活。例如：EGFR/Ras/MAPK 信号通路中的信号转导蛋白基本都是癌蛋白（NF1 是肿瘤抑制蛋白）。

（1）原癌基因 *RAS*：是 Ras 蛋白的编码基因。*RAS* 基因是第一种被鉴定的与肿瘤病毒无关的原癌基因。迄今已在不同肿瘤中（膀胱癌、结肠癌、乳腺癌、皮肤癌、肺癌、神经母细胞瘤、白血病）鉴定到 *RAS* 的多种功能获得突变，特别是 Gly12 的任何错义突变（Gly12Xaa）都导致其 GTP 酶活性降低而组成性激活，即始终以活性状态（Ras-GTP）存在，因而导致细胞增殖失控。

（2）抑癌基因 *NF1*：是神经纤维瘤蛋白（NF1）的编码基因，功能是作为 Ras 蛋白的 GTP 酶激活蛋白（Ras-GAP，参见图 18-8）。*NF1* 发生功能缺失突变导致神经纤维瘤蛋白组成性失活，因而导致 Ras 组成性激活。

（3）原癌基因 *RAF*：是蛋白丝氨酸/苏氨酸激酶 Raf 的编码基因，其功能获得突变见于各种肿瘤，其中黑素瘤 *RAF* 的突变发生率高达 50%，突变导致蛋白丝氨酸/苏氨酸激酶 Raf 组成性激活。

（4）原癌基因 *c-ABL*：是蛋白酪氨酸激酶 c-Abl 的编码基因。有两种染色体易位（translocation）导致其功能获得突变。①染色体易位 t（9;22）（q34;q11），即人 22 号染色体长臂与 9 号染色体长臂发生易位（称为费城染色体、Ph 染色体），导致 9 号染色体长臂基因 *c-ABL* 易位到 22 号染色体长臂，形成融合基因 *BCR-ABL*，表达产物是组成性激活的融合蛋白激酶 Bcr-Abl（BCR-ABL），其底物专一性比正常蛋白激酶 c-Abl 广，可磷酸化激活某些促生长信号通路的信号转导蛋白，如该易位发生在骨髓造血细胞，会导致白细胞增殖失控，进而导致慢性粒细胞白血病（chronic granulocytic leukemia，CGL，又称慢性髓细胞白血病，chronic myelogenous leukemia，CML）发生。②染色体易位 t（9;9）（q34;q34），导致一种急性淋巴细胞白血病（acute lymphoblastic leukemia，ALL）发生。

蛋白激酶抑制剂类（XL01XE）抗肿瘤药伊马替尼是 Bcr-Abl 的抑制剂，用于治疗慢性粒细胞白血病和胃肠道间质细胞瘤等，是第一种被批准上市的以信号转导蛋白为靶点的抗肿瘤药。

3. 转录因子突变 和细胞表面受体、信号转导蛋白等相比，转录因子对基因表达的影响最直接。例如：转录因子 c-Fos、c-Jun、c-Myc 的功能是促使细胞周期通过 G_1 期，进入 S 期。转录因子 p53 的功能是维持基因组稳定性。

（1）原癌基因 *FOS*：是转录因子 c-Fos 的编码基因。c-Fos 可以和 c-Jun 形成 c-Fos-c-Jun 二聚体，称为激活蛋白 1（activator protein 1，AP1）。AP1 可以与一组靶基因的启动子或增强子结合，这组靶基因的表达产物有转录激活因子和转录抑制因子，它们的功能分别是促进促生长蛋白基因的表达和抑制抗生长蛋白基因的表达。

FOS 的表达产物 mRNA 及其指导合成的 c-Fos 不稳定，很快降解。*FOS* 发生功能获得突变的一种方式是发生缺失，这些缺失导致其 mRNA 及 c-Fos 稳定性增加，寿命延长。

（2）原癌基因 *MYC*：是转录因子 c-Myc 的编码基因。*MYC* 发生功能获得突变的方式主要有两种，一种是染色体易位，如 B 细胞发生染色体易位 t（8;14）、t（8;22）或 t（2;8），*MYC* 转移到免疫球蛋白基因增强子侧翼，导致 Burkitt 淋巴瘤发生。另一种是基因扩增。

（3）抑癌基因 *TP53*：是转录激活因子 p53 的编码基因。p53 是 DNA 损伤效应器，基本功能是抑制 DNA 损伤细胞和染色体畸变细胞增殖、促进 DNA 修复、诱导细胞分化或凋亡，从而维持基因组稳定性，因而被称为基因组卫士。

DNA 损伤诱导 *TP53* 表达上调，合成大量 p53，p53 上调其靶基因表达，表达产物（p21、

14-3-3-σ、Fas、Bax、PTEN 等）阻止 G_1 期细胞进入 S 期、G_2 期细胞进入 M 期，为 DNA 修复争取时间。如果修复失败，则激活凋亡途径，清除损伤细胞，从而抑制肿瘤发生。*TP53* 缺失性突变导致 DNA 损伤细胞继续增殖，基因组稳定性缺失，突变增加。

4. 细胞周期调控蛋白突变　　细胞周期调控蛋白以一组周期蛋白依赖性激酶（cyclin-dependent kinase，CDK）为核心，包括一组激活因子细胞周期蛋白（cyclin）、一组抑制因子周期蛋白依赖性激酶抑制因子（cyclin-dependent kinase inhibitor）和一种转录共抑制因子视网膜母细胞瘤蛋白（Rb）等。其中周期蛋白依赖性激酶 4/6（CDK4/6）、细胞周期蛋白 D_1（cyclin D_1）、周期蛋白依赖性激酶抑制因子 p15/p16 和 Rb 蛋白控制着位于 G_1 期的细胞周期限制点（restriction point）。其编码基因多为驱动基因。据估计，80% 的肿瘤存在驱动突变导致的细胞周期调控异常或失控。

在正常增殖细胞中，一组统称丝裂原（mitogen）的细胞外生长信号通过激活生长信号通路上调原癌基因 *CCND1* 表达，合成 cyclin D。cyclin D 结合并激活 CDK4 或 CDK6，促使细胞周期通过 G_1 期。如果丝裂原在细胞周期通过限制点前被清除，就会导致 p15、p16 积累。p15 或 p16 结合并抑制 cyclin D-CDK4/6，从而将细胞周期阻止于 G_1 期。

许多肿瘤的 *CCND1* 或 *CCND2A* 发生驱动突变，导致 cyclin D_1 合成过量或 p16 合成不足，因而即使没有丝裂原刺激，细胞周期也能通过限制点，进入 S 期。

（1）原癌基因 *CCND1*：是 cyclin D_1 的编码基因。*CCND1* 发生功能获得突变的方式主要有两种。一种是染色体易位，如 B 细胞发生染色体易位 t（11;14）（q13;q32），*CCND1* 转移到免疫球蛋白基因增强子侧翼，导致 cyclin D_1 合成过量，进而导致套细胞淋巴瘤发生；甲状旁腺细胞发生染色体易位 t（11;11）（q13;p15），*CCND1* 转移到甲状旁腺激素基因增强子侧翼，导致 cyclin D_1 合成过量，进而导致甲状旁腺腺瘤发生。另一种是基因扩增，如乳腺细胞 *CCND1* 扩增，导致 cyclin D_1 合成过量，进而导致乳腺癌发生。

（2）抑癌基因 *RB*：是第一种被克隆的抑癌基因，因被鉴定为导致视网膜母细胞瘤发生的驱动基因，故命名为视网膜母细胞瘤基因（retinoblastoma gene，*RB*），表达产物命名为视网膜母细胞瘤蛋白（retinoblastoma protein，Rb）。Rb 蛋白是一种共抑制因子，可结合并抑制转录激活因子 E2F，从而下调其靶基因表达，而这些基因表达产物的功能是促使细胞周期通过限制点，促进细胞增殖。因此，Rb 蛋白的功能是抑制细胞增殖。细胞周期激活时，丝裂原诱导合成 cyclin D 并形成激活型 cyclin D-CDK4/6，cyclin D-CDK4/6 磷酸化抑制 Rb 蛋白，导致 E2F 复活，上调靶基因表达，促进细胞增殖。*RB* 发生功能缺失突变导致 Rb 蛋白共抑制因子活性缺失，限制点缺失，细胞增殖失控。

实际上，Rb 蛋白不仅在视网膜细胞合成，在 200 多种细胞中也都有合成。*RB* 不仅是视网膜母细胞瘤的驱动基因，也是膀胱癌、成骨肉瘤等肿瘤的驱动基因。在 *RB* 基因发生驱动突变的肿瘤患者中，视网膜母细胞瘤患者与其他肿瘤患者的比例为 1∶1 000。

除驱动突变外，其他因素也可抑制 Rb 蛋白，导致肿瘤发生。例如：人乳头瘤病毒（HPV）编码的一组早期蛋白（early protein）中有一种称为 E7 蛋白（orotein E7），可以结合并抑制 Rb 蛋白，导致 E2F 复活，上调靶基因表达，促进细胞增殖，导致肿瘤发生。目前这一现象仅见于宫颈癌、口咽癌。

（3）抑癌基因 *CDKN2A*：是周期蛋白依赖性激酶抑制因子 p16 的编码基因。p16 可以竞争性结合并抑制 CDK4、CDK6，最终抑制细胞增殖。*CDKN2A* 功能缺失突变导致 CDK4、CDK6 抑制缺失，细胞增殖失控。

CDKN2A 发生功能缺失突变的方式主要有两种，一种是缺失突变，另一种是 *CDKN2A* 启动子高甲基化导致转录抑制。

5. 微小 RNA 突变 微小 RNA（miRNA）是一类调控 RNA。研究表明某些微小 RNA 编码基因是驱动基因，发生驱动突变导致微小 RNA 合成失控，进而导致细胞增殖失控。微小 RNA 根据调控效应分为致癌 miRNA 和抑癌 miRNA。①致癌 miRNA 抑制抑癌基因表达，例如 miR-155 在大 B 细胞淋巴瘤中水平过高。miR-21 在几乎所有肿瘤中水平过高，例如胶质母细胞瘤、乳腺癌、肺癌、胰腺癌、结肠癌，且其靶基因是 *PTEN* 等多种抑癌基因。②抑癌 miRNA 抑制癌基因表达，例如 miR-15-a、miR-16-1 可能通过抑制 *MCL1* 表达抑制细胞增殖。

除上述突变效应外，某些突变还产生其他效应：①导致肿瘤细胞逃避细胞凋亡、T 细胞免疫监控和清除。②促使实体瘤细胞合成和分泌生长因子，促进血管生成。③恶性实体瘤细胞脱离原发灶，经血管、淋巴管或浆膜腔等途径转移到其他组织并继续生长、增殖，形成与原发灶同类型的继发性恶性肿瘤，称为转移（metastasis）。

因为肿瘤是多因子病（multifactorial disease），原癌基因和抑癌基因突变与肿瘤发生只有相关性，没有特异性。

思考题

1. 可溶性信号分子包括哪些种类？
2. 脂溶性信号分子是如何识别靶细胞的？
3. 信号转导终止后，脂溶性信号分子是如何被"逐出"细胞的？
4. 受体与配体的相互作用有哪些特点？
5. 第二信使参与信号转导有哪些特点？
6. 细胞表面受体有哪些分类？
7. 细胞信号转导的基本规律有哪些？
8. 什么是原癌基因、癌基因？原癌基因的激活方式有哪些？
9. 什么是抑癌基因？抑癌基因的失活方式有哪些？

（陈美娟　韩　琦）

数字资源详见　新形态教材网

拓展阅读　　自测题　　教学课件

第十九章

生物化学与分子生物学常用技术

生物化学与分子生物学是实验科学。随着生物化学与分子生物学的发展，相关的实验技术不断创新，并推动着生物化学与分子生物学理论的突破，因而其理论与技术相辅相成、协同发展。本章介绍生物化学与分子生物学常用技术，特别是蛋白质与核酸的相关技术，包括蛋白质与核酸的提取与鉴定、聚合酶链反应技术、重组 DNA 技术、转基因技术和基因组编辑技术等。

第一节 蛋白质的提取与鉴定

在蛋白质制备和分析过程中，蛋白质的提取与鉴定方法至关重要。蛋白质提取是指从组成复杂的生物样品中分离特定的蛋白质。蛋白质鉴定包括定性和定量分析，以确认蛋白质的性质和含量。蛋白质提取与鉴定的方法众多，其中有些方法也适用于核酸等。

一、蛋白质沉淀

在蛋白质的提取与鉴定方法中，蛋白质沉淀（precipitation）是指使蛋白质从溶液中析出的过程。任何能破坏蛋白质溶液稳定性的因素都可促使蛋白质分子聚集并析出。沉淀既可用于蛋白质提取，又可用于蛋白质鉴定。常用的沉淀方法包括盐析、有机溶剂沉淀、重金属沉淀、生物碱试剂沉淀和免疫沉淀等。

1. **盐析** 盐析（salting out）是指在蛋白质溶液中加入大量中性盐以增加溶液的离子强度，中和蛋白质分子的表面电荷并破坏其水化膜，导致其溶解度降低，聚集成颗粒析出。常用的中性盐有 $(NH_4)_2SO_4$、NaCl 和 Na_2SO_4 等，通过调节盐的浓度，可以精确控制不同蛋白质的沉淀，而且盐析通常不会导致蛋白质变性。

2. **有机溶剂沉淀** 丙酮、乙醇等有机溶剂一方面与水有较强的亲和力，可以破坏蛋白质分子表面的水化膜，另一方面能降低溶剂的介电常数，从而降低蛋白质分子表面同性电荷的斥力，导致蛋白质分子容易聚集成颗粒析出。常温下有机溶剂沉淀蛋白质往往导致其变性。低温下（0~4℃）沉淀可避免其变性，例如采用丙酮低温沉淀法纯化干扰素。

3. **重金属沉淀** 当蛋白质溶液的 pH 高于其等电点时，蛋白质分子净带负电荷。某些重金属离子如 Ag^+、Hg^{2+}、Pb^{2+}、Cu^{2+} 等可以与带有负电荷的蛋白质结合，导致其沉淀。重金属沉淀会导致蛋白质变性。误服重金属中毒患者除采用催吐、洗胃、导泻等急救措施外，还可通过喝牛奶或鸡蛋清等高蛋白流食，蛋白质可与肠液中的重金属结合，抑制其吸收。

4. 生物碱试剂沉淀 生物碱是生物体代谢产生的一类含氮有机化合物。生物碱试剂是指能与生物碱发生酸碱反应的化学试剂，如钨酸、钼酸、三氯乙酸、高氯酸、鞣酸、单宁酸、磺基水杨酸。当蛋白质溶液的 pH 低于其等电点时，蛋白质分子净带正电荷，可与生物碱试剂结合而沉淀。生物碱试剂沉淀往往导致蛋白质变性，可用于去除非蛋白样品中的杂蛋白。

5. 免疫沉淀 免疫沉淀（immunoprecipitation）是指可溶性蛋白样品作为抗原与其抗体发生特异性反应，形成抗原抗体复合物沉淀，或用其他方法进一步沉淀抗原抗体复合物。免疫沉淀特异性极高，适用于复杂样品中蛋白质的提取与鉴定。

二、离心技术

离心（centrifugation）这里是指利用样品中不同成分在离心机高速旋转形成的离心场中沉降速度的差异，对样品成分进行提取、浓缩、提纯和鉴定。普通离心可根据离心速度分为低速离心、高速离心和超速离心等。以下是几种常用的特殊离心技术，其中等密度离心和区带离心合称为密度梯度离心。

1. 差速离心 差速离心（differential centrifugation）是指利用样品中不同成分在相同离心条件下沉降速度的差异，在不同离心速度下提取和收集不同成分，常用于从细胞匀浆中提取各种细胞器。

2. 区带离心 区带离心（zonal centrifugation）是先在离心管中创建一个密度梯度介质，管口端密度最低，管底端密度最高但低于最低密度样品成分的密度，再将样品铺在梯度介质表面，通过超速离心使不同成分以不同速度向管底端移动，形成一组离心区带，在移动最快的区带尚未到达底端时停止离心。

3. 等密度离心 等密度离心（isopycnic centrifugation）原理与区带离心一致，但密度梯度介质的密度设置不同。管口端介质密度低于最低密度样品成分的密度，管底端介质密度高于最高密度样品成分的密度。样品既可铺在梯度介质表面，又可混悬于梯度介质中。经过长时间离心，不同成分浓缩于不同密度区，形成一组等浮力密度区带。

三、层析技术

层析又称色谱（chromatography），是利用样品中不同成分在固定相和流动相之间分配系数的差异，对样品成分进行分离、浓缩、提纯和鉴定。将样品加入层析系统并用流动相洗脱时，样品会与固定相发生不同形式的相互作用。样品中不同成分与固定相之间相互作用力的强弱不同，导致其在固定相中的滞留时间不同，从而实现分离。

层析技术由俄罗斯科学家 M. Tsvett 发明，最初用于分离和鉴定植物色素。德国化学家 R. Kuhn 应用亲和层析等技术研究胡萝卜素和维生素，并因此于 1938 年获得诺贝尔化学奖（for his work on carotenoids and vitamins）。如今，层析技术已被广泛应用于各种生物分子、化学合成有机化合物的提取、纯化和分析。

洗脱（elution）是指流动相和样品成分在固定相（如层析柱凝胶）内向前移动并离开固定相（如流出层析柱）的过程。

层析可根据流动相与固定相的不同分为气相层析（气固层析、气液层析）、液相层析（液固层析、液液层析）；根据层析机制的不同分为离子交换层析、凝胶过滤层析、亲和层析、吸附层析、分配层析等；根据操作形式分为柱层析、纸层析、薄层层析等。以下是几种典型的柱层析（图 19-1）。

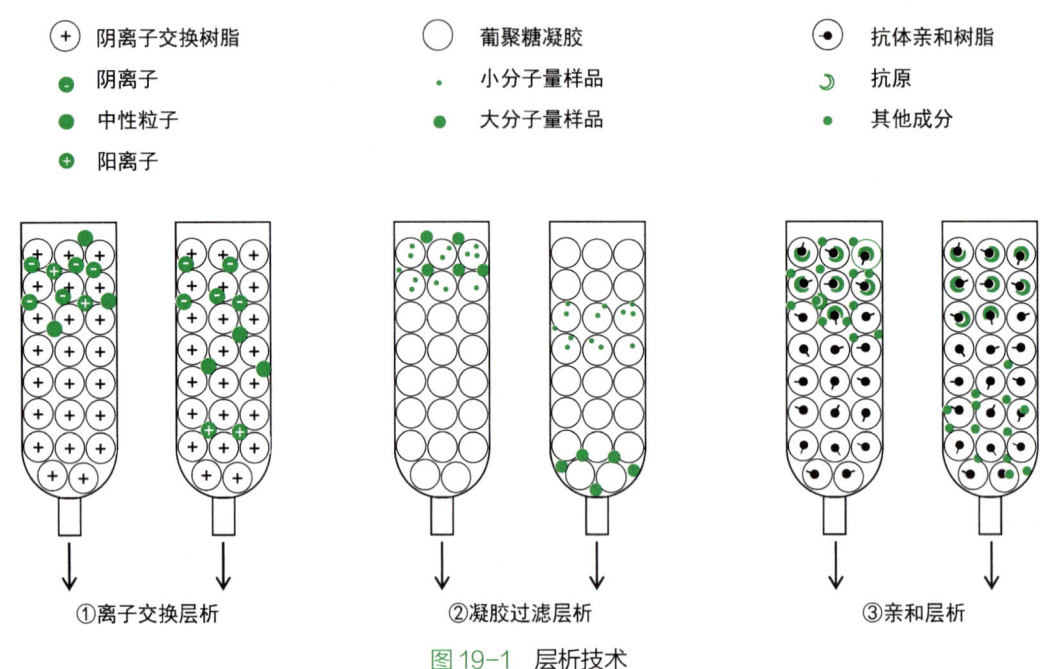

图 19-1　层析技术

1. 离子交换层析　离子交换层析（ion exchange chromatography）用于分离电离状态不同的样品成分。离子交换层析的固定相是一种带同性电荷的离子交换剂，可以与样品中带异性电荷的成分结合。样品成分所带异性电荷越多，结合力越强，样品成分滞留时间越长，被流动相洗脱越慢，因而样品中各种成分最终被一一分离。离子交换剂分为阴离子交换剂和阳离子交换剂。阴离子交换剂带正电荷，可与带负电荷的阴离子成分结合；阳离子交换剂带负电荷，可与带正电荷的阳离子成分结合。生物化学与分子生物学研究中常用离子交换层析分离蛋白质、核酸等生物大分子。

2. 凝胶过滤　凝胶过滤（gel filtration）又称凝胶过滤层析、分子排阻层析、分子筛层析，用于分离分子大小和性状不同的样品成分。凝胶过滤的固定相是一种具有网状结构、含有各种大小孔隙的多孔凝胶（对比钢丝球）。层析时，样品中的大分子成分只能进入大孔隙，洗脱体积小，洗脱快，流出早；样品中的小分子成分既能进入大孔隙，又能进入小孔隙，洗脱体积大，洗脱慢，流出晚，因而样品中各种成分最终被一一分离。凝胶过滤常用于蛋白质的分子量测定和蛋白质样品脱盐。

洗脱体积（elution volume）是样品成分从进入凝胶柱床（顶端）到离开凝胶柱床（底端）所需要的洗脱液体积，即样品成分在凝胶柱床中走过的流动相体积。

3. 亲和层析　亲和层析（affinity chromatography）用于提取特异性成分。亲和层析的固定相与样品中要提取的某种成分之间存在特异亲和力，即只与该成分结合。例如：用抗体或抗原制备固定相，可以特异性结合抗原或抗体；用寡胸苷酸制备固定相，可以特异性结合 mRNA；用配体制备固定相，可以特异性结合受体。通过改变流动相的条件（如 pH、离子强度，或流动相中加入游离配体），可以将特异性结合的样品成分从固定相上洗脱，实现高度纯化。亲和层析常用于

mRNA、特定蛋白质和生物活性物质的提取与制备。

四、电泳技术

电泳（electrophoresis）是利用样品中不同带电离子在电场中迁移速度甚至迁移方向的差异，对样品成分进行分离、浓缩、提纯和鉴定。在电场的作用下，正离子（阳离子）向负极（阴极）迁移，负离子（阴离子）向正极（阳极）迁移，迁移速度与离子质量呈负相关，与所带电荷量呈正相关。以下是几种常用的电泳技术。

1. 凝胶电泳 凝胶电泳（gel electrophoresis）是指以聚丙烯酰胺凝胶或琼脂糖凝胶作为支持介质的电泳。

（1）聚丙烯酰胺凝胶电泳：具有很高的分辨率，适用于分离和鉴定蛋白质和小的核酸片段（5~500 bp），例如蛋白质分子量和等电点的测定、DNA 测序。其中蛋白质的迁移速度受其分子大小和形状、所带电荷量、电泳介质的离子强度和 pH、凝胶浓度等因素影响。

（2）琼脂糖凝胶电泳：操作简便，适用于分离和鉴定大的核酸片段（100~60 000 bp），临床检验中也可用于分析血清同工酶谱。

2. 薄膜电泳 薄膜电泳（film electrophoresis）是指以醋酸纤维薄膜等材料作为支持介质的电泳，特点是操作简单、区带清晰、易于回收和定量，但分辨率较低，主要用于血浆蛋白临床检验。

3. 毛细管电泳 毛细管电泳（capillary electrophoresis）是指以毛细管为电泳介质、高压电场为驱动力的电泳，适用于DNA测序等。

第二节 核酸的提取与鉴定

核酸是生物化学与分子生物学研究的核心。为了研究其结构和功能，需要从生物样本中提取核酸。核酸的纯度和完整性对于保证实验结果的准确性和科学性至关重要。

一、核酸提取

核酸提取的基本原则是减少断裂以保持核酸一级结构的完整性，同时避免污染。核酸提取通常包括以下步骤。①细胞裂解：破坏细胞膜，释放细胞内含物。②核蛋白解离：处理核蛋白，将其核酸成分与蛋白质等分离。③核酸提取：从混合物中分离出所需的核酸。④去除杂质：去除无机盐、小分子代谢物等杂质。

质粒、染色体 DNA、RNA 等各种核酸因其结构和细胞定位不同，提取方法有所不同。

1. 质粒提取 质粒（plasmid）是游离于某些细菌及个别低等真核生物（酵母等真菌）染色体 DNA 之外、能自主复制的染色体外 DNA（extrachromosomal DNA），大多数是一种共价闭合环状 DNA（covalently closed circular DNA，cccDNA，简称闭环 DNA），大小为 2~400 kb。它们可被改造成基因工程载体，用于基因的转移、克隆和表达。

质粒提取通常包括以下步骤：①细菌培养以扩增质粒。②收获并裂解细菌释放质粒。③应用碱裂解法、煮沸裂解法、氯化铯密度梯度离心法等提取质粒。

2. 真核生物染色体 DNA 提取　真核生物染色体 DNA 的提取涉及组织细胞的物理和化学处理。

（1）哺乳动物基因组 DNA 提取：哺乳动物基因组 DNA 可用于基因组文库构建、DNA 印迹分析。提取常用蛋白酶 K 法。①液氮研磨：将组织研磨成粉末。②细胞裂解：组织粉末加裂解液（10 mmol/L Tris–100 mmol/L EDTA–0.5% SDS–20 μg/mL RNase A，pH 8.0）制备细胞裂解物。③蛋白酶 K 消化：降解裂解物中的核酸酶。④酚–氯仿–异戊醇萃取：萃取后离心，上清液为 DNA 粗品。⑤粗品纯化：采用乙醇沉淀法可纯化 100～150 kb DNA，采用透析法可去除蛋白质，多次抽提并用乙醇沉淀后可纯化 150～200 kb DNA。

（2）植物基因组 DNA 提取：植物基因组 DNA 可用于药用植物的遗传分析、基因克隆、中药品质 DNA 指纹分析、药用植物进化关系鉴定、道地药材研究、药用植物育种等。提取常用 CTAB 法。①液氮研磨。②表面活性剂处理：十六烷基三甲基溴化铵（CTAB）是一种阳离子型表面活性剂，用其制备的裂解液（2% CTAB–1.4 mol/L NaCl）可裂解植物细胞。③氯仿–异戊醇萃取：萃取后离心，上清液为 DNA 粗品。④DNA 沉淀：稀释上清液可使 DNA 沉淀。

3. 真核生物转录组 RNA 提取　RNA 不稳定，极易自发降解，因而提取时需要谨慎操作。研究基因表达或构建 cDNA 文库都需要提取一定纯度和完整度的 mRNA。通常先提取总 RNA，再从中分离 mRNA。

（1）总 RNA 提取：可用异硫氰酸胍–酚–氯仿法、异硫氰酸胍–氯化铯密度梯度离心法、氯化锂–尿素法或热酚法等。

（2）mRNA 提取：真核生物 mRNA 绝大多数都有 poly(A) 尾，因而可用 oligo(dT)–纤维素亲和柱层析分离。即将总 RNA 加入 oligo(dT)–纤维素层析柱，mRNA 在高离子强度下与 oligo(dT) 结合，其他 RNA 等成分则被洗掉。然后逐步降低洗脱液的离子强度，可以将 mRNA 洗脱，浓缩得到高纯度 mRNA。

提取 mRNA 还可用 PolyATtract mRNA 提取系统：将生物素标记 oligo(dT) 与总 RNA 孵育形成杂交体，用亲和素磁珠富集杂交体，通过磁架吸附，可分离 mRNA。

二、核酸鉴定

核酸鉴定内容广泛，既有含量测定、纯度分析等一般鉴定，又有序列分析、修饰分析、突变分析等特殊鉴定。

1. 核酸定量　常用紫外吸收法。核酸 260 nm 的紫外线有强吸收。吸光度（A_{260}）与核酸浓度成正比。标准条件下，1 个吸光度单位相当于 50 μg/mL 的双链 DNA、33～35 μg/mL 的单链 DNA、40 μg/mL 的单链 RNA、20 μg/mL 的单链寡核苷酸。该换算的准确度受核酸纯度、溶液 pH 和离子强度的影响，在中性 pH 和低离子强度条件下测定纯度较高的核酸时比较准确。

2. 核酸纯度鉴定　通过测定紫外吸光度可以初步分析核酸的纯度。蛋白质对 280 nm 紫外线有强吸收，肽、盐和其他部分小分子物质对 230 nm 紫外线有强吸收。因此，测定核酸样品在这几种波长下的吸光度，可以分析其纯度。

（1）DNA 的 A_{260}/A_{280} 比值：1.8 说明纯度较好；高于 1.8 说明可能含有 RNA，或部分 DNA 发生降解；低于 1.8 说明可能含有蛋白质或苯酚等。

（2）RNA 的 A_{260}/A_{280} 比值：1.8～2.0 说明纯度较好；高于 2.0 说明可能有部分 RNA 发生降解；低于 1.8 说明可能含有蛋白质或苯酚等（但 Trizol 试剂提取的 RNA 为 1.6～1.8）。

（3）核酸的 A_{260}/A_{230} 比值：高于 2.0 说明纯度较好；比值太小说明可能含有蛋白质、肽、苯酚或异硫氰酸盐等。

3. DNA 测序　参见第五节。

第三节　印迹杂交技术

印迹杂交是印迹与分子杂交的联合，并成为一项分子生物学研究的核心技术。印迹（blotting）是指通过电转移、毛细管转移等方法将 DNA、RNA 或蛋白质等生物大分子从一种介质转移到另一种介质。分子杂交（molecular hybridization）是指不同来源或不同种类生物分子间相互识别而发生特异性结合。如核酸（DNA、RNA）分子间、蛋白质分子间、核酸与蛋白质分子间。印迹杂交（blot hybridization）是指将电泳分离的核酸或蛋白质区带从电泳凝胶转移到印迹膜上，用探针识别目标区带并与之特异性结合，从而实现对特定基因序列、基因突变或基因表达的鉴定。印迹杂交技术广泛应用于克隆筛选、核酸分析、基因诊断、基因表达和蛋白质研究等领域。

一、印迹杂交的基本原理

印迹杂交技术主要包括三个步骤：电泳、印迹和杂交。

1. **电泳**　样品成分通过聚丙烯酰胺凝胶电泳分离成一组梯状条带（ladder）。

2. **印迹**　将梯状条带从电泳凝胶转移到稳定的印迹膜上。常用印迹膜（blotting membrane）有硝酸纤维素膜、尼龙膜、聚偏氟乙烯膜等。印迹常用电转移、毛细管转移和真空转移等方法。①电转移（electrotransfer）：是应用电泳法将梯状条带从电泳凝胶转移到印迹膜上（图 19-2）。②毛细管转移（capillary transfer）：是通过毛细作用（又称毛细管作用，capillarity）将梯状条带从电泳凝胶转移到印迹膜上（图 19-3）。③真空转移（vacuum transfer）：是将印迹膜放在真空室中的多孔屏上，再将电泳凝胶置于印迹膜上，缓冲液从多孔屏上面的一个储液槽中流下，在负压驱动下进入凝胶，推动梯状条带向下迁移，最终转移到印迹膜上。

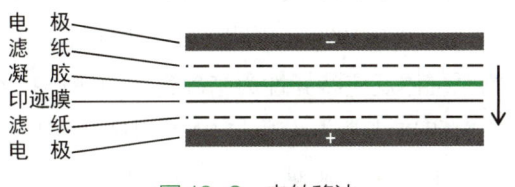

图 19-2　电转移法

3. **杂交**　用探针识别印迹膜上的目标区带并与之特异性结合。

分子生物学与生物化学研究中的探针（probe）多指核酸探针（nucleic acid probe），包括 DNA 探针、RNA 探针和寡核苷酸探针，是一种已知序列的标记核酸（DNA 或 RNA）片段，在核酸杂交及印迹杂交技术中用于鉴定互补序列核酸（DNA 或 RNA）、DNA 结合蛋白、RNA 结合蛋白等。探针所用标记多为放射性同位素标记（如 ^{32}P、^{3}H、^{35}S）、荧光素标记（如异硫氰酸荧光素）或化学发光标记（如吖啶酯）。其中 DNA 探针又分为基因组探针和 cDNA 探针：基因组探针用基因组 DNA 制备，既可以是外显子序列，又可以是内含子序列、调控序列。cDNA 探针用 cDNA 制备，只含外显子序列。

二、常用印迹杂交技术

印迹杂交技术可根据待分析样品的不同分为 DNA 印迹、RNA 印迹和蛋白印迹。这些技术用于研究不同的生物大分子，有助于阐明基因本质、基因功能、基因表达、蛋白质功能及其在疾病中的作用。

1. DNA 印迹法 DNA 印迹法由 E. Southern 于 1975 年发明，故又称 Southern 印迹法（Southern blotting, Southern blot），是用于分析 DNA 样品的印迹杂交技术。基本步骤包括 DNA 样品制备、电泳分离、原位变性、印迹和固定、预杂交、探针杂交及最终的检测分析（图 19-3）。

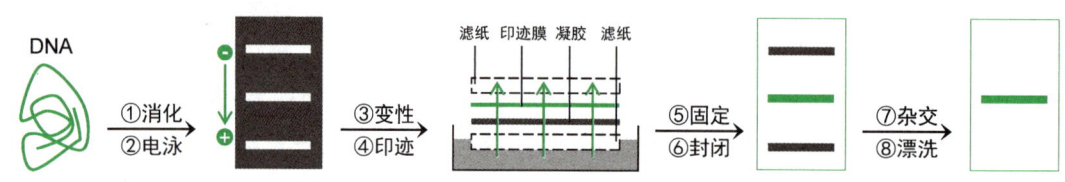

图 19-3　DNA 印迹法

DNA 印迹法可用于分析 DNA 长度、DNA 克隆、DNA 多态性、限制性酶切图谱、基因拷贝数、基因突变和基因扩增等，从而应用于基础研究和基因诊断。

2. RNA 印迹法 RNA 印迹法由 J. Alwine 等于 1977 年发明，并被趣味性称为 Northern 印迹法（Northern blotting, Northern blot），是用于分析 RNA 样品的印迹杂交技术。RNA 印迹法基本步骤与 DNA 印迹法相似，但有几个关键差异：① DNA 样品是先电泳（本性电泳）后变性，RNA 样品是先变性后电泳（变性电泳）。② DNA 样品可以用碱变性，RNA 样品不能用碱变性，只能用甲酰胺、甲醛等变性剂变性。

RNA 印迹法可用于总 RNA 或特定 RNA 的定性或定量分析，特别是测定 mRNA 的长度和含量，从而研究基因结构和基因表达，常用于基础研究和基因诊断。

3. 蛋白印迹法 蛋白印迹法（蛋白质印迹）是用于分析蛋白质样品的印迹杂交技术，由 H. Towbin 等于 1979 年发明，并被趣味性称为 Western 印迹法（Western blotting, Western blot），是以抗原抗体反应特异性为基础建立的印迹技术，故又称免疫印迹法（immunoblotting, immunoblot）。蛋白印迹法基本步骤与 RNA 印迹法相似，但有几个关键差异：①电泳时只能用聚丙烯酰胺凝胶，不能用琼脂糖凝胶。②变性剂通常用十二烷基硫酸钠（SDS）。③印迹只能用电转移法。④杂交用第一抗体、第二抗体做探针，其中第二抗体是标记抗体，多用标记酶标记，故称酶标抗体（enzyme-labeled antibody）。

蛋白印迹法结合了聚丙烯酰胺凝胶电泳分辨率高和固相免疫分析特异性高、灵敏度高（0.1～5 ng）等优点，可用于蛋白质定性和半定量分析。

三、生物芯片技术

广义生物芯片是指采用生物技术制备或应用于生物技术的一切微型分析系统，包括新一代测序芯片、用于研制生物计算机的生物芯片、将健康细胞与集成电路相结合的仿生芯片、芯片实验室，还包括可利用生物分子相互作用的特异性处理生物信息的各种微阵列芯片，如基因芯片、蛋白芯片、细胞芯片和组织芯片等。狭义生物芯片（biochip）又称生物微阵列（bioarray），是以生物分子相互作用特异性为基础，将一组已知核酸片段、多肽、蛋白质、组织或细胞等生物样品有序固定在固相支持介质（硅片、玻片、滤膜等，统称基片、固相载体）表面，组成高密度二维阵列的杂交型分析系统。

1. 基因芯片 基因芯片（gene chip）又称 DNA 芯片（DNA chip）、DNA 微阵列（DNA microarray）、寡核苷酸芯片（oligonucleotide chip）、寡核苷酸微阵列（oligonucleotide array），是高密度、有序固定有上百万个已知序列寡核苷酸或 cDNA 探针阵列的生物芯片，可用于基因组图谱和基因表达谱研究、基因组测序、突变检测、疾病诊断、药物筛选、药物研发等。

（1）基因芯片技术基本原理：基因芯片是集成化的反向点杂交（reverse dot blot），即探针固相化、集成化并且不被标记，而待测样品制成杂交液且被标记。

（2）基因芯片技术基本操作：①样品制备，从组织细胞中提取 RNA 或基因组 DNA 样品并进行扩增、标记和纯化。②分子杂交，标记样品与芯片探针点进行杂交。③检测分析，用专门仪器检测芯片上的杂交信号，用专业软件分析处理，获得 DNA 样品的特异信息（图 19-4）。

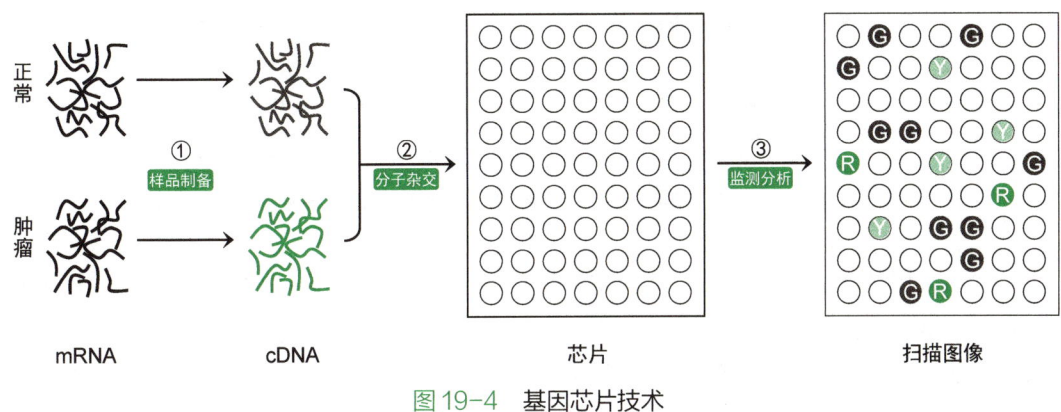

图 19-4　基因芯片技术

2. 蛋白芯片 蛋白芯片又称蛋白质芯片（protein chip）、蛋白质微阵列（protein microarray），是高密度、有序固定有几万个已知蛋白质探针点阵列的生物芯片，可利用抗原抗体作用、配体受体作用等蛋白质相互作用对抗原、受体、配体进行大规模快速分析，用于蛋白质功能和蛋白质组学研究、基因差异表达分析、疾病发病机制和标志物研究、临床诊断、靶点确证及药物开发、中药鉴定等。

生物芯片技术能够实现对生物样品的高通量、集成化和微量化分析，在基因组学、蛋白质组学、细胞学及医学等领域发挥重要作用，并推动临床诊断和治疗的发展。

四、印迹杂交技术与基因诊断

疾病的发生往往是基因组中基因结构异常、表达异常，或病原体基因入侵所致。基因诊断（gene diagnosis）是指直接检测基因组中致病基因或疾病相关基因的结构异常或表达水平的改变，或病原体基因的存在，从而对人体健康作出评价，或对人体疾病作出诊断。

基因诊断以已知基因作为检测对象，检测物是 DNA 和 mRNA。DNA 用于分析内源基因结构是否正常，或是否存在外源基因，mRNA 则用于分析基因的结构和表达是否正常。例如用等位基因特异性寡核苷酸杂交法（allele-specific oligonucleotide hybridization，ASOH）诊断苯丙酮尿症。

［Ⅰ型］苯丙酮尿症是一种常染色体隐性遗传病，主要遗传基础是苯丙氨酸羟化酶基因发生点突变，不表达苯丙氨酸羟化酶、表达的苯丙氨酸羟化酶无活性或很快降解。根据特定突变位点（如 Arg243Gln）设计两种探针：

野生型探针：TTCCGCCTCC**G**ACCTGT
突变探针：　　TTCCGCCTCC**A**ACCTGT

用两种探针分别与待测 DNA 杂交，野生型纯合子只与野生型探针杂交，杂合子与野生型探针和突变探针都杂交，突变纯合子只与突变探针杂交，因此根据杂交结果可以判断待检个体的基因型。如图 19-5 所示：① a/b/d/g 与野生型探针、突变探针都形成杂交点，为突变携带者，基因型是杂合子。② e/h 只与野生型探针形成杂交点，为正常人，基因型是野生型纯合子。③ c/f 只与突变探针形成杂交点，为苯丙酮尿症患者，基因型是突变纯合子。

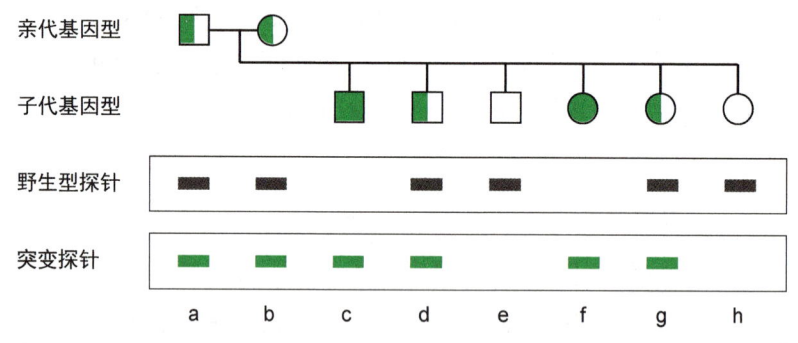

图 19-5　等位基因特异性寡核苷酸杂交法检验苯丙酮尿症

基因诊断常用技术有核酸杂交、聚合酶链反应、基因芯片、DNA 测序、变性高效液相色谱、质谱和液相色谱–质谱联用法等。

基因诊断是继形态学、生理学、生化和免疫学检查之后的新一代诊断技术，其特点是特异性高、灵敏度高、早期诊断、采样方便、安全高效、应用广泛。

基因诊断可应用于遗传性疾病、肿瘤、感染性疾病的诊断与筛查及法医鉴定。

第四节　聚合酶链反应技术

聚合酶链反应（polymerase chain reaction，PCR）是一种体外扩增特定 DNA 片段的技术。该技术由 Kary Mullis 于 1983 年发明，具有特异性高、灵敏度高、简便快捷、重复性好、易自动化等特点，广泛应用于基础研究和临床检验等。

一、PCR 基本原理

PCR 是一种 DNA 选择性扩增技术，待扩增 DNA 及其扩增产物称为目的 DNA（target DNA），其中扩增产物又称扩增子（amplicon）。PCR 与细胞内 DNA 半保留复制的化学原理一致，但过程更简便，是用一对单链寡脱氧核苷酸作为 PCR 引物（引物对），通过变性、退火、延伸三个基本步骤的几十次循环，使目的 DNA 得到扩增（图 19-6）。

1. **变性**　根据 DNA 高温变性的原理，将反应体系温度升至变性温度（约 95℃），使目的 DNA 双链解链成单链 PCR 模板。

2. **退火**　将反应体系温度骤降至退火温度（50～65℃），使 PCR 引物与 PCR 模板 3' 端杂

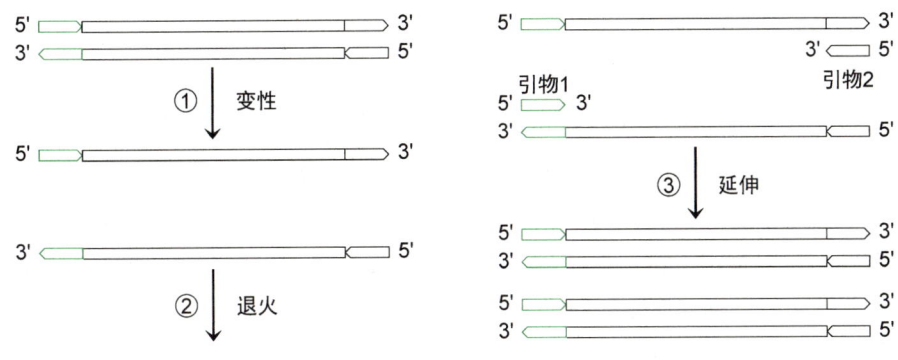

图 19-6 聚合酶链反应

交,这一步骤称为退火。因为 PCR 引物对是一对人工合成的单链寡脱氧核苷酸,短而不易缠绕,并且引物量远多于模板量(摩尔比 $>10^8$),所以 PCR 模板与引物的退火(杂交)效率远高于 PCR 模板之间的退火(复性)效率。因此,通过控制退火条件,引物可以与 PCR 模板特异性结合。

3. 延伸 将反应体系温度升至延伸温度(约 72℃),DNA 聚合酶按照碱基配对原则在引物 3' 端以 5'→3' 方向催化合成 PCR 模板新的互补链,使目的 DNA 拷贝数增加 1 倍。

以上变性、退火、延伸三个基本步骤组成 PCR 循环,每次循环的产物均为下一循环的模板,这样每次循环都使目的 DNA 拷贝数增加 1 倍。PCR 多数需要循环 30 次,理论上能将目的 DNA 扩增 2^{30}($\approx 10^9$)倍,但实际扩增效率受模板和引物质量、反应条件等因素影响,为 75%~85%,循环 n 次后的扩增倍数约为 $(1+75\%\sim85\%)^n$。PCR 通常进行 30~35 个循环,可合成所需量的目的 DNA。

PCR 是一种在分子生物学中广泛使用的技术,可利用 DNA 聚合酶在体外从极少量的 DNA 样本中快速且特异性地扩增特定 DNA 序列。

二、PCR 反应体系

通过 PCR 扩增目的 DNA,既要考虑特异性,又要考虑效率。特异性和效率通常是一对矛盾:过分强调特异性会降低效率,过分强调效率又会降低特异性,所以必须综合考虑。PCR 反应体系由底物、模板、引物、DNA 聚合酶、缓冲液等组成,控制组成对扩增的特异性和效率至关重要。

1. DNA 聚合酶 耐热的 DNA 聚合酶在 PCR 中起关键作用。绝大多数生物的 DNA 聚合酶最适温度接近内环境温度,高温下变性失活,不能应用于 PCR。PCR 应用的 DNA 聚合酶都有较高的最适温度,其中 Taq DNA 聚合酶应用最广。

Taq DNA 聚合酶(简称 Taq 酶)来自栖热水生菌(*T. aquaticus*)YT-1 株,最适温度是 75~80℃,催化 DNA 合成的速度是 35~150 nt/s,催化活性可以适应相当宽的温度范围,在 92.5℃、95℃ 和 97.5℃ 下的半衰期分别为 120、40 和 5 分钟。Taq 酶具有以下特点:①有 5'→3' 聚合酶活性和 5'→3' 外切酶活性,但没有 3'→5' 外切酶活性,因此没有校对功能,催化 DNA 合成错配率较高,为 $2.0 \times 10^{-5} \sim 2.1 \times 10^{-4}$。②有末端转移酶活性,可以不依赖模板地在双链 DNA 的 3' 末端加接一个 dNMP,且优先加接 dAMP,因此扩增产物可用 T 载体(限制性酶切位点 3' 黏性末端是 1 个 dTMP 的载体)克隆。

2. 引物 通常是由上游引物(正向引物)和下游引物(反向引物)组成的引物对。上游引物序列与目的 DNA 模板链的 3' 端互补,引发合成编码链;下游引物序列与目的 DNA 编码链的 3' 端互补,引发合成模板链。引物与 PCR 模板的互补程度影响扩增的特异性,所以引物设计非常重要，需要遵循一些经验规律。

（1）引物特异性：在其他区域没有引物互补序列。

（2）引物长度：通常控制在 10~40 nt，多数 20~30 nt，最佳长度 18~22 nt。

（3）引物末端：3′ 端与模板严格互补，5′ 端序列不限，甚至可以修饰。

（4）引物组成：引物对 G 和 C 含量应控制在 40%~75%。

（5）引物序列：引物间（特别是 3′ 端）不能存在互补序列，引物内不能存在反向重复序列。引物所含单核苷酸重复序列长度不能超过 5 nt。

3. 模板 主要是 DNA，可以是基因组 DNA、cDNA 或质粒。扩增长度可达 10 000 bp。模板可以来自临床标本（血液、尿液、羊水、分泌物、咽拭子等）、食材、药材（动植物组织细胞等）、法医标本（血渍、精斑、毛发甚至烟蒂等）、病原体标本、考古标本（骨骸、毛囊等）、化石（如尼安德特人、丹尼索瓦人化石）等。

三、常用 PCR 技术

PCR 技术自发明以来在生命科学和医学领域得到广泛应用，PCR 技术本身也在不断发展，目前已衍生出各种特殊的 PCR 技术。

1. 多重 PCR 多重 PCR（multiplex PCR）是在一个 PCR 反应体系中加入多个引物对，同时扩增同一 DNA 或不同 DNA 分子的多个目的序列，且各序列的长度不同。多重 PCR 可以批量分析初始模板量、DNA 多态性、连锁分析、基因突变（特别是基因缺失）、癌基因，从而用于基因诊断等。其特点是经济、简便、高效。

例如：针对 Duchenne 型肌营养不良患者 *DMD* 基因 18 个包含缺失热点的外显子可以设计 18 个引物对，构建两个多重 PCR 反应体系，每个体系可扩增 9 个外显子。应用 DNA 印迹法分析扩增产物，可以鉴定发生缺失的外显子。

2. 逆转录 PCR 逆转录 PCR（reverse transcription PCR，RT-PCR）是逆转录与 PCR 的联合，即先以 mRNA 为模板，用逆转录酶催化合成其 cDNA，再以 cDNA 为模板，用 Taq 酶扩增其特异序列。逆转录 PCR 常用于基因表达分析、cDNA 克隆、cDNA 探针制备、转录组研究、遗传病诊断、RNA 病毒检测。

逆转录 PCR 能否成功，逆转录引物很关键。根据所掌握目的 RNA 的信息，可以选用：① oligo(dT) 引物（12~18 nt）：针对 mRNA 的 poly(A) 尾。②随机引物（6 nt）：不需要 mRNA 的序列信息。随机引物和 oligo(dT) 引物合称普通引物（general primer）。③特异性引物（20~30 nt）：针对某种 mRNA 的特异序列。对于特异性引物，如果根据不同外显子序列设计引物，可以鉴别 cDNA 和基因组 DNA 扩增产物。

如果同时设计内标物（internal standard substance），则用逆转录 PCR 可以对 mRNA 进行定性和半定量分析，可检测含量少于 10 个拷贝的低丰度 mRNA。

3. 定量 PCR 定量 PCR（quantitative PCR，qPCR）又称实时 PCR（real-time PCR）、实时荧光 PCR（realtime fluorescence PCR），是一种通过实时监测 DNA 扩增进程对 DNA 进行定量分析的 PCR。

（1）定量 PCR 原理：定量 PCR 的关键是在 PCR 反应体系中加入一种荧光试剂。以 TaqMan 荧光探针法为例，TaqMan 探针（18~22 nt，T_m 值比引物高 10℃）的 5′ 端有一个荧光报告基团（reporter，R），如 6-羧基荧光素（6-FAM，λ_{ex} = 490 nm，λ_{em} = 530 nm），3′ 端有一个荧光淬灭基

团（quencher，Q），如 6-羧基四甲基罗丹明（TAMRA，λ_{ex} = 543 nm，λ_{em} = 575 nm）。探针完整时，报告基团 R 与淬灭基团 Q 之间发生荧光淬灭，报告基团 R 不能产生 530 nm 荧光。

在 PCR 退火时，TaqMan 探针与模板杂交。在 Taq 酶合成 DNA 遇到探针 5′ 端时，Taq 酶的 5′→3′ 外切酶活性将探针降解，报告基团 R 和淬灭基团 Q 分离。游离报告基团 R 可被 490 nm 激光激发，产生 530 nm 荧光。每增加一个扩增子就产生一个游离报告基团 R，扩增子合成量与荧光强度成正比（图 19-7），因而测定荧光强度即可检测 DNA 合成量，进而分析其初始量。

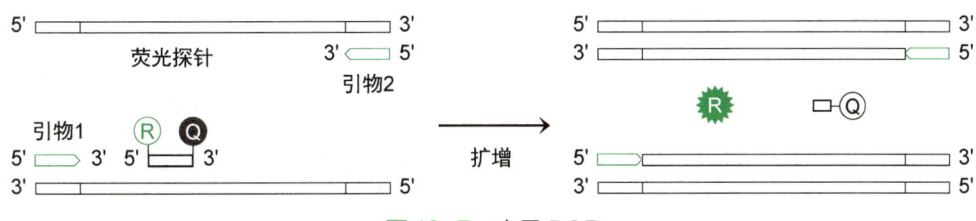

图 19-7　定量 PCR

（2）定量 PCR 应用：定量 PCR 可以快速、简便地检测特定基因组 DNA、cDNA 片段（100～150 bp）的初始量，被广泛应用于基因表达谱分析、病原体检测、遗传变异和突变分析等领域。

（3）定量 PCR 特点：充分利用 PCR 的高效性、核酸杂交的特异性、荧光技术的高灵敏度和可计量性、Taq 酶的 5′→3′ 外切酶活性，在封闭条件下实时监测扩增产物，避免污染，灵敏度高，特异性高，定量准确，方便快捷，自动化程度高，能实现多重反应。

4. 数字 PCR　数字 PCR（digital PCR，dPCR）是基于单分子 PCR 来进行分子计数的高精度 DNA 定量技术。数字 PCR 主要采用微流控芯片或微滴化等方法，将高倍稀释后的目的 DNA 溶液随机分散为几千个至几百万个独立的 PCR 微单元，每个微单元没有或有一个目的 DNA 分子，经过 PCR 扩增后，可以检测和计量有一个目的 DNA 分子的微单元数，从而推算出初始溶液中目的 DNA 的分子数。

数字 PCR 优点是绝对定量、低样品量、高灵敏度和高耐受性，可应用于基因突变、拷贝数变异、病毒和微生物、转基因食材等检测。数字 PCR 不足是成本高、操作复杂、检测时间长、检测范围较窄。

PCR 技术目前广泛应用于分子生物学、医学、药学、流行病学、法医学、古生物学、考古学等领域，包括在基础研究中用于基因组 DNA 扩增、基因分离、基因克隆、克隆筛选、定点突变、突变检测、探针制备、DNA 测序、RNA 定量等，在临床上用于基因诊断和组织配型，在流行病学中用于研究病原体变异，在考古学领域用于研究古人类迁徙，在法医鉴定中用于个体识别、亲权鉴定等，在药物研究中用于中药材鉴定。

第五节　DNA 测序技术

DNA 携带的遗传信息体现在它的一级结构即核苷酸序列中，确定 DNA 的核苷酸序列即 DNA 测序（DNA sequencing），是解读遗传信息的第一步。1975 年 F. Sanger 发明的链终止法和 1977 年 A. Maxam、W. Gilbert 发明化学降解法是 DNA 测序划时代的突破，Sanger 和 Gilbert 因此于 1980 年共同获得诺贝尔化学奖。其中，Sanger 测序法因其便捷性和准确性被广泛采用，成为第一代测序技术的基础。

一、Sanger 测序法

Sanger 测序法（Sanger sequencing）又称双脱氧法（dideoxy sequencing）、链终止法（chain termination method），技术核心是利用双脱氧核苷酸（dideoxynucleotide，ddNTP）来终止 DNA 链的延伸。Sanger 测序法基本步骤如下（图 19-8）。

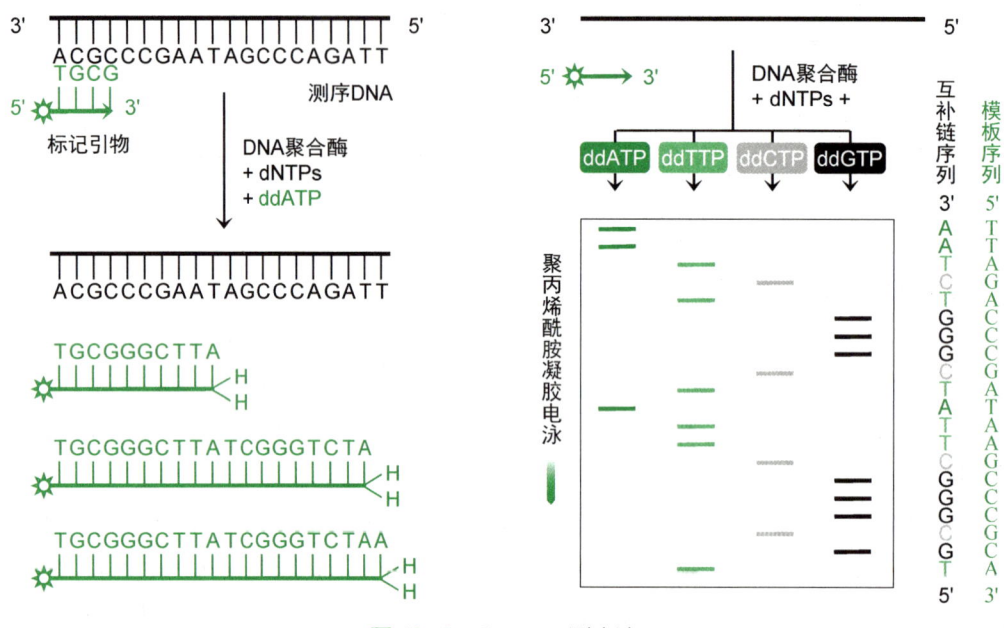

图 19-8　Sanger 测序法

1. 制备标记片段组　配制四个测序体系，每个体系均含 DNA 聚合酶、单一标记引物（20~30 nt）、待测序模板和四种 dNTP。配制关键是在四个测序体系中分别加入 ddATP、ddTTP、ddCTP、ddGTP，配制成 A、T、C、G 测序体系，合成四组标记互补链片段，简称标记片段。

以 A 测序体系为例，ddATP 和 dATP 均可与模板的 dTMP 配对，因而 ddAMP 可随机掺入，即连接到互补链的 3′ 端。掺入的 ddAMP 因缺乏 3′- 羟基而导致互补链合成在此终止，因而互补链的 3′ 端为 ddAMP。ddATP 可以与模板序列不同位置的 dTMP 配对，因而合成不同长度的 3′ 端为 ddAMP 的标记片段，组成 A 标记片段组。

每个测序体系合成的标记片段有几个共同特征，以 A 标记片段组为例：① 5′ 端序列相同，均为同一种标记引物序列。② 3′ 末端均为 ddAMP，对应 dAMP，因而每种片段的长度（nt）即为一个 dAMP 在待测序模板全长互补链中的编号。③ 全长互补链中有多少个 dAMP，A 标记片段组就有多少种长度不同的标记片段，所以全长互补链中全部 dAMP 编号都可以确定。

2. 电泳分离　四个标记片段组用测序聚丙烯酰胺凝胶电泳分离成四组梯状条带，每个条带代表一种长度的标记片段。

3. 显影　根据引物标记类型选择显影方法。例如放射性同位素标记类可采用放射自显影。

4. 读序　显影后的电泳图谱上全部梯状条带的迁移顺序对应其长度顺序，长度顺序对应全长互补链中每个 dNMP 的编号，即核苷酸序列。从短到长为 5′→3′ 序列，与模板 3′→5′ 序列互补。

20 世纪 90 年代，Sanger 测序法进一步发展，实现 DNA 测序自动化，称为第一代测序技术（又称自动激光荧光 DNA 测序）。① 引物标记为四种不同的 ddNTP 荧光标记所替代，只需建立一个测序体系就可以合成有不同 3′ 末端荧光标记的四类标记片段。②用毛细管阵列电泳（capillary array electrophoresis，CAE）取代测序聚丙烯酰胺凝胶电泳，一台测序仪能同时测定 384 种 DNA 序列，读长 500~1 000 nt，测序精度 99.999%，测序仪运行一次产生的数据通量（data output）达 1 Gb。

二、DNA 测序技术发展

继第一代测序技术之后，DNA 测序技术发展日新月异。应用新一代高通量测序技术（high-throughput sequencing，HTS，又称下一代测序，next-generation sequencing，NGS，深度测序，deep sequencing）可以同时对几百万到几十亿个 DNA 分子进行测序。以下介绍几种典型的高通量测序技术。

1. Illumina 测序　Illumina 测序（Illumina sequencing）是应用一种称为流通池的芯片进行边合成边测序（sequencing by synthesis）。流通池（flow cell）是一种有 8 个泳道（lane）的透明基质，每个泳道底面有大量纳米孔。基本过程是，①测序模板固定化：应用桥式 PCR 在纳米孔内合成大量固定化测序模板，每个孔内只有一种测序模板的 1 000 多个拷贝。②合成：加含引物、DNA 聚合酶、四种有 3′ 保护基团和不同荧光基团的修饰 dNTP 的测序试剂，所有纳米孔内的测序模板都与引物退火，连接一个与模板互补的修饰 dNMP。③漂洗：去除游离成分，每个纳米孔内的 1 000 多个引物都连接了一个相同的修饰 dNMP，带有相同的荧光基团。④鉴定：通过荧光监测鉴定每个纳米孔内连接的修饰 dNMP。⑤去修饰化：脱去修饰 dNMP 上的荧光基团、保护基团，漂洗。⑥重复②~⑤（②不含引物）。

拓展阅读 19-1：桥式 PCR

2. 单分子实时测序　单分子实时测序（single molecule real-time sequencing，SMRT）的核心部件是镀有一层 100 nm 金属膜的透明基质芯片，金属膜上蚀刻有 15 万个直径 70 nm 称为零模波导（zero mode waveguide，ZMW）的特殊纳米孔（nanoaperture）。纳米孔底部透明基质面上固定有一分子 DNA 聚合酶。由于纳米孔直径小于激发光波长，激发光从透明基质背面照射时不会穿透纳米孔，而是在纳米孔底部形成呈指数衰减的消逝场（evanescent field），高 20~30 nm，恰好罩住纳米孔底部固定的 DNA 聚合酶分子。仅在消逝场内的荧光分子可以被检测。

测序时，测序模板加引物退火，被纳米孔底部 DNA 聚合酶捕获。γ-磷酸荧光标记 dNTP 进入活性中心与引物连接时其荧光标记被激光激发，产生荧光光曝。连接反应释放的荧光标记焦磷酸离开消逝场，光曝消失。通过实时监测每个纳米孔消逝场产生的每个光曝的波长，可以鉴定连接 dNMP 的种类，从而获得测序模板的序列信息。

3. 纳米孔测序　纳米孔测序（nanopore sequencing）是一项基于电信号而非光信号的单分子测序技术，不涉及合成、修饰等化学反应。纳米孔测序技术的核心元件是纳米孔测序仪的纳米孔膜（由蛋白质或人工材料制成），膜上有直径约 1 nm 的纳米孔，仅允许单链 DNA（或 RNA）穿过。纳米孔测序仪可以监测并记录 DNA 穿过纳米孔时跨膜电流变化。四种核苷酸结构不同，对电流影响大小不同，因此可根据单链 DNA 穿过纳米孔的电流变化信息实时测定 DNA 的核苷酸序列（图 19-9）。

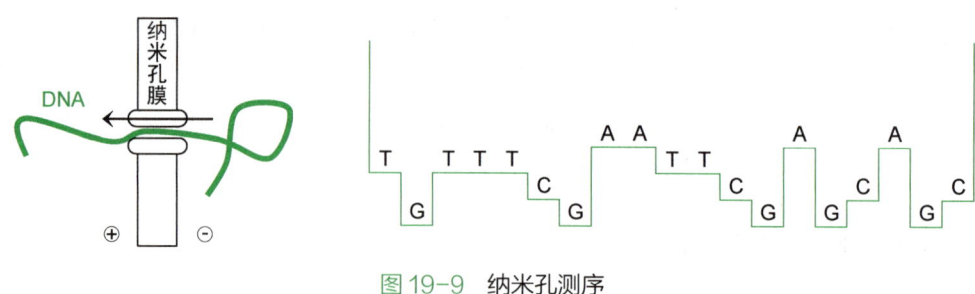

图 19-9 纳米孔测序

第六节 重组 DNA 技术

重组 DNA 技术（recombinant DNA technology）又称基因克隆（gene cloning）、分子克隆（molecular cloning）、DNA 克隆（DNA cloning），有时与基因工程、遗传工程（genetic engineering）通用，是在体外将两个或多个不同的 DNA 片段人为连接成非天然 DNA 分子，称为重组 DNA，并将重组 DNA 转入特定细胞的技术。构建重组 DNA 的 DNA 片段通常有一个是载体，另一个或多个是目的基因。

重组 DNA 技术的基本步骤通常包括目的基因制备、载体选择、体外重组、基因转移、克隆筛选和目的基因鉴定、克隆应用等（图 19-10）。

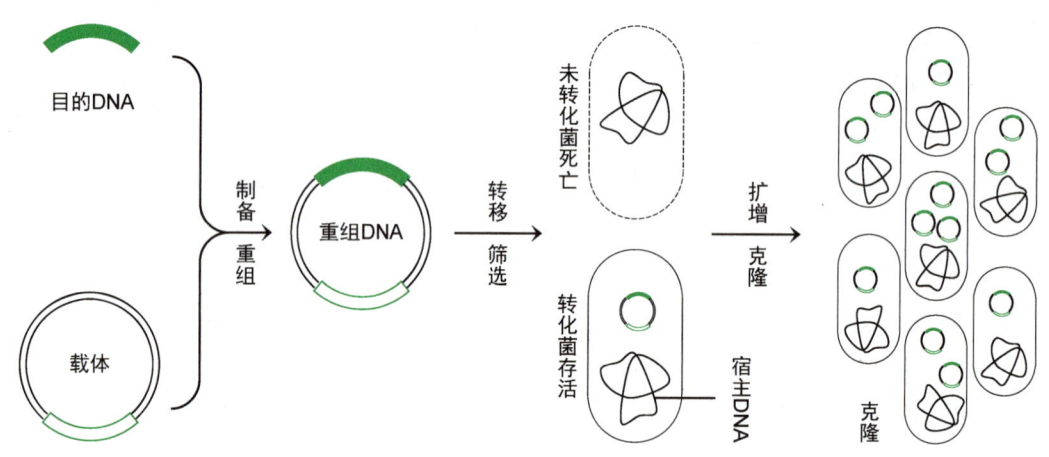

图 19-10 重组 DNA 技术

一、目的基因制备

重组 DNA 技术的目的基因（target gene）又称外源基因（foreign gene，exogenous gene）、目的 DNA（target DNA）、外源 DNA（foreign DNA，exogenous DNA），是研究或应用对象，应用重组 DNA 技术可以获得其拷贝，制备其所含基因的表达产物，或培育其转化细胞等，用于进一步研究或应用。不同的目的基因要选择不同的制备方法。

1. **组织细胞提取** 即应用核酸提取技术从组织细胞中提取基因组 DNA，可用于构建基因组文库、研究基因组多态性、制备基因组 DNA 探针等。

2. **逆转录合成** 从组织细胞提取转录组 RNA 或特定 mRNA，逆转录合成 cDNA，可用于构建 cDNA 文库、研究基因表达谱、用原核表达系统表达真核基因等。

3. PCR 扩增　从已有基因组文库、cDNA 文库、少量目的基因或 mRNA 样品中扩增，用于克隆已知基因等。

4. 化学合成　利用化学合成方法合成目的基因序列，可用于合成活性肽、改造天然基因序列。

应根据研究目的、实验条件、样本来源和目的基因特性选择制备方法，有时需要几种方法联用。

二、载体选择

在重组 DNA 技术中，选择合适的载体对于成功克隆和表达目的基因至关重要。大多数目的基因很难转入宿主细胞和自我复制，因此需要根据研究目的和目的基因的特点，选择适合的载体将其转入宿主细胞，使其在细胞内复制和表达。

1. 载体结构　载体（vector）通常用质粒、噬菌体或病毒 DNA 改造而成。这些载体可以与目的基因构建重组 DNA。多数载体可根据功能不同分为克隆载体和表达载体（图 19-11）。

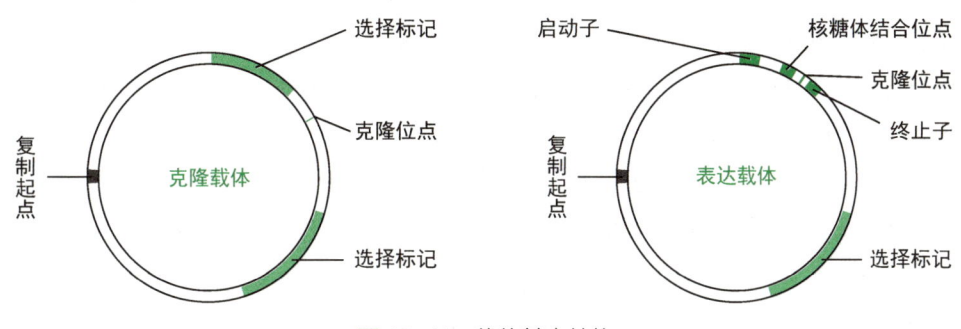

图 19-11　载体基本结构

（1）克隆载体：克隆载体（cloning vector）与目的基因构建重组 DNA 转入宿主细胞后可独立复制，例如质粒载体 pBR322 和噬菌体载体 λgt10。克隆载体含有以下基本元件。①复制起点：功能是启动载体或重组 DNA 在宿主细胞中的独立复制。②克隆位点：又称插入位点，是一个或一组限制性酶切位点，切断后可与目的基因重组。③选择标记和筛选标记：是一类标记基因。其中选择标记表达产物在一定条件下为细胞生长所必需（阳性选择标记）或可以杀死细胞（阴性选择标记），用于鉴别转化细胞和未转化细胞；筛选标记含克隆位点，用于鉴别重组 DNA 转化细胞和载体转化细胞。广义选择标记包括筛选标记，故以下合称选择标记。

（2）表达载体：表达载体（expression vector）与目的基因构建重组 DNA 转入宿主细胞后可以表达目的基因，例如酵母人工染色体。表达载体除含复制起点、克隆位点、选择标记外，还含有启动子、终止子、核糖体结合位点等基因表达元件。

2. 典型载体　①质粒载体：例如 pBR322，是第一种人工构建的克隆载体，呈闭环结构，含有复制起点、抗性基因和多种限制性内切酶的单一酶切位点。②噬菌体载体：用 λ 噬菌体构建，分为插入型载体和置换型载体。例如插入型载体 λgt10，呈线性结构，两端为单链末端，可以互补配对成环，分别称为左端（L cos）和右端（R cos）。内部有一个 *cI* 基因，基因内有一个克隆位点 *Eco*R I（图 19-12）。

选择载体要考虑重组 DNA 制备目的、目的基因长度和限制性酶切图谱、宿主细胞兼容性等。

第十九章 生物化学与分子生物学常用技术

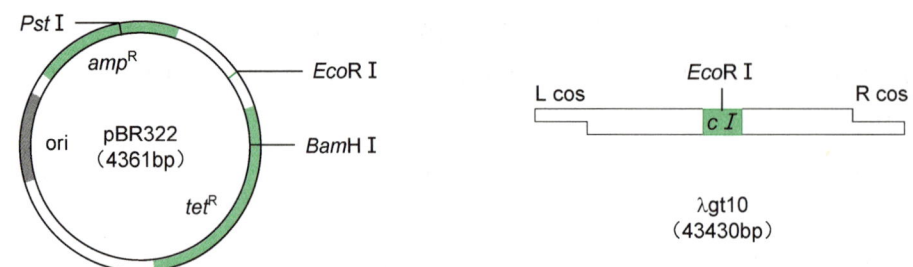

图19-12 质粒载体pBR322和噬菌体载体λgt10

三、体外重组

在重组DNA技术中，目的基因与载体在体外人为连接的过程称为体外重组（*in vitro* recombination）。体外重组形成的非天然DNA称为重组DNA（recombinant DNA）、重组载体（recombinant vector）、嵌合DNA（chimeric DNA）。

体外重组包括水解和连接两步反应，分别由限制性内切酶和DNA连接酶催化。

拓展阅读19-2：核酸酶

1. 限制性内切酶 限制性内切酶（restriction endonuclease）又称限制性酶（restriction enzyme）、限制酶、限制性核酸内切酶，是一类核酸内切酶，主要由部分原核生物（特别是细菌）基因编码，能识别双链DNA的特定序列，水解该序列内部或侧翼特定的磷酸二酯键。限制性内切酶识别的特定序列称为限制性酶切位点、限制位点（restriction site）。

目前已鉴定的限制性内切酶有数万种，可根据结构和功能分类。

（1）Ⅰ型限制性内切酶：为多酶复合体（R_2M_2S），M亚基含甲基化酶活性中心，R亚基含限制性内切酶活性中心。

（2）Ⅲ型限制性内切酶：为多酶复合体（R_2M_2），M亚基含甲基化酶活性中心，R亚基含限制性内切酶活性中心。

（3）Ⅱ型限制性内切酶：多数为同二聚体（R_2），且只有限制性内切酶活性中心；少数为单体酶；个别为双功能酶，含甲基化酶活性中心和限制性内切酶活性中心。

多数Ⅱ型限制性内切酶识别的限制位点长4~8 bp，多为回文序列，切割后可形成平端（blunt end）或黏性末端（cohesive ends, sticky ends）。重组DNA技术应用的限制性内切酶多属Ⅱ型。

拓展阅读19-3：悬垂末端与黏性末端

2. DNA连接酶 DNA连接酶在重组DNA技术中用于催化DNA分子的末端连接。常用的DNA连接酶包括大肠杆菌DNA连接酶和T4 DNA连接酶。大肠杆菌DNA连接酶只能连接黏性末端DNA，由NAD^+供能；T4 DNA连接酶还能连接平端DNA，由ATP供能。

3. 连接方法 目的基因与载体的体外连接可以采用平端连接、黏性末端连接、同聚物加尾连接、加人工接头连接和T载体连接等方法。

（1）平端连接：即用T4 DNA连接酶催化，将平端目的基因与平端载体连接。其中载体可用碱性磷酸酶脱去5'-磷酸基以免其自身环化。

（2）黏性末端连接：即用限制性内切酶切割目的基因两端和载体的克隆位点，形成相同的黏性末端，在适当条件下可以退火，用DNA连接酶催化连接。

（3）同聚物加尾连接：即用末端转移酶在线性载体和目的基因的3'端分别加接互补同聚物，

例如 oligo(dA) 和 oligo(dT)，在适当条件下可以退火，形成的缺口用 DNA 聚合酶催化填补，再用 DNA 连接酶催化连接。

（4）加人工接头连接：人工接头（linker）是一种化学合成的双链寡核苷酸，含有一种（通常 8~16 bp）或多种单一酶切位点（polylinker），可以与目的基因平端连接，再用相应的限制性内切酶切割，形成的黏性末端可以与载体黏性末端退火、连接。

（5）T 载体连接：用 Taq 酶扩增的目的基因可以与 T 载体连接。

四、基因转移

重组 DNA 技术中的基因转移（gene transfer）又称转化（transformation），是将重组 DNA 转入宿主细胞（包括体外培养细胞或体内细胞、原核或真核细胞）的过程，被重组 DNA 转化的宿主细胞称为转化子、转化体（transformant）。其中应用噬菌体载体或病毒载体将外源基因转入宿主细胞称为转导（transduction）、感染（infection），形成的转化子又称转导子（transductant）；将外源基因转入真核细胞称为转染（transfection），形成的转化子又称转染子（transfectant）。

重组 DNA 技术应用的宿主细胞既有原核细胞又有真核细胞。常用的原核细胞包括大肠杆菌、枯草杆菌和链球菌等，可用于构建基因组文库、扩增或表达外源基因；常用的真核细胞包括酵母、昆虫和哺乳动物细胞等，一般只用于表达外源基因。常用基因转移方法见表 19-1。

表 19-1　常用基因转移方法

基因转移方法	适用宿主细胞	基因转移方法	适用宿主细胞
氯化钙法	大肠杆菌	显微注射法	真核细胞
噬菌体感染法	大肠杆菌	病毒感染法	真核细胞
完整细胞转化法	酵母	磷酸钙共沉淀法	真核细胞
原生质体转化法	酵母，链霉菌	DEAE 葡聚糖法	真核细胞
电穿孔法	大肠杆菌，链霉菌，哺乳动物细胞	脂质体转染法	真核细胞

五、克隆筛选和目的基因鉴定

通过基因转移和细胞培养可以得到大量细胞克隆，包括未转化细胞克隆、载体转化细胞克隆、各种重组 DNA 转化细胞克隆。克隆筛选是指筛出各种重组 DNA 转化细胞，去除其他细胞。目的基因鉴定是指从各种重组 DNA 转化细胞中找出目的基因转化细胞，并鉴定其获得的目的基因结构是否符合要求。通常根据载体、重组体、目的基因和宿主细胞的结构特征和代谢特点设计筛选和鉴定方法。

1. 插入失活　许多载体的选择标记中含有克隆位点，插入目的基因会导致其不再表达或表达产物失活。这种现象称为插入失活（insertional inactivation）。例如：pBR322 载体含有 amp^R 和 ter^R 两个抗性基因，如果目的基因插入 amp^R，会导致 amp^R 失活，致使转化菌可以在只含有四环素（Tet）的培养基中生长，但不能在含有四环素（Tet）+ 氨苄青霉素（Amp）的培养基中生长，而未转化菌可以在含有四环素（Tet）+ 氨苄青霉素（Amp）的培养基中生长（图 19-13）。

2. 蓝白筛选　pUC18 等载体选择标记 *lacZ'*（含克隆位点）的表达产物称为 α 肽，是 β-半乳糖苷酶 N 端的 146 个氨基酸残基，其宿主细胞的 *lacZ* 有缺陷，表达产物称为 ω 肽，是缺少

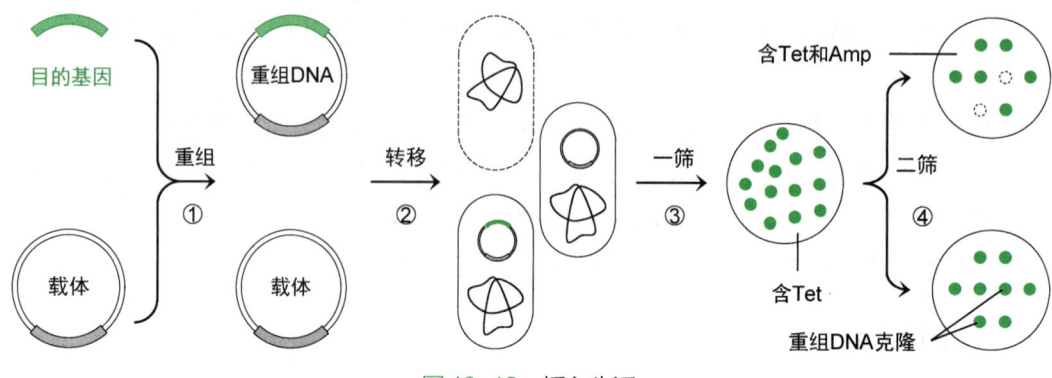

图 19-13 插入失活

N 端序列的 β-半乳糖苷酶。两种表达产物可以聚集成有活性的 β-半乳糖苷酶（称为 α 互补，α complementation）。在含有人工底物 X-gal（5-溴-4-氯-3-吲哚-β-半乳糖苷，BCIG）和氯霉素（Cm）的培养基中，pUC18 转化菌表达 α 肽和 ω 肽，聚集成有活性的 β-半乳糖苷酶，可催化 BCIG 生成蓝色产物，致使克隆呈蓝色。而 pUC18 重组 DNA 的 *lacZ'* 发生插入失活，导致其转化菌不能表达正常 α 肽，即不能形成有活性的 β-半乳糖苷酶，致使克隆呈白色，因此很容易根据呈色鉴定含重组 DNA 克隆。这种方法称为蓝白筛选（blue-white selection）（图 19-14）。

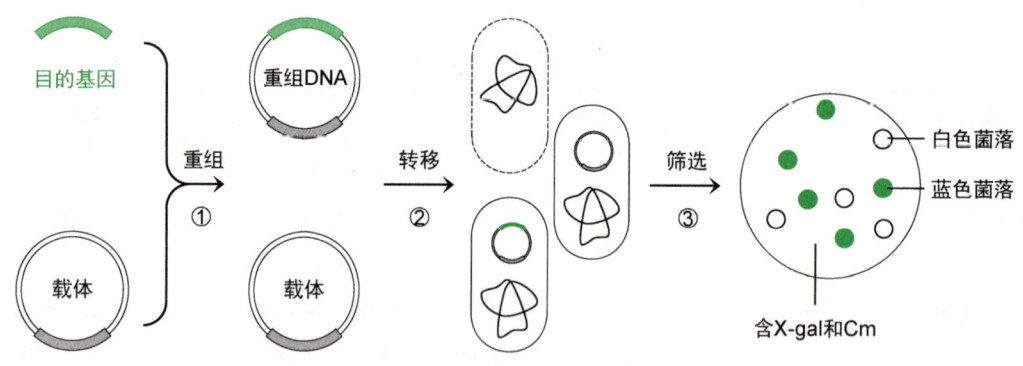

图 19-14 蓝白筛选

3. 遗传互补筛选 遗传互补（genetic complementation）又称标志补救，这类转化细胞所含重组 DNA 选择标记的表达产物可以弥补细胞自身的遗传缺陷，因而可以在选择性培养基中生长。例如：二氢叶酸还原酶缺陷型（*dhfr*⁻）的中国仓鼠卵巢细胞（简称 CHO 细胞，Chinese hamster ovary cell）被 *dhfr*⁺ 载体或重组 DNA 转化后，可以在不含胸腺嘧啶的选择性培养基中正常生长。

4. 核酸杂交分析 通过核酸杂交可以鉴定目的基因转化细胞，即从转化细胞中提取核酸，与目的基因探针进行杂交。这种方法常用于从基因组文库或 cDNA 文库中鉴定目的基因。

5. PCR 分析 根据目的基因或载体克隆位点两翼序列设计引物，可以对转化细胞 DNA 进行 PCR 扩增分析，从而鉴定含有目的基因的转化细胞。扩增产物可用凝胶电泳进一步分析，包括长度测定、测序分析和限制性酶切图谱鉴定等。

6. 表达产物分析 如果目的基因在转化细胞中有表达，并且表达产物具有酶活性或免疫原性，则可以通过显色反应、化学发光或免疫化学等方法对表达产物进行分析，从而间接鉴定目的基因转化细胞。

六、目的基因表达

应用表达载体构建重组 DNA，培育目的基因转化细胞，目的是制备目的基因的表达产物，供理论研究和实际应用。目前已经建立了各种表达系统，包括细菌、真菌、植物细胞、昆虫细胞和哺乳动物细胞等。

大肠杆菌表达系统最早建立，是遗传背景清楚、调控机制明确、技术成熟、应用广泛的原核表达系统之一。该系统既可用于表达原核基因，又可用于表达真核基因，并具有以下特点。

1. **遗传背景清楚**　大肠杆菌菌株已培育有各种抗药株、营养缺陷株和校正突变株，可以根据需要选择。

2. **增殖迅速**　大肠杆菌在对数生长期每 20~30 分钟分裂一次，表达产物合成快。

3. **表达水平较高**　大肠杆菌表达系统的表达水平通常高于真核表达系统，并且表达过程易于调控。缺点是大肠杆菌表达产物容易形成包涵体，影响分离纯化。

4. **培养条件简单**　大肠杆菌的培养条件简单，培养成本较低，适合规模化生产。

5. **所用菌株相对安全**　大肠杆菌表达系统应用的菌株通常是感染性较低的缺陷株，只能在特定条件下生存，较为安全。

七、其他应用

重组 DNA 技术极大推动着分子生物学和医药学研究的发展，广泛应用于 DNA 文库构建、基因表面展示、基因定点突变、转基因生物培育、基因治疗、生物工程产品生产等方面。

1. **DNA 文库构建**　DNA 文库（DNA library）又称基因文库（gene library）、基因银行（gene bank），是用一种生物的基因组 DNA 或转录组 cDNA 片段构建重组 DNA 并转入细胞后培育的转化细胞克隆群，包括基因组文库和 cDNA 文库等。

（1）基因组文库：基因组文库（genomic library）是用一种生物的基因组 DNA 片段制备的 DNA 文库，因而包含其基因组的全部序列，可用于基因组 DNA 制备、基因结构分析和基因组作图等。

（2）cDNA 文库：cDNA 文库（cDNA library）是用一种生物的某种组织细胞在某种状态下合成的全部 mRNA 逆转录合成的 cDNA 制备的 DNA 文库，可用于目的基因鉴定、基因序列分析和基因芯片检测等。

2. **基因治疗**　又称基因疗法（gene therapy），是指在基因水平上治疗疾病，即应用基因增强、基因置换、基因修复、基因干预、T 细胞受体疗法等治疗策略对患者致病细胞中的致病基因进行纠正或补偿，达到治疗疾病的目的。其中应用较多的是基因增强，已成功应用于腺苷脱氨酶缺乏症和血友病等疾病治疗。基因增强（gene augmentation）又称基因添加（gene addition），是指将正常基因转入功能缺失突变型致病细胞或其他细胞，使其表型恢复正常。

3. **基因工程制药**　基因工程已广泛用于生物制药。国内已上市的基因工程药物包括胰岛素（XA10AB）、组织型纤溶酶原激活剂（XB01AD）、凝血因子（XB02D）、红细胞生成素（XB03B）、生长激素（XH01A）、干扰素（XL03AB）等。

基因工程制药具有以下优点：解决稀有药物来源问题，适用于生产低表达产物和珍稀生物表达产物；解决部分药物生产安全问题，适用于生产危险生物和病原体代谢物，避免动物源性药物蛋白的病原体感染风险。

第七节　转基因技术和基因组编辑技术

转基因作用（transgenesis）泛指基因在生物间的转移，自然界生物的天然杂交和农业杂交育种均存在基因转移。转基因技术（transgenic technology）是将一种生物的特定基因作为外源基因整合到另一种生物（生殖细胞）的基因组中，使其获得新的性状并稳定地遗传给子代的基因操作技术。转基因技术所转的外源基因称为转基因（transgene），通常用cDNA。基因组中含有转基因的生物称为转基因生物（transgenic organism）、遗传修饰生物体（genetically modified organism，GMO），包括转基因动物、转基因植物、转基因微生物和转基因细胞。

基因组编辑（genome editing）又称基因编辑（gene editing），是采用序列特异性核酸酶切割靶细胞基因组编辑位点形成双链断裂，进而实现基因敲除、敲入、置换等操作，可以对靶细胞特定序列进行精确编辑。基因组编辑技术包括基因靶向、CRISPR/Cas基因编辑等（图19-15）。

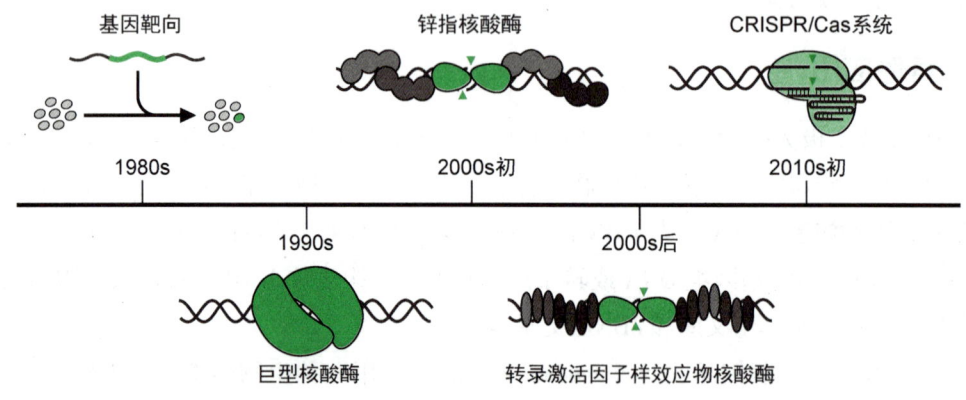

图19-15　基因编辑技术发展

一、转基因动物技术

转基因动物技术是一类培育携带外源基因动物的技术，所培育的动物称为转基因动物（transgenic animal）。转基因动物的特征是其所有生殖细胞和体细胞基因组都整合有外源基因，并且能将外源基因遗传给子代。

培育转基因动物可以采用受精卵或胚胎干细胞法。用受精卵培育转基因鼠的基本操作如下（图19-16）。

1. 重组转基因构建　①转基因载体通常包含结构基因和调控元件，要根据研究目的选择调控元件。②多数转基因载体称为报告基因载体，所含的一种阳性选择标记称为报告基因（reporter gene）。报告基因编码产物易于检测，可用来跟踪转基因的去向及其在转基因动物体内的表达情况。③线性DNA比环状DNA更容易整合到基因组中，因此一些环状重组转基因要用限制性内切酶消化成线性结构。

2. 供体雌鼠和受体雌鼠制备　①供体雌鼠：取卵前3天雌鼠腹腔注射孕马血清促性腺激素（pregnant mare serum gonadotropin，PMSG），取卵前1天再注射人绒毛膜促性腺激素（human chorionic gonadotropin，HCG）以促排卵（可排约35枚），再与正常雄鼠交配而成。②受体雌鼠：

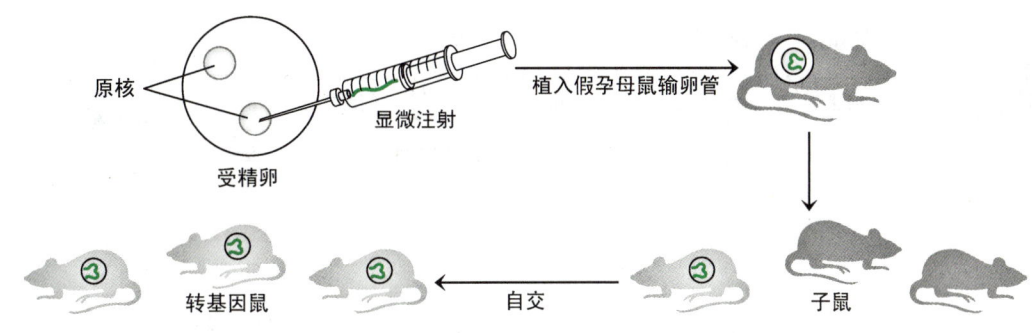

图 19-16　显微注射技术培育转基因鼠

为假孕雌鼠,由发情期雌鼠与结扎雄鼠交配而成。

3. 基因转移　供体雌鼠与正常雄鼠交配后取卵,此时鼠卵两个原核(pronuclei)尚未融合。用显微注射法将重组转基因注入雄原核。

显微注射法(microinjection)是指用玻璃毛细管拉成的微量注射针将外源物质注入细胞质或细胞核中的一项技术,是培育转基因动物应用最早、最广泛、最可靠的动物转基因方法。

4. 受精卵移植　将显微注射后经鉴定存活的受精卵(或培养过的存活胚胎)植入假孕雌鼠输卵管(或子宫)。

5. 筛选和鉴定　从子鼠中鉴定转基因鼠。①整合检测：从子鼠基因组 DNA 中鉴定转基因。②转录检测：分析转基因 mRNA 水平。③表达检测：分析转基因蛋白的结构和活性。

6. 转基因动物品系培育　转基因嵌合体近交繁殖可培育出纯合子。

应用转基因技术造福人类的同时应注意转基因安全性问题,包括食品安全、生物安全、生态安全、环境安全等。

二、基因靶向技术

基因靶向(gene targeting)又称基因打靶,是在基因组水平通过同源重组用外源基因置换基因组目的基因,是第一代基因组编辑。基因靶向效应分两类：①导致目的基因失活,称为基因敲除(gene knock-out)、基因破坏(gene disruption)。②导致外源基因(包括基因片段、基因簇、调控序列)功能取代目的基因功能,称为基因敲入(gene knock-in)。其中基因敲入本质上属于转基因技术,所敲入的外源基因属于转基因。

基因靶向是转基因技术的发展,其原理与转基因技术基本一致,只是所用外源基因载体的结构及与基因组重组的机制不同。转基因载体的重组机制是非同源重组,靶向载体的重组机制是同源重组。以基因敲除为例,基因靶向基本操作如下(图 19-17)。

1. 靶向载体构建　靶向载体由目的基因改造而成,保留其两翼同源序列。

2. 基因靶向　使用电穿孔法将靶向载体转入培养的小鼠胚胎干细胞,在极少数干细胞内靶向载体会与基因组 DNA 发生同源重组。

3. 同源重组细胞筛选　使用选择性培养基培养靶向载体转化干细胞,能够存活并增殖的都是同源重组细胞。

4. 嵌合体培育　将同源重组细胞注入胚泡腔,然后植入假孕雌鼠子宫,使其孕育成为靶向嵌合体。

5. 培育靶向纯合子　靶向嵌合体近交繁殖可培育得到纯合子。

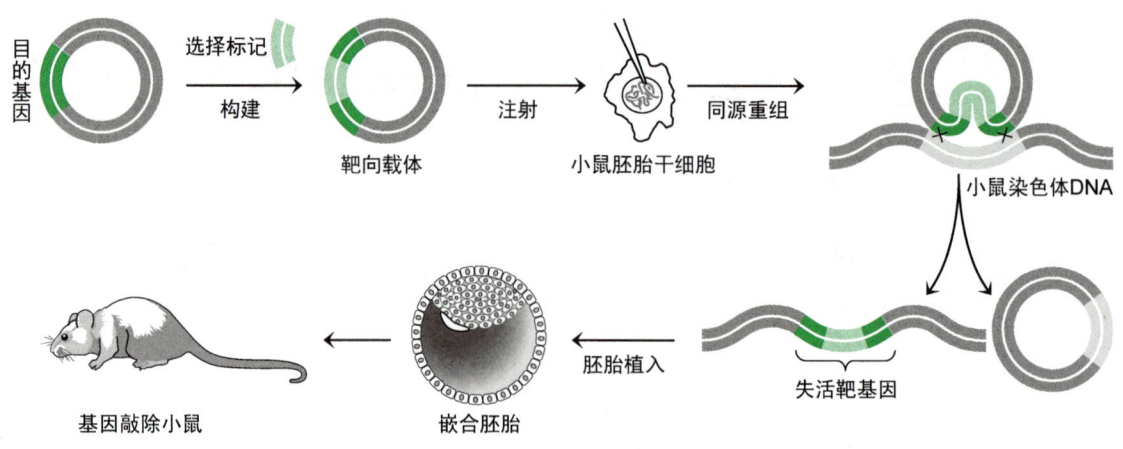

图 19-17 基因敲除技术

三、CRISPR/Cas 基因编辑技术

CRISPR/Cas 系统是广泛存在于细菌（40%）和古菌（90%）中的一种适应性免疫系统。功能是抵抗外源 DNA（来自噬菌体、接合质粒）的二次感染。CRISPR/Cas 系统的分子基础是形成基因簇的 CRISPR 序列（clustered regularly interspaced short palindromic repeats，成簇规律间隔短回文重复序列）、Cas 基因（Cas gene，CRISPR-associated gene，CRISPR 相关基因）和反式激活 crRNA 基因（trans-activating CRISPR RNA gene，tracrRNA gene）及其表达产物 crRNA、Cas 蛋白和 tracrRNA。

拓展阅读 19-4：CRISPR/Cas 系统

以 CRISPR/Cas 系统为基础建立的 CRISPR/Cas9 系统（CRISPR/Cas9 system）已成为高效、精准的基因编辑技术。应用该系统可以对各种生物的基因组进行定点编辑，将对生命科学发展产生深远影响。

1. **CRISPR/Cas9 系统组成**　CRISPR/Cas9 系统的两种核心成分是 Cas9 蛋白和单链引导 RNA（图 19-18）。

（1）Cas9 蛋白：全称 CRISPR 相关蛋白 9（CRISPR-associated protein 9），属于核酸内切酶，可以特异性切割目的基因单一序列中特定的磷酸二酯键，形成双链断裂。切割特异性由 sgRNA 决定。CRISPR/Cas9 系统应用的 Cas9 来自化脓性链球菌，含有两个催化结构域 RuvC 和 HNH。RuvC 切割目的基因编码链，HNH 切割目的基因模板链。

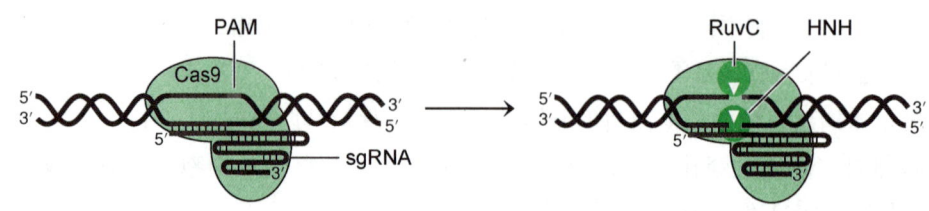

图 19-18　CRISPR/Cas9 系统

（2）单链引导 RNA：单链引导 RNA（single-guide RNA，sgRNA）是根据要编辑的目的基因序列设计并合成的单链 RNA，其 5′ 端序列可以通过碱基配对与目的基因编辑位点模板链结合，3′ 端序列可以与 Cas9 蛋白结合。

2. **CRISPR/Cas9 系统基因编辑机制**　可分为识别（recognition）、剪切（cleavage）、修复

（repair）三个步骤。

（1）识别：sgRNA 通过 5' 端序列取代目的基因编辑位点编码链，与模板链结合，通过 3' 端序列募集 Cas9 蛋白，既介导其定位于剪切位点，又激活其核酸内切酶活性。此外，编码链剪切位点下游 3 bp 处的一段 NGG 序列称为前间区序列邻近基序（protospacer adjacent motif，PAM），也介导 Cas9 识别剪切位点。

（2）剪切：Cas9 蛋白的两个活性中心分别催化水解编辑位点编码链和模板链特定的磷酸二酯键，形成平端双链断裂。

（3）修复：双链断裂可以通过同源重组或非同源末端连接机制进行修复。同源重组可以进行基因置换，非同源末端连接可以产生插入缺失突变。

3. CRISPR/Cas9 系统基因编辑过程　主要包括 sgRNA 设计、基因编辑载体构建、基因编辑系统建立、基因编辑体筛选与鉴定等。

（1）sgRNA 设计：根据目的基因编辑位点序列设计特异性 sgRNA，应确保靶序列的唯一性。

（2）基因编辑载体构建：用 Cas9 基因、sgRNA-DNA 与质粒或慢病毒载体重组，构建 CRISPR/Cas9 重组表达载体。

（3）基因编辑：用电穿孔或病毒感染等方法将重组表达载体转入目标细胞，表达形成 CRISPR/Cas9 系统。自动实施基因编辑。

（4）基因编辑体筛选与鉴定：筛选获得基因编辑细胞，验证基因编辑效果，可进一步做功能分析。

CRISPR/Cas9 系统操作简单、编辑精准且高效，可用于基础研究（研究基因功能）、临床应用（开发基因治疗）、农业应用（培育优良作物、家禽家畜），潜力极大。

思考题

1. 试述从下一代 DNA 测序技术看技术进步对科学发展的影响。
2. 培育转基因猪作为器官移植供体的一个策略是以人的基因置换猪的同源基因，以减少排异。如何看待其中可能涉及的医学伦理？
3. 在重组 DNA 技术中细胞筛选和 DNA 鉴定的方法有哪些？
4. 试分析天然蛋白质类药物和基因工程蛋白质类药物的临床应用。
5. 试分析基因治疗的临床应用。
6. 捍卫并传播正确的科研伦理观：2018 年，某团队应用 CRISPR-Cas9 基因编辑技术对其 CCR5 基因进行编辑的"基因编辑婴儿"出生，被定性为"非法实施以生殖为目的的人类遗传基因编辑和生殖医疗活动"。请思考基因编辑技术在人类生活和健康中的应用。

（宋潇达　郭冬青）

数字资源详见　新形态教材网

拓展阅读　　自测题　　教学课件

第二十章

组　学

人类基因组计划（Human Genome Project，HGP）的启动使基因组学（genomics）迅速崛起，而人类基因组计划的顺利进行又催生了一批后基因组学——功能基因组学、表观基因组学、转录组学、蛋白质组学、代谢组学等。组学研究被公认为21世纪生命科学发展的热点，为生命科学和医学研究带来了革命性变化。

第一节　人类基因组计划

人类基因组计划是一项多国参与、跨学科协作的大规模科学探索工程，与曼哈顿原子弹计划和阿波罗登月计划并称为人类自然科学史上的三大科学计划。人类基因组计划彻底改变了生命科学的研究模式。规模化、整体化、自动化、信息化研究已经渗透到包括分子生物学在内所有生命科学的相关领域。

一、人类基因组计划简介

1986年，R. Dulbecco（1975年诺贝尔生理学或医学奖获得者）在《Science》上发表题为"A turning point in cancer research：sequencing the human genome"的文章，率先提出人类基因组计划，并认为这是加快肿瘤研究进程的有效途径，引起世界性反响。

1990年10月，美国国会批准了人类基因组计划：用15年时间完成人类基因组作图和基因组测序。这是一个由多个国家和众多科学家共同实施的人类历史上最大规模的生命科学计划。

2003年4月，人类基因组计划在华盛顿宣布：经过美国、英国、日本、法国、德国和中国科学家13年的共同努力，人类基因组测序工作基本完成（表20-1）。

二、人类基因组图谱

基因组图谱（genomic map）是展示一种生物全基因组结构的图谱。根据作图的目的、方法和精细程度，基因组图谱可以有不同的形式，包括用遗传学方法建立的基因图谱，根据距离绘出基因位置分布的物理图谱，标记出可表达序列的转录图谱，经DNA测序得到的序列图谱。人类基因组计划的核心内容是解析人类基因组图谱。

表 20-1　人类基因组计划主要进程

时间	内容
1986.3.7	Dulbecco 提出人类基因组计划
1987.10.23	人类基因组第一张基因图谱公布，以 RFLP 为标记
1989.3	发现新的遗传标记：微卫星 DNA，适用于绘制基因图谱
1989.9.29	发现新的遗传标记：序列标签位点，适用于绘制物理图谱
1990.10	人类基因组计划启动
1991.6.21	发现新的遗传标记：表达序列标签，适用于绘制转录图谱
1992.10.29	人类基因组第二张基因图谱公布，以微卫星 DNA 为标记
1994.9.30	人类基因组第三张基因图谱公布，以单一序列、短串联重复序列、基因序列为标记
1995.5.21	完成原核生物流感嗜血杆菌（*H. influenzae*）基因组（1 830 137 bp）测序 完成生殖支原体（*M. genitalium*）基因组（580 070 bp）测序
1995.12.22	人类基因组第一张物理图谱公布，含 15 086 个序列标签位点，图距 199 kb
1996.5.29	完成酿酒酵母（*S. cerevisiae*）基因组（12 080 000 bp）测序
1996.10.25	人类基因组第一张转录图谱公布，其表达序列标签来自 16 000 个基因
1996	启动人类基因组测序
1997.9.5	完成大肠杆菌（*E. coli* K-12）基因组（4 639 675 bp）测序
1998.6.11	完成结核分枝杆菌（*M. tuberculosis*）基因组（4.4 Mb）测序
1998.8	发现新的遗传标记：单核苷酸多态性（SNP），适用于绘制基因图谱
1998.10	人类基因组第二张物理图谱公布，含 52 000 个序列标签位点，图距 58 kb
1998.10.23	人类基因组第二张转录图谱公布，其 41 664 个表达序列标签来自 30 181 个基因
1998.12.11	完成线虫（*C. elegans*）基因组（90 269 800 bp）测序
2000.3.24	完成果蝇（*D. melanogaster*）基因组常染色质（120 367 260 bp）测序
2001.2.12	第一张人类基因组草图（draft）及初步分析公布
2002.12.5	完成小鼠（*M. musculus*）基因组（2 634 266 500 bp）草图
2003.4.14	基本完成人类（*H. sapiens*）基因组（3 070 128 600 bp）测序

1. 基因图谱　基因图谱又称遗传图谱（genetic map）、连锁图谱（linkage map），是以遗传标记为位标、以遗传距离为图距绘制，反映基因等遗传标记在染色体 DNA 中的相对位置、连锁关系的基因组图谱。基因图谱的图距单位是厘摩（centimorgan，cM），其含义是染色体上相距 1 cM 的两个遗传标记在子一代中由于交换而分离的可能性是 1%。在人类基因组中，1cM 平均相当于 1 Mb。

2. 物理图谱　物理图谱（physical map）是以基因、序列标签位点等遗传标记为位标、实际距离（位标间隔的碱基对数）为图距绘制的基因组图谱。人类染色体带型（banding pattern）就是一张低分辨率的物理图谱。

3. 转录图谱　转录图谱（transcriptional map）又称表达图谱（expression map），是以基因（以外显子或表达序列标签为标记）为位标、实际距离（位标间隔的碱基对数）为图距绘制的基因组图谱，是基因图谱与物理图谱的统一。

4. 序列图谱　序列图谱（sequence map）是染色体 DNA 的全部核苷酸序列，实际上也是分辨率最高的物理图谱。基因图谱、物理图谱、转录图谱等的全部信息都可以整合到序列图谱上。

三、后人类基因组计划

人类基因组计划得到的仅仅是人类基因组的参考图谱，对于更具医学意义的遗传变异图谱知之甚少。基因组多态性是疾病的遗传基础，只有阐明基因组的多态性，才能真正阐明疾病发生的内因。

1. 国际人类基因组单体型图计划 2002年10月，由加拿大、中国、日本、尼日利亚、英国和美国科学家联合发起国际人类基因组单体型图计划（International HapMap Project），简称 HapMap 计划，其内容是用3年时间对亚裔、欧裔、非裔270份样品基因组中的多态性位点（主要是SNP、SNP组成的单体型、单体型中的标签SNP）进行分析，绘制每条染色体的单体型图，在人类基因组计划的基础上确立世界上主要族群基因组的遗传变异图谱。其目标是建立一个免费向公众开放的关于人类疾病（及药物不良反应）相关基因的 HapMap 数据库。利用该数据库，研究人员通过比较不同个体的基因组序列来确定染色体上共有的变异区域。这将能够帮助发现与人类健康、疾病及对药物和环境因子的个体反应差异相关的基因。

HapMap 计划于2005年完成了第一张遗传变异图谱，含有 1.0×10^6 个SNP位点；2008年完成了第二张遗传变异图谱，含有 3.1×10^6 个SNP位点（SNP：single nucleotide polymorphism，单核苷酸多态性）。

2. 千人基因组计划 2007年9月，由中国、英国、美国科学家组成的国际协作组宣布启动千人基因组计划（1 000 Genomes Project），该项目联合应用低深度全基因组测序（平均深度为7.4×）、外显子组深度测序（平均深度为65.7×）、高密度芯片基因分型技术对来自全球26个族群的2 504个人进行全基因组测序，绘制出含有 8.8×10^7 个变异位点（包括 8.47×10^7 个SNP位点、3.6×10^6 个插入缺失位点、6×10^4 个结构变异位点）的遗传变异图谱。该图谱有助于广泛地分析与疾病有关的基因变异。

3. 癌症基因组计划 癌症是人类健康的重大威胁，为深入揭示癌症的突变图谱，英国于1999年率先发起了癌症基因组计划（Cancer Genome Project），2008年发布了首个急性髓系白血病（AML）样本的全基因组序列。美国于2006年发起了癌症基因组图谱计划（The Cancer Genome Atlas，TCGA），该计划对20 000多个原发性癌症进行了分子特征分析，并匹配了33种癌症类型的正常样本。经过十多年的研究，TCGA 已产生了超过 2.5 PB 的基因组、表观基因组、转录组和蛋白质组数据。

4. 端粒到端粒计划 由于技术的限制，2001年完成的人类基因组计划遗漏了约8%的基因组序列。这些遗漏的部分，主要是DNA序列高度重复的着丝粒和端粒。由美国国家人类基因组研究所、加利福尼亚大学圣克鲁斯分校、华盛顿大学等机构研究人员领衔的国际科研团队组成的"端粒到端粒（Telomere-to-Telomere，T2T）联盟"借助长读长测序技术对人类基因进行了完整、无间隙地测序研究。2022年3月，T2T联盟完成了对人类基因组的完整测序。

5. 人类泛基因组计划 2023年5月，人类泛基因组联盟（Human Pangenome Reference Consortium）用时五年，完成了人类泛基因组草图。该草图包含47个来自遗传多样性个体队列的阶段性二倍体组装体，这些组装体覆盖了每个基因组中99%以上的预期序列，在结构和碱基对水平上的准确率超过99%。

第二节 基因组学

基因组学（genomics）是对所有基因进行基因组作图（包括遗传图谱、物理图谱、转录图谱、序列图谱）和基因功能、基因进化研究的学科领域，主要研究内容包括以全基因组测序和蛋白质结构分析为目标的结构基因组学（structural genomics）、以基因功能鉴定为目标的功能基因组学（functional genomics）和以揭示基因组结构和功能的异同从而鉴定生物进化关系为目标的比较基因组学（comparative genomics）。人类基因组计划使基因组学迅速崛起，对生物学、医药学乃至整个人类社会影响深远。

一、基因组学基本内容

基因组学应用遗传学、分子生物学、生物信息学、电子计算机和信息网络等领域的技术，在群体水平上高通量研究基因组。研究内容包括分析基因组序列，绘制基因组图谱，测定和分析蛋白质构象；在基因组水平上研究编码序列和非编码序列功能，包括基因定位、基因结构、基因及其表达产物的功能和相互作用、基因突变谱、DNA 甲基化谱、基因表达谱及基因表达调控模式；比较多物种基因组，包括基因和基因组结构、功能、表达和表达调控模式等，以揭示其进化关系；建立数据库，储存、管理、分析基因组信息和蛋白质结构信息，并应用于生物学、医药学及农业、工业、食品、环境等领域。

1977 年，Sanger 等完成了 ΦX174 噬菌体的基因组测序（5 386 nt）。这是人类完成的第一个基因组测序，标志着基因组学的诞生。截止 2025 年 2 月 11 日，已经有 289 554 个物种完成了基因组测序，正在进行基因组测序的还有 22 982 个物种（表 20-2）。

表 20-2　基因组测序进展（截至 2025 年 2 月 11 日）

物种	病毒/噬菌体	古菌	原核生物	真核生物	合计
已经完成测序数	16 910	2 108	225 476	45 060	289 554
正在进行测序数	132	327	13 708	8 815	22 982

2018 年 5 月，中国中医科学院中药研究所牵头建立全球药典草药基因组数据库（Global Pharmacopoeia Genome Database，GPGD）。该数据库涵盖全球八大药典草药物种（中国药典、美国草药典、欧洲药典、日本药典、韩国药典、印度药典、埃及药典、巴西药典），截至 2025 年 2 月 11 日已收录 868 个草药物种的 34 384 条数据，包括 55 个草药物种的 62 个全基因组数据、674 个草药物种的 2 213 个细胞器基因组数据、868 个草药物种的 21 897 个 DNA 条形码等。

二、基因组学与医学

基因组学研究改变了生命科学的研究模式，人类基因组计划加快了医学研究的发展速度。基因组图谱可以让我们方便地寻找致病基因、疾病相关基因，以阐明疾病的分子机制，并为寻找特异性诊断标志、设计有效的治疗方案提供翔实的信息。

1. 基因组学与健康个体化研究　长期以来生命科学工作者一直期望能够在了解人类遗传多态性的基础上确定疾病的易感性（susceptibility）、过敏原的敏感性（sensitivity）、药物治疗的耐受性（tolerance）。在此基础上，一方面可以对一些易感个体的饮食结构、生活方式和生活环境给出建议，以预防疾病发生、延缓发病时间或减轻病患症状。另一方面可以跟踪某些易感个体，在患病前采取基因治疗，在患病时确定介入治疗最佳时期，降低经济成本和社会成本。

2. 基因组学与疾病遗传因素研究　人类基因组计划最重要的医学意义是确定各种疾病的遗传因素。通过基因组分析可以对已知单基因遗传病的致病基因进行定位，然后从基因组数据库中鉴定致病基因，这种策略将加快对致病基因的研究。目前已有 7 000 多种遗传病的致病基因或连锁基因座已经确定基因组定位，相关基因有 4 000 多个。

3. 基因组学与肿瘤研究　原癌基因和抑癌基因是肿瘤研究的目标之一。DNA 损伤随时都会发生，如不及时修复，有些损伤会导致原癌基因和抑癌基因突变。有些突变是驱动突变，会导致细胞癌变和肿瘤发生。利用基因组信息及相关技术可以有效地筛查和鉴定原癌基因和抑癌基因，阐明多态性与肿瘤预警、发生、分类、分型、分级、发展、浸润、转移、治疗、预后等的关系，建立个体化诊断指标，设计个体化治疗方案。

基因组学的医学应用不可避免地涉及伦理、法律、公共政策问题：如何界定个人基因组信息的隐私性？工作单位、保险公司、未来配偶是否可以获得员工、保险人、恋人的基因组信息？基因组信息的进一步解读是否会引发新的种族歧视？

拓展阅读 20-1：全基因组关联研究　宏基因组学

三、药物基因组学

药物基因组学（pharmacogenomics）是药理学、遗传学和基因组学的交叉学科，其内容是，在基因组水平上研究不同个体和群体的药物治疗效果和药物不良反应的差异，研究这些差异与遗传因素（特别是 DNA 多态性）的关系，探讨个体化用药（personalized medicine）策略和以特殊个体和群体为对象的药物开发。遗传因素是决定个体化用药的关键因素。

1. 药物基因组学内容　药物基因组学研究药物作用相关基因（包括药物作用靶点、药物代谢酶和药物转运体、药物不良反应相关基因）的多态性，研究其对基因表达的影响，从而阐明药物疗效或不良反应的机制，最终目标是实现药物设计与应用的个体化，即根据个体遗传特征设计特异性药物，实施个体化用药（表 20-3）。

表 20-3　药物基因多态性影响药物效应实例

基因产物	受影响的药物（药品分类代码）	临床影响
血管紧张素转换酶	血管紧张素抑制剂（XC09A，XC09B）	降低疗效
β_2 肾上腺素能受体	β 受体阻滞剂（XC07A）	功效可变
血清素转运蛋白	选择性 5- 羟色胺再摄取抑制剂（XN06AB）	疗效改变
HMG-CoA 还原酶	他汀类 HMG-CoA 还原酶抑制剂（XC10AA）	疗效改变
维生素 K 环氧化物还原酶	维生素 K 拮抗剂华法林（XB01AA）	疗效改变和不良反应风险增加

（1）第一时间安全用药：改变传统的尝试用药策略，在第一时间就根据患者的遗传特征设计治疗方案，既缩短治疗周期，又保证用药安全，减少不良反应，并降低因不良反应导致的住院率

和死亡率。

（2）指导个体化用药：人类对药物的不良反应存在个体差异。例如：氨基糖苷类抗生素的致聋性与线粒体 12S rRNA 基因 A1555G 突变有关，通过基因诊断鉴定相关患儿并指导其避免使用氨基糖苷类抗生素，可以防止其患药物中毒性耳聋。

（3）优化用药剂量和用药时间：传统的用药剂量是根据患者的体重和年龄来确定的，药物基因组学可根据患者的遗传特征来确定用药剂量和用药时间，既能提高治疗效果，又能避免用药过量。

（4）研发高效药物：发现疾病相关基因、病原体毒力基因或特异基因，从这些基因或其表达产物中寻找药物靶点，研发疗效好、特异性高的药物。

（5）降低研发成本，缩短研发周期：在基因组水平上更容易寻找药物靶点，还可以从那些已被否定的候选药物中筛选适用于特殊患者的药物。针对特殊患者发现药物成功率高并且成本低、风险小、周期短、上市快。

（6）研发第三代疫苗：比第一、二代疫苗更稳定，更安全。

（7）降低医疗保健成本：减少不良反应率，缩短治疗周期（通过提高早期确诊率、减少尝试用药次数）。

拓展阅读 20-2：疫苗

2. 药物基因组学现状 以人类基因组计划为基础，药物基因组学已成为药物开发的技术平台。各大制药公司和实验室已经注意到其潜在商机，纷纷投资进行开发（表 20-4）。

表 20-4 影响药物代动力学的药物基因组学变异实例

遗传变异	受影响药物实例
第一相酶	
CYP2C9*2, *3, *8, *11	华法林（XB01AA），苯妥英钠（XN03AB）
CYP2D6*1, *2, *3, *4, *10, *17	可待因（XN02AA），抗精神病药（XN05A）
CYP3A4*22	紫杉醇（XL01CD），咪达唑仑（XN05C，XN05CD）
第二相酶	
TPMT*2, *3	巯嘌呤（XL01BB），硫唑嘌呤（XL04AX）
UGT1A1*28	伊立替康（XL01CB）
药物转运体	*1XN AND *2XN
BCRP/ABCG2	化疗药物，抗生素，免疫抑制剂
OAT1B1	他汀类药物（XC10AA），化疗药物，利尿剂，二甲双胍（XA10BA）

TPMT：巯嘌呤甲基转移酶；UGT：UDP-葡萄糖醛酸转移酶；BCRP/ABCG2：乳腺癌耐药蛋白/ABC 转运蛋白 G2；OAT：有机阴离子转运蛋白

例如：肝细胞色素 P450（CYP）参与 30 多类药物的转化。细胞色素 P450 基因的多态性（特别是单核苷酸多态性，SNP）导致细胞色素 P450 活性存在个体差异，从而影响某些药物的转化。低活性或无活性细胞色素 P450 不能有效地转化药物，会导致药物积累，发生不良反应。*CYP2D6* 是第一个被阐明具有多态性的药物代谢酶基因，编码酶失活的等位基因有 *CYP2D6*3*（A2549del）和 *4（G1846A），酶活性降低的有 *CYP2D6*10*（C100T）和 *17（C1023T），酶活

性升高的有 *CYP2D6*2*（C2850T）。2005 年，美国 FDA 批准了第一张进入临床的 SNP 芯片——P450 芯片，该芯片可检测影响细胞色素 P450 活性的多态性位点，从而评价药物代谢水平的个体差异，据此可设计不同的给药方案，例如可通过鉴定血栓性疾病患者 *CYP* 的单核苷酸多态性指导其华法林类抗凝药物的用量。许多医药企业在药物开发时也考虑到了 *CYP* 多态性这一因素。

3. 药物基因组学问题　药物基因组学是一个新兴领域，需要面对以下问题。

（1）影响用药的 DNA 多态性复杂多样：①平均每 30 bp 中就有 1 个 SNP 标记，需要分析 9×10^7 个 SNP 位点以确定其对药物不良反应的影响。②与每一种药物不良反应有关的基因可能有很多，以我们目前的认知程度还不能完全鉴定这些基因，并且鉴定成本很高。

（2）候选药物太少：某些疾病可能只有一种或两种候选药物。如果患者因为存在个体差异而不能使用这些候选药物，那他就无药可用了。

（3）医药企业要考虑经济效益：开发一种药物可能要投入上亿的资金，为一个小群体开发替代药物没有经济效益。

（4）处方医生需接受培训：针对同一疾病的不同患者采用不同药物治疗，毫无疑问会导致处方复杂化。处方医生必须执行额外的诊治程序，确定患者使用哪种药物更合适。为了向患者解释诊断结果，设计治疗方案，处方医生还必须精通遗传学。

第三节　转录组学

转录组（transcriptome）又称转录物组，是指一定条件下基因组在一种组织细胞内指导合成的全部 RNA 的总称，包括 mRNA 和 ncRNA（实际研究中多指 mRNA），可以反映某一生长阶段、某一生理或病理状态下、某一营养状况或环境条件下，组织细胞所表达的基因种类和水平。转录组学（transcriptomics）又称转录物组学，是在基因组水平上研究基因组的转录模式和转录调控机制、转录组所含 RNA 的种类和丰度、每一种 RNA 的结构和功能的学科。

一、转录组学技术

自 20 世纪 90 年代以来，随着芯片技术被用于基因组表达模式的研究，转录组学便作为一个新的学科开始在生命科学前沿研究中崭露头角，并逐渐成为研究热点。转录组学技术主要有基因表达系列分析、消减杂交技术、DNA 芯片技术和 RNA 测序技术。

（一）基因表达系列分析技术

基因表达系列分析（serial analysis of gene expression，SAGE）包括 3′ SAGE 和 5′ SAGE。核心内容是获取标签（tag），制备标签串联体。

1. **5′ SAGE 标签**　是 dscDNA 5′ 端的 20 bp，含转录起始位点。

2. **3′ SAGE 标签**　是 dscDNA 3′ 端第一个 CATG 位点之后的一个 10~14 bp 序列，标签长度取决于所用标签酶。标签酶（tagging enzyme，TE）是这样一种限制酶，其切割位点在限制位点外，即切割时不会破坏限制位点。如限制酶 *Bsm*F I 的识别位点和切割位点（图 20-1）。*Bsm*F I 属于 I 型限制性内切酶，切割时截取标签的长度为 11 bp。

3' SAGE 标签串联体制备原理如图 20-2。所制备的标签串联体可进行高通量测序，从而获得转录组信息。基因表达系列分析技术属于数字基因表达谱分析（digital gene expression profiling，DGE）技术，可以全面、经济、快速地分析转录组。

图 20-1 *Bsm*F I 限制位点

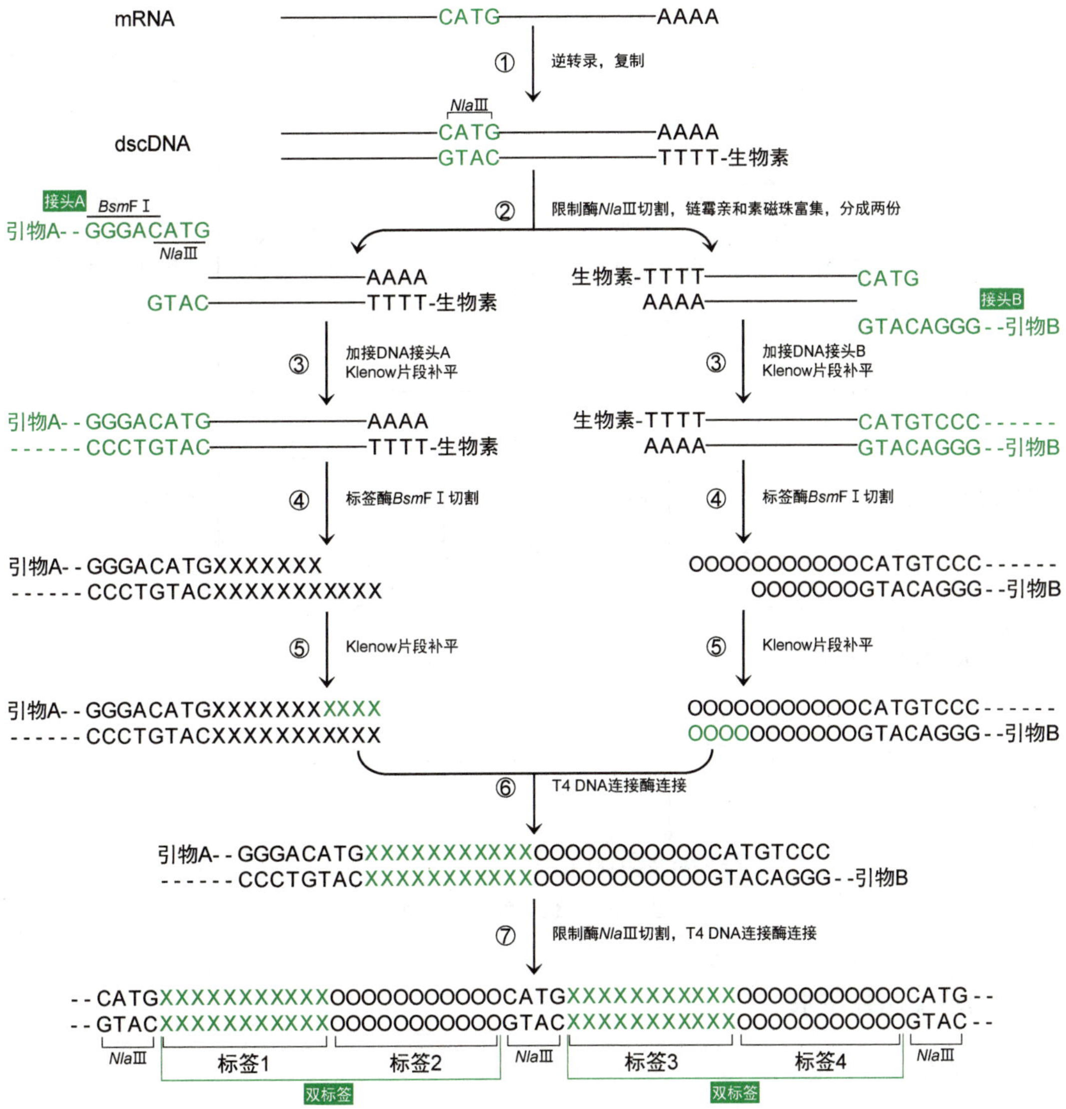

图 20-2 标签串联体制备原理

（二）消减杂交技术

消减杂交（subtractive hybridization，SH）是将实验组 mRNA（或 cDNA）与对照组 cDNA（生物素标记）杂交，去除杂交体和未杂交对照组 cDNA，得到未杂交实验组 mRNA，以分析仅在实验组表达的基因。传统的消减杂交对 mRNA 的质和量要求很高，并且很难获得低丰度的差异基因 mRNA。为此，科学家将传统的消减杂交与 PCR 联合，建立了代表性差异分析（representational difference analysis，RDA）、抑制性消减杂交（suppression subtractive hybridization，SSH）等技术，可极大提高分析效率和灵敏度。

代表性差异分析又称差异显示分析（differential display analysis），基本原理如图20-3。

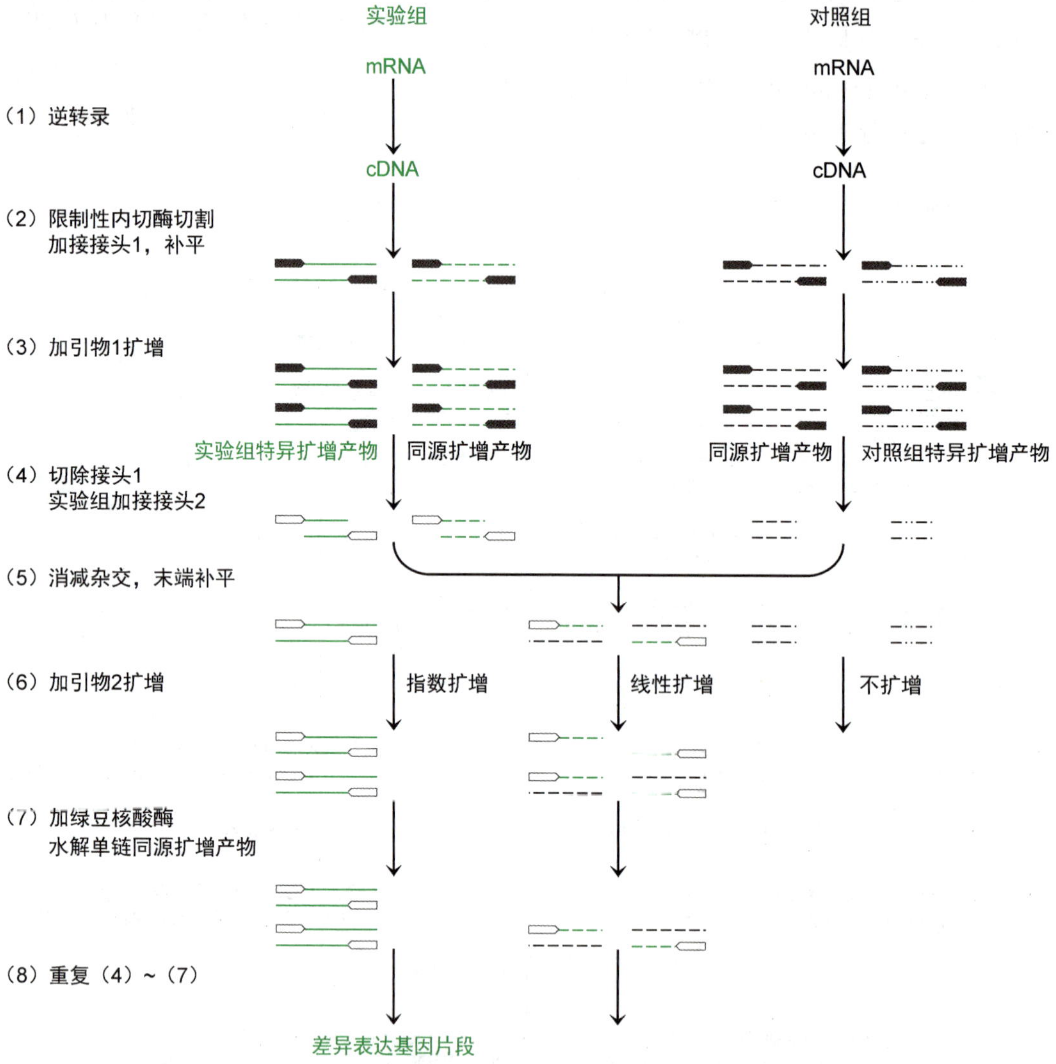

图 20-3　代表性差异分析

（三）DNA 芯片技术

参见第十九章。

（四）RNA 测序

RNA 测序（RNA sequencing, RNA-seq）是指利用高通量测序技术对转录组进行高通量测序分析。应用 RNA-seq 分析差异基因表达（differential gene expression）优势明显，如检测新的转录本、等位基因特异性表达、剪接变异、突变等。RNA-seq 不需要根据基因组序列设计探针，还可避免在芯片杂交过程中产生偏差。

拓展阅读 20-3：全转录组关联研究

目前主流的 RNA-seq 技术是短读长 RNA-Seq（short-read RNA sequencing），属于循环芯片测序（cyclic array sequencing），简称循环测序，其特点是短读长、高通量，适合大规模分析基因表达。近年来兴起的单细胞 RNA-seq（single-cell RNA sequencing, scRNA-seq）和空间转录

组测序（spatial transcriptome sequencing）都是在短读长 RNA-seq 的基础上发展起来的。短读长 RNA-Seq 在某些复杂的转录本拼接和基因组结构变异分析方面存在局限性，与之功能互补的测序技术不断发展，有长读长 RNA-seq（long-read RNA sequencing）和直接 RNA-seq（direct RNA sequencing，dRNA-seq），如单分子实时测序（single molecule real time sequencing，SMRT）、纳米孔测序（nanopore sequencing）（图 20-4）。

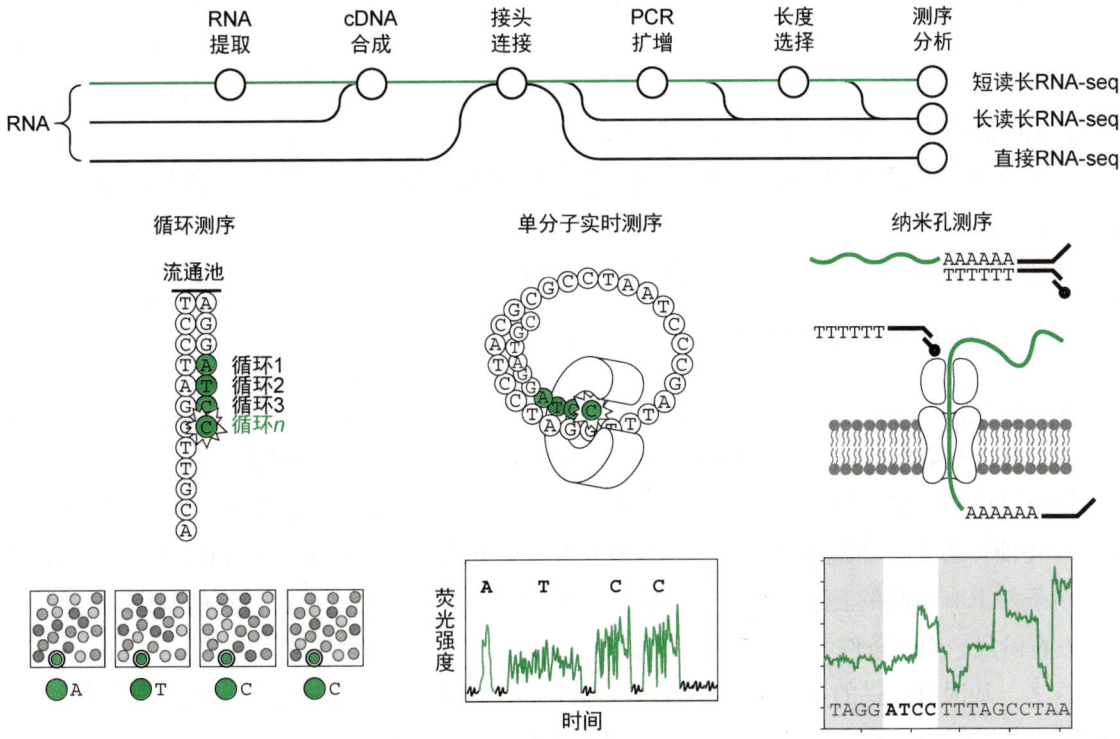

图 20-4　短读长、长读长和直接 RNA-seq 技术和流程

拓展阅读 20-4：短读长、长读长和直接 RNA-seq　单细胞 RNA- 测序　空间转录组测序

二、转录组学研究内容

转录组学研究内容广泛，涉及基因表达的各个环节，为理解生物过程的分子机制提供重要信息。

1. 研究基因功能　研究不同组织细胞的转录组可以知道一种基因在不同组织细胞中的表达差异，从而分析其功能。例如：①如果两种基因的表达模式相似，则其功能可能相似。②如果一种基因在脂肪组织中表达，但在骨骼和肌肉组织中不表达，则该基因可能参与脂肪代谢。③如果一种基因在肿瘤细胞中的表达水平明显高于正常细胞，则该基因可能在细胞生长过程中起重要作用。

2. 研究基因表达特异性　基因表达有时间特异性、空间特异性和条件特异性。转录组是基因组的转录产物，所以分析转录组可以知道一定条件下细胞中有哪些基因表达，哪些基因不表达。任何一种细胞在特定条件下所表达基因的种类和表达水平都有特定的模式，称为基因表达谱（gene expression profile）。基因表达谱包括转录组和蛋白质组。分析基因表达谱应当注意细胞类型、代谢条件（生理状态和病理状态、治疗状态和治疗阶段）。

3. 研究基因表达调控　包括基因表达的调控网络和调控机制、基因及其表达产物在代谢途径中的地位、基因产物的相互作用。一种细胞的基因表达水平能够反映其细胞类型、所处分化阶段以及代谢状态。因此，系统研究转录组和蛋白质组及其相互作用，可以阐明个体在不同发育阶段和不同生长条件下的基因调控网络。

4. 诊断疾病 有时仅凭一种诊断标志还不足以鉴别两种类似的疾病，如某些肿瘤。通过研究基因表达谱可以作出正确诊断。

5. 寻找诊断标志 分析病理组织及相应正常组织的转录组，其中的差异基因可能成为诊断标志。

6. 寻找药物靶点 如果一种药物作用后的基因表达谱与一种突变体的基因表达谱相似，则突变影响的表达产物可能就是该药物的靶点。

7. 揭示药物作用机制 通过分析药物作用后的基因表达谱变化可以揭示药物作用机制，还可以研究耐药机制。

拓 展 阅 读 20-5：转录组学与中药作用机制研究

三、转录组与基因组比较

基因组包含全部遗传信息，但只是一个信息库。基因组是静态的，通过表达发挥作用；基因组是均一的，与细胞类型无关；基因组是稳定的，与发育阶段、生长条件无关。

转录组比基因组序列复杂：一个基因可能存在选择性启动子，转录得到多种 RNA 前体。一种 mRNA 前体可能存在选择性剪接、选择性加尾、编辑等，加工得到多种 mRNA。因为基因组在不同条件下有不同的表达模式，所以转录组是动态的，反映的是正在表达的基因，与细胞类型、发育阶段、生长条件、营养和健康状况等有关。

总之，基因组提供的是一个物种的遗传蓝图，而转录组提供的是这个蓝图在特定条件下的"快照"。基因组和转录组相辅相成，为认识生命提供不同的视角。

第四节 蛋白质组学

蛋白质组的概念由澳大利亚学者 M. Wilkins 于 1994 年提出，并仿造了一个混成词"proteome"。因为蛋白质是基因编码的产物，所以蛋白质组似乎可以被简单地理解成是由一个基因组编码的全部蛋白质。然而蛋白质组与基因组并非简单的对应关系：蛋白质组具有空间特异性、时间特异性、条件特异性，基因组只有物种特异性，没有空间特异性、时间特异性、条件特异性。因此应该多层面动态理解蛋白质组，即一个个体、一种组织、一种细胞、一种细胞器或一种体液在一定的生理状态或病理状态下所拥有的全部蛋白质。

蛋白质组学的概念由瑞士学者 P. James 于 1997 年提出，并仿造了一个混成词"proteomics"。蛋白质组学应用组学技术研究一定条件下的蛋白质组，包括组成、结构、修饰、功能、分布、相互作用、功能模式、表达模式和条件变异等，建立和应用蛋白质数据库。

一、蛋白质组学研究内容

蛋白质组学高通量、全方位、多层次、动态研究蛋白质组。

1. **分析蛋白质丰度** 应用双向电泳、蛋白印迹、蛋白芯片、抗体芯片、免疫共沉淀等技术分析特定组织细胞在特定时间和特定条件下的蛋白质组。通过比较不同组织细胞或同一组织细胞在不同条件下的蛋白质组差异，研究基因表达的特异性及疾病相关性。

2. **分析蛋白质翻译后修饰** 从而鉴定其存在形式、活性形式、必需基团，揭示其变构机制、调节机制。

3. **研究蛋白质构象** 阐明蛋白质功能的一个重要前提是揭示其构象。蛋白质组学应用质谱、X射线衍射和磁共振等技术在蛋白质组水平研究蛋白质的构象信息，建立蛋白质数据库，通过信息分析揭示一级结构决定构象的规律，最终可以预测蛋白质构象。

4. **阐明蛋白质功能** 系统应用中和抗体、小分子化合物等干预蛋白质活性，观察对生命活动的影响，从而阐明蛋白质功能模式。

5. **研究蛋白质作用** 几乎所有生命活动的化学本质都是蛋白质作用，既包括辅基结合、亚基聚合，更包括蛋白质-蛋白质、蛋白质-核酸、酶-底物、抗体-抗原、受体-配体等相互作用。因此，应用酵母双杂交、表面展示等技术研究蛋白质作用，可以研究蛋白质作用模式，揭示蛋白质在代谢网络和调控网络中的作用，以获得对生命活动的全景式认识。

二、蛋白质组学特点

DNA只是遗传信息的载体，蛋白质才是生命活动的主要执行者。蛋白质组的多样性和动态性及蛋白质组成分的结构复杂性使蛋白质组学研究要比基因组学研究复杂得多。因此，基因组学只是组学研究的起步，蛋白质组学才是组学研究的核心。

1. **蛋白质组不是基因组的映射** 人类基因组有90%~95%基因在转录时存在选择性剪接，平均每个基因指导合成4种mRNA。

2. **蛋白质组不是mRNA组的映射** mRNA组展示了一定条件下细胞内mRNA的种类及每种mRNA的相对丰度，但它与蛋白质组不一致，其差异由mRNA翻译效率及寿命、蛋白质翻译后修饰效率及寿命决定。

3. **蛋白质组具有多样性** 不同组织细胞的蛋白质组不尽相同，因为基因表达具有组织特异性。相比之下，同一个体不同组织细胞的基因组完全一样。

4. **蛋白质组具有动态性** 一种组织细胞的蛋白质组在不同发育阶段、不同代谢条件下不尽相同，并且直接决定了组织细胞的表型，这是因为基因表达具有时间特异性、条件特异性。相比之下，基因组具有稳定性。

5. **蛋白质组包含翻译后修饰信息** 蛋白质的翻译后修饰对蛋白质的功能至关重要，所有蛋白质合成之后一直经历着各种修饰。关键酶和转录因子的化学修饰调节就是蛋白质翻译后修饰的核心内容之一。

6. **蛋白质组学研究更接近生命活动机制和规律** 蛋白质是生物体的结构基础，是生命活动的主要执行者和体现者。蛋白质组的变化直接决定生命活动的变化。研究蛋白质组可以更全面、细致、直接地揭示生命活动规律。

三、蛋白质组学技术

双向电泳、质谱和生物信息学等是研究蛋白质组的核心技术。

（一）双向电泳技术

双向电泳（two-dimensional electrophoresis，2-DE）是以等电聚焦电泳和SDS-聚丙烯酰胺凝胶电泳为基础建立的电泳技术，用于分析蛋白质组最有效。双向电泳具有灵敏度高、分辨率高、重复性好等特点，是蛋白质组学最经典的研究手段，常与质谱等技术联合研究蛋白质组学特征。双向电泳灵敏度可达1 ng，可分离出10 000个蛋白质点（通常约2 000个），每个蛋白质点的纯度都很高，可用于抗体制备甚至序列分析。此外，还可以获得蛋白质的分子量、等电点、表达量等信息。

虽然近年来陆续建立了各种新的蛋白质组学技术，如同位素亲和标签（isotope coded affinity tag，ICAT）、蛋白芯片（protein chip）等技术，在不同条件下蛋白质组的平行比较方面，到目前为止仍然没有一种技术可以与双向电泳相媲美。双向电泳可以分析完整蛋白质（或亚基）的水平、翻译后修饰和同源体。目前对于双向电泳技术的发展在于提高疏水蛋白的溶解度和解离度、展示低丰度蛋白质和采用荧光标记技术提高定量精度。

例如：双向荧光差异凝胶电泳（fluorescence two-dimensional difference in gel electrophoresis，2D-DIGE）是将不同蛋白质组样品（如正常肝细胞、肝癌细胞、胚胎干细胞）分别用不同荧光染料（如花青素Cy2、Cy3、Cy5）染色，然后混合，在同一块聚丙烯酰胺凝胶上进行双向电泳。最后分别针对每种荧光染料进行光密度扫描，所得的图像用分析软件进行自动匹配和统计分析，可鉴别和定量分析不同蛋白质组的差异。优点是：①可以极大地降低系统误差，提高实验结果的可重复性和可信度。②灵敏度高，可检出25 pg成分。③线性范围宽，可达5个数量级。

（二）质谱技术

质谱（mass spectrometry，MS）是用质谱仪将样品处理成带电离子，按离子质荷比大小排序形成的图谱，可用于分析样品的分子量、分子式、同位素组成、分子结构等各种信息。

质谱仪主要由离子源、质量分析器和检测器构成。①样品在离子源离子化，大分子还要碎片化，形成不同大小的单电荷（+1价）分子离子和碎片离子。②样品离子在质量分析器加速电场中加速获得动能形成离子束，通过速度选择器，进入偏转磁场，由直线运动改为圆周运动，因运动半径与质荷比（mass/charge ratio，m/z）相关而分离。③检测器检测不同质荷比的样品离子，得到质谱。

早期质谱技术所用离子源主要采用真空管加热气化技术，只能分析小分子样品。1988年有两种软电离（是指离子化过程中保持样品分子的完整性）离子源问世，即电喷雾电离（ESI）离子源和基质辅助激光解吸电离（MALDI）离子源。采用电喷雾电离（ESI）离子源的质谱称为电喷雾质谱（electrospray ionization mass spectrometry，ESI-MS）。基质辅助激光解吸电离（MALDI）离子源常与飞行时间检测器联用，称为基质辅助激光解吸电离飞行时间质谱（matrix-assisted laser desorption/ionization time-of-flight mass spectrometry，MALDI-TOF-MS）。它们可以高灵敏度地检测生物大分子，即在pmol～fmol水平上准确分析分子量高达10^5的生物大分子，已成为蛋白质组学研究的核心技术。

蛋白质组学虽然还是一门新兴学科，但已成为当今生命科学领域的前沿学科。蛋白质组学不仅可以与基因组学衔接，揭示生命活动的规律和本质；更可以研究各种疾病的分子基础和发生、发展机制。

四、单细胞蛋白质组学和空间蛋白质组学

高等生物是由一群异质的细胞组成的，这些细胞形成复杂而独特的组织，具有特定的功能。确定生物体中各种细胞类型之间的精确分子差异，特别是在人类，对于理解正常人体生物学和疾病生物学，从而开发诊断和治疗方法至关重要。然而，传统蛋白质组来自细胞群或组织块，丢失了组织异质性及其亚细胞定位信息。因此，单细胞蛋白质组学和空间蛋白质组学应运而生，使了解蛋白质在亚细胞水平上的空间分布和捕捉蛋白质亚细胞动力学成为可能。

单细胞蛋白质组学（single cell proteomics，SCP）技术的关键是获取单细胞蛋白质组，空间蛋白质组学（spatial proteomics）技术的关键是获取单细胞蛋白质组及其组织定位。①目前可用连续稀释、显微操作、流式细胞分选、微流控芯片、电控微液滴、激光捕获显微切割等单细胞分选技术获取单个细胞，其中用激光捕获显微切割等技术获取的单个细胞可以分析空间蛋白质组。②用 Master Mix 试剂处理（包括细胞裂解、蛋白质提取、蛋白酶消化），进行质谱分析，包括定量分析、功能注释和质谱数据库比对，以获取单细胞蛋白质组及其表达信息。单细胞蛋白质组学技术可以鉴定在给定时间点数千个细胞表达的单细胞蛋白质组，还可以提供单细胞多个参数的时间信息。分析单细胞蛋白质组数据既可以进一步了解疾病的发生和发展、治疗的进程和效果，又可以发现疾病诊断和预后的标志物。分析空间蛋白质组可以构建组织器官空间图谱，研究肿瘤异质性、微环境与疾病发展、药物靶点与机制。

拓展阅读 20-6：单细胞蛋白质组学分析技术

五、蛋白质组学应用

分析比较正常人与患者完整的、动态的蛋白质组，可以发现在疾病不同发展阶段蛋白质水平的差异，找到某些特异性蛋白质分子，作为疾病诊断标志或药物靶点，指导建立诊断指标、设计治疗方案。

1. 病理研究 阐明人类各种疾病的发病机制。疾病发病机制目前是蛋白质组学研究的一个热点。蛋白质组学研究通过比较生理状态下和病理状态下组织、细胞的蛋白质组，即分析蛋白质在表达部位、表达水平、修饰状态上的差异，发现疾病相关蛋白甚至疾病特异性蛋白质，进一步研究这些蛋白质可能存在的结构变化及导致的功能变化，可以为阐明发病机制提供信息。

2. 疾病诊断 包括疾病的筛查、分期、分型等。

所有疾病在表型显示之前已经有某些蛋白质发生变化。因此寻找疾病相关蛋白，特别是疾病标志蛋白，对于疾病诊断和药物筛选等具有重要意义。单纯的遗传分析很难诊断多因素疾病，可靠的诊断和有效的治疗应当基于对机体生长发育过程的调控和失控的认识，同时必须考虑环境因素的影响。蛋白质组研究是寻找疾病标志蛋白最有效的方法，在肿瘤、阿尔茨海默病等重大疾病的诊断方面已经显示出诱人前景（表 20-5）。

3. 疾病治疗 如病程分析、治疗方案及手术时机的确定等。

临床上常见这种情况：两个分型相同的肿瘤患者采取相同的化疗策略，疗效却明显不同。比较蛋白质组学（comparative proteomics，又称差异显示蛋白质组学）分析发现两者肿瘤细胞的蛋白质组并不相同，显然其所患肿瘤至少应进一步分型，而且蛋白质组中的差异蛋白可成为相关标志物，并可以指导有针对性地设计更有效的化疗方案。

与 DNA 多态性相比，蛋白质组直接反映代谢的个体差异，可以为处方医生提供基本信息，

表 20-5 部分肿瘤的标志蛋白

分子标志	疾病
已经确定的部分标志蛋白	
甲胎蛋白（AFP）	肝癌，睾丸癌
降钙素（CT）	甲状腺髓样癌
癌胚抗原（CEA）	结肠癌，肺癌，乳腺癌，胰腺癌，卵巢癌
人绒毛膜促性腺激素（HCG）	滋养细胞疾病，生殖细胞肿瘤
单克隆免疫球蛋白	骨髓瘤
前列腺特异性抗原（PSA）	前列腺癌
肿瘤抗原 125（CA125）	卵巢癌，乳腺癌，肺癌
神经特异性烯醇化酶（NSE）	肺癌
蛋白质组学技术发现的标志蛋白	
RhoGDI, Glx I, FKBP12	浸润性卵巢癌
膜联蛋白 I	早期前列腺癌和食道癌
Hsp27, Hsp60, Hsp90, PCNA, transgelin, RS/DJ-1	乳腺癌
PGP9.5, 角蛋白	肺癌
Hcc-1, 核纤层蛋白 B1, 肌氨酸脱氢酶	肝癌
Op18, NDKA	白血病
Hsp70, S100-A9, S100-A11	结肠癌
角蛋白，银屑素	膀胱癌

设计个体化用药方案，提高疗效，减少不良反应。

4. 药物开发　蛋白质组学可应用于药物开发。

以蛋白质组学为基础的研究表明，人体内可能存在的药物靶点有 3 000～15 000 个，目前已确证的只有 600 多个，因此还有大量药物靶点尚未阐明。大多数药物靶点都是在生命活动中起重要作用的蛋白质，包括酶、受体、激素等。如果通过蛋白质组学信息确定某种蛋白质是药物靶点，就可根据其构象信息设计药物，对其生物活性进行干预。例如：一种分子如果能与酶的活性中心不可逆结合，就可以抑制其活性，这正是药物开发模式之一。通过对比药物治疗前后蛋白质组差异，可以评价先导化合物（lead compound）结构与活性的关系，开发高活性药物。

5. 药效研究　蛋白质组学可用于揭示药物作用和作用机制，寻找药物靶点。

拓展阅读 20-7：热蛋白质组分析　基于活性的蛋白质谱

第五节　代谢组学

代谢组学（metabolomics, metabonomics）通过组群指标分析、高通量检测和数据处理，研究生命体系受到环境影响、物质干扰，出现生理扰动或发生基因突变时，生物体整体或组织细胞代谢系统表现出的各种动态变化及其变化规律，从整体水平评价生命体系的功能状态及其变化。因此，如果说基因组学、转录组学和蛋白质组学能够预测可能发生的事件，代谢组学则研究已经发生和正在发生的事件。代谢组学已成为生物学和医药学的研究热点，作为系统生物学的核心，通过与其他组学数据整合，构建系统生物学数据库，对生命体系进行定量化和系统化研究，为深入认识生命现象，也为中医药研究提供新思路和新方法。

一、代谢组学概述

代谢组学研究的是基因、环境、营养、时间、病因、药物等诸多因素综合作用于机体时的系统反应。代谢组学研究需要借助先进和高通量的技术以及系统科学的理论。

2005年1月，加拿大科学家DS. Wishart发起人类代谢组计划（Human Metabolome Project）。目前的人体代谢组数据库（Human Metabolome Database，HMDB5.0）已收录24.81万种代谢物，其中内源代谢物22.10万种、外源物质3.58万种、食物成分3.24万种、毒素和环境污染物157种、化妆品成分17种、药物成分2 379种、药物代谢物909种。

（一）代谢组学建立

20世纪80年代，一些科技工作者开展了对动物尿液进行质谱分析从而确定其代谢物动态变化的研究，初步体现出代谢组学研究的思路。1997年，O. Fiehn提出"metabolomics（代谢物组学）"并将其定义为"定量分析代谢物组，即分析整体、组织、细胞或亚细胞水平的全部代谢物"。1999年，JK. Nicholson提出"metabonomics（代谢组学）"并将其定义为"通过定量分析生物体代谢组变化揭示代谢网络对病理生理刺激或基因修饰的动态反应"。目前两者通用，多用代谢组学（metabolomics）。

（二）代谢组学研究内容

根据研究的对象和目的不同，通常采用不同策略分析生物系统代谢物。

1. **代谢物靶标分析**　代谢物靶标分析（metabolite target analysis）是指定量分析某一因素（如基因突变）导致单一酶促反应底物和产物水平的变化，从而研究该因素对该酶促反应的影响。

2. **代谢谱分析**　代谢谱分析（metabolic profiling）是指对一系列预先设定的代谢物（pre-defined metabolite）进行定量分析。可以是某一类结构、性质相关的化合物（如氨基酸、糖、磷酸化合物）的代谢谱分析，某一代谢途径代谢物的代谢谱分析，某种药物的代谢谱分析。

3. **代谢组学**　即分析代谢组，可以揭示代谢影响因素的多效性。代谢组信息量巨大，需要开发信息处理、储存、规范化相关工具。

4. **代谢指纹分析**　代谢指纹分析是指不分离鉴定具体单一组分，而是对代谢物整体进行高通量的定性分析。

代谢组学应用于功能性基因组分析或临床常规诊断等研究时，高通量分析更有意义，即根据代谢物来源或其生物学相关性对其进行快速分类，不要求分析所有代谢物。这一过程称为代谢指纹分析（metabolic fingerprinting）。

代谢组学以生物样本为研究对象，如组织、细胞、细胞膜、细胞质、细胞核、线粒体，或血浆、脑脊液、唾液、汗液、尿液、粪便、乳汁、羊水等。其中血浆代谢物比较丰富，目前已鉴定了3.7万种，信息量较大，有利于全面检测代谢水平及其动态变化过程。尿液代谢物已鉴定了5 662种，特点是样品无损伤采集。

(三)代谢组学分类

代谢组学主要分为非靶向代谢组学和靶向代谢组学。

1. 非靶向代谢组学 非靶向代谢组学（untargeted metabolomics）即代谢谱分析，是对不同生理或病理状态下的组织细胞代谢指纹进行系统比较，如医学代谢组学、药物代谢组学、亚细胞代谢组学、脂质组学。可以确认代谢物种类或丰度的差异。主要流程包括代谢物系统分析、差异代谢物及其化学结构的鉴定、生物过程或生物状态之间的关联。

2. 靶向代谢组学 靶向代谢组学（targeted metabolomics）是对血液或其他体液及组织中已知特定代谢物（如氨基酸、游离脂肪酸、短链脂肪酸、维生素、单糖和二糖、胆汁酸、神经递质）进行定量定性分析。是代谢组学研究的延伸与拓展，用于验证非靶向代谢组学的分析结果，证明特定代谢物和细胞功能的相互关系。主要采用液相色谱-质谱联用法。

(四)代谢组学技术

代谢组学技术以高通量、大规模实验技术和计算机统计分析为特征，具有整体性研究和动态性研究的特点。

代谢组学研究过程可分为三个步骤：前期样品制备，中期代谢物分离、检测与鉴定，后期数据分析与模型建立（图20-5）。

生物样品 → 仪器测量与数据采集 → 数据处理 → 多变量统计分析 → 数据库检索与辨别 → 代谢组学分析结果

图20-5 代谢组学分析一般流程

(五)代谢组学技术整合

现有分析技术有各自的适用范围且存在各种利弊，通过技术整合可以对不同来源的样品进行分析和数据比较，完成综合评价。

1. 分析技术联用 例如：将气相色谱-质谱联用法（GC-MS）与液相色谱-质谱联用法（LC-MS）联合应用，可得到对代谢组更全面的了解。

2. 分析数据整合 即运用数学统计方法对不同代谢组数据进行整合。例如：气相色谱-质谱联用分析数据与液相色谱-质谱联用分析数据整合，磁共振分析数据与超高效液相色谱-质谱联用（UHPLC-MS）分析数据整合。

在以上工作的基础上，整合不同组织样品的代谢组学分析，可以得到整体水平的代谢组学分析。

拓展阅读20-8：单细胞代谢组学 空间代谢组学

二、代谢组学与其他组学的关系

基因组决定着生物个体的生长、发育、表型和代谢，但不是唯一因素。

转录组反映基因表达过程中RNA的代谢状况，基因转录、转录后修饰、RNA降解等环节均受到调控，并受基因组、蛋白质组、代谢网络、饮食、体内微生物和药物等因素的影响。

蛋白质组反映基因表达过程中蛋白质的代谢状况，蛋白质的合成和修饰、运输和降解等环节均受到调控，并受基因组、转录组、代谢网络、饮食、体内微生物和药物等因素的影响。

代谢组作为生物信息流的终端结果，与基因组、转录组、蛋白质组均有密切联系，并受饮食、体内微生物和药物等因素的影响。

基因组、转录组、蛋白质组与代谢组是生物信息传递的几个阶段，可以运用代谢组学的研究成果建立相应的数据库和专家系统，并且与其他组学的数据库相互整合，建立基因突变、基因表达和代谢扰动之间的内在联系，在整体水平系统地认知生命。

三、代谢组学在中医药研究中的应用

通过与其他组学联合，代谢组学不仅已应用于疾病诊断和疾病治疗、靶点确证和药物开发等，也开始应用于中医药研究。

1. 代谢组学与中医理论 代谢组学通过研究体内小分子代谢物的动态变化揭示机体的生理病理变化趋势和变化机制。中医诊疗的特点是充分考虑人体内在反应与外在表现的联系，具有整体观、动态观和辨证观的特点。

中医的"证候（syndrome）"简称"证"，是对疾病过程中一定阶段的病位、病因、病性、病势及机体抗病能力的强弱等本质的概括。代谢组学能够针对特定的证候对机体进行全面研究及动态研究，识别和分析各种代谢物，找出该证候代谢指纹特征，建立中医证候模型，所以代谢组学的应用有利于使中医学更加客观化、标准化，避免人为因素产生误诊。

2. 代谢组学与中药研究 在中药研究中，代谢组学技术目前主要用于研究中药对代谢的影响，研究中药的药理、毒理和安全性，建立中药材质量评价标准等。

（1）中药药理研究：中药的特点是多组分，作用特点是多靶点、多层次、多途径，与代谢组学的整体性特点相吻合。方剂配伍是中医治病的主要手段，组方灵活多变，每因一药的增减或用量的不同即可有不同的疗效。由于复方有效成分极其复杂，配伍原则和效应机制不甚明确，中医治疗的发展受到一定限制。通过代谢组学研究方药对机体的整体影响，寻找方药中起主要作用的有效成分，进一步阐明中药的作用机制，包括确证药物靶点，反证方药组成的合理性，有助于推动中药发展与国际接轨，实现中药现代化。

（2）中药安全性分析：和其他药物一样，中药具有毒效两重性。因为化学成分复杂，有些中药还含有重金属成分或其他毒素成分，长期使用会损害肝肾等。值得注意的是，现代中成药的安全性还与中药复方的配伍、生产工艺、药物浓度等因素有关。因此，必须建立整体、动态的评价系统，对中药的安全性作出评价，包括对其不良反应成分进行标识和控制。为此可以应用代谢组学技术研究代谢指纹变化，分析与毒性作用靶点及作用机制密切相关的内源性代谢物浓度的特征性变化，确定毒性作用靶点、毒性作用过程以及生物标志物。

（3）中药材质量控制：中药材所含化学成分直接决定其质量优劣。中药材成分复杂，其组成和含量受中药材的品种、产地、气候、加工方法、储藏条件等各种因素影响，所以中药材质量控制是开发中药的一个难点。利用代谢组学技术分析中药材中各化学成分的含量及状态变化，建立数据库和专家系统，从而制定中药材质量评价标准，可以促进中药材评价的规范化、自动化和现代化。

拓展阅读 20-9：空间代谢组学在中药研究中的应用

思考题

1. 什么是基因组学？

2. 什么是转录组学？转录组与基因组有什么区别和联系？
3. 什么是蛋白质组学？蛋白质组与转录组有什么区别和联系？
4. 简述各种RNA-Seq技术的异同点。
5. 查阅文献说说单细胞组学技术的优势和目前尚待解决的瓶颈。
6. 请展望精准医学的发展前景。

（赵文锋　黄光瑞）

 数字资源详见　新形态教材网

 拓展阅读　　　 自测题　　　 教学课件　　　 索引

参考文献

［1］Alberts B, Heald R, Johnson A, et al. Molecular biology of the cell. 7th ed. New York: W. W. Norton & Company Inc, 2022.

［2］Benjamin Caballero. Encyclopedia of Human Nutrition. 4th ed. Amsterdam: Elsevier Ltd., 2023.

［3］Berg JM, Tymoczko JL, Gatto GJ, et al. Biochemistry. 9th ed. New York: W. H. Freeman and Company, 2019.

［4］Kennelly PJ, Botham KM, McGuinness OP, et al. Harper's Illustrated Biochemistry. 32th ed. New York: McGraw-Hill, LLC, 2023.

［5］Krauss. G. Biochemistry of Signal Transduction and Regulation. 5th ed. Weinheim: Wiley-VCH, Inc, 2014.

［6］Krebs JE, Goldstein ES, Kilpatrick ST, et al. Lewin's Genes XII. Burlington: Jones & Bartlett Learning, 2018.

［7］Lodish H, Berk A, Kaiser CA, et al. Molecular Cell Biology. 9th ed. New York: W. H. Freeman and Company, 2021.

［8］Nelson DL, Cox MM, Hoskins AA, et al. Lehninger Principles of Biochemistry. 8th ed. New York: W. H. Freeman and Company, 2021.

［9］Thomas M. Devlin. Textbook of Biochemistry with Clinical Correlations. 7th ed. New York: John Wiley&Sons, Inc., 2011.

［10］Watson JD, Baker TA, Bell SP, et al. Molecular Biology of the Gene (International Edition). 7th ed. Glenview: Pearson Education, Inc, 2014.

［11］Weaver R. Molecular Biology. 5th ed. New York: MeGraw-Hill Companies, Inc., 2012.

郑重声明

高等教育出版社依法对本书享有专有出版权。任何未经许可的复制、销售行为均违反《中华人民共和国著作权法》，其行为人将承担相应的民事责任和行政责任；构成犯罪的，将被依法追究刑事责任。为了维护市场秩序，保护读者的合法权益，避免读者误用盗版书造成不良后果，我社将配合行政执法部门和司法机关对违法犯罪的单位和个人进行严厉打击。社会各界人士如发现上述侵权行为，希望及时举报，我社将奖励举报有功人员。

反盗版举报电话　（010）58581999　58582371

反盗版举报邮箱　dd@hep.com.cn

通信地址　北京市西城区德外大街4号　高等教育出版社知识产权与法律事务部

邮政编码　100120

读者意见反馈

为收集对教材的意见建议，进一步完善教材编写并做好服务工作，读者可将对本教材的意见建议通过如下渠道反馈至我社。

咨询电话　400-810-0598

反馈邮箱　gjdzfwb@pub.hep.cn

通信地址　北京市朝阳区惠新东街4号富盛大厦1座　高等教育出版社总编辑办公室

邮政编码　100029

防伪查询说明

用户购书后刮开封底防伪涂层，使用手机微信等软件扫描二维码，会跳转至防伪查询网页，获得所购图书详细信息。

防伪客服电话　（010）58582300